續修四庫全書總目提要

集部

續修四庫全書總目提要編纂委員會 編

上海古籍出版社

**圖書在版編目(CIP)數據**

續修四庫全書總目提要·集部 / 續修四庫全書總目提要編纂委員會編. —上海：
上海古籍出版社,2014.12（2024.1重印）
ISBN 978-7-5325-7226-7

Ⅰ.①續⋯ Ⅱ.①續⋯ Ⅲ.①《續修四庫全書總目提要》 Ⅳ.①Z833

中國版本圖書館 CIP 數據核字(2014)第 066132 號

責任編輯　杜東嫣
封面設計　何　暘
技術編輯　隗婷婷

**續修四庫全書總目提要　集部**
續修四庫全書總目提要編纂委員會　編

上海古籍出版社出版發行
（上海市閔行區號景路159弄A座5F　郵政編碼 201101）
(1) 網址：www. guji. com. cn
(2) E-mail：guji1@guji. com. cn
(3) 易文網網址：www. ewen. co
上海世紀嘉晉數字信息技術有限公司印刷
開本 787×1092　1/16　印張 34　插頁 5　字數 800 千字
2014 年 12 月第 1 版　2024 年 1 月第 5 次印刷
ISBN 978-7-5325-7226-7

Z·435　定價：278.00 元

ISBN 978-7-5325-7226-7
9 787532 572267 ›

# 續修四庫全書總目提要
# 編纂委員會

## 主　編

傅璇琮　趙昌平　劉　石　高克勤

## 分卷主編

經部　單承彬

史部　劉韶軍

子部　劉　石

集部　謝思煒

# 續修四庫全書總目提要·集部

主　編　謝思煒

撰寫人員（按姓氏筆畫排序）

| | | | | | |
|---|---|---|---|---|---|
| 王友勝 | 王兆鵬 | 王宏林 | 王英志 | 王宜瑗 | 王　靜 |
| 王學泰 | 占驍勇 | 呂海春 | 朱　剛 | 朱　琴 | 任紅敏 |
| 李亞峰 | 李　南 | 李　柏 | 李　軍 | 李慶立 | 李叢竹 |
| 李　鵬 | 吳在慶 | 吳企明 | 吳　柱 | 余祖坤 | 汪　超 |
| 宋金華 | 林玫儀 | 林建福 | 林振岳 | 明　岩 | 周明初 |
| 周建忠 | 周維德 | 周　鋒 | 周録祥 | 查洪德 | 侯富芳 |
| 俞紀東 | 俞爲民 | 施仲貞 | 姜若虛 | 姚　遠 | 馬亞中 |
| 高小慧 | 唐　元 | 唐芸芸 | 孫小力 | 孫少華 | 孫　靜 |
| 陳尚君 | 陳國安 | 陶禮天 | 黃仕忠 | 敏　澤 | 許紅霞 |
| 章錫良 | 章艷超 | 張伯偉 | 張宏生 | 張　健 | 張培生 |
| 張寅彭 | 張　靜 | 張　劍 | 張驍飛 | 葉　曄 | 强迪藝 |
| 傅　剛 | 賀國强 | 楊年豐 | 楊慶存 | 鄔國平 | 詹杭倫 |
| 趙永紀 | 趙伯陶 | 趙會娟 | 趙榮蔚 | 蔣　倩 | 蔣　寅 |
| 漆德文 | 劉天遥 | 劉世德 | 劉永翔 | 劉　季 | 劉金鑫 |
| 劉嘉偉 | 劉德重 | 劉曉燕 | 劉學鍇 | 劉躍進 | 鄧安生 |
| 錢　鋼 | 韓逢華 | 魏宏遠 | 謝敬松 | 謝　攀 | 聶安福 |
| 顏應伯 | 羅海燕 | 顧易生 | | | |

# 總　　序

1994 年,中國出版工作者協會、深圳市南山區人民政府與上海古籍出版社合作,組建“《續修四庫全書》工作委員會”和“《續修四庫全書》編纂委員會”,並邀請啓功、饒宗頤、程千帆、楊明照、任繼愈、李學勤等二十餘位著名學者爲學術顧問,正式開始《續修四庫全書》的編纂出版工作。在學術界、圖書館界的緊密合作下,上海古籍出版社歷經八年,於 2001 年完成全書精裝一千八百册的出版。

《續修四庫全書》既補輯清朝乾隆以前有價值而爲《四庫全書》所未收的著作,更系統選輯清中期以後至 1911 年辛亥革命前各類代表性著作,共收書五千二百十三種,爲《四庫全書》所收量的一倍半。出版後,學術界反響很大,認爲這套大型叢書與《四庫全書》配套,中國古代的重要典籍大致齊備,構築起了一座中華基本典籍的大型書庫。

2002 年 5 月 9 日,在北京人民大會堂舉行《續修四庫全書》出版座談會,時任全國政協主席李瑞環同志出席,他在講話中充分肯定此書的歷史文化價值,稱“這是一項了不起的工程,對保存、研究和弘揚中華民族的傳統文化,必將産生重大影響”。2002 年下半年,此書獲國家圖書獎榮譽獎。

《續修四庫全書》開始編纂時,已計劃仿《四庫全書》之例,對所收之書逐篇撰寫提要,一些部類如《經部》易類、《集部》詩文評類等已請學者着手撰寫。但由於《續修四庫全書》提要工作量大,任務艱巨,編纂工作並未能正式展開。商務印書館於 2008 年出版的《四庫總目學史研究》一書(陳曉華著)指出:“《續修四庫全書》在學術界引起巨大反響,但這部叢書至今尚未編撰書目提要。如果有關此叢書的書目提要問世,那麼由它反映出來的對《四庫全書總目》續編的學術價值也必將是對《四庫總目》學的重大貢獻。”學術界對《續修四庫全書總目提要》編撰、出版的期望,由此可見一斑。

2008 年 4 月,上海古籍出版社與清華大學中國古典文獻研究中心磋商,正式啓動提要編纂工作。主編由清華大學中國古典文獻研究中心主任、《續修四庫全書》主編傅璇琮教授,上海古籍出版社時任總編輯趙昌平編審,清華大學中文系主任劉石教授,上海古籍出版社社長高克勤編審聯合擔任。又延請曲阜師範大學文學院院長單承彬教授擔任《經部》提要主編,華中師範大學歷史文化學院院長劉韶軍教授擔任《史部》提要主編,劉石教授擔任《子部》提要主編,清華大學中國古典文獻研究中心常務副主任謝思煒教授擔任《集部》提要主編。

2009 年 11 月,在清華大學舉辦“目録學與《續修四庫全書總目提要》編纂”學術研討會,邀請二十餘位學者、出版工作者參加,在研討傳統目録提要學的基礎上,就本書編纂的目的、方法和體例等進行了深入研討。

原《續修四庫全書》工作委員會領導也很關心提要編纂工作。2012 年 4 月,在上海古籍出版社召開《續修》提要編纂工作會議,宋木文、伍杰、王興康、李國章等同志參加,對加快編纂進度、保證提要質量認真研討,提出明確要求。

《續修四庫全書總目提要》包括所收全部五千二百十三種古籍的提要,每種提要的内容,均包含著者仕履、内容要旨、學術評價、版本情況等幾個方面。

著者仕履,凡本部首次出現的著者,均作生平簡要介紹,側重於:姓名、生卒年、字號、別名、謚號、籍貫、科第出身、歷官及最高官爵;非仕宦者的職業或特長;經歷的主要生活事件;學術淵源、造詣,主要著作,生平傳記資料出處等。

内容要旨,包括著述緣起、成書過程、書名由來、體例結構、内容梗概、學術源流、序跋簡介等,以及若干書籍的特殊性所決定的必須介紹的方面。

學術評價,主要評價原書内容及形式特點、成就與貢獻,分析其欠缺與局限,在學術史上的地位。觀點力求公允平實,以公認的和較爲流行的説法爲主,個人的見解必須做到慎之又慎。

版本情況,主要介紹所收版本基本情況與版刻源流。有獨特價值的善本可述及流傳收藏的過程。爲説明所收版本在原書各版本中的地位,也可述及原書的版本系統。

《續修四庫全書》所收之書,不但數量衆多,而且類別繁細,許多書籍鮮有專門研究。這就要求提要撰寫者一方面要細讀原書,一方面要探索該書所屬學術類別的系統資料,將之置於學術史的視野下,考察其學術價值與地位,工作量和學術難度都是很大的。

在當今的學術考評制度下,《續修四庫全書總目提要》組織工作甚爲不易。全書主編和分部主編爲此付出很大努力,邀約許多國内外相關專業學有專長的學者參與其事。我們可以從參加《續修四庫全書總目提要》工作者的名單中發現,既有在學術界嶄露頭角的中青年學人,更有不同學術領域享有盛名的專家、學者,總共約有百餘位之多。上海古籍出版社更集中了十數位資深編審與骨幹編輯對來稿進行了認真細緻的審讀修訂,拾遺補闕,清暢文句,各部均費時近兩年。這些極大地保證了各提要撰寫的學術質量,也使這部《提要》成爲體現古典文獻學界集體力量的一個成果。

現在所撰寫的提要,很重視各書内容價值與版本情況,有的更以版本源流的闡述爲重點,對各書的内容介紹與評議,亦多能注意釐清其學術源流及其在學術史上的特點與價值。撰寫時充分參考和吸收已有成果,其間糾正前人及當代學人之誤者也時或可見,這也是體現這套提要學術質量的一個方面。

就《續修四庫全書》這部大書所收五千餘種古籍撰寫的《總目提要》,從規模看,是繼清乾隆時期官修《四庫全書總目提要》之後二百餘年來規模最大的目録提要類著作,從内容看,將成爲對中國傳統學術最後二百年之重要典籍及藉此而呈現的學術脈絡加以梳理和總結的基本參考文獻。

今天的古典學術研究水平、學術環境和學術體制,較之過去有很大的不同。與乾隆時期官修《四庫全書總目提要》相比,《續修四庫全書總目提要》雖必定有自己的特點,然而出於衆手,百密一疏,當也有不足之處。但我們希望,《續修四庫全書總目提要》能够與清修《四庫全書總目提要》合在一起,對中國古代學術典籍構成的學術史作系統和全面的梳理與總結,並爲後世的古典學術研究搭建一個堅實的平臺。

《續修四庫全書總目提要》編纂委員會

2013 年 7 月

# 凡　　例

一、本書爲《續修四庫全書》(後簡稱《續修》)所收書之内容提要,依經、史、子、集四部各爲一册。

二、本書按《續修》四部所收書立目;原則上依照《續修四庫全書總目録 索引》(后簡稱《總目録》)所登録品種設立條目;個別品種,容有分合。

三、提要條頭包括書名、卷數、朝代、著者及著述方式等項,並注明《續修》所在册數;《總目録》所述有疑義者,除個別必需者,一般不作改動,而於正文中略作辨正。

四、提要正文内容大致包括著者生平、内容要旨、學術評價、版本情況四個方面。

五、著者生平大抵包括姓名、生卒年、常用字號及別名、籍貫、科第出身、主要宦歷,並擇要略及職業或特長、學術淵源造詣、公私謚號、主要著作。以上各項,視作者之具體情況有所側重或省略。

六、著者生卒年一般在其姓名後以圓括號注公元年,不注歷史年號。生卒年有一不詳者代以問號,有疑問或爲估計年代者前加"約"字。生卒年均不詳者,或注明"不詳",或不書;行事不詳者同之。

七、著者生平出處,若正史(二十五史)有傳,則徑出正史書名而略其卷次;見諸其他文獻者則注明卷次或篇章名。

八、同一部中同一著者有多部著作,其生平僅在首見時介紹,後見時僅注明參見條。

九、古代地名除著者籍貫、出生地、住地加注今地名或今屬、今治地名外,如非必需,一般不再加注。

十、内容要旨大致包括著述緣起、成書過程、書名由來、體例結構、内容梗概、學術源流、序跋簡介,以及若干書籍特殊性所決定的必須介紹的方面。以上各項視具體情況而有所側重或省略。

十一、學術評價主要點評原書内容及形式特點、成就與貢獻、欠缺與局限、在學術史上的地位等。觀點以公認的和較爲流行的説法爲主。

十二、版本情況主要介紹所收版本基本情況,或略及版刻源流、流傳收藏過程、是書其他重要版本。

十三、提要末段均舉此書在《續修》中所據底本,除上海古籍出版社所藏與藏家不願披露者外,并注明收藏單位。

十四、每一條目後用括弧標列撰稿人姓名。

十五、提要撰寫的本位是《續修》所收"此書此本"。"此書",指《續修》所收之書,如程廷祚《論語說》(第153冊),於《論語》與孔子不作介紹,《論語說》及其著者程氏才是提要撰寫主體。"此本",指《續修》所收之版本,提要重點介紹此版本之內容特點,其刊刻、流傳、收藏等情況。

十六、提要不采用脚注或文後注形式,必需的注釋性文字融入正文中,用圓括號附於所注詞句後。

十七、本書原則上使用規範繁體字,唯古籍情況複雜,故異體、古今、通借等字之統一與否,依具體情況而酌定,不強求劃一。

十八、引用書名一般爲通行的規範全稱,簡稱使用必符合古籍整理或著述約定俗成之表述方式。

十九、公元紀年及《續修》所在冊數采用阿拉伯數字,其他數字一般用漢字。

二十、中國歷史紀年及夏曆、回曆,一般加注公元紀年。唯同一篇提要中,同一年號內各年,一般只在第一次出現時加注公元紀年。

二十一、本書采用新式標點,唯古籍體例繁雜不一,本書又取近世文言,而作者行文簡繁更多有不同,故不免與頒定標點符號用法時相扞格。如原書引文不全者是否加引號;序、跋、凡例之屬,注、箋、疏證之類,一書中篇名、章節名、條目名是否用書名號或引號;并稱之地名、人名、器物名、朝代名等中間是否加頓號等等:或屬兩可,或隨文氣。故本書以文氣省净,符合習慣表述方式而不致滋生歧義爲原則,允許變通而不強行統一,以免削足適履。

# 前　　言

　　《續修四庫全書》集部編纂工作開始于 1997 年 12 月,至次年 12 月告竣。其間除由《全書》工作委員會和編纂委員會主持具體編纂工作外,還有 14 位集部特邀編纂委員參與了全部選目的討論確定。集部選録圖書共計 1 048 種,凡 22 390 卷。其中楚辭類 14 種,凡 128 卷;别集類 621 種,凡10 979 卷;總集類 67 種,凡 6 708 卷;詩文評類 79 種,凡 1 309 卷;詞類 132 種,凡 1 091 卷;曲類 61 種,凡 540 卷;戲劇類 44 種,凡 582 卷;小説類 30 種,凡 1 053 卷(通俗小説一回按一卷計)。所涉及的著述者約一千一百餘人,其中明、清兩代的作者占到總數的百分之七十以上。以别集類爲例,作者總計 702 人,明、清作者 500 人,超過總數的百分之七十。其中清代作者 342 人,在明、清兩代中又占將近百分之七十。從所收書的構成來看,其中有《四庫全書》存目書 114 種,《四庫全書》未收書 495 種,《四庫全書》成書後問世著述 421 種,三類合計 1 030 種。餘下 18 種則屬于《四庫全書》雖已收而底本不同者。集部所收書的構成和比例情況也體現了《續修四庫全書》編纂"冀爲中國傳統學術最後二百年之發展理清脈絡"的學術目標。

　　《續修四庫全書》集部的類目設置,與《四庫全書》等傳統文獻相比,除楚辭類、别集類等一遵成例之外,增設了戲劇類、小説類兩大部類。

　　按照《全書》的總體安排,在子部設小説家類,依循舊例收録近史、似子的雜事、異聞、瑣事、諧謔之屬;在集部設小説類,收録故事體的傳奇、話本和通俗小説。不難看出,集部所設小説類實際上更接近于近現代文學中的小説概念。《四庫全書》編纂之時不收通俗小説,固然是囿于傳統,對這些作品頗爲輕視,但確實也反映出它們很難被舊有的四部文獻所涵括這一事實。舊時創有"説部"一語,專指此類文獻,也説明人們對其特殊性早已有所覺察。因此,《續修四庫全書》没有將這些作品放入子部小説家或其他類别,而在集部增設小説類,是充分考慮到這類文獻的特殊性,也可以説是不得不然之舉。之所以沿襲"小説"名目不改,是由于小説在近代學術中已成爲通用語,其内涵也經過改造,與此類文獻完全對應,若換用其他概念,恐反滋淆亂。

　　至于戲劇一類,傳統目録學中原設有曲類或詞曲類,《續文獻通考》甚至著録《西廂記》等戲曲作品(《四庫全書總目提要》對此曾頗致不滿)。近人編纂的圖書目録也往往將雜劇、傳奇等附入曲類之中。不過,考慮到元以後的戲劇發展儘管在音樂和演唱方面與散曲有相當程度的關聯性,但畢竟已成爲一種獨立的藝術形態,并且《續修四庫全書》要大量收入戲劇作品,并不只是簡單開列目録,在文獻部類劃分上也必須更切合實際,因此有必要讓戲劇獨立出來。

　　總之,集部增設這兩個類目,是與文獻收録範圍的實際變化相適應的,也是在沿續四部文獻分類基本格局下所作的必要調整。從收書的實際情況來看,通俗小説僅收入 10 種,實因此類文獻卷帙過于浩繁,只能有所去取,所選涉及講史、言情、俠義、神怪等基本門類,皆爲其中最有代表性的作品。戲劇類所收雜劇、傳奇，包括二者的全本、選本、合刻本，則已將古代戲劇名著基本收入。

《續修四庫全書》在編纂時就將撰寫提要列爲一項重要工作。就集部而言，所收名著和常見書甚多，需要結合本書所收底本特色，參考學界研究成果，作出恰當評價；此外還有大量稀見書，多缺少專門研究的著作，則從作者爵里到全書內容，都需要辨析考證，酌加説明。《四庫全書》編纂之時所撰提要和《四庫全書總目提要》，詳述"各書大旨及著作源流"，斟酌今古，辨章學術，被譽爲"自劉向《別録》以來，纔有此書"（余嘉錫《四庫提要辨證》序録），流行和影響程度甚至遠遠超過《四庫全書》本身。其後又出現多種續修書，儼然已形成一種學術傳統和具有獨立意義的著述形式。因此，《續修四庫全書》總目提要的撰寫既是對所收群書價值和特點的闡發，也是繼續這種傳統著述形式而力求體現當代學術研究水平的重要工作。

集部在編纂工作開始的同時，就曾約請學者撰寫部分提要條目。但由于這項工作需時較久，無法趕上《續修四庫全書》的出版進度，不得不放棄以提要附于原書的出版設想。其後，由劉德重先生負責組稿的詩文評類提要，在 2006 年大體完成結稿，其餘類目則久未落實。2008 年 7 月，經本書編纂委員會研究，決定由清華大學中國古典文獻研究中心負責集部提要的編纂，此後重新開始組稿工作。

不言而喻，提要之撰寫應以對每一部書的專門研究爲基礎，因此在開始組稿時，我們就希望分別約請在各個領域有精深研究的學者參與此項工作。在本書編纂委員會的支持下，集部提要的組稿工作進展順利。衆多學術界同仁亦不計回報，鼎力支持。前後參與撰寫提要的海內外學者有近一百人，其中多有學界名宿，他們不顧年高，不辭辛勞，領軍從事，尤可感佩。還有清華大學古典文獻研究中心的姚蘇傑、李柏、張驍飛、劉珺珺、楊朗等同仁參加了前期審稿工作。需要説明的是，由于是重新組稿，最初參與集部編纂工作者，包括特邀編纂委員，只承擔了少量提要撰寫工作，現在這冊集部提要主要成于另一批學者之手。撰寫者在對原書版本、卷次等加以覆核時，某些判斷與原著録有出入，如指出《哀江南賦注》一卷實爲王闓運自撰自注，而原題陳繹曾撰《文式》二卷爲曾鼎撰等，諸如此類，或對《續修》編纂作補正，或提示問題所在而期待更深入的研究。

成于衆手而品質參差，曾是《四庫全書總目提要》和很多大型著述遭受訾議的原因。但不能不承認，任何個人著述目前已無法應付如《續修四庫全書》這種規模的文獻提要編纂工作。以收入本書的大量明清別集爲例，要想系統、大量地通讀已屬不易，以個人之力深究其中各種問題則更爲困難。因此，約請較多學者分別承擔提要撰寫工作，是一種目前相對可行的較好選擇。本書各篇提要的實質性內容和觀點，均爲原撰寫者所貢獻。編者根據全書體例要求，對部分條目文字有所修潤。其有刪削不當之處，則應由編者負責。

謝思煒

2014 年 5 月

# 目　録

# 集 部

## 楚辭類

**離騷集傳一卷** （宋）錢杲之撰（第 1301 冊）

錢杲之,樂清(今屬浙江)人,祖籍晉陵(今江蘇武進)。據《宋史‧藝文志》所録,此書列於朱熹《楚辭集注》後,可知錢杲之大抵與朱熹同時代。另,史容《山谷外集詩注》附"嘉定元年十二月乙酉晉陵錢文子《序》",此錢文子籍貫晉陵,正與錢杲之之同。又,陳仁子《文選補遺》卷二八《九章》題注引錢文子《離騷集傳序》,此序所言與錢杲之觀點亦相合,如皆稱《離騷》爲"賦"。且此序明言,錢文子宦游長沙時令其侄錢橐之"采集舊注"而作《離騷集傳》。故疑錢橐之即錢杲之,錢文子《離騷集傳序》即錢文子爲其侄錢杲之《離騷集傳》所作之序。

此書一卷。卷末附黃丕烈跋云:"此錢杲之《離騷集傳》,宋版之精絶者。"《百宋一廛書録》云:"得諸桐鄉金氏,其實亦爲汲古舊藏。"錢杲之自記云:"右《離騷賦》凡十四節,三百七十三句。蓋古詩有節有章,賦有節無章。今約《離騷》一篇大節十有四。"錢曾《讀書敏求記》云其書"旁采《爾雅》、《山海經》、《本草》、《淮南子》諸書"。此書釋義雖秉承於王逸,但仍不乏新見,如"嬋媛,淑美貌","虙妃""喻隱士清潔,人所難見","從彭咸所居,猶言相從古人於地下耳。舊説謂彭咸投江,原沈汨淵,爲從彭咸所居。案,原作《離騷》在懷王時,至頃襄王遷原江南,始投汨羅,不當預言投江事也"等皆是。另,與別本字有異同者,此書亦一一注明。

此書有宋刻本,國家圖書館藏,今據以影印。（周建忠 施仲貞）

**楚辭集解十五卷楚辭大序一卷楚辭小序一卷楚辭蒙引二卷楚辭考異一卷** （明）汪瑗撰（第 1301 冊）

汪瑗(?—1564),字玉卿,歙縣(今屬安徽)人。邑諸生。博雅工詩,與王世貞、李攀龍相友善。早年嘗與其弟珂從歸有光學。生活於明正德、嘉靖間。著有《異麓草堂詩集》等。事迹見清康熙《徽州府志》卷一五。

此書十五卷。卷首有焦竑《楚辭集解序》,次目録,卷末附《楚辭大序》一卷、《楚辭小序》一卷、《楚辭蒙引》二卷、《楚辭考異》一卷。《大序》收班固、王逸、洪興祖、朱熹、劉勰、何喬新、王鏊諸家序論。《小序》録王逸、洪興祖、朱熹、吳訥諸家序。《蒙引》辨證《離騷》名物、字句、文義,《考異》爲《離騷》異文考校。其篇目次第大抵依王逸本,而《天問》卷體例特異,每頁下半部爲朱熹《楚辭集注》之《天問》部分原文,上半部鐫汪瑗眉注,共二十條。

此書注《楚辭》,唯注屈辭二十五篇。其注字釋句,串講文義,庶幾落實。采集多家之説,但不受名家束縛,對王逸、洪興祖、朱熹諸家均敢於駁正,往往斷以己意,不含糊其辭。其論頗多創見,爲後人所采納。如閔齊華《文選瀹注》"楚辭"部分多采用汪説。汪氏以《九歌‧禮魂》爲"前十篇之亂辭",以"二湘"爲湘水配偶神,《湘君》"托爲湘夫人以思湘君之詞",均爲閔齊華、王夫之所承。又,定《哀郢》作於頃襄王二十一年秦拔郢都之時,據此推知屈原見廢於頃襄王十三年,"此郢乃指江陵之郢",亦爲陸時雍、王夫之所承。

此書不足之處,概言之有二。其一,累於師心,臆爲己見,如以"何必懷故都"句爲《離騷》之綱領,又謂"原爲聖人之徒,必不肯自沉於水",均爲"疑所不當疑、信所不當信矣"(《四庫全書總目提要》)。其二,擅自改動《離騷》原文,頗乏縝慎,且其《考異》與《集解》中《離騷》原文字句亦多有出入。

此書有明萬曆四十三年汪文英原刻本,今據以影印。另有明興賢堂書鋪重印汪文英刻本、明萬曆四十六年汪仲弘補刻本等。
(周建忠　施仲貞)

### 楚辭疏十九卷讀楚辭語一卷屈原傳一卷楚辭雜論一卷　(明)陸時雍撰(第1301冊)

陸時雍(約1590—約1639),字昭仲,桐鄉(今屬浙江)人。明崇禎六年(1633)貢生。著有《古詩鏡》、《唐詩鏡》等。事迹見清康熙《桐鄉縣志》卷五周拱辰《陸徵君仲昭先生傳》、光緒《桐鄉縣志》卷一三等。

此書十九卷。卷首有唐世濟《序》、陸時雍自序、周拱辰《叙》、張煒如《叙》,次《讀楚辭語》一卷,次《楚辭條例》,次《楚辭姓氏》,次目錄。卷末附《屈原傳》、《楚辭雜論》一卷、李思志《跋》。其篇目次第與諸本頗異,於王逸《章句》本補《反離騷》、《吊屈原賦》兩篇,於朱熹《集注》本刪《鵩鳥賦》而增《反離騷》、《七諫》、《九懷》、《九歎》、《九思》。卷一《離騷經》至卷十《大招》,每篇有小序,有舊詁,有新注,新注冠以"陸時雍曰"。《天問》卷用周拱辰注,但《小序》係陸氏自撰,注文中亦間有陸氏疏語。卷十一《反離騷》目下注"序注俱輯舊本"。自卷十二《惜誓》至卷十九

《九思》,皆有文無注。全書每頁上部時有眉批,輯張煥如、李思志等人評語。

陸氏《讀楚辭語》論屈原及作品,多有發掘,評其藝術,亦要言不煩。其比較屈、宋之論,亦爲後人所稱引。其《楚辭條例》先定作品篇次,次破《離騷》"經""傳"之藩籬,將屈原作品二十五篇"概題以《楚辭》"。又錄魏文帝、沈約、劉勰、洪興祖、朱熹、葉盛、王世貞、陳深、周拱辰九家論楚辭之言。

此書有明末緝柳齋刻本,復旦大學圖書館藏,今據以影印。另有緝柳齋原刻學山堂重印本等。(周建忠　施仲貞)

### 楚辭聽直八卷合論一卷　(明)黃文煥撰(第1301冊)

黃文煥,字維章,永福(今福建永泰)人。明天啓五年(1625)進士,歷知海陽、番禺、山陽三縣。崇禎召試擢翰林院編修時,黃道周以論楊嗣昌、陳新甲逮問,詞連文煥,遂與道周同下詔獄。後獲釋,乞身歸里。著有《陶詩析義》、《詩經考》等。事迹見黃惠《麟峰黃氏家譜》卷九、李清馥《閩中理學淵源考》卷四八、清乾隆《福建通志》卷四三。

此書八卷。卷首有自序,次《凡例》,次《目錄》。卷末附《合論》一卷。其《合論》是《聽直》之概論,亦是其補充。其書名由來,"即取原《惜誦》篇中'皋陶聽直'語也"(《四庫全書總目提要》)。又其著述緣由,《凡例》云:"朱子因受偽學之斥,始注《離騷》;余因鉤黨之禍,爲鎮撫司所羅織,亦坐以平日與黃石齋前輩講學立偽,下獄經年,始了《騷》注。"其篇目次第與諸本頗異,僅收屈原作品,卷一《離騷》,卷二《遠游》,卷三《天問》,卷四《九歌》,卷五《漁父》,卷六《卜居》,卷七《九章》,卷八《大招》、《招魂》。其《九歌》中《山鬼》、《國殤》、《禮魂》,"雖三仍一",即合爲一篇。故其總篇數合於《漢書・藝文志》所載"屈原賦二十五篇"。

此書對後世之影響,約言之有四。其一,對屈原作品之界定,力證《二招》爲屈作,直接影響後代學者如林雲銘、吳世尚、高秋月、蔣驥、胡文英、姚培謙、夏大霖、許清奇、陳本禮等。其二,對屈原作品之作年考證與篇次編排,以爲《離騷》作於懷王時,其餘均作於頃襄王時,其順序如《九章》篇次:《惜誦》(頃襄王初年或次年初放之年冬)、《思美人》、《抽思》、《涉江》、《橘頌》、《悲回風》、《哀郢》(頃襄王九年)、《惜往日》、《懷沙》(頃襄王十年)。此多爲林雲銘、蔣驥所采用或發揮,開以史證屈、探索屈原放逐行蹤之風氣。其三,還屈原作品本來面貌,將舊注篇題下"經"、"傳"、"離騷"字樣全刪,"還其爲屈子之初",擺脱了經學的束縛與影響。其四,注評并行,歷來"評《楚辭》者不注,注《楚辭》者不評",黃氏則"於評稱品,於注稱箋,合發之"(《凡例》)。其評重點抽繹"屈子深旨與其作法之所在",至"字義訓詁,每多從略",然亦有矯枉過正、牽强附會之處。

此書有明崇禎十六年刻、清順治十四年增修本,復旦大學圖書館藏,今據以影印。(周建忠　施仲貞)

## 楚詞箋注四卷　(清)李陳玉撰(第1302冊)

李陳玉,字謙庵,吉水(今屬江西)人。明崇禎七年(1634)進士。授嘉善令,尋拜侍御史。後因季父李邦華爲都御史,以回避例歸里。明亡後,棄家入山,往來楚粵間。著有《退思堂集》、《三易大傳》等。事迹見清雍正《江西通志》卷七九、雍正《浙江通志》卷一五○。

此書四卷。卷首有李陳玉《自叙》、陳子覯《後序》、錢繼章《後序》、魏學渠《序》及《附記》。李氏以爲,詮釋古籍之法分箋、疏、傳、注四家,箋爲"上上人語",注爲"下下人語","且夫《騷》本詩類,詩人之意鏡花水月,豈可作實事實解會,惟應以微言導之,則四家之

中,箋所宜有事也"(《自叙》)。其篇目次第大抵從王逸本,而提《天問》於《九歌》之上,與諸本篇次不同,以《離騷》、《天問》"俱爲屈子集中大篇,若鳥雙翼,若車二輪,使讀者先觀其大"。此書有箋有注,以箋爲主,然各篇又略異:卷一《離騷》有箋有注,卷二《天問》有注無箋,卷三《九歌》、《九章》、《遠游》、《卜居》、《漁父》、卷四《九辯》箋詳而注略,卷四《招魂》、《大招》箋略而注詳。其箋注以通大義、詳作者情思爲主,先爲小序,後分段言之。且每段皆先注明旨意,再箋注句義。但《九歌》至《九辯》各篇,不分章節。姜亮夫《楚辭書目五種》云:"其箋注屈、宋,涉憂患,寓哀感,別有會于屈子之意。故體驗實有過人之處,因亦有過量處。"

此書有清康熙十一年魏學渠刻本,復旦大學圖書館藏,今據以影印。(周建忠　施仲貞)

## 離騷草木史十卷　(清)周拱辰撰(第1302冊)

周拱辰,字孟侯,桐鄉(今屬浙江)人。清順治三年(1646)歲貢生。著有《南華真經影史》、《公羊墨史》、《聖雨齋詩文集》等。事迹見《周孟侯先生全書》卷首顧有孝《周孟侯先生傳》、清光緒《桐鄉縣志》卷六一。

此書十卷。卷首有李際期《叙》、周拱辰自叙,次《目錄》。其書名由來,自叙云:"草木之中,有君子焉,有小人焉。——比其類而暴其情……以治草木而還以治草木者治人,是所望于靈修者摯焉爾。"其著述緣由,蓋因"漢王叔師、宋洪慶善、朱元晦三家,雖遞有注疏,未爲詳權。陸仲昭《新疏》,仍涉訓詁習氣,於典故復多掛漏",故"苦塊之餘,廣爲搜訂,其中山川人物草木禽魚,多所弋獲"(自叙)。其篇目次第大抵悉從朱氏《集注》。各篇先列原文,次以集注,後加己注。又於每篇之前各附小序,以推求其大旨。所詁亦不僅限於草木。原文上有眉批,除己説外,亦采

洪興祖、馮開之、陳深諸家説，然眉批采諸家之説，有時不標明作者。

五代劉杳撰《離騷草木疏》，但其書久亡。宋吳仁傑、明屠本畯遞有注疏，然皆未如此書徵引宏富，考辨典核。如謂"女嬃"，非屈原姊，乃女巫之稱，"蹇修"猶亡是公、烏有先生之類，皆是其例。其闡釋文義，亦往往圓通獨到，然亦有刻意求深、穿鑿附會之處。且書名顧名思義，易讓人誤以爲是考辨"草木"類之專著。

此書有清初聖雨齋刻、嘉慶八年重印本，上海圖書館藏，今據以影印。另有清初桐鄉聖雨齋原刻本等。（周建忠　施仲貞）

### 楚辭通釋十四卷末一卷　（清）王夫之撰（第1302冊）

王夫之（1619—1692），字而農，號薑齋，又號夕堂，衡陽（今屬湖南）人。明崇禎十五年（1642）舉人。明亡，於衡山舉兵阻擊清軍，敗後退肇慶，任南明桂王政府行人司行人。後因隱居衡陽石船山，世稱船山先生。勤於著述，著有《莊子通》、《詩廣傳》等。事迹見《清史稿》、《碑傳集》卷一三〇等。

此書十四卷。卷首有張仕可《序》、王夫之《序例》，次《史記·屈原列傳》，次《目録》。附自作《九昭》一卷爲卷末。其篇目次第悉從王逸《楚辭章句》，而删《七諫》以下五篇，另補江淹《山中楚辭》四篇、《愛遠山》一篇。各篇前有小序，繼而分段立釋，既釋字詞，又講文意，頗稱簡要。此書不僅長於探賾文心、燭照微指，其注語亦頗富文采。如謂屈原之作或爲懷王時作，或爲頃襄王時作，時異事異，漢北、沅湘之地異，皆用意尤嘉。惟其間亦不免累於師心自用，以道家煉丹養氣之説臆解詩人想像之詞，尤爲牽強附會。姜亮夫《楚辭書目五種》謂其"以《九歌》之'禮魂'爲送神之曲，前十祀之所通用，《九辯》之'辯'，爲'編'，一闋謂之一編，皆具別解。然

《遠游》采方士鉛汞之説，學人稍稍病之"。明清之際，學者多借注《楚辭》以寄托故國之思，而以此書最負盛名。

此書有清同治四年湘鄉曾氏金陵節署刻《船山遺書》本，今據以影印。另有清康熙四十八年王敔刻本、清道光二十八年戊申桂東郭孔嵐補刊本等。（周建忠　施仲貞）

### 天問補注一卷　（清）毛奇齡撰

毛奇齡（1623—1716），本名甡，字初晴；後改名奇齡，字大可、僧開，世稱西河先生，蕭山（今屬浙江）人。康熙十八年（1679）以廩監生薦舉博學鴻儒科，授明史館纂修官。二十四年充會試同考官，旋以病乞歸鄉里，專心從事著述。毛氏博覽群書，尤長於説經，與毛先舒、毛際可齊名，時稱"浙中三毛，文中三豪"。著有《古文尚書冤詞》、《西河詞話》等。事迹見《清史稿》、《清史列傳》卷六八。

此書一卷。先總論，續後過録《天問》原文，列朱熹《集注》，後加以毛氏補注。書名"補注"者，乃針對朱熹《集注》而言。補注凡三十四則。此書《四庫全書》收入存目，《四庫全書總目提要》謂其"亦間有所疏證，然語本恍惚，事多奇詭，終屬臆測之詞，不能一一確證也"，此評顯有偏見。實則書中考據多有依據，如"厥利維何，而顧菟在腹"句，《章句》釋"顧"爲"顧望"，朱熹以下諸家皆無異説，"惟毛奇齡以顧兔爲月中兔名，庶幾無閡于文義"（聞一多《天問釋天》）。

此書有清康熙刻《西河合集》本，今據以影印。（周建忠　施仲貞）

### 楚辭新集注八卷　（清）屈復撰　附楚懷襄二王在位事迹考一卷　（第1302冊）

屈復（1668—？），字見心，號悔翁，蒲城（今屬陝西）人。年十九試童子第一，忽棄去。乾隆丙辰（1736）吏部尚書楊超曾舉應博學鴻詞，不赴。著有《弱水草堂詩集》、《南華

通》等。事迹見《清史稿》、《清史列傳》卷七一、《碑傳集》卷一三九等。

此書八卷，或題爲《楚辭新注》。卷首有《自序》，次《史記・屈原列傳》，次《目録》，次林雲銘《楚懷襄二王在位事迹考》，次《凡例》，次沈亞之《屈原外傳》。附班孟堅《離騷贊序》、王逸《叙》、洪興祖《叙》、劉勰《辨騷》爲卷末。屈復於《自序》中叙其著述緣由，“四十五年之奔走，蓋亦出於跋涉艱辛、窮愁迫陋之餘者也”，“略諸所共解者，而詳予向所愈不解者，欲令吾黨同解焉”。其篇目次第自稱“依王本存古”，但正文中移《九辯》於《卜居》、《漁父》之前，其他均同。

屈復治楚辭，態度謙和，立説嚴謹。如肯定王逸注，謂“《離騷》有注，自王叔師始。後諸家論著，即有詳細處，要自王氏發之”。又自言“典故字釋，多采諸家舊注”，而“仍録姓名於首，不敢掠美”。又能客觀看待舊注的優缺點，謂“舊注是者，固能發作者之精微；其非者，亦足開後賢之思路”，故不屑“痛詆他人，以申己説”。此書注音根據毛奇齡《古今通韻》，篇章意義則“斷自愚衷”，如謂“《楚詞》惟《離騷經》最難解”，分全文爲五段，“《天問》難解在故典”，故又作校正附於注後，更定錯簡，分全文爲九段。《四庫全書總目提要》謂此書“果於師心，亦往往臆爲變亂”，如謂《離騷》“曰黄昏以爲期兮”二句爲衍文，又“《天問》一篇，隨意移置其前後，謂之錯簡”。此亦治楚辭者一病。

此書有清乾隆三年居易堂刻本，上海圖書館藏，今據以影印。另有清乾隆三年原刊本、清乾隆三年刻弱水草堂印本等。（周建忠　施仲貞）

## 屈原賦戴氏注七卷通釋二卷　（清）戴震撰 音義三卷　（清）汪梧鳳撰　（第1302册）

戴震（1723—1777），字東原，休寧（今屬安徽）人。乾隆二十七年（1762）舉人，乾隆三十八年任《四庫全書》纂修官，四十年赴殿試下第，賜同進士出身。少從江永問學，經學、小學皆能得其全。爲學由聲音文字以求訓詁，由訓詁以尋義理，爲清代樸學皖派領袖。段玉裁、孔廣森、王念孫等皆出其門下。著述宏富，廣涉算學、天文、地理、聲韻、訓詁、考據、哲學各領域。著有《尚書義考》、《毛鄭詩考正》、《方言疏證》等。著有《孟子字義疏證》、《毛鄭詩考證》等。事迹見《清史稿》、《碑傳集》卷五〇、段玉裁《戴東原先生年譜》等。

此書七卷。卷首有盧文弨《序》、戴震自序，次《目録》。卷末附《通釋》兩卷、《音義》三卷。此書僅爲屈原賦二十五篇作注，宋玉、景差以下諸篇皆不注。其篇目次第爲《離騷》、《九歌》、《天問》、《九章》、《遠游》、《卜居》、《漁父》。

《音義》三卷之作者，素爲一大疑案。汪梧鳳《音義跋》云：“據戴君注本爲《音義》三卷。”段玉裁《年譜》云：“此書《音義》三卷，亦先生所自爲，假名汪君。”盧弼《跋鈔本戴注屈原賦》云：“東原極貧，汪爲歙巨族，嫁名於彼刻書以傳，或亦意中事。……但廣雅翻本全抹殺，未免無識耳。”盧弼説，較平和公允。

盧文弨《序》稱此書“微言奧指，具見疏抉”，如“薜荔拍兮蕙綢”，“王逸釋‘拍’爲‘搏壁’。近代多不知此爲何物，乃引《釋名》‘搏壁，以席搏著壁’，增成其義”。郭在貽《楚辭要籍述評》謂《離騷》“恐皇輿之敗績”，舊訓“績”爲功績，戴氏則引《禮記・檀弓》“馬驚敗績”及《春秋傳》“敗績厭覆是懼”，證“車覆曰敗績”。雖明代汪瑗已有類似之説，然戴氏引先秦文獻以證其説，更進一步。他如謂《九歌》諸篇，皆就當時祀典賦之而非祠神所歌，其説亦備一解。

此書有清乾隆刻本，中國科學院圖書館藏，今據以影印。另有清光緒十七年廣雅書局刻

本、民國十二年沔陽盧氏編印《湖北先正遺書》本等。（周建忠　施仲貞）

**屈辭精義六卷**　（清）陳本禮撰　（第1302冊）

陳本禮（1739—1818），字嘉會，號素村，江都（今屬江蘇）人。乾隆年間監生。致仕後，築“瓠室”爲藏書樓。著有《瓠室四種》、《焦氏易林考正》等。事迹見清同治《續纂揚州府志》卷一三、光緒《江都縣續志》卷二四下。

此書六卷。卷首有陳本禮自序，後附張曾《江上讀騷圖歌》，次《離騷精義目録》，次《屈辭精義略例》，次《參引諸家》（凡列劉安、王逸等三十七家），次《史記·屈原列傳》，次沈亞之《屈原外傳》，卷末附陳氏《自識》及《跋》。其篇目次第不依洪氏、朱子之舊，而依《史記》。《略例》云：“余惟漢儒去古未遠，當以太史公所讀古本爲定。”又云：“《九章》之文應分懷、襄兩世之作。《惜誦》、《抽思》、《思美人》，作于懷王時。《哀郢》以下，則頃襄時作也。《橘頌》乃三閭早年咏物之什，以橘自喻，且體涉於‘頌’，與《九章》之文不類，應附於末。”

此書各篇篇名後，或爲“發明”，或爲“箋”，繼引諸家之説，惟《大招》、《九章》僅有“發明”而未引他説。各篇皆分段注釋，先陳已説，後引各家之説。或設“正誤”一目，以校勘文字。此書重在“闡揚奧義”，“發明言外之義者”，如云：“《騷》有賦序。自‘帝高陽’起至‘故也’止，乃《騷》之賦序。漢人《三都》、《兩京》賦序之祖。”又箋《湘君》云：“殆湘水之神，楚俗之所祀者。然二篇亦皆自喻不得於其君之詞，非真咏二妃也。”其評屈賦藝術，亦多精彩獨到。惟此書多疏於考證，往往恍惚汗漫，臆爲變亂，備爲一解可矣。

此書有清嘉慶刻本，今據以影印。另有陳氏讀騷樓刊《陳氏叢書·瓠室四種》本等。（周建忠　施仲貞）

**屈騷指掌四卷**　（清）胡文英撰　（第1302冊）

胡文英，字質餘，號繩崖，武進（今屬江蘇）人。清乾隆三十年（1765）廣東籍副貢，官至高陽知縣。胡氏博覽群書，尤精於毛詩，爲乾隆年間考據學家。著有《毛詩通義》、《莊子獨見》等。事迹見張惟驤《清代毗陵名人小傳稿》卷四。

此書四卷。卷首有王鳴盛《序》，次胡文英《自序》，次《凡例》，次司馬遷《史記·屈原列傳》，次沈亞之《屈原外傳》，次《目録》。此書僅收屈原作品，其篇目次第概依王逸本，《湘君》、《湘夫人》合一歌，《大司命》、《少司命》合一歌，以合《漢書·藝文志》屈賦“二十五篇”之數。視“二招”爲屈原作品，實承明黃文焕説，而黃説已爲林雲銘等學者所采納。合“二湘”、“二司命”以爲《九歌》九篇，則承明周用之説，王邦采、吳世尚、顧成天等學者亦持是説。

胡氏注釋訓詁時必稽求往籍，言而有據，且強調實地考察，“兩涉楚南，三留楚北，詢之耆宿，按之衆圖，繹之屈子之書，仿佛之所涉”（《凡例》）。各篇先解題，闡發題旨，或交代寫作時地。釋文簡約明確，不涉繁瑣。

此書有清乾隆五十一年刻本，今據以影印。（周建忠　施仲貞）

**楚詞釋十一卷**　王闓運撰　（第1302冊）

王闓運（1833—1916），字紉秋，一字壬秋、壬甫，號湘綺，湘潭（今屬湖南）人。清咸豐七年（1857）舉人。曾入曾國藩幕，後講學四川、湖南、江西等地，歷掌成都尊經書院、長沙思賢講舍及衡州船山書院。辛亥革命後，任清史館館長。著有《湘軍志》、《唐七言詩選》等。事迹見《清史稿》、王代功《湘綺府君年譜》。

此書十一卷，或題爲《楚辭釋》。此書僅收先秦楚人之作，其篇目次第爲：卷一《離騷經》，卷二《九歌》，卷三《天問》，卷四《九章》,卷五《遠游》,卷六《卜居》,卷七《漁父》,卷八《九辯》(宋玉),卷九《招魂》(宋玉),卷十《大招》(景差),卷十一《高唐賦》(宋玉)。其卷一至卷十,先引王逸注,後加己注。卷十一《高唐賦》則先引李善注,再加己說。

王氏連綴屈原見放、自沉事迹,并考訂懷、襄二王本事,對屈原作品創作時地、主旨作大膽推測與闡發。"篇篇求與時世相應,句句關切懷襄兩世"(姜亮夫《楚辭書目五種》),其說多推測想像,附會偏執。如謂"凡《楚詞》二十五篇,皆作於懷王客秦之後",《九歌》十一篇"皆頃襄元年至四年初放未召時作,與《離騷》同時",《招魂》爲宋玉作,"因陳頃襄奢惰之狀,托以招原,實勸其死,自潔以遺世不得已之行",《高唐賦》"首陳齊楚婚姻之交,中述巴蜀出峽之危,末陳還都夔巫之本計"。其論詭異、恣放,幾乎未見後世有學者認同。

此書有清光緒二十七年刻本,華東師範大學圖書館藏,今據以影印。(周建忠　施仲貞)

**屈賦微二卷**　馬其昶撰(第1302冊)

馬其昶(1855—1930),字通白,一作通伯,晚號抱潤翁,室名抱潤軒,桐城(今屬安徽)人。清末曾任學部主事。辛亥革命後,歷任省議員、參政院參政、清史館總纂等職。馬氏得桐城派真傳,被譽爲桐城派殿軍。著有《抱潤軒文集》、《毛詩學》等。事迹見陳祖壬《桐城馬先生年譜》、陳三立《學部主事桐城馬君墓志銘》。

此書二卷。卷前收馬其昶自叙。其篇目次第不從王逸、洪興祖、朱熹之舊,止分卷上、卷下,卷上《離騷》、《九歌》、《天問》,卷下《九章》、《遠游》、《卜居》、《漁父》、《招魂》。采黃文煥、林雲銘說,以《招魂》爲屈作。又采王夫之說,以"禮魂"爲前十篇通用之送神曲,以合《漢書·藝文志》屈賦"二十五篇"之

數。其詮釋字句博采諸家之説,後以己意爲折中。其考論大義雖引前人之言,然時有修正、申發。如論《九歌》之作,"懷王既隆祭祀、事鬼神,則《九歌》之作必原承懷王命而作也。推其時,當在《離騷》前"。此説學者多有采納。姜亮夫《楚辭書目五種》謂此書"凡古今釋屈文之重要可采者,大抵略遍。由博而反之於約,可爲清代説屈賦者之殿"。郭在貽《楚辭要籍述評》謂其"凡清人説之精覈者,大抵薈萃於此書。至於自立新説,雖爲數不多,却有獨到之處"。

此書有清光緒三十二年合肥張文運檢《集虛草堂叢書》本,上海圖書館藏,今據以影印。(周建忠　施仲貞)

# 別集類

**枚叔集一卷**　(漢)枚乘撰　(清)丁晏輯(第1303冊)

枚乘(?—前140),字叔,淮陰(今江蘇淮安)人。西漢辭賦家,生平見《漢書》本傳。《漢書·藝文志》載"枚乘賦九篇",《隋書·經籍志》著録"漢弘農都尉《枚乘集》二卷",均已佚。丁晏(1794—1875),字儉卿,號柘堂,山陽(今江蘇淮安)人。道光元年(1821)舉人。咸豐間因禦太平軍、捻軍有功,由侍讀衛内閣中書加三品銜。有《尚書餘論》、《禹貢集釋》、《鄭康成年譜》等著作傳世。生平見《清史稿》。

此書首列《漢書》本傳,次序目録,計有《柳賦》、《梁王菟園賦》、《臨灞池遠訣賦》、《上書諫吳王》、《上書重諫吳王》、《七發》六文及雜詩九首,係輯自《西京雜記》、《初學記》、《古文苑》、《藝文類聚》、《漢書》、《説苑》諸書。篇末雙行小字略注出處,如《柳賦》係據"《西京雜記》上。又略見《初學記》二十八"。除《梁王菟園賦》有兩處校記外,餘皆僅施句讀

而已。書中《臨灞池遠訣賦》有目無文，蓋所據《文選》李善注僅云“枚乘集有《臨灞池遠訣賦》”，未引其文。此書所收亦有未當，如雜詩九首中有八首係據《文選》所題而列於枚乘名下，實則西漢前期未必有如此成熟之五言古詩。丁氏囿於先入之見，未能加以別擇，雖云時代使然，終亦不無遺憾。然枚乘別集久佚，存此一編，亦可備覽。

此本據清宣統三年丁氏鉛印《漢魏六朝名家集》本影印。（李柏）

### 校蔡中郎集疏證十卷外集疏證一卷　（漢）蔡邕撰（清）吳志忠疏證　**蔡中郎文集補一卷**　（漢）蔡邕撰（清）吳志忠輯（第1303冊）

蔡邕（133—192），字伯喈，陳留圉（今河南杞縣南）人。東漢靈帝時召拜郎中，校書於東觀，遷議郎。漢獻帝時曾拜左中郎將，故亦稱“蔡中郎”。蔡邕博學多才，好辭章、數術、天文，精通音律，尤擅書法。生平見《後漢書》。吳志忠，字有堂，別號妙道人，藏書家吳銓曾孫。吳縣（今屬江蘇）人。負藏書望，與顧廣圻友善。長於目錄校勘，輯刊《經學叢書》等行世。事迹見《清續文獻通考》卷二七一。

《校蔡中郎集疏證》收文集十卷。書末附外集、序、目錄及疏證，不分卷。文集前九卷爲碑、銘、議、誥、表、贊、疏、難、辭、策、頌、誄之屬，卷十爲《明堂月令論》、《月令問答》。共收文六十四篇，皆係吳氏手抄，施以句讀，以便省覽。并時有箋識校定之語，或書於天頭，或爲之以雙行小注，或塗乙原文，徑改之於其旁。大多爲是正文字之類，如卷一《故太尉橋公廟碑》“朕嘉君功”，出異文“工”，云“刻本‘功’是也，《漢書》引《書》作‘功’”。間抑考訂史實，如《橋公廟碑》述特進潁王梁不疑爲河南尹，吳注云“商死于永和六年，未及葬，順帝拜不疑爲河南尹”，據史以證碑，

不無裨益。外集收《胡廣黃瓊頌》、《上漢書十志疏》、《述行賦》、《短人賦》、《飲馬長城窟行》、《篆勢》、《隸勢》、《釋誨》八篇。序末署“天聖紀號龍集癸亥余月哉生明後八日海陵西齋平陽歐静識之序”，原所據本無，係從別本補入。疏證則摘引文集及外集文字，加以校正考訂，兼及史實考據，用力頗深，於讀蔡集者襄助非小。

《蔡中郎文集補》一卷，首列《蔡中郎文集補目》，題“吳縣吳志忠輯”，次列正文。亦係吳氏手抄，乃其搜集《文集》、《外集》之外佚文，彙爲一編，詩文合計五十八篇，其中《彈棋賦》有目無文。除《徙朔方報楊復書》、《徙朔方報羊月書》、《辭郡辟讓申屠蟠書》、《與袁公書》、《桓彬論》、《琴贊》、《衣箴》七篇係據張溥本輯入外，餘則據《藝文類聚》、《初學記》、《古文苑》、《太平御覽》、《廣文選》諸書輯得。雖非篇篇具完，而零金碎玉，聊勝於無，且每篇注明出處，甚便查核，視張氏所輯，不啻數倍。

蔡集版本歷來有二：一爲《四庫全書》所收之六卷本，一爲明蘭雪堂所刊十卷本。吳氏此抄雖無自序，然據其卷帙分合、文字異同，乃知抄自十卷本。所據校本有張溥《漢魏六朝百三名家集》本及所謂“別本”，惜不可確知“別本”爲何本。清人顧廣圻極言十卷本優於六卷本，因十卷本原係宋人歐静所輯，比之於明人所輯六卷本較爲可信。顧氏曾經眼三部十卷本，皆有跋語，吳志忠此校，或與顧氏不無關係。要之，吳氏此書，遠勝於《四庫》本。今據國家圖書館藏稿本影印。（李柏）

### 蜀丞相諸葛亮文集六卷（存卷四至卷六）　（三國蜀）諸葛亮撰（第1303冊）

諸葛亮（181—234），字孔明，琅邪陽都（今山東沂南）人，三國時蜀漢丞相，封武鄉侯，謚忠武侯。生平事迹見《三國志·蜀書》本傳。

此書原爲六卷,今殘存卷四至卷六。卷首有閻欽《刻諸葛孔明文集序》。閻欽(1480—1529),字子明,號定峰,隴州(今陝西隴縣)人。正德三年(1508)進士,選史科給事中。因上疏劝諫武宗臨朝理事,當道忌之,遷河南兵備。事迹略見雍正《陝西通志》及此書序。序云“《武德》之《陰察》二十六篇”,今所存者卷四《軍政》、《强兵》、《命將》、《任賢》、《兵戒》,卷五《治國》、《治君臣》、《視聽》、《納言》、《察言》、《治民》、《舉措》、《考黜》,卷六《治軍》、《賞罰》、《喜怒》、《治亂》、《教令》、《斬斷》、《思慮》、《陰察》,共二十一篇。則前三卷僅五篇,知各篇文字多寡甚不同。今存各卷均有剜版,闕文漏字,遂難通曉。如卷六《教令》一篇,脱去一整版,僅存首尾。

此書雖名“文集”,而實類子書,思想駁雜。序內以李子(夢陽)、閻子(欽)二人設爲問答,夢陽指此書“是勸説而附同者爲也”,閻欽則以爲“是書也,習而由之,即用以措事,因心以探法,觀我以制道,無於世不可也。氏不氏,暇論哉?”閻氏嘗推演武侯《八陣圖》爲《九曲新書》,刊布以訓戰士,此書之刻,良有以也。

此本據北京大學圖書館藏明正德十二年閻欽刻本影印。(李柏)

**曹集考異十二卷**　(三國魏)曹植撰　(清)朱緒曾考異　(第1303册)

曹植(192—232),字子建,沛國譙(今安徽亳州)人。三國時期曹魏詩人、文學家。生平事迹見《三國志·魏書》本傳。朱緒曾(1805—1860),字述之,號北山,上元(今江蘇南京)人。道光二年(1822)舉人,曾任秀水、孝豐知縣。朱緒曾藏書甚富,通經史訓詁,工詩,喜以考據、金石入詩。著述甚豐,除此書外,存世尚有《梅里詩輯》、《昌國典咏》、《北山集》等。

此書首列朱緒曾序,稱曹子建之文有裨於

經,有資於史,“於是尋源竟流,核其原采之書。經則賈公彦、孔冲達之所徵;史則裴松之、沈休文之所載;唐宋類書,輔以封演、樂史之記;梁陳總集,助以蕭繹、劉勰之談;表則《開元占經》,茸自瞿曇悉達也;令則《文館詞林》,搴自西條金澤也。以至葛稚川、陳子良之摘奥,張彦遠、洪盤洲之鉤沈。一字一句,必稽異同,必求根據”。可見朱氏搜羅之廣。卷一至卷四爲賦,卷五、六爲詩(卷六題“樂府”),卷七爲頌、碑、贊、銘,卷八爲章、表、令,卷九爲文、七、騷、序、書、誄、哀辭,卷十爲論説。此十卷之目,乃依宋嘉定十卷本,并爲之正訛補遺,又將各篇殘文綴於篇末,有題無文者存其題,失題者附於各類之末,宋本誤收之文則删去。卷十一爲叙録,搜集諸家目録所載曹集提要及諸本序跋,裨使讀者考鏡其源流。從此叙録可知朱氏所據之本有文瀾閣傳抄宋嘉定十卷本曹子建集、明長洲徐氏活字十卷本曹子建集、李廷相十卷本曹子建集、郭雲鵬十卷本曹子建集等十五種。其搜羅之宏富,可見一斑。卷十二爲年譜,末附其子朱桂模跋及蔣國榜跋。

朱氏此書以校勘、輯佚爲主,因其所見甚廣,歷年長久,故超邁前人,比之明季以來諸本,“要約不匱,該贍不蕪,實曹注之收并”,“其精核視銓評且過之”(蔣國榜跋)。但此書亦有繁而不當之處。至於輯佚,朱氏或將各書所引詳略不同或文辭少異之條目連綴成文,亦未甚當。朱氏雖不擅品評鑒賞,但此書將先代文論分門別類繫於各卷篇之下,如卷五詩引沈約《宋書·謝靈運傳論》、鍾嶸《詩品》等加以推闡,卷六樂府引劉勰《文心雕龍·樂府篇》作爲總評,亦可爲讀曹集之一助。

朱氏此書“托始於道光庚子,歷十餘年甫成書”,其後歷經磨難,始由其子朱桂模校録謄寫。今據民國三年蔣氏慎修書屋鉛印《金陵叢書》本影印。書內朱桂模跋云曾采録莫友芝、丁晏之説,核其所舉數端,莫氏之説未

見,或慎修書屋刊刻之時又有增删。(李柏)

**曹子建集十卷逸文一卷** (三國魏)曹植撰 (清)丁晏詮評(第1303册)

丁晏生平見前《枚叔集》提要。

此書首列《四庫全書提要》,凡丁氏不以爲然者,皆隨文注出,如《提要》論"王宋妻詩"作者,丁氏案語謂"今本《藝文類聚》二十九有'魏文帝代劉勛出妻王氏詩',別無'王宋妻詩'"。次引《直齋書録解題》、《郡齋讀書志》提要,次列同治五年仲冬盱眙吳棠《序》、丁晏《自序》、李夢陽《舊序》、張溥《題辭》、丁晏《陳思王詩鈔原序》及所作《東阿懷古》、《東阿王墓》二詩。次列《三國志》本傳。次列"集説",輯録古今著作、詩文中論及曹植其人其文者若干則,猶如資料彙編,亦讀此書之一助。再次爲曹子建集《目録》及《逸文目録》。

此書卷一至卷三爲賦,卷四爲詩,卷五爲樂府,卷六爲頌、碑、贊、銘,卷七爲章、表,卷八爲令、文、七、咏、序、書,卷九爲論、説,卷十爲誄、哀辭。《逸文》不分卷,分賦(附《遥逝》)、詩(附詩遺句)、樂府(附樂府遺句)、贊、頌、表(附表遺句)、令、論、辨及全集遺句共十類。正文後附丁氏所編《魏陳思王年譜》及同治己巳冬十月儀徵劉壽曾之《跋》。

曹集原有三十卷本與二十卷本之分,宋以後十卷本通行天下。丁氏此書即依明萬曆休陽程氏十卷之本,"以《魏志》傳注、《文選》注、《初學記》、《藝文類聚》、《北堂書鈔》(影宋本未經陳禹謨竄改者)、《白帖》、《太平御覽》、《樂府解題》、馮氏《詩紀》諸書校之"(丁晏《自序》),又以張溥《漢魏六朝百三名家集》本參校,擇善而從。劉壽曾參與是書之校刻,其《跋》言校勘體例甚詳。丁晏雖未得見朱緒曾本及閣本,"然所據校,多唐宋以前之書,正誤補脱,實遠出程、張兩本上"(劉壽曾《跋》)。

此本據清宣統三年丁氏鉛印《漢魏六朝名

家集》初刻本影印。(李柏)

**陸士衡文集十卷** (晋)陸機撰(第1304册)

陸機(261—303),字士衡,西晋吳郡(今江蘇蘇州)人,三國吳丞相陸遜之孫,大司馬陸抗之子,與其弟陸雲并稱"二陸",歷任平原内史、祭酒等職,世稱"陸平原"。事迹見《晋書》本傳。

此書無序跋、目録,卷一至卷四爲賦,卷五至卷七爲詩,其中卷五總題"詩上",而無"詩下",卷六爲擬古、樂府,卷七爲樂府、百年歌,卷八爲雜著,卷九爲頌、箴、贊、牋、表、文、誄、哀辭,卷十爲議、論、碑。陸機集《隋書·經籍志》載十四卷,《唐書·藝文志》云十五卷,反多一卷,殆傳寫之誤。自宋以降,公私著録皆云十卷,此後諸本,大抵皆源出宋本。阮元編抄《宛委别藏》時,影抄宋慶元庚申奉議郎知華亭縣事信安徐民瞻《晋二俊文集》本,"共一百七十四首",此與晁公武所云陸機所著文章存世一百七十餘首正同,"則民瞻所刻即公武之本也"(阮元《四庫未收書目提要》)。此書多舛誤脱漏,如卷九《吳大司馬陸公少女哀辭》"□□芳華,彫芳落秀"、卷十《辨亡論》上"威稜則夷羿震盪,兵交則□□授馘"等處,皆有闕文。"然北宋時已如此,而機集之傳於今者,亦莫古於此本矣"(《四庫未收書目提要》)。

此本據《宛委别藏》清抄本影印。(李柏)

**支道林集一卷** (晋)釋支遁撰 (明)皇甫涍輯 **支道林外集一卷** (明)史玄輯(第1304册)

支遁(314—366),俗姓關,字道林,世稱"支公",陳留(今河南開封)人,或説河東林慮(今河南林州)人。二十五歲出家,曾居支硎山,後於剡縣(今浙江嵊州)沃洲小嶺立寺行道,僧衆百餘。晋哀帝時應詔進京,居東安寺講道。事迹見《高僧傳》卷四。皇甫涍

(1497—1546)，字子安，號少玄，長洲（今江蘇蘇州）人。嘉靖十一年（1532）進士，曾官工部主事、禮部主事、儀制員外郎、浙江僉事等。著有《春秋書法紀原》、《續高士傳》、《皇甫少玄集》等。生平事迹見《明史》本傳。史玄，字弱翁，吳江（今屬江蘇）人。與吳易、趙煥齊名，以古文詞相切劘，有《東湖倡和集》。留心經濟，嘗從水道至京師，作《河行注》一卷。詩宗少陵，古體尤工。另著有《舊京遺事》。事迹見清人潘檉章《松陵文獻》卷一〇。

此書分爲"集"與"外集"兩部分，皆不分卷，書前有丁丙題跋一則，則此書爲其舊藏。"集"前有皇甫涍《支道林集序》，次列《支道林集目》，分爲"古詩"、"雜文"兩部分。"外集"前有史玄《支道林外集小序》，次列《支道林外集目》，所記皆"道人雋語佳事"（史玄《序》），計《世說》四十則、《逍遙論》、《高逸沙門傳》（節略）、《晉書》二則、《世説注》二則、《吳地記》一則、《吳郡疏》一則，并附《謝安與支道林書》、《王珣法師墓下詩序》。末有吳家駒之跋《讀支道林外集後》。

支遁文集，《七錄》云十三卷，《隋書·經籍志》云八卷，《高僧傳》及《唐書·藝文志》皆云十卷，以上諸本今皆不傳。明季汲古閣舊抄本，上卷詩凡十八首，下卷書銘贊十五首。該本"序詩文數與汲古合"（丁丙《跋》），蓋同出一源。但該本"雜文"實得十六篇，考皇甫涍序云："往歲獲觀支篇，時復興咏，自得於懷，并拾遺文，附爲一集。"頗疑《與桓玄論州符求沙門名籍書》乃係皇甫氏之"拾遺文"，非汲古閣舊抄所有。支遁詩文存世者，略見此書之中，雖爲數不多，錦鱗片羽，彌足珍貴。

此本據南京圖書館藏明末吳家駒刻本影印。（李柏）

## 陶淵明詩一卷陶淵明雜文一卷 （晉）陶潛撰 （宋）曾集輯 （第1304冊）

陶淵明（約369—427），一名潛，字元亮，號五柳先生，私謚靖節，潯陽柴桑（今江西九江）人。東晉名將陶侃曾孫。少有濟世志，年近而立出仕，經歷十三年仕隱反覆，至東晉義熙元年（405）辭去彭澤令，終生隱居不出，故後世又稱陶彭澤。生平事迹見顏延之《陶徵士誄》、《宋書》本傳等。曾集，生平事迹不詳，其序自稱贛川（今屬江西）人。

陶淵明生前著作不多，而編集甚早，至遲在南朝梁已行世。北齊陽休之謂："其集先有兩本行於世，一本八卷無序，一本六卷并序目，編比顛亂，兼復闕少。蕭統所撰八卷，合序目傳誄，而少《五孝傳》及《四八目》，然編錄有體，次第可尋。余頗賞潛文，以爲三本不同，恐終至亡失，今錄統所闕，并序目等，合爲一帙十卷，以遺好事君子。"（陶澍《靖節先生集注》卷首《諸本序錄》）據此，梁代至少已出現三種陶集傳本。蕭統的八卷本和陽休之的十卷本經隋唐五代人輾轉傳抄，至北宋，民間流傳陶集已有數十種之多。北宋宋庠據蕭統、陽休之二本及當時民間流行本重加整理，編爲十卷本（宋庠《私記》），是爲陶集刊本之始。其後思悦綜采流行衆本校讎，重編十卷本陶集，最後又以宋庠刊定之本校核，"於疑闕處甚有所補"（思悅《書靖節先生集後》）。今宋庠本、思悅本皆失傳，而世傳南宋諸刻，皆自二本出。

此南宋紹熙江西刻本，曾集編輯，是現存最早宋本陶集之一。書後錄顏延之《靖節徵士誄》及蕭統《傳》，末有曾集之跋。該本避諱至光宗止，寧宗以下諸帝皆不避，而跋作於紹熙壬子，則當爲光宗紹熙三年至五年（1192—1194）所刊。詩文各爲一卷，《陶淵明詩》存《種苗在東皋》、《問來使》等偽作，《陶淵明雜文》則刪去《扇上畫贊》、《讀史述九章》、《五孝傳贊》、《四八目》，其餘篇目次第略同於南宋流行之蘇寫本、曾紘本。

據曾集序，其刻印陶集，只因"吟咏情性以自適"，於版本文字、作品真偽等概未作學術考究。然成書年代較早，故文獻價值極高。全書小字校注異文多達七百餘條，據所稱"宋本作某"、"一本作某"，又不録思悦《書靖節先生集後》，知當出自北宋宋庠本，而非思悦本。該本基本保存了宋庠本校語，最接近宋庠本原貌，又旁采他本異文甚多，亦頗資參考。

據瞿鏞《鐵琴銅劍樓藏書目録》卷一九，知該本原爲常熟瞿氏鐵琴銅劍樓所藏，現藏國家圖書館，今據以影印。（鄧安生）

## 陶靖節先生詩注四卷補注一卷 （晋）陶潛撰 （宋）湯漢注（第1304册）

此書爲南宋淳祐時湯漢所刊。湯漢（1201—1272），字伯紀，號東澗，饒州安仁（今江西餘江）人。官至端明殿學士，與其兄干、巾、中皆知名當時，卒後特贈正奉大夫，謚文清。著有《湯東澗集》。《宋史》有傳。

此書卷一爲四言詩，餘三卷爲五言詩。又以《桃花源記》有詩，《歸去來兮辭》類詩，并附於卷四之末。《歸園田詩》之六《種苗在東皋》、《問來使》，皆指爲偽作；《雜詩十二首》"嫋嫋松標崖"一首，云東坡和陶詩無此篇。附三者於集末，皆爲有識之見。集末并收《聯句》詩。湯漢受韓子蒼啓發，窺見陶淵明忠義之節，凡所箋釋，總以表曝其心事爲主，頗得陶詩意旨所在。如《述酒》一詩，千百年來，讀者不知爲何語，湯漢反復探尋，以爲零陵王哀詩，因詳加箋釋，遂袪其蔽。但湯注既專以"忠憤"論陶，故有時不免穿鑿。如《九日閑居》："如何蓬廬士，空視時運傾。"本寫四時運行，慨歎重陽無酒可飲，湯注乃謂"指易代之事"，其後元劉履等更據湯漢之説加以推演，雖各有因，而湯注終不能辭其咎。得失相較，湯注發明之功爲大。且湯注自具機杼，非人云亦云、陳陳因襲者可比。又此書爲現存最早陶詩注本，文字頗與後世傳本不同，自具校勘價值，故甚爲學者所重。

此書元、明兩代失傳，至清乾隆四十六年復出，吳騫據抄本重雕，遂大行於世。今據國家圖書館藏宋淳祐元年福州刻本影印。（鄧安生）

## 箋注陶淵明集十卷 （晋）陶潛撰 （宋）湯漢等箋注　總論一卷 （元）李公煥輯（第1304册）

李公煥，廬陵（今江西吉安）人，生平事迹不詳。據書後吳焯《跋》知爲南宋時人，書亦刻於南宋。而明何孟春《陶靖節集後記》則以李公煥爲元人。二説皆未言所據，不知孰是。

此書前四卷詩，編次與湯注本略同。卷五記、辭、傳，卷六賦，卷七《五孝傳》，卷八疏、祭文，卷九、十《集聖賢群輔録》。卷首輯録宋代諸家評陶爲《總論》，卷十末附顏延之《靖節徵士誄》及蕭統《傳》。匯輯舊注作雙行小字，隨文出注，所輯諸家評語則分別附於各篇之後，開後世集注集評先聲。由於此書保存了大量舊注舊評，故自湯注本失傳後，頗受世人重視，流傳甚廣，影響極大，明清兩代所刊陶集多從此出。今人逯欽立校注《陶淵明集》以此書爲底本而删去偽作。

此書之長在薈萃衆説，其失則在疏於考辨。李氏於陶淵明本未深研，又頗好雜引宋人地志雜説，故箋注謬誤甚多。前人摻入的偽作《五孝傳》、《集聖賢群輔録》、《四時》、《問來使》、《種苗在東皋》等悉予保留。除《問來使》、《種苗在東皋》篇後附録韓子蒼、湯漢等人辨偽之語外，其他全無甄別之言，以致魚目混珠，遺誤後學。故何孟春譏評公煥"不見其能爲述作家"。

郭紹虞《陶集考辨》稱此書原有數本，其所經見者有吳焯繡谷亭舊藏本、吳縣潘景鄭家藏本等。按此書元刻本各館藏多有，今據浙江圖書館藏元刻本影印。（鄧安生）

**靖節先生集十卷首一卷**　（晋）陶潛撰（清）陶澍集注　**諸本評陶彙集一卷靖節先生年譜考異二卷**　（清）陶澍編撰（第1304冊）

陶澍（1778—1839），字子霖，號雲汀，安化（今屬湖南）人。清嘉慶七年（1802）進士，道光間官至太子少保、兩江總督。卒諡文毅。著有《陶文毅公集》等。生平事迹詳見《清史稿》、《清史列傳》卷三七等。

此書十卷，前四卷詩，卷五賦、辭，卷六記、傳、述、贊，卷七疏、祭文，卷八《五孝傳》，卷九、十《集聖賢群輔錄》。删去了《歸園田居》之六、《問來使》、《四時》三篇偽作。卷首有《諸本序錄》、顏延之《陶徵士誄》、蕭統與史書各傳、雜識。正集後附《諸本評陶彙集》一卷、《靖節先生年譜考異》二卷爲卷末。各卷分合與篇中異文，參考衆家，擇善而從。其所據之本，計有湯漢、李公煥、何孟春、汲古閣、焦竑、張溥、張自烈、毛晉、何焯、黃文煥、蔣薰、吳瞻泰等十二家，而以湯、李、何孟春三家爲主。參考陶集版本之多，匯輯資料之富，立例之謹嚴，注釋之詳眩，前所未有。詩文中凡涉及史實、出處行事者，考證尤所着力。《靖節先生年譜考異》“旁徵博引，辨析精詳；其所發明，尤在出處一事。譜首論世系，亦甚周悉”（朱自清《陶淵明年譜中之問題》），世稱佳本，流傳廣泛。惟此書采湯漢、劉履、何孟春、黃文煥舊注，以“忠憤”、“譏刺”説論陶，又多雜引宋元以來地志，不免穿鑿，且時見抵牾。

此書有清道光二十年周詒樸刻本，莫友芝校并跋，藏上海圖書館，今據以影印。（鄧安生）

**謝康樂集四卷**　（南朝宋）謝靈運撰（明）沈啓原輯（第1304冊）

謝靈運（385—433），祖籍陳郡，會稽（今浙江紹興）人。東晉名將謝玄之孫，小名“客兒”，人稱謝客。又以襲封康樂公，稱謝康公、謝康樂。生平事迹見《宋書》、《南史》本傳。沈啓原，字道初，別號霓川，浙江秀水人。嘉靖三十八年（1559）進士，官至陝西按察副使。《秀水縣志》卷六、《國朝獻徵錄》卷九四有載。

此書原題“明檇李沈啓原輯、秣陵焦竑校”。首列諸家品評之文若干條，録鍾嶸《詩品》、沈約傳論、無名氏《詩品》、皎然《詩評》、《詩譜》、《竹林詩評》、《石林詩話》、《後山詩話》、《滄浪吟卷》、《詩家直説》、《吟牕雜録》、《琅邪漫抄》、《西原遺書》等書中論及謝詩者，總題“詩品”，其中亦有鮑昭、湯惠休、唐子西、李夢陽、黃省曾、王世貞之言，但未注明出處。全書無目録，卷一、二爲賦，卷三爲樂府、雜詩，卷四爲表、論、書。所輯謝靈運作品共計賦十四篇，樂府十九首，雜詩七十八首，表、論、書等若干篇。除少數作品外，鮮有標明出處者，但輯自《初學記》、《文苑英華》、《詩紀》、《樂府詩集》、《藝文類聚》等類書總集諸條，往往見諸校勘記中。其中卷二《江妃賦》因“《初學記》所載與《藝文類聚》互異，皆節文也，姑並存以俟考”。此集編次混亂，且雜有他人之文，如竺法綱、釋慧琳二難，《王衛軍問》等。

此本據復旦大學圖書館藏明萬曆十一年沈啓原刻本影印。（李柏）

**梁江文通集十卷**　（南朝梁）江淹撰（明）胡之驥注（第1304冊）

江淹（444—505），字文通，濟陽考城（今河南蘭考）人。歷宋、齊、梁三朝，曾任御史中丞，梁時官至金紫光禄大夫。其詩作幽麗精工。生平事迹見《梁書》、《南史》本傳。胡之驥，《書目答問》作“胡人驥”，字伯良，生平不詳。

該本爲丁丙舊藏，書前有鄭簠、黃彭年、丁丙題跋。首列胡之驥《彙注梁江文通集叙》，次列凡例，《南史》本傳。共十卷，卷一、二爲賦,卷三、四爲詩,卷五爲騷、雜篇、拾遺、頌、贊,卷六爲符、教、檄文、章、表,卷七爲表,卷八爲啓、詔,卷九爲上書、牋、奏記、書,卷十爲誄、行狀、墓志、祭文、呪文、傳、序。鄭氏跋謂"七卷十四、(十)五葉闕",今詳驗此處,并不闕脫,惟筆劃較粗,或爲黃彭年、丁丙補配。該本卷次,與莫友芝《舊書經眼録》所載宋十卷本,"雖小參差而大段相同"(丁丙跋),足見"此本足可寶貴"(鄭篠跋)。蓋胡氏據梅鼎祚本,校以汪士賢本,并加注釋,於每卷之後,注明正過若干字。其注全書,殆爲首創,且能追本溯源,旁證經史,筆路藍縷之功不可没。但穿鑿之弊未能盡免,引書亦較隨意,裒輯佚文亦未備。

此本據南京圖書館藏明萬曆二十六年刻本影印。(李柏)

### 哀江南賦注一卷　王闓運撰注（第 1304 冊）

此書原題北周庾信撰,《續修四庫全書》遂列於《梁江文通集》之後、《王無功文集》之前,實則有誤。該本卷前有(譚)澤闓跋語,略云:"辛亥三月,余侍湘綺丈人師坐,偶語及師作《哀江南賦》,以爲事遠年湮,將無人能言其故實,因作注爲請。"湘綺老人乃王闓運號,故此篇實乃闓運自撰自注。王闓運生平見前《楚詞釋》提要。

此文所賦乃太平天國事,時王氏在曾國藩幕中,親歷戎行,故作此篇以紀實。如其於"始賜旄而申伐,期并綏斯敷土。臨時雨而出師,望南雲而開府。尚書舊望,忠殫貞竭。輿疾蒙瘴,乘宵馳節。方霜厲而雲騰,嗟霧墮而風烈。馬伏波據鞍而不歸,羊叔子登山而樹碣。哀此偉人,傷茲部民。陽沉掩幕,雨泣攀輪"數句,注云:"道光三十五年五月庚戌,廣西始亂與聞,詔林則徐督剿。林病中從閩赴粵,有詩云'苟利國家生死以,敢因禍福避趨之'。未至,道卒。"則所哀之偉人爲林則徐,所傷之部民爲廣西民。《湘綺樓詩文集》

開卷首篇即此賦,題下注云"用庾子山舊韻",篇末有"甲寅歲七月"所作跋語,云:"洪逆之亂,禍延七省。按其地分,皆古江南。余才愧昔賢,親逐戎馬,雖無典午之達,亦免南冠之窮。多暇抽思,殷勤屯筆,乃爲新製,竊用舊名。既以江南冠題,故淮北、山東,皆不列入。既此數省,傳聞亦異。維桑與梓,頗述其詳,以貽哲工鑒焉。"可與此注互證。此賦誤爲庾信之作由來已久,《中國古籍善本書目》既已如此。

該本係澤闓手抄,而王氏加批釋於天頭,字殊潦草,不易辨識。王氏自謂爾時日記不可覓,僅就體段注釋之,聊使後之讀者因以求其迹,未能詳也云云。故所注極簡略,備忘而已。惟與太平天國史實關涉極大,且爲王氏親身經歷,故仍具參考價值。

此本據南京圖書館藏稿本影印。(李柏)

### 王無功文集五卷　（唐）王績撰（第 1304 冊）

王績(585—644),字無功,號東皋子,絳州龍門(今山西河津)人,隋末大儒王通之弟。隋大業中,舉孝悌廉潔科,授秘書省正字。隋唐之際,時隱時仕,後隱居東皋,縱意琴酒。貞觀十八年(644)自撰墓志銘,卒於家。生平事迹見兩《唐書》傳記及《自作墓志文并序》。

王績之文集爲好友吕才所輯并序。《舊唐書·經籍志》、《新唐書·藝文志》、《宋史·藝文志》、《國史經籍志》卷五并著録《王績集》五卷,《崇文總目》卷五著録《東皋子集》二卷,《郡齋讀書志·別集類上》、《直齋書録解題·別集類上》、《文獻通考·經籍考五八》、《世善堂藏書目録》卷下著録《東皋子集》五卷,當係同集而異名者。《宋史·藝文志》著録《王績集》五卷,另著録《東皋子集略》二卷,爲中唐陸淳删節原集而成。原五卷本久不通行,明以來流傳之三卷本《東皋子集》,係從陸淳節略本演化而來,凡賦、詩、文各一卷并附録一卷,有萬曆、崇禎刻本和數種明、清抄本。《四庫全書》、《四部叢刊續編》等皆據三卷本采録。清中葉後,始有人注意到別有《王無功文集》五卷本行世,《絳雲樓書目》、《結一廬書目》著録兩種抄本。今國家圖書館藏有清嘉慶、道光間東武李氏研録山房校抄本,凡五卷,補遺一卷,附録一卷,與《沈雲卿文集》合訂一冊。

此五卷本,前有呂才《王無功文集序》,次"王無功文集標目"。正編卷一收賦九篇,卷二詩六十一首,卷三詩五十三首,卷四書七篇,卷五雜著二十九篇。爲清乾隆大興朱筠家藏手抄本,現藏上海圖書館,今據以影印。據韓理洲《王無功文集》(五卷本會校)考證,東武李氏研録山房校抄本當源於該本,或與該本同源。國家圖書館所藏同治四年陳氏晚晴軒抄本亦據該本抄録,書後《附記》稱該本爲"大興朱氏竹君傳鈔足本"。(趙榮蔚)

### 駱臨海集箋注十卷首一卷末一卷　(唐) 駱賓王撰 (清) 陳熙晋箋注 (第 1305 冊)

駱賓王(約 627—約 684),字觀光,行四,婺州義烏(今屬浙江)人。唐高宗永徽中,爲道王李元慶府屬官。儀鳳中遷侍御史,因上章諷諫武氏,被誣下獄,次年遇赦。調露二年(680)除臨海(今浙江天台)丞,世稱"駱臨海"。不得志,棄官去。光宅元年(684),徐敬業在揚州起兵討武則天,賓王爲藝文令。敬業敗,賓王亡命,不知所之。生平事迹見兩《唐書》傳記、郗雲卿《駱賓王文集序》。陳熙晋,字析木,號西橋,義烏(今屬浙江)人。嘉慶優貢生,以教習官貴州開泰、龍里、普定知縣,復以仁懷同知擢湖北宜昌府知府。平生沉潛經學,著有《春秋述義拾遺》八卷、《古文孝經述義疏證》五卷等。生平事迹見《清史稿》、《清史列傳》卷六八等。

《駱賓王文集》十卷,爲武則天時郗雲卿所輯并序。《舊唐書·經籍志》著録《駱賓王集》十卷,《新唐書·藝文志》著録《百道判集》一卷,又《駱賓王集》十卷。《郡齋讀書志·別集類上》、《直齋書録解題·別集類上》并著録《駱賓王集》十卷。據陳振孫所記,宋時賓王集有兩種不同版本流傳。今傳宋蜀刻本《駱賓王文集》十卷,清嘉慶二十一年(1816)秦恩復石研齋刊入其所編《唐人三家集》,卷末附顧廣圻《考異》一卷。明以後,賓王文集傳世者有十卷、八卷、六卷、四卷、三卷、二卷、一卷本多種,文集注本傳世者不下十餘種。清咸豐年間,陳熙晋考訂箋注,閱數十年而成《駱臨海集箋注》十卷,爲明清兩代流行的各種駱賓王集做了總結性工作,成爲駱賓王文集整理集大成之作。

此書輯佚考訂,校勘精審。凡舊本漏收詩文散見於《全唐詩》、《全唐文》、《文苑英華》以及有關書籍中者,均被輯入。舊本佚去篇題及文字脱漏之處,都謹慎地做了校補。在分體編年、逐篇箋釋中,貫串歷史綫索,與當時史實密切結合,通過釋文,可以較清晰全面地瞭解駱賓王之生平和詩文之時代背景。書中有關輿地、職官、典章制度以及典故成語等,陳氏均於唐前之書,殫力搜討,互相考證,以原始資料做出詳盡闡述。凡引經史,必書某篇某傳,諸子百家,亦列篇目,至引古人文集,亦務舉其題。全書鉤稽排比,箋注精博,功力深厚。然爲表彰賓王"忠義大節",箋文中也時有牽合史實,强爲附會之處。引文有時不分主次,略嫌累贅。

此書有清咸豐三年松林宗祠刻本,今據以影印。(趙榮蔚)

### 王子安集注二十卷首一卷末一卷　(唐) 王勃撰 (清) 蔣清翊注 (第 1305 冊)

王勃(650—約 676),字子安,絳州龍門(今山西河津)人。隋末大儒王通孫,初唐詩人王績爲其叔祖。高宗乾封元年(666),應幽素科試及第,授朝散郎。勃恃才陵藉,爲僚吏共嫉。上元二年（675），勃往交趾省父，渡海溺水，驚悸而卒。生平事迹見楊炯《王勃集序》、兩《唐書》傳記。蔣清翊，字敬臣，江蘇吳縣（今蘇州）人。約生活在咸豐、同治、光緒三朝間，曾任知縣等職。室名雙唐碑館，著《緯學原流興廢考》、《洪遵泉志集證》（未刊）。

王勃卒後，其兄勔、勮搜其遺文而編成文集二十卷，楊炯序之。宋時流傳有三十卷、二十卷兩種，前者有楊炯序，後者有劉元濟序。詩集八卷亦曾單獨別行。洪邁《容齋四筆》卷五《王勃文章》云"勃之文之存者二十七卷"，當是三十卷本之不全者。宋元舊刊，今已亡佚不存，現日本尚存三十卷抄本之殘篇。今傳《王勃集》二卷，爲明人所輯，前後無序跋，相比原集闕略殊甚。

明崇禎中，閩漳張燮以嘉靖壬子（1552）永嘉張遜業《十二家唐詩·王勃集》爲基礎，又輯《文苑英華》、《唐文粹》諸書，編爲《王子安集》十六卷，附錄一卷，編入其所刊《初唐四子集》，《四庫全書》加以采錄。羅振玉於1909年至1918年十年間從日本搜訪得王勃佚文二十四篇，輯成《王子安集佚文》一卷，其中據日本正倉院《王子安集》殘卷印本四十一篇輯得佚文二十篇，又從日人內藤湖南所贈《王子安集》古寫殘卷影本中輯得墓志三篇、祭文一篇；別爲校記一卷，凡二百二十八條，編入其所刊《永豐鄉人雜著續編》，有1918年上虞羅氏仿宋鉛印本。

王勃文集古無注本，蔣清翊《王子安集注》二十卷係王勃文集的第一個注本。是集編次，詩依明張遜業所刊兩卷本，賦及雜文依《文苑英華》。又從《唐語林》輯補贊一首，從崇善寺本輯補賦、記各一首，從《全唐詩》、《初唐十二家集》、《韻語陽秋》輯補詩八首，從《全唐文》輯補序、碑各一首，均依次編入。卷首爲《序》、《凡例》、《王氏世系》、《匯錄事迹》詩文評語附、目錄及楊炯《王子安集原

序》。卷一、二收賦十二篇，卷三詩九十四首，卷四表、啓十三篇，卷五至卷九書、疏、序五十篇，卷十至卷二十記論、頌、贊、碑、行狀二十一篇。抄寫有脱誤處，則仿刊誤之例，綴《補注》一卷於卷末。蔣注於駢字故實，率尋源星海。諸凡唐以前經史百家之書、總集別集筆記小説之類，以至佛藏內典等冷僻之著，幾乎引用殆遍。所引載籍，俱詳某篇某卷，間有原書已亡者，必標明所據之書，極便後人。由於遵循一字一句必追溯來源出處之原則，故餖飣瑣碎、前後重出現象亦往往間見。有時亦不免主觀臆斷，如認爲某字是某字之訛等。儘管有此不足，然清翊之注，"於自唐迄今鴻才博學所不敢命筆者，毅然爲鑿山導河之舉，不可謂非子安之功臣矣"（宜振《序》）。

此書有清光緒九年吳縣蔣氏雙唐碑館刻本，今據以影印。（趙榮蔚）

### 李嶠雜咏二卷　（唐）李嶠撰（第1305冊）

李嶠（約645—約714），字巨山，趙州贊皇（今屬河北）人。年十五通《五經》，弱冠舉進士，後舉制策甲科，朝廷每有大手筆，皆特令嶠爲之。歷仕武后、中宗、睿宗朝，官中書令，加修文館大學士，監修國史，封趙國公，睿宗時出爲懷州刺史，以年老致仕，年七十卒。兩《唐書》有傳。

《舊唐書》本傳載李嶠"有文集五十卷"，《舊唐書·經籍志》著錄《李嶠集》三十卷，當爲"五十卷"之誤。《新唐書·藝文志》著錄《李嶠集》五十卷、《雜咏詩》十二卷。《李嶠集》五十卷宋時已散佚不存，流傳於世的是詩十卷，以及《雜咏詩》一百二十首，亦名"單題詩"。今傳《李嶠集》三卷，係明人所輯，有明活字《唐人詩集》、朱警輯《唐百家詩》、黃貫曾輯《唐詩二十六家》諸本。另《初唐李嶠詩集》一卷，明萬曆畢效欽所輯，編入畢氏所刊《十家唐詩》。

此《李嶠雜咏》二卷，前有天寶六載（747）

登仕郎守信安郡博士張庭芳《故中書令鄭國公李嶠雜咏百二十首序》。次目錄,上卷爲乾象部、坤儀部、芳草部、嘉樹部、靈禽部、祥獸部,六部各十首;下卷爲居處部、服玩部、文物部、武器部、音樂部、玉帛部,六部亦各十首。總計收咏物詩一百二十首,與原數合。卷末附日本寬政十一年(1780)天瀑山人《李嶠百咏跋》二則,後則云:"張庭芳序撰于作注時,《朗咏集注》往往引《百咏注》,而今已亡,爰據原本,仍冠其序於首。"考晁公武《郡齋讀書志·別集類上》著錄《李嶠集》一卷,注云:"集本六十卷,未見。今所錄一百二十咏而已。或題曰'單題詩',有張方注。今其詩猶存,唯張方注不傳。"則所謂"張方注",當係"張庭芳注"之誤,其注宋時已亡佚。今張庭芳《李嶠雜咏注》尚存殘卷于敦煌寫本中,王重民《敦煌古籍叙録》卷五有著錄,國家圖書館亦藏有殘卷拷貝。

此書有日本寬政至文化間活字印本,收入《佚存叢書》中,有民國十三年上海商務印書館影印本,今即據以影印。(趙榮蔚)

**李詩選注十三卷**　(唐)李白撰　(明)朱諫選注　**李詩辯疑二卷**　(明)朱諫撰(第1305—1306册)

朱諫(1462—1541),字君佐,樂清(今屬浙江)人,祖籍福建東山,先世在南宋時遷居樂清之瑤奧,因地處雁蕩之南,故自號蕩南。弘治九年(1496)登進士第,五十四歲時謝病歸,授中憲大夫。優游林下,卒年八十。時人稱之集詩家、能吏、理學中人于一身。著有《學庸圖説》、《宋史辨疑》等。生平事迹見焦竑《國朝獻徵録》卷八七王健《吉安府知府朱先生諫行狀》、過庭訓《本朝分省人物考》卷五六。

此書首列洪垣《李詩選注辯疑序》,次爲王心《刻李詩選注辯疑序》,再次爲《新唐書·李白傳》。正編選注李白詩六百六十一首,其箋釋文義,大抵以楊齊賢、蕭士贇《分類補注李太白詩》爲藍本,而删其詞意淺俗不類白作及雖係白作而出於不經意者。以其不全錄原本,故名《選注》。體例如朱子釋經例,先解文義,次述興意,使微辭奧旨燦然明白,即在詳盡注釋詞語典故後,再將詩歌意旨加以申講闡釋,揭示其意境,詳簡得中,頗便省覽。某些注解亦能發前人所未發,給人以啓迪。朱注的不足在於每首詩均標明賦比興,"未脫宋以來講學家説詩窠臼","其考釋亦間有疏漏"(孫詒讓《溫州經籍志》卷二六)。

《李詩辯疑》二卷,取李詩中"舛悖卑陋煩複"之作"指摘疵纇"(《刻李詩選注辯疑序》)。朱氏用理學家的道德判斷取代科學辨僞,在没有確鑿證據的情况下,僅憑自己的閲讀感受,以自己的習慣思維理解李白作品,往往主觀武斷地得出結論,將二百多首李白詩指爲僞作,幾占現存李詩的四分之一。李白《宣州謝朓樓餞别校書叔雲》、《答王十二寒夜獨酌有懷》、《梁甫吟》、《遠别離》等代表作亦列其中。如卷上辨《遠别離》曰:"妄引《竹書》,以堯被舜囚,舜則野死,是無稽之言,侮聖尤甚。稍有人心者不忍聽之,尚忍言乎?……故切切而爲之辨。"實則白之詩作於安史亂起之時,詩中反復言及"君失臣"、"權歸臣"之問題,均寓有極深之慨。且《史記·五帝本紀》張守節《正義》即引《竹書紀年》之語:"昔堯德衰,爲舜所囚也。"朱氏不察,强爲辨解,實爲迂闊之論。

此書明嘉靖二十五年初由朱諫之子朱守宣刻於郴州。明隆慶六年朱諫之姪朱守仁於溫州校定重刊,南京圖書館藏刻本,今據以影印。(趙榮蔚)

**分門集注杜工部詩二十五卷**　(唐)杜甫撰　(宋)王洙　(宋)趙次公等注　**年譜一卷**　(宋)吕大防撰(第1306册)

王洙(997—1057),字原叔,宋城(今河南商丘)人。仁宗天聖二年(1034)進士,官至翰林學士。《宋史》有傳。趙次公,字彦材,或云名彦材,字次公,嘉州龍游(今四川樂山)人。曾任隆州司法參軍。所著《新定杜工部古詩近體詩先後并解》,約成書於高宗紹興年間。有殘本傳世,今人林繼中有輯本。吕大防(1027—1097),字微仲,京兆府藍田(今陝西藍田)人。仁宗皇祐元年(1049)進士,官至尚書左僕射兼門下侍郎,封汲國公,後遭讒毁貶死。《宋史》有傳。

《新唐書·藝文志》著錄“杜甫集六十卷,小集六卷”,至北宋已不可復見,王洙始取秘府舊藏及他人所有之杜集,裒爲二十卷,收詩“千四百有五篇”(王洙《杜工部集記》)。後經姑蘇郡守王琪鏤版刊行,成爲後世杜集之祖本。宋代尊崇杜詩,當時即有“千家注杜”之説。南宋初有僞托王十朋之《王狀元集百家注編年杜陵詩史》。此《分門集注杜工部詩》係書賈以僞王集注爲藍本編纂,書中避諱字及“敦”、“廓”,而“匀”字不避,當刊刻於宋寧宗時。卷首載王洙、胡宗愈、王得臣、魯訔、鄭印、王安石、宋誼、孫僅諸人序,王琪《後記》,鄭印《跋子美詩并序》,孫何、歐陽修、張伯玉等人咏杜詩,以及元稹《子美墓志銘》、《新唐書·杜甫傳》、李觀《補遺杜子美傳》。該書改變杜集舊本編次,依詩題之門類分爲七十二門,始於“月門”,終於“雜賦門”,以助學詩者模仿。卷首又載“集注杜工部詩姓氏”,計一百五十家。實際引及者不及百家,其中以王洙(僞托)、趙次公、鮑彪、蘇軾(僞托)、師古、王十朋、鄭印、杜修可、薛蒼舒等人爲多。其他人則多爲隻言片語,多取之於詩話筆記。全書收錄杜詩一千四百五十四首,《奉送崔都水翁下峽》、《復愁十二首》之十一兩首重出。此書編纂似未經學人之手,純爲坊間書賈所爲,粗制濫造,爲學者所詬病。王國維謂:“杜詩須讀編年本,分類本最可恨,偶閱數篇注,支離可咽。少陵名重

身後,乃遭此酷,真不幸也。”(《觀堂別集補遺》)然此書版印絶精,在現存宋刊杜集中仍不失爲重要刊本,對版本校勘、舊注輯佚等頗有助益。

此書卷首載《年譜》一卷,吕大防撰。此編又稱《杜詩年月》或《吕汲公年譜》,作者於年譜末自言:“予苦韓文、杜詩之多誤,既讎正之,又各爲年譜,以次第其出處之歲月,而略見其爲文之時,則其歌時傷世、幽憂切歎之意,粲然可觀。又得以考其辭力,少而鋭,壯而肆,老而嚴,非妙于文章,不足以至此。”現存杜甫年譜不啻數十家,此爲開創之作。然原譜已佚,賴附于各種宋刊注本以傳。此書所録確定杜甫生卒年、所述事略,大體無誤,然各年所標干支多誤。吕譜後爲“東萊蔡興宗重編”之年譜,爲詩繫年,較吕譜詳盡。

此書底本原爲上海潘宗周寶禮堂藏本,《四部叢刊》曾據以影印。原書現藏於國家圖書館,今據以影印。(王學泰)

**杜工部草堂詩箋四十卷** (唐) 杜甫撰 (宋) 蔡夢弼注 **詩話二卷** (宋) 蔡夢弼輯 **年譜二卷** (宋) 趙子櫟 (宋) 魯訔撰 **黃氏集千家注杜工部詩史補遺十卷** (宋) 黃鶴注 **集注草堂杜工部詩外集一卷** (宋) 蔡夢弼注 (第1307冊)

蔡夢弼,字傅卿,建安(今福建建甌)人,生活於南宋末年,生平不詳,似是有一定編輯和寫作能力的書賈。

此《杜工部草堂詩箋》爲編年彙注本,不分詩體,次序一依魯訔編年,將作者生平分爲若干階段,每階段作品依次編入。該書引用諸家注詳略與《九家集注》、《分門集注》、《百家注》等有所不同,保存大量宋人注文,對舊注錯誤也有所校正。彙注諸家包括王洙、師古、杜田、杜修可、趙子櫟等人,對僞“東坡注”有所警惕,所收不多,只是間有采用。蔡氏本人意見較少,更少發揮。然而注文往往隱去原

注者之名,如不與其他宋人注本核對,很難弄清注文歸屬。其間注文與魯氏編年相齟齬者,也往往不予理會,以致編年與注文相互矛盾。此書保存杜集異文較多,常爲校勘杜集者取資,但其中頗有蔡氏以意改動者。此書原刊爲五十卷,然現存"五十卷本"皆爲殘本。國家圖書館所藏有三十九卷本(存一至十九、二十二至三十五、三十九至四十一、四十八至五十卷)、十九卷本(存四至八、十四至二十、二十七至二十八、四十至四十四卷)。成都杜甫草堂所藏另有二十五卷本(存二十六至五十卷)及"二十二卷本",皆非全本。

此書黎庶昌刊入《古逸叢書》,雖爲五十卷本,然如其自記所云:"予所收《草堂詩箋》有南宋、高麗兩本。宋本闕《補遺》、《外集》十一卷。今據以覆木者,前四十卷南宋本,後十一卷高麗本。兩本俱多模糊。"黎氏以兩本互校。每卷首頁標題混亂,梓人木村嘉平"病其不一,僅存正、補兩首卷題名外,餘皆削去",行款前移,以致與"原本不合"。近人傅增湘用黎刻本與其他宋本對校,指出其相異之處,如云"宋刻原爲五十卷,無所謂《補遺》也。黎刻本書四十卷後別出《補遺》十卷,於是魯氏編年之意全失","宋刻與黎刻自卷一至十九次第相符,下此則顚倒混淆"等。據傅氏考證,高麗本也是四十卷,并無《補遺》十卷之說。傅氏推測此書宋代初刻爲十一行本,其後十二行本乃"坊市之陋刻,凡卷次淆亂,注文脱失,標題錯出,皆自此坊刻始"(上引皆見《藏園群書題記》)。可見此本非宋刻與高麗本的胖合本,而是多種"坊市之陋刻"向壁虛造注文的拼合本。

此《補遺》十卷,題"黃氏集千家注杜工部詩史補遺",收四十卷遺落之詩,當是南宋坊間書賈所爲。卷首牌記云:"蔡夢弼嘗集工部詩四十卷而箋注之,取信海內已久。然其間猶有遺逸,觀者不喜滄海遺珠之憾。今得

黃氏父子《集千家注詩史補遺》,計一十卷,意梓以傳,非但有以備前編之遺闕,亦所以集詩史之大成歟。"此編之造亦非黎庶昌所爲,意南宋之時五十卷之完璧已不多見,故有《草堂詩箋》四十卷加《補遺》十卷之僞造。元明時流傳至高麗等地,高麗據此翻刻。

《外集》一卷,題"酬唱附録",蔡夢弼會箋,應是《草堂詩箋》附録。録詩共四十七首,然大部分作品并非與杜甫酬唱之詩,作者或在杜甫之前,或在杜甫之後,非與杜甫有交往。如首篇爲唐太宗《晦日》,可能因杜甫有《行次昭陵》、《重經昭陵》而列入。賀知章、李適之、崔宗之、蘇晋有詩選入,蓋因杜有《飲中八仙歌》涉及四人。此外亦有作者確與杜甫有唱酬,或曾共咏一題。如李白,録其《魯郡石門送杜甫》、《沙丘贈杜甫》。高適、岑參、儲光羲與杜甫同登慈恩寺塔,有《登慈恩寺塔》詩,此編録入。王維、岑參與杜甫同咏《早朝大明宮呈寮友》,此編亦録。其他爲後人咏及杜甫遺迹或感懷之作,如徐介《耒陽杜工部墳》、韓愈《題杜工部墳》、杜牧《讀杜詩》等。

書前附《草堂詩話》二卷,蔡夢弼集録。北宋中葉以後,杜詩爲朝野所重,評論、議論杜詩也蔚爲風氣。蔡氏自稱此編精選"名儒嘉話凡二百餘條",其實兩卷所收不及百條,多采之於宋人詩話、筆記等。始於北宋秦觀,終於南宋陳巖肖《庚溪詩話》,全書所收以范溫《詩眼》及葛立方《韻語陽秋》條目爲最多。此編雖皆采他人議論,但經選者編排,對杜甫家學、修辭、用典、交游以及經營成都草堂等均有記録與議論,有助於理解杜甫其人其詩。此編爲後世所重,多次單刻行世,近人丁福保將其輯入《歷代詩話續編》。

又附《年譜》一卷,趙子櫟撰。子櫟(?—1137),字夢授,宋涿州(今屬河北)人,燕王德昭五世孫。哲宗元祐六年(1091)進士。北宋靖康時守汝州,以保土捍禦有功,除寶文

閣直學士,南宋高宗紹興元年(1131)提舉萬壽觀。《宋史》有傳。全譜共三十四條,涉及杜甫生平主要事件,考訂也較縝密,并訂正呂譜干支之誤。子櫟對於《舊唐書》杜甫本傳所載“啖牛肉白酒,一夕而卒于耒陽”之説持異議,以爲杜甫當卒於大曆六年(771)辛亥,并以《長沙送李十二》爲杜甫絶筆。四庫館臣謂杜甫“生平著述不輟,若以六年冬暴疾卒,何至一年之内竟無一詩?”此又趙氏所不能解者。

又附《年譜》一卷,魯訔撰。訔(1099—1175),字季欽,一作季卿,號冷齋,嘉興(今屬浙江)人。高宗紹興五年(1135)進士,官至福建路提點刑獄。周必大《周文忠公集》中有《魯公墓志銘》。魯訔曾注杜詩,對於杜甫生平有深入研究。《草堂詩箋》編次即依魯訔編年,有些精確到月。魯氏亦辨杜甫不因啖牛肉白酒死於耒陽,以爲《回棹》“衡岳江湖大,蒸池癘疫偏”、“順浪翻堪倚,回帆又省牽”,《登舟將適漢陽》“春宅棄汝去,秋帆催客歸”,皆爲從耒陽撥舟北還之證,較有説服力。

此本據清光緒黎庶昌刻《古逸叢書》本影印。(王學泰)

### 杜臆十卷附管天筆記外編一卷　(明)王嗣奭撰(第1307冊)

王嗣奭(1565—1648),字右仲,號於越,鄞縣(今浙江寧波)人。萬曆二十八年(1600)舉人,曾官宣平縣教諭、宿遷縣知縣、涪州知州。後解職回鄉。清兵南下,嗣奭堅拒不出,并誓不剃髮,不易服色,後竟絶食而死。著有《密娛齋詩集》、《夷困文編》等。生平事迹見《明詩綜》卷五八、《明詩紀事》庚集卷一九等。

據嗣奭《杜臆原始》,知其於萬曆三十六年(1608)丁父憂起研讀杜詩,經三十餘年,至崇禎甲申(1644)垂暮之年,費時七月完成此書。此書以明代流行之二十卷《集千家注杜工部集》爲底本,逐首寫出作者“以意逆志”之“臆見”。除闡釋詩意外,間亦涉及章法、句法。

此書未刊,稿本由王氏後人珍藏。清仇兆鰲作《杜少陵詩集詳注》,謂“從林非聞先生齋頭”得其抄本,於注中大量徵引,稱其“最有發明”,此書始爲世所知。1950年代郭石麒在鄞縣收得此書,曾被視爲王氏稿本,當是較林非聞本更晚之抄本,後藏於上海圖書館。書前有《萬曆庚子同年録》及《浙江通志》、《鄞縣通志》之王嗣奭傳。繼有《杜臆原始》,係作者自序。附《管天筆記外編》一卷,係王氏另一稿本,爲談史論文之隨筆。

此本據上海圖書館藏稿本影印。(王學泰)

### 杜工部集二十卷年譜一卷諸家詩話一卷唱酬題咏附録一卷附録一卷　(唐)杜甫撰(清)錢謙益箋注(第1308冊)

錢謙益(1582—1664),字受之,號牧齋,晚號蒙叟、東澗遺老,常熟(今屬江蘇)人。明萬曆三十八年(1610)一甲三名進士,官至禮部侍郎,因遭温體仁誣陷革職歸里。明亡後與馬士英、阮大鋮等在南京擁立福王,得爲禮部尚書。順治二年(1645)降清,仍爲禮部侍郎,旋即引歸。晚年與南明抗清勢力暗通聲氣。著作另編有《吾炙集》、《列朝詩集》、《國初群雄事略》等。清乾隆時敕編《貳臣傳》,將其列入,著作遭禁毁。生平事迹又見《清史稿》。

錢氏嗜讀杜詩,“年四五十即隨筆記録”,成《讀杜小箋》、《二箋》。朱鶴齡館於其家,錢氏授以箋稿,欲令其補葺。後二人意見乖互,遂決意各刻其書。錢氏箋注經其族孫錢曾補訂,於康熙六年(1667)刊行。書前《注杜詩略例》對宋人注貶斥極甚,總結其弊有八:一、“僞托古人”,二、“僞造故事”,

三、"附會前史",四、"僞撰人名",五、"改纂古書",六、"顛倒事實",七、"强釋文義",八、"錯亂地理"。錢氏所箋不用宋人編年本,而取其所藏與北宋古本最爲接近之吴若本爲底本。另以《草堂詩箋》等爲校本,并嚴守校勘學原則,不妄改底本文字,其文字實較其他注本爲優。此書二十卷,卷一至卷八古體詩,卷九至卷十八近體詩,卷十九、二十文。錢氏熟稔唐史,引史證詩,符合杜詩多寫時事之特點。於杜詩編年、史實考證及名物訓詁等方面,均能發前人所未發,訂正補充舊注之失。其考證杜甫交游、地理、職官及典章制度等,尤能見其學術根柢。又錢氏只於自己有領會發明處詳細注釋,無所得處完全留白,一般詞語典故則不屑注,故其箋注不盡適於一般閱讀。錢氏注重以史證詩,然多以微言寓意求詩,其得者能揭示杜詩某些以頌爲刺之寓意。然務於深求傍涉,則不免穿鑿附會,失之過濫。如其執定杜詩多爲玄、肅黨附之争而發,於《洗兵馬》一詩解説尤不惜費辭,附會己意。錢氏箋注於清代諸注家影響極大,然其謬説附會之處亦每遭詬病。

此書錢氏生前未刊,後由季振宜從錢曾處得此書,刊於康熙六年,此即静思堂刻本。有錢氏自序、季振宜序,後爲《年譜》、《注杜詩略例》、《諸家詩話》,附録《唱酬題咏》、《志傳集序》等。今據清康熙六年季氏静思堂刻本影印。(王學泰)

### 杜詩闡三十三卷 （清）盧元昌撰（第1308冊）

盧元昌（1616—?）,字文子,號半亭,華亭（今上海松江）人,清諸生,有盛名,爲當時著名選家兼書賈,著有《左傳分國纂略》、《四書淺説》、《半亭詩稿》等。元昌工詩,學杜甫,多愁苦之音。生平事迹見《國朝詩人徵略》卷五。

此書爲杜詩編年注本,吸取前人注杜成果,以通俗文字對杜詩加以闡説,事典不另注,夾於串講之中。魯超序云:"盧子之注杜,不逞臆解,不務鑿空,語而詳,擇而精,斯可尚也已矣。舊注叢雜蕪穢,幾如雲霧之翳白日。得盧子一爲湔洗,而古人之精神始出。"元昌自序亦謂:杜詩有"因注反晦者","晦於訓詁之太雜","講解之太鑿","援證之太繁"。盧注引典儘量從簡,解説也較平實。然盧氏以史證詩,亦每有附會。如釋《投簡咸華兩縣諸子》"南山豆苗早荒穢之象"爲"李林甫擅權蔽主、妬賢嫉能","瓜地新凍裂之象"爲"楊國忠謬收人望"。釋《鳳凰臺》,謂"鳳雛"以比太子俶,言杜公欲效園綺使太子免受張良娣之害。此類皆不免失之穿鑿。其分析詩句亦受當時批點八股文影響,多以起承轉合論詩,不免膠柱鼓瑟。

此本據清康熙二十一年刻本影印。(王學泰)

### 岑嘉州詩八卷 （唐）岑參撰（第1309冊）

岑參（715—769）,郡望南陽（今屬河南）,荆州江陵（今屬湖北）人。玄宗天寶三載（744）進士及第,仕玄宗、代宗二朝,因曾任嘉州刺史,世稱"岑嘉州"。大曆三年（768）罷官東歸,寓居成都,四年卒於旅舍。生平事迹見杜確《岑嘉州詩集序》、《唐詩紀事》卷二三。

岑參文集,由其嗣子佐公所編,杜確序。歷代書目著録有十卷、八卷之别,《秘閣書目·詩辭》著録《岑參詩》則爲四卷。今傳《岑嘉州集》八卷,宋刻有三。一爲不分體本,殘存四卷。又以宋刻八卷本爲底本的明抄本八卷本,其前四卷篇目次序與宋刻本殘四卷悉同,僅卷四末誤增岑羲《奉和春日幸望春宮應制》詩一首。有清黄丕烈跋文一則。二爲宋書棚本。首杜確序,詩依體編次。明有覆刊本、仿宋刊《唐四家詩》諸本,雖編録詩數有多寡,然皆祖宋書棚本。三爲宋巾箱本,亦依體編次,雖祖本未見傳,但有光緒十年上海同文書局石印本和光緒二十二年上海古香閣影印本傳世。

八卷本中另有一類重要刊本，如明正德十五年謝元良刻本、明嘉靖間刻本，以及日本寬保元年刻本，分別藏於北京、浙江和臺灣。陸心源《皕宋樓藏書志》卷六八、瞿鏞《鐵琴銅劍樓藏書目録》卷一九、張金吾《愛日精廬藏書志》卷二九均著録《岑嘉州詩集》七卷，後者記云："金吾初藏明刊八卷本，繼得此本，反覆考核，確知此本爲原本，而八卷本爲重編本也。"清季振宜《季滄葦書目》著録一宋刊七卷本，今已佚。今傳明正德十五年熊相、高嶼濟南刻本，首載杜確《岑嘉州詩集序》，分體編次，卷後附録《文獻通考》一則、邊貢《刻岑詩成題其後》、熊相《岑嘉州詩集後序》。又有《岑嘉州詩》四卷，明正德十五年沈恩蜀中刊本，編次與七卷本相近。另又有二卷本、一卷本等。

此書八卷，爲明正德十五年謝元良嘉州郡齋刻本。據書前正德庚辰（1520）春二月朔日漢嘉安磐《岑嘉州詩引》，知該本乃依據七卷本增補重編而成。此集分體編次，收詩實計二百五十九首，與《岑嘉州詩引》所言"凡二百七十一篇"不合。

此本據國家圖書館藏明正德十五年謝元良嘉州郡齋刻本影印。（趙榮蔚）

### 新刊權載之文集五十卷補刻一卷 （唐）權德輿撰（第1309册）

權德輿（761—818），字載之，天水略陽（今甘肅秦安東北）人，居潤州丹徒（今江蘇丹陽）。唐德宗時任中書舍人、禮部侍郎等職，三知貢舉，號稱得人。憲宗時拜禮部尚書、同平章事。元和十三年（818）卒於山南西道節度使任所，謚曰文，世稱"權文公"。生平事迹見韓愈《唐故相權公墓碑》、兩《唐書》本傳。

德輿生前嘗自纂《制集》五十卷，楊憑序之。後其孫重編《文集》五十卷，楊嗣復序之。《舊唐書》本傳載"有《文集》五十卷"，《新唐書·藝文志》著録《童蒙集》十卷、《集》五十卷、《制集》五十卷。元明以來，《制集》五十卷久佚，《童蒙集》十卷不見著録，《文集》五十卷亦散佚不全。今傳宋蜀刻本《新刊權載之文集》五十卷，殘存卷一至卷八、卷二一至卷三一，共十九卷，三册，葉十二行，行二十二字，白口，左右單邊，現藏國家圖書館。傅增湘《藏園群書經眼録》卷一二著録另一宋蜀刻本，殘存卷四三至卷五〇，共八卷，葉十二行，行二十一字，版心題"畿載"等，白口，左右雙欄，鈐有"翰林國史院官書"大印，此殘宋本今不知存於何處。又清孫星衍抄校本《權載之集》五十卷，有《摭遺》一卷、《附録》一卷，收輯較爲齊備。

此《新刊權載之文集》五十卷《補刻》一卷，爲清嘉慶間朱珪從其侄朱錫庚處抄得，嘉慶十一年（1806）刊刻，乃元明以來首部完璧之本。前有朱珪《序》，中述得此書原委。朱《序》後録楊嗣復《權載之文集序》，次列《鳩工姓氏》，次《權載之文集目録》，次正文五十卷，其中第三十三卷《陸贄翰苑集序》實有目無文。卷末《補刻》一卷收《陸贄翰苑集序》、《左武衛冑曹許君集序》、《韋賓客宅宴集詩序》共三篇。《四部叢刊》據該本影印，今再據《四部叢刊》本影印。（趙榮蔚）

### 新刊經進詳注昌黎先生文集四十卷外集十卷遺文三卷韓文公志三卷 （唐）韓愈撰（宋）文讜注（宋）王儔補注（第1309—1310册）

韓愈（768—824），字退之，河内河陽（今河南孟州）人。郡望昌黎，故世稱"韓昌黎"。唐德宗貞元八年（792）進士，歷仕順宗、憲宗朝，元和十二年（817）遷刑部侍郎，十四年，因諫迎佛骨觸怒憲宗，貶潮州刺史。穆宗即位，徵爲國子祭酒，歷兵部侍郎、京兆尹、吏部侍郎,長慶四年(824)卒,贈禮部尚書,諡曰文,世稱"韓吏部"、"韓文公"等。生平事迹見兩《唐書》本傳、李翱《贈禮部尚書韓公行狀》等。

宋人單行韓集注本,最早爲北宋宣和年間樊汝霖所撰《韓集譜注》四十五卷,已佚。此《新刊經進詳注昌黎先生文集》四十卷、《外集》十卷、《遺文》三卷、《韓文公志》三卷,爲南宋成都眉山地區刻本,書法遒勁,刻印精美。正集、外集、遺文及附錄之目錄總刻於書前。《目錄》首署"迪功郎普慈文讜詞源詳注,通直郎致仕淡齋王儔尚友補注"。卷前載殿中侍御史杜莘老《詳注韓文引》,次文讜《進詳注昌黎先生文表》,末署"右迪功郎新授達州東鄉縣尉兼主簿臣文讜上表,乾道二年五月進呈",次文讜《詳注昌黎先生文集序》,末署"紹興己巳孟春普慈文讜詞源序",是文讜注撰成于高宗紹興己巳(1149),至孝宗乾道二年(1166)繕寫進呈朝廷,歷十七年未刊行。此書王儔署名稱"通直郎致仕",考《四川通志》卷七《名宦》載王儔乾道中知普慈(今四川樂至),則其撰補注當在乾道後。文讜、王儔二人其餘仕履均無從考證。書末附《韓文公志》三卷,錄韓愈傳記及文集序跋等,收采較完備。

此書爲宋蜀刻精品,正文、注文與通行本相較皆有獨勝處。引書多不節錄,文字多優於今本,其中所引之書有的今已不存,至可珍貴。該本今藏國家圖書館,今據以影印。

（趙榮蔚）

## 韓昌黎詩集編年箋注十二卷　（清）方世舉撰（第1310冊）

方世舉(1675—1759),字扶南,號息翁,人稱息翁先生,桐城(今屬安徽)人。少就朱彝尊學,康熙間北游京師,名譽日起。中年以方孝標書案牽連,遠戍塞外,雍正元年(1723)赦歸。乾隆元年(1736)薦舉博學鴻詞,不就。世舉與從弟方貞觀并以詩名,著有《雜庸軒讀書雜錄》、《春及堂集》等。生平事迹見《國朝先正事略》卷四一、《國朝耆獻類徵》卷四三五等。

宋人治韓,首重校刊。宋孝宗淳熙間方崧卿撰《韓集舉正》十卷,廣采唐五代、北宋各本及石刻古抄匯校,考訂異文,一時稱善。稍後,朱熹撰《昌黎先生集考異》十卷,考校精審,其書大行而方書幾廢。韓集宋人注本現尚存數種。南宋慶元間魏仲舉綜合各家注釋,輯成《新刊五百家注音辨昌黎先生文集》五十卷,附《序傳碑記》一卷、《韓文類譜》十卷,開列注家姓氏一百四十八人。此集匯聚宋人各家治韓之說,爲宋代韓學集成之著。至宋末,廖瑩中將魏仲舉所輯《五百家注》本,同朱熹《考異》結合起來,再加充實,成廖氏校注《昌黎先生集》五十一卷,附《集傳》一卷,有宋咸淳廖氏世彩堂刻本,後經明萬曆徐時泰覆刻,世稱東雅堂本。該本作爲兩宋整理韓集工作的小結,在後世最爲通行。

世舉嗜韓詩,晚年注韓,以爲"東雅堂本,其書甚當,顧辨注者多而箋事者少",故"一一考諸史,證諸集,參諸旁見側出之書,以詳其時,以箋其事,以辨諸家之說"(自序),成《韓昌黎詩集編年箋注》十二卷。此集編詩以年爲經,以每年之目領每年之詩,分別每卷,將年譜與詩歌結合,以便讀者檢閱。此書書名頁題"韓昌黎編年箋注詩集",版心題"昌黎詩集箋注",卷前依次爲盧見曾《序》、方世舉自序、《凡例》、《舊唐書》本傳。卷十二附"舊辨贗詩今訂真三首"、"今辨贗詩二首"。全書實收韓詩四百十一首。其箋詩,凡說一詩之旨者,繫於題後,凡辨一字一句之是非者,繫於句下,大多有"按"字提示。凡涉及事實、出處行事者,必博及群書,精思詳考,知其意而求其是。書中大抵援兩《唐書》以正諸家之誤,援行狀、墓志以正兩史之誤,於韓詩旨趣多所發明,考訂精審,可見箋者篤學好古、實事求是之態度。然箋中亦不乏臆度及附會史實者，亦有舊注所考作年爲是而改訂誤者，又時有貪多之病，同一詞前後重複作注。

此書有清乾隆二十三年盧見曾雅雨堂刻本，國家圖書館、浙江圖書館均有藏本，今據浙江圖書館藏本影印。（趙榮蔚）

**讀韓記疑十卷首一卷** （清）王元啓撰（第1310冊）

王元啓（1714—1786），字宋賢，號惺齋，嘉興（今屬浙江）人。乾隆十六年（1751）進士，官福建將樂縣知縣，在任三月而罷，自後專意講學，前後主講福建之延平、道南，河南之崇本，山東之濼源，浙江之鯤池等十書院。元啓工文詞，精通勾股曆算之術。其論學以程朱爲宗，於文則法韓歐諸大家。著有《惺齋文鈔》、《衹平居士集》、《周易四書講義》、《九章雜論》等。生平事迹見《清史稿》、《清史列傳》卷七二等。

宋人注唐人集，務炫博以誇多於時，其注杜集號稱達一千家，注韓、柳集五百家。韓集五百家注自南宋慶元間魏仲舉所輯《新刊五百家注音辨昌黎先生文集》始，然其中有考證、音訓者僅三十一家。此外，或牽合同時唱和之人，或摘録史傳一二語，無書者則虛構其目以足五百家之數。宋孝宗淳熙間，方崧卿撰《韓集舉正》十卷，其後朱熹因其書作《考異》十卷，仿陸德明《經典釋文》之例，摘正文一二字大書，而以所考小字夾注其下。嘉定中，王伯大以朱子《考異》於本集之外別爲卷帙，不便尋覽，乃重爲編次，離析《考異》之文，散入本集各句之下，刻于南劍州。又采洪興祖《年譜辨證》、樊汝霖《年譜注》、孫汝聽解、韓醇解、祝充解爲之音釋，附於各篇之末，而全失朱子原書之貌。

元啓自幼誦法昌黎，癖於韓集，以朱子《考異》久無善本，字句多有異同，篇章不無竄亂，乃匯合諸家之本，句梳字櫛，考訂正訛，成《讀韓記疑》十卷。凡刊本中篇題、異字、錯簡、晦義、僞作，以及洪譜之疏漏，方、樊諸家好奇躓謬之説，朱子未議及者，補闕糾謬，一一疏通而證明之，俾無失作者之意。五十年間，隨時考訂，注記書額，功力最爲專久。晚年歸里杜門，始以餘閑比次成帙，又復刊繁就簡，稿凡三易。其書在精確而不泛濫，體例與方、朱原本不謀自合，立意亦多發前人所未發，具有特識。此書前有馬緯雲《序》，次《讀韓記疑弁言》，乃沈德毓《答惺齋先生見示讀韓記疑首冊書》。卷首詳列自宋以來注韓者二十七家刊本，自言："寒家所有惟有南劍、新安、東吳本，《新刊五百家注》本及《義門讀書記》、《韓集點勘》六種，參以顧嗣立《韓詩集注》、方世舉《編年箋注》二種，據此校讎，深愧見聞未廣。"

此書有清嘉慶五年王尚珏刻本，華東師範大學圖書館藏，今據以影印。（趙榮蔚）

**韓集箋正五卷年譜一卷** （清）方成珪撰（第1310冊）

方成珪（1785—1850），字國憲，號雪齋，一號瑶齋，瑞安（今屬浙江）人。嘉慶十三年（1808）舉人，官海寧州學正，升寧波府教授。咸豐間，以老病告歸卒。成珪工詩，平生精研小學，尤勤於校讎，藏書數萬卷，學問精博，著述甚富，著有《集韻考正》、《寶研齋詩鈔》等。生平事迹見《清史列傳》卷六九、潘衍桐《兩浙輶軒續録》卷二五等。

宋末，廖瑩中將魏仲舉所輯韓集《五百家注》本結合朱熹《考異》，再加充實，成廖氏校注《昌黎先生集》五十一卷，附《集傳》一卷，有宋咸淳廖氏世彩堂刻本，後經明萬曆徐時泰覆刻，世稱東雅堂本。該本作爲兩宋整理韓集工作的小結，在後世最爲通行。然廖瑩中爲南宋奸相賈似道門客，學問蕪淺，故所採輯多不精審，又經徐時泰重刻，例不標注家姓名,往往有强彼就此、膠轕不清者,未爲善本。成珪於此集悉心研閲,成《韓集箋正》五卷。對原書所援引者,必尋究本源,其人物爵里及韓子生平,則考之兩《唐書》、《資治通鑒》、皇甫持正《碑志》、李翺《行狀》、程致道《歷官記》及吕大防、洪興祖二人所作之《年譜》,參互鉤稽,實事求是。《文苑英華》、《唐文粹》亦旁資校正,并酌録何義門《義門讀書記》、陳少章《韓集點勘》、王惺齋《讀韓記疑》,以及顧俠君、方扶南各詩注,以廣見聞,間附己論。此書去取毫芒,鎔裁各説,可謂致力閎深。五卷後又有《昌黎先生詩文年譜》一卷,卷末有民國十五年三月陳準跋一則。

此書有民國瑞安陳氏湫漻齋鉛印本,今據以影印。國家圖書館尚藏有《韓集箋正》稿本,不分卷。（趙榮蔚）

**柳集點勘四卷**　（清）陳景雲撰（第1311册）

陳景雲(1670—1747),字少章,一字少彰,長洲（今江蘇蘇州）人。康熙二十五年(1686),湯斌撫吴試士拔第一。景雲少從何焯學,講求通儒之學,長於考訂。著有《讀書紀聞》、《兩漢訂誤》等。生平事迹見《清史稿》、《清史列傳》卷七一等。

柳宗元卒後,劉禹錫遵其遺囑編次其集,後因五代動亂而散佚。北宋穆修多年訪求,晚年始得一舊抄本《唐柳先生集》四十五卷,乃勘其訛誤,録爲别本。此集係宋人編校柳集的第一本,爲後來所有柳集之祖本。據諸家所述,宋代柳集流行有三十卷本、三十三卷本、四十五卷本三種。其中三十卷本可能最接近劉禹錫原編面貌,而四十五卷本爲穆修校編,凡雅詩歌曲一卷、賦一卷、文三十九卷、詩二卷,以及别集《非國語》二卷,爲當時通行本。集外文、外集、附録均爲宋人遞加補綴而成,故卷帙次第亦不盡相同。

宋刊柳集白文本存世較少。爲柳集作注,始於南宋。集注本流傳後,單注本漸廢,僅韓

醇《新刊詁訓唐柳先生文集》有傳。宋人集釋本皆爲四十五卷本,較有影響者爲《新刊五百家注音辯唐柳先生文集》四十五卷,"附録"二卷、《新編外集》一卷、《龍城録》二卷,慶元間建安書商魏仲舉輯。仿"五百家注韓"體例,開列注家姓氏,匯輯衆説成書,自云"新添集注五十家,續添補注七十家"。《四庫全書總目提要》謂"其體例與《韓集》稍異。雖編次叢雜,不無繁贅,而旁搜遠引,寧冗毋漏,亦有足資考訂者。且其本槧鋟精工,在宋版中亦稱善本"。又有《河東先生集》四十五卷、《外集》二卷、《補遺》一卷、《龍城録》二卷、《附録》二卷、《集傳》一卷,宋末廖瑩中編刻,有廖氏世彩堂刻本,刻印精美,但内容則全據《五百家注》本删改而成,不存各家姓氏,影響較大,爲後世最爲通行的柳集注本。明清之後,柳集較爲重要的注本,有明崇禎間蔣之翹《唐柳河東集輯注》四十五卷、《外集》五卷、《遺文》一卷、《附録》一卷,該本注釋詳於史地而略於音義,以對詩文的藝術把握見長。

陳景雲《柳集點勘》四卷,爲舉正前代柳集諸家注本之作。景雲有《韓集點勘》四卷,《四庫全書》已著録,卷首注曰"校東雅堂本"。此《柳集點勘》亦四卷,與《韓集點勘》同。然卷首不言所據何本,據卷末跋語,可知其所據有魏仲舉《新刊五百家注音辯唐柳先生文集》殘本二册及"宋槧小字本柳集十二册"。其所校,考據史傳,訂正訓詁,删繁補闕,其徵引之富,考訂之精,可見陳氏學問之博大淵深,及實事求是、無徵不信的樸學之風。此書於時事辨别尤詳,可稱善本。

此書書名頁題"柳河東集點勘四卷,丙子孟冬蟬隱廬印行",卷前有羅振常《柳集點勘序》,次雍正甲辰陳景雲自序。正集四卷後,又有雍正己酉陳景雲自跋。

此書有民國二十五年上虞羅氏蟬隱廬石印本,今據以影印。（趙榮蔚）

**玉川子詩集五卷** （唐）盧仝撰（清）孫之
騄注（第 1311 冊）

　　盧仝，中唐詩人，濟源（今屬河南）人，自號
玉川子。初隱少室山，唐德宗貞元間寓居揚
州，憲宗元和五年（810）卜居洛陽。後客常
州，與刺史孟簡及惠山寺僧若冰交游。返洛，
欲歸隱濟源，不果，卒，年四十餘。世傳其死
于"甘露之變"，或以爲不可信。《新唐書》有
傳。孫之騄，字子駿，號晴川，浙江仁和（今
杭州）人。貢生，雍正間曾官慶元縣學教諭。
性耿介，博學好古，尤專於經，與毛奇齡善。
著有《尚書大傳》、《考定竹書》等。生平事迹
見《清史列傳》卷六八。

　　盧仝詩集，《新唐書·藝文志》、《崇文總
目》卷五皆著録《玉川子詩》一卷，《郡齋讀書
志·別集類中》著録《盧仝詩》一卷，《直齋書
録解題·詩集類上》著録《盧仝集》三卷，然
宋槧不見傳世，明清藏書家著録多爲影宋抄
本或明刊本。今傳《盧仝詩集》二卷、《集外
詩》一卷，有明陸涓刻本、明抄《唐四十四家
詩》本等，《四部叢刊》據舊抄本影印，題《玉
川子詩集》二卷、《外集》一卷。另有《盧仝詩
集》三卷，清江標影刻《唐人五十家小集》、
《畿輔叢書》本，《叢書集成初編》據《畿輔叢
書》印行。

　　盧仝詩集古無注本，孫之騄《玉川子詩集》
五卷爲盧仝詩集第一個注本。之騄嗜奇詭，
於唐詩人中獨嗜盧仝詩，多方掇拾，按其科
條，尋其章句，成《玉川子詩集》五卷。此書
書名頁題"玉川子詩注"，前有錢唐沈紹祖
《玉川子詩注序》，次之騄所作《玉川先生
傳》，次《玉川先生詩目》。卷一收《月蝕詩》
一首，卷二詩四十九首，卷三詩二十五首，卷
四詩十四首，卷五詩二十首。總計一百零九
首。卷一《月蝕詩》一篇，考據元和庚寅時
事，箋注最詳，以爲此詩刺譏當世，大意有所
發憤，持論亦有據。然亦有割裂文句及注釋
枝蔓處。盧仝詩《新唐書》著録一卷，《直齋

書録解題》作三卷，包括《集外詩》一卷十首，
《全唐詩》增多二十二篇，編爲三卷。之騄此
書又增入《櫛銘》一篇、《月詩》一篇，編爲五
卷。然《月詩》見《錦繡萬花谷》，其詞不類。
《櫛銘》則僅與《梳銘》異數字，乃一詩而訛爲
兩題，不當重入。且彭叔夏《文苑英華辨證》
據羅袞《四銘小序》，知《櫛銘》乃袞所作，《唐
文粹》誤題爲盧仝，之騄未能訂正。

　　此書有清初刻《晴川八識》本，今據以影
印。（趙榮蔚）

**樊紹述集二卷** （唐）樊宗師撰（清）孫之
騄輯并注（第 1311 冊）

　　樊宗師（約 766—824），字紹述，河中（治今
山西永濟）人，郡望南陽湖陽（今河南唐河）。
始爲國子博士，唐憲宗元和三年（808），登軍
謀宏遠堪任將帥科，穆宗長慶三年（823），爲
絳州刺史，擢諫議大夫，世稱"樊諫議"。生
平事迹見《新唐書》本傳、韓愈《南陽樊紹述
墓志銘》等。

　　宗師著述繁富，據韓愈《墓志銘》，有"《魁
紀公》者三十卷，曰《樊子》者又三十卷，《春
秋集傳》十五卷，表箋、狀策、書序、傳記、紀
志、說論、今文贊銘凡二百九十一篇，道路所
遇及器物門里雜銘二百二十，賦十，詩七百一
十九"。其集宋時已散佚而僅存一卷。今傳
《樊紹述遺文》，僅《絳守居園池記》、《綿州越
王樓詩序》兩篇，有《心園叢刻》本。

　　樊文艱澀難讀，歷代注家不乏其人。現存
《絳守居園池記》一卷，元趙仁舉、吳師道、許
謙注，有明末刻本和清抄本，《四庫全書》採
録。另清張庚輯注《唐樊紹述遺文》一卷，有
乾隆刻本。吳世安注《樊紹述文》，不分卷，
有清抄本。

　　此《樊紹述集》二卷，爲清孫之騄輯并注。
之騄幼時讀《輟耕録》，喜宗師《絳守居園池
記》，識其句讀，以爲韓愈"生蓄萬物，放恣橫
從"之語不虛，求其注本數十年而不獲。後

見《唐詩紀事》，又得《綿州越王樓詩序》一篇，俱苦無注解可釋其義。雍正中，得沈裕注本，內載趙、吳、許三家注，又病其刪易舊文，漸失本來面目，故爲補綴數十條，釐爲二卷而成此書。卷首有自序一篇。卷一爲《絳守居園池記》，次《叙述》，輯録吳師道、許謙、孫冲、楊德周、沈裕序跋八篇，歐陽修、梅堯臣、徐渭詩跋三則。卷二《綿州越王樓詩序》，卷後《附録》録韓愈詩、書、題名和《薦樊宗師狀》、《南陽樊紹述墓志銘》等九篇，《新唐書》本傳以及孫之騄所輯之閔康侯言，郭璞《山海經注》、《廣川書跋》、《湘煙録》等書中與樊文相關之內容。

此書有清刻《晴川八識》本，今據以影印。（趙榮蔚）

### 李長吉昌谷集句解定本四卷　（唐）李賀撰（清）姚佺箋（清）丘象升等評（清）丘象隨等辯注（第 1311 册）

李賀（790—816），字長吉，祖籍隴西，生於福昌縣昌谷（今河南宜陽）。曾爲奉禮郎，二十七歲即病卒。兩《唐書》有傳。姚佺，字仙期，一字山期，號辱庵、石耳山人，秀水（今屬浙江紹興）人。明末時客居吳下，與復社諸名士交往。朱彝尊《静志居詩話》卷二二載及之。丘象升（1629—1689），字曙戒，號南齋，山陽（今江蘇淮安）人。清順治十二年（1655）進士，官至大理寺左署丞。著有《南齋詩集》。丘象隨（1631—1701），字季貞，號西軒。象升之弟，兄弟齊名，號“二丘”。康熙十八年（1679）舉博學鴻詞，官至太子洗馬。著有《西山紀年集》。二人生平見《清史列傳》卷七〇。

此書收李賀詩二百四十一首，依曾益注《昌谷集》例，將集外詩納入四卷中。每卷首頁，均題“辱菴姚佺山期箋閲”，并有“同評”、“辯注”人姓名。同評者有丘象升、蔣文運、胡廷佐、張恂、朱朝遠、張星、孫枝蔚、謝起秀等，辯注者有丘象隨、丘象升、陳愫、陳開先、楊開、吳甫等。此書集衆人智慧，共解長吉詩，時見新意，但參預人數衆多，水準參差，可權處亦頗多。

此書葉德輝《郎園讀書志》著録云：“天啓中吳興茅氏刻本。”按，天啓爲明熹宗年號，凡七年（1621—1627），其時“二丘”尚未出生，不能預爲評注。據丘俊孫《西軒書李長吉詩解》可知，清初丘象隨西軒刊本當爲初刻本。今即據北京大學圖書館藏清初丘象隨西軒刻梅村書屋印本影印。（吳企明）

### 李長吉歌詩彙解四卷首一卷外集一卷　（唐）李賀撰（清）王琦彙解（第 1311 册）

王琦（1696—1774），字琢崖，號載庵，錢塘（今浙江杭州）人。與齊召南、杭世駿友善，爲乾隆年間著名學者。所注《李太白文集》三十六卷，是注李集集大成之作。生平事迹見《清史列傳》卷七一、《碑傳集三編》卷三七。

此書首列自序、《評注諸家姓氏里爵考》及《目録》，次卷首收諸家序、傳、詩，并事紀十二則，詩評三十二則。詩四卷加《外集》一卷，共注詩二百四十三首（王氏另從《樂府詩集》中擷採《静女春曙曲》和《少年行》作補遺）。此書集校勘、注釋、釋句、評説於一體，能博采慎選衆説，折衷是非。書中引用諸家有：吳正子《李長吉詩箋注》，劉辰翁《李長吉詩評》，徐渭、董懋策《昌谷詩注》，曾益《昌谷詩注》，姚佺《昌谷集句解定本》，姚文燮《昌谷集注》。王氏往往在詩後加評語，間或徵引前人詩論，如《金銅仙人辭漢歌》引宋人司馬光《司馬温公詩話》，《河南府試十二月樂詞·閏月》引元人孟昉評詩語，均極精當。但亦有失當處。引用典籍，無卷次，無細目，難以查核，引用文字與原書也有出入。亦有該注而未注者，如“騎魚”（《宮娃歌》）不知引《列仙傳》琴高故事爲注；有誤注者，如“宮門掌事"(《秦王飲酒》)誤引《舊唐書》"宮門郎"爲注等。

此書有清乾隆二十五年寶笏樓刻本,今據以影印。(吳企明)

### 協律鉤玄四卷外集一卷　(唐)李賀撰　(清)陳本禮箋注　(第1311冊)

陳本禮(1739—1818),字嘉會,號素村,江都(今屬江蘇)人。積書嗜學,以著述爲業。

"協律",兩《唐書》之《李賀傳》均説李賀爲"協律郎"(實誤)。"鉤玄",語見韓愈《進學解》:"纂言者必鉤其玄。"此書《略例》云:"蓋長吉七歲稱詩,即爲昌黎所賞識,而鉤玄一語,出自昌黎,以之名集,諒亦長吉所樂許也。"

此書以王琦《李長吉歌詩彙解》爲底本,卷首有諸家序、傳,諸家評論,《略例》七則。全書重在"知人論事"、"體味比興"、"察脈切理",闡發長吉詩之題旨。其《自序》云:"考之當時,稽之史册,察其命脈,以無厚入有間,故所得都在酸鹹之外。"張佩綸對此書曾有"陳闓詩旨"之評(見《澗于日記》甲午上)。但陳氏論詩,多引唐史比附長吉詩,鉤取詩中深遠托喻之意,近似姚文爕之《昌谷集注》,雖也能避陳言、別開生面,然不免穿鑿。此外,此書還薈萃劉辰翁、徐渭、董懋策、黃淳耀、曾益、姚佺、董伯音、王琦、何焯、方扶南諸家評注,亦有益於後學。

此本據浙江圖書館藏清嘉慶十三年陳氏襃露軒刻本影印。上海圖書館藏本,上有顧尊批校并跋,另一種曹埴批并跋。安徽省圖書館藏本有清丁晏批校。香港中文大學借樂在軒主人珍藏嘉慶戊辰原刻本影印,上有黃節批校。(吳企明)

### 丁卯集箋注八卷　(唐)許渾撰　(清)許培榮箋注　(第1311冊)

許渾(約791—約858),字用晦,一作仲晦,祖籍安州安陸(今屬湖北),寓居潤州(今江蘇鎮江)。文宗大和六年(832)進士,曾任當塗、太平令,後官至睦、郢二州刺史。晚年歸潤州丁卯橋村舍閑居。生平事迹見《唐詩紀事》、《唐才子傳》卷七。許培榮,清金壇(今屬江蘇)人,著《丁卯集箋注》八卷,《江蘇藝文志·常州志》有著録。

自唐末迄明末清初,許渾詩向無注本。許培榮有鑒於此,乃廣事搜討,作《丁卯集箋注》八卷,每首詩後先列注釋,再列評點。其子許鍾德《丁卯集箋注後跋》云:"(先父)以集無箋釋,全豹莫窺,於是廣爲搜羅,詳加考訂,事實則引據於前,大義則詮釋於後,義例一本錢之注杜,施之注蘇。"許培榮側重於評點而箋注淺略粗率,收録詩作多所闕漏,又誤將他人贈詩當作許渾詩加以箋注。許鍾德將其比之錢謙益之注杜甫詩,施元之之注蘇軾詩,實有過譽之嫌。

此書許鍾德於丙子年刊刻,流布不廣,故諸家書目很少著録,唯見於孫殿起《販書偶記》卷一三:"《丁卯集箋注》八卷,唐雲陽許渾撰,金壇許培榮箋注,乾隆丙子精刻。"丙子,即乾隆二十一年(1756)。今即據清乾隆二十一年許鍾德等刻本影印。(吳企明)

### 周賀詩集一卷　(唐)周賀撰　(第1311冊)

周賀,字南卿,東洛(今河南洛陽)人。曾客南徐三年,又隱嵩陽少室山,後居廬岳爲僧,法號清塞。文宗大和末,姚合任杭州刺史,愛其詩,命還初服。其《秋宿洞庭》稱"一官成白首",知曾出仕,然仕履未詳。生平事迹見《唐詩紀事》卷七六、《唐才子傳》卷六等。

賀工詩,《唐詩紀事》卷七六以爲與賈島、無可齊名,《唐摭言》卷一〇稱其詩"詩格清雅",《詩人主客圖》將其列於"清奇雅正"類之"入室"者。《新唐書·藝文志》、《崇文總目》、《直齋書録解題》、《宋史·藝文志》均著録《周賀詩》一卷,《郡齋讀書志》著録《清塞詩》一卷。

該本爲南宋臨安陳氏書棚本,卷末有“臨安府棚北睦親坊南陳宅書籍鋪印”牌記,凡收詩七十六首。原書今藏國家圖書館,爲清常熟瞿氏鐵琴銅劍樓舊藏,有清初何焯手跋,曾借張元濟影印收入《四部叢刊續編》。張氏爲撰跋及校勘記,認爲“所收視《全唐詩》爲少,而比《弘秀集》爲多;亦有《弘秀集》所收,而是本反闕者”。今檢《全唐詩》卷五〇三收周賀詩一卷,凡九十二首,除去《送李億東歸》一首係誤收溫庭筠之詩外,本集以外之十五首分別見於《文苑英華》、《唐詩紀事》、《古今歲時雜咏》、《萬首唐人絕句》等書,《唐僧弘秀集》則稍後出。《四庫》所收《唐四僧詩》本《清塞詩集》二卷、復旦大學圖書館藏明抄《唐人詩集八種》本《清塞詩集》二卷,均僅收五十二首,殆遠不及此宋書棚本。從宋人大量引及此集以外詩判斷,此集未必爲唐時原編,然其所存詩於文本校訂仍具重要價值。如《唐詩紀事》卷七六收《秋日同朱慶餘懷少室舊隱》,此集題作《同徐處士秋懷少室舊居》,《送晏上人》此集題作《書實上人房》。雖不能以爲此集皆是,但文本價值則可確認。再如《送盧岳僧》,因此集收録而可確知別作朱慶餘未當。《送李億東歸》此集不收,知《唐詩品彙》卷四五作周詩失考。凡此之類,不勝舉例,讀者逐一對校,自可明曉此宋本之珍貴。

今據國家圖書館藏宋臨安府陳宅書籍鋪刻本影印。（陳尚君）

**張承吉集十卷**　（唐）張祜撰（第1311冊）

張祜,字承吉,南陽（今河南鄧縣）人,寓居姑蘇（今江蘇蘇州）。早年浪迹江湖,狂放不羈。後屢舉進士不第。文宗大和五年（831）,令狐楚爲天平軍節度使,録張祜詩三百首表薦朝廷,爲權貴抑退。後久客揚州,屢辟使府,轉徙徐、許、池等州及魏博、宣城等地,所在狷介少合。晚年卜宅丹陽,隱居以終。生平事迹見《唐詩紀事》卷五二、《唐才子傳》卷六等。

祜苦心爲詩,早享盛名。令狐楚評其詩“研機甚苦,搜象頗深。輩流所推,風格罕及”（《進張祜詩册表》）。陸龜蒙稱其“稍窺建安風格”,“爲才子之最”（《和張處士詩序》）。

張祜集十卷,《新唐書·藝文志》及《郡齋讀書志》皆著録,惟明清二代不甚流傳,所通行者如明朱警輯《唐百家詩》本《張處士詩集》五卷、清康熙間席氏《唐詩百名家全集》本《張祜詩集》二卷等,所録均僅三百餘篇。此書收詩四百六十八首,按詩體編次,卷一、二、三、六爲五言雜題,卷四、五、七爲七言雜題,卷八爲雜題,卷九、十爲五七言長韻。該本所收詩中,有一百五十首爲《全唐詩》失收,近人孫望編《全唐詩補逸》曾據以輯録逸詩爲四卷。其中尤以七言律詩和五言長篇排律爲大宗,足以糾正前人以爲張祜偏於寫作絕句和五律之説。其中如《元和直言詩》爲其早年議論時事而作,《叙詩》縱論歷代詩歌,於唐初以來名家皆有所評騭,《夢李白》表達對詩人李白之嚮往,《寓言》、《苦旱》等篇表達對民生之關切,《投陳許崔尚書二十韻》、《投魏博李相國三十二韻》、《憶江東舊游四十韻寄宣武李尚書》、《戊午年感事書懷一（原誤作二）百韻謹寄獻太原裴令公淮南李相公漢南李僕射宣武李尚書》表述周游各藩鎮幕府之曲折心境,均有重要研究價值。至於對作品歸屬之確定、文本異文之定奪、流傳事迹之糾補等方面,也頗可參考。

此十卷本,爲南宋蜀刻《唐六十家詩集》之一,開卷有“翰林國史院官書”長方印,又有“潁川劉考功藏書印”、“劉體仁印”、“祁陽陳澄中藏書記”等藏印,知其爲元代翰林國史院藏書,清初曾爲劉體仁收藏,流傳有緒。書

爲白口,左右雙邊,字近顏體,行格疏朗,爲宋蜀刻之精品。今據以影印。(陳尚君)

### 朱慶餘詩集一卷　(唐)朱慶餘撰 (第1311冊)

朱慶餘,名可久,以字行,越州(今浙江紹興)人。出身寒素。入京赴試時,曾行卷於水部郎中張籍,張籍賞之,廣爲贊揚,遂有名。敬宗寶曆二年(826)登進士第,授秘書省校書郎。官至協律郎。生平事迹見《雲溪友議》卷下、《新唐書·藝文志》等。

慶餘長於五律、七絕,内容多爲送別酬答及題咏紀游之作。《詩人主客圖》將其列爲"清奇雅正"類之"及門"者,元辛文房《唐才子傳》謂其詩"得張水部詩旨,氣平意絕"。

慶餘有詩集一卷,《崇文總目》、《新唐書·藝文志》、《直齋書錄解題》皆著錄。該本爲南宋臨安陳氏刻書棚本,書末有"臨安府睦親坊陳宅經籍鋪印"印記一行,另有"泰興季振宜滄葦氏珍藏"題記,知清初爲季氏所藏。後歸黃丕烈,跋尾稱此集"目錄五葉,詩三十四葉,宋刻之極精者"。清末歸常熟瞿氏鐵琴銅劍樓,民國間曾借商務印書館影印收入《四部叢刊續編》。

此集收詩凡一百六十七首(包括李躔二首),不分體,亦不分類,是否保存原寫作次第,則難以確定。從集内尚附李躔(即李回)與慶餘唱和詩看,應出自唐人原編。《全唐詩》卷五一四、五一五收慶餘詩二卷,自《贈鳳翔柳司錄》以前皆存原集次第,其後另據《文苑英華》、《萬首唐人絶句》等書補詩十二首。以唐宋諸書所引慶餘詩與該本相校,則差異較多,如《湖州韓使君置宴》,《文苑英華》卷二一六作《陪湖州韓中丞宴》。《上汴州令狐相公》,《文苑英華》卷二六〇於"汴州"二字下校:"《集》作'淮南'。"《孔尚書致仕》,《文苑英華》卷二六〇此題下尚有"因而有寄贈"五字。凡此之類甚多,詩歌本文異文更多。可知唐宋時期,慶餘詩集所傳有多

本,故各書有較大差異。而該本爲南宋舊刻,且於原本有闕訛之處皆予保留,絕無後世妄加增改之病,故尤爲可貴。

此本據國家圖書館藏宋臨安府陳宅經籍鋪刻本影印。(陳尚君)

### 樊川文集夾注四卷外集一卷　(唐)杜牧撰　佚名注 (第1312冊)

杜牧(803—853),字牧之,京兆萬年(今陝西西安)人。文宗大和二年(828)登進士第,同年又登制科,曾爲牛僧孺辟爲淮南節度推官,歷知黃、池、睦、湖等州,後内擢考功郎中、知制誥,遷中書舍人。六年十二月,病卒。兩《唐書》有傳。

《新唐書·藝文志》著錄杜牧《樊川集》二十卷,係其甥裴延翰於杜牧卒後所編。至宋《郡齋讀書志》、《直齋書錄解題》均著錄《樊川集》二十卷、《外集》一卷。《外集》皆詩,未知何人所輯。宋熙寧六年(1073),田概又輯得所謂杜牧詩六十首,編爲《別集》一卷。然《外集》、《別集》皆鑒別不精,多誤入他人之作。《樊川文集夾注》係收杜牧《樊川文集》二十卷本之前四卷及《樊川外集》一卷,并爲之作注,不收《樊川文集》中其他文章。所注除卷一《阿房宫賦》、《望故園賦》、《晚晴賦》三篇賦外,其餘皆爲詩。無序言,亦無注者名氏,其注者約爲宋元間人。據書後牌記,此書係明正統五年(1440)六月朝鮮全羅道錦山刻本。該本早於清人馮集梧《樊川詩集注》,且所注又比馮注多《外集》一卷及賦三篇,乃現存杜牧詩文之最早注本。

此書半頁八行,行十七字。詩句下雙行小字夾注,每卷後又有"添注",乃該卷中未注或所注未詳悉者之補注。注文引用南宋人詩話,如阮閱《詩話總龜》、胡仔《苕溪漁隱叢話》、葛立方《韻語陽秋》等。所引《十道志》、《五經通義》、《遁甲開山圖》、《三輔決錄》、《春秋後語》、《晋陽秋》、《魏略》等書,多已失

傳或不全,頗有益於佚書之輯録。特別是《華清宮三十韻》"喧呼馬嵬血,零落羽林槍"句下注引已失傳之《翰府名談·玄宗遺録》一千餘字,係了解楊貴妃縊死馬嵬驛之詳細資料,殊爲珍貴。集中文字,雖不免訛誤,然因乃現傳杜集之最早刻本,故亦有或優或異於他本者。所注雖不如馮注詳悉,然亦相得益彰,多有可取,且首次爲《阿房宫賦》等三篇賦與《外集》詩作注,頗有益於讀者。

此本據遼寧省圖書館藏明正統五年朝鮮全羅道錦山刻本影印。（吴在慶）

### 樊川詩集四卷別集一卷外集一卷補遺一卷

（唐）杜牧撰　（清）馮集梧注　（第1312册）

馮集梧,字軒圃,一字桐圃,號鷺庭,桐鄉（今屬浙江）人,乃《玉谿生詩詳注》、《樊南文集詳注》之注者馮浩之子。乾隆四十六年（1781）進士,授編修,後典試雲南。著有《貯雲居稿》。傳見光緒《桐鄉縣志》卷五。

此書注釋《樊川文集》前四卷之詩,又收宋人所輯之《別集》一卷、《外集》一卷,又據《唐音統籤》、范成大《吴郡志》、《景定建康志》、《事文類聚》、《全唐詩》等書輯佚詩十五首成《樊川詩補遺》一卷。書前有清吴錫麒、馮集梧及唐裴延翰三序,次接兩《唐書》本傳。此集所收詩除裴延翰所編前四卷確爲杜牧詩外,《別集》、《外集》以及《樊川詩補遺》均有贋作,誤入李白、張籍、王建、趙嘏、李商隱、許渾等人詩。此書注釋援引史書、地志、碑志、雜記、小説、類書以及前人詩文等,於名物、輿地、典故及難解字與語詞注解頗爲詳明,又時釋唐朝典章制度,所注多能切合詩意。其對詩中文字校勘辨析亦頗有精闢之處,如《潤州二首》之一"句吴亭東千里秋",馮注據《孔氏雜記》及《一統志》校改爲"向吴亭"等。馮注亦偶有錯誤,如注《今皇帝陛下一詔徵兵不日功成河湟諸郡次第歸降臣獲睹聖功輒獻歌咏》一詩中"宣王休道太原師"句,引《國語》"宣王既喪南國之師,乃料民於太原",所注實誤。此句乃用《詩經·小雅·六月》"薄伐玁狁,至於太原"之句意。

此本據上海圖書館藏清嘉慶德裕堂刻本影印。（吴在慶）

### 玉谿生詩詳注三卷卷首一卷　（唐）李商隱撰　（清）馮浩注　（第1312册）

李商隱（約812—858）,字義山,號玉谿生,又號樊南生,懷州河內（今河南沁陽）人。開成二年（837）進士,曾任秘書省校書郎、正字及太學博士等京職。一生十佐幕府,終鹽鐵推官。著有《玉谿生詩》三卷,及《樊南甲集》、《樊南乙集》各二十卷。兩《唐書》有傳。馮浩（1719—1801）,字養吾,號孟亭,浙江桐鄉人,乾隆十三年（1748）進士,曾參與纂修《續文獻通考》。後家居四十年,主江浙諸書院講席。著有《孟亭居士文稿》、《詩稿》等。生平事迹見《清史稿》。

此書係清代李商隱詩最詳贍精審之箋注本。其主要貢獻有二:一是根據翔實的材料與嚴密的考證,改訂年譜,按年編詩,爲商隱詩研究奠定較堅實之知人論世基礎。此前朱鶴齡等三家之譜,舛誤甚多。馮氏在商隱二百篇佚文尚未發現的條件下,通過詩、文、史互證,不但考出商隱較確切之生卒年及家世交游、重要仕歷,而且將約三分之二的詩加以繫年,對其他未編年詩亦大致推斷了寫作年代。二是廣泛汲取諸家成果,并在此基礎上對商隱詩作出更詳贍確切之注釋,兼具集成與創新之優長。除以朱鶴齡注爲藍本外,馮注又采擇程夢星、姚培謙、陸崑曾及徐逢源未刊箋本之箋解,馮舒、馮班、錢良擇、何焯、田蘭芳、楊守智、袁彪、趙臣瑗等人之評點。嘉慶增刻本又增采徐德泓、陸鳴皋之疏解。對朱、程諸注,存其是,正其誤,補其闕,在解詞釋慮、徵事數典方面有很大進展。

馮注之主要問題,一是承吴喬《西崑發微》

餘緒,過分强調令狐綯與李商隱之恩怨對其詩歌的影響,將絕大多數《無題》詩及一大批其他篇什,均解成爲綯而作,甚至解成某次過往之隱語,不免穿鑿牽附。二是對江鄉之游、巴蜀之游及相關繫詩之考證主觀隨意性較大,缺乏可靠依據,且給此後考辨帶來混亂。

此書初刊於乾隆二十八年,至四十五年又加重校訂補,并重新雕板印行,自稱與初刊本比較,"大半如出兩手"。嘉慶元年(1796)又出增刻訂補本,對乾隆四十五年重刻本有較多增訂,《四部備要》本即據嘉慶增刻本排印。

此本據南京圖書館藏清乾隆四十五年德聚堂刻本影印。(劉學鍇)

## 樊南文集詳注八卷　(唐)李商隱撰 (清)馮浩注(第1312册)

李商隱文,舊志及書目著録有《樊南甲集》、《樊南乙集》各二十卷及文、賦等多種,至清初皆佚。朱鶴齡輯録《文苑英華》、《唐文粹》之商隱文,編成《李義山文集》五卷,偶有箋語。康熙間徐樹穀、徐炯編《李義山文集》十卷。馮浩此書,即在二徐箋注的基礎上加以大幅删補辨正改訂而成,并據《成都文類》補入《爲河東公謝相國京兆公啓二首》。卷一表,卷二狀,卷三、四啓,卷五祝文,卷六祭文,卷七序,卷八書、箋、傳、碑銘、賦、雜記,卷末附逸句。每卷各體文以寫作年代爲次,偶有未能編年者附各體之末。全書輯録商隱文一百五十一首,除表一、狀一、啓一、祭文一及雜記未能考定寫作年代外,其餘均加以編年。

其箋訂補徐氏之缺失者甚多。如《上崔華州書》,徐氏誤斷其非商隱作,馮氏考定爲開成二年(837)春初上崔龜從之書,并據此考出商隱較確切之生年。《爲京兆公陝州賀南郊赦表》,徐氏説以此京兆公爲杜悰,馮氏據《舊唐書·韋温傳》考定爲韋温。其他徐氏

缺考、誤考而馮氏補正者尚多。其注雖十之五采自徐注,然訂正增補者均爲疑難問題。然馮氏校勘,頗勇於改字,雖有極精當者,亦有逞臆者。如《爲李兵曹祭兄濠州刺史文》,馮氏因誤考李兵曹之兄爲李文舉,竟在毫無依據之情況下擅改"竟陵山水,鍾離控扼"二句中之"竟陵"爲"巖陵",以證成其李文舉"先刺睦,後刺濠"之臆測,實則李兵曹之兄乃李從簡,曾刺復州(即"竟陵")、濠州,"竟"字不誤。馮氏繫年有誤者,多因其年譜有誤。如譜謂大中四年(850)十月盧弘止奏商隱爲徐幕判官,因此誤繫《上尚書范陽公啓三首》於四年十月。又謂大中六年柳仲郢辟商隱爲東州節度書記,因之誤繫《獻河東公啓二首》於六年。此類張采田《玉谿生年譜會箋》已正之。《獻相國京兆公啓》爲大中五年獻杜悰之啓,馮氏誤以爲韋琮,亦爲張箋所糾。

此書有乾隆三十二年、四十五年德聚堂刻本,今據南京圖書館藏四十五年刻本影印。(劉學鍇)

## 樊南文集補編十二卷附録一卷　(唐)李商隱撰 (清)錢振倫箋 (清)錢振常注

錢振倫(1816—1879),字楞仙,歸安(今浙江湖州)人。道光十八年(1838)進士,歷翰林院編修、國子司業。曾應吴棠之請主講清河崇實書院。著有《示樸齋隨筆》、《示樸齋駢文》等。生平事迹見《光緒常昭合志稿》卷四〇。錢振常(1825—1898),字仲彝,號笹仙,錢振倫之弟。室名學吕齋,同治十年(1871)進士,官至禮部郎中。生平事迹見《民國人物碑傳集》七。

此書爲李商隱文之補輯箋注本。據卷首自序,振倫官京師時曾從《全唐文》卷七七一至卷七八二抄出徐樹穀、馮浩注本所無之商隱文二百零三篇,後知《全唐文》所收商隱文實出《永樂大典》。與弟分任箋、注。卷一表

狀,卷二至卷七狀、啓,卷八啓、牒,卷九牒、碑銘,卷十碑銘,卷十一行狀、黄籙齋文、祝文,卷十二祭文、補遺。《附録》收《玉谿生平譜訂誤》。祭文中《爲賈常侍祭韋太尉文》、《爲西川幕府祭韋太尉文》係符載文;《代諸郎中祭太尉王相國文》,岑仲勉考其非商隱作。卷末錢氏據《華岳全集》收入補遺之《修華岳廟記》,目録中題名下小字注出"存疑",今人已考出係北魏文。則《補編》所輯可肯定爲商隱文者實爲二百篇。各體之文,不以寫作時間爲次,而依所出之《全唐文》原次。

錢氏在馮浩《玉谿生年譜》及商隱詩文兩詳注基礎上,根據史文互證及商隱所歷幕職與時地,考證出不少文題中之錯訛,從而使文章得以正確編年。如《爲汝南公上淮南李相公狀三首》及《爲汝南公與蘄州李郎中狀》,錢氏辨題内"汝南"均爲"濮陽"之訛,四文均代王茂元擬,時間在文宗卒後。考《爲滎陽公上僕射崔相公狀二》之崔相公爲元式,"僕射"當作"弘文";《爲滎陽公上弘文崔相公狀三》之崔相公爲郸,"弘文"當作"僕射"。凡此考辨訂誤,均證據確鑿,精切不移。校勘方面,錢氏較爲謹慎,然亦偶有毫無依據而改者,如《爲汝南公上淮南李相公狀二》"伏承恩詔榮徵,聖上肇自漢藩,顯當殷鼎",錢氏擅改"漢"爲"海"。卷末附振倫所撰《玉谿生年譜訂誤》,據《補編》所提供之新材料,訂正馮譜中失誤。如商隱祖上實由懷州遷鄭州,非如馮云"舊居鄭州,遷居懷州",商隱移家關中在開成五年,而非馮譜所云在四年。振倫并據《仲姊志文狀》提出商隱生於元和六年之新説。但《補編》所提供之新材料,錢氏僅利用了一小部分,至張采田《玉谿生年譜會箋》方得到較充分利用。馮、錢二注,可謂箋注商隱文之雙璧。

今據清同治五年望三益齋刻本影印。

（劉學鍇）

## 唐女郎魚玄機詩一卷　（唐）魚玄機撰（第1313册）

魚玄機(約844—868),字幼微,一字蕙蘭,長安(今陝西西安)人。初爲補闕李億妾。曾歷游各地。懿宗咸通中出家於長安咸宜觀爲女道士。與詩人温庭筠、李郢等有唱和。咸通九年(868),因私刑笞死侍婢緑翹事發,爲京兆尹温璋所殺。魚玄機工詩,有才思。其詩屬對工穩,遣詞用典頗有新意,寫男女之情,尤爲真切細膩,坦率熱情。生平事迹見《太平廣記》卷一三〇引《三水小牘》、《北夢瑣言》卷九等。

《魚玄機詩》一卷,宋陳振孫《直齋書録解題》始著録,《崇文總目》、《新唐書·藝文志》不載,殆南宋始傳。此集白口,左右雙邊,刊刻精美,爲宋刊之精品。集末有"臨安府棚北睦親坊南陳宅書籍鋪印"牌記一行。前後收藏印有數十方之多,有黄丕烈、顧蒓、潘奕雋題跋并詩,曹貞秀、瞿中溶、石韞玉等十四人題詩,朱承爵、王芑孫等五人題款,可謂流傳有緒。

此集收詩凡五十首,其中包括光、威、哀三姊妹示玄機聯句詩一首,所存魚玄機詩凡四十九首。《全唐詩》卷八〇四收魚詩一卷,僅較本集多録自《文苑英華》卷二〇八之《折楊柳》一首,及録自《唐詩紀事》卷七八之若干殘句。以諸書與本集對校,如卷首《賦得江邊柳》,《又玄集》卷下、《才調集》卷一〇、《文苑英華》卷三二六、《唐詩紀事》卷七八題作《臨江樹》。《贈鄰女》,《才調集》卷一〇題作《寄李億員外》,頗有不同。此集雖未必爲唐時原編,但多數魚詩則因本集而得流傳。

此本據國家圖書館藏宋臨安府陳宅書籍鋪刻本影印。另明清流傳魚集版本甚多,多據此集翻印。黄丕烈於嘉慶八年曾以該本影刻行世,江標、葉德輝於光緒間也曾先後影刻,另錢塘丁氏八千卷樓曾藏有汪士鐘影抄本。

蓋唐女流詩集不多，而此宋集巋然完整，故尤爲藏家所珍視。（陳尚君）

### 翰林集四卷附錄一卷　（唐）韓偓撰（第1313冊）

韓偓（842—約914），字致堯，一作致光，小字冬郎，自號玉山樵人，京兆萬年（今陝西西安）人。韓瞻子。昭宗龍紀元年（889）登進士第。初佐河中幕府，召拜左拾遺，遷刑部員外郎。天復元年（901）冬，從昭宗避亂鳳翔，以功拜兵部侍郎、翰林學士承旨。後爲朱全忠所惡，貶至榮懿尉，徙鄧州司馬。天祐年間入閩依王審知，後寓居南安，卒。生平事迹見《新唐書》本傳、《唐詩紀事》卷六五等。

偓早能詩，其姨父李商隱有"雛鳳清於老鳳聲"（《韓冬郎即席爲詩相送一座皆驚》）之譽。早年作《香奩集》多涉豔情，詞致婉麗，世稱"香奩體"。經歷世變，詩多感傷時事、慨歎身世。

韓偓文集宋元著錄不一。《四庫全書》收錄其《韓內翰別集》一卷。《四庫全書總目提要》謂"抄本"，"又注曰入內廷後詩"，"疑是後人裒集成書，按年編次，實非偓之全集也"。該本爲清嘉慶十五年（1820）福鼎王遒春麟後山房刊《王氏彙刊唐人集》本《翰林集》四卷。與《韓內翰別集》對校，正編所收篇目完全相同，所不同者，一爲一卷，一拆爲四卷。四庫本《苑中》、《錫宴日作》二首在《辛酉歲冬十一月隨駕幸岐下作》後，此集卷一則《苑中》在《辛酉歲冬十一月隨駕幸岐下作》前，《錫宴日作》則在《中秋禁直》後。另卷四《贈友人》、《曲江晚思》二首次第互乙。四庫本末附《補遺》，錄《寄禪師》、《日高》、《夕陽》、《舊館》、《中春憶贈》五首，此集則無。而此集末有《翰林集附錄》，據諸書錄韓氏遺事，末附刊者之跋。此外，二集皆不收《香奩集》諸詩。另《大慶堂賜宴元璹而有詩呈吳越王》四首，《全唐詩》卷七八四又收歸吳越失姓名人，岑仲勉《讀全唐詩札記》謂"偓未嘗入吳越，此殆誤收"。而二集皆赫然收入該組詩。

此本據中國科學院圖書館藏清嘉慶十五年王遒春麟後山房刻本影印。此集刊刻既晚於《四庫》本，內容也別無取資，闌入《續修四庫全書》，似未盡妥當。《王氏彙刊唐人集》所收黃滔《莆田黃御史集》頗存宋代結集時初貌，王榮《麟甲集》、林蘊《林邵州遺集》頗少流傳，惜皆未獲收錄。（陳尚君）

### 張象文詩集三卷　（唐）張蠙撰（第1313冊）

張蠙，字象文，族望清河（今屬河北），家居江南。幼穎慧能詩，懿宗咸通間以累舉不第，與許棠、張喬、周繇交，時號"九華四俊"。昭宗乾寧二年（895）始登進士第，釋褐爲校書郎，調櫟陽尉。後避亂入蜀，遷犀浦令。前蜀建，仕爲膳部員外郎。後主王衍時任金堂令。《唐詩紀事》卷七〇載徐后游大慈寺，見壁間張蠙題"牆頭細雨垂纖草，水面回風聚落花"，乃令進詩二百首，王衍善之，欲召爲知制誥，爲宋光嗣阻止。據此則其享壽當在七十以上。生平事迹見《新唐書·藝文志》、《唐詩紀事》卷七〇等。

《新唐書·藝文志》著錄有《張蠙詩集》二卷，《郡齋讀書志》、《直齋書錄解題》則均載其集一卷。此《張象文詩集》三卷，爲北京大學圖書館藏清抄本，卷首、卷末皆有麐嘉館印，知爲民國李盛鐸舊藏。首有《張象文傳》，內容據宋元各書編次而成，末有贊，以爲"在唐末詩人亦卓然當表出者也"，當出明清人編寫。卷一收五言律詩五十二首，卷二收七言律詩二十五首，末附續增《邊將》一首，又五言律詩《送人尉蜀中》二首，卷三收五言排律三首，七言絕句二十一首（實收二十首）。總計全集存詩爲一百零三首。《全唐詩》卷七〇二收蠙詩一卷，凡一百零二首，較此少《送人尉蜀中》二首之二。今檢續增三首,《邊將》見《文苑英華》卷三〇〇,爲羅鄴詩,因收錄於張蠙同題詩後,而誤作張詩。《送人尉蜀中》其一"故友漢中尉"一首,與唐芮挺章編《國秀集》卷下徐晶《送友人尉蜀中》全同。"我屋與君室"一首,則見南宋周孚《蠹齋鉛刀編》卷九,爲《寄辛幼安二首》之一,元方回《瀛奎律髓》卷四二亦收入,確非唐詩。其餘均與《全唐詩》同。今檢明朱警《唐百家詩》、清席刻《唐詩百名家全集》均有《張蠙詩集》一卷,收詩均僅八十一首。《全唐詩》合胡震亨《唐音統籤》、季振宜《唐詩》搜羅之績,據《才調集》、《文苑英華》、《唐詩紀事》、《萬首唐人絕句》補錄佚詩,得成百二首之規模。該本則除誤收宋人詩一首外,內容全同《全唐詩》,惟分體編排,重分卷次,爲不同耳。原書無抄寫年代。據此推測,則應在雍乾以後。

此本據北京大學圖書館藏清抄本影印。

（陳尚君）

## 唐秘書省正字先輩徐公釣磯文集十卷補一卷

（唐）徐夤撰（第 1313 冊）

徐夤,名一作寅,字昭夢,莆田（今屬福建）人。昭宗乾寧元年（894）登進士第,釋褐爲秘書省正字。歸閩,爲閩王王審知辟爲掌書記。早年以《游大梁賦》獻朱全忠,譏及沙陀李克用。克用子後唐莊宗李存勗即位,命審知殺夤。審知不敢復用,夤遂拂衣而去,歸隱延壽溪而終。生平事迹見《五代史補》卷二、《十國春秋》卷九五等。

夤工詩賦。其《斬蛇劍賦》、《御水溝賦》、《人生幾何賦》尤膾炙人口。著作有《雅道機要》一卷（《吟窗雜錄》收入）、《溫陵集》十卷、《探龍集》一卷、《釣磯集》三卷、《書》二十卷、《賦》五卷等（據《補五代史藝文志》）。其《徐正字詩賦》二卷,《四庫全書》已收錄。《四庫全書總目提要》云:"此本僅存賦一卷,

計八首;各體詩一卷,計三百六十八首。蓋其後裔從《唐音統籤》、《文苑英華》諸書裒輯成編。"所云未當。蓋《唐音統籤》有詩而無賦,《文苑英華》僅收夤賦四篇而無詩,館臣蓋憑臆推想耳。至收詩則爲二百六十八首,或寫定後謄寫偶誤。《全唐詩》卷七〇八至卷七一一編夤詩四卷,大致與此集所收數相當。《全唐文》卷八三〇編夤文一卷,收賦二十八篇,則遠富於該集,當別有取資。

此書卷首有夤族孫師仁建炎三年序,稱"家故有《賦》五卷、《探龍集》五卷,正字自序其後","又訪於族人及好事者得五言詩并絕句,合二百五十餘首,以類相從爲八卷"。此本未傳。另有可珍序,稱"至延祐丁酉歲,叔父司訓公於洛如金橋林必載家得詩二百六十餘首,復於己亥歲,族叔祖道真公遺賦四十篇"。清錢大昕跋以爲此集即"可珍所編",可從。此集前五卷爲賦,凡五十題,其中卷五《漢武帝求仙賦》、《星賦》、《伍員知姑蘇臺有游鹿賦》三篇有題無文,實存四十七篇。其中卷一《玄宗御製盧徵君草堂銘賦》、卷三《五王宅賦》稍有闕文,則皆空格以爲標識。卷六存長律八首、五言律詩二十一首、七言絕詩二十八首,卷七至卷十每卷各存七言律詩五十二首,五卷共存詩二百六十五首,較《四庫》所收《徐正字詩賦》尚少《蝴蝶》、《初夏戲題》、《春入鯉湖》三首。

此書之價值,一爲保存了大量徐氏之賦,光緒間陸心源編《唐文拾遺》卷四五,補錄其賦二十一首爲一卷,殆即據此一系統文本。二爲可資校勘。張元濟爲《四部叢刊三編》撰《徐公釣磯文集校勘記》一卷,以《唐音統籤》、《全唐詩》及《宛委別藏》本、鐵琴銅劍樓藏舊抄本、瞿本舊校對讀,指出該本與他本相異之文字甚多。三爲卷十保存夤撰單題詩較爲集中,可知爲當時系統寫作,與《徐正字詩賦》混編有所不同。

此本據民國二十五年上海商務印書館《四

部叢刊三編》影印清錢曾述古堂抄本影印。
（陳尚君）

### 唐求詩集一卷 （唐）唐求撰（第1313冊）

唐求，號味江山人，蜀州青城（今四川都江堰）人。唐末蜀中隱士，隱居方外，以吟咏爲樂，其詩至暮年方爲人收得三十多篇行世。宋初黃休復《茅亭客話》卷三有其生平之最早記録。

其集中有《邛州水亭夜宴送顧非熊之官》，大約爲大中、咸通間所作。《唐詩紀事》卷五〇稱“或云王建帥蜀，召爲參謀，不就”，若所云可信，應爲昭宗大順以後事。唐末詩人李洞《贈唐山人》云：“垂鬚長似髮，七十色如鬖。”知求年逾七十，且略存其形貌及襟懷。

其集至南宋《遂初堂書目》、《直齋書録解題》始見著録，作一卷，今存宋書棚本一卷，存詩凡三十五首，與《茅亭客話》所云有侍者編其詩三十餘篇合，殆即當時之原編。此集外之唐求佚詩，則僅孫光憲《北夢瑣言》（《詩話總龜》卷一四引）引《臨池洗硯》“恰似有龍深處卧，被人驚起黑雲生”二句。

此本據國家圖書館藏宋書棚刻本影印。
（陳尚君）

### 碧雲集三卷 （南唐）李中撰（第1313冊）

李中，字有中，九江（今屬江西）人。曾與劉鈞共學於廬山國學。南唐元宗時，仕於下蔡。交泰二年（959），以雙親老病，表請歸家侍奉。後主時，任吉水縣尉，歷任晉陵、新喻縣令。開寶五年（972），又轉淦陽縣令。六年，集五七言兼六言詩二百篇爲《碧雲集》，孟賓于爲之作序，稱其詩“緣情入妙，麗則可知”。卒年不詳。生平事迹詳《碧雲集》及孟賓于序。

李中與詩人沈彬、左偓、史虛白、僧匡白善，多有酬和，亦有詩涉及柴再用、喬匡舜、韓熙載、張洎、徐鉉、湯悦等名臣。其詩在宋元之間流布不廣，總集僅見元方回《瀛奎律髓》引及《春日野望》一首，許以“新異”、“淡而有味”之評。至辛文房《唐才子傳》則稱其詩有“驚人泣鬼之語”。

此集三卷，《崇文總目》、《宋史·藝文志》著録皆同，惟《郡齋讀書志》作二卷，疑偶誤“三”爲“二”。收詩凡三百一十首，《全唐詩》卷七四七至卷七五〇録爲四卷。李中雖官職、詩名皆不甚顯，然以南唐原編別集，經歷千年而得巍然保存，是可珍貴。其集述其經歷感受，及與當時詩人文士之交往，亦頗可資研究。

該本爲南宋陳氏書棚本，收藏印有季滄葦、徐健庵等，書末又有“泰興季振宜滄葦氏珍藏”題記，知清初爲季振宜、徐乾學所藏。末附黃丕烈跋，稱道光癸未得於崑山一書肆，殆即徐氏散出之書。至清末此書與宋刻《李羣玉詩集》并歸鄧邦述，鄧氏珍惜，命書齋爲羣碧樓以爲紀念。商務印書館借鄧氏所藏，影印收入《四部叢刊》，以廣其傳。原本今存臺灣中研院歷史語言研究所傅斯年圖書館。臺北“國家圖書館”藏有琴川張氏小瑯嬛福地影抄本，亦據該本出。今則據國家圖書館藏清黃丕烈士禮居影宋抄本影印。（陳尚君）

### 李丞相詩集二卷 （南唐）李建勛撰（第1313冊）

李建勛（約873—952），字致堯，廣陵（今江蘇揚州）人。南唐趙王李德誠子。初爲昇州巡官、金陵副使，助李昇禪吳。南唐建國，拜中書侍郎、同平章事，加左僕射、監修國史，領滑州節度使。先主昇元五年（941），罷相歸私第。未幾，復入相。元宗立，出爲昭武軍節度使。後召拜司空。以司徒致仕，賜號鍾山公，乃於山中營別墅，放意泉石。保大十年（952）卒，謚靖。馬令《南唐書》卷一〇、陸游《南唐書》卷九等皆有傳。

建勛少好學,遍覽經史,尤工詩,所作以五七言律詩爲多。馬令《南唐書》謂其詩“少時猶浮靡,晚年頗清淡平易,見稱于時”,《唐才子傳》則評其詩“琢煉頗工,調既平妥,終少驚人之句”,而胡應麟《詩藪》則以爲“雖晚唐卑下格,然模寫情事殊工”。

《崇文總目》卷五著録《李建勛詩》二卷、《鍾山公集》二十卷。後者雖《通志・藝文略》、《宋史・藝文志》尚稱及,未必南宋至元代尚存。此詩集二卷,爲南宋臨安刊本,卷末署“臨安府洪橋子南河西岸陳宅書籍鋪印”,款式皆同書棚本。清季爲常熟瞿氏鐵琴銅劍樓所藏,借商務印書館影印收入《四部叢刊續編》,流布始廣。

本集收詩凡上卷四十四首,下卷四十一首,總八十五首。大致上卷以五言律詩爲主,間有一二首五言古體及排律。下卷則皆七言,凡七律三十六首、七絶五首。詩則多爲懷人感時、流連風物之作,性情閑雅,當多爲退歸山中後所作。其詩風格軟媚,然情致迷離,亦能動人,前人多有論及。

《全唐詩》卷七三九收李詩一卷,除據本集外,另補十首又若干殘句。今人陳尚君輯《全唐詩補編》,復自《江南餘載》、《吟窗雜録》、《咸淳臨安志》、《六朝事迹編類》、《輿地紀勝》等書中補詩數首。蓋建勛風流自命,所作甚多,此集僅收一時之作。二十卷本《鍾山公集》不傳,散逸尤夥,是足可惜。

此本據國家圖書館藏宋臨安府陳宅書籍鋪刻本影印。(陳尚君)

## 范文正公文集二十卷 (宋) 范仲淹撰 (第1313冊)

范仲淹(989—1052),字希文,吳縣(今屬江蘇蘇州)人。幼孤,依母爲生。大中祥符八年(1015)進士。康定元年(1040),西夏戰事起,爲陝西經略安撫副使,兼知延州。慶曆三年(1043),召爲樞密副使,改參知政事,推行“慶曆新政”。卒謚文正。生平事迹見《宋史》本傳、富弼《范文正公墓志銘》。

《宋史・藝文志》著録《范仲淹集》二十卷、《別集》四卷、《尺牘》二卷、《奏議》十五卷及《丹陽編》八卷。又有《丹陽集》二十卷(四庫館臣疑即《范文正公集》),蘇軾爲作序。其《奏議》十七卷、《政府論事》二卷在宋代曾單獨刻印成集(見韓琦《安陽集》卷二二《文正范公奏議集序》),其餘文稿由其子范純粹於熙寧間整理爲《范文正公集》二十卷,刻印當不晚於元祐四年(1089),是爲最早刻本。此本版式疏朗,印刷精美,被譽爲“北宋佳刊”,堪稱國寶。卷首有蘇軾元祐四年所作《范文正公文集叙》,稱“今其集二十卷,爲詩賦二百六十八,爲文一百六十五”。又有清人題記三行,云“此書得於范氏主奉家”,此“范主奉”即范仲淹十九世孫范能浚,嘗爲文正書院主奉。每卷均有細目,卷端題“范文正公文集”,按體分類編排。此二十卷本經靖康之亂,在南宋已屬罕見,古今各家書目均不見著録。

仲淹文集主要傳本多源自南宋乾道本。乾道三年(1167),饒州知州俞翊刊跋《文正范公文集奏議》,該本久已失傳。淳熙十三年(1186)綦焕補版翻刻、嘉定五年(1212)饒州郡齋再度重刊,此稱南宋乾道饒州刻、淳熙嘉定遞修本,今亦屬罕見,彌足珍貴。元天曆元年(1328)吳門范氏家塾歲寒堂刻本,即從以上版本出,明嘉靖間范氏家塾歲寒堂重刊此本,《四部叢刊》據此明覆元刻本影印。又,明萬曆三十七年(1609)康丕揚刻《范文正公集》二十四卷,另立體例重編,當是另一版本系統。

北宋刻本與後世刻本不僅編排體例不同,而且在分卷、篇目與文字上皆有差異,後世刻本有奪文現象。中華書局1984年取國家圖書館藏北宋刻本(其中卷一及蘇《叙》乃據宋乾道本配抄,其他卷亦間有補録),依原大影

印,收入《古逸叢書三編》之五,今即據該本影印。(王友勝)

## 王荆公詩集注四卷文集注十四卷(存《詩集注》四卷,《文集注》卷甲至卷丁、卷壬至卷卯) (宋)王安石撰 (清)沈欽韓注 (第1313—1314冊)

王安石(1021—1086),字介甫,晚號半山,撫州臨川(今屬江西)人。有《臨川先生文集》一百卷,嘗編選《唐百家詩選》二十卷等,生平事迹見《宋史》本傳。沈欽韓(1775—1832),字文起,號小宛,祖居吳興(今浙江湖州),遷江蘇吳縣木瀆鎮。嘉慶十二年(1807)舉人,後授安徽寧國府學訓導。著述主要有《兩漢書疏證》、《幼學堂詩集》、《幼學堂文集》等。生平事迹見《清史列傳》卷六九、王鎏《寧國縣訓導沈君墓志銘》)。

此書分《王荆公詩集注》、《王荆公文集注》兩部分。卷首編者序稱:"嘉泰間參政李壁爲詩注,單行,而全集迄今無注。余得李注讀之,亦云贍博,然人物制度,猶有未委,概從闕略。""於是取荆公詩文,補李氏之闕,創爲文集注。"詩注部分分甲、乙、丙、丁四卷,每卷卷端署"李壁元注,吳縣沈欽韓補注"。編次以南宋李壁《王荆文公詩箋注》五十卷爲序。文集部分則分甲、乙、丙、丁、戊、己、庚、辛、壬、癸、子、丑、寅、卯十四卷(缺戊、己、庚、辛四卷),編次以南宋杭本《臨川集》卷三八至卷一〇〇文集部分爲序。其中有若干外制、表、論議、雜著、書、啓、記、序、祭文、哀辭等(即《臨川集》卷五三至卷八六)未注。沈氏詩文注正文僅列題目,不錄原文(有些地方也注明文集原編卷次),次列注釋條目,後則逕接注文。全書搜集材料頗爲詳實,或質疑《臨川集》誤收文章,或糾正刻本誤字,或證明他書記載訛誤,態度十分嚴謹。注釋重點不在尋求典故出處,也不在詮解詞義,而在於聯繫舊聞,證明史實,藉以說明朝章制度沿

革、師友淵源關係等。但因篇幅宏大,書中誤注、漏注之處較多,也有隨意引證,與原書不合之處。又,注者雖欲以文史互證方法闡明史實,發掘王詩涵義,然又不免偏信諉詞或借題發揮,每有前後矛盾之處。

此本據上海圖書館藏稿本影印。(王友勝)

## 經進東坡文集事略六十卷 (宋)蘇軾撰 (宋)郎曄注 (第1314—1315冊)

蘇軾(1037—1101),字子瞻,號東坡,眉州眉山(今屬四川)人。生平事迹見《宋史》本傳。郎曄,字晦之,杭州人。早歲從張九成學,以累舉得官,得官即表進上呈所注三蘇文及陸贄奏議,旋即下世。事迹見周煇《清波別志》。

此書原本題《經進三蘇文集事略》,《宋史・藝文志》著錄"《三蘇文集》一百卷,郎曄進",當即其本。所注蘇洵、蘇轍文已佚,今僅存注蘇軾文六十卷,故改題《經進東坡文集事略》。

此書卷首有宋孝宗《御製文集序》及《蘇文忠公贈太師制》各一篇,又錄《東坡先生言行》。每卷卷端署"迪功郎新紹興府嵊縣主簿臣郎曄上進"。全書凡六十卷,精選并注釋蘇軾各體文章四百四十篇,按體編排。該書爲第一部蘇文選注本,注文引證豐富,考辨嚴謹。張金吾《愛日精廬藏書志》稱"是書鉤稽事實,考核歲月,元元本本,具有條理,可與施元之、王十朋詩注相頡頏"。

此書宋槧今多存殘帙。張氏《愛日精廬藏書志》著錄殘宋本二十九卷,傅增湘《群園藏書經眼錄》著錄殘宋本四十卷。民國八年上海涵芬樓借吳興張氏、南海潘氏藏兩宋刊殘本拼合影印,編入《四部叢刊》,所缺五卷(卷四一至卷四五)以明成化本補其白文。它處亦有無注現象,如卷六〇末六篇。此書隨文注釋,注文爲雙行小字,爲今通行之善本。今據以影印。(王友勝)

## 蘇文忠公詩編注集成四十六卷總案四十五卷
## 諸家雜綴酌存一卷蘇海識餘四卷箋詩圖一卷
（清）王文誥輯注（第1315—1316冊）

王文誥（1764—？），字見大，號二松居士，仁和（今浙江杭州）人。一生未仕。客粵三十年，做過幕僚，老始歸。文誥擅長書畫，畫臻逸品。尤工詩，著有《韻山堂詩集》。據其所作《蘇文忠公真像記》所述，道光三年（1823）尚在世，或卒於其後不久。生平事迹見《清畫家詩史》戊下等。

此書卷首有《集成》諸序、《凡例》三十則、《諸家弁言》，又《蘇海識餘》四卷、《箋詩圖》一卷，并分類注本百家姓氏、施顧注本三家姓氏考辨、像考、像贊、宋孝宗贈太師敕及御製文集序并贊、墓志銘注、《宋史》本傳注，及《諸家雜綴酌存》一卷、《編注集成目錄》，康熙、乾隆御評蘇軾詩文一卷，可謂細大不捐。

此《集成》四十六卷，凡收詩二千四百四十四首。其編次以查慎行《蘇詩補注》爲本，而又有所改變。第一，删減查氏《補注》後四卷，僅保留其前四十六卷所收之詩。查氏《補注》卷四七、四八補編詩一百五十六首，《集成》僅將十五首采入正集，其餘詩以爲非蘇軾作，徑予删去。《補注》卷四九、五十他集互見詩九十首，王氏爲“永斷葛藤”，亦予删去。第二，删除查氏《補注》、馮氏《合注》前四十五卷中王氏認爲非蘇軾所作或非詩而僅爲偈頌之六十七首詩。第三，調整查氏《補注》前四十五卷中某些詩的編年。第四，調整某些卷次的起訖時間。《集成》箋注部分主要以馮應榴《蘇詩合注》爲本，所匯之注實由《合注》相應部分剪裁而來，屬王氏發明者并不多。且王氏喜自矜，甚或借掊擊前人抬高自己。然此書删削《合注》中拖沓冗繁之處，較爲簡明，亦有部分詩注與《合注》不同，當屬王文誥匯錄，間錄紀昀評點及王氏本人評語，故亦不可盡掩其功。

《總案》四十五卷，長達六十萬字，對蘇軾生平、交游加以細緻考證，材料翔實，對蘇軾絕大部分詩文均加以繫年，又將蘇文大量附錄於《總案》相應部分，以作爲蘇詩創作背景材料。《集成》之《編年古今體詩》四十五卷即據《總案》的考訂而編成，故《總案》實具年譜之性質與作用。《諸家雜綴酌存》一卷，匯錄兩宋詩話、筆記及文集中有關蘇軾的研究材料一百一十一則。其作者與蘇軾同時或稍後，故可信度較大。《蘇海識餘》四卷，爲王氏刻印《集成》期間續考後所得，因無法刻入正文，故作爲附錄，類同校補記。《箋詩圖》一卷，含蘇軾詩一首、王文誥《箋詩圖記》、《又記》各一篇及注《自題箋詩圖十二首》。

《集成》嘉慶二十年撰成，二十三年設局謄繕，次年韻山堂開始鐫刻，迄至道光二年竣工。又有道光三年揚州阮氏刻本，光緒十四年浙江書局刻本。

此本據浙江圖書館藏清嘉慶二十四年武林韻山堂刻後印本影印。（王友勝）

## 舒懶堂詩文存三卷首一卷　（宋）舒亶撰
張壽鏞輯　補遺一卷　馮貞群輯　附錄一卷
（第1316冊）

舒亶（1041—1103），字信道，號懶堂、亦樂居士，明州慈溪（今屬浙江）人。英宗治平二年（1065）進士，試禮部第一。授臨海尉，因手刃犯人而自劾棄官。神宗熙寧間，召爲審官西院主簿。與李定等論奏蘇軾謝表譏切時事，釀成“烏臺詩案”。嘗手編《元豐聖訓》三卷，已佚。劉毓盤有《輯校舒學士詞》一卷。生平事迹見王稱《東都事略》卷九八、《宋史》本傳。張壽鏞（1876—1945），字伯頌，一字詠霓，號約園，浙江鄞縣人。清光緒二十九年（1903）舉人。刊刻有《四明叢書》，著有《詩文初稿》、《經學大綱》等。

《宋史·藝文志》著錄舒亶文集一百卷，已佚。民國三十四年（1945）張壽鏞從《乾道四明圖經》等輯得《舒懶堂詩文存》三卷，收入四明約園刊《四明叢書》。此書卷首爲張壽鏞《序》，次録《乾道四明圖經》舒亶傳及《宋史》本傳。正文凡三卷，其中卷一詩，按體編排，卷二詩餘，卷三文。每卷卷首署"宋慈溪舒亶信道撰，鄞張壽鏞輯"。《補遺》一卷署"宋慈溪舒亶信道撰，馮貞群輯"，録作者佚作數首。末附王庭秀、全祖望、張邦基、尹元煒及徐時棟等有關舒亶的詩文、事迹數則。

此本據民國三十七年張氏約園刻《四明叢書》第八集本影印。（王友勝）

### 新注朱淑真斷腸詩集八卷後集八卷 （宋）朱淑真撰 （宋）鄭元佐注 （第1316冊）

朱淑真，自號幽棲居士，錢塘（今浙江杭州）人，一説海寧（今屬浙江）人。祖籍歙州（治今安徽歙縣）。約生於北宋神宗元豐二、三年（1079、1080）間，卒於南宋紹興初。出生仕宦之家，自幼聰慧，妙於詩詞書畫，兼善音律，素有才女之稱。嘗與其夫宦游於吳越、荆楚間。據傳因婚嫁不滿，抑鬱而終。生平見南宋魏仲恭《斷腸詩集序》、明田汝成《西湖游覽志餘》卷一六等。鄭元佐，字名德，錢塘人，事迹未詳。

淑真所作多而存世少，魏仲恭《斷腸集序》謂其死後，詩文被父母"一火焚之，今所傳者百不一存"。孝宗淳熙九年（1182），魏仲恭將其詩輯爲《斷腸集》十卷，未幾錢唐鄭元佐爲之作注，并增輯《後集》八卷。今存鄭元佐注本《斷腸集》十卷、《後集》八卷，有元刻本、明初刻遞修本，傳世以元刻本最古。明楊士奇《文淵閣書目》未著卷數，高儒《百川書志》著録《斷腸詩》十卷、《後集》八卷。

此書分《新注朱淑真斷腸詩集》八卷、《後集》八卷。《斷腸詩集》卷首有細目，收詩凡二百餘首，其中卷一至卷三春景、卷四夏景、卷五至卷六秋景、卷七冬景、卷八吟賞。《後集》卷一春景、卷二夏景、卷三秋景、卷四冬景、卷五花木類、卷六至卷七雜題、卷八雜咏。

此書爲宋人注宋詩，頗具文獻價值。然引文每有刪節或文義不明，所引詩句亦有與原本不同者，且時有漏注或誤注出處者，是爲遺憾。

此本據國家圖書館藏明初刻遞修本影印。（王友勝）

### 晁具茨先生詩集十五卷 （宋）晁冲之撰 （第1317冊）

晁冲之，字叔用，一字用道，濟州鉅野（今山東巨野）人，一説開封（今屬河南）人。晁説之、補之從弟，晁公武之父。一生未得科名，嘗授承務郎。哲宗紹聖初，被逐，隱居於陽翟具茨山，人稱具茨先生。政和間，爲大晟府丞。卒於宋南渡時。事迹見俞汝礪《晁具茨先生詩集序》及《宋詩紀事》卷三三。

晁冲之出生於文學世家，長於詩，詩學淵源於杜甫、黄庭堅、陳師道，同吕本中爲知交，故被吕本中列入《江西詩社宗派圖》。冲之詩歌筆力雅健，劉克莊《江西詩派小序》謂："余讀叔用詩，見其意度沉闊，氣力寬餘，一洗詩人窮餓酸辛之態。"（《後村先生大全集》卷九五）《郡齋讀書志》卷一九著録其《晁氏具茨集》三卷。北宋"靖康之亂"後，其文多散佚，其子晁公武搜其詩，編爲《具茨晁先生詩集》三卷，凡兩百餘首，紹興間刊刻於忠州，俞汝礪爲作序。宋刻三卷本久佚，今僅存一卷本及十五卷箋注本。一卷本即不分卷本，以山東大學圖書館藏明永樂二年范凉靡抄本爲古，另有明嘉靖三十三年冲之裔孫晁瑮寶文堂刊《晁氏三先生集》本。十五卷本即後世箋注本，分爲"古詩"及"近體"，再按次分爲十五卷，題《晁具茨先生詩集》，其中卷一至卷六録古體詩，卷七至卷十五録近體詩。今存乾隆間鮑氏知不足齋單刻巾箱本及道光間潘氏重刊本。

該本卷首有宋紹興十一年俞汝礪序及十五

卷細目,正文采用夾注形式。清代阮元嘗進呈是書,其《四庫未收書目提要》謂:"其注不知何人所作,引書内有《一統志》及《韻會》、《韻府》等書,當爲明時人。"是書收詩一百六十七首,與宋刻本的"二百許篇"有别。

此本據《宛委别藏》清抄本影印。(王友勝)

### 頤堂先生文集五卷　(宋)王灼撰(第1317册)

王灼(約1081—約1160),字晦叔,號頤堂,遂寧(今四川潼南西北)人。約生於神宗元豐四年(1081),卒於高宗紹興三十年(1160)前後,享年約八十。南渡前曾入太學,後輾轉各地爲幕僚,紹興十五年冬寓成都碧雞坊妙勝院,撰《碧雞漫志》五卷。生平事迹僅見《碧雞漫志序》及《宋詩紀事》卷四四。

《宋史·藝文志》及《宋史新編·藝文志》均著録《頤堂文集》五十七卷,已佚。又有《周書音訓》十二卷以及《疏食譜》等,亦佚。今存僅有《頤堂先生文集》、《碧雞漫志》各五卷,《頤堂詞》、《糖霜譜》各一卷,另有佚文十二篇。其中《糖霜譜》是第一部有關甘蔗生產及製造工藝的科技專著。

王灼文集最早於孝宗乾道八年(1172)由其侄王僔編刻,題《頤堂先生文集》,《四部叢刊三編》、《續古逸叢書》據此影印。凡五卷,其中卷一古賦五篇,卷二至卷四爲古體詩,卷五爲近體詩。卷首有細目,正文字大悦目,少數詩賦有注釋,注者待考。據末附無名氏光緒十六年(1890)跋語可知,清代藏書家錢曾、袁芳瑛曾藏宋乾道本,錢氏《讀書敏求記》即著録《頤堂集》五卷,厲鶚《宋詩紀事》選詩亦不出該本。

此本據宋乾道八年王撫幹宅刻本影印。(王友勝)

### 斜川集六卷附録二卷訂誤一卷補遺二卷續鈔一卷附録一卷　(宋)蘇過撰(第1317册)

蘇過(1072—1123),字叔黨,自號斜川居士,眉州眉山(今屬四川)人,蘇軾幼子。哲宗元祐六年(1091)曾應禮部試,不第,以父蔭授右承務郎。蘇軾貶官嶺海,隨從侍行。軾卒,居潁昌。多才藝,善書畫,長於詩詞,故有"小東坡"之稱。傳附《宋史·蘇軾傳》。

蘇過文集,晁説之《蘇叔黨墓志銘》載"有《斜川集》二十卷",《直齋書録解題》、《宋史·藝文志》、《文獻通考》均著録《斜川集》十卷,原本已佚。自元末迄清初,流傳蘇過集刻本皆爲僞本,雞林黠買出於射利目的,以蘇過與劉過、謝邁三者名相同,往往用後二者之《龍洲集》、《竹友集》冒充《斜川集》刊刻行世。明代王世貞《弇州題跋》、清代邵晉涵《書坊本僞斜川集後》先後力辨其僞。四庫館臣周永年從《永樂大典》輯得蘇過詩文三百五十五篇(除去重複三篇,實得三百五十二篇),吳長元藉以録副,又取《宋文鑒》等書增補,釐爲六卷,附以《附録》("遺事")、《訂誤》,趙懷玉再作校刊訂證,於乾隆五十二年(1787)首刻於杭州,後阮元編《宛委别藏》即用該本。嘉慶十三年(1808)《全唐文》總纂官法式善又從《永樂大典》輯出蘇過詩文六十八篇,勒爲《補遺》二卷,不久又得詩文十三篇,編爲《續鈔》一卷,再録宋代周紫芝、張侃所作有關蘇過的詩四首,作爲《附録》。嘉慶十六年唐仲冕依趙懷玉舊刻版式,增補法式善輯佚所得,刻成全璧。至此,宋代十卷本《斜川集》已得十之七八。

此書首《斜川集》六卷,其中卷一古體詩七十六首、卷二古體詩三十七首、卷三今體詩一百零七首、卷四賦二篇文十九篇、卷五文三十二篇、卷六文七篇。卷首有王士禎《分甘餘話》一則、傅以禮題識一則及趙懷玉《校刻斜川集序》。卷後有《附録》二卷及吳長元的《訂誤》一卷。次《補遺》二卷,卷首有吳長元、鮑廷博題辭三則,吳長元跋語一則、法式善《斜川集補遺序》及蘇叔黨先生像。次《續鈔》一卷,末附《味水軒日記》載蘇過《題郭熙平遠》詩三首及唐仲冕跋語一則。次《附錄》一卷，又有趙懷玉書尾一篇。

此本據上海圖書館藏清乾隆五十三年趙懷玉亦有生齋刻嘉慶十六年唐仲冕增修本影印。除趙懷玉刻本、唐仲冕增刻本外，嘉慶間鮑廷博又取《補遺》二卷、《續鈔》一卷之詩文散置《斜川集》各卷之後，刻入《知不足齋叢書》第二十六集。道光間眉山三蘇祠所刊《三蘇全集》本、《四部備要》本、《叢書集成初編》本均據該本。（王友勝）

## 胡少師總集六卷首一卷附錄一卷　（宋）胡舜陟撰（第1317册）

胡舜陟（1083—1143），字汝明，號三山老人，績溪（今屬安徽）人。徽宗大觀三年（1109）進士，調山陰主簿，歷會州、秀州教授，遷監察御史。建炎元年（1127）除秘閣修撰，出知廬州，三年移建康府。紹興十三年（1143），以忤秦檜囚於獄中卒。追贈少師。嘗著《論語義》、《師律陣圖》、《孔子編年》等，均已佚，惟奏疏、詩文時見他書。生平事迹見《宋史》本傳。

舜陟所著文集久佚。清嘉慶間，其裔孫胡培翬輯得佚文若干，刊入家乘。後又從汪氏振綺堂及書賈所藏輯得奏疏二十餘篇及詩數首，遂于道光十九年（1839）編成《胡少師總集》六卷（附年譜二卷），篇末各注所采書名，或附案語。該本前有汪澤序、記及胡培翬題識各一篇。正文六卷，每卷卷首署“宋續溪胡舜陟著，裔孫培翬編輯”。卷一至卷四爲奏議，其中前三卷爲靖康元年（1126）作，卷四爲靖康二年至紹興八年作。卷五輯録文三篇、詩十首、句二聯及詞二首，卷六輯得《三山老人語録》二十四則、筆記一則。該本於咸豐戰亂間毁版，同治三年（1864）其裔孫胡肇智重刻於福州，徐宗幹爲作序。

此本據湖北省圖書館藏清道光十九年金紫家祠刻本影印。（王友勝）

## 張魏公集一卷首一卷　（宋）張浚撰（第1317册）

張浚（1097—1164），字德遠，世稱紫巖先生，漢州綿竹（今屬四川）人。政和八年（1117）進士，靖康初任太常簿，高宗即位，除樞密院編修，歷任要職。因反對和議，被秦檜擯斥連州、永州近二十年，秦檜死後復起用。卒贈太保，後加贈太師，謚忠獻。著作今存《易傳》十卷、《論語解》四卷、《紹興中興備覽》三卷，近人輯其文集爲《張魏公集》。生平事迹見《宋史》本傳、楊萬里《張魏公傳》。

此書首頁有同邑後學黃尚毅題七律一首。卷首録朱熹《行狀》。卷一收録奏疏、札子、書、檄、記、箴、銘、詩等各體詩文，次爲《張紫巖易傳》、《論語解》及《紹興中興備覽》等書題解，次《永州流寓記》、《福州古迹記》、《漢中人物記》及《永州人物記》等有關張浚筆記數則，次佚名、呂祖謙、朱熹、王十朋及岳飛等人所著與張浚有關之文章數篇。末附黃尚毅跋語一則。此書僅録張浚詩二首，《全宋詩》據李綱《梁溪集》等另輯九首，凡十一首。

此本據南京大學圖書館藏民國十九年刻本影印。（王友勝）

## 陳文正公文集十三卷　（宋）陳康伯撰（第1317册）

陳康伯（1097—1165），字長卿，信州弋陽（今屬江西）人。徽宗宣和三年（1121）進士，歷任太學正、泉州知州、吏部尚書等，紹興三十一年（1161）任同中書門下平章事。年六十九卒，贈太師，謚文恭。慶元初，改謚文正。生平事迹見《宋史》本傳及劉珙《陳魯國文恭公神道碑》。

《宋史・藝文志》著録《葛溪集》三十卷，已佚。清康熙間其裔孫陳以範輯有《陳文正公集》十三卷，有康熙二十九年（1690）刻本。卷首有朱熹所撰序及細目。卷一奏疏略十篇、表四篇，卷二詔二篇、誥一篇、志一篇、祭文四篇、詩二首、詩餘一首,以上爲作者遺文。後十一卷爲誥敕及諸書文字有涉康伯者。此書陳氏遺文僅二卷,而他人著述當爲附錄者乃十一卷,可謂末大於本。又,《四庫全書總目提要》以集内《謝皇上敕命修編家譜表》及朱熹所撰序爲僞作。

此本據清刻本影印。（王友勝）

## 增廣箋注簡齋詩集三十卷無住詞一卷胡學士續添簡齋詩箋正誤一卷簡齋先生年譜一卷

（宋）陳與義撰　（宋）胡穉注（第1317 册）

陳與義（1090—1138）,字去非,號簡齋,洛陽（今屬河南）人。徽宗政和三年（1113）登上舍甲科,歷任太學博士、中書舍人等職。生平事迹見《宋史》本傳、張嵲《陳公資政墓志銘》等。胡穉,字仲孺,號竹坡,光宗紹熙間人,生平事迹不詳。

《郡齋讀書志》著録《簡齋集》二十卷,《直齋書録解題》著録《簡齋集》十卷,以上二十卷本、十卷本均已佚。通行本《須溪先生評點簡齋詩集》十五卷,除有元初劉辰翁評語外,還保有胡穉注及無名氏增注。胡穉作《簡齋詩箋》,瞿氏鐵琴銅劍樓曾藏宋刻本,《四部叢刊》據此影印。胡箋又有元刻本,題《增廣箋注簡齋詩集》,包括詩箋注三十卷,詞注一卷。該本卷首有劉辰翁序及胡穉叙、目録、胡穉《胡學士續添簡齋詩箋正誤》及《簡齋先生年譜》。每卷卷首首有“竹坡胡穉仲孺箋”。樓鑰《簡齋詩箋叙》稱其“注釋精詳,幾無餘藴”。

此本據國家圖書館藏元刻本影印。（王友勝）

## 侍郎葛公歸愚集二十卷（存卷五至卷十三）

（宋）葛立方撰（第1317 册）

葛立方（？—1164）,字常之,號歸愚,常州江陰（今屬江蘇）人,葛勝仲子。高宗紹興八年（1138）進士。嘗忤秦檜得罪,紹興二十六年復起用,以左司郎中充賀金國生辰使。隆

興間,累官至吏部侍郎。晚年退居吳興。著有《韻語陽秋》、《歸愚集》、《方輿别志》等。生平事迹見《韻語陽秋》自序、《南宋館閣録》卷八等。

葛立方文集今存宋撫州刻本《侍郎葛公歸愚集》殘帙九卷、清抄本十卷及明末毛晉汲古閣刻本《歸愚詞》一卷。宋刻本凡殘存九卷,其中卷五至卷八律詩、卷九賦騷銘文、卷十至卷十一外制、卷十二表、卷十三啓。末附黄丕烈跋語及王士禎題識。黄氏跋謂其嘗“見一舊抄本,首尾悉同,中多樂府一卷,但書卷第,不標數目,前有王阮亭、朱竹垞題識,知前人已重爲秘本”。王士禎所藏清抄本凡十卷,其中詩四卷、樂府一卷、騷賦雜文一卷、外制二卷、表一卷、啓一卷,實由宋刻殘本九卷配補樂府一卷而成,繆荃孫曾將其刻入《常州先哲遺書》第一集。

此本據上海圖書館藏宋刻本影印,後附據清抄本配補之卷五樂府一卷。（王友勝）

## 洪文安公遺集一卷

（宋）洪遵撰　（清）勞格輯（第1317 册）

洪遵（1120—1174）,字景嚴,號小隱,饒州鄱陽（今江西波陽）人,與其父洪皓、兄洪适、弟洪邁并稱南宋“四洪”。高宗紹興十二年（1142）中博學宏詞科,賜進士出身。擢秘書省正字,累官至翰林學士承旨、同樞密院事。卒謚文安。著有《小隱集》、《東陽志譜》及《錢譜》等,均已佚。生平事迹見《宋史》本傳、周必大《洪文安公遵神道碑》。勞格（1820—1864）,字季言,仁和（今浙江杭州）人。諸生,官訓導。著有《唐尚書省郎官石柱題名考》、《唐御史臺精舍題名考》及《讀書雜識》等。生平事迹見《碑傳集補》卷五〇。

洪遵文集今存清代勞格所輯《小隱集》一卷,有文無詩。輯本前有樓鑰《洪文安公小隱集序》,又録《文淵閣書目》、《宋史・藝文志》、《容齋續筆》、《南宋館閣録》等書有關記

述。末附周必大所作《神道碑》。正文首尾分別錄《丁香花》與《沁園春》詞,餘皆爲制、敕、詔、表、序、奏議、跋及策文等。有眉批、章節附注及少量文字校證,或考訂作年,或補充史實,或糾正訛誤,可見勞格批校態度之嚴謹。

此本據南京圖書館藏稿本影印。（王友勝）

### 范石湖詩集注三卷 （宋）范成大撰 （清）沈欽韓注（第 1318 册）

范成大（1126—1193）,字致能,一作至能,號石湖居士,吳縣（今江蘇蘇州）人。紹興二十四年（1154）進士。累官禮部員外郎兼崇政殿説書等。著有《石湖集》、《攬轡錄》、《吳郡志》等。生平事迹見《宋史》本傳及周必大《范公成大神道碑》。沈欽韓生平見前《王荆文公詩集注》提要。

《石湖集》一百三十六卷,南宋嘉泰間刻本,已佚。現存《石湖居士詩集》三十四卷,有明弘治十六年銅活字本。《范石湖詩集注》凡三卷。此書無序跋或凡例,亦無詩歌正文,僅錄詩題與所注條目。所注內容包括三方面：其一,注釋詩題所涉人名、地名或職官名；其二,注釋詩歌典故出處或詮釋語源；其三,以《宋詩鈔》等書校勘文字異同。此書雖係選注,却是南宋以來對范成大詩歌的第一次大規模注釋。

此本據清光緒潘氏刻《功順堂叢書》本影印。（王友勝）

### 橘洲文集十卷 （宋）釋寶曇撰（第 1318 册）

釋寶曇（1129—1197）,字少雲,俗姓許,嘉州龍游（今四川樂山）人。幼學五經,習章句,後因多病出家,住四明仗錫山爲僧。後歸蜀葬親,住無爲寺。晚年復歸四明,史浩頗重之,築橘洲使居,因自號橘洲老人。著有《橘洲文集》十卷,《日本佚存書目》著錄。今存《禪門逸書初編》影宋本,又著《大光明藏》三卷。生平事迹見《寶慶四明志》卷九。

《橘洲文集》最早刻於嘉定元年（1208）,板存徑山,毀於紹定六年（1233）之火,咸淳元年（1265）化城石橋塔院重刊。宋刻本中土久佚,有日本元禄十一年（1685）織田重兵衛仿宋刻本。該本卷首有釋曇觀序,末附跋語一則,又附羅繼祖所作識語。正文凡十卷,卷一爲賦、楚辭、古詩,卷二至卷三律詩,卷四詩,卷五記,卷六記、序、跋,卷七雜文、跋、贊,卷八至卷九榜、疏,卷十記、序、銘。雖分體編排,但有時亦自亂體例。寶曇交游廣闊,相交有史浩、楊存中、王炎、魏杞、范成大等衆多名公巨卿,羅繼祖識語據文集考述甚詳。

此本據中國科學院圖書館藏本影印。（王友勝）

### 克庵先生尊德性齋小集三卷補遺一卷 （宋）程洵撰（第 1318 册）

程洵（1135—1196）,字欽國,後更字允夫,號克庵,晚號翠林逸民,婺源韓溪（今屬江西）人,朱熹內弟。累舉進士不第,後以特恩授吉州錄事參軍。生平事迹見汪幼鳳《程知錄洵本傳》、程瞳《程克庵傳》等。

洵著有《尊德性齋集》十卷,其婿黄昭遠所輯,已佚,史志未見著錄。明弘治中,裔孫程資得稿于其伯父程孟河家,又請友人梅鶚"補其脱者八,訂其僞者十",嘉靖九年（1530）刊爲《尊德性齋小集》三卷。後有嘉慶十五年重刻本、道光鮑氏刻《知不足齋叢書》本及宣統元年排印本。

《尊德性齋小集》三卷,卷首有明嘉靖九年程資叙與嘉靖十年劉節序,又錄宋刻本周必大與王炎序各一篇。《補遺》一卷輯錄程洵《琴堂棋軒記》、《宋聖道府君壙記》及有關程洵生平事迹詩文多篇,于研究作者極有助益。

此本據清道光鮑氏刻《知不足齋叢書》第三十集本影印。（王友勝）

**悦齋文鈔十卷補一卷**　（宋）唐仲友撰（第1318 册）

唐仲友（1136—1188），字與政，號悦齋，婺州金華（今屬浙江）人。高宗紹興二十一年（1151）進士，二十八年再中宏詞科。判建康府，歷知信州、台州。孝宗時上萬言書以議時政。淳熙九年（1182），朱熹先後六上奏狀彈劾唐仲友，遂不仕。生平事迹見《宋史翼》卷一三、《宋元學案》卷六〇等。

仲友著述宏富，然多散佚不傳。黄虞稷《千頃堂書目》著録《悦齋文集》四十卷、《別集》三卷，清人張作楠《悦齋文鈔序》以爲文集原本明初即已亡佚，黄氏所見乃重刊本，自懷敬删重刊本爲《悦齋文粹》，重刊本亦不復傳，僅有輯本《悦齋文鈔》十卷存世。明初蘇伯衡《悦齋文粹序》謂：“悦齋著述，因爲朱子所排，皆漸滅不存。”胡宗楙《悦齋文鈔補》後序亦云：“悦齋所著八百餘卷，突過東萊，徒以見忤朱子，《宋史》不載其名，書籍亦幾絶迹。”

《悦齋文鈔》十卷，乃張作楠從殘本《悦齋文粹》、《歷代名臣奏議》、《衛氏禮記集説》、《金華文徵》、《金華文略》、《金華詩粹》、《唐氏經解録》、《婺賢言行略》、《厚園唐氏譜》、《辟疆園宋文選》等十餘部典籍中輯得，爲其所編《金華唐氏遺書》之一部分（此外有《詩解鈔》一卷、《魯軍制九問》一卷、《九經發題》一卷及《愚書》一卷）。有札子九篇、館職策四篇、書二篇、序説三十六篇、論十九篇、雜文十四篇及詩十二首。其中前九卷爲文，卷十爲詩及逸篇、逸句，個別作品斷爛不完或僅存殘句。多爲駢儷之文，應用之作。《悦齋文鈔補》一卷，乃民國十三年（1924）胡宗楙從《續古逸叢書》、《浦江縣志》、《貞觀政要》等書中輯得。卷首有張作楠《悦齋文鈔序》，詳述所輯文獻之出處，自謂“兹編較原集雖甚少，較《文軌》、《文徵》、《文略》所收則已多”，又有細目。末附胡宗楙《悦齋文鈔補》後序，論《金華唐氏遺書》編撰緣起與内容甚詳。

此本據民國十三年胡氏夢選廎刻《續金華叢書·金華唐氏遺書》本影印。（王友勝）

**雙峰先生存稿六卷**　（宋）舒邦佐撰（明）舒日敬輯（第 1318 册）

舒邦佐（1137—1214），字輔國，更字平叔，號雙峰先生，隆興府靖安（今屬江西）人。孝宗淳熙八年（1181）進士，初授鄂州蒲圻主簿，改潭州善化主簿，遷衡州録事參軍。其文以四六爲主，立意本於義理。生平事迹見此書附李大異《舒邦佐墓志銘》。

趙希弁《郡齋讀書志·附志》卷下著録《雙峰猥稿》八卷，今存明崇禎六年舒氏家刻本《雙峰先生存稿》六卷、清道光二十九年刻本《雙峰猥稿》九卷及清初抄本《雙峰先生文集》九卷。此崇禎六年刻本由舒邦佐裔孫舒日敬輯，凡六卷，每卷卷端署“宋進士舒邦佐平叔著，裔孫日敬元直、學孟肖輿輯”。前五卷爲文，多啓、表二體，卷六爲詩，各體皆備。卷首有細目及舒日敬《雙峰先生存稿序》。

此本據明崇禎刻本影印。（王友勝）

**崔舍人玉堂類稿二十卷附録一卷崔舍人西垣類稿二卷**　（宋）崔敦詩撰（第 1318 册）

崔敦詩（1139—1182），字大雅，通州静海（今江蘇南通）人。紹興三十年（1160）與兄敦禮同登進士第。官至中書舍人。生平事迹見韓元吉《中書舍人兼侍講直學士院崔公墓志銘》、《景定建康志》卷四九等。

敦詩著有《文集》三十卷、《制稿》二十三卷、《奏議總要》五卷、《制海》十卷、《監韻》五卷，均已佚。又嘗輯《資治通鑒要覽》六十卷，奉旨更定吕祖謙《皇朝文鑒》。今存《玉堂類稿》二十卷、《西垣類稿》二卷，有宋刻本、日本《佚存叢書》本及伍崇曜《粤雅堂叢書》本。伍崇曜跋稱“其文雍容和雅，頗足與洪景盧、汪浮溪相頡頏"。

《玉堂類稿》二十卷,載宋孝宗時制詔、口宣、批答、青詞甚詳。卷一至卷二爲内制,卷三至卷十爲批答,卷十一至卷二十爲青詞、表、疏、口宣、春端帖子、致語、口號等。附録一卷爲作者歷官制誥及祭文、挽詞。《西垣類稿》二卷,所載亦多制誥之文。《宋史・藝文志》著録周必大《玉堂類稿》二十卷,當即崔氏此稿。《玉堂類稿》末附柴邦彦、日本天瀑山人林衡二氏跋語。柴跋因集中多制誥、口宣、批答及青詞、致語,疑此即崔敦詩《制稿》二十二卷,謂"此本古色鬱然,其爲當初原版無可疑焉"。

此本據民國十三年上海商務印書館影印日本刻《佚存叢書》本影印。(王友勝)

**定川遺書二卷附録四卷**　(宋)沈焕撰　張壽鏞輯 (第1318冊)

沈焕(1139—1191),字叔晦,世家定海(今浙江寧波東北),徙居鄞縣(今屬寧波),世稱定川先生。孝宗乾道五年(1169)試進士,奏名第二。嘗與吕祖謙兄弟講論經史,爲廣平定川學派創始人之一。生平事迹見《宋史》本傳、周必大《通判舒州沈君焕墓碣》。張壽鏞生平見前《舒懶堂詩文存》提要。

沈焕著有文集五卷,久佚,近人張壽鏞輯其遺篇,編爲《定川遺書》二卷。

此書卷首有理宗寶慶二年(1226)詔誥一道及張壽鏞《定川遺書序》。正文兩卷,卷一詩一首、殘句一聯、文三篇,卷二録訓語二十八條,文後注明文獻出處。附録卷一録朱熹、吕祖儉等與沈焕書信,卷二録南宋袁燮《通判沈公行狀》及其所輯《定川言行編》,并諸人祭文、挽詩等,卷三録《宋史》、《寶慶四明志》、《延祐四明志》、《鄞縣志》、《鎮海縣志》及《宋元學案》等書沈焕本傳,卷四録張壽鏞所輯《定川言行匯考》。全書附録篇幅多於正文,略顯頭重脚輕。

此本據民國二十五年張氏約園刻《四明叢書》第四集本影印。(王友勝)

**芸居乙稿一卷**　(宋)陳起撰 (第1318冊)

陳起(?—1256),字宗之,號芸居,又號陳道人,錢塘(今浙江杭州)人。寧宗時鄉試第一,時稱陳解元。居臨安府棚北大街睦親坊,開陳解元書鋪,所刻之書以刻技精湛而頗負盛名。與南宋江湖派詩人多有交游,遍刊海内詩人詩作爲《江湖集》,隨得隨刻,凡經數續,故各藏書家所得傳本多寡不一。後因《江湖集》中詩句觸怒宰相史彌遠而遭流配,史死後遇赦,續刊後期江湖詩派作品。亦能作詩,尤善七絶,今存《芸居乙稿》一卷。生平事迹見《梅磵詩話》卷中及《宋百家詩存》卷一四。

《兩宋名賢小集》、《南宋群賢小集》及汲古閣影宋抄本《南宋六十家集》、《四庫全書》本《江湖後集》均收入《芸居乙稿》。此爲汲古閣本,全書僅一卷,録詩七十四首,多爲酬答江湖詩人之作。陳氏家有芸居樓,因以名其集,爲其所著《芸居吟稿》之一種,既名"乙稿",則當有"甲稿",久佚。

此本據國家圖書館藏清初毛氏汲古閣影宋抄本影印。又有《武林往哲遺著》本,多《補遺》一卷,又有《附録》一卷載同時投贈及後人題咏之作。(王友勝)

**平庵悔稿十四卷丙辰悔稿一卷悔稿後編六卷補遺一卷**　(宋)項安世撰 (第1318—1319冊)

項安世(1129—1208),字平甫,號平庵,又號江陵病叟,其先括蒼(今浙江麗水)人,徙居江陵(今屬湖北)。孝宗淳熙二年(1175)進士。召試除秘書省正字,以偽黨罷,終湖廣轉運使判官。著述今存《易玩辭》、《項氏家説》等。生平事迹見《宋史》本傳及《南宋館閣續録》卷八九。

項安世詩集,《直齋書錄解題》著錄《平庵悔稿》十五卷、《悔稿後編》六卷,《宋史·藝文志》著錄《丙辰悔稿》四十七卷,又《宛委別藏》本《平庵悔稿》作十二卷。清代尚有舊藏刊本,惜殘缺不全,《四庫全書》未收錄。清乾隆間,吳長元從《永樂大典》中抄錄,據其跋語,“計《悔稿》、《丙辰悔稿》、《悔稿後編》凡三種,共詩一千四百餘首,每稿輯成一卷”。可見吳氏之抄本并未分卷。其後趙魏於嘉慶十年(1805)依《直齋書錄解題》著錄,細分卷次,又糾正吳氏分體不當者,輯爲此編。其中《平庵悔稿》凡十四卷、《丙辰悔稿》一卷、《悔稿後編》六卷,均分體編。《補遺》一卷,據《後村詩話》等輯錄佚詩五首,節錄《宋史》項安世本傳,附錄編者《庚子除夕》等感懷詩七首及跋語一則。趙魏跋稱“是亦宋季巨擘,迥出江湖諸派之上者”。

此本據北京大學圖書館藏清抄本影印。
(王友勝)

### 育德堂外制五卷 　(宋)蔡幼學撰(第1319冊)

蔡幼學(1154—1217),字行之,溫州瑞安(今屬浙江)人。孝宗乾道八年(1172)試禮部第一,寧宗時官至權兵部尚書兼太子詹事。生平事迹見《宋史》本傳、葉適《兵部尚書蔡公墓志銘》。

《宋史·藝文志》著錄其《育德堂集》五十卷,《溫州經籍志》載其所著又有《春秋解》、《國朝編年政要》、《國朝實錄列傳舉要》等,均已佚。今僅存宋時曾單行之《奏議》、《外集》兩集。其中《育德堂奏議》六卷,今存宋刻本,收入《古逸叢書三編》。《育德堂外制集》八卷,今存宋蔡氏家刊本五卷,當缺三卷,藏臺北“中央圖書館”。南京圖書館藏有影宋抄本五卷,民國十八年(1929)黃群據影宋抄本收入《敬鄉樓叢書》第二輯。

此本據南京圖書館藏影宋抄本影印。
(王友勝)

### 宋丞相崔清獻公全錄十卷 　(宋)崔與之撰 (第1319冊)

崔與之(1158—1239),字正子,號菊坡,廣州增城(今屬廣東)人。光宗紹熙四年(1193)進士。端平二年(1235)除參知政事,次年拜右丞相兼樞密使,卒諡清獻。生平事迹見《宋史》本傳、李昂英《崔清獻公行狀》。

崔與之文集宋末已散佚,宋元之際李肖龍最先輯刻《崔清獻公言行錄》,然久已失傳。今傳存世最早刻本爲明嘉靖十三年唐胄輯錄、邵煉刊刻《崔清獻公全錄》十卷。該本卷首有嘉靖十三年唐胄《崔清獻公全錄叙》。正文凡十卷,前三卷言行錄,卷四至卷七奏札,卷八遺文、遺詩,卷九宸翰、贈挽文,卷十贈挽文、詩。

此本據復旦大學圖書館藏明嘉靖十三年邵煉刻本影印。清道光三十年,伍崇耀粵雅堂刊《崔清獻公集》五卷(即《崔清獻公全錄》卷四至卷八)、《言行錄》三卷(即《崔清獻公全錄》前三卷)及《附錄》一卷,刪去《崔清獻公全錄》中贈挽兩卷。(王友勝)

### 復齋先生龍圖陳公文集二十三卷拾遺一卷 　(宋)陳宓撰(第1319冊)

陳宓(1171—1230),字師復,號復齋,莆田(今屬福建)人,丞相俊卿之子。以父蔭入仕,嘗因建言忤史彌遠。著有《論語注義問答》、《春秋三傳鈔》、《讀通鑒綱目》等,均已佚。生平事迹見《宋史》本傳、嘉靖《延平府志》卷九等。

陳宓文集爲其子陳圭編輯,然歷代藏書家頗罕見,惟乾隆《福建通志》有載。今僅存清抄本《復齋先生龍圖陳公文集》。此書凡二十三卷、《拾遺》一卷,卷首錄鄭性之序。凡詩五卷、文十八卷,分體編。末附《拾遺》一卷,錄《仰止堂規約》、《仰止書堂鄉約》等。該本雖形式整飭,但錯字漏文極多。

此本據南京圖書館藏清抄本影印。
(王友勝)

## 武夷集八卷　（宋）白玉蟾撰（第1319冊）

白玉蟾（1194—？），本名葛長庚，因繼雷州白氏爲後，改今名，字白叟，又字如晦，號海蟾，又號海瓊子、海南翁、瓊山道人、武夷散人、神霄散史、紫清真人。祖籍福建閩清，生於瓊州（今海南瓊山）。及長，游方外，師事陳楠學道九年。寧宗嘉定十五年（1222），詔徵赴闕，封紫清明道真人。後隱居著述，著作甚多。生平事迹見彭耜《海瓊玉蟾先生事實》。

玉蟾文集今存《上清集》八卷、《玉隆集》六卷、《武夷集》八卷，收詩詞及各體文，三集皆有元刻本、《道藏》本。又有《海瓊玉蟾先生文集》六卷、《續集》兩卷，收上述三集未收之篇什，今傳明朱權輯校本。又有《海瓊白真人語錄》、《海瓊問道集》及《玉蟾先生詩餘》。

此書每卷卷首署“海南白玉蟾著”，末附趙汝渠七言古詩跋語。全書凡八卷，其中文二卷、歷代天師贊一卷、詩五卷，所言皆涉道教游仙事。

今據民國上海涵芬樓影印《道藏》本《修真十書武夷集》影印。（王友勝）

## 重編古筠洪城幸清節公松垣文集十一卷　（宋）幸元龍撰（第1320冊）

幸元龍（1169—1232），字震甫，號松垣，筠州高安（今屬江西）人。據正德《瑞州府志》卷九《人物志》，爲寧宗慶元五年（1199）進士。寶慶二年（1226）致書宰相史彌遠，史黨劾其越位言事，被罷官歸家。紹定四年（1231）再上書，請戮史彌遠以謝天下。卒諡清節。生平事迹見《宋史翼》卷二二。

明萬曆四十四年（1616），裔孫幸鳴鶴搜輯其遺稿編成《重編古筠洪城幸清節公松垣文集》十一卷。今存清杭州趙氏小山堂抄本。據卷首跋語，該本抄自汪憲振綺堂藏本。卷首有幸鳴鶴序。正文十一卷，分奏疏類、書類、記類、寺院記類、宮觀記類、序類、賦類、行狀類、詩類、事迹類。詩文各繫以評語，間有注釋。《四庫全書總目提要》謂“是集《宋志》亦不著録”，“元龍事迹無考，其題曰幸清節公，亦莫詳其得諡之由”，首篇《論國是疏》“殊非臣子對君之體，他文亦多鄙淺，而詩謂一篇爲一韻，尤古無是例，殆出依托”。又疑事迹類一卷當爲幸鳴鶴所作。

此本據南京圖書館藏清趙氏小山堂抄本影印。（王友勝）

## 平塘陶先生詩三卷　（宋）陶夢桂撰（第1320冊）

陶夢桂（1180—1253），字德芳，晚號平塘老人，隆興府（今江西南昌）人。寧宗嘉定十三年（1120）進士，歷知吉州萬安、鄂州武昌縣，通判辰州、岳州。理宗嘉熙三年（1239）命知容州，未赴。生平事迹見此集卷三宋羅必元《故知容州朝請陶公墓志銘》、龔日升《祭故知容州朝請陶公文》等。

夢桂文集南宋有家刻本，已失傳，明崇禎元年（1628）其裔孫陶文章輯其遺詩，編刻爲《平塘陶先生詩》三卷。今僅存民國間李之鼎宜秋館翻刻雍正十二年修補陶文章刊本。此書凡詩二卷、《附録》一卷。卷首有景定三年李義山序，卷末有李之鼎跋語，謂“編中詩悉皆近體，僅存數十首，大抵老年平塘所作，其壯仕所作必多闕佚”。《附録》一卷録辟書、薦狀、祭文及挽詩等，皆宋人所作。

此本據復旦大學圖書館藏民國宜秋館刻本影印。（王友勝）

## 何北山先生遺集三卷附録一卷　（宋）何基撰（第1320冊）

何基（1188—1268），字子恭，學者稱北山先生，婺州金華（今屬浙江）人。景定五年（1264），授史館校勘兼崇正殿説書，辭不就。以理學知名，詩學朱熹，與王柏、金履祥、許謙合稱"金華四先生"。著有《大學發揮》十四卷等,均已佚。後人輯有《金華何北山先生正學編》一卷,收入《率祖堂叢書》。生平事迹見《宋史》本傳及此集附録王柏《何北山先生行狀》等。

何基文集,《宋史》本傳載有三十卷,《金華縣志》《婺志粹》著録十卷,均已佚。光緒八年(1878)胡鳳丹搜輯遺稿,得《何北山先生遺集》三卷,其中卷一文、卷二詩、卷三朱子《齋居感興》詩二十首評語,附録王柏、金履祥等記載何基生平事迹文章一卷,刊入《金華叢書》。

此本據民國補刻《金華叢書》本影印,卷首有胡鳳丹序。(王友勝)

### 三山鄭菊山先生清隽集一卷　(宋)鄭震撰 (第1320册)

鄭震(1199—1262),字叔起,號菊山,後改名起,福州連江(今屬福建)人。鄭思肖之父。著有《讀書愚見》《太極無極説》等,均已佚。生平事迹見鄭思肖《先君菊山翁家傳》及柴志道《三山鄭菊山先生清隽集序》。

鄭震生逢亂世,其作品當時即流傳不多。所著詩集《仙游稿》,早已失傳。元大德中仇遠嘗從《仙游稿》中擴選詩歌四十首,名曰《清隽集》,冠於其子鄭思肖《所南翁一百二十圖詩集》之首,將兩集合刊,柴志道爲作序。《絳雲樓書目》卷三著録"鄭菊山《清隽集》附鄭所南《一百二十圖詩》"。乾隆間鮑廷博將其刊入《知不足齋叢書》。今又存清抄本《三山鄭菊山先生清隽集》一卷。

此本據北京大學圖書館藏清抄本影印,卷首有元大德五年柴志道序。上海涵芬樓嘗據林佶手抄本影印入《四部叢刊續編》,題《三山鄭菊山先生清隽集附所南詩文集》。(王友勝)

### 所南翁一百二十圖詩集一卷鄭所南先生文集一卷附録一卷　(宋)鄭思肖撰(第1320册)

鄭思肖(1241—1318),原名不詳,宋亡後改名思肖,以示思念趙宋。字憶翁,號所南,以示不忘故國。福州連江(今屬福建)人。宋末曾以太學上舍生應博學鴻詞試。入元後居吳下,自號三外野人。善畫墨蘭,花葉蕭疏而不畫根土,寓意宋土地已被掠奪。著有《太極祭煉》一卷、《釋氏施食心法》一卷及《謬餘集》一卷。明崇禎十一年(1638)冬蘇州承天寺井中發現《心史》七卷,封於鐵函内,題"大宋孤臣鄭思肖百拜書",紀事多有與史不合,故清徐乾學疑爲明末人偽托。生平事迹見元代盧熊《蘇州府志》卷四〇《鄭所南小傳》。

思肖善爲文,著有《所南先生文集》一卷、《所南翁一百二十圖詩集》一卷及《錦錢餘笑》一卷,有《知不足齋叢書》本。此書收《所南翁一百二十圖詩集》一卷,卷首有自序,則知原自爲集,元大德間仇遠嘗將其與鄭震《清隽集》合刊。集中詩皆咏古畫之作。末附《錦錢餘笑》一卷,凡白話詩二十四首。又有《鄭所南先生文集》一卷,收《我家清風樓記》等文八篇。王行《題鄭所南行録後》載唐謙"掇拾纂綴,得不至於盡泯",似所南文集爲唐謙所輯。《附録》一卷輯相關傳記、題跋及題咏等。

此本據北京大學圖書館藏清抄本影印。(王友勝)

### 孫耕閑集一卷　(宋)孫鋭撰(元)趙時遠編(第1320册)

孫鋭(1199—1277),字穎叔,別號耕閑老人,吳江(今屬江蘇)人。度宗咸淳十年(1274)進士,授廬州僉判。憤賈似道誤國,掛冠而歸。生平事迹見此集趙時遠序及沈義甫《耕閑孫先生墓志銘》。趙時遠,字無近,一作無逸,號漸磐野老,吳江人。與孫鋭友善,多詩歌唱和。生平事迹見此集趙時遠序與《宋詩紀事補遺》卷九三。

孫鋭詩文多散佚不傳,友人趙時遠於元至元十八年(1281)搜輯其遺稿,編爲《孫耕閑集》一卷。此書當時是否刊刻不詳,明代書目未見著録,今存鮑氏知不足齋抄本,藏日本大倉文化財團。中國科學院圖書館、國家圖書館亦藏有清抄本。此本卷首有趙時遠序,正文録詩三十一首(自附和孫鋭詩四首),末附孫鋭門人沈義甫所作《皇宋進士耕閑孫先生墓志銘》。其收詩與趙序所言"數十首"約相當,故可能即是趙氏輯本。

此本據國家圖書館藏清抄本影印。(王友勝)

### 何希之先生雞肋集二卷　(宋)何希之撰(第1320册)

何希之,字周佐,撫州樂安(今屬江西)人。度宗咸淳十年(1274)進士,授零陵教授,宋亡不仕。生平事迹見宋程鉅夫《書何希之試策後》、明弘治《撫州府志》卷一八等。

希之著有《雞肋集》,已佚。今存清康熙五十八年刻本《雞肋集》二卷,《四庫全書總目提要》謂乃其"子孫搜葺而成,故體制舛錯,編次殊爲無法。文格亦多平衍,蓋闕佚之餘,其菁華已不復存矣"。此書凡二卷,録各體文與詩詞六十餘首,編次頗爲混亂,卷首有細目及熊朋來、周天鳳題識二則。

此本據清刻本影印。(王友勝)

### 竹坡類稿五卷附録一卷　(宋)吕午撰(第1320册)

吕午(1179—1255),字伯可,號竹坡,徽州歙縣(今屬安徽)人。寧宗嘉定四年(1211)進士。官至監察御史,遷起居郎,歷右文殿修撰知漳州。嘗著《左史諫草》一卷。生平事迹見《宋史》本傳、方回《左史吕公家傳》。

吕午所著《竹坡類稿》,淳祐三年(1243)祝穆刻并序。據祝序,《竹坡類稿》雖在吕午生前已付梓行世,然非完本。《千頃堂書目》有著録,卷數不詳。今存清抄本五卷、《附録》一卷,正文卷一序、卷二記、卷三雜説、卷四墓志銘、卷五雜録,末附吕午明代後裔文字一卷。

此本據國家圖書館藏清抄本影印。(王友勝)

### 牧萊脞語二十卷二稿八卷　(宋)陳仁子撰(第1320册)

陳仁子,生卒年不詳,字同俌,一作同甫,號古迂,茶陵(今屬湖南)人。咸淳十年(1274)漕試第一,授登士郎。入元不仕,隱居故鄉,罄其家財,創建東山書院。先後刻印《增補六臣注文選》六十卷、《夢溪筆談》二十六卷等書十三種、五百六十餘卷。別著有《迂褚燕説》、《唐史疕言》及《韻史》等。生平事迹見《元書》卷九一。

此書始刻於元大德年間,明《文淵閣書目》著録。今僅有清初影元抄本傳世。《四庫全書總目提要》以爲該集爲作者自編,而托於門人,又因其文"殊爲猥濫","殆好爲大言者",故不收録,只列入存目。

此本據清初影元抄本影印。(王友勝)

### 澗谷遺集四卷首一卷末一卷　(宋)羅椅撰(第1320册)

羅椅(1214—?),字子遠,號澗谷,廬陵(今江西吉安)人。理宗寶祐四年(1256)進士,爲信陽州學教授,景定間知信豐縣,累遷提轄権貨院。度宗朝因賈似道弄權,遂罷官棄去。《宋季忠義録》謂"元初尚存"。謝枋得《書羅澗谷詩集後》謂其詩宗江西詩派,繼趙蕃、韓淲,爲宋末盟主。嘗編選《澗谷精選陸放翁詩集》十卷。生平事迹見明羅洪先《族祖権院府君傳》、《宋元學案》卷八三等。

羅椅"博學能文,精於詞賦",著有《澗上委稿》,元至正間已散佚過半。今所見《澗谷遺集》乃明嘉靖八年(1529)羅洪先據"好事者"所傳遺稿編成,民國六年(1917)羅嘉瑞又錄之以刊。此書卷首一卷,錄曾燦材序,王補題辭、跋及所撰《廬陵羅澗谷傳》、《讀宋史文信國傳》。正集四卷,其中卷一策問、卷二詩詞、卷三雜文、卷四祭文。卷末一卷附文天祥與羅椅往復書信及羅洪先等所撰相關生平傳記。

此本據上海圖書館藏民國羅嘉瑞刻本影印。(王友勝)

### 先天集十卷附錄二卷山屋許先生事錄一卷 (宋) 許月卿撰 (第 1320 冊)

許月卿(1216—1285),小名千里駒,字太空,晚號山屋,學者稱山屋先生,婺源(今屬江西)人。早年入趙葵幕,嘉熙四年(1240)以軍功補校尉。淳祐四年(1244)進士,授濠州司戶參軍。罷歸故里,閉門著書,號泉田子。宋亡,改字宋士,深居不言。著有《百官箴》六卷。生平事迹見此集附錄許飛《宋運幹山屋許先生行狀》及《宋史翼》卷三四。

月卿長於詩文,著有《先天集》十卷,有明嘉靖刻本。卷首有湛若水序。正集凡十卷,其中詩六卷、文四卷。卷一首端署"星源山屋許月卿著,裔孫亮校正、熙類編"。《附錄》卷上錄友人書帖數首,卷下錄許飛《宋運幹山屋先生行狀》。《山屋許先生事錄》一卷,錄相關公牒、事實與文移等。

此本據明嘉靖刻本影印。(王友勝)

### 采芝集一卷續集一卷 (宋) 釋斯植撰 (第 1320 冊)

釋斯植,字建中,號芳庭,武林(今浙江杭州)人。理宗時著名詩僧。曾住衡山南岳寺,旋游四方。晚年築室天竺,署水石山居。生平事迹見《采芝續集後序》、《宋詩紀事》卷九三等。

釋斯植著有《采芝集》一卷、《續集》一卷,有汲古閣影宋抄《南宋六十家小集》本、讀畫齋《南宋群賢小集》本。此書所收正集、續集各一卷,集中多近體詩,以寫景、咏懷、即事、送別之作見長,風格雅煉深穩,絕少禪家習氣。《續集》卷首附理宗寶祐四年自跋。

此本據南京圖書館藏清黃氏醉經樓抄本影印。(王友勝)

### 九峰先生集三卷首一卷附錄一卷 (宋) 區仕衡撰 (第 1320 冊)

區仕衡(1217—1277),字邦銓,順德(今屬廣東)人。曾舉鄉貢,理宗淳祐末入太學為上舍生。景定初,率三學諸生伏闕上《論賈似道誤國疏》,不報,歸築九峰書院,聚徒講學,學者稱九峰先生。著有《理學簡言》,已佚。生平事迹見此書附錄《家上舍公傳》、《上舍公墓表》。

仕衡文集宋末已散佚,其九代孫區大任明萬曆十三年(1585)廣為搜集,得三卷,刻而傳之。有清道光二十年南海伍崇曜詩雪軒刻《粵十三家集》本。卷首有區大任序,正集三卷,其中文兩卷、詩一卷。首一卷錄區大任《家上舍公傳》及《廣東通志》、《廣州府志》、《順德縣志》本傳,樂清劉黻所撰《九峰講院記》、邑人孫蕡所作《上舍公墓表》。附錄一卷錄伍崇曜跋等文。

此本據伍氏詩雪軒刻本影印。(王友勝)

### 蕭冰崖詩集拾遺三卷 (宋) 蕭立之撰 (第 1321 冊)

蕭立之(1203—?),原名立等,字斯立,號冰崖,寧都蕭田(今屬江西)人。理宗淳祐十年(1250)進士,官至辰州通守。宋亡後歸隱蕭田,自放於詩。生平事迹見此書附蕭敏《識冰崖公詩集拾遺》及明嘉靖《贛州府志》卷九。

立之著有《冰崖詩集》二十六卷,舊版煅於兵亂。明弘治十八年(1505),蕭毓、蕭敏多方搜求,於政一堂輯刊《冰崖公詩集拾遺》三卷,此爲元以後首刻。《四部叢刊續編》據以影印。卷首有細目、羅倫叙、趙鶴齡序,末附吳澄《蕭粹齋庸言序》、謝枋得《蕭冰崖先生詩卷跋》及蕭敏《識冰崖公詩集拾遺》。正集凡三卷,卷上七言古體,卷中五言古體、五言律詩、七言絶句,卷下七言律詩。蕭氏題識謂《拾遺》"中間字多舛訛脱落",足見該本亦非善本。

此本據明弘治十八年蕭敏刻本影印。（王友勝）

### 巽齋先生四六一卷　（宋）危昭德撰（第1321 册）

危昭德,字子恭,邵武(今屬福建)人。寶祐元年(1253)進士。度宗咸淳元年(1265)知寧波府,二年除秘書郎,官至權工部侍郎。生平事迹見《宋史》本傳、《南宋館閣續録》卷八等。

昭德著有《春山文集》,已佚。所存《巽齋先生四六》一卷,乃從《春山文集》摘録駢體而成,僅四十九首,非完帙,有清抄本。此書凡一卷,無序跋、凡例。所録多賀、啓二體,用典平易,工於裁對。

此本據清抄本影印。（王友勝）

### 史咏詩集二卷　（宋）徐鈞撰（第1321 册）

徐鈞,字秉國,號見心,蘭溪(今浙江金華)人。曾以父蔭爲濠州定遠尉。宋亡不仕,流連經史以自娱。嘗取《資治通鑒》所記君臣事實,人爲一詩,凡一千五百三十首,署曰《史咏》。生平事迹見此書諸序及清光緒《蘭溪縣志》卷五。

徐鈞今僅存《史咏集》二卷,有《宛委别藏》本、《續金華叢書》本。卷首有許謙序,末附張樞、黃潛後序,徐鈞之子徐津跋。集中所咏人物自周威烈王迄唐,五代部分已佚失,每人七絶一首,陳其善惡,褒貶得失,史料多取自

《資治通鑒》。徐津跋謂其"垂戒之意,殆與《春秋》筆削之義相表裏"。

此本據《宛委别藏》清抄本影印。（王友勝）

### 趙寶峰先生文集二卷　（宋）趙偕撰（第1321 册）

趙偕,字子永,號寶峰,慈溪(今屬浙江)人,趙宋宗室,入元不仕,隱居大寶山東麓,學者稱寶峰先生。生平事迹見《宋元學案》卷九三、光緒《慈溪縣志》卷二五。

《趙寶峰先生文集》,原名《寶雲堂集》。趙偕殁後,文集由其外孫顧恭編次成書,後遭兵災散失。明嘉靖二十二年(1543),其裔孫趙文華重梓行世。此書凡二卷,卷上爲《上許縣尹書》及與邑令陳文昭所論治縣權宜。卷下爲古今體詩及雜著,其《送宗元始和尚之天竺維那》詩可補元朝佛教交流史之缺。卷首有烏斯道序及門人、友人祭文兩篇,卷末附吕楠《世敬堂記》,趙繼宗《後序》及趙文華跋語一則。其詩文不飾文采而以言理爲宗,是典型的學人之作。

此本據明嘉靖二十二年趙文華刻本影印。（王友勝）

### 釣磯詩集五卷　（宋）邱葵撰（第1321 册）

邱葵(1244—1333),字吉甫,號釣磯翁,同安(今福建廈門)人。朱熹四傳弟子。宋末科舉廢,乃杜門苦學。元遣御史徵召,不就。逝後祀鄉賢祠。著有《四書日講》、《易解疑》等,"其書悉被元人取去,今已無傳,僅存者惟《周禮補亡》及其詩集耳"(見盧若騰《釣磯詩集序》)。生平事迹見此書附《邱吉甫先生傳》。

邱葵文集歷來書目罕見著録,元初迄明中期,僅傳寫本藏在其家。萬曆間,林霍訪借得之,始傳於世。康熙中其裔孫邱國斑掇拾殘稿,得一百九十四首詩,編爲《獨樂軒詩集》三卷,序而刊行之。道光間,林國華求得林氏

原本,版行於世,是謂五卷本。該本卷一五言古、七言古,卷二五言律,卷三七言律,卷四五言絕、七言絕,卷五警學遺言,凡四百六十八首。卷首有盧若騰、林霍師徒二序,《邱吉甫先生傳》,末附張日益、林霍《訪邱釣磯先生故居記》及林國華《書釣磯詩集後》。該本雖仍非全帙,且多脫誤,但較之康熙間所刊三卷本,所收已多。道光《福建通志》載作一卷,或有別本,或即《獨樂軒詩集》。

此本據南京圖書館藏清道光二十六年汲古書室刻本影印。(王友勝)

### 林屋山人漫稿一卷附錄一卷　(宋)俞琰撰 (第1321冊)

俞琰(約1253—約1314),一作俞琬,字玉吾,號全陽子、林屋山人、石澗道人,吳郡長洲(今江蘇蘇州)人。宋亡不仕,隱居林屋山著書立說,學者稱石澗先生。以詞賦聞名,雅好鼓琴,精于《易》學,著有《周易集說》等。又著有《席上腐談》(一名《月下偶談》)、《書齋夜話》。生平事迹見《吳都文粹續集》卷四五、《宋史翼》卷三五等。

俞琰亦善文學,所著詩文多已散佚,後人輯有《林屋山人漫稿》一卷,有清抄本,内收各體詩及雜文。《附錄》一卷,録趙孟頫《石澗書隱圖卷》、張鳳翼《洪武二十六年四月一日徐賁補圖》等詩文。《四庫全書總目提要》謂其作品“率淺俗不足觀,其題《楊妃圖絕句》一首及《食鰻辨》一篇,尤爲鄙俚。蓋以數學著,不以文章著也”。

此本據清抄本影印。(王友勝)

### 宋左丞相陸公全書八卷續編二卷　(宋)陸秀夫撰 (第1321冊)

陸秀夫(1238—1279),字君實,楚州鹽城(今屬江蘇)人,徙居鎮江。寶祐四年(1256)進士,任禮部侍郎。德祐二年(1276),臨安淪陷,與陳宜中、張世傑等在福州擁立端宗,封簽書樞密院事。景炎三年(1278),端宗死,擁立衛王(即帝昺),遷居崖山,拜左丞相,與張世傑共執政。祥興二年(1279),崖山破,朝服負帝投海而亡。生平事迹見《宋史》本傳及此書附龔開《宋陸君實傳》。

此書又名《陸忠烈公全書》,八卷,《續編》二卷,今存道光間刻本。前集爲明代王夢熊所編,清道光十五年(1835)刻。卷一列傳、卷二綱目、卷三著作、卷四遺事、卷五論贊、卷六題咏、卷七崇祀、卷八議諡,卷首有熊開元、惲日初《序》。《續編》爲清代陶性堅所編,道光十六年刻,收陸秀夫世系圖、家譜、祀碑記、墓表、小傳、挽詩及議略等文章。卷首有王紹祖《序》、陶性堅《像贊》并《序》、《年表》,末附徐燧、張芳齡二《跋》及丁晏《後叙》。該書非一般別集,實爲陸秀夫有關文獻彙編,惟前集卷三著作類録其詔四篇,書、跋、記各一篇,詩一首。

此本據上海圖書館藏清道光十五年鹽瀆五柳堂刻本影印。(王友勝)

### 石堂先生遺集二十二卷　(宋)陳普撰 (第1321冊)

陳普(1244—1315),字尚德,號懼齋,福州寧德石塘(今屬福建)人。宋亡,元廷三次辟爲本省教授,均未赴任。在家鄉石堂山授徒講學,學者稱石堂先生。大德元年(1297)應劉純父邀,主講雲莊書院。所鑄刻漏壺爲世界最早鐘錶之雛形。著述有《字義》、《四書句解鈐鍵》等凡數百卷,大多散失。生平事迹見此書附閔文振《石堂先生傳》、《宋季忠義録》卷一二等。

陳普文集藏諸家塾,書目鮮著録,明嘉靖間陳袞、閔文振購得付梓,有嘉靖十六年(1537)程世鵬刻本,然嘉靖四十年毀於火。後薛孔洵得舊本,於萬曆三年(1575)贈工重梓之(見阮鐻《序》)。該本卷首有阮鐻、薛孔洵《序》,末附閔文振《石堂先生傳》。正集凡二十二卷,其中《講義》六卷闡説四書五經經義,《字義》一卷解釋儒學名義,《渾天儀論》一卷論天文學。卷十六至卷二十一爲詩歌,皆言理不言情,發儒學義理之秘。《拾遺》一卷乃閔文振所搜佚文逸句。陸心源《陳石堂集跋》評"其文多語録體,詩皆擊壤派,説經、説理亦淺腐膚庸"。該本文字多處漫漶不清,難以辨認。

此本據明萬曆三年薛孔洵刻本影印。(王友勝)

### 宋貞士羅滄洲先生集五卷　(宋)羅公升撰

(第 1321 册)

羅公升,字時翁,號滄洲,吉州永豐(今屬江西)人。宋末以軍功授本縣尉。宋亡,傾資北游燕、趙,意圖恢復,後知不可爲而歸鄉隱居。生平事迹見此集所收劉辰翁《宋貞士羅滄洲先生詩叙》、清同治《永豐縣志》卷二四等。

公升著有《無名集》、《還山稿》、《抗塵集》、《癡業集》及《北行卷》等,後人合爲《宋貞士羅滄洲先生集》五卷,今僅有抄本存世。此本卷首有劉辰翁《叙》。除壓卷《吊胥濤賦》外,餘皆爲詩,分體編排,先絶句,次律詩,次古體,于一般文集體例有乖,且打亂原集收詩順序。每體之中,分《無名集》、《還山稿》、《抗塵集》、《癡業集》及《北行卷》五名,各爲標題。曹庭棟《宋百家詩存》贊其"詩抑鬱委折,情辭悽愴,亦難言之意多焉"。《四庫全書》著於存目,《四庫全書總目提要》疑《皇帝閣春帖子》、《端午帖子》等詩"一縣尉何由得有此作",又"《燕城》、《俗吏》諸作,詞氣鄙俚,如出二手","其爲果出公升與否,殊在影響之間"。該本文字多處漫漶不清,難以辨認。

此書有南京圖書館藏清初抄本、王氏十萬卷樓抄本及李氏宜秋館抄本,日本静嘉堂文庫所藏舊抄本有顧嗣立跋。又有《宋百家詩存》本、金氏文瑞樓抄《宋人小集六十八種》

本,然卷次分合稍有別。

此本據清初抄本影印,陸心源《皕宋樓藏書志》有著録。卷一大題下署"宋禮部侍郎廬陵鄧中齋、中甫批點,明翰林國史修撰七世宗孫倫校正,明廣東廣州知府廣昌鍾秉監刊行"。(王友勝)

### 古逸民先生集二卷附録一卷　(宋)汪炎昶撰

(第 1321 册)

汪炎昶(1261—1338),字懋遠,自號古逸民,學者稱古逸先生,婺源大畈(今屬江西)人。宋亡不仕,與江凱歸隱婺源山中。撰有《四書集疏》一書。生平事迹見此書附趙汸《汪古逸民先生行狀》、宋濂《宋古逸汪先生墓志銘》。

趙汸《汪古逸民先生行狀》謂炎昶"詩文多散軼不存,(子)淮琛嘗刻詩五卷於家",可見元時有詩集單行本五卷傳世。《千頃堂書目》著録《汪炎昶詩集》五卷,當即該本,後散佚。據汪元錫《跋古逸先生文集》,當時除五卷本詩集外,尚有文集傳世,惟卷數不詳。今僅存《古逸民先生集》二卷、《附録》一卷,有清法式善存素堂藏抄本、《宛委別藏》清抄本。

此書每卷前有細目,卷二後附趙汸《汪古逸民先生行狀》、明宋濂《宋古逸汪先生墓志銘》、胡雲峰《與古逸先生書》、汪元錫《跋古逸先生文集》及跋語、像贊、挽詩等。正集二卷,卷一録各體詩一百五十九首,卷二録記、説五篇,與汪跋所謂"數篇"合,且《静處記》、《存心説》兩篇亦在集中。趙氏《行狀》謂其"爲文奇而有法,詩微婉遒勁,亦時出於悲壯激烈"。

此本據《宛委別藏》清抄本影印。(王友勝)

### 玉溪吟草一卷附録一卷　(宋)林表民撰

(第 1321 册)

林表民,字逢吉,一字耘業,號玉溪,祖籍東魯,寓台州臨海(今屬浙江)。其父曾續李庚《天台集》爲《天台前集》、《天台續集》。表民增補別編,《前集別編》輯補晋、唐以來詩,《續集別編》輯補宋人詩。又嘗續補陳耆卿《赤城志》,編爲《赤城集》。生平事迹見其所編書自序、吳子良《赤城集序》等。

表民能詩,著有《玉溪吟草》,已佚。《台州叢書》已集輯爲一卷,凡録詩二十三首,多題咏、送別之作,風格清新平易,饒有情趣。末附戴復古《寄玉溪林逢吉六首》與王居安《同林逢吉過小溪寺二首》。

此本據上海圖書館藏民國八年黄巖楊氏石印《台州叢書》已集本影印。(王友勝)

### 剪綃集二卷　(宋)李龏撰　(第1321册)

李龏(1194—?),字和父,號雪林,祖籍菏澤(今屬山東),家吳興三匯之交(今屬浙江)。不樂仕進,與周弼同庚同里,往來論詩三十餘年。著有《吳湖藥邊吟》、《雪林采蘋吟》等,均已佚。清四庫館臣據《永樂大典》所輯《江湖後集》存其詩一卷。又著集句詩《梅花衲》一卷、《剪綃集》二卷。生平事迹見其所作《端平詩雋序》、戚輔之《佩楚軒客談》。

此集與《梅花衲》同爲集句詩。凡録集句詩一百二十首,詩後附所集唐代詩句作者姓名。

此本據清初毛氏汲古閣影宋抄本影印。又有毛氏汲古閣所刻《詩詞雜俎》本、文淵閣《四庫全書·江湖小集》本等。(王友勝)

### 水雲集三卷　(金)譚處端撰　(第1322册)

譚處端(1123—1185),原名玉,字伯玉,寧海(今山東牟平)人。大定七年(1167),患風眩癱瘓,謁王重陽求治,病癒,因出家學道,重陽爲更名處端,字通正,號長真子,世稱長真真人。爲全真道七真人之一,南無派創始人。元世祖、武宗時,累有封贈。生平事迹見《甘水仙源録》卷一完顏璹《長真子譚真人仙迹碑銘》、秦志安《金蓮正宗記》卷四。

此集上中下三卷,收詩詞歌頌二百四十餘篇,示門人語録一則。詩詞按體類編,内容多闡揚全真教旨,勸人出家修道,脱離苦海。又宣揚三教一家,如"三教由來總一家,道禪清静不相差。仲尼百行通幽理,悟者人人跨彩霞"(《三教》)。甚而有"修行休向法中求,著法尋求不自由。認取自家心是佛,何須向外苦週游"(《示門人》)之語。處端爲全真道徒,固不以詩名,如其同鄉友范懌《序》所言,其"詩頌詞章,警悟世人,皆包藏妙用,敷暢真風,引人歸善,甚有益於時也",而披沙揀金,偶或見可誦之句,如"霧捲古潭秋静夜,雲收碧嶂月明時"(《述懷》)等。

該本卷首有大定丁未(1187)范懌《序》,據此序知前此《水雲集》已"鏤版印行,流傳四方",范作序時乃爲重刊。後序兩篇,不署撰者,但知其一爲范懌之子,則當刊於明初。又正統道藏本與該本同。此外有或一卷或二卷抄本數種。

此本據明刻本影印。(查洪德)

### 棲霞長春子丘神仙磻溪集三卷　(金)丘處機撰　(第1322册)

丘處機(1148—1227),字通密,道號長春子,登州棲霞(今屬山東)人。年十九,入全真教,師王重陽。元太祖十四年(1219),成吉思汗命近臣持詔召之。處機率弟子十八人西行,跋涉四年,覲見於西域大雪山(興都庫什山)。十九年東還,賜號"神仙",封大宗師。所著《磻溪集》外,尚有《攝生消息論》等。生平事迹見《元史》本傳、陳時可《長春真人本行碑》。

是集收詩詞歌頌,以五七言詩爲多,大抵抒情言志、紀事寫景,而以傷時濟世、忘機語道爲主。又倡三教同源,如謂"前賢後聖無差別,異派同源化執迷"(《頌三首·贊道》)。

處機詩亦間有可觀,清人顧嗣立評曰:"長春子西游詩最多奇句。""惜全首多涉道家語。"

《長春真人本行碑》謂處機"有《磻溪》、《鳴道》二集行於世",今《鳴道集》已佚。國家圖書館藏有金刊《磻溪集》三卷本,題《棲霞長春子丘神仙磻溪集》,前有近人傅增湘《跋》、胡光謙《序》。另有明正統《道藏》本六卷,卷數雖多於該本,篇章無所增損,字句互有增改。金刻本文字有漫滅處,可據以校補,又較金刻本多毛麾、移剌霖、陳大任序。陳序言"其徒袞為巨帙,將鋟木以廣其傳,謁文以冠卷首",則知金刻本刊於其作序(太和戊辰,1208年)後不久。

此本據國家圖書館藏金刻本影印。(查洪德)

### 元遺山詩集箋注十四卷首一卷末一卷
(清) 施國祁撰 (第1322冊)

施國祁(1750—1824),字非熊,號北研,浙江烏程(今湖州)人。乾隆間廩膳生。工詩古文,善填詞,尤熟于金源史實。所著除此書外,有《金史詳校》十卷末一卷、《金源札記》三卷等。另據《元遺山詩集箋注》沈堯跋,國祁尚有《遺山先生文集箋注》,不傳。生平事迹見《清史稿》本傳。

元好問集有全集與詩集兩種系統刊本。全集本《元遺山集》四十卷,初刻為其友張德輝編,元世祖中統三年(1262)東平嚴忠傑刊行。該本佚。後有明弘治沁水李瀚刊本,清康熙華希閔刊本。詩集本《元遺山詩集》二十卷,最早為元世祖至元七年(1270)曹益甫刊本。該本佚。後有元至順二年(1332)黃架閣刻二十卷本,明弘治十一年(1498)李瀚刊本,毛氏汲古閣刊《元人十種集》本。施注遺山詩十四卷,乃取清康熙華希閔《元遺山集》四十卷本前十四卷詩,自二十卷詩集本輯出全集本未收詩八十首,及自輯集外詩一首,仍依四十卷全集本前十四卷之類次,將輯補詩附於各類之後,稱作"續編"。計録詩一

千三百六十一首。

元初姚燧《牧庵集》載,元之初年,已有閻宏注《遺山集》。虞集《道園學古錄》載,元之中期,又有曾異申作《補注元遺山詩》十卷。皆淹沒不傳。施注為現存最早影響最大之遺山詩古注本,所箋本事,皆以他書取證,遐搜博採,自正史外如《中州集》、《續夷堅志》等,援引書籍達三百餘種。又校正原本諸多錯誤,然亦有誤改者,如卷一二《內黃道中楚王廟荊公有誰合軍中稱亞父卻須推讓內黃兒之句因為范增解嘲》,施注據王安石詩,改兩"內黃"為"外黃"。按安石詩確作"外黃",可改,而"內黃道"改作"外黃道",既無據,又誤。

首一卷,收舊序、例言。舊序有元中統本李治、徐世隆、杜仁傑、王鶚序引,元曹益甫刊詩集之段成己序,元至順黃架閣本余謙序,明弘治本儲巏重刊後序、李瀚序,清康熙本魏學誠序。《例言》十二則,述校、箋、編纂原委。卷末附録與附録補載,附録為儲巏輯、華希閔增,補載則施氏自輯。

此本據上海圖書館藏清道光二年南潯瑞松堂蔣氏刻本影印。(查洪德)

### 寓庵集八卷　(元) 李庭撰 (第1322冊)

李庭(1199—1282),字顯卿,號寓庵,華州奉先(今陝西蒲城)人。金末世亂,避難商鄧山中。北渡,居平陽,教授生徒。乃馬真后三年(1244),陝右行省辟為議事官,未幾棄歸。楊奐參議宣司,招入長安。世祖中統元年(1260),廉希憲、商挺為陝西宣撫,署為講議。至元七年(1270),敕授京兆教授。十年,為安西王府諮議。生平見此集附王博文《故諮議李公墓碣銘》、《元詩選·癸集》小傳。

李庭以文章名世,詩以寄贈送別之作為多,皆能自出胸臆,不掩真情。原有《寓庵集》若干卷,《詩林羣玉山集》三十卷。《文淵閣書

目》著録李顯卿"《寓庵文集》一部五册"，"《寓庵詩稿》一部一册，《寓庵先生集》一部一册"，此後未見公私書目著録。清末繆荃孫在北京收得孔葒谷微波榭抄本，詩文止八卷，與記載及書目著録不合，且中雜有元末人之作。繆氏細爲抉擇，校訂爲詩三卷，文五卷，刊入《藕香零拾》。卷一至卷三爲詩，計二百一十一首，卷三有詞五首。卷四至卷八爲文，計收序、記、行狀、墓志銘、墓表、神道碑、雜著六十七篇。

此本即據清宣統二年刻《藕香零拾》本影印。該本無序無目，卷末有王博文撰《故諮議李公墓碣銘》及繆荃孫跋。（查洪德）

### 桐江集八卷　（元）方回撰（第 1322 册）

方回（1227—1307），字萬里，號虛谷，別號紫陽山人，徽州歙縣（今屬安徽）人。宋理宗景定三年（1262）進士，別院省試第一。在宋知建德府，入元仍官建德路總管，代歸，不復仕，晚寓杭、歙間。一生著述甚富，今存《續古今考》、《瀛奎律髓》、《文選顔鮑謝詩評》等。生平見《新安文獻志》卷九五洪焱祖《方總管回傳》、《元詩選·初集》小傳。

方回有《桐江續集》，《四庫全書》收録。文獻著録方回詩文集尚有《桐江集》、《璧流集》、《虛谷集》。《桐江集》之名，始見于元初戴表元《桐江詩集序》，言回爲嚴州守時，"州人爲刻其《桐江集》者六十五卷"。明趙琦美編《趙氏鐵網珊瑚》，録方回與玄同（邵桂子，號玄同）書，言"《桐江集》七册，附呈求教"。宋濂作《方氏族譜序》，跋尾有云："按方回《桐江集》所載，天下之方姓皆出於歙。"今傳《桐江集》已非元明文獻所見之《桐江集》，兩者相去甚遠。原《桐江集》六十五卷，方回有詩述之，言"桐江刻詩集"，則當以詩爲主。今存《桐江集》僅八卷，有文無詩。原本《桐江集》與《桐江續集》以時代分，《桐江集》收在宋作品，《桐江續集》收入元之作，而今存

《桐江集》均晚年作品。原本《桐江集》應在明代已失傳，清人文獻時見《桐江集》之名，但核其實，均指《桐江續集》。《璧流集》僅洪焱祖《方總管傳》一見，頗爲可疑。"虛谷集"本非書名，即指《桐江續集》，陳櫟《定宇集》卷一七附《弘齋答先生書》，有"虛谷集當從中全問恔數工墨費以報"，注："中全，虛谷長子也。"弘齋乃方回友曹涇。現存《桐江續集》五卷末題"方存心、正心刊行"。方回長子存心字中全，次子正心字中立。曹書中所言"恔數工墨費"，即刊印部分《桐江續集》之費用。又李時珍《本草綱目》"引據古今經史百家書目"所謂"方虛谷集"，與其所列"邵堯夫集"、"周必大集"、"陸放翁集"等一樣，只指此人別集，而非録其書目。《千頃堂書目》當據此著録"虛谷集"，故致後人疑惑猜測。

今傳《桐江集》爲"後人掇拾《續集》之所無者"（清朱緒曾《開有益齋讀書志》卷五），與《桐江續集》無正續關係，有四卷本與八卷本。國家圖書館、南京圖書館均藏有四卷清抄本。八卷本爲清乾隆時阮元進呈，文章次序與四卷本不同。國家圖書館藏《批校桐江集》，書前夾有阮元手寫字條，云"新編目齊，抄置首卷前"，顯然目次曾經阮元調整改定。八卷本收文共二百一篇，與《桐江續集》重復者十六篇。所收文章，對研究方氏生平思想頗爲重要。方回爲宋元之際重要詩論家，諸多論詩之作，見於《桐江集》。又周密《癸辛雜識》攻回人品污下，回自記其上書劾賈似道事以自明人品，有《乙亥前上書本末》一文，亦載《桐江集》。

此本據《宛委別藏》清抄本影印。回詩文尚多散佚，昌彼得從《新安文獻志》等書中輯得佚文十九篇，其佚詩亦有待搜集。（查洪德）

### 剡源逸稿七卷　（元）戴表元撰（第 1322 册）

戴表元（1244—1310），字帥初，一字曾伯，號剡源先生，又自號質野翁、充安老人。慶元

奉化（今屬浙江）人。宋咸淳進士，爲建康府學教授，改臨安教授，辭不就，轉文林郎都督掾，行户部掌故，國子主簿。會兵起，避兵四明山中。亂定歸里，隱居教授。元成宗大德八年（1304），以薦爲信州教授。表元爲一時東南文章大家，《元史》本傳稱“至元、大德間，東南以文章大家名重一時者，唯表元而已”。有《剡源集》三十卷，另著《論語講義》、《急就篇注釋補遺》，不傳。生平事迹見《元史》本傳、袁桷《戴先生墓志銘》。

《剡源集》編成於表元生前，明洪武四年（1371）刊刻，二十八卷，有宋濂序。歲久傳稀。今傳三十卷本，爲明嘉靖間四明人周儀重輯，萬曆九年（1581）表元後裔戴洵刊刻。萬曆刻本出後，尚有據洪武本之抄本殘卷傳世，清代文獻家時有得之者，或加以輯録。清嘉慶時黄丕烈得藏書家朱文游舊抄何焯校本《剡源逸稿》，皆三十卷本所未收者，依類補於刻本之上，計文十三篇，古詩五十七首，律詩二百七十七首。黄丕烈《蕘圃藏書題識》著録作文一卷詩四卷。而此《剡源逸稿》七卷本，據繆荃孫跋，乃繆氏於1917年輯録黄丕烈《士禮居題跋》時從洪幼琴處借得，抄爲七卷，是爲藕香簃抄本，與《蕘圃藏書題識》著録者不同。該本無文，七體詩分七卷，詩五古二十九首，七古三十首，五律六十七首，七律一百二十五首，五絶二首，六絶八首，七絶五十六首。

此本據上海圖書館藏繆氏藕香簃抄本影印。（查洪德）

**雙湖先生文集十卷**　（元）胡一桂撰（第1322 册）

胡一桂（1247—?），字廷芳，一作庭芳，號雙湖，徽州婺源（今屬江西）人。年十八領鄉薦，試禮部不第，退而講學，遠近師之。一生著述頗豐，今存《易附録纂注》、《周易啓蒙翼傳》、《十七史纂古今通要》等。生平事迹見《元史》本傳、明程敏政《新安文獻志》卷七〇。

一桂元初以理學顯於一方，與同鄉同族胡炳文齊名。亦能詩文。其集初刻已不可考知，明萬曆四十三年（1615）余懋孳《後序》稱萬曆刻本爲據原本重刻，則萬曆本爲重刊本，康熙四十二年（1704）其十四世孫胡廷佐等三刻。

書首余懋孳《後序》，胡一桂畫像及熊禾所作像贊，胡士賢所作《雙湖先生行實》，潘繼高跋，及張綏、魏郊、汪玄錫、裔孫胡廷佐、裔孫胡天望等序。其次爲目録。集十卷，詩、文、詞四卷，卷一至卷三收各體文十五篇，卷四收詩二十二首、詞八首，卷五附録朋友與族人題咏、贈答詩，祭吊、贈序、書序等文，卷六至卷十録其《史纂通要綱斷》一書。按今人編《全元文》未見此集，輯得一桂文十篇，其中五篇見於此集，其餘五篇可補此集之佚，而此集多數文章爲《全元文》所遺。

此本據上海師範大學圖書館藏清康熙四十二年刻本影印。（查洪德）

**山村遺稿四卷**　（元）仇遠撰（1322 册）

仇遠（1247—1326），字仁近，一字仁父，自號山村民，一作山邨，錢塘（今浙江杭州）人。宋末以詩與白珽齊名，并稱“仇白”，入元以遺民自居，與周密、張炎、方鳳相唱和。至元中，部使者强以學職起之，爲溧陽州學教授，仕至將仕郎、杭州路總管。遠著述頗富，此集外，有《稗史》、《批評唐百家詩選》及詞集《無弦琴譜》。生平事迹見《新元史》本傳、明吴之鯨《武林梵志》卷八。

遠之詩文别集原有《山村集》與《金淵集》，均久佚。《四庫全書》自《永樂大典》輯出遠詩，編爲六卷，題《金淵集》。按《金淵集》所載，僅爲遠官溧陽時之作，此外所作尚多。《山村遺稿》之名出自後人之手，遠原集名《山村集》，見於明田汝成《西湖游覽志》卷九、《西湖游覽志餘》卷一二，當爲張燾所編。今不可見。今傳《山村遺稿》有一卷本與四卷本，一卷本後有乾隆五年（1740）春仲古歙項夢昶跋,言其於世所傳《興觀集》、《山村遺稿》基礎上,增補詩詞題跋若干首,分體編排成帙,刻於杭郡。《四庫全書》收録,題《山村遺集》,言其詩不作於溧陽,故不可并入《金淵集》。四卷本爲清顧維岳輯,卷一即所謂《興觀集》中之遠詩三十八首,乃遠自録詩以贈盛元仁之行者,有遠戊寅(世祖至元十五年,1278)記,元石巖、俞希魯、蘇啓,明王洪、胡儼、瞿佑跋,清康熙龔翔麟抄并跋。卷二爲遠贈僧人士瞻上人詩十首以及其他録贈詩,後有遠自記及明諸高僧跋,嘉靖顧應詳抄録跋。卷三、四唯題"吴郡顧維岳手輯"。

遠爲元初南方重要詩人,前人評其詩格高雅,往往頡頏古人,無宋末粗獷之習。遠一生作詩極多,方回《桐江續集》卷三二《仇仁近百詩序》云:"予友武林仇仁近,早工爲詩,晚乃漸以求不工。有稿二千篇有奇,予爲選四百篇。"方回又有《跋仇仁近詩》,所跋詩集爲三卷,則遠詩集或不止今所知之數種。戴表元《剡源集》卷八《仇仁近詩序》言遠"贈余鋟成一巨編",而"叩其藏未鋟者,尚什百於此",可見其作之富。

《山村遺稿》四卷《雜著》一卷《雜著補遺》一卷《附録》二卷《補遺》一卷《附録續》一卷,清抄本,藏北京大學圖書館。《山村遺稿》又名《山村遺集》、《山村稿》,有清乾隆五年項夢昶古香書屋刻本、《武林往哲遺著》本。又有《山村遺稿》二卷附《興觀集》一卷,清抄本。《山村遺稿》四卷《雜著》一卷,清咸豐十年抄本。

此本據北京大學圖書館藏清抄本影印。(查洪德)

**山村雜著一卷**　(元)仇遠撰　(清)顧維岳輯　**山村雜著補遺一卷**　(元)仇遠撰　(清)鮑廷博輯(第1322册)

顧維岳(1636—1716後),名崧,號憩閑堂主人,蘇州(今屬江蘇)人。藏書家。朱彝尊《曝書亭集》卷四一《顧叟壽序》、何焯《義門先生集》卷一《憩閑堂八十壽宴詩序》略載其事。鮑廷博(1728—1814),字渌飲,安徽歙縣(今屬安徽)人。乾隆時開四庫館,采訪遺書,進其家藏書六百餘種。又刻所藏古書善本,成《知不足齋叢書》。事迹見阮元《揅經室集》二集卷五《知不足齋鮑君傳》。

清人顧維岳輯遠詩文,詩編爲《山村遺稿》四卷,文編爲《山村雜著》(題"吴郡顧維岳手輯"),收文八篇。《四庫全書》收一卷本《山村遺集》,存其文四篇,此集增廣。其中《題趙子昂書》,改題《趙子固臨蘭亭跋》。《山村雜著補遺》,題"歙縣鮑廷博以文輯録",録書畫題跋四則。

觀《山村雜著》,則遠不僅爲重要詩人,且爲重要詩論家,《雜著》及《補遺》存其《山中白雲詞叙》、《馬霞外詩集序》,爲有價值之文學批評文獻。其餘文章,多題跋小品,筆觸靈動,揮灑自若,如不經意而自有韻味。又知其不僅長于詩,文亦有可觀。

此本據北京大學圖書館藏清抄本影印,無序跋。(查洪德)

**山村遺稿附録二卷補遺一卷附録續一卷**
(元)仇遠撰　(清)鮑廷博輯(第1322册)

按此《補遺》、《附録》、《附録續》,書中順序爲先《附録》上下,次《補遺》,末《附録續》,疑抄寫或裝訂顛倒。

《山村遺稿補遺》,下題"歙縣鮑廷博以文輯録",凡録詩二十一首,其中《爲如鏡淨上人賦》、《寄題如鏡上人房》、《檇李亭》、《真如寺》、《劉伶墓》、《送晤侍者游茅山》、《游天竺二首》、《游智果寺》、《晦日携幼湖上》、《題天壽觀清隱山房》、《泊桐鄉》、《宿本覺寺》、《贈張玉田》十四首已見于一卷本《山村遺集》,或自一卷本輯得。一卷本不録之六首,其中《題宋宫觀潮圖》一首,據明汪砢玉《珊瑚網》卷二九,爲張仁近《李嵩錢塘江望潮圖》長詩中之一節,或以"仁近"之名而誤。然讀張詩,此一節與上下語氣不貫,詩有"六帝同歸一丘土"句,當作于宋廷降元後。所補有佳作,如《來賢巖書所見》。詞四首,均見于一卷本《山村遺集》。遠一生作詩極多,散佚亦多,今人已無法知其全貌。此書所輯雖不多,但亦不爲無補。

《山村遺稿附錄》上下,附錄上注"此卷見項氏刊本"。當爲鮑廷博轉錄自項氏乾隆五年古香書屋刻本。附錄下署"知不足齋輯錄",則爲鮑氏自輯。附錄上收時人周密、趙孟頫、吾丘衍、鮮于樞、袁袠、黃溍、釋善住、龔璛、錢惟善與遠唱和贈答往還以及哀挽之作,又明人李東陽追和、題詩。附錄下爲時人次韻、往還等詩,首方回六十一首,次馬臻十八首,此外爲方鳳、黃溍、釋善住、張翥、戴表元、錢惟善、釋來復等,及張炎詞五首。一卷本《山村遺集》卷首有方鳳、牟巘、戴表元三序,《山村遺稿》不載,錄於此。

《山村遺稿附錄續》,題"知不足齋輯",收序跋六篇,其中元方回、明魏驥作仇遠詩序跋三篇,方回贈序一篇,及張翥、宋濂《跋仇仁近山村圖卷》。

此本據北京大學圖書館藏清抄本影印。（查洪德）

### 清河集七卷附錄一卷　（元）元明善撰（第1323 册）

元明善(1269—1322),字復初,大名清河(今屬河北)人。北魏拓拔氏後裔。以薦爲安豐、建康兩路學正,行樞密院辟爲令史。仁宗時爲翰林待制,升翰林直學士、翰林侍講學士。英宗即位,入爲集賢侍讀,升翰林學士。至治二年(1322)卒,謚號文敏。著述除本集外,有《龍虎山志》三卷。生平事迹見《元史》本傳、張養浩《敏元公神道碑銘》、馬祖常《翰林學士元公神道碑》。

明善早以文章自豪。吳澄序其文,謂其能"脫去時流畦徑,而能進古作者之道"。馬祖常爲撰《神道碑》,言"其文有賦五,詩凡一百六十三,銘贊傳記五十九,序三十,雜著十五,碑志一百三十"。《元史》本傳言有文集行世。明焦竑《國史經籍志》卷五著錄爲三十九卷。清初黃宗羲言"嘗讀姚牧庵、元明善集"(《南雷文定·凡例》)。其後當佚,故《四庫全書》未收。繆荃孫《清河文集跋》稱其集五十卷,未言所據。

此集七卷《附錄》一卷,乃清光緒時繆荃孫所輯,刊入《藕香零拾》。核其所輯,詩十四首,全部錄自顧嗣立《元詩選》。文三十九篇,二十五篇錄自《元文類》,則其遺漏必然尚多。今人編《全元文》,已輯得集外文二十五篇,詩則尚有存於《永樂大典》殘卷及《詩淵》者。

此本據清光緒刻《藕香零拾》本影印。（查洪德）

### 元懶翁詩集二卷　（元）董壽民撰（第 1323 册）

董壽民(1266—1345),字松間,號懶翁。餘姚(今屬浙江)人。早爲府學生,後拂袖歸去,築室讀書。及游金陵、杭州,遍覽勝景,廣結詩社,陶情觴咏,以養天年。生平見此集前諸序。

壽民務實學,不求聞於人,發爲詩歌,皆至性流露。其詩集至清嘉慶二十五年(1820),其裔孫董占魁始付刊刻,即今所見之本。壽民詩,自元歷明清至今之評元詩者,皆未有論及,其名字亦少見於歷代文獻。今讀其詩,雖非大家手筆,亦自可誦,有林下田園風味,或時得擊壤之趣。

書前有嘉慶二十五年汪桂序,至正六年(1346)仲可原序,明天啓元年(1621)裔孫自公序及錄詩之記,續爲目錄。詩分上下卷,作品不分類,卷上錄詩三百餘首,卷下錄詩七十九首,詞二十二首、歌十七首,及補遺詩七首。末爲其裔孫自公之子跋。

此本據國家圖書館藏清嘉慶董占魁克念堂木活字印本影印。（查洪德）

## 金華黄先生文集四十三卷　（元）黄溍撰（第1323冊）

黄溍（1277—1357），字晋卿，婺州義烏（今屬浙江）人。延祐開科，登進士，授寧海丞。至順初，以馬祖常薦爲應奉翰林文字，轉國子博士，出提舉浙江等處儒學。亟請侍親歸，以秘書少監致仕。順帝至正七年（1347），起爲翰林直學士，知制誥，同修國史。擢兼經筵官，升侍講學士，同知經筵事。世稱金華先生，謚號文獻。著有《義烏志》、《日損齋筆記》等。生平事迹見宋濂《元史》本傳、《金華黄先生行狀》。

溍爲元中期臺閣作者、理學傳人，與虞集、揭傒斯、柳貫并稱“儒林四傑”。其弟子王禕《黄文獻公祠堂碑銘并序》稱其爲“一代之儒宗，百世之師表”。爲文平中見奇，寓雄肆於醇雅。文優於詩，以議論見長。

溍文集刊刻與流傳情況頗爲複雜。史載其文集名《日損齋稿》，而書目著錄及今所見傳本，或作《金華黄先生文集》，或作《黄文獻公集》，又有四十三卷、三十三卷、二十五卷、二十三卷、十卷、十二卷之別。《金華黄先生文集》四十三卷，即《日損齋稿》，刻於元至正十五年（1355）。二十五卷本刻於至正二十二年。十卷本稱《重刊黄文獻公集》，刊刻於明嘉靖十年（1531），張儉重編，虞守愚刊刻，收入《四庫全書》，題《文獻集》。該本之編刊，曾約李鶴鳴作序。鶴鳴見新刻將舊本中“凡老釋碑版，盡以刊去”，深致不滿，必令其將刊去之文，別爲一卷繫集後（見鶴鳴《重刻黄文獻公集後叙》），是爲卷十一，又編《附録》一卷爲卷十二，附於十卷本後，此即今所見十二卷本。

刊於黄溍生前之《金華黄先生文集》四十三卷本爲最完善，元刻本今存，《四部叢刊》據以影印。前有貢師泰序，後附宋濂撰行狀。此書爲清影元抄本，卷一至卷三爲《日損齋初稿》，署“臨川危素編次”。卷三末有趙孟頫、危素跋。卷四至卷四十一爲《日損齋續稿》，卷下依次標《續稿》一至三十八。卷四十二、四十三署“臨川危素編次”，但不標“續稿”。與元刻本不同者，僅卷目題《金華黄先生文集》而版心題《黄學士文集》。抄本卷十九《覺隱文集序》有缺文，刻本不缺。該本遠勝《四庫全書》所收十卷本，較《四部叢刊》所收元刻本則不如。《四庫全書》本有宋濂序，該本未收。

此本據清影元抄本影印。（查洪德）

## 秋聲集九卷　（元）黄鎮成撰（第1323冊）

黄鎮成（1287—1362），字元鎮，自號存存子、秋聲子，邵武（今屬福建）人。學者稱爲存齋先生。順帝至正間，隱居不仕。後以執政薦授江西路儒學提舉，命下而卒。《秋聲集》外，著有《周易通義》、《中庸章旨》等，均佚。生平見李清馥《閩中理學淵源考》、《元詩選·初集》小傳。

鎮成深受當時及明清人推賞。徐𤊻《筆精》卷四稱其“詩多奇警”，“佳句疊出”。王士禎《居易録》卷一六自言愛其《秋風》、《秋山小景》、《五曲精廬》三詩，以爲“甚有風調”。清人李發跋以爲鎮成“各體詩俱清麗芊綿可誦，文亦典贍。雖不能與虞、馬諸公抗衡，亦爲有元一代高手”。

《秋聲集》原十卷，鎮成生前手定，未及刊刻而元亡。明洪武十一年（1378），其子黄鈞始刊七卷本，詩五卷，文兩卷。黄鈞題識言此十卷之集“中罹乙亥之亂，亡失大半”，“所存者尚千數百篇”，卷帙浩夥，限於財力，未得全刊。今本九卷，乃清道光時張蓉鏡增補之本，卷末有張氏題識，言其所得爲張金吾愛日精廬藏洪武刊本，其本有缺葉，後“於友人齋頭見順治甲午周櫟翁雕本，假録之”，得自序一篇，卷一補五律二十三首，卷三補七絶九首，“又五絶體明本未載，茲得一十四首，因備録次於五卷後”。增補後卷一五律四十七首，卷二七律六十二首，卷三七絶一一二首，附五絕十四首（自四卷本補得），卷四、五五言古三十六首，卷六、七古二十七首，卷七長律六首，計得詩三百四首。卷八文十六篇，卷九雜著，收銘、傳、疏、贊、頌、箴，計十三篇。張蓉鏡於友人處所見之周櫟翁刊本僅四卷，"而且多逸"。《四庫全書》所收《秋聲集》亦四卷，核其內容，即張蓉鏡所見之本。其本前有秋聲子自序，計收詩二百九十首，且有詩無文。兩相比較，九卷本價值遠勝《四庫全書》所收四卷本。

卷首有明萬曆壬寅顧起元題名，鎮成自序，元至正十七年（1357）鄭潛後序，明洪武十一年黃鎮成之子黃鈞題記。卷後有道光丁亥張蓉鏡跋。

此本據國家圖書館藏明洪武十一年刊黃鈞刻本影印。（查洪德　劉嘉偉）

### 貞一齋詩文稿二卷　（元）朱思本撰（第1323冊）

朱思本（1273—1333），字本初，號貞一，臨川（今江西撫州）人。出家上清宮，學于龍虎山，英宗至治元年（1321）主玉隆萬壽宮。工詩文，精輿地之學，有《廣輿圖》二卷世盛傳。生平見《龍虎山志》、《元詩選·癸集》小傳。

思本詩文集《貞一齋詩文稿》（或題《貞一稿》、《貞一齋稿》、《貞一齋雜著》等）二卷，爲其手自編訂。據卷首柳貫序，知編成于至治元年南歸主玉隆萬壽宮時，吳全節序言其所收均爲四十歲以後之作。范梈序其詩，以爲如"六朝庚、鮑而唐太白之流也"。《貞一齋稿》元無刻本，元明時有抄本流行。明吳寬《題元朱本初道士貞一稿後》題下注："考其詩文稿名《貞一》，序之者六人，如虞邵庵、范德機及柳道傳諸公，皆加稱許而親書其文。"吳寬抄一部（抄者姚楫，當爲吳門下士），是爲叢書堂抄本，此爲後世各本之祖。

是集《四庫全書》不收，阮元寫進，其《揅經室外集》卷五有提要，其輯《宛委別藏》收叢書堂本，題《貞一齋文》一卷《貞一齋詩稿》一卷。前有范梈、劉有慶、歐陽應丙至治三年序，虞集泰定二年序，吳全節泰定四年序，柳貫天曆元年序。卷一收雜著文三十二篇，卷二收古近各體詩一百九十五首。

此本據《宛委別藏》收叢書堂抄本影印。（查洪德）

### 雁門集十四卷附詩餘一卷倡和一卷別錄一卷
（元）薩都剌撰（清）薩龍光編注（第1324冊）

薩都剌（約1307—約1359），字天錫，號直齋。西域答失蠻氏。先世隨蒙古軍東來，父、祖鎮雲、代，留居雁門，遂爲雁門人。少時經商，泰定四年（1327）進士，授鎮江錄事司達魯花赤，秩滿，入翰林國史院。出爲南御史臺掾史，歷河南江北道廉訪司經歷、燕南河北道廉訪照磨、福建閩海道廉訪司知事等。晚年致仕，寓居杭州，以戰亂避走紹興、安慶等地，不知所終。薩都剌生平既不見碑傳，正史亦無傳，其族屬、籍貫、生平、著述甚多疑問。生平可參見《雁門集》附錄有關資料。薩龍光（1752—1816），字肇藻，號露蕭。閩縣（今屬福建）人。乾隆四十六年（1781）進士，歷任翰林院庶吉士、戶部主事、工部營繕司員外郎、朝議大夫等，贈忠憲大夫。乾隆五十三年（1788），丁父憂回閩，告病不出。

薩都剌在元爲最具代表性詩人之一，虞集《清江集序》稱："進士薩天錫者，最長於情，流麗清婉，作者皆愛之。"干文傳《序》評其詩："豪放若天風海濤，魚龍出沒；險勁如泰華雲門，蒼翠孤聳；其剛健清麗，則如淮陰出師，百戰不折，而洛神凌波，春花霽月之婗娟也。"薩都剌作品集版本極其複雜，據考有六十三種之多，現存三十八種詩集版本，分《雁門集》與《薩天錫詩集》兩大系統。《雁門集》系統，清薩龍光述其版本源流云："《雁門集》二十卷，元至正末年已有刻本，爲直齋公所手定者,今不可復見矣。"(《編注雁門集緣起》)今知此一系統最早刻本爲明成化二十年(1484)張習刻本,八卷,凡收詩四百八十三首,詞十一首。凡八卷本之《雁門集》均祖此本。薩都剌詩在明之最早刊本應是其後裔薩琦天順三年(1459)刊六卷本,按琦跋,爲其讀書中秘時輯得,合舊刻二十卷而爲六卷。該本今已不可見,現存最早六卷本爲清康熙十九年(1680)薩希亮刻。此外尚有不分卷本及《四庫全書》之四卷本。

清嘉慶十二年(1807),薩都剌後裔薩龍光搜采遺佚,重編爲十四卷,亦題《雁門集》。據其自述,乃以家傳六卷本、八卷系統之李舉刻本,與汲古閣本、顧嗣立《元詩選》本等互相參校,搜得集外佚詩三十一篇,以時間爲序編排,"大概以一官爲一卷",重編爲十四卷。前有張翥像贊,干文傳《原序》,劉子鍾、朱珪、翁方綱《序》,薩龍光《編注雁門集緣起》。次爲目錄,附舊本(家傳六卷本)目錄。卷十四後有附卷《詩餘》,次爲《雁門集倡和錄》,收當時虞集等人與薩都剌唱和之作。次《雁門集別錄》,輯錄歷代有關薩都剌之生平、作品及詩評資料。書後有趙蘭、張習、李舉、林人中、薩琦、薩希亮諸人跋,薩龍光《雁門集編注跋》。該本被視爲薩都剌作品集大成之本,但也是存在問題最多之本。學者考出此集誤收有黃溍、虞集、張翥、李孝光、釋行端、宋無、馬祖常、李洞、成廷珪、泰不華、郯韶、俞德鄰、張雨、盧琦等人之作。此外,薩都剌詩亦多有誤入他人別集者。

此本據浙江圖書館藏清嘉慶十二年刻本影印。(查洪德)

**木訥齋文集五卷附錄一卷** （元）王毅撰（第1324冊）

王毅(1303—1354),字剛叔,號木訥齋,龍泉(今屬浙江)人。從大儒許謙學朱熹理學,有薦爲檢討經筵、編修翰林者,毅皆固辭。南

還鄉里,以躬行實踐爲教。至正中,亂軍入其鄉,毅等組織鄉兵退敵,反爲臨敵逃遁之守令台寶忽丁害。生平事迹見此集附錄宋濂《王先生小傳》、胡翰撰《墓志銘》。

毅之文章,乃儒者之文,然明白通達,不假於雕琢而味自足,其詩亦清麗可賞。毅歿後十年,其弟子輯此集,文四卷,詩文詞一卷,合五卷。宋濂《王先生小傳》記爲四卷。今觀該本,卷一至卷五均署"同門諸生校正",則爲初編原貌。該本曾經多次刊刻。全書五卷附錄一卷,卷一至卷四文五十五篇,卷五詩二十六首,詞五首。前有蘇遇龍、齊召南二序,繼爲舊本宋濂、陳竑愿、李光地、仇兆鰲諸序,繼爲目錄。附錄一卷,有宋濂所撰《家傳》,胡翰撰《墓志銘》,王禕撰《祠堂記》,明朝所給《札付》,以及祭文、跋等。

此本據浙江圖書館藏清乾隆二十八年蘇遇龍刻本影印。（查洪德　劉季）

**疇齋文稿不分卷** （元）張仲壽撰（第1324冊）

張仲壽(1252—1323),字希静,號疇齋,晚號自怡叟,錢塘(今浙江杭州)人。官至翰林學士。詩文均有時名。除此集外,著有《墨譜》、《琴譜》,并稱《疇齋二譜》。生平事迹見陶宗儀《書史會要》卷七、《元詩選·癸集》小傳等。

《疇齋文稿》今存爲稿本,乃仲壽自選自書,因成稀世珍品,自明初以來,迭經名家收藏,今藏國家圖書館。此書不分卷,存詩十二首,文七篇。按仲壽詩文,此集未收者尚多。清人羅槼臣輯錄其詩文附於《墨譜》、《琴譜》刊行,以爲《外錄》一卷,收詩三首,文(題跋)十篇。今人編《全元文》,收集外文十一篇,其中與《外錄》重者二篇,遺落尚多。

此本據國家圖書館藏稿本影印。(查洪德)

**存復齋文集十卷附錄一卷** （元）朱德潤撰（第1324冊）

朱德潤(1294—1365),字澤民,先世居睢

陽(今河南商丘),後遷吳之崑山(今屬江蘇),遂爲吳人。仁宗延祐六年(1319)游京師,以薦授應奉翰林文字,同知制誥,兼國史院編修官。英宗時爲鎮東行中書省儒學提舉,後辭歸。順帝至正十二年(1352),起爲江浙行中書省照磨,參謀軍事。詩文集外,著有《古玉圖》二卷。生平事迹見周伯琦《有元儒學提舉朱府君墓志銘》、洪武《蘇州府志》卷三八等。

德潤乃宋"睢陽五老"之一朱貫之後,博學能文,尤工畫,趙孟頫薦入翰林。俞焯序其文集,稱其文章"理到而詞不凡"。清代四庫館臣稱其文而貶其詩,以爲其詩"膚淺少深致"。

此集初編成於至正九年,有俞焯與黃溍序。今傳十卷附錄一卷本,乃明成化十一年(1475)其重孫朱夏重編,東吳項瑢刊,題《存復齋文集》。該本前有虞集題辭及俞焯序,次目錄。卷一至卷五文。卷六朱氏譜傳,後附趙孟頫、虞集《跋睢陽五老圖》等。卷八至卷十詩,凡二百二十九首。附錄一卷,收諸家撰墓志銘、贈序等。後附明成化十一年朱夏《書曾祖存復齋稿後》。

此書《四庫全書》入存目。此本據明成化十一年項瑢刻本影印。（查洪德）

### 存復齋續集一卷　（元）朱德潤撰（第1324冊）

民國時上海商務印書館印孫毓修等輯《涵芬樓秘笈叢書》,已據舊抄本影印《存復齋文集》十卷附錄一卷。又從繆荃孫處得其續集,遂排印刊入。孫毓修跋云:"繆藝風秘監言藏有抄本《存復齋續集》,其名不見於諸家簿錄,極爲罕秘,許録副借印。《續集》不分卷,與前集復出者數首,爲抽去之,計得詩文一百四十首。"實收文七十五篇,詩六十二首。

此本即據民國十四年上海商務印書館鉛印《涵芬樓秘笈》本影印。按,朱德潤詩文在文集與續集外尚有佚存,《全元文》輯得集外文二篇。（查洪德）

### 石屋禪師山居詩六卷　（元）釋清珙撰（第1324冊）

釋清珙(1272—1352),字石屋,俗姓溫,常熟(今屬江蘇)人。首參釋高峰,又嗣法於及庵信禪師。順帝元統年間住嘉興當湖之福源寺,後退居湖州霞霧山。著述除本集外,有《語錄》、《偈贊》各一卷。生平事迹見明張昶《吳中人物志》卷一二、明徐象梅《兩浙名賢錄·外錄》卷八等。

清珙詩多寫山林風景,多禪語,寓禪意、禪趣。自序稱其詩乃"山林多暇,瞌睡之餘,偶成偈語",讀之可知其"山中趣向耳"。此集《四庫全書》入存目,不知撰人,誤以爲"明代湖州僧"。《四庫全書總目提要》謂"其詩不脫釋家語錄之氣,不足以接迹吟壇"。今觀其詩,亦有明麗之語,如"太湖萬頃白潋灔,洞庭兩點青濛茸"(《霞霧山居雜咏》)。清沈季友《檇李詩采》言其詩"有寒山子遺風"。如《山中天湖卜居》等作,確具俗趣。

此書六卷,收詩二百六十四首,詩歌按體裁類編。前有潘是仁《石屋禪師引》。《四庫全書存目叢書》收《石屋禪師山居詩》一卷《偈贊》一卷《語錄》一卷,明刻本,參學門人至柔編,新安吳明春校正,收詩二百八十一首。將六卷本與一卷本對比,六卷本收詩未有出一卷本之外者,一卷本反多出十七首。一卷本卷首有清珙自序,六卷本不錄。一卷本未按體裁類編。故該本當與一卷本參讀。

此本據復旦大學圖書館藏明萬曆四十三年刻《宋元四十三家集》本影印。（任紅敏　查洪德）

### 丹邱生集五卷附錄一卷　（元）柯九思撰（第1324冊）

柯九思(1299—1352),字敬仲,號丹邱生,別號五雲閣吏,仙居(今屬浙江)人。遇元文宗于潛邸,文宗即位,擢典瑞院都事,授奎章閣學士,遷鑒書博士。文宗去世,退居吳下,流寓松江(今屬上海)。生平事迹見元徐顯《稗史集傳》、《新元史》本傳。本集後曹元忠跋,于九思生平考之甚詳。

九思風流文采,照耀季元。楊維楨《西湖竹枝集》稱其"宮詞追王建,墨竹法文湖州,名重當時"。明胡應麟《詩藪》評其詩"句格莊嚴,辭藻瑰麗,上接大曆、元和之軌,下開正德、嘉靖之途"。據徐顯《柯九思傳》,其"有《任齋詩集》四卷,虞集、陳旅爲之序,公没後皆散失不傳,獨有詩二卷藏於家"。此二卷亦不傳。《元詩選·三集》據《草堂雅集》及書畫遺迹及雜志所見者,輯爲一卷,題《丹丘生稿》,計詩二百五十七首。清光緒庚子(1900),九思裔孫柯逢時囑繆荃孫搜求編次其集,繆將《元人十二家集》與《元詩選》所録抄爲二卷,寄其弟子曹元忠。光緒壬寅(1902),曹元忠重新編次,輯得文賦題跋二卷、詩二卷、補事迹一篇,繆荃孫重加復核,又得《草堂雅集》舊抄本後集之二,得十三首,復自《元十二家集》得五首。合文四十六篇,詩三百四十一篇,勒成五卷,即此書。卷尾附徐顯《稗史集傳》之《柯九思傳》、張養浩撰九思父柯謙墓志銘。附録元至清諸家評鑒九思詩畫文字。後有繆荃孫、曹元忠、易順鼎、柯逢時諸人跋。

此本據上海圖書館藏清光緒三十四年柯逢時刻本影印。此外有民國《仙居叢書》本。另《全元文》輯得集外佚文十五篇。(查洪德 劉季)

### 東皋先生詩集五卷附録一卷 (元)馬玉麟撰(第1324冊)

馬玉麟(?—1367),字谷璧,又字伯祥,號東皋道人,學者稱東皋先生,泰州(今屬江蘇)人。以薦授贛榆縣儒學教諭,以母喪去官。張士誠據吳,降元,開府平江,辟爲平江府掾史,升長洲縣尹,累官至江浙行省員外郎。丞相達識帖木兒表爲行中書省参知政事。明軍下平江,服毒自盡。生平事迹見此書附録明王遜《東皋先生傳》。

馬玉麟集,據周伯琦、王宗堯序,知爲其生前手自編訂,題《東皋漫稿》,有詩有文,卷數不詳。該本不傳。今見五卷附録一卷本,有詩無文,不詳何人所編。按卷端所署"滄洲野客校正",考朱元璋第十六子朱櫹之子安塞王朱秩炅自號滄洲野客,著有《滄洲隨筆》二十卷。若此滄州野客即朱秩炅,則該本應編成於明初。該本僅《千頃堂書目》著録,阮元著録於《四庫未收書目提要》,謂:"今閱其古近體詩,率皆婉麗暢達,可謂有關於名教者,有裨於諷諫者矣。"該本分體編,附録明人王遜撰《東皋先生傳》。

此本據《宛委別藏》清抄本影印。(查洪德)

### 滄浪軒詩集六卷 (元)吕彥貞撰(第1324冊)

吕彥貞,一名敏,字志學,無錫人。元時爲道士,明初官無錫縣學教諭,洪武十三年(1380)舉人才。至正元年(1341)虞集序其集,謂:"句吳吕君志學,和厚詳雅,博學而多文。始以布衣至京師,數年間,詞章傳誦,名勝之士無不倒屣而迎之以爲上客。臺省館閣以文名稱者無異辭。"生平事迹附《明史·文苑·王行傳》。然據王行《半軒集》卷三《滄浪軒記》,則吕彥貞、吕敏并非一人。

此集《四庫全書》不收,清丁丙《善本書室藏書志》著録,并録丁丙跋,胡玉縉《四庫未收書目提要續編》著録,有提要。

此書是一部偽書,作偽者不詳。集中所收詩,乃清雍正、乾隆間揚州一少年之作。書前偽造元人顧仲瑛《滄浪軒詩集》文一篇,言吕彥貞自號席帽山人,作《河清頌》,臺臣薦之,稱疾不就。又言其曾爲張士誠畫策拒朱元璋,及入明以文學録用,有司敦迫上道,其子掖叩頭泣請而止,及游維揚懷張士誠,傷悼元之滅亡等,與錢謙益《列朝詩集小傳》所載王逢（號席帽山人）事全同。卷端題"席帽山人江陰呂彦貞著"，而卷中詩，則全爲清某少年之作。詩以甲子爲目，起戊申，迄己未，細考其年，乃清雍正六年（1728）至乾隆四年（1739）。而明太祖洪武元年（1368）亦爲戊申，故易致人迷誤。就詩中所叙，知作者揚州人，戊申年年十二，隨父宦游中原，中間隨父休官返鄉，再侍父宦居各地，以至省試落第等。詩有涉及乾隆即位、苗民首領石柳鄧被戮等清代歷史大事者。詩中多有夾注，則其集當爲作者晚年整理，亦不排除有晚年修改者。作者名梓，有兩兄，名樸、杜，姓氏不詳。與元明之際之呂彦貞絶無關涉。按南京圖書館藏《滄浪軒詩集》抄本兩種，另一本亦爲偽書，書前所謂虞集序，也是偽造，乃拼湊王行《滄浪軒記》與虞集爲傅若金所作《傅與礪詩集序》文字而成。

此本據南京圖書館藏清抄本影印。（查洪德）

## 書林外集七卷　（元）袁士元撰（第1324冊）

袁士元，字彦章，號菊邨，慶元鄞縣（今浙江寧波）人。以薦授縣學教諭，歷西湖書院、鄮山書院山長，擢平江路學教授，召翰林國史院檢閱官，不赴。生平事迹見嘉靖《寧波府志》卷三一、《元詩選・初集》小傳等。

士元爲元代有成就之詩人，顧嗣立《元詩選・初集》收其詩一卷，引危素《序》稱其詩"清麗可喜"，"興致高遠"。危《序》今不可見，今存明人陳敬宗正統三年（1438）《序》，稱其詩"老氣健辭，雄壯典雅，不雕不琢，出乎自然，誠一代傑作，不可多得"。然其集流傳絶少，故鮮爲人知。《四庫全書》入存目，以爲其詩"往往粗淺多累"。此集七卷，以體裁分類，存詩三百七十八首，卷七存詞七首。

此本據明正統刻本影印。該本爲其裔孫袁忠徹刊，各卷卷目均題《書林外集》，而版心均書《書林外稿》。另山東省博物館藏有清乾隆三十五年知不足齋抄本，《涵芬樓秘笈》

第五集影印舊抄本，其底本有朱彝尊手跋。（劉嘉偉　查洪德）

## 蟻術詩選八卷　（元）邵亨貞撰（第1324冊）

邵亨貞（1309—1401），字復孺。本嚴陵（今浙江桐廬）人，徙居華亭（今上海松江）。卜築溪上，以貞溪自號。又署青溪野史。入明爲松江府學訓導。生平事迹見錢謙益《列朝詩集小傳》。

亨貞爲元季詩人，清朱彝尊《静志居詩話》評其詩"辭氣和易，比于袁景文、管時敏則不及，方諸陶九成、顧謹中似爲過之"。是集或題"蟻術"，或題"蛾術"。亨貞詩文詞，明代有刻本與稿本流傳，稿本見于明顧清《東江家藏集》卷二四《書蛾術稿後》及清錢謙益《列朝詩集小傳》所記，刊本則有隆慶六年（1572）汪稷刊本。清代傳本罕見，《四庫全書》收亨貞《野處集》四卷，《四庫全書總目提要》稱亨貞之《蛾術詩選》、《蛾術詞選》均不傳。後阮元得舊抄本詩選八卷、詞選四卷進呈內府，《揅經室外集》卷三其提要云："此從舊鈔依樣過録，凡古今體三百七十六首，又聯句三首。詩格高雅，絶無元世綺縟之習。案馮遷、汪稷跋《野處編》，并云其書乃上海陸郯以授稷而刊行。是編及詞選每卷首皆有新都汪稷校字樣，是亦郯所授刊之册。跋又云：并所著《蟻術詩選》、《蟻術詞選》爲十六卷。今合三書卷帙觀之，并屬完善之書。惟卷首不著名而著字，乃明人刻書陋習也。"《明史・藝文志》著録作《蛾術文集》十六卷，乃詩八卷、文（或題《野處集》）四卷、詞四卷，總十六卷。而見之於書目著録者頗不一。

該本無序無跋，首目録，收詩計三百四十八首（含聯句三首），與阮元所言古今體三百七十六首又聯句三首者不儘合。此外南京圖書館藏清抄本《蟻術詩選》八卷、《蟻術詞選》四卷，有清丁丙跋。阮元將其發現之抄本輯入《宛委別藏》，于是有《宛委別藏》本。《四部叢刊》收《蟻術詩選》八卷、《蟻術詞選》四卷，其詩選據明刻本影印，詞選據《宛委別藏》本影印。

此本據國家圖書館藏明好德軒刻八卷之單行本影印。（查洪德）

## 栖碧先生黄楊集三卷補遺一卷附録一卷

（元）華幼武撰（第1325册）

華幼武（1307—1375），字彦清，號栖碧，無錫（今屬江蘇）人。至正十三年（1353），家燬於火，再遷而值兵燹，先後移家蘇州、虞山、吴江等地。患難流離而不廢吟詩。生平事迹見此集附録俞貞木《栖碧處士壙志銘》。

幼武詩初結集爲《栖碧軒詩》，編成於元順帝後至元時。後從陳方學詩，陳方爲題《黄楊集》。再次結集於順帝至正十一年（1351），乃棄其原作，别爲一集，題《黄楊集》，有陳謙序。兩本卷數均不詳，均未刊刻。清同治重修本華冀綸序以爲始刻於至正十一年者，誤。按陳方題“黄楊”之意，謂其愛詩之篤而奪於多事，未能大肆，如黄楊木遇閏歲而不長也。陳謙《序》作别解：“黄楊，楊之族也。楊爲木，喜近水，發榮滋長，朝而尺，夕而尋，若易易然者。就其文理堅致，膏液純足，充然固，龐然厚，自根株而條葉，一無所散耗者，唯黄楊爲然。使是木也，捨其質性之至充，而有慕於他楊之易茂，不幾乎持千金之璧，以易瓦缶者之爲哉！”是集《四庫全書》入存目，以爲“其詩未足名家，世以重其人品傳之耳”。初刻乃幼武殁後，仲子公愷收拾遺稿，弟子吕緯文刊於洪武二十年（1360），六卷。明何喬新《椒邱文集》卷九有《重刊黄楊集序》，所記爲二刻、三刻。又國家圖書館藏澹生堂抄本前有明成化十八年（1482）彭華序，稱翁之玄孫守方旁搜遍購，又得若干篇，考訂完備，重刻以傳。此當即今所見三卷補遺一卷本，意其三

卷爲六卷之合，補遺則華守方所輯。此後所知者，有隆慶二年（1568）其七世孫察刻本，萬曆四十六年（1618）其十世孫與進刻本，崇禎十四年（1641）華允誠刻本，清嘉慶元年（1796）華宏源刻本，同治十三年（1874）華冀綸詒穀堂重修本，均爲三卷補遺一卷。《明史·藝文志》著録爲四卷，《千頃堂書目》則著録作三卷續集一卷。

此書分上、中、下卷，各卷前有目。計各體詩三百首。首洪武戊午孫弘祖序，次舊本序跋，録陳方、陳謙、吕緯文、俞貞木序，及明隆慶二年七世孫華察《重刻黄楊集後語》。附録收俞貞木《栖碧處士壙志銘》、張翥《春草軒記》、陳方《栖碧軒記》、劉衢《題貞固春草二軒》詩并序。明何喬新《重刊黄楊集序》與明成化十八年安成彭華序，該本未録。國家圖書館藏清嘉慶元年華宏源刻同治十三年華冀綸詒穀堂重修本，傅增湘據原北平圖書館藏明祁氏澹生堂抄本校，補詩詞文二百一十四首。

此本據明萬曆四十六年華五倫刻本影印，爲今存最早刊本。（查洪德）

## 茶山老人遺集二卷附録一卷 （元）沈貞撰

（第1325册）

沈貞，字元吉，號茶山老人，長興茶山（今屬浙江）人，明洪武十四年（1371）仍在世。入明，隱居横玉山，縣令欲辟其爲官，避匿不出。生平事迹見此集附録、明凌迪知《萬姓統譜》卷八九等。

此集《四庫全書》入存目，《四庫全書總目提要》謂原集久佚，長興知縣鮑鉁與王藻、姚世鈺、姚世鍾搜輯而成。《四庫全書總目提要》述朱彝尊《静志居詩話》之意，言“沈貞人品高於楊維楨，然詩文則頗通俗粗淺，不逮維楨遠甚”。今觀此集，信然。

此書凡詩一卷、文一卷，計詩六十首，文六篇。前有鮑鉁序，後附録一卷，録沈貞傳記資

料若干則。

此本據清乾隆三年刻本影印。（查洪德
劉季）

### 梅花百咏一卷　（元）韋珪撰（第1325冊）

韋珪，字德圭，號梅庭主人，山陰（今浙江
紹興）人。主要活動時間爲元後期，順帝至
正十五年（1355）尚在世。生平未見碑傳，
《西湖竹枝集》、《元詩紀事》卷二四均有
論列。

古人有咏梅傳統，自宋人李祺首唱《梅花
百咏》後累有作者。元人馮子振作《梅花百
咏》，和者甚衆。此集亦名《梅花百咏》，目錄
題名爲"梅吟百題"，計存《庭梅》、《官梅》等
七言絕句百首，另收韋珪所作《補騷》一篇，
因"梅花不入《楚辭》，古今之通恨"而作。卷
首有元至正五年（1345）楊維楨序，又干文傳
至正七年序。又韋珪自序，交代其寫作緣由，
知爲至正二年應李仲山之命所作，先作咏梅
絕句二十六首，後又擴充爲百首。卷末有胡
世佐跋。

此本據國家圖書館藏元至正刻本影印。該
本曾經黄丕烈收藏。另有《宛委別藏》叢書
本。（劉嘉偉　查洪德）

### 韓山人詩集九卷韓山人詩續集八卷　（元）韓奕撰（第1325冊）

韓奕（1334—1406），字公望，號蒙庵，一作
蒙齋，平江（今江蘇蘇州）人。絕意仕進，與
王賓、王履并隱於醫，稱"吳中三高士"。著
述有《鼓缶鳴秋蛩語》、《易牙遺意》等。生平
事迹見此集所載趙友同《故韓隱士行狀》、
《姑蘇志》卷五五等。

《韓山人詩集》九卷，其弟韓夷編刊於明永
樂七年（1409）。《續集》八卷，其子有孫編刊
於永樂九年。刻本不傳，《四庫全書》別集存
目著錄有《韓山人集》，無卷數，提要以爲"其
詩古體傷於淺率，近體……一知半解，尚稍得

宋人格律。其瓣香當在劍南"。詩多叙寫隱
士生活情狀，又間宋人性理之語，且有醫學相
關詩作。集前有姚廣孝永樂七年序，後有梁
用行、釋行可、蔣用文跋，王賓《壽藏記》，趙
友同《故韓隱士行狀》。《續集》前有趙友同
序。集及續集均分體編，一體一卷，各卷篇幅
極不均衡。

此本據清鮑氏知不足齋藏抄本影印。
（查洪德　羅海燕）

### 後圃黄先生存集四卷　（元）黄樞撰　附嚮明齋詩文一卷　（明）黄維天撰（第1325冊）

黄樞（？—1377），字子運，號後圃先生，世
居休寧之古林（今屬安徽）。明初，有司累舉
爲校官，皆以足疾辭不就召。生平見本集跋、
朱彝尊《明詩綜》卷一二小傳。黄維天，一作
惟天，字景高，號嚮明齋，樞之嗣孫。生平見
此集附《嚮明齋詩文》中其裔孫黄玹識語、
《佩文齋書畫譜》卷四一《嚮明齋集小傳》。

黄樞平生攢辭爲文，絕不留稿。卒後其子
黄則惠摭拾於親朋間，編錄成帙，弟子李道生
作序，戴玭校刻於洪武十六年（1383）。該本
散佚。至嘉靖二十九年（1550），其族裔孫黄
遥等重新搜集，編爲四卷，仍題《後圃存集》，
是爲嘉靖古林山房黄遥刻本。卷一至卷三各
體詩，卷四文二十三篇。其裔孫黄維天《嚮
明齋詩文》一卷附於卷後，存各體詩五十二
首。維天詩文，原當爲《嚮明齋集》，因該本
前後殘缺，故題爲《嚮明齋詩文》。樞學性理
之學，游震《重刊後圃存集序》評其詩"皆溫
厚平澹"，今觀集中詩文，多爲酬唱贈別之
作，語言質樸自然。維天則以書法名，詩多爲
題畫及酬答之作，未見佳處。

此本據明嘉靖二十九年古林山房黄遥刻本
影印。卷首汪思、游震得重刊序，後錄舊本李
道生、程叔春序。次目錄。附卷卷首有裔孫
黄玹識語，末有族裔孫黄遥、黄杲跋。
（查洪德　羅海燕）

**雪崖先生詩集五卷** （元）金固撰（第1325冊）

金固（1333—1389），字守正，號雪崖，臨江新淦（今江西新干）人。入明，郡太守聘爲學訓導。生平事迹見《國朝獻徵録》卷八七楊士奇《雪崖金先生固傳》、王直《抑庵文集》卷一二《題雪崖金先生墓文後》。

楊士奇《雪崖金先生固傳》稱其"所著詩文有《湄湘稿》若干卷，藏於家"，金固手自編訂，梁寅、張美和爲作序。今存《雪崖先生詩集》，乃其次子金幼孜編，刊於明永樂十九年（1421）。該本首録洪武十五年梁寅、張美和二序，次目録。卷一至卷四各體詩，卷五雜著，計詩二百四十四首，文五篇。後附永樂十九年胡儼《金先生詩集後序》。

此本據北京大學圖書館藏明永樂十九年刻本影印。該本署金守正撰，蓋誤以字爲名。
（查洪德）

**吳書山先生遺集二十卷首一卷末一卷**
（元）吳會撰（第1325冊）

吳會（1316—1388），字慶伯，一字伯慶，居金谿之書山，因以書山爲號，門人私謚文肅先生。臨川（今屬江西）人。元至正三年（1343）舉江西鄉試第一。避兵奔竄，得足疾，自稱"獨足先生"。明初屢薦不起，棄家學仙。著述有《杜詩評釋》等多種，均不傳。生平事迹見此集卷首其從弟吳直撰《書山先生本傳》、附録清楊服彩撰《吳書山先生墓志銘》。

此集原刻爲《獨足雅言》二十卷及後集，至清代殘缺。乾隆中，其十五世孫尚絅將《獨足雅言》殘卷與《獨足雅言後集》（即所謂《東游記行》）合，重新編訂，仍爲二十卷，改題《吳書山先生遺集》，乾隆三十四年（1769）刊刻。其中卷一至卷十五爲《獨足雅言》舊本詩文，卷十六至卷二十爲原《獨足雅言後集》。前有乾隆三十四年聶位中序，明潭王朱梓序及尚絅跋語。次爲目録，與内文順序多有不合。首一卷依次爲尚絅撰《凡例》，熊元龍作像贊，乾隆十九年裔孫疏贊，從弟吳直撰《書山先生本傳》、《獨足雅言後集原序》，吳會自序及自作《獨足雅言解》。末一卷依次爲吳會爲其從叔母所撰墓志銘，楊服彩撰吳會墓志銘。次附録，録相關文獻，末爲吳尚絅所作《傳聞考》。

此集《四庫全書》入存目，《四庫全書總目提要》稱："今觀其詩，雕繢有餘而興寄頗淺，在元末明初，尚未能獨立一幟。"貶之過甚。

此本據清乾隆三十四年刻本影印。
（查洪德　羅海燕）

**得月稿七卷** （元）吕不用撰（第1325冊）

吕不用（1341—?），原名必用，字則行。紹興新昌（今屬浙江）人。以疾居石鼓山，未聾而稱聾以避世，自號石鼓山聾，學者宗之，皆稱山聾先生、山聾子。明洪武初，劉基再薦，以經明行修辟授本縣訓導。後引疾解官，累辟不復起。所著有《牧坡稿》、《得月稿》、《力田集》，今僅《得月稿》存。生平事迹見明徐象梅《兩浙名賢録》卷四三、清毛奇齡《吕訓導傳》。

此集爲洪武九年（1376）作者手自編訂，曾衍、王霖爲作序。其刊刻歷百餘年，至弘治十七年（1504）方集其事。此後曾有重刊，駱問禮《萬一樓集》卷三八有《重刻得月稿序》，據序知不用裔孫吕若愚重刊於萬曆時。今弘治本、萬曆本俱不可見，所存僅清抄本，無駱問禮序，知其所據應爲弘治本。《鐵琴銅劍樓藏書目録》所著録之八卷本今藏日本，卷一五言絶句，卷二七言絶句，卷三五言律詩，卷四七言律詩，卷五五言選，卷六七言選。其後又有卷四記、序，卷七辭、書、説、行狀、傳等，故作八卷。該本七卷，首曾衍、王霖序，不用孫好通《題得月稿》。卷一至卷三爲五言絶句、五言律詩、五言選，卷四記、序五篇，及七言絶句、七言選、七言律詩。以下無卷目，卷五爲賦、歌等,卷六僅兩頁,收詩賦五篇。卷七各體文十七篇。末爲曾孫吕鼐《補刊得月稿序》。

此本據清抄本影印。(查洪德)

### 鐵崖賦稿二卷　(元)楊維楨撰 (第1325册)

楊維楨(1296—1370),字廉夫,號鐵崖、鐵笛道人,晚號東維子等。山陰(今浙江紹興)人。泰定四年(1327)進士,授天台縣尹,改紹興錢清場鹽司令。至正十年(1350)以薦補杭州四務提舉。十六年轉建德路總管府推官。十八年三月朱元璋兵克建德,避富春山中。尋除江西儒學提舉,因兵亂未及赴任。遷居錢塘。張士誠召之,不應。明洪武初召諸儒考禮樂,書成,辭不受職。一生著述宏富,詩文集外有《四書一貫録》、《歷代史鉞補正》、《三史綱目》等。生平事迹見《明史》本傳、宋濂《儒學提舉楊君墓志銘》。

楊維楨《東維子集》不收其古賦,有《麗則遺音》存其賦三十二篇,收入《四庫全書》。又《鐵崖文集》存其賦三篇,而元人所編《青雲梯》收楊維楨賦作甚多。元末人朱燧,字子新,吴郡人,其舅氏與楊維楨爲友,自《青雲梯》抄出維楨賦五十篇,以補《麗則遺音》之缺,題《楊鐵崖先生稿集》,即此集。後錢塘何夢華傳其副本,重編爲二卷,改名《鐵崖賦稿》,删去《姑蘇臺賦》一篇、《玩鞭亭賦》一篇,每卷二十四篇,止存四十八篇。阮元《四庫未收書目提要》著録該本。

《續修四庫全書》云據上海圖書館藏清勞權家抄本影印。按,此著録有誤。勞權家抄本題爲《楊鐵崖先生稿集》,亦不分上下卷。此分卷及題《鐵崖賦稿》者,爲何夢華重編之四十八篇本。故此本實據何夢華重編本影印。該本首黄丕烈題記,次勞權所録何本目録,正文卷首有“楊鐵崖先生稿集卷”一行。卷後依次爲朱燧跋,黄丕烈手記兩則,勞權跋三則,勞權録《青雲梯》第二册楊維楨賦目并

記,及勞權録朱燧《青雲梯》第二册鐵笛諸賦後跋與《青雲梯》第一册諸人賦後跋。何本於字句有改動,該本細校,一一標出。(查洪德)

### 鐵崖樂府注十卷鐵崖咏史注八卷鐵崖逸編注八卷　(元)楊維楨撰 (清)樓卜瀍注

樓卜瀍,字西濱,號虛白,諸暨人。乾隆二十五年(1760)舉人,欽賜國子監典簿。著有《虛白室詩稿》、《虛白文稿》。生平事迹見阮元《兩浙輶軒録》卷三一。

《鐵崖樂府注》十卷,據吴復編《鐵崖古樂府》作注,吴編本收入《四庫全書》。樓注本前有樓卜瀍乾隆三十九年序,張天雨及吴復舊序。《鐵崖咏史注》八卷,前有乾隆三十九年樓卜瀍序,據序知所據爲其外祖父明萬曆刊本,删其古樂府而録其咏史詩。《鐵崖逸編注》八卷,乃樓卜瀍所輯,取《鐵崖古樂府》、《鐵崖咏史》之外楊維楨各詩集,如《復古集》、《鐵笛詩》、《鐵龍詩》、《鐵崖集》、《東維子集》、《草玄閣後集》等,其中《鐵崖古樂府》、《鐵崖咏史》不載者,得詩三百二十四首,編爲八卷,并爲之作注。樓氏注楊維楨三書,歷時五年,稿成而刊刻未竣去逝,其子樓汪續刻以成。

此本據清乾隆三十九年聯桂堂刻本影印。(查洪德)

### 劉仲修先生詩文集八卷　(明)劉永之撰 (第1326册)

劉永之,字仲修,自號山陰道士,清江(今江西樟樹)人。治《春秋》有聲,工詩文,擅書法,爲當世所重。洪武初徵召至南京,以重聽辭歸。後其子劉奉因事獲罪,以此徙萊州,至桃源病卒。生平事迹見明楊士奇《東里集》卷一〇《題劉山陰集》、清朱彝尊《曝書亭集》卷六四《劉永之傳》。

此集八卷,卷首有梁寅、簡霄序。卷一至卷

六爲詩,分體編排。卷七爲序、記,卷八爲書信。集中《酬别宋贊善大夫景濂》四首之後附宋濂贈詩兩首,序云:"臨江劉仲修先生辭章、翰墨誠爲雙絶。近至南京,士大夫無不願見之,求文卷軸,森如束筍。濂雖不敏而慕豔之心爲尤切。"可見深得其賞識。卷尾敖英跋稱:"其詩諸體皆佳,而七言絶句尤佳,不徒深入簡齋門户,亦可與晚唐諸賢白戰于變風境上而莫之雌雄者。"

此集原作《山陰集》,《明史·藝文志》、《千頃堂書目》著録爲五卷。至民國傅增湘《藏園群書經眼録》、胡玉縉《四庫未收書目提要續編》,均著録爲八卷,其中詩六卷,文二卷。傅、胡二人并考其版本,言其爲"清初寫本"、"從嘉靖本傳録者"。黄仁生《日本現藏稀見元明文集考證與提要》著録日本静嘉堂文庫藏清抄本,"乃據嘉靖重刻本抄寫"。

此本據南京圖書館藏清抄本影印。(趙伯陶)

**劉尚賓文集五卷附録一卷劉尚賓文續集四卷**
(明) 劉夏撰 (第1326册)

劉夏(1314—1370),字迪簡,號商卿,安成(今江西安福)人。自幼折節讀書,治《易》、《詩》、《春秋》之學,爲文以功業自期許。元至正二十五年(1365),投朱元璋,用爲尚賓館副使。洪武三年(1370),奉旨至交趾,竣事返至南寧府,後五年病卒。生平事迹見此書卷五所附楊胤撰《尚賓館副使劉公墓志銘》,雍正《江西通志》卷七二亦有傳。

此集五卷附録一卷,卷首有周孟簡、楊胤序。《續集》四卷,首刊高宗本序,惜不全。《文集》卷一即《皇王大學通旨舉要》,洪武元年天旱不雨,劉夏撰此以進,爲朱元璋講釋《大學》之旨,多採程朱之説,稱旨。卷二收古今體詩三十餘首。卷三收雜著、説、書十六篇。卷四收序十六篇。卷五收記、銘、文十篇。《附録》收其奉使交趾時所贈往來詩。

其詩文平平,具體而已,惟涉及元末史事較多,亦可考見其交游。

此本據南京圖書館藏明永樂劉拙刻、成化劉衢增修本影印。(趙伯陶)

**丹崖集八卷附録一卷** (明) 唐肅撰 (第1326册)

唐肅(1331—1374),字處敬,自號丹崖居士。裔出陶唐氏,世居杭之東安,占籍山陰(今浙江紹興)。元至正二十二年(1362),江浙鄉試中第六名。明洪武三年(1370),以近臣薦召修禮樂書,後以疾罷歸。生平事迹見《明史》本傳、《國朝獻徵録》卷二〇。

肅通經史,兼習陰陽醫卜數術,少與上虞謝肅齊名,稱"會稽二肅"。寓居吴縣時,與高啓、徐賁等稱"北郭十友"(亦稱"十才子")。宋濂《丹崖集序》曰:"沉涵於經而爲之本原,厭飫於史而助其波瀾,出入諸子百家而博其支流。"

此書首申屠衡《息末稿序》,卷一賦,卷二至卷四爲詩,卷五至卷八爲文。附録一卷爲行狀、墓志銘、像贊等。另有《盛明百家詩後編》收録《唐丹崖集》一卷。

此本據上海圖書館藏明末祁氏澹生堂抄本影印。(章錫良)

**白雲稿十二卷** (明) 朱右撰 (第1326册)

朱右(1314—1376),字伯賢,一作序賢,自號鄒陽子,臨海(今屬浙江)人。明洪武三年(1370),召修《元史》,除翰林院編修,遷晉府右長史,洪武九年卒于官。著有《春秋類編》、《三史鉤玄》等。生平事迹見《明史》本傳、清朱彝尊《曝書亭集》卷六二等。

此集卷首有李孝光、張天英等六人序。傅增湘《藏園群書經眼録》著録清寫本,謂楊翮序後有劉仁本序,該本未見。卷一收騷賦,卷二、三收雜著,卷四、五收序,卷六、七收記,卷八收銘贊,卷九收題跋,卷十收哀誄,卷十一爲《攖寧生傳》，卷十二爲《深衣考》。是書之文，頗有裨于文史，如《新編六先生文集序》言其曾編《唐宋六家文衡》（以"三蘇"作一家），倡"唐宋八家"之說，早于茅坤《唐宋八大家文鈔》，惜其書早佚。《題唐仲友補傳》言南宋唐仲友立身自有本末，守台州與朱熹相忤，乃因陳亮之誣構。《攖寧生傳》爲江浙間名醫滑壽立傳，雜述醫案數十事。《深衣考》後附有四圖，可俾研究《禮記·深衣》制度。

《明史·藝文志》著録"朱右《白雲稿》十二卷"。《千頃堂書目》、《列朝詩集小傳》同。朱彝尊《靜志居詩話》謂："《白雲稿》凡十卷，予僅鈔得前五卷……其後五卷，僅得内閣本一過眼。"《四庫全書總目提要》謂"今世所傳僅存五卷"。胡玉縉《四庫未收書目提要續編》著録"《白雲稿》十一卷"，所據爲"江南圖書館所藏舊鈔本"，蓋與該本同，《深衣考》一卷或未計。

此本據國家圖書館藏明初刻本影印。（趙伯陶）

### 三山王養靜先生集十卷　（明）王褒撰（第1326册）

王褒（1363—1416），字中美，一作仲美，侯官（今福建福州）人。博極群書，少有詩名，洪武二十六年（1393）應天舉人。永樂中與修《太祖實録》，升翰林修撰，修《永樂大典》，爲總裁官，擢漢府紀善。工詩文，爲閩中十才子之一。清邵懿辰《增訂四庫簡明目録標注》著録明袁表、張燮同編《閩中十子詩》三十卷（明萬曆中刊本），謂"十子者，林鴻、陳亮、高棅、王恭、唐泰、鄭定、王偁、王褒、周玄、黄玄也"。生平事迹見《明史》本傳、清李清馥《閩中理學淵源考》卷四四《紀善王中美先生褒》等。

此集十卷，卷首有蔡朔序，卷一至卷七收詩，分體編排，計三百五十七首。卷八至卷十收

記，凡五十一篇。《謁馬當山祠》詩序謂"洪武三十一年後五月，聖天子登極，逾年改元"云云，《覺軒記》又謂"洪武三十五年夏六月，今聖天子入正大統"，頗見朱棣"靖難"之役前後文人士大夫順時應變之心態。錢謙益《列朝詩集小傳》謂："中美與孟揚、安中齊名，其詩殊乏才情，不堪鼎足，或其佳者不傳耳。"

此本據國家圖書館藏明成化十年謝光刻本影印。（趙伯陶）

### 易齋稿十卷附録一卷　（明）劉璟撰（第1326册）

劉璟（？—1402），字仲璟，一字孟光，別號易齋，青田（今屬浙江）人，劉基次子。洪武二十三年（1390）拜閣門使。以剛直聞，靖難師起，曾詣闕獻策，親赴前綫。朱棣即位，召用，辭以疾，遂逮至京，猶稱朱棣爲"殿下"，且謂其百世後逃不得一"篡"字。下詔獄，以辮髮自經死。另著有《無隱集》、《越吟稿》，今不傳。《明史》有傳。

此集十卷附録一卷，附録收友朋贈序等。王夫之《明詩評選》録其《古意》一首，評云："起興超，結束净，乃翁風流未損。"朱彝尊《靜志居詩話》謂："天台盧廷綱稱其詩云：酒酣落筆此愈工，命意不與常人同。……譽之未免過實。"其《題蘭》七絕："佳人愛寫湘妃佩，千載猶凝翰墨香。昨夜春風透幽谷，懸崖高處意偏長。"一斑之窺，亦可見其風調。

《四庫全書總目提要》著録《易齋集》二卷，疑其非完帙，其卷首載劉璟傳記。《千頃堂書目》著録"劉璟《易齋稿》十卷，又《無隱稿》一卷"。胡玉縉《四庫未收書目提要續編》著録"劉璟《易齋集》五卷補一卷"，謂："今此本即十卷本，惜僅存前五卷，闕後五卷。"不及此本之全。

此本據中國科學院圖書館藏清抄本影印。（趙伯陶）

## 楊文定公詩集七卷（存卷一至卷五、卷七）

（明）楊溥撰

楊溥（1375—1446），字宏濟。石首（今屬湖北）人。明建文二年（1400）進士，授編修。永樂中侍太子，爲洗馬，爲漢王所譖，繫獄十年，讀書不輟。仁宗即位始獲釋，擢翰林學士，掌弘文閣事。正統中入內閣典機務，進少保，武英殿大學士。與楊士奇、楊榮同心輔政，勳業相埒，朝廷大製作多出其手。卒諡文定。生平事迹見《明史》本傳、《國朝獻徵錄》卷一二。

楊溥詩文成就稍遜于楊士奇、楊榮，同爲"臺閣體"代表人物。詩集前有成化五年彭時序，稱："其發於言者，温厚流暢而不雕刻，平易正大而不險怪。"集後有今人羅繼祖《紀事》。

此本據南京圖書館藏明抄本影印，存卷一至卷五及卷七，缺第六卷。（章錫良）

## 逃虛子詩集十卷續集一卷逃虛類稿五卷逃虛子道餘錄一卷逃虛子集補遺一卷逃虛子詩集補遺一卷　（明）姚廣孝撰

姚廣孝（1335—1418），幼名天禧，吳之相城（今江蘇蘇州）人。年十四祝髮，爲相城妙智庵僧，法名道衍，字斯道，號逃虛子。事相城靈應觀道士席應真，盡得其陰陽術數之學。洪武中，以僧宗泐薦，選侍燕邸，從至北平，主持慶壽寺，爲燕王"靖難"謀主。燕王朱棣立，錄功第一，拜太子少師，復其姓，賜名廣孝。嘗監修《太祖實錄》，又主持修《永樂大典》。卒贈榮國公，諡恭靖，配享太廟。生平事迹見《明史》本傳、《國朝獻徵錄》卷六。

廣孝早年從高啓游，爲"北郭十友"之一。其詩清新婉約，頗存古風。其文疏宕有清氣，要爲明初一家。作者雖詩名早著，只因行迹詭異，爲士林所訾。

此本各集據清抄本影印。除此抄本外，尚有清金氏文瑞樓抄本。另《盛明百家詩後編》收入《姚少師集》一卷。《逃虛子類稿》除五卷本外，另有十卷本、十一卷本。十卷本卷首有永樂十年（1412）自序。《虛子道餘錄》另有《涵芬樓秘笈》本（第七集）。《逃虛子詩集》十卷、《續集》一卷另有明范氏臥山房抄本。（章錫良）

## 覺非齋文集二十八卷附錄一卷　（明）金實撰（第1327冊）

金實（1371—1439），字用誠，號覺非，開化（今屬浙江）人。明成祖即位，上書言治道，復對策稱旨，除翰林典籍，與修《太祖實錄》、《永樂大典》，選爲東宮講官，歷左春坊左司直。仁宗即位，除衛府左長史。生平事迹見《明史》本傳、此書附錄楊士奇撰《故奉議大夫衛府左長史金君墓誌銘》。

此集二十八卷附錄一卷，卷首有錢溥、黎近二序。是書分體編排，卷一收賦、詩、歌、詞、頌，卷二至卷九收各體詩。卷十至卷二十八收各體文及雜著。附錄爲楊士奇所撰墓誌及胡淡等十人所作挽詩，宋拯等所撰哀辭、祭文，及唐瑜《後序》。其《題三友圖》詩："方春桃李場，豈無紅與紫。秋風一搖落，豔質不可恃。歲寒獨後凋，吾見二三子。"肖其爲人。丁丙《善本書室藏書志》謂其"詩頗具唐音，古體尤于陶、韋爲近。散文浩瀚馳逐，清簡峭拔，自成一家。在明代中不可謂非作手"。

此本據山東大學圖書館藏明成化元年唐瑜刻本影印。（趙伯陶）

## 王文安公詩文集十一卷　（明）王英撰（明）王祐輯（第1327冊）

王英（1376—1450），字時彥，號泉坡，金溪（今屬江西）人。永樂二年（1404）進士，選庶吉士，累擢南京禮部尚書。歷仕四朝，朝廷大製作多出其手。《明史》有傳。生平事迹又見此書卷首之陳敬宗《尚書王文安公傳》。

此集十一卷，詩集五卷，分體編。卷前有目錄而缺卷一之目。各卷下署"男祐編集"，是知其子王祐所編。文集卷一、二收序,卷三收記,卷四、五收碑銘,卷六收雜著。詩集卷一收五古,卷二收七古,卷三收五律,卷四收七律,卷五收七絶。王英富文采,錢謙益《列朝詩集小傳》謂其"爲文章典贍",朱彝尊《静志居詩話》稱其"密切謹嚴,句無浮響"。集中墓表碑志最具價值,或可補史乘之闕。

此本據南京圖書館藏清樸學齋抄本影印。(趙伯陶)

## 芳洲文集十卷附録一卷芳洲詩集四卷
(明) 陳循撰 (第1327冊)

陳循(1385—1462),字德遵,號芳洲,泰和(今屬江西)人。永樂十三年(1415)一甲第一名進士,授翰林院修撰,進學士,累遷户部右侍郎。土木之變,循在内閣爲首輔,及景帝欲廢英宗太子,循依違不能匡正。英宗復辟,謫戍鐵嶺衛。石亨等敗,循自貶所上書自訟,釋爲民。《明史》有傳。生平事迹又見《芳洲文集續編》卷首姚舜牧《陳芳洲先生傳》。

此集卷首有柯挺、郭子章等序及題辭,《文集》卷一收奏對(包括經筵講章等),卷二收視草(代擬詔書、文告等),卷三至卷五收序,卷六收記,卷七至卷九收碑銘、表,卷十收傳及雜著。《詩集》卷一收應制、歌,卷二至卷四收各體詩。朱彝尊《静志居詩話》謂"少保詩絶意規摹,饒越石清剛之氣"。

《四庫全書總目提要》著録"《芳洲集》十卷",另著録"《東行百咏集句》九卷,附《芳洲年譜》一卷"。《千頃堂書目》著録"陳循《芳洲集》十卷,又《續集》六卷,又《詩集》四卷,又《東行百咏》八卷",另著録"陳循《神功聖德詩頌》一卷",爲陳循謫戍鐵嶺時所撰,凡詩四章二十首。

此本據山東省圖書館藏明萬曆二十一年陳以躍刻後印本影印。(趙伯陶)

## 芳洲文集續編六卷 (明) 陳循撰 (第1328冊)

此集六卷,卷首有祁承爜、魯鳳儀等序,姚舜牧《陳芳洲先生傳》。此傳記述徐有貞、石亨奪門復辟事甚詳,可資治明史者參考。卷一收代言,卷二收序,卷三收記,卷四收碑銘、表,卷五收傳、雜著,卷六收五七言各體詩凡八十四首,詞十二闋。

此本據南京圖書館藏明萬曆四十六年陳以躍刻本影印。(趙伯陶)

## 誠齋録四卷誠齋新録一卷誠齋牡丹百咏一卷誠齋梅花百咏一卷誠齋玉堂春百咏一卷
(明) 朱有燉撰 (第1328冊)

朱有燉(1379—1439),號誠齋,又號錦窠老人、全陽翁、梁園客等,朱元璋第五子周定王朱橚長子。鳳陽(今屬安徽)人。洪熙元年(1425)襲封周王,就藩開封。卒後謚憲,世稱周憲王。博學善書,尤工詞曲,著《誠齋樂府》雜劇若干種,又有《誠齋録》、《誠齋新録》諸集。《明史》有傳。

《誠齋録》四卷,卷一至卷三收各體詩六百餘首,卷四收雜著、序、記等十九篇,詞三十五闋。《誠齋新録》一卷,收古今各體詩一百二十八首。《誠齋牡丹百咏》一卷,《誠齋梅花百咏》一卷,《誠齋玉堂春百咏》一卷,吟咏三花,七律各至百首,總三百首,皆以神、真、人、塵、春爲韻,雖取意不免重複,但吐屬清新,亦可見才力。清朱彝尊《静志居詩話》卷一贊其"才思不窮,誠宗藩之雋"。

此本據國家圖書館藏明嘉靖十二年同藩刻本影印。(趙伯陶)

## 涇東小稿九卷 (明) 葉盛撰 (第1329冊)

葉盛(1420—1474),字與中,崑山(今屬江蘇)人。正統十年(1445)進士,授兵科給事中,擢右參政,督宣府,協贊軍務。官至吏部左侍郎。著有《葉文莊奏議》、《水東日記》及文集。《明史》有傳。

此集九卷,首有李東陽序,卷一、二收古今各體詩凡二百八十九首、集句詩十首,卷三、四收序凡三十八篇,卷五收記十七篇,卷六、七收碑銘,卷八收墓表、傳、贊、祭文,卷九收雜著(策問、題跋等)。九卷之中以題跋類最具價值。詩亦清新,有自然之致,可略見才情。陳田《明詩紀事》乙籤卷一七贊曰:"七言近體風格遒上,即精研聲律者無以過之。"

此本據上海圖書館藏明弘治刻本影印。(趙伯陶)

**素軒集十二卷**　(明) 沐昂撰 (第 1329 冊)

沐昂(1379—1445),字景高,黔寧王沐英第三子,沐晟弟。鳳陽定遠(今屬安徽)人。以都指揮同知代晟鎮雲南,累遷至右都督。思任發叛,昂征剿之,治軍號令嚴明,夷人嚮服。《明史》有傳。

此集十二卷,前後無序跋,惟有目錄。卷一至卷十收五七言各體詩七百餘首,卷十一收序十三篇,卷十二收記、贊、跋、雜説等十三篇。王士禎《香祖筆記》卷一一贊昂爲歷代武人能詩者之一,如集中七絶《寄林屋老師》:"他鄉此日君思我,我在滇城却憶君。兩地相望千里外,惟將書札報慇懃。"可見其詩風亦清新賞目。

《天一閣書目》及《文瑞樓書目》并著録沐僖《敬軒集》四卷,沐璘《繼軒集》十二卷,并此集世稱"三軒集",僖、璘爲昂之子若孫。胡玉縉《四庫未收書目提要續編》著録沐昂此書,略云:"疑爲《三軒集》本,僅存《素軒》,書賈遂并序跋而去之。"

此本據南京圖書館藏明刻本影印。(趙伯陶)

**竹巖集十八卷補遺一卷續補遺一卷附録一卷**
(明) 柯潛撰 (第 1329 冊)

柯潛(1424—1473),字孟時,號竹巖,莆田(今屬福建)人。景泰二年(1451)一甲第一

名進士,授修撰,歷官洗馬,遷尚寶少卿。憲宗即位,以舊宮僚擢翰林學士,進詹事府少詹事。有《竹巖詩文集》。生平事迹見《明史》本傳、吳希賢《中順大夫詹事府少詹事兼翰林院學士竹巖柯公行狀》等。

此集十八卷,卷首有康太和、董士弘序,卷一至卷四收各體詩一百九十餘首,卷五收經筵講章、疏、議,卷六至卷十一收序,卷十二收記,卷十三收傳,卷十四至卷十七收墓表、碑銘、志銘,卷十八收説、贊、祭文、哀辭、書、雜著、補遺等。《四庫全書總目提要》謂其詩"冲澹清婉,不落蹊徑,文亦峻整有法度"。陳田《明詩紀事》乙籤卷一八引鄭岳《莆田文獻》云:"柯潛爲文整潔,詩尤清婉。"

《明史·藝文志》著録"柯潛《竹巖集》八卷"。《四庫全書總目提要》著録柯潛"《竹巖詩集》一卷、《文集》一卷、《補遺》一卷",略謂:"今福建所采進者,僅屬鈔本。又據康太和序,知當時已多闕佚。今則并康序中所稱《記盆魚》、《序愚樂》等作,亦俱未見,殆更爲後人妄有刊削,彌致散亡。鈔録亦多舛誤,彌失其真。"胡玉縉《四庫未收書目提要續編》著録柯潛"《竹巖先生文集》十二卷",有文無詩,皆非此全本。

此本據東北師範大學圖書館藏清雍正十一年柯潮刻本影印。(趙伯陶)

**思軒文集二十三卷附録一卷**　(明) 王㒜撰
(第 1329 冊)

王㒜(1424—1495),字廷貴,武進(今江蘇常州)人。景泰二年(1451)一甲第三名進士,授編修,歷官侍講、左春坊左庶子、國子祭酒,官至南京吏部尚書。卒贈太子太保,謚文肅。嗜文,擅行楷書。生平事迹見此書附録李東陽《王文肅公傳》、《明詩紀事》乙籤卷一八。

此集二十三卷,首爲徐瓊、李本序,卷一、二收記凡三十九篇,卷三至卷九收序,卷十收雜

著、傳,卷十一收題跋,卷十二收字説、贊,卷十三至卷二十一收碑、墓碣、墓表、墓志銘等,卷二十二收行狀、祭文,卷二十三收方外銘記。

是集無詩,卷數多於《四庫全書總目提要》與《千頃堂書目》所著録者。集中以記、序、墓志銘等最具價值,可爲治明史者取資。

此本據北京大學圖書館藏明弘治刻本影印。(趙伯陶)

### 黎文僖公集十七卷 （明）黎淳撰（第1330冊）

黎淳(1423—1492),字太樸,學者稱樸庵先生,華容(今屬湖南)人。天順元年(1457)一甲第一名進士,授修撰。成化中歷官左庶子,後以南京禮部尚書致仕。生平事迹見《明史》本傳、此書卷首李東陽《黎文僖公集序》。

此集十七卷,首爲李東陽、楊一清序。卷一至卷八收五七言各體詩二百六十餘首,其中卷一僅收五絶四首,當有闕失。卷九收記二十三篇,卷十、十一收序凡六十五篇,卷十二收墓志銘二十四篇,卷十三收賦三篇,卷十四收贊五篇,卷十五收書一篇,卷十六收墓表三篇,卷十七收祭文一篇。各卷卷帙多寡不一,似未經悉心編排,或有所待補者。卷末陳甘雨跋疑此集即原名《龍峰集》者,"其稱曰《文僖公集》者則其門生改題",可爲考訂其集者取資。《明史·藝文志》及《千頃堂書目》均著録"黎淳《龍峰集》十三卷"。

此本據上海圖書館藏明嘉靖三十五年陳甘雨刻本影印。(趙伯陶)

### 五峰遺稿二十四卷 （明）秦夔撰（第1330冊）

秦夔(1433—1495),字廷韶,一字中孚,號中齋,無錫(今屬江蘇)人。天順四年(1460)進士,授南京兵部主事,歷知武昌府,定均徭法,累遷江西右布政使。生平事迹見康熙《江南通志》卷一四二、倪岳《秦公墓志銘》等。

此集二十四卷,卷首爲邵寶序。卷一至卷十二收各體詩七百餘首,卷十三收詞六首(無詞牌,似是自度曲),卷十四收記九篇,卷十五至卷十七收序,卷十八至卷二十二收行狀、墓表、墓志銘及雜著,卷二十三附録李東陽等應酬唱和詩,卷二十四附録贈序、詩序、墓志、傳、像贊等。陳田《明詩紀事》丙籤卷一二謂:"廷韶爲處士景暘子。景暘結碧山吟社,廷韶與弟旦、爽亦稱詩,可謂一家韻事。致政歸,築五峰草堂於九龍山下,率二弟奉景暘游衍其間,登山臨水,歌咏繼作,如是者蓋數十年。享士夫清曠之福,爲一時所僅見云。"

此本據上海圖書館藏明嘉靖元年秦鋭等刻本影印。(趙伯陶)

### 布衣陳先生存稿九卷 （明）陳真晟撰（第1330冊）

陳真晟(1411—1474),字晦德,又字剩夫、晦夫,自號漳南布衣。本泉州人,後徙鎮海衛(今福建龍海)。天順二年(1458),詣闕上《程朱正學纂要》,不報。後又上書進所撰《正教正考會通》,亦不省而罷。晚居漳之玉洲。生平事迹見《明史》本傳、《明儒學案》卷四六等。

此集九卷,首爲周南序,卷一爲《程朱正學纂要》,卷二爲《正教正考會通》,卷三收奏疏、啓、書,卷四至卷六收書,卷七收辯、説、祭文等。卷八附録,收言行録、行實、贊、傳。卷九附録,收祭文、哀詞、贈詩、挽詩等,有《陳白沙挽詩》。陳獻章,字公甫,人稱白沙先生,創白沙學派。是書卷五有《覆陳白沙獻章書》,陳獻章贈詩則極道景仰之情,可見二人交往。卷末另有《慎獨記》、《過江郎山記》兩記,未署作者。

《明史·藝文志》及《千頃堂書目》著録"陳真晟《布衣存稿》九卷"。《四庫全書總目提要》著録"《陳剩夫集》四卷",不全。

此本據湖北省圖書館藏明萬曆李畿嗣刻本影印。（趙伯陶）

### 桂軒稿十卷　（明）江源撰（第 1330 冊）

江源,字一原,號桂軒,番禺（今屬廣州）人。成化五年（1469）進士,授上饒知縣,遷户部主事,歷郎中,以忤權貴出爲江西按察僉事。擢四川副使,乞休歸。生平事迹見光緒《廣州府志》卷一一八。

此集十卷,首爲張昇、李士實序,各卷之詩後或有王臣、黄仲昭、劉忠等評語。聯句者爲劉朋節、馮佩之、李德馨、李由道、羅象州、周世祥諸人,可見交游。有"集古"詩,即集句,動輒百六十餘首,洵稱作手。是集鮮見著録,其詩自然清新,實則頗有可觀,如《王昭君》一首:"玉顔無分住天家,愁倚西風望翠華。萬里龍沙休恨遠,長門宮裏即天涯。"頗耐人尋味,雖意本王安石《明妃曲》,亦信非苟作者。

此本據廣東省中山圖書館藏明弘治四年盧淵刻本影印。（趙伯陶）

### 桂軒續稿六卷　（明）江源撰（第 1330 冊）

此集六卷,首爲張詡序,據序知此《續稿》外,另有李鎬刻於松州之《續集》,未知尚存否。是集亦分體編,收各體詩二百九十餘首,卷六收七古四首,後闕。卷帙不均,或俟補遺而未就。

此本據上海圖書館藏明弘治刻本影印。（趙伯陶）

### 少傅野亭劉公遺稿八卷　（明）劉忠撰（第 1330 冊）

劉忠（1452—1523）,字司直,號野亭,陳留（今河南開封）人。成化十四年（1478）進士,改庶吉士,授編修,仕至吏部尚書、文淵閣大學士,加少傅兼太子太傅。卒贈太保,謚文肅。《明史》有傳。

此集八卷,首爲鄒守益序。卷一收經筵講章、青宮直講,卷二收奏疏,卷三收記序,卷四收碑志祭文,卷五收雜著,卷六至卷八收各體詩。集中有《自撰墓志銘》、《自作祭文》,尤可見性格。何良俊《四友齋叢説》卷八論其《自撰墓志銘》,贊其激流勇退之舉:"夫陳力就列,不能者止,即聖人所稱綽綽有餘裕者,蓋不過此。則野亭者,豈特近代所無,蓋加于古人一等矣。"其咏史詩《長平》云:"秦坑冤鬼哭聲啾,括死聊紓戰士仇。今日沙場萬白骨,却持露布請封侯。"與唐曹松《己亥歲二首》"憑君莫話封侯事,一將功成萬骨枯"之咏,可謂異曲同工。

此本據國家圖書館藏明嘉靖刻本影印。（趙伯陶）

### 静軒先生文集十五卷附録一卷　（明）汪舜民撰（第 1331 冊）

汪舜民（1453—1507）,字從仁,婺源（今屬江西）人,汪奎從子。成化十四年（1478）進士,授行人,擢御史,出按甘肅,貶蒙化衛經歷。弘治初,擢江西僉事,改雲南屯田副使,進福建按察使,歷河南左、右布政使。《明史》有傳。

此《文集》十五卷《附録》一卷,首爲張鵬序。卷一收賦,卷二、三收各體詩及詩餘。卷四收書,卷五至卷八收序,卷九至卷十一收記,卷十二收題跋,卷十三收雜著（説、箴、銘、贊、傳）,卷十四收行狀、墓志、墓表,卷十五收祭文。《附録》一卷,收楊廷和撰《汪公神道碑》、汪生民《静軒先生家傳》及唐皋《後序》。其七絶《抵公安縣》:"停棹公安對落暉,沿江敗柳尚依依。村夫賣子渾無淚,凶歲誰能惜別離。"關心民瘼,實由胸臆,自非官樣文章。

此本據上海圖書館藏明正德六年張鵬刻本影印。（趙伯陶）

## 博趣齋稿二十三卷 （明）王雲鳳撰（第 1331 册）

王雲鳳（1465—1517），字應韶，號虎谷，和順（今屬山西）人。成化二十年（1484）進士，授禮部主事，以劾太監李廣下獄，降陝州知州。後升陝西提學僉事，歷副使、按察使，召爲國子祭酒，官至右僉都御史、巡撫宣府。《明史列傳》卷五三、雍正《山西通志》卷一二六有傳。

此集二十三卷，卷一收賦，卷二至卷七收古體詩，卷八至卷十一收近體詩，卷十二收雜著，卷十三、十四收記，卷十五至卷十七收序，卷十八收祭文，卷十九收志、銘，卷二十收行狀，卷二十一收記。卷二十二爲《分題寓別詩》，邵寶作引，録邵寶、喬宇、王瓊、趙鶴、杭濟、何孟春、陳欽、李賢、李貢、强晟詩，人各兩首，分咏陝州名勝。後有聯句贈行詩，錢榮作序。卷二十三全録他人贈行詩。錢謙益《列朝詩集小傳》謂其“與王瓊、喬宇號河東三鳳，厥後皆爲名卿”。陳田《明詩紀事》丙籤卷八謂：“河東三鳳，白巖學政績稱最，晋溪、虎谷俱以交納嬖幸爲玷。虎谷文采較晋溪差優，如：‘洮水難分羌部落，鐵城西控漢山川。’‘天連瀚海雲常慘，風起龍沙客自愁。’‘草侵戰血秦王壘，塵没雕梁竇氏宮。’‘老僧相見坐無語，一院野花山寺秋。’皆可誦也。”

此本據國家圖書館藏明刻本影印。（趙伯陶）

## 太保費文憲公摘稿二十卷 （明）費宏撰（第 1331 册）

費宏（1468—1535），字子充，號鵝湖，鉛山（今屬江西）人。成化二十三年（1487）一甲第一名進士，授修撰，曾預修《孝宗實録》，歷户部尚書等職，幾經沉浮，官終首輔。卒贈太保，謚文憲。《明史》有傳。

此集二十卷，首徐階序，卷一收賦、頌、青詞、歌行，卷二至卷四收五言、七言古體詩及近體詩，卷五收策表，卷六收奏疏，卷七收講章、致語，卷八收記，卷九至卷十四收序，卷十五收書啓、銘、贊，卷十六收傳、行實，卷十七至卷十九收墓志、碑銘、墓表，卷二十收祭文、雜著、説、題跋、引。

《明史‧藝文志》著録“《費宏文集》二十四卷”。《國史經籍志》著録“費宏《文憲集》十二卷”。《千頃堂書目》著録“費宏《鍾石先生文集》二十四卷，又《自慚漫録》”。《四庫全書總目提要》别集類存目著録“《費文憲集選要》七卷”，略謂：“所著《鵝湖摘稿》本二十卷。此本乃徐階、劉同升所選録，非全帙也。”又著録“《費文通集選要》六卷”，謂：“所著文名《鍾石集》，本二十四卷。此本乃劉同升、許豰所選，與其兄宏詩文合刻之本也。”胡玉縉《四庫未收書目提要續編》著録費宏《太保費文憲公摘稿》二十卷，略謂：“黄氏《千頃堂書目》載《鍾石先生文集》二十四卷，并載《慚漫録》，不注卷數，疑皆未刊以前之名。”當與該本同。胡氏謂：“其結主上之知甚深，故其詩氣格不甚高，而大率春容嫻雅；文邊幅少狹，而無鉤棘塗飾之習，足當醇正二字，蓋地位有以使之然矣。”

此本據南京圖書館藏明嘉靖三十四年吴遵之刻本影印。（趙伯陶）

## 東川劉文簡公集二十四卷 （明）劉春撰（第 1332 册）

劉春（約 1462—1521），字仁仲，號東川，一號檮菴，巴縣（今屬重慶）人。成化二十三年（1487）一甲第二名進士，授編修，歷官翰林學士、吏部左侍郎、南京吏部尚書、禮部尚書，專典誥敕，掌詹事府事，兼翰林院學士。贈太子少保，謚文簡。擅書法。《明史》有傳。

此集二十四卷，首爲王崇慶、黄佐序，卷一至卷十四收序、引，卷十五收記，卷十六至卷十九收墓志銘、碑、墓表、傳、書、策、行狀、贊，卷二十收跋,卷二十一收祭文,卷二十二至卷二十四收古近體詩,多應酬之作。卷末有趙貞吉《後序》。倪濤《六藝之一録》謂劉春:"爲詩文力追古作,晚益簡勁,字畫規模於歐而自成一家,宛如冠冕佩玉,有心畫焉。"

此本據國家圖書館藏明嘉靖三十三年劉起宗刻本影印。(趙伯陶)

**楊文恪公集六十二卷** (明)楊廉撰(第1332—1333 册)

楊廉(1452—1525),字方震,號月湖,一號畏軒,豐城(今屬江西)人。成化二十三年(1487)進士,歷給事中、光禄少卿、禮部侍郎,遷尚書。卒贈太子少保,謚文恪。生平事迹見《明史》本傳、《國朝獻徵録》卷三六。

此集六十二卷,卷首刊《明詩綜小序》,前後無序跋。卷一至卷十收詩、詞、賦,卷十一至卷二十六收序,卷二十七至卷三十五收記,卷三十六至卷三十九收説、傳、銘、題跋,卷四十至卷四十四收雜文、贊,卷四十五至卷四十八收書,卷四十九至卷六十二收祭文、行狀、碑志。涉及内容廣泛,可見學養。朱彝尊《静志居詩話》卷八謂:"月湖詩派,本白沙、定山。其言曰:近代之詩,大抵只守唐人矩矱,不敢違越一步。""其論絶句云:'于宋得濂洛關閩之作,于元得劉静修,于國朝得陳公甫、莊孔暘,因類成一帙,名曰《風雅源流》。'其師心若是。然其七言長篇,頗具排奡之力,五律亦以樸勝,不盡類陳、莊二公。"《四庫全書總目提要》謂:"廉以氣節稱,而其父崇嘗從吴與弼游,因亦喜講學。請頒薛瑄《讀書録》於同朝,請躋周、程、張、朱於漢唐諸儒上,皆其所奏。故其詩多涉理路,其文亦概似語録云。"

《明史·藝文志》著録"《楊廉奏議》四卷、《文集》六十二卷"。《四庫全書總目提要》別集類存目著録"《月湖集》四十八卷",謂:"原本次序顛倒,蓋編次偶誤也。"

此本據山東省圖書館藏明刻本影印。(趙伯陶)

**石田稿不分卷** (明)沈周撰(第 1333 册)

沈周(1427—1509),字啓南,號石田,又號白石翁。世居長洲(今江蘇蘇州)之相城里。父、祖均爲隱士。少從邑人陳孟賢游,及長,博極群書,尤工於畫,爲"吴門畫派"領袖,與唐寅、文徵明、仇英并稱"明四家",評者以爲明世第一。爲人耿介獨立,郡守欲賢才薦,筮《易》,得遯之九五,遂決意隱遯,以奉母不遠游。著作另有《杜東原先生年譜》、《客座新聞》等。生平事迹見《明史》本傳、《國朝獻徵録》卷一一五。

此稿共一百八十九頁,共收有沈周詩作近一千四百首,當爲其五十八歲前詩作收録較完備之定稿。後有清繆曰藻、陳鱣跋語,云此稿收録"自正統十四年己巳起,是時翁廿三歲,至成化十九年癸卯,翁五十七歲止,其中三十五年製作"(繆跋)。但此稿成化六年(1470)前之詩作,排列不甚有序,其中或有早於正統己巳者,但無明確紀年可供查考。此稿曾經其親手改定,故錯訛甚少。且因此稿絶大部分按年代編排,故頗有助於考查沈周早中期之詩畫創作及其交游行實,實爲沈周研究極寶貴之資料。

該本現藏國家圖書館,浙江省圖書館有張宗祥手抄本。今據國家圖書館藏稿本影印。(章錫良)

**溪陂集十六卷溪陂續集三卷** (明)王九思撰(第 1334 册)

王九思(1468—1551),字敬夫,號溪陂,鄠縣(今陝西户縣)人。弘治九年(1496)進士,選爲庶吉士,後授檢討。正德四年(1509)調爲吏部文選主事,年内由員外郎再升郎中。同年秋,以劉瑾黨羽罪名貶爲壽州同知。次年,以同罪名被迫致仕。生平事迹見《明史》

本傳、《國朝獻徵録》卷二三。

王九思初以詩文得内閣大學士李東陽賞識，入翰林，遂爲"茶陵詩派"人物，并將後進之李夢陽、康海、何景明及王廷相等援引門下。後與李、康、何等反對"臺閣體"與"茶陵詩派"之平庸滑俗，同時譏誚李東陽詩"萎弱不足法"，提出"文必秦漢，詩必盛唐"，成爲"前七子"中堅人物。李開先稱其："戲編今麗曲，善作古雄文。振鬣長鳴驥，能空萬馬群。"（《六十子詩》）另有散曲《碧山樂府》二卷，與李開先合撰之《南曲次韻》一卷等。

《渼陂集》十六卷，爲嘉靖十二年（1533）王九思門人監察御史王獻所刊。卷一爲賦、詩、古樂府，卷二至卷六爲詩，卷七爲雜著，卷八、九爲序，卷十爲記，卷十一爲碑，卷十二至卷十五爲志銘、表，卷十六爲傳、狀。卷前有王獻跋，康海序及自序。《渼陂續集》三卷，乃王九思晚年之作，嘉靖二十五年陝西巡撫翁萬達續刊行之。

崇禎十三年（1640），張宗孟將《渼陂集》、《渼陂續集》及九思的詞、散曲、雜劇合刻刊行，名爲《重刻渼陂王太史先生全集》。又有清補印本（原本爲明嘉靖間刻），存卷三至卷十六，《續集》三卷，凡十七卷。

此本據明嘉靖刻崇禎張宗孟補修本影印。（陳國安　韓逢華）

## 執齋先生文集二十卷　（明）劉玉撰（第1334册）

劉玉，字咸栗，號執齋，萬安（今屬江西）人。弘治九年（1496）進士，知輝縣，升御史，忤劉瑾削籍。瑾誅，起河南按察司僉事，歷福建副使、大理少卿、右僉都御史、右副都御史，官至刑部左侍郎，坐李福達獄削籍，歸卒。博通典籍，于天文、地理、兵制、刑律，皆有識見。著有《執齋易圖説》等。《明史》有傳。

此集二十卷，首爲彭黯、傅鎮序。卷一收賦、頌等凡二十八篇，卷二至卷八收各體詩凡

七百三十九首，詞三闋，卷九至卷二十收奏疏、記、序、引等凡二百六十篇。其《春懷》詩云："昨夜東風急，塵多曉起遲。呼童問桃李，吹折最高枝。"此與孟浩然"花落知多少"之咏、李清照"應是緑肥紅瘦"之語，同出一轍，而臨深履薄之情，灼然可見。

此本據上海圖書館藏明嘉靖二十八年傅鎮濟南刻本影印。（趙伯陶）

## 龍江集十四卷　（明）唐錦撰（第1334册）

唐錦（1476—1554），字士絅，號龍江，上海縣（今屬上海）人。弘治九年（1496）進士，歷東明知縣、兵科給事中，清理廣東鹽法，忤劉瑾，謫判深州。瑾誅，升南膳部主事，累官江西提學副使。生平事迹見此集所附朱希周撰《明故中憲大夫江西按察司提學副使唐公墓志銘》、焦竑《國朝獻徵録》卷八六。

此集十四卷，首爲顧名世序。卷一收古今體詩九十一首，卷二至卷四收序凡三十篇，卷五至卷七收碑記凡十三篇，卷八至卷十三收墓志銘、墓表、誄、行狀凡二十六篇，卷十四收雜著十一篇、詞十一闋。其七絶《市隱》云："滿城車馬任追攀，静卧心閑夢亦閑。門外紅塵三十丈，垂簾如隔萬重山。"可見其澹薄胸襟，與晉陶淵明《飲酒詩》"問君何能爾，心遠地自偏"同調。

此本據上海圖書館藏明隆慶三年唐氏聽雨山房刻本影印。（趙伯陶）

## 唐伯虎先生集二卷唐伯虎先生外編五卷附録一卷唐伯虎先生外編續刻十二卷　（明）唐寅撰（明）何大成輯（第1334—1335册）

唐寅（1470—1524），字伯虎，一字子畏，號六如居士，又號桃花庵主，吳縣（今江蘇蘇州）人。弘治十一年（1498）鄉試第一，翌年入京會試，牽涉科場舞弊案，罷黜爲吏，恥不就，築室桃花塢，游歷名山大川，以鬻文賣畫爲生。《明史》有傳，祝允明爲撰《唐子畏墓

志銘》。何大成（？—1643），字君立，號慈公，常熟（今屬江蘇）人。喜藏書、抄書，著有《娛野園集》。

此《唐伯虎先生集》二卷，卷上收樂府十二首、游宴十二首、贈送三首、詠懷三首、傷悼二首，凡三十二首。卷下收賦一篇，書、序、志銘、碣碑文凡十五篇。《與文徵明書》收於此卷。《外編》卷一收逸詩二百十一首，卷二收遺文五篇，卷三輯遺事若干則，卷四收有關志傳，卷五爲名公贈答。《附錄》一卷爲“弇州（王世貞）題跋”若干則。《外編續刻》卷一收賦二篇，其中一篇即《金粉福地賦》。卷二收樂府二首（後闕）。卷三至卷七收古今體詩二百五十一首，以七絶爲多。卷八收詞十四闋，卷九收曲一百五十六闋。卷十、十一收序、記、墓志銘等二十八篇。卷十二收戊午（1498）鄉試題名録，内有是年南闈三場八股文、論、詔、誥、表、判、策等試題，可爲研究明代科舉鄉試者取資。朱彝尊《靜志居詩話》卷九謂其“於畫頗自矜貴，不苟作，而詩則縱筆疾書，都不經意，以此任達，幾於游戲”。

此本據南京圖書館藏明萬曆刻本影印。（趙伯陶）

### 康對山先生集四十六卷　（明）康海撰（第1335册）

康海（1475—1540），字德涵，號對山、沜東漁父，武功（今屬陝西）人。弘治十五年（1502）狀元，任翰林院修撰。武宗時因名列劉瑾黨而免官。以詩文名列“前七子”之一。康海放歌泉林三十餘年，初衷不改，殁時，遺命以山人巾服成殮。所著除詩文集《對山集》外，尚有雜劇《中山狼》、散曲集《沜東樂府》等。《明史》有傳。

此書前有潘允哲、朱孟震、王世懋、王九思及劉儲秀所撰序。卷一爲制策，卷二爲賦，卷三爲詩、雜調，卷四至卷十八爲詩，卷十九爲族譜，卷二十爲論、雜著、贊，卷二十一爲擬

狀、議，卷二十二至卷二十四爲書，卷二十五至卷二十七爲記，卷二十八至卷三十三爲序，卷三十四爲序、跋，卷三十五爲碑，卷三十六爲墓表，卷三十七至卷四十四爲墓志，卷四十五爲行狀，卷四十六爲祭文。

此本據華東師範大學圖書館藏明萬曆十年潘允哲刻本影印。（陳國安）

### 内臺集七卷　（明）王廷相撰（第1335册）

王廷相（1474—1544），字子衡，號浚川。儀封（今河南蘭考）人。弘治十五年（1502）進士，嘉靖中累遷至左都御史、兵部尚書。工詩文，爲“前七子”之一。弘治、正德間曾與李夢陽、康海等鼓吹古學，倡爲古文辭。其詩才情可觀，然頗存摹擬之迹，當時以善論詩著稱，提出“詩貴意象透瑩，不喜事實粘著”（《答郭價夫論詩書》）。著作尚有《王氏家藏集》等。生平事迹見《明史》本傳。

廷相詩文列名七子之中，然軌轍相循，亦不出北地、信陽門户。《内臺集》編刻於嘉靖十五年（1536），凡詩二卷，詞一卷，雜著一卷，雜文三卷。時廷相爲都御史，故以“内臺”爲名。

此本據上海圖書館藏明嘉靖十五年張鵬刻本影印。（陳國安）

### 浚川内臺集三卷　（明）王廷相撰（第1335册）

《浚川内臺集》三卷，前有李復初所撰序，李復初《内臺集叙》云：“（王廷相）自南都簡命，晋兼臺省，造理益深，著作不倦。侍御張子嘗采録一二，刊爲《内臺集》，與《家藏》、《雅述》、《則言》諸書并行于世。復初又竊録續作，嗣刊濟上，仍因舊名，俾嚮慕之士得備聞至論，抑見復初及門受教，猶夫張子也。”三卷均爲覆奏語略。卷一有《一爲審録罪囚事》等二十四條，卷二有《一爲分辯人命事》等三十三條，卷三有《一爲出巡事》等共二十七條。

此本據上海圖書館藏明嘉靖十八年李復初刻本影印。（陳國安）

## 鈐山堂集四十卷附錄一卷　（明）嚴嵩撰（第 1336 册）

嚴嵩（1480—1567），字惟中，號介溪，分宜（今屬江西）人。孝宗弘治十八年（1505）進士，旋病休歸里，武宗正德十一年（1516）還朝復官。世宗嘉靖年間遷爲吏部右侍郎，進南京禮部尚書，後改任吏部尚書。專國政達二十年之久，晚年以事激怒世宗，抄家去職，兩年而歿。《明史》有傳。

嚴嵩雖怙寵擅權，然其“詩在流輩之中，乃獨爲迥出”。沈德符《萬曆野獲編》稱其“詩皆清利，作錢劉調，五言尤爲長城，蓋李長沙流亞，特古樂府不逮之耳”。

此集前有湛若水、張治、劉節、崔銑、孫偉、楊維楨、楊慎、趙貞吉等序。卷一爲賦，卷二至卷十七爲詩，卷十八爲頌，卷十九至卷二十一爲序，卷二十二、二十三爲記，卷二十四爲內制、講章，卷二十五爲講章直解，卷二十六爲雜著，卷二十七爲雜記，卷二十八至卷四十爲神道碑銘、墓志銘、阡表、傳等。

嚴嵩集明人曾毀其版，故少流傳。其集自明武宗正德年間三十二卷本始，後相繼增刻，增補至四十卷。是集四十卷本先後有嘉靖二十四年（1545）增修本、嘉靖三十年嚴氏自刊本、清代萬松樓刊本及嘉慶十一年（1806）刻本。

此本據明嘉靖二十四年刻增修本影印。（陳國安　韓逢華）

## 張文定公觀光樓集十卷張文定公紆玉樓集十卷張文定公靡悔軒集十二卷張文定公環碧堂集十八卷張文定公養心亭集八卷張文定公四友亭集二十卷　（明）張邦奇撰（第 1336—1337 册）

張邦奇（1484—1544），字常甫，號甬川，別號兀涯，鄞縣（今浙江寧波）人。弘治十八年（1505）進士，改庶吉士。授檢討，歷官南京國子祭酒、吏部右侍郎、南京吏部尚書，改兵部，參贊機務。卒贈太子太保，謚文定。其學以程朱爲宗，著有《學庸傳》、《五經説》與文集多種。《明史》、《明儒學案》卷五二有傳。

《張文定公觀光樓集》等六種，其中《觀光樓集》十卷，卷一收碑、制命及樂章、贊饌文、鼓吹辭、詩，卷二至卷十收表、奏議、奏疏等。陳田《明詩紀事》丁籤卷一○謂此集目録“樂章僅列《秋享上帝》、《祀皇天上帝》二章。後人不知，妄將洪武及嘉靖時改制樂章一切闌入集中”。《紆玉樓集》十卷，收序。《靡悔軒集》十二卷，收記、碑、神道碑銘等。《環碧堂集》十八卷，收書柬、啓、祭文、字説、雜説、題跋等。《養心亭集》八卷，收《大學傳》、《中庸傳》、《易説》、《書説》、《詩説》、《春秋説》、《釋老子》等。此集所收者泰半當即其《學庸傳》、《五經説》所單行者。《四友亭集》二十卷，收賦及古今各體詩、詩餘。

此本據中國科學院圖書館藏明刻本影印。其中《靡悔軒集》及《養心亭集》卷七、八據杭州大學圖書館藏明刻本補入。（趙伯陶）

## 涇野先生文集三十八卷　（明）呂柟撰（第 1337—1338 册）

呂柟（1479—1542），字仲木，號涇野，高陵（今屬陝西）人。正德三年（1508）一甲第一名進士，授修撰，歷官尚寶司卿，選國子監祭酒，擢南京禮部右侍郎，署吏部事。學守程朱，與湛若水、鄒守益共主講席三十餘年，家無長物。生平事迹見《明史》本傳、《明儒學案》卷八等。

此集三十八卷，依文體編次。卷一至卷十六爲“序門”，收典序、譜序、圖序、壽序、賀序、贈序、送序、別序等。卷十七至卷二十爲“記門”，收敕書記、祠殿記、祀田記、題名記、修建記、書院記、堂記、樓記、贈別記、游覽記、軒記、去思記、寺觀記等。卷二十一、二十二爲"書門"，收書。卷二十三至卷二十五爲"語門"，收贈語、別送語、題書語、答示語等。卷二十六爲"説門"，卷二十七爲"解門"、"銘門"、"贊門"、"箴門"。卷二十八至卷三十分別爲"傳門"、"題辭門"、"跋門"。卷三十一爲"奏議門"、"議門"。卷三十二至卷三十八爲"墓志、碑、碣、表、行狀等門"，收志銘、碑、碣、行狀、誄文等。卷下或題"後學北地李楨編校"。天頭刊有眉批，略述文章脈絡。卷末有胡篤卿《刻呂涇野集後叙》。

《明史·藝文志》著録《涇野集》五十卷。《四庫全書總目提要》著録《涇野集》三十六卷，謂："其集初刻於西安，既而佚闕，其門人徐紳、吳遵、陶欽重爲删補編次，刻於真定。"《千頃堂書目》著録呂柟《涇野集》三十七卷、《別集》十三卷。王重民《中國善本書提要》著録美國國會圖書館藏明嘉靖間刻本《涇野先生文集》三十六卷，原題"監察御史門人建德徐紳、海寧吳遵、彭澤陶欽皐編刻"，有嘉靖三十四年徐階序、馬理序、李舜臣序。

此本據華東師範大學圖書館藏明萬曆二十年刻本影印。該本與上述各本均不同。（趙伯陶）

### 改亭存稿十卷改亭續稿六卷　（明）方鳳撰（第1338冊）

方鳳（1474—?），字時鳴，號改亭，崑山（今屬江蘇）人。正德三年（1508）進士，除行人，歷官監察御史。世宗立，數爭大禮，出爲廣東提學僉事，謝病歸卒。生平事迹見方鵬《矯亭存稿》卷一《壽時鳴生辰序》等。

此《存稿》十卷，卷首有其兄方鵬序，謂其"別有《養心精論》、《南澨子》、《改亭奏草》、《家禮俗宜》若干卷"，"未遑盡刻"。卷一、二收序六十三篇，卷三收記二十五篇、書十篇，卷四、五收雜著若干并傳、頌、説、跋等，卷六收祭文、行狀、墓志三十六篇，卷七至卷十收古今體詩四百四十一首。《續稿》六卷，卷首

有姜龍《改亭續稿小引》。卷一收叙二十二篇，記十三篇，卷二收碑五篇、考十六篇，考即《四庫全書》著録之別本單行之《物異考》，以及《無論考》、《論性考》、《配享考》、《夷俗考》等内容。卷三收行狀、墓志、祭文十七篇，卷四收雜著若干、古今體詩三十七首，卷五收古今體詩一百七首，卷六收古樂府二十首、詞三十三闋。卷末爲崇禎甲申（1644）五世孫方士驤跋。

《四庫全書總目提要》著録方鳳《物異考》一卷，略謂："歷代災異見於正史、雜史者不可勝紀，鳳於每條舉二三事，真所謂挂一漏萬矣。"王重民《中國善本書提要》著録國家圖書館藏明嘉靖間刻本方鳳《改亭續稿》，謂："士驤跋亦謂重刻，實則就舊版刷印，而竄入己銜名也。"又謂："又鳳有《物異考》，《四庫存目》著録，今亦見集内。《提要》譏其挂一漏萬，而不知多爲有待於科學解答之問題也。"

此本據中國社會科學院文學研究所藏明崇禎十七年方士驤刻本影印。（趙伯陶）

### 愧瘖集二十一卷　（明）林大輅撰（第1338—1339冊）

林大輅（1488—1560），字以乘，號二山，莆田（今屬福建）人。正德九年（1514）進士，歷官刑部主事、工部員外郎，以諫武宗南巡，廷杖百，謫判彝陵州。嘉靖初，起江西按察僉事，官至右副都御史巡撫湖廣。自劾歸。生平事迹見柯維騏《二山林公行狀》、錢謙益《列朝詩集小傳》。

此集二十一卷，卷首有柯維騏、林希元序。卷一至卷十四收各體詩，卷十五至卷二十一收奏疏、序、記、雜著等。朱彝尊《静志居詩話》卷一〇謂："二山與南泠最相契，詩亦近之，第稍遜耳。"陳田《明詩紀事》戊籤卷一二引《嵩渚集》謂："林以乘詩若'萬事看斑鬢，十年遲素書'，'歧路長風雨，春山有蕨薇'，

'遠慚彭澤宰,深巷掩荆扉'之句,良佳。"

此本據國家圖書館藏明嘉靖四十年林敦履刻本影印。(趙伯陶)

### 桂洲詩集二十四卷　(明)夏言撰(第1339冊)

夏言(1482—1548),字公瑾,號桂洲,貴溪(今屬江西)人。夏鼎子。正德十二年(1517)進士,授行人,擢兵科給事中,嘉靖時擢少詹事,兼翰林學士,拜六卿,兼武英殿大學士,入參機務,居首輔,爲嚴嵩所陷,論斬西市。生平事迹見《明史》本傳、林日瑞編《夏桂洲先生年譜》等。

此集二十四卷,卷首有曹忭、楊九澤序。曹序稱:"集外復有《賜閑堂稿》十卷,公壬寅歸田時作,今俱刻杭郡。"胡玉縉《四庫未收書目提要續編》著録夏言《賜閑堂稿》十卷,"前有田汝成序"。不在此集中。卷一收賦十五篇,卷二至卷二十四收各體詩一千三百餘首。陳田《明詩紀事》戊籤卷一三謂其"五言特具高韻,才本揮霍","絶句尤有風致"。朱彝尊《静志居詩話》卷一〇謂:"貴溪游覽贈酬之作,不及分宜。而應制詩篇,投《頌》和《雅》,不若袁文榮之近於褻也。"

此本據上海圖書館藏明嘉靖二十五年曹忭、楊九澤刻本影印。(趙伯陶)

### 範東文集十二卷　(明)劉隅撰(第1339冊)

劉隅(?—1566),字叔正,號範東,東阿(今屬山東)人。嘉靖二年(1523)進士,授福建道御史,出爲四川按察僉事,遷永平知府,歷河南副使、按察使,以右僉都御史巡撫保定,入爲右副都御史。生平事迹見蘇祐《劉氏家藏集叙》、于慎行《外叔祖中丞劉公卿祠告文》。

此集十二卷,卷首爲蘇祐《劉氏家藏集叙》。是集有文無詩,當非全帙。卷一收奏疏四篇,卷二收頌二篇,卷三收書十二篇,卷四收叙八篇,卷五收序二十二篇、雜文六篇,卷六收記八篇,卷七收碑三篇,卷八收墓志銘五篇,卷九收祭文六篇,卷十收哀辭一篇,卷十一收跋一篇,卷十二收行狀二篇。各卷篇幅多寡失衡,以卷五最豐,或有所待而然。

此本據上海圖書館藏明隆慶二年蘇祐刻《劉氏家藏集》本影印。(趙伯陶)

### 西浙泉崖邵先生文集十卷西浙泉崖邵先生詩集十卷　(明)邵經濟撰(第1339—1340冊)

邵經濟(1493—1558),字仲才,號泉崖,仁和(今浙江杭州)人。邵經邦弟。嘉靖五年(1526)進士,授工部主事,再升郎中,官至成都知府,以丁外艱去,又被誣釋位。生平事迹見張瀚《邵公行狀》、劉士元《四川成都府去思碑》。

此書卷首爲張景賢序。詩文凡二十卷,各卷下所題梓校者皆不同,似爲蜀中門人捐俸釀金所刊刻,故分列其名於各卷。《文集》卷一收頌八篇,卷二收記十三篇,卷三收説七篇,卷四收序三十九篇,卷五收銘、墓志凡十三篇,卷六收祭文、祀神文、雜文凡五十六篇,卷七收雜著二十一篇,卷八收狀、行狀凡七篇,卷九收經釋文四篇,卷十收賦五篇。《詩集》卷一至卷三收古體詩凡二百三十二首,卷四收五絶九十九首,卷五收六絶一百二十二首,卷六收七絶三百六十八首,卷七、八收五律凡四百三十首,卷九、十收七律凡六百四十三首、聯句十五首。張景賢序謂其文"渾厚閎深,先秦兩漢遺矩也,然未嘗襲其一語",溢美之詞,未可據依。其詩擅長近體,一題動輒三五成組,而意境淺顯,字句平易,佳句無多。

此本據國家圖書館藏明嘉靖四十一年張景賢、王詢等刻本影印。(趙伯陶)

### 畏齋薛先生藝文類稿十四卷畏齋薛先生藝文類稿續集三卷　(明)薛甲撰(第1340冊)

薛甲(1498—1572),字應登,號畏齋,江陰

（今屬江蘇）人。嘉靖八年（1529）進士，除兵科給事中，以劾方士邵元節，降湖廣布政司照磨。歷官寧波通判、保定同知，累官至江西按察司副使。平生篤信陸王心學。生平事迹見薛應旂《薛公墓表》、《明儒學案》卷二五。

《類稿》卷一收雜文，卷二至卷四收書，卷五收記，卷六至卷九收序，卷十收志文墓表，卷十一收行狀、祭文等，卷十二收時務，卷十三、十四收古今體詩。《續集》卷首有范欽序。卷一收古今體詩、書，卷二收記、序、墓表、墓誌銘，卷三收論、疑義。其中《存心致知論》可見其心學宗旨。其詩亦多道學氣，如《病起書懷四絕》："曉知精一是歸依，從此桃源更不迷。放棹不須漁父引，悠然到處武陵溪。"卷末有清咸豐元年曾剑墨筆識語，略謂："稿中言時務之文，皆能坐言起行，尤非空談心性者比。《四庫》書目不著録，蓋其稿亡佚久矣。"

此本據明隆慶刻本影印。（趙伯陶）

## 少室山人集二十五卷 （明）楊本仁撰（第1340冊）

楊本仁（1495—?），字次山，自號少室山人，杞縣（今屬河南）人。嘉靖八年（1529）進士，授工部主事。改刑部，歷官郎中，出爲江西按察副使。歷官湖廣參政，遷廣西按察使。生平事迹見陳田《明詩紀事》戊籤卷一七。

此集卷首爲謝少南、鄒守愚序。卷一至卷十六收古今體詩六百六十九首，卷十七至卷二十五收文五十二篇。本仁詩語清新，雋永有味。如《巴人竹枝歌》："問着夷陵江上航，聞郎前月下潯陽。轉身裙絓鼠耳草，爲郎懊惱却思郎。"學習民歌，饒有思致。陳田《明詩紀事》謂："少室山人詩不盡入格，時有佳篇，如披榛采蘭，香韻獨絕。"惜乎其詩名不彰，後世有關著録甚少。

此本據國家圖書館藏明嘉靖刻本影印。（趙伯陶）

## 李中麓閑居集十二卷 （明）李開先撰（第1340—1341冊）

李開先（1502—1568），字伯華，號中麓，章丘（今屬山東）人。嘉靖八年（1529）進士，官至太常卿，提督四夷館。會九廟災，上疏自陳，竟罷歸。性好蓄書，李氏藏書名聞天下，時有"嘉靖八才子"之稱。自謂藏曲最富，有"詞山曲海"之目。著述另有《四時行樂詩》、《山東鹽法志》及散曲、戲文多種。生平事迹見《明史》、《國朝獻徵録》卷七〇等。

此集皆李氏歸田後所作。其自序謂年四十罷歸田里，既無用世之心，又無名後之志，詩不必作，作亦不工，信口直寫，名其集曰"閑居"，以別居官時苦心。嘉靖初，開先與王慎中、唐順之、熊過、陳束、任瀚、趙時春、吕高稱"八才子"，其時慎中、順之倡議盡洗李、何剽擬之習，而開先與時春等復羽翼之。然開先雅以功名自負，既廢以後，猶作《塞上曲》一百首以寓其志。觀其末卷《蘇息民困或問》、《浚渠私説》諸篇，尚汲汲於經世，不甚争文苑之名，故所作隨筆揮灑，一篇或至數千言，詩亦往往迭韻至百首。

此本據中國科學院圖書館藏明刻本影印。（陳國安）

## 天一閣集三十二卷 （明）范欽撰（第1341冊）

范欽（1506—1585），字堯卿，一字安卿，號東明，鄞縣（今浙江寧波）人。嘉靖十一年（1532）進士，除隨州知州，歷官工部員外郎、袁州知州、江西按察副使，以右副都御史巡撫南贛，升兵部右侍郎。喜書，建天一閣以藏之，馳名海內。生平事迹見余有丁《少司馬范東明暨夫人偕壽序》、全祖望《鮚埼亭集外編》卷一七《天一閣藏書記》等。

此集卷首爲沈一貫序。卷一至卷十七收各體詩一千三百餘首，卷十八至卷三十二收各體文。范欽之作多自然靈動，如《禽言》："姑惡姑惡，大姑猶可，小姑難殺我。小姑胡弗思,有嫁人時。"曲盡人情,耐人尋味。朱彝尊《静志居詩話》卷一二謂:"堯卿格律自矜,第取材太近。"

《明史·藝文志》著録"范欽《天一閣集》十九卷"。《千頃堂書目》著録"范欽《天一閣藏書》二十卷",又"一作三十一卷"。王重民《中國善本書提要》著録美國國會圖書館藏明萬曆間刊本范欽《天一閣集》三十二卷,當與該本同。

此本據寧波市天一閣博物館藏明萬曆刻本影印。(趙伯陶)

### 陶堂摘稿十六卷　(明)許應元撰(第1342册)

許應元(1506—1565),字子春,號茗山,錢塘(今浙江杭州)人。嘉靖十一年(1532)進士,出知泰安州,擢工部員外郎,官至廣西布政使。工詩文,以廉介稱。著有《許水部稿》等。生平事迹見乾隆《浙江通志》卷一六七、茅坤《祭許茗山文》等。

此集十六卷,卷首爲游震得序。卷一至卷四收各體詩二百六十餘首,卷五至卷十六收各體文。另附録楊元《水部稿序》。《明詩綜》卷四六引皇甫子循語云:"子春短律凄清,長歌瓌壯。"

此本據國家圖書館藏明嘉靖刻本影印。(趙伯陶)

### 鐔墟堂摘稿二十卷　(明)雷禮撰(第1342册)

雷禮(1505—1581),字必進,豐城(今屬江西)人。嘉靖十一年(1532)進士,授興化司理,官至工部尚書,明習朝典。著有《列卿記》《明大政記》等。生平事迹見余寅《雷公行狀》。

此集二十卷,卷一至卷十七收各體文,卷十八收七體、賦辭,卷十九、二十收古今體詩二百三十八首。其七絶《登歌風臺》:"舟經汴泗水交流,獨上歌臺壯勝游。欲向沛中詢父老,大風不是漢家秋。"結句意在言外,饒有餘味。

此本據湖南省圖書館藏明刻本影印。(趙伯陶)

### 金栗齋先生文集十一卷　(明)金瑶撰(第1342册)

金瑶,字德温,號栗齋,又號瀛麓野史,休寧(今屬安徽)人。嘉靖十年(1531)貢生,歷會稽、廬陵縣丞,官至桂林中衛經歷,以母老辭歸,教授鄉里。生平事迹見康熙《休寧縣志》卷六、此集卷首范淶《明新安金栗齋先生文集序》。

此集十一卷,卷首爲范淶序。此集有文無詩。卷末爲其外孫汪從龍跋。金瑶科場數奇,好學不倦,雖不能詩而其文言而有序,氣脈貫通,自非鄉間冬烘者可比肩。

《四庫全書總目提要》别集類存目著録金瑶《栗齋文集》十一卷。《續文獻通考》著録"金瑶《栗齋文集》十一卷"。王重民《中國善本書提要》著録國家圖書館藏明萬曆間刊本《金栗齋先生文集》十一卷,卷次均與此本同。

此本據上海圖書館藏明萬曆四十一年瀛山書院刻本影印。(趙伯陶)

### 方山薛先生全集六十八卷　(明)薛應旂撰(第1343册)

薛應旂(1500—1575),字仲常,號方山,武進(今江蘇常州)人。嘉靖十四年(1535)進士,授慈溪知縣,屢遷南京考功郎中,因忤嚴嵩,謫建昌通判,歷浙江提學副使、陝西按察司副使,以大計罷歸。負氣節,能文章。生平事迹見明何喬遠《名山藏》卷一五、《明儒學案》卷二五。

此集六十八卷,卷首爲馬理伯、歐陽德、趙時春、黄佐才、崔銑、向程、劉仕諸人序。卷一至卷五十三收各體文,含《甲子會紀總論》、《四書人物考摘論》、《宋元通鑒摘論》、《高士傳摘論》、《浙江通志摘論》等。卷五十四收賦二篇,卷五十五至卷六十八收各體詩。朱彝尊《静志居詩話》卷一二謂:“方山以帖括擅長,既負時名,遂專著述。所續《通鑒》,孤陋寡聞……惟道學宗派特詳爾。《憲章録》一編,似未睹實録而成者……昔劉仲原父謂:‘可惜歐九不讀書。’覽方山遺編,頗同此恨。詩其餘藝,不必論也。”

《明史·藝文志》著録“薛應旂《方山集》六十八卷”。《四庫全書總目提要》別集類存目著録薛應旂“《方山文録》二十二卷”。王重民《中國善本書提要》著録北京大學藏明嘉靖間刻本《方山薛先生全集》六十八卷,謂:“按應旂先刻《文録》二十二卷,後則隨作隨刻,凡有《隨寓録》、《詩稿》、《外録》等編,此則匯刻諸編爲一集,另爲重刻者也。”當與此書爲同一版本。

此本據上海圖書館藏明嘉靖刻本影印。(趙伯陶)

### 槐野先生存笥稿三十八卷附録一卷　(明)
王維楨撰　(第1344冊)

王維楨(1507—1556),字允寧,號槐野,華州(今陝西華縣)人。嘉靖十四年(1535)進士,改庶吉士,授檢討,歷修撰、諭德,遷南京國子監祭酒。省母家居,適逢關中大地震,被壓蒙難。維楨自負經世才,時使酒謾罵,人多畏而去之。平生詩文服膺效法李夢陽。生平事迹見《明史·文苑傳》、《明儒學案》卷一二。

此集三十八卷附録一卷,卷首爲黄陛、王圖、盛以弘及孫陞等人序。有總目,分卷之外,又分《文部》、《詩部》、《附録》三大部分,前兩部又各繫以天干名集,疊床架屋,未知何謂。卷一至卷二十八收各體文,卷二十九至卷三十八收各體詩。《附録》收瞿景淳所撰行狀、郭樸所撰墓志銘。錢謙益《列朝詩集小傳》丁集謂其:“爲文慕好太史公,盱衡抵掌,沾沾自喜。論詩服膺少陵,自謂獨得神

解……及其自運,則粗笨棘澀,滓穢滿紙。”朱彝尊《静志居詩話》卷一二謂:“王允寧、孫仲可皆學杜而不得其門。允寧自詡七律,然尤懦鈍。五言有句無篇。”陳田《明詩紀事》戊籤卷一九謂:“允寧五律亦有佳篇,竹垞有句無篇之説,亦爲牧齋之論所懾耳。”

《明史·藝文志》著録“《王維楨全集》四十二卷”。《千頃堂書目》著録“王維楨《存笥集》二十卷、《全集》四十二卷”。《四庫全書總目提要》別集類存目著録“《王氏存笥稿》二十卷”,略謂:“今《全集》未見傳本,惟此集存,乃其友餘姚孫陞所編也。前十六卷爲雜文,後四卷爲古今體詩。”王重民《中國善本書提要》著録美國國會圖書館藏明萬曆間刻本《槐野先生存笥稿》,謂“殘存二十三卷”:“《千頃堂書目》載《維楨全集》四十二卷,蓋即此本。即《提要》所謂全集未見傳本者也。”所列九人序,與此書亦同,當係同一版本。

此本據復旦大學圖書館藏明萬曆三十四年黄陛、王九叙刻本影印。(趙伯陶)

### 司成遺翰四卷　(明)王維楨撰　(第1344冊)

此《司成遺翰》四卷,所收全爲《存笥稿》所遺收之書牘信函,故稱“遺翰”。卷末三跋,爲宗曾孫三人所撰,從中可知此集之成,王承之等王氏家族後輩多有力焉。是集中有與嚴嵩等權貴人物尺牘,可爲治明史者取資。

此本據中國科學院圖書館藏明萬曆三十八年王承之刻本影印。(趙伯陶)

### 茅鹿門先生文集三十六卷　(明)茅坤撰
(第1344—1345冊)

茅坤(1512—1601),字順甫,號鹿門,湖州府歸安(今屬浙江)人。嘉靖十七年(1538)進士。歷知青陽、丹徒二縣,累擢廣西兵備僉事,遷大名兵備副使。坤雅好談兵,總督楊博歎爲奇才,薦于朝。後入胡宗憲幕,籌兵事。

因家人横于里,被劾,褫冠帶廢置家居。坤善古文,選《唐宋八大家文鈔》,盛行海内。著述另有《徐海本末》、《史記鈔》、《浙江分署紀事本末》等。生平事迹見《明史》本傳、《耆年錄》卷七自撰年譜。

此書首王宗沐序,次茅坤像,及王宗沐、莫如忠所題像贊,次陳文燭序。卷三十五附錄茅氏墓誌銘、行狀、墓表、行實等,卷三十六爲丹徒名宦公移。《四庫全書總目提要》謂:"坤刻意摹司馬遷、歐陽修之文,喜跌宕激射……然根柢少薄,摹擬有迹……古文之品,終不能與唐順之、歸有光諸人抗顔而行也。"

此本據中國科學院圖書館藏明萬曆刻本影印。另有明末刻套印本《茅鹿門文集》八卷,潘拱宸評選,藏安徽博物館。(陳國安)

### 海浮山堂詩稿五卷海浮山堂文稿五卷 (明) 馮惟敏撰 (第1345 冊)

馮惟敏(1511—1590),字汝行,號海浮,臨朐(今屬山東)人。嘉靖十六年(1537)舉人,官淶水知縣、保定府通判。晚年歸里不仕。馮聰穎博學,詩文雅麗,尤善樂府,所著有《前山堂緝稿》、《保定府志》及雜劇《梁狀元不服老》、《僧尼共犯》等。生平事迹見《大泌山房集》卷六五《馮氏家傳》、《山東通志》卷一六三等。

此書《詩稿》前有許穀《山堂緝稿序》,而正文則作《海浮山堂詩稿》。《漁洋詩話》卷上謂:"馮氏自閭山先生起家進士,以詩名海岱間,四子,惟健、惟重、惟敏、惟訥,皆有詩名,惟敏兼工詞曲。"

馮氏詩文別集尚有《石門集》一卷,有馮琦《馮氏五先生集》本。《海浮山堂詞稿》二卷,有汪氏翠環堂刻《四詞宗合刻》本。《山東通志》卷三四著錄馮氏《山堂詩稿》十卷。《明詩綜》、《御選明詩》又皆謂有《海浮集》,今未見。

此本據北京大學圖書館藏明嘉靖四十五年

刻本影印。(陳國安)

### 白雪樓詩集十二卷 (明) 李攀龍撰 (第1345 冊)

李攀龍(1514—1570),字于鱗,號滄溟。歷城(今山東濟南)人。嘉靖進士,初授刑部主事,歷任郎中、陝西提學副使等職,官至河南按察使。先後與謝榛、王世貞、宗臣、徐中行、梁有譽、吳國倫結社論詩,爲"後七子"領袖之一。有《滄溟集》三十卷。《明史》有傳。

李攀龍推崇漢魏古詩、盛唐近體,所編《古今詩删》,宋元詩一首未錄,可見其論詩宗旨。其文聱牙戟口,成就不大。其詩亦多模擬剽竊之作,構思用詞多見雷同。此集前有魏裳、許邦才序。分體編。

此本據中國科學院圖書館藏明隆慶四年汪時元刻本影印。(陳國安)

### 新刻張太岳先生文集四十七卷 (明) 張居正撰 (第1345—1346 冊)

張居正(1525—1582),字叔大,號太岳,湖廣江陵(今屬湖北)人。嘉靖二十六年(1547)進士,隆慶元年(1567)引入閣,後爲首輔,行一條鞭法。在位十年,頗行改革。卒諡文忠。著作另有《帝鑒圖説》(與吕調陽同撰)、《四書直解》等。《明史》有傳。

此書前有沈鯉《張太岳集序》、吕坤《書太岳先生文集後》,次居正之子張懋修《編次先公文集凡例敬題》、《書牘凡例敬題》、《先公致禍之由敬述》三篇,次錄劉芳節《與徐從善知己》書信一封。集末有馬啓圖《張文忠公詩跋》、高以儉《太師張文忠公集跋》。全書奏對十一卷、書牘十五卷、文十四卷、詩六卷合編。此書爲研究張居正生平之主要史料,對研究明代嘉靖、隆慶、萬曆時期歷史亦有重要價值。

此本據明萬曆四十年唐國達刻本影印。另有萬曆刻本《太岳集書牘》十五卷,爲其子所

編。又清道光八年陶澎刊《重刻張太岳先生文集》四十八卷,《浩氣吟》一卷附其後。(陳國安)

### 太函集一百二十卷 （明）汪道昆撰（第1346—1348 冊）

汪道昆(1525—1593),字伯玉,號南明,歙縣(今屬安徽)人。嘉靖二十六年(1547)進士,授義烏知縣,教民講武,世稱義烏兵。後備兵閩海,與戚繼光募義烏兵破倭寇,擢司馬郎,累升兵部侍郎。嘗與李攀龍、王世貞輩切劘爲古文辭。生平事迹見喻均《汪南明先生墓志銘》、《明史》本傳。

此集一百二十卷,卷首爲劉一然序。卷一至卷一百六收各體文,卷一百七至卷一百二十收各體詩。錢謙益《列朝詩集小傳》丁集謂:"伯玉爲古文,初剿襲空同、槐野二家,稍加琢磨。名成之後,肆意縱筆,沓拖潦倒,而循聲者猶目之曰大家。于詩本無所解,沿襲七子末流,妄爲大言欺世。"

《千頃堂書目》著錄"汪道昆《太函集》一百二十卷,又《南明副墨》二十四卷,又《太函逸書》六卷"。《四庫全書總目提要》別集類存目著錄"《太函集》一百二十卷"。編次當與該本同。

此本據明萬曆刻本影印。(趙伯陶)

### 鳴玉堂稿十二卷 （明）張天復撰（第1348 冊）

張天復(1513—1573),字復亨,號内山,又號初陽,晚更號鏡波釣叟。山陰(今浙江紹興)人。嘉靖二十六年(1547)進士,歷雲南按察副使,官至太僕寺卿。生平事迹見張元忭《先考内山府君行狀》、朱賡《祭張内山太僕文》。

此集十二卷,卷首爲宋國華、陳文燭序。卷一至卷十收各體文,卷十一、十二收各體詩及詞三闋(和徐文長)。王重民《中國善本書提要》著錄國家圖書館藏明萬曆間刻本《鳴玉堂稿》十二卷,與此版本同。

此本據北京大學圖書館藏明萬曆八年陳文燭刻本影印。(趙伯陶)

### 蘭汀存稿八卷附錄一卷 （明）梁有譽撰（第1348 冊）

梁有譽(1521—1556),字公實,別號蘭汀。順德(今屬廣東)人。嘉靖二十九年(1550)進士,授刑部主事,世稱"梁比部"。其爲諸生時與歐大任、黎民表、吳旦、李時行同師事香山黃佐,結社南園,故列爲"南園後五子"。亦爲"後七子"之一,學者亦稱爲蘭汀先生。後得寒病而卒。《明史》有傳。

《蘭汀存稿》八卷,也稱《比部集》,集前有曹天祐《梁比部集叙》、歐大任《蘭汀梁公傳》,另有王世貞所撰墓表。卷一至卷五爲詩,卷六至卷八爲序、行狀。後有《比部公詩跋》。

此本據湖南省圖書館藏清康熙二十四年梁氏詒燕堂刻本影印。另有《梁比部集》一卷,有明嘉靖隆慶間刻本。(陳國安)

### 郭襄靖公遺集三十卷（存卷一至卷二十六） （明）郭應聘撰（第1349 冊）

郭應聘(1520—1586),字君賓,號華溪,莆田(今屬福建)人。嘉靖二十九年(1550)進士,授户部主事,歷郎中,出爲南寧知府,轉廣東參政,累官廣西布政使,擢都御史,總督兩廣,歷南京兵部尚書。《明史》有傳。

此集三十卷,存卷一至卷二十六,卷首有陳經邦序。卷一至卷十收奏疏一百九篇,卷十一至卷十五收諸議四十一篇,卷十六收《家訓》、《宗法議》各一篇,卷十七至卷三十收紀事、序文、志銘、傳、事述、碑、祭文、書翰,卷二十六以後闕。

此本據上海圖書館藏明萬曆郭良翰刻本影印。(趙伯陶)

**天目先生集二十一卷**　（明）徐中行撰（第
1349 册）

徐中行（1517—1578），字子與，號龍灣，長
興（今屬浙江）人。讀書天目山下，故自稱天
目山人。嘉靖庚戌（1550）進士，官至江西左
布政使。爲"後七子"之一。《明史》有傳。

此書共二十一卷，首王世貞序。卷一至卷十
爲詩，卷十一至卷十三爲序，卷十四記，卷十五
行狀、碑、墓表，卷十六墓志銘，卷十七傳，卷十
八祭文，卷十九雜著，卷二十書，卷二十一爲附
録。徐中行之詩，王世貞《藝苑卮言》亟稱之，
以爲"左準右繩，靡所不合"。胡應麟《詩藪》
則惜其少深沉之致，陳子龍《明詩選》復有摹
古太似之譏。《四庫全書總目提要》謂其雜文
亦有意矯揉，頗失渾雅。蓋當時風尚，七子同
一軌轍，非如是不能預壇坫。

此本據明刻本影印。（陳國安）

**甔甀洞稿五十四卷**　（明）吳國倫撰（第
1350 册）

吳國倫（1524—1593），字明卿，號川樓，又
號南岳山人。興國（今湖北陽新）人。嘉靖
二十九年（1550）進士，招兵科給事中。因忤
嚴嵩，謫南康推官。嚴嵩敗，起建寧同知，累
遷河南左參政。才氣橫放，好客輕財。初與
李攀龍、王世貞等唱和，後與李維楨等押主詩
盟，爲"後七子"之一，詩文均有時名。著有
《陳張本末略》等。生平事迹見明李維楨《大
泌山房集》卷三〇所作壽序、《明史》本傳。

此《甔甀洞稿》，國倫所手定，前有許國《吳明卿
集序》、明萬曆十二年（1584）王世貞序，隆慶六年
（1572）胡心得序，萬曆元年（1573）孫應鰲序。

此本據明萬曆刻本影印。是本印刷年代較
晚，但因木活字精印本傳世稀少，彌足珍貴。

**甔甀洞續稿二十七卷**（詩部十二卷文部十五卷）
（明）吳國倫撰（第 1350—1351 册）

《甔甀洞續稿》，含詩集十二卷，文部十五

卷，目録二卷，前有郭子章、李維楨、鄧原岳所
撰之序。其詩作格調高古，發乎性情，文質相
兼，意境混成。王世貞評其曰"能求詣實境，
務使首尾勻稱，宮商諧律，情實相配"。

此本據明萬曆三十一年吳士良、馬攀龍刻
本影印。（陳國安）

**湖上集十四卷**　（明）徐師曾撰（第 1351 册）

徐師曾（1517—1580），字伯魯，號魯庵，
吳江（今屬江蘇）人。嘉靖三十二年（1553）
進士，選庶吉士，歷官兵科、吏科給事中，禮
科左給事中，頻有建白。平生兼通陰陽律曆
醫卜篆籀之説，著述宏富。著有《禮記集
注》、《周易演義》等。生平事迹見王世懋
《徐魯庵先生墓表》、王世貞《徐魯庵先生湖
上集序》。

此集十四卷，卷首爲王世貞序。卷一至卷
四收賦及各體詩，卷五至卷十四收各體文。
朱彝尊《静志居詩話》卷一三謂其"詩亦清
婉，蓋斤斤學唐者"。如《中秋聞笛》："殘梅
落江上，羌笛不勝愁。借問今宵月，何人獨倚
樓。"唐韻宛然。

此本據中國科學院圖書館藏明萬曆刻本影
印。《明史·藝文志》、《千頃堂書目》著録
"徐師曾《湖上集》十四卷"，卷次與該本同。
（趙伯陶）

**條麓堂集三十四卷**　（明）張四維撰（第
1351 册）

張四維（1526—1585），字子維，號鳳磐，蒲
州（今山西永濟）人。嘉靖三十二年（1553）
進士，改庶吉士，授編修，進右中允，直經筵，
尋遷左諭德。萬曆間以張居正薦，得爲禮部
尚書、東閣大學士，入贊機務，謹事居正，不敢
相可否。居正卒，四維當國，力反前事，時望
頗屬。卒諡文毅。《明史》有傳。

此集三十四卷，首爲陳經邦、黃鳳翔等人
序。卷一至卷三收賦及各體詩，卷四至卷三

十二收各體文。卷三十三、三十四爲《永信錄》上、下，收録有關張四維及其親屬所受誥命、敕命、祭文、神道碑、墓志銘、墓表、行狀等。陳田《明詩紀事》己籤卷一一一謂："文毅，王鑒川甥。鑒川款議淹答封貢，朝右持不決。文毅與鑒川書封貢事者二十三札，今具在集中。爲交關于新鄭，款議遂成。萬曆一朝宰輔，攘外安内，首推江陵；如文毅通知邊務，亦豈易得。"

此本據山西大學圖書館藏明萬曆二十三年張泰徵刻本影印。（趙伯陶）

### 李温陵集二十卷　（明）李贄撰（第1352冊）

李贄（1527—1602），原名載贄，號卓吾，又號篤吾，別號温陵居士、宏甫居士等。晉江（今福建泉州）人，回族。嘉靖三十一年（1552）舉人，不應會試。歷共城知縣、國子監博士，萬曆中爲姚安知府。旋棄官，寄寓黄安、麻城，在麻城講學時，從者數千人，中雜婦女。李氏反對以孔子之是非爲是非，譏刺當時之講周、程、張、朱者皆口談道德，心存高官。晚年來往南京、北京、濟寧等地。爲給事中張問達所劾，下獄，自刎死。著有《藏書》、《焚書》、《史綱評要》等。生平事迹見《明史》本傳、《皇明世説新語》卷七等。

此《李温陵集》二十卷，卷一至卷十三爲書答、雜述，即《焚書》。卷十四至卷十七爲讀史，乃摘録《藏書》之史論。卷十八、十九爲《道古録》，即《説書》。卷二十爲作者之詩。書前有《李温陵自序》，謂其因刻《説書》而并摘《焚書》、《藏書》合爲此集。

是集有明萬曆間海虞顧大韶校刻本。今據此明刻本影印。（陳國安）

### 李氏續焚書五卷　（明）李贄撰（第1352冊）

《李氏續焚書》五卷，有汪本鈳明萬曆四十六年（1618）戊午新安海陽虹玉齋刻本。是集前有汪本鈳序、張鼐《讀卓吾老子書述》。此書共五卷。卷一爲書彙，共八十六條；卷二有序彙二十七篇、論彙三篇；卷三爲讀史彙，附閲古事，共三十一條；卷四爲雜著彙，共十四篇；卷五爲詩彙，各體詩共一百四十三首。其中《題孔子像于芝佛院》最爲出名。

此本據南京圖書館藏明刻本影印。（陳國安）

### 余文敏公文集十二卷　（明）余有丁撰（第1352冊）

余有丁（1527—1584），字丙仲，號同麓，鄞縣（今浙江寧波）人。嘉靖四十一年（1562）一甲第三名進士，授編修，累官至禮部尚書兼建極殿大學士。萬曆十二年（1584）致仕卒，年五十八。贈太保，諡文敏。生平事迹見許國《余公墓志銘》、顧紹芳《余文敏公神道碑》。

此集十二卷，首爲汪鏜、沈一貫二序。卷一至卷十一收各體文，卷十二收古今體詩一百四十五首。《明史·藝文志》著録"《余有丁詩文集》十五卷"。《千頃堂書目》著録"《余文敏公集》十五卷"。王重民《中國善本書提要》著録國家圖書館所藏明萬曆間刻本《余文敏公集》十五卷。

此本據上海圖書館藏明萬曆刻本影印。疑該本後有缺。（趙伯陶）

### 陳恭介公文集十二卷　（明）陳有年撰（第1352—1353冊）

陳有年（1531—1598），字登之，號心穀，餘姚（今屬浙江）人。嘉靖四十一年（1562）進士，授刑部主事。改吏部，歷驗封郎中。因忤張居正，謝病歸。萬曆中起稽勛，歷考功、文選，累遷吏部尚書。生平事迹見《明史》本傳、張師澤《陳恭介公傳》。

此集十二卷，首爲鄒元標、張璧二序。卷一至卷九收各體文，卷九後半收各體詩，卷十至卷十二收書二百三十七篇,附録紀夢詞《憶秦娥》二闋。詩不多作,可略見風致,如《元旦憶兄》:"憶昨歸來兩閲春,尊前兄弟歲華新。如何蒲柳先衰者,忽作屠蘇後飲人。"

此本據天津圖書館藏明萬曆陳啓孫刻本影印。(趙伯陶)

### 補刊震川先生集八卷　(明)歸有光撰(第1353 冊)

歸有光(1506—1571),字熙甫,又字開甫,別號震川,又號項脊生。崑山(今屬江蘇)人。嘉靖十九年(1540)舉人。會試落第八次,六十歲方成進士,歷長興知縣、順德通判、南京太僕寺丞,留掌内閣制敕房,與修《世宗實録》,卒於南京。歸有光與唐順之、王慎中均崇尚唐宋古文,并稱"嘉靖三大家"。著有《三吳水利録》、《震川文集》等。生平事迹見《明史》本傳、王錫爵《明太僕寺寺丞歸公墓志銘》。

前有王樗、張雲章序。卷一爲奏疏、論、説、贊、頌、箴,卷二爲記、序、引,卷三爲壽序,卷四爲書事、題跋、啓、小簡,卷五爲墓志銘、墓表、行狀,卷六爲祭文、詩,卷七至卷八爲應制論。

此本據湖南省圖書館藏清康熙四十三年王樗刻本影印。(陳國安)

### 處實堂集八卷續集十卷後集六卷　(明)張鳳翼撰(第1353 冊)

張鳳翼(1527—1613),字伯起,號靈墟,又稱靈墟先生、泠然居士。長洲(今江蘇蘇州)人。與其弟獻翼、燕翼三人皆有文名。年三十八中舉,會試未第,遂絶意仕途。晚年鬻書自給。能詩,曾爲施耐庵《水滸傳》作序,對《水滸傳》各種版本頗有批評。亦工琵琶,曾與其子同演高明《琵琶記》。著有傳奇七種,合刻之題爲《陽春六集》,另有《平播記》一種。另著有《夢占類考》、《文選纂注》等。書

法亦工。生平事迹見錢謙益《列朝詩集小傳》。

《處實堂集》八卷,詩四卷,文三卷,末一卷曰《談輅》,爲筆記。《四庫全書》所收爲江蘇周厚垍家藏本。

此本據明萬曆刻本影印。(陳國安　韓逢華)

### 天池山人小稿五種(太山稿一卷義興稿一卷壬辰稿一卷癸巳稿一卷甲午稿一卷)　(明)陸采撰(第1354 冊)

陸采(1497—1537),初名灼,字子玄,號天池山人。長洲(今江蘇蘇州)人,陸粲弟。少爲校官弟子,不屑守章句,年十九作《王仙客無雙傳奇》(一名《明珠記》),選梨園子弟,登場教演,名重一時。著有傳奇《明珠記》、《懷香記》、《椒觴記》、《分鞋記》、《存孤記》五種(今存前二種),改編《南西廂記》。生平事迹見陸粲《天池山人陸子玄墓志銘》、錢謙益《列朝詩集小傳》。

此集五種,無目録,無序跋。《太山稿》,卷下題"吳郡陸采著",收古今體詩二十七首。《義興稿》,卷下題"吳郡陸采著",收古今體詩三十四首。《壬辰稿》,收古今體詩四十九首。《癸巳稿》,收古今體詩四十四首。《甲午稿》,收古今體詩三十六首。後三集當爲嘉靖十一年(1532)至嘉靖十三年之詩作。其詩風豪宕,登臨山水者,亦有韻致。

此本據寧波天一閣博物館藏明刻本影印。(趙伯陶)

### 香宇集三十四卷拾遺一卷　(明)田藝蘅撰(第1354 冊)

田藝蘅(1524—約1583),字子藝,號品嵒子,又自號阿夢。錢塘(今浙江杭州)人,田汝成子。以歲貢生爲休寧縣學教諭,旋罷歸,優游山水間,足迹半天下。博學善屬文,作詩有才調,爲人所稱。著有《大明同文集》、《留青日札》、《玉笑零音》等。生平事迹見《明

史》本傳、《留青日札》卷首自作《品嵒子小傳》等。

此集三十四卷拾遺一卷，首爲蔣灼序及作者自序。《初集》卷一收賦五篇，卷二收雜文十八篇，卷三至卷五收古今體詩。此五卷後有《拾遺稿》，收古今體詩一百三十五首。第六卷以後爲《續集》，又各以干支爲卷，自《甲寅稿》至《癸亥稿》，年各二三卷。全集收録田藝蘅四十歲以前詩文，未經悉心編輯，且其間多雜有蔣灼等他人詩文。

此本據國家圖書館藏明嘉靖刻本影印。（趙伯陶）

## 仲蔚先生集二十四卷附録一卷　（明）俞允文撰（第 1354 册）

俞允文（1513—1579），字仲蔚，崑山（今屬江蘇）人。年未四十，謝去諸生，專力于詩文書法。與王世貞友善，爲“廣五子”之一。生平事迹見《明史》本傳、顧章志《明高士俞仲蔚先生行狀》等。

此集二十四卷附録一卷。首爲王世貞二序。卷一至卷九收賦及各體詩，卷十至卷二十四收各體文。錢謙益《列朝詩集小傳》謂：“王元美與仲蔚交最善，列諸廣五子之首，稱其五言古詩氣調殊不卑，所乏精思耳。歌行絶句，如披沙揀金，往往見寶。”

《明史·藝文志》著録“《俞允文詩文集》二十四卷”。《千頃堂書目》著録“《俞仲蔚集》二十四卷”。《四庫全書總目提要》別集類存目著録“《俞仲蔚集》二十四卷”。王重民《中國善本書提要》著録國家圖書館藏明萬曆間刊本《仲蔚先生集》二十四卷附録一卷，與該本同。

此本據明萬曆十年程善定刻本影印。（趙伯陶）

## 蘭蕸堂稿八卷（存卷一至卷七）　（明）陸楫撰（第 1354 册）

陸楫（1515—1552），字思豫，號小山。上海縣（今屬上海）人，太常卿陸深子，承父蔭入國子監讀書。主持編纂《古今説海》。生平事迹見林樹聲《陸君墓志銘》。

此集八卷，存卷一至卷七，首爲莫如忠序。卷一、卷二收古今體詩及詞，卷三至卷七收各體文及雜著。卷八附録其墓志等，已闕。其《梅花》五絶：“疏影落寒枝，清香流夜月。欲獻調羹人，獨先百花發。”可見志向，惜享年僅三十八歲，未展宏圖。

《明史·藝文志》、《千頃堂書目》著録“陸楫《蘭蕸堂集》七卷”。胡玉縉《四庫未收書目提要續編》著録陸楫“《蘭蕸堂稿》十卷”，略謂：“楫淵源家學，故集中詩文，雖未足名家，而亦頗有根柢，非摹仿剽竊者比。……《明史·藝文志》作《蘭蕸堂集》七卷，‘七’乃‘十’之訛也。”

此本據清華大學圖書館藏明嘉靖四十五年陸郯刻本影印。該本除第八卷附録外，亦只七卷。疑胡考有誤。（趙伯陶）

## 徐文長文集三十卷　（明）徐渭撰（明）袁宏道評點　徐文長傳一卷　（明）陶望齡撰（第 1354—1355 册）

徐渭（1521—1593），字文長，一字文清，別號田水月、天池山人，晚號青藤。山陰（今浙江紹興）人。諸生，曾客總督胡宗憲幕府，深受寵重，以侃直見禮。及宗憲下獄，渭懼禍發狂，自戕不死。又擊殺繼妻，論死繫獄，被囚七年，得里人張元忭力救得免。乃游金陵，北走宣、遼。晚年貧甚，有書數千卷，斥賣殆盡。生平事迹見《明史》本傳、袁宏道《徐文長傳》等。

其著述別有雜劇《四聲猿》、《歌代嘯》及《青藤山人路史》等多種。陶望齡《歇庵集》稱：“文長詩文往往深於法而略於貌。文類唐宋，詩雜入於唐中晚。文有矩尺，詩尤深奧。”《静志居詩話》謂：“文長詩原本長吉，間雜宋元流派，所謂斐然成章，不知所以裁之者。其自評吾書第一詩二文三畫四,然詩文未免繁蕪,不若畫品,小塗大抹俱高古也。"

徐渭詩文,生前曾編爲《文長集》十六卷、《闕編》十卷、《櫻桃館集》三種,卒後由門人商維浚編爲《徐文長三集》二十九卷,并附《四聲猿》一卷,于萬曆二十八年(1600)刊印。萬曆四十二年,鍾人傑又將《三集》改編爲《徐文長文集》三十卷,名爲"全集",實則删略很多,後出《海山仙館叢書》本《青藤書屋文集》即該本。此後,張岱校輯集外遺文爲《徐文長逸稿》二十四卷,刊於天啓三年(1623)。民國三十六年(1947),慈溪抱經樓沈氏據舊藏抄本刊印《徐文長佚草》。此外,隆慶三年(1569)俞憲編選《盛明百家詩》,收有《徐文長集》一卷,萬曆四十五年陸張侯輯印《一枝堂稿》二卷,均有《逸稿》、《佚草》失收篇章。

此本《徐文長文集》三十卷附《徐文長傳》一卷,據明刻本影印。(陳國安)

### 徐文長逸稿二十四卷畸譜一卷　(明)徐渭撰(第1355册)

此集前有張汝霖《刻徐文長佚書序》、會稽章重《夢遇》,共二十四卷,後附自著《畸譜》一卷。卷一至卷十收各體詩、賦,卷十一收表、啓,卷十二收詩餘,卷十三收論、策,卷十四收序文,卷十五收壽文,卷十六收跋、辯、説,卷十七至卷二十收贊、銘、記、碑,卷二十一收尺牘,卷二十二收行狀、墓表、墓志銘、傳,卷二十三收祭文,卷二十四收雜著。

此本據明天啓三年張維城刻本影印。(陳國安)

### 徐文長佚草十卷　(明)徐渭撰(清)徐沁輯(第1355册)

此集十卷,卷首有張岱、鄭梁、徐沁所作序及陳勳《讀徐文長集》。張岱手書《再刻文長佚稿序》字體與後面不同。張岱序文末署

"陶庵老人張岱撰",並鈐"張岱之印"、"陶庵"章。此文不見於張岱文集中,爲佚文。

卷一收各體詩三十首,卷二收各體詩五十五首,卷三收各體詩八十六首,卷四表九篇、啓五十二篇,卷五收論五篇、判十四篇,卷六收序文十二篇,卷七收跋、贊、記四十篇,卷八至卷十收書信、行狀、燈謎等雜著。

此書原有清初息耕堂抄本。1925年,慈溪沈氏抱經樓又據舊抄本排印此集。此集所收文章一般均未收入徐渭其他文集中。

此本據寧波天一閣博物館藏清初息耕堂抄本影印。(陳國安)

### 何心隱先生爨桐集四卷　(明)梁汝元撰(第1355册)

梁汝元,即何心隱(1517—1579),原名梁汝元。字夫山,一説字乾柱,號夫山。永豐(今屬江西)人。曾舉江西鄉試第一,後從學於王艮弟子顏鈞,遂棄舉子業。曾因抗税入獄。後因忤權相嚴嵩,遂隱姓改名,南下講學,爲泰州學派代表人物。萬曆間又忤張居正,被害於武昌。生平事迹見鄒元標《梁夫山傳》、《明儒學案》卷三二等。

此集四卷,首爲張宿序,其後録李贄《何心隱論》。卷一《原學原講》,卷二收《原人》、《仁義》等雜著十六篇,卷三收雜著十六篇,卷四收雜著二篇、書二十四篇。黃宗羲《明儒學案》謂:"心隱之學,不墮影響,有是理則實有是事,無聲無臭,事藏於理,有象有形,理顯於事。"强調人欲乃人性之本,反對道學、名教,故爲李贄所景仰。

1960年中華書局出版容肇祖所整理之《何心隱集》,即合此《爨桐集》四卷與另一罕見本《梁夫山遺集》互校補訂而成,後附有關參考資料,爲研究何心隱之最佳版本。

此本據國家圖書館藏明天啓五年天津張宿何怡園刻本影印。(趙伯陶)

**田亭草二十卷**　（明）黄鳳翔撰　（第1356册）

　　黄鳳翔（1539—1614），字鳴周，號儀庭，晋江（今福建泉州）人。隆慶二年（1568）進士，授編修。萬曆初張居正奪情，杖諸諫者，鳳翔不平，誦言於朝，編纂章奏盡載諸諫疏。屢遷南京國子祭酒，擢禮部右侍郎，疏争建儲事不報，請告去。復起爲南京吏部尚書，以養親歸。《明史》有傳。

　　此集二十卷，卷首爲鄒元標、李光縉序及自序。是集無詩，故論者鮮及之，而其文清通，頗有可觀者。卷十《讀前後漢紀説》至《讀元史説》，系列論史部得失，亦見識斷。

　　此本據天津圖書館藏萬曆四十年刻本影印。（趙伯陶）

**由庚堂集三十八卷**　（明）鄭汝璧撰　（第1356—1357册）

　　鄭汝璧（1546—1607），字邦章，一字良玉，號崑巖，又號崙陽。縉雲（今浙江麗水）人。隆慶二年（1568）進士，授刑部主事，累官僉都御史，巡撫山東，進兵部侍郎，總督宣大。生平事迹見孫鑛《鄭公墓志銘》、乾隆《浙江通志》卷一七四。

　　此集三十八卷，卷首有李維楨、葉向高、焦竑序。卷一至卷十四收賦及各體詩、詩餘，卷十五至卷三十三收各體文。卷三十四收雜著七篇，卷三十五收《塞得》若干則，爲作者出塞備兵榆林時，軍旅之暇，徵心偶有所得而記之，屬陽明心學一脈。卷三十六至卷三十八收《睹記》若干則，爲居官見聞所及，間有議論，可爲治史者取資。

　　此本據吉林大學圖書館藏明萬曆刻本影印。（趙伯陶）

**喙鳴文集二十卷喙鳴詩集十八卷敬事草十九卷**　（明）沈一貫撰　（第1357—1358册）

　　沈一貫（1531—1615），字肩吾，號蛟門，又號龍江。鄞縣（今浙江寧波）人。隆慶二年（1568）進士，選庶吉士，授檢討，充日講官，以忤張居正，不得遷。居正死，始遷左中允。歷官吏部左侍郎兼侍讀學士，加太子賓客。萬曆二十二年（1594），以南京禮部尚書入閣，預機務，後遂爲首輔。《明史》有傳。

　　此書卷首有張邦紀序。《文集》二十卷，收各體文。《詩集》十八卷，收各體詩。《敬事草》十九卷，爲沈一貫常年奏疏、揭帖等之彙聚，共收奏疏等六百道左右，可爲治明史者取資。

　　《千頃堂書目》著録“沈一貫《喙鳴文集》二十一卷、《詩集》十八卷”，“沈一貫《敬事草》十九卷”。《四庫全書總目提要》著録“《敬事草》十九卷”，又有“《經世宏辭》十五卷、《吳越游稿》一卷”。

　　此本據國家圖書館藏明刻本影印。（趙伯陶）

**林初文詩文全集不分卷**　（明）林章撰　（第1358册）

　　林章（1550？—1599），原名春元，字寅伯，後改名章，字初文。福清（今屬福建）人。萬曆元年（1573）舉人，累會試不第，曾走塞上從戚繼光游。後僑寓南京，性好爲人排難解紛，因此入獄三年。後放浪山水間，以萬曆二十六（1598）、二十七年間礦税四出，屢激民變，上疏進諫，輔臣沈一貫逢迎中官，捕之下獄，暴卒。生平事迹見徐𤊹《林初文傳》、錢謙益《列朝詩集小傳》等。

　　此集不分卷，卷首爲李維楨、蔡應麟、文震孟、李際明、鄒德基、林國炳諸人序，其後徐𤊹撰《林初文傳》。不分卷者，謂無卷次，實則暗中以文體各爲起訖，總十七卷：卷一爲奏疏六篇，卷二爲祭文十一篇，卷三爲雜著若干，包括天文類文以及《烏啼怨》、《顏回》兩支十二段曲子，卷四爲表三篇，卷五爲論十篇，卷六爲書牘五十五篇，卷七爲策三篇問十五篇，卷八爲序二十六篇，卷九爲《十二草》，乃八股制藝之作，卷十爲五律八十首，卷十一爲五絶十首,卷十二爲七律一百七十一首,卷十三爲賦四篇,卷十四爲五古二十八首,卷十五爲七古四十三首,卷十六爲七絶三百六十一首,卷十七爲詩餘十六闋。

《千頃堂書目》著録"林章《林初文全集》十五卷"。《四庫全書總目提要》別集類存目著録"《林初文詩選》一卷",略謂:"是集本有刊版,而此乃寫本,蓋傳録於版佚之後也。凡賦二首,詩八十二首,學佺《序》稱其《海月賦》,而此本無之,蓋鈔胥又有所漏矣。"傅增湘《藏園群書經眼録》著録"《林初文先生詩選》一卷",明刊本。黃仁生《日本現藏稀見元明文集考證與提要》著録日本內閣文庫藏《林初文詩文全集》十九卷與《林初文詩》八卷,謂日本尊經閣文庫和中國國家圖書館所藏天啓間刊本《林初文詩文全集》十五卷、北京大學圖書館所藏天啓崇禎間刊本《林初文詩文全集》十七卷"所收作品皆少於上録內閣文庫所藏十九卷本",可參考。

此本據北京大學圖書館藏明天啓四年刻崇禎印本影印。（趙伯陶）

**薛荔山房藏稿十卷**　（明）敖文禎撰（第1359冊）

敖文禎（1545—1602）,字嘉猷,號龍華。高安（今屬江西）人。萬曆五年（1577）進士,選庶吉士,授檢討,歷少詹事兼侍讀學士,累官禮部侍郎。生平事迹見郭正域《敖公墓志銘》、張應泰《敖公傳》等。

此集十卷,卷首有郭正域、牛應元序。卷一至卷四收各體詩,卷五至卷十收各體文。

此本據中國科學院圖書館藏明萬曆牛應元刻本影印。（趙伯陶）

**白榆集二十八卷(詩集八卷文集二十卷)**　（明）屠隆撰（第1359冊）

屠隆（1543—1605）,原名儱,後改名龍,又易名爲隆。字緯真,一字長卿,號赤水,別號由拳山人。鄞縣（今浙江寧波）人。萬曆五年（1577）進士,除潁上知縣,調青浦,遷禮部主事,歷官儀制郎中。罷歸,家貧,賣文爲生以終。所著有《冥寥子》、《鴻苞集》等,以及傳奇《彩毫記》等。生平事迹見《明史》本傳、虞淳熙《祭屠緯真先生文》等。

此書有萬曆龔堯惠刻本,前有萬曆二十八年（1600）丁應泰、程涓序,《詩集》八卷,《文集》二十卷。另見萬曆二十二年程元方刻本,丁應泰序署萬曆二十二年,程涓序署萬曆癸巳（二十一年）。龔本或爲程本之翻刻本,而兩序署年俱改,不知何故。陳子龍《明詩選》謂其詩如"衝繁驛舍,陳列壺觴,頃刻辦就,而少堪下箸"。《静志居詩話》則謂:"長卿才非不高,而縱情奔放,記云'不知所以裁之'者也。"

此本據明萬曆龔堯惠刻本影印。（陳國安）

**由拳集二十三卷**　（明）屠隆撰（第1360冊）

此集二十三卷,卷首有徐益孫、沈明臣序。卷一至卷十一收賦及各體詩,卷十二至卷二十三收各體文。《四庫全書總目提要》別集類存目著録"《由拳集》二十三卷",謂"時隆方知青浦縣,故以'由拳'爲名"。因青浦縣即古由拳縣。錢謙益《列朝詩集小傳》丁集謂其晚年"乃以文詞爲乞食之具,志安得不日降,而文安得不日卑！長卿晚作冗長不足觀,其病坐此"。陳田《明詩紀事》己籤卷六謂:"長卿才氣縱橫,長篇尤極恣肆,惟任情傾瀉,不自檢束,未免瑜爲瑕掩。録詩者但取寥寥短篇,安足見所長。"

《千頃堂書目》著録"屠隆《由拳集》三十一卷、《白榆集》二十卷、《栖真館集》三十卷",又"屠隆《鉅文》十二卷"。王重民《中國善本書提要》著録國家圖書館藏明萬曆間刻本《由拳集》二十三卷兩種,可參考。

此本據明萬曆刻本影印。（趙伯陶）

## 栖真館集三十一卷　（明）屠隆撰（第1360冊）

此集三十一卷，卷首有鄒迪光序。各卷下題"四明屠隆緯真著，會稽呂胤基充符選"。卷一至卷九收各體詩，卷十至卷三十一收各體文。

王重民《中國善本書提要》著録國家圖書館藏明萬曆間刻本《栖真館集》三十一卷，略謂："是集成於《由拳集》以後、《白榆集》以前，蓋在罷官禮部以後也。"同書又著録北京大學圖書館藏明萬曆間刻本《栖真館集》三十卷、國家圖書館藏明萬曆間刻本《白榆集》詩八卷文二十卷。

此本據湖北省圖書館藏明萬曆十八年呂氏栖真館刻本影印。（趙伯陶）

## 負苞堂詩選五卷負苞堂文選四卷　（明）臧懋循撰（第1361冊）

臧懋循（1550—1620），字晉叔，號顧渚山人，長興（今屬浙江）人。明萬曆八年（1580）進士，歷官荆州府學教授、夷陵知縣、南京國子監博士，萬曆十三年被劾罷官。生平事迹見《臧氏族譜》載章嘉禎《南京國子監博士臧顧渚公暨配吳孺人合葬墓志銘》、錢謙益《列朝詩集小傳》等。

此《詩選》五卷收各體詩，《文選》四卷收各體文。朱彝尊《靜志居詩話》卷一五謂其"精曲律……詩亦不墮七子之習，故雖從元美宴游，不入'四十子'之目，亦磊落之士也"。其文多涉及戲曲與俗文學，可爲治明代戲曲史、文學史者取資。

此本據明天啓元年臧爾炳刻本影印。（趙伯陶）

## 朱太復文集五十二卷朱太復乙集三十八卷　（明）朱長春撰（第1361—1362冊）

朱長春（1553—約1610），字太復，一作大復，號海瀛。烏程（今浙江湖州）人。萬曆十一年（1583）進士，除尉城知縣，改常熟、陽信，入爲刑部主事，因事削籍爲民。生平事迹見錢謙益《列朝詩集小傳》。

此《文集》卷一至卷二十一收賦及各體詩，卷二十二至卷五十二收各體文。《乙集》卷一至卷十八收賦及各體詩，卷十九至卷三十八收各體文。朱彝尊《靜志居詩話》卷一五謂："太復頗類孫太初，其宰陽信，狀海濱風土，如'海暗雲連舍，春寒雨近城'，'沙田惟種黍，鹵井不通泉'……頗盡其致。"

此本據明萬曆刻本影印。（趙伯陶）

## 玉茗堂全集四十六卷（文集十六卷詩集十八卷賦集六卷尺牘六卷）　（明）湯顯祖撰（第1362—1363冊）

湯顯祖（1550—1616），初字義少，改字義仍，號海若、若士、清遠道人、繭翁、玉茗堂主人。撫州府臨川（今江西撫州）人。萬曆十一年（1583）進士，授南京太常博士，遷禮部主事。以疏劾大學士申時行，謫徐聞典史。後遷遂昌知縣，不附權貴，削職歸。歸居玉茗堂，專心戲曲，卓然成大家。《明史》有傳。

此書《千頃堂書目》著録爲三十九卷，計文集十五卷、詩集十六卷、尺牘八卷。又有崇禎刻本《獨深居點定玉茗堂集》三十卷，沈際飛輯，計有賦集四卷、詩集十三卷、文集七卷、尺牘六卷。此二種均非其全。《續修四庫全書》所收之四十六卷本爲最全備之版本。該本一名《湯若士全集》，前有天啓元年韓敬序。但未收湯氏單行之《紅泉逸草》、《問棘郵草》二集及戲曲作品。時人雖稱湯氏制義、傳奇、詩賦爲當代三異，然其名實藉於傳奇"四夢"。朱彝尊謂"義仍填詞妙絶一時……其《牡丹亭》曲本，尤極情摯"，然"詩終率率，非其所長"（《靜志居詩話》）。錢謙益《列朝詩集小傳》云："義仍少熟《文選》，中攻聲律,四十以後,詩變而之香山、眉山,文變而之南豐、臨川。"

此本據明天啓刻本影印。(陳國安)

## 湯海若問棘郵草二卷　(明)湯顯祖撰 (明)徐渭評(第1363冊)

徐渭生平見前《徐文長文集》提要。

此書二卷,卷上爲賦、詩,卷下爲詩、贊。所收爲湯顯祖而立之年前後所作,詩約一百六十首,賦三篇,爲《玉茗堂全集》所未收。《湯海若問棘郵草》中以古體五言詩爲多,少近體,以懷舊、別情、贈寄之作爲首。

浙江圖書館有徐渭批釋、張汝霖校之《湯海若問棘郵草》兩卷本,徐朔方先生校箋之《湯顯祖全集》第三至第五卷《問棘郵草》所錄版本以南京圖書館兩卷本爲底本。

此本據上海圖書館藏明刻本影印。(陳國安)

## 白蘇齋類集二十二卷　(明)袁宗道撰(第1363冊)

袁宗道(1560—1600),字伯修,號石浦。荊州府公安(今屬湖北)人。萬曆十四年(1586)會試第一,授庶吉士,進編修,官終右庶子,泰昌時追贈禮部右侍郎。時王世貞、李攀龍主文壇,復古模擬之風盛行,袁氏兄弟力排其説,推崇白居易、蘇軾,袁宗道也因此名其齋曰"白蘇"。時人將袁氏兄弟講求爲文崇尚本色的詩文稱爲"公安體"。著述另有《尚書纂注》、《禪宗正統》等。生平事迹見《明史》本傳、《珂雪齋前集》卷一六《石浦先生傳》。

此集《千頃堂書目》、《明史·藝文志》皆著錄爲《白蘇齋類稿》二十四卷。今所見《白蘇齋類集》二十二卷,明刻本,署弟宏道、中道參校。前有海鹽姚士麟《白蘇齋集序》。每卷卷首題"白蘇齋類集",然版心作"白蘇齋集",蓋詩文以類分,故名類集,實屬蛇足。

此本據明刻本影印。(陳國安)

## 千頃齋初集二十六卷　(明)黃居中撰(第1363冊)

黃居中(1562—1644),字明立,一字坤五,號立父,學者稱海鶴先生。晋江(今福建泉州)人。萬曆十三年(1585)舉人,除上海教諭,歷南國子監丞,遷黃平知州,不赴。鋭意藏書,建千頃齋以廣搜善本,與其子黃虞稷爲明末清初之著名藏書家。生平事迹見清錢謙益《黃氏千頃齋藏書記》、《列朝詩集小傳》等。

此集二十六卷,卷首有李維楨、陳函煇、張師繹、陳繼儒、羅大冠諸序。卷一至卷十收各體詩,卷十一至卷二十六收各體文。

此本據中國科學院圖書館藏明刻本影印。(趙伯陶)

## 焦氏澹園集四十九卷　(明)焦竑撰(第1364冊)

焦竑(1540—1619),字弱侯,又字從吾、叔度,號漪園,又號澹園,另署漪南生、太史氏、龍洞山農等。江寧(今江蘇南京)人。萬曆十七年(1589)一甲第一名進士,授修撰,遭忌被劾,貶福建福寧州同知,棄官歸。博極群書,著述宏富。講學宗羅汝芳,與耿定向、李贄善。生平事迹見《明史》本傳、黃汝亨《祭焦弱侯先生文》等。

此集四十九卷,卷首有耿定力、吳夢暘、陳懿典、臧爾勸序及許吳儒識語。卷一至卷三十五收各體文,其中卷二十三收經史論述八十八篇。卷三十六至卷四十五收各體詩,卷四十六收詩餘。卷四十七至卷四十九收《崇正堂答問》、《古城答問》、《明德堂答問》三篇若干則。陳田《明詩紀事》庚籤卷一六謂:"弱侯著述甚富,小詩亦有清放之致。"

此本據明萬曆三十四年刻本影印。(趙伯陶)

**焦氏澹園續集二十七卷**　（明）焦竑撰（第1364—1365冊）

此《續集》二十七卷，卷首有金勵、徐光啓序。卷一至卷十八收各體文二百六十五篇，卷十九至卷二十六收各體詩二百二十一首，卷二十七收詞九闋。

此本據中國科學院圖書館藏明萬曆三十九年朱汝鰲刻本影印。（趙伯陶）

**歇庵集二十卷**　（明）陶望齡撰　**附錄三卷**（明）陶奭齡等撰（第1365冊）

陶望齡（1562—1609），字周望，號石簣。會稽（今浙江紹興）人。明萬曆十七年（1589），以會試第一、廷試第三爲翰林院編修，參與編纂國史。升侍講，被詔爲國子監祭酒。望齡以治學爲歇息，故以“歇庵”名室，學人亦稱歇庵先生。著有《制草》、《解莊》等。生平事迹見《明史》本傳、《古聖賢像傳略》之《陶文簡像》。陶奭齡（1571—1640），字君奭，一字公望，號石梁，又號小柴桑老。會稽（今浙江紹興）人。王陽明之三傳弟子，與其兄望齡并稱“二陶”。萬曆三十一年舉人，後辭歸，與其兄講學白馬山。著有《小柴桑喃喃録》等。《明史》有傳。

陶望齡工詩詞，亦善文，與弟奭齡均以講學名世。望齡與“公安三袁”交誼篤厚，過從甚密，曾謂：“袁中郎以禪廢詩，復以律廢禪，僕二事皆不及，而亦效之。於詩甘取近代，於禪甘居小乘。”

此書二十卷，前有武林黃氏序，又有余懋孳小引。卷一、二爲詩，卷三至卷七爲序，卷八、九爲碑記，卷十爲贊、箴、銘、題跋、引、辨、募疏、説、雜著、呈子、疏，卷十一爲啓、書，卷十二爲書，卷十三爲論、策，卷十四爲祭文、傳，卷十五爲族譜傳略，卷十六爲行狀，卷十七、十八爲墓誌銘、神道碑、墓表，卷十九爲館課、賦、詩、頌等。《附錄》三卷，卷一爲陶望齡行略，卷二爲陶望齡弟兄、門生爲其所作祭文，卷三爲挽詩。

此本據華東師範大學圖書館藏明萬曆喬時敏等刻本影印。（陳國安　韓逢華）

**朱文肅公集不分卷**　（明）朱國楨撰（第1366冊）

朱國楨（1558—1632），一作朱國禎，字文寧，號平涵，又號虯庵。烏程（今浙江吳興）人。萬曆十七年（1589）進士，累官國子監祭酒、禮部右侍郎、禮部尚書兼東閣大學士，改文淵閣大學士，一度爲首輔，爲魏忠賢所忌，引疾歸。卒謚文肅。生平事迹見《明史》本傳、沈登瀛《朱文肅公傳》。

此集不分卷，卷首《總目》，分八冊又《補編》一冊。第一冊收贈序、賀序、贈文，第二、第三冊收墓誌銘，第四冊收壽序、壽文，第五冊收祭文、傳、行狀、神道碑，第六冊收書、啓、小啓，第七冊收疏揭、雜著、序、引、題辭，第八冊收《救荒略》十六篇、《自述行略》。《補編》一冊收贊、序、跋、記、碑、壽序、祭文、墓誌銘等。

王重民《中國善本書提要》著録北京大學圖書館藏抄本《朱文肅公集》不分卷，謂：“是集未見著録，抄本無序跋，亦不分卷，蓋未有定本也。”

此本據北京大學圖書館藏清抄本影印。（趙伯陶）

**朱文肅公詩集七卷**　（明）朱國楨撰（第1366冊）

此《詩集》七卷，分體編。其詩古體、近體兼善，尤擅五、七律，所作雖應酬居多，取材稍狹，而游蹤所至，寫景抒情，亦多韻致。其《漫興》：“空齋睡起頻搔首，小句吟成一展箋。適口但餘烹水訣，安身不問買山錢。有時鐘磬入我耳，偶值晴陰總是天。得意何人堪共語，相知莊老有遺篇。”可見其老年疏散心態。

此本據國家圖書館藏清初清美堂抄本影印。（趙伯陶）

### 小草齋集三十卷　（明）　謝肇淛撰　（第1366—1367 册）

謝肇淛（1576—1624），字在杭，號武林、小草齋主人，晚號山水勞人。長樂（今屬福建）人，隨父居福州。明萬曆二十年（1592）進士，歷任南京刑部主事、兵部郎中、工部屯田司員外郎。奉命治河，一年功成，并寫成《北河紀略》，記載歷代治河利弊。生平事迹見康熙《雲南通志》卷二〇、《小草齋集小傳》。

謝肇淛博學多才，擅長詩文，與徐熥、徐燉、曹學佺等結社論詩。入仕後，歷游川陝、兩湖、兩廣、江浙各地名山大川，所至皆有吟咏。其詩雄邁蒼涼，寫實抒情，爲當時閩派詩人代表。一生勤於著述，所著《五雜俎》，多記掌故風物。另著有《文海披沙》、《吏考》、《粵東末議》等。

《小草齋集》前有李維楨、張獻翼、屠隆、喻政等人所作之序，詩二十九卷，第三十卷爲詩餘。此書爲謝肇淛“己丑還山後至辛卯復上公車時所作”（《四庫全書總目提要》），《千頃堂書目》載“有《小草齋詩集》三十卷、《文集》二十八卷，又《續集》二卷”。

此本據福建省圖書館藏明万曆刻本影印。（陳國安　韓逢華）

### 小草齋續集三卷　（明）謝肇淛撰（第1367 册）

此集爲謝肇淛詩遺集，由其弟謝肇湘、謝肇澍輯校，共三卷。卷一題爲《滇中稿》，記咏謝氏宦滇見聞。其中《入署四首》、《滇曲二十首》等詩廣涵昆明、大理等地典故歷史或社會風物，皆可證史。卷二題爲《過里稿》，卷三題爲《粵西稿》。后二卷均記數年奔波所見。

此本據福建省圖書館藏明末刻本影印。（陳國安）

### 瀟碧堂集二十卷　（明）袁宏道撰（第1367 册）

袁宏道（1568—1610），初字孺修，改字中郎，又字無學，號石公，又稱六休。公安（今屬湖北）人。與兄宗道、弟中道并有才名，時稱“三袁”。萬曆二十年（1592）進士，官至吏部稽勛司郎中。袁氏兄弟力排當時王世貞、李攀龍之學，詩文主妙悟，稱“公安體”。著述別有《觴政》、《宗鏡攝録》等。生平事迹見《明史》本傳、《皇明世説新語》等。

袁宏道厭薄“七子”，反對模擬復古，主張詩文要從“自己胸臆流出”，提倡文章要新奇，“詩以趣爲主”，自稱其詩“信心而出，信口而談”（《致張幼于書》）。小品文清新活潑，清人視爲“野狐外道”，《四庫全書》列入抽毁書目。

袁宏道詩文，在世時已陸續編集，萬曆三十六年至三十八年由其門人袁叔度（無涯）在蘇州刻印，今所見約有七種，即《瀟碧堂集》二十卷、《續集》十卷、《瓶花齋集》十卷、《錦帆集》四卷、《解脱集》四卷、《敝篋集》二卷等。蘇州刻本詩文一律編年。宏道辭官回家，曾合印詩文爲“家刻本”，惜已失傳。明清以來，最爲流傳之本爲崇禎二年（1629）武林佩蘭居刻本，共四十卷，係分體合編，收録雖全，却非編年。國内所見萬曆刻本《袁中郎十集》一種，繡水周應麐校刻，含《廣莊》一卷、《敝篋集》二卷、《破研齋集》三卷、《廣陵集》一卷、《桃源咏》一卷、《華嵩游草》二卷、《瓶史》一卷、《觴政》一卷、《狂言》二卷、《狂言別集》二卷，凡十集十六卷。集内前八種爲袁宏道自著，後兩種則爲贋書。日本内閣文庫所藏明萬曆間刻本《李卓吾選校袁石公文集》二十卷，含《瀟碧集》、《鶴林集》、《解脱集》、《錦航集》、《餘冬集》、《廣莊集》、《觴政集》、《瓶史集》、《狂言集》、《狂言別集》、《華嵩集》、《敝篋集》、《破研集》、《廣陵集》、《桃源集》、《陝西録》，共十六種，其中十二種十六卷爲中郎著作，《鶴林集》、《餘冬集》、《狂言集》、《狂言別集》四卷爲僞作（見黃仁生著《日本現藏稀見元明文集考證與提要》）。

《瀟碧堂集》二十卷，前有曾可前叙，卷首刻"麻城李長庚酉卿閲"，卷末刻"門人袁叔度無涯初校、徐景鳳元輝參訂"，前十卷詩，後十卷文。

此本據明萬曆三十六年袁叔度書種堂刻本影印。（陳國安）

**瓶花齋集十卷** （明）袁宏道撰（第1367冊）

《瓶花齋集》十卷，卷一至卷四爲詩，卷五爲記，卷六爲叙，卷七爲傳，卷八雜録，卷九、卷十爲尺牘。作者以"瓶花"名齋，有隱於世間，不與人爭之意。明陳繼儒《題〈袁石公瓶史後〉》云："花寄瓶中，與吾曹相對，即不見摧於老雨甚風，又不受侮於鈍漢粗婢，可以駐顏色、保令終，豈古之瓶隱者耶？"（《白石樵真稿·尺牘》卷三）

此本據復旦大學圖書館藏明萬曆三十六年袁叔度書種堂刻本影印。（陳國安）

**解脫集四卷** （明）袁宏道撰（第1367冊）

《解脫集》四卷，前有江盈科題序、張士驥題詞。卷一、二爲詩，卷三爲紀游、雜著，卷四爲尺牘。江盈科《解脫集序》云："余每讀一章，未嘗不欣然頤解，甚或跳躍叫嘯不自持。噫，甚矣，中郎言語妙天下也！夫近代文人紀游之作，無慮千數，大抵叙述山川雲水亭榭草木古迹而已，若志乘然。中郎所叙佳山水，并其喜怒動静之性，無不描畫如生。譬之寫照，他人貌皮膚，君貌神情。若夫尺牘，一言一字，皆以所欲言信筆直盡，種種入妙。"此集所收記述山水的詩及游記堪稱佳作。晚明張岱在《〈寓山注〉跋》中稱："古人記山水手，太上酈道元，其次柳子厚，近時則袁中郎。"

此本據南京圖書館藏明萬曆三十八年袁叔度書種堂刻本影印。（陳國安）

**錦帆集四卷去吳七牘一卷** （明）袁宏道撰（第1367冊）

《錦帆集》四卷，前有江盈科題序。此書卷一收各體詩八十七首，卷二收雜著九篇、叙述十八篇，卷三收《寄同社》、《與龔散水》等尺牘四十七篇，卷四收《張幼于》、《江進之》等尺牘五十四篇。全書附《去吳七牘》一卷，收《乞歸稿》一至五。

此本據上海圖書館藏明萬曆三十七年袁叔度書種堂刻本影印。（陳國安）

**曹大理集八卷石倉文稿四卷** （明）曹學佺撰（第1367冊）

曹學佺（1573—1646），字能始，號石倉，侯官（今福建福州）人。萬曆二十三年（1595）進士，累遷南京户部郎中、四川右參政、按察使。崇禎初，起廣西副使，力辭不就。家居二十年，著書所居石倉園中，所編《石倉十二代詩選》，盛行於世。南明唐王立於閩中，乃破家起義，官至禮部尚書。清兵入閩，走山中，投繯死，謚忠節。詩文甚富，總名《石倉集》。著述別有《易經通論》、《詩經質疑》等。生平事迹見《明史》本傳。

此《曹大理集》，前有葉向高所撰《曹大理集叙》，有《春別篇》、《豫章游稿》、《石倉詩稿》、《江上篇》、《玉華篇》、《苕上篇》、《芝社集》、《天柱篇》八卷。《石倉文稿》四卷，卷一爲序，卷二爲序、行狀、碑文，卷三爲記，卷四爲疏。曹之詩，《東南嶠外詩話》稱其"五七律，佳句美不勝收"。如《過木瀆》、《游楊氏園》等篇，皆當時膾炙人口者。陳田《明詩紀事》云："忠節詩，不矜才氣，音在弦外，其興到之作，有羚羊掛角、香象渡河之妙。"

此本據中國科學院圖書館藏明萬曆刻本影印。（陳國安）

### 謔庵文飯小品五卷　（明）王思任撰（第1368冊）

王思任（約1574—1646），字季重，號遂東。山陰（今浙江紹興）人。萬曆二十三年（1595年）進士，知興平、當塗、青浦三縣，歷官袁州推官、九江僉事等職。清兵破南京後，魯王監國，任禮部右侍郎，遷尚書。清順治三年（1646），紹興失守，絶食而死。著有《王季重十種》。生平事迹見《明季南略》卷一〇、張岱《王謔庵先生傳》。

王思任性格詼諧，居官通脱自放。散文受徐渭和“公安派”的影響，以游記著名，文筆明麗清晰。錢謙益評其詩：“才情爛熳，無復持擇，入鬼入魔，惡道岔出。”（《列朝詩集小傳》）但筆調詼諧中，時雜諷刺時政之作。

此小品五卷，蓋其子王鼎起所選，前有余增遠叙，後有王鼎起跋，刻於順治十五年。卷一爲致詞、尺牘、啓、表、判、募疏、贊、銘、引、題詞、跋、紀事、説、騷、賦。卷二爲詩，内分樂府、風雅什、詩、詩餘、歌行，末附《悔謔》計四十則。卷三、四爲記與傳。卷五爲序、行狀、墓志銘、祭文，以《奕律》四十條附後。

此本據國家圖書館藏清順治十五年王鼎起刻本影印。（陳國安）

### 陳氏荷華山房詩稿二十六卷　（明）陳邦瞻撰（第1368冊）

陳邦瞻（1557—1623），字德遠，號匡左。高安（今屬江西）人。萬曆二十六年（1598）進士，授南京大理評事，歷官河南右布政使，分理彰德諸府，建滏陽書院，集諸生講習。遷兵部右侍郎，總督兩廣軍務，天啓初進左侍郎兼户、工二部侍郎。生平事迹見《明史》本傳、鄒維璉《陳公匡左傳》。

此集二十六卷，卷首有自序，分體編。陳田《明詩紀事》庚籤卷一九謂：“集中七律綿邈麗密，《詩綜》不録兹體，豈未見全集耶？”

王重民《中國善本書提要》著録國家圖書館所藏明萬曆間刻本《陳氏荷華山房詩稿》二十六卷，自序外，并謂有萬曆四十六年張承宗序、萬曆四十六年王堯民跋。此與該本同，惟該本卷首闕張承宗序，當爲裝訂中遺失。

此本據上海圖書館藏明萬曆四十六年牛維赤刻本影印。（趙伯陶）

### 寓林集三十二卷寓林集詩六卷　（明）黄汝亨撰（第1368—1369冊）

黄汝亨（1558—1626），字貞父，號寓庸居士。仁和（今浙江杭州）人。萬曆二十六年（1598）進士，歷官進賢知縣、南京工部主事、江西提學僉事，轉布政司參議，備兵湖西。生平事迹見《明朝百家小傳》、《仁和縣志》卷一八。

此《寓林集》三十二卷，卷首有顧起元、張師繹、陳繼儒、李光元、熊明遇序及自序。《寓林集詩》卷首有李日華序。分體編。陳田《明詩紀事》庚籤卷一九謂：“貞父詩刻意摹古，思清而詞雋。”

此本據湖北省圖書館藏明天啓四年吳敬、吳芝等刻本影印。（趙伯陶）

### 高陽集二十卷　（明）孫承宗撰（第1370冊）

孫承宗（1563—1638），字稚繩，號愷陽。高陽（今屬河北）人。萬曆三十二年（1604）一甲第二名進士，授編修，進中允，天啓初以左庶子充日講官，進少詹事，累官兵部尚書、東閣大學士。後以忤魏忠賢，乞歸。崇禎二年（1629）復職，出關禦敵，以部將祖大壽降清被劾，稱病歸。崇禎十一年率家人守高陽，抗擊清兵，城破自縊。生平事迹見《明史》本傳、錢謙益《特進光禄大夫左柱國少師兼太子太師兵部尚書中極殿大學士孫公行狀》。

此集二十卷，卷首有佟國器二序及葉向高、周亮工、楊璧序。卷一至卷九收各體詩，卷十收詩餘，卷十一至卷二十收各體文。朱彝尊《静志居詩話》卷二〇謂“集中《三十五忠》

詩,蓋有感於璫禍而作"。陳田《明詩紀事》辛籤卷二謂:"公近體絶句,摹仿唐人,特有風調。奏疏皆一時碩畫。"

此本據清初刻嘉慶補修本影印,遇"胡"等字,皆挖去。(趙伯陶)

### 左忠毅公集五卷　(明) 左光斗撰 (第 1370 册)

左光斗 (1575—1625),字遺直,一字共之,號浮丘,人稱滄嶼先生。桐城 (今屬安徽) 人。萬曆三十五年 (1607) 進士,授御史。光宗崩,與楊漣協心排閹權,爲魏忠賢所害,與楊漣同斃於獄。生平事迹見《明史》本傳、吳應箕《左光斗傳》等。

此集五卷,内封鎸"敕椒堂藏板"。卷首有梁清標、方震孺、陳子龍、方中履序。卷一、二收奏疏,卷三收各體詩,卷四收尺牘、雜著。卷五当爲附録,收董其昌撰《左公傳》、黄道周撰《左公神道碑》、孫承宗撰《左公墓志銘》、倪元璐撰《左公行狀》、鄒維璉撰《左公墓表》、周鑣撰《左公忠祠記》及史可法祭文。朱彝尊《静志居詩話》卷一七謂其"詩多晚唐風韻,如'濕雲留野樹,晴雪照征衣'、'凍犬迎人返,飢鳥下食齊'……宛然鄭都官、姚少監遺格"。

此本據中國科學院圖書館藏清康熙刻本影印。(趙伯陶)

### 楊忠烈公文集六卷　(明) 楊漣撰 (第 1371 册)

楊漣 (1572—1625),字文孺,號大洪。應山 (今屬湖北) 人。萬曆三十五年 (1607) 進士,除常熟知縣,舉廉吏第一,累遷兵科右給事中、太常少卿、左僉都御史、左副都御史,劾魏忠賢二十四大罪,反爲所構陷,斃獄中。生平事迹見《明史》本傳、錢謙益《楊忠烈公墓志銘》。

此集六卷,卷首有魏裔介、趙開心、任克溥、李贊元序。卷一、二收疏、揭,卷三收各體詩及序,卷四收記、傳、行狀、志銘、祭文、啓,卷五、六收書。

此本據復旦大學圖書館藏清順治十七年李贊元刻本影印。(趙伯陶)

### 翠娱閣評選鍾伯敬先生合集十六卷 (文集十一卷詩集五卷)　(明) 鍾惺撰 (明) 陸雲龍評 (第 1371 册)

鍾惺 (1574—1625),字伯敬,號退谷,别號退庵,晚年發願受戒,法名斷殘。竟陵 (今湖北天門) 人。萬曆三十八年 (1610) 進士,歷任南京禮部儀制司主事、祠祭司郎中。天啓元年 (1621) 升福建按察使僉事提督學政。鍾惺好學多才,性格嚴冷,不喜交結。與同里譚元春論詩,主張"務求古人精神所在"(《隱秀軒集自序》),於"七子"、"公安派"外另闢蹊徑,創"竟陵派"。其詩以"幽深孤峭"爲特徵。曾評點《詩經》、《左傳》等,與譚元春合評《古詩歸》,著有《史懷》、《隱秀軒集》等。生平事迹見《明史》本傳。陸雲龍 (1587—1666),字雨侯,號蜕庵。錢塘 (今浙江杭州) 人。堂號翠娱閣,館名峰霄館。明諸生,久困科場,天啓間曾設館課徒,後成爲古今詩文與明人小品編選家、通俗小説作家,評選文集達三十餘種。崇禎十年 (1637) 以後,曾入李清、沈宸荃等人幕,時時出入京師,間爲諸公草章疏。鼎革後不復出,隱居著書。生平事迹見《新鎸啓牘大乘備體·陸蜕庵先生家傳》。

此書爲鍾惺詩文選集,其中文集十一卷,詩集五卷。前有許豸頓、陸雲龍、沈春澤三序。陸雲龍序謂其文:"不嘗發左氏、班、馬之未竟,鈎其隱深而出之乎?"

此本據中國科學院圖書館藏明崇禎九年陸雲龍刻本影印。(陳國安)

### 楊文弱先生集五十七卷　(明) 楊嗣昌撰 (第 1372—1373 册)

楊嗣昌 (1588—1641),字子微,號文弱,湖廣武陵 (今湖南常德) 人。萬曆三十八年 (1610) 進士,改除杭州府教授,累進户部郎中。崇禎時擢左僉都御史,遷兵部右侍郎。擢禮部尚書兼東閣大學士,預機務,掌兵部事,督師鎮壓張獻忠,襄陽、洛陽相繼陷落,憂懼不食而死。《明史》有傳。

此集五十七卷,前後無序跋。卷一至卷四十二收疏六百五篇,卷四十三、四十四收召對紀事十七篇,卷四十五至卷五十三收書四百八十五篇。卷五十四、五十五收各體詩。卷五十六、五十七收記、論、解等。是集所收嗣昌諸疏,涉及明末政治、經濟、軍事史料甚夥,可爲治明史者取資。其詩多五七言近體,頗遵格律,略見才情。

此本據南京圖書館藏清初刻本影印。(趙伯陶)

### 鹿忠節公集二十一卷 (明)鹿善繼撰(第1373冊)

鹿繼善(1575—1636),字伯順,定興(今屬河北)人。少讀王守仁書,尊陽明心學。萬曆四十一年(1613)進士,授戶部主事,以事降級。光宗立,改兵部職方主事,崇禎初爲太常寺少卿,告歸。清兵攻定興,城陷死之。謚忠節。生平事迹見《明史》本傳、錢謙益《贈大理寺卿鹿公墓志銘》等。

此集二十一卷,卷首有范景文、茅元儀序。是集未收詩。卷一至卷三收奏疏、揭,卷四收覆疏,卷五至卷七收序,卷八收記,卷九收墓志銘、墓表、行略,卷十收《粵東鹽法議》,卷十一收《福建鹽法議》等,卷十二收祭文,卷十三收疏、贊、啓,卷十四收公移,卷十五至卷二十一收書。

王重民《中國善本書提要》著録國家圖書館藏明崇禎間刻本"《鹿伯順十五種》、《認真草》三十五卷",謂:"是集爲其殉節前編定付梓者。死後親友又輯刻爲《鹿忠節公集》二十二卷,《北海亭詩文集》八卷,後來均有翻刻本,余均見之。然因避清代忌諱,均刪削改易,無復本來面目(《認真草》多用墨釘),均

當依此本回改之。是集凡《借發金花始末》二卷、《馬房裁革本末》一卷、《折徵籽粒本末》四卷、《扶孤始末》一卷、《篋餘》一卷、《農曹草》二卷、《粵東鹽法議》一卷、《福建鹽法議》一卷、《讀禮草》一卷、《待放草》三卷、《典餉草》二卷、《樞曹草》三卷、《榆關草》四卷、《再歸草》四卷、《奉常草》五卷。卷端有孫銓《認真草叙概》,具述原委。卷内有'鹿印傳綸'等印記,善繼裔孫所讀本也。"又謂有崇禎十七年(1634)孫承宗序。可參考。

此本據湖北省圖書館藏清刻本影印。(趙伯陶)

### 從野堂存稿八卷 (明)繆昌期撰(第1373冊)

繆昌期(1562—1626),字當時,一字又元,號西溪。江陰(今屬江蘇)人。萬曆四十一年(1613)進士,改庶吉士,授檢討,天啓初遷左贊善,進諭德,以忤魏忠賢,下獄斃之。生平事迹見《明史》本傳、錢謙益《翰林院侍讀學士繆公行狀》等。

此集八卷,内封鐫"繆太史全集"、"本衙藏板"。卷首有陳必謙、張瑋序。卷一至卷六收各體文,卷七收各體詩,卷八收雜著五篇,包括《自叙》一篇。

此本據上海圖書館藏明崇禎十年繆虛白刻本影印。(趙伯陶)

### 九籥集四十七卷 (明)宋楙澄撰(第1373—1374冊)

宋楙澄(1569—1620),字幼清,號稚源,一作自源。華亭(今上海松江)人。明萬曆四十年(1612)舉人,三試禮部不遇。所爲詩文,奇矯峻拔,尤工尺牘及稗官家言,無俗子韻。生平事迹見宋徵輿《林屋文稿》卷一〇《先考幼清府君行實》、陳子龍《宋幼清先生傳》等。

此集四十七卷,卷首有李維楨、謝廷諒、錢希言序。其中《九籥前集》卷一至卷十一收

各體文。《九籥中集》一卷僅收《祭馮元成先生文》一篇。《九籥後集》卷上收《楚游五記》凡五篇,卷下收古今體詩二十五首、書二篇。《瞻途紀聞》收類似游記之文一百九篇。《九籥前集詩》卷一至卷七收各體詩,卷八收詞六闋。《九籥集詩》卷一至卷四收各體詩及詞、曲。《九籥續集》卷一至卷十收各體文。《九籥集文集》卷一至卷十收各體文。

《嘉業堂藏書志》著録宋楙澄“《九籥前集》詩六卷、文十一卷,《後集》詩四卷、文十卷”,略謂:“平素好養生家言,故取鮑參軍‘升天行五圖,發金記九籥’,隱丹經三義以名其集。黄氏《千頃堂書目》作二十四卷,當時刻本不一也。詩風華掩映,不受七子之束縛。《後集》詩之第四卷,并附詞曲數闋。文俊永奇恣,兼而有之。尤長小説記事,緣博極群書,公車久困,藉詩文以發洩鬱勃之氣也。”

此本據明萬曆刻本影印。(趙伯陶)

### 九籥別集四卷　(明)宋楙澄撰(第1374冊)

此集四卷,卷一收尺牘一百一十三篇,卷二至卷四收稗文凡四十四篇,其中與《九籥前集》卷十一、《九籥集文集》卷十所收稗文多有重複。王士禛《池北偶談》卷二二《宋孝廉稗學》云:“宋有《九籥集》,如稗官家劉東山、杜十娘等事,皆集中所載也。”是集卷二所載《劉東山》(又見《九籥前集》卷十一),其事即爲凌濛初《拍案驚奇》卷三《劉東山誇技順城門　十八兄奇蹤村酒肆》所本。是集卷四所載《負情儂傳》(又見《九籥集文集》卷五),其事即爲馮夢龍《警世通言》卷三二《杜十娘怒沉百寶箱》所本。

此本據中國科學院圖書館藏清初刻本影印。(趙伯陶)

### 咏懷堂詩集四卷咏懷堂詩外集二卷　(明)阮大鋮撰(第1374冊)

阮大鋮(約1587—1646),字集之,號圓海、石巢,又號百子山樵。安慶府懷寧(今屬安徽)人,世居安慶桐城。萬曆四十四年(1616)進士。天啓初,由行人擢吏科給事中。崇禎初,名列逆案,廢爲民。福王立,得馬士英力,官至兵部尚書兼都御史,乃翻逆案,欲盡殺東林、復社及素不合者。順治二年(1645),清兵陷南京,逃入浙江,次年降清。生平事迹見《明史》、《懷寧縣志》卷二五等。

阮大鋮之詩,葉燦《咏懷堂詩序》中云:“其詩有壯麗者,有澹雅者,有曠逸者,有香豔者,至其窮微極渺,靈心慧舌,或古人之所已到,或古人之所未有,忽然出之,手與筆化,即公亦不知其所以至而至焉。”

此《咏懷堂詩集》四卷,前有葉燦、鄺露序。是集按詩歌體式編排,卷一爲四言詩和樂府詩,卷二爲五言古詩和七言古詩,卷三爲五言律詩,卷四爲七言律詩、五言排律、五言絶句、七言絶句。題“石巢阮大鋮集之著,南海鄺露公露校”。《外集》甲、乙兩卷,有自叙。

此本據上海圖書館藏明崇禎八年刻本影印。(陳國安)

### 藏密齋集二十四卷　(明)魏大中撰(第1374—1375冊)

魏大中(1575—1625),字孔時,號廓原。嘉善(今屬浙江)人。萬曆四十四年(1616)進士,授行人,累遷至吏科都給事中,以劾魏忠賢下詔獄,斃獄中。《明史》有傳。

此集二十四卷,卷首有瞿式耜、錢士升序。卷一《自譜》,自述生平甚詳,其後有其子魏學洢識語,言大中等被害始末,當係實録。卷二至卷九收奏疏,卷十收古今體詩,卷十一至卷十三收雜著,卷十四至卷二十三收書牘,卷二十四收啓。朱彝尊《静志居詩話》卷一七謂:“忠節骨鯁之臣,然頗留心風雅。”清陳田《明詩紀事》庚籤卷六選魏大中詩一首,有按語云:“忠節被逮,宿奉勝禪院,留題云:‘果不鑒臨惟有死,縱然歸去已無家。’其語沉痛,讀之令人流涕。"

《明史・藝文志》及《千頃堂書目》著録"魏大中《藏密齋集》二十五卷"。王重民《中國善本書提要》著録北京大學圖書館藏明末刻本《藏密齋集》二十五卷,謂:"《邵亭知見傳本書目》卷十五著録是書凡二十四卷。"同書另著録美國國會圖書館所藏明刻清嘉慶間印本《藏密齋集》二十四卷,謂有崇禎元年誥命、錢士升序、瞿式耜序,則與是集略同。

此本據上海圖書館藏明崇禎刻本影印。(趙伯陶)

**瞿忠宣公集十卷** (明) 瞿式耜撰 (第 1375 册)

瞿式耜(1590—1651),字起田,號稼軒。常熟(今屬江蘇)人。萬曆四十四年(1616)進士,授永豐知縣,有惠政。崇禎初,擢户部給事中,搏擊權豪,大臣多畏之。南明桂王時,以文淵閣大學士兼兵部尚書留守桂林。永曆四年(1650)十一月,桂林城破,與總督張同敞俱被執。後不屈就死。所著有《愧林漫録》等。生平事迹見《明史》本傳、瞿元錫《庚寅始安事略》。

此書首爲《明史》本傳,次遺像并李兆洛贊語。據李兆洛識語,此書原爲常熟許氏藏,清初未敢行世,故《四庫全書》不著其目。原本分十二卷,而誥敕、行狀、志銘、追挽幾溢其半,今皆别而出之。舊無雜文,許君爲搜采補之。

卷七《獄中憶梅雜咏》跋云:"余素不嫻於詩而最喜吟詩。歸田多暇,情境偶有所觸,或率意口占,要以自適其天而已。"其詩雖稍傷淺易,而清新之作,亦可入《摘句圖》。如陸冰修評其《游虞帝祠次金道隱韻》:"向隅之語,誦之凄入肝脾。"其《陳時政急著疏》、《賢王宜優異疏》及《别山詩》自注等,所載時事亦足補《明史》之闕。

此本據華東師範大學圖書館藏清道光十五年蔣因培、許廷誥刻本影印。(陳國安)

**珂雪齋前集二十四卷珂雪齋外集十五卷** (明) 袁中道撰 (第 1375—1376 册)

袁中道(1570—1624),字小修。公安(今屬湖北)人。宗道、宏道弟,從兩兄宦游京師,交四方名士,足迹半天下。萬曆四十四年(1616)進士,由徽州教授,歷國子博士、南京禮部主事。天啓四年(1624)進南京吏部郎中,卒于官。生平事迹見《明史》本傳、《皇明世説新語》卷七等。

此書《前集》前有萬曆戊午《自序》。《外集》卷一至卷十一爲《游居柿録》,卷十二爲《篲録》,卷十三爲《師友見聞語》,卷十四爲《柆史語》,卷十五爲《拾遺》。其自序云:"文法秦漢,古詩法漢魏,近體法盛唐,此詞家三尺也。予敬佩焉,而終不學之。非不學也,不能學也。……姑抒吾意所欲言而已。"袁宏道序《錦帆集》云:"小修詩文,獨抒性靈,不拘格套。有時情與景會,頃刻千言,如水東注。其間有佳處,亦有疵處。佳處自不必言,即疵處亦多本色獨造語。"評價亦頗中肯。惟其存先入爲主之見,故所作亦不脱輕佻習氣。《静志居詩話》評袁氏兄弟云:"小修才遜中郎而過於伯氏。"

此本據中國科學院圖書館藏明萬曆四十六年自刻本影印。(陳國安)

**珂雪齋近集十一卷** (明) 袁中道撰 (第 1376 册)

此書卷一收詩,卷二收詩、賦,卷三至卷八收記、序、傳、銘等各體文,卷九、十收尺牘,卷十一附其子袁祈年《楚狂之歌》、《小袁幼稿》、《近游草》。

此本據明書林唐國達刻本影印。另有《新安集》一卷,萬曆四十七年(1619)刻本,爲其門人程明哲、黄應義校刊,孤本,日本内閣文庫藏。所録詩文皆爲其任徽州府學教授時所作,内有少數作品不見於以上各本。(陳國安)

**清權堂集二十二卷**　（明）沈德符撰（第1377 冊）

沈德符（1578—1642），字景倩，一字景伯，又字虎臣，秀水（今浙江嘉興）人。明萬曆四十六年（1618）舉人。祖及父皆進士，幼承家教，習聞掌故。隨父輩居於京師，中年南返後，搜集兩宋以來歷史資料，仿《集古錄》例撰成《萬曆野獲編》。兼精音律，所著有《顧曲雜言》等。生平事迹見《萬曆野獲編序》、錢謙益《列朝詩集小傳》。

此書爲沈德符之詩集，前有岳元聲、陸啓浤等叙，正文二十二卷，卷各一集。錢謙益《列朝詩集小傳》稱：“其論詩宗尚皮、陸及陸放翁，與同時鍾、譚之流，聲氣歙合而格調迥別，不爲苟同。”

此本據湖南省圖書館藏明刻本影印。（陳國安　韓逢華）

**憨山老人夢游集四十卷**（存三十九卷）　（明）釋德清撰（第 1377—1378 冊）

釋德清（1546—1623），俗姓蔡，字澄印，號憨山。全椒（今屬安徽）人。十二歲出家。萬曆中，曾在五臺山爲李太后主持祈儲道場，李太后爲造寺於嶗山。後坐“私造寺院”遣戍雷陽，遇赦歸，人稱憨山大師。闡釋佛理，多援道入釋，工詩書，擅行草。生平事迹見《自叙年譜實錄》、錢謙益《列朝詩集小傳》。

此集四十卷，卷首有錢謙益、達觀可道人序。卷一至卷五法語（講説佛法之言），卷六至卷九書問，卷十至卷二十四收各體文，卷二十五《楞嚴懸鏡》，卷二十六《法花擊節》，卷二十七《楞嚴補注》，卷二十八《楞伽補遺》，卷二十九《大學決疑》，卷三十《觀老莊景響論》、《道德經解發題》，卷三十一《憨山緒言》、《徑山雜説》，卷三十二《化生儀軌》，卷三十三《淨土會語》（闕），卷三十四《性相通説》，卷三十五、三十六《夢游詩集》上下，卷三十七、三十八《曹溪中興錄》上下、《興復曹溪規約》十條，卷三十九、四十《自叙年譜實錄》上下，附錄收塔銘傳、挽詩、書跋、舊序。

此本據常熟市圖書館藏清順治十七年毛褒等刻本影印。缺卷三十三。（趙伯陶）

**鹿裘石室集六十五卷**　（明）梅鼎祚撰（第 1378—1379 冊）

梅鼎祚（1549—1615），字禹金，別署勝樂道人。宣城（今屬安徽）人。國子監生。詩文博雅，以不得志於科場，棄舉子業。申時行欲薦於朝，辭不赴，歸隱書帶園，構天逸閣，藏書著述於其中。詩宗法李、何。精音律，有傳奇《玉合記》、《長命縷》，雜劇《昆侖奴》等。著作別有《歷朝文紀》、《漢魏詩乘》等。生平見《古今圖書集成》卷六三、錢謙益《列朝詩集小傳》等。

此書前有李維禎、湯賓尹、高維岳、吳伯與等序，及全集總序，卷一至卷二十五爲詩，卷二十六至卷四十爲序，卷四十一爲碑、記、頌，卷四十二爲帳辭、疏、白事、贊，卷四十三爲引、題詞、書跋、述，卷四十四爲策、奏議，卷四十五爲行狀，卷四十六爲墓志銘、墓表、傳，卷四十七爲誄、告文、祭文，卷四十八至卷五十爲祭文，卷五十一至卷六十四爲書牘，卷六十五爲啓。

歐大任《虞部集》云：“禹金五言古蒼然骨立，七言馳驟樂府，時極杜陵之致。近體氣純而完，聲鏗以平，思麗而雅。”《列朝詩集小傳》論謂：“禹金於學，博而不精。其爲詩宗法李、何，雖游獵漢魏、三唐，終不出近代風調。七言今體，步趨李于鱗，又其靡也。”

此本據山西大學圖書館藏明天啓三年玄白堂刻本影印。（陳國安）

**陳眉公集十七卷**　（明）陳繼儒撰（第 1380 冊）

陳繼儒（1558—1639），字仲醇，一字眉公，號麋公。華亭（今上海松江）人。與同郡董其昌齊名。初爲儒生，尋焚棄儒冠，後絕意仕途，專心著述。經史百家，靡不精討，并工詩能文,雖短翰小詞,皆極風致。書法蘇軾、米芾,兼能繪事,善寫水墨梅竹,氣韻空遠,名重一時。屢奉詔徵用,皆以疾辭,卒年八十二。著述頗富,有《眉公全集》、《晚香堂小品》等。《明史》有傳。

此書十七卷,前有其自序。卷一至卷四爲賦、詩,卷五爲叙,卷六、七爲序,卷八爲壽文,卷九爲記,卷十爲論,卷十一爲題詞、跋、疏,卷十二爲尺牘、啓,卷十三爲傳,卷十四爲贊、銘、雜著,卷十五爲志銘、墓表,卷十六爲誄、行狀、祭文,卷十七爲祭文。

此本據上海圖書館藏明萬曆四十三年史兆斗刻本影印。(陳國安)

### 梅花草堂集十六卷 (明)張大復撰(第1380冊)

張大復(約1554—1630),字元長,號病居士。崑山(今屬江蘇)人。諸生,精通漢唐以來經史詞章之學。文名盛於吳中,所居梅花草堂爲當時文人集會之所。中年目盲,益專精於著述,所著有《梅花草堂筆談》、《聞雁齋筆談》、《崑山人物傳》等。生平事迹見錢謙益《牧齋初學集》卷五四《張元長墓志銘》。

《梅花草堂集》有葉培恕、周啓祥等所撰序,湯顯祖所撰《張氏紀略序》,卷一至卷三爲序,卷四爲序、記,卷五爲記、傳,卷六爲傳,卷七爲傳、告文,卷八爲告文、哀辭、祭文,卷九至卷十二爲志狀,卷十三爲雜文,卷十四爲疏,卷十五、十六爲詩。

此本據華東師範大學圖書館藏明崇禎刻本影印。(陳國安)

### 鼇峰集二十八卷 (明)徐𤊻撰(第1381冊)

徐𤊻(1570—1645),初字惟起,更字興公,號鼇峰居士、綠玉齋主人等。晉安(今屬福建)人。博聞多識,工文,擅詩歌,積書鼇峰書舍至七萬餘卷,以布衣終。生平事迹見南居益《鼇峰集序》、《明史》本傳。

此集二十八卷,卷首有南居益序。卷一至卷二十七收賦及各體詩,卷二十八收詩餘。錢謙益《列朝詩集小傳》謂:"興公博學工文,善草隸書,萬曆間與曹能始狎,主閩中詞壇,後進皆稱興公詩派。"朱彝尊《靜志居詩話》卷一八謂:"其詩典雅清穩,屏去惝浮淺俚之習,與惟和(即其兄徐熥)足稱二難。"

《嘉業堂藏書志》著錄《鼇峰集》二十八卷,略謂:"集天啓時刻。序後次壽序三篇,次總目。全集皆詩,分體編輯,較黃氏《書目》、《明史·藝文志》所收增出二卷,蓋足本也。"

此本據北京大學圖書館藏明天啓五年南居益刻本影印。(趙伯陶)

### 靜嘯齋存草十二卷附錄一卷 (明)董斯張撰(第1381冊)

董斯張(1587—1628),原名嗣章,字然明,號遐周,又號借庵。烏程(今浙江湖州)人。監生,耽溺書海,手抄書達百部。與周永年、茅維有詩唱作。因體弱多病,自稱"瘦居士"。生平事迹見錢謙益《列朝詩集小傳》及董樵、董未等《遐周先生言行略》等。

此集十二卷附錄一卷,卷首有韓曾駒序。前十卷卷首各有作者所自撰叙。分題《童牙稿》、《客閩稿》、《未焚稿》、《留篋稿》之一之二、《寒竽草》之一至之五,大體按年編次。卷十一爲詩餘,卷十二爲偈頌。附錄一卷收孫淳等挽詩,閔元衢《祭董遐周文》。卷末錄斯張孫董樵、董未等撰《遐周先生言行略》,言其生平甚詳。陳田《明詩紀事》庚籤卷八謂:"遐周《童牙》、《留篋》二稿,骨格尚未老蒼,《寒竽》一集,自謂一變,冥心苦構,心血欲嘔,頗多宋派。"

此本據國家圖書館藏明崇禎刻本影印。(趙伯陶)

### 靜嘯齋遺文四卷 (明)董斯張撰(第1381冊)

此《靜嘯齋遺文》四卷,分體編排。卷一收

序十四篇,卷二收傳二篇、行狀一篇、墓壙銘一篇、祭文四篇,卷三收書二十七篇,頌、偈、疏各一篇,卷四收跋二十八篇。其文可見平生交游,有曹能始、茅元儀、湯顯祖、董其昌等。其《徐元歎詩小叙》云:"識得性情兩字,一生吟咏事畢。"可見其詩學宗旨,與前後"七子"所倡自不同趨。

此本據國家圖書館藏清初刻本影印。(趙伯陶)

## 陳太史無夢園初集三十四卷（豈集 有集 文集 章集 驚集 海集 内集 漫集 勞集 車集 馬集 駐集 江集 干集） （明）陳仁錫撰（第1381—1383冊）

陳仁錫(1579—1634),字明卿,號芝臺,長洲(今江蘇蘇州)人。天啓二年(1622)一甲第三名進士,授編修,以忤權閹魏忠賢落職歸。崇禎改元,復故官,歷右中允、國子司業、右諭德、南京國子祭酒,以疾卒。性好學,喜著書。生平事迹見《明朝百家小傳》、《明史》本傳。

此集三十四卷,卷首有自叙,有總目與分卷細目,分卷以唐杜甫《賓至》詩"豈有文章驚海内,漫勞車馬駐江干"爲名。分別收"大廷對策之文"、"講筵入告之文"、"主考進呈之文"、"制科應試之文"、"草莽臣恭謁定陵慶陵登第直講除名策蹇之文(詩附)"、"扈從郊祀幸學陪祭太廟宣詔出關持節入洛之文(詩附)"、"成均解經之文"、"輶軒采訪之文"、"諮詢酬對之文"、"情事揣摩之文"、"叙述今古之文"、"編纂雜紀之文"、"游覽探奇之文"及"山水紀迹之文"。

王重民《中國善本書提要》著錄美國國會圖書館藏明崇禎間刻本"《無夢園初集》三十五卷《遺集》八卷《小品》二卷《家乘文》一卷",謂:"各集卷數不等,《驚》、《内》、《漫》各二卷,《海》、《車》、《江》各三卷,《勞》、《馬》、《駐》、《干》各四卷,餘各一卷,共三十五卷。"較該本《驚》集多出一卷。又

謂:"其《海》、《漫》、《車》三集,於邊防地理、屯田茶海等事,記載頗詳,多其所親歷,爲今日研究明、清史事者重要史料。《禁書總目》與《違礙書目》一再著錄,故今日傳本極稀。此本稍有白葉,蓋刷印時板片已散失,其初印全本,今極罕覯,則此本已足珍矣。"可參考。

此本據明崇禎六年張一鳴刻本影印。(趙伯陶)

## 無夢園遺集八卷 （明）陳仁錫撰（第1383冊）

此集八卷,卷首有洪周禄序及陳仁錫《無夢園初集自序》。卷一收廷試策、進講存稿、武試録序、衍義序、通鑒序,卷二、三收序,卷四收記、賀序、贈序,卷五收疏、議、題、跋,卷六收墓志銘、表、傳,卷七收壽序,卷八收祭文、行狀。此集目録注明附録《繼志堂家乘》、《翠娛閣評選初集小品》,正文皆無。

此本據安徽省圖書館藏明崇禎八年陳禮錫、陳智錫等刻本影印。(趙伯陶)

## 黄石齋先生文集十三卷 （明）黄道周撰（第1384冊）

黄道周(1585—1646),字幼玄,又字幼平、螭若、細遵,號石齋。漳浦(今屬福建)人。天啓二年(1622)進士,改庶吉士,授編修,歷官右中允,以言事鐫級,俄落職爲民,尋起官,以右諭德掌司經局,出爲江西按察司照磨,再遭遣戍。南明福王立,任禮部尚書,後入閩擁立隆武帝,任兵部尚書兼吏部尚書、武英殿大學士。清順治二年(1645)在婺源爲清兵所俘,次年就義于江寧。《明史》有傳。

此集十三卷,卷首有鄭玖、洪思序。分體編次,收各體文及賦、頌等。

此本據天津圖書館藏清康熙五十三年鄭玖刻本影印。(趙伯陶)

## 咏業近集四卷焦桐山詩集二卷焦桐山文集一卷明誠堂詩集二卷浩然堂詩集一卷　（明）黃道周撰（第1384冊）

此《咏業近集》爲詩集，分體編排，收癸未、甲申年所作古體及七律。《焦桐山詩集》收癸未、甲申年所作五律。《焦桐山文集》收記、跋等七篇，各篇後皆書月日。《明誠堂詩集》收癸未、甲申年所作五律及一首七古。《浩然堂詩集》收癸未間五律八十首。陳田《明詩紀事》辛籤卷四謂："先生論詩，不薄李、王，而時蹈竟陵之習。有明末派，如文太青、倪鴻寶皆墮落此趣，豪傑亦不免。"

此本據國家圖書館藏明末刻本影印。（趙伯陶）

## 舜水先生文集二十八卷　（明）朱之瑜撰（第1384—1385冊）

朱之瑜（1600—1682），字魯嶼，又字楚嶼，號舜水。餘姚（今屬浙江）人。明末崇禎時諸生，屢徵不出。南明福王授江西按察使，亦不就。清順治二年（1645）清兵入浙，曾奔走各地，聯絡義軍抗清。順治四年至十五年四次東渡日本，欲乞師恢復，未果。後隨鄭成功、張蒼水抗清，敗後定居日本，先住長崎，後遷江戶（今東京），授徒講學二十餘年。生平事迹見《明遺民所知錄》卷三等。

朱之瑜早年精研六經，提倡"實理實學"，學以致用。旅日期間，水户侯源光國聘其爲賓師，其學影響日本頗深。舜水工詩文，其詩"寄旨遥深，含情幽怨，讀者當索之於言外"（張廷枚《國朝姚江詩存》）。其域外詩作抒愛國之情，記海外風光，尤有價值。

《舜水先生文集》二十八卷有日本正德二年（1712）刻本，上海圖書館藏。貞享元年（1684）加賀侯源剛伯編《明朱徵君集》十卷抄本，享保五年（1720）書林茨城多左衛門刊《舜水先生文集》二十八卷，明治四十五年（1912）稻葉君山輯東京會文堂鉛印《朱舜水全集》合水户與加賀本之合刊本，民國二年（1913）馬浮删定稻葉本而成之《舜水遺書》二十八卷。

此本據上海圖書館藏日本正德二年刻本影印。（馬亞中　楊年豐）

## 遠山堂詩集十卷　（明）祁彪佳撰（清）魏畊校定（第1385冊）

祁彪佳（1602—1645），字幼文，一字弘吉，號世培，又號虎子、遠山主人。著名藏書家祁承爍子，山陰（今浙江紹興）人。天啓二年（1622）進士，授興化府推官，崇禎四年（1631）起御史，出按蘇、松諸府，以侍養歸，家居九年。南明福王立，遷大理寺丞，擢右僉都御史，巡撫江南。南都失守，絕食死。《明史》有傳。魏畊（1614—1662），原名時珩，又名璧，字楚白。入清，更名畊，字野夫，號雪竇居士，慈溪（今屬浙江）人。明諸生，明亡棄去，追隨張煌言佐魯監國抗清，以氣節相尚，事敗不屈就義。著有《雪翁詩集》。生平事迹見魏霞《明處士雪竇先生傳》、全祖望《雪竇山人壙版文》。

此集十卷，詩分體以爲卷，共録詩五百零八首，詩間有删改修訂痕迹。卷末有跋，後署"己卯四月初八日，復庵沈鈞業謹跋"，推斷是集録祁氏少作居多，又云："集中古今體詩共五百十二首，雪翁題其上云共集百三十六首，惟經其所點定者實有百四十六首。想其中尚有去取未定者，兹就其點定者録存之。"按沈鈞業（1884—1951），字馥生，晚號復庵，紹興人。清末諸生。是知後署之"己卯"當爲公元1939年。

此本據國家圖書館藏清初祁氏東書堂抄本影印。（趙伯陶）

## 遠山堂文稿一卷　（明）祁彪佳撰（第1385冊）

此集一卷，前後無序跋，共收文五十七篇，文體雜陳，似未經悉心編輯。其中有關制藝序跋,於治明清科舉研究或有助益。游記、序跋、募疏、祭文、傳記、警語,皆有可觀,多有今斷句本《祁彪佳集》所未收者。所錄《族規》一文,可爲研究明末江南士大夫家族史者取資。

此本據國家圖書館藏清初祁氏起元社抄本影印。（趙伯陶）

### 新刻譚友夏合集二十三卷 （明）譚元春撰

（明）徐汧（明）張澤等評（第 1385 册）

譚元春（1586—1637）,字友夏,號鵠灣,別號蓑翁。竟陵（今屬湖北）人。天啓七年（1627）鄉試第一。善詩文,與鍾惺同爲竟陵派創始人。論文強調性靈,反對摹古,追求幽深孤峭,所作流于僻奧冷澀。與惺共評選《唐詩歸》、《古詩歸》。著述別有《譚子遇莊》等。生平事迹見《明史》本傳、《啓禎野乘》卷七等。徐汧（1597—1645）,字九一,長洲（今江蘇蘇州）人。崇禎間進士,累遷右庶子。清兵破城,投虎丘新塘橋下死。《明史》有傳。張澤,字草臣,號旨齋,吳縣（今江蘇蘇州）人。明諸生,著有《旨齋詩草》。

《新刻譚友夏合集》二十三卷,前有張澤序。卷一至卷五爲《岳歸堂新詩》,卷六至卷十四爲《鵠灣文草》,卷十五至卷二十三爲《岳歸堂已刻詩選》。後附《旨齋詩草》一卷。《四庫全書總目提要》別集類存目載《譚友夏合集》二十三卷,是編乃明季蘇州張澤合元春詩文而刻之。另《四庫全書總目提要》評其《詩歸》“大旨以纖詭幽渺爲宗,逗一二新雋字句,矜爲元妙。又力排選詩惜羣之説,於連篇之詩隨意割裂,古來詩法於是盡亡”。譚之詩文風尚可從其選詩中得窺一斑。

此本據明崇禎六年張澤刻本影印。（陳國安）

### 松圓浪淘集十八卷松圓偈庵集二卷 （明）

程嘉燧撰（第 1385 册）

程嘉燧（1565—1644）,字孟陽,號松圓、偈庵。其先休寧（今屬安徽）人。少年科舉不成曾學劍,後刻意讀書,極爲錢謙益推重。晚居虞山（今江蘇常熟）之拂水莊,題其室曰“耦耕”。曾僑居嘉定（今屬上海）,與同里唐時升、婁堅稱“練川三老”,與李流芳等爲詩畫友,四人合稱“嘉定四先生”。生平事迹見《明史》本傳、《列朝詩集小傳》等。

程嘉燧詩風流典雅,論詩反對前後“七子”剽擬之風,爲晚明一大家,錢謙益稱之曰“松圓詩老”。其論詩主張先立人格,再立詩格,當時被人稱爲“一代宗主”、“晚明一大家”。

《松圓浪淘集》,亦名《浪淘集》,十八卷。前有謝三賓、唐時升序及程嘉燧自序,自序中對其學詩經歷及集名由來作了説明。序中之語,亦可見作者爲詩之心志。

此書有崇禎間謝三賓刻本,清康熙三十三年（1694）陸廷燦補修,北京大學圖書館、上海圖書館、南京圖書館等藏。又有清刻本,吳公鼎定,陳允衡評。今據湖北省圖書館藏明崇禎刻本影印。（陳國安）

### 耦耕堂集（詩三卷文二卷） （明）程嘉燧撰
### 松圓詩老小傳一卷 （清）錢謙益撰（第 1386 册）

此集卷首有錢謙益序及自序。詩分上、中、下三卷。文分上、下二卷。卷末附錢謙益所撰《松圓詩老小傳》,亦收入《列朝詩集小傳》。朱彝尊《静志居詩話》卷一八謂:“孟陽格調卑卑,才庸氣弱,近體多於古風,七律多於五律。如此伎倆,令三家村夫子,誦百翻兔園册,即優爲之,奚必‘讀書破萬卷’乎？牧齋錢氏深懲何、李、王、李流派,乃於明三百年中,特尊之爲‘詩老’。”

此本據湖北省圖書館藏清順治十三年金獻士、金望刻本影印。（趙伯陶）

**石民四十集九十八卷**　（明）茅元儀撰（第1386—1387冊）

茅元儀（1594—1640），字止生，號石民，又署東海波臣、夢閣主人、半石址山公。歸安（今浙江湖州）人。崇禎初，以薦授翰林院待詔，後以知兵授副將，又入兵部尚書孫承宗幕下，因戰功升任副總兵，提轄遼東覺華島兵事，置大將軍印。因遼東兵嘩變，遣戍漳浦。崇禎十二年（1640），上疏勤王，反被斥，鬱鬱而卒。生平事迹見錢謙益《列朝詩集小傳》等。

此集九十八卷，卷首有自序。收各體文，其中卷七至卷九收冒言上、中、下凡十七篇，爲籌餉諸議，包括總序、屯遼、人運、錢法、屯田、鹽法、稅契、度牒、榷茶、榷酒、市舶、肆稅、蘆洲、内供、宗禄、驛遞、總論等。該集内容豐富，涉及面廣泛，可爲治明代政治、經濟、軍事、外交、社會史者取資。陳田《明詩紀事》辛籤卷二六載選茅元儀《賞心集》八卷、《渝水集》六卷、《西崦集》三卷、《江春集》二十卷、《橫塘集》十卷、《又峴集》五卷、《在禁詩》一卷、《山草》二卷。

《千頃堂書目》著録《石民四十集》一百四十八卷。《嘉業堂藏書志》著録茅元儀“《石民集》四十九卷”，分《賞心集》八卷、《渝水集》六卷、《江村集》二十卷、《橫塘集》十卷、《又峴集》五卷，又著録茅元儀《石民未出集》二十卷，與該本不同。

此本據國家圖書館藏明崇禎刻本影印。（趙伯陶）

**史忠正公集四卷首一卷末一卷**　（明）史可法撰（第1387冊）

史可法（1602—1645），字憲之，一字道鄰，祥符（今河南開封）人。崇禎元年（1628）進士。官武英殿大學士，督師揚州，順治二年（1645）城破，自刎未死，被執不屈而死。清追諡忠正。生平事迹見《明史》本傳。

乾隆四十九年（1784），其玄孫彙集遺稿，刊刻爲《史忠正公文集》四卷。卷首爲賜諡諭旨、欽定勝朝殉節諸臣録、御制題像詩等。卷一爲奏疏，卷二爲書，卷三爲家書、遺書，卷四爲雜文、詩、四書文。

此本據復旦大學圖書館藏清乾隆四十九年史開純刻本影印。另有《史忠正公文集》九卷首一卷，同治十二年述荆堂刻本，山西大學圖書館藏。（陳國安　韓逢華）

**七録齋詩文合集十六卷**（近稿六卷存稿五卷館課一卷論略一卷詩稿三卷）　（明）張溥撰（第1387冊）

張溥（1602—1641），字天如，號西銘，太倉（今屬蘇州）人。明崇禎進士，選庶吉士。與同鄉張采齊名，合稱“婁東二張”。天啓四年（1624），二人在蘇州創建復社。張溥著作宏豐，編述三千餘卷，精通詩詞。生平事迹見《明史》本傳。

此書前有周鍾《七録齋集序》、支益《七録齋詩文合集序》，凡文十三卷，詩三卷。張溥書齋名“七録齋”，故詩文集名《七録齋集》，亦名《七録齋詩文全集》。此書於崇禎年間刻成，另有六卷本與七卷本兩種。

此本據明崇禎九年刻本影印。（陳國安　韓逢華）

**安雅堂稿十八卷**　（明）陳子龍撰（第1387—1388冊）

陳子龍（1608—1647），字人中、懋中，一字臥子，又字海士，號軼符、大樽。松江府華亭（今屬上海）人。曾易姓李，號潁川明逸、於陵孟公。曾出家，法名信衷。生有異才，工舉子業，兼治詩賦古文。與夏允彝等結幾社，又參加復社。崇禎十年（1637）舉進士，選紹興推官。明亡後乃事福王於南京，南都淪亡，遁爲僧。尋受魯王兵部尚書，結太湖兵欲舉事，事露被擒，械送途中投水死。清追諡忠裕編著有《史論》、《皇明經世文編》等。生平事迹見《明史》本傳、王昶注《陳忠裕公自述年譜》。

子龍早期詩作頗多華豔擬古之習，入清以後，詩風一變，感時傷事，慷慨悲涼，前人稱之爲"明詩殿軍"。子龍兼擅諸體而以七古、七律最優。其七古色彩濃烈，氣勢奔放，時人譽爲"直兼高、岑、李頎之風軌"。七律清麗沉雄，意境雄奇。

子龍在世時，曾刻有《岳起堂稿》、《采山堂稿》、《屬玉堂集》、《平露堂集》、《白雲草》等，因被查抄，今多散佚。殉難後，友人宋徵輿、門人王法、婁縣吳光裕曾搜輯存世詩文。嘉慶七年（1802）馬應梅等據此刻印刊行，後王昶於嘉慶八年編刻《陳忠裕公全集》二十卷。

《安雅堂稿》十八卷，收子龍賦、頌、序、記、策、傳、書牘等各式文體共二百四十九篇。

此本據明末刻本影印。（陳國安）

### 湘真閣稿六卷　（明）陳子龍撰（第1388冊）

《湘真閣稿》六卷，約作於崇禎十二（1639）、十三年。卷首有李雯序，手題《紅梅花賦》、《謝貲古鏡熏籠啓》兩篇。卷一爲歌賦，卷二爲風雅體，卷三爲七言古詩，卷四爲五言古詩，卷五、六爲七言律詩。卷題下署"華亭陳子龍懋中著"。

此本據南京圖書館藏明末刻本影印。（陳國安）

### 張忠烈公集十二卷補遺一卷首一卷末一卷附錄二卷　（明）張煌言撰（第1388冊）

張煌言（1620—1664），字玄著，號蒼水，鄞縣（今屬浙江）人。崇禎十五年（1642）舉人。南明弘光元年（1645）應錢肅樂等起兵抗清，迎魯王監國。加右僉都御史，監張名振軍。名振死，煌言統其軍，與鄭成功率舟師北上，破鎮江，至江寧城下。鄭成功兵潰，乃退守天台。永曆帝死，知事不可爲，散軍避居南田懸嶴島。康熙三年（1664），被清軍俘獲，至杭州被害。乾隆四十一年（1776）賜謚忠烈。生平事迹見《鮚琦亭集》卷六《鄞張公神道碑銘》、《黎洲遺著匯刻》所收《張玄著先生事略》等。

張蒼水之詩，其氣昌明而宏偉，其辭贍博而英多。如其《樅陽謠》二首："八尺風帆百丈牽，樅陽湖裏去如煙。江南米價秋來長，喜殺桐艚賣稻船。""沿湖下網蕩湖船，網內纖鱗錦樣鮮。燈火湖邊兒女笑，魚秧種得不須田。"

此書卷首有全祖望《原序》，徐孚遠、姜宸英《奇零草序》，黃宗羲《兵部左侍郎蒼水張公墓志銘》、全祖望《神道碑銘》，另有《兵部左侍郎張公傳》，謝爲雯《明蒼水張公傳》，卷一至卷三爲文，即《冰槎集》。卷四至卷十一爲詩，卷十一爲《采薇吟》，前爲《奇零草》。卷十二爲《北征錄》，附錄二卷，收鄉薦經義與年譜。卷末收舊跋。

此本據國家圖書館藏清傅氏長恩閣抄本影印。另有清光緒十年傅以禮家抄本《張忠烈公文集》七卷，藏南京圖書館。（陳國安）

### 樓山堂集二十七卷遺文六卷遺詩一卷　（明）吳應箕撰（第1388—1389冊）

吳應箕（1594—1645），字風之，更字次尾，貴池（今屬安徽）人。崇禎十五年（1642）副榜貢生。曾在南京與復社諸生百四十餘人爲《留都防亂公揭》，聲討閹黨阮大鋮，後大鋮得志，亡去。南都不守，起兵應金聲抗清，被捕，不屈遇害。生平事迹見《明史》本傳、劉城《吳次尾傳》等。

此《樓山堂集》卷首有周鑣、張自烈、劉廷鑾、陳名夏、蘇桓、劉城、陳子龍序。卷一至卷十九收各體文，其中卷七收《國朝紀事本末論》十三篇，內含《東林本末》。卷二十至卷二十七收賦及各體詩。《遺文》卷首有其子孟堅識語及陳肇、繆肇甲序。文不分體，收序、祭文、書及雜文等凡九十九篇。《遺詩》卷首有王仕雲、許承欽、沈喬生序，共收古今體詩十六首。陳田《明詩紀事》辛籤卷六謂：“樓山詩，五言樸老，長於咏史。復社中殉節諸公，義魄鬼雄，如樓山、維斗、日生、存古、武公、公旦輩，雖更僕難數，可以雪結社亡國之恥矣。”

此本據國家圖書館藏清刻本影印。（趙伯陶）

### 翠娛閣近言四卷(詩一卷文三卷)　（明）陸雲龍撰（第1389冊）

陸雲龍生平見前《翠娛閣評選鍾伯敬先生合集》提要。

此集四卷，卷首有自序。詩一卷，收各體詩一百二十八首，末附詞七闋。文三卷，收各體文凡六十一篇。卷末有《翠娛閣詩草小引》。欄頭有仁和陳爕明小字評點。

此本據上海圖書館藏明崇禎刻本影印。（趙伯陶）

### 夏内史集九卷附錄一卷　（明）夏完淳撰（第1389冊）

夏完淳（1631—1647），初名復，字存古，號玉樊，明亡改名完淳，松江華亭（今屬上海）人。曾隨父夏允彝宦游京師、福建。順治二年（1645），從父及師陳子龍起兵抗清，失敗歸隱，終因吳勝兆反判案牽連下獄，不屈死，年十七。生平事迹見屈大均《皇明四朝成仁錄》卷六《吳江起義傳》、王弘撰《夏孝子傳》等

此集九卷附錄一卷，卷首無序跋，卷下題“夏完淳纂”。卷一收《大哀賦》一篇，卷二收賦九篇、騷《九哀》九篇，卷三至卷七收各體詩，卷八收詞，卷九收檄、論、書、問五篇。附錄收方授、陸宇燝、范兆芝、董劍鍔《南冠草序》，有關夏完淳雜記軼事，王鴻緒《明史稿》本傳等。陳田《明詩紀事》辛籤卷五謂：“存古詩趨步陳黃門，年僅十七，當其合作，與黃

門并難高下。赴義之時，語氣縱橫淋漓，讀之令人悲歌起舞。”

此書有《夏節愍全集》本，何其偉《夏節愍全集跋》云：“《夏節愍集》十卷，蓋綜其生平所爲《玉樊堂集》、《内史集》、《南冠草》三種，匯録成編者也。”

此本據清嘉慶吳氏聽彝堂刻《藝海珠塵》匏集本影印。（趙伯陶）

### 牧齋初學集一百十卷　（清）錢謙益撰（第1389—1390冊）

錢謙益生平見前《杜工部集》提要。

錢謙益博古通今，古文、詩歌、史學、佛學均精，尤以詩名。與吳偉業、龔鼎孳合稱爲“江左三大家”。閻若璩稱與海内讀書者游，博而能精者，僅有謙益與顧炎武、黃宗羲三人。其詩兼宗唐學宋，法少陵、義山、蘇、陸等大家，轉益多師，自出面目，蒼涼激越，爲清初詩風“導夫先路”。馮班謂其“學元裕之（好問）而過之，每稱宋、元人，矯王（世貞）、李（攀龍）之失也”（《鈍吟雜録》）。其學宋，形成虞山詩派，成員有馮舒、馮班、錢曾、錢陸燦等人。學晚唐李商隱，則直接影響晚清西崑派李希聖、曾廣鈞、曹元忠等人。

《初學集》，又稱《牧齋初學集》，爲其在明時所作詩文結集。卷首有程嘉燧序、曹學佺序、蕭士瑋《讀牧翁集七則》。凡一百一十卷：詩二十卷、文八十卷、《太祖實録辨證》五卷、《讀杜小箋》三卷、《讀杜二箋》二卷。内卷一至卷二爲《還朝詩集》，卷三至卷四爲《歸田詩集》，卷五至卷十爲《崇禎詩集》，卷十一爲《桑林詩集》，卷十二爲《霖雨詩集》，卷十三、十四爲《試牀詩集》，卷十五、十六爲《丙舍詩集》，卷十七爲《移居詩集》，卷十八至卷二十爲《東山詩集》，編年排次。其詩古近體均工，七言勝於五言，律體勝於古體。歸莊以爲錢氏於詩“除榛莽，塞徑竇，然後詩家

始趨於正道,還之大雅"。其爲文嚮往歸有光而規模過之,黃宗羲稱他"主壇坫,幾與弇州相上下。其叙事必兼議論而惡夫剿襲,詞章必貴乎鋪叙而賤夫雕巧,可謂堂堂之陣,正正之旗"。

《初學集》爲錢謙益手削定稿,由瞿式耜於崇禎十六年(1643)九月刻成。民國八年(1919)上海商務印書館又據之影印,收入《四部叢刊》。別有錢曾《初學集箋注》二十卷,康熙間玉詔堂刊,乾隆間春暉堂重刊,與瞿式耜本略有出入,詞句亦互有異同。另有日本明治間擁書城木活字本。乾隆時錢氏著作遭禁毁,流傳幾絶,宣統二年(1910)薛鳳昌遂漢齋以瞿刻本與箋注本勘校,合二爲一,以鉛字排印,與《有學集》、《投筆集》并爲《牧齋全集》行世,民國十四年文明書局重印。

此本據民國涵芬樓影印明崇禎瞿式耜刻本影印。(馬亞中　楊年豐)

**牧齋有學集五十卷補一卷校勘記一卷**　（清）錢謙益撰（第 1391 冊）

《有學集》,一作《牧齋有學集》,爲錢謙益入清後所作詩文。卷首有鄒鎡序,卷後附《牧齋有學集校勘記》,并姜殿揚跋。集中行文仍奉明正朔,無清年號。爲錢氏親手編定,其詩紀年編纂,始於順治二年(1645),終於康熙三年(1664)。凡詩十三卷,文三十七卷,爲《秋槐詩集》一卷、《秋槐詩支集》一卷、《夏五詩集》一卷、《絳雲餘爐詩》二卷、《秋槐詩別集》一卷、《高會堂詩集》一卷、《長干塔光詩集》一卷、《紅豆詩集》三卷、《東澗詩集》二卷,散文雜著三十七卷。補遺一卷乃據金匱山房重定本輯出。另有宣統二年(1910)遂漢齋校刊《牧齋全集》本,補遺爲二卷。

《有學集》乃錢謙益晚年手訂。民國八年(1919),上海商務印書館影印康熙三年鄒鎡序本,收入《四部叢刊》。十八年,有二次印本與縮印本,均以金匱山房本參校,附校記一卷,以金匱山房本多出篇目編爲《有學集補》一卷。姜殿揚跋云:"……金匱山房五十一卷定本之刻,弘光大明字面抹削殆盡。……盡失牧翁原本之真。"

此本據民國十八年上海商務印書館《四部叢刊》本二次印本影印。案,《續修四庫全書》題影印民國八年本,誤。另,據宣統二年吳江薛鳳昌遂漢齋據排印《牧齋全集》本,康熙三年鄒鎡序應爲康熙十三年鄒式金所序。(馬亞中　楊年豐)

**投筆集箋注二卷**　（清）錢謙益撰（清）錢曾箋注（第 1391 冊）

錢曾(1629—1701),字遵王,號也是翁,又號貫花道人。常熟(今屬江蘇)人。藏書家錢裔肅之子,錢謙益族孫,得謙益絳雲樓燼餘之藏書。編有《也是園藏書目》、《讀書敏求記》等。錢林《文獻徵存録》卷二有傳。

是書作於清順治十六年(1659)至康熙二年(1663)五年間,書名取班超"投筆從戎"之意。該集共八組十三疊。組詩以鄭成功水師入長江攻金陵至鄭成功卒於臺灣、子鄭經嗣立爲背景,抒寫反清復明之情愫。前三疊作於鄭成功攻金陵時,四、五、六疊作於鄭成功兵敗後,後七疊作於南明永曆朝廷覆亡前後。次韻和杜甫《秋興八首》,以紀事抒情,發板蕩之悲。謙益因晚節不終而遭同時人惋惜鄙視,此詩集之作深切寄托作者對故朝的哀思。錢曾爲謙益族孫,曾親承謙益學問,其箋注對詩中廋詞隱語、典故出處,能一一發其根柢,溯其源流。

《投筆集》清初抄爲一卷,有徐承堯跋,安徽省博物館藏。後抄爲兩卷,北京大學圖書館等藏。《投筆集箋注》有清宣統二年鄧氏風雨樓鉛印本,藏中國科學院圖書館,今據以影印。(宋金華)

## 河東君尺牘一卷湖上草一卷我聞室剩稿二卷

（清）柳是撰　**附錄二卷**　（清）袁瑛輯
（第1391冊）

　　柳是（1618—1664），本姓楊，名愛，字影憐。後改姓柳，名隱，又名是，字如是，一字藤蕪，號河東君，又號我聞居士。嘉興（今屬浙江）人。著作有詩集《戊寅草》、《湖上草》等，詩作亦散見於錢謙益著作中。其生平事迹見《虞初新志》卷五、《清代畫史增編》卷二九、顧苓撰《河東君傳》等。

　　《尺牘》收書信三十一封，林天素作序。其中有作者病中所書，亦有與友人鴻雁酬唱之作。正如林序所謂：“琅琅數千言，豔過六朝，情深班蔡。”《湖上草》作於明崇禎十二年（1639）春，係作者寄迹杭州西湖時所作。其中有答友人、懷古、暢游之作，亦有吟咏時節之作。柳詩寄托深沉，感情真摯。王國維題柳如是《湖上草》，贊之爲“女中鬚眉”。陳寅恪謂從中“往往可窺見其孤懷遺恨，有可以令人感泣不能自已者焉”。《我聞室剩稿》收詩二十二首，附詞六首。附錄收顧苓《河東君傳》等及友人贈柳氏、悼柳氏之作。

　　《尺牘》一卷《湖上草》一卷，浙江圖書館藏明末汪然明刻本，有清林雲鳳跋。中國科學院圖書館藏清抄本，多《我聞室剩稿》二卷，後有清袁瑛輯《附錄》二卷，今據以影印。（宋金華）

## 夏峰先生集十四卷補遺二卷　（清）孫奇逢撰（第1391—1392冊）

　　孫奇逢（1585—1675），字啓泰，號鍾元，原籍明直隸容城縣（今屬河北），後遷居輝縣（今屬河南）。萬曆二十八年（1600）舉人，晚年講學於輝縣夏峰村，學者稱夏峰先生。左光斗等爲魏忠賢所害，奇逢激以大義，欲上書清君側，海内高其義。孫奇逢所撰詩文，有《歲寒集》三十卷、《歲寒續集》若干卷，王伯生、趙寬夫選擇刪正，名《傳信録》。生平事迹見《清史稿》、《清史列傳》卷六六等。

　　孫奇逢爲學“以澄澈爲宗，以和易爲用。是王守仁，亦不非朱熹”，“見義必爲，其於敦勸人心，扶樹風教，則赴之若渴”。此書十六卷，有張鏡心等舊叙及錢儀吉序。全書分體編排，分語録、記、論、説、辨等類，另有補遺兩卷。康熙三十八年（1699），孫淦兼山堂刻《夏峰先生集》十四卷《補遺》二卷。又有道光二十五年錢儀吉大梁書院重刻本，別輯《補遺》二卷。

　　此本據清道光二十五年大梁書院刻本影印。（宋金華）

## 尊水園集畧十二卷補遺二卷　（清）盧世㴶撰（第1392冊）

　　盧世㴶（1589—1653），字德水，號紫房，晚號南村病叟。德州（今屬山東）人。明天啓四年（1624）進士，授户部主事，後改補禮部。入清，即家拜監察御史，徵詣入京，病篤不能行，以原官在籍調理，托疾不就。卜居平原，佯狂肆志以終。生平事迹見《古歡堂集傳》卷一、《碑集傳》卷一三六。

　　盧世㴶詩文與錢謙益齊名。盧世㴶博及群書，淹貫經史，其詩沉酣於老杜，清真古淡。其文爽朗痛快，使人神傾意愜。此書十二卷，其中前四卷爲詩，後八卷爲文，卷前有程先貞等序，附王永吉撰《墓志銘》。

　　此本據復旦大學圖書館藏清順治刻十七年盧孝餘增修本影印。（宋金華）

## 金文通公集二十卷奏疏六卷詩集六卷外集八卷　（清）金之俊撰（第1392—1393冊）

　　金之俊（1593—1670），字豈凡，一字彦章，號息齋，吴江（今屬江蘇）人。萬曆四十七年（1619）進士，官至兵部右侍郎。入清原官起用，官至中和殿大學士，謚文通。傳見《清史稿》、《清史列傳》卷七九及自撰《年譜韻編》。

　　《金文通公集》有錢謙益等序及自序。卷

一至卷四爲序,有讀書所作摘記,亦有爲人所作書序。如《讀王文恪集序》,論文章大旨,闡明義理,以古文爲準則,可見作者文章取向。卷五爲壽序,乃應酬之作。卷六、卷七爲記,乃作者游歷南岳、天目山等地所作,頗有唐風。卷八收《孝獻皇后傳》,屬奉敕之作。後十一卷爲說、跋、墓志銘等類。有奉命所作《明崇禎帝碑文》等,可稽考時政。

《奏疏》六卷,前有韓世琦等序,分《佐樞疏草》、《佐銓疏草》、《總憲疏草》、《中銓疏草》、《綸扉疏草》、《山中奏草》諸集,集各一卷,多涉順治時事。詩集分《珥筆閑吟》、《山居候鳴》,各三卷。外集八卷,有與釋博山、雪關等往還文字,亦有倡導里中勇於爲善、破吝除貪等内容。

此本據中國科學院圖書館藏清康熙二十五年懷天堂刻本影印。(宋金華)

## 蒼雪和尚南來堂詩集四卷附錄一卷　(清)釋讀徹撰 (第1393 册)

讀徹(1587—1656),俗姓趙,初字見曉,後更蒼雪,號南來,呈貢(今屬雲南)人。清詩僧,幼年隨父于昆明妙湛寺削髮爲僧,後入吴,奉通潤爲師,主支硎山中峰寺。晚明弘光改元,金陵設壇,特賜三昧紫衣,稱國師。清初禮部行取天下高僧入直萬善殿,獨不與,全祖望目爲"僧中遺老"。著述另有《華嚴經海印道場忏儀》、《法華珠髻》等。生平事迹見孫静庵《明遺民錄》、錢謙益《中峰蒼雪法師塔銘》、陳乃乾《蒼雪大師行年考略》等。

讀徹博學多聞,善畫,尤工于詩。與楊一清、張含、楊弘山并稱雲南詩壇四大家。其詩常具滄桑之感,逃名避世之意。吴偉業稱讀徹詩"蒼深清老,沉著痛快,當爲詩中第一,不徒僧中第一"(《梅村詩話》)。

《蒼雪南來堂詩集》四卷,卷首有寂光、圓鼎像贊,徐波、錢謙益題辭,陸汾序及《募刻中峰蒼雪大師詩集小引》,凡例六則,圓鼎抄錄續例五則。後附錄蒼雪《寄徒三和書》及錢謙益所作《蘇州府中峰山蒼雪法師塔銘》,寂光、圓鼎跋。卷一爲五七言古體詩,卷二爲五言律詩,卷三爲七言律詩,卷四爲五七言絶句,收詩凡二百二十三首。

讀徹生前,所作詩未結集刊行。後陸汾于讀徹弟子行敏處得其遺詩,又增補考訂,歷時五載,編成《南來堂詩集》四卷,刻于康熙十七年(1678)。近代王培旬據雲南刊四卷本、吴江顧茂倫選刊殘本、常熟瞿氏抄本及各選本,輯《補編》四卷,合爲八卷本。又彙原書序跋及傳志、諸家唱和之作等爲《附錄》四卷,于集中詩之可考者,箋注本事,有民國二十九年(1940)上海綫裝鉛字排印本。

此本據上海辭書出版社圖書館藏民國三年刻《雲南叢書》本集部之十三影印。(馬亞中楊年豐)

## 雪翁詩集十七卷　(清) 魏畊撰 (第1393 册)

魏畊(1614—1663),原名壁,字楚白。入清後改名畊,又名甦,字野夫,别字白衣,號雪翁、雪竇山人。慈溪(今屬浙江)人。幼隨父游學,入贅歸安(今浙江湖州)凌氏,爲諸生,明亡,棄諸生。參與茗上義軍抗清,事敗亡命江湖。嘗入海,力說張煌言、鄭成功起師入長江、攻金陵。兵敗,因人告密,被捕處死,與楊文琮、張煌言瘞骨西子湖畔,時人稱"西湖三忠"。著作另有《息賢堂集》。生平事迹見全祖望《雪竇山人壙版文》、魏霞《明處士雪竇先生傳》、徐鼒《小腆紀傳》等。

魏畊曾館于山陰祁氏,得盡讀澹生堂藏書。朱彝尊《明詩綜》謂其"中年專學子美,末年專學太白,惜乎未見其止也"。其《湖州行》、《彈鋏行》、《和王猷定聽楊太常彈琴作》及贈錢謙益、吴偉業、朱彝尊等詩,多可徵當時實事。

《雪翁詩集》十七卷,其中附錄詩評一卷,傳記序跋題贈一卷,有全祖望、王猷定、朱彝尊等所作。卷首有張壽鏞序、《慈溪縣志》本傳及自序。詩分體,卷一至卷三爲五言古,卷四至卷六爲七言古,卷七、八爲五言律,卷九、十爲七言律,卷十一爲五言排律,卷十二爲五言絕句,卷十三爲七言絕句,卷十四爲樂府,卷十五爲五言排律補遺。

此本據上海辭書出版社圖書館藏民國二十三年張氏約園刊《四明叢書》第二集本影印。張壽鏞跋述輯集及刊刻甚詳。（馬亞中　楊年豐）

## 變雅堂遺集十八卷（文集八卷詩集十卷）附録二卷　（清）杜濬撰（第1394冊）

杜濬（1611—1687）,原名紹先,字於皇,一字若芝,號茶村,晚號半翁,黃岡（今屬湖北）人。明季爲諸生,與余淡心、白仲調齊名。崇禎十二年（1639）中副榜。福藩擁立,考試七省貢生,見朝綱不振,絕意仕進。以隱終。所著另有《杜茶村詩鈔》等。生平事迹見方苞《杜茶村先生墓碣》、《黃州府志》卷七。

杜氏工詩文,風格豪健,而詩尤有名。其論詩主真詩,重性情、求古雅,力學杜甫,骨力堅蒼。前人評爲“雄渾高確,能直抒胸臆,而含蓄蘊藉,無卑俚易盡之病”（魯元裕《變雅堂詩鈔序》）。五言猶負盛名,“蒼楙沉鬱,嗣響少陵”（張維屏《國朝詩人徵略》）。

《變雅堂遺集》十八卷,凡《文集》八卷、《詩集》十卷。據甘鵬雲題識,杜氏文集“凡經四刻”：一爲杜氏自刻本,一爲汪彝仲刻本,一爲咸豐十年（1860）彭海帆刻本,一爲《變雅堂詩文集合刻》本,四卷,胡鳳丹編次,同治九年（1870）黃岡劉維禎刻。該本由甘鵬雲據彭、胡兩本及傳抄本校勘統括而成,光緒二十年（1894）黃岡沈自申刻印,卷首有屈復題詞、殷雯題識,目錄後附甘鵬雲題識。各卷未標文類,大約卷一至卷三爲序跋,卷四爲書啓,卷五爲贈序、壽序,卷六爲傳記、墓志,卷七爲雜記,卷八爲銘頌、像贊、祭文、哀辭,并附尺牘七則。

杜濬詩,據方苞言“世所傳不過十一,平生手定凡四十七冊”,後散失。今有彭湘懷、陳師晉輯《杜茶村詩鈔》八卷行世,爲乾隆八年（1743）刻本。又有胡鳳丹編、劉維禎刻十卷本,該本即依胡本付梓。卷首目録後有甘鵬雲題記,卷末有沈自申跋,卷一爲五言古詩,卷二爲七言古詩,卷三至卷六爲五言律詩,卷七爲七言律詩,卷八爲五言絕句,卷九、十爲七言絕句。《附録》二卷,輯録諸書中語涉茶村者而成編,仍胡編本之舊而有加益,卷首有陶炯照序略述其事。

此本據湖北省圖書館藏清光緒二十年黃岡沈氏刻本影印。（馬亞中　賀國強）

## 隰西草堂詩集五卷隰西草堂文集三卷（清）萬壽祺撰　遯渚唱和集一卷　（清）孫運錦輯　隰西草堂集拾遺一卷　羅振玉録（第1394冊）

萬壽祺（1603—1652）,字年少,一字介若,又字内景。徐州（今屬江蘇）人。崇禎三年（1630）南京鄉試中舉,以時局大壞無意仕進。順治十七年（1660）國變後重至吳下,與沈自炳、錢邦芑、戴之㒟、吳易、黃宗瑞等義軍會師抗清。翌年八月兵敗被執,後得脫還江北,乃削髮爲僧,名慧壽,隱居于淮陰之隰西,自號明志道人,又稱壽道人。生平事迹見孫運錦《明孝廉萬年少傳》。孫運錦,字心仿,號繡田。銅山（今屬江蘇）人。道光五年（1825）貢生,舉孝廉方正。博學古今,工詩文。著有《垞南詩集》、《與我周旋齋文集》等。生平事迹見《晚晴簃詩匯》卷一三二。羅振玉（1866—1940）,初字堅白,後改字叔蘊、式如、叔言,號松翁、雪堂,又號永豐鄉人、貞松老人等。上虞（今屬浙江）人。清末曾任學部參議等職,開辦農報館、江蘇師範學堂等。專精於金石文字、目録校勘之學,著有《殷墟書契考釋》、《松翁近稿》等。生平事迹見羅繼祖《永豐鄉人行年録》。

萬壽祺自詩文書畫外,琴棋劍器、百工技藝無不通曉。郭麐《靈芬館詩話續》謂其詩"清新可喜……置之劉隨州集中亦當未易辨"。明亡後多作激楚之語,如"二陵殘黍西風急,使郡寒笳北吹哀"、"人間歌哭悲風起,天外登臨落日斜","倦懷故國,皆極沉痛"(徐世昌《晚晴簃詩匯》)。

該《隰西草堂詩集》卷首有胡彥遠、劉湘、孫運錦序。卷一爲樂府、五古、七古,卷二爲五律,卷三、四爲七律。卷五爲五言絶句。《隰西草堂文集》三卷,卷一爲賦、序、記、書,卷二爲啓、壽文、祭文、頌、贊、銘、跋,卷三爲墓表、碑、雜著。文集中《自贊》、《南村記》、《寄吕大》、《與總府書》可考其行迹。《内景堂詩序》、《己丑詩序》、《文約》、《宴會約》可知其文學活動。附《遮渚唱和集》一卷爲清孫運錦所輯。《隰西草堂集拾遺》一卷爲羅振玉所輯,收文八篇、詩二十八首。其中如《隱居放言序》、《悲哉行》、《隰西草堂》等亦頗有價值。

萬壽祺崇禎六年(1633)始刻《内景堂詩》,崇禎八年集十年間所作文爲《二雨齋文選》,皆亡失。順治十六年(1659)得詩五十九首,刻爲《己丑詩》,亦不傳。有康熙二十四年(1685)吕維揚刻本,於本集遭禁後亡佚。今存有道光四年(1824)孫運錦輯,左茂桂、茂樹編刊,夏昆林、王敬之校刻之高郵本。民國八年(1919)羅振玉匯李確《屩園集》、徐枋《居易堂集》,刻《明季三孝廉集》,以道光本爲底本,又據萬氏手迹與寫本殘集爲補遺一卷排印付梓。今據上海辭書出版社圖書館藏民國八年羅氏鉛印《明季三孝廉集》本影印。(賀國强)

## 白耷山人詩集十卷白耷山人文集二卷

(清) 閻爾梅撰 (第 1394 册)

閻爾梅(1603—1679),字用卿,號白耷山人,又號古古,沛縣(今屬江蘇)人。崇禎三年(1630)舉人,爲復社中堅人物。易代之際,散盡家財,奔走河南、山東等地,從事抗清活動,旋即破滅。爲逃避清廷追捕,一度削髮爲僧,變易姓名,晚年獄解始還鄉。生平事迹見《清史稿》本傳、閻圻《文節公白耷山人家傳》、魯一同《白耷山人年譜》等。

閻爾梅詩文與同鄉萬壽祺風格相近,時人并稱"閻萬"。其古詩學李白,"詩才若海,茫無涯涘。説者謂似太白,蓋論其古體。若律絶不薄七子,而格律嚴謹,聲調沈雄,純以史事隸之,與靡靡者異"(鄧之誠《清詩紀事初編》)。詩多感懷時事,格調蒼涼,如《安東道上》、《南遷》等,而《惜揚州》、《采桑曲》等亦能以詩紀實。《晚晴簃詩匯》謂其"詩頗有新意,然淵源仍自七子出"。朱庭珍《筱園詩話》稱其"獨工七律,對仗極齊整,時有生氣,亦頗能造警句,惟粗率廓落處太多耳"。

《白耷山人詩集》十卷,分體編排,卷末黄雲師序及作者《古逸題辭》,顯係錯簡,當置於卷首。卷一爲古逸,卷二樂府,前有自作《樂府題辭》,卷三爲五言古,卷四爲七言古,卷五爲五言律,卷六爲七言律,分爲上下二卷,卷七爲五言絶,卷八爲七言絶,卷九爲五言排律,卷十爲七言排律。《白耷山人文集》二卷,收各體文,卷首有黄雲師序及作者自識。詩文均係作者手定,其四十歲之前曾出《江上草》、《疏影居詩》等集,晚年刪繁就簡,合爲《白耷山人集》。

此書有清康熙刻本。另有光緒十九年(1893)臨川桂中行刊馮煦輯《徐州二遺民集》本,凡詩四卷、文二卷,所收不全。民國八年(1919)泗陽張相文重輯《閻古古全集》鉛印本,凡詩五卷,文一卷,附録年譜,收録較全。閻爾梅詩有康熙間單行本,另有《白耷山人詩選本》,清抄本,有魯一同箋注,宋振仁跋稱其采輯多係刻本未收,注釋精審,惜未付刻,此稿僅傳。

此本據天津圖書館藏清康熙刻本影印。
（馬亞中　楊年豐　趙伯陶）

## 乾初先生遺集四十七卷（文集十八卷、別集十七卷存十三卷、詩集十二卷）首一卷外編一卷
（清）陳確撰（第 1394—1395 册）

陳確（1604—1677），原名道永，字乾初，又字非玄，號確夫。海寧（今屬浙江）人。明崇禎六年（1633）諸生。早年師從劉宗周，學宗陽明，與黄宗羲同門。清人入關後，静修山中二十年。生平事迹見《清史列傳》卷六六、《碑傳集》卷一二七等。

陳確善屬文，工議論，其文于理學多有發微探幽之作，尤深于禮。陳確作詩主張原本性靈，空所依傍，不以雕飾爲工。其詩大多感物咏懷，感情真摯。朱彝尊《静志居詩話》謂其“説經鏗鏗，詩不求工，然亦流暢”。如《蒼天七章》寫民生之苦：“嗚呼蒼天，農民何罪！赤日中田，焦髮裂背。渴不得飲，飢不得食。”“豈曰無獲，爲他人忙。嗚呼蒼天，吾農民之傷！”

《乾初先生遺集》四十九卷，凡文集十八卷、別集十九卷、詩集十二卷，陳確玄孫陳敬璋編校。有吳騫序、許三禮修《海寧縣志》本傳、黄宗羲撰《墓志銘》及世系年表。

陳確詩文尚有《乾初先生文鈔》二卷《詩鈔》一卷，有光緒十三年刻《海昌六先生集》本及光緒十三年《海昌叢載》本。

此本據上海圖書館藏清餐霞軒抄本影印。
（王静）

## 霜紅龕集四十卷附録三卷年譜一卷　（清）
傅山撰（第 1395—1396 册）

傅山（1607—1684），初名鼎臣，字青竹，後改名山，字青主，一字仁仲，號真山，又號薔廬、石道人，別署公之佗，又署青羊庵主。山西陽曲（今太原）人。明諸生。崇禎九年（1636），袁繼咸爲閹黨誣劾，傅山約衆伏闕

陳情，以是義聲聞天下。明亡，堅持氣節，不釋道士裝。順治十一年（1654），爲人供其通南明，下獄，絶食不屈，後賴救得免。康熙十八年（1679），當道迫應博學鴻詞試，固辭，魏象樞乃以老疾上聞，特免試，授内閣中書，放歸。著作另有《傅青主男科》、《女科》，雜劇《紅羅鏡》等。傳見《清史列傳》卷七一、《清史稿》、戴廷栻《石道人別傳》等。

傅山善書工畫，精于醫，隱于道，時人稱“學究天人，道兼仙釋”（徐昆《柳崖外編》），實主王學而出入老莊，雜以禪釋。《青羊庵》、《種薤引》、《李賓山松歌》、《咏史感興》三十六首、《村居雜詩》十首等作，以其精神所注，足見其志節。晚年涉心仙釋，多作頹唐悲愴語，時近迂奇。鄧之誠《清詩紀事初編》稱：“詩文外若真率，實則勁氣内斂，藴蓄無窮，世人莫能測之。至于心傷故國，雖開懷笑語，而沈痛即隱寓其中，讀之令人凄愴。”傅山詩文集，最早順治十三年（1656）戴廷栻刻《晋四人詩》本，僅收詩數十首，名《霜紅龕詩》。乾隆十二年張耀先輯刻本始以《霜紅龕集》爲名，凡詩文十二卷，附録一卷。

《霜紅龕集》四十卷，卷首有丁寶銓序。卷一至卷十四爲詩賦，卷十五至卷二十六爲傳、序、題跋、碑銘、書札等，卷二十七至卷三十爲雜著，卷三十一至卷三十五爲讀書札記，卷三十六至卷四十爲雜記。末爲丁氏所編附録，卷一爲戴廷栻、全祖望等所作傳、事略，及府縣志存録之事實等，卷二收袁繼咸、李中馥等寄贈挽悼等詩作，卷三爲本集諸刻本序例。附丁寶銓輯録年譜一卷。陳監有《霜紅龕集校補》，以丁氏刻本爲底本，參校戴廷栻刻《晋四人詩》、張耀先輯刻《霜紅龕集》、咸豐間壽陽劉飛刻《霜紅龕集》等及傅山其他遺著和相關史料，網羅較爲詳盡。

此本據清宣統三年山陽丁寶銓刻本影印。
（馬亞中　楊年豐）

## 梅村家藏稿五十八卷補遺一卷世系一卷年譜四卷　(清) 吳偉業撰 (第 1396 册)

吳偉業 (1609—1672)，字駿公，號梅村、鹿樵生。先世居崑山，祖父始遷太倉 (今屬江蘇)。復社首領，受業于張溥。明崇禎四年 (1631) 進士，由翰林編修歷官左庶子。後任東宫講讀官、南京國子監司業等職。南明福王時，拜少詹事，因與馬士英、阮大鋮不合，僅任職兩月便辭官歸里。清順治十一年 (1654)，被迫出仕，歷官秘書院侍講、國子監祭酒，以母喪告假歸里。傳見《清史稿》、《清史列傳》卷七九、顧湄《吳梅村先生行狀》。

梅村兼長詩、詞、傳奇、雜劇、散文，詩最工，多寄身世之感，早期風格絢麗，明亡後多激楚蒼涼之音。各體皆工，尤擅歌行紀事之作，學 "長慶體" 而自具面目，既委婉含蓄，又沉著痛快，後人稱爲 "梅村體"。趙翼《甌北詩話》謂其 "宗派既正，詞藻又豐，不得不推爲近代中之大家"。與錢謙益、龔鼎孳合稱爲 "江左三大家"。其詩于雲間詩派外，別樹一幟，稱 "婁東詩派"。

梅村先有《梅村集》，門人顧湄、周纘編，有順治十七年 (1660) 刊十卷本、康熙九年 (1670) 刊四十卷本，康熙本乾隆間收入《四庫全書》。文集單行者，則有《梅村文集》二十卷，宣統二年 (1910) 排印，鄧實輯入《風雨樓叢書》。宣統二年，武進董康自京師廠肆購得舊抄本吳氏家藏稿六十卷，以康熙間刻四十卷《梅村集》核之，此抄本多詩七十三首、詞五首、文六十一篇及詩話，而少詩文各八首 (篇)。董氏以原稿本五十六卷後篇什寥寥，遂并之爲二卷，是爲《梅村家藏稿》五十八卷。凡詩二十卷、詞二卷、文三十五卷、詩話一卷。卷首有王式通序，秦緗、宗源翰、施補華等像贊及題辭，錢謙益序。卷一至卷八爲詩前集，卷九至卷二十二爲詩後集，其中卷二十一、二十二爲詞，卷二十三至卷五十七爲文集，卷五十八爲詩話。後附補遺一卷，收稿本所無詩八首、詞一首、文八篇。後又附顧師軾、顧思義纂訂《梅村先生世系》一卷，《梅村先生年譜》四卷。全集後有董康宣統三年跋。今據華東師範大學圖書館藏清宣統三年董康誦芬室刻本影印。(馬亞中　楊年豐)

## 吳詩集覽二十卷　(清) 吳偉業撰 (清) 靳榮藩注 (第 1396—1397 册)

靳榮藩 (1726—1784)，字價人，號綠溪。黎城縣 (今屬山西) 人。乾隆十三年 (1748) 進士，改庶吉士，歷任瓊山、新蔡、龍門等處知縣，任蔚州知州時建文蔚書院。官終大名府知府。著有《綠溪全集》等。生平事迹見《國朝耆獻類徵》卷二三六、朱珪《大名知府靳君榮藩墓誌銘》。

《吳詩集覽》二十卷，顧湄、許旭編，靳榮藩注。卷首有靳榮藩《恭和聖製吳梅村集元韻》，顧湄作行狀，陳亭敬作墓表，靳榮藩序及凡例。卷一至卷十八爲詩，卷十九、二十爲詞，每卷皆分上下。共收詩一千零三十首、詞九十二首。書前内封署 "凌雲亭藏版"，後有凌雲亭刊增補後印本之方牌記："江寧布政使奉督撫二憲飭發四庫館查辦違礙書籍條款。吳偉業《梅村集》曾奉有御題，其《綏寇紀略》等書亦并無違碍字句，現在外省一體擬毁，蓋緣與錢謙益并稱 '江左三家'，曾有合選詩集，是以牽連并及。此類應核定聲明，毋庸毁銷。其 '江左三家' 詩、'嶺南三家' 詩内如吳偉業、梁佩蘭等詩選，亦并抽出存留。直隸省於乾隆四十六年四月十七年准諮。" 該本對初刻本文字有改動。

詩集箋注本另有《吳梅村詩集箋注》十八卷，吳翌鳳注，嘉慶十九年 (1814) 嚴榮滄浪吟榭刊。《吳梅村先生編年詩集》十二卷《詩餘》一卷《詩話》一卷《詩詞補鈔》一卷，程穆衡注，楊學沆補注，民國十八年 (1927) 俞慶恩世德堂據舊抄本排印，收入《太昆先哲叢書》。

此本據上海辭書出版社圖書館藏清乾隆四十年凌雲亭刊增補後印本影印。（馬亞中楊年豐）

### 南雷文定二十二卷（前集十一卷後集四卷三集三卷四集四卷）附錄一卷　（清）黃宗羲撰（第1397冊）

黃宗羲（1610—1695），字太冲，號梨洲，亦號南雷，餘姚（今屬浙江）人。父尊素，明天啓官御史，死于魏閹之難。宗羲年十九，入都訴冤，對簿時出袖椎刺仇人，名傳天下。及歸，學于劉宗周。南都破，從孫嘉績起兵。魯王監國，官至左副都御史。及師潰，奉母歸里。畢力著述、講學。康熙十八年（1679）薦舉博學鴻詞，十九年薦修《明史》，皆辭不就，以遺老終。著作另有《明夷待訪錄》、《宋元學案》、《明儒學案》等，編有《明文海》。傳見《清史稿》、《清史列傳》卷六八、《國朝漢學師承記》卷八等。

梨洲其學雖源自劉宗周，遠紹王守仁，然以慎獨爲宗，實踐爲主，恢宏博大，與王夫之、顧炎武并爲清初三大思想家。尤精于史學，開史家浙東一派。論文主張言之有物，反對模擬剽竊。論詩倡導宋詩，開啓清代學宋之風。阮元《兩浙輶軒錄》稱其雖不以詩名，然所作佳者“正如老樹著花，自含古韻”。

《南雷文定》二十二卷，卷首有徐秉義、靳治荊、鄭梁序，萬斯大作《梨洲先生世譜》，凡例四則。據徐序，知係作者晚年自定。凡《前集》十一卷，後《附錄》一卷，有自序，所收錢謙益、顧炎武、沈壽民、巢鳴盛等人書信二十四通。《後集》四卷，《三集》三卷，《四集》四卷。

此本據中國科學院圖書館藏清康熙二十七年靳治荊刻本影印。（馬亞中　楊年豐）

### 南雷文定五集四卷　（清）黃宗羲撰（第1397冊）

此書文標句讀，有剜補痕迹。卷一收書、序、題詞共九篇，卷二、三收墓志銘九篇、小傳一篇，卷四爲附錄，收萬言《文孝梨洲先生私謚議》、張希良《黃忠端公暨徵君遺獻公父子兩神位入省郡鄉賢祠看語》、黃百家《先遺獻文孝公梨洲府君行略》。附錄目錄列全祖望《梨洲先生神道碑文》，正文未見。黃宗羲晚年所作文未及編定，由其子百家編第，乾隆二十六年（1761）百家子千人與沈廷芳重校遺稿，邑令程志隆支持刊行。

此本據南京圖書館藏清程志隆刻本影印。（馬亞中　楊年豐）

### 南雷詩曆五卷　（清）黃宗羲撰（清）全祖望輯（第1397冊）

全祖望（1705—1755），字紹衣，號謝山，又號雙韭。鄞縣（今屬浙江）人。雍正七年（1729）貢生。乾隆元年（1736）舉博學鴻詞，以同年先中進士，選庶吉士，已入詞館，不與試。散館，以知縣候選，不復出。主講于蕺山、端溪書院，爲士林仰重。另著有《漢書地理志稽疑》，輯補《宋元學案》、《全校水經注》。生平事迹見《清史列傳》卷六八、《清史稿》等。

黃宗羲詩集“取蘇文忠行記之意，曰《南雷詩曆》”（黃炳垕《黃梨洲先生年譜》）。其詩“積數十年之久，亦近千篇。乃盡行汰去，存其十之一二”，“按年而讀之，橫身苦趣，淋漓紙上，不可謂不逼眞”（黃宗羲《南雷詩曆題辭》）。詩集先有三卷本、四卷本，分別爲其弟子施敬與戴曾、戴晟校刻，四卷本前有黃宗羲題辭。此五卷本《南雷詩曆》無題辭，文施圈點，除卷一前十一首詩無紀年，其餘詩篇編年，起順治三年（1646），迄康熙三十三年（1694），是入清後所成詩歌。乾隆年間全祖望據已刻詩文集與殘存詩稿重新編選，黃宗羲門人鄭梁之孫鄭大節校刻。

此本據中國科學院圖書館藏清鄭大節刻本影印。（馬亞中　楊年豐）

## 南雷集外文一卷 （清）黃宗羲撰（第1397册）

《南雷集外文》係抄本，光緒間仁和葉槐生據黃宗羲手稿謄録，原名《南雷餘集》。此集一卷，卷首目録後有蕭穆識語二則："右文十八篇，五言古詩一篇，乃餘姚黃梨洲徵君所著也。""有寧波一舊家，藏徵君手稿凡數寸。""仁和葉槐生貢士細將稿本瀏覽一過，凡文定、文約所未有者另抄出一本，題曰《南雷集外文》。"集中除《怪説》一文，其餘均見《南雷雜著稿》。

此本據中國科學院圖書館藏光緒十五年蕭穆抄本影印。（馬亞中　楊年豐）

## 千山詩集二十卷首一卷補遺一卷 （清）釋函可撰（第1398册）

釋函可（1612—1660），字祖心，號剩人、千山，博羅（今屬廣東）人。俗姓韓，名宗騋，字猶龍。明崇禎間禮部尚書韓日瓚長子。崇禎十三年（1640）出家，爲曹洞宗三十三傳。與顧夢游、黃雲等交游甚密。順治四年（1647），入刑部獄，被判"干預時政"。順治五年，流放瀋陽，建冰天詩社。生平事迹見《明遺民録》卷四七、《江蘇詩徵》卷一七九、《勝朝粵東遺民録》卷四等。

函可詩學杜甫，記實事而抒真情，脱悲苦而重豪氣，堪稱清初流放詩人之首。《千山詩集》乃其弟子今羞所編，卷首有顧夢游、韓履泰序及自序、弟子今羞等題識。詩集分體編輯，卷二十爲冰天社詩，多存東北流人佚詩。後附《補遺》七律一卷。

此本據中科院圖書館藏清康熙四十二年刻本影印。別有《剩祖心集》一卷，清抄本，國家圖書館藏。（王静）

## 浮山文集前編十卷浮山文集後編二卷浮山此藏軒別集二卷 （清）方以智撰（第1398册）

方以智（1611—1671），字密之，號曼公，又號鹿起、浮山愚者等。桐城縣鳳儀里（今屬安徽）人。明崇禎十三年（1640）進士，授檢討。與陳子龍等爲東林魁首，主盟復社，與陳貞慧、吳應箕、侯方域并稱明季四公子。南明時流離嶺表，改名吳石公，賣藥市中。順治三年（1646），桂王朱由榔稱帝于肇慶，有推戴功，拜禮部侍郎、東閣大學士入閣，旋棄去。漂泊嶺南，至平樂爲清軍所執，不屈。聽其爲僧，改名弘智，字無可，別號大智、藥地、浮山、愚者大師等。康熙十年（1671）赴吉安時卒。著作另有《通雅》、《東西均》、《藥地炮莊》等。傳見《清史稿》、《桐城耆舊傳》卷六等。

方以智"博涉多通，自天文、輿地、禮樂、律數、聲音、文字、書畫、醫藥、技勇之屬，皆能考其源流，析其旨趣"（《清史稿》本傳）。詩文風格雄壯，沉鬱蒼涼，多身世之感、家國之恨。朱彝尊稱其"樂府古詩，磊落欹崎，五律亦無浮響，卓然名家"（《明詩綜》）。出家後往往"以禪語自喻"（陳田《明詩紀事》引）。

《浮山文集前編》十卷，其子方中履等編。卷一爲《稽古堂初集》，前有陳仁錫、何如寵序。卷二、三爲《二集》，前有周岐序。卷四至卷六爲《曼寓草》，前有黃景昉、戴明説、宋玫、徐燿、魏藻德、葛世振、顏渾、田有年《激楚序》。卷七至卷九爲《嶺外稿》，卷十爲《猺峒廢稿》。《別集》二卷爲《浮盧愚者隨筆》，後有劉砥跋。

此本據湖北省圖書館藏清康熙此藏軒刊本影印。此藏軒刊本另有《一貫問答》一卷，本書未收。另，方以智有《博依集》十卷，《方子流寓草》九卷，有崇禎十一年刊本。（馬亞中　楊年豐）

## 桴亭先生文集六卷補遺一卷桴亭先生詩集十卷 （清）陸世儀撰（第1398册）

陸世儀（1611—1672），字道威，號剛齋，晚又號桴亭，太倉（今屬江蘇）人。明諸生。與同里陳瑚、盛敬、江士韶諸人相勵以道義，爲體用之學,時號爲"四君子"。國亡,嘗上書南都。不用,又嘗參軍事。既解,鑿地寬可十畝,築亭其中,不通賓客,"桴亭"之名以此。當道屢欲薦舉,皆力辭不出,而于故里著書立説,以布衣終,私謐尊道先生。著作另有《論學酬答》、《思辨録》等。傳見《清史稿》、《清史列傳》卷六六、全祖望《陸桴亭先生傳》等。

陸世儀學歸于程朱,主于敦守禮法,不虛談誠敬之旨,施行實政,不空爲心性之功。所言深切著明,足砭虛憍之弊。錢仲聯《清代江浙詩派概論》謂:"桴亭之詩誠不及亭林之宏闊,而雅正清醇,語無浮響,令人想見有道君子之風。羽翼亭林,差無愧色。"

《桴亭先生文集》六卷,卷首有張伯行序。卷一爲講義,卷二爲書,卷三、四爲序,卷五、六爲雜著。《補遺》一卷,收序文二篇。《桴亭先生詩集》十卷,卷首有陳瑚、周西臣序,後有唐受祺跋。詩編年,凡一千餘首。起明天啓二年(1622),迄清康熙十年(1671),卷二至卷九均爲入清後所作。

康熙五十三年,張伯行編刻《陸桴亭先生文集》五卷。後葉裕仁亦編成《文鈔》,與《詩鈔》先後刊于同治九年(1870)、光緒二年(1876),是爲《桴亭先生文鈔》六卷、《續鈔》一卷、《詩鈔》八卷,有安道書院本。咸豐初,葉裕仁又抄得桴亭詩數册,彙爲十二卷,按其年月,惟己酉、庚戌(康熙八年、九年)以後,疑尚有脱誤。光緒二十五年,唐受祺于北京刊刻《陸桴亭先生遺書》(又名《陸子遺書》),據葉裕仁所刻《詩鈔》,請王晋蕃覓得葉氏藏本,抄出《詩鈔》以外未刊之作,合爲一帙,復請李頌侯于己酉、庚戌以後重加編次,爲《桴亭先生詩集》十卷。又從常熟翁氏假得津刻《廣仁堂叢書》中正誼堂刊本《桴亭文集》,修繕後附刻,爲《桴亭先生文集》六卷。

今據上海辭書出版社圖書館藏清光緒二十五年唐受祺刻《陸桴亭先生遺書》本影印。(馬亞中　楊年豐)

### 楊園先生詩文二十四卷　（清）張履祥撰（第1399册）

張履祥(1611—1674),字考夫,號念芝。桐鄉(今屬浙江)人,居於楊園村,人稱楊園先生。明諸生。先從陸時雍學《易》,後拜劉宗周爲師,專意程朱理學。明亡後,隱居鄉間,訓童蒙以終老。著作另有《四書朱子語類摘鈔》、《經正録》、《願學記》等。傳見《清史稿》、《清史列傳》卷六六等。

張履祥善思考取捨,其學説大要以仁爲本,修己爲務,而以中庸爲歸,窮理居敬,知行并進,主張耕讀不偏廢,毋空言著書,親切平近,不尚辭辯。作爲理學家,詩作不多,"朱彝尊稱其詩無頭巾氣云……音旨和雅,亦見寄托"(徐世昌《晚晴簃詩匯》)。

《楊園先生詩文》二十四卷,卷首有畫像及何汝霖所作像贊。卷一爲騷,卷二至卷十四爲書,卷十五爲上書,卷十六爲序,卷十七爲記,卷十八爲説,卷十九爲論,卷二十爲題跋、書後,卷二十一爲傳,卷二十二爲吊祭告文,卷二十三爲雜著,卷二十四爲書補遺。

同治十年(1871),由江蘇按察使永康應寶時彙集,萬斛泉編校,重訂《楊園先生全集》五十四卷,《年譜》一卷,江蘇書局刻。另有張履祥門人姚璉康熙三十四年(1695)編輯《楊園先生全集》四十六卷,康熙四十三年由海昌范鯤刊行。祝洤搜羅張履祥遺書三十四卷,乾隆二十一年(1755)由朱芬刊行。屈樂余據嘉慶本修補校訂,嘉慶二十二年(1817)由屈芥舟刊行。

此本據上海辭書出版社圖書館藏清同治十年江蘇書局刻《重訂楊園先生全集》本影印。(馬亞中　楊年豐)

### 九煙先生遺集六卷　（清）周星撰（第1399册）

周星(1611—1680),字景虞,號九煙。湘潭(今屬湖南)人,早年隨父周逢泰寓居南京。少有"神童"之名,逢泰晚年歸湘而殁,

周星與族人不相能,冒姓黄姓而去。遂又有名黄周星。明崇禎十三年(1640)進士,官户部主事。明亡,改名曰人,字略似,號半非,又號圃庵、汰沃主人、笑蒼道人等,布衣素冠,寓居浙江長興,以授徒爲生,多與遺民文人相往還。年七十,忽感愴于懷,于五月初五效屈原投南潯河死。生平事迹見《國朝耆獻類徵》卷四七三、陳乃乾《黄九煙年譜》等。

九煙詩文書畫篆刻,無不精妙,兼通音律。陳田稱:"九煙長歌,真氣噴薄而出,微嫌雜拉,近體傲兀,自見風節。"(《明詩紀事》)

《九煙先生遺集》六卷,卷一爲賦、論、序,卷二爲記、傳、書,卷三、四爲古今體詩,卷五爲雜著,卷六爲時藝。前有其族孫湘潭周系英所作傳略及族孫周詒樸所作《九煙先生遺集小引》,卷末有在仁跋。

據周詒樸小引,九煙"傳書絶少,叔曾祖錦灣公搜輯詩文雜著若干篇,先司徒又補輯若干篇,匯爲一册,藏之有年,終以不得《夏爲堂集》、《遁草》二書爲缺略,未付剞劂",後得《夏爲堂别集》,"與家藏本合編之,得文二卷、詩二卷、雜著一卷、時藝一卷,凡六卷。雖非全豹,然較羼之缺略者爲有間矣"。

此本據中國科學院圖書館藏清道光二十九年左仁周詒樸揚州寓館刻本影印。另有咸豐三年唐昭儉編刻本,作《周九煙集》三卷,《外集》三卷。(馬亞中 楊年豐)

### 巢民詩集六卷巢民文集七卷 (清)冒襄撰(第1399册)

冒襄(1611—1693),字辟疆,號巢民,又號樸巢,别號白華山人,門人私諡潛孝先生。如皋(今屬江蘇)人。明崇禎十五年(1642)副貢生,授台州推官,以世亂不出。南明弘光時,阮大鋮以舊怨興黨獄,賴救幸免。入清,屢徵不起,晚年結匿峰廬,以圖書自娱。著作另有《影梅庵憶語》,又輯《同人集》。傳見《清史列傳》卷七〇、《清史稿》等。

冒襄高才盛氣,與侯方域、陳貞慧、方以智并稱明季"四公子"。《晚晴簃詩匯》評其詩爲"蕭寥跌宕"。王士禛于其詩文有"邱壑胸中君自有,柳州文筆謝公詩"(《寄辟疆》)之譽。古文筆調秀逸,筆記《影梅庵憶語》尤有名,杜浚《樸巢文選序》稱其游記接脈柳宗元,"清音奔赴,靈想超忽"。

《巢民詩集》六卷,卷首有龔鼎孳題詞、劉體仁序。詩分體,卷一五言古,卷二七言古,卷三五言律,卷四、五七言律,卷六五七言絶句。《文集》卷一賦,卷二序,卷三書,卷四記,卷五引、題辭、像贊,卷六雜著,卷七碑文。

此集傳本未標明刻書年代,約爲康熙十年(1671)刊。今據國家圖書館藏康熙刻本影印。另有宣統三年(1911)刊冒廣生輯《如皋冒氏叢書》本,卷帙與康熙本同。(馬亞中 楊年豐)

### 嵞山集十二卷續集四卷再續集五卷 (清)方文撰(第1400册)

方文(1612—1669),字爾止,號嵞山,又名一耒,字明農,别號淮西。桐城(今屬安徽)人。明諸生。少孤,幼於從子方以智一歲,并負才名。又與吴應箕及復社、幾社諸君子相厚善。入清以賣卜、行醫或充塾師游食爲生,氣節凜然,交游遍南北。傳見《國朝耆獻類徵》卷四七三、《國朝名家詩鈔小傳》等。

方文詩多報國之思,早年所作"高老渾脱,有少陵風"(王澤弘《北游草序》),晚學白居易,"興會所至,衝口而出"(施閏章《西江游草序》)。

《嵞山集》凡正集十二卷,分體兼編年,起明崇禎十一年(1638),迄清順治十三年(1656),有李楷、姚康序。《續集》四卷,含《北游草》、《徐杭游草》、《魯游草》、《西江游草》各一卷,起順治十四年,迄十八年。乾隆年間列爲禁書。《再續集》五卷,起康熙元年(1662),迄八年。

今據清康熙二十八年王概刻本影印。
（馬亞中　楊年豐）

### 賴古堂集二十四卷附錄一卷　（清）周亮工撰（第 1400 冊）

周亮工（1612—1672），字元亮，號櫟園，又有陶庵、緘齋、櫟下先生等別號。開封（今屬河南）人，生于金陵。明崇禎十三年（1640）進士，官濰縣知縣，遷浙江道御史。入清，歷官兩淮鹽法道，揚州兵備道，福建按察使、布政使，左副都御史，户部右侍郎。被劾論死，赦免。起爲青州海防道，調江安糧儲道，又被劾論死，再遇赦。著作另有《讀畫録》、《印人傳》、《書影》等，編有《賴古堂近代古文選》等。傳見《清史列傳》卷七九等。

《賴古堂集》二十四卷，凡詩十二卷、文十二卷。前有魏禧、錢陸燦、錢謙益、毛奇齡序，另有周亮工子周在浚編集識語。後《附録》一卷，收王愈擴撰小傳、周在浚所編年譜、吕留良序等。書中部分内容有目無文，卷五、卷六、卷十七中，則有二詩一文有文無目。集中多涉史實，悲時感事之作，蒼涼感慨，力矯晚明浮靡輕佻。錢謙益序贊曰：“筆力蒼老，感激悲壯。”櫟園愛才好士，名與龔鼎孳埒。其詩學杜，推崇嚴羽詩論。《晚晴簃詩匯》以爲“權奇磊落，語語皆見性情”。

作者五十九歲時曾焚其詩文著述藏板及書稿，此集所存詩文才十之二三，爲其殁後其子周在浚搜輯諸刻，編爲《賴古堂集》，康熙十四年（1675）刊于金陵。另有乾隆二十一年（1756）懷德堂、道光九年（1829）周鑾四川渠縣重刊康熙本。今據清康熙十四年周在浚刻本影印。（馬亞中　楊年豐）

### 藏山閣集二十卷(詩存十四卷文存六卷) 田間尺牘四卷　（清）錢澄之撰（第 1400—1401 冊）

錢澄之（1612—1693），初名秉鐙，字飲光，一字幼光，晚號田間老人、西頑道人。桐城（今屬安徽）人。明末諸生。少與方文、方以智主本邑壇坫，又與陳子龍、夏允彝結“雲龍社”，應和復社，接武“東林”。南明福王時，遭阮大鋮迫害，亡命走浙、閩，至粤削髮爲僧，改名幻光。唐王時授彰州府推官，改延平府。桂王時授禮部主事，永曆三年（1649）特試授翰林院庶吉士兼誥敕。忌者衆，乞假間道歸里。著作另有《田間詩學》、《田間易學》、《所知録》等。傳見《清史稿》、《清史列傳》卷六八等。

《藏山閣集》二十卷，卷首有汪德淵序、龐樹柏序，後有蕭穆跋。凡《藏山閣詩存》十四卷，係崇禎十一年（1638）至順治八年（1651）間作品結集，卷一、二爲《過江集》，卷三至九爲《生還集》，卷十至卷十二爲《行朝集》，卷十三、十四爲《失路吟》。《藏山閣文存》六卷，卷一爲書、疏，卷二爲書，卷三爲書、序，卷四爲議、論，卷五爲論、傳、紀，卷六爲雜文。詩文係作者自編，長期以抄本流傳，名《藏山閣存稿》，所收作品絕大多數作于早年至南明行朝，止于永曆五年（清順治八年）年底作者返回故鄉時。集中諸詩，“皆紀出處時事”，“所擬樂府，以新事諧古調，本諸弇州新樂府，自謂過之”。如《穫稻詞》、《捉船行》等憫農，《沙邊老人行》等寫時事，《縛虎行》、《江程雜感》等篇感懷彌深。集中之文，“其書、疏、議、論、書牘，皆論明季時政，雜文皆紀南渡時事，皆有關于文獻”（蕭穆《藏山閣集跋》）。

《田間尺牘》四卷，卷末有璱樓居士汪德淵跋。此集是作者晚年信札存稿，大體依年編次。收入與友朋來往書信一百餘通，多述老年生活圖景，如生活瑣屑之傾訴、困苦無助之告求，亦有討論正統語涉時忌者，其論學書信則另收入文集中。

此本據光緒三十四年鉛印本影印。（馬亞中　楊年豐）

## 田間文集三十卷田間詩集二十八卷　（清）
### 錢澄之撰（第 1401 册）

錢澄之博學多才，詩文尤負重名。治經精《易》、《詩》，又以莊子繼《易》，以屈原繼《詩》，著《田間易學》、《田間詩學》、《莊屈合估》等以闡其旨。後方苞承其緒論，蔚爲儒宗。工詩，自謂所擬樂府，以新事諧古詞，勝于王世貞。五言宗漢魏，除學杜甫外，不作唐以後語，七言近體詩亦非長慶以下比。反映南明史事及行役艱險之作，最有價值。晚年家居，平澹得陶詩之長。前後詩風有所變化，朱彝尊以爲“屢變而不窮，要其流派，深得香山、劍南之神髓而融會之”（《明詩綜》）。

《田間文集》三十卷，卷首有唐甄、韓菼序。文體分類，大抵前八卷以論説文居多，九卷之後以紀事文爲主。依次爲論、書、議、説、記、碑記、序、引、贈序、壽序、題跋、書後、傳、墓志銘、墓表、祭文、哀辭、雜文、行略。

《田間詩集》，又稱《田間全集》，二十八卷，卷首有任塾序。收録錢澄之歸里後詩，起順治八年（1651），止康熙二十九年（1690），爲其後半生近四十年詩歌結集。詩分體編年，前十卷爲《江上集》，起順治八年，迄康熙元年。後十八卷爲《客隱集》，收詩起康熙二年，迄康熙二十九年。陳田以爲“《田間》五古擬柴桑，七古擬張、王樂府，亦近香山。殘明逸老，可與邢孟貞肩隨”（《明詩紀事》）。

此本據清康熙刻本影印。錢澄之親自讎校，由徐乾學兄弟捐貲。（馬亞中　楊年豐）

## 山游詩一卷恒軒詩一卷　（清）歸莊撰（第 1401 册）

歸莊（1613—1673），字玄恭，後更名祚明，字天興，又字爾禮，號恒軒。崑山（今屬江蘇）人。歸有光曾孫。明諸生。年十七入復社。與同里顧炎武最善，後有“歸奇顧怪”之稱。順治二年（1645），崑山縣丞閻茂才下薙髮令，莊倡舉義兵殺之，遂嬰城守。後事敗，一度改僧裝亡命，後結廬於金潼里先墓側，課徒鬻書以自活，野服終身。工詩、古文，落筆數千言，多憤世嫉俗語。兼擅書畫。生平事迹見《清史列傳》卷七〇、《國朝耆獻類徵》卷四六四。

此《山游詩》一卷、《恒軒詩》一卷，乃歸莊婿金侃輯其遺作而成，有康熙間刻本，卷帙寥寥。《山游詩》卷首有自序，知此集爲歸莊“己酉秋冬游蘇州、松江諸山之作”，多關吳中山林名勝，如虎丘、天平、寒山、華山、洞庭山之類。《恒軒詩》則收録落花詩十六首，卷首有自序，卷末有孫永祚跋。莊生於晚明亂世，故其落花詩，雖借景抒情，然摹寫風物，刻畫容態，乃至於情感所寄，迥異前人。孫永祚跋謂其詩“別有標置，興會所寄，憔悴婉篤。雖衛洗馬之言愁，江文通之賦恨，殆不是過”。

此本據國家圖書館藏清康熙刻本影印。（馬亞中　賀國强）

## 歸玄恭遺著一卷詩鈔一卷　（清）歸莊撰（第 1401 册）

歸莊有《懸弓集》三十卷、《恒軒文集》十二卷、《恒軒詩集》十二卷，皆佚。道光間太倉季錫疇曾輯其遺文六卷、詩一卷，成《玄恭文鈔》。後板毁於兵火，刻本罕見。光緒二十三年（1897），崑山朱紹成從吳銀帆後裔處訪得《文鈔》假録，并之前搜羅、抄録者合訂之，得文一百七十七篇，詩一百二十六首，釐爲《歸高士遺集》十卷，然至宣統間猶未刊行，後有民國油印本。歸氏後裔歸曾祁編成《歸玄恭文續鈔》七卷，末附《雜著》一卷、《隨筆》二十四則，遺寄上海國學保存會出版，收入《國粹叢書》，有光緒三十四年排印本。民國初，崑山徐崇恩以朱紹成《歸高士遺集》爲底本，勘謬正訛，删汰重複，循文義爲之編次，題曰《歸玄恭遺著》。

《歸玄恭遺著》所録計文一卷,凡七十九篇,詩則據《崑山詩存》參校,并補抄二十五首附後,凡二百二十七首。卷首有徐崇恩題辭、歸莊事略及朱紹成、徐嘉、王德森、張大鏞、趙允懷、季錫疇諸序,卷末有民國十一年(1922)徐崇恩跋。綜其序跋,可知此集成書經過。

此本據上海辭書出版社圖書館藏民國十二年上海中華書局鉛印本影印。(馬亞中　賀國强)

### 亭林詩集五卷亭林文集六卷　（清）顧炎武撰（第1402册）

顧炎武(1613—1682),初名絳,字忠清,後改名炎武,字寧人,别署蔣山傭,學者稱亭林先生。崑山(今屬江蘇)人。明諸生。少聰穎,好讀書,講求經世之學。及南都亡,嗣母王氏誓言殉國,乃從崑山令楊永言等起義師。事不克,幾死。魯王授兵部司務,唐王授兵部職方郎。數欲之海上,未果。順治十四年(1657)秋,離家北游,足迹幾遍北國,察考各省形勢,意在恢復大業。其間見聞愈廣,撰述愈富,當世即以大儒目之。清廷數徵詔之,皆以死辭,堅拒不赴。後客卒於曲沃,年七十。博學多聞,勤於著述,著有《音學五書》、《天下郡國利病書》、《日知録》等。生平事迹見《鮚埼亭集》卷一二全祖望《亭林先生神道表》、《清史稿》等。

康熙間,炎武弟子潘耒曾編刻《亭林遺書》,有清吳江潘氏遂初堂刻本,凡《左傳杜解補證》等十種三十六卷。炎武曾參加抗清活動,失敗後亦志節不渝,詩文中頗多“違逆”之辭,故其集曾遭清廷禁毁,流傳者多經删節,或抽毁篇目,或挖改字句。

該本即潘耒所編《亭林遺書》之末二種,凡《詩集》五卷、《文集》六卷,書名頁署“遂初堂藏板”。《亭林詩集》五卷,收詩三百九十多首,其中佚詩、缺字甚多。《亭林文集》六卷,録文一百四十二篇,有辨三篇,原一篇,論十八篇,序十九篇,跋三篇,記九篇,傳一篇,墓志銘三篇,謁欑宫文四篇,上梁文一篇,餘者皆炎武與親友、門人之書信。此書缺佚亦夥,補其文者,有《亭林餘集》、《蔣山傭殘稿》、《亭林佚文輯補》諸集。

此本據湖北省圖書館藏清刻本影印。(馬亞中　賀國强)

### 顧亭林先生詩箋注十七卷　（清）顧炎武撰（清）徐嘉輯　校補一卷　（清）李詳等撰

徐嘉(1834—1913),字賓華,山陽(今屬江蘇)人。嘉少有詩名,治學、爲詩私淑顧炎武,故箋注顧詩以彰顯顧氏之學。著有《味静齋集》二十卷。李詳(1859—1931),字審言,中年又字愧生,興化(今屬江蘇)人。揚州學派後期代表人物。曾爲《國粹學報》主要撰稿人之一,辛亥革命後長居上海,以駢文知名,以《選》學名家,傳承揚州學派,又極善箋注之學,在文章、注釋、方志、選學、金石、目録等方面均有顯著成就。

《顧亭林先生詩箋注》十七卷、《校補》一卷,卷前有李詳光緒庚子序、路岯光緒戊戌序,乃因刊書之時李詳參與補正、路岯參與校字之役。篇首列《國史・儒林傳》,次《顧亭林先生詩譜》,乃仿杜、韓諸集之例。次爲徐嘉注詩《凡例》,詳言成書始末、注書用意及體例。顧炎武身體力行經世致用之學,斂華就實,救弊扶衰,於經史藝文、國家典制、郡邑掌故等莫不窮究原委,考正得失,其又身負家國之痛,數十年奔走流離,幽隱之情無處可泄,時於詩文見之,故其詩作堪稱一代詩史。惜時勢所限,顧炎武詩文未能得以妥善保存,後雖由顧氏門人潘耒編爲《亭林詩集》五卷、《亭林文集》六卷付梓,然多有疏闕之處,且詩作中所咏之事、所遇之人多涉秘密忌諱,非詳爲注釋而難以明了。正因如此,徐嘉箋注本與潘氏刻本相較,雖僅收詩作,然在内容精核、闡幽發微方面實有所長。

《校補》一卷,成書始末徐嘉《凡例》亦有叙。此書爲補徐嘉《顧亭林先生詩箋注》而作,主要由李詳與段朝端兩人完成,校補每條之後皆標注姓氏。

此本據華東師範大學圖書館藏清光緒二十三年徐氏味静齋刻本影印。(張驍飛　唐元)

### 定山堂詩集四十三卷定山堂詩餘四卷

(清)龔鼎孳撰(第1402—1403册)

龔鼎孳(1615—1673),字孝升,號芝麓,合肥(今屬安徽)人。明崇禎七年(1634)進士,歷官兵科給事中、太常寺少卿、左都御史、刑部尚書。謚端毅。晚貴顯,傾囊恤窮,出氣力以蔭庇遺民志節之士如閻爾梅、傅山等,士論往往恕其墮節。乾隆時名列《貳臣傳》,書自《四庫全書》中撤出。傳見《清史稿》、《清史列傳》卷七九等。

龔鼎孳古文詩詞俱工,錢謙益稱其"標舉興會,籠挫古今",徐世昌謂其"感慨興亡,聲情悲壯,有不可一世之概","七絕多傑作"(《晚晴簃詩匯》)。亦工詞,頗如其詩之跌宕風華,滄桑之感。

《定山堂詩集》四十三卷,卷首有吴偉業、周亮工序及錢謙益、李元鼎、王鐸、葉襄、杜濬、余懷等所作舊序。後有龔鼎孳子士稚及吴興祚跋。卷一、二爲五言古詩,卷三、四爲七言古詩,卷五至卷十五爲五言律詩,卷十六至卷三十二爲七言律詩,卷三十三爲五言排律,卷三十四爲七言排律,卷三十五爲六言絕句,卷三十六至卷四十三爲七言絕句。收詩凡三千九百六十五首。《定山堂詩餘》四卷,前有丁澎序。卷一爲《白門柳》,卷二爲《綺懺》,卷三、四爲《癸卯後香嚴齋存稿》。

此書龔鼎孳殁後由吴興祚輯録編次并捐貲於康熙十五年刊刻,今據北京大學圖書館藏該本影印。(馬亞中　楊年豐)

### 定山堂古文小品二卷

(清)龔鼎孳撰(第1403册)

此集二卷,卷上爲序、記,卷下爲疏、文、啓、引、贊、題辭、書後、跋。鼎孳博學有文名,尤精於詩,與吴偉業、錢謙益并稱"江左三大家"。爲人狂放不羈,爲時所譏,又因節操有虧,亦爲清人所鄙。然入清後,鼎孳能爲民請命,又惜才愛士,閻爾梅、傅山等反清志士之脱逃,鼎孳與有力焉,故時頗有盛名。其爲文作詩,情感深厚,常有悲涼感慨之作。吴梅村謂"其惻怛真摯,見之篇什者,百世下讀之應爲感動"(《定山堂詩集》之序)。此集所收記事抒情小品,亦清新可讀。

此本據中國科學院圖書館藏清康熙五十三年龔志説刻本影印。(蔣倩)

### 陋軒詩八卷

(清)吴嘉紀撰(第1403册)

吴嘉紀(1618—1684),字賓賢,一字野人。泰州(今屬江蘇)人。明諸生。入清不仕,屏處泰州之東淘,食貧吟咏,名所居爲"陋軒"。寡交游,與孫枝蔚、汪楫相契。傳見《清史稿》、《清史列傳》卷七一等。

此《陋軒詩》八卷,題"賴古堂選訂"。卷首有周亮工、王士禎、汪楫序。詩分體。其詩繼承杜甫傳統,風格蒼勁,擅長白描。陸廷掄序其詩,稱"數十年來,揚郡之大害有三:曰鹽策,曰軍輸,曰河患。讀《陋軒集》,則淮海之夫婦男女,辛苦墊隘,疲于奔命,不遑啓處之狀,雖百世而下,瞭然在目,甚矣吴子之以詩爲史也!"潘德輿《養一齋詩話》稱其"字字入心腑,殆天地元氣所結","以爲陶杜之真衣鉢"。

此本據國家圖書館藏清康熙元年周亮工賴古堂刻增修本影印。另有康熙十八年(1679)方于雲輯刊四卷本,康熙二十三年程岫、汪楫刊六卷本等。乾隆三十年(1765),陳琮校補重刊六卷本,稍後王相輯印信芳閣活字六卷本,即《清初十大家集》本。嘉慶、道光間繆中據舊刻六卷本析爲十二卷付刊,

其族弟繆錦爲之補板行世,稍後夏退庵得其藏板,又獲施井亭藏吳氏未刻詩二卷爲續集,成合刊本。(馬亞中　楊年豐)

### 船山先生詩稿二卷　(清)　王夫之撰　(第1403冊)

王夫之生平見前《楚辭通釋》提要。

王夫之于天文、曆法、數學、地理均有所涉,尤精于經、史、詩文。與顧炎武、黃宗羲并稱爲"清初三大儒"。其詩宗漢魏六朝,重在興觀群怨,論詩强調"以意爲主",寓意家國之痛,造意深邃。文兼擅騷、賦、散文,不染明代七子摹仿、公安浮滑、竟陵纖仄之習。詞芳菲纏綿,風格遒上,往往衝破音律限制。陳田《明詩紀事》評其"學問深邃,才力宏富,古體時與魏、晉、盛唐合轍,七律、七絶音調洪亮,詞旨沈著,可與遺山、山谷分席。又其遭時多難,囂音瘐口之作,往往與杜陵之野老吞聲、皋羽之西臺痛哭,同合於《變雅》、《離騷》之旨"。

王夫之著作繁富,康熙四十年(1701)至六十年前後,其子王敔搜集、繕抄、校勘,陸續刊刻《船山遺書》二十餘種,是爲湘西草堂本。此《船山先生詩稿》二卷,即清康熙湘西草堂刻本,今據上海圖書館藏本影印。(馬亞中　楊年豐)

### 薑齋文集十卷補遺二卷　(清)　王夫之撰　(第1403冊)

是集卷一有論三首、仿符命一篇(闕)、連珠二十八首;卷二有傳二首、行狀二首(闕一)、墓志銘表四首、記二首;卷三有序五首、書後二首、跋一首;卷四有啓一首、尺牘十首(闕);卷五爲九昭;卷六爲九礪(闕);卷七存賦五篇;卷八賦三篇(闕一);卷九有贊十八首、銘十一首;卷十爲家世節録。補遺共輯文十三篇,有補《文集》所闕之仿符命、尺牘十首等。

此集有道光二十二年湘潭王氏守遺經書屋《船山遺書》本;同治四年金陵刻《船山遺書》本,十卷;光緒十三年衡陽船山書院刻《船山遺書》本,補刻補遺二卷。中華書局于1962年出版《王船山詩文集》,則將十卷中有目無文而見于補遺的據以移補,原補遺尚存七篇,加上新輯四篇,不再分卷。1988年岳麓書社出版之《船山全書》本,則最爲完備。此本據上海辭書出版社圖書館藏清同治四年湘鄉曾氏金陵節署刻《船山遺書》本影印。(馬亞中)

### 豐草庵詩集十一卷豐草庵文集六卷(前集三卷後集三卷)寶雲詩集七卷禪樂府一卷　(清)　董說撰　(第1403—1404冊)

董說(1620—1686),字若雨,號西庵,又號鷓鴣生、漏霜,烏程(今浙江湖州)人。明諸生,幼年曾受業于張溥,又曾從黃道周學《易》。明亡後,隱居豐草庵,改姓林,名蹇,字遠游,號南村,又名林胡子,并自稱"槁木林"。中年出家蘇州靈巖寺爲僧,法名南潛,字月涵,一字寶雲,號補樵、楓庵。著作另有《南潛日記》、《棟花磯隨筆》、《易發》等。生平事迹見《國朝耆獻類徵》卷四七一、《國朝先正事略》卷四七、孫靜庵《明遺民録》等。

《豐草庵詩集》十一卷,卷首有自序。凡《人間可哀編》,收詩起順治三年(1646),迄五年,《采杉編》、《落葉編》收順治七年詩,《西臺編》收順治八年詩,《病孔雀編》收順治八年、九年詩,《紅蕉編》收順治十年詩,《登峰編》收順治十一年詩,《臨蘭亭編》、《雒陽編》、《洞庭雨編》、《鬭韻牌編》收順治十二年詩及詞。皆祝髮前所作。文集分《豐草庵前集》三卷、《豐草庵後集》三卷,卷前有自序,皆編年,前集收崇禎十三年(1640)至順治元年之作,後集收順治三年至十三年之作。《寶雲詩集》七卷,卷首有董漢策序。分《畫石編》、《西荒編》、《洗藥池編》、《積雨編》、《夕香編》、《掛瓢集》、《拂煙集》。《禪樂府》一卷,名《臺山編》。

董說集名"豐草",意在長林豐草,寄托深情遠志。其文"極奇倔,雜以諸子佛理,辨駁恣肆,不受羈勒"(鄧之誠《清詩紀事初編》)。其詩"硬語澀體,絕不猶人,方諸涪翁不足,比于饒德操有餘"(朱彝尊《明詩綜》),而"遁跡空門,未黜綺語"(陳田《明詩紀事》)。又能爲小說,《西游補》最著名。

《四庫全書》列其集爲禁書。民國三年劉承幹刻其豐草庵詩文諸集,名《董若雨詩文集二十五卷》。今據上海辭書出版社圖書館藏民國劉氏嘉業堂刻《吳興叢書》本影印。另,康熙間有《豐草庵全集》刊本,《豐草庵詩集》爲一卷。(馬亞中　楊年豐)

**居易堂集二十卷**　(清)徐枋撰 (第 1404 册)

徐枋(1622—1694),字昭法,號俟齋,又號澗叟,晚號秦餘山人、秦望山人、雪床主人、雪林庵主人。長洲(今江蘇蘇州)人。明崇禎十五年(1642)舉人。明亡,不薙髮,隱居靈巖山中,與沈壽民、巢鳴盛稱"海内三遺民"。傳見《清史稿》、《國朝耆獻類徵》卷四七八等。

《居易堂集》二十卷,卷首有自序、凡例。卷一至卷四爲書,卷五至卷七爲序,卷八爲記,卷九爲論,卷十爲書後,卷十一爲題跋,卷十二爲傳,卷十三爲志銘,卷十四爲志銘、塔銘,卷十五爲塔銘、碑銘、雜文,卷十六爲賦,卷十七爲古體詩,卷十八爲今體詩,卷十九爲辭、贊,卷二十爲頌、銘、雜著。其詩古體以擬《選》體爲多,近體學唐爲上。集中傳記、志銘,詳記明末遺民行迹。凡例自謂不作違心諛墓之文。詩文出入韓、柳間。

《居易堂集》爲徐枋自行編次,潘耒初刻于康熙間。今據湖北省圖書館藏清康熙刻本影印。另,嘉慶二十年(1815)趙筠據潘氏舊藏版補刊。民國八年(1919)羅振玉輯有《明季三孝廉》排印本。(馬亞中　楊年豐)

**砥齋集十二卷**　(清)王弘撰撰 (第 1404 册)

王弘撰(1622—1702),字無異,又字文修,號山史,又號待庵。華陰(今屬陝西)人。明諸生。入清不仕,隱居華山,筑讀易廬,潛心治學,探研經史。通濂、洛、關、閩之學,被譽爲"關中四君子"之一。著作別有《西歸日札》、《山志》、《周易圖説述》等,與《砥齋集》同收入《王山史全書》,計五種二十九卷。生平事迹見《清史稿》、《清史列傳》卷六六等。

《砥齋集》十二卷,卷一、卷八分上下,實十四卷。所收文章爲序、跋、史論、記、傳、碑贊銘、書、墓志銘、祭文、雜著等。卷首有黄文煥、南廷鉉序。弘撰論學平允,對晚明門户之争不以爲然。爲文主張簡潔真樸。汪琬評其文"馳騁今古,悉有依據"。其文切實平正,不爲剽荒獵艷之詞。王弘撰酷好金石,擅書法,喜品畫,卷二題跋諸作,以論畫者爲多。

康熙二年(1663)田雪崖刻其集,名《砥齋集》,文只數十篇。後其子宜輔重輯,續文十卷,并所錄書簡一卷,雜著一卷,計十二卷,即爲今集。此集有文無詩,康熙十四年刻。今據南開大學圖書館藏清康熙十四年刻本影印。(王靜)

**安雅堂詩不分卷**　(清)宋琬撰 (第 1404 册)

宋琬(1614—1673),字玉叔,號荔裳,一號無今,萊陽(今屬山東)人。順治四年(1647)進士,授户部主事,遷郎中,歷官隴西道、永平道、寧紹台道,擢按察使。被族人誣告,革職下獄。三年後得釋,挈家流寓浙江。康熙十年(1671)奉旨起復吏部供職。明年,出爲四川按察使。傳見《清史稿》、《清史列傳》卷七〇等。

荔裳生平負詩名,長於五七言。兼經歷坎坷,多感傷時事之作。風格豪爽,辭多壯語。始官京師時,與嚴沆、施閏章、丁澎輩酬唱,有"燕臺七子"之目。又與施閏章、王士禎、朱彝尊、趙執信、查慎行并稱"清初六家"。王士禎《池北偶談》稱其"五言古歌行,時闖杜、韓之奥"。朱庭珍《筱園詩話》評其"七古法高、岑、王、李,整齊雅煉……宗法既正,規格復整,固是節制之師,唐賢典型,於斯未墜。晚年入蜀,詩格一變,蒼老雄肆,異於平時,可爲《安雅堂集》之冠"。

《安雅堂詩》不分卷,丁克振、任韓燦、丁夢芝等校正,凡五言古詩二十四首、七言古詩十七首、五言律詩九十首、七言律詩九十首、五言排律十三首、七言排律一首、七言絕句三十三首、六言絕句二十一首。此本據上海辭書出版社圖書館藏清順治十七年刻本影印。(馬亞中　楊年豐)

**安雅堂文集二卷** (清) 宋琬撰 (第 1404 冊)

《安雅堂文集》二卷,卷首有金之俊、趙昕、黃與堅、杜濬四序。康熙五年(1666)刻,收文凡五十篇,卷一多爲詩序,卷二體裁較雜,有壽序、圖序、送序、碑記、記、傳、銘、題跋、墓志銘、行狀、祭文等。編纂粗疏。

今據復旦大學圖書館藏清康熙五年刻本影印。(馬亞中　楊年豐)

**安雅堂文集二卷** (清) 宋琬撰 (第 1405 冊)

康熙三十八年(1699),宋琬次子宋思勃輯補訂正,重刻《安雅堂詩文集》,其中《文集》二卷,收文凡五十二篇。與康熙五年本所收序文不同,有王熙、周金然、嚴虞惇等康熙三十八年重刻序,又有程康莊、尤侗、宋實穎等康熙四年、五年序。

今據復旦大學圖書館藏清康熙三十八年宋思勃刻本影印。(馬亞中　楊年豐)

**安雅堂未刻稿八卷入蜀集二卷** (第 1405 冊)

《安雅堂未刻稿》八卷,詩五卷,文三卷,後附王士禛所編定《入蜀集》詩詞各一卷,詞即《二鄉亭詞續》。詩分體編排。所收止於康熙九年,多晚歲所作,共收各體詩一千零九十七首,較前諸本完備。乾隆三十一年宋琬孫永年刻,今據該本影印。(馬亞中　楊年豐)

**鈍齋詩選二十二卷** (清) 方孝標撰 (第 1405 冊)

方孝標(1617—1680),原名玄成,避康熙

諱,以字行,號樓岡,一號樓江。桐城(今屬安徽)人。方拱乾子。順治六年(1649)進士,改庶吉士,授編修,歷官弘文院侍讀學士。順治十四年,以弟章鉞受江南科場案牽連,父子兄弟同戍寧古塔。十七年納贖放歸,入雲南充吳三桂翰林。三桂反,避去爲僧,釋名方空。事平,以首迎降,免死。所著《滇黔紀聞》多涉南明史實,卒後因此涉戴名世《南山集》案被戮屍。生平事迹見《清詩紀事初編》卷五。

《鈍齋詩選》二十二卷,分體。卷一至卷四爲五言古體,卷五、六爲七言古體,卷七至卷十二爲五言近體,卷十三至卷十九爲七言近體,卷二十爲五言排律,卷二十一爲五言絕句,卷二十二爲七言絕句。集爲門人江殷道、王枚等及方孝標子方嘉貞校,有吉州劉砥、青原弘智序及自序,約訂于康熙十年(1671)入滇以前。集中以戍邊詩較爲佳勝,多紀晚明史事。《上祝平西親王一百韻》下注"庚戌年作",時爲康熙九年,此後續詩未見。

此《鈍齋詩選》二十二卷爲鄧之誠抄本,卷首有其民國七年(1918)所作題跋,并有"雙穩樓印"陰文鈐印。跋云"此《鈍齋詩選》,周子幹戊午冬得之武昌。前年書肆持來求售,索值昂,不能得。遂歸清華大學珍用。懊悒之,乃借鈔一本,視原刻爲天壤之別矣"。卷一首頁有"鄧之誠文如印"陰文鈐印。

今據中國科學院圖書館藏抄本影印。(馬亞中　楊年豐)

**光啓堂文集不分卷** (清) 方孝標撰 (第 1405 冊)

《光啓堂文集》不分卷,所錄凡序二十四篇、引五篇、記十篇、論十七篇、書九篇、墓表一篇、墓志銘一篇、傳二篇、雜著二篇、疏一篇。其文記事論理,卓有識見,方都秦稱曰:"無一語吞剝《史》、《漢》,依傍韓、歐,自成一方子之文。"(《梅谿文集·鈍齋二集序》)

此本據上海圖書館藏清刻本影印。此本四

册,又有陳氏慎初堂抄本,亦四册。(馬亞中)

## 壯悔堂文集十卷遺稿一卷四憶堂詩集六卷遺稿一卷 (清)侯方域撰(第1405—1406册)

侯方域(1618—1655),字朝宗。商丘(今屬河南)人。明末諸生。年二十二應試南京,交陳貞慧、吳應箕等東南名士,主盟復社。南明弘光朝,阮大鋮修舊怨捕復社諸子,乃走揚州入史可法幕府,又客高傑軍中。旋爲阮大鋮捕獲,弘光朝亡,得脱。入清,有司促應順治八年(1651)河南鄉試,中副榜。傳見《清史稿》、《清史列傳》卷七〇等。

侯方域生長世家,與方以智、冒襄、陳貞慧號"四公子"。早年即以詩與時文名揚海内,後肆力古文,其文取法"昌黎、柳州、廬陵、眉山諸子",上溯《左傳》、《史記》,風格清新奇峭。時人以之與魏禧、汪琬合稱"國初三大家"。宋犖《三家文鈔序》稱其所作"奮迅馳驟,如雷電雨雹之至,颯然交下,可怖可愕,雪然而止,千里空碧"。傳記文如《馬伶傳》、《李姬傳》等名篇,有唐傳奇色彩。其詩學杜甫,"仍雲間餘派,聲采蔚然"(《晚晴簃詩匯》)。

《壯悔堂文集》十卷,卷首有徐作肅、徐鄰唐序及賈開宗所作傳。卷一、二收序三十二篇,卷三收書十八篇,卷四收奏議十四篇,卷五收傳十篇,卷六收記十二篇,卷七收論九篇,卷八收策十篇,卷九收表二篇、説四篇、書後六篇,卷十收墓志銘五篇、祭文二篇、雜著八篇。《遺稿》一卷,收文十篇。篇後有徐作肅、賈開宗評語。《四憶堂詩集》六卷,卷首有賈開宗、宋犖、練貞吉、彭賓序。詩中有徐作肅、賈開宗、宋犖、練貞吉選注。後《遺稿》一卷,收詩八首。此書爲侯方域自訂,徐作肅、賈開宗編選,文集由宋犖、徐鄰唐校閲,詩集由宋犖、練貞吉選注。初刻於順治九年,康熙三十四年(1695)覆刻增修。另有康熙五十一年刻本,增胡介祉、田蘭芳所作傳及年譜。乾隆二十三年(1758)重刊,題"外孫陳

履中、陳履平編次,外曾孫陳濂、陳淮、陳洛同校"。嘉慶十九年(1814)裔孫重刻,刪《豫省試策》等十四篇,別從《三家文鈔》增《與方密之書》等七篇。

此本據中國科學院圖書館藏清順治刻增修本影印。(馬亞中　楊年豐)

## 西堂文集二十四卷西堂詩集三十二卷西堂樂府七卷 (清)尤侗撰(第1406—1407册)

尤侗(1618—1704),字同人,更字展成,別字悔庵,晚號艮齋,又號西堂老人。長洲(今江蘇蘇州)人。明諸生。清順治六年(1649)拔貢,康熙十八年(1679)舉博學鴻詞科,授翰林院檢討,與修《明史》,官至侍講。三年後乞歸,主持東南文苑二十餘年。著作別有《明史擬稿》、《鶴棲堂稿》、《宮閨小名錄》等。生平事迹見《清史稿》、《清史列傳》卷七一、自編《悔庵年譜》二卷等。

尤侗工詩文,詞曲亦負盛名。詩文多新警之思,雜小諧謔。順治皇帝閱其《臨去秋波文》,親加批點,稱爲才子。其《明史樂府》、《外國竹枝詞》等,吸收樂府民歌表現手法,歌咏明代史事,描述清初各國交往及邊疆少數民族生活習俗,清新風趣,別具一格。尤侗少年時專尚才情,詩近溫、李。歸田後,仿白樂天,雖街談巷議亦入韻語中,開闔動蕩,軒昂頓挫。後習宋人,不甚藻飾。其早年所作長篇古風,頗關注社會現實,同情人民疾苦。

《西堂文集》二十四卷,分《西堂雜俎》一、二、三集,各八卷。文體多樣,有賦、移文、序、論、傳、記、贊、墓志銘等。乾隆時其《雜俎》被列爲禁書,故其集不入《四庫》書目。《西堂詩集》三十二卷,分《西堂剩稿》二卷,《西堂秋夢録》一卷,《西堂小草》一卷,《論語詩》一卷,《右北平集》一卷,《看雲草堂集》八卷,《述祖詩》一卷,《于京集》五卷,《哀絃集》二卷,《擬明史樂府》一卷,《外國竹枝詞》一卷,《百末詞》六卷,《性理吟》二卷。《詩中二十

四友歌》乃晚年所作,可考與其往來名士之生平。每一類前皆有自序或他人所作序。

《西堂樂府》七卷,其中《讀離騷》四折一卷,《吊琵琶》四折一卷,《桃花源》四折一卷,《黑白衛》四折一卷,《清平調》一折一卷,《鈞天樂》三十二齣二卷,均膾炙當世,傳本亦廣。該本有吳偉業序及自序,部分樂府前有題詞。尤侗戲曲成就頗高,丁澎謂"尤子悔庵領袖詞壇久矣"。梁廷柟《曲話》評其雜劇《讀離騷》"發千古不平于嬉笑怒罵中,悲壯淋漓,包以大氣,與《懷沙》立意不同,然固異曲同工也"。

此本據復旦大學圖書館藏清康熙刻本影印。(王靜)

**溉堂詩集二十一卷**(前集九卷後集六卷續集六卷)**溉堂文集五卷溉堂詩餘二卷**　(清)孫枝蔚撰(第1407冊)

孫枝蔚(1620—1687),字豹人,又字叔發。三原(今屬陝西)人。世爲大賈。李自成入關,隻身走江都,折節讀書,肆力于詩古文。康熙十八年(1679)舉博學鴻詞,入試不終幅而出,特旨授內閣中書。後放歸,客游四方。施閏章、魏禧、陳維崧等并推重之。生平見《清史列傳》卷七一、《國朝耆獻類徵》卷四二六、《國朝先正事略》卷三八等。孫枝蔚詩詞多辭氣直率,不事摹擬,自成理路。其詩操秦聲,鄭方坤謂爲詩"衝口而出,搖筆而書,老幹紛披,天真爛漫,而調高格古,不作一塗澤語"(《溉堂詩鈔小傳》)。

《溉堂詩集》二十一卷,分體編年,前有李天馥序。《前集》九卷,爲明末及順治間作,前有陳維崧序。《後集》六卷,爲康熙十八年至二十五年之作,前有王澤弘、孫枝蔚子匡、方象瑛序。《續集》六卷,爲康熙五年至十七年之作,前有魏禧序、施閏章序。《前集》、《續集》有王士禛、吳嘉紀、施閏章等評語。《溉堂文集》五卷,卷首有汪懋麟序。卷一爲序,卷二爲書,卷三爲記,卷四爲雜文,卷五爲祭文。《溉

堂詩餘》二卷,有鄧漢儀、張養重等評語。

孫枝蔚詩文集皆自爲編定,康熙十八年由趙玉峰助貲刻於京邸。《溉堂詩後集》六卷原稿家藏,經孫居貞助貲,孫枝蔚子匡刻於康熙六十年。

此本據清康熙刻本影印。(馬亞中　楊年豐)

### 改亭詩集六卷改亭文集十六卷　(清)計東撰(第1408冊)

計東(1625—1676),字甫草,號改亭。吳江(今屬江蘇)人。明末曾著《籌南五論》上史可法,不用。順治十四年(1657)舉人,以奏銷案除名,遂絶意仕進。家貧無以養,游食四方。曾從湯斌講學,從汪琬問古文法,與王士禛爲忘形交。傳見《清史稿》、《清史列傳》卷七〇等。

《改亭詩集》六卷,卷首有王廷揚序。詩分體兼編年,"生平游踪暨所交友蓋歷歷在焉"(王廷揚序)。《改亭文集》十六卷,汪琬選輯。卷首有宋犖序、汪琬原序、尤侗所作傳。計東之文"醇正和雅"(宋犖《改亭集序》),頗負時譽。所作詩"皆以氣骨勝"(袁景輅《國朝松陵詩徵》)。

計東詩文集先有《甫里集》初編六卷,康熙五年(1666)汪琬刊,又有《汝穎》、《竹林》、《中州》諸集行世。康熙三十二年,江蘇巡撫宋犖與汪琬刪選其文,重編命名《改亭文集》十六卷刊行。乾隆十三年(1748),計東從孫計璸承父叔夙願,取家讀書樂園所藏原刻詩文集,并家藏稿重校合刊。

此本據中國科學院圖書館藏清乾隆十三年刻本影印。(馬亞中　楊年豐)

### 魏叔子文集外篇二十二卷魏叔子日錄三卷魏叔子詩集八卷　(清)魏禧撰(第1408—1409冊)

魏禧(1624—1681),字叔子,一字冰叔,號裕齋,學者稱勺庭先生。寧都(今屬江西)

人。魏際瑞弟,魏禮兄。明末諸生,入清後絶意仕進,隱居翠微峰,後出游江浙,以文會友,結納賢豪。康熙十八年(1679),詔舉博學鴻詞,以疾辭。著作另有《左傳經世》、《兵法》、《兵謀》等。傳見《清史稿》、《清史列傳》卷七〇等。

魏禧學古文于邱維屏,世人以之與侯方域、汪琬稱"國初三大家",又與魏際瑞、魏禮號"寧都三魏"。與朱彝尊、李清、顧祖禹、梅文鼎友善,又與李騰蛟、彭士望、林時益等稱"易堂九子"。"少好《左傳》、蘇老泉,中年稍涉他氏。然文無專嗜,惟擇吾所雅愛賞者"(《與諸子世傑論文書》)。以善文稱著于時,善議論,叙事簡潔。亦工詩,爲詩古奧奇峭,不襲前人。

此《魏叔子文集》二十二卷,卷首有曾燦、丘維屏序,自序及凡例。篇後有丘維屏、王山長、彭士望等評語。卷一、二爲論,卷三爲策,卷四爲議,卷五至卷七爲書、手簡,卷八至卷十一爲叙,卷十二、十三爲題、跋、書後,卷十四爲文,卷十五爲説,卷十六爲記,卷十七爲傳,卷十八爲墓表志銘,卷十九爲雜問,卷二十爲四六文,卷二十一爲賦,卷二十二爲雜著。各卷前往往有魏禧引。《魏叔子日録》爲唐邢若編定。卷首有唐邢若、謝文洊序。魏禧《日録引》云:"幼承父兄之教有日,長而師友誨之有日,早涉世事,讀古人嘉言懿行有日,見之聞之矗矗然有得於心則言之,已而録之,是曰《日録》。"卷一里言,卷二雜説,卷三史論。《魏叔子詩集》八卷,卷首有歐陽士杰序、魏禧自序。篇後有丘維屏、王山長、彭士望等評語。詩分體編排。卷一爲四言,卷二爲雜言,卷三、四爲五古,卷五爲七言古,卷六爲五言律,卷七爲七言律,卷八爲五、七言絶。

此本據復旦大學圖書館藏清康熙間易堂刻《寧都三魏全集》本影印。另有道光二十五年(1845)謝若庭綏園書塾重刊本。(馬亞中 楊年豐)

**寶綸堂稿十二卷** （清）許纘曾撰（第1409—1410冊）

許纘曾(1627—1700),字孝修,號鶴沙,別號悟西、定舫。華亭(今上海松江)人。順治六年(1649)進士,改庶吉士,八年授檢討,歷官翰林院編修、四川布政使司、雲南按察使等。其母爲徐光啓孫女,奉天主教篤,纘曾少領洗,教名巴西略。宦游贛、鄂、川、豫等省時,亦嘗奉母命,輔助教會,不遺餘力。陳垣曾列其與金聲、李之藻、王徵入"基督教四人物傳"。著作另有《滇行紀程》、《東還紀程》等。生平事迹見《國朝詩人徵略二編》卷一、陳垣《華亭許纘曾傳》等。

卷首有王熙、王日藻、高士奇、季之駒序及自序。卷一爲賦,卷二至卷四爲詩、頌,卷五爲序、跋,卷六爲記、傳,卷七爲書啓、文、説,卷八、九爲雜文、隨筆,卷十爲《日南補牌》,卷十一爲《日南前事》,卷十二附録天台馮甦《滇考》十九條。許纘曾自謂七十歲時自"檢五十年來中外笥中之所僅存者,聚而録之","隨檢隨書,都無次第",又據王日藻、高士奇序均作於康熙五年(1666),知該本最早約抄於康熙五年之前。另,《鄭堂讀書記》卷七十著録有《寶綸堂集》十二卷,前四卷原刻本,後八卷補抄本,凡賦一卷、詩四卷、雜文三卷、《芻蕘之言》一卷、《定舫隨筆》一卷、《日南補牌》一卷、《日南前事》一卷。後附《定舫雜咏》二卷,録康熙三十二年至三十四年之作。

此本據南京圖書館藏稿本影印。(馬亞中 楊年豐)

**二曲集二十六卷** （清）李顒撰（第1410冊）

李顒(1627—1705),因避諱改名容,字中孚,號二曲。盩厔(今陝西周至)人。布衣安貧,以理學倡導關中。康熙間先後以山林隱逸、博學鴻儒徵,皆力辭。著作別有《四書反身録》。生平事迹見《清史稿》、《清史列傳》卷六六等。

李顒曾主講于無錫、江陰、宜興等地,與容

城孫奇逢、餘姚黄宗羲鼎足而稱三大儒。其學傾向陸王心學,亦不廢程朱,主張兼容并包。其文多闡發天理人性,薈萃群儒之説而斷以己見。《學髓》一文,爲教育哲學名作,有圖有説,要求學者固本守真,"慾理兩忘,纖念不起,猶鏡之照,不迎不隨"。其《悔過自新説》教人于心性上用刮磨洗剔之功,以明心見性。

《二曲集》二十六卷,爲其弟子王心敬彙其散稿而成,鄭重、高爾公、范鄗鼎爲之序,所收有李顒講學記録、論説、題跋、書信、墓志等。卷一至卷十五爲講學教授語録,或自著,或由學生手録編輯成文。卷十六至卷二十二爲雜著,卷二十三至卷二十六爲追思其父詩文,内附其母彭氏傳記詩文。

此本據清康熙三十三年高爾公刻後印本影印。(王静)

**葉文敏公集十三卷**　(清)葉方靄撰(第1410册)

葉方靄(1629—1682),字子吉,號訒庵。崑山(今屬江蘇)人。順治十六年(1659)一甲三名進士,授編修。江南奏銷案起,削職。旋起復原官,歷官國子監司業、《明史》總裁等,兼掌院學士、禮部侍郎、刑部侍郎。謚文敏。傳見《清史稿》、《清史列傳》卷九、《國朝先正事略》卷六等。

《葉文敏公集》十三卷,含詩四卷、文九卷,文有賦、考、論、表、箴、疏、傳、墓志銘、祭文等各體。《四庫全書》所録葉方靄《讀書齋偶存稿》有詩無文,故鄧之誠《清詩紀事初編》稱"此集或後人所編,與詩并存",約刊于康熙、雍正間。《讀書齋偶存稿》有王原祁序謂其"生平服膺王士禛之詩、汪琬之文,實兼有二家之長"。此爲過譽之詞。亦偶有反映民生疾苦之作。

此本據中國科學院圖書館藏抄本影印。(馬亞中　楊年豐)

**吕晚村詩七卷研銘一卷**　(清)吕留良撰(第1411册)

吕留良(1629—1683),字莊生,一字冀野,初名光輪,字用晦,後字留侯,號晚村。崇德(今浙江桐鄉)人。早歲曾與里人結社,工制舉文。從黄宗羲游,交通海上,圖謀復明。後知事不可爲,遂歸,以講學致盛名。與張履祥等人治程朱理學。順治十年(1653)爲諸生。晚拒博學鴻詞、山林隱逸之徵召,後削髮爲僧,法名耐可,字不昧,號何求老人。雍正間因曾静獄牽連被戮屍,闔門受誅,其藏書與著述亦多被焚毁。其著述由門人輯爲《四書語録》、《吕子評語》等。生平事迹見張符驤《吕晚村先生事狀》等。

《吕晚村詩》七卷,爲《萬感集》、《伥伥集》、《夢覺集》、《真臘凝寒集》、《零星稿》、《東將詩》、《欬氣集》,後附研銘。吕氏文似朱熹,詩"純用宋法……而益以蒼堅,頗多警策……往往以質直出之"(《晚晴簃詩匯》)。鄧之誠《清詩紀事初編》謂:"以詩文論,誠黄宗羲勁敵,惟史學不如。"

此本據上海圖書館藏清禦兒吕氏抄本影印。抄本卷後有收藏者識語:"右詩七卷,研銘一卷。前有晚村何求老人印。中多闕文,意有所諱。玩硃筆點定數處,非手稿,爲天蓋樓舊本可知。國初文字之禍烈於身後,卷末燒痕儼然,豈當時出諸煨燼者歟!詩損十六字,銘缺過半。先生文集有雕本而詩獨無。精氣不可磨滅,其有所待而然耶!"(馬亞中　楊年豐)

**吕晚村先生文集八卷續集四卷附録一卷**　(清)吕留良撰(第1411册)

《吕晚村先生文集》八卷,卷首附録吕留良子公忠所作行略一卷,目録後有曾孫爲景雍正三年跋。卷一至卷四爲書,卷五、六爲序、論文、論辨、記、題跋,卷七爲墓志銘、祭文,卷八爲雜著。《續集》四卷,卷一、二爲《宋詩鈔列傳》,

卷三爲《質亡集小序》,卷四爲《保甲事宜》。

《呂晚村先生文集》爲呂留良曾孫爲景據家藏本輯成,雍正三年刻於呂氏天蓋樓,今據復旦大學圖書館藏該本影印。另,其文集有清末國學保存會活字排印本。又有康熙五十九年桐城孫學顏編次小濂溪山房刊本《呂晚村先生古文》二卷等。（馬亞中　楊年豐）

**翁山詩外十八卷**　（清）屈大均撰（第1411冊）

屈大均(1630—1696),字介子,一字翁山,又字華夫,中年改名大均。番禺(今廣東廣州)人。幼寄養邵氏,年十六以邵龍名補縣學生員,後復屈姓,易名紹隆。年十八隨其師陳邦彥從軍抗清,失敗後走肇慶,上書南明永曆帝陳中興策,將授官,以父病歸。後削髮爲僧,法名今種,字一靈,又字騷餘。出游大江南北,曾出關探遼地虛實,復往紹興與祁班孫、魏耕等密謀,引海上義軍攻南京。事敗被緝捕,避去,返初服。吳三桂反清,曾參其軍務,既知其心叵測,辭去。以遺民終。著作另有《道援堂集》、《翁山易外》、《廣東新語》等。傳見《清史稿》、《國朝耆獻類徵》卷三二九等。

屈大均詩詞多慷慨悲壯之音。其詩初祖屈原,繼兼學李白、杜甫,天矯多變,不拘一格。與陳恭尹、梁佩蘭并稱“嶺南三大家”。在遺民詩中與顧炎武、吳嘉紀鼎足而三。金天羽謂“亭林端委,能扶經心;翁山奇服,別具仙骨”(《答樊山老人論詩書》)。詞亦豪健,具鬱勃怒張之勢,朱孝臧舉清代諸家,即以之冠首。

《翁山詩外》十八卷(卷十八未刻),卷首有王隼《騷屑序》,周炳曾、凌鳳翔序及自序。卷一至卷十五爲詩,詩分體,卷十六至卷十八爲詞。

屈大均詩先有《屈翁山詩集》八卷,詞一卷,嘉興徐肇元選,前有徐嘉炎序,康熙間研露齋刻。其後沈用濟增補重輯爲《道援堂集》十卷,康熙間刻,又有康熙間增補刻本。此《翁山詩外》爲凌鳳翔編輯於屈大均歿後,據前康熙間刻本增修刊刻而成。

此本復旦大學圖書館藏清康熙刻凌鳳翔補修本影印。（馬亞中　楊年豐）

**翁山文外十八卷**　（清）屈大均撰（第1412冊）

《翁山文外》十八卷,卷首有屈大均自序、自作文外銘,張遠、甘京、李稔題辭三則。自序篇末題“四百三十二峰草堂藏書”。另有“東武孟學山氏枝閣珍藏”長形陽文。卷一記二十六篇,卷二序五十七篇,卷三傳十三篇,卷四論一篇,卷五説十二篇,卷六解三篇,卷七碑二篇,卷八墓表五篇,卷九墓志銘七篇,卷十書後十七篇,卷十一雜著十五篇,卷十二銘三十三篇,卷十三贊、頌四篇,卷十四雜文六篇,卷十五哀辭七篇,卷十六書十篇,卷十七賦五篇,卷十八啓四篇。後兩卷疑有缺頁。此本與民國吳興《嘉業堂叢書》十六卷本、康熙初年十七卷刻本、清初二十卷刻本之《翁山文外》在序跋目録、各卷收録篇目、篇目標題、文章歸類等方面均有差異。

此本據上海圖書館藏清康熙刻本影印。（馬亞中　楊年豐）

**秋笳集八卷補遺一卷**　（清）吳兆騫撰（第1412冊）

吳兆騫(1631—1684),字漢槎,號季子。吳江(今屬江蘇)人。少有雋才,稍長曾主盟慎交社,名聞遠近。順治十四年(1657)參加江南鄉試,中式爲舉人,科場案發,被誣卷入其中。次年赴京復試,被除名,順治十六年流放寧古塔,達二十餘年。在戍所期間,任將軍巴海家庭教師,與友人結“七子詩會”。康熙二十年(1681),經納蘭性德、徐乾學、徐元文、顧貞觀等救援,又經性德父明珠活動,以獻《長白山賦》爲康熙帝賞識,被允許納資贖歸。傳見《清史稿》、《清史列傳》卷七〇等。

吳兆騫工詩,才華富麗,風格遒上,自稱其師爲吳偉業,傳其衣缽,爲徐乾學、王士禎所賞識。塞外所作,淒怨中有悲壯,“詩歌悲壯,令讀者如相遇于丁零絶塞之間”(沈德潛《清詩别裁集》)。亦能詞,并能駢文,以《長白山賦》知名。

《秋笳集》八卷,首有吴兆騫作小引、《與徐乾學書》、吴兆寬寄奉徐乾學詩。其中《西曹雜詩》前有自序,《秋笳前集》前有侯玄泓序,《擬古後雜體詩》前有宋實穎、陸圻序。卷後有吴桭臣跋。

吴兆騫集初係徐乾學所刻,不分卷,爲賦、詩及《西曹雜詩》,約刊于康熙十五年。雍正四年(1726),其子吴桭臣重刻爲八卷,析徐刻爲四卷,增補四卷,是爲衍厚堂本。另有乾隆四十一年(1776)知止草堂刊本、咸豐二年(1852)伍崇曜《粤雅堂叢書》本、宣統三年(1911)順德鄧氏《風雨樓叢書》本。

今據復旦大學圖書館藏清雍正四年吴桭臣刻本影印。(馬亞中 楊年豐)

**憺園文集三十六卷** (清)徐乾學撰(第1412册)

徐乾學(1631—1694),字原一,號建庵。崑山(今屬江蘇)人。顧炎武外甥。與弟元文、秉義皆官貴文名,稱“三徐”。康熙九年(1670)探花,授編修。康熙十一年,任順天鄉試副主考官,因選人不當,降級調用。復原官後,官至刑部尚書。後升左贊善,充日講起居注官。嘗充《明史》總裁、《大清會典》與《一統志》副總裁。編有《讀禮通考》、《資治通鑒後編》等。傳見《清史稿》、《清史列傳》卷一〇等。

徐乾學愛才好客,其學閎博淹貫,頗有根柢。詩“格律圓整,音調和諧,不離唐詩正聲”,“意餘于匠,情深于文,蔚然成一家言”(鄭方坤《國朝名家詩鈔小傳》)。

《憺園文集》三十六卷,卷一爲賦、頌、樂章,卷二至卷四爲《虞浦集》上、中、下,收詩三百五十首,卷五、六爲《詞館集》上、下,收詩二百二十七首,卷七至卷九爲《碧山集》上、中、下,收詩二百八十首,卷十至卷三十六爲各類文。卷首有宋犖序。

此本據上海辭書出版社圖書館藏清康熙刻冠山堂印本影印。(馬亞中 楊年豐)

**獨漉堂詩集十五卷獨漉堂文集十五卷(存卷一至卷八、卷十至卷十五)續編一卷** (清)陳恭尹撰(第1413册)

陳恭尹(1631—1700),字元孝,初號半峰,晚號獨漉子,亦稱羅浮布衣。順德(今屬廣東)人。明諸生。幼時,其父陳邦彦抗清犧牲,避匿得免。以父蔭,南明桂王賜錦衣僉事。吴三桂稱帝時,以名重,一度被清廷捕入獄。得脱後,隱居廣州以終。傳見《清史稿》、《清史列傳》卷七〇等。

《獨漉子詩文全集》三十卷,爲《詩集》十五卷,《文集》十五卷。《詩集》卷首有彭士望、趙執信、潘鼎珪序及《初刻自叙》。凡《初游集》、《增江前集》、《中游集》、《增江後集》、《江村集》、《小禺初集》、《小禺二集》、《小禺三集》,皆自編,詩編年起順治五年(1648),迄康熙三十七年(1698)。其子補編《小禺後集》,收康熙三十八、三十九兩年之詩。文集卷首有《陳元孝先生傳》,後有恭尹子陳贛跋。陳量平輯奏疏及碑文序記合十六篇,附于編末,爲《續編》一卷。後有梁佩蘭所作行狀、馮奉初所作傳。《全集》又有陳量平道光五年重刻跋。陳恭尹工詩,真氣盤鬱,激昂頓挫,足以發其幽憂哀怨之思。與屈大均、梁佩蘭合稱“嶺南三大家”。王士禛謂其在三家中“尤清迥絶俗”(《漁洋詩話》)。

其集初爲自刻,凡賦一卷、詩六卷,初刻于康熙十三年。歿後,其子贛以其室名編爲《獨漉堂詩文全集》,約康熙五十六年刻于晚成堂,文集原缺卷九,陳贛跋謂毁于火,實因此卷爲南明時所作奏疏啓箋,刻書者删之以避禍。後道光五年陳量平重刻全集,題《獨漉子詩文全集》。

今據中國科學院圖書館藏清道光五年陳量

平刻本影印。（馬亞中　楊年豐）

## 續學堂文鈔六卷首一卷續學堂詩鈔四卷首一卷　（清）梅文鼎撰（第1413冊）

梅文鼎（1633—1721），字定九，號勿庵。宣城（今屬安徽）人。少年時從塾師羅王賓學天文，又拜倪觀湖爲師，以精天文曆法之學爲一代宗師。康熙間進京，李光地曾薦之于朝。其曆算著述繁富，有曆學書六十二種、算學書二十六種，後人輯有《勿庵曆算全書》，又彙其著述爲《梅氏叢書輯要》。傳見《清史稿》、《清史列傳》卷六八等。

其集初名“勿庵”，康熙南巡，爲書“續學參微”四字賜之，因以名堂，并以名集。《續學堂文鈔》六卷，卷首有張必剛、張自超序，梅庚所作《傳》、李光地所作《恭紀》、方苞所作《墓表》。收文一百五十六篇。《續學堂詩鈔》四卷，卷首有沈起元序，施閏章、梅庚、曹溶原序。詩編年，起康熙十一年（1672），迄康熙六十年，收詩三百六十七首。梅文鼎精天文曆法之學，文多論學之作，詩亦多記西學逸事。詩文爲其餘事，亦可見其鬱勃之懷、高尚之志。

此本據清乾隆二十二年宣城梅瑴成刻本影印。（馬亞中　楊年豐）

## 含經堂集三十卷（存卷一至卷十五、卷十七至卷三十）別集二卷　（清）徐元文撰　附錄二卷（第1413冊）

徐元文（1634—1692），榜姓陸，字公肅，號立齋。崑山（今屬江蘇）人。順治十六年（1659）進士第一，授修撰，官至文華殿大學士。曾參與修纂《明史》。另著有《明史稿》二十二卷、《自省編》。傳見《清史稿》、《清史列傳》卷九等。

《含經堂集》三十卷，卷一至卷十五古今體詩，不分體。卷十六賦。卷十七至卷二十二奏疏六卷，多涉鹽務、駐防旗員虐民、閩粵滇三藩之亂事等，可一窺當時政事。卷二十四至卷三十序、記、墓志等，以往來應酬居多，然所載官員及婦女小傳等，亦可作史料參證。《別集》二卷，爲制草、議、碑、公牒。有與鄂羅斯國議定疆界碑文及國子監條約等，可資考究康熙前期政事。

此本據山東省圖書館藏清康熙刻本影印，第十六卷闕。（許紅霞）

## 帶經堂集九十二卷　（清）王士禎撰（第1414—1415冊）

王士禎（1634—1711），字子真，一字貽上，號阮亭，晚號漁洋山人。雍正時避帝諱，改稱士正。乾隆時，詔命改稱士禎。新城（今山東桓臺）人。順治十五年（1658）進士，授揚州推官。康熙時歷官禮部主事、員外郎、戶部郎中、刑部尚書等。曾兼任國史館總裁，編修類書《淵鑒類函》。卒諡文簡。著作另有《居易錄》、《池北偶談》、《香祖筆記》等。傳見《清史稿》、《清史列傳》卷九等。

王士禎康熙時爲文壇盟主，詩詞文皆善。論詩創“神韻”説，以“不著一字，盡得風流”、“神韻天然，不可湊泊”爲詩之最高境界，選《唐賢三昧集》以標宗旨。早年詩作清麗澄澹，中年後轉爲蒼勁。擅長各體，尤工七絕。未能擺脱明七子餘習，時人誚之爲“清秀李于鱗”。與朱彝尊齊名，稱“北王南朱”。袁枚有“一代正宗才力薄”（《論詩絕句》）之評。餘力爲詞，特長小令。古文以天姿朗悟、自然修潔取勝，讀書考訂、評論得失、辨別真僞，時有獨到之見。

卷首有程哲序，有畫像及梅庚所作像贊。全書七編，一編爲《漁洋詩集》二十二卷，編年自順治十三年至康熙八年（1669）。二編爲《漁洋續詩集》，分《京集》、《蜀道集》、《家集》等，凡十六卷，編年自康熙十年至康熙二十二年。三編爲《漁洋文集》十四卷。四編爲《蠶尾詩集》二卷，編年自康熙二十三年至康熙二十四年。五編爲《蠶尾續詩集》十卷，内卷一雅頌，卷二、三《南海使集》上、下，卷四《雍益使集》，卷五、六《雍益使集續集》上、下，卷七、八《古夫于亭稿》上、下，卷九、十《古夫于亭稿後集》上、下。六編爲《蠶尾文集》八卷，七編爲《蠶尾續文集》二十卷。

《帶經堂集》各編先各有刻。士禎殁前一年，門人程哲復就諸集删并，爲《帶經堂集》九十二卷，康熙五十年刻於七略書堂，今據以影印。（馬亞中　楊年豐）

## 南州草堂集三十卷首一卷　（清）徐釚撰（第 1415 册）

徐釚（1636—1708），字電發，號虹亭、鞠莊、拙存，晚號楓江漁父。吴江（今屬江蘇）人。康熙十八年（1679）召試博學鴻詞，授翰林院檢討，入史館纂修《明史》。著作别有《本事詩》、《詞苑叢談》。傳見《清史稿》、《清史列傳》卷七一等。

卷前有黎士弘、朱彝尊、尤侗舊序及自序。首一卷爲姜宸英等十二人所作序。卷一至卷十六爲古今體詩九百四十五首。詩依編年例，起自康熙元年，迄康熙三十四年。釚以詩名于江表，舊作《昌亭草》、《皖江草》、《齊魯游草》、《西陵草》等，皆二十餘年游歷所記。期間“羈枯菀結，潦倒頹唐，連困南北鎖闈，涉水登山，呻吟俯仰”（《南州草堂自序》），窮途之感，悉付詩文。晚年删繁諸集，合爲《南州草堂集》三十卷。内中屬《昌亭草》者約十之一，《皖江草》者十之二三，《齊魯游草》者十之四五，蓋游益廣詩益富。卷十七至卷三十爲賦、頌、序、記等各體文七十四篇。舊作《苦海集》、《乙巳詩》、《詞苑叢談》等序跋皆收入内，另有劉顯、馬芳、周尚文、姜漢、姜奭、姜應熊、萬表、萬邦孚等八人小傳，乃纂修《明史》時所作。

此本康熙三十四年其自刻，今據復旦大學圖書館藏該本影印。此後十餘年之作，有《松風餘稿》，後名《南州草堂續集》，凡四卷，約康熙四十五年自刻。（許紅霞）

## 石園文集八卷　（清）萬斯同撰（第 1415 册）

萬斯同（1638—1702），字季野，號石園。鄞縣（今屬浙江）人。爲萬泰第八子，黄宗羲弟子。幼而聰敏，精通諸史，尤熟明代掌故。南明魯王時授户部主事。康熙十七年（1678）開博學鴻詞科，辭不就。後以布衣參史局，與修《明史》，不署銜，不受俸。《明史稿》五百卷皆其手定，于《明史》之成，功績甚著。性不樂榮利，惟以讀書勵名節相交，爲清初浙東學派的代表人物。晚年雙目失明，憑宿學以口授方式編史、講學。及卒，門人私謐貞文先生。萬斯同長于史，其詩文多半論史。别著有《歷代史表》、《紀元匯考》、《廟製圖考》等。生平事迹見《清史稿》、《清史列傳》卷六八等。

是書有民國二十五年張氏約園刻《四明叢書》第四集本，係後學據邑中文獻匯得，而從劉氏行狀録目，鑾爲八卷。前有張壽鏞序、劉坊《萬季野先生行狀》、楊天咨《萬季野先生墓志銘》及《石園文集題詞》。前二卷爲詩，卷二爲鄞西竹枝詞五十首，歌吟鄞地風俗。其餘六卷爲文，“多説經論史及考辨之作，諸書序記傳類，客京師時所爲，亦不無少作，疑有非先生所欲存者”（張壽鏞《石園文集序》）。

今據民國二十五年張氏約園刻《四明叢書》第四集本影印。中國社會科學院文學研究所藏民國間約園抄本，亦作八卷。（馬亞中　李亞峰）

## 松鶴山房詩集九卷松鶴山房文集二十卷（存詩集九卷，文集卷一至卷二、卷四至卷十一、卷十三、卷十五至卷二十）　（清）陳夢雷撰（第 1415—1416 册）

陳夢雷（1651—1723），字則震，又字省齋，晚號松鶴老人。侯官(今福建福州)人。資質聰敏,少有才名。十二歲中秀才,十九歲中舉人,康熙九年(1670)進士,選庶吉士,授編修。耿精忠反,迫受官職。與李光地謀以蠟丸密報朝廷,事成,光地據爲己功,夢雷以從逆論斬,免死流放尚陽堡。三十七年召還,侍誠王讀書。雍正初,又與家口遣發黑龍江,卒於戍所。生平事迹見《國朝耆獻類徵》卷一一六、陳壽祺《陳編修夢雷傳》。

夢雷少有才名,以文章名世。其詩長於古體,"才氣奔放,不可拘以繩墨"(鄧之誠《清詩紀事初編》)。曾總纂《古今圖書集成》,全書共一萬卷,六千一百零九部,內容繁富,區分詳晰,刊印後,即受各方好評。清人張廷玉稱:"自有書契以來,以一書貫串古今,包羅萬有,未有如我朝《古今圖書集成》者。"

書前有楚師、喬逸人、王掞、能吉圖、楊文言、李煒、黃鷟來、林㲄、諸葛璐序。分體編次,各卷前有目錄。《詩集》五言古、七言古、五言律、五言排、七言排、絕句、詩餘各一卷,七言律兩卷。《文集》按擬詔、頌、箴、表、疏、啓、論、策、論、說、解、序、題、跋、書、記、碑、贊、銘、傳、祭文、行狀、賦等分卷,缺卷三、十二、十四三卷。

此本據國家圖書館藏清康熙銅活字印本影印。(馬亞中　李亞峰)

## 聊齋文集四卷　(清)蒲松齡撰　(第1416冊)

蒲松齡(1640—1715),字留仙,一字劍臣,號柳泉,室名聊齋,世稱聊齋先生,自稱異史氏。淄川(今屬山東)人。貢生。屢試不第,輾轉爲幕賓、塾師四十年。所著《聊齋志異》最爲知名。事迹見《國朝耆獻類徵》卷四四三、《國朝詩人徵略》卷一四等。

《聊齋文集》四卷,前有道光二十九年(1849)邢祖恪序。卷首題"研香居士鈔書"。每卷前列目錄,共計百三十一篇。卷一賦、序、文、引,所賦有秦松、古歷亭、趵突泉、荷珠、禱雨、煎餅、酒人等。卷二叙、跋、序,有《家政內編叙》、《家政外編叙》二篇,爲蒲氏所作雜著,未經刊印,借此序可略知二書內容。卷三壽序、啓、書、引、傳、檄、碑記,以啓爲最多。有《讀灌仲儒傳》、《花神討封姨檄》等文,亦可資考故實。卷四論、啓、書、祭文,其中論十二篇,乃勸戒世人正心、立身之作,可謂處世之學。

《聊齋文集》今存稿本、抄本多種。一種卷數不明,存第七卷,山東省圖書館藏。又八卷本傳抄本,國家圖書館藏。又四卷本清抄本二,一本有楊宣子跋,山東省圖書館藏,一本道光二十九年邢祖恪抄本,河南省圖書館藏。今據邢祖恪抄本影印。(許紅霞)

## 草亭先生集七卷(文集二卷、詩集四卷、補遺一卷)　(清)周篆撰　年譜一卷　(清)周廉等撰　(第1416冊)

周篆(1642—1706),字籀書,號草亭。青浦(今屬上海)人,後遷江蘇吳江。少穎敏,擅古文,生值清初,遂不樂仕進,博究經史百家,游歷名山大川,以作述自娛而老於江湖。著述有《蜀漢書》八十卷、《杜詩集說》二十卷、《詩集》四卷、《文集》二卷,時號《百六集》。事迹見周廉、周勉《周草亭年譜》。

《草亭先生集》七卷,凡《文集》二卷、《詩集》四卷、《補遺》一卷,計文六十五篇、詩三百五十餘首。目錄前有俞鍾岳、翁廣平二序,又有仇兆鰲《草亭先生百六集原序》、諸錦《草亭先生文集序》、王士禎《草亭先生詩集序》,又附陳鵬年《蜀漢書序》、蔣衡《草亭先生傳》、周廉、周勉《草亭先生年譜》。蓋周篆詩文雖經由其子周廉等抄錄,然漸次散佚,經翁廣平輯得文二卷,詩四卷,始略備舊貌。此後又有周篆門生之後人俞鍾岳,遵父命而將其付梓。《補遺》一卷前又有俞鍾岳跋,言《草亭先生集》刊成後其又輯得周篆文一篇、詩四十一首,復刊刻以附。周篆北歷燕趙,南至周嶺,錢塘、揚子、洞庭、太行、武夷、南粤,地無不至,至無不咏。集中詩文内容廣泛,於兵農、禮樂、經緯、時務、天文、地輿、財賦、河渠、鹽鐵、選舉諸事均有反映。詩法盛唐而以沉鬱頓挫出之,持論平正,切中時弊,炳然可觀。

《草亭先生集》中《文集》二卷、《詩集》四卷,刻於嘉慶二十五年(1820)春;《補遺》一卷,刻於道光元年(1821)夏,均爲晚香堂藏版,中國科學院圖書館有藏,今即據其影印。(張驍飛)

### 橫雲山人集三十二卷（颺言集、山暉集、望雲集、谷口集、還朝集、淮干集、谷口續集、還朝續集）　（清）王鴻緒撰（第 1416—1417 册）

王鴻緒(1645—1723),初名度心,字季友,號儼齋,又號橫雲山人。華亭(今上海松江)人。出於官宦之家,乃徐乾學門生。康熙十二年(1673)榜眼,授翰林院編修,官至户部尚書。才學深博,工詩詞、書法,兼習醫學,尤長於史。任《明史》總裁,又參與編纂《佩文韻府》。康熙四十八年,以謀立皇子允禩遭帝斥責,遂解任回籍,私下帶走《明史》史稿,經數年潤筆删定後進呈,交由明史館收藏。不久鴻緒即將《明史稿》刻爲己作,即《橫雲山人明史稿》,不具萬斯同之名,爲人所詬病。傳見《清史稿》、《清史列傳》卷一〇等。

此書前有田茂遇等序。前五卷名《颺言集》,載其經進賦頌。後二十七卷另爲編次,全爲詩,分爲數集,各爲名,蓋以時爲序,收詩約至康熙五十七年,從中可略考作者行迹。鴻緒文采頗受康熙帝賞識,其詩風潤朗,長於藻繪,尤擅寫景,如《送金潛五還秣陵分得迹字》“海日孤懸睥睨紅,江峰九點芙蓉碧”。《清詩别裁集》稱其“善學少陵,不在形似”,人謂有幾社餘風。其《山暉集》中有《五君咏》,褒美陳子龍等,其詩蓋亦近之。

王集康熙間屢爲刊刻,有四、十二、十六、二十七、三十、三十一、三十二卷不等,此三十二卷本收録較全,爲清康熙間刻增修

本,今據復旦大學圖書館藏本以影印。其詩又有《王儼齋西山詩稿》稿本,上海圖書館藏。(李叢竹)

### 遂初堂詩集十六卷遂初堂文集二十卷遂初堂别集四卷　（清）潘耒撰（第 1417—1418 册）

潘耒(1646—1708),原名棟吳,字次耕,號稼堂,晚號止止居士。吳江(今屬江蘇)人。康熙十八年(1679)舉博學鴻詞,授檢討,與修《明史》,充日講起居注、會試同考官,辭薦舉,不起。博涉經史及曆算聲韻之學,以學識淵博名重當時。生平事迹見《清史稿》、《清史列傳》卷七一等。

潘耒曾師事顧炎武,頗得其傳,故詩文皆有源本。耒性好游名山,足迹甚廣,其詩不事雕飾,“直達所見,浩氣空行”,“登臨懷古諸作,尤爲光焰騰上”(沈德潛《國朝詩别裁集》)。然其議論之文,往往反復求快,太傷于盡,未免失之好辯。《四庫全書總目提要》稱其“古文蹊徑較平,稍遜于魏禧等人,而氣體渾厚,空所依傍,則又未所獨得也”。别著有《類音》等。

是書有清康熙四十九年刻本,係後人輯定,前有許汝霖序。所編詩皆以游草名集,計《少游草》二卷,《夢游草》三卷,《近游草》一卷,《江嶺游草》一卷,《海岱游草》一卷,《台蕩游草》一卷,《閩游草》、《黄廬游草》一卷,《楚粤游草》二卷,《豫游草》一卷,《卧游草》一卷,《補遺》一卷,皆編年爲次,自康熙二年迄四十七年。《文集》則分體編次,卷一賦、頌,卷二、三論,卷四牒、表、疏、策問,卷五議、書,卷六至卷十序,卷十一雜著,卷十二碑銘、記,卷十三至卷十七記,卷十八傳、行述,卷十九墓志銘,卷二十墓表、贊、銘、祭文。《别集》爲文,也大致分體編次,卷一碑銘、記,卷二行狀、銘、跋、贊,卷三序、題辭,卷四疏、書。後雍正三年補刻行狀墓志附録。

此本據復旦大學圖書館藏清康熙刻增修本影印。另有康熙間自刻本《遂初堂集》,《詩集》十

二卷、《文集》十五卷。（馬亞中　李亞峰）

## 居業堂文集二十卷首一卷　（清）王源撰
（第 1418 冊）

王源（1648—1710），字崑繩，號或庵。直隸大興（今屬北京）人。康熙三十二年（1693）舉人。少從梁以樟游。以樟談宋儒學，源聞之不首肯，獨嗜兵法，爲古文，著《兵論》三十二篇。豪邁不羈，慕諸葛亮、王陽明，文章自謂左、史、昌黎之外無肯定者。年四十餘游京師，無心仕途，中舉後不應禮部試。遇李塨而大悦，乃與之共師事顏元，時年將六十。後客死江淮。源自負經世之略，著《平書》十卷，以見其治國之策，經李塨訂正，更名《平書訂》。另有《文章練要左傳評》等。《清史稿》有傳。

卷首有洪嘉植序，集內多有文無目及有目無文者，篇末常有作者自記或他人評語。源長於史學，爲文多涉明代遺事，盛推忠義節烈。源初奉陽明，後宗顏學，然未嘗因門戶之見横相詆毁，《與朱字緑書》云：“吾子誠有志於聖賢之學，但當從事家庭朋友之間，砥名節，力行無僞，而讀書講學，從其性之所近，即不尊陸王而尊程朱，豈曰非賢？”其所深斥者，乃“非借道學以掩其汙穢而要祿位，即借之以投時尚而博聲名”之僞儒。《與蔣湘帆書》論文，謂“學古人者，學其用意也，用筆也，非學其詞華與聲調也”，可見其作文宗旨。卷九至卷十一《賈詡論》（此篇有文無目）至《耿炳文論》論兵者凡二十八篇，疑爲其《兵論》三十二篇選汰而入者。

此書有嘉慶金陵刻本，又有道光十一年劉氏讀雪山房刻本。今據中國科學院圖書館藏讀雪山房刻本影印。（李叢竹）

## 敬一堂詩鈔十六卷　（清）顧八代撰（第 1418 冊）

顧八代（1640—1709），姓伊爾根覺羅氏，字文起，滿洲鑲黄旗人。好讀書，善騎射，以蔭生充護軍。順治十六年（1659）從征雲南有功，授户部筆帖式，旋襲二等阿達哈哈番世職，遷吏部郎中。康熙十四年（1675），擢翰林院侍讀學士。十六年至十九年，又從鎮南將軍莽依圖平兩廣、滇南，還授侍講學士。二十三年值尚書房，雍正帝曾從受學。後以病乞休，卒謚文端。傳見《清史稿》、《清史列傳》卷一一一等。

《敬一堂詩鈔》乃方苞、沈德潛等人所輯，書前有高斌等序，所收詩以體分卷。顧八代詩風質樸雄沉，不尚雕飾，諸體之中，五古較勝，其中擬古諸作，爲高斌所稱。集中多咏征討之事，其感懷痛鬱之作，如《哭鎮南將軍》“旅帳豈能長伴柩，天涯那得更招魂”，《歸來吟》“百戰歸來一橐空，殘軀未老已成翁。每敧枕上思看月，纔到簷前轉畏風”等，悲愴感人。

此書十六卷本，清乾隆十五年刻，北京大學圖書館藏，今據以影印。又有《顧文端公詩節鈔》，清刻本，華東師範大學圖書館藏。（李叢竹）

## 解春集文鈔十二卷補遺二卷解春集詩鈔三卷　（清）馮景撰（第 1418 冊）

馮景（1652—1715），字山公，一字長明，又字少渠，號香遠。錢塘（今浙江杭州）人。以諸生貢國子監生。嗜讀書，善屬文。康熙間游京師，授經於侍郎項景襄家。後游江淮間，絶意仕進，館淮安邱象隨家十年。晚入江蘇巡撫宋犖幕，與武進邵長蘅并稱。當時名士閻若璩、毛奇齡等，皆與其有論學往還。後辭歸，以貧病卒。《清史稿》、《清史列傳》卷六八等有傳。

此書命名取《易林》“解我胸春”之意，卷首有顧諟《幸草序》、盧文弨《叙述》。其文多表彰忠孝節義，以期有益於世教，或流爲因果報應之説。史論諸篇有特識，妙緒無端，文體健拔。馮景勤於考證，集中所收與閻若璩論難析疑之文尤多。若璩駁《詩序》，景又撰《與閻百詩毛朱詩説》與争，謂太疑經則無經，不爲苟同。學者或病其標題詭誕，不免有鄉學究氣（參張舜徽《清人文集別録》），然終究瑕不掩瑜。其詩亦清雋不羈，有憂世之懷。

馮景外孫盧文弨屬彭紹升編選《解春集文鈔》十二卷，孫志祖又輯《補遺》二卷，合《詩鈔》三卷，乾隆五十七年（1792）刻於抱經堂，今據以影印。（李叢竹）

## 南山集偶鈔不分卷　（清）戴名世撰（第1418册）

戴名世（1653—1713），字田有，一字褐夫，號藥身，又號憂庵，世稱南山先生。桐城（今屬安徽）人。以授徒自給，後由廪生考得貢，補正藍旗教習，授知縣，棄去。自是往來南北，以賣文自活。康熙四十八年（1709）中進士，授編修。後二年，以所撰《南山集》中"語多狂悖"下獄，又二年被處死，爲清代文字獄所害。别著有《四書朱子大全》。生平事迹見《清史稿》、蕭穆《戴憂庵先生事略》等。

戴名世自幼刻苦上進，力學古文不輟，未及弱冠即善爲古文辭。其古文深爲方苞所推重，于桐城文派之形成頗有貢獻。其文平易自然而言之有物，反對藻飾剿竊。謂文當以"精、神、氣"爲主，語言文字爲次（《答張伍兩生書》），文之所以傳神，關鍵在于"義理"，而"語氣"則是從屬之物（《有明歷朝小題文選序》）。所作諷刺小品，擬人寫物、以物喻人，針砭時事，入木三分。其史論言辭犀利，議論透闢，後代學者稱其"才氣汪洋浩瀚，縱横飄逸，雄渾悲壯，舉動得《左》、《史》、《莊》、《騷》神髓"（《戴憂庵先生事略》）。其史傳筆法生動洗練而又述事周詳，故梁啓超贊其"史才特絶"。

戴氏生前自編文集有《蘆中集》、《困學集》、《天問集》、《柳下集》、《巖居川觀集》、《周易文稿》等，又有《時文全集》、《意園制義》等時文集，詩集《齊謳集》，今已不可見。其生前刊行文集，惟此《南山集偶鈔》得以流傳。據説戴氏因此書招致殺身之禍，而重要文章多賴以保存。此書收文一百一十餘篇，不分卷，略以類相從。前有方苞序、朱序、尤雲鶚跋。

此本據國家圖書館藏清康熙四十年尤雲鶚寶翰樓刻本影印。（馬亞中　李亞峰）

## 南山集十四卷補遺三卷　（清）戴名世撰（第1419册）

戴氏殁後，其文集多有人編校整理。桐城戴鈞衡合《南山集偶鈔》與抄本編成《潛虚先生文集》十四卷，此戴編本向以抄本流傳。桐城徐宗亮對戴編本加以校録刊行，并寫有《戴先生傳》、《南山後集序》。光緒二十六年（1900），桐城張仲沅"乃取舊抄蓉洲先生訂本，以及友人之所藏爲之參校，復旁羅十餘首編爲補遺三卷"（張仲沅《南山集跋》），重刊戴氏文集十四卷、補遺三卷。

此書以文體分卷，卷十四爲《子遺録》及序。集前有方苞、朱序，尤雲鶚跋，《戴先生傳》及年譜，後有張仲沅《南山集跋》，而目録又插有戴鈞衡《南山集識》及徐宗亮《南山集後序》。今據復旦大學圖書館藏清光緒二十六年刻本影印。（馬亞中　李亞峰）

## 通志堂集二十卷　（清）納蘭性德撰（第1419册）

納蘭性德（1655—1685），其姓納蘭本作納喇，初名成德，後改性德，字容若，號楞伽山人。滿洲正黄旗人。武英殿大學士明珠長子。康熙十四年（1675）進士，由三等侍衛再遷至一等侍衛，曾奉使塞外。愛賓客，所交"皆一時俊異，於世所稱落落難合者"，如朱彝尊、陳維崧、顧貞觀、姜宸英、嚴繩孫等江南漢族布衣文人。本集外另纂有《詞林正略》

等。生平事迹見《清史稿》、《清史列傳》等。

納蘭性德曾作《原詩》詩，反對臨摹仿效，而又主別裁偽體，師法騷雅。謂詩發乎性情，亦須有才有學。徐乾學序其詩，稱其童子時已句出驚人，久之益工，得開元、天寶間風格。而其特著者則在詞，享有盛名。詞風清新雋秀，哀感頑豔，有南唐後主遺風。最工小令，顧貞觀謂其"婉麗清凄，使讀者哀樂不知所主"（《通志堂詞序》）。王國維謂其"以自然之眼觀物，以自然之舌言情"，"北宋以來，一人而已"（《人間詞話》）。

此本前有徐乾學、嚴繩孫序。共二十卷，分體編次，凡賦一卷、詩四卷、詞四卷、雜文五卷、《淥水亭雜識》四卷、附錄二卷。

此本據清康熙三十年徐乾學刻本影印。

（馬亞中　李亞峰）

### 棟亭詩鈔八卷棟亭詩別集四卷棟亭詞鈔一卷棟亭詞鈔別集一卷棟亭文鈔一卷 （清）曹寅撰（第1419冊）

曹寅（1658—1712），字子清，號荔軒，又號棟亭、雪樵。原籍直隸豐潤（今屬河北），爲滿洲貴族之包衣，隸正白旗。曹雪芹祖父。康熙十年（1671），挑御前侍衛。後以郎中差蘇州織造，改江寧織造。四十三年，兼巡視兩淮鹽務。官至通政使。生平事迹見《清史稿》、《清史列傳》卷七一。

寅少有神童之稱，善騎射，能文學，曾主編《全唐詩》。朱彝尊序稱其詩"無一字有熔鑄，無一語不矜奇"，"於學博綜，練習掌故，胸中具有武庫，瀏覽全唐詩派，多師以爲師"。

曹寅於康熙間自刻《棟亭詩鈔》四卷，後又增爲六卷，康熙中真州吳氏東園刻。《四庫全書》采入《棟亭詩鈔》五卷、附《詞鈔》一卷，列其爲別集類存目。康熙四十四年又增刻爲七卷。歿前又自編其詩爲八卷，收詩所止距寅之死才數月，旋於康熙五十一年付刻，前有

顧景星、杜芥、毛際可、朱彝尊及姜宸英序。歿後其門人郭振基輯集刪除諸詩，編成《棟亭詩別集》四卷，前有顧昌和郭振基序。又有《棟亭詞鈔》一卷，前有王朝瓚序。《棟亭文鈔》一卷，前有唐繼祖序。皆康熙年刻本，今據以影印。（馬亞中　李亞峰）

### 恕谷後集十三卷 （清）李塨撰（第1420冊）

李塨（1659—1733），字剛主，號恕谷。直隸蠡縣（今屬河北）人。爲顏李學派重要代表人物。其父明性，世稱孝慤先生，與博野顏元爲摯友，塨遂入顏元門下學禮，六藝皆躬行之。康熙二十九年（1690）舉人。佐友人治桐鄉、富平。晚歲爲通州學正，以母老告歸。塨畢生倡顏氏之學，於道德則尚力行，於學術則崇實用，著述豐厚，有《大學辨業》、《小學稽業》、《顏習齋年譜》等。生平事迹詳見馮辰、劉調贊《李恕谷先生年譜》。

《恕谷後集》所錄，爲李塨康熙四十二年以後之文。卷首有門人閻鎬序，稱塨康熙四十二年以前效歐、蘇諸家之文，俱棄置之，惟存其後者，故以"後集"名之。初刻止十卷，後續刻三卷。前十卷大致依序、記、書、傳等編次，後三卷爲續刻，無定序。末卷有塨晚年自作墓志，可略見其志趣行迹。塨承顏元之教，終生服膺。顏氏深居簡出，寡與世接，塨則交游廣泛，力於傳注以張大其學，教誨後學，諄諄不倦。觀是集《送惲皋聞序》、《復程啓生書》、《給鄭子書》等，皆以堅定學者之志，可謂用心良苦。

此本據中國科學院圖書館藏清雍正刻增修本影印。此十三卷本另有光緒五年定州王氏謙德堂《畿輔叢書》本，又有光緒七年刻本。民國間與《恕谷詩集》二卷合并排入《顏李叢書》。又有雍正四年八卷本，首都圖書館藏，"少二十餘篇，當是李塨自定，所缺諸篇爲塨刊落而閻重行編入者"（柯愈春《清人詩文集總目提要》）。（李叢竹）

**義門先生集十二卷附錄二卷**　（清）何焯撰
（第 1420 冊）

何焯（1661—1722），初字潤千，哭其母更字岋瞻，以好品茗，晚號茶仙。長洲（今江蘇蘇州）人。先世曾以義行旌門，焯取以名書塾，學者因稱義門先生。官至翰林院編修贈侍讀學士。一生勤於校書，著述宏富，惜其殁後散佚，今見於著錄者，唯《義門讀書記》、《困學紀聞箋》等六種。傳見《清史稿》。

此集爲韓崇、吳雲、翁大年等所輯何氏詩文集。卷一爲書序、壽序。卷二爲記、傳、雜文，其中《普濟堂記》記蘇州虎丘普濟堂救濟本地及外來貧民之事，可資社會救濟史之研究。卷三至卷七爲書信，其中多論及書法、版本，亦不乏論經史之語，亦有可資考證者，如《上安谿先生書》述姜宸英罪案，《與楊大瓢書》訂正顧炎武《金石文字記》。然何氏於前賢譏評稍過，如斥嘉靖七子腹中“枵然無有”，譏汪琬爲“耳學”，笑朱彝尊“寡識而多事”，恐有失平允。卷八跋、碑帖，何氏工書，故論書法時有精妙之語。卷九爲書、跋。卷十爲雜著，其中亦多談碑帖之文。卷十一、十二爲詩，何氏一生致力於八股制藝，詩非其所致意，故成就不大。舊抄本《何義門詩》有詩六首爲該本所未收（羅振常《善本書所見錄》轉載）。附錄二卷，一卷錄師友後學所撰傳記文字，一卷錄義門弟子姓氏。

此書有清道光三十年姑蘇文奎齋刻本，今據北京大學圖書館藏該本影印。書內過錄周星詒批語，又有案語不知出何人手。又有宣統元年平江吳蔭培刻本，另附翁大年所輯家書四卷，視該本爲備。（姜若虛）

**望溪先生文集十八卷集外文十卷集外文補遺二卷年譜二卷**　（清）方苞撰（第 1420—1421 冊）

方苞（1668—1749），字靈皋，又字鳳九，號望溪。桐城（今屬安徽）人。康熙三十八年

（1699）舉人，四十五年成進士，以母病未仕。五十年，以戴名世《南山集》案牽連下獄，免罪入旗籍。康熙賞其文，得李光地之薦，召直南書房。雍正即位，赦歸原籍。授左中允，累遷侍講學士、内閣學士、禮部侍郎，以足病辭官，仍以原銜食俸。後以事削侍郎銜，賜侍講銜還里。嘗充《一統志》、《皇清文穎》、《三禮義疏》正、副總裁。爲學宗程朱，尤究心《春秋》、《三禮》，治經頗有心得。著有《周官集注》、《離騷正義》等。生平事迹見《清史稿》、《清史列傳》卷一九等。

方苞自幼聰穎過人。二十四歲至京城，入國子監，以文會友，名聲大振，被稱爲“江南第一”。少以時文名天下，既長以古文稱巨擘。其爲文“取法昌黎，謹嚴簡潔，氣韻深厚，力尚質素，多徵引古義，擇取義理於經，有中心惻怛之誠”，“運掉凌空，實能以宋儒之理衍八家之文”（劉聲木《桐城文學淵源考》）。李光地稱方苞文章“韓歐復出，北宋後無此作也”。方苞以儒家經典、程朱理學爲治學宗旨，首創“義法”説，倡“道”“文”統一。桐城派古文主盟清代文壇，影響後世極深，方苞也因此被稱爲桐城派的鼻祖。

乾隆十一年（1746），方苞門人程崟編刻《望溪集》，初刻文集不分卷。至嘉慶間附刻《集外文》，乃其曾孫傳貴所輯。苞來孫恩露《補遺》跋稱，《集外文》之刊經姚鼐手訂。姚鼐《惜抱軒文後集》有《望溪集外文序傳》。咸豐元年（1851），戴鈞衡重刻《望溪文集》，於《望溪文集》十八卷外，搜羅集佚，增刻《望溪集外文》十卷，二年又刻《補遺》二卷，附《年譜》二卷，成《望溪先生全集》。此本按文體分類編次，舊集序跋皆備，并有戴氏新序，較初刻本文多過半，爲望溪著作最全之本。清末孫葆初編有《望溪文集續補遺》一卷，輯散見於商丘宋氏抄本等文三十八篇，光緒二十九年（1903）刻。近人劉聲木得《望溪集》舊抄本，并參以他書，錄文三十三篇、詩十三

首,編成《望溪文集三續補遺》四卷,輯入《直介堂叢刻續編》,1929 年鉛印。

此本據上海圖書館藏清咸豐元年戴鈞衡刻本影印。（馬亞中　李亞峰）

### 硯溪先生集十一卷總目二卷　（清）惠周惕撰（第 1421 冊）

惠周惕（1646—1696）,原名恕,字元龍,號硯溪。吳縣（今江蘇蘇州）人。少從徐枋游,比長,受業於汪琬。康熙十八年（1679）舉博學鴻儒科,丁憂,不與試。三十年舉進士,選翰林院庶吉士。散館,改直隸密雲知縣。吳中惠氏,三世以經學稱,惠周惕爲導源者,與其子士奇、孫棟,并稱“吳門三惠”。傳見《清史稿》。

此集爲惠周惕詩文集。詩凡七卷,計《北征集》一卷、《崢嶸集》上下二卷、《東中集》一卷、《紅豆集》一卷、《囈語集》一卷、《謫居集》一卷。周惕雖不以詩名,然其詩不乏佳作。如《出門》其三記母恩,讀之令人動容。又記錄天災歉收,農民賣兒鬻孫,而地方官報喜不報憂。因周惕深於經學,詩作中偶亦有關涉學問者,如《贈太原傅青主先生》夾注考證澤字韻部。文一卷,錄書序、贈序、壽序、地記、書信、碑傳等。其中《答薛孝穆書》、《與吳超士書》、《再與吳超士書》三篇,實爲惠周惕所著《詩説》之附錄。

此書有清康熙惠氏紅豆齋刻本,今據南京圖書館藏該本影印。（姜若虛）

### 秋影樓詩集九卷　（清）汪繹撰（第 1421 冊）

汪繹（1671—1706）,字玉輪,號東山。常熟（今屬江蘇）人。錢曾外孫。康熙三十六年（1697）進士,三十九年廷對第一,授修撰,後三年告歸。四十四年奉命至揚州校《全唐詩》,旋卒。生平事迹見《國朝先正事略》卷三八、《國朝耆獻類徵》卷一二一等。

汪繹書法工秀,志尚幽閑,與同里邵陵交厚,唱酬最多。其詩“骨秀天成”（沈德潛《國朝詩別裁集》）,“於真摯中自饒逸韻,珊瑚秀骨,是不食人間煙火者”（瞿紹基跋）。

此書共九卷,前有查慎行序。每卷篇什多寡不同,皆爲汪氏自定。按年編次,卷各一集,即《圃田》、《東郊》、《曼聲》、《雪泥》、《橫街》、《秋帆》、《春草》、《釋耒》、《邗江》九集,共三百一十首,多與高士邵陵唱和之作。

此書有清康熙五十二年查慎行刻本,華中師範大學圖書館藏,今據以影印。另有光緒二十三年瞿氏鐵琴銅劍樓重刻本,後有瞿紹基跋,并附補遺四首。（馬亞中　李亞峰）

### 穆堂初稿五十卷穆堂別稿五十卷　（清）李紱撰（第 1421—1422 冊）

李紱（1673—1750）,字巨來,號穆堂,又號巨洲。臨川（今屬江西）人。康熙四十八年（1709）進士,改庶吉士,授編修。歷官侍講學士、内閣學士、左都御史、兵部侍郎、廣西巡撫、直隸總督。雍正五年（1727）坐事當斬,免死,令纂修《八旗通志》,至乾隆四年（1739）終於成書。以母喪歸。起遷内閣學士,以病致仕。其學宗陸九淵、王守仁。另著有《春秋一是》、《陸子學譜》等。生平事迹見《清史稿》、《清史列傳》卷一五等。

李紱“古文直達肝膈,無所緣飾”,“詩有才氣,凌厲無前,尤工次韻,揮斥如意,良由腹笥充、天資勝也”（楊希閔《鄉詩摭譚正集》）。王士禛稱紱“有萬夫之秉”。黃之雋稱其學,謂“集其鄉中諸先生之大成”。

《穆堂初稿》五十卷初有乾隆五年安居王氏無恕軒刻本。李紱殁前數年所作,編爲《別稿》五十卷,乾隆十二年奉國堂刻。道光十一年（1831）裔孫將二稿合刻。《初稿》計賦雅頌一卷、詩十六卷、雜文三十三卷,前有弟紘、門人儲大文、李光堮、黃之雋序及紱自序。《別稿》爲賦頌一卷、詩七卷、雜文四十二卷,目錄前有編次姓氏。紱先後任事史館十二年,集中諸傳大多可考康雍時事。

此本據上海圖書館藏清道光十一年奉國堂刻本影印。（馬亞中　李亞峰）

### 孟鄰堂文鈔十六卷　（清）楊椿撰（第1423冊）

楊椿（1676—1753），字農先。武進（今屬江蘇）人。楊大鶴子。雍正初,充《明史》及《一統志》、《國史》三館纂修官。累擢侍讀學士,兼修《三朝實錄》。經術、史才、古文皆爲世所重。傳見《清史列傳》卷七一。

此集由其曾孫楊魯生選輯校刊。有朱珪等序。卷一收奉旨所作之文、頌上之作及奏摺。卷二、三論史,卷四、五爲論、序,卷六至卷九論經,爲全書精華所在。卷十至卷十四收雜文。卷十五、十六收有關家族之文。楊椿於經史之學本原深厚,故所論皆徵實有據,勝義屢見。如論《周禮》,以爲天官、地官之職徵斂太過,不合儒家之道,而其名物制度亦與他經不諧,誠爲精見卓識。《周禮》之外,楊氏於《詩》、《書》、《禮》、《易》、《春秋》皆有論述,多有創見。觀其與館閣諸人書及論惠帝、成祖,可見其考訂史料之精審與剖析史事之洞明。又如《江源記》一文,詳考文獻,力主徐霞客長江源於金沙之説,駁胡渭《禹貢錐指》之誤。唯稱《禹貢》言岷山不言金沙者,以岷山在五服内,金沙在五服外,此曲爲之辭。

此書有清嘉慶二十四年楊魯生刻本,今據華東師大圖書館藏該本影印。（姜若虛）

### 砎桂山房詩存六卷抱珠軒詩存六卷一瓢齋詩存六卷　（清）薛雪撰（第1423冊）

薛雪（1681—1770），字生白,號一瓢,又號掃葉山人、槐雲道人、磨劍道人。山西永濟籍,吳縣（今江蘇蘇州）人。乾隆初舉博學鴻詞,未應。精於醫,與同邑葉桂齊名。能詩,詩學葉燮。又善畫蘭竹,博學多通。傳見《清史稿》。

薛氏詩風格多樣而佳句迭出,其佳者往往語雖平澹而意味雋永,才情四溢。題材熟濫者,薛氏往往能別出心裁,翻出新意。如《陶彭澤》譏陶氏不徹底:"出應多事去何遲,松菊還將笑爾痴。又向門前栽五柳,風來依舊折腰肢。"薛氏一生未仕,然觀其詩作,知其自視甚高,有兼濟天下之志,如"書生自乏封侯相,聖世何嘗棄不才"（《自咏》）,"誰將司馬江州淚,一哭中原禰正平"（《歲云暮矣觸緒興懷率成短章》）。

《砎桂山房詩存》六卷,計樂府歌行一卷,五七古長詩一卷,五律、七律、五絶、七絶各一卷,有雍正十三年（1735）長洲沈嚴序。《抱珠軒詩存》六卷,計樂府歌行一卷,五七古長詩一卷,五律、七律、五絶、七絶各一卷,有乾隆五年（1740）徐士林序。《一瓢齋詩存》六卷,計古體一卷,長詩一卷,五律、七律、五絶、七絶各一卷,有雍正十二年沈德潛序。偶有重出,如《題吳湖州亡姬小照》,《砎桂山房詩存》與《一瓢齋詩存》同時收録。

此書有清乾隆掃葉村莊刻本,今據浙江圖書館藏該本影印。薛雪另有《舊雨集》二卷,《吾以吾鳴集鈔》一卷,乾隆間刻。北京大學圖書館藏乾隆刻本《掃葉村莊五種》,當是彙刻足本。（姜若虛）

### 德蔭堂集十六卷年譜一卷　（清）阿克敦撰（第1423冊）

阿克敦（1685—1756），字冲和,一字立恒,號立軒。章佳氏,隸滿洲正藍旗。康熙四十八年（1709）進士,官至協辦大學士,謚文勤。曾三使朝鮮,雍、乾之際屢次出佐戎斾,有功邊事。傳見《清史稿》。

此集爲其子阿桂所編。首列年譜,可考阿克敦、阿桂生平。卷一賦,卷二頌,卷三至卷十一詩。詩分《館課集》、《水淀集》、《北游集》、《塞外集》、《東游集》、《南游集》、《隨征集》、《扈從集》及《餘集》。《餘集》後附詞三首。賦頌及詩皆不甚佳,桂序稱阿克敦"不屑屑於詞章之末",不"欲與當世文章家爭長於藝林文苑"。然《東游集》記使朝鮮事,時有小字夾注朝鮮民俗,《隨征集》記從征準噶爾,亦注其語言、地理、歷史等,頗有資考證。卷十二至卷十四爲奏稿,可資考訂史實。如《參劾陳良弼藍鳳奏》關涉海防、吏治,《敬陳開墾事宜奏》關涉農政,《覆查土司事宜奏》關涉改土歸流。尤可注意者,卷十三至卷十四爲從征準噶爾時奏摺,於從征定界之具體情形,記載極爲詳實。卷十五、十六爲雜文,無甚高論。《三傳得失議》、《三禮同異辨》、《尚書古文今文辨》、《字學音韻辨》尤爲淺陋。然阿克敦本非經師,不宜厚非。

其集阿桂初刻於乾隆四十三年,藏之於家塾。嘉慶二十一年那彥成重刻,今據華東師大圖書館藏本影印。(姜若虛)

**雅雨堂詩集二卷雅雨堂文集四卷雅雨山人出塞集一卷**　(清)盧見曾撰(第1423冊)

盧見曾(1690—1768),字抱孫,號雅雨,又號澹園。德州(今屬山東)人。康熙六十年(1721)進士,官至長蘆鹽運使,復調兩淮鹽運使。生平事迹見《清史列傳》卷七一、《碑傳集補》卷一七等。

見曾少有逸才,詩名早著。後乃折節讀書,與惠棟、顧棟高等交,治經亦宗主古學,自謂"通經當以近古者爲信","勿信今而疑古"(《經義考序》),與惠氏治學之規,若合符契。《出塞詩》一卷,爲見曾生前所刊,存詩近百首,皆其發戍杭噶,又移駐察汗烏蘇時所作。見曾自張家口,歷北二十九臺,近起塞垣,遠抵外蒙,沿途有詩,如《杭噶竹枝詞》十二首、《過瀚海》、《生祭蔣羅村》等篇,蒼涼頓挫。《中山狼和司空》一詩,含蓄諷刺,蓋以蜚語被讒,句有所指。

見曾死後遭籍没,詩集悉燬於火。刻者僅《出塞集》一卷,餘多散佚。道光二十年(1840),金在恒據其燼餘殘稿重編,爲《雅雨堂詩集》二卷、《文集》四卷,其曾孫樞刻於清雅堂,題《雅雨堂釋文遺集》。《出塞集》已有單刻,《遺集》故未輯入。

此本據清道光二十年盧樞清雅堂刻本影印。《出塞集》一卷,有清抄本及石印本,今據積學齋徐乃昌藏本影印。(蔣倩)

**弱水集二十二卷**　(清)屈復撰(第1423—1424冊)

屈復生平見前《楚辭新集注》提要。

《弱水集》二十二卷,卷一至卷十四爲分體詩,卷十五至卷十九爲咏物詩,卷二十爲一字題詩,後二卷爲樂府雜題,總二千二百十七首。屈復平生好詆訶杜甫,又喜指陳時弊,復以逸民自居,時有殘山剩水之思。七律《戊戌春日雜興十八首》、《秋日雜感二十首》,寄意最深。懷古之作,音節悲涼,如五律《咏金陵古迹二十四首》,有山川如故、千里淒然之感。又七古《過流曲川》,咏順治六年(1649)蒲城被屠事,得諸父老見聞,可補史料之闕。袁枚《隨園詩話》謂其"專改削少陵,訾陵太白,以自誇身分"。觀其《感遇三十首》、《答刑部侍郎楊超曾》,自矜已甚。乾隆間列爲禁書。

此書乾隆七年賀克章刻,今據吉林大學圖書館藏該本影印。又有抄本二:一爲《金粟詩草》二十卷,存詩一千八百八十三首,乾隆間馬璞、陳長鎮等評抄,重慶市北碚區圖書館藏;一爲《屈悔翁詩集》四冊,中國社會科學院文學研究所藏。(蔣倩)

**清芬樓遺稿四卷**　(清)任啓運撰(第1424冊)

任啓運(1670—1744),字翼聖,號釣臺。宜興(今屬江蘇)人。雍正十一年(1733)進士,官至宗人府府丞。《清史稿》、《清史列傳》卷六八有傳。

啓運學宗朱子,嘗據《三禮》及諸經注疏爲

朱子未及之《禮經》作傳。其時乾嘉諸經師猶未興起，啓運爲之獨先。其《周易洗心》、《禮記章句》諸書，《四庫全書》并已著録。當時下詔訪書，以啓運之名與顧棟高、陳祖範諸人并提，可知其著述早見重於世。獨其文集遲至嘉慶二十二年（1817），英和始爲校刻，其族孫道鎔於光緒中重刊。其中《遂人匠人溝洫辨》、《明堂説》、《音律説》、《古今尺考誤》諸篇，詮證名物，雖不及後來諸家之密，且論斷或未盡是，然博究詳徵，語皆有本，終亦不愧經師之目。

此本據上海圖書館藏嘉慶二十二年刻本影印。（蔣倩）

### 歸愚詩鈔二十卷　（清）沈德潛撰（第1424册）

沈德潛（1673—1769），字確士，號歸愚。長洲（今江蘇蘇州）人。乾隆四年（1739）進士。選庶吉士，授編修。歷官中允、侍讀、左庶子、侍講學士、少詹事、詹事、内閣學士、禮部侍郎，加禮部尚書衔。身後因徐夔一柱樓詩案牽連，奪贈官削謚。另著有《浙江省通志圖説》等。生平事迹見《清史稿》、《清史列傳》卷一九等。

沈德潛少時受詩法于葉燮，曾自謂深得葉燮詩學大義，所謂“不止得皮、得骨，直已得髓”。論詩尊盛唐，主格調，與王士禛之主神韻、袁枚之主性靈，分别影響于當時詩壇。提倡“温柔敦厚，斯爲極則”（《説詩晬語》卷上），鼓吹儒家傳統“詩教”。其論詩宗旨，主要見于所著《説詩晬語》和所編《古詩源》、《唐詩别裁集》、《明詩别裁集》、《國朝詩别裁集》等書序及凡例。自爲詩風格樸老，但缺少神味，模擬痕迹太顯。偶有反映現實、同情人民疾苦之作。名篇如《制府來》刺噶禮、《漢將行》悼年羮堯，雖形式摹舊，尚可比美明七子同類樂府。清高宗序其集，稱其伯仲高啓、王士禛，贊譽過當。

《歸愚詩鈔》共二十卷，錢塘郁吳邑、嘉善戴兆薇校。是集按古樂府、新樂府、四言古、五言古、七言古、五言律、七言律、長律等分體編次，前有乾隆序。沈德潛另有詩集尚多，通籍前撰《竹嘯軒詩鈔》十八卷，雍正二年王汝驤刻，另有乾隆十六年刻本，乾隆四十九年刻本。《一一齋詩》十卷，浙江圖書館藏清刻本。文集有《歸愚文鈔》十二卷，有康熙六十一年刻本，乾隆五年刻本。《歸愚文續鈔》十二卷，厲鶚評點，乾隆三年刻。《歸愚文鈔》二十卷，乾隆六十年刻，《歸愚文鈔餘集》七卷。全集有《沈歸愚全集》七十四卷，乾隆十八年至三十二年教忠堂刻。《沈文恪公書札》一卷，上海圖書館藏清抄本。散見諸家詩文集序數十篇，多有全集未收者。

此本據清刻本影印。（馬亞中　李亞峰）

### 歸愚詩鈔餘集十卷　（清）沈德潛撰（第1424册）

《歸愚詩鈔餘集》共十卷，存詩七百五十首，未分詩體，卷十最後録詩爲《張氏牡丹花歌》，詩尾跋稱：“此予年三十時作，追録於此。”由此本集似爲作者本人所編選。前有門人梁國治序。

此本據清乾隆刻本影印。（馬亞中　李亞峰）

### 冬心先生集四卷　（清）金農撰（第1424册）

金農（1687—1763），字壽門，又字司農、吉金，號冬心，又號稽留山民、曲江外史、昔耶居士、心出家庵粥飯僧等。浙江錢塘（今杭州）人。乾隆元年（1736）舉博學鴻詞，在京未就試。晚年寄食揚州，賣書畫自給。另著有《冬心雜畫題記》、《冬心齋硯銘》等。生平事迹見《清史稿》、《清史列傳》卷七一等。

金農爲“揚州八怪”之一。擅書法，楷書號“漆書”，自成一家。亦能篆刻，年五十始學畫，筆致古拙。其詩“清妙絶塵”（李堂《緣庵詩話》），“意致蕭散”（法式善《梧門詩話》），自序謂“所好常在玉溪、天隨之間”。

雍正十一年(1733)，自編其詩爲《冬心先生集》四卷，同年鏤板於廣陵般若庵，并撰自序。有畫像，無目録，吳郡鄧弘文仿宋本字畫録寫。

此本據清雍正十一年廣陵般若庵刻本影印。(馬亞中　李亞峰)

### 冬心先生續集二卷補遺一卷續補遺一卷冬心先生三體詩一卷冬心先生甲戌近詩一卷

(清) 金農撰 (第 1424 册)

《冬心先生詩續集》二卷、《補遺》一卷、《續補遺》一卷、《三體詩》一卷、《甲戌近詩》一卷，現存平江貝氏千墨庵抄本，前有金農自序。

此本據上海圖書館藏清平江貝氏千墨庵抄本影印。其他刻本有《景申集》，農友鮑鉁先刻，所收皆懷人之作。《冬心集》十卷，編年詩，始於康熙五十五年(1716)，止於雍正十一年。其門人羅聘編有《冬心續集》，收詩一百六十餘首，多爲雍正十一年以後所作，有自序，乾隆三十八年刻本。又有自編《冬心三體詩》一卷，乾隆十七年金氏刻，有自序及小像，收五六七言絶句近百首。錢塘丁丙匯刻《冬心集》，《詩集》四卷、《詩續集》一卷、《三體詩》一卷、《詩拾》一卷、《自度曲》一卷、《雜著》六卷、《隨筆》一卷，共十五卷，版心皆刻"當歸草堂"字樣，同治七年至光緒七年刻。《雜著》皆其題畫佛、畫竹、畫馬等，雖爲小品，而饒有風趣。(馬亞中　李亞峰)

### 健餘先生文集十卷　(清) 尹會一撰 (第 1424 册)

尹會一(1691—1748)，字元孚，號健餘。直隸博野(今屬河北)人。雍正二年(1724)進士。歷官吏部員外郎、襄陽知府、揚州知府、兩淮鹽運使。乾隆二年(1737)官河南巡撫。丁憂後起工部右侍郎，十一年提督江蘇學政。生平事迹見《清史稿》及其子尹嘉銓撰《尹健餘先生年譜》等。

尹會一生於顔元之鄉，少時猶及見元，終身欽慕之。會一篤信程朱之學，於顔氏之學亦推尊甚至，雖不傳顔氏之學，却能深得顔學要旨，其言義理，雖仍宗主程朱，然論學則尚實行而薄空言，重身心而輕文字，與世俗死守書本高談性命者絶殊，而與顔李相近。讀卷十《論諸生》，可見其學期致用，不墜虚玄。大抵能采顔李之長，而去其偏激，救程朱之失，而取其精華。其《約言五篇》，爲《戒盈》、《通蔽》、《正始》、《備德》、《立身》，乃其治學之綱。

《健餘文集》十卷、《詩草》三卷，尹殁後三年刻於敦崇堂，南京圖書館藏有文集。光緒間刻入《畿輔叢書》，計《健餘文集》十卷、《尺牘》四卷、《札記》四卷，未收詩集。

此本據清光緒五年王氏謙德堂刻《畿輔叢書》本影印。(蔣倩)

### 雙池文集十卷　(清) 汪紱撰 (第 1425 册)

汪紱(1692—1759)，初名烜，又作黻，字燦人，號雙池，又號重生。婺源(今屬江西)人。景德鎮窑工出身，善繪事，博儒經。晚至福建授徒，補博士弟子。生平事迹見《清史稿》、余龍光撰《雙池先生年譜》等。

汪紱年二十後，務博覽，著書十餘萬言，三十後盡燒之。自是凡有述作，凝神直書。自《六經》下逮樂律、天文、地理、陣法、術數，無不窮暢，而以宋五子之學爲歸。所著書不下三十種。

此本十卷，前有沈維鐈序，朱筠撰墓表。多說經之作，亦涉術數、方技、天文、聲律等。其辨說史、子，如《孫吳司馬合論》等，於兵家之說，闡之尤詳。《與江慎修書》、《答詹庚南問以律正音書》，專明聲律。《答洪霖雨書》，詳說天文。《醫林輯略探源序》，旁涉醫術。《形家辨》、《原卜》，議及術數。可見汪紱博涉多通，而時人或以泛濫無歸、博學無成相嘲。汪紱與江永同里，是集有《與江氏三書》，曾與論學。然紱之學術，所以不逮江氏之精邃者，亦正以其心力未有專注。紱家貧少書，所見專門之書尤少，故未免自爲之説。至於屏斥異己，不能無門户之見。朱筠所撰墓表稱其有《文集》六卷、《詩集》六卷、《大風集》四卷。今所見《雙池文集》十卷，無詩。

此本據道光十四年一經堂刻本影印。（蔣倩）

### 板橋集七卷　（清）鄭燮撰（第1425册）

鄭燮（1693—1765），字克柔，號理庵，又號板橋。興化（今屬江蘇）人。乾隆元年（1736）進士，曾官山東范縣、濰縣知縣，因得罪豪紳而罷官。在官前後，皆居揚州，鬻畫爲生。畫以寫蘭、竹著稱，書號"六分半體"，均有重名，爲"揚州八怪"之一。鄭燮爲政有幹才，百姓爲其立生祠。性格曠達，不拘小節，喜高談闊論，臧否人物，被目爲狂怪。生平事迹見《清史稿》、《清史列傳》卷七二等。

鄭燮自謂："凡吾畫蘭、畫竹、畫石，用以慰天下之勞人，非以供天下之安享人也。"其爲文，則謂"理必歸於聖賢，文必切於日用"，"作主子文章，不可作奴才文章"。其詩詞作品往往揭露現實黑暗，同情民生疾苦，抒情寫意，痛快淋漓。所爲樂府諸篇，言近旨遠，風格似白居易、陸游，沉鬱悲涼之慨上追杜甫。《詞鈔自序》自稱其詞"中年感慨學辛蘇"。陳廷焯謂其"擺去羈縛，獨樹一幟"，"真詞壇霹靂手也"（《白雨齋詞話》）。亦擅通俗文學，所作道情膾炙人口。

《板橋集》七卷六編，前兩編爲古今體詩，計三卷三百三十九首，前有慎郡王題詞。第三編爲《詞鈔》，七十七首，前有自序。第四編爲《道情》，十首。五編《題畫》，六十五則。六編《家書》，一十六通。後有板橋自題和茶垞子跋。別有《鄭板橋集》，《詩鈔》四卷、《詞鈔》一卷、《道情》一卷、《題畫》一卷、《家書》

一卷，有乾隆八年刻本等。

此本據遼寧省圖書館藏清清暉書屋刻本影印。（馬亞中　李亞峰）

### 石笥山房集二十三卷　（清）胡天游撰（第1425册）

胡天游（1696—1758），榜姓方，名騤，字雲持，號稚威。一説初姓方，名游。山陰（今浙江紹興）人。雍正七年（1729）副貢。乾隆元年（1736）薦舉博學鴻詞，以服喪未赴，次年補試，因病不終場而出。十四年，再舉經學，又報罷。游食四方，享高名而爲人所忌。往山西依故人田懋，卒于蒲州。生平事迹見《清史稿》、《清史列傳》卷七一、朱仕琇《方天游傳》等。

天游工駢文，齊召南序稱爲"磊落有奇氣，下筆驚人，矯挺縱横，不屑屑蹈常襲故，雄聲瑰偉，足與古作者角力"。詩劖刻雄奇，學韓愈、孟郊而自成面目。其長篇《烈女李三行》，最爲袁枚所稱。清詩奇詭一派，開自天游，其後舒位、王曇繼之，至龔自珍而造極。别著有《春秋夏正》、《蒲州府志》等。

天游有《石笥山房文集》四卷，趙希璜於乾隆間刻。又有《石笥山房駢體文録》四卷，中國科學院圖書館藏抄本。嘉慶三年（1798），其子元琢刻《石笥山房文集》六卷外，又刻《詩集》四卷，齊召南爲之序。道光二十六年（1846），四世孫學醇于山東博平刻《石笥山房文集》六卷，《詩集》十一卷，《詩餘》一卷。咸豐二年（1852），五世孫鳴泰以前刻遺佚尚多，因重加搜校，高均儒得楊以增所藏黔中抄本四册後，又得《續鈔逸稿》二册、譚祖同影抄趙希璜刻本及關協華所録沈霞仙撦拾稿本等，爲《文集補遺》一卷、《詩集補遺》二卷，又得胡氏族人新刊天游詩，合爲未刻詩二百七十餘首，編成《詩續集補遺》二卷。此爲《石笥山房集》足本，計《文集》六卷，《文集補遺》一卷，《詩集》十二卷，末卷爲《詩餘》，《詩集補遺》二卷，《詩集續補遺》二卷，計二十三卷。《續修四庫全書總目》記爲二十四卷，實誤。該本前有楊以增、包世臣、强溁、齊召南序，袁枚哀辭，朱仕琇傳，胡元琢《年譜紀略》，後有高均儒、孫學醇跋。通稱聊城楊氏海源閣刻本。

此本據清咸豐二年刻本影印。（馬亞中李亞峰）

### 尹文端公詩集十卷　（清）尹繼善撰（第1426冊）

尹繼善（1696—1771），字元長，號望山。章佳氏，滿洲鑲黃旗人。雍正元年（1723）進士，改庶吉士，授編修。歷官侍講，侍讀學士，江蘇巡撫，雲貴、廣西、川陝、兩江總督，刑部尚書，協辦大學士，江南河道總督，文華殿大學士。繼善身居高位，仍好讀書，寒暑不輟。生平事迹見《清史稿》、《清史列傳》卷一八、袁枚《尹文端公繼善神道碑》。

尹爲詩好疊韻，喜聽人吟己作，字有未安，必改之。與袁枚唱和最多。鐵保編《熙朝雅頌集》謂繼善詩“婉恬静雅而切近事情”，其詩以不事雕琢著稱於世。《晚晴簃詩匯》謂其“詩沿溯中唐，而以劍南、石湖爲宗，冲融和易，動中自然，適肖其爲人”。

《尹文端公詩集》十卷，其子慶桂編，有袁枚序，凡古今體詩一千七百五十五首，乾隆間阮元刊。

此本據復旦大學圖書館藏清乾隆刻本影印。另有《尹文端公奏議不分卷》。（馬亞中李亞峰）

### 道古堂全集七十六卷　（清）杭世駿撰（第1426—1427冊）

杭世駿（1696—1773），字大宗，號董浦，晚號秦亭老民。仁和（今浙江杭州）人。雍正二年（1724）舉人。乾隆元年（1736）舉博學鴻詞，授編修，改御史，以言“朝廷用人，宜泯滿漢之見”，得罪罷歸。晚主講安定、粵東書院。後迎駕西湖，賜復原官。少貧苦讀，既長，精禮學，好藏書。與同里厲鶚、符曾、汪沆等善。著有《詞科掌録》、《經史質疑》等。生平事迹見《清史列傳》卷七一、《國朝先正事略》卷四一、應澧《杭大宗墓志銘》。

世駿博聞强記，用心古文詩詞。“學富才高，爲兩浙冠冕，而詩格清老疏澹，逸氣横流，不爲書卷所累”（潘瑛、高岑《國朝詩萃初集》）。顧列星有《哭杭董浦先生》詩四首，謂世駿“僅將餘技作詩翁”，歎其抱負未伸，遺恨而死。亦工書，善寫梅竹、山水小品，疏澹而有逸致。間作水墨花卉，亦古樸典雅，書卷之氣盎然。

世駿有《道古堂文集》四十八卷、《詩集》二十六卷，乾隆四十一年刻。另有《道古堂文集》四十六卷、《詩集》二十六卷，乾隆五十七年其子賓仁刻，李慈銘批校并跋。光緒十四年汪氏振綺堂增補乾隆四十一年刻本，爲《文集》四十八卷、《詩集》二十六卷，并輯《集外文》一卷，《集外詩》一卷，文乃其子賓仁增編。分十六冊，一至十冊爲《文集》四十八卷，前有文苑傳、袁序、汪序、墓志銘、像贊、《文集》王序和《文集》目録。十一至十五冊爲《詩集》，前有《詩集》龔序、周序、張序、曹序、全序、何序、曹序、汪序和《詩集》目録。詩歌分十五集二十六卷，計《橙花館集》二卷、《過春集》一卷、《補史亭剩稿》一卷、《閩行雜録》一卷、《赴召集》一卷、《翰苑集》四卷、《歸耕集》二卷、《寄巢集》一卷、《修川集》一卷、《桂堂集》一卷、《嶺南集》五卷、《閑居集》一卷、《韓江集》二卷、《韓江續集》一卷、《送老集》二卷。《橙花館集》、《修川集》、《韓江集》乃自定，餘則其子賓仁編次。第十六冊爲《集外文》和《集外詩》各一卷。

此本據清乾隆四十一年刻光緒十四年汪曾唯增修本影印。别有《道古堂外集》，乾隆五十三年補史亭初刻二十六卷，清吳翌鳳校并跋。光緒二十二年汪氏振綺堂增刻爲三十三

卷。又有《嶺南集》八卷,有乾隆間原刻本,光緒七年學海堂重刻本。日本静嘉堂藏《禁林集》八卷,清刻本。（馬亞中　李亞峰）

### 松崖文鈔二卷 （清）惠棟撰（第 1427 册）

惠棟(1697—1758),字定宇,號松崖,世稱小紅豆先生。吳縣(今屬江蘇)人。惠周惕孫,惠士奇子。諸生。乾隆十五年(1750)詔舉經明行修之士,陝西總督尹繼善、兩江總督黃廷桂均薦之,未及進呈所著書而罷。生平事迹見《清史稿》、《清史列傳》卷六八等。

惠棟幼承家訓,篤志向學,既長精于經學,爲乾嘉樸學吳派領袖。以學者身分注王士禎詩,成《漁洋山人精華録訓纂》,爲時所重。另有《九曜齋筆記》、《九經古義》、《古文尚書考》等。

惠棟有《松崖文鈔》,不分卷,復旦大學圖書館藏清抄本,清末蕭穆校。光緒間貴池劉世珩于蕭穆處得此抄本,釐爲二卷,刻入劉氏《聚學軒叢書》第二集。集後附劉世珩識。是集多序文,對惠棟學術及文學思想研究頗有價值。今據南京圖書館藏《聚學軒叢書》本影印。（馬亞中　李亞峰）

### 海峰文集八卷海峰詩集十一卷 （清）劉大櫆撰（第 1427 册）

劉大櫆(1698—1779),字才甫,又字耕南,號海峰。桐城(今屬安徽)人。雍正間登副榜,未能中舉。乾隆元年(1736)舉博學鴻詞,十五年舉參試經學,皆不遇。年逾六十,得選黟縣教諭,數年告歸,居樅陽江上不復出,以文學教授生徒。曾編纂《古文約選》、《歷朝詩約選》等。生平事迹見《清史稿》、《清史列傳》卷七一、吳定《劉先生大櫆墓志銘》等。

大櫆善古文,游方苞之門,得其義法,下傳姚鼐,世稱"方劉姚",而桐城派古文遂風行天下。其文得莊、騷、左、史、韓、柳、歐、蘇之長,其氣肆,其才雄,波瀾壯闊,頗多卓越之

見。詩宗唐人,能融諸家爲一體。從學者多以詩文名世,而以姚鼐、吳定爲最著。姚鼐作傳,稱其"文與詩并極其力,能包括古人之異體,熔以成其體,雄豪奧秘,麾斥出之"。

此《海峰文集》共八卷,清刻本,前有吳士玉序和弟琢敬跋。卷一爲論著,卷二爲書,卷三、四爲序,卷五爲記,卷六爲傳,卷七爲墓志銘、墓表、厝志、壙銘、行狀、行略,卷八爲雜文、祭文。此《海峰詩集》十一卷,道光間縹碧軒刻本,其中古集五卷,今集六卷。

其詩文集初刻於乾隆間,有《海峰文集》不分卷、《海峰詩集》十卷。又有《海峰文集》八卷,乾隆間醒園刻本,敦本堂刻本。至同光間重刻,爲《海峰文集》十卷、《詩集》十一卷。又有《海峰先生全集》,光緒年間刻本。此外,有別本《海峰文集鈔》不分卷。

此本據天津圖書館藏清刻本影印。（馬亞中　李亞峰）

### 學福齋集二十卷學福齋詩集三十七卷首一卷 （清）沈大成撰（第 1428 册）

沈大成(1700—1771),字學子,一字嵩峰,號沃田。華亭(今上海松江)人。貢生。屢就幕府,在粵閩浙皖四十年,後館於江春家。生平事迹見《清史列傳》卷七二、《碑傳集》卷一四一等。

沈大成以績學能詩文名於吳中。旅食四方,交游甚廣。居揚州時,與惠棟、戴震、任大椿相友善,其他如程廷祚、陳黃中、程晋芳、杭世駿、程瑤田、王昶,亦常與上下議論。故其爲學有端緒,不徒以詩文名。此書卷首有惠棟、戴震、程晋芳、任大椿四序,交口稱其殫見洽聞,邃於經史,又旁及九宫、納甲、天文、輿地、樂律、九章、小學、故訓、聲韻、金石,靡不研精覃思,窮極體要,成一家之學。其論天算、輿地之學,不樂稱述西法,如言製繪地圖,則舉《晋書·裴秀傳》所云製圖六法,且謂:"天圓地亦圓之義,見於《大戴禮》。天形橢

即王蕃鳥卵之測，見於《晉天文志》。三角之算法，本夏禹之勾股，見於《九章》。皆吾儒之法也，奚獨準望之一端哉"（《送旌德劉山人序》）甚而謂："余讀杜氏《通典·職官》，而曉然於西學之誕妄矣。其入中國也，唐高祖時已然，不自明之末造也。而徐光啓之徒，未嘗讀書，以爲創見，寡聞從而尊奉之，甚矣其惑也。"（《讀〈通典·職官〉》）此不免偏狹之見。沈大成文章得歸有光神髓，詩則情摯意深。

沈大成所撰《學福齋集》，《蒲褐山房詩話》稱共六十八卷，殁後江春刻以行世。今存《文集》二十卷、《詩集》三十七卷。《詩集》卷首爲《花朝》、《月夕》二賦。各卷分題《策衛詩鈔》、《修門詩鈔》、《啖荔詩鈔》、《西泠詩鈔》、《皖江詩鈔》、《藝蘭詩鈔》、《近游詩鈔》、《百一詩鈔》、《竹西詩鈔》，共一千五百六十一首。《近游詩鈔》二卷，皆早年所作，嘗單行。

此書有乾隆三十九年刻本，復旦大學圖書館藏，今據以影印。又有《學福齋詩文集》殘稿本，内文二册、詩六册，有潘景鄭跋，上海圖書館藏。（蔣倩）

**文木山房集四卷**　（清）吳敬梓撰（第1428册）

吳敬梓（1701—1754），字敏軒，一字粒民，晚號文木老人、秦淮寓客。全椒（今屬安徽）人。雍正元年（1723）諸生。吳氏家族科甲鼎盛。敬梓少時過繼長房吳霖起爲嗣，霖起死，族中争遺産，敬梓感慨良多，三十歲前遂耗盡田産。三十三歲移家南京，從此賣文爲生。乾隆元年（1736）開博學鴻詞科，爲安徽巡撫所薦，托病不赴，生活益困，終客死揚州。生平事迹見《國朝耆獻類徵》卷四三五、程晋芳《文木先生傳》。

敬梓幼即穎異，善記誦。尤精《文選》，賦援筆立成。長篇小説《儒林外史》爲其一生所著影響最大之作。除小説創作外，兼工詩文。吳湘皋序其集，謂其"以名家子好學詩古文辭雜體以名於世。凡有所作，必曲折深入，横發截出，就于古人，彀率規矩而始已"。李本宣序曰："敏軒所存，大抵皆紀事言懷，登臨吊古，述往思來，百端交集，苟無關係者不作焉，庶幾步趨乎古人。毋怪乎見時賢之分題角勝，則惝惝乎謝不敏也。"

光緒《安徽通志》載所著《文木集》八卷，《全椒縣志》則稱其有《文木山房詩文集》十二卷，皆未見傳世。今存《文木山房集》四卷，乾隆間儀徵方崶刻，凡賦一卷（四篇）、詩二卷（一百三十七首）、詞一卷（四十七首）。卷首有唐時琳、吳湘皋、程廷祚、方崶、黄河、李本宣、沈宗淳序。此集詩詞基本按寫作時序編排，詞止於三十九歲生日所作《内家嬌》，詩止於四十歲之《除夕寧國旅店憶兒烺》，概爲吳氏自編四十歲前韻文作品。

此本據北京大學圖書館藏清乾隆刻本影印。（馬亞中　李亞峰）

**寶綸堂文鈔八卷寶綸堂詩鈔六卷**　（清）齊召南撰（第1428册）

齊召南（1703—1768），字次風，號瓊臺，晚號息園。天台（今屬浙江）人。雍正七年（1729）副貢，乾隆元年（1736）召試博學鴻詞，改庶吉士，授檢討。歷官中允、侍讀、侍讀學士、内閣學士、禮部侍郎。以博識能詩爲清高宗所賞。十四年夏墮馬受傷，乞歸。後因族子牽累，削職放歸，旋卒。生平事迹見《清史稿》、《清史列傳》卷七一、袁枚《原任禮部侍郎天台齊公墓表》。

召南天才敏捷，爲詩文援筆立就，與同時浙江名家厲鶚、杭世駿鼎足齊名。秦瀛稱其文"有本之文也"（《寶綸堂文鈔序》），《晚晴簃詩匯》稱其詩"沈博絶麗，宏偉秀産，非山澤之氣可比"。兼工書法，嘗臨蘭亭帖。又精輿地之學。别著有《水道提綱》、《歷代帝王年表》、《後漢公卿表》等。

門人秦瀛、戴殿海輯其文爲《寶綸堂文鈔》
八卷，嘉慶二年刻，前有秦瀛序、墓表及《一
統志》齊召南小傳。又輯其詩爲《寶綸堂詩
鈔》六卷，前有阮元序，收古今體詩三百二十
二首，嘉慶十三年刻。後合爲《寶綸堂詩文
鈔》，光緒十三年金峨山館刻，前有郭傳璞
《重刻寶綸堂詩文鈔序》。王棻《柔橋文鈔》
卷九有《寶綸堂續集序》，稱召南從孫潤占輯
召南所作賦頌、論説、序記、書狀、傳贊等二百
餘篇，編爲《寶綸堂續集》十八卷。今存《寶
綸堂續集》十一卷，光緒間刻。另輯《寶綸堂
外集》十二卷，宣統三年上海掃葉山房石印。
單行別集二種：《和陶百咏》二卷，光緒間雲
石軒刻；《瓊臺詩集》二卷，民國間上海廣益
書局鉛印。

　　此本據遼寧省圖書館藏清嘉慶二年、十三
年刻本影印。（馬亞中　李亞峰）

**鮚埼亭集三十八卷年譜一卷** （清）全祖望
撰 （第 1428—1429 册）

　　全祖望生平見前《南雷詩曆》提要。

　　全祖望上承黄宗羲經世致用之學，爲浙東
史學大家。負氣忤俗，貧病而著述不輟，三箋
《困學紀聞》，補輯《宋元學案》，晚年七校《水
經注》。阮元謂其兼經學、史才、詞科三長。
其傳、志、序、記諸文，叙人物、論學術精當，爲
世所重。記明末遺民志士事迹，尤有價值。
詩學宋，較爲質直。

　　全祖望臨殁，以自編《鮚埼亭集》五十卷寄
揚州馬氏叢書樓，後歸友人杭世駿，原本丟失
十二卷，門人董秉純、蔣學鏞據副本重新編成
三十八卷，嘉慶九年史夢蛟借樹山房刻。此
本卷首有世譜及年譜，卷一爲樂詞、詩、曲，卷
二、三爲賦，卷四爲語，卷五爲辭，卷六至卷二
十四爲碑銘，卷二十五、二十六爲行狀，卷二
十七、二十八爲傳，卷二十九爲論，卷三十爲
記，卷三十一、三十二爲序，卷三十三爲議，卷
三十四爲簡帖，卷三十五爲雜著，卷三十六至

卷三十八爲題跋。

　　此本據嘉慶九年史夢蛟刻本影印。
（馬亞中　李亞峰）

**鮚埼亭詩集十卷** （清）全祖望撰（第 1429 册）

　　《鮚埼亭詩集》十卷，每卷分若干集，計有“祥
琴集”、“句餘唱和集”、“虬骨集”、“杪秋江行
集”、“七峰草堂唱和集”、“五甲集”、“抄詩集”、
“百五春光集”、“吳船集”、“韓江唱和第二集”、
“偷兒棄餘集”、“漫興初集”、“漫興二集”、“望
歲集”、“采蕨齋集”、“西笑集”、“雙韭山房夏
課”、“帖經餘事集”、“病月集”、“度嶺集”等二
十集。無序跋。

　　此本據清抄本影印。（馬亞中　李亞峰）

**鮚埼亭集外編五十卷** （清）全祖望撰（第
1429—1430 册）

　　《鮚埼亭集外編》五十卷，董秉純官廣西那
地州州判時編，成於乾隆四十一年（1776），
卷二至卷六多與今行刻本不同，後由蔣學鏞
重加審定。蕭山汪繼培又據董、蔣二本重編，
刻於嘉慶十六年。其中删去《孔門弟子考》
等篇，所删篇章刻入《知不足齋叢書》。馮貞
群藏殘存稿本，内有《明禮部尚書仍兼通政
使武進吳公事狀》，爲他本所無。

　　此本據上海圖書館藏清嘉慶十六年刻本影
印。另有《全謝山文稿》，稿本一册。《勾餘
土音》三卷，董秉純重編，皆乾隆初年主同里
真率社時所作詩，前二卷咏其鄉古迹物產，下
卷分咏其鄉明末諸人軼事，嘉慶十九年刻。
（馬亞中　李亞峰）

**上湖紀歲詩編四卷上湖詩紀續編一卷上湖分
類文編十卷上湖文編補鈔二卷** （清）汪師
韓撰（第 1430 册）

　　汪師韓（1707—1760），字韓門，又字上湖，
號九曜山人。錢塘（今浙江杭州）人。清雍
正十一年（1733）進士，改翰林院庶吉士。散

館,授編修,乾隆元年(1736)奏直起居注。後經大學士傅恒薦入上書房,復授編修。落職後講蓮花池書院講席。汪師韓少工詩文,中年後專意于經史之業,諸經皆有著述,尤精《易》學,孫志祖稱爲“近代之劉貢父、王厚齋也”(見《文選理學權輿叙》)。著有《觀象居易傳箋》、《孝經約易》、《韓門綴學》等。《清史列傳》卷七一、《晚晴簃詩匯》卷六八有傳。

《上湖紀歲詩編》四卷《續編》一卷,編年爲次,桂元復爲之序。汪師韓之詩警句叢出,并自注出處,可據以考證時事。如段玉裁嘗考趙一清《直隸河渠水利書》稿本,苦無撰人證據,趙著《東潛文稿》亦未道及,而師韓《保定旅懷詩》略記其事,遂能定論。杭世駿稱其詩:“詩之道熟易而澀難,韓門詩有澀味,所以可傳。”《上湖分類文編》收文六十篇,自序稱乃集乾隆十年以前舊稿,檢去酬應之作,依類分爲十卷。其中如《書夾漈鄭氏爾雅箋注》一篇,校論郭璞、鄭樵兩家注本異同得失,至中肯綮,又時出己意以補苴之,往往片言居要,發前人所未發。汪師韓中年以後,壹意窮經,於諸經皆有著述,且多有獨見。其論明以來講學之弊,識議駿快,實上承顧炎武,而下開汪中。此外如《儒門淡薄論》,指斥義理、考據、詞章之末流,切中學者之病,明白剴切,足以發人深省。

朱文藻稱其早年有《春星堂詩集》,阮元《兩浙輶軒錄》謂此書已刻,實爲輯其先祖輩之作。汪篤編《叢睦汪氏遺書》,輯入已刻詩文二編,又補輯《上湖文編補鈔》二卷。又光緒《杭州府志》卷一一二載《文編補鈔》則多至四卷,當續有補輯。

此本據清光緒十二年汪氏刻本影印。(蔣倩)

### 祇平居士集三十卷　(清) 王元啓撰 (第1430 冊)

王元啓生平見前《讀韓記疑》提要。

此書計文二十九卷、詩一卷,皆經王昶審定。元啓說經尤精於《易》,爲文一本韓愈,治史尤精熟《太史公書》,著有《讀韓記疑》、《史記正僞》等。又熟於宋儒之書,於宋時史事多所考定。其論讀書,力戒輕浮,教人從平易切近處做起,最爲篤實。如《與蕭聿修書》云:“讀書之法,第一要字字求解,又要多讀。求解方能得其深處,不致獲貌而遺神;多讀則其中神理血脉,自然融洽,不致強探力索,生穿鑿之病,而其所不解處,亦自能曲會而旁通。”至於《與胡書巢論修濟寧圖記》五書,校論舊史義例,創立新志體制,斟酌古今,立論不苟,可見其治史功力。

此書有清嘉慶十七年王尚繩恭壽堂刻本,上海師範大學圖書館藏,今據以影印。另有抄本,上海圖書館藏。(蔣倩)

### 銅鼓書堂遺稿三十二卷　(清) 查禮撰 (第1431 冊)

查禮(1716—1783),原名爲禮,又名學禮,字恂叔,號儉堂,一號鐵橋,又號榕巢。原籍浙江海寧,順天宛平(今北京)人。乾隆元年(1736)舉博學鴻儒,十三年由監生授户部陝西司主事,改廣西慶遠府理苗同知,擢太平府知府。歷官寧遠知府、川北道、松茂道,遷四川按察使、布政使,終湖南巡撫。生平事迹見《清史稿》、《碑傳集》卷八五、《國朝耆獻類徵》卷一八一等。

此集乃查禮官廣西期間所作,卷一至卷二十四錄古今體詩二千首,卷二十五至卷二十七收詞一百四十八闋,卷二十八至卷三十一爲雜文,末卷爲詞話。杭世駿作序,謂此集與查慎行《敬業堂集》“齊觀并軌”。查禮官廣西時,嘗奉檄修復靈渠水利,親履其地,探湘、灘二水發源處,而知傳說之訛,故集中《灘水異源辯》、《修復靈渠記》、《海陽山湘灘水源記》諸篇,考證故實,明析地形,足以羽翼水經方志。《啓鎮南關納安南國貢使》四首、

《偕安南使宿幕府營》諸詩,記中越交往,葉德輝《郎園讀書志》稱其“以所歷荒徼崎嶇之境,軍事成敗之因,托之於詩”。

此集乃查禮卒後其子淳匯編而成,有乾隆刻本,浙江圖書館藏,今據以影印。又有《銅鼓書堂遺稿文集》四卷,乾隆刻本,福建省圖書館藏。又所著三種:《銅鼓書堂遺稿》,存卷十九至卷二十一,稿本,中國科學院圖書館藏;《沽上題襟集》一卷,輯在天津應酬考古之作百首,乾隆六年自刻,中國科學院圖書館藏;《草題上方二山紀游集》一卷,乾隆十二年自刻,國家圖書館藏。(蔣倩)

## 小倉山房詩集三十六卷補遺二卷小倉山房文集三十五卷小倉山房外集八卷 (清) 袁枚撰 (第 1431—1432 冊)

袁枚(1716—1798),字子才,號簡齋,晚號隨園老人、倉山居士。錢塘(今浙江杭州)人。乾隆四年(1739)進士,選庶吉士,散館,以知縣分發江南,歷知溧水、江浦、沭陽,後調江寧,所在皆有政聲。既而以母疾去官,卜築隨園于江寧小倉山,以詩書爲事。後一度銓官陝西知縣,未期年丁父憂歸,遂絕意仕進,居江寧以終。傳見《清史稿》、《清史列傳》卷七二等。

袁枚享盛名于詩壇文苑垂五十載,與趙翼、蔣士銓并稱“乾隆三大家”。袁枚論詩力倡獨抒性靈,于沈德潛“格調”説大張撻伐。詩之外,駢散文亦俱工。其駢文深得六朝體格,以才調勝,爲吳鼒選入“八家四六”。散文則能“自發其思,通乎古法”(姚鼐《墓志銘》),碑版文有直斥權臣過惡者,論贊亦多能借諷時政,故錢振鍠所爲《傳》謂“世但知枚以性靈爲詩,不知枚以肝膽爲文,但知枚有樂天之易,不知枚有史遷之憤”。而議者或病其詩句時涉鄙俚浮豔,故尚鎔《三家詩話》謂其“有纖佻之病”,“如畫舫搖湖,蕩人心目”。

《小倉山房詩集》三十六卷,附《補遺》二卷。《詩集》編年起乾隆元年,迄六十年,《補遺》收雍正十一年(1733)至乾隆五十一年(1786)刪餘改剩之作。前有薛起鳳序,蔣士銓、趙翼《讀隨園詩題辭》,李憲喬《隨園詩贊》。《文集》三十五卷,卷首有杭世駿序,蔣士銓所作《讀隨園文題辭》、《古文凡例》,袁穀芳《後序》及萬應馨題辭。《外集》八卷,卷首有李英序、蔣士銓所作《題隨園駢體文》。

袁枚生前自刻其集兩種,先有《小倉山房詩集》三十四卷、《詩補遺》二卷、《文集》三十一卷、《外集》七卷,約刻于乾隆五十八年。後增輯乾隆五十九年以後之作,編爲《小倉山房詩集》三十六卷,附《補遺》二卷,《文集》二十四卷、《外集》八卷,嘉慶元年刻于南京。另,袁枚歿後,復增刻嘉慶二年所作詩文,編爲《小倉山房詩集》三十七卷、《詩補遺》二卷,《文集》三十五卷、《外集》八卷。輯入《隨園三十種》,嘉慶三年刻,同治五年三讓睦記重刊。今據上海圖書館藏乾隆刻增修本影印。(馬亞中　楊年豐)

## 抱經堂文集三十四卷 (清) 盧文弨撰 (第 1432—1433 冊)

盧文弨(1717—1796),字召弓,號磯漁、檠齋、抱經,人稱抱經先生。原籍餘姚,遷居仁和(今浙江杭州)。乾隆十七年(1752)一甲三名進士,授翰林院編修、上書房行走,歷官左春坊左允、翰林院侍讀學士、廣東鄉試正考官、提督湖南學政等職。後乞養歸故里,曾先後主講江浙書院二十餘年。文弨一生好學,與戴震、段玉裁友善,以校勘古籍稱名於世。所校匯爲《抱經堂叢書》十五種。著作另有《禮儀注疏詳校》等。生平事迹見《清史列傳》卷六八。

盧文弨一生好校書,自少至老,寒暑無間。自言於世間技藝,一無所能。所校書甚衆,自經傳子史,下逮説部詩文集,凡經披覽,悉加丹黄。其《重雕經典釋文緣起》論校書主於不妄改,不妄增。然其參合各本,擇善而從,亦頗好援他書以改此書,而不專尊一本。故嚴元照亦詆其《儀禮詳校》,顧廣圻譏其《釋文考證》。蓋雖有見於妄改之失,而下筆之頃,猶不能免於斯累。文弨一生精力,瘁於校書,故不暇別有述造。自文集外,惟鍾山、龍城兩《札記》流布最廣。此外尚有《讀史札記》一卷附論學札記十則,乃孫志祖從其稿本中録出。

歸安嚴元照《悔庵學文》卷八載,文弨垂歿,始以文集付梓,未及五之一,即下世。錢塘梁同書爲刊五十卷,芟汰已甚。此五十卷本未見傳世。此集三十四卷,乾隆間刻,嘉慶二年(1797)續刻。今存別本數種:一爲《抱經堂詩鈔》七卷,道光十六年(1836)李兆洛刻,上海圖書館藏;一爲《抱經堂文鈔》一卷,吳騫抄本,國家圖書館藏;一爲《磯漁詩稿》不分卷,手稿本,一册,皆古今體詩,前卷爲少年讀書時作,後卷則及第服官後所作,有陳矯聲跋,諸暨陳氏仰遹居藏;一爲《抱經堂文》不分卷,乾隆四十八年曲阜孔氏藤梧館抄本,北京大學圖書館藏。

此本據清乾隆六十年刻本影印。(蔣倩)

## 勉行堂詩集二十四卷首一卷　(清)程晋芳撰(第1433册)

程晋芳(1718—1784),初名廷璜,字魚門,號蕺園。歙縣(今屬安徽)人,遷居江都(今屬江蘇)。程廷祚姪。乾隆七年(1742)召試,授内閣中書,十七年成進士,充《四庫全書》纂修官,擢編修。官京師貧甚,乞假往西安,抵關中卒。著有《詩毛鄭異同考》、《周易知旨編》等。生平事迹見《清史稿》、袁枚《翰林院編修程君墓志銘》等。

程晋芳家本殷富鹽商,獨能好學不倦,問經義於從父程廷祚,學古文於劉大櫆,晚與朱筠、戴震游,乃治經。其文"以歸、方爲宗,醇

清道簡"(劉聲木《桐城文學淵源考》)。詩爲袁枚所稱賞,洪亮吉評爲"如白傅作詩,老嫗都解"(《北江詩話》)。按翁方綱撰墓志銘所載,晋芳嘗著詩四十四卷、文十六卷,然中年以後家道中落,書亦散佚。其未入詞館前曾自定《蕺園詩集》十卷,按年編次,乾隆二十七年刻。生前所刻又有《蕺園近詩》二卷,録古今體詩一百四十九首,前有小序,乃乾隆三十四年與沈初、梁夢善等唱和所得及游覽之作。卒後其子瀚輯爲編年詩二十五卷,嘉慶二十三年(1818)鄧廷楨刻於陝西,卷首有鄧廷楨、陳浩序及翁方綱、袁枚所撰墓志銘,目録後有程瀚題識。該本亦以年編次,起自乾隆七年,迄於乾隆三十七年,卷首一卷,別列《進御詩》,總録詩凡一千七百八十首。

此本據清嘉慶二十三年鄧廷楨等刻本影印。又有道光、咸豐刻本。(馬亞中)

## 勉行堂文集六卷　(清)程晋芳撰(第1433册)

此書爲晋芳子程瀚所輯,嘉慶二十五年(1820)冀蘭泰、吳鳴捷刻。前有趙懷玉所作《勉行堂五經説序引》、宋世犖題識及陳鍾麟、鄧廷楨序。卷一爲論、説、考、辨,卷二爲序,卷三爲記、書,卷四爲後記,卷五爲跋,卷六爲其所寫之傳記、墓志銘和哀辭。陳鍾麟序贊其"邃於古文","其論經義也,探原而得其間;其論史事也,抉要而燭其微"。

此本據華東師範大學圖書館藏本影印。(馬亞中)

## 百一山房詩集十二卷　(清)孫士毅撰(第1433册)

孫士毅(1702—1796),字智冶,一字致遠,號補山。仁和(今浙江杭州)人。乾隆二十六年(1761)進士,歷官廣西布政使、雲南巡撫、兩廣總督、工部尚書等。曾任《四庫全

書》館總纂官，與紀昀在館同事。卒謚文靖。生平事迹見《清史稿》、袁枚《小倉山房文集》卷三二《神道碑》。

孫士毅少嘗從西湖詩社諸子吟酬，與袁枚有切磋之誼。詩筆駿利，不甚摹追前人。朱珔撰家傳謂其“與杭世駿等相砥礪，故詩文能獨出機杼”。是集爲其孫孫均編刻，共收詩一千零七十三首，皆爲古今體詩，編年排列。有蘇去疾序、袁枚撰神道碑、郭麐後序和孫均跋。卷一至卷六爲早年作，卷七、八爲宦游西南粵東詩，卷九以下以康藏詩爲主，卷十二爲蜀中詩。

此本據天津圖書館藏清嘉慶二十一年孫均刻本影印。另有嘉連書屋抄本、嘉慶九年刻本等。（蔣倩）

**劉文清公遺集十七卷劉文清公應制詩集三卷**（清）劉墉撰（第 1433 册）

劉墉（1720—1805），字崇如，號石庵，初號木庵，又號勗齋，晚號日觀峰道人。諸城（今屬山東）人。乾隆十六年（1751）進士，授編修，歷任工部、吏部尚書，體仁閣大學士，以廉介著稱。書法精美。卒謚文清。生平事迹見《清史稿》、《國朝耆獻類徵》卷三〇等。

劉墉有詩名，所作不自收拾，漸次遺佚。平生所著卒後編爲《丹林詩鈔》一卷，嘉慶十五年（1810）石韞玉校刻。另有嘉慶十九年校刻本《丹林詩鈔》一卷。其侄鐶搜其遺稿、手録二册，付梓未果。從孫喜海得詩五册，并檢作者自書詩稿，編爲《劉文清公遺集》二十卷，内《遺集》十七卷，《應制詩集》三卷，道光六年（1826）劉氏味經書屋刻。

《遺集》十七卷收古今體詩九百四十九首，有劉喜海跋。《應制詩集》三卷收古今體詩一百九十六首，有英和跋。劉墉詩宗香山、東坡，款曲自如，《咏史十首》等篇俱有寄托，擬古樂府雜詩亦不奥澀。工咏物，不以鬬巧、寓興爲事。墉書名甚重當時，集中論跋書畫諸

詩，自屬專家，如《學書偶成三十首》，尤爲書法津梁。

此本據清道光六年劉氏味經書屋刻本影印。（蔣倩）

**西莊始存稿三十九卷**（清）王鳴盛撰（第 1434 册）

王鳴盛（1722—1797），字鳳喈，號禮堂，又號西莊，晚號西沚。嘉定（今屬上海）人。乾隆十九年（1754）進士，授編修，擢侍講學士，典福建鄉試，官至内閣學士兼禮部侍郎，以事左遷光禄寺卿，尋以母喪歸，卜居蘇州三十年。學問淹博，長於經史之學，以漢學治史，爲乾嘉吳派考據學大師。其詩早歲宗仰盛唐，獨愛李義山，吟咏甚富。古文紆徐敦厚，用歐、曾之法，闡許、鄭之學。沈德潛列其爲“吳中七子”之首。著有《十七史商榷》、《蛾術編》、《尚書後案》等。生平事迹見《清史稿》、《清史列傳》卷六八等。

此集三十九卷，有乾隆三十年刻本，卷首有張燾、蕭芝所撰序。是集初由門人程琰編定爲四十卷，原目卷四十爲家傳并附録長短句一卷，注“嗣刻”，今未見。所録皆王氏四十歲以前之作。此後作者又自爲删定，汰去律賦、恭和詩、試帖詩、《洪範後案》、《周禮軍賦說》等，定爲三十卷附一卷，今有乾隆三十一年精刻本，版式字體與前本全同，惟卷次有異，前十四卷録古今詩九百二十七首，後十六卷録文二百一十八篇，附詞一卷。

此本據國家圖書館藏清乾隆三十年刻本影印。（馬亞中　韓逢華）

**戴東原集十二卷**（清）戴震撰　**覆校札記一卷**（清）段玉裁撰

戴震生平見前《屈原賦戴氏注》提要。段玉裁（1735—1815），字若膺，號懋堂。金壇（今屬江蘇）人。乾隆二十五年（1760）舉人。少補諸生，見戴震而好其學，因師事之。以教

習得官玉屏知縣,旋調署富順、南溪縣事,又辦理化林坪站務。後引疾歸,居蘇州楓橋。所著《説文解字注》,世稱精詳,與桂馥、王筠、朱駿聲并稱清代"説文四大家"。別有《六書音韻表》、《古文尚書撰異》等。生平事迹見《清史稿》、《清史列傳》卷六八等。

東原雖不以詩文著稱,然鈎稽佚文,校注古籍,審定詩韻,亦有功於文學。其文嘗由孔葒谷編爲《東原文集》十卷,凡文一百一十六篇,孔繼涵輯入《戴氏遺書》,有乾隆中曲阜孔氏刻《微波榭叢書》本。孔本不易得,後武進臧在東、顧子述復增其未備,精校重編爲十二卷,多孔氏本三十一篇,乾隆五十七年金壇段氏經韻樓刻,爲《經韻樓叢書》之一種。

此本即據上海辭書出版社圖書館藏清乾隆五十七年段玉裁刻本影印,卷首有段玉裁序,各卷卷首有目録,末附段玉裁撰《覆校札記》。（馬亞中　韓逢華）

### 經韻樓集十二卷　（清）段玉裁撰（第1434—1435 册）

此集十二卷,爲段氏讀書札記及與友人書札之匯編,所著各篇研讀經史子集,廣徵博引,訓釋文字、辨正謬誤。其初有段氏七葉衍祥堂初刻本,十卷,所載止於嘉慶十四年（1809）,當爲作者在世時自刻,録文僅一百五十餘篇。後其子驤、外孫龔自珍嘗選文一百八十餘篇,匯編爲《經韻樓集》十二卷行世,有嘉慶十九年刻本。別有道光元年（1821）金壇段氏七葉衍祥堂刻本,爲《經韻樓叢書》之一種。又有光緒十年（1884）蛟川張氏秋樹根齋刻本,爲張壽榮輯《戴段合刻》之一種。是集中研經之作,又輯爲《經韻樓集》六卷,收入《皇清經解》,有道光九年廣東學海堂刻本、光緒十四年上海點石齋石印本、光緒十八年上海古香閣石印本等。又有《經韻樓集》一卷,有光緒十七年上海鴻寶齋石印《皇清經解》本。

此本據清嘉慶十九年刻本影印。（馬亞中　韓逢華）

### 紀文達公遺集三十二卷（文十六卷詩十六卷）（清）紀昀撰（第1435 册）

紀昀（1724—1805）,字曉嵐,又字春帆,晚號石雲。直隸獻縣（今屬河北）人。乾隆十九年（1754）進士,官至禮部、兵部尚書,協辦大學士,加太子太保,卒諡文達。學問淹通,《四庫全書》開館,任總纂官,主撰《四庫全書總目提要》。紀昀之詩,"多華貴典贍之作",謫戍塞外,作《烏魯木齊雜詩》,亦和雅無愁苦之音。洪亮吉《北江詩話》謂其"如泛舟苔雪,風日清華"。所著有《閲微草堂筆記》、《沈氏四聲考》等。生平事迹見《清史稿》、《清史列傳》卷二八等。

此集三十二卷,詩、文各十六卷。紀昀生前,其孫樹馨編有《館課存稿》四卷,詩、賦各二卷,皆應制頌聖之作,乾隆四十三年英德堂刻。樹馨又輯《我法集》二卷,有乾隆六十年刻本、嘉慶元年（1796）及嘉慶五年刻本。紀昀殁後,樹馨復將平日檢存之詩文,輯爲《紀文達公遺集》三十二卷,嘉慶十七年刻行。該本卷首有《恩綸》、《諭祭文》及劉權之、阮元、陳鶴等人序。

此本據嘉慶十七年紀樹馨刻本影印。（馬亞中　韓逢華）

### 娵隅集十卷　（清）趙文哲撰（第1436 册）

趙文哲（1725—1773）,字損之,又字升之,號璞庵。江蘇上海（今爲上海市）人。少負詩名,爲"吳中七子"之一。乾隆二十七年（1762）高宗南巡,賜舉人,授内閣中書。三十三年與王昶坐盧見曾鹽運案罷職。會阿桂總督雲貴,請掌書記。從軍緬甸,又討大小金川。復起,擢户部河南司主事。三十八年與温福同殁於木果木之難。生平事迹見

《清史稿》、王昶《春融堂集》卷五三《墓志銘》等。

趙文哲生有異稟，爲人意氣高邁，"吳中七子"中名僅次於王昶。此集中詩爲其隨阿桂赴邊征緬時所作，多描寫西南邊陲風光及民族習俗。其集以"娵隅"爲名，以蠻魚自喻，意爲雖載罪從軍而爲身潔清。故其軍中詩作雖更奇肆怪節，但自中意，爲阿桂、王昶等人所推崇。

趙文哲著別有《娵雅堂集》二卷，沈德潛選，有乾隆十八年序刻《七子詩選》本。《娵雅堂詩續集》四卷，有乾隆五十六年刻本。《娵雅堂詩集》八卷，有《房山山房叢書》本。《娵雅堂別集》六卷，有乾隆五十九年刻本。《娵雅堂詩集》八卷《續集》四卷《詞集》四卷《別集》六卷，有乾隆刻本。

此本據上海辭書出版社圖書館藏清乾隆五十四年刻本影印。（蔣倩）

### 忠雅堂詩集不分卷附銅弦詞不分卷 （清）蔣士銓撰（第1436冊）

蔣士銓（1725—1785），字心餘，一字苕生，號清容，又號藏園，晚號定甫，別號離垢居士。鉛山（今屬江西）人。乾隆二十三年（1758）進士，官國史館纂修。晚主紹興蕺山、杭州崇文、揚州安定三書院講席。《清史稿》、《清史列傳》卷七一有傳。

乾隆間詩壇，士銓與袁枚、趙翼并稱三大家，袁、趙多爲人訾議，獨士銓幾無異辭。嘗云："寄言學詩者，唐宋皆吾師。"又《論詩雜咏三十首》雖苛前賢而重時輩，亦屬有識。士銓詩諸體皆工，古詩勝於近體，七古又勝五古。所作汪洋雄姿，矜奇變化，同時詩人莫能逮。然《讀宋人論新法札子》等篇，以議論爲詩，詞奧語澀，亦足以詫人耳目。

蔣士銓集凡數刻，此《忠雅堂詩集》爲稿本，不分卷，今據以影印。（蔣倩）

### 忠雅堂文集三十卷 （清）蔣士銓撰（第1436—1437冊）

蔣氏之詩文集，生前未嘗付刻，有手稿本流傳。後輯爲《忠雅堂集》行世，凡詩集二十七卷補遺二卷，詞二卷，文集十二卷。其詩集據尚鎔《三家詩話》所云："一刻於京師，再刻於揚州，皆在身後。"今存清乾隆間刻本。別有嘉慶三年揚州刻本，三十一卷；嘉慶二十一年藏園刻本，三十卷；道光二十三年廣州重刊本，三十一卷；同治九年成都楊會元堂重刊本，三十一卷。後二種皆爲詩文合刻本。

此《忠雅堂文集》三十卷，卷首有金德瑛、袁枚序。雖名文集，所錄實爲詩、詞、曲。卷一至卷二十六爲編年詩，起自乾隆九年，迄於乾隆四十九年。卷二十七爲《簪筆集》，係作者官翰林時所作之恭和御制詩。卷二十八、卷二十九爲《銅弦詞》，凡二百餘首。卷三十爲《南北雜曲》，凡十二首。

此本據山東省圖書館藏清嘉慶二十一年藏園刻本影印。（馬亞中　韓逢華）

### 汪子詩録四卷 （清）汪縉撰（第1437冊）

汪縉（1725—1792），字大紳，號愛廬。吳縣（今江蘇蘇州）人。諸生。以貢生官候補訓導，主講建陽書院。生平事迹見《清史列傳》卷七二、《國朝耆獻類徵》卷四三九。

汪縉喜爲詩，以陳子昂、杜少陵爲師。文在唐順之、方舟之間，至於發揮經旨，涵泳道德，唐、方二家所不及。尤工古文，能言人所不能言、不敢言。好談程、朱、陸、王之學，與彭紹升切磋學問，彭多所不及。彭序其集，謂"其本色流露，則一以寒山爲宗"。出儒入佛之作，言思離合，水月圓通，有不可思議者。

此本據復旦大學圖書館藏嘉慶三年濟南方昂刻本影印。（蔣倩）

### 汪子文録十卷 （清）汪縉撰（第1437冊）

汪縉爲學出入儒佛，大指欲撤兩家之藩而

通其閡。謂趙宋以來,儒與佛争,儒與儒争,糾葛紛紜,莫能是正,乃統同辨異而極論之。窮原竟委,文筆亦汪洋恣肆,頗似縱橫家言。王鳴盛、王昶皆重其爲文。汪縉不欲以文辭顯,此書中卷四《贈薛家三叙》、卷六《與彭允初論學書》等皆可見其志。

此本據山東省圖書館藏道光三年張杓、江沅刻本影印。(蔣倩)

### 汪子二録二卷録後一卷附一卷汪子三録三卷

(清) 汪縉撰 (第1437册)

汪縉既有《文録》,復著《二録》、《三録》以明經世之道。汪縉於儒學所推尊者,自孔孟外,不過王通、陳亮、朱熹及陸、王數家。其所著《二録》、《三録》,皆所以申明此旨。《二録》分上下録,上録五篇,曰《内王》(王通)、《附陳》(陳亮)、《内王附陳》、《尊朱》、《明尊朱之指》。下録亦五篇,曰《内陸》(陸九淵)、《内王》(王守仁)、《内陸王》、《尊朱》、《明尊朱之指》。《三録》分上、中、下,上録曰《準孟》,凡八篇,可視其論學之旨。其友韓夢周嘗謂:"臺山(羅有高)、允初(彭紹升),學佛者也。大紳,學道之縱橫者也,欲合三教諸子而一之。"

此本據山東省圖書館藏嘉慶十年王芑孫刻《汪子遺書》本影印。(蔣倩)

### 春融堂集六十八卷 (清) 王昶撰　述庵先生年譜二卷 (清) 嚴榮撰 (第1437—1438册)

王昶(1724—1806),字德甫,又字述庵,號蘭泉。清江蘇青浦(今屬上海)人。乾隆十九年(1754)進士,曾佐阿桂、温福幕府,從征緬甸、金川,官至刑部侍郎,以老乞歸。著作有《金石萃編》、《湖海詩傳》、《明詞綜》等數十餘種。生平事迹見《清史稿》、《清史列傳》卷二六等。嚴榮(1761—1821),字瑞唐,號少峰。嚴福子,世居洞庭東山。乾隆三十年(1795)進士,曾知金華府、杭州府。生平事迹見同治《蘇州府志》卷八三《嚴福傳》。

王昶早從沈德潛游,與王鳴盛、錢大昕等號"吳中七子",在京與朱筠互主騷壇,有"南朱北王"之稱。嘗主婁東、敷文等書院,從游者衆。工詩古文,其詩"如盛服趨朝,自矜風度"(洪亮吉《北江詩話》),古文則"閎博淵雅,醇謹深厚"(劉聲木《桐城文學淵源考》)。好藏書,又喜訪求碑刻文字,兼收銅器、磚瓦銘文。

王昶著述宏富,久欲詮次而未果。沈德潛嘗輯其《履二齋集》二卷入《七子詩選》,有乾隆十八年刻本。又有《述庵詩鈔》十二卷,錢世錫編校,乾隆五十五年經訓堂刻。其門下士又定其文爲《春融堂文集》四十卷行世。後王昶主敷文書院,目漸眚,乃請同志者考定編纂生平所撰,《春融堂集》亦以次編成,有嘉慶十二年王氏塾南書舍刻本,附嚴榮撰《述庵先生年譜》二卷。別有光緒十八年重修本。

此本六十八卷,卷首有魯嗣光撰總序,法式善、趙懷玉撰文序,吳泰來、王鳴盛撰詩序,錢大昕撰詞序,卷末有王肇和跋。集中詩文多記乾嘉間政事及交往事迹。卷一至卷二十四爲詩,按年編次,起自乾隆六年,迄於嘉慶八年。卷二十五至卷二十八爲《琴畫樓詞》,後四十卷爲各體文。

末附《述庵先生年譜》二卷,爲王昶婿嚴榮撰。卷首有嚴榮撰序,其記王昶仕履、著述及與戴震、孫星衍等名流交往事迹,兼及家事,徵信翔實。

此本據上海辭書出版社圖書館藏清嘉慶十二年塾南書舍刻本影印。(馬亞中　韓逢華)

### 大谷山堂集六卷 (清) 夢麟撰 (第1438册)

夢麟(1728—1758),字文子,一字謝山,號午堂,又號太谷山人。姓西魯特氏,蒙古正白旗人。乾隆十年(1745)進士。十六年,授内閣學士。二十年,署兵部,兼鑲白旗蒙古副都統。二十三年,調工部,署翰林院掌院學士。生平事迹見《清史稿》、《滿洲名臣傳》卷三七。

夢麟一生,多奉使四方,故其詩多奉使於役之作,又多憑吊古迹之詩。此集歌行較多,如《野田黃雀行》、《大牆上蒿行》等。其詩爲沈德潛、朱庭珍、張維屏、林昌彝等所稱賞。

夢麟所著先有《行餘堂詩》,入詞館有《紅梨齋集》,任江蘇學政時刪定爲《夢喜堂集》,後改爲《大谷山堂集》,沈德潛、劉承幹序,門人嚴長明編,乾隆十九年吳泰來近文齋刻。

此本據上海辭書出版社圖書館藏民國九年劉氏嘉業堂刻本影印。(謝敬松)

### 潛研堂文集五十卷潛研堂詩集十卷潛研堂詩續集十卷 (清) 錢大昕撰 (第1438—1439冊)

錢大昕(1728—1804),字曉徵,號辛楣,又號竹汀。江蘇嘉定(今屬上海)人。乾隆十九年(1754)進士,官至少詹事,典山東、湖南、浙江、河南鄉試,提督廣東學政。四十年,丁艱歸,不復出,歷主鍾山、婁東、紫陽三書院垂三十年。著述甚多,有《廿二史考異》、《十駕齋養新錄》等,輯爲《潛研堂全書》行世。生平事迹見《清史稿》、自編《竹汀居士年譜》(錢慶曾補訂)等。

錢大昕博通經史,爲清代樸學大師。工詩文,少與王鳴盛等稱"吳中七子","詩清而能醇,質而有法,古體文亦以震川爲歸"(王昶《湖海詩傳》)。錢氏詩文,輯爲《潛研堂文集》五十卷、《潛研堂詩集》十卷、《潛研堂詩續集》十卷,嘉慶十一年(1806)黃鐘等人爲之刊刻。此後又有道光二十年(1840)嘉定錢氏刊《潛研堂全書》本、光緒十年(1884)長沙龍氏家塾重刊《嘉定錢氏潛研堂全書》本等。

《文集》五十卷,爲作者生前手定,卷首有嘉慶十一年段玉裁序。《詩集》十卷亦作者生前手定,卷首有乾隆三十五年錢大昕自序,所錄

詩歌均作於是年之前。《詩續集》爲作者歿後,弟錢大昭、婿瞿中溶續抄編次,所錄詩歌均作於乾隆三十五年以後,有嘉慶十一年錢大昭序,略述纂刻始末。集中研經之作,復輯爲《潛研堂文集》六卷,收入《皇清經解》。

此本據嘉慶十一年刻本影印。(馬亞中 韓逢華)

### 笥河詩集二十卷 (清) 朱筠撰 (第1439冊)

朱筠(1729—1781),字竹君,又字美叔,號笥河。直隸大興(今屬北京)人。乾隆十九年(1754)進士,官至侍讀學士,先後提督安徽、福建學政,歷充福建鄉試正考官、順天鄉試同考官及多年會試同考官,一時名士,多出門下。生平事迹見《清史稿》、《清史列傳》卷六八等。

朱筠博學多才,聚書至數萬卷,尤好金石小學。詩宗韓愈、李賀,出入唐宋,五言力追漢魏,造句古樸拗折,奇警不凡,《隨園詩話》嘗舉其《登湖樓》詩稱之。古文亦深厚奧博。

朱筠初有《笥河集》四卷。王昶《蒲褐山房詩話》云:"平日文移皆以草書書之,且塗乙十有八九,子弟不能版別,故取其明晰者刻成四卷,餘皆藏於家。"其詩文後經弟朱珪、子朱錫庚抄纂校定,輯爲《笥河詩集》二十卷、《笥河文集》十六卷行世。

《笥河詩集》二十卷,弟朱珪爲之抄錄校勘,卷首有朱珪序,卷末有朱珪跋及墓志銘,可略見作者生平及成書經過。所錄之詩,按年編次,起自乾隆九年,迄於乾隆四十六年,以登臨覽勝及交往贈酬之作爲多。

此本據上海辭書出版社圖書館藏嘉慶九年朱珪椒華吟舫刻本影印。別有嘉慶二十二年刻本。(馬亞中 韓逢華)

### 笥河文鈔三卷笥河文集十六卷卷首一卷 (清) 朱筠撰 (第1440冊)

《笥河文鈔》三卷,爲朱筠弟朱珪編定。卷一爲進呈賦頌詩文,卷二、三爲紀傳、墓表、序

跋等,略無倫次。此本據南京圖書館所藏清刻本影印。

《笥河文集》十六卷,卷首一卷,有朱錫庚序、朱珪撰神道碑、章學誠撰墓志銘、王昶撰墓表、姚鼐撰別傳、孫星衍撰行狀、李威撰《從游記》、汪中撰《朱先生學政記》等。乃其子朱錫庚編定,有嘉慶九年刻本、嘉慶二十年椒華吟舫刻本、光緒五年刻《畿輔叢書》本等。此本據上海辭書出版社圖書館藏嘉慶二十年椒華吟舫刻本影印。（馬亞中　韓逢華）

**詩存四卷**　（清）金德瑛撰　（第1440冊）

金德瑛（1701—1762）,字汝白,一字慕齋,號檜門。休寧（今屬安徽）人,移籍仁和（今浙江杭州）。乾隆元年（1736）一甲一名進士,授修撰,入直南書房,後官至都察院左都御史。淹通經史,愛才若渴,在江西獨識蔣士銓爲第一才人。王昶入京師,招與同游。性樂山水,凡過勝區,必登覽吟嘯。生平事迹見《清史稿》、《清史列傳》卷二〇等。

王昶《湖海詩傳》謂其詩主黃庭堅,以清新刻削、酸寒瘦澀爲能。錢陳群序其詩,稱其所作"春容奧衍,有古作者風"。蔣士銓爲作《金檜門遺詩後序》,謂其詩"掃除窠臼,結構性真,頓挫淋漓,直達所見"。

《詩存》四卷,書前有錢陳群序和蔣士銓後序,共收古今體詩四百餘首。另有嘉慶六年重刻本、同治五年金鴻鑲重刻本、光緒二十五年重刻本。

此本據乾隆三十三年如心堂刻本影印。（馬亞中　李亞峰）

**静廉齋詩集二十四卷**　（清）金甡撰　（第1440冊）

金甡（1702—1782）,字雨叔,號海住,人稱長孺先生。仁和（今浙江杭州）人。乾隆七年（1742）狀元。授修撰,三遷侍講學士。典廣東鄉試,督學安徽、江西,官至禮部侍郎,歸主萬松書院。生平事迹見《清史稿》、袁枚《禮部侍郎海住金公傳》。

此集收錄金甡古今體詩凡一千餘首,詩起雍正二年（1724）,迄乾隆四十六年。作者少歷險阻,足迹遍天下,凡山川險夷、風俗變態,種種悲鬱欣戚之情感,均發之於詩中。其治學,凡諸子百家之説靡不綜貫,其詩亦以性情學問爲根柢。故其詩隨感而發,格律謹嚴,但情韻略顯不足。其詩卒後輯爲《静廉齋詩集》二十四卷,乾隆五十年刻。

此本據華東師範大學圖書館藏清嘉慶二十五年姚祖恩刻本影印。（謝敬松）

**裘文達公文集六卷補遺一卷裘文達公詩集十八卷**　（清）裘曰修撰　（第1441冊）

裘曰修（1712—1773）,字叔度,號漫士,又號諾皋,江西新建人。乾隆四年（1739）進士,官至工部尚書。《清史稿》、《清史列傳》卷二三有傳。

此書由裘曰修孫裘元善等刻於嘉慶七年（1802）,《文集》六卷,得賦頌各作七十九篇,《詩集》十八卷,含《恭和御製詩》六卷,三百六十二首,其他古今體詩十二卷,六百六十首。文集前有《行述》、于敏中撰《墓志銘》等。詩集後有裘元善及張聰賢跋。

裘曰修生平八勘水利,所治黃、淮、沘、濟、伊、洛、沁、汜等共九十三河,總歷年治水之道,成《治河論》、《治河策》、《治淮論》等力作,并成《黃河古今源流説》,可爲後世取法。凡扈從侍宴及慶典大禮,多有賡揚紀頌之詩文。乾隆帝御製詩文甚夥,裘曰修多有和作。乾隆二十一年征伊犁,奉命至巴里坤宣意旨,沿途作《西行古今地與考略》一書,咏《嘉峪關》、《南山口大雪》、《格子烟墩》、《巴里坤上元小集》,西域情景,皆得之目驗。又出山海關,咏遼陽州、千山諸篇,亦有雄直之氣。

裘曰修所著先有《述恩賦》一卷,有乾隆三十一年自寫進呈本,故宮博物院圖書館藏。

卒後輯爲《裘文達公集》二十六卷,内《奏議》一卷、《文集》六卷、《補遺》一卷、《詩集》十二卷、《和御製詩》六卷,嘉慶八年其子行簡刻。

此本據復旦大學圖書館藏清嘉慶刻本影印。又有同治十一年修補本。(蔣倩)

### 無不宜齋未定稿四卷　(清) 翟灝撰 (第 1441 册)

翟灝(?—1788),字大川,號晴江,又號艮山。仁和(今浙江杭州)人。乾隆十九年(1754)進士,歷官金華、衢州府學教授。著有《爾雅補郭》、《四書考異》、《通俗編》等。《清史稿》、《清史列傳》卷六八有傳。

是集收乾隆元年至十六年詩,共三百八十八首。首吴樹虛序。集中唱酬名流如杭世駿、吴穎芳、齊召南等,均爲南屏詩社社友。翟灝詩學宋,頗能搜奇引癖,如《甘棠村雜咏十八首》等,詳述鄉里民情,《風人詩》掇拾里謡成章,《上元日琉璃廠觀百戲作俳體五十韻示同游諸子》咏乾隆初都門琉璃廠繁華景象等。

此集四卷,乾隆十七年自刻。又有《無不宜齋續稿》不分卷,抄本,一册,録乾隆十七年至三十八年詩,日本京都大學文學部圖書館藏。附《無不宜齋補録》一卷,輯乾隆十七年至二十三年詩。晚年十餘載未見有詩。《碧溪詩話》稱"其詩未刻者尚數百首藏於家"。

此本據復旦大學圖書館藏乾隆刻本影印。(蔣倩)

### 南屏山人集十一卷　(清) 任端書撰 (第 1441 册)

任端書,字摺思,一作進思,號念齋,別號南屏山人。溧陽(今屬江蘇)人。乾隆二年(1737)進士,官翰林院編修,十一年以憂歸。著作別有《選擇天鏡》三卷等。生平事迹見《國朝耆獻類徵》卷一二六、《詞林輯略》卷四等。

此《南屏山人集》十一卷,詩十卷,賦一卷,共收詩六百八十一首,賦十六首。有陳兆崙、胡天游、齊召南序。其詩題材多樣,有懷古、送別、題畫、寫景、叙事及抒情之作。卷十一爲賦十六篇,文筆亦清新。

此本據清乾隆刻本影印。(明嚴)

### 泊鷗山房集三十八卷　(清) 陶元藻撰 (第 1441—1442 册)

陶元藻(1716—1801),字龍溪,號篁村,晚號鳧亭。山陰(今浙江紹興)人。諸生。少負雋才,久困場屋。後走京師,游閩、粤、揚州,多以詩文記録行程。與鄭板橋、齊召南、杭世駿等唱和交游。著有《全浙詩話》、《鳧亭詩話》。生平事迹見《國朝耆獻類徵》卷四二七等。

此集《文集》十四卷、《詩集》二十卷、《詞集》四卷。首有秦錫淳、王又曾序。《文集》十四卷,卷一、二序,卷三記,卷四傳,卷五、六、七俱家傳,卷八墓志,祭文,卷九哀辭、頌、贊等,卷十辨、論等,卷十一書、賦。卷十二至卷十四爲駢體文。卷四《靖海侯施琅傳》,寫施琅收復臺灣之戰。其詩渾灝流轉,不名一家,題材風格多樣。《題十三國番夷圖》,關係中外史料,爲當僅見。《颶風行》、《荔洲行》等,描寫浙閩沿海民俗。

此本據復旦大學圖書館藏清嘉慶刻本影印。另有《陶篁村詩文稿》不分卷,稿本。(蔣倩)

### 棕亭詩鈔十八卷棕亭古文鈔十卷棕亭駢體文鈔八卷　(清) 金兆燕撰 (第 1442 册)

金兆燕(1719—?),字鍾越,號棕亭。全椒(今屬安徽)人。乾隆三十一年(1766)進士,官國子監博士,升監丞。居揚州鹽署十年,任教授,凡園亭集聯及大戲詞曲,皆出其手。曾刊刻《儒林外史》。兆燕工詩詞,亦精於戲曲,與蔣士銓有交往。著作別有傳奇《旗亭記》、《嬰兒幻》等。生平事迹見《清史列傳》卷七一、《國朝耆獻類徵》卷一四六等。

《棕亭詩鈔》十八卷,詩凡一千三百二十二首。卷三《寄吳文木先生》、卷五《甲戌仲冬送吳文木先生旅櫬於揚州城外登舟歸金陵》,記載與吳敬梓之交往。

此本據復旦大學圖書館藏清嘉慶十二年贈雲軒刻本影印。(明巖)

### 棕亭古文鈔十卷棕亭駢體文鈔八卷 (清) 金兆燕撰 (第 1442 册)

《棕亭古文鈔》十卷,共收文一百二十七篇,有議、考、論、傳、序、跋、記諸體之作。《棕亭駢體文鈔》八卷,共收文九十九篇,有賦、序、啟、書、疏文、祭文、跋、贊、銘、連珠等。《文鈔》卷首有王鑄、彭啟豐等二十餘人題詞。吳寬序稱其“文有風骨,駢體尤尚”。

此本據復旦大學圖書館藏清道光十六年贈雲軒刻本影印。(明巖)

### 錢文敏公全集三十卷(鳴春小草七卷、茶山詩鈔十一卷、茶山文鈔十二卷) (清) 錢維城撰 (第 1442—1443 册)

錢維城(1720—1772),字宗磐,一字幼安,又字稼軒,號茶山。武進(今屬江蘇)人。乾隆十年(1745)一甲一名進士,官至刑部右侍郎。《清史稿》、《清史列傳》卷二三有傳。

此集由錢維城弟維屏、維喬編次,刻於乾隆四十一年。凡《茶山文鈔》十二卷、《茶山詩鈔》十一卷,又《鳴春小草》七卷爲賡制詩。維城以畫名見重於時,集中題畫山水、梅竹、松石,奕奕有生致。嘗典試江西,視學浙江,奉使盛京,作《古長城歌》、《過樺皮嶺》等詩,南北山水不同,盡入謳吟。兩游雁蕩,均作紀游詩。晚赴黔中讞獄,遇苗族香要佳居事起,作《佳居回兵即事》等篇,俱爲寶録。詩不甚工練,然無牽率之態,洪亮吉《北江詩話》以“如名流入座,意態自殊”許之。

此本據清乾隆四十一年眉壽堂刻本影印。(蔣倩)

### 蘀石齋詩集五十卷蘀石齋文集二十六卷 (清) 錢載撰 (第 1443 册)

錢載(1708—1793),字坤一,號蘀石,又號匏尊,晚號萬松居士、百幅老人。秀水(今浙江嘉興)人。乾隆十七年(1752)進士,官至禮部侍郎,屢典鄉試、會試。生平事迹見《清史稿》、《清史列傳》卷二五等。

錢載詩學黃庭堅,險入橫出,嶄然成一家。與同縣王又曾、萬光泰輩相唱酬,號“秀水派”。又與厲鶚、嚴遂成、王又曾、袁枚、吳錫麟并稱爲“浙西六家”。黃培芳稱其詩“大約不拘唐宋,空所依傍,生面獨開”,“七律洗盡矜浮之氣,非締章繪句之徒專事皮相者所能望見”(《香石詩話》)。吳應和以爲“其旨敦厚,其氣清剛,其意沉著,其辭排奡,漢、魏、六朝、三唐、兩宋體制,靡不兼有,尤得力於少陵,造詣深沉,脫盡膚言浮響,自成一大家面目”(《浙西六家詩鈔》),爲晚清同光體詩人所推崇。

《蘀石齋詩集》五十卷,今有清乾隆刻本、光緒四年秀水錢卿鈺刻本等。卷首有自序,略述生平經歷。輯録乾隆二年至乾隆五十八年五十餘年間所作各體詩歌二千六百九十餘首,卷一附録雍正戊申、壬子所作各一首。《蘀石齋文集》二十六卷,分體編排,卷二十六爲《萬松居士詞》。

此本據清乾隆刻本影印。(馬亞中 韓逢華)

### 紫峴山人全集五十四卷(文集十二卷、詩集二十八卷、外集十二卷、詩餘二卷) (清) 張九鉞撰 (第 1443—1444 册)

張九鉞(1721—1803),字度西,號陶園,又號紫峴,晚號羅浮花農。湘潭(今屬湖南)人。乾隆二十七年(1762)舉人,歷官江西南豐、峽江、南昌、廣東始興、保昌、海陽等縣知縣。生平事迹見《清史列傳》卷七二、《國朝耆獻類徵》卷二二三等。

張九鉞爲詩雄奇渾厚，筆力恣肆，曾登采石磯太白樓賦詩，又賦詩高臺以勞西師，湘楚詩人無出其右。其南游雲貴兩粵，北至京陝晋豫，東臨吳越，踪迹所至，皆以詩文紀之。《蹴鞠曲》、《角觝篇》作於北京，詳記風俗。又有《閘河曲》，記淮河見聞。《滇游集》内，佳製尤多。《土官謠》出於目驗，頗可徵事。他如《沅州觀緬甸國進象歌》、《昆明竹枝詞》十五首等，均有奇采。至《蘆溝橋觀渾河漲歌》、《屯田歌》以及《番行篇》等，多關政務經濟、風土俗習。其詩本學李白，兼采杜甫，取法乎上。後涉獵廣博，下筆愈殊凡響。

張九鉞卒後，從孫家楀初刻《陶園詩集》十八卷，家栻又刊《陶園文集》八卷。後益以《海南》、《歸湘》等集四卷，合前編爲《陶園詩集》二十二卷、《文集》八卷，存詩一千九百餘首，嘉慶二十年賜錦樓刻。後增《陶園詩餘》二卷、《六如亭傳奇》二卷，連前編爲《陶園全集》三十六卷，道光二十三年賜錦樓刻，又有光緒二十九年重刻本。道光七年（1827），家栻得其手編目錄，重新編輯，編爲《紫峴山人文集》十二卷、《詩集》二十八卷、《外集》十二卷、《詩餘》二卷，共五十四卷，咸豐元年賜錦樓刻。

此本據南京圖書館藏清咸豐元年張氏賜錦樓刻本影印。（蔣倩）

### 緑筠書屋詩鈔十八卷　（清）葉觀國撰（第1444 册）

葉觀國（1720—?），字家光，號毅庵。閩縣（今福建福州）人。乾隆十六年（1751）進士，官至翰林侍讀學士。歸主清源書院。生平事迹見《國朝臣工言行記》卷一九、《詞林輯略》卷四等。

此書爲葉觀國晚年自定，蔣士銓序，分《臺江集》、《瀛洲集》、《滇南集》、《瀛洲二集》、《嶺右集》、《垂橐集》、《瀛洲三集》、《循陔集》、《炳燭集》、《瀛洲後集》、《得槐軒集》、《蜀道集》、《江左集》、《得槐軒後集》、《人扶集》等集，爲乾隆十二年至五十六年詩，共一千零九十首。其詩多記雲南、湖南、福建、臺灣等地風俗名勝。觀國生平足迹半天下，其詩頗得山水之助。居翰林院時，與翁方綱、蔣士銓等時有贈答。其熟悉閩臺文獻，有《題臺海見聞録十首》、《書局即事四首》、《喜朱郡丞幼芝景英歸自臺灣》等作。

此本據清乾隆五十七年刻本影印。又有《緑筠書屋詩鈔》十一卷，稿本。（蔣倩）

### 傳經堂詩鈔十二卷　（清）韋謙恒撰（第1444 册）

韋謙恒（1720—1805），字慎旃，號約軒，又號木翁。蕪湖（今屬安徽）人。官溧陽教諭，學者稱鐵夫先生。乾隆二十八年（1763）進士，歷任翰林院侍讀學士、國子監祭酒、貴州布政使、右中允。生平事迹見《詞林輯略》卷四、《湖海詩人小傳》卷二七等。

是集録韋謙恒乾隆七年迄五十四年所作之詩。韋謙恒文望甚高，吟興至老不衰。集中與錢載、陳兆崙、諸錦、劉墉、董元度、阮葵生、趙翼、朱筠、褚廷璋、王昶、朱珪、陸錫熊、梁同書、祝德麟等人贈答，多有軼事可尋。奉校《四庫全書》，作《寶善亭校書呈同館諸公》。其詩不甚雕飾，而趨於平澹一途。

此書乾隆間自刻於京師，前有乾隆五十五年自序。今據清乾隆刻本以影印。（蔣倩）

### 明善堂詩集四十二卷明善堂文集四卷　（清）弘曉撰（第1444—1445 册）

弘曉（1722—1778），字秀亭，號冰玉主人。滿洲人。怡賢親王允祥子。襲封爲怡親王，後被削爵。卒謚僖。生平事迹見《八旗通志・藝文志》等。

弘曉積學好古，乾隆中開四庫館，天下藏書

家紛紛進呈,惟怡府之書未進,其中不乏世之罕見者。

此《詩集》四十二卷,編年自雍正十二年(1734)至乾隆四十年(1775)。弘曉詩有標格,所作《射虎行》等篇,崛奇豪放。間有平妥之作,以王公之詩律之,尚不多得。《文集》四卷,卷一賦八篇,卷二記七篇,卷三序、跋六篇,卷四書贊等雜文十二篇。

據十一卷本《明善堂詩集》慎郡王允禧序稱,"《明善堂詩》已行於時,己巳春復衰集所作,自甲子至丁卯得若干首,將續刻之",是此集早有刻本傳世。今存《明善堂集》四十八卷,計《詩集》四十二卷、《文集》四卷、《詩餘》一卷、《詞餘》一卷,乾隆四十二年刻,乃去世前一年自刻,當是足本。

此本據華東師範大學圖書館藏清乾隆四十二年刻本影印。(蔣倩)

### 重鎸草堂外集十五卷　(清)　檀萃撰（第1445 冊）

檀萃(1725—1801),字豈田,號默齋,又號廢翁,別號白石,又稱草堂。望江(今屬安徽)人。乾隆二十六年(1761)進士,任雲南青溪、祿勸知縣,坐虧銅案,罷職。晚年主講雲南五華、成材書院,人稱滇南先生。生平事迹見《清史列傳》卷七二、《國朝耆獻類徵》卷二三九等。

檀萃幼不敏,年二十始知力學,博極群書,以淵雅稱。是集分賦、序、銘、跋等文共一百二十三篇。除卷十五前十篇,餘皆有注,書眉有批評,題下多注本事。文後附記者四,附傳者二,似萃所自爲。前有徐立綱及雲谷老人、九鯉仙、五華先生、泰尚老人序,每卷首皆題"《重鎸草堂外集》,天都吳並山原評本、滇南蝶會諸老重批、草堂衆弟子同參訂",無注者姓名。卷七獨題"《麗藻外集》,江渚檀萃默齋著、天都吳珏並山評、弟成澹谿注、男沐清九雲校",與他卷異。考萃所撰《滇南詩話》,雲谷老人爲黄斌,九鯉仙爲黄佾,泰尚老人爲李榮陞,五華先生爲黄宗傑。檀自謂"爲文不能高,亦無取於高。第徇時俗所好,或欲炫耀,與爲炫耀,或欲諛頌,與爲諛頌,或平或奇,或簡或繁,隨而曲傳,而不以己與焉"。

檀萃所著原有《執宜詩集》二十卷,寫正副二本,皆毀。門人戴聖哲、馮成恩所録,尚得十之二三,益以續作,王藩等編爲《滇南詩集》十二卷,詩止於乾隆五十七年,有嘉慶元年屠紳序,嘉慶間昆明書院刻。檀萃所爲文先輯爲《麗藻外集》十卷,吳珏評,徐義耀注,嘉慶間刻。此書版片又沉川江,諸弟子哀其舊作,增以新作,編爲《草堂外集》十五卷,有清嘉慶元年刻本,中國科學院圖書館藏,今據以影印。(蔣倩)

### 頻羅庵遺集十六卷　(清)　梁同書撰（第1445 冊）

梁同書(1723—1815),字元穎,號山舟,晚署不翁、新吾長翁、頻羅庵主。錢塘(今浙江杭州)人。乾隆十七年(1752)會試未第,高宗特賜與殿試,入翰林,大考,擢侍講。澹于名利,未老,托足疾不出。生平事迹見《清史稿》、《清史列傳》卷七二等。

《頻羅庵遺集》十六卷,其中詩三卷,多投贈唱和、咏題書畫之作。集杜詩二卷,共二百八十餘首。文四卷,奏、狀、書、序、記一卷,銘、贊、説一卷,祭文、碑一卷,傳、募疏、賦、檄、論書一卷。論書爲討論書法之作,頗有可觀。題跋四卷,多爲歷代名家字畫,梁氏本爲書法大家,賞鑒極精。《直語補證》一卷,匯釋各種俗語詞之。《日貫齋塗説》一卷,爲讀書札記,涉獵甚廣泛。《筆史》一卷,分爲筆之始、筆之料、筆之製、筆之匠四篇部分,引經據典,臚舉歷代製筆名匠,亦頗可觀。

梁氏所著先有《舊繡集》一卷,乾隆二十一年刻本。《頻羅庵遺集》爲梁氏卒後嗣子玉綸所編輯,清嘉慶二十二年杭州陸貞一刻,今據上海辭書出版社圖書館藏本影印。
（吳柱）

### 七録齋詩鈔十卷七録齋文鈔十卷　（清）阮葵生撰（第1445—1446冊）

阮葵生（1727—1789），字寶誠，號吾山，晚號安甫。山陽（今江蘇淮安）人。阮學浩子。乾隆十七年（1752）舉人，二十六年會試中榜，官至刑部右侍郎。著《茶餘客話》三十卷，記載掌故，有名於世。與兄弟阮芝生并有詩名，人稱“淮南二阮”。事迹詳見《國朝耆獻類徵》卷九六、《國朝臣工言行記》卷二一等。

此集《詩鈔》十卷、《文鈔》十卷。《詩鈔》有王溥序，凡詩六百七十二首，古今各體皆工，尤善古體歌行。詩風淡雅疏散，蘊藉風流。所作古體，紆徐曲致，不乏可觀者。好作組詩，如《夏日雜咏》、《冬日雜咏》等，意象紛繁，詩意達暢。《文鈔》收文凡一百五十三篇。其中賦類之《春雪賦》、《月波樓賦》等，文辭華麗，氣勢雄渾。《西曹議稿》十二篇，皆爲斷獄之案文，從中可見阮氏識斷之明。

此集爲作者晚年自訂稿本，另有《七録齋詩選》八卷，嘉慶十九年百齡金陵刻本。

此本據稿本影印。（吳柱）

### 訒葊詩存六卷　（清）汪啓淑撰（第1446冊）

汪啓淑，原名華國，字慎儀，號秀峰，又號訒葊，一號悔堂，別號退庵居士。歙縣（今屬安徽）人，寓居錢塘（今浙江杭州）。乾隆間授工部郎，擢兵部職方司郎中。有印癖，搜藏古印三千餘方，輯摹《飛鴻堂印譜》、《集古印存》諸書數種。所著《水曹清暇録》、《粹掌録》等筆記，亦多載印事。所築綿潭山館，名士雅集，沈大成、紀昀均有《綿潭山館十咏》。傳見《晚晴簃詩匯》卷八五。

所撰《訒葊詩存》，分六集。《綿潭漁唱》八十三首，方婺如序，張錫德跋。《飛鴻堂初稿》一百十九首，杭世駿、方岳薦序。《蘭溪櫂歌》一百首，仿朱彝尊《鴛鴦湖櫂歌》而作，沈德潛序，題咏金華山川人物、風俗名勝，詩下自注，徵引府志他書，辨析名實。《甌江游草》四十九首，王永祺、顧惇量、傅玉露序，戴廷熹跋。《邗溝集》四十九首，王鳴盛、金兆燕、盛灝元序，程琰跋。《客燕偶存》八十七首，褚啓宗序，王鼎跋。所作大多觸景抒懷，詩風清麗典雅。

《販書偶記》著録《訒葊詩存》八卷，今僅見六卷，清乾隆四十七年刻本，高辰爲序，今據以影印。另有《于役新吟》一卷，乾隆四十二年刻。《酒簾唱和詩》四卷，乾隆四十八年刻。（吳柱）

### 甌北集五十三卷　（清）趙翼撰（第1446—1447冊）

趙翼（1727—1814）；字雲崧，一字耘松，號甌北。陽湖（今江蘇常州）人。乾隆十九年（1754）舉人，官內閣中書。二十年成進士，歷官編修、鎮安知府、廣州知府、貴西兵備道。有經世之略，在官多建樹。辭官後，主講於安定書院，專心著述。五十二年，臺灣林爽文起事，應李侍堯邀赴福建治軍。著有《廿二史札記》、《陔餘叢考》等。生平事迹見《清史稿》、《清史列傳》卷七二等。

趙翼深於史學，詩與袁枚、蔣士銓并稱乾隆朝“三大家”。論詩主張推陳出新，反對摹擬。所作頗負時譽，尚鎔稱其“如吳越錦機，力翻新樣”，又謂“雲松宦游南北數千里之外，所表見固皆不虛，而極險之境地，極怪之人物，皆收入詩料，遂覺少陵、放翁之入蜀，昌黎、東坡之浮海，猶遜其所得所發之奇，可謂極詩中之偉觀也”（《三家詩話》）。蔣士銓稱其詩“興酣落筆，百怪奔集，奇在雄麗，不可逼視”。

趙氏之詩，嘗自輯爲《甌北初集》，并乞汪

由敦弁其簡首,事見汪氏《甌北初集序》。別有《甌北詩集》二十七卷,孫星衍批,乾隆四十二年刻。《甌北詩集》三十卷,乾隆間刻。《甌北詩集》五十卷,乾隆五十年刻。《甌北詩鈔》二十一卷,有乾隆五十六年刻本,爲《甌北全集》之一種。

此《甌北集》五十三卷,凡《詩集》五十卷、《續增詩集》三卷,爲嘉慶十七年湛貽堂刻本,亦《甌北全集》之一種。卷首有乾隆二十二年汪由敦《甌北初集序》,乾隆四十二年蔣士銓《甌北集序》,乾隆五十年袁枚、王鳴盛、翁方綱、吳省欽、弟子祝德麟等序,乾隆五十五年錢大昕序。所錄之詩,按年編次,起自乾隆十一年,迄於嘉慶十六年。

此本據上海辭書出版社圖書館藏清嘉慶十七年湛貽堂刻本影印。（馬亞中　韓逢華）

### 聞音室詩集四卷遺文附刻一卷　（清）王嘉曾撰（第 1447 册）

王嘉曾（1729—1781）,初名廷商,改名楷曾,後又改爲嘉曾,字寧甫,又字漢儀,號史亭。江蘇金山（今屬上海）人。乾隆三十一年（1766）進士,授翰林院編修,三十八年入四庫館,任編校。四十五年放山西副主考。事迹詳見《聞音室詩集》卷首許巽行所撰《墓志銘》、《吉堂文稿》卷八欽善所撰《墓表》等。

此《聞音室詩集》分《覽塵初稿》二卷、《閱水集》二卷,收詩三百二十四首。《覽塵初稿》爲五上京師會試之作,凡一百六十一首,多憂思惆悵之語。《閱水集》所收咏懷古迹之什,如《薊門雜咏十六首》等,題咏京師古迹名勝,自注史事於後。《遺文》一卷,文若干篇,皆爲搜輯所得,文辭典雅。

嘉曾生前并未將所作詩文結集刻板,殁後三十六年其嗣元善、元宇搜集鑴版,有許寶善跋。

此本據中國科學院圖書館藏清嘉慶二十一年刻本影印。（吳柱）

### 培蔭軒詩集四卷培蔭軒文集二卷培蔭軒雜記一卷　（清）胡季堂撰（第 1447 册）

胡季堂（1729—1800）,字升夫,號雲坡。光山（今屬河南）人。侍郎胡煦子。初以蔭生授順天府通判,歷官甘肅慶陽知府、甘肅按察使、刑部侍郎、刑部尚書,官至直隸總督。嘉慶初以彈劾和珅罪,名震朝野。事迹見《清史稿》、《國史列傳》卷六一等。

《培蔭軒詩集》四卷,録乾隆十七年（1752）至嘉慶三年（1798）間所作詩,共六百六十餘首。其詩不獨狀寫山川,亦多記各地沿革、民俗物產。又多次侍從盛京、承德,《扈從木蘭秋獮紀事詩》,質直簡要,所記圍場規則制度,尤爲詳備。《培蔭軒文集》二卷,收文四十五篇,序、記、傳、説、考、跋、引、啓各數篇。《培蔭軒雜記》一卷,考究歷代史事、古今文章,如論《文選》不收《蘭亭集序》條等,亦頗可觀。

此本據中國科學院圖書館藏清道光二年胡鏻刻本影印。（吳柱）

### 胥石詩存四卷胥石文存一卷附録一卷　（清）吳蘭庭撰（第 1447 册）

吳蘭庭（1730—1802）,字虛若、胥石,號鎮南,一號千一叟。歸安（今浙江湖州）人。乾隆三十九年（1774）舉人。究心史學、地理、職官、沿革,爲錢大昕、章學誠所推重。多所纂述,尤致力於五代史。著作别有《五代史記纂誤補》、《五代史記考異》、《讀通鑑筆記》等。傳見《清史稿》、《清史列傳》卷七二。

吳蘭庭少以文名,壯游燕、趙,多蒼深清健之作。《胥石詩存》四卷,卷首有沈德潛、嚴元照序。共收古今體詩二百五十三首,編年爲序。其長於五言近體,舟車所經,山川關隘輒記之。喜用險韻,近於晦澀。沈德潛序謂其"掉鞅於少陵、昌黎之間"。《胥石文存》一卷,收文二十六篇,多爲墓志及人物傳。附録一卷,爲嚴元照所撰《千一叟傳》。所著先有

《南雪草堂詩集》四卷,乾隆三十二年刻,板毀稀見。後從會稽章學誠藏本抄存,輯入《吳興叢書》,爲《胥石詩存》四卷、《文存》一卷,其文乃後人從族譜中録出,後附他人所作傳志。

此本據上海辭書出版社圖書館藏民國十年吳興劉氏嘉業堂刻本影印。(王静)

**恩餘堂輯稿四卷** (清) 彭元瑞撰 (第 1447 册)

彭元瑞(1733—1803),字掌仍,一字輯五,又字芸楣,晚號身雲居士。南昌(今屬江西)人。乾隆二十二年(1757)進士,歷官禮、兵、吏、户、工五部尚書,協辦大學士,晋太子太保。曾任《四庫全書》副總裁,又以楹聯之學聞名。另著有《石經考文提要》、《增訂韻字辨同》、《五代史記注》等。傳見《清史稿》、《清史列傳》卷二六。

元瑞生前自定《思餘堂經進稿》四十九卷,含《初稿》十二卷、《續稿》二十二卷、《三稿》十一卷、《策問存課》二卷、《知聖道齋讀書跋尾》二卷,皆應奉之作。此《輯稿》爲其孫邦疇"裒所嘗藏弃及訪輯所得者以付梓"(陳用光序)。前二卷文,卷三古體詩,卷四今體詩,後有邦疇跋。文多爲序文、墓志、祭文、告示等,詩則咏史、咏物、記游、題畫之作居多。元瑞學識淵博,又仕途暢達,爲文端莊有度,氣質雍容。詩作如《塞外雜咏》、《消寒七咏》、《冬庵八咏》等,描寫亦稱豐富。

此本據山東省圖書館藏清道光七年刻本影印。(唐元)

**白華前稿六十卷** (清) 吳省欽撰 (第 1447—1448 册)

吳省欽(1730—1803),字冲之,號白華。江蘇南匯(今屬上海)人。乾隆二十八年(1763)進士,歷任禮、工、吏部侍郎,官至左都御史。因依附和珅,人品不爲人道,然才氣橫溢。傳見《清史列傳》卷二八。

《白華前稿》六十卷,前二十三卷爲文,後三十七卷爲詩,含詩餘一卷。前有自序,言"前稿"云者,猶唐人前集、中集、小集之例。省欽於著述體例特有留意,此集中《正史異同例序》、《與顧晴沙書》、《與朱畫莊書》等篇論及此。省欽與段玉裁相交甚厚,段氏所作《六書音均表》、《富順縣志》,省欽爲之序,亦載此集中。而説字釋物、掌故風俗之文字,亦此集中所多有。又擅爲詩,《前稿》中《湖口見月》一首,頗有藴藉。此書清乾隆四十八年自刻於武昌使院,今據以影印。(唐元)

**白華詩鈔十三卷** (清) 吳省欽撰 (第 1448 册)

《白華詩鈔》十三卷,爲吳省欽入蜀所作,詩近千首,編年爲次,自乾隆三十八年(1773)至四十二年。分《西笑集》一卷、《雲棧集》一卷、《劍外集》四卷、《學舍集》二卷、《顧門集》一卷、《里區集》四卷。所作多具生活氣息。《劍外集》卷三《渝州懷古》四首,語甚奇崛,可見其描摹功力。

此本據中國科學院圖書館藏清刻本影印。(唐元)

**白華後稿四十卷** (清) 吳省欽撰 (第 1448 册)

《白華後稿》四十卷,爲省欽子吳敬樞所編次,亦先文後詩。卷一至卷二十六爲文,卷二十七至卷三十九爲詩,卷四十爲詩餘。前有王步雲序及敬樞所撰年譜,後附王昶撰《墓志銘》。張舜徽《清人文集別録》言其"友朋講習,耳目濡染,故省欽亦喜爲説字釋物之文……然而汲古不深,未爲佳構。獨其宦轍所至,隨所在而留心當地掌故,每有所述,洞徹本原"。如卷九《甌北詩集序》考證甌字之義等。又《孟子四考序》評價"孟子學"沿革及周廣業所著此書,皆能窮本溯源。王昶謂其"作詩本杜、韓、蘇三家,古文本韓、柳、孫樵、劉蜕及北宋諸名家,刻琢凝練,援引精密",洵爲定評。

此書有清嘉慶十五年石經堂刻本,今據復旦大學圖書館藏本影印。(唐元)

### 嶺南詩集八卷　(清) 李文藻撰 (第1449冊)

李文藻(1730—1778),字素伯,一字茞畹,號南澗,一作南碉,又號貸園。益都(今屬山東)人。乾隆二十六年(1761)進士,授廣東恩平知縣,調潮陽,升廣西桂林府同知。通經史,擅詩文,喜藏書,精於金石、方志、目錄之學。生平事迹見《清史列傳》卷七二、《國朝耆獻類徵》卷二五五等。

《嶺南詩集》凡八卷,錢大昕序,録古今體詩五百七十餘首。其中《恩平集》一卷,含古今詩八十三首,《潮陽集》三卷,含古今詩一百二十三首,《桂林集》四卷,含古今詩二百六十五首。其詩多描摹山水,或叙友情,或咏懷言志。錢大昕序謂其"似質而雅,似淺而深,中有所得而不徇乎流俗之嗜好"。

此書初名《南澗詩稿》,作者卒後付梓,改題今名,有乾隆嘉慶刻本,附《易簀記》,北京大學圖書館等藏。今據清乾隆刻本影印。(李南)

### 南澗文集二卷　(清) 李文藻撰 (第1449冊)

《南澗文集》分上下兩卷,共輯録文章近五十篇。上卷自《南漢二鐵塔考》至《重修魯仲連先生祠墓記》,收文二十篇,多爲名物考證及序、游記等。下卷自《宋仇公著墓志銘跋》至《嚴先生誄》,收文十九篇,多爲題跋、尺牘及人物傳記。南澗之文,多記廣西少數民族生活及文化史事,爲考證方志、人物等提供參考。

李文藻文集版本甚多,今存數種,皆題《南澗文稿》。光緒時潘祖蔭輯爲二卷本,刻入《功順堂叢書》。另有不分卷本及三卷本。趙之謙後復得傳抄本,羅振常用以校核潘刻,去重複後得文三十九篇,編爲《南澗遺文》二卷,民國二十五年印。

此本據清光緒刻《功順堂叢書》本影印。(李南)

### 宛委山房集二卷　(清) 曹仁虎撰 (第1449冊)

曹仁虎(1731—1787),字來殷,號習庵。江蘇嘉定(今屬上海)人。乾隆二十二年(1757)清高宗南巡,召試列一等,賜舉人,授內閣中書。乾隆二十六年成進士,官至侍讀、侍講學士。博學有文才,與錢大昕、王鳴盛并稱"嘉定三才子"。以詩與王鳴盛、吳泰來、王昶、黃文蓮、趙文哲、錢大昕并稱"吳中七子"。著有《鳴春集》、《瑤華唱和集》等,另著有《轉注古義考》、《七十二候考》等,編有《欽定續通典》。生平事迹見《清史列傳》卷七二、《清史稿》等。

曹氏之詩,"初宗四傑,七言長篇,風華縟麗,壯而浸淫於杜韓蘇陸,下逮元好問、高啓、何景明、陳子龍,及本朝王士禎、朱彝尊諸公,橫空排奡,才力富有,七律尤高華工整"(王昶《湖海詩傳》)。沈德潛嘗選"吳中七子"之詩成《七子詩選》十四卷,人各二卷,此曹仁虎《宛委山房集》二卷即其中卷十三、十四。

此本據華東師範大學圖書館藏清乾隆刻《七子詩選》本影印。(馬亞中　韓逢華)

### 竹葉庵文集三十三卷　(清) 張塤撰 (第1449冊)

張塤(1731—1789),字商言,又字商賢,號瘦銅,又號吟鄉。吳縣(今江蘇蘇州)人。乾隆三十年(1765)舉人,官內閣中書,改景山學官教習。三十八年入四庫館任編校。善於考證書畫金石。少與蔣士銓齊名,以清峭著稱。著作別有《瘦銅詩覺》、《京師樂府》等。生平事迹見《國朝耆獻類徵》卷四六等。

此《竹葉庵文集》三十三卷,輯録作者詩詞,依所游歷,各爲一集。卷一至卷二十四爲詩集,共收録古今體詩一千四百七十六首,含《南海集》二卷、《西征集》一卷、《熱河集》與

《熱河後集》合一卷、《鳳凰池上集》九卷、《南歸集》一卷、《渡渭集》一卷、《秘閣集》四卷、《乞假集》二卷、《賜研齋集》三卷。卷二十五至卷三十三爲詞集，共收録長短令詞五百三十四闋，含《紅橢書屋擬樂府》二卷、《林屋詞》七卷。集中所録，多爲游覽之作。據《林屋詞》自序，作者自幼寫詞，用功持續二十年之久。

此本據復旦大學圖書館藏清乾隆五十一年自刻本影印。（李南）

## 蓬廬文鈔八卷　（清）周廣業撰（第1449冊）

周廣業（1730—1798），字勤補，號耕崖。海寧（今屬浙江）人。乾隆四十八年（1783）舉人。早年喪父，靠教授生徒以奉母養弟。弱冠游於庠，精於論史。編纂《四庫全書》時，學者争聘其擔任校勘。凡經其手校勘之古籍，皆成善本。後受薦主講安徽廣德書院，并兼修州志。著作別有《孟子四考》、《讀易纂言》、《經史避名匯考》等。生平事迹見《清史列傳》卷六八。

《蓬廬文鈔》凡八卷，按文體分卷。卷一策考文，共十三篇，均爲作者所作考辨文字。卷二記説文，共十篇，含游記及論説文。卷三序文，共三十一篇，包括所著書自序及代序等。卷四跋文及書後文，各十八篇。卷五書，共五十篇。卷六行略五篇。卷七傳、墓志，共十五篇。卷八雜著，共二十一篇。作品析事剖理明瞭透徹，優美典雅。吳騫序稱其“所著皆體大思精，閎深奧衍，能發前人所未發”。

此本據華東師範大學圖書館藏燕京大學圖書館民國二十九年鉛印本影印。（李南）

## 林汲山房遺文不分卷　（清）周永年撰（第1449冊）

周永年（1730—1791），字書昌，一字書愚，自號林汲山人。歷城（今山東濟南）人。乾隆三十六年（1771）進士，由紀昀薦入《四庫全書》館。自幼好學，兵、農、天算、術數諸家無不鈎稽精義，爲四庫館臣推重。曾從《永樂大典》中輯出宋元人文集十餘家，負責撰著《四庫全書總目提要》子部，對佛教典籍論述尤精到。著作別有《水西書屋藏書目録》、《儒藏説》等。生平事迹見《清史稿》、《清史列傳》卷六八。

周永年學識淵博，但不慕虛名，自謂“文拙不存稿，亦不著書”。《林汲山房遺文》乃其孫周宗照編輯，收文二十二篇。壽序、墓表等居多。《文昌閣記》、《書金玉川松竹居圖》、《貸園叢書序》、《制義類編序》、《蘭雪齋稿序》、《小題文原序》等篇可以考見其學術觀點，理據詳實，文筆精煉。

此書不分卷，國家圖書館藏有葉名澧題款清抄本一冊，今據以影印。（李南）

## 靈巖山人詩集四十卷　（清）畢沅撰（第1450冊）

畢沅（1730—1797），字梁蘅，又字秋帆，號靈巖山人。鎮洋（今江蘇太倉）人。乾隆十八年（1753）舉人，授內閣中書，充軍機章京。二十五年進士第一，官至河南巡撫、湖廣總督，卒贈太子太保。沅少從沈德潛游，以能詩聞。後以文學起官，愛才下士，署中多四方文人學者。好游山水，爲詩益多且工。《晚晴簃詩匯》謂其詩“春容大雅，亦肖其爲人”。又精經史及金石、地理之學。著有《關中金石記》、《中州金石記》等，又校正《山海經》十八卷、編《續資治通鑑》二百二十卷、輯《經訓堂叢書》等。生平事迹見《清史稿》、《清史列傳》卷三〇等。

《靈巖山人詩集》四十卷，今有乾隆五十五年刻本、嘉慶四年畢氏經訓堂刻本、道光十五年刻本等。其晚年所作，又輯爲《靈巖山人詩集後》八卷。此《靈巖山人詩集》四十卷，卷首有張鳳孫、王文治序，各卷卷末署編校者姓名。

此本據復旦大學圖書館藏清嘉慶四年畢氏經訓堂刻本影印。（馬亞中　韓逢華）

## 夢樓詩集二十四卷　（清）王文治撰（第1450冊）

王文治（1730—1802），字禹卿，號夢樓。丹徒（今屬江蘇）人。乾隆二十五年（1760）進士，授編修，充順天鄉試及會試同考官，升侍讀，出爲臨安知府，以事免歸。曾主講崇文書院。詩文兼工，亦擅書法，爲清代名家。又能音律，精度曲。著有《快雨堂題跋》、《夢樓詩集》、《後村雜著》等。生平事迹見《清史稿》、《清史列傳》卷七二等。

王氏之文“尚瑰麗，至老歸於平澹”（《清史列傳》），詩多親禪理，於乾隆間自成一家。洪亮吉稱“如太常法曲，究係正聲”（《北江詩話》），袁枚稱“細筋入骨，高唱凌雲”（錢泳《履園叢話》引）。

王氏之詩，初由朱子潁倈人抄纂成《食舊堂集》十餘卷，欲爲梓行，姚鼐爲之序，然作者以爲不敢信，故板已鋟而復毀，其時作者年近五十。厥後王文治訪友於長沙，舟行江中，取舊作之詩刪定成編，於乾隆六十年鋟版，時年六十六，是爲初刻本。然歷時既久，詩板散佚漫漶，道光二十九年（1849）其孫王光傑檢家藏初印本重鐫板以行，顧兼塘、李佩留任校讎，張錫蕃《夢樓詩集序》、王光傑題識記其事。該本卷首有王文治自序、姚鼐序以及袁枚、陳奉茲、曾燠、姚鼐、王鳴盛諸人書信，卷末有張錫蕃序、王光傑題識。錄詩凡一千八百餘首。

此本據華東師範大學圖書館藏清乾隆六十年食舊堂刻道光二十九年補修本影印。（馬亞中　韓逢華）

## 嚴東有詩集十卷　（清）嚴長明撰（第1450冊）

嚴長明（1731—1787），字東有，一字道甫，號用晦。江寧（今江蘇南京）人。乾隆二十七年（1762）南巡召試，特賜舉人，授方略館纂修。又奉命直經咒館，更正《繙繹名義》、《蒙古源流》諸書。官至翰林侍讀。生平事迹見《清史稿》、錢大昕《潛研堂文集》卷三七等。

錢大昕撰傳稱其著述有二十餘種，今已什九不存。其詩頗爲袁枚、畢沅所推重，傳本不多。葉德輝從書攤獲稿本《歸求草堂詩》六卷、《秋山紀行集》二集，合舊刻《金闕攀松集》一卷、《玉井搴蓮集》一卷，匯而刻之，即爲此集。《歸求草堂詩》起於乾隆十六年。集中諸篇，大都清雋絕俗。《秋山紀行集》爲官內閣時扈蹕木蘭之作，多寫塞外風光，詩境爲之一變。《金闕攀松集》，爲乾隆四十年游泰山作。《玉井搴蓮集》爲同年游華山作，僅存十四首，而瑰辭險語，鐫刻造化，袁枚序亟稱之。

此本據復旦大學圖書館藏民國元年郎園刻本影印。尚有《官閣銷寒集》，爲長明在西安與畢沅、吳泰來、洪亮吉等分題鬥韻之詩，王昶序，今收入《咫園叢書》。（蔣倩）

## 寶奎堂集十二卷篁村集十二卷續編一卷（清）陸錫熊撰（第1451冊）

陸錫熊（1734—1792），字健男，一字篁村，號耳山。江蘇上海（今爲上海市）人。乾隆二十六年（1761）進士，官至都察院左副都御史、《四庫全書》總纂官、福建學政。《清史稿》、《清史列傳》卷二五有傳。

陸錫熊博學宏通，晚年益覃心經濟之學，常取杜氏《通典》、馬氏《通考》，合以當代會典，溯其因革，審其利弊。惜其論學論政之文，不見於此《寶奎堂集》。吳錫麒爲是集序，稱錫熊撰文，不假思索，隨作隨棄，不自惜重。然則其散佚之文甚多。是集所錄，大抵皆經進文、謝恩摺，以及策問擬制之作，旁涉書序、壽序、傳志諸酬應文字。末二卷，則全屬代作。惟卷十《炳燭偶鈔》二十九條，乃校史隨筆。

於《史》、《漢》以下諸史，訂訛補闕，雖著墨不多，而確有心得。計當日所條記者，當亦不止此也。

《篁村集》爲詩集，吴錫麒序。王昶《湖海詩傳》稱"錫熊歿後，搜篋中得數百首，皆應酬之作，非稱意者"，當指該本。全書分《陵陽》、《東歸》、《浴凫池館》、《席帽》、《橐中》、《雪颿》諸稿，篇次雖亂，首尾似尚完具。七古《焙茶詞》、《放歌行》等篇，俱見胸次。近體《讀史雜感八首》、《吉州雜題》等，各極其致，亦不盡應酬語。蓋諸稿皆所自定，唯末卷《篁邨剩稿》，乃其子慶循所輯。

陸錫熊歿前一年，自編詩稿，各撰小序。卒後其子慶循補掇遺漏，按年重編，目録中仍留諸稿集名，存詩八百餘首，輯爲《篁村詩集》十二卷。《寶奎堂集》亦爲其子慶循所輯存。嘉慶十五年(1810)松江無求安居刻二集。道光二十九年(1849)，其孫成沅重刊二集。

此本據華東師範大學圖書館藏陸成沅刻本影印。(蔣倩)

**響泉集十八卷**　(清) 顧光旭撰 (第1451册)

顧光旭(1731—1797)，字華陽，號晴沙，一號南谿。金匱(今江蘇無錫)人。乾隆十三年(1748)進士。二十七年，考選浙江道監察御史官，轉工科給事中，外任寧夏知府，擢甘肅甘涼道，署四川按察使。《清史稿》、《清史列傳》卷七五有傳。

光旭詩學元好問。集中如《咏史十四首》、《舟中讀李太白集》等，冲澹和諧，所詣深至。北過居庸、熱河、木蘭、盤山之作，氣勢磅礴。乾隆三十一年出守寧夏，擢蘭州兵備道，咏六盤、崆峒諸山，以及《登安瀾閣》、《西行雜興二十首》等篇，摹寫隴西風物，宛然目前。三十八年入蜀，出南徼，歷戎旃，作《南征十首》，自打箭鑪至章谷，以志風土。又有紀木果木之役詩，咏蜀中勝迹、峨眉、三峽之章，雄奇峻峭，亦多可觀。

《響泉集》初刻於乾隆四十年，凡詩十卷、詞二卷。五十七年續刻，有彭啓豐、王宫、吴省欽、朱鎬序。歿後又補刻至三十卷，爲乾隆十二年至嘉慶二年(1797)詩，共二千三百四十三首。此集乾隆間陸續增刻，有十二卷本、十六卷本、十九卷本、二十卷本、二十八卷本、三十卷本。該本詩十七卷、文一卷，另有詞二卷，共二十卷。

此本據上海圖書館藏清宣統二年顧氏木活字本影印其中之詩十七卷、文一卷。(蔣倩)

**香亭文稿十二卷**　(清) 吴玉綸撰 (第1451册)

吴玉綸(1732—1802)，原名琦，字廷韓，號香亭，一號蓼園。固始(今屬河南)人，光州籍。乾隆二十六年(1761)進士，官至兵部右侍郎。生平事迹見《國朝耆獻類徵》卷七、王昶《春融堂集》卷五六《墓志銘》等。

此集十二卷，紀昀序。文以議論見長。此本據清乾隆六十年滋德堂刻本影印。(蔣倩)

**知足齋詩集二十卷續集四卷知足齋文集六卷進呈文稿二卷年譜三卷**　(清) 朱珪撰 (第1451—1452册)

朱珪(1731—1806)，字石君，號南崖，晚號盤陀老人。直隸大興(今屬北京)人。朱筠弟。乾隆十三年(1748)進士，官至體仁閣大學士，卒謚文正。工詩文，文筆奥博沉雄，《晚晴簃詩匯》謂其詩"探源漢魏，參以昌黎，博大雄深，直吐胸臆"。生平事迹見《清史稿》、《清史列傳》卷二八等。

此書卷首有嘉慶十年英和奉書御題及皇次子奉和詩。内《詩集》二十卷、《續集》四卷，由阮元、陳壽祺删定。按年編次，正集起自乾隆十五年，迄於嘉慶八年，録詩凡一千二百餘首，多恭和御制詩。《續集》四卷，起嘉慶九年，迄於嘉慶十一年。《文集》六卷，大約以類相從,卷一爲賦、序,卷二爲碑、記、論、説、解、傳,卷三至卷五爲墓志銘,卷六爲跋、祭文、行狀、哀詞。《進呈文稿》二卷,皆録御制序、跋。末附《年譜》三卷,爲其子朱錫經撰述。

此書有嘉慶十年(1805)刻本。凡《詩集》二十卷、《續集》四卷、《文集》六卷、《進呈文稿》二卷。光緒五年(1879)王氏謙德堂刻《畿輔叢書》,收録《知足齋文集》六卷、《知足齋進呈稿》二卷。朱氏别有《知足齋時文存鈔》二卷,有道光十八年(1838)刻本。

此本據上海辭書出版社圖書館藏清嘉慶九年阮元刻增修本影印。(馬亞中　韓逢華)

**小木子詩三刻七卷**　(清)　朱休度撰(第1452册)

朱休度(1732—1812),字介裝,號梓廬。秀水(今浙江嘉興)人。乾隆十八年(1753)舉人。六試春官不上。官嵊縣訓導,以薦授山西廣靈知縣。生平事迹見《清史稿》、《國朝耆獻類徵》卷二二九等。

是集含三編,初編名《壺山自吟稿》三卷,爲官廣靈作。時築異妙軒於壺山,與僚友等諷咏其中,故名。存乾隆五十四年迄嘉慶元年(1796)詩四百六十首,又附録一卷。二編名《俟寧居偶咏》、《續咏》,爲罷官居里十六年間作。詩四百十二首。嘉慶十七年八十一歲,復收拾舊稿,斷自乾隆十七年,爲三刻,名《梓廬舊稿》一卷,存一百五十四首。朱休度博學,受詩學於錢載,詩以宋人爲本。其詩有鋒棱,喜盤硬語,不蹈前人一字。歸里後所作,多補竹、賒藥、展墓、評地、談命、玩占之詩。郭麐《靈芬館詩話》評其詩云:"不爲俗語、熟語、凡近語、公家語,戛然以響,淼然以清。"

此本據復旦大學圖書館藏清嘉慶刻匯印本影印。(蔣倩)

**山木居士外集四卷附一卷**　(清)　魯九皋撰(第1452册)

魯九皋(1732—1794),初名仕驥,字絜非,號山木。新城(今江西黎川)人。乾隆三十六年(1771)進士。居家養親,十餘年乃出仕。官夏縣知縣,有惠政,以積勞卒於官。九皋嘗至建寧謁朱仕琇,得古文之法。又與姚鼐善,得其指授。著有《詩學源流考》、《制義準繩》等。生平事迹見《清史稿》、《清史列傳》卷七二等。

九皋之文,生前編爲《山木居士文稿》三卷,今寧波天一閣藏稿本,有姚鼐批注,李國松、葉玉麟跋。乾隆間,九皋校訂梅崿遺集,因梓人之請,檢自作文中已傳布者八十九篇匯梓,題《山木居士外集》四卷,有乾隆四十七年魯氏刻本。九皋殁後,後人輯其文爲《魯山木居士集》十二卷卷首一卷及《魯山木先生外集》二卷,有道光十一年(1841)甥陳用光刻本。又有《山木居士文集》十二卷《外集》二卷,附魯繽撰《賓之文鈔》一卷、魯嗣光撰《習之文鈔》一卷,有清道光十四年魯應祥桐華書屋刻本。

卷首有作者自序。卷一爲議、説、策問、策對、紀事、書題、雜文,凡十五篇;卷二爲書簡二十八篇;卷三爲序二十三篇、記四篇;卷四爲碑文、墓表、墓志銘、家傳、行狀,凡十九篇。卷末附陳煦撰《皇清賜進士出身山西夏縣知縣魯山木先生行狀》一篇。

此本據復旦大學圖書館藏清乾隆四十七年刻本影印。(馬亞中　韓逢華)

**惜抱軒文集十六卷後集十卷惜抱軒詩集十卷後集一卷**　(清)　姚鼐撰(第1453册)

姚鼐(1732—1815),字姬傳,一字夢穀,號惜抱。桐城(今屬安徽)人。乾隆二十八年(1763)進士。三十八年,開《四庫全書》館,被薦入館充纂修官。《四庫全書》成,乞養歸里,不入仕途。自乾隆四十二年始,先後主講揚州梅花書院、安慶敬敷書院、歙縣紫陽書院、南京鍾山書院，從游者衆。著述宏富，輯爲《惜抱軒全集》行世。生平事迹見《清史稿》、《清史列傳》卷七二等。

姚鼐幼嗜學，伯父姚範授以經文，復從劉大櫆學習古文。時學者多尚新奇，攻擊宋儒，詆爲空疏。鼐獨反復辨論，以爲義理、考據、詞章三者不可缺一。桐城派古文之傳，自方苞以文章稱海內，上接震川，同邑劉大櫆繼之益振，傳至姚鼐始集大成，故有"桐城家法，至此乃立，流風作韻，南極湘桂，北被燕趙"之説。其詩初模明"七子"學唐詩，後兼取宋人，格意俱高，"精深博大，足爲正宗"（程秉釗《國朝名人集題詞》）。

姚氏生平著作，曾輯爲《惜抱軒全集》十種，凡《文集》十六卷、《文後集》十卷、《詩集》十卷、《詩後集》一卷、《詩外集》一卷、《惜抱軒法帖題跋》三卷、《左傳補注》一卷、《國語補注》一卷、《公羊傳補注》一卷、《穀梁傳補注》一卷、《惜抱軒筆記》八卷、《惜抱軒九經説》十七卷、《五言今體詩鈔》九卷、《七言今體詩鈔》九卷，有清嘉慶間桐城姚氏惜抱軒刻本。別有嘉慶元年江寧劉氏刻本、同治五年省心閣刻本等。其尺牘書札，輯爲《惜抱先生尺牘》八卷，有道光三年山右郭汝聰刻本等，陳用光爲之序，湖南省圖書館藏。別有《惜抱軒遺書》行世，爲《莊子闡義》五卷附錄一卷、《惜抱軒書錄》四卷、《惜抱軒先生尺牘補編》二卷，有光緒五年桐城徐宗亮刻本。

此《惜抱軒文集》十六卷《後集》十卷，爲清嘉慶三年刻增修本，卷首有校閱門人姓氏。《惜抱軒詩集》十卷，亦嘉慶三年刻增修本，目錄後署"宣城張炯，承德孫馮翼，江寧程有恒、吳剛校"。卷一至卷五爲古體詩，共二百一十四首，卷六至卷十爲今體詩，共四百三十七首。《詩後集》一卷，爲其子姚雉纂錄成編，嘉慶二十年（1815）作者親自刪汰，末有

嘉慶二十一年姚雉題識紀其事，凡錄古體四首、近體八十四首、詞八首，多題贈酬答之作。

此本據山東省圖書館藏清嘉慶三年刻增修本影印。（馬亞中　韓逢華）

**尊聞居士集八卷遺稿一卷**　（清）羅有高撰（第1453冊）

羅有高（1733—1779），字臺山，號天目山人。瑞金（今屬江西）人。三十四歲順天鄉試中式。師事雷鈜。爲學凡數變，對理學、經義、文字等學均有心得，尤精《説文》。晚年結交彭紹升，遂又長齋讀佛乘。生平事迹見《清史列傳》卷七二、《碑傳集》卷一四一等。

羅有高卒後，彭紹升輯其遺文，成《尊聞居士集》八卷《遺稿》一卷，前有洪鈞序、陳增印題識、彭紹升序。卷一論著九篇，卷二叙跋十九篇，卷三、四書牘三十九篇，卷五傳記，卷六表、志、狀、述、贊、頌、銘二十篇，卷七、八爲古今體詩及制義。有高爲文旁通曲鬯，能抒其所獨得。後附汪縉撰《書尊聞居士集後》、王昶撰《羅臺山墓志銘》、魯仕驥之《羅臺山哀詞》等。《遺稿》一卷，計書信六篇，附《雪萌小草文集叙》一篇。

《尊聞居士集》八卷，凡五刻。乾隆四十七年初刻，道光十八年陳氏據原稿刻，附《遺稿》一卷，光緒七年寧都韓聰甫翻陳氏本刻於瑞金，光緒八年江蘇彭祖賢翻初刻本，民國間重刻本，增《尊聞居士集初續》一卷、《再續》一卷。

此本據上海圖書館藏清光緒七年刻本影印。（許紅霞）

**居易堂詩集五卷**　（清）王曾翼撰（第1453冊）

王曾翼（1733—1795），字敬之，號芍坡。吳江（今屬江蘇）人。乾隆二十五年（1760）進士，授户部主事，累擢至甘肅甘涼兵備道、鞏昌府知府，遷蘭州兵備道。生平事迹見《居易堂詩集》王祖武跋、《湖海詩人小傳》卷

二二。

《居易堂詩集》五卷，前有周兆基、吳鎮序，其子王祖武跋。其中《吟鞭剩稿》二卷，乃乾隆五十年曾翼前往喀什噶爾時所作，内《回疆雜咏》三十章，仿古竹枝之遺意，寫地方風俗，自謂所記回疆風土十有七八。《吟鞭剩稿附》一卷，乃乾隆四十八年冬征軍北上，咏古拉雜成篇，追録若干首。《丑辰紀事詩》、《甲辰紀事詩》各一卷，記平定蘭州及石峰堡之役。曾翼親列行伍，因之於事件記載甚詳。詩均附注解，述其典故、地理。

此本據復旦大學圖書館藏清乾隆六十年吳江王祖武刻本影印。（許紅霞）

### 香葉草堂詩存一卷 （清）羅聘撰（第1453冊）

羅聘（1733—1799），字遯夫，號兩峰，又自號花之寺僧、金牛山人、衣雲道人、蓼州漁父。原籍歙縣（今屬安徽），流寓江南，居揚州天寧門内彌陀巷，故自稱爲揚州人。善畫，嘗受業於金農門下。好游歷，以布衣終。與金農等同稱“揚州八怪”。有《羅兩峰畫羅漢册》、《羅兩峰花鳥草蟲畫册》。生平事迹見《清史稿》、《碑傳集補》卷五六。

羅聘善畫之外亦工詩，得超然外物之致，於八怪中獨樹一幟。詩多游歷、唱和、贈別、雜咏之作。人謂金農之詩以含蓄見味，而羅聘之詩則能盡發其所欲言。

羅聘詩作，翁方綱爲其選存二百餘首，名曰《香葉草堂詩存》。前有翁方綱序、吳錫麒序，後附金楷跋。

此書有嘉慶元年揚州羅氏刻本，今據華東師範大學圖書館藏清道光十四年重刻本影印。（許紅霞）

### 介亭文集六卷介亭外集六卷介亭詩鈔一卷
（清）江濬源撰（第1453冊）

江濬源（1735—1808），字岷雨，號介亭。懷寧（今屬安徽）人。乾隆四十三年（1778）進士，歷任考功司主事、考功司員外郎、雲南臨安知府。著述甚豐，有《介亭筆記》、《居暇邇言》等。傳見《介亭文集》附江彦和撰《行述》。

濬源爲官甚有清名，篤志好古，與劉大櫆等名士交游，文多言事之作。此《介亭文集》六卷，多與政務相關之作。如《前明周太僕行實補遺》等篇，於周冕、甘霖、張澤、王來聘等前明官員事迹均加以詳細補充，可作史實之參。《邊防説》四篇，論守邊利害，尤爲可觀。姚鼐稱其文爲“有德者之言，足爲世益”。《介亭外集》六卷，卷一記文，卷二序文二十二篇，卷三書信十封，卷四雜記六篇，卷五傳記，卷六哀辭、墓志銘十二篇。《介亭詩鈔》一卷，計詩百二十四首，皆由京至雲南途中所作，多記雲貴風物。

《介亭文集》六卷、《介亭外集》六卷、《介亭詩鈔》一卷，均收入二十九卷《介亭全集》，嘉慶十三年友善堂刻。後遭亂板毀，其孫江潮於同治十三年重刻。

此本據華東師範大學圖書館藏清同治十三年江潮刻《介亭全集》本影印。（許紅霞）

### 拜經樓詩集十二卷續編四卷再續編一卷
（清）吳騫撰（第1454冊）

吳騫（1733—1813），字槎客，又字葵里，晚號兔牀、兔牀山人。海寧（今屬浙江）人。貢生。方聞博雅，所居樓名“拜經樓”，藏書極富。又廣收古器遺物。其學精於目録校讎，藏書傳世者多經手校題跋。生平事迹見《清史列傳》卷七二、《碑傳集補》卷四五。

吳騫性耽吟咏，因早年自視所作詩弗精，故多棄去。後將所存編爲《拜經樓詩集》十二卷。前有秦瀛、錢大昕、張塤三人序及自序，附周春書。共收乾隆三十年（1765）至嘉慶七年（1802）所作古今體詩一千零一十二首，附詩二十四首，編年爲序。詩多加注解。錢大昕序謂其“詞必己出，而不入於俚俗；言必擇雅,而不流於姚冶"。《續編》四卷,乃《詩集》刊後十年内所作,收詩三百餘首。《再續編》一卷,存詩八十餘首。

此本據清嘉慶八年刻增修本影印。(許紅霞)

**愚谷文存十四卷** (清) 吳騫撰 (第1454冊)

《愚谷文存》十四卷,按文體分卷。卷一至卷六爲序、跋、論,卷七、八辨、訂訛、記,卷九議、説、考、書,卷十贊、銘、傳、行略、狀略、家傳,卷十一墓志、誄、狀、祭文,卷十二、十三雜著,爲《桐陰日省編》上下各一部,卷十四紀行篇,包括《可懷録》、《可懷續録》。

此本據上海辭書出版社圖書館藏清嘉慶十二年刻本影印。(劉曉燕)

**愚谷文存續編二卷** (清) 吳騫撰 (第1454冊)

《愚谷文存續編》共二卷,後附有補遺。卷一序二十一篇,卷二跋、碣銘、壙志十八篇。附補遺研銘、杖銘五篇。

此本據上海辭書出版社圖書館藏清嘉慶十九年刻本影印。(劉曉燕)

**復初齋詩集七十卷** (清) 翁方綱撰 (第1454—1455冊)

翁方綱(1733—1818),字正三,號覃溪。順天大興(今屬北京)人。乾隆十七年(1752)進士,曾官内閣學士,歷廣東、江西、山東學政,典江西、湖北、順天鄉試。工詩文,精考據、金石、書法之學。論詩倡"肌理説"。爲文亦能貫串其學。著有《石洲詩話》、《蘇詩補注》。生平事迹見《清史列傳》卷六八、《國朝耆獻類徵》卷九一等。

據陸廷樞《復初齋詩集序》,《復初齋詩集》爲門人王實齋、吳蘭雪等編次。嘉慶間初刻本爲六十六卷,今國家圖書館藏此刻本,然僅存六十二卷。侯官李彥章爲續刻後四卷,多單行。道光二十五年(1845),漢陽葉志詵重刊,合爲七十卷,爲通行本。此外有《復初齋詩集》十卷,乾隆間刻,柯逢時跋。《復初齋詩集》三十二卷,輯入《蘇齋叢書》,乾隆間刻。別有《復初齋詩稿》不分卷、《復初齋詩集殘稿》三卷、《復初齋自鈔詩》不分卷、《翁蘇齋手删詩稿》不分卷等。《復初齋集外詩》二十四卷、《集外文》四卷,有民國六年吳興劉氏刻《嘉業堂叢書》本。

此《復初齋詩集》七十卷,爲清刻本,卷首有乾隆五十八年陸廷樞序及總目,總目後附道光二十五年葉志詵重刊題記,卷末有曹振鏞、蔣攸銛、葉紹本、李彥章等跋。是集按年編次,起自乾隆十七年,迄於嘉慶二十三年正月,共録詩五千一百餘首。

此本據清刻本影印。(馬亞中 韓逢華)

**復初齋文集三十五卷** (清) 翁方綱撰 (第1455冊)

《復初齋文集》三十五卷,今有道光十六年侯官李彥章校刻本,光緒三年至四年補刻本等。此集大約以文類編次,卷一至卷四爲序,卷五、六爲記,卷七至卷十爲論、説,卷十一爲書札,卷十二爲贈序,卷十三爲傳、贊,卷十四爲墓志銘、墓表、祭文、啓、箴、銘,卷十五爲雜考、贈別等,卷十六至卷三十五爲題跋。

此本據清李彥章校刻本影印。(馬亞中 韓逢華)

**存吾文稿不分卷** (清) 余廷燦撰 (第1456冊)

余廷燦(1739—1798),字卿雯,號存吾。長沙(今屬湖南)人。乾隆二十六年(1761)進士。授檢討,充三通館纂修,以母老乞歸,遂不復出。晚歲主講濂溪、石鼓、駰江、城南書院。傳見《清史列傳》卷六八。

廷燦生乾嘉漢學大興之際,以湖湘學子而屢至京師,交游士大夫之間,其學兼通漢宋百家,於象緯、勾股、律吕、音韻皆有所長。所作《王船山先生傳》,細數其生平著述,尤推崇

《張子正蒙注》。又爲《江慎修永傳》、《戴東原事略》，於漢宋之學皆能入其堂奧。廷燦不甘爲章句小儒，爲文真氣縱橫。所著《書赤道南北兩總星圖説》等，皆述湯若望之説，對西學推闡之力，亦非迂儒可比。

鄧顯鶴《沅湘耆舊集》稱其有《存吾文集》十六卷，今所傳《存吾文稿》，卷數不一，或不分卷，或爲四、六、十卷不等。該本不分卷，以文體編次。

此本據上海圖書館藏清咸豐五年雲香書屋刻本影印。（唐元）

### 童山詩集四十二卷附二卷童山文集二十卷補遺一卷　（清）李調元撰（第1456冊）

李調元（1734—1802），字雨村，又字羹堂，號童山，又號蠢翁、醒園、贊庵、鶴洲、蔗尾、墨莊、卧雪山人等。綿州（今四川綿陽）人。乾隆二十八年（1763）進士，曾任吏部主事、考功司員外郎、通水兵備道等職。因彈劾永平知府，得罪權相和珅，充軍伊犁，後以母老得釋歸，居家著述終老。著述之富，費密之後無與匹敵，有《童山全集》，輯詩文、詩話、詞話、曲話等著作達五十餘種。生平事迹見《清史列傳》卷七二、《國朝先正事略》卷四四等。

調元肆力於學，凡經史百家稗官野乘，無不博覽，詩文詞曲兼工。詩作天才橫溢，多反映民間疾苦。與從弟鼎元、驥元有“綿州三李”之稱。於同時詩人，推重袁枚、趙翼、紀昀。嘗作《南宋宮詞》百首，論者比之王建、厲鶚。

李氏所著詩文，先有《看雲樓集》二十二卷，乾隆間刻。李氏殁後，著述屢有刊行。此《童山詩集》四十二卷、《童山文集》二十卷，有清乾隆中綿州李氏萬卷樓刊、嘉慶十四年李鼎元重校《函海》本。道光五年李朝夔重刻《函海》，又於詩集四十二卷後補刻《蠢翁詞》二卷，《文集》二十卷後附刻《補遺》一卷。卷首有乾隆三十四年程晉芳撰《童山詩集序》，詩集按年編次，起自乾隆十三年，迄於嘉慶七年（1802）。《文集》卷末有嘉慶四年李調元自序。

此本據上海辭書出版社圖書館藏清乾隆刻函海道光五年增修本影印。（馬亞中韓逢華）

### 荷塘詩集十六卷　　（清）張五典撰（第1457冊）

張五典（1734—?），字叙百，號荷塘。涇陽（今屬陝西）人。乾隆二十五年（1760）選官臺灣三年。歷任山西上黨、湖南芷江、江蘇上元知縣。工詩，兼善山水。生平事迹見《湖海詩傳》卷一五、《晚晴簃詩匯》卷八九。

《荷塘詩集》十六卷，編年爲序。前有金汝珏、李汪度、徐立綱、朱珪序。詩多描寫古迹名勝及懷古、離別之作。其中《渡海》、《赤嵌行》、《臺陽雜記》五首等皆記臺灣之行。

此本據清乾隆刻本影印。（劉曉燕）

### 容齋詩集二十八卷附古香詞一卷補遺一卷　（清）茹綸常撰（第1457冊）

茹綸常（1734—?），字文静，號容齋，一號簇蠶山樵。介休（今屬山西）人。乾隆年間監生，授候選同知，主講邑中綿山書院。生平事迹見《晚晴簃詩匯》卷九八。

《容齋詩集》二十八卷，卷各一集，名《一笑山房初稿》、《都門集》等，錄詩一千七百餘首，附《古香詞》一卷。其中卷一至卷十，刻於乾隆三十五年，有任大廩、董柴、朱錦昌序。卷十一至卷二十刻於乾隆五十二年，有王儒、吕公溥及自序。卷二十一至卷二十六刻於嘉慶四年（1799），祝德全爲之序。卷二十六至二十八爲《漫叟剩稿》及《補遺》一卷，刻於嘉慶十三年，收前集未刊之作。集中多與人酬唱之作，亦收入他人之作。茹氏爲詩樸質清麗，頗有可觀者。如卷二《都門咏古》十首，題咏京都古迹名勝，卷十八《歸與集》，多記燕趙名勝，如《上谷道中》、《井陘》、《易水懷古》等。

此本據天津圖書館藏清乾隆三十五年刻乾隆五十二年嘉慶四年十三年增修本影印。（漆德文　劉曉燕）

**容齋文鈔十卷**　（清）茹綸常撰（第 1457 冊）

《容齋文鈔》十卷，收文百三十餘篇，卷一、卷二序，卷三、四墓志銘，卷五墓表、行狀，卷六傳、記，卷七祭文、跋、銘、贊，卷八尺牘。《續集》二卷，多爲應酬之作。

此本據中國科學院圖書館藏清嘉慶刻增修本影印。（漆德文）

**述職吟二卷**　（清）劉秉恬撰（第 1457 冊）

劉秉恬（1735—1800），字德引，號竹軒。洪洞（今屬山西）人。乾隆二十一年（1756）舉人，歷任福建道監察御史、吏部侍郎、雲南總督、兵部侍郎、倉場侍郎等。生平事迹詳見《清史稿》、《清史列傳》卷二七等。

《述職吟》二卷，收詩凡一百五十七首。秉恬於乾隆四十八年秋至四十九年春自黔中赴京師述職，此集所收皆爲往返途中所作。俯仰古今，留連山水，交游宴飲，不遺細涓。其作詩推崇白、蘇，重在采風問政，故此集於民情風俗亦有賦陳。其詩語質，直抒性情，不飾文采。

此書刻於清乾隆四十九年，今據以影印。著録作乾隆四十八年，誤。（漆德文）

**公餘集十卷**　（清）劉秉恬撰（第 1457 冊）

《公餘集》十卷，録詩凡七百餘首。劉秉恬乾隆四十九年刻《述職吟》，又於五十年作是集。所收多咏物之什，於祭典禱祠亦有題咏，如《祭龍神祠》、《習射》等。"他如凭高以占雲物，適野以卜農祥，周密隄防，區畫機要"（《公餘集序》），亦有詩作。

此本據清乾隆五十年刻本影印。（漆德文）

**竹軒詩稿四卷**　（清）劉秉恬撰（第 1458 冊）

《竹軒詩稿》四卷，包括《有竹軒分箋》、《督饟集》、《觀光集》、《滇行集》。《有竹軒分箋》收詩凡六十三首，皆爲秉恬年輕時所作，大部分爲咏物之作。《督饟集》凡二十八首，作於乾隆三十九年都理金川糧餉期間，對當時戰事有所反映。《觀光集》凡二十六首，爲乾隆四十四年奉詔觀見途中所作，多咏懷古迹名勝之作。《滇行集》凡三十首，爲乾隆四十四年自西安赴滇南任職途中所作，多紀行咏勝之什。

此本據清乾隆五十一年刻本影印。（漆德文）

**樹經堂詩初集十五卷樹經堂詩續集八卷樹經堂文集四卷**　（清）謝啓昆撰（第 1458 冊）

謝啓昆（1737—1802），字蘊山，一字良璧，號蘇潭。南康縣（今屬江西）人。乾隆二十六年（1761）進士，官至廣西巡撫。《清史稿》有傳。

此爲謝啓昆詩文集。初集分爲《初桄草》、《蘇潭草》、《春風樓草》、《補梅軒草》、《寄餘草》、《補史亭草》、《晉陽草》、《浙東草》、《蓬巒軒草》、《後樂園草》，卷首有翁方綱序，胡虔跋，馮浩、吳嵩梁題辭。《續集》分爲《兑麗軒草》、《就瞻草》、《驂鸞草》、《銅鼓亭草》、《清風堂草》。謝氏才情頗高，就翁方綱問學，詩宗肌理派，所作體裁完俱，各體皆有佳作。謝氏論詩宗翁方綱，卷九《讀全唐詩仿元遺山論詩絶句一百首》評論唐詩人百家，規模之大，前所未有。其詩雄奇奔放，超逸不群。文集四卷，收文六十餘篇，秦瀛爲之序，多書啓、碑記、序跋之文。

此本據上海辭書出版社圖書館及北京中國科學院圖書館藏清嘉慶刻本影印。謝啓昆又有《樹經堂咏史詩》八卷，道光五年刻本。別本《樹經堂遺文》一卷，咸豐七年孫質卿輯刻，載文二十篇，内《與王西莊光禄書》、《與姚抱惜書》二文爲四卷本所無。（漆德文）

## 頤彩堂文集十六卷劍舟律賦二卷　（清）沈叔埏撰（第 1458 冊）

沈叔埏（1736—1803），字劍舟，一字填爲，號雙湖，人稱雙湖先生。秀水（今浙江嘉興）人。乾隆三十年（1765）高宗南巡，召試列一等，賜舉人。授內閣中書，充方略館《一統志》、《通鑒輯覽》分校，及《歷代職官表》協修官。又充《四庫全書》武英殿分校。五十二年進士。授吏部主事，到部未十日，即乞養歸。著有《頤彩堂詩鈔》、《頤彩堂文錄》等。生平事迹見《碑傳集補》卷一一、《昭代名人尺牘小傳》卷三等。

據作者自序，此集爲丁未告歸之後手自編排其半生之作而成。凡十六卷，卷一爲賦，卷二爲頌，卷三、四爲考、釋、論與說，卷五爲書、記，卷六至卷十六爲序、引、贈送序、壽序、跋、書後、疏、箋、銘、贊、傳、墓志銘、家傳、行述、祭文等應用文。後有阮元撰《墓志銘》。《劍舟律賦》二卷，分上下兩卷，收錄賦二十四首。風格多樣，雍容典雅。

此本據天津圖書館藏清嘉慶二十三年沈維鐈武昌刻本影印。（姚遠）

## 頤彩堂詩鈔十卷　（清）沈叔埏撰（第 1458 冊）

是書十卷，卷前有錢儀吉序，卷末有沈維鐈後記。以干支排列，共收古今體詩六百二十四首。沈叔埏曾任四庫館臣，“集史館所儲，京師學士大夫所藏弃，必借錄之”，“恒資以爲詩材”（錢儀吉序），故其詩題材豐富，詩風豐腴。舉凡紀游、懷古、題咏、和韻、咏物等等，面面俱到，大多清新雅致。

此本據復旦大學圖書館藏清道光二十八年沈維鐈刻本影印。（姚遠）

## 晚學集八卷未谷詩集四卷　（清）桂馥撰（第 1458 冊）

桂馥（1736—1805），字冬卉，號未谷，又號雲門，別號忍愧陋生。曲阜（今屬山東）人。乾隆五十五年（1790）進士。授雲南永平知縣，卒於官。精於經學，長於戲曲，畢生精力萃於《說文》。著作有《說文解字義證》、《繆篆分韻》等。生平事迹見《清史稿》。

《晚學集》八卷，卷前有阮元序、孔繁灝序及孔憲彝後序。分體編定，有論、考、說、辨、題跋、書後、書事、書、序、記、傳、墓志銘等。因桂馥熟稔六經，閱讀廣泛，尤精於六書音韻之學，集中前六卷多薈萃學術考辨之文，內容豐富，考辨精詳。書後部分考論史實，持論嚴謹。《未谷詩集》四卷，書前有馬履泰序、顔崇槼序。桂馥本不以詩名，故其詩說理、叙事多而乏韻致。

此本據上海圖書館藏清道光二十一年孔憲彝刻本影印。（姚遠）

## 掃垢山房詩鈔十二卷　（清）黃文暘撰（第 1459 冊）

黃文暘（1736—?），字秋平，一字時若，號焕亭。甘泉（今江蘇揚州）人。貢生。通音律，長於戲曲。乾隆四十五年（1780），兩淮鹽政伊齡阿在揚州設詞曲局審定戲曲，延爲總裁，將所見雜劇傳奇編爲《曲海總目》。壯年奔走齊魯吳越間。後運司曾燠招入題襟館中。卒年無考，不知所終。生平事迹見《揚州畫舫錄》、《郎潛紀聞》卷一四、《晚晴簃詩匯》卷一一一等。

卷前有孔憲增、阮元、孔昭虔、孔憲圭序，卷末有孔憲塈跋。黃文暘詩風清越高潔，亦有豪情滿懷者。其妻名張因，字凈因道人，甚恩愛，常相互唱和，吟詩作畫。此類詩幾乎每卷均有，情趣盎然，亦足見伉儷情深。集中亦有寫景抒懷之詩，大多清新温婉，平和冲澹，有飄然世外之感。

此本據南京圖書館藏清嘉慶七年孔憲增刻本影印。（姚遠）

**月滿樓詩集四十卷別集五卷首二卷月滿樓文集十四卷首二卷**　（清）顧宗泰撰（第1459冊）

顧宗泰（1749—?），一名景泰，字景岳，號星橋。元和（今江蘇蘇州）人。乾隆四十年（1775）進士。官吏部主事，出爲廣東高州知府，罷歸。掌教婁東、萬松書院。工詩古文，師事沈德潛。著作別有《甄藻錄》、《停雲集》、《月滿樓詞》。生平事迹見《蘇州府志》卷九〇、《湖海詩人小傳》卷三四。

此書爲門人錢本禮、劉鐶之等編，有沈德潛、彭啓豐、詒祿、梁國治、瞻園外史先福、董誥、夏味堂序。《月滿樓詩集》四十卷，計收錄古今體詩二千五百餘首。詩集編年，起乾隆十五年，迄嘉慶八年（1803）。每卷一集，各卷并有小題紀其事。宗泰性好吟咏，少即以詩文名，長又與當世之賢才交游，且往來吳越淮楚齊魯燕趙，又精諳國家朝常典故，故其詩“博而蘊味深，古今諸體悉有典則”（彭啓豐序）。卷首二卷，進御文數篇，凡頌、舞辭、七律、七排、樂府、五排六類，記乾隆四十八年四詣盛京、五十五年東巡之事。《別集》五卷，專錄咏史、雜事、悼亡詩。《文集》十四卷，包括賦、讀、論、説、解、辨、考、序、跋、記、策、述、傳、志等數百篇。内中論説管仲、晁錯之流，考辨明堂、車乘之屬，考據經史，準則古人。賦頌多則千言，鋪陳排比，雍容典雅。卷首二卷，進御文數篇，多爲恭維附和之語。

此本據上海辭書出版社圖書館藏清嘉慶八年瞻園刻本影印。（許紅霞）

**竹初詩鈔十六卷竹初文鈔六卷**　（清）錢維喬撰（第1460冊）

錢維喬（1739—1806），字樹參，又字阿逾，號曙川，又號竹初、半園、半竺道人、半園逸叟、林棲居士等。武進（今江蘇常州）人。乾隆二十七年（1762）舉人，官浙江鄞縣知縣。晚通禪理，自號净繼老人。曾與錢大昕合修《鄞縣志》。生平見《湖海詩人小傳》卷二七、《清代毗陵名人小傳》卷四。

《竹初詩鈔》十六卷，共收詩一千五百八十九首，有程晉芳、錢大昕、洪亮吉、趙懷玉、管幹珍、袁枚序，胡紹鼎、袁枚、兄錢維城跋，蔣和寧等題辭。《竹初文鈔》六卷，共收文一百一十四篇，有序、記、論、議、説、啓、跋、書事、傳、狀、墓表、志銘、雜著。錢大昕稱其“思深而力厚，格高而氣和，得古人之性情而不襲其面目”（《春星草堂詩集序》）。

此本據上海辭書出版社圖書館藏清嘉慶間刻本影印。《竹初詩鈔》十六卷另有乾隆刻本。（劉天遙）

**秋室學古録六卷梁園歸櫂録一卷憶漫庵剩稿一卷**　（清）余集撰（第1460冊）

余集（1738—1823），字蓉裳，號秋室、秋石。仁和（一作錢塘）（今浙江杭州）人。清乾隆三十一年（1766）進士，裘曰修薦其入四庫館，授編修。其後送主湖北、四川鄉試，累遷至侍讀學士。嘉慶初乞歸，主講河南大梁書院八載。余集博學多藝，工詩、古文、詞、曲，外旁涉算數、六書。善畫人物，尤工仕女，有“余美人”之稱。傳見《清史稿》、《清史列傳》卷七二。

余集生平吟咏甚富，皆隨手散佚，殁後同里龔麗正輯其遺作，編爲《余秋室集》八卷，收《秋室學古録》六卷，《梁園歸櫂録》一卷，《憶漫庵剩稿》一卷，道光間刻。

《秋室學古録》六卷，皆雜文。《梁園歸櫂録》一卷，詩詞文皆收。《憶漫庵剩稿》一卷，皆詩。余集好讀書，留意於文獻，好集古人遺集，尤加意於未刊之本，所得宋元人遺集，不下五百種，所輯之書多作有序跋、提要，收入《秋室學古録》中。如《干禄字書跋》綜舉隸變訛體，《歷代宮詞序》略論詩詞流别，皆言之有物，悉本心得。其《聊齋志異序》稱該書作者“平生奇氣，無所宣洩，悉寄之於書。故所載多涉誠詭荒忽不經之事，至於驚世駭俗，而卒不顧"。其詩詞峻峭，記述讀書、交游之事，以纖介之事入詩而生發感慨，多感懷身世之作。

此本據浙江圖書館藏清道光間刻本影印。余集又有《秋室百衲琴》一卷，嘉慶間刻。（劉天遙）

### 紅榈書屋詩集四卷雜體文稿七卷（存卷一至卷三、卷五至卷七）　（清）孔繼涵撰（第 1460 冊）

孔繼涵（1739—1783），字體生。曲阜（今屬山東）人。乾隆三十六年（1771）進士，官戶部主事，擔任《日下舊聞》纂修，後以母疾乞歸。精研"三禮"，編有《微波榭叢書》。

孔繼涵故宅名紅榈書屋，詩文集亦以此名。《紅榈書屋詩集》所録之詩，多以花鳥、亭臺、山水等物入詩，寄幽思於平常之景，詩風高古。其文多經籍序文、碑拓、題跋及雜考紀事之作，以諸書序跋爲最佳。

鄭振鐸舊藏清抄本《紅榈書屋詩集》，多至九卷。《藏園群書經眼録》載雜體文稿七卷，爲孔氏原稿本。清末民初，王獻唐輯其集外文稿十餘篇，又補入《考工車度記》等數篇，編爲二卷，題曰《紅榈書屋未刻稿》。

此本據遼寧省圖書館藏清乾隆刻《微波榭遺書》本影印。（劉天遙）

### 易簡齋詩鈔四卷　（清）和瑛撰（第 1460 冊）

和瑛（1740—1821），原名和寧，避宣宗諱改，字太庵、潤平，號鐵園。額勒德特氏，蒙古鑲黃旗人。乾隆三十六年（1771）進士，官至兵部尚書。和瑛久任邊職，在藏八年，著《西藏賦》，博采地形、民俗、物產，自爲之注。又有《回疆通志》、《三州輯略》，言邊疆事。傳見《清史稿》。

和瑛詩集有稿本、抄本傳世，或稱《太庵詩集》，或稱《詩稿》、《詩草》。此《易簡齋詩鈔》四卷爲身後付梓，道光三年（1823）刻。編年而輯，共五百餘首，起乾隆五十一年

（1786），止道光元年，內容多涉及邊疆景物與風俗。卷前有吳慈鶴序。卷一爲乾隆五十一年至五十九年之作，一百五十三首。多爲寫景、咏史、酬酢之作，後半卷爲出任藏臣時所作，多記沿途所歷及藏地景物，可與《西藏賦》同觀。卷二爲乾隆六十年至嘉慶五年（1800）之作，皆駐藏所成，存詩一百七十七首，多咏史、咏懷之作。卷三爲嘉慶六年至十五年之作，一百二十九首。時已調任新疆，故此卷詩作多述新疆物產風俗。卷四爲嘉慶十六年至道光元年十一年間所作，一百一十七首。時出使東北、蒙古，故多記遼瀋古迹。和瑛爲詩氣象開闊，至老而益有豪情，讀之令人襟懷爽朗。

此本據復旦大學圖書館藏清道光三年刻本影印。（唐元）

### 三松堂集二十四卷續集六卷　（清）潘奕雋撰（第 1460—1461 冊）

潘奕雋（1740—1830），字守愚，號榕皋，晚號三松居士，別號水雲漫士。吳縣（今江蘇蘇州）人。清乾隆三十四年（1769）進士，授內閣中書，升戶部貴州司主事，充貴州鄉試副考官。奕雋工行楷篆隸，善畫山水。生平事迹見《國朝耆獻類徵》卷一三七、《湖海詩人小傳》卷三一等。

此《三松堂集》二十四卷，前二十卷詩、詞，後四卷文，有王昶序。《續集》六卷皆詩，秦瀛序，齊彥槐、業紹本題辭。其文考證經史，如謂"擊壤"乃古人席地而坐，據地而歌，以訂周處《風土記》"以木作器爲壤"之謬（《擊壤辨與韓旭亭》），皆義證明晰，言之成理。

此本據天津圖書館藏清嘉慶七年刻本影印。（劉天遙）

### 錢南園先生遺集五卷　（清）錢澧撰（第 1461 冊）

錢澧（1740—1795），字東注，一字約甫，號

南園。昆明(今屬雲南)人。乾隆三十六年(1771)進士,改翰林庶吉士,授檢討,典試廣西。歷江南道監察御史、通政司副使,提督湖南學政。後入值軍機處,以積勞成疾卒。澧工書法,兼善畫馬。生平事迹見《滇南碑傳集》卷一四、《雲南鄉賢事略》等。

《錢南園先生遺集》五卷,卷前有劉崐、法式善、姚鼐序,袁文揆撰別傳,程含章撰墓志銘。卷一、卷二古今體詩,卷三補遺,卷四疏、論、序、跋、説、書,卷五記、墓志銘、墓表、傳。其詩風格多樣,有意象雄怪,奇崛排奡,頗具韓孟之風者,亦有瘦硬蒼勁若江西詩派者,也有平易曉暢若白樂天者。然有時瘦硬太過,令人難以卒讀。

此書同治十一年劉崐刻于長沙湖南官書局,今據華東師範大學圖書館藏本影印。此外尚有《南園詩存》二卷,嘉慶七年趙州師範刻,嘉慶八年增姚鼐序,師範小停雲館重刻。又有道光八年刻《南園詩集》二卷《補遺》一卷等。(姚遠)

## 二林居集二十四卷 　(清)　彭紹升撰(第1461 册)

彭紹升(1740—1796),字允初,號尺木,又號知歸子、二林居士。長洲(今江蘇蘇州)人。彭啓豐子。乾隆二十六年(1761)進士,中年皈心佛門。研理學,亦治經史。與汪縉、羅有高、薛起鳳游。著有《測海集》、《觀河集》等。生平事迹見《清史稿》、《清史列傳》卷七二等。

作者生前,嘗自訂《測海集》六卷、《觀海集》四卷行世。殁後,其文輯爲《二林居集》二十四卷,有嘉慶四年江西味初堂刻本。別有彭祖賢輯《長洲彭氏家集》本,光緒七年刻。又有《二林居集》二卷行世,有清崇文書局輯《正覺樓叢刻》本,光緒六年刻。

此書卷一、二爲述古、論;卷三、四爲雜著、書問;卷五至卷十一爲叙、題引、跋尾、記、碑、

墓表、墓志;卷十二至卷十八爲事狀;卷十九至卷二十二爲述;卷二十三、二十四爲傳、祭文、頌贊、箴銘。

此本據南京圖書館藏清嘉慶四年味初堂刻本影印。(馬亞中　韓逢華)

## 無聞集四卷 　(清)　崔述撰(第1461 册)

崔述(1740—1816),字武承,號東壁。直隷大名府魏縣(今屬河北)人。乾隆二十八年(1763)舉人,曾任福建羅源縣知縣,有廉聲。後以老病乞休,以著述自娛。崔述一生以懷疑、辨僞、考信三者爲事,著作有《豐鎬考信録》等,匯刻爲《崔東壁遺書》。傳見《清史稿》。

此《無聞集》四卷,卷一策、議、雜著,卷二論、辨、解、説,卷三書、序、後序、記,卷四行狀、行述、碑志、祭文、傳、贊。目録作五卷,卷五爲附録,但有目無文。崔述泛覽群書,巨細不擇,所著書三十四種。其學專心力於治經,名爲治經,其實乃理董中國之古史。以爲舉凡諸子百家,以及秦漢後傳注所言,爲群經所不具者,皆不可輕信,與乾嘉經師異趣,故其説不見重於當時。崔述敢於自申己見,勇於疑古,又有專書以致駁難,爲後世創闢新徑。然局於見聞,自信太過,恃其博辨,任情軒輊,其中逞縱橫之筆,失是非之準者,所在多有。

崔述之遺著,由其門人陳履和次第校刻。此本據清道光四年陳履和刻《崔東壁遺書》本影印,版心題《崔東壁先生文集》。(劉天遙)

## 銅梁山人詩集二十五卷芸簏偶存二卷 　(清)　王汝璧撰(第1461—1462 册)

王汝璧(1741—1806),字鎮之,晚號銅梁山人。四川銅梁(今屬重慶市)人。乾隆三十一年(1766)進士,官至刑部右侍郎。傳見《清史稿》。

此書分《長水集》、《藤花集》、《居來集》、

《坳堂集》、《居庸集》、《恒山集》、《華不注集》、《具區集》、《皖山集》九集，一至六集前有小序，詳其由來。《詩集》卷一、二、三爲《長水集》，其小序自述其詩風曰："先是所爲詩多羈孤愁恨之音，至是悉屏去，一以中正和平爲則。"其詩多隨口而成，雖少雕琢，然自有其情致。卷四、五爲《藤花集》。卷六爲《居來集》，前有其甥吳鼎序。卷七、八爲《坳堂集》。卷九、十、十一爲《居庸集》，乃其爲宣化郡丞後所作，氣象尤壯闊。卷十二至卷二十爲《恒山集》，爲正定守時所作，於燕趙地風景風俗多有刻畫。卷二十一、二十二爲《華不注集》，卷二十三爲《具區集》，卷二十四、二十五爲《皖山集》，此數編皆無小序。後附《芸籤偶存》二卷，輯録其涉考證、評論之文。

《銅梁山人詩集》二十五卷爲吳鼎所輯，嘉慶十五年（1810）刻。光緒二十年（1894）於京師重刻此集，增刊《芸籤偶存》二卷。此本據上海辭書出版社圖書館藏清光緒二十年京師刻本影印。（唐元）

## 午風堂集六卷午風堂叢談八卷 　（清）鄒炳泰撰（第 1462 册）

鄒炳泰（1740—1820），字仲文，號曉屏。無錫（今屬江蘇）人。乾隆三十七年（1772）進士，參與纂修《四庫全書》，累遷内閣學士，任山東、江西學政。官至吏部尚書，協辦大學士。傳見《清史稿》、《清史列傳》卷三二。

卷前有王昶序及自序。炳泰詩語頗爽朗，尤擅七律，對句工整，聲韻鏗鏘，氣象凝練。其筆記，出入經史子集，考證名物、掌故，論韓柳蘇黃，評史書筆力與史書體例，賞鑒書畫古器，皆不失爲一家之言。集中又多涉乾嘉間掌故，如卷四載乾隆四十八年（1783）增建辟雍事，備述其體式，可補史籍之不足。

此本據天津圖書館藏清嘉慶刻本影印。（唐元）

## 景文堂詩集十三卷 　（清）戚學標撰（第 1462 册）

戚學標（1742—1825），字翰芳，號鶴泉。太平（今浙江温嶺）人。乾隆四十六年（1781）進士。歷任河南涉縣知縣、寧波府學教授。主鶴鳴、紫陽、崇文書院講席。著有《漢學諧聲》、《毛詩證讀》等。《清史稿》、《清史列傳》卷六八有傳。

此集十三卷，收録詩千餘篇。卷首有張灼、吳錫麒序，有趙秦城、王期煜、李汝培詳注考釋。分體編定。其詩法杜甫，言之有物，不染浮華之風。

《景文堂詩集》有清乾隆五十六年刻本，今據華東師範大學圖書館藏本影印。又有嘉慶間刻本，咸豐元年刻本。（明巖）

## 鶴泉文鈔二卷 　（清）戚學標撰（第 1462 册）

《鶴泉文鈔》分上下兩卷，卷首有黃河清序。上卷依次爲説、考、辨、論、序、記等，下卷爲紀、書、傳、墓志銘、序、啓、疏等。其文涉獵廣泛，足以名家。如《闕里考》、《石鼓懸鐘辨》等篇，論據充分，説理透徹。《姚洙楷傳》、《叙三娘子事》等，記載翔實，感情真摯。

此本據上海師範大學圖書館藏清嘉慶五年刻本影印。（謝攀）

## 鶴泉文鈔續選九卷 　（清）戚學標撰（第 1462 册）

學標論學，好托名標幟，自立新義。嘗傅會《易》義以説文字，謂字與《易》同出河洛。又《醫論》三篇，言醫學而拘牽於陰陽五行。學標嘗自道平生於學無所師受，蓋僻處鄉隅，聞見較隘，不能無師心自用之失。然學標一生爲學甚勤，嘗游山東，館于曲阜孔氏，盡讀其藏書。卷二載有與諸家論學書，可知其交當世通人如崔述、王引之、洪頤煊、宋世犖之流，往復討論。故其學術置之乾嘉諸儒之間，雖僅居中下之科，然師友所漸，功力所至，不可盡誣。

此書清嘉慶十八年刻,今據中國科學院圖書館藏本影印。(蔣倩)

### 悦親樓詩集三十卷外集二卷　(清)祝德麟撰(第1462—1463冊)

祝德麟(1742—1797),字止堂,一作芷塘。海寧(今屬浙江)人。乾隆二十八年(1763)進士,改庶吉士,授編修。充三通館纂修。四十二年督學陝甘。五十一年考選湖廣道監察御史,以彈劾不實罷官歸里,授徒自給。另著有《離騷草木疏辨證》。生平事迹見《國朝耆獻類徵》卷一三七、《國朝詩人徵略》卷四〇。

此書卷首有施朝幹、吳錫麒序。詩編年爲次。《晚晴簃詩匯》稱其詩"以性靈爲主,亦能驅遣故實,高者可擬其鄉初白翁"。但細觀其詩,凡庸蕪雜,抒情不真,實與查慎行不可同日而語。

是集有清嘉慶二年姑蘇刻本,今據天津圖書館藏本影印。另有《賡云初集》四卷,所録即《悦親樓詩集》外集第一卷中詩。(趙會娟)

### 與稽齋叢稿十八卷　(清)吳翌鳳撰(第1463冊)

吳翌鳳(1742—1819),初名鳳鳴,字伊仲,號枚庵,一作眉庵,又號漫士、漫叟。吳縣(今江蘇蘇州)人。諸生。年四十即絶意仕進。後爲瀏陽南臺書院講席,晚年歸鄉,著述終老。翌鳳工書善畫,精於金石。生平事迹見《清史列傳》卷七三、《墨林今話》卷七等。

《與稽齋叢稿》十八卷,前有韓崶序,其詩起於乾隆三十一年(1766),止於嘉慶十五年(1810),共九百餘首,分爲《紀年詩刪》、《無雙樂府》、《辛壬雜詩》、《東齋餘稿》、《東齋續稿》、《登樓集》、《見山樓集》、《倚梧吟》、《宋中游草》、《廬雲小録》、《抽颿集》、《湘春漫興》、《清瀏雜咏》諸集。末兩卷爲《曼香詞》,

計百四十一闋。其詩格律深穩,抒寫性情,蘊藉澹遠。然多秀句而少整篇佳者。翌鳳爲人有吳中風雅之氣,小詞閑適多致,非"綺麗"二字所能概括。

此書有清嘉慶七年刻本,今據上海圖書館藏本影印。(張靜)

### 南江文鈔十二卷南江詩鈔四卷　(清)邵晋涵撰(第1463冊)

邵晋涵(1743—1796),字與桐,又字二雲,號南江。餘姚(今屬浙江)人。乾隆三十六年(1771)進士。乾隆時開四庫館,晋涵受詔徵入館纂修,累官至侍讀學士。曾從《永樂大典》中輯出《舊五代史》等著作,另著有《爾雅正義》二十卷等。生平見此書卷首《邵與桐別傳》。

《南江文鈔》十二卷,前四卷爲應制文,後八卷爲雜文,賦、擬疏、記、序、書、策問、考跋、書後、題辭、銘、贊、傳、祭文、行狀、墓志銘等。其中卷十二爲《四庫全書》提要稿本。卷首有陳壽祺、胡敬、阮元序及章學誠《邵與桐別傳》。邵晋涵熟於史事,史學爲其所長,所作《四庫全書》史部提要最爲後世推崇,大多被采入《四庫全書總目提要》。所著《南江詩鈔》四卷,卷四末尾附詞,抒寫隨意,内容廣泛,語言樸實,清新自然。

邵氏所著先有《南江文鈔》四卷,前二卷應制進册諸文,卷三爲《四庫全書》提要稿,卷四雜文序記,乾隆五十九年刻。後門人胡敬輯其所作,編爲《南江文鈔》十二卷《詩鈔》四卷。

此本據南京圖書館藏清道光十二年胡敬刻本影印。(謝掔)

### 榮性堂集十六卷　(清)吳俊撰(第1464冊)

吳俊(1744—1815),字奕千,號蠡濤,晚號曇繡居士。吳縣(今江蘇蘇州)人。乾隆三十七年(1772)進士。改庶吉士,授《四庫全書》館編校。歷任湖北、雲南主考,後主雲南學政。嘉慶七年(1802)官山東布政使,十二年任廣東惠潮嘉道按察使。歸里後教授於紫陽書院。生平事迹見《湖海詩人小傳》卷三二等。

卷首有王昶、姚文田、瑚圖禮、和寧序,樂宮譜跋,載古今體詩千三百餘首。吳俊工詩,善言情且通於禪。所作多懷人寄興,感物興歌。其中多涉西南邊地時事。官宗人府主事時,扈從灤陽,有咏承德諸景、盤山諸谷詩。而得力之作,尤在中年從軍廣西、雲貴以後。王昶《蒲褐山房詩話》謂其"從軍以後,崎嶇烽火,所見益奇,筆足以發難顯之情"。其弟樹萱,子慈鶴,俱有詩名。

此本據山東省圖書館藏清嘉慶刻本影印。(蔣倩)

## 肖巖詩鈔十二卷　(清) 趙良霬撰 (第 1464 冊)

趙良霬(1744—1817),字肅徵,號肖巖。涇縣(今屬安徽)人。青藜第四子。乾隆六十年(1795)進士。官內閣中書。嘉慶三年(1798)典廣東鄉試。事迹見《國朝耆獻類徵》卷一四八、趙紹祖《琴士文抄》卷六《行述》等。

趙良霬詩、古文皆有法度。其詩宗法唐人,《詩鈔》略以詩體爲別,諸體皆佳,七古才力尤雄健。七律氣象高華,不落浮響,爲當時名流所推重。

此書有嘉慶五年涇城雙桂齋刻本,今據中國科學院圖書館藏本影印。另有《肖巖詩鈔》一卷,錄詩九十五首,趙紹祖輯入《趙氏淵源集》,道光間刻。(張靜)

## 肖巖文鈔四卷　(清) 趙良霬撰 (第 1464 冊)

《肖巖文鈔》四卷,以前兩卷經史之論見長。如《讀二南》駁顧炎武《日知錄》以南、豳、雅、頌爲四詩說之誤,并有申述。《書論》論《古文尚書》之僞,謂"不必諱其僞,亦無容辨其僞也"。此種調和態度,與當時漢宋之學合流趨勢相符。史論如《讀伯夷列傳》、《讀秦本紀》、《王導論》、《王猛論》、《晋破秦于肥水論》、《書李淳風傳後》等,亦屬有見。其他爲序、傳、記、墓志之文,及與友人書信三通。

此本據中國科學院圖書館藏清嘉慶刻本影印。(蔣倩)

## 稼門文鈔七卷稼門詩鈔十卷　(清) 汪志伊撰 (第 1464 冊)

汪志伊(1743—1818),字稼門,一字莘農,號實夫。桐城(今屬安徽)人。乾隆三十六年(1771)舉人,以薦入四庫館,授知縣,除江蘇巡撫,晋工部尚書,授湖廣總督。事迹見《清史稿》、《國史列傳》卷四五等。

蕭穆《跋近腐齋筆記殘本》(《敬孚齋類稿》卷五)稱汪志伊著述十餘種,凡八十六卷,又云其文集曾經錢大昕編訂。其所作詩文大都有關實用,性情者少,而述志者多,但伸其欲言之意而已,不計工拙。如《驗收湖北疏河築堤工程記》,詳論如何稽查築堤之弊,蓋欲以"挽小民沉淪之苦而副聖主興利除弊之心"。詩卷中《丙寅秋親勘淮揚海三郡水災》、《湖北水利篇》、《長江水利篇》等篇,亦取自施政實際,詳記江漢水災及防治,有文獻之功,可資考證。

此書有清嘉慶十五年刻印本,今據山東省圖書館藏本影印。(張靜)

## 小峴山人詩文集三十七卷　(清) 秦瀛撰 (第 1464—1465 冊)

秦瀛(1743—1821),原名沛,字凌滄,號小峴,晚又號遂庵、吳篷。無錫(今屬江蘇)人。乾隆三十九年(1774)順天舉人,四十一年召試山東行在,授內閣中書。官至刑部右侍郎。生平事迹見《清史稿》、《續碑傳集》卷八。

秦瀛以詩古文名當世,爲詩皆力追前人,而能有所自得。此集其七十五歲時開始編次,初有詩二十六卷,古文辭六卷,續集二卷,後增爲《詩集》二十八卷、《文集》六卷、《續文集》二卷、《續文集補編》一卷。前有李兆洛《像贊》，陳用光撰《墓志銘》，陶澍撰《神道碑》，凌鳴喈、袁鈞、王芑孫、吳蘭庭、吳德旋序及自序。其文醇雅冲澹，所爲碑志、傳狀，多可補證史乘。

此集三十七卷，清嘉慶二十二年至道光初年陸續刻成，今據上海圖書館藏本影印。另有《小峴山人文補編》一卷、《小峴山人詩集》抄本，不分卷。（蔣倩）

### 述學六卷附春秋述義一卷 （清）汪中撰（第 1465 册）

汪中（1744—1794），字容甫。江都（今屬江蘇）人。乾隆四十二年（1777）貢生。出身孤苦，幼年無力求學，由寡母啓蒙。及長，依書商爲傭，得博覽典籍。以母老不赴朝考，遂絕仕進。年三十客游於外，馮廷丞、沈業富、朱筠皆招至幕中，禮爲上客，王昶、錢大昕、盧文昭等并爲延譽。又往依湖廣總督畢沅。後以往校文淵閣《四庫全書》，病卒於西湖僧舍。博通經術，私淑顧炎武，尤精研諸子，爲乾嘉樸學名儒。爲文“鈎貫經史，熔鑄漢唐，宏麗淵雅，卓然自成一家”。其詩雖非專門，亦自成家，洪亮吉評爲“如病馬振鬣，時鳴不平”。著有《述學》六卷、《廣陵通典》十卷等。生平事迹見《清史稿》、《清史列傳》卷六八等。

此書録碑銘、頌贊、跋尾、傳略、書疏等，多考經訓詁之作。凡《内篇》三卷、《外篇》一卷、《補遺》一卷、《別録》一卷，附《春秋述義》一卷。卷末有其子汪喜孫題識及王引之、盧文弨所撰《行狀》。按汪喜孫所云，《内篇》目録皆汪中自訂，經汪喜孫删汰重複，合爲《補遺》一卷。其目録中所不載者，爲劉端臨所録，汪喜孫搜輯，仿蔡邕《外文》例爲《別録》一卷。

此本據清刻本影印。（馬亞中　韓逢華）

### 容甫先生遺詩五卷補遺一卷附録一卷 （清）汪中撰（第 1465 册）

汪中喜爲詩，然三十以後絕不復作，舊稿亦多散失。所存《容甫先生遺詩》五卷、《補遺》一卷，由劉台拱寫定，汪喜孫搜羅增益，有道光間汪喜孫刻本，收入《甘泉汪氏遺書》。別有光緒十一年述古齋木活字本、宣統二年順德鄧氏排印《風雨樓叢書》本等。

此《容甫先生遺詩》五卷、《補遺》一卷、《附録》一卷，卷首有貝燉、劉台拱撰《容甫先生遺詩題辭》兩篇、汪喜孫題識、阮元撰《容夫先生小傳》。詩按年編次，收詩自乾隆三十年（1765），迄於乾隆五十八年。《補遺》雜録尺牘、贈詩。《附録》一卷，收録顧南雅、黃承吉、樂鈞等所撰《容甫先生遺詩跋》及黃仲則《兩當軒詩》中與汪中相關者。

此本據上海辭書出版社圖書館藏清光緒十一年維揚述古齋木活字印本影印。（馬亞中　韓逢華）

### 五研齋詩鈔二十卷五研齋文鈔十一卷 （清）沈赤然撰（第 1465 册）

沈赤然（1745—1816），初名玉暉，字韞山，號梅村。仁和（今浙江杭州）人，或云德清（今屬浙江）人。乾隆三十三年（1768）舉人，官平鄉、南宫、平潤、大城等知縣。事迹見《清史列傳》卷七二、《梅山居士自訂年譜》等。

卷首有潘應椿、吳錫麒序。詩作始於乾隆三十一年，止於嘉慶十三年（1808），分爲《鴻爪集》、《瘁瘭集》、《病足集》、《青鞋集》、《寄愁集》、《周甲集》諸集。有《曹雪芹紅樓夢題詞》四首，爲研究《紅樓夢》之早期重要資料。

此本據復旦大學圖書館藏清嘉慶刻增修本影印。（張静）

### 秋盦遺稿不分卷 （清）黃易撰（第 1466 册）

黃易（1744—1802），字大易，號小松，又號秋盦。錢塘(今浙江杭州)人。監生。少時游幕於外，乾隆五十四年(1789)官兖州府運河同知。工書畫，精篆刻，爲“西泠八家”之一。尤長於金石之學，著有《小蓬萊閣金石目》、《嵩洛訪碑日記》等。生平事迹見《清史稿》、《清史列傳》卷七三等。

《秋盦遺稿》爲其子元長、女淵輯録而成，內含詩草、詞草、題跋，嘉慶七年錢塘黄氏抄本，宣統二年玄外孫李汝謙據以石印，前有羅正鈞、勞乃宣序。《清史稿》謂黄易“博通金石”，“凡四方好古之士得奇文古刻，皆就易是正，以是所蓄甲于一時”，故其詩文多金石書畫題鑒，并借此發懷古之幽情。其經眼金石碑帖甚多，故所述碑帖之源流、收藏、特點等詳實可靠，言簡意賅。

此本據華東師範大學圖書館藏清宣統二年李汝謙石印本影印。(姚遠)

### 王石臞先生遺文四卷丁亥詩鈔一卷　(清)
王念孫撰(第 1466 册)

王念孫(1744—1832)，字懷祖，自號石臞。高郵(今屬江蘇)人。王引之之父，父子皆乾嘉樸學大師，并稱“高郵二王”。乾隆四十年(1775)進士，歷任翰林院庶吉士、工部郎中、直隸永定河道等。生平見《清史稿》、《研經室續集》卷二《王石臞先生墓志銘》。

《王石臞先生遺文》四卷，羅振玉校録。卷首有夏崑林序、陳奐序。卷一摺、説、議等，爲其上書言事之文。王念孫於經史之外精熟水利，《籌濬徒陽運河摺》、《上顏制軍論直隸河渠言》等，爲改造徒陽運河、直隸河渠之建議。卷二書序，多涉及訓詁之學。卷三爲校勘各書之書叙，多闡述其校勘思想。卷四爲跋、書、記、書後、凡例等，亦多有關音韻訓詁之學。《丁亥詩鈔》一卷，其次子王敬之所刊。附記稱蓋其二十四歲時所作，多記游山水。

此本據浙江圖書館藏民國十四年羅氏鉛印

《高郵王氏遺書》本影印。(謝鞏)

### 授堂文鈔八卷續集二卷授堂詩鈔八卷
(清) 武億撰(第 1466 册)

武億(1745—1799)，字虛谷，號授堂、小石，又號半石山人。偃師(今屬河南)人。乾隆四十五年(1780)進士。官山東博山知縣，罷官歸主啓文書院。生平事迹見《清史稿》、《清史列傳》卷六八等。

武億好稽古，平生治群經考訂，章句辨析，與高郵王氏之學同，又擅方志學、金石學。阮元在山左集碑，迎億校讎，《山左金石志》中跋尾多出億手。其《授堂文鈔》八卷《續集》二卷，多收考證文章，旁引遠徵，剖掘蘊要，比詞連義，以成一例。其書、序、記等文章多措辭典奧，文氣委折，仿佛不可驟爲句讀，而文理融通無所滯隱。

《授堂詩鈔》八卷，法式善序，稱其詩“清剛峭拔”。其詩多記咏金石文物，大約學者之詩，或有詩味不足之病。

是集有清道光二十三年其孫未刻《授堂遺書》本，今據上海辭書出版社圖書館藏本影印。(張靜)

### 獨學廬初稿十一卷獨學廬二稿六卷獨學廬三稿十一卷獨學廬四稿九卷獨學廬五稿九卷獨學廬餘稿一卷獨學廬文稿附録一卷　(清)
石韞玉撰(第 1466—1467 册)

石韞玉(1756—1837)，字執如，一字琢如，號琢堂，一作竹堂，晚號獨學老人。吳縣(今江蘇蘇州)人。乾隆五十五年(1790)進士，授修撰，直上書房。歷官湖南學政、重慶府知府、山東按察使等，後掌杭州紫陽書院、江寧尊經書院、蘇州紫陽書院。生平事迹見《清史列傳》卷七二、《國朝耆獻類徵》卷一九五等。

石韞玉立身清謹，詩破除唐宋門户。所作多寓言寄感，委婉可誦。咏物紀事之詩，圓美流轉,在香山、劍南之間。記事之作多言及蜀湘軍兵之事,皆其身歷。在四川總督勒保幕所作《教匪始末》、《即事雜詩》等篇,乃嘉慶間川陝白蓮教活動之珍貴史料。文稿中爲蜀閫幕中代言章疏,叙剿撫教亂諸事,尤有助考史。又有致龔自珍書,論御史曹錫寶劾和珅家人奢積案事,辨錫寶實未罷官,龔氏紀事之文傳聞有誤,亦有資參稽。

是集前後五稿。初稿詩八卷,分《雲留舊草》、《江湖集》、《玉堂集》、《劍浦歸槎録》、《湘中吟》五集,文三卷。二稿《玉堂後集》、《鵑聲集》、《學易齋吟草》詩三卷,文三卷。三稿《晚香樓集》詩六卷,文五卷。四稿《池上集》詩四卷,文五卷。五稿《燕居集》詩六卷,文三卷。又餘稿一卷,文稿附録一卷。

是集全稿本,乾隆至道光年間陸續刊刻而成。今據華東師範大學圖書館藏清寫刻《獨學廬全稿》本影印。(張靜)

**安愚齋集四卷**　(清)周錫溥撰(第1467冊)

周錫溥(1745—1804),字文淵,號麓樵,又號半帆、匯泉。湘陰(今屬湖南)人。乾隆四十年(1775)進士,任湘陰仰高書院山長。先後主講漵浦、瀏陽東山、醴陵綠江等書院。後授甘肅寧朔、武威知縣。生平事迹見《國朝耆獻類徵》卷二三五等。

此集有韓對原序,郭嵩燾、周樹槐序。卷一、二詩,卷三、四文。周錫溥嘗奉檄塞外勘獄,東至鄂爾多斯,西至阿蘭鄯,詩多塞外所作,賦咏寧夏、蒙古等地名勝風物,間涉民間疾苦。其詩不以小巧取悦於人,殊得風人之旨。論事之文則"指陳利害,往復曲盡"(韓對序)。

周錫溥詩文先有《安愚齋集》八卷,道光二十年(1840)曾傳新始爲編校付梓,後散佚難得。同治六年(1867)其孫諤枝又搜得其遺稿,屬左宗植重加校刊,編爲《安愚齋詩文集》四卷,清光緒八年湘陰郭氏養知書屋刻。

此本據中國科學院圖書館藏清光緒八年養知書屋刻本影印。(蔣倩)

**卷施閣集四十一卷**　(清)洪亮吉撰(第1467冊)

洪亮吉(1745—1809),初名禮吉,字君直,一字稚存,號北江。陽湖(今江蘇常州)人。乾隆五十五年(1790)進士,授編修。分校順天鄉試,督貴州學政。嘉慶初,上書軍機大臣言事,指斥時政,戍伊犁。不久赦還,自號更生居士。遂於史地、聲韻、訓詁之學,工詩、駢體文。其詩少與黃景仁齊名,號"洪黃",又與孫星衍齊名,號"洪孫",又與張問陶齊名,號"洪張",以才力縱橫勝。亦能詞,偶有雄奇之作。駢文最工,高古遒邁,"每一篇出,世争傳之",與汪中并有"八代高文"之譽。著有《春秋左傳詁》、《乾隆府廳州縣圖志》等,合輯爲《洪北江全集》行世。生平事迹見《清史稿》、《清史列傳》卷六九等。

其集初有《擬兩晋南北史樂府》二卷。後將官翰林時所作編爲《卷施閣文》甲集十卷、《卷施閣文》乙集八卷、《卷施閣詩》二十卷,又輯三十一歲前所作爲《附吉鮪軒詩》八卷等,合爲《北江全集》,有乾隆六十年貴陽節署刻本。後陽湖洪用勲授經堂刻《洪北江全集》(一題《授經堂重刊遺集》),内《卷施閣文》甲集增續一卷補遺一卷、乙集增續編一卷,光緒三年(1877)至五年間刻,光緒十五年湖北官書處重印。

凡四十一卷,文集目録前有洪亮吉自識,乙集前有乾隆五十一年袁枚序,甲集補遺、乙集續編皆光緒五年刻。詩集目録前有乾隆五十九年張遠覽序,詩按年編次,起自乾隆四十四年,迄於嘉慶四年,録古今體詩共一千七百八十四首。

此本據清光緒三年洪氏授經堂刻《洪北江全集》增修本影印。(馬亞中　韓逢華)

## 更生齋集二十八卷　（清）洪亮吉撰（第1468冊）

《更生齋集》二十八卷，内《文甲集》四卷、《文乙集》四卷、《文續集》兩卷、《詩集》八卷、《詩續集》十卷。有《洪北江全集》本，清嘉慶七年刻。後其子輯抄其遺文、遺詩，爲《更生齋詩續集》十卷《文續集》二卷行世，有道光二十九年刻本。後有陽湖洪用懃授經堂刻《洪北江全集》（一題《授經堂重刊遺集》）本，凡《甲集》四卷、《乙集》四卷、《續集》二卷、《詩》八卷、《續集》十卷，光緒十五年（1889）湖北官書處據以重印。

《文甲集》四卷、《文乙集》四卷、《詩集》八卷，爲光緒三年刊。《文續集》二卷、《詩續集》十卷，光緒四年刊。《詩續集》十卷，卷首有道光二十九年楊文蓀題識，卷末有道光二十九年倪良燿跋、光緒四年洪用懃跋，紀其纂刻經過。詩正集、續集共録古今體詩一千七百三十八首。

此本據清光緒三年洪氏授經堂刻增修本影印。（馬亞中　韓逢華）

## 有正味齋詩集十六卷續集八卷有正味齋駢體文二十四卷續集八卷　（清）吳錫麒撰（第1468—1469冊）

吳錫麒（1746—1818），字聖自，號谷人，錢塘（今浙江杭州）人。乾隆四十年（1775）進士，授編修，歷官贊善、侍講、侍讀、祭酒，乞養親歸里。曾主講揚州安定、東儀書院。著述宏富，所著輯爲《有正味齋集》七十三卷行世。生平事迹見《清史稿》、《清史列傳》卷七二等。

吳錫麒詩、詞、駢文俱工。其詩清淡秀麗，古體則亦有藻采豐贍之篇，與嚴遂成、厲鶚、袁枚、錢載、王又曾合稱“浙西六家”，爲浙派之後勁。張維屏《國朝詩人徵略》謂其“詩熔漢魏、六朝、唐宋爲一爐，而得力於宋人者爲多”。詞亦爲浙派，陳廷焯《白雨齋詞話》謂其“古詩駢文，皆未臻高境”，“惟詞則清和雅正，秀色有餘，出古詩駢文上”。駢文學唐人，吳鼒將其與邵齊燾、洪亮吉、劉星煒、袁枚、孫星衍、孔廣森、曾燠并列爲“八家四六”（《八家四六文鈔題詞》）。

吳氏詩文集，凡經數鋟。《有正味齋詩集》十六卷，有清嘉慶十三年刻本。別有十二卷本，清咸豐五年刻。此《有正味齋詩集》十六卷《續集》八卷，爲嘉慶十三年刻《有正味齋全集》增修本，前有嘉慶十三年（1808）法式善撰《叙》。吳氏之駢文，輯爲《有正味齋駢體文》二十四卷《續集》八卷，有清嘉慶十三年刻《有正味齋全集》本。別有清咸豐五年刻本，收入《吳氏一家稿》。又有《有正味齋駢體文删餘》十二卷，清同治九年刻本。

此本據嘉慶十三年刻《有正味齋全集》增修本影印。（馬亞中　韓逢華）

## 亦有生齋集五十四卷（樂府二卷詩三十二卷文二十卷）　（清）趙懷玉撰（第1469—1470冊）

趙懷玉（1747—1823），字億孫，號味辛，又號牧庵。武進（今屬江蘇）人。乾隆四十五年（1780）清高宗南巡，召試賜舉人，授内閣中書。出爲青州海防同知，署登州、兗州知府。以父喪歸，遂不復出。歷主通州、石港、關中、愛山書院講席。生平事迹見《清史稿》、《清史列傳》卷七二等。

懷玉工詩、古文、詞，爲時人所推服。詩與孫星衍、洪亮吉、黃景仁齊名。袁枚稱其“能爲八家之文”（《隨園詩話》），洪亮吉謂之“如鮑家驄馬，骨瘦步工”（《北江詩話》）。

此《亦有生齋集》五十四卷，係作者自訂，凡《雲溪樂府》二卷、《亦有生齋詩鈔》三十二卷、《亦有生齋文鈔》二十卷，有嘉慶十九年（1814）楊芳燦《總序》，又有嘉慶二十四年趙懷玉自序，略述纂刻緣起。《雲溪樂府》卷首又有管幹珍、袁枚、董曾臣、左輔序及乾隆三十六年趙懷玉自序，卷末有管世銘跋，録樂府詩百餘首,内容多關鄉邑,可補志乘之闕。《詩鈔》卷首有吳錫麒、陸繼輅序,所録古今體詩,自乾隆三十二年始,至嘉慶二十一年止。《文鈔》卷首有惲敬《文序》,卷末有吳育《文後序》,分體編排。

此本據遼寧省圖書館藏清道光元年刻本影印。(馬亞中　韓逢華)

### 雙桂堂稿十卷雙桂堂稿續編十二卷　(清)紀大奎撰(第1470册)

紀大奎(1746—1827),字向辰,號慎齋。臨川(今屬江西)人。乾隆四十四年(1779)舉人。官至合州知州。《清史稿》、《清史列傳》卷七五有傳。

《雙桂堂稿》十卷,前有自叙,多爲紀大奎丁父憂前所作。紀大奎少時從父學《易》,遂"研精殫思,以求天人之故,盡通陰陽曆算及壬遁之術"。集中《易簡知能説》、《卦氣論》、《易雜論》、《周易附義三十八則》等皆屬卦象數術之學。《續編》十二卷,多爲嘉慶中紀大奎復出後所作。時任四川什邡知縣,《什邡考》、《重修什邡縣志稿序》、《什邡志星野跋》等文,皆與修什邡縣志有關。引疾歸鄉里後,有與修縣志有關諸文。其詩非經意爲之,然《望華山》、《雒水吟》、《重經華岳》等篇,言情感物,亦不諧俗。

此本據上海辭書出版社圖書館藏清嘉慶十三年刻《紀慎齋先生全集》本影印。又有《紀慎齋叢録》二卷,稿本。《紀慎齋先生叢稿》二卷,稿本。(蔣倩)

### 風希堂詩集六卷風希堂文集四卷　(清)戴殿泗撰(第1471册)

戴殿泗(1746—1825),字東珊,一字東瞻。浦江(今屬浙江)人。嘉慶元年(1796)進士,改庶吉士,授翰林院編修,官至日講起居注。生平事迹見《詞林輯略》卷五等。

《風希堂詩集》六卷,有陸繼輅序、李培謙跋及作者題辭。分爲四集,卷一、二《山居稿》,卷三、四《東華稿》,卷五《翰苑稿》,卷六《歸田集》,各集分體編,五言古體爲多。所作多吟咏名勝古迹,并感事述懷之作。《風希堂文集》四卷,前有陸繼輅序,分體編,有説、解、考、序、論、記、書、跋、書後、傳、墓志銘、行述、權厝志、祭文、雜著等。説、解、考多爲學術札記。

此書有道光八年九靈山房刻本,今據天津圖書館藏本影印。(劉金鑫)

### 簡松草堂文集十二卷附録一卷簡松草堂詩集二十卷　(清)張雲璈撰(第1471册)

張雲璈(1747—1829),字仲雅,號簡松,晚號復丁老人。本姓陳,海寧(今屬浙江)人,入繼錢塘張姓。故爲錢塘(今浙江杭州)人。乾隆三十五年(1770)舉人。嘉慶十二年(1807),官湖南安福縣知縣,後調湘潭。著有《選學膠言》、《選藻》。生平事迹見《清史列傳》卷七二、姚椿《晚學齋文集》卷八《墓志銘》等。

《文集》十二卷,分體編。有賦、碑銘、傳、序、記、論、説、議、書、辨、解、考、跋、文、疏、雜文等。其中《伏生口授尚書辨》、《支子不祭解》、《禪服考》諸篇,皆闡明經義,亦能言之成理。《詩集》二十卷,前有梁履繩、李保泰、趙翼、應澧、馬履泰序,姜皋跋,趙翼等人題辭,及行狀,録詩一千八百十二首。張雲璈詩鳴吳越間,爲袁枚、趙翼所稱歎。所作縱橫多變,無寒苦穠織之習,詩風近于性靈一派,但能取袁枚、趙翼之長而不襲其流弊。

所撰輯爲《簡松草堂全集》七十七卷,除《文集》十二卷、《詩集》二十卷外,尚有《蠟味小稿》五卷、《歸艎草》一卷、《知還草》五卷、《復丁老人草》二卷、《金牛湖漁唱》一卷、《三影閣箏語》四卷、《四寸學》六卷、《選學膠言》二十卷、《補遺》一卷,道光間簡松草堂自刻。

此本據上海圖書館藏清道光刻《三影閣叢

書》本影印。（蔣倩）

## 四百三十二峯草堂詩鈔二十六卷　（清）趙
希璜撰（第1471冊）

趙希璜（1764—?），字渭川、子璞。長寧（今廣東新豐）人。乾隆四十四年（1779）舉人，官河南安陽知縣，嘉慶五年（1800）尚在世。生平事迹見《清史稿》、《清史列傳》卷七二等。

此集自訂，嘉慶五年刊於安陽縣署，吳蔚光、錢坫、李威序，馮敏昌、黃景仁等題贈。希璜少受知於學使李調元、知縣李文藻，復廣交海內學者文人。乾隆五十八年，即以《詩鈔》十三卷付刊，官雖未達，而頗爲名流推重。其詩咏粵中山水，黔靈風光，及彭蠡、延安名勝，各盡其致。《惠州雜詩》、《浪花詞》等記苗瑤風俗，可供邑志采掇。洪亮吉《北江詩話》稱希璜詩如“麋鹿駕車，終難就範”。

此本據華東師範大學圖書館藏清乾隆五十八年安陽縣署刻增修本影印。（蔣倩）

## 研桮齋文集二卷　（清）趙希璜撰（第1472冊）

此集二卷。卷一記、序、傳、祭文、墓志銘等。有《嘉慶安陽縣志序》，爲官安陽知縣時所作。《前湖北巡撫寶臣周公傳》、《陶悔軒府君墓識銘》等，可補史缺。有《與顏耘圃侍郎書》謂“今賊曰官逼民反，民則曰兵甚於賊”，可見憂民之心痛切。又乾隆五十八年修禊日，與彰德府諸官員共集，效王羲之等蘭亭集會。是集亦收彰德知府孫步雲代作之《鯨背橋修禊叙》，題下“代”字誤作“伐”。卷二均爲賦作，有《豐湖賦》、《江月賦》等。

此本據華東師範大學圖書館藏清嘉慶四年安陽縣署刻本影印。（蔣倩）

## 静崖詩初稿十二卷静崖詩後稿十二卷静崖詩
續稿六卷　（清）汪學金撰（第1472冊）

汪學金（1748—1804），字敬篋，號杏江，晚號静崖。鎮洋（今江蘇太倉）人。乾隆四十六年（1781）一甲三名進士。官翰林侍講，擢春坊左庶子。輯有《婁東詩派》。生平事迹見《清史列傳》卷七二、《國朝耆獻類徵》卷一三二等。

《静崖詩初稿》十二卷，前有施潤序。其中《陳拾遺感遇》、《杜工部望岳》等，皆爲早年擬作。居里中時所作，多咏鄉間景物，抒寫閑適之情。其後官內閣、翰林，詩多抒懷之作。《後稿》十二卷，有吳錫麒序。

此本據華東師範大學圖書館藏清乾隆刻嘉慶增修本影印。（蔣倩）

## 井福堂文稿十卷　（清）汪學金撰（第1472冊）

《井福堂文稿》十卷，分體編。卷一爲作者所擬詔書、册文等，卷二爲進表、雅册、頌册等，卷三爲謝呈等，卷四爲謝摺，卷五爲疏、跋、壽序。汪學金身爲編修，故有擬詔、表册之作，且文筆優美，用典綿密。卷六以下爲其他各體文。卷六、七爲説、釋、解，如《日新説》、《内論説》、《知命説》、《釋極》等。卷八爲辨、論，如《義利辨》、《思無邪論》、《南朝得失論》、《三閭大夫論》等。卷九爲序及傳記文類，卷十爲碑文、墓志銘、傳等。馮培《井福堂文稿序》謂：“一時大著作多出其手，人推爲漢之揚班、唐之燕許；迨中年以後……所著述亦俱斂華就實，布帛菽粟之文足以扶世翼教。”可見頗爲推崇。

此書有嘉慶十年汪彦博刻本，華東師範大學圖書館等藏，今據以影印。（劉曉燕　姚遠）

## 秋水閣詩集八卷首一卷秋水閣雜著一卷
（清）許兆椿撰（第1472冊）

許兆椿（1747—1814），字秋巖，一作秋崖，號茂堂。雲夢（今屬湖北）人。乾隆三十七年（1772）進士。改庶吉士，授翰林院編修，外放松江知府。嘉慶九年（1804）任江西按察使，調浙江，改刑部侍郎。十八年授貴州巡撫,官漕運總督,終浙江巡撫。生平事迹見《國朝耆獻類徵》卷一八六等。

此《秋水閣詩集》八卷,卷首一卷爲程懷璟序及《國史列傳》、《雲夢縣志》許兆椿傳。《詩集》經程懷璟編訂校正,程序云:"集八卷,不分古近體,就交際之人其事、其時、其地序次,均本編年爲式。後之人誦其詩知人論世,據爲先生年譜亦無不可。"詩多隨遇感興之作,如《雨後步月》:"難向酒杯尋樂事,還研詩句覓生涯。"表現其人生態度。其詩溫柔敦厚,中正平和,與其一生仕途順利不無關係。《秋水閣雜著》一卷,包括賦、摺奏、摺子、示、啓、序、傳、狀、祭文、碑記、贊、跋等。

此書有道光二十五年刻本,今據中國科學院圖書館藏本影印。(劉金鑫)

## 寄庵詩文鈔三十三卷　(清)劉大紳撰(第1473冊)

劉大紳(1747—1828),字寄庵。晋寧(今屬雲南)人。乾隆三十七年(1772)進士。授山東新城知縣,後調曹縣,官至青州、武定同知。退後主講五華書院,以詩文教授鄉里。傳見《清史稿》、《清史列傳》卷七五等。

此集含《寄庵詩鈔》八卷,收録乾隆五十三年至嘉慶十年(1805)詩,有張象津序、鶴陽奚跋,及劉鴻翱所撰《劉青天傳》。《寄庵詩續鈔》十卷,收録嘉慶十一年至二十年詩,自序,陶致用、李士林跋。《寄庵詩續附》十二卷,收録嘉慶二十一年至道光七年(1827)詩,張咸照序。《文鈔》兩卷,有屠紹理、張履程識。《文鈔續》不分卷,有楊國翰等識。寄庵身行敬恕,居官廉潔,故其詩敦厚平和,溫文爾雅。因早官齊魯,故集中詩文多記山東風物名勝。其文則不主故常,縱筆所如,皆有爲而作。

此書有民國三年刻《雲南叢書初編》本,今據華東師範大學圖書館藏本影印。此外有乾隆間刻《寄庵詩鈔》不分卷,乾隆六十年刻本

《明湖詩草》不分卷,嘉慶六年刻《寄庵詩鈔》五卷,嘉慶八年山東新城刻、道光二十八年王茂峻補修本《寄庵詩鈔》十八卷,嘉慶二十一年潭西草堂刻《寄庵詩鈔》八卷、《續鈔》十卷、《續附》二卷、《文鈔》二卷、《續文》一卷等。(張靜)

## 五百四峰堂詩鈔二十五卷　(清)黎簡撰(第1473—1474冊)

黎簡(1747—1799),字簡民,一字未裁,號二樵。順德(今屬廣東)人。出生於僑居南寧之米商家庭。乾隆五十四年(1789)始舉拔貢。與張錦芳、黃丹書、吕堅有"嶺南四子"之稱。著有《五百四峰堂詩鈔》、《茶煙閣詩鈔》等。生平事迹見《清史稿》、《清史列傳》卷七二等。

黎簡兼工詩、書、畫,時稱"三絶",又擅治印。詩名最著,與宋湘同爲乾嘉時代廣東傑出詩人。其詩從學李賀、黃庭堅入手,刻意求新,極"峻拔清峭"(王昶《湖海詩傳》)之致,能自樹一格。洪亮吉評曰:"如怒猊飲澗,激電搜林。"(《北江詩話》)

此書乃作者手訂,取所游之羅浮、西樵兩山之衆峰數,曰"五百四峰",有嘉慶元年刻本,衆香亭藏板。卷首有蘇膺瑞、黃其勤題詞及謝蘭生、黃虛舟、張曰瑶、孫爾準四人所題像贊,又有嘉慶元年(1796)黎簡自序。詩按年編次,起自乾隆三十六年,止於乾隆六十年,録古今體詩一千八百五十餘首。此本據上海辭書出版社圖書館藏清嘉慶元年刻本影印。

近人汪兆鏞曾於友人處得見黎氏晚年自定手稿,録嘉慶元年、二年詩凡二卷,汪移録并爲之梓行,爲《五百四峰堂續集》二卷,凡八十一首,有民國十五年番禺汪氏微尚齋刻本。其子汪孝博又抄得《二樵集外詩》一卷,約七十餘首,抄本今存香港大學馮平山圖書館。(馬亞中　韓逢華)

**守意龕詩集二十八卷**　（清）百齡撰　**附南陔遺草一卷**　（清）扎拉芬撰（第1474册）

百齡（1738—1815），本姓張，字子頤，號菊溪。承德（今屬河北）人，漢軍正黃旗籍。法良子。乾隆三十七年（1772）進士，曾爲文淵閣校理，官至兵部尚書，協辦大學士，領兩江總督，謚文敏。《清史稿》《清史列傳》卷三二有傳。扎拉芬（1811—1828），字麟圖，百齡晚年所得之子，御賜其名。

集中詩起乾隆四十二年，止於嘉慶十五年（1810），除卷一外年各一集，各有集名。百齡官轍遍天下，爲封疆大吏。曾燠序其初刻集，謂其“詩之大本，與民生國體相關係”。其詩慷慨激昂，雄邁而肆，無困頓低沉之氣。如《督師新會高雷開平道中》及《告捷》諸作，尤慷慨不凡。是集後附《南陔遺草》一卷，計二十五首，其子扎拉芬著，合律而已。

百齡生前曾輯有《守意龕詩鈔》六卷，有韓對、程國仁、曾燠、桂齡、溫志承序，嘉慶十六年刻，首都圖書館藏。後其孫玉年重輯其稿，編爲《守意龕詩集》二十八卷附《南陔遺草》一卷，收詩二千餘首，道光二十六年讀書樂室刻。

此本據天津圖書館藏清道光二十六年讀書樂室刻本影印。（張靜）

**兩當軒全集二十卷**　（清）黃景仁撰　**附考異二卷**　（清）黃志述撰　**附錄六卷**　（清）黃志述編（第1474册）

黃景仁（1749—1783），字仲則，又字漢鏞，晚號鹿菲子。武進（今江蘇常州）人。諸生，曾爲武英殿書簽官。仲則少與同郡洪亮吉齊名，常熟邵齊燾目爲“二俊”，又與洪亮吉、孫星衍、趙懷玉、楊倫、吕星垣、徐書受號“毗陵七子”。然三十五歲壯年抱病而逝，才賦未盡。生平事迹見《卷施閣文甲集》卷一〇洪亮吉撰《行狀》、《清史稿》、《清史列傳》卷七二等。黃志述，黃仲則裔孫，字仲孫，本爲族人。仲則有子名乙生，卒於道光二年（1822），年五十三。乙生曾有一子，目重瞳子，天賦聰穎，將冠而夭，乙生遂無子，友人乃擇其本族之仲孫爲嗣。其後仲孫與夫人吳氏，搜羅保存先人遺稿，刊刻黃景仁詩集不遺餘力。

仲則工書，擅山水，駢體絶似六朝。其詩内容雖不外家人故舊之間、身世寥落之苦，然靈心善感，一往情深，花下酒邊，别有懷抱。乾隆年間，論詩者推爲第一。其詩好作幽苦之語，曾因“全家都在風聲裏，九月衣裳未剪裁”之句，獲陝西巡撫畢沅厚金之贈。其詩古體服膺李白，不主故常，往往出於筆墨蹊徑之外。律詩則博采衆長，轉益多師。李商隱之悱惻典麗，李賀之悽愴幽峭，杜甫之沉鬱頓挫，以及杜牧之風流灑脱，黃庭堅之瘦硬拗崛，悉數納盡。故其詩有熔鑄多家之氣象，剛柔相濟，華實并茂。王昶稱其詩“疏瀹靈腑，出精入能，刻琢沈摯，不以蹈襲剽竊爲能”（《黃仲則墓志銘》）。張維屏謂：“自古一代無幾人，近求之百餘年以來，其唯黃仲則乎！”（《國朝詩人徵略》）

此《兩當軒全集》二十卷，收古近體詩凡一千零七十二首，詞二百十六首，文六篇。附錄六卷，爲序跋文一卷、傳狀志文一卷、唱酬題贈二卷、年譜（毛慶善、季錫疇撰）一卷，詩話、先友爵里名字考一卷。

黃景仁詩集最初有翁方綱删選之《悔存詩鈔》八卷，遠非全豹。有乾隆刻本，劉大觀於嘉慶元年刊刻本較爲流行。趙希璜於嘉慶四年刻《兩當軒詩鈔》十六卷（包括《悔存詞鈔》二卷），尋有河患，雕版殘損，鄭炳文又爲之修補刊行。道光初吳修獲借其家藏手定稿，細爲校閲編次，吳修卒，蔣光熙續刻而成，今存有道光十七年蔣氏别下齋刻本。咸豐年間，黃景仁族孫黃志述，獲歸吳修所藏手定稿，因取諸家刻本參而校之，成《兩當軒全集》二十卷，計詩十六卷，詞三卷，文一卷，另有《補遺》二卷,并作《考異》二卷,又輯《附錄》六卷,是爲咸豐八年家塾刻本,此爲後世通行本。其版毀於太平天國戰火,後由志述夫人於光緒二年重刻刊行,與咸豐家塾刻本微異。

此本據上海圖書館藏清咸豐八年黃氏家塾刻本影印。(馬亞中　張静)

### 澹静齋文鈔六卷外篇二卷澹静齋詩鈔六卷

(清) 龔景瀚撰 (第 1474 册)

龔景瀚(1747—1802),字惟廣,一字海峰。閩縣(今福建福州)人。乾隆三十六年(1771)進士。四十九年始出選,授甘肅靖遠縣知縣,官至蘭州府知府,所至有循聲。著有《離騷箋》。傳見《清史稿》、《清史列傳》卷七四等。另有《澹静齋文鈔》卷首陳壽祺所撰之傳。

龔景瀚第進士後,里居教授十四年,研究經史時務,求所以通變宜民之道。其於經史樸學,雖非專門,然如《文鈔》卷一《孔子不知父墓解》一篇,力駁孫濩孫、江永讀“不知其墓殯于五父之衢”十字爲句之非,可見讀書細心,不囿于舊説。惜其以吏事分奪日力,未克充其所學。《文鈔》六卷之中,以酬應之作爲多。《外篇》二卷,皆奏議案牘文字。如嘉慶初年,川陝五省白蓮教起義,景瀚上《堅壁清野議》,卒行其法。

《詩鈔》有張世瀠叙、嚴氏跋。詩止於乾隆六十年,如《東岡坡望蘭州城》、《九日登皋蘭山作》、《過六盤山紀事》等多咏山川之奇,間及時事。景瀚少負詩名,《登鼓山半嶺亭望閩中形勝》、《建溪灘石歌》等均以凌厲見長。林昌彝《論詩絶句》謂其“淺處言情感物深,纏綿愷惻盡哀音。精神上溯天應泣,萬轉千回只此心”。

《澹静齋詩鈔》乾隆六十年龔式穀福州刻。景瀚殁後輯爲《澹静齋詩鈔》六卷、《文鈔》六卷、《外篇》二卷,有道光二十年恩錫堂刻《澹静齋全集》本。今據遼寧省圖書館藏本影印。(蔣倩)

### 珍埶宧文鈔七卷珍埶宧詩鈔二卷 (清) 莊述祖撰 (第 1475 册)

莊述祖(1750—1816),字葆琛,號珍埶,武進(今江蘇常州)人。乾隆四十五年(1780)進士,歷官山東樂昌、濰縣知縣。通經學,屬今文學派,著有《石鼓然疑》、《漢鐃歌句解》等,均收入《珍埶宧叢書》。《清史稿》、《清史列傳》卷六八有傳。

莊述祖世父存與,開常州今文學派。述祖承其緒,治《夏小正》、《逸周書》、《尚書大傳》、《白虎通》尤勤。於其舛句訛字,佚文脱簡,多有考訂。是集以經解爲多,卷二、三論《尚書》及禮制,卷四説《詩》義,卷五爲考校羣書之序跋,卷六與人論學書札。其疏明故訓,謂歲、載、祀、年爲古者紀時之通稱,非唐虞三代之殊號,以正《爾雅》之誤。據鐘鼎彝器、石鼓所載古籀異形,訂秦漢以來篆體之訛變,以糾《説文》之謬。雖不以小學名家,然已暢通大例,後之言故訓者不專宗雅詁,治文字者不墨守許書,皆必推莊述祖爲先路之導。然正讀發疑,亦有失之奇誕者。如考訂《夏小正》“納卵蒜”,謂卵字與古文民字相近,蒜即祘字之訛,納民祘即《周禮》司民之獻民數。此類皆出於傅會臆斷,不可爲訓。

《詩鈔》二卷,多爲遣興之作,亦有讀書雜咏,如讀騷、讀杜之類。詩近中唐,亦學東坡、誠齋。《尚書古今題辭》一篇,純以填實爲詩。《讀左雜咏》達八十五首,亦押韻之文。乾嘉考據學家每以詩文不分,而自表異。

此本據中國科學院圖書館藏清刻本影印。(蔣倩)

### 青芙蓉閣詩鈔六卷 (清) 陸元鋐撰 (第 1475 册)

陸元鋐(1750—1819),字冠南,一字乡石,號秋玉。烏程（今浙江湖州）人。乾隆五十二年（1787）進士。嘉慶間出爲四川雅州、湖南寧遠、廣東惠州知府。晚主陝西渭南、江蘇太倉書院講席。生平事迹見道光刻本《乡石自訂年譜》等。

此集六卷，受業李璅校訂，有楊芳燦序。元鉉長於咏史之作，居里時作有《讀唐宋諸家詩八首》、《王文成公紀功碑》等。此外有《讀五代詩雜題其後十六首》、《讀明史十首》等，包孕富有。出守秦蜀，咏昭陵、馬嵬、棧中、劍門之作，以及《雅州示請僚友十首》、《打箭鑪》等，頗重考古，兼記見聞。其詩無門户之見，亦不争瞻旗幟，雜而多端，篤爲内行。

此本據上海圖書館藏清刻本影印。（蔣倩）

### 壹齋集四十卷　（清）黃鉞撰（第 1475 册）

黃鉞（1750—1841），字壹齋，一字左君，號左田，晚年失明，自號盲左。當塗（今屬安徽）人。乾隆五十五年（1790）進士。授户部主事。嘉慶間，召入直南書房，遷侍講學士，擢内閣學士，累官軍機大臣、禮部尚書。曾充《秘殿珠林》、《石渠寶笈續編》總閲，《全唐文》館總裁。工書善畫，山水得蕭雲從餘韻，與董浩稱“董黃二家”。《清史稿》有傳。

此集四十卷，以年爲繫，收録黃氏自乾隆三十七年至道光十九年（1839）所撰古今體詩，凡二千三百五十九首。前有嘉慶二十年（1815）自序及劉耀椿序。其詩題目通俗，多寫生活起居及寫景抒懷，皆情真意切，辭樸易曉。如《對夜述懷》：“蚊禂苦鬱蒸，輾轉久難卧。攬衣起開門，默默看雨坐。”《苦瓜》：“種從茅屋下，架倚豆棚支。”

《壹齋集》自嘉慶以來，一再刊補，先有二十七卷，嘉慶二十年自刻。道光十年、十九年兩次增刊，編爲四十卷。後版毁，咸豐九年許文深刻於廣東南海丞署，除《壹齋詩集》四十

卷外，增《賦》一卷、《畫品》一卷、《畫友録》一卷、《兩朝恩賚記》一卷、《泛槳録》二卷、《蕭湯二老遺詩合編》一卷、《奏御集》二卷，共四十九卷。別本《壹齋集》詩五卷、文一卷，稿本三册，録詩二百餘首、雜文十九篇。

此本據復旦大學圖書館藏清咸豐九年許文深刻本影印其詩集四十卷。（謝敬松）

### 師竹齋集十四卷　（清）李鼎元撰（第 1475 册）

李鼎元（1750—1815），字味堂，又字和叔，號墨莊。綿州（今四川綿陽）人。乾隆四十三年（1778）進士，改庶吉士，授翰林院檢討，後改官宗人府主事，調兵部主事。嘉慶四年（1799）以内閣中書充册封琉球副使，出使琉球。著有《使琉球記》，《再游記》。傳見《清史列傳》卷七二、《國朝耆獻類徵》卷一四七。

此集十四卷，爲李鼎元使琉球後自定所作詩，按年編輯。始於乾隆二十九年，終於嘉慶五年（1800），收録古今體詩凡一千九百餘首。王昶、法式善、馮培爲之序。集中《琉球草木詩》二十四首，皆述耳目見聞。《京都歲時詩》三十首，寫北京風俗崇尚，純乎史家氣質。孫桐生《國朝全蜀詩鈔》謂：“其詩才筆謹嚴，風骨高峻，奉使諸作，才氣雄健豪邁，前無古人。即雨村詩老，亦當退舍。誠然爲西蜀一大宗也。”

此本據復旦大學圖書館藏清嘉慶七年刻本影印。（謝敬松）

### 敏齋詩草二卷巴塘詩鈔二卷　（清）李苞撰（第 1475 册）

李苞（1750—約 1830），字元方，號敏齋。狄道州（今甘肅臨洮）人。乾隆四十八年（1784）舉人，授廣西陽朔、賀縣知縣，歷任巴縣等地，有政聲。調京都東城兵馬司指揮，升山東鹽運司運同，後任四川劍州知州，在任數載，以年老致仕。歸寓成都。生平事迹見《洮陽耆英紀略》。

《詩草》二卷，自序謂：“取《牽絲》、《侍松》、《朝陽》、《詩社》諸集，刪存十之三四，總曰《敏齋詩草》。”有吳鎮序。上卷出《牽絲草》，記廣西一帶風情民俗，依作者行蹤爲序排列，自《出都抵陽朔任作》，至《過五丁峽》。下卷出《劍陽詩草》，記其在四川任官、悠游之事。其詩多記述西南地區風土人情，如《粵西諸蠻詩四十韻》，記載侗、瑶、蜑等各族生活狀況，儼然一幅小型西南風情圖。《巴塘詩鈔》上下卷，另刊，爲作者在劍州任內所作，專記四川山水風情。卷前有林喬蔭序，每首詩後均有李華春評點。

此本據中國科學院圖書館藏清嘉慶二十二年刻本影印。（姚遠）

**留春草堂詩鈔七卷**　（清）伊秉綬撰（第1475 冊）

伊秉綬（1754—1815），字組似，號墨卿，又號墨庵，一作默庵。汀洲（今福建寧化）人，故人又稱“伊汀洲”。乾隆五十四年（1789）進士。改刑部主事，擢員外郎。出爲惠州知府，旋授揚州知府。以父憂歸，服除，再至揚州。疾作，卒。善書法，得漢隸真傳。工詩古文辭，然詩名爲書所掩。傳見《清史稿》、《清史列傳》卷七二。

《詩鈔》七卷，有法式善、吳賢湘序，曾燠、魏成憲題辭，余正焕後序。録古今體詩凡六百三十一首，以與友人贈答、送別之詩及即事、咏物、咏史、寫景之作居多。其詩善言愁，寫歡愉之詞亦暗含感傷。如《見新月》，雖謂“好風吹帶影，喜色上眉尖”，然接以“人已垂垂老，光宜夜夜深”，爲歲月無情而傷懷。陳衍《石遺室書録》謂其詩“筆情娟秀，而時作雄健渾成語”。

此書有嘉慶十二年刻本，嘉慶十九年廣州秋水園刻本。今據嘉慶十九年秋水園刻本影印。（謝敬松）

**秋室集十卷**　（清）楊鳳苞撰（第 1476 冊）

楊鳳苞（1754—1816），字傅九，號秋室。歸安（今浙江湖州）人。諸生。少以《西湖秋柳詞》有名于時，人稱楊秋柳。阮元編《經籍纂詁》，亦與分纂。晚年在湖州陳氏家塾教書，曾欲修明史，未果即卒。傳見《清史列傳》卷七三。

《秋室集》十卷，卷首有陸心源序，卷一至卷五爲文，卷六至卷十爲各體詩。其文“多記明季遺事及鄉里掌故。其源出于史家者，流傳不及全謝山而精過之。其詩囊括唐宋，沉博高卓”（陸心源序）。楊鳳苞作詩初學李商隱，後與朱彝尊、厲鶚作風相通，屬浙西詩派，長于七言歌行。對經學、小學頗有研究。深諳明末史實，曾作《南疆逸史跋》十二篇。嚴可均特搜集其詩文遺作，編爲《秋室詩文集》，并作序。

《秋室集》有光緒十一年湖州陸心源刻本，據陸心源序，“先生生前嘗選刻其詩二百首爲《秋室詩録》，族弟知新注行其《西湖秋柳詞》七十章，文則僅刻十餘首，餘稿盈篋存于其婿張明經家”，同治丁卯，陸氏“先得未刻詩于書估，復從月湖丁處士得未刊文若干首。……莊明經知余有重編之舉，貽以刻本《秋室詩録》、雜文、《西湖秋柳詞》。而先生著述略具，乃刪并重複及應酬諸什，編爲十卷”。

此本據清光緒十一年陸心源刻本影印。（馬亞中　楊年豐）

**惟清齋全集十七卷年譜二卷**　（清）鐵保撰（第 1476 冊）

鐵保（1752—1824），字冶亭，一字鐵卿，號梅庵。先世愛新覺羅氏，後改棟鄂氏，滿洲正黄旗人。乾隆三十七年（1772）進士，官至兩江總督。嘉慶十四年（1809）因李毓昌事謫戍迪化。復官吏部尚書，後又遭内監謗與伊犁將軍松筠劾，於嘉慶十八年謫戍吉林。道光初，賜三品卿銜。以疾乞休。傳見《清史稿》、《清史列傳》卷三二等。

《惟清齋全集》含《年譜》二卷,《奏疏》二卷,《梅庵文鈔》六卷,《梅庵詩鈔》五卷,《應制詩》一卷,《玉門詩鈔》二卷,附《詩餘》一卷。全集前有道光元年(1821)劉鳳誥序及道光二年汪廷珍、阮元等序。《詩鈔》前亦有百齡、吳錫麒、徐端、阮元等序及自序。鐵保曾任漕運總督、兩江總督,故其奏議中多有反映乾嘉時代社會狀況之資料。如《籌辦宿州奸民滋事疏》,記載白蓮教在安徽宿州、亳州一帶的發展情況。再如《縷陳湖河情形疏》、《吳淞海防疏》、《籌辦海防章程疏》等,可見清代中期海防廢弛,漕運不暢之情形。其詩多咏物及訪古抒情之作。鐵保曾居外多年,見多識廣,且又爲旗人,素習騎射,故其詩題材廣泛,氣韻豪邁。如《草書歌》、《古赤銅刀歌》、《較射再示諸同人》等,有太白之逸與東坡之豪。《舟中風雨楚艘大桅爲雷擊斷長歌紀事》,意象奇詭,頗類長吉。《山行》、《渡黃河》等,又似杜甫之沉鬱頓挫。《清史稿》本傳謂其"優於文學,詞翰并美"。

此本有道光二年石經堂刻本,今據遼寧省圖書館藏本影印。(姚遠)

### 駢儷文三卷　(清)孔廣森撰(第1476冊)

孔廣森(1752—1786),字衆仲,又字撝約,號顨軒。曲阜(今屬山東)人。孔子第六十八世孫。乾隆三十六年(1771)進士,改庶吉士,授檢討。性澹泊自守,耽于著述,不登顯貴之門。以養親告歸,遂不復出。傳見《清史稿》、《清史列傳》卷六八等。

《駢儷文》三卷,卷一爲賦、頌、摺子、呈文、書、札,卷二爲序、記,卷三爲書後、論、連珠、誄、哀辭、祭文。有其甥朱文翰後序。孔廣森嘗從戴震受經學,從姚鼐學古文。經史小學,無不通,尤精研《春秋公羊傳》。擅駢文,論者以爲兼有漢魏六朝初唐駢文之勝,汪中讀之歎爲絕手。

此本據清嘉慶十七年孔昭虔刻《顨軒孔氏所著書》之第七種影印。(馬亞中　楊年豐)

### 葆冲書屋集四卷葆冲書屋外集二卷　(清)汪如洋撰(第1476冊)

汪如洋(1755—1794),字潤民,號雲壑。祖籍休寧(今屬安徽),其父汪孟鋗爲乾隆三十一年(1766)進士,定居秀水(今浙江嘉興)。如洋爲乾隆四十五年(1780)狀元。授翰林院修撰,入直上書房。五十一年,典試山東,同年冬督雲南學政。傳見《國朝耆獻類徵》卷一三二、《歷代兩浙詞人小傳》卷八等。

《葆冲書屋集》四卷,收詩四百首,以年爲繫。其作以咏物爲多,用典綿密,典雅雍容。《外集》二卷,收詩一百四十七首,附詩餘,亦依年爲繫,多爲咏物、壽詩、試帖之類。王昶《蒲褐山房詩話》稱其詩"清圓朗潤,不襲槎枒槁瘦習",徐世昌認爲王昶評價"未盡其長",而稱其"命意選詞堅凝密栗,不蹈尋常窠臼"。

據王昶《蒲褐山房詩話》所記,此集爲成親王永瑆於嘉慶年間刻於京邸。今據華東師範大學圖書館藏嘉慶刻本影印。(姚遠)

### 存素堂詩初集錄存二十四卷　(清)法式善撰(第1476冊)

法式善(1753—1813),原名運昌,字開文,號時帆,又號梧門。蒙古族烏爾濟氏,隸屬內務府正黃旗。乾隆四十五年(1780)進士,官至侍講學士。著作另有《陶廬雜録》、《清秘述聞》、《槐廳載筆》等。傳見《清史稿》、《清史列傳》卷七二等。

《存素堂詩初集錄存》二十四卷,詩編年自乾隆四十五年至嘉慶十一年(1806),收古近體詩二千餘首。前有袁枚、吳錫麒、洪亮吉、楊芳燦序及自序,後有彭壽山、王墉跋。

法式善爲蒙古族,沾染風習較少,故其詩清新,別出一幟。洪亮吉稱"先生性極平易而所爲詩則清峭刻削,幽微宕往,無一語旁沿前人,及描摩名家大家,諸氣習較《懷麓堂集》,似又可別立一幟"(《序》),"如巧匠琢玉,瑜能掩瑕"(《北江詩話》)。

《存素堂詩初集録存》爲王墉嘉慶十二年刻於湖北德安,今據中國科學院圖書館藏本影印。(馬亞中　楊年豐)

### 存素堂文集四卷續集四卷(續集存卷一、卷二、卷四) (清)法式善撰(第1476冊)

《存素堂文集》四卷,卷一爲論、考、辨、序,卷二爲序,卷三爲序、跋、書、書後、例言,卷四爲傳、狀、墓志銘、墓表、碑文、記、銘。文集篇後有陳澧、孫星衍、吳嵩梁、趙懷玉等人評語。《存素堂文續集》篇後亦有秦瀛、趙懷玉等人評語。

《存素堂文集》爲嘉慶十二年程邦瑞刻於揚州,《存素堂文續集》卷一爲刻本,卷二至卷四爲抄本,各卷篇後均有評語,體例與文集同,中間有點校痕迹,疑爲繼《存素堂文集》刊刻而未完,今據復旦大學圖書館藏本影印。(馬亞中　楊年豐)

### 芙蓉山館全集二十卷附録一卷 (清)楊芳燦撰(第1477冊)

楊芳燦(1753—1816),字才叔,一字香叔,號蓉裳。金匱(今江蘇無錫)人。乾隆四十二年(1777)拔貢生。補伏羌知縣,歷官靈州知府、户部員外郎。與修《會典》。歸後主講衢杭、關中、錦江諸書院。又與修《四川通志》。著作另有《羅襦記》傳奇等。傳見《清史稿》、《清史列傳》卷七二等。

《芙蓉山館全集》二十卷,凡《詩鈔》八卷,《詩補鈔》一卷,《附録詞》二卷,《詞附鈔》一卷(《移筝詞》之《菩薩蠻》組詞集李商隱句,《拗蓮詞》之《子夜歌》組詞集温庭筠句),《文鈔》八卷。有王昶、顧敏恒、楊廷錫、法式善等所作序跋。另附録《無錫金匱縣志·文苑列傳》本傳、陳文述所作《傳》、陳用光所作

《墓志銘》、姚椿所作《墓表》。《詩鈔》前有劉繼增校訂序。

楊芳燦詩、詞、文及駢體、戲曲諸體兼擅。詩取法杜甫、李商隱。洪亮吉稱"如金碧池臺,炫人心目"(《北江詩話》)。詞則能取吳文英、蔣捷之妙。法式善謂其駢文可"上掩徐、庾"(《梧門詩話》)。

此集爲光緒十七年活字印本,劉繼增據其原稿整理增删編訂,今據華東師範大學圖書館藏本影印。(馬亞中　楊年豐)

### 稻香吟館詩稿七卷 (清)李賡芸撰(第1477冊)

李賡芸(1753—1817),字生甫,一字書田,號郵齋,又作許齋。江蘇嘉定(今屬上海市)人。乾隆五十五年(1790)進士。授浙江孝豐知縣,轉任德清、平湖知縣,因賑災有功升處州同知,官至福建按察使。賡芸精許慎之學,明於歷代官制,師事同縣錢大昕,所作另有《炳燭編》,專録其研經考古之作。傳見《清史稿》、《清史列傳》卷七五、《練川名人畫像》卷四等。

此集七卷,前有阮元、陳壽祺序。卷一至卷六爲各體詩歌,卷七爲文。其詩題材廣泛,多寫其生活閑趣,語言淺近,意趣橫生。陳壽祺序謂其"風格綿婉,隸事清新,冷然得白、陸之遺"。其《春草》尾聯"最是年年踏青候,不須惆悵怨王孫",頗具新意。《咏古絶句》"宣和御筆擅蒼鷹"一首尾聯"雪滿天山圍獵日,拈毫可寫海東青",意蘊深遠,亦暗含歎惋與諷刺。卷七爲各體文,多爲碑記、小傳、行狀等。

此本據上海圖書館藏清道光刻本影印。(姚遠)

### 孫淵如先生全集二十一卷 (清)孫星衍撰(第1477冊)

孫星衍(1753—1818),字伯淵,又字淵

如,號季述,又號芳茂山人。陽湖(今江蘇常州)人。乾隆五十二年(1787)進士,授編修,改刑部主事,出爲山東兖沂曹濟道,兼管黃河兵備道、山東督糧道,權山東布政使。去官後主講揚州安定書院、紹興戢山書院。著作另有《尚書今古文注疏》、《周易集解》等。傳見《清史稿》、《清史列傳》卷六九等。

《孫淵如先生全集》二十一卷,含文集十二卷,詩集九卷。文集內《問字堂集》六卷,《岱南閣集》二卷,《五松園文稿》一卷,《嘉穀堂集》一卷,《平津館文稿》二卷。詩集又名《芳茂山人詩録》,內《澄清堂稿》二卷,《澄清堂續稿》一卷,《濟上停雲集》一卷,《租船咏史集》一卷,《冶城絜養集》二卷,《冶城遺集》一卷,《冶城集補遺》一卷。

孫星衍一生嗜學,好藏書,勤于著述,精于校刊。其文"皆考正經義之文,確有依據,不爲鑿空之談"(邵秉華《平津館文稿書後》)。其"詩初效青蓮、昌谷,以奇逸勝人。先輩袁簡齋嘗謂近代詩人清才易得奇才難得,而推先生爲奇才。晚年沖和静穆,乃近香山老人"(石韞玉《芳茂山人詩録序》)。

集內詩文刊刻時間不一。《問字堂集》刊于乾隆五十九年,《平津館文稿》刊于嘉慶十三年(1808)。《芳茂山人詩録》由其弟沈星衡哀集,龔慶編次,其中《澄清堂續稿》、《濟上停雲集》、《租船咏史集》、《冶城遺集》與嚴可均共商訂次。《冶城集補遺》爲楊文蓀搜輯編定。詩集均刻於嘉慶二十五年。詩文集總爲《孫淵如詩文集》,民國八年商務印書館《四部叢刊》影印嘉慶刻本,題《孫淵如先生全集》,今據以影印。

上述文五集均收入《岱南閣叢書》,詩集收入《平津館叢書》。另有光緒十年至十一年朱氏槐廬家塾刊本,詩集爲十卷。(馬亞中　楊年豐)

## 陶山詩前録二卷陶山詩録二十八卷　(清)唐仲冕撰(第1478冊)

唐仲冕(1753—1827),字六礤,號陶山。善化(今湖南長沙)人。乾隆四十六年(1781)主持泰山書院,參與重修《泰安縣志》,編《岱覽》。五十八年進士,授江蘇荆溪、吳縣等縣知縣。嘉慶七年(1802)任海州知州。官至陝西布政使。所至有惠政。傳見《續碑傳集》卷二一、《國朝耆獻類徵》卷一九六等。

《陶山詩前録》乃乾隆五十八年入仕前湘中所作,經姚鼐删定,存詩一百四十首。《陶山詩録》包括《陶山詩録》十二卷、《陶山詩續》十六卷。存詩起乾隆五十八年迄道光六年(1826),共二千餘首。其中《詩録》録乾隆五十八年至嘉慶十六年(1811)之詩,一官一集,共十五集。《詩續》録嘉慶十六年至道光六年之詩,分爲十六集。

唐仲冕爲官幹練,嘗開海州甲子河,濬吳淞江,爲人稱頌。集中詩與政事、軍務、農田、水利、民生多有關涉,如《親查保甲紀事》、《修先農壇》、《引河篇》、《捕梟行》等作皆是。唐仲冕生平經歷南北,山水紀程詩亦多,如《阿房故址》、《邠州紀事四首》、《浙閩道中》、《川途絶句二十首》等,雖無絶麗之辭,要亦沉穩樸茂。曾任海州知州,故其詩於海胊一地,所咏尤詳,有《海州風景十首》等。乾隆間湘中學風未開,仲冕獨受考據學者濡染。往來如段玉裁、孫星衍、張敦仁、王芑孫、吳騫、趙懷玉皆篤學之士。由是湘中學子多受其影響。《詩前録》秦瀛序稱其"詩能通政"。《詩録》自序則稱:"詩宗韓、蘇……後頗效岑、高,然憚於精專,貪多喜雜,知而不能改也。"

此書有嘉慶十六年刻道光增修本,今據中國科學院圖書館藏本影印。(蔣倩)

## 陶山文録十卷　(清)唐仲冕撰(第1478冊)

是集爲仲冕自定。前有其姪嚴如熤序,目

録後有作者《自識》一篇。後有錢大昕、段玉裁、翁廣平、黄本驥、車持謙所作跋,戴凝之所作後序。每篇之尾,附載錢大昕、王昶、姚鼐、孫星衍、洪亮吉、段玉裁、法式善、秦瀛、伊秉綬、許桂林諸家評語。其與乾嘉學者,交游殆遍。是集卷二爲經説,實事求是,自抒心得。錢大昕謂其所説《易義》窮極窈眇,《周禮義》考核精審。段玉裁亦謂其所著《周易》、《周禮》諸説,剖析精確,懸諸日月不刊。其《編詩説》一篇,合《小序》、鄭譜,仿《周易》序卦、《説文》繫述之例,融會全經,蟬聯珠貫,尤有裨於初學,且爲當時言《詩》者所未及。戴凝之《後序》謂其文"考核經義一歸醇正,銘傳人物不爲諛詞,其間條水利、發幽潛、爲黔黎請命,則又一本之以精誠所到,而不爲靡靡瑣瑣之言"。

此本據浙江圖書館藏道光二年刻本影印。(蔣倩)

## 揅經室集五十七卷　(清) 阮元撰 (第1478—1479 册)

阮元(1764—1849),字伯元,號芸臺,一作雲臺。儀徵(今屬江蘇)人。乾隆五十四年(1789)進士,選庶吉士,授編修。嘉慶中先後任浙江、江西、河南巡撫及湖廣、兩廣、雲貴總督。道光時,加太子太保,進太傅,謚文達。著作另有《疇人傳》、《兩浙金石志》等,編有《淮海英靈集》、《兩浙輶軒録》等。傳見《清史稿》、《清史列傳》卷三六等。

阮元精《文選》學,論文重文筆之辨,作《文言説》,提出"以用韻比偶之法,錯綜其言"方可稱"文",實爲鼓吹駢文。自作駢、散文亦淵懿閑雅。工詩,洪亮吉謂其詩"如金莖殘露,色晃朝陽"(《北江詩話》)。

《揅經室集》五十七卷,卷首有自序。正集四十卷,分四集。一集爲"説經之作",共十四卷。二集爲"近于史之作",共八卷。三集爲"近于子之作",共五卷。四集"御試之賦及駢體有韻之作"二卷,詩十一卷(《自序》)。四集詩卷一至卷七爲《琅嬛仙館詩略》,卷八至卷十一爲《文選樓詩存》。續集十一卷,卷五至卷十一爲《文選樓詩存》之卷十二至卷十八。再續集六卷,卷五、六爲《文選樓詩存》之卷十九、二十。詩皆編年。

《揅經室集》正集四十卷初刻於道光三年,續集道光十年刻於滇南,續一集爲道光十三年續刊。道光間阮亨輯刊并再續集爲《文選樓叢書》本,成五十七卷。另有《揅經室集》初刻本五十四卷,續集爲九卷,無再續集。廣州書局重刻本五十六卷,續集爲十一卷,亦無再續集。其詩另有《琅嬛仙館詩略》八卷、《文選樓詩存》五卷、《揅經室詩録》五卷單行,有嘉慶十三年刊本,《詩録》咸豐五年伍崇曜輯刊《粤雅堂叢書》亦收之。

此本據上海圖書館藏清道光阮氏文選樓刻本影印。(馬亞中　楊年豐)

## 校禮堂詩集十四卷　(清) 凌廷堪撰 (第1480 册)

凌廷堪(1757—1809),字次仲,號仲子先生。歙縣(今屬安徽)人。乾隆五十五年(1790)進士,不願爲官,任寧國府學教授。曾受聘於詞典局,參加《四庫全書》修纂,亦曾入畢沅幕。凌廷堪究心經史,慕江永、戴震之學,長於考辨,撰有《禮經釋例》十三卷、《元遺山先生年譜》等。《清史稿》有傳。

李慈銘《讀凌次仲詩集》稱凌廷堪詩"格調清俊,時有佳句",此集中往往自出精論,發諸家所未及。如懷古之作《余忠宣公祠》:"碧血當年莽緑蕪,至今祠廟枕江孤。忠臣一樣封疆死,誰吊南臺福大夫。"能發人深省。其他如《采石望虞雍公戰處有感》、《周忠毅公宗健玉印歌》、《姚江篇》等,皆議論獨絶,不愧名作。《高堂生墓》、《河間城北三十五里有地曰毛精壘相傳爲漢毛公冢》、《題吴上舍讀易圖》等又名理湛然,深神經學,而詩律簡雅。

其集原名《校禮堂初稿》，乾隆六十年盧文弨爲之序。歿後門人張其錦據其初稿增輯，編爲《校禮堂文集》三十六卷，前增錢大昕書函及江藩序，嘉慶十八年刻。其錦又輯《校禮堂詩集》十四卷，有嘉慶二十年白鎔序，又張炳題詞，又張其錦目録後跋，道光六年宣城曲紘亭刻。與《燕樂考原》六卷、《梅邊吹笛譜》二卷、《笛律匡謬年譜》一卷，合爲《校禮堂全集》，李慈銘批并跋。詩編年，起乾隆三十九年，止嘉慶十四年（1809）。嘉慶十年至十二年無詩，蓋讀禮而不吟詩。原有《學吟集》、《傭書集》，總名《紫石山房吟草》，後删爲《海隅集》，列爲詩集首卷。又有《鑾江集》、《負土集》、《燕游集》、《春草閣詩》（後删爲《易蜩集》）。

此本據復旦大學圖書館藏道光六年張其錦刻本影印。另有《校禮堂初稿文》不分卷、《梅邊吹笛譜》二卷，稿本，上海圖書館藏。（蔣倩）

## 校禮堂文集三十六卷　（清）凌廷堪撰（第1480册）

凌廷堪拔起孤寒，自力於學，群經皆手抄讀之。觀是集卷二八《學勤齋時文自序》，卷三十《手鈔諸經跋》諸篇所述，可知其困學之功，自非常人所能逮。其學博通經史，復擅詞章，而尤精於《禮》。是集卷四有《復禮》三篇，以明先民製作之意，阮元歎爲唐宋以來儒者所未有。其持論與戴震爲近，於荀卿及戴氏之學，推尊尤至，故是集卷十有《荀卿頌》，卷三五有《戴東原先生事略狀》。考證之學，至惠棟、戴震而盛，效之者乃不免捨本逐末，凌廷堪嘗指斥其病，又慨然以解蔽自任，故教人以讀史爲亟務。江藩與凌廷堪交最密，稱其無史不習，大事本末，名臣行業，談論時若瓶瀉水，纖悉不誤。

此書有嘉慶十八年張其錦刻本，今據復旦大學圖書館藏本影印。（蔣倩）

## 淵雅堂全集五十六卷（編年詩稿二十卷、惕甫未定稿二十六卷、外集八卷、編年詩續稿一卷、文續稿一卷）　（清）王芑孫撰（第1480—1481册）

王芑孫（1755—1817），字念豐，又字漚波，號惕甫，一作鐵夫，又號雲房、楞伽山人。長洲（今江蘇蘇州）人。乾隆五十三年（1788）召試舉人，官華亭教諭。客京師，館董誥、梁詩正、王傑、劉墉、彭元瑞家，爲諸人代作文，後充教習，又與館閣之士游。傳見《清史列傳》卷七二、《國朝先正事略》卷四三等。

王芑孫肆力于詩文，時與法式善、何道生、張問陶、楊芳燦等作詩酒會。王昶《湖海詩傳》稱其詩"癯然以瘦，戛然以清"，"上溯杜、韓，而出入于郊、島間"。秦瀛則謂其詩"不必盡宗杜，又時時有緣情綺靡之作"（《楞伽山人詩集序》）。

《淵雅堂全集》五十六卷，卷首有自序、秦瀛所作舊序、鐵保序及汪榮光、李方湛等共作序、沈慈等續序。依次收《淵雅堂編年詩稿》二十卷（卷十七至卷二十爲續增），《惕甫未定稿》二十六卷。《淵雅堂外集》八卷，凡《詩外集》二卷，《瑶想詞》一卷，《文外集》四卷，少作《讀賦卮言》一卷。《淵雅堂詩文續集》二卷，含《編年詩續稿》一卷，《文續稿》一卷。詩集編年起乾隆三十六年，迄于嘉慶十九年（1814），凡一千四百餘首，文外集收駢體文三十餘篇。詩文續集中收六十歲後之作。

此集所收淵雅堂各集，刊刻時間不一。嘉慶三年（1798）自編成全集四十卷，《淵雅堂編年詩稿》十六卷、《惕甫未定稿》十六卷及經説史論（未編定），未刊。後又經其門人編輯校定，八年刻《淵雅堂編年詩稿》十六卷，二十年增益爲二十卷，《淵雅堂外集·詩外集》二卷。九年刻《惕甫未定稿》十六卷，二十年增益爲二十六卷，《淵雅堂外集·文外集》四卷。八年主講儀徵書院時刻少作駢文《讀賦卮言》一卷於邗上,二十五年又刻《淵雅堂詩文續集》二卷。并《瑶想詞》一卷,都爲五十六卷。

此本據上海辭書出版社圖書館藏清嘉慶刻本影印。(馬亞中 楊年豐)

### 曬書堂集十七卷 (清)郝懿行撰(第1481冊)

郝懿行(1757—1825),字恂九,號蘭皋。棲霞(今屬山東)人。嘉慶四年(1799)進士,授戶部主事。郝懿行爲乾嘉樸學大師,著作收入《郝氏遺書》,其中《爾雅義疏》影響最大。生平見《清史稿》。

郝懿行居貧力學,雖浮沉郎署二十七年,而一心肆力於著述。其著述甚多,而以《爾雅義疏》爲瘁盡心力之作。是集原名《曬書堂草》,有《文集》十二卷、《外集》二卷、《別集》一卷、《詩鈔》二卷。前有潘祖蔭序、目錄及凡例。其中卷二《又與王伯申學使書》一文,論訓詁、音韻之學,最能體現其學術思想。其繼妻王照圓亦能文,有《曬書堂文存》一卷。夫唱婦隨之作,有《和鳴集》傳世,均刻入《郝氏遺書》。

此書有光緒十年東路廳署刻《郝氏遺書》本,今據以影印。(蔣倩)

### 連雲書屋存稿六卷 (清)焦和生撰(第1482冊)

焦和生(1756—?),字琴齋。蓋平(今屬遼寧)人。漢軍旗人。乾隆四十九年(1784)進士。五十七年充四川主考,旋授廣東瓊州府署雷瓊道,升湖北兵備道。生平事迹見民國《蓋平縣志》卷九。

此集六卷,有錢清履序及自序。和生爲官十數年,歷年吟咏成帙,得千餘篇。後刪繁就簡,得四百餘首。此編不分體,皆至性流露之作。內中記黎族風土人情并平亂事宜,多詳加注解。錢清履序謂其詩"大篇決流,短章斂芒,縟而不釀,縮而不僒"。

此書爲嘉慶二十年自刻,錢清履刪校,今據遼寧省圖書館藏本影印。(許紅霞)

### 大雲山房文稿十一卷 (清)惲敬撰(第1482冊)

惲敬(1757—1817),字子居,號簡堂。陽湖(今江蘇常州)人。乾隆四十八年(1783)舉人,歷官富陽、瑞金等地知縣,擢南昌、吳城同知。著作另有《十二章圖説》、《子居決事》等。傳見《清史稿》、《清史列傳》卷七二等。

惲敬早年從事考據、駢儷之學。後受桐城派影響,改治散文,但主張兼學諸子百家,欲以此補救桐城派行文單薄之弊。但考據非其所長,經世之學亦少新論,作文稍顯駁雜。與張惠言同爲"陽湖派"創始人。劉聲木《桐城文學淵源考》稱其文"研精經訓,深求史傳,得力於韓非、李斯,近法家言……雖氣必雄厲,力必鼓努,思必精刻,然綜核廉悍,高簡有法,其熔煉淘洗之功用力甚久"。

《大雲山房文稿》十一卷,卷首有《通例》、惲敬自爲叙錄,卷末有惲念孫跋。凡《初集》四卷、《二集》四卷、《大雲山房言事》二卷、《大雲山房文稿補編》一卷。《初集》、《二集》均依體編目。《初集》四卷,嘉慶十六年(1811)刻於北京琉璃廠,當年九月補刻於常州。二十年,重刻《初集》於南昌甲戌坊。二十一年,又刻成《二集》四卷於廣州西湖街。後重印時,又增補入《言事》二卷。同治二年從子惲世臨翻刻《初集》、《二集》、《言事》共十卷於湖南。同治八年嗣孫惲念孫因家藏原稿煅於兵燹,重刻於蜀,增入《補編》一卷。光緒十年重刻《初集》四卷、《二集》四卷、《言事》二卷、《補編》一卷共十一卷,上海涵芬樓《四部叢刊》即據此本影印。又有光緒十四年重刻本,僅收《初集》、《二集》。

此本據民國八年上海商務印書館《四部叢刊》本影印清光緒十年刻本影印。(馬亞中 林振岳)

**邃雅堂集十卷**　（清）姚文田撰（第 1482 冊）

姚文田（1758—1827），字秋農，號梅漪。歸安（今浙江吳興）人。嘉慶四年（1799）進士，官至禮部尚書。著有《說文聲系》、《古音諧》等。生平見《清史稿》。

此集十卷，係作者手定。前四卷爲雜文，卷一爲論說之文，卷二爲序、跋後、書，卷三爲記、考、事略、傳、雜體，卷四爲形狀、碑志、祭文。卷五爲進御冊，卷六爲進御詩，卷七至卷九爲古今體詩，末卷爲賦。文田一生奔走於官場，未能潛心學問，十卷之中僅論說文及詩賦之作可傳。姚氏重宋學，張揚義理，其《讀詩論》曰：“古之讀書專務義理，故旁推而交通之皆有用也；今則墨守傳注，膠固淺隘，故詩雖存不能用。”當時學人盛談考據，率尊漢詆宋，而姚氏獨持異議。姚文田持己端方，居官清慎，雖本宋儒，而博覽群書，精於攻核，則亦取漢儒爲法。其論說之文言簡意賅，針砭時弊，於古代經典亦有獨特之見。爲官之餘，亦寄情山水，作詩言賦。其詩或寫景狀物，或寫人記事，或吟咏古迹，或抒懷壯志，皆有可觀。

姚氏所著先有《求是齋自訂稿》不分卷，嘉慶間刻，清潘德輿批，復旦大學圖書館藏。後自訂《邃雅堂集》十卷，道光元年江陰學使署刻。

此本據上海辭書出版社圖書館藏清道光元年江陰學使署刻本影印。（謝攀）

**邃雅堂文集續編一卷**　（清）姚文田撰（第 1482 冊）

此《續編》一卷，行文一如《邃雅堂集》。內有時文序、詩集序、鄉試後序、文集序、遺文序、族譜序、詩序、書跋後、儒學記、捐田記、墓志銘、傳記、墓表、祭文等。其文言簡意賅，精闢獨到，《河上易注序》、《跋三世明經圖後》、《華亭賓興捐田記》等可爲代表。

此本據上海辭書出版社圖書館藏道光八年刻本影印。（謝攀）

**白鶴山房詩鈔二十卷白鶴山房詞鈔二卷白鶴山房外集二卷**　（清）葉紹本撰（第 1483 冊）

葉紹本（1767—1841），字立人、仁甫，號筠潭。歸安（今浙江湖州）人。湖南布政使葉佩蓀子，葉紹楏弟。嘉慶六年（1801）進士。授翰林院編修，出爲福建學政。官至山西布政使，後降鴻臚寺卿。重文愛士，擅詩古文辭。傳見《湖海詩人小傳》卷四二、《詞林輯略》卷五。

《白鶴山房詩鈔》二十卷，有鮑桂星、陳用光、趙申嘉、吳嵩梁序及自序，錢大昕、祝德麟、蔡之定、英和等題詞，計收古今體詩一千四百九十六首。葉紹本供職翰林，纂修國史之暇，與同僚結詩社唱酬吟咏，日月既多，時有所積。及視學閩南，觀察清河，從軍澶淵，權榷津淀，歷數十年之久，雖車馬倥偬，未嘗一日廢詩。所歷山川雲物、人事離合之感慨付於詩者，俱收集中。葉紹本以文學起家而耐吏事，工詩及駢體文。《歸安縣志》小傳稱其“酷嗜詩，無日不作。以唐人爲宗，詞及駢偶之文皆斐然可觀”。嘗從錢大昕、王鳴盛、王昶游。道光十六年與黃爵滋、徐寶善等發起“江亭展禊”，參加者多爲宣南詩社成員。其詩恪守師訓，直抒性情，“不事險怪綺靡，以雄深雅健爲宗，故能力追大家，氣象宏博”（《晚晴簃詩匯》）。平生推崇李夢陽、何景明，不滿錢謙益之詩論。所作《仿遺山論詩絕句》等，鮑桂星謂其“崇李何之正軌，黜虞山之邪說”。《詞鈔》二卷，內《星軺唱和集》一卷，《花影齋倚聲集》一卷，計詞一百十七首，鎮洋汪彥國序，內中不乏醉歌咏懷，格調高遠之作。《外集》試律二卷，門人唐澂序。所載皆帖括模擬之作，亦能不落窠臼。

此書有道光七年桂林使廨刻增修本，今據山東省圖書館藏本影印。別本數種：《白鶴山房詩鈔》四卷，嘉慶十二年榕城使署刻本，

廣東省圖書館藏;《白鶴山房二集》五卷,嘉慶二十四年保陽使署刻本,南京圖書館藏。（許紅霞）

## 點蒼山人詩鈔八卷附錄一卷　（清）沙琛撰（第1483冊）

沙琛（1759—1822）,字獻如,號雪湖,又號點蒼山人。太和（今雲南大理）人,回族。乾隆四十五年（1780）舉人。歷官安徽懷遠、懷寧知縣,調署建德、合肥、霍邱等縣及六安州。爲官清廉得民心,知霍邱時因審案不當而坐罪戍邊,後免罪遣歸。生平見《滇文叢錄作者小傳》卷中。

此集中所收之詩大多爲訪古紀游之作,大抵按照作者爲官地點編排。卷一、二當爲獲罪之前至遇赦遣歸時期所作,多寫滇黔、安徽景物,咏山壑則雄奇博大,咏河湖則氣象萬千,咏特產則清香滿紙。如《順寧阿魯石至芒街渡》、《游洱水》、《竹實》、《松橄欖》、《榧松子》諸篇皆可誦。卷三以下當爲遣歸之後所作,每有氣奇情切、豪邁曠達之作。如《青海鋪大雪》"挈壺屬老友,苦樂付一尊"等句,頗耐尋味。集中咏安徽景物之詩尤多,如《望蒙城山懷古》記蒙城,《廬陽懷古》記合肥,《迎江寺東堂》記安慶等等。皖省四縣民曾爲其釀金贖罪,作者爲此作詩感謝,讀之亦頗感人。附錄一卷,爲朝廷上諭及建德、懷寧、懷遠、霍邱四縣民之贖罪呈文。

此書收入民國三年刻《雲南叢書初編》,今據上海辭書出版社圖書館藏本影印。另有《點蒼山人詩鈔》八卷,嘉慶九年刻本,嘉慶二十三年太和沙氏刻本,雲南圖書館等藏。（姚遠）

## 綠天書舍存草六卷　（清）錢楷撰（第1483冊）

錢楷（1760—1812）,字宗範,一字裴山,浙江嘉興人。乾隆五十四年（1789）進士。改庶吉士,授户部主事,歷官桂、豫、晋諸省,官

至安徽巡撫。工書畫,善篆隸。生平事迹見《清史稿》、《碑傳集》卷七四等。

是書爲阮元所删定,前有阮元序及所作《安徽巡撫裴山錢公傳》。因阮元與錢楷聯姻,錢楷之母在楷殁後將詩稿交由阮元,故此傳叙錢楷事甚詳,可補正史之不足。全集錄詩五百七十七首,按年編排。錢楷詩風平和冲澹,豐腴而不繁縟,古樸有漢魏之風,如《金宫詞》、《冬春行分賦》等篇。因其曾於西南地區爲官,故詩中多有反映當地景物與民風者,如《醉蝦》、《食鮮筍》、《偶噉荔枝》等篇皆是。

此書有嘉慶二十三年儀徵阮氏廣州刻本,今據上海圖書館藏本影印。（姚遠）

## 多歲堂詩集四卷載賡集二卷附試律詩集一卷賦集一卷　（清）成書撰（第1483冊）

成書（1760—1821）,字倬雲,號誤庵。穆爾察氏,滿洲鑲白旗人。乾隆四十九年（1784）進士。授户部主事,乾隆五十六年授侍講,升侍講學士,調盛京户部侍郎。後任副都統,充經筵講官,因事降四級調用。嘉慶十九年（1814）授直隸泰寧鎮總兵,調烏什、葉爾羌辦事大臣。後召京補授太常寺少卿。道光元年（1821）擢兵部、户部右侍郎,兼漢軍正藍旗副都統。傳見《國朝耆獻類徵》卷一〇五、《八旗文經》卷五九。

《多歲堂詩集》四卷,卷一收詩一百六十八首,附文一首、詩餘一首,卷二收詩九十四首,此兩卷爲其任日講起居注官及哈密幫辦大臣時作。卷三收詩一百零五首,爲抵哈密任時所作。卷四收詩五十九首,附文一首,爲其任泰寧鎮總兵時作。各卷以年繫詩。作者長於古體詩,題材多爲咏物、咏史,偶有紀事之作。其詩隨年齡增長而日趨老成,學習老杜詩風之迹清晰可見。如《鈕祜祿烈婦歌》,絕類"三吏三別"。《藺相如墓》、《國士橋》等,近於老杜之《蜀相》。哈密任上所作諸詩,描繪

西北邊陲景色與物產,雄奇瑰麗。《多歲堂載賡集》二卷,爲乾隆五十七、六十年扈蹕避暑山莊時應和之作,雖内容單一,但氣象莊嚴,遣詞按韻謹嚴。《多歲堂試律詩集》不分卷,録試律詩三十三首。《多歲堂賦集》不分卷,録賦十篇。

此書有道光十一年刻本,今據復旦大學圖書館藏本影印。另有乾隆間刻本,遼寧圖書館藏;清末刻本,吉林圖書館藏。(姚遠)

### 煙霞萬古樓文集六卷　(清) 王曇撰 (第1483 册)

王曇(1760—1817),一名良士,字仲瞿,號蠡舟,又號昭明閣外史。秀水(今浙江嘉興)人。乾隆五十九年(1794)舉人。川楚兵事起,左都御史吳省欽薦其能作掌心雷平亂,語不經,吳被斥歸田,曇從此應進士試屢被抑不售,縱浪江湖而終。著作另有傳奇《玉鈎洞天》、《回心院》、《魚龍爨》等。傳見《清史列傳》卷七二、《國朝先正事略》卷四三九。

《煙霞萬古樓文集》原爲四十四卷,凡古文六卷,駢文六卷,本集十六卷,外集十六卷,爲作者四十五歲時所編。此六卷本是殁後由錢泳輯選,道光十八年(1838)輯補重刊。卷首有錢泳、陳文述序,王曇自序。收文四十篇。

此本據上海辭書出版社圖書館藏清嘉慶二十一年虎丘東山廟刻道光增修本影印。另有道光二十年刊本,光緒元年伍崇曜輯刊《粵雅堂叢書》,將文集與《煙霞萬古樓詩選》一併收入。(馬亞中　楊年豐)

### 煙霞萬古樓詩選二卷仲瞿詩録一卷　(清) 王曇撰 (清)徐渭仁輯 (第1483 册)

徐渭仁,字文臺,號紫珊、子山、不寐居士。寶山(今屬上海)人。國子監生,清道光、咸豐年間書畫家、收藏鑒賞家,時人稱爲"巨眼"。輯有《春暉堂叢書》、《隋軒金石文字》等。事迹見《清續文獻通考》卷二六八等。

《煙霞萬古樓詩選》二卷,先有陳文述道光二十年繁昌刻本,後版散佚。咸豐元年徐渭仁重寫刻詩選,又從《瓶水齋集》、《居士集》、《鐵雲鴉藤山館詩話》,輯爲《仲瞿詩録》一卷,并付刊刻於虎丘,收入《春暉叢書》。此本據復旦大學圖書館藏徐渭仁刻本影印。卷首有陳文述序、王曇自序。(馬亞中　楊年豐)

### 煙霞萬古樓詩殘稿一卷　(清) 王曇撰 (第1483 册)

《煙霞萬古樓詩殘稿》,張鳴珂光緒二十六年從范雯苕見所舊藏詩稿一册,細斠一過,仍依原舊録出,經李定芬斠録刻於寒松閣。此本據南京圖書館藏本影印。卷首有張鳴珂序,收乾隆五十三年至五十五年之詩。(馬亞中　楊年豐)

### 賞雨茅屋詩集二十二卷賞雨茅屋外集一卷　(清) 曾燠撰 (第1484 册)

曾燠(1759—1830),字庶蕃,號賓谷,晚號西溪漁隱。南城(今屬江西)人。乾隆四十六年(1781)進士。歷任户部主事、軍機章京、兩淮鹽運使、湖南按察使、湖北按察使、貴州巡撫、兩淮鹽政等。嗜吟詩,至老不倦。尤工駢體文,被譽爲清中期"駢文八大家"之一。選刻有《國朝駢體正宗》。傳見《清史列傳》卷三三、《續碑傳集》卷二一。

《詩集》二十二卷,收詩一千五百四十二首,前有吳錫麒、王芑孫、樂鈞序,後有王嘉禄、陳運鎮跋。其詩題材豐富,頗多題咏、訪古、賞鑒之作。《哭兄五首》、《哭妹》、《悼黃甥》諸詩,感情真摯。"西風無限淚,滴作硯池水"等句,亦堪流傳。咏物之作,亦清新可愛,且多有寄寓。如《雜詩十五首》、《草蟲六咏》等皆是。題咏諸作借景或借物抒情,多寫興亡之嘆,如《漢未央宫甎歌》、《南漢鉛錢嘆》、《梅下生圖爲宋梅生題》、《采石太白祠

題壁》等。洪亮吉《北江詩話》謂其詩"如鷹
隼脱韝,精采溢目"。《賞雨茅屋外集》一卷,
有吳鼒序、李之鼎跋。分體編類,有賦、序、
記、書、啓、碑銘、墓志銘、雜文等。此集所收
之文,多爲駢體,對仗工整,用典恰當,整飭
大方。

此書有嘉慶二十四年刻增修本,今據湖北
省圖書館藏本影印。（姚遠）

### 賜綺堂集二十八卷　（清）詹應甲撰（第1484 册）

詹應甲（1760—?）,字鱗飛,號湘亭。吳縣
（今江蘇蘇州）人。乾隆五十三年（1788）,以
獻賦賜舉人。任湖北竟陵、高安、蒲圻、恩施、
漢陽等縣知縣。卒年八十餘。長於戲曲。傳
見《清代學者像傳》第一集。

詹應甲爲詩,摔脱羈束,頗爲新異。如《竟
陵雜詩八首》、《初至高安八首》、《沮江櫂歌
十八首》等,乃采風之作,《施州樂府十四章》
咏社會各階層生活情狀,自成一組。又有
《棉花十作詞》、《種藥吟》、《讀制府汪稼門湖
北水利篇賦五律一百韻》,可作社會經濟史
料觀。《秦良玉錦袍歌》諸詩,則記明末
史事。

詹應甲自定詩古文詞,編爲《賜綺堂集》十
五卷,嘉慶十年讀我書齋刻。後輯爲《賜綺
堂集》二十四卷,道光三年退一步軒刻,有道
光三年王兆春等識。晚年輯爲《賜綺堂集》
二十八卷,有道光八年王兆春等序。計詩二
十卷、賦一卷、文二卷、《弦秋詞》四卷、《清江
詞》一卷,有秦瀛、鮑桂星、長麟、王芑孫序。
詩編年,起乾隆五十一年,止道光九年。

此本據山東省圖書館藏清道光止園刻本影
印。（蔣倩）

### 石柏山房詩存八卷首一卷　（清）趙文楷撰（第 1485 册）

趙文楷（1761—1808）,字逸書,號介山。

太湖（今屬安徽）人,趙昀父。嘉慶元年
（1796）進士,授翰林院修撰。五年,充册封
琉球國王正使。歸,爲山西雁平道,任事四
年,卒於官。生平事迹見《詞林輯略》卷
五等。

此集有帥承瀛序、湯金釗跋、趙昀跋。卷首
《經進詩》,卷一《礫存集》,卷二《于京集》,卷
三《楚游草》、《閩游草》,卷四《遄征集》,卷五
《槎上存稿》,卷六《獨秀草堂存稿》,卷七《木
天近録》,卷八《補遺》。《槎上存稿》爲《使琉
球集》,門人湯金釗曾爲之梓行。其中《渡海
放歌行》、《放舟奧山》、《諭祭中山先王廟》等
詩,咏琉球風俗物產,兼述兩國交誼。時副使
爲李鼎元,亦有《使琉球集》,見《師林齋集》。
陳鴻壽《種榆山館詩鈔》有《送趙介山李墨莊
册封琉球》詩八首。文楷雖幼既能詩,然觀
此集佳什無多,則終未見有大進。

其集咸豐七年子昀刻於惠潮嘉道署,今據
復旦大學圖書館藏本影印。卷五爲嘉慶五年
使琉球時作,手自刪訂,生前已梓行傳世,有
嘉慶二十四年湯金釗跋。餘皆未定之稿,由
其子昀等編輯。又有《海槎集》一卷,清抄
本,上海圖書館藏,該本未收。（蔣倩）

### 尚絅堂集五十六卷　（清）劉嗣綰撰（第 1485 册）

劉嗣綰（1762—1820）,字簡之,一字束之,
又字醇甫,號芙初,別號櫻寧子。陽湖（今江
蘇常州）人。汝器子。早游京師,知名於時。
嘉慶十三年（1808）進士。改庶吉士,散館,
授翰林院編修。歸主無錫東林書院。傳見
《清史列傳》卷七二、夏寶晋《冬生草堂文録》
卷四《墓志銘》等。

嗣綰年十二三即學爲詩,與諸詩家切劘垂
五十年。法式善稱其詩在秦瀛、趙懷玉、楊芳
燦之間。《兩般秋雨盦隨筆》摘其五七言佳
句,多可誦。

是集有法式善序及自序。内《詩集》五十

二卷,編年始於乾隆三十八年(1773),迄於嘉慶二十五年。分四十二集,收詩二千七百三十八首。總各集小序可作年譜觀。《駢文》二卷,有書、啓、文、誄、銘、記、引、序,共八十三首。《筝船詞》二卷,收詞一百六十一首。嗣綰四試春官,南北馳驅,四十七歲始得大魁。集中詠北京諸寺名勝甚多。又有《詠金陵詩四十首》,自謂酒篷吟榭,留題殆遍。嘗留揚州兩淮鹽政曾燠幕五年,遍交江南名士。所作多關風月,然如《官搜鹽》等篇,則非盡昇平之語。《戴叔倫墓》、《禹碑同顧響泉先生作》、《兕觥歸趙歌》等篇,於前代文物、時流著作,網羅甚富。

劉嗣綰所著先有《尚絅堂詩集》五十六卷,嘉慶十三年刻。後輯爲《尚絅堂集》五十四卷,内《詩集》五十卷、《文集》二卷、《駢文》二卷,嘉慶間刻。劉嗣綰卒後,其子延和重輯,編爲《尚絅堂詩集》五十二卷、《筝船詞》二卷、《駢文》二卷,道光六年大樹園刻,今據天津圖書館藏本影印。(蔣倩)

### 妙香齋詩集四卷　(清)趙德懋撰(第1485册)

趙德懋(1738—1821),字建澤,號荊園。諸城(今屬山東)人。乾隆五十四年(1789)拔貢。赴雲南路南州任采辦銅務,擢大理府知府,在任十年,護理迤西兵備道。

是集共四卷,前有慕榮幹、吳步韓序及賀瑞麟所作傳。末有其子宗嶠及曾孫嘉肇跋。趙德懋早年留心經世之學,後於雲南爲官期間也以政績斐然聞名。其所爲詩,多來自山川游歷,所到之處輒有題咏,如《入貴州界》、《過黔陽縣》、《安順府偶成》、《再過清泉寺》等,可見其游蹤所至。遥憶鄉關之作亦不少,如《冬夜》:"衙鼓頻敲夜色迷,青燈明滅雨淒淒……梅香浮動神思倦,夢到家山月滿溪。"語句樸實情深,"質而不俚,清而能腴,五言各擅格律,七言獨標神韻"(吳步韓序)。

趙德懋卒後,其子宗嶠輯其所作,道光間謀

梓未成。此集四卷,咸豐間出繼之子宗侖刻。後版毁,曾孫嘉肇重編其詩,輯爲《妙香齋詩集》四卷,光緒十一年三原縣署刻,今據中國科學院圖書館藏本影印。(章艷超)

### 存悔齋集二十八卷存悔齋外集四卷　(清)劉鳳誥撰(第1485—1486册)

劉鳳誥(1761—1830),字丞牧,一作承牧,號金門。萍鄉(今屬江西)人。乾隆五十四年(1789)進士。授翰林院編修,擢侍讀學士,後官至内閣學士兼禮部侍郎。著有《杜工部詩話》、《五代史補注》等,參與纂修《高宗實録》。傳見《清史列傳》卷二八等。

此集爲門人楊文蓀編次,卷一至卷八爲經進文,卷九、十爲敕撰文,卷十一、十二爲雜體文,卷十三、十四爲經進詩,卷十五至卷二十爲古今體詩,卷二十一至卷二十三爲集杜詩,卷二十四至卷二十八爲《杜詩話》。其試體詩賦,別爲《外集》四卷,附刊於後。然此集内,應制之作,已居其半。鳳誥早歲從彭元瑞游,爲彭門入室弟子。元瑞嘗病歐陽氏《五代史》簡略,欲仿裴松之注《三國志》例補注之,未成書而殁。鳳誥踵爲之,博采宋人載籍,窮二十年之心力,續成完書。此集有《五代史記注識語》、《五代史記注例述》,記其顛末義例甚詳。最可觀者,爲《杜詩話》五卷,考訂詳密,議論平允。惜鳳誥平生其他文字,不自收拾,隨手散失。是集僅存雜文二卷,亦以應俗之作爲多,不足以窺其所學。《書目答問》列是集于考訂家集,與王昶、汪中之書并列。

此書有道光十年刻本。又有楊文蓀校本,石韞玉序,道光十七年刻。今據華東師範大學圖書館藏道光十七刻本影印。(蔣倩)

### 宛鄰集六卷　(清)張琦撰　附蓮室偶吟一卷　(清)湯瑶卿撰(第1486册)

張琦(1764—1833),初名翊,又名興權,字翰風,號宛鄰。陽湖(今江蘇常州)人。惠言弟。嘉慶十八年(1813)順天鄉試舉人,以謄錄議敘知縣。道光初,分發山東,署鄒平縣。旋補館陶,有治績。少喜詩詞,與兄齊名。後乃折節讀書,講求實用,精治輿地及醫家言,著有《戰國策釋地》、《素問釋義》。傳見《清史稿》、《清史列傳》卷七六等。湯瑤卿(1763—1831),陽湖(今江蘇常州)人。湯修業之女,同邑張琦妻。瑤卿工書,善刺繡。傳見《碑傳集補》卷五九、《清代閨閣詩人徵略》卷七、《清代毗陵名人小傳》卷一一等。

此集含《宛鄰詩》二卷、《宛鄰文》二卷、《立山詞》一卷、《明發錄》一卷,共六卷。其論詩文,則謂體格章句之法爲文之粗迹,其精者當爲古今治亂興廢,天下民俗利病。其自序謂"年二十四始學爲詩,得約五百首",今集內僅存百十首。詩多擬古之作,如《雜擬三十首》,始於擬《古詩十九首》,終於擬庾開府,然雕飾已甚,不足見其旨趣。又如《擬杜子美六首》、《從軍行三首》,旁及時事,而詞句晦滯,亦莫能考究其實。作者長於歷史、輿地之學,其詩導源漢魏,規撫唐人,不可謂不工,惜爲繁縟所累。此集中《明發錄》乃後人所撰張琦之傳記。

張琦撰《宛鄰詩》二卷、《文》二卷、《立山詞》一卷,輯入《宛鄰書屋叢書》,道光十九年、二十年刻。光緒年間其集收入《常州先哲遺書後編》,所收詩較二卷本多數十首,今據中國科學院圖書館藏該本影印。

湯瑤卿長於詩詞,時常州詩詞之風甚盛,徐珂謂:"毗陵多閨秀,世家大族,彤管貽芬,若莊氏,若惲氏,若左氏,若張氏,若楊氏,固皆以工詩詞著稱於世者也。"(《清稗類鈔選》)瑤卿出身名門,與其夫同擅詩詞,後輩中亦多能諷誦者,故有"一門聯吟"之佳話。

所撰《蓬室偶吟》一卷,凡五七言絕句三十二首,附於張琦《宛鄰集》末。卷末其子張曜孫跋稱其"固無意爲詩而亦不以詩自見",

"詩多口吟,不假紙筆","意盡即止"。所作如《春雪即晴》:"才看花霧捲成堆,忽見斜光向晚開。一日陰晴天不定,升沈何事漫相猜。"張琦《亡室湯孺人行略》謂:"孺人詩不多作,存《蓬室偶吟》一卷,清婉可誦。"

此本據中國科學院圖書館藏清光緒盛氏刻《常州先哲遺書後編》本影印。(蔣倩謝攀)

### 船山詩草二十卷船山詩草補遺六卷　(清)
張問陶撰 (第1486冊)

張問陶(1764—1814),字仲冶,號船山,別號老船、蜀山老猿。遂寧(今屬四川)人。乾隆五十五年(1790)進士,改庶吉士,授編修。歷官御史、吏部郎中、萊州知府,忤上官意乞病辭官。南游吳越,卒于蘇州。傳見《清史稿》、《清史列傳》卷七二等。

張問陶以詩名,兼工書畫。洪亮吉在史館時,通書袁枚,首稱之,枚亦相推挹,堪爲袁枚之後繼者,時有李白再世之目。陸元鋐稱其才力不減洪亮吉,楊芳燦驚爲曠代奇才。張維屏《國朝詩人徵略》謂其"生氣湧出,生趣飛來","幾欲從前諸名家外,又闢一境",然又謂其"時有叫囂剽滑"之病。

《船山詩草》二十卷《補遺》六卷,卷一爲樂府十四章,卷二、三爲《戊丁集》、《戊巳集》,卷四爲《出山小草》,卷五爲《松筠集》,卷六、七爲《乞假還山集》上、下,卷八爲《扁舟集》,卷九爲《贏車集》,卷十至卷十三爲《京朝集》,卷十四爲《奇零集》,卷十五、十六爲《己庚集》、《辛癸集》,卷十七爲《依竹堂集》,卷十八爲《出守東萊集》,卷十九、二十爲《藥庵退守集》上、下。詩編年,起乾隆四十三年迄嘉慶十八年(1813),卷十七至卷二十爲四十歲以後詩,總收詩凡三千餘首。

《船山詩草》先有十六卷本,爲作者自訂,收詩至四十歲止,嘉慶二十年石韞玉編次刊本又收四十歲以後詩四卷,成二十卷。道光

二十九年陳葆森得張問陶編《船山詩草》刪
賸遺稿,輯爲補遺六卷,并爲刊行,今據浙江
圖書館藏本影印。（馬亞中　楊年豐）

**瓶水齋詩集十七卷詩別集二卷詩話一卷附錄
一卷**　（清）舒位撰（第1486—1487冊）

舒位（1765—1815）,字立人,號鐵雲,小字
犀禪。直隸大興（今屬北京）人。乾隆五十
三年（1788）舉人。父喪,僑寓湖州烏鎮十
年。王朝梧官黔,聘之偕行。巡撫擬以賓僚
請議叙,却之。旋以母老辭歸。家貧,常負米
湘、湖間。母喪,以哀毀卒。著作另有戲曲集
《瓶笙館修簫譜》。生平事迹見《清史列傳》
卷七二、《國朝先正事略》卷四三等。

《瓶水齋詩集》卷首有譚獻、王曇、宋思仁
序及趙翼、法式善、龍錫、梁同書、蕭掄等題
詞、書信,又石韞玉所作《舒鐵雲傳》、陳文述
撰《舒鐵雲傳》、陳裴之所撰《行狀》、蕭掄撰
《墓志銘》等。詩集編年,收詩起乾隆四十七
年迄嘉慶二十年（1815）,凡一千七百餘首。

舒位讀書頗博,又奔走四方,其詩多羈旅、
行役、贈答及咏史之作。亦有諷刺時政或抨
擊現實之作,如《叩頭蟲》、《鮓虎行》、《杭州
關紀事》等。其詩以七古、七律爲最勝,如
《張公石》、《朱野雲斷牆老樹圖爲石敦夫
題》、《破被篇》諸篇,爲同時人所稱譽。趙翼
題識稱其"真能于長吉、玉溪之外別成一
家"。龔自珍以之與彭兆蓀并舉,贊其詩"鬱
怒橫逸"（《己亥雜詩》）。所作《乾嘉詩壇點
將錄》,以梁山泊一百零八將品評詩人,爲別
開生面之作。亦擅戲曲創作。

《瓶水齋詩集》先有嘉慶二十一年巴宿崖
氏真州刊本,凡十六卷并《別集》二卷。光緒
十二年宗山從丁松生假得原刻本,甫授梓而
疾作。邊保樞繼之,與丁松生、許星臺等醵資
刊成。光緒十七年邊保樞搜得乙亥年詩、
《和尚太守謠》等詩并《瓶水齋詩話》一卷,均
續付剞劂,凡《詩集》十七卷、《別集》二卷、

《詩話》一卷并《附錄》一卷,今據復旦大學圖
書館藏該本影印。另有光緒五年王氏謙德堂
刊《畿輔叢書》本,民國二十五年商務印書館
據之排印,收入《叢書集成初編》。（馬亞中
楊年豐）

**詒晋齋集八卷後集一卷隨筆一卷**　（清）永
瑆撰（第1487冊）

永瑆（1752—1823）,號少厂,一號鏡泉,別
號詒晋齋主人。清高宗乾隆第十一子,乾隆
五十四年（1789）封成親王。嘉慶四年
（1799）任軍機大臣,總理户部三庫。同年和
珅伏誅後,以不合定制而罷。生平事迹見
《清史稿》、《清皇室四譜》卷三等。

此集按年編。前有載銓、麟魁序。本集八
卷,其中詩集六卷,作於乾隆二十八年至五十
九年間。多咏物懷古之作,又有《平兩金川
詩》,於事件經過詳加記録,可作史録之參。
《和李嶠咏物詩》一百二十首,凡日月星辰、
市井宅樓、刀劍彈弩、象馬牛兔等物,悉皆咏
遍。《紀書》二十五首,則爲品評書法之作。
文集二卷,依賦、頌、論、序、記、説、駁、跋、題、
記而分,計四十餘篇。又書畫記十三條,乃修
《石渠寶笈》時,評定甄別内府秘藏古書畫所
見。如懷素《自序帖》草書等,皆宫廷所藏稀
世珍品,惜所記甚略。《後集》一卷,收嘉慶
十三年至二十五年所作詩,以咏花賞景居多。
《隨筆》一卷,皆論書法之作。又有張壽朋、
董傳策、方以智、周茂蘭等尺牘記三十餘條,
仿《雲烟過眼録》之法,隨筆記之,兼評點書
法成就。永瑆本人即書法大家,其品評頗
允當。

此書有道光二十八年二世孫載鋭刻本,今
據湖北省圖書館藏該本影印。（許紅霞）

**簡莊文鈔六卷續編二卷河莊詩鈔一卷**
（清）陳鱣撰（第1487冊）

陳鱣（1753—1823）,字仲魚,號簡莊,又號

河莊。海寧（今屬浙江）人。自少研精許、鄭之學，博通經史、文字訓詁、校勘之學，與胡虔、錢大昭齊名。尤喜聚書。嘉慶元年（1796）舉孝廉方正，三年舉人，計偕入都。傳見《清史稿》、《清史列傳》卷六九等。

《文鈔》六卷，卷一史論，卷二自作諸書叙，卷三群書跋，卷四雜考，卷五雜記，卷六雜文。陳鱣長於訓詁之學，嘗從錢大昕、王念孫、翁方綱、段玉裁諸人游處，出所學以相質證，皆敬重之。晚年歸隱海寧紫微山麓，構向山閣，藏書十萬卷。其於《論語注》、《孝經注》、《六藝論》，皆采輯遺文，并據本傳，參以諸書，排次事實，爲《年紀》、《捃秘拾遺》。又嘗輯張揖《埤倉》、李登《聲類》，爲《埤倉拾存》、《聲類拾存》二書，意欲以存漢魏之絕學，補許書之闕文。觀卷二所載諸書叙錄，可知其輯佚之勞。鱣既勤於校書，後客吳門，與黃丕烈定交，取所藏宋元舊槧，彼此參對。卷三所載群書題跋十數篇，可見其致力之端。其考正群經版本者，尤爲精審。晚年手自抄撮，得十九篇，署曰《經籍跋文》，實以補《文鈔》之缺，其後蔣光煦刊入《別下齋叢書》。

《詩鈔》附《簡莊文鈔》後，羊復禮輯刻，跋稱鱣所著經史書已刊版數種，《説文正義》散佚，《詩人考》、《恒言廣證》存亡未卜，《詩集》十卷亦泯没不存，則此集所輯詩不過什之一。陳鱣與同里吳騫交往最密，此集亦以與吳騫唱和者居多。其中《論印十二首同吳槎客作》，考證歷代印章，最爲縝密。又有《新坂土風》，拾鄉邦遺事，雅俗雜陳，得韻百首，今輯者所存只二十八字。

陳鱣所撰先有《簡莊對策》六卷、《綴文》六卷，嘉慶十年及十二年陳氏土鄉堂刻。同邑羊復禮易《簡莊綴文》爲《簡莊文鈔》，仍爲六卷，增編遺佚爲《簡莊續鈔》二卷，搜錄遺詩爲《河莊詩鈔》一卷，輯入《海昌叢刻》，光緒十四年羊氏刻於廣州，今據浙江圖書館藏此本影印。（蔣倩）

**吳學士詩集五卷吳學士文集四卷**　（清）吳鼒撰（第1487冊）

吳鼒（1755—1821），字及之，一字山尊，號抑庵。全椒（今屬安徽）人。嘉慶四年（1799）進士。改庶吉士，授編修，官至翰林院侍講學士。晚年主講揚州書院。生平從吳錫麒游，又與袁枚、孔廣森、曾燠、孫星衍、洪亮吉交往，師友淵源有自。傳見《清史稿》、《清史列傳》卷七二、夏寶晉《冬生草堂文錄》卷四《墓志銘》等。

吳鼒出於朱珪之門，才力富健，珪每承旨撰文字，多屬之起草。駢文瑰異，詩以韓、孟、皮、陸爲宗。江藩《漢學師承記》嘗以鼒與任大椿、洪亮吉、孫星衍、武億，并目爲朱筠門下通經之士，又稱鼒淹通經史，凡學術之異同，論説之是非，一見即能分黑白。惜鼒於經學無成書，世徒知其長於駢儷之文，推爲文苑傳中人物。其《送費西墉同年奉使冊封琉球序》論治學謂：“談性命而淪於老佛，治經而局於章句者，著書雖多，無取焉。”然則鼒雖治經，固不欲爲章句，故其一生不從事箋解義疏之學，與并世諸儒塗轍不同。是集行世尤晚，亦無説經之文。

其集生前有《夕葵書屋疊韻詩》一卷，嘉慶間刻，《販書偶記續編》著錄。道光《安徽通志》著錄《抑庵文集》、《精進心庵詩集》各八卷。光緒《安徽通志》著錄《吳山尊詩文集》十六卷。此十六卷本久佚不傳。卒後編其遺集二種。一爲《抑庵遺詩》八卷，同治九年歙縣鮑康等刻，鮑跋稱稿得於鼒女。一爲《吳學士詩集》五卷、《文集》四卷，其婿薛春黎輯，薛時雨、譚廷獻編訂，光緒八年江寧布政使番禺梁肇煌刻，《詩集》前有薛時雨序，《文集》前有梁肇煌、譚廷獻序。此《詩集》五卷，分體不編年。薛序稱吳鼒“夕葵書屋刻集不可見。所以傳學士者，僅止此本”，蓋不知前已有鮑刻行世。此集所收詩有鮑刻所無者，如五古《題大滌子松菊猶存圖有淵明先生像》、《客揚州以素册十幅寫曾賓谷集中詩意自跋一首》，七古《文信國公緑端蟬腹硯歌爲賓谷先生作》、《題顧閎中畫韓熙載夜宴圖》等。

此本據上海辭書出版社圖書館藏清光緒八年江寧藩署刻本影印。（蔣倩）

### 天真閣集五十四卷外集六卷 （清）孫原湘撰 （第 1487—1488 册）

孫原湘（1760—1829），字子瀟，又字長真，號心青，別署姑射仙人侍者。昭文（今江蘇常熟）人，原籍安徽歙縣。嘉慶十年（1805）進士，改庶吉士，充武英殿協修官，假歸，得疾不出。歷主毓文、紫琅、婁東、游文諸書院講席。傳見《清史稿》、《清史列傳》卷七二等。

《天真閣集》五十四卷，卷一至卷三十二爲詩，卷三十三至卷三十八爲詞，卷三十九至卷五十爲文，卷五十一至卷五十四爲駢體文。詩編年自乾隆四十四年（1779）至道光八年（1828），收三千六百零一首。詞亦編年，收三百八十一首。古、駢文皆依類編排，分別收二百十七篇、四十六篇。卷首有自序，外集後有李兆洛撰《墓志銘》。

孫原湘擅書畫，尤以詩名于時，與其妻席佩蘭同爲袁枚弟子。張維屏稱其詩"一種以空靈勝"，"一種以精切勝"，"骨力沉鬱不及船山，却無船山集中之叫囂。才氣富贍不及隨園，却無隨園集中之游戲"（《國朝詩人徵略》）。古文學唐宋而近歸有光，駢文學六朝，詞近姜夔。

此本據華東師範大學圖書館藏常熟劉光德博文齋嘉慶五年刻增修本影印。其集另有光緒十七年重刊本。（馬亞中　楊年豐）

### 茗柯文編五卷 （清）張惠言撰 （第 1488 册）

張惠言（1761—1802），原名一鳴，字皋聞，一作皋文，號茗柯。武進（今屬江蘇）人。嘉慶四年（1799）進士，改庶吉士，授編修。出朱珪門下，得其助力。著作別有《茗柯詞》，編有《七十家賦鈔》。傳見《清史稿》、《清史列傳》卷六九等。

張惠言學問淵博，治經，主虞氏《易》，著《周易虞氏義》，禮主鄭玄，有《儀禮圖》、《讀儀禮記》。少爲辭賦，學司馬相如、揚雄，《黄山賦》稱名篇，選《七十家賦鈔》以標宗旨。及壯，又學韓愈、歐陽修古文，與惲敬齊名，號爲陽湖派宗師。詞爲常州派開山，以儒學見解論詞，強調比興寄托、意内言外之旨。與弟琦合輯《詞選》，示人以準則，對浙派詞末流之弊有所糾正，清詞至此體格一變。自爲詞，譚獻謂其"胸衿學問，醖釀噴薄而出，賦手文心，開倚聲家未有之境"（《篋中詞》）。文廷式則以爲"張皋文具子瞻之心，而才思未逮"（《雲起軒詞自序》）。曾國藩稱其"自爲賦亦恢閎絶麗，至其他文則空明澄澈，不復以博奧自高"（《茗柯文編序》）。

《茗柯文編》五卷，卷首有曾國藩序、阮元序。文皆編年，起乾隆五十三年（1788），迄嘉慶七年（1802），初編一卷、二編上下二卷、三編一卷、四編一卷。初編至三編爲作者自訂，四編爲其甥董士錫從其遺稿中輯録編定。

《茗柯文編》先有嘉慶十四年李甫、張雲藻刻本，同治八年張惠言曾孫張式據寫本重刻爲評點本。民國八年，上海涵芬樓將《茗柯文編》同治八年重刻評點本、《茗柯文補編》及《茗柯文外編》道光十四年刻本影印，收入《四部叢刊》。此本據《四部叢刊》影印本影印。另，《茗柯文編》有道光三年刊楊紹文輯《受經堂彙稿》本（含詞）。民國四年上海神州國光社刊《風雨樓秘籍留真》之《茗柯文》手稿本。（馬亞中　楊年豐）

### 茗柯文補編二卷茗柯文外編二卷 （清）張惠言撰 （第 1488 册）

《補編》上下兩卷收文二十七篇，《外編》上下兩卷收文二十三篇，多爲代筆。此二編爲高澍然與陳善據張惠言遺文編訂,道光十四年刊刻。

此本據民國八年上海商務印書館《四部叢刊》影印陳善刻本影印。(馬亞中　楊年豐)

**鐵橋漫稿十三卷**　(清)　嚴可均撰　(第1488—1489 冊)

嚴可均(1762—1843),字景文,號鐵橋。烏程(今浙江湖州)人。嘉慶五年(1800)舉人。官建德教諭。著作另有《鐵橋詩悔》、《説文類考》、《唐石經校文》等,編有《全上古三代秦漢三國六朝文》、《四録堂類集》。傳見《清史稿》、《清史列傳》卷六九等。

李慈銘謂:"鐵橋之學博綜精到,力兼百人,文筆亦嶄然不群,而時不免措大氣,時太粗率,不入格,然亦不俗。"(《越縵堂日記》)《晚晴簃詩匯》稱:"鐵橋精于考據,著書等身。詩文爲其餘事。其弟章福言伯兄詩不徇時好,文從數萬卷故書中鈎索得來,誠篤論也。"

《鐵橋漫稿》十三卷,稿一爲樂府、五七言古詩,稿二爲五七言今體詩,補遺五言古詩一首,稿三爲議、書,稿四爲對問、考、説,稿五、稿六爲序,稿七爲傳、墓銘、碑,稿八爲書後,稿九至稿十二爲金石跋,稿十三爲時文。卷首有嚴章福《叙録》。

此本據浙江圖書館藏清道光十八年四録堂刻本影印。(馬亞中　楊年豐)

**雕菰集二十四卷**　(清)　焦循撰　(第1489 冊)

焦循(1763—1820),字里堂,一作理堂。甘泉(今江蘇江都)人。嘉慶六年(1801)舉人。乾隆四十五年(1780)就學于安定書院,後館于阮元山東、浙江巡撫官署中。中舉後以母病未應禮部試,閉門讀書著述。著作另有《雕菰樓詞》、《雕菰樓詩話》、《孟子正義》等。傳見《清史稿》、《清史列傳》卷六九等。

焦循深于經史之學,尤精《周易》,學術與

阮元齊名,爲揚州學派中堅。其文摹柳宗元,"詩質而有味,一洗俗韻,亦無經生膚廓之習"(《晚晴簃詩匯》)。詞宗五代,工小令,情思活潑,筆墨靈動,又精戲曲學。

《雕菰集》二十四卷,卷一爲賦,卷二至卷五爲詩,卷六至卷二十爲各體文,含贊、頌、銘、論、解、書後、記、傳、碑、事略、祭文、哀辭等。作者於嘉慶二十二年(1817)手訂。卷首有阮亨序、阮福跋、徐熊飛序。

此集爲道光四年阮福奉父阮元命刻於嶺南節署,阮亨又據之輯入《文選樓叢書》,未收卷首牌記所云附録之"《蜜梅花館集》二卷",今據中國科學院圖書館藏本影印。(馬亞中　楊年豐)

**校經廎文稿十八卷**　(清)　李富孫撰　(第1489 冊)

李富孫(1764—1844),字既汸,號富庵,一號香子、薌沚。嘉興(今屬浙江)人。嘉慶六年(1801)拔貢生,歷主金華麗正、義烏繡川、金壇金沙、海寧安瀾諸書院講席。著有《鶴徵録》、《李氏易解剩義》等。《清史稿》、《清史列傳》卷六九有傳。

富孫肄業于阮元詁經精舍,爲學得阮氏啓迪爲多。阮氏有《十三經注疏校勘記》,富孫撰《七經異文釋》以翼之。阮氏有《疇人傳》,富孫效其體,而述爲《金石學録》。富孫文辭謹飭,不尚空談,篤實無欺,詩詞則非其所長。此集自定,卷一至卷七爲詩,卷八爲詞,卷九以下爲文,有嘉慶二十五年自序。

此書道光間刻,今據華東師範大學圖書館藏本影印。(蔣倩)

**筠軒文鈔八卷**　(清)　洪頤煊撰　(第1489 冊)

洪頤煊(1765—1833),字旌賢,號筠軒,晚號倦舫老人。臨海(今屬浙江)人。嘉慶六年(1801)拔貢,入孫星衍幕。後歸里,築小停雲山館,藏書三萬餘卷,碑版二千餘件,鐘彝書畫等甚多,潛心研讀,著述甚豐。有《尚書洪範五行傳論集本》、《漢志水道疏注證》、《諸史考異》等。生平見《清史稿》。

洪頤煊少時力學,與兄坤煊、弟震煊讀書僧寮。學使阮元招頤煊偕其弟肄業詁經精舍,人稱“大洪、小洪”。助阮元校對《經籍纂詁》,并與臧鏞堂、丁杰等人切磋質疑。鏞堂稱“大洪淵博,小洪精銳”。時王昶、孫星衍方主講席,以實學課士。頤煊治經宗主鄭學,精研經訓,熟習天文,貫穿子史。此書乃其一生研精群經、小學、諸子、《史》《漢》心得所粹。其中卷一《鄭康成不應罷從祀議》,稱述鄭氏有功於諸經,簡明賅要,爲自來闡揚鄭學者所不逮。卷三《古文叙錄》,綜括古文家數,尤有條理。觀此二篇,足以考見其生平治學趣嚮。然若卷三《孔安國獻古文尚書辨》謂信《漢紀》不如信《漢書》,《漢紀》所云“孔安國家獻之”,多一家字,不足取信,力駁閻若璩、朱彝尊據以立論之非,此等亦考證偶疏,不能無誤。

此書有嘉慶十一年刻本,南京圖書館等藏。民國二十三年《邃雅齋叢書》據以影印,今據上海辭書出版社圖書館藏《邃雅齋叢書》本影印。(蔣倩)

### 香蘇山館詩集三十六卷　(清) 吳嵩梁撰 (第 1489—1490 册)

吳嵩梁(1766—1834),字蘭雪,一字子山,號石溪老漁。東鄉(今屬江西)人。嘉慶五年(1800)舉人。由內閣中書官黔西知州。著作别有《石溪舫詩話》、《聽香館叢録》等。傳見《清史稿》、《清史列傳》卷七二等。

吳嵩梁年十五即以文字爲楊謢所知,結忘年交,後又受詩法于蔣士銓。遍交海内名士,王昶、翁方綱、法式善、吳錫麒等并相推重,袁枚亦心折其詩。詩名之高,可繼蔣士銓。詩作流播海外,在日本、朝鮮皆有聲譽。《晚晴簃詩匯》稱其詩“縱横排奡,議論藻采足以

佐之”。

《香蘇山館詩集》三十六卷,分《古體詩鈔》十七卷與《今體詩鈔》十九卷。《古體詩鈔》,卷首有葉紹本序、姚瑩後序,又有王昶、袁枚、王文治、洪亮吉等評跋三十二首。《今體詩鈔》十九卷,卷首有王昶序、法式善序、曾燠序及自記。

此本據華東師範大學圖書館藏清木犀軒刻本影印。此集約道光、咸豐間初刻。另有光緒間森悍軒重刊本。(馬亞中　楊年豐)

### 王文簡公文集四卷附録一卷　(清) 王引之撰 (第 1490 册)

王引之(1766—1834),字伯申,號曼卿。高郵(今屬江蘇)人,王念孫子。父子合稱“高郵二王”,爲乾嘉學術主要代表人物。乾隆六十年(1795)舉人,嘉慶四年(1799)進士,授翰林院編修,擢禮部左侍郎,官至工部尚書。著作有《經傳釋詞》、《經義述聞》等。生平見龔自珍《工部尚書高郵王文簡公墓表銘》。

引之歷任京官,所作大都有關嘉慶、道光朝政。又爲當時著名學者,集中序跋等類考證之作,每多闡發經傳、《説文》之幽微。龔自珍稱其《經傳釋詞》謂“古今奇作,不可有二”。其治學一本庭訓,故亦邃於名物訓詁之學。所爲《經義述聞》,雖多稱引父説,然亦自抒己見,不鮮發明。念孫爲《廣雅疏證》,自《釋草》以下諸篇,由引之續成之。而《讀書雜志》十種,亦多録引之語。論者或謂引之之學實不逮此,特念孫欲成其子之名,以己所得嫁名於引之。然按之情實,殊爲不然。引之年未及壯,已爲時賢所重。阮元嘗稱高郵王氏,一家之學,海内無匹。蓋其父子學術之湛深,在當時已有定評。其後方東樹力排漢學,於惠、戴、江、錢,無所不罵,而獨於王氏父子,推許甚至。是集卷三《經義述聞序》,暢發其著述之旨。蓋其平日論學,力主通核,

不尚墨守。對惠棟之拘泥漢學,不以爲然。是集卷四《與焦理堂先生書》,嘗訟言攻之,足以知其意理。大抵王氏父子之治學,熟於漢學之門户,而不囿於漢學之藩籬。

此集四卷,由羅振玉就舊刊本重加校録,編入《高郵王氏遺書》,民國十四年鉛印,今據湖北省圖書館藏該本影印。羅氏校舊本多所删削,閔葆之曾爲之訂正。劉盼遂輯其集外文,編爲《王伯申文補編》二卷,列入《段王學五種》,有民國二十五年北平來薰閣書店排印本。今存其稿本一册,題《王文簡公遺文》,較羅氏排印本多文數十篇、詩若干首,國家圖書館藏。(蔣倩)

### 青芝山館集二十七卷　(清) 樂鈞撰 (第 1490 册)

樂鈞(1766—1814),初名宫譜,字元淑,號蓮裳。臨川(今屬江西)人。乾隆五十四年(1789)拔貢生,嘉慶六年(1801)舉人。歷游楚粤,僑江淮間,聘主揚州梅花書院。生平事迹見《清史稿》、夏寶晉《冬生草堂文録》卷四《權厝志》等。

是集含《詩集》二十二卷、《駢體文集》上下兩卷、《斷水詞》三卷。詩集前有彭兆蓀序,文集有曾燠、王芑孫序。樂鈞生平坎坷,一以詩酒自解。於倚聲、駢體,致力亦邃。詩集爲乾隆四十九年至嘉慶十九年詩,共二千餘首。中如《萬柳堂修禊圖一百韻》、《都中古迹八首》、《踏謡娘》諸篇,俱以綺麗見勝;《嶺南新樂府十首》諸題指事類情,頗爲警闢;《韓江櫂歌一百首》記載天時地理、民風物產,引證賅博;《秋漲行》、《觀音土行》等篇,憫念農家,情尤深摯。鈞論詩推崇翁方綱,早年與洪亮吉、王芑孫有交。所作《讀史雜感》七律十二首,通論全史,與從來咏史不同。又有《書漢書黄霸傳後》、《讀諸子五首》、《讀盧玉川詩》、《讀法苑珠林》、《讀王荆公詩集書後》等諸篇,才富學博,足以傾其勝流。

所著先有《韓江櫂歌》一卷,嘉慶六年自刻。殁後輯爲《青芝山房集》二十七卷,嘉慶二十二年陳鴻壽刻,今據山東省圖書館藏此本影印。此集又有光緒十六年重刻本,增郭傳璞跋。(蔣倩)

### 思適齋集十八卷　(清) 顧廣圻撰 (第 1491 册)

顧廣圻(1770—1839),字千里,號澗蘋,別號思適居士。元和(今屬江蘇)人。嘉慶諸生,受業於吴縣江聲。廣圻少孤多病,枕上未嘗廢書。弱冠從張白華先生游,館於程氏。程富於藏書,顧廣圻遍覽之,學者稱"萬卷書生"。不事科舉,從業三十始補博士。廣圻博通經史小學,尤精校讎,平生喜藏書、校書,先後校有《説文》、《禮記》、《儀禮》、《國語》等,所校之書多稱善本。著有《説文辨疑》、《邇翁苦口》等。生平見《清史稿》。

是集含賦及詩三卷,詞一卷,文十四卷。前有楊文蓀序,李兆洛所撰墓志銘。集中凡群書題跋及論校勘之語,多可取者。如卷七《釋名略例》,卷九《鹽鐵論考證後序》、《焦氏易林後序》,卷十五《宋本淮南鴻烈解跋》,尤爲精邃。廣圻受業於同邑江聲,又受惠棟之學,盡通訓詁名物之奥,尤長於校勘目録之學。如其言六書,力攻戴震分體用之説,以爲六者皆造字之本,其五盡見於《説文》,惟假借宜取之經典傳注、三史舊讀、諸子詞賦、碑版遺文,而後可窮源通變。是集卷十一《廣復古編序》,卷十五《書段氏注説文後》諸篇中,言之甚詳。

此集十八卷,道光二十九年上海徐渭仁刻,今據復旦大學圖書館藏該本影印。然該本校勘未精,且所據乃楊芸士當時録本,題跋則散在各書,未見寓目,故遺佚爲多。王大隆後刻意搜求,輯録一百八十餘篇,釐爲四卷,題曰《思適齋書跋》,民國二十四年刊行。同時烏程蔣祖詒亦輯有《思適齋集外書跋輯存》,所收視王本爲少,而復有異同。(蔣倩)

## 掃紅亭吟稿十四卷附題詞一卷　（清）馮雲鵬撰（第 1491 冊）

馮雲鵬（1765—1839），字九扶，號晏海，又號紅雪詞人。通州（今江蘇南通）人。增貢生，十赴鄉試不中。所刻《金石索》十二卷，爲趙明誠以來考古名著。著作別有《紅雪詞》、《崇川金石志》。生平事迹見光緒《通州直隸州志》卷一三、《皇清書史》卷一。

《掃紅亭吟稿》十四卷，前有邵鳳依、孔慶鎔序及自序，及劉伊等六十二人題詞。雲鵬初喜古樂府，後專務應試，僅作排律課子弟而已。既而游蕪城，客吳趨，跨金蕉，十上金陵，三十年間得詩不下萬首，然隨手棄之。長子爔索《掃紅亭吟稿》，得詩二百餘首，因補成四卷。另有在滋邑、膠川十二年間所得詩六卷，在山東曲阜三年所積四卷，合成十四卷，計詩一千八百餘首。又附録孔慶鎔等人詩二百餘首。卷一擬古樂府、新樂府，卷二至卷十四古近體詩，皆編年，起乾隆四十九年（1784），迄道光九年（1829），大半乃與友人倡和贈答及旅途游覽之作。詩集多加注釋，奇聞軼事、鄉野傳説并集其中，如《南樓懷古》、《潘真人鐵冠歌》等。性喜花，凡玫瑰、茉莉、金盞子、子午蓮等皆爲作七絶一首。又有《菊花二百咏》，匯爲一卷。

此書有清道光十年寫刻本，今據上海辭書出版社圖書館藏該本影印。（許紅霞）

## 拜經堂文集五卷　（清）臧庸撰（第 1491 冊）

臧庸（1767—1811），初名鏞堂，字西成，一字在東，又字東序，後改字用中，號和貴，別號愛日居士。武進（今江蘇常州）人。諸生，爲阮元幕客。臧庸精於經學，擅長校讎，著述四十餘種。生平事迹見《清史稿》、《國朝耆獻類徵》卷四一六等。

此集五卷，前有阮元撰傳，宋翔鳳撰誄銘，秦瀛、吳士模序。卷一解、論、考、釋，卷二古今諸書序跋，卷三與師友論學書札，卷四及卷五題記、贈序、傳、狀諸雜文。阮元撰傳稱臧庸有文集四卷，光緒《武陽志餘》卷七著録《拜經堂文集》六卷，皆與存書卷數不符。臧庸宗主漢學，長於校勘輯佚。阮元編《經籍纂詁》，畀以總纂之任，并助校諸經注疏。此集文字，以校《爾雅》者爲最精。如《録爾雅漢注序》、《重雕宋本爾雅書後》、《校宋槧板爾雅疏書後》諸篇，考證審密，不愧名家。與王懷祖、伯申父子《論校小學鈎沉》兩書，糾任大椿輯録之誤，足見其搜采佚書，亦具高識。《子夏易傳序》謂子夏《易傳》爲漢韓嬰所撰，非卜子夏，可見其明辨之功。

此本據湖北省圖書館藏民國十九年宗氏石印本影印。另，此集今存漢陽葉氏寫本，中國科學院圖書館藏。（蔣倩）

## 桂馨堂集十三卷　（清）張廷濟撰（第 1491 冊）

張廷濟（1768—1848），字叔未，號眉壽老人。嘉興（今屬浙江）人。阮元弟子。嘉慶三年（1798）解元。精於金石考古，搜藏豐富。著《清儀閣題跋》。生平事迹見《清史稿》、程宗伊編《嘉興張叔未先生年譜》、宣哲編《眉壽老人年譜》。

是集分《順安詩草》、《清儀閣雜咏》、《竹田樂府》、《竹里畫者詩》、《竹里耆舊詩》、《感逝詩》六集，《順安詩草》八卷，餘各一卷。《順安詩草》編年，自乾隆四十九年（1784）至道光二十七年（1847），共録古今體詩七百八十九首。前有瑞元序和自序一篇，後有其子張慶榮題識。《清儀閣雜咏》，首有曹言純序，朱休度、刑澍兩札。所咏多爲古器物，如《岣嶁碑》、《子父己爵》、《秦漢十二瓦當》、《黃山鐙》等，此類詩亦見於《順安詩草》，如《周史頌盤》、《洛神十三行》等。《詩草》内又有《重建曝書亭落成》、《邢佺山房師澍新葺謝文靖公祠墓》等，關繫藝林文獻。《竹里畫者詩》、《竹里耆舊詩》二集，各繫人物小傳。張廷濟平夙所交除邑中人士外，爲吳騫、阮元、翁樹

培、陳鱣、張燕昌、王芑孫、文鼎、朱葵之、楊文
蓀、瞿中溶、朱爲弼、六舟上人等。《感逝詩》
小傳多可考見友朋籍里及生卒年代。瑞元序
謂：“其爲詩樸勁典核，出入韓、蘇，而性情天
趣有蕭然絶俗之致。”惟嗜古太深，有心矜
炫，非精於此道者不解何謂。

此書有道光年間刻本，今據上海辭書出版
社圖書館藏本影印。又有《清儀閣題跋》一
卷，中國科學院圖書館藏咸豐間刻本，北京大
學圖書館藏抄本。又輯有《清儀閣文稿》不
分卷，光緒十九年刻。張廷濟生平有詩不下
三千首，自爲刪定，汰者大半，故流傳集外手
稿甚多。（蔣倩）

### 冬青館甲集六卷冬青館乙集八卷　（清）張鑑撰（第1492冊）

張鑑（1768—1850），字春冶，號秋水，晚年
因病風痹，自名爲風，號貞疾居士。烏程（今
浙江湖州）人。嘉慶九年（1804）副貢生，官
武義教諭。通天文算學。嘗佐修《鹽法志》、
《經籍纂詁》。久居阮元幕，於阮氏服膺無
間，因編述《雷塘盦主弟子記》。傳見《清史
稿》、《清史列傳》卷七三等。

張鑑所撰有《秋水文叢》五十卷、《再編》不
分卷、《三編》不分卷、《四編》不分卷、《詹詹
集》四卷、《古宫詞》三卷、《畫縢詩》三卷。自
選詩文，編爲《冬青館甲集》六卷、《乙集》八
卷。張鑑性喜涉覽，又受知於阮元，所至輒借
書而讀，故文中古書題跋爲多，於明季史事及
清代藏書源流尤多涉及。然其病亦在泛濫群
籍，而無所歸。雖通知學問途徑，而造詣不
深，於經史皆無專長。集中文字，以群書題跋
爲佳。

《甲集》刻於道光十九年，前三卷爲詩。
《乙集》刻於道光二十六年，前二卷爲詩。皆
鑑手定。民國四年吳興劉承幹嘉業堂又刻入
《吳興叢書》，今據上海辭書出版社圖書館藏
該本影印。（蔣倩）

### 織簾書屋詩鈔十二卷　（清）沈兆澐撰（第1492冊）

沈兆澐（1783—1857），字雲巢，號拙安。
直隸天津（今天津市）人。嘉慶二十二年
（1817）進士。改庶吉士，道光二年（1822）授
編修。八年主湖南鄉試。官江南督糧道，終
浙江布政使，卒謚文和。傳見《大清畿輔先
哲傳》卷一五。

是書爲作者晚年自編生平所作，書前有作
者自序，共録詩八百九十四首。按年代編排，
大約起嘉慶迄咸豐。其田園詩多清新温婉，
紀游訪古之詩亦多有寄寓。如“談笑集田
翁，恬懷足清福”（《冬郊即目》）、“持螯新釀
熟，把釣晚煙沉”（《秋夜》），皆堪誦讀。寫景
詩多描繪京津以及華北一帶風景，如《蘆溝
橋》、《涿州》、《游大明湖》、《晋祠》等。

此書有咸豐二年刻本，今據上海辭書出版
社圖書館藏本影印。（姚遠）

### 鑒止水齋集二十卷　（清）許宗彥撰（第1492冊）

許宗彥（1768—1818），原名慶宗，字積卿，
一字固卿，號周生。德清（今屬浙江）人。許
孚遠後人。嘉慶四年（1799）進士，授兵部主
事，就官兩月，以親老引疾歸。居杭州，杜門
讀書著述。少以能讀經史善屬文爲王昶賞
識。與程瑶田、錢大昕、段玉裁、姚鼐等當世
名流交游。傳見《清史稿》、《清史列傳》卷六
九等。

《鑒止水齋集》二十卷，卷一至卷八爲古今
體詩，卷九爲詞，卷十至卷十九爲雜文，含書、
序、跋、書後、考、説、記、議、論、墓表、墓志銘、
碑、行狀、哀辭、祭文、贊等，卷二十爲賦、駢體
文。許宗彥于經史皆有考究，兼善文字訓詁，
尤精于天文曆算。王昶稱其古文“本于宋之
南豐、明之遵巖，理實而氣空，學充而辭達”，
其詩“瀏覽之作亦多超越”（《湖海詩傳》）。

此本據南京圖書館藏嘉慶二十四年德清許

氏家刻本影印。另有咸豐八年重刊本,學海
堂摘刻文集二卷。(馬亞中　楊年豐)

## 小謨觴館詩文集十三卷小謨觴館續集五卷

(清) 彭兆蓀撰 (第 1492 冊)

彭兆蓀(1768—1821),字湘涵,號甘亭,又
號懺摩。鎮洋(今江蘇太倉)人。貢生。少
隨父官山西。年十五應鄉試即有名,然事科
舉終無所遇。後數十年客江淮間,橐筆依人,
曾入胡克家、曾燠幕中。道光元年(1821)舉
孝廉方正,未赴而卒。著作另有《潘瀾筆記》
等,編有《南北朝文鈔》、《駢體正宗》。傳見
《清史稿》、《清史列傳》卷七三等。

彭兆蓀通考訂校讎之學,曾與顧廣圻同校
《資治通鑒》、《文選》。工駢文,"鴻博沉麗,
力追六朝、三唐,見者以爲金玉淵海,卿雲黼
黻"(《清史列傳》)。尤以詩名,李慈銘謂其
"一身坎坷,詩多鬱抑慷慨之辭,骨力道上,
采色亦足"(《越縵堂詩話》)。龔自珍舉與舒
位并論。亦工詞,張德瀛《詞徵》評爲:"如碧
眼胡兒,販采異寶。"

《小謨觴館詩文集》十三卷,爲其詩文初
集。卷首曾燠序、郭麐詩集序及自序。詩集
八卷,卷一《樓煩集》,卷二《南鴻集》,卷三、
四《星社集》,卷五、六《傭書集》,卷七《葦杭
集》,卷八《觀濤集》,詩餘附録一卷。詩編
年,起乾隆四十六年(1781),迄嘉慶十一年
(1806)。文集爲賦、序、書、記碑銘雜文等四
卷,卷首王芑孫序。《小謨觴館續集》五卷,
含《詩續集》二卷,《詩餘附録》一卷,《文續
集》二卷。

此《小謨觴館詩文集》十三卷、《小謨觴館
續集》五卷,嘉慶十一年初刻,二十二年增
修。今據中國科學院圖書館藏該本影印。
另,《小謨觴館集》有嘉慶十一年韓江寓舍
刊本,光緒間汪氏重刊。道光五年刊錢塘孫
元培、孫長熙注本。文集四卷另有張嘉録注
本單行,有民國二十九年張氏約園刊,張壽

鏞輯《四明叢書》,收入第七集。(馬亞中
楊年豐)

## 太乙舟詩集十三卷 (清) 陳用光撰 (第 1493 冊)

陳用光(1768—1835),字碩士,又字碩輔,
號石士、瘦石、實思。新城(今江西黎川)人。
嘉慶六年(1801)進士,選庶吉士,授編修。
歷官司業、侍講學士、詹事、内閣學士兼禮部
侍郎。先後提督福建、浙江學政。傳見《清
史稿》、《清史列傳》卷三四等。

《太乙舟詩集》十三卷,卷首有梅曾亮《陳
淮生制義序》、徐繼畬詩序。詩分體編排。
卷一至卷十二爲詩,卷十三爲賦、試帖、詞。
《太乙舟文集》八卷,卷首有祁寯藻二序、梅
曾亮序、吳德旋撰《神道碑銘》、梅曾亮撰《墓
志銘》。卷首牌記云"《觀象居詩》二卷附
後",《續修四庫全書》未輯入。陳用光自幼
學于舅父魯九皋,後游江寧,師事姚鼐,又游
于翁方綱之門。爲學力宗漢儒而不薄程朱,
其"文義法謹嚴,言有體要,淡而彌旨,氣韻
胚胎歐、曾,詩則自抒胸臆,性情和厚,書味融
浹"(劉聲木《桐城文學淵源考》)。"五古淡
樸,和以天倪;七古曲折,盡意尺幅。中往往
具奇勢"(徐繼畬《詩序》)。

據徐繼畬《詩序》,《太乙舟詩集》爲"門下
士携稿入吳中將付剞劂,值江淮被兵,遂不
果,稿亦散失。今從家藏稿中重録得十三
卷,鑴於濩澤官署",清咸豐四年孝友堂刻,
今據湖北省圖書館藏該本影印。(馬亞中
楊年豐)

## 太乙舟文集八卷 (清) 陳用光撰 (第 1493 冊)

卷首有祁寯藻二序、梅曾亮序、吳德旋撰神
道碑銘、梅曾亮撰墓志銘等。陳用光與管同、
梅曾亮均受古文法於姚鼐,"其爲學由楊園
張考夫以達於子朱子"(吳德旋《皇清誥授資
政大夫禮部左侍郎陳公神道碑銘》),發揚劉

大槐"氣"説,主張"今之言學者咸以適用爲要"(《复賓之書》),於道咸間桐城文學有推動作用。其文淳樸博雅,"質而不華,正而不阿"(梅曾亮《太乙舟山房時義序》)。此集先爲梅曾亮編定、黄右爰刻於邗江,後用光子蘭第編校,用光長孫大焕宦於鄂,遂於道光二十三年春重刊於武昌。

此本據浙江圖書館藏道光二十三年孝友堂刻本影印。(馬亞中　楊年豐)

### 蘊愫閣詩集十二卷　（清）盛大士撰（第1493冊）

盛大士(1771—1838),字子履,號逸雲,又號蘭畦道人、蘭莎外史。鎮洋(今江蘇太倉)人。嘉慶五年(1800)舉人。官山陽縣教諭。性曠達,仕途不順。爲錢大昕弟子,學問淹雅。工詩,善畫山水。性喜交游,嘗游旅京師,遍覽名勝,以詩歌咏懷古今往事。傳見《清畫家詩史》己上、《墨林今話》卷一三等。

此書前有自序,汪彦博、徐元潤序,彭兆蓀題辭,卷末有許肇祁後序。共收詩八百四十六首,按年編排。其詩題材多樣,有描寫民生之艱,如《苦雨》、《聞海上有警》、《海寧寺設粥歌爲于滄來郡守鼇圖作》;亦有紀游懷古、寫景寓懷之作,如《古墓》、《古井》、《古宫》諸詩,其中《游金山寺》一詩,意象雄怪,氣象萬千,有李賀之風。《豫東紀事詩》詳細記録嘉慶十八年直隸、河南、安徽天理教民起義之事,可爲考史之助。

此本據上海圖書館藏清道光元年刻本影印。(姚遠)

### 蘊愫閣詩續集二卷　（清）盛大士撰（第1493冊）

書前有道光三年(1823)陸繼輅序,無目録,亦無後記等。此集所收之詩以和韻、懷友人及紀事詩爲多,間有寫景咏物之詩。其紀事之詩多表現民生艱難,如《苦雨嘆》、《鬻孫

謡》、《時癘行》、《捕蝗行》諸詩,寫百姓賣兒鬻女,疫病流行,讀之觸目驚心。

此本據上海圖書館藏清道光四年刻本影印。(姚遠)

### 蘊愫閣別集四卷　（清）盛大士撰（第1493冊）

此集四卷,收各體文共三十九篇。卷一賦四篇,卷二序十五篇,卷三書九篇,卷四記、跋、誄及碑銘十一篇。自序謂:"駢散之文,古無定體。謂散體尊、駢體卑,駢體易、散體難者,下士之謷言也。"賦四篇皆爲旅懷之作,文情并茂。卷二爲諸書所作序引,可見其學問意旨、思想情趣。書啓往來者,爲張椒卿、譚韶九、趙季由、徐桓生、蕭梅生、黄霽青等。記文皆游杭州之作,可與賦參互。林昌彝謂其"修學好古,發爲駢四儷六文,鑱刻隱陳,揚榷麗藻","出入于昌黎、昌谷,而時委迆於歐、梅、范、陸間"(《海天琴思録》)。

此本據復旦大學圖書館藏清道光五年刻本影印。(章艷超)

### 蘊愫閣文集八卷　（清）盛大士撰（第1494冊）

此集八卷,前有盛大士自序。收文一百一十篇,分體編,含史論、序、跋、傳、行狀、祭文等等。其中如《生死説》、《鄉愿説》、《袪妄説》諸篇,揭露世相,諷刺鄉愿之輩、佞僧佞道之徒。史論如《蜀先主托孤論》,亦多有發明。《孝經徵文序》、《答黄琴六書論古泉幣制度》、《與丁儉卿書論陳壽三國志體例》等,爲考鏡源流之文。游記如《游小石洞記》等,筆調清新。亦有意象雄怪者如《維摩寺觀海樓記》等。

此本據上海圖書館藏清道光六年刻本影印。(姚遠)

### 崇雅堂文鈔二卷崇雅堂詩鈔十卷崇雅堂駢體文鈔四卷崇雅堂應制存稿一卷崇雅堂删餘詩一卷　（清）胡敬撰（第1494冊）

胡敬(1769—1845),字以莊,號書農。仁

和(今浙江杭州)人。嘉慶十年(1805)進士。改庶吉士,授編修,歷官侍講學士,充武英殿文穎館纂修官。嘉慶二十四年任安徽學政,晚年主杭州書院。詩文兼美。另著有《南薰殿圖像考》、《國朝院畫録》等。傳見《清史列傳》卷七三、《詞林輯略》卷五等。

《崇雅堂文鈔》二卷,前有英和序。是書多收傳記、書序等文,記人之文情真意摯,如《孝廉錢蕙窗別傳》,頗顯其曠達情懷。《明經姚君亡室丁孺人傳》、《景寧教諭高君繼室沈孺人傳》,所記皆爲當時知識女性,有助於考察當地婦女生活。此外碑記墓志之文,亦可補地方文獻之不足。

《崇雅堂詩鈔》十卷,共收古今體詩一千零二十八首,按年編排。其中多有長篇排律,題材豐富。咏物之作往往刻畫精細,如《竹根蟾蜍》等。另有多首叙事長詩,爲節烈女子而作,如《孫秀姑詩》、《憐春曲》、《鶼鶬化鷗行爲諸暨陳烈婦作》等。作者曾著《國朝院畫録》,經眼宮中所藏書畫珍品頗多,留有不少題咏之作,如《閻立本畫蕭翼賺蘭亭圖》、《米元章自書吳江舟中詩卷》、《宋徽宗聽琴圖》等,其中多有書畫珍品已流失者,借其詩亦可窺知一二。

《崇雅堂駢體文鈔》四卷,其中鑒賞古畫之作最多,雕繢滿眼,雍容典雅,如《花落燕歸圖序》、《西谿秋雪圖序》、《明東林諸賢墨迹記》等,并多有寄寓。《重修會稽大禹陵廟碑》洋洋數千言,亦氣象雄厚,波瀾壯闊。

《崇雅堂應制存稿》一卷,收録供奉翰林應制之文,典麗精工。其中《恭進全唐文表》、《恭進明鑒表》、《恭進秘殿珠林石渠寶笈三編摺子》等,亦有助於考察嘉慶朝之文獻編纂事業。

《崇雅堂詩删餘稿》一卷,收《詩鈔》之外詩作。其中如《宋孝宗賜臨安府張杓手勅》、《西域哈什河經石》等,亦有關古物鑒賞。《林少穆中丞治蘇有新政詩以記之》,記述林則徐在江蘇巡撫任上治河事,亦可與正史相參照。

諸集合爲《崇雅堂集》十八卷,有清道光二十六年刻本,今據上海圖書館藏該本影印。(姚遠)

**箕谷詩鈔二十卷箕谷文鈔十二卷**　(清)查揆撰(第1494冊)

查揆(1770—1834),又名初揆,字伯葵,號梅史。海寧(今屬浙江)人。嘉慶九年(1804)舉人。曾仕皖,後官直隸灤州知州,改順天薊州知州,旋卒於任上。文筆雄秀,工駢體,詩亦卓然成家。傳見《清史列傳》卷七一、《歷代兩浙詞人小傳》卷九等。

《箕谷詩鈔》二十卷,前有方廷瑚序。作者原有《菽原堂集》,删汰增補而成此編,屠倬、郭麐原序亦附。其中卷十三、十四,多爲居皖所作,如《桐城道中》、《送朱悔齋之懷寧》、《大雪自合肥還縣作》等,可據以考察其仕皖經歷。《箕谷文鈔》十二卷,分體編。其中卷九連續五篇《論安徽吏治》,一氣呵成,涉及治安、水利、稅收諸方面,對"攤丁入畝"等頗持異議,亦記録捻軍、八卦教在豫皖之活動。

此書清道光十五年菽原堂刻,今據上海辭書出版社圖書館藏該本影印。(姚遠)

**養一齋文集二十卷補遺一卷續編六卷養一齋詩集八卷**　(清)李兆洛撰(第1495冊)

李兆洛(1769—1841),字紳綺,更字申耆,號養一。陽湖(今江蘇武進)人。嘉慶十年(1805)進士,選庶吉士,授鳳臺知縣,以父喪歸,遂不出。主講暨陽書院近二十年。著作另有《歷代地理韻編今釋》等,編有《皇朝文典》等。傳見《清史稿》、《清史列傳》卷七三等。

《養一齋文集》二十卷,卷首有薛子衡所作《行狀》、高承鈺序。《補遺》一卷爲校刻文集後所搜輯各體文,不及入各類而另刻,有高承鈺補遺序。《續編》六卷,前有高承鈺序,卷末有張式《後序》。《養一齋詩集》八卷,前有高承鈺序。

李兆洛工詩詞,詩古體炳蔚,近體温雅,詞多綺麗幽豔。李氏通經史,尤精輿地之學。爲文主合駢、散兩體之長,爲陽湖派之代表。其文"雄深雅健,語無枝葉,不立間架,不尚腔拍,惟據所見而直達之……然偶有感觸,亦復深入無際,曠乎無垠"(劉聲木《桐城文學淵源考》)。

此集所收諸集皆李兆洛殁後,其門弟子所輯録,同郡後學高承鈺爲刊刻,清道光二十三年活字印,道光二十四年增修,今據山東省圖書館藏該本影印。(馬亞中　楊年豐)

**泰雲堂集二十五卷** (清)孫爾準撰(第1495冊)

孫爾準(1770—1832),字平叔,一字萊甫,號戒庵。金匱(今江蘇無錫)人。廣西巡撫永清子。嘉慶十年(1805)進士,改庶吉士。十九年由編修出爲汀州知府。歷官鹽法道、江西按察使、廣東布政使、安徽巡撫。道光三年(1823)調福建巡撫。五年擢浙閩總督,加太子少保銜。曾奏請將臺灣噶瑪蘭收入版籍。著作別有《婆娑洋集》、《游黃公澗記》等。傳見《清史列傳》卷三五、《清史稿》。子慧惇、慧翼撰有《平叔府君年譜》。

孫爾準學問淹貫,凡治官文書,不假手於幕僚。工詩,尤長於詞。擅書法,筆意似趙孟頫。幼從父遍歷黔桂,爲邵晉涵弟子。此《泰雲堂集》二十五卷,有英和、鄭祖琛序。內《文集》二卷,計壽序、譜叙、詩文集叙、碑記、傳、墓志銘等三十七篇。序跋尺牘、傳志祭悼諸篇章,雖以日常應酬居多,亦雅正而不失練達之風。《駢體文集》二卷,收進御文、題詞、賦等二十篇。《詩集》十八卷,取一官一集之例。足迹所至,所見所聞,唱和贈答,國情家事,悉付於詩。所記風俗民情,亦足爲研史者參考。其《婆娑洋集》、《臺陽籌筆集》

等,多涉臺閩事。如《番社竹枝詞》、《番刈》等篇,皆記臺灣少數民族習俗。又有《論詞絶句》廿二首,多爲評論本朝詞人而作,對清初綺靡詞人及浙派末流皆有評論。末附《詞集》三卷,凡《雕雲詞》、《海棠巢樂府拈題》、《荔香樂府》各一卷,計詞一百一十八首。

此本據中國科學院圖書館藏清道光刻本影印。(許紅霞)

**松心詩録十卷** (清)張維屏撰(第1496冊)

張維屏(1780—1859),字子樹,一字南山,號松心子,晚自署珠海老漁、唱霞漁者。番禺(今廣東廣州)人。清道光二年(1822)進士。歷官湖北長陽、黃梅、廣濟及江西太和知縣,袁州府同知、吉州府通判。道光十六年辭官歸里。著作別有《聽松廬詩鈔》、《松心文集》等。傳見《清史稿》、《清史列傳》卷七三等。

張維屏早歲有詩名,與黃培芳、譚敬昭稱"粵東三子"。至京師,翁方綱歎爲詩壇勁敵。論詩主"性情",曾編《國朝詩人徵略》、《國朝詩人徵略二編》,輯道光前詩人事迹,并附詩話評述。自爲詩不出乾、嘉規範,後經鴉片戰爭,有《三將軍歌》、《三元里》等反映時事之作。《晚晴簃詩匯》稱其詩"高華沉著,不專一格"。

《松心詩録》,亦稱《松心十録》,共十卷,仿黃庭堅自選其詩之例,選起乾隆甲寅(1794)至咸豐甲寅(1854)六十年中之詩,凡古今體詩三百八十四首,師友詩共録五十三首。前有自序及門人李長榮、沈世良序。

《松心詩録》十卷,由其門人編輯校刊,李長榮、沈世良編校,清咸豐四年趙惟濂刊於羊城,今據中國科學院圖書館藏該本影印。另有《聽松廬詩鈔》十六卷,嘉慶十八年刊本,道光五年刊本(後五卷係續刊)。《聽松廬詩鈔》別本一卷,李長榮輯,同治二年續刊,有《柳堂師友詩録初編》本。《張南山全集》,道光咸豐間刊本。《張南山詩文集》七十四卷,

咸豐四年刊本。《松心文鈔》十卷、《松心駢體文鈔》，道光末年刊本。（馬亞中楊年豐）

### 左海文集十卷乙編二卷絳跗草堂詩集六卷

（清）陳壽祺撰（第 1496 冊）

陳壽祺（1771—1834），字恭甫，號左海，晚號隱屏山人。侯官（今屬福建）人。嘉慶四年（1799）進士，改庶吉士。道光九年（1829）任福建通志局《福建通志》總纂。晚年主講于泉州清源書院、鼇峰書院。藏書十萬卷。著有《三家詩遺說考》等。生平見《清史稿》、《福建通志·儒林傳》等。

閩中自李光地、雷鋐、陰承方皆爲宋儒之學，至壽祺以會試出阮元之門，得所師承，又與同年生張惠言、王引之、郝懿行、許宗彥、姚文田以學問相切劘，及見錢大昕、段玉裁、王念孫、程瑤田諸老輩，從而質疑請益，往復討論，故所學亦精博，以湛深經術名於時。然其平日教人，首在重廉恥，其次始曰尚經學。即以治經言之，亦能暢通大例，而不狃於細物，宗主漢學，篤信許、鄭。壽祺樸學之外，兼擅詞章，文藻博麗，有六朝三唐風格。此書《乙編》駢體文爲世所重，在當日經師中，可謂博涉多通，文質彬彬者。趙松雪稱其“才雄學富”。

《左海詩集》又名《絳跗草堂詩集》，爲乾隆五十二年（1787）以後詩。無序，首載馬履泰、宋湘各家題詞。贈別酬題之什，才力雄大。《海外紀事八首》，記臺灣林爽文事，亦可參稽。《陶舫詩三十韻》、《論閩人詩》，詳述詩派源流。《咏史七首》、《過楓嶺》等，渾然老成，摹古而不復古，較諸時俗，實遠勝之。

陳壽祺有《左海文集》十卷、《絳跗草堂詩集》六卷、《左海乙集駢體文》二卷、《東觀存稿》二卷，編爲《左海全集》，清嘉慶、道光間陳紹鏞補刻，今據華東師範大學圖書館藏該本影印。其《東觀存稿》乃官編修時應制之

作，凡詩六十首，本集未收入。別本二種：一爲《左海續集》不分卷，陳喬樅編，道光八年刻，殘存二十七冊，廣東中山圖書館藏；一爲《澹靜齋文鈔》十四卷，道光二十年刻，湖南省圖書館藏。（蔣倩）

### 崇百藥齋文集二十卷

（清）陸繼輅撰（第 1496—1497 冊）

陸繼輅（1772—1834），字祁生，一作祁孫，號修平，又號又商、霍莊、商對、季木。陽湖（今江蘇武進）人。嘉慶五年（1800）舉人，官合肥縣訓導。授貴溪知縣。著作另有《合肥學舍札記》、《詞綜評》等。傳見《清史稿》、《清史列傳》卷七二等。

陸繼輅頗通考訂之學，詩文與兄子耀燁齊名，時有“二陸”之稱。與惲敬、張惠言、董士錫、吳德旋等爲友，爲陽湖派古文代表作家。“其文不苟依傍，通達事理，洋洋乎職千頃之波，而勁氣昭質充然炯然，按之皆有物”（劉聲木《桐城文學淵源考》）。“其詩詞婉篤深遠，淡而彌永”（《晚晴簃詩匯》）。

《崇百藥齋文集》二十卷，卷首有阮元序。卷一至卷十二爲詩，編年，分爲《寒檠集》、《定香集》、《邗上題衿集》、《滬瀆集》、《歸帆集》、《宣南集》、《熊耳集》、《伊闕訪碑集一》、《伊闕訪碑集二》、《蕭寺養疴集》、《餐朮集一》、《餐朮集二》。卷十三爲《清鄰詞》，卷十四至卷十九爲文，卷二十陸繼輅爲其母所作年譜。

《崇百藥齋文集》二十卷，得友人劉穎州之助，清嘉慶二十五年刻於合肥學舍，今據湖北省圖書館藏該本影印。（馬亞中　楊年豐）

### 崇百藥齋續集四卷崇百藥齋三集十二卷

（清）陸繼輅撰（第 1497 冊）

《崇百藥齋續集》四卷，爲道光元年至三年所作詩文，編年。前二卷爲詩《箏柱集》、《香適集》，後二卷爲文。卷首有作者自序。《崇

百藥齋三集》十二卷,收道光二十四年至二十七年詩作。宋翔鳳編次目錄并作序。前十卷爲詩集《傷逝集》、《梅心集》、《望雲集》、《玔梁集》、《玔梁乙集》、《玉燕集》、《焚巢集》、《望雲乙集》、《鄉溪集》、《息陰集》,後兩卷爲序、記、碑、銘、述及墓表、墓志。

《崇百藥齋續集》四卷,門人徐漢蒼、蔡邦綏等校勘及醵貲刊版,清道光四年刻於合肥學舍,今據湖北省圖書館藏該本影印。《崇百藥齋三集》十二卷,宋翔鳳、葉方志爲編次目錄,葉方志捐資,清道光八年刻於安徽桌署。今據復旦大學圖書館藏該本影印。此二集與《崇百藥齋文集》及《合肥學舍札記》十二卷(附陸妻錢惠尊《五真閣吟稿》一卷)合爲《崇百藥齋文集》全帙。全帙本另有清光緒四年興國州署重刊本。(馬亞中 楊年豐)

### 考槃集文録十二卷 (清)方東樹撰(第1497冊)

方東樹(1772—1851),字植之,號副墨子,又號歇庵、冷齋,原名鞏至。桐城(今屬安徽)人。諸生。方績子。師事姚鼐,與梅曾亮、管同、姚瑩(或曰劉開)并稱"姚門四弟子"。客游五十年。歷主海門、韶陽、廬陽、泖湖、松滋、東山等書院講席。晚歲家居。傳見《清史稿》、《清史列傳》卷六七等。

方東樹博覽經史諸子百家,尤重朱子之説。曾著《漢學商兑》抨擊漢學。少有用世志,著《匡民正俗對》,陳禁煙之策,又著《病榻罪言》,論御英軍方略。論文一本師説,著《昭昧詹言》闡發桐城派文論、詩論。爲文慕曾鞏、朱熹論事説理之作,"務盡其事之理而足乎人之心"(《自序》)。

《考槃集文録》十二卷,凡文二百三十九篇。卷首有自序、蘇惇元撰《儀衛方先生傳》。卷一爲論,卷二爲雜著,卷三、四爲序,卷五爲書後、題跋,卷六爲書,卷七爲記,卷八爲贈序、壽序,卷九爲傳,卷十爲墓志、墓表、祭文,卷十一爲族譜序、家傳、哀詞、終制,卷十二駢體文。

此集爲《考槃集文録》單行本,清光緒二十年刻十二卷本,由其門人戴鈞衡抄録,并收羅散佚輯爲兹編。今據華東師範大學圖書館藏該本影印。後方宗成選《考槃集文録》九十九首,仍爲十二卷,更名爲《儀衛軒文集》,又編輯駢體爲《文外集》一卷,《詩集》五卷,同治七年李鴻章刻。至光緒十五年,其孫龍光刻《方植之全集》,内《考槃集文録》十二卷,附《半字集》、《考槃集》三卷,《王余集》一卷,《儀衛軒遺詩》二卷。(馬亞中 楊年豐)

### 石雲山人詩集二十三卷石雲山人文集五卷 (清)吳榮光撰(第1497—1498冊)

吳榮光(1773—1843),字伯榮,號荷屋。南海(今廣東廣州)人。嘉慶四年(1799)進士,改庶吉士,授編修。歷陝西陝安道,福建、浙江、湖北按察使,貴州、福建、湖南布政使,湖南巡撫,降福建布政使。生平事迹見《清史列傳》卷三八、《國朝耆獻類徵》卷一九九等。

《石雲山人詩集》二十三卷,卷首有潘世恩序。詩集分卷命名,依次爲《經進詩存》、《計偕吟草》、《木天詩存》、《歸省第一集》、《觀象研齋集》、《西臺詩存》、《歸省第二集》、《西曹詩存》、《陝安集》、《閩山浙水集》、《黔藩集》、《歸省第三集》、《閩藩詩存》、《跰舍詩存》、《京國八郵草》、《湘藩詩存》、《撫湘集》、《留湘集》、《京堂集》、《閩藩後集》、《歸田集》、《續賜五福堂集》、《試帖》、《筠清館詩餘》。《石雲山人文集》五卷,吳榮光善書畫,精鑒賞,其畫受吳門畫派影響較大。卷五之題跋文,品評書畫,每有心得。《晚晴簃詩匯》稱其詩"紀事述情,不規規摹仿前人"。

清道光二十一年,南海吳氏筠清館刊《石

雲山人集》，凡四十一卷，爲《詩集》二十三卷，《文集》五卷，《奏議》六卷，《詞選》一卷，《詩話》六卷。今據湖北省圖書館藏該本影印。（馬亞中　楊年豐）

**今白華堂文集三十二卷**（存卷一至卷三、卷五、卷七至卷八、卷十一至卷十七、卷十九至卷二十、卷二十二至卷二十四、卷二十七至卷三十二）（清）童槐撰（第1498册）

童槐（1773—1857），譜名傳林，字晋三，一字樹眉，號萼君，晚號眉叟，別署香士、晚雲居士。鄞縣（今浙江寧波）人。嘉慶十年（1805）進士，官至江西、山東按察使，陝西道監察御史。後引疾歸里。工書善射，能畫山水人物。先後掌教月湖、慈湖書院及陝西關中書院、江西鵝湖書院、廣東學海堂，與生徒講解無倦。諳熟當代典章，晚年研討四明文獻。學問淹貫，爲法式善所知。著作別有《補雅》、《過庭筆記》、《從政筆記》等。生平事迹見光緒《鄞縣志》卷四三、其子童恩編《顯考萼君府君年譜》等。

童槐平生好學，少時曾與富盛童璜受贄于阮元，有“兩浙文章推二童”贊語。後應内廷試，以第一名入直軍機處。此《今白華堂文集》三十二卷，僅存卷一至卷三、卷五、卷七至卷八、卷十一至卷十七、卷十九至卷二十、卷二十二至卷二十四、卷二十七至卷三十二。無序跋，分體編，凡賦、詔、恭紀册文、議、疏、奏議、論、序、跋、題志、記、碑、説、辨、釋、解、連珠、雜著、對策、募疏、書、傳、壽序、墓表、行狀等。槐身處内憂外患叢生之時，懷抱濟世之心，故爲文多拯世之語，治河、訟獄、教化、緝捕、軍務等，皆有所涉。《答陳笠帆中丞書》、《上程鶴樵中丞書》、《酌擬整飭章程摺》、《鼇訟獄》諸篇，皆論析時事，剖析爲官之道，治民之法，頗中肯綮。兼學問淹貫，早歲官居秘省，熟諳當代典章，深爲阮元、錢臻等所重，時爲代擬文辭。董沛謂“先生久官

都下，爲諸公卿作進呈文字，沈博絶儷，足與邵南江（邵晋涵）抗行。視彭（彭紹升）、紀（紀昀）諸公以宋四六爲根柢者，殆有過之”（潘衍桐《兩浙輶軒續録》）。集内另有槐所撰祖父、父、外祖諸人小傳、神道表及阮元爲槐雙親所撰墓表，可據以考訂童槐家世。

此書有清刻本，吉林大學圖書館藏，今據以影印。別本《今白華堂文集》三十二卷《詩録》八卷，清稿本，臺北“中央圖書館”藏。《今白華堂集》六十四卷，附《遇庭筆記》一卷，稿本，阮元跋，寧波天一閣藏。（許紅霞）

**今白華堂詩録八卷今白華堂詩集二卷**（清）童槐撰（第1498册）

《今白華堂詩録》八卷，無序跋，分體編，卷一至卷四收古體詩二百零七首，餘爲近體詩，計四百十一首。槐歷任江西、山東按察使，陝西道監察御史，於所聞所感多有吟咏，《渡渭河》、《乾州》、《居庸關行》等，俱可見其蹤迹所至。嘉慶間扈從至灤陽，於塞外山水亦有所記，《途次雜吟》、《進古北口次韻》、《由古北口至兩間房途中口占》等皆是。所交法式善、汪彦博、周桐、張業南等，亦皆飽學之士，唱和贈答之文，悉收集中，凡時人時事詳加注解。兼身處嘉慶道光動蕩之際，雖登臨覽勝之餘，亦能不忘懷國事，如《聞兵至》、《即事》、《書粵警》、《遭亂雜感》等，記太平天國戰亂事，其憂心蒼生之情，可以概見。《詩集》二卷，收進御詩數篇，洋洋灑灑，皆諛美之詞。

此書有清同治八年童華刻本，今據天津圖書館藏本影印。（許紅霞）

**今白華堂詩録補八卷**　（清）童槐撰（第1498册）

《今白華堂詩録補》八卷，子童華輯，無序跋。循《詩録》例，分體編，卷一至卷三爲古體詩，計一百三十九首。卷四至卷八爲近體

詩,計六百零七首,附詞八首。古體詩多紀實之作,如《紀山陽冒賑事》、《九月十二日浙閩奏報殄滅蔡逆全洋肅清爲長歌志喜寄示南中諸同好》等篇,於事發經過述之甚詳,可爲史事之參。近體詩中七絶居多,多昔年任途往來,記取所歷山川雲物、懷親念友之感。《詩錄》係爲官四方之作,此則兼收卸任歸家後所作詩。其詩"大處落墨,不涉庸音"(董沛),尤以七律、七絶、排律見長。錢振倫所作《傳》謂槐"感時憂事,老去而詩倍細"。

此本據復旦大學圖書館藏清光緒三年童華刻本影印。(許紅霞)

### 遂初草廬詩集十卷　(清)杜堮撰(第1498冊)

杜堮(1764—1858),字石樵,一字次崖。濱州(今屬山東)人。嘉慶六年(1801)進士。改庶吉士,授編修。歷官右參贊,升侍講,擢侍讀學士。嘉慶二十年,任順天學政,二十四年,任内閣學士兼禮部侍郎,道光元年(1821),任兵部右侍郎,隨即任浙江學政。十五年,調禮部左侍郎。二十九年,加太子太保衛。傳見《清史稿》等,另有《杜文端公自訂年譜》。

此集十卷,前有門下士朱鳳標及崇恩序。計《西軒草》一卷、《瀛洲草》一卷、《海山集》四卷、《越吟集》三卷、《石畫龕集》一卷。所收爲七十歲以前詩,格高氣清,不事鉤棘。其中嘉慶二十年官直隸學政時途次所咏,多記山水民情。道光元年視學浙江,作《石門觀瀑》、《甌江曲》、《江心寺》等,取法甚高,不受嘉、道間淺俗風氣影響。《咏史》諸什,於史事每有見解,多可取備考核。

此書有清同治九年刻本,今據復旦大學圖書館藏杜受廉刻本影印。杜堮所著書稿,初名《石畫龕集》,未能全刻。有《聽止軒詩文存稿》二卷,稿本,中國科學院圖書館藏。又有《杜文端手稿六種》,稿本六十四冊,凡《石畫龕論述》、《武鏡初編》、《時文舉隅》、《時文辨體》、《讀史方輿紀要節鈔》、《聽直軒詞選》,《中國書店三十年所見善本書目》著錄,今未知流落何處。堮自訂年譜,載所著二十五種,見於此稿者僅四種。(蔣倩)

### 幼學堂詩稿十七卷幼學堂文稿八卷　(清)沈欽韓撰(第1498—1499冊)

沈欽韓(1775—1831),字文起,號小宛。吳縣(今屬江蘇)人。嘉慶十二年(1807)舉人,授安徽寧國縣訓導。欽韓博通諸學,尤長於訓詁考證,著有《春秋左傳補注》、《韓昌黎集補注》等。生平見《清史列傳》卷六九。

是集初刊於嘉慶十八年,詩十卷,文四卷,道光間續刻詩七卷、文四卷。首自序。詩總一千八百零三首。欽韓與包世臣、李兆洛、周濟交善,名亦相埒,樸學根柢獨深,不徒以詩顯。集中讀史、題圖之作最多。《讀荀子》、《讀後漢書四首》、《楊漣血影石歌》、《屠琴隖山水畫壁歌》、《題金壽門鍾馗雨中張蓋圖》、《昭陵六馬圖歌》等作,俱其尤佳者。山水詩遒峭生澀,學韓、蘇而不逮。詩集中金元宫詞各百首及三國新樂府諸篇,博羅事實,串爲一體,可與史書相互補充。

欽韓之文,文不勝質,雖一生好爲駢儷之文,而造詣不深,蓋其根柢仍在樸學。是集文字,如卷一《出女嫁女服議》、《諸侯之臣爲天子辨》,卷二《吊生不及哀解》、《先配而後祖解》、《妾母不得爲夫人論》等,皆樸實説理,多創闢之見。《廣雅叢書》中收是集僅一卷,但刻其説經、考文、釋禮之作。而繆荃孫又曾取其《駁金石萃編條記》,刊入《烟畫東堂小品》,蓋皆以其所長在考證之學。

此書清嘉慶十八年初刻,道光八年續刻,今據北京大學圖書館及上海圖書館藏本影印。國家圖書館又藏民國間抄本,亦詩稿十七卷、文稿八卷,蓋據刻本過錄。又《幼學堂續稿》,今存卷十一至卷十四,稿本,王大隆跋其尾,復旦大學圖書館藏。(蔣倩)

## 雙硯齋詩鈔十六卷　（清）　鄧廷楨撰（第 1499 冊）

鄧廷楨（1776—1846），字巒筠。江寧（今江蘇南京）人。嘉慶六年（1801）進士，選庶吉士，授編修，歷官湖北按察使、江西布政使、陝西按察使、陝西布政使、安徽巡撫。道光十五年（1835），擢兩廣總督，嚴禁鴉片。旋調任閩浙總督。遣戍伊犁。釋還，授甘肅布政使，擢陝西巡撫，署陝甘總督。著作另有《雙硯齋詞》、《詞話》。傳見《清史列傳》卷三八、《清史稿》等。

卷首有梅曾亮、方東樹、米宗楷序。詩編年，起嘉慶五年，迄道光二十五年，收詩九百九十首。《晚晴簃詩匯》稱其“于藻麗豐縟之中，存簡質清剛之制，論其品第，亦與左樓（林則徐）相伯仲”。戍伊犁時，與林則徐日以詩詞相酬答，好事者輯爲《林鄧唱和集》。亦工詞，譚獻《復堂日記》稱其詞“忠誠悱惻，咄乎騷人，徘徊乎變雅”。

鄧廷楨詩約道光八年手自編成（見方東樹序），今據中國科學院圖書館藏清末刻本影印。（馬亞中　楊年豐）

## 退庵詩存二十五卷　（清）　梁章鉅撰（第 1499 冊）

梁章鉅（1775—1849），字閎中，又字茝林，晚號退庵。長樂（今屬福建）人。乾隆五十九年（1794）舉人。嘉慶七年（1802）成進士，授禮部主事。歷官禮部員外郎，荊州知府，江蘇、山東按察使，江蘇布政使，護理江蘇巡撫，甘肅布政使，廣西、江蘇巡撫，署兩江總督。著作另有《退庵隨筆》、《文選考證》等。生平事迹見《清史列傳》卷三八、林則徐《江蘇巡撫梁公墓志銘》及《退庵自訂年譜》。

《退庵詩存》二十五卷，卷首有翁方綱等人題詞。詩中多有自注，詳明人、事。梁章鉅能文工詩，尤熟掌故。《晚晴簃詩匯》謂其詩“才學贍博，用筆生健，喜選險韻，而能控制自如”。

此集爲其晚年自定詩稿，清道光二十三年刻，今據復旦大學圖書館藏該本影印。另，其集《藤花吟館詩鈔》十卷，爲最先著詩集，有道光五年刻本。又有《退庵詩續稿》八卷，道光二十四年浦城北東園刻。《師友集》十卷，道光二十五年浦城北東園刻。《藤花吟館詩鈔》五卷，有道光五年續刻本。（馬亞中　楊年豐）

## 求是堂詩集二十二卷　（清）　胡承珙撰（第 1500 冊）

胡承珙（1776—1832），字景孟，號墨莊。涇縣（今屬安徽）人。嘉慶十年（1805）進士，選翰林院庶吉士，散官授編修，歷任廣東鄉試副考官、御史、給事中，授福建分巡延建邵道，調署臺灣兵備道，後請假回原籍。歸里後，閉户著書，與陳奐往復討論。所著有《毛詩後箋》、《小爾雅義證》等。生平見《清史稿》、《清史列傳》卷六九。

此集爲自編，分《悔存》、《哀蟬》、《負米》、《授經》、《計偕》、《倦游》、《結秀》、《家居》、《藏海》、《寄藤》、《隃嶺》、《道山》、《銷寒》、《賞春》、《西臺》、《東瀛》、《歸田》諸集，共收詩一千五百餘首。其中《琅邪臺秦二世石刻》、《雲汀前輩惠高麗狼毫筆》、《爲亡友張阮林鈔所著左傳辨杜八卷成有感賦》等篇純以學運之。《青弋山櫂歌》、《舟中望廬山放歌》，咏金陵、洞庭諸勝，不乏清響。平生與葉紹本、李葆、洪飴孫、吳嵩梁、陳用光、梁章鉅、沈欽韓、包世臣、孫爾準、錢儀吉多唱酬，而與朱珔最契，同爲宣南詩社成員。其詩寄托遙深，朱珔序“體安以雅，辭麗以則”譽之。

此書有清道光十三年刻本，今據以影印。（蔣倩）

## 求是堂文集六卷首一卷駢體文二卷　（清）　胡承珙撰（第 1500 冊）

此《求是堂文集》六卷，乃歿後其友朱珔編

次,畀其家付梓。承珙究心經術,精研小學,熟於《爾雅》、《説文》。以惠棟《九經古義》不采《爾雅》,爲補撰數十條,成《爾雅古義》二卷。又爲《小爾雅義證》,取戴震所疑四事,一一辨之。於《儀禮》,有《古今文疏義》。於《春秋》,有《三傳文字異同考證》。此集中《小爾雅疏證序》、《小爾雅義證自序》、《儀禮鄭注豐字聲義考》、《儀禮釋官序》、《儀禮古今文疏義自序》等篇,均可見其研究成果。胡承珙精力所瘁,尤在《毛詩後箋》一書,撰稿至《魯頌‧泮水》而疾作以没,囑陳奐爲之補成。集中有《與陳氏書》數篇,可窺兩家説《詩》不同之趣。是集其他考證之文,如《簫韶解》謂簫是樂名而非樂器,發前人所未發,《釋翿篇》正《爾雅》今本傳寫之誤,皆可見其根柢深厚。承珙治經之外,復工詞章,能爲駢散文,古今體詩。

此書有清道光十七年刻本,今據以影印。

（蔣倩）

## 小倦游閣集二十七卷（存卷一、卷三、卷八至卷九、卷十四、卷十六至卷十九、卷二十一、卷二十三至卷二十七）　（清）包世臣撰　（第1500册）

包世臣（1775—1855）,字慎伯,號倦翁、小倦游閣外史,學者稱安吳先生。涇縣（今屬安徽）人。嘉慶十三年（1808）舉人,官江西新喻知縣。少工詞章,繼而喜兵家言,善經濟之學,爲督撫所重。書法亦爲近代名家,兼秦篆漢隸以及六朝正草書。著作另有《中衢一勺》、《藝舟雙楫》、《管情三義》、《齊民四術》,合爲《安吳四種》。生平事迹見《清史列傳》卷七三、《國朝書人輯略》卷八等。

《小倦游閣集》二十七卷,分正集、別集,兩集中分別收詩文。現存卷一、卷三、卷八至卷九、卷十四、卷十六至卷十九、卷二十一、卷二十三至卷二十七。包世臣爲文本《荀子》、《韓非子》、《吕氏春秋》,爲詩則學陸機、謝靈運。

此集爲包氏抄本,有校讀痕迹,檢文字似非出一手,題頭間有批語。因卷帙缺漏,文章卷次稍顯錯亂,如卷三爲正集三《詩》一,列於詩後有文《兩淵緣起》、《蕭何功第一論》等,按體例當入文集中。再如卷九爲正集九《文》五,中有《庚辰雜著》一、《庚辰雜著》二,因二集收文皆爲論説疑當爲別卷。

此本據安徽省圖書館藏清包氏小倦游閣抄本影印。其集另有《小倦游閣文稿》二卷,有民國六年華陽王氏菊飲軒據包氏原稿鉛印綫裝本,收文五十餘篇。張舜徽《清人文集別錄》以爲此集“蓋世臣自編文集之餘,棄而不顧者也”。（馬亞中　楊年豐）

## 劉禮部集十一卷　（清）劉逢禄撰　附錄一卷　（清）劉承寬等撰　（第1501册）

劉逢禄（1776—1829）,字申受,號申甫,江蘇武進人。嘉慶十九年（1814）進士,改庶吉士,授禮部主事。著作另有《卦象陰陽大義》、《尚書今古文集解》、《左氏春秋考證》等。傳見《清史稿》、《清史列傳》卷六九等。劉承寬（1796—1853）,逢禄長子。嘉慶二十一年舉人,候補直隸州知州。

劉逢禄少從外祖父莊存與、舅父莊述祖學,盡傳其學,爲清代著名今文經學家。治經精《春秋公羊傳》,務通大義,不專章句,主漢董仲舒、何休之説。著《公羊春秋何氏釋例》,倡“大一統”、“張三世”之論,探求微言大義,影響清末改良主義甚大。龔自珍、魏源皆從其學,康有爲之《新學僞經考》亦受其啓發。

此《劉禮部集》十二卷,卷首有魏源序。卷一至卷十爲文,卷十一爲詩詞,存詩九十三首,詞七首,卷末附其子劉承寬所作《先府君行述》。卷十二爲附錄,附其子劉承寵《麟石文鈔》,收文六篇,詩十六首。集中文多論學之作。

此集有清道光十年思誤齋刊本,今據浙江圖書館藏該本影印。另有光緒十八年延暉承慶堂重刊本。（馬亞中　楊年豐）

## 求聞過齋詩集六卷　（清）朱方增撰（第1501冊）

朱方增（1777—1830），字壽川，號虹舫，浙江海鹽人。嘉慶六年（1801）進士。選庶吉士，授編修。典雲南鄉試，遷國子監司業。嘉慶二十年，入直懋勤殿，編纂《石渠寶笈》、《秘殿珠林》。尋督廣西學政，累遷翰林院侍讀學士。道光四年（1824），大考第一，擢內閣學士。典山東鄉試。道光七年，督學江蘇。方增熟諳朝章典故、史館撰述，號爲通才，輯國史名臣事迹爲《從政觀法録》。傳見《清史稿》等。

是集有朱方增外甥孫徐用儀序，詩凡五百六十九首。其《題座師蔣礪園先生觀我圖遺照一百韻》、《題朱芝圃海上受降圖六十韻》、《蔣礪堂節相六秩壽詩一百韻》、《韓樹屏前輩三百三十有三士亭圖》、《題周芸皋觀察槐廳問字圖》等長篇并序，詳注事迹，不啻爲蔣曰綸、朱桓、蔣攸銛、韓鼎晉、周凱等人補傳。《乙酉正月二十八日命內閣題本恭記》、《校勘書畫偶成》、《贈楊炳堃四首》、《題鮑淥飲先生遺照》，亦足以廣佚聞。

此書有清光緒十九年朱丙壽刻本，今據華東師範大學圖書館藏本影印。（蔣倩）

## 求聞過齋文集四卷　（清）朱方增撰（第1501冊）

是集卷一爲經進文，卷二爲奏議，卷三爲散體文，卷四爲駢體文。後有其孫冠瀛跋。奏議所言，有廣地利以阜民生、除莠安良、博舉賢能等。散體文不僅記風景，亦載民生。其中《阮芸臺師六旬壽序》，可考知其與阮元之關係。

此書有清光緒二十年刻本，今據上海圖書館藏該本影印。（蔣倩）

## 南村草堂文鈔二十卷　（清）鄧顯鶴撰（第1501冊）

鄧顯鶴（1777—1851），字子立，號湘皋，湖南新化人。嘉慶九年（1804）舉人，屢試不第。以搜集、彰顯鄉邦文獻爲己任，曾纂《沅湘耆舊集》、刻《王船山遺書》、《蔡忠烈遺集》等。道光間授寧鄉訓導，歸主濂溪書院。傳見《清史稿》、《清史列傳》卷七三等。

此集二十卷，前有姚瑩、沈道寬序。所收文章，皆與湖南有關，鄉邑之情溢于紙上。既有爲家鄉防衛、民生建言獻策之作，如《議修寧鄉縣城及團練事例》、《議捐積穀規約十二條》，洋洋灑灑，明白曉暢，亦有考證地理之作，如《資水辨》等，引經據典，考證精詳。尤具特色者，乃其搜羅刊刻湖南地方名人著作所爲撰寫之序，詳記各書版本、內容、作者簡要事迹，刊行情況等。如《船山遺書》，鄧顯鶴早在道光十七年（1837）即將王夫之遺作一百五十卷付印刊行，《船山遺書目録叙》一文述其刻印緣起甚詳。其他序言、書後、傳記、碑記、墓志銘等，亦多記録湖南著名人物，對今日整理湖南地方文獻、考察歷史人物頗有助益。

此書有清咸豐元年湖南鄧氏刻本，今據天津圖書館藏本影印。（姚遠）

## 心知堂詩稿十八卷　（清）汪仲洋撰（第1502冊）

汪仲洋（1777—？），字少海，號海門，四川成都人。嘉慶六年（1801）舉人。歷任浙江錢塘、桐廬、山陰、海鹽知縣。生平事迹見《皇朝續文獻通考》卷二八○。

《心知堂詩稿》十八卷，熊文華校訂，前有鮑桂星、姚椿、錢杙序，又有吳振棫等十六人題詞，鮑桂星等十四人評語，書末有呂璜作《跋》。詩依年編次，起乾隆五十八年（1793），迄道光四年（1824），分諸集，集各一卷，共計古今體詩七百六十二首，詩多加注解。卷中紀行懷古詩最多，行衛輝、孟津，往潼關、洛陽，官山陰、桐廬，所至無不咏，抒情述事，慷慨激昂。孫桐生《國朝全蜀詩鈔》謂其"詩筆雄贍,惟間有隸事太雜之病"。

此書有清道光七年刻本,今據天津圖書館藏該本影印。(許紅霞)

**琴隱園詩集三十六卷**　(清)湯貽汾撰(第1502冊)

湯貽汾(1778—1853),字若儀,號雨生,又號琴隱道人、粒民太守,晚號粥翁,別署老雨等。江蘇武進人。世襲雲騎尉,授守備,擢樂清協副將。晚辭官居江寧,太平軍破城,投水死。傳見《清史稿》等。

《琴隱園詩集》三十六卷,卷首有顧文彬、吳雲、姚燮、蔣德馨等序,次黃鞠像贊。編年起乾隆五十六年(1791),迄咸豐三年(1853)。卷一《天香集》,卷二《隨牒集》,卷三、四《江亭集》,卷五《罷釣集》,卷六至卷十《南塞集》,卷十一至卷十五《北塞集》,卷十六至卷十九《之江集》,卷二十至卷三十三《琴隱集》,卷三十四至卷三十六《獅窟集》。集後有曹秉仁咸豐九年與同治十三年(1874)跋。湯貽汾論詩主性靈,與梅曾亮等爲文字交。《晚晴簃詩匯》稱其"歌行尤勝,權奇排奡,而有沈毅之氣流露行間"。又善詞,杜文瀾謂其"抒情合度,絕無叫囂靡曼之音,得詞之正軌"(《憩園詞話》)。

湯貽汾七十歲時,曹秉仁擬刻其集以爲壽,吳雲、吳大澂等校刻,甫及半而變作,遂止。同治十三年,曹秉仁(時已改名士虎)、吳雲、顧文彬、蔣德馨等重校刻《琴隱園詩詞集》,詩先刻成,即爲此集。另,《琴隱園詩詞集》有光緒元年上元宗氏心遠樓刻本、民國二年刻本。

此本即據同治十三年曹士虎刻本影印。(馬亞中　楊年豐)

**陶文毅公全集六十四卷首一卷末一卷**
(清)陶澍撰(第1502—1504冊)

陶澍生平見前《靖節先生集》提要。

陶澍少負經世之志,尤邃于史志輿地之學。出仕以後,歷任要職,爲道光一代名臣。《全集》之中《文集》計五十二卷,舉凡選政、吏治、倉廩、漕務、海運、災賑、鹽法、科場、營制、海防、緝捕、保甲、河工、水利,靡不涉及,可見其任職晋、閩、蘇、皖期間,興利除弊,治政之績。陶氏公務餘暇,手不釋卷,究心經史。《經說》一門中,以研討《禹貢》之學爲最。史說、記文之屬,亦多以輿地考證爲主。即便僅就一橋一渠、一廟一閣立論,亦俱能見其濟時用世之心。序跋尺牘、傳志祭悼諸篇,則以日常酬應之作居多。《詩集》十二卷,分體編。陶澍一生足迹遍及宇内,所見所聞,均付吟咏,亦多記與朋友之詩酒交往。末錄《試律》一卷,所載皆帖括模擬之作,亦能不落窠臼。

此集有道光二十年兩淮淮北士民刻本,前有陶氏小像及朱方增題詞。據許喬林題識云,從陶氏婿周詒模處求得遺集,彙而刊之。陶澍生前自訂《奏疏》七十六卷,《印心石屋文集》三十五卷,《印心石屋詩鈔初集》四卷,《二集》三卷,《撫吳草》四卷,《皇華草》三卷,俱有刊本。許喬林所見《文集》中缺第十六至十九凡四卷,而該本《全集》囊括詩文奏疏各種,實爲最備之本。

此本據清道光二十年兩淮淮北士民刻本影印。(李軍)

**憶山堂詩録八卷**　(清)宋翔鳳撰(第1504冊)

宋翔鳳(1779—1860),字虞庭,一字于庭。長洲(今江蘇蘇州)人。莊述祖甥,嘉慶五年(1800)舉人,選爲泰州學正,歷官湖南新寧、耒陽等縣知縣,後加銜爲知府。著作別有《過庭録》、《周易考異》等。生平見《清史列傳》卷六九等。

《詩録》所收詩作自乾隆五十八年(1793),至嘉慶二十年,以歲次爲序,各體雜厠,而愈後愈夥。宋翔鳳初不甚致力於詩,乾隆六十年隨父輸銅京師,途次見聞,始稍稍創作,其後謀食四方,作客數載,足迹所至,發爲詩歌,誦山川之峻深,酬當世之雄傑。所交者皆當世名家。宋氏以經學名,其詩多紀事之作,《虎坊橋雜詩十二首》是其尤者。他如《王廢基》、《五人墓》,吊古抒情,亦頗可觀。致於《鈔書自題》之《尚書大傳》、《駁五經異義》、《論語鄭注》及題張氏《儀禮句讀》諸詩,雖見其治學之勤,惟將詩作疏記,遂乏韻味。

《憶山堂詩録》有嘉慶刻六卷本、嘉慶二十三年刻《浮溪精舍叢書》八卷本、道光五年增修本。據宋氏自記,丁巳以前在滇所作詩,經檀萃點定并作序,後稿本失去,惟檀氏《滇南詩話》中載有數篇。嘉慶戊寅曾取癸丑至乙亥二十三年之作,分爲八卷,刻於江寧。後復加董理,於道光五年修訂成書。

此本據湖北省圖書館藏清嘉慶二十三年刻道光五年增修本影印。(李軍)

### 樸學齋文録四卷　(清)宋翔鳳撰(第1504冊)

宋翔鳳以經學名世,《樸學齋文録》所收賦、書、序、跋及銘記、墓表、行狀、祭文各體四十餘首,書、序二體居其半,舉凡經學、史學、金石、小學、詩文,靡不論及,可見其學問之根柢。如《答段若膺大令書》爲辨析經學授受源流而作。《與臧西成書》論《儒林傳》,臧庸答書以爲其説"極精到"。《與陳恭甫編修書》、《與王伯申學士書》等論《古文尚書》之《大誓》,王氏報書有"極承匡救,朋友切切,受益何窮"之句。《漢學今文古文考》長文,辨論今古之異,而申今文之長,龔自珍評之曰:"文氣和平,讀之延年。"此等皆可見翔鳳精研名物訓詁,以求微言大義,涉覽廣博,而確有心得。其學出於舅氏莊述祖,是集有《莊葆琛先生行狀》,述其淵源授受甚悉。翔鳳自少好爲儷語,上規八代,集中文字,亦以駢體爲多。與沈欽韓交最密,行文氣息,亦復相似。是集《沈小宛詩古文序》於欽韓詞章揚甚高,猶未免文士標榜之習。

《樸學齋文録》有嘉慶中《浮溪精舍叢書》本、民國間影印本及抄本,今據吉林大學圖書館藏清嘉慶二十五年刻《浮溪精舍叢書》本影印。該本版式甚小,刻工不佳,紙墨并劣。卷一第五、二十六、二十七頁缺,卷四第九至十二、二十一、二十二頁缺。(李軍　蔣倩)

### 因寄軒文初集十卷因寄軒文二集六卷因寄軒文補遺一卷　(清)管同撰(第1504冊)

管同(1780—1831),字異之,號育齋。上元(今江蘇南京)人。幼孤家貧,少從母學。嘉慶初,從鍾山書院主講姚鼐學,與梅曾亮、方東樹、姚瑩并稱"姚門四弟子"。道光五年(1825)中舉人。後爲巡撫鄧廷楨延入幕,課其子。偕鄧子入都,卒于宿遷旅次。著作別有《七經紀聞》、《戰國地理考》、《皖水詞存》等。傳見《清史稿》等。

此書初集前有鄧廷楨序、梅曾亮書後,二集卷首有姚鼐致書、陳兆麒序,共收文約二百篇。管同論學爲文一遵姚鼐軌轍,梅曾亮即受其影響而改習古文。管同論學之作,往往直言姚氏所失,曾自歎不得復見其師而更正之(《讀六韜》)。爲文特貴宏毅,偏重陽剛之美,"師姚先生之文而不襲其派"(鄧廷楨《因寄軒集序》)。其文長于議論,時有卓見。

此集爲清道光十三年管氏刻本,殁後一年,鄧廷楨爲之付梓,今據天津圖書館藏該本影印。另有《因寄軒詩集》未刊行,其詩僅零星見于《晚晴簃詩匯》等總集所録。(馬亞中　楊年豐)

### 頤道堂詩選三十卷頤道堂詩外集十卷頤道堂文鈔十三卷附一卷　(清)陳文述撰(第1505—1506冊)

陳文述(1771—1843),初名文傑,字雋甫,號雲伯,又號退庵。錢塘(今浙江杭州)人。嘉慶五年(1800)舉人,歷官江都、全椒、昭文等縣知縣。與族兄鴻壽合稱"二陳",又與無錫李芳燦齊名稱"陳李"。爲阮元門人,阮以"二陳"與陳甫合稱"武林三陳"。在官有賢聲,生平與王曇、郭麐、查揆、屠倬交最契。著有《碧城仙館詩鈔》等。生平事迹見《清史列傳》卷七三、《清代學者象傳》卷四。

陳文述詩學錢謙益、吳偉業,沉博絕麗,以多爲貴,僅"香奩"一體,即有二十卷。後期一變,漸歸雅正,有關心民瘼之作。陳氏生平作詩近萬首,初自訂爲《碧城仙館詩鈔》,孫古雲爲之刊行,皆早年之作。後於嘉慶二十一年刪存舊作,并出都後至嘉慶丁丑間所作詩文,編爲《頤道堂詩選》十四卷、《外集》八卷、《補遺》四卷、《文鈔》四卷,有嘉慶二十二年刻本。後復爲增輯,編爲《頤道堂集》行世。

此《頤道堂詩選》三十卷、《頤道堂詩外集》十卷、《頤道堂文鈔》十三卷附一卷,《詩選》卷首有阮元、蕭掄、錢杜、曾燠等序及嘉慶二十一年作者自序,卷末有道光十二年(1832)作者題識及姜皋跋。《文鈔》卷首有道光八年英和序。

此本據中國科學院圖書館藏清嘉慶二十二年刻道光增修本影印。別有《頤道堂詩鈔》四卷,日人市村水香編,有日本明治十二年東京文石堂刻本。(馬亞中　韓逢華)

### 養素草堂詩集二十六卷　（清）張澍撰（第1506 冊）

張澍(1776—1847),字伯瀹,一字時霖,號介侯。武威（今屬甘肅）人。嘉慶四年(1799)進士,歷官貴州玉屏、遵義,四川屏山、銅梁,江西永新、瀘溪等縣知縣。屢以事忤上官意,鮮獲晉升。道光十年(1830)引疾辭官,專心治學,晚年一度主講蘭州蘭山書院。傳見《清史稿》、《清史列傳》卷七三等。

張澍居官不常爲詩,所作多得之道路舟車。此集由張氏整比芟刈歷年所作詩稿,存三千零五十一首,始自嘉慶四年,斷于道光二十二年,凡四十餘載,以時序相次第。書前有錢儀吉序。官各一集,分題《歸省集》、《春夢集》、《黔中集》、《漢中集》、《入都集》、《南征集》、《蘭山集》、《入蜀集》、《關中集》、《江右集》、《西歸集》、《卜居集》等,《咏史集》、《試帖詩》二卷附後。張澍一生足迹遍布大江南北,集中所録,尤以旅懷興寄之作爲夥。所記各地風俗民情,亦足爲研史者參考,如《黔苗竹枝詞》、《黔中曲》、《武昌郡雜詩》、《勸民俚歌十五章》等皆是。

此本據湖北省圖書館藏清道光二十二年張氏棗華書屋刻本影印。此外,尚有《張介侯所著書》稿本,其中詩集二十七卷,與刻本不同。(李軍)

### 養素堂文集三十五卷　（清）張澍撰（第1506—1507 冊）

張澍爲詩學昌黎、柳州,文則雜取諸家,自成面目。《文集》計賦二卷、序四卷、記三卷、考辨三卷、書啓三卷、論議二卷、書後四卷、碑傳銘贊五卷、説解釋紀四卷,末以家傳、行述爲殿。賦以館課冠首,因長年官于黔、贛諸省,多因旅懷而作,如《遠游》、《釋情》、《懷鄉》、《旅懷》、《孤蓬》各篇,文情并茂。記文中游寶頂山、涪翁洞、玉泉院、華山、平山堂各篇,敷陳其事,繫以感慨,與賦參互,俱見其能。序文所收多張氏爲自輯各古書所作叙引,學問旨趣,備載其中,亦可見其留意鄉邦文獻之心。又久居川中,感于劉蜀遺迹,輯録《諸葛武侯集》,用力實深,卒爲後世所稱。書啓内與馬廷錫論參星,反復討論,書竟三四返。與楊蓉裳、陸平泉、楊慶莘等諸家書,多辨疑析奇者,友朋切磋之景,躍然紙上。

此本據華東師範大學圖書館藏清道光十五年棗華書屋刻本影印。另有《張介侯所著書》,收録《文集》三十五卷及《續集》七卷,視棗華書屋本多《續集》一種,已收入《明清未刊稿本彙編》。張氏遺稿又有流落域外者,

入藏法國巴黎圖書館,有《養素堂未刊文稿》不分卷一冊。(李軍)

## 澄懷書屋詩鈔四卷 （清）穆彰阿撰（第1507冊）

穆彰阿(1782—1856),字耕珊,一字子樸,號鶴舫,姓郭佳氏。滿洲鑲藍旗人。嘉慶十年(1805)進士。歷官兵部、刑部、工部、户部侍郎。道光七年(1827)擢太子太保,授軍機大臣。咸豐帝即位,被革職。《清史稿》、《清史列傳》卷四〇有傳。

此集四卷,共收古今體詩二百餘首,不分體,亦未編年。有吳鍾駿、朱鳳標序,季芝昌、李福培跋。内中《感遇詩十九首》,檢其詩句,當作於道光十七年(1837)至三十年間。穆彰阿一生,擔任考官十數次,其典試江浙,相關詩作即不下三四十首。又嘗督撫漕運,扈駕往盛京、東西二陵、南苑,覽山川名勝,即興而咏。閱其詩,則彰阿生平宦迹亦略見一斑。

此書有清道光刻本,今據復旦大學圖書館藏該本影印。(許紅霞)

## 三十六灣草廬稿十卷 （清）黃本騏撰（第1507冊）

黃本騏(1781—1856),字仲良,號虎癡。寧鄉(今屬湖南)人。道光初中舉,十七年(1837)授黔陽縣教諭。著作有《聖域述聞》、《三禮從今》、《皇朝經籍志》等三十餘種,泰半收入《三長物齋叢書》中。傳見《清史列傳》卷七三、《清儒學案小傳》卷一七。

此集十卷,收古今體詩九百八十二首,不分體,附刻曾燠、張家檡等詩十九首。有王金策序,周有聲等評跋。黃本騏詩宗唐風,扈駕從游東西二陵,歷廣陵、潤州,過易水、湘江,游岳麓、天門,宿鄂州、大名,無不咏之詩以道性情。又有《苗疆紀事》八首,皆記苗族風俗。黃本騏之詩每一題多首,如出都至清河,作十四首以記。坐臥長

沙郡署,成《孅春詞》四十首。然各有趣味,無重複厭煩之感。

今據清道光刻《三長物齋叢書》本影印。(許紅霞)

## 齊物論齋文集六卷 （清）董士錫撰（第1507冊）

董士錫(1782—1831),字晋卿,一字損甫。武進(今江蘇常州)人。嘉慶十八年(1813)副貢,候選直隸州州判。晚主南通紫琅書院、揚州廣陵書院、泰州書院。著有《遁甲因是録》及《形氣正宗賦》等。生平事迹見《國朝耆獻類徵》卷四四二、《清史列傳》卷七二等。

此集六卷。卷一説、叙十四篇,并收《遁甲因是録》、《形氣正宗》、《懷遠縣志》等己著之序。卷二叙、跋、贈叙十四篇。卷三、四書、記、碑記等四十二篇。其賦向爲人所重,各體皆備,包世臣謂其"上攀班張,下亞江虞而無愧"。卷五哀祭文十二篇。卷六爲《懷遠縣水利志》,乃爲續修縣志所作,於懷遠水利沿革述之甚詳。

此本據上海圖書館藏道光二十年江陰暨陽書院刻本影印。(許紅霞)

## 研六室文鈔十卷補遺一卷 （清）胡培翬撰（第1507冊）

胡培翬(1782—1849),字竹村,一字載屏,號竹匡、紫蒙。績溪(今屬安徽)人。嘉慶二十四年(1819)進士,擢户部廣東司主事。道光十一年(1831)去官。歷主鍾山、惜陰、雲間、涇川諸書院。著有《儀禮正義》、《燕寢考》等。《清史稿》、《清史列傳》卷六九有傳。

胡培翬遂於《儀禮》,嘗因賈疏漏略,乃專注精力重爲義疏。後主講涇川書院,命弟子擇有關經義之文,得八十五篇,編爲《研六室文鈔》。此集十卷,有朱琦、胡先翰、胡先頖序。卷一至卷三,爲考論《儀禮》之文。卷四、五爲與吳方、費庚吉、陳奐、洪頤煊、胡承

珙等諸家論經往來之書。卷六、七爲《四書拾遺》、《儀禮集釋》等書所作序跋。卷八爲記八篇。卷九、十爲胡匡憲等八人行狀墓志。《補遺》一卷,補《惜陰書院別諸生文》等六篇。胡培翬解經不尚新奇,不事穿鑿,惟以經證經,取自心得。朱琦序稱其"筆格清醇,亦盎然有經術之氣醖釀其中,正無庸攀仰韓、歐,取譏貌飾"。

此本據遼寧省圖書館藏清道光十七年涇川書院刻本影印。(許紅霞)

### 柯家山館遺詩六卷　(清)嚴元照撰(第1507冊)

嚴元照(1773—1817),字九能,一字修能,號悔庵。歸安(今浙江湖州)人。諸生。著有《爾雅匡名》、《娛親雅言》、《悔庵學文》。《清史稿》、《清史列傳》卷六九有傳。

此書爲嚴元照自定詩稿,殁前屬徐球校録刊行,收詩共六百五十首。元照爲詩少習歐、蘇,後效山谷。早歲所作《古詩咏懷》、《苦雨雜詩十二首》、《病榻讀書漫述》、七絶《題香園同心册三十二首》等,既見才學,且富性情。後受知於阮元,與相酬贈者多阮元門下士。晚作《八大山人畫松歌》、《天寧寺石幢歌》等篇,波磔變化,已趨老練。其《讀山谷詩》謂:"從來漫説蘇長公,近年知愛黃涪翁。"可知其變。嚴元照卒後,其作輯爲《柯家山館遺稿》九卷,内詩六卷,嘉慶二十二年刻,後陸心源將其詩文輯入《湖州叢書》。

此本據清光緒《湖州叢書》本影印。(蔣倩)

### 春草堂集六卷　(清)謝堃撰(第1507冊)

謝堃(1784—1844),字佩禾。甘泉(今江蘇揚州)人,原籍江西,自先世遷居揚州。國子監生。詩法徐、庾及唐初四傑。妙於丹青,精於鑒藏,收藏法書名畫甚多。生平交游極廣,中年以後,曾漫游南北。後爲衍聖公府幕僚,官至曲阜屯田郎,舉家遷寓曲阜,得以飽覽孔府秘藏。一生撰述頗夥,著作尚有《春草堂隨筆》、《金石瑣碎》等,傳奇四種,合刊爲《春草堂四種曲》,尤爲著名。傳見《清畫家詩史》庚集上、《畫家知希録》卷七。

此集六卷,凡文一卷,詩五卷。文多駢體,其《駢體文自序》引孔廣森言,以爲駢儷之"縱橫開闔,一與散體文同也"。《詩集》五卷,分體編。樂府諸篇,拙有古韻。旅懷游興,亦往往吟咏成詩,可據以考其行迹。友朋唱酬見於集中者,如盛大士、郭麐、改琦、程恩澤等,俱爲當世名士。

謝堃所著先有《佩禾詩鈔》三卷,有道光二年(1822)自刻本。其後不斷續作,至道光十一年,王日華於揚州書局刻成《春草堂四種》,收《春草堂詩》十二卷、《四六文集》一卷。孔慶鏞得其古今體詩十六卷、駢體文一卷,於道光二十年編爲《春草堂集》六卷,孔氏奎文齋開雕。道光二十五年,張復等將此集編入《春草堂叢書》。

此本據清道光二十年曲邑奎文齋刻二十五年印《春草堂叢書》本影印。此外,尚有光緒九年刻《春草堂三種》九卷。(李軍)

### 抱冲齋詩集三十六卷附眠琴僊館詞一卷　(清)斌良撰(第1508冊)

斌良(1771—1847),字備卿,又字吉甫、笠耕,號梅舫,晚號隨葊。姓瓜爾佳氏,滿族正紅旗人。浙閩總督玉德之子。初以蔭生授主事,嘉慶十年(1805),補太僕寺主事,升員外郎,充高宗皇帝實録纂修官。後調任陝西、河南各省按察使等職。道光二年(1822),補太僕寺少卿官至刑部侍郎、駐藏大臣。傳見《清史稿》、《國朝耆獻類徵》卷一一三等,其弟法良撰有《先仲兄少司寇公年譜》,《抱冲齋詩集》卷首附載。

斌良少時以世家貴胄,蔭補入官,侍父寓杭,續學能文,詩才宏偉,爲阮元所稱。是集所收,起自嘉慶四年,迄於道光二十七年秋,近五十載。葉紹本序謂其生有異稟,承其家學,自髫年即工爲詩。其後出使戎旃,觀察魯吴,持憲秦豫,所歷既多,詩格變而愈工。《詩集》既以時序爲次,復各標小集名,以紀其事。大抵一事一集,自相連屬。作者一生履歷宦迹,心迹變遷,以及交游酬應,性情變化,詩格轉易,遂歷歷可辨。又詩中所紀,巨細靡遺,小者如富貴之家日常生活,大者如乾嘉間官民生計,禍亂征伐,俱可爲考史之旁證。

斌良勤於創作,故歷年積稿多至八千餘首。早年曾以其稿寄示阮元,名《棣萼聯輝》、《寶殿延恩》、《静海澄波》、《亮工懋績》。詩稿於身後經其弟法良編定,得《抱冲齋詩集》三十六卷《眠琴儸館詞》一卷,道光二十五年袁浦官署刻本,光緒五年湖南湘薇垣官署重刻。《八旗藝文編目》著録爲七十一卷,據光緒本目録末“以上共三十六集,分七十一卷,統計五千五百九十一首”所記,可知法良所編之本固作七十一卷,特後人據三十六集分爲三十六卷,卷數雖異,所收詩作實同也。此外,日本静嘉堂文庫藏有寫本《亮工懋績集》一卷、《誦芬繼美集》一卷、《恩綸晉秩集》一卷、《覆駿籌邊集》一卷,以上四集名與阮元所見有重出者,而俱不見諸刻本,然則此四卷乃據斌良原稿而出,視刻本爲早。

此本據華東師範大學圖書館藏清光緒五年崇福湖南刻本影印。(李軍)

**衍石齋記事稿十卷衍石齋記事續稿十卷**
(清)錢儀吉撰(第1508—1509册)

錢儀吉(1783—1850),初名逵吉,字藹人,號衍石,又號新梧、星湖。嘉興(今屬浙江)人。嘉慶十三年(1808)進士,選庶吉士,改户部主事,累遷至工科給事中。罷官後曾主講大梁書院。著作另有《刻楮集》、《定廬集》、《旅逸小稿》等。傳見《清史稿》、《清史列傳》卷七三等。

《衍石齋記事稿》十卷,前有張問陶題辭、戚嗣曾序。卷一記、書,卷二辯、書,卷三序,卷四、五跋,卷六、七傳,卷八事狀,卷九碑、像贊、墓表,卷十墓志銘、銘記。《續稿》十卷,卷一記,卷二問、書,卷三書、壽序,卷四、五譜、書序,卷六、七跋、題辭、像贊、傳,卷九碑、墓志銘、墓表,卷十事狀、祭文。卷後有錢彝甫跋。錢儀吉治經不持漢宋門户之見,治史精博,能通體要,補撰三國、晋、南北朝諸史會要之缺,輯《碑傳集》。於經史外工詩文,詩爲秀水詩派代表,學梅堯臣、黄庭堅,開晚清宋詩派先聲。沈曾植爲同光體魁傑,自稱儀吉爲“吾私淑師”(《定廬集序》)。所作《閩游詩》刻畫山水,別具仙心。中年以後所爲,清新淡逸,諧以情韻。晚游嶺表,寫景之篇,多而且工。與弟警石齊名,世稱“嘉興二石”。

《衍石齋記事稿》清道光十四年先刻,《衍石齋記事續稿》作者自訂於道光二十九年,咸豐四年海昌蔣光焴校梓。咸豐十年兵燹之中稿板存嘉興郡城者一時俱燼,光緒三年始謀復刊,光緒六年錢彝甫重校刊,次年刻成。今據復旦大學圖書館藏清道光刻咸豐四年蔣光焴增修光緒六年錢彝甫印本影印。另有宣統間刊本《閩游集》二卷,咸豐四年、五年間刊本《定廬集》四卷等。(馬亞中　楊年豐)

**樨華館全集十二卷**　(清)路德撰(第1509册)

路德(1784—1851),字閏生。盩厔(今陝西周至)人。嘉慶十四年(1809)進士,改翰林院庶吉士,散館授户部主事。十八年,考補軍機章京,以目疾請假歸里。歷主關中、宏道、象峰、對峰各書院,門下先後著籍弟子千數百人。所制時藝試帖,後學奉爲圭臬。著有《樨華館試帖匯鈔輯注》十卷等。生平事迹見《碑傳集三編》卷三七、《清朝先正事略》卷四三等。

路德殁後,門人閻敬銘與鮑康、陳懷璋等人

纂其遺集醵金刊行,爲《椒華館全集》十二卷,有清光緒七年解梁刻本。此本卷首目錄後有閻敬銘題識,略述刊刻始末。内《椒華館文集》六卷,《椒華館詩集》四卷,《椒華館雜録》一卷,《椒華館駢體文》一卷。閻敬銘謂路氏治學爲人"懷抱峻潔,遺棄榮利,言學言理,切近踏實,一無門户標榜",故其詩文,亦淳樸淡雅,讀是集者可窺其旨。

此本據復旦大學圖書館藏清光緒七年解梁刻本影印。（馬亞中　韓逢華）

**養浩齋詩稿九卷養浩齋詩續稿五卷惇裕堂文集四卷**　（清）桂超萬撰（第1510册）

桂超萬(1784—1863),字丹盟。貴池（今屬安徽）人。道光十三年(1833)進士。授直隸欒城知縣,升揚州知府,改蘇州知府,擢汀漳龍道。同治元年(1862),官福建按察使,卒於官。著有《宦游紀略》六卷。傳見《清史稿》、《清史列傳》卷七六。

秦瀛選《養浩齋詩》入《江浙詩存》,謂其"不矜標格,不尚藻繪,自然感人"。桂氏早年之作多模擬古人,而得其神氣。在官不廢吟咏,聽訟之餘,於風俗民情亦多所體察,如《欒城紀事六首》、《揚州漫興四首》、《蘇州郡齋咏懷八首》、《漳城雜詩十二首》等,皆其任上所作。其官閩之時,適逢禁煙事起,桂氏與林則徐往來頗密,紀録甚夥。而湘軍之興,又有《在滬聞曾滌生星使胡潤芝中丞克復皖城賦成四首》等作。《祭林文忠公文》、《祭林文忠公墓文》、《林文忠公傳》諸文皆記林則徐事,紀實之外,亦可見其胸襟識見。

桂氏所作詩文,道光二十四年曾刊《養浩齋詩稿》六卷。殁後,其兄青萬、弟載萬又輯録其詩文,編成《養浩齋詩稿》九卷《續稿》四卷、《惇裕堂文集》四卷,於同治五年付梓,收入《惇裕堂全集》。另《青山詩選》六卷有同治十三年刻本,《養浩齋詩稿》四卷有光緒十二年刻本,光緒間揚州文成齋又刻有《養浩齋詩稿》十卷。

此本據南京圖書館藏清同治五年刻《惇裕堂全集》本影印。（李軍）

**劉孟塗集四十四卷**（存前集十卷,後集卷一至卷七、卷九至卷二十二,文集十卷,駢體文二卷）（清）劉開撰（第1510册）

劉開(1784—1824),字方來,又字明東,號孟塗。桐城（今屬安徽）人。幼孤家貧,年十四以文謁姚鼐,受古文法,爲姚氏賞識,目爲國士。曾主大雷書院講席。傳見《清史稿》、《清史列傳》卷七二等。

此集前集詩十卷,後集詩二十二卷,中缺卷八,文集十卷,駢體文二卷。文未分體,亦未編年,編排錯雜。前集前有韓長賡、曾燠序,蔣攸銛等題詞。詩分體編年,收六百八十七首。後有諸家評語。後集前有姚元之、陳方海《劉孟塗傳》。卷二十二後有諸家評語及陳方海《與姚伯昂論刊劉孟塗集書》。文集後有姚鼐、秦小硯等批語。駢體文後有陳方海《孟塗駢體文書後》。劉開長于古文,兼精駢文。"其爲文天才宏肆,光氣煜耀,能暢達其心之所欲言","非測深厚之意,流露于行墨之間","然氣過囂張,類多浮詞,與姚鼐簡質之境懸絕","詩頗雄傑獨出,其才甚壯,然實響多而實力少"（劉聲木《桐城文學淵源考》）。

劉開集先有前集十卷付梓,歲久版且損没。劉開殁後,姚瑩訪得遺稿,凡後集二十二卷,缺卷八,文十卷,駢體文二卷。姚柬之捐貲剞劂并重刻前集,姚元之、陳方海任校讎,清道光六年刻於姚氏檗山草堂,今據該本以影印。又《孟塗遺詩》二卷,有光緒十二年刊本。（馬亞中　楊年豐）

**郭大理遺稿八卷**　（清）郭尚先撰（第1510册）

郭尚先(1785—1833),字蘭石,一字元開,號伯抑。莆田（今屬福建）人。嘉慶十四年

（1809）進士。官至大理寺卿,署禮部侍郎。著有《芳堅館題跋》三種。傳見《清史列傳》卷七三、《碑傳集補》卷七等。

此《遺稿》八卷,據門人陶廷杰序,迨郭氏故後,由同年友魏茂林搜亡輯遺而編成。收詩二卷、文六卷,前有陶廷杰、魏茂林兩家序三首。今《遺稿》中,所收詩多題圖論藝、模景抒情之屬,末以館課殿。文以壽序、碑傳之屬爲最,題跋次之。蓋文名在外,兼工書法,應酬之作,在所難免。

此書清道光二十五年刻,今據復旦大學圖書館藏該本影印。尚有國家圖書館藏清抄本不分卷,附《芳堅館題跋》不分卷。（李軍）

### 增默庵詩遺集二卷　（清）郭尚先撰（第1510 冊）

是集乃郭氏之子籛齡哀輯先人遺詩編訂而成,蓋家刻之本。總二卷,收詩凡一百三十餘首,然頗有與《郭大理遺稿》詩二卷重出者,如《魏笛生同年水繪園讀書圖》即前書之《題魏笛生同年水繪園讀書圖二首》,《題黄仲則集即效其體》即前書之《書黄仲則詩即效其體二首》。詩作文字之異,《遺集》并出按語校之。

此集二卷,有同治十年刻本,光緒十六年《吉雨山房全集》附刻本。今據天津圖書館藏清光緒十六年刻本影印。（李軍）

### 養一齋集二十六卷首一卷附一卷　（清）潘德輿撰（第1510—1511 冊）

潘德輿（1785—1839）,字彦輔,號四農。山陽（今江蘇淮安）人。道光八年（1828）舉人,以知縣分發安徽,未到任卒。著作另有《養一齋詞》、《李杜詩話》、《傳恭堂祭儀未定稿》等。傳見《清史稿》、《清史列傳》卷七三等。

此集卷一至卷十爲詩,卷十一至卷二十六爲文。卷首有姚瑩序、潘亮彝所作勘誤及作

者詩話七則,集後有魯一同所撰行狀、吳昆田跋。潘德輿以爲文章之源在經術,説經不偏袒漢宋,力求古人微言大義。其古文精醇雅正。尤深于詩學,提倡儒家詩教。自爲詩,取法陶潛、杜甫,以古淡質樸勝。

潘德輿生前著述繁富,據魯一同《行狀》,有“詩文集二十四卷,外集未刊者十四卷、《詩餘》三卷、《詩話》十三卷、《念石子》一卷、《春秋綱領》一卷、《喪禮正俗》一卷”。又據吳昆田跋,知此《養一齋集》二十六卷本爲咸豐十年吳昆田據道光二十九年刊本“續有所刻”而成,非道光二十九年刊本,今據以影印。（馬亞中　楊年豐）

### 程侍郎遺集十卷附録一卷　（清）程恩澤撰（第 1511 冊）

程恩澤（1785—1837）,字雲芬,號春海,又號梅春。歙縣（今屬安徽）人。嘉慶十六年（1811）進士,選庶吉士,授編修,入直南書房。督貴州、湖南學政。遷内閣學士,授工部侍郎,調户部。傳見《清史稿》、《國朝耆獻類徵》卷一一四等。

程恩澤博聞强識,經史以外,天象、地理、術數、醫學莫不探究。然所欲著書多未成。陳衍《近代詩鈔》謂其詩“私淑昌黎、雙井,在有清詩人,幾欲方駕簞石齋（錢載）”,“蓋合學人、詩人之詩二而一之也”,“爲道咸以來詩家一變局”。晚清宋詩派實由其與祁寯藻等啓之,其門人鄭珍、何紹基從而光大之。

此書前有張穆、梅曾亮序,阮元撰《墓志銘》。卷一爲賦,卷二至卷六爲詩,卷七至卷十爲文。卷後附録,爲門人何紹基所作《龍泉寺檢圖書記》,又有伍崇曜跋。

《程侍郎遺集》先有道光二十六年祁寯藻刊本。張穆從程恩澤子德威處得遺稿,與何紹基編輯爲賦一卷、詩四卷,又凡稿草之失題者及詩餘試帖共爲一卷,文五卷,凡十一卷。咸豐五年,伍崇曜刊《粤雅堂叢書》,據祁寯

藻刊本,去"稿草之失題者及詩餘試帖"一卷,附録何紹基所作《龍泉寺檢圖書記》,是爲《程侍郎遺集》十卷,附録一卷。今據此《粵雅堂叢書二編》本影印。(馬亞中 楊年豐)

### 耐庵文存六卷首一卷耐庵詩存三卷 （清）賀長齡撰（第1511冊）

賀長齡(1785—1848),字耦庚,一作耦耕,號西涯,晚自號耐庵。善化(今屬湖南)人。嘉慶十三年(1808)進士,改庶吉士,授編修。提督山西學政。道光間,歷江蘇、山東、福建、直隸布政使,官至雲貴總督,以事革職。從政數十年,于各地水運、兵防、農桑等均有建樹。與魏源同編《皇朝經世文編》,著作別有《江蘇海運全案》、《孝經述》等。傳見《清史稿》、《清史列傳》卷三八等。

賀長齡治學主經世、重義理,與弟熙齡并稱"二賀",與陶澍、唐鑒同道交好。其詩"不事雕飾,而氣體清迥,真意盎然"(羅汝懷《詩序》)。

《耐庵文存》六卷、首一卷,卷首爲羅汝懷纂《賀公傳》、唐鑒撰《墓志銘》。卷一論、説、議、記、傳,卷二、三序,卷四書後、題跋、紀略,卷五墓志銘、墓表,卷六書簡、祭文。《詩存》三卷,前有羅汝懷序,收詩九十餘首。

賀長齡不甚刻意詞章,詩文存者無多,逝後,其子仲肅搜輯散佚,并請羅汝懷校勘,清咸豐十年賀氏家刻,今據該本以影印。另有《耐庵文存》六卷、《詩存》三卷,咸豐十一年善化賀氏家刻本、道光十一年刻本。《耐庵全集》二十五卷,光緒八年善化賀氏刻本。《耐庵奏議存稿》十二卷,文存六卷,詩存三卷,光緒八年其孫賀克繩刻本。(馬亞中 楊年豐)

### 三長物齋詩略五卷附刻一卷三長物齋文略六卷 （清）黄本驥撰（第1511冊）

黄本驥生平見前《三十六灣草廬稿》提要。

《詩略》有閻海林序,其兄黄本騏所爲舊序。《文略》有閻海林序。黄氏自序謂:"其以略稱者,詩文之附見叢刻者不録,應酬之作多汰而不存也。"蓋此爲黄氏未刻詩文中汰存之菁華。附刻一卷爲《夏小正試帖》,爲黄氏早年館課。

道光二十七年三長物齋刻《嶰山甜雪》十二卷,同年編定《三長物齋詩略》五卷《文略》六卷,由教澤堂刊行。光緒四年,古香書閣重印《三長物齋叢書》,收入《嶰山甜雪》十二卷、《三長物齋詩略》五卷、《夏小正試帖》一卷、《文略》六卷。今據清道光刻《三長物齋叢書》本影印。所著另有《月沛園詩鈔》三卷,道光二十一年刻本。(李軍)

### 養默山房詩稿三十二卷 （清）謝元淮撰（第1511—1512冊）

謝元淮(1784—?),字默卿、鈞緒。松滋(今屬湖北)人。諸生。嘉慶二十一年(1816),任太湖東山巡檢,協辦海運,後調派兩淮主持鹽務。咸豐二年(1852),以"票鹽"制獲譴,次年冬轉任廣西桂平梧鬱鹽法道。殁于同治中,年八十餘。著有《淮北票鹽志略》、《碎金詞譜》、《填詞淺説》等。生平事迹見《兩淮鹽法志》卷一八三、《湖北詩徵傳略》卷三五等。

此集有包世臣、許喬林、石韞玉、唐仲冕等序。每卷一集,均各有題,并標干支,紀事并記時。所收詩作,起自嘉慶七年,終于咸豐二年,凡五十載。一生蹤迹所至,約略可見。謝元淮屢察鹽務,練達於經濟之道。復以行役南北,見聞頗廣,久寓袁浦、吳下,皆爲人文薈萃之地。集内如《鹺言二十二首》、《後鹺言二十二首》爲相隔二十年所作,於兩淮鹽業變遷,記録備詳,實爲嘉道間不可多得之經濟史料。

此集嘉慶間刻有十卷本、十六卷本、二十七卷本、三十二卷本,道光間所刻有二十二卷本、二十七卷本、二十九卷本、三十一卷本、三十二卷本、三十九卷本，其中三十二卷本爲清光緒元年謝氏養默山房曾經重刻，今據華東師範大學圖書館藏該本影印。宣統元年上海國學扶輪社排印《養默山房詩稿》四十卷，與同治《松滋縣志》所著録者合，爲最全之本。（李軍）

## 簡學齋詩存四卷簡學齋詩删四卷　（清）陳沆撰（第 1512 册）

陳沆（1785—1826），初名學濂，字太初，號秋舫。蕲水（今湖北浠水）人。嘉慶二十四年（1819）進士第一，歷官修撰、四川道監察御史。曾充廣東鄉試正考官、會試同考官。生平事迹見《清史列傳》卷七三、周錫恩《陳修撰沆傳》。

陳沆少時才氣雄傑，陵轢一世，出仕後與魏源交最契，其他契友有賀長齡、龔自珍等。其學從詞章入手，中年後治宋儒之學，爲《近思録補注》，深入其奥。詩學最深，陳衍謂其《詩比興箋》“真能撥雲霧而睹青天，緪幽沉而出井底”。其詩以獨創爲宗，思力深至，兼有幽峭與奇警兩體，爲道光以來清蒼幽峭一派之祖。

《簡學齋詩存》四卷爲友朋編定，《簡學齋詩删》四卷爲其子秋舫及婿葉名灃編校。卷首有陸獻跋、汪正鋆跋、汪正榮跋、魏源三跋、吳嵩梁跋、包世臣跋等。《詩存》編年，收詩起嘉慶十四年，迄道光四年（1824），間有吳嵩梁、魏源、賀長齡等人評語。

陳沆殁後二十年，其子陳廷經、婿葉名灃編校整理其遺稿，遵友朋編定者曰《詩存》，其餘若干首爲《詩删》，清咸豐二年付刻，今據湖北省圖書館藏該本影印。另，《詩存》一卷與《詩比興箋》四卷合刻，有咸豐五年刊本。其他如《簡學齋賦鈔》二卷、《管課試律存》一卷、《試律續鈔》一卷，有咸豐二年刊本。《白石山館詩鈔》一卷、《詩餘三卷》、《雜鈔》三卷、《雜篇》二卷以及《白石山館遺集》，僅有傳抄本。（馬亞中　楊年豐）

## 雲左山房詩鈔八卷附三卷　（清）林則徐撰（第 1512 册）

林則徐（1785—1850），字符撫、少穆，號石麟、竢村老人、七十二峰退叟，室名雲左山房。侯官（今福建福州）人。清嘉慶十六年（1811）進士。選庶吉士，授編修，歷官御史、浙江鹽運使、河東河道總督、江蘇巡撫、湖廣總督。道光十八年（1838），授欽差大臣，赴廣東查禁鴉片。二年後接替鄧廷楨任兩廣總督。鴉片戰爭爆發，嚴設密防，痛擊來犯之英軍。尋遭誣害，被革職，派赴浙江。旋又謫戍新疆伊犁。道光二十五年重被起用，先後任陝甘總督、陝西巡撫、雲貴總督等職。道光二十九年因病辭歸。道光三十年再任命爲欽差大臣，督理廣西軍務。赴任途中，暴卒于潮州普寧縣行館，謚文忠。傳見《清史列傳》卷三八、《清史稿》等。

林則徐以餘事爲詩，自稱“詩不矜奇善道情”（《題及門黃杏簾襄陽詩後》）。嘉慶後期，在京曾參加“宣南詩社”，社集酬唱，多爲消閑遣興之作。在廣東及謫戍所作，多鬱勃蒼涼之氣。《晚晴簃詩匯》稱其“緣情賦物，靡不裁量精到，中邊俱澈，卓識閎論，亦時流露其間”，“謫戍後諸作，尤悱惻深厚，有憂國之心，而無怨誹之氣”。亦工詞。

《雲左山房詩鈔》八卷，收詩五百七十四首，略按年代爲序。另附録三類，一爲慶賀酬唱之詩，二爲詩餘，三爲試帖詩，前有道光三十年《上諭》，咸豐元年《諭祭文》、《御碑文》。

此本據浙江圖書館藏清光緒十二年其孫林洞叙刊本影印。其早期《拜石山房詩集》、《黑頭公集》世無傳本，惟《使滇小草》爲其手定詩稿，尚存，收嘉慶二十四年至道光七年間

詩。（馬亞中　楊年豐）

## 東溟文集六卷外集四卷文後集十四卷文外集二卷後湘詩集九卷二集五卷續集七卷中復堂遺稿五卷續編二卷　（清）姚瑩撰（第1512—1513册）

姚瑩（1785—1853），字石甫，號明叔，晚號展和，因以十幸名齋，又自號幸翁。桐城（今屬安徽）人。姚鼐侄孫。嘉慶十三年（1808）進士。歷官平和、龍溪、臺灣知縣，署海防同知、噶瑪蘭通判。擢臺灣兵備道，領按察使銜。後遭誣陷，革職下獄。出獄後，兩使西藏，補蓬州知州，引疾歸。咸豐初授廣西按察使，署湖南，以疾卒。傳見《清史稿》、《清史列傳》卷七三等。

姚瑩師事姚鼐，受古文法，與梅曾亮、管同、方東樹號“姚門四弟子”。所爲詩古文辭，“洞達世務，激昂奮發，磊落自喜，論事之作尤能自出機抒”（劉聲木《桐城文學淵源考》）。其詩“或終歲靳一咏或旬月累一編，當其無言，儵然自默；當其欲言，則雲興於山泉，赴於淵”（陳方海《後湘詩集序》）。

《東溟文集》六卷，前有方東樹序、汪廷珍題辭、李兆洛識語。《後湘詩集》九卷，前有陳方海序。《後湘續集》前有張際亮序。

姚瑩於嘉慶二十一年始自編其集，先刻其文集及續集於閩中。道光十二年（1832），復刊於江陰。至道光二十九年，刻至《後湘續集》。姚瑩没後，其子姚濬昌又掇拾舊刊，搜輯遺稿及續編，同治六年刻於安福縣署，是爲此《中復堂全集》本，總九十七卷。今據湖北省圖書館藏該本影印。另，全集本內亦收《東溟奏稿》四卷，《識小錄》八卷，《東槎紀略》五卷，《寸陰叢錄》四卷，《康輶紀行》十六卷，《姚氏先德傳》六卷。其文另有《石甫文鈔》二卷，嘉慶二十三年刊本。

（馬亞中　楊年豐）

## 瑞榴堂詩集四卷　（清）托渾布撰（第1513册）

托渾布（1799—1843），字子元，一字安敦，號愛山。博爾濟吉特氏，蒙古正藍旗人。嘉慶二十四年（1819）進士及第。道光十七年（1837），升任直隸布政使。十九年，任山東巡撫。著有《南藤雅韻集》不分卷。傳見《續碑集傳》卷二三。

此集有林則徐、穆彰阿、柯培元、王惟誠等序，李嘉端跋。托渾布所作多爲軼掌之餘，行役經處，其稿半歸散佚。今集中所存，多湘南、閩中居官時所爲，雜以往來吳越燕齊間之作。集中附載其子金鎧和作亦頗夥。

此集有道光十八年刻本，光緒三十年重刻本。今據遼寧省圖書館藏清道光本影印。（李軍）

## 小重山房詩詞全集三十二卷　（清）張祥河撰（第1513册）

張祥河（1785—1862），原名公璠，字元卿，號詩舲。松江府婁縣（今上海松江）人。嘉慶二十五年（1820）進士。授中書舍人，歷任戶部主事、山東督糧道、河南按察使、甘肅布政使、陝西巡撫等職，官至工部尚書。著有《四銅鼓齋論畫集刻》、《粵西筆記》、《會典簡明録》等。傳見《清史稿》、《清史列傳》卷四六等。

張氏以藝名世，兼擅詩詞。嘉慶元年以後，宦游各地，十六年所得，裒爲十六卷，各爲一集。蓋多未及删選，以稿本付梓者。己亥以前所作《小重山房初稿》多至三十餘卷，後經毛岳生、姚椿、王友光選編《詩録》、《詩外》付梓。所收起于嘉慶十四年，此前所作皆不録。詩稿既經删定，乃選詞二卷附詩以行，即《詞録》。後經戰火版毀，光緒間始由張氏後人重爲補刊成《全集》，雷補同爲之跋尾，述其原委甚悉。

道光二年張氏自刻《小重山房初稿》，計《詩稿》十卷、《詞》三卷、《賦》二卷，附張昌緒

《霞閣小稿》一卷。又《詩龕詩録》六卷,《詩外》四卷、《詞録》二卷,有道光十八年刻本。又《張祥河詩集》不分卷,道光三十年刻本。

今據上海圖書館藏清道光刻光緒增修《全集》本影印。(李軍)

## 柏梘山房全集三十一卷　(清)梅曾亮撰 (第 1513—1514 册)

梅曾亮(1786—1856),字伯言,又字葛君,原名曾蔭。上元(今江蘇南京)人。祖籍安徽宣城,曾祖時移籍江蘇。道光二年(1822)成進士,官户部郎中。引疾歸里後,主講揚州書院。傳見《清史稿》、《清史列傳》卷七三等。

梅曾亮少喜駢儷文,後於鍾山書院主講姚鼐學,與同邑管同同肆力於古文,一變舊習,義法一本桐城,爲姚氏弟子,與管同、方東樹、姚瑩并稱“姚門四弟子”。梅曾亮居京師二十餘年,承姚鼐餘勢,文名頗盛,治古文者多從之問義法。所作《士説》、《民論》、《刑論》、《臣事論》等政論,揭批官場時政之弊,勁悍有力。論者稱其文“精悍簡質,清夷入復”,“勝處最在能窮盡筆勢之妙,磬控縱送,無不如志”,其詩“堅致古勁,神峰内斂,特以文名太盛,詩爲之掩”(劉聲木《桐城文學淵源考》)。

《柏梘山房全集》三十一卷,凡《文集》十六卷、《文續集》一卷、《詩集》十卷、《詩續集》二卷、《駢文》二卷。前有蔣國榜題辭、楊以增序。《文集》後又有朱琦《書後》、方東樹《後序》。《詩集》前有自序。“詩既編年,文則分體之中仍以年次,而復以編年無分體者總其目於前”(楊以增序)。收詩六百五十二首,起嘉慶九年(1804),迄咸豐五年(1855)。

《柏梘山房全集》爲楊以增始刻於梅曾亮逝前,刊未及半而楊逝,其子楊紹穀、楊紹和續之,清咸豐六年得成完帙三十一卷。民國四年蔣國榜得版於淮上,據之增補,民國七年

刊行。今據該本影印。另,梅曾亮詩文先有咸豐二年朱琦與龍啓瑞選輯唐氏涵通樓刊本,與楊氏刊本小異。楊氏刊刻《柏梘山房全集》別有同治三年補修本。(馬亞中楊年豐)

## 笏庵詩二十卷　(清)吴清鵬撰(第 1514 册)

吴清鵬(1786—?),字程九,號西糓,又號笏庵。錢塘(今浙江杭州)人。嘉慶二十二年(1817)進士。散館授編修。曾任山西道御史,官至順天府丞。著有《讀通鑒綱目》一卷。傳見《詞林輯略》卷五、《國朝鼎甲徵信録》卷四。

此集二十卷,收詩起自道光四年(1824),迄於咸豐三年(1853),凡三十年,皆吴氏中年以後所作。有《送左生下第還長沙》,蓋左宗棠乃吴清鵬所薦士,屢試不第,乃歌以勉之。吴氏嘗撰《論詩十首》,擷取《詩》、《騷》以下,左太冲、謝靈運,以至於黃山谷、陸放翁,出入古今,折中其説,所以寓其創作之志趣焉。

《笏庵詩抄》稿本不分卷,藏上海圖書館,書中有梅曾亮跋。道咸間所刻有《笏庵詩》五卷、《笏庵詩抄》十卷及《笏庵詩抄》二十四卷。《笏庵詩》二十卷《試帖》一卷,又收入《吴氏一家稿》,有咸豐五年刻本,今據該本影印,未收《試帖》一卷。(李軍)

## 曇雲閣集十一卷　(清)曹楙堅撰(第 1514 册)

曹楙堅(1786—1853),字樹蕃,號艮甫。吴縣(今江蘇蘇州)人。道光十二年(1832)進士。改庶吉士,考授御史,轉給事中,官至湖北按察使。太平天國事起,佐守武昌孤城,城破之日,以身殉難。著有《音匏隨筆》一卷。傳見《清史稿》、《詞林輯略》卷六等。

此集所收詩,模擬古體之作頗多,如《長干曲》、《塞上曲》等,皆具情韻。又多雜紀事實之作,多與其生平有關。又如《燕中懷古詩

十七首》、《讀錢唐遺事三十首》、《河陽咏古詩十首》、《秦中雜咏十六首》,動輒百千言,咏史懷古,自見胸臆。

此集有道光二十三年刻本,含《曇雲閣詩集》五卷、附録二卷、《外集》一卷、《詞》一卷、《音匏隨筆》一卷。同治十二年以此本增修,爲《曇雲閣詩集》八卷、補遺一卷、附録二卷、《外集》一卷。光緒三年曼陀羅館重刻本《曇雲閣詩集》八卷、附録一卷、《外集》一卷、《詞鈔》一卷。

今據遼寧省圖書館藏清光緒三年曼陀羅館刻本影印。(李軍)

**傳經室文集十卷**　(清)朱駿聲撰(第1514冊)

朱駿聲(1788—1858),字豐芑,號允倩,晚號石隱山人。元和(今江蘇蘇州)人。嘉慶二十三年(1818)中舉之後,屢試不第。道光間,選授黟縣訓導。升任揚州府學教授。著有《學易札記》、《經韻樓説文注商》等數十種。傳見《清史稿》、《清史列傳》卷六九等。

朱駿聲著述,生前多未刊行。《傳經室文集》十卷,南潯嘉業堂主人劉承幹刻入《求恕齋叢書》。此集爲朱氏所纂雜文,卷一、二爲解經之作,以説《禮》、《易》爲主。卷三《説文通訓定聲自序》,卷四自傳經學著作序,卷五別集序、家譜序、壽序等。卷六至卷八爲題跋、記傳之作,有《孔孟紀年》、《杜少陵年譜》、《唐李白小傳》、《唐李益小傳》等。卷九、十爲雜考之屬,如《楊揚一字辨》、《釋鬼》、《文字聲音源流》、《管仲卒辨》、《石鼓考》等,末以對策附焉。

今據民國劉氏刻《求恕齋叢書》本影印。(李軍)

**邃懷堂全集三十八卷**　(清)袁翼撰(第1515冊)

袁翼(1789—1863),字穀廉。江蘇寶山(今屬上海市)人。道光二年(1822)中秀才。屢應會試不第,以知縣需次江西。歷署峽江、安福、會昌、浮梁、弋陽等縣事。以同知直隸州知州補用,移疾去。生平事迹見此集卷首朱齡《玉山縣知縣袁公傳》、俞廷瑛《江西玉山縣知縣袁公傳》。

此集收《文集》四卷、《詩集前編》六卷、《詩集後編》六卷、《小清容山館詞鈔》二卷、《駢文箋注》十六卷附補箋、《哀忠集》三編。前有許應鑅、廖壽豐二家序,朱齡、俞廷瑛二傳。《文集》中史論、書後、記説、序傳各一卷,《寶山袁氏宗支續譜序》、《先府君事略》、《亡弟秋巖墓志銘》、《亡兒之鼐磚志銘》各篇,均記其家世。《詩集》前有何栻序、袁氏自序,末有朱齡跋及袁鎮嵩識語。《小清容山館詞鈔》前有自序,所作多寫景抒情之屬。《駢文箋注》由弟子朱齡箋注,原作三卷,箋注析作十六卷。《哀忠集》爲哀祭咸豐中罹于太平天國之亂者所作,每人具小傳,并各繫一詩,多爲任職江西者,烈女附焉。計初編八十七人,二編十三人,三編七十二人,都百七十二人。

據袁鎮嵩識語,袁翼早年著散文四卷、駢文三卷、詩九卷,道光中曾以活字排印。咸豐七年刻有《邃懷堂詩集前編》六卷、《後編》六卷、《小清容山館詞鈔》二卷。《駢文》後由朱齡箋注,有咸豐八年刻十六卷本。《邃懷堂全集》三十七卷,光緒十四年袁鎮嵩刻本,未收散體文,恐已佚去。

今據復旦大學圖書館藏清光緒本影印。(李軍)

**讀白華草堂詩初集九卷**　(清)黃釗撰(第1516冊)

黃釗(1787—?),字穀生,號香鐵。鎮平(今屬廣東)人。嘉慶二十四年(1819)中舉,以充國史館繕書授知縣,未就。道光十七年(1837)官朝陽教諭,二十三年授翰林待詔,晚年主韓山書院講席。著有《讀白華草堂文集》、《史昀》、《詩紉》等,纂修《石窟一徵》。傳見《皇清書史》卷一七。

《初集》前有梅曾亮、凌墀、包世臣、蔣湘南四家序,所收起於嘉慶十四年(1809),斷於道光十二年,凡十三載,卷九爲補抄之屬。包世臣序謂"諭志者感其微言,行遠者修其盡飾",言其詩直出胸臆,紀史用事,可傳於後世。

《讀白華草堂詩集》九卷,有道光十五年刻本。後與《二集》等合印,因改題《初集》。道光二十八年,有《讀白華草堂詩初集》九卷、《二集》十二卷、《苜蓿集》八卷合印本。

今據華東師範大學圖書館藏清道光本影印。(李軍)

## 讀白華草堂詩二集十二卷　(清) 黃釗撰 (第 1516 冊)

《讀白華草堂詩二集》前有陳作舟序,所收詩作始於道光五年,終於十六年,凡十二載,以歲時爲次,年各一卷。《二集》承《初集》之後,而中隔數載。道光五年,黃氏自韶州北上,至金陵,抵濟南。越年南歸,行迹所到,多爲《雜咏》以寫其情。十二年入京,有《帝京雜咏》一百首等作。黃爵滋、徐寶善等倡結詩社於宣南,黃釗在京亦間與其事。

今據華東師範大學圖書館藏清道光十九年刻本影印。(李軍)

## 讀白華草堂詩苜蓿集八卷　(清) 黃釗撰 (第 1516 冊)

《苜蓿集》收道光十七年至二十四年在潮所作之詩,年各一卷,凡八卷。前有黃氏自序。時任潮陽教職,多故人酬應之作,所爲詩益老健。

今據華東師範大學圖書館藏清道光二十七年潮州刻本影印。(李軍)

## 桂留山房詩集十二卷附桂留山房詞集一卷 (清) 沈學淵撰 (第 1516 冊)

沈學淵(1789—1833),字若涵,號夢塘、蘭卿。寶山(今屬上海)人。嘉慶十五年(1810)舉人。林則徐任江蘇布政使,沈氏游其幕中。平生著作十餘種,多佚不存。生平事迹見此集卷首李兆洛所撰傳。

此集所收,始自嘉慶五年,終于道光十三年(1833)沈氏捐館,凡三十三載,大抵以時序相次。有陳壽祺序。沈氏足迹遍及燕北閩南,所至則有雜詩紀事,如《興化雜詩十首》、《永春雜詩八首》、《漳州雜詩十二首》等,《雪橋詩話餘集》卷六謂其"才藻清麗,長篇大什,鏗鏘跌宕"。

據其子燕孫識語,道光乙酉沈學淵曾自編少作,始嘉慶五年,迄十七年,彙爲三卷付梓。身後,由燕孫搜集遺稿,得詩九卷,合前刻共十二卷,附詞一卷。至道光二十四年,由上海郁松年重刻問世,書後有從弟沈學煒跋。今據中國科學院圖書館藏該本影印。(李軍)

## 萬善花室文稿七卷　(清) 方履籛撰 (第 1516 冊)

方履籛(1790—1831),字彥聞,一字術民,號江左僑民。原籍大興,生於陽湖(今江蘇常州)。嘉慶二十三年(1818)舉人,官閩縣知縣。著有《萬善花室詩集》四卷、《詞稿》一卷。傳見《清史稿》、《清史列傳》卷七三等。

方氏"嘗與吳山子育搜羅金石,與張宛鄰琦討論詞學,與劉燕庭喜海考核泉幣。其他天文、地理、氏族源流、六書、九章之法,耆闍、梵筴之書,皆旁通博涉,則君於學固無所不窺也。詩淵源兩漢,纂組六朝,爲其結體極高,故古色斑斕,迥殊凡響"(《紅豆樹館詩話》)。其駢體文承乃師楊方燦,遙接義山,爲世所稱。

《萬善花室文稿》六卷自刻於道光十年,《續集》一卷刻於常州,又有道光十二年陸我嵩刻四卷本。又光緒七年《畿輔叢書》七卷本,後有王灝跋。《萬善花室詩集》四卷,道光十二年刻於閩中。《萬善花室文集》六卷《續集》一卷《詩集》四卷《詞稿》一卷,有道光間刻本。今據清光緒七年王氏刻《畿輔叢書》本影印。(李軍)

## 壺園詩鈔選十卷五代新樂府一卷　(清)徐寶善撰

徐寶善(1790—1838),原名三寶,字廉峰,號壺園、彭軒。本貫江蘇無錫,出繼同族,乃占籍安徽歙縣,後遷居江蘇崑山。嘉慶二十五年(1820)進士,授編修,任職期間,屢與友人黃爵滋、龔自珍、潘德輿、張際亮、潘曾瑩、林則徐等雅集於江亭,一時稱盛。後任山西道監察御史、浙江鄉試考官等職。《續碑傳集》卷一八、《國朝耆獻類徵》卷一三八等有傳。

此《壺園詩鈔選》十卷,計《擔笈集》、《萍梗集》、《木天集》、《于役集》、《寄巢集》(上中下)、《還瀛集》(上中下)六集,凡二百五十首。各集前均有徐氏自記,蓋各以歲時相次,因事名集。書前有顧蒓、黃爵滋序,又有鮑桂星、杜煦等六人評語。寶善家學淵源,尤長於詩,於漢魏至唐宋之作皆浸淫深入,其論詩力反陸機"緣情而綺靡"之說,主張性情,嘗語人曰:"詩必剛柔相濟。詩之柔莫如白,而其剛在骨;詩之剛莫如韓,而其柔在骨。工之不韓、白者多失之。"時與顧翰、顧翃、趙函、楊夔生齊名,號"同岑五子"。寶善生平詩作甚多,然自擇甚精,此書所錄皆其子尊囑呈顧蒓、黃爵滋等選定之詩作,前引《萍梗集》序中即言共有四十二首,然實收二十八首。

《五代新樂府》一卷,收計二十三首,乃王寶善讀彭元瑞注《五代史》有感之作,所咏史事,皆由長子徐志導一一為之補注。卷前有程春海等九人評語,贊其"反擊旁證,不著一平筆,使讀者激發性情"。

《壺園詩鈔》稿本今存,藏江西省圖書館,南京圖書館藏抄本。《壺園詩抄選》十卷、《詩外集》六卷、《雜著》一卷、《五代新樂府》一卷,有道光十一年刻本。道光中又有《壺園全集》二十五卷。今據復旦大學圖書館藏清道光刻本影印。(李軍、章艷超)

## 壺園賦鈔二卷　(清)徐寶善撰(第1516冊)

此《壺園賦鈔》二卷,錄寶善賦作二十五篇,前後無序跋。各篇之下,多有小注,或言其依何韻而作,或言其寫作緣由。寶善曾任翰林編修,由賦作內容看,頗有應制之作,如《誦詩聞國政賦》、《相賞有松石間意賦》等,亦有《寒菜一畦賦》、《歲寒知松柏賦》等抒懷之作。寶善時頗有詩名,然賦作亦工,抒情小賦清新可喜。

此本據中國科學院圖書館藏清道光刻本影印。(張驍飛)

## 壺園詩外集六卷　(清)徐寶善撰(第1516冊)

此《壺園詩外集》六卷,錄徐寶善詩近三百篇。書末有徐志導、徐志恭跋,言二人謹遵寶善"詩貴精不貴多"之意,經父輩如顧蒓、黃爵滋等審定,將寶善詩作之粹美者編為《壺園詩鈔選》,而寶善下世五年後乃將餘作釐為此集。此書收詩較《壺園詩鈔選》為多,佳句亦頗有可觀者。二書合而觀之,可睹寶善詩作全貌,而于取捨之間,亦略見當時擇詩之旨。

《壺園詩外集》有清道光二十三年徐志導等刻本,復旦大學圖書館藏,此本即據其影印。(明巖)

## 青溪舊屋文集十一卷　(清)劉文淇撰(第1517冊)

劉文淇(1789—1854),字孟瞻。儀徵(今屬江蘇)人。嘉慶二十四年(1819)優貢生,候選訓導。著有《春秋左氏傳舊疏考證》、

《楚漢諸侯疆域志》、《揚州水道記》等。傳見《清史稿》、《清史列傳》卷六九等。

《青溪舊屋文集》十一卷,文凡十卷,卷十一爲詩。説經者如卷二《既殯後復殯服説》、《親喪既殯後見君無説衰説》論古禮之服制,可與卷七《書楊氏服制議後》同觀。《論語孔注證僞書後》詳列王肅年表,追源溯流,辨其是非。劉氏説經之外,兼留心鄉邦文獻。如《項羽都江都考》,辨析史實,窮源竟委。

是集有清光緒九年刻本。今據湖北省圖書館藏該本影印。（李軍）

**彝壽軒詩鈔十二卷煙波漁唱四卷** （清）張應昌撰 （第 1517 册）

張應昌（1790—1874）,字仲甫,號寄庵。浙江歸安人,改籍錢塘（今浙江杭州）。嘉慶十五年（1810）舉人。官至內閣中書。編有《國朝詩鐸》,又選有《國朝正氣集》。著有《春秋屬辭辨例編》等。傳見《清史列傳》卷六九等。

《彝壽軒詩鈔》所收詩,始自嘉慶十六年,終於同治七年（1868）,凡五十八年,歷嘉、道、咸、同四朝。前有杜葆恬及侄光裕兩家題詞,又張氏自記。咸豐十年（1860）以後所作,名之曰《餘生草》,殆太平天國事起,江南飽經戰禍,張應昌幸以身免,有浩劫餘生之歎。張氏又一意爲詞,所作集爲《煙波漁唱》,集前題辭者有郭麐等十數家,謂其濡染玉田宗風,言順律協,兩者合美。

《彝壽軒詩鈔》十一卷,咸豐中與《煙波漁唱》、《寄庵雜著》等同刊,同治二年西昌旅舍有增修本。

今據中國科學院圖書館藏清同治二年增修本影印。（李軍）

**是程堂集十四卷** （清）屠倬撰 （第 1517 册）

屠倬（1780—1828）,字孟昭,號琴塢,晚號潛園。錢塘（今浙江杭州）人。嘉慶十三年

（1808）進士。授江蘇儀徵知縣,以治績特擢袁州知府,旋移九江府,皆以疾辭。傳見《清史列傳》卷七三等。

《是程堂集》十四卷,嘉慶十九年屠氏梓於揚州。其年十八學爲詩,二十四歲刻《初集》四卷。此後所作,大抵年約一卷,合《初集》四卷,是爲此集十四卷。前有郭麐、陳斌、查初揆、法式善、吳錫麒五家序。孟昭兼工詩畫,友人以唐王右丞相況,其詩尤以氣勝。集中題畫之作頗夥。卷十《論詩三昧九絶句和翁覃溪先生》,乃酬翁方綱論詩之作,於作詩之道自言其取捨。

《是程堂初集》,有嘉慶九年刻四卷本。後十年,王日華刻《是程堂集》十四卷于真州官舍,道光中又有潛園家刻本。嘉慶中與《二集》四卷、《耶溪漁隱詞》二卷合刻。今據清嘉慶十九年真州官舍刻本影印。（李軍）

**是程堂二集四卷** （清）屠倬撰 （第 1517 册）

此集四卷,卷自爲目。前有嘉慶二十五年屠倬自序,收嘉慶二十年至二十五年詩,其中二十一年以後丁憂,輟筆兩年,所作詩亦年約一卷。

《是程堂二集》嘉慶中刻本有四卷、八卷二種,皆有屠氏嘉慶二十五年自序,殆收詩略同而分卷稍異而已。今據復旦大學圖書館藏清道光元年潛園刻四卷本影印。（李軍）

**意苕山館詩稿十六卷** （清）陸嵩撰 （第 1517 册）

陸嵩（1791—1860）,字希孫,號方山,一作房山。元和（今江蘇蘇州）人。道光十八年（1838）優貢,四十八歲時出任鎮江府學訓導。居鎮江前後二十餘年。工詩,曾著《讀杜一得》和《玉溪生詩解義》,可見其取向。生平事迹見《晚晴簃詩匯》卷一二二。

《意苕山館詩稿》十六卷,作者居京師時曾自爲覆校,然未及刊而卒。卷首有朱綬、陳用

光、張履、張肇辰等序,另有作者畫像、許玉璪所撰像贊。卷末有陸潤庠跋,略叙刊刻始末。詩按年編次,起自嘉慶十三年(1808),迄於咸豐十年(1860),録古今體詩約一千二百四十餘首,多憂憤國事之作,於社會黑暗有深刻揭露。所作《追思》組詩述評鴉片戰爭史事,頗似魏源之《寰海》,可當詩史,葉廷楨以爲"庶幾杜陵遺響"(《蜕翁所見詩録》)。風格質樸自然,不事雕琢。此本據華東師範大學圖書館藏清光緒十八年陸潤庠刻本影印。(馬亞中　韓逢華)

## 丹魁堂詩集七卷　(清)季芝昌撰(第1517冊)

季芝昌(1791—1861),字雲書,號仙九。江陰(今屬江蘇)人。道光元年(1821)中舉,十二年成進士。授翰林院編修。擢内閣學士。咸豐元年(1851)任閩浙總督,次年兼署福州將軍。著有《莪樜日記》、《丹魁堂外集》等。傳見《清史稿》、《清史列傳》卷四二等。

季氏早年致力帖括,久困場屋,志不獲舒,而詩多抱不遇之感。中舉之後,往來省垣、京師,後出官山左、淮南,吟咏日多。曾國藩《奉題丹魁堂詩集》謂:"翰墨場中老折肱,蓬壺頂上舊飛昇。"以大器晚成爲言。

《丹魁堂詩集》,有咸豐六年刻五卷本。又同治四年紫琅寓館刻七卷本。今據上海圖書館藏清同治四年刻本影印。(李軍)

## 董方立文甲集二卷董方立文乙集二卷

(清)董祐誠撰(第1518冊)

董祐誠(1791—1823),初名曾臣,字方立,號蘭石。陽湖(今江蘇常州)人。嘉慶二十三年(1818)舉人。著有《水經注圖説殘稿》、《割圜連比例術圖解》等。傳見《清史稿》、《清史列傳》卷七三等。

董方立以算學名世,此二集之中以天算曆數之文爲最。其兄基誠序其《文甲集》云:"殁後乃從友人集録,得文一十五首,定爲

二卷。"

《董方立文甲集》二卷、《乙集》二卷,道光三年刻本,又有同治董貽清《董方立遺書》本。今據清同治八年刻《董方立遺書》本影印。(李軍)

## 懷古田舍詩節鈔六卷　(清)徐榮撰(第1518冊)

徐榮(1792—1855),原名鑒,字鐵孫,一字南榮,號藥垣,又號梅花老農。先世湖北監利人,遷居瀋陽,清初隸漢軍正黄旗,清兵入關後,駐防廣東。道光十六年(1836)進士,官浙江遂昌、嘉興知縣。咸豐間,官至福建汀漳龍道。傳見《清史稿》、《清史列傳》卷三等。

此集六卷,乃其子公可節選四十卷本《詩鈔》而成。所收之詩,起自嘉慶九年(1804),終於咸豐四年(1854),凡五十載,次年二月榮即死於戰亂。書前有林鴻年《懷古田舍詩集節鈔叙》、銘岳《徐公傳略》及崇實《後叙》,末有光緒中徐受廉跋。集中《嶺南荔枝詞二十首》,《嶺南勸耕詩十二首》,皆記嶺外農事風俗,詳加疏注。《藁城雜詩十七首》、《雜咏十二首》、《途中咏物二十首》、《西鄉漫作十七首》諸詩,皆其謀食四方時所作。晚年身歷太平天國戰事,遂多離亂之語。

徐受廉跋稱其祖《懷古田舍詩鈔》四十卷,初刻於杭州,今存三十三卷本,殆道豐間刻本。《節鈔》六卷,乃其子公可重刻於成都。光緒八年,《節鈔》版載歸粤東,散失百十八頁,十四年補完,重印問世。今據復旦大學圖書館藏清同治三年錦城刻本影印。(李軍)

## 松風閣詩鈔二十六卷歸樸龕叢稿十二卷續編四卷　(清)彭藴章撰(第1518冊)

彭藴章(1792—1862),原名琮達,小字鐵寶,後改今名,以原名爲字,又字咏莪,號小園,晚號詒谷老人。長洲(今江蘇蘇州)人。道光十五年(1835)進士,改工部主事,歷任

鴻臚寺少卿、工部侍郎等職。咸豐四年
(1854)，升任工部尚書。六年,任文淵閣大
學士。著有《文獻通考纂要》、《老學庵讀書
記》等。傳見《清史稿》、《清史列傳》卷四
五等。

《松風閣詩鈔》二十六卷,按年編次。前有
吳清鵬、王嘉祿、祁寯藻、羅惇衍四家序。所
收之詩,起於嘉慶十九年(1814),迄於同治
元年(1862),將五十載,視彭氏自訂詩稿八
卷本多五年。《歸樸龕叢稿》十二卷,前有林
春溥序、彭氏《歸樸龕初刪文稿記》及徐松龕
評語,末有江湜跋,所收文稿斷至道光戊申。
《叢稿續編》四卷,收《叢稿》以後之作。

彭氏《澗東集》三卷,有道光六年刻本。
《松風閣詩鈔》有自訂本八卷,道光二十六年
刻本。又有二十六卷本,咸豐二年刻本。
《歸樸龕叢稿》十二卷,道光二十八年刻本,
後增刻《續編》四卷,同治中與詩集并收入
《彭文敬公全集》。今據上海辭書出版社圖
書館、天津圖書館藏清同治刻《彭文敬公全
集》本影印。（李軍）

## 知止齋詩集十六卷　（清）翁心存撰（第1519 冊）

翁心存（1791—1862），字二銘,號邃庵。
常熟（今屬江蘇）人。翁同龢父。道光二年
(1822)進士,改庶吉士,授編修,擢中允。歷
官督廣東、江西學政,工部、戶部侍郎,工部、
兵部、吏部尚書。咸豐十年(1860),因戶部
有兌換寶鈔事,被劾革職留任。同治元年
(1862)特詔起用,入值弘德殿,授讀同治帝。
卒於位。著作別有《知止齋文集》等。傳見
《清史稿》、《清史列傳》卷四五等。

《知止齋詩集》十六卷,收嘉慶十七年
(1812)至咸豐十一年詩一千七百一首。無
序跋。翁心存擅長版本、校勘之學,精于鑒
賞,藏書豐富。亦能詩,《晚晴簃詩匯》謂其
"久贊講帷,因事納海,計慮深遠,發爲歌吟,

亦有吁謨定命氣象"。

此本據光緒三年常熟毛文彬書局刻本影
印。另有《知止齋遺集》二十二種不分卷,稿
本。（馬亞中　楊年豐）

## 甘泉鄉人稿二十四卷餘稿二卷　（清）錢泰吉撰　年譜一卷　（清）錢應溥撰（第 1519 冊）

錢泰吉（1791—1863），字輔宜,號警石,又
號深廬。浙江嘉興人。嘉慶十七年(1812)
廩貢生,官海寧訓導近三十年。將以知縣薦,
力辭去。曾入曾國藩幕府,晚年主講安瀾書
院。著有《曝書雜記》、《海昌備志》等。傳見
《清史稿》、《清史列傳》卷七三等。

《甘泉鄉人稿》二十四卷,錢泰吉生前曾手
訂付梓。後經太平天國戰事,板片盡毀,其子
孫遂於同治十年重刊,以《餘稿》二卷、《年
譜》一卷附焉。是集前有其子錢應溥、孫錢
志澄識語三條,又有莫友芝像贊、曾國藩墓
表、王拯家傳,及錢儀吉《警石弟文稿序》、沈
濂《甘泉鄉人稿序》、錢泰吉自序、《深廬寱言
序》,末有陳錫麒跋。全書計文稿二十卷,詩
稿四卷,其中卷七至卷九三卷爲《曝書雜
記》。《餘稿》二卷,卷一爲文,多序跋之屬,
卷二爲《閑心静居詩》。錢警石文稿,以序跋
爲巨觀,其《曝書雜記》亦以書跋編次而成。
蓋其學出於校讎,故一書之版本,文字之異
同,俱有心得。自校勘字句而上,乃辨別一書
版本之優劣,進而考鏡學術之源流演變。

《甘泉鄉人稿》二十四卷有咸豐四年讀久
書齋刻本,又有同治十一年刻本,附《餘稿》
二卷,光緒中又有增修本。今據華東師範大
學圖書館藏清同治十一年刻光緒十一年增修
本影印。（李軍）

## 楸花盦詩二卷附錄一卷外集一卷　（清）葉廷琯撰（第 1519 冊）

葉廷琯（1792—1869），字調生,號蛻翁,又
號蛻廬病隱、十如居士。吳縣（今屬江蘇）

人。諸生。同治初舉孝廉方正,辭不就。太平軍攻蘇州,避居上海。生平事迹見《光緒吳中葉氏族譜》卷五二、《清詩紀事》道光朝卷。

葉廷琯博識雅望,所著筆記《鷗陂漁話》、《吹網録》,談藝論文,雜記吟壇掌故佚事,久已膾炙人口。自爲詩多五七言律絶,古體偶爲之,自序謂“率臆而吐,信手而書,等諸邨曲山歌,不自知其工拙也”,錢仲聯《道咸詩壇點將録》謂其屬“吳中汪鈍翁之流派”。

《楸花盦詩》二卷,凡詩分上下二卷,《附録》一卷,《外集》一卷。前有自題。卷上《憶存草》,卷下《劫餘草》避亂浦西時所作。

今據光緒間潘祖蔭輯《滂喜齋叢書·二杏詩集》本影印。(馬亞中　楊年豐)

## 借閑生詩三卷借閑生詞一卷　(清)汪遠孫撰(第1519冊)

汪遠孫(1794—1836),字久也,號小米,又號借閑漫士。錢塘(今浙江杭州)人。嘉慶二十一年(1816)舉人,官內閣中書。著有《國語明道本考異》、《國語發正》等。傳見《清史列傳》卷六八、《續碑集傳》卷二〇等。

此書前有胡敬撰《汪君傳》。汪氏承杭堇浦、厲樊榭之後,專意於校讎之學。嘉道間,汪氏爲杭中名族。其東軒雅集,與者不以詩名,即以畫名。《借閑生詩》所收之詩,始自道光二年,終於十六年,多爲社中友人往來之什。《借閑生詞》雖不紀年,而其小序多紀事。

此書有道光二十年錢塘汪氏振綺堂刻本,今據華東師範大學圖書館藏該本影印。(李軍)

## 龔定盦全集二十卷　(清)龔自珍撰(第1520冊)

龔自珍(1792—1841),字璱人,號定盦,一名易簡,字伯定,號羽岑山民,更名鞏祚。仁和(今浙江杭州)人。清嘉慶二十三年(1818)舉人,官內閣中書。道光九年(1829)成進士,後充禮部主事。十九年乞歸,二十一年暴卒於丹陽。傳見《清史稿》、《清史列傳》卷七三等。

龔自珍早年從外祖父段玉裁治《説文》,後又從劉逢禄治公羊學,通西北史地及東南海事,兼能讀蒙古、西域、印度文書,佛學精天台宗。與魏源齊名,世稱“龔魏”,學重經世致用,極力提倡“更法”、“改圖”,進行政治改革。其文主張經世致用,干預時政,多有針砭時弊之作。其集中名篇如《明良論》、《平均篇》、《西域置行省議》、《東南罷番舶議》、《捕蜮第一》、《病梅館記》等,皆振聾發聵之作。其詩氣勢磅礴,色彩瑰麗,風格繼承胡天游、王曇一脈,而能開拓新宇,別創新面,對晚清“詩界革命”諸家及南社作者有較大影響。又能詞,譚獻《復堂日記》稱爲“綿麗飛揚,意欲合周、辛而一之,奇作也”。

《龔定盦全集》二十卷,凡《定盦文集》上中下三卷,《定盦續集》四卷,前有吳煦《刻定盦文集緣起》、曹籀《題辭》。《定盦文集補》九卷,爲文一卷詩集三卷及詞集五卷,皆編年。詩集《破戒草》與《破戒草之餘》,收詩起道光元年(1821)迄道光七年,録詩一百八十四篇。《己亥雜詩》一卷,收詩三百十五首。詞選《無著詞選》一卷,始名《紅禪詞》,收詞四十五首。《懷人館詞選》一卷,收詞三十二首。《影事詞選》一卷,收詞六首。《小奢摩詞選》一卷,收詞二十首。《庚子雅詞》一卷,收詞三十五首。《定盦文集補編》,四卷,收文五十四篇。

龔集傳世版本甚多,最初有《定盦文集》三卷、《餘集》一卷,附《少作》一卷,道光三年自刻本。《己亥雜詩》亦有道光十九年自刻本。道光二十二年(1842),魏源輯《定盦文録》十二卷,又考證、雜著、詩詞十二卷,無刻本。後同治七年吳煦刻《定盦文集》三卷、《續集》四卷,《己亥雜詩》及詞選五卷。其《定盦文集》

三卷、《定盦續集》四卷、《定盦文集補》中《破戒草》與《破戒草之餘》、《己亥雜詩》、《無著詞選》、《懷人館詞選》、《影事詞選》、《小奢摩詞選》、《庚子雅詞》等，先爲同治七年刻本，文爲魏源所定，詞爲作者自定。又，除《庚子雅詞》外先有道光三年刊本。《庚子雅詞》爲何兆瀛携至杭州，吳氏依原本重刊附於文集補編之後。《定盦文集補編》，爲光緒十二年"蕭山湯伯述從其子姓搜獲原書，檢對吳刻闕三之一，乃屬山陰傅君灌園勘訂刻成"(朱之榛《定盦文集補編跋》)。

此本據上海圖書館藏清光緒二十三年萬本書堂刻本影印。(馬亞中　楊年豐)

**吳文節公遺集八十卷**　(清) 吳文鎔撰(第1520册)

吳文鎔(1792—1854)，字甄甫、子範，號雲巢、竹孫。儀徵(今屬江蘇)人。嘉慶二十四年(1819)進士。道光十九年(1839)任福建巡撫，二十一年，改任江西巡撫。二十八年調任浙江巡撫，升爲雲貴總督。咸豐二年(1852)，調閩浙總督，次年任湖廣總督。傳見《清史稿》、《清史列傳》卷四二等。

吳文鎔卒後，其子養原哀輯遺稿，編成《遺集》八十卷。計卷一至卷三十六爲奏議，卷三十七至卷六十三爲公牘，卷六十四至卷六十八爲尺牘，卷六十九至卷七十爲序跋祭文之屬，卷七十一至卷七十四爲詩詞，卷七十五、卷七十六爲賦，卷七十七至卷八十爲試律詩。目錄後有養原識語，謂其奏議之屬"皆據實直陳，從無粉飾，摺稿具存"，未經發抄者，悉以登載。尺牘雖爲私函，然多與同官商権庶務，與公牘相發明。吳氏庶務鞅掌，不常作詩，即有所作，亦多散佚，故存者無多。試律詩四卷，皆其任翰林時手稿。

此本據復旦大學圖書館藏清咸豐七年吳養原刻本影印。(李軍)

**花宜館詩鈔十六卷續存一卷無腔村笛二卷**　(清) 吳振棫撰(第1521册)

吳振棫(1790—1870)，字仲雲，一字宜甫，號再翁、修餘老人。錢塘(今浙江杭州)人。嘉慶十九年(1814)進士。授編修。道光二年(1822)出任雲南大理知府。咸豐二年(1852)，以功升任雲南巡撫。五年，調任陝西巡撫，轉任四川總督、雲貴總督。著有《黔語》、《養吉齋叢録》等。傳見《清史稿》、《清史列傳》卷四八等。

此書前有吳氏自序，謂退閑無事，乃取舊作汰其半，編爲詩十六卷、詞二卷。咸豐中版行之，同治中其孫文墫重刊於京師，以《詩鈔續存》一卷附焉。《詩鈔》所收之詩，始自嘉慶十五年(1810)，斷于咸豐十年，凡五十載。其中《黔苗雜咏》十四首、《廠述四首》，乃其官滇黔時所作，密行小注，述當地民風甚詳。《續存》首補咸豐庚申所作《讀史有感四首》，實始於同治三年，止于八年，凡六載，中間缺咸豐十一年至同治二年凡三年之作。《無腔村笛》二卷，吳氏自序謂："有感而發，無聊之思，詩所不盡，變而爲詞。"殆以詩餘爲小道。

《花宜館詩鈔》有五卷本、七卷本，道光中刊刻。《花宜館詩鈔》十六卷、《續存》一卷、《無腔村笛》二卷，有同治間刻本，又有光緒二十六年刻本。今據華東師範大學圖書館藏清同治四年刻本影印。(李軍)

**仙屏書屋初集十八卷**　(清) 黃爵滋撰(第1521册)

黃爵滋(1793—1853)，字德成，號樹滋。宜黃(今屬江西)人。道光三年(1823)進士，改庶吉士，授編修。官至禮部、刑部侍郎。以事落職。與魏源、龔自珍等倡經世之學，主張新吏治、掃貪汙，以進諫負時譽。曾上疏切言鴉片危害，請組團練以禦外寇。傳見《清史稿》、《清史列傳》卷四一等。

黃爵滋論詩，於當時作詩之弊，指摘殆盡，

"今之詩人大率干貴顯、侈燕會耳。至於民瘼，久置之不問，有言及之者，且以爲無病呻吟"（《仙屏書屋詩録自序》）。《晚晴簃詩匯》稱其"詩循杜、韓正軌，縱横跌宕，才氣足以發其學"，楊希閔《鄉詩摭譚續集》則以爲"其詩氣骨甚道，醖釀未遂"。

《仙屏書屋初集》十八卷，含後録二卷。前十六卷存詩九百三十四首，後録收詩一百四十四首。前有自序，後有洪齮孫跋。

此《仙屏書屋初集》爲作者自訂，侄黃秩昇、門人張懋之等參編，著録爲道光二十六年涇陽翟金生泥活字排印，實爲道光二十七年所刊，今即據復旦大學圖書館藏此本影印。黃爵滋此後所作，輯爲《戊申粤游草》一卷、《楚游草》一卷，道光二十八年刻。自定《仙屏書屋初集》文録十六卷，道光二十八年刻。（馬亞中　楊年豐）

### 薛箂吟館鈔存八卷賦二卷　（清）柏葰撰（第 1521 册）

柏葰（1806—1859），原名松葰，榜名松慶，字靜濤，號泉莊。巴魯特氏，蒙古正藍旗人。道光六年（1826）進士。歷官工部、刑部、吏部、户部，充總管内務府大臣，典試江南。以科場案被劾，致罹重辟。傳見《清史稿》、《清史列傳》卷四〇等。

《薛箂吟館鈔存》十卷，計詩八卷、賦二卷。書前有柏葰自序、吳存義序，文慶、傳馴、何杕題辭，詩末有朱學勤、趙鴻儀及其子鍾濂跋。鍾濂跋稱，其父"典試數大郡，凡所過名山大川，以及古今人物勝迹，每有所觸，輒發於詩"。柏葰久居臺閣，南下衡文，北使朝鮮，路途所見，酬酢往還，形諸韻語，仍不脱館閣之氣。至於賦文擬古，多恭獻紀盛之作，更形莊嚴。

《薛箂吟館鈔存》一卷，有道光二十四年刻本。後增作《薛箂吟館鈔存》八卷，詩六卷、賦二卷，咸豐三年刻本。其子鍾濂增訂爲

《薛箂吟館鈔存》十卷，同治間刻本。今據遼寧省圖書館藏清同治三年鍾濂寫刻本影印。（李軍）

### 面城樓集鈔四卷　（清）曾釗撰（第 1521 册）

曾釗（1793—1854），字毓修，一字勉士。南海（今屬廣東）人。道光五年（1825）拔貢，曾官合浦教諭、欽州學政。掌廣州學海堂。著有《周禮注疏小箋》、《周易虞氏義箋》等。傳見《清史稿》、《清史列傳》卷六九等。

此集四卷，卷一爲文字、經義考辨，而以《虎門砲臺形勢條議》殿之，可知曾氏亦究心於時勢。卷二、三爲題跋，而冠以代白鎔所作《禮記集説補正附論序》及代阮元所作《鈕非石段氏説文注訂序》，末以傳記附焉。卷四爲書、尺牘、墓傳之屬。曾氏以藏書名，所作書跋，或辨版本，或考史實，或論源流，實爲個中作手。跋末多附記時月，大抵起自嘉慶十八年，終於咸豐四年，尤以嘉慶二十五年所作爲最多。

曾釗撰《面城樓集》十卷，見光緒《廣州府志》。後陳璞重輯爲《面城樓集鈔》四卷，前有陳氏序，光緒十一年刻本。又有光緒十二年《學海堂叢刻》本，今據復旦大學圖書館藏該本影印。（李軍）

### 馤畝亭集三十二卷馤畝亭後集十二卷　（清）祁寯藻撰（第 1521—1522 册）

祁寯藻（1793—1866），字穎叔，一字春圃，號觀齋、息翁。壽陽（今屬山西）人。嘉慶十九年（1814）進士。累官至軍機大臣、左都御史、體仁閣大學士。身歷四朝，爲三代帝師。著有《世説碎金》、《樞垣載筆》、《東華退食記》等。傳見《清史稿》、《清史列傳》卷四六等。

《馤畝亭集》三十二卷，前有祁氏自序。所録詩作始自嘉慶十七年，斷於咸豐四年（1854），凡四十餘載。《後集》十二卷，詩作

起於咸豐四年,迄七年,計四載。蓋《䜌䤅亭集》所收,爲祁氏休致前所作。《後集》乃居家數載所作。

祁寯藻詩集稿本存世頗夥,《䜌䤅亭集》三十二卷,有咸豐六年刻本,《後集》六卷有咸豐七年刻本,又《後集》十二卷有咸豐中刻本。今據南京圖書館藏清咸豐刻本影印。(李軍)

### 古微堂詩集十卷　（清）魏源撰（第1522冊）

魏源(1794—1857),原名遠達,字默深,又字墨生、漢士,號良圖,晚年自稱"菩薩戒弟子魏承貫"。邵陽金潭(今湖南隆回)人。少從塾師劉之綱、魏輔邦讀經學史。道光九年(1829)應禮部會試落第。因捐内閣中書舍人候補。二十五年成進士,歷官江蘇興化、高郵知州。鴉片戰爭時,曾入兩江總督裕謙幕,參與浙東抗英戰役。著作另有《聖武記》、《海國圖志》等,輯有《皇朝經世文編》。傳見《清史稿》、《清史列傳》卷六九等。

魏源讀書精博,著述宏富,與龔自珍齊名,提出"師夷長技以制夷"。其詩文創作,與龔時相切磋。沈曾植并稱爲"奇才"。其文論學、論治、議戰,皆以經世致用爲大旨。其詩于感慨時事之外,又多山水紀游之作,爲張維屏、林昌彝、王闓運等名家所推許,陳衍稱其爲"清蒼幽峭"一派之首。

《古微堂詩集》十卷,分體編次,收詩七百一十八首。此《古微堂詩集》爲同治九年長沙寶慶郡館刻本,以《古微堂詩稿》、《清夜齋詩稿》、《古微堂詩稿鈔本》殘本及《射鷹樓詩話》等校讎,今據浙江圖書館藏該本影印。(馬亞中　楊年豐)

### 古微堂集十卷　（清）魏源撰（第1522冊）

《古微堂集》十卷,此爲國學扶輪社本,名《魏默深文集》。分内、外兩集。内集爲《默觚》上下二卷,外集八卷,録有序、記、議論等文。有黃象離序跋。

《古微堂集》十卷本實爲《魏默深文集》十卷,宣統元年國學扶輪社鉛印,黃象離等校補。黃象離讀豐城余氏《珂墨齋叢書》本魏源文集,訛錯較多,與楊淑壬重爲釐定,增補重編,易名《魏默存文集》。今據中國科學院圖書館藏該本影印。另,《古微堂集》十卷有光緒間淮南書局刻本,與此本小異:内集爲《默觚》三卷,外集七卷。(馬亞中　楊年豐)

### 籀經堂類稿二十四卷　（清）陳慶鏞撰（第1522—1523冊）

陳慶鏞(1795—1858),字頌南,一字笙叔,號乾翔。晋江(今屬福建)人。道光十二年(1832)進士,改庶吉士,授户部主事。官江南道監察御史,升工科給事中。著有《三家詩考》、《穀梁通釋》等。傳見《清史稿》、《續碑傳集》卷一九等。

《籀經堂類稿》,何秋濤原編,陳榮仁重編。書前有陳榮仁序及何秋濤、龔顯曾兩家舊序。何序謂原編所收,皆陳氏道光二十六年以前之作,計詩賦雜文一百三十七首。光緒八年(1882),陳榮仁仿何氏原編重加編訂遺稿,得二十四卷:卷一至卷三爲論策、奏疏,卷四、五爲經説,卷六、七爲賦,卷八至卷十爲古今體詩,卷十一、十二爲序引、題辭,卷十三、十四爲贈序、壽序,卷十五爲跋、考,卷十六爲書,卷十七爲銘、贊、説、策對、策問,卷十八爲鐘鼎考釋,卷十九爲傳,卷二十爲記,卷二十一至卷二十三爲碑文墓志,卷二十四爲祭文、募啓。其中《奏繳時事説部疏》,附抄《哀江南總目提要》,雖爲禁書而上,而存説部名目,爲治小説者之珍貴資料。序文一體,如《說文義證序》等談經説史,兼及小學。至於金石考釋,更爲專門之學,乃專列一卷。

《籀經堂集》十四卷《補遺》二卷,何秋濤編,同治十三年晋江龔顯曾木活字排印本。《籀經堂類稿》二十四卷,光緒九年刻本。今據復旦大學圖書館藏光緒刻本影印。
（李軍）

### 頤志齋文鈔一卷頤志齋感舊詩一卷　（清）

丁晏撰（第 1523 冊）

丁晏（1794—1875），字儉卿，號柘堂，晚號石亭居士。山陽（今江蘇淮安）人。道光元年（1821）中舉，官內閣中書。嘗主觀海、麗正、文津諸書院講席。撰有《尚書餘論》、《禹貢集釋》等著作四十餘種。傳見《清史稿》、《清史列傳》卷六九等。

《頤志齋文鈔》一卷、《感舊詩》一卷，羅振玉得遺稿寫本於丁氏後人，以爲“其説經之文，多非精詣，酬應之作，亦可不存，爰鈔其所撰傳記十七篇”，又選其詩爲《感舊詩》一卷。《文鈔》所收傳記，計關天培、孫汝鵬、朱琦、陳慶鏞、吳玉楫、蘇秉國、汪椿、胡玉山、薛傳均、周濟、潘德輿、汪毅、夏志浩夫婦、唐耀遠、戴君澤妻李氏、僧慧朗、孫立、劉文淇母丁氏，凡十八人。《感舊詩》所著録者爲阮元、湯金釗、江藩等六十餘人。

《頤志齋文鈔》一卷，《頤志齋感舊詩》一卷，民國四年羅氏《雪堂叢刻》排印本。又《感舊詩草》一卷，稿本藏遼寧省圖書館。《頤志齋初稿》十卷，稿本藏南京圖書館。《頤志齋文稿》二卷、《詩稿》一卷、《雜鈔》一卷，稿本藏上海圖書館。今據上海辭書出版社圖書館藏羅氏鉛印《雪堂叢刻》本影印。（李軍）

### 松龕先生文集四卷松龕先生詩集二卷

（清）徐繼畬撰（第 1523 冊）

徐繼畬（1795—1873），字健男，號松龕、牧田。五臺（今屬山西）人。道光六年（1826）進士。歷任廣東鹽運使、按察使、福建布政使等職。道光二十六年，升任廣西巡撫，改授福建巡撫。著有《瀛環志略》、《古詩源評注》、《兩漢郡國今地考略》等。傳見《清史稿》等。

《松龕先生文集》四卷，以序跋、尺牘爲主，約占三之二，而考辨、墓祭之文約三之一，居集之首末。卷一首有《禁鴉片論》，詳述鴉片之害與禁治之方。又《鹽法論》，謂鹽務“變通之法，不外兩端，曰歸地丁，曰行票鹽”。《文集》中偶見徐氏自評之語，如卷一《介休冀氏族譜引》末云：“學恕谷文體，峻削處參以柳州。”自道其文之所取法。《詩集》上下二卷，多爲宦游之作，如《三江竹枝詞》記閩江、珠江、浙江三地風土，《苗刀歌》記述苗疆戰事。題古人詩之作尤夥，如《讀元遺山詩二首》、《題吳梅村詩集四首》、《讀王阮亭詩集》、《讀李太白詩》、《讀杜詩》等，皆可見其論詩之志趣。

《退密齋文集》四卷，民國間石印本。《松龕先生全集》十卷，民國間排印本。今據天津圖書館藏民國四年鉛印《松龕先生全集》本影印。（李軍）

### 李文恭公遺集四十六卷行述一卷（奏議二十二卷、詩集八卷、文集十六卷）　（清）李星沅撰

（第 1523—1525 冊）

李星沅（1797—1851），字子湘，號石梧，湖南湘陰人。道光十二年（1832）進士。二十七年，任雲南巡撫，旋調任兩江總督。咸豐元年（1851）受命爲欽差大臣，抵廣西平亂。著有《梧笙唱和初集》、《李星沅日記》等。傳見《清史稿》、《清史列傳》卷四二等。

《遺集》四十六卷，其子李概、李桓等所編。書前有彭崧毓像贊、王柏心叙。計《奏議》二十二卷，《詩集》八卷，《文集》十六卷。《奏議》前有熊少牧、彭崧毓兩家序，以爲官之地爲序，皆居官所上奏疏，其間功過得失，可以盡覽。《詩集》前有熊少牧、彭崧毓序及蔡以偁舊序。分體編，而以《論詩》五首冠於首。《文集》前有彭崧毓序，卷一、二爲散體文，卷三、四爲駢體文，卷五至卷八爲滇南軍書，卷九至卷十六爲粵西軍書。《奏議》、《軍書》之

詳,可補其《日記》之疏,兩書并觀,則李氏一生行事可盡知。

《李文恭公遺集》四十六卷,同治五年李概等刻,今據上海辭書出版社圖書館藏該本影印。（李軍）

## 落帆樓文集二十四卷補遺一卷　（清）沈垚撰（第1525冊）

沈垚(1798—1840),字子敦。烏程(今屬浙江)人。道光十四年(1834)優貢。在都六年,鬱悒遘瘵疾歿。年僅四十三。著作別有《元史西北地彝測》、《地道記》、《新疆私議》等。傳見《清史列傳》卷七三、《清史稿》等。

《落帆樓文集》文二十四卷,前集三卷。後集三卷,前二卷爲游安徽及入都後所作,第三卷即得意之作《西游記金山以東釋》。外集十七卷,爲殘稿及元碑跋一卷,簡札三卷、雜著三卷、地道記十卷。別集一卷,爲應試經解之文及代作。前有沈曾植序,又汪日楨編校《沈子敦著述總録》,述各集所收甚詳。後有孫燮《沈子敦哀辭》、劉承幹跋。沈垚早受學於施國祁,致力於金元史及輿地之學。後爲何凌漢、陳用光所賞拔。曾館徐松家,又爲姚伯昂校國史地理志。於“經史子集罔不溯流探原,而尤精輿地之學”(孫燮《沈子敦哀辭》)。程恩澤見其《西游記金山以東釋》一文,自愧弗如。史傳稱其賦頌駢儷之文,“精雅似六朝小品”。兼擅書法,規模鍾王。

此集二十四卷,爲民國七年嘉業堂刊劉承幹輯《吳興叢書》本,今據上海辭書出版社圖書館藏該本影印。劉承幹集道光二十七年刊靈石楊尚文輯刻《連筠簃叢書》中文集四卷、光緒二十八年貴池劉世珩輯刻《聚學軒叢書》中後集兩卷、汪日楨取叢殘各文所編文集三卷後集三卷外集十七卷別集一卷補遺一卷諸本,入《吳興叢書》刊刻,爲此集。（馬亞中　楊年豐）

## 子良詩存二十一卷　（清）馮詢撰（第1526冊）

馮詢(1796—1871),字子良。番禺(今屬廣東)人,世居廣州。嘉慶二十五年(1820)進士。歷任江西永豐、浮梁知縣,擢蘇州同知。後調南昌府,任吳城同知十五年,署饒州知府。著有《子良試帖》、《子良家書》等。事迹見光緒《廣州府志》卷一三一、《晚晴簃詩匯》卷一二八等。

《子良詩存》二十一卷,書前有郭儀霄、黃爵滋、蔣湘南、何栻四家序及馮氏自記一則。大抵以時序相次,收詩始於嘉慶二十五年,約止於同治八年(1869),五十年間之所作。郭序謂馮子良以古近體詩草二千首,命其論定,郭氏所擇得四百首有奇。馮氏久官贛省,親歷太平天國戰事,而兼任防務之職,故詩中所記,於研史者不無旁徵之益。至若《悼亡》三十首,沉痛之情,發乎衷心,而溢於紙墨間。

《子良詩存》七卷,道光中刻本,後續輯爲十二卷附《試帖》一卷,咸豐三年刻本。同治間,又刻《子良詩存》二十卷,復增刻爲二十一卷。晚年,輯成二十二卷本,同治六年付梓。至同治十一年,四十九卷《詩録》足本刊成問世。今據上海圖書館藏清刻二十一卷本影印。（李軍）

## 寓蜀草四卷　（清）王培荀撰（第1526冊）

王培荀(1783—1859),字雪嶠,一字景淑。淄川(今山東淄博)人。道光元年(1821)舉孝廉方正。官四川豐都、榮昌、新津、興文、榮縣等縣知縣。撰有《讀書管見》、《聽雨樓隨筆》等。生平事迹見《淄川王氏家傳》。

《寓蜀草》按體編次,有自序及徐子來序,分體編。王氏爲官皆窮鄉僻壤,集中詩多涉蜀中故實及風俗民情。如《蜀俗》:“水田在山巔,山下結茅屋。獨處每無鄰,環居多竹木。健婦勝似男,赤足驅黃犢。”《憨齋詩話》謂“其中咏古之作俱佳”,引其“妾來非赴桑中會,郎看偏同陌上花"句,以爲"屬對工雅,得未曾有"。

《寓蜀草》四卷,道光二十七年慎思堂刻,今據山東省圖書館藏該本影印。(章艷超)

## 思伯子堂詩集三十二卷　(清) 張際亮撰 (第 1526—1527 冊)

張際亮(1799—1843),字亨甫。建寧(今屬福建)人。道光十五年(1835)舉人。少年時爲陳壽祺所器重,在都時與徐寶善、湯鵬、潘德輿等唱和甚密。道光二十年,姚瑩曾邀之往臺灣,未果。二十三年,聞姚瑩被誣下獄,入都營救。姚事白而張以勞瘁卒。傳見《清史稿》、《清史列傳》卷七三等。

《思伯子堂詩集》三十二卷,編年,起嘉慶二十年迄道光二十二年,收詩三千零五十一首。前有姚瑩所作傳、朱琦題詩、姚濬昌跋。張際亮於嘉道間主盟壇坫,前輩如宋湘、黃鉞、潘世恩,同時姚瑩、潘德輿,稍後朱庭珍、丘煒菱俱推許之。惟李慈銘、陳衍則加貶斥。其詩饒才氣,沉雄悲壯,感慨國事、民生之作尤佳。"同光體"閩派崛起,其詩壇地位遂下降。

張際亮生前自訂詩稿,彌留之際囑朱琦與姚瑩爲校讎刪汰,詩稿由姚瑩携歸藏於桐城。咸豐年間,福建孔慶衢出資,經張際亮弟子李華峰編次、校正,并據劉存仁《篤舊集》等輯補,收詩二十七卷,二千六百五十首,文六卷,於同治六年刻竟,然多遺佚,字句亦頗有訛漏,名爲《張亨甫全集》。同治八年姚濬昌與鄭福照取作者自訂稿,詳加輯補編校,集其原稿諸集《松寥山人初集》、《婁光堂稿》、《谷海前編》、《豫粵游草》等,爲《思伯子堂詩集》,是此集,今據上海辭書出版社圖書館藏該本影印。早期詩作輯爲《松寥山人詩初集》十卷,有道光四年晴雪山房刊本。(馬亞中　楊年豐)

## 百柱堂全集五十一卷首一卷　(清) 王柏心撰　附錄一卷　(清) 彭崧毓等撰 (第 1527—1528 冊)

王柏心(1799—1873),字子壽,號筠亭。監利(今屬湖北)人。道光二十四年(1844)進士。官刑部主事,旋乞養歸。博涉經史,林則徐以國士禮之。太平天國時,曾爲清軍張亮基、胡林翼等出謀劃策。曾國藩、左宗棠等遇事亦常就咨詢。於江漢間講論經史文學五十餘年。著有《樞言》等,另編有方志數種。生平事迹見《清史列傳》卷七三、郭嵩燾《王子壽先生墓志銘》。彭崧毓,江夏(今屬湖北)人。道光乙未(1835)進士,歷官知縣、永昌知府等職。傳見《新纂雲南通志》卷一八四。

王柏心工詩,雄麗深博,源出漢魏,歸於杜甫,奄有李夢陽、何景明之長。林昌彝評曰:"音節高壯,格律雄渾,平揖荔裳(宋琬),可無愧色。"(《射鷹樓詩話》)其詩初有《子壽詩鈔》,輯錄道光十七年至二十三年之間所作詩,道光二十三年由陶梁橐金序而刻之。又輯道光四年成進士後迄十一年間所作爲《螺洲近稿》,咸豐元年刻。復輯咸豐二年以後所作爲《漆室吟》,皆感時述事之作、用兵之方略及政理之要,同治元年刻。其後編同治元年至四年詩爲《壬癸編》、《甲乙編》,後綜合壬戌以後至同治十二年以前所作詩,總爲《百柱堂詩稿》。其孫王傳喬將其生平所作之詩、詞、文重爲編校,彙刻爲《百柱堂全集》五十三卷,凡卷首一卷,詩集二十八卷,文集二十二卷,詞一卷,附錄一卷,有光緒十九年刊本。

此書卷首一卷爲《國史館本傳》,左宗棠、翁同爵諸人奏疏以及孫鼎臣、夏成業、譚大勛、光聶定焜諸序,及《刊校姓氏》、《總目》等。詩集前有光緒十八年其孫王傳喬序,卷一至卷二十八爲詩,按年編次,起自道光五年,迄於同治十一年。卷二十九至卷五十爲文,卷五十一爲詞,卷五十二爲附録,存祭文、哀詞、家傳、墓志銘、書略凡五篇。

此本據華東師範大學圖書館藏清光緒十九年刻本影印。(馬亞中 韓逢華)

### 樂志堂文集十八卷續集二卷 (清)譚瑩撰 (第1528冊)

譚瑩(1800—1871),字兆仁,號玉生。南海(今屬廣東)人。道光二十四年(1844)舉人,嘗官化州學訓導,升瓊州府學教授,委管學海堂學長,粵秀、越華、端溪書院監院。輯有《嶺南遺書》、《粵東十三家詩集》等。傳見《清史稿》、《清史列傳》卷七三等。

《樂志堂文集》十八卷,計賦二卷,表、牒一卷,書序、贈序四卷,書跋一卷,壽序一卷,論一卷,議對及記二卷,尺牘一卷,牋、啓、銘、頌二卷,募疏一卷,碑、記、祝文一卷,祭誄文一卷。《續集》二卷,分類次第與之略同。譚瑩少負雋才,顧元熙謂其律賦胎息六朝,非時手所及。阮元得所作《蒲洞修禊序》暨《嶺南荔枝詞》百首,尤爲激賞。譚氏留心鄉邦文獻,府縣諸志率延其任纂修之役。每一書竟,復考證其源流得失,作爲跋尾。是集中《擬海山仙館叢書序》、《粵雅堂記》、《粵雅堂叢書序》、《嶺南遺書序》、《嶺南遺書續編序》等,皆可見其發凡起例,鈎要提玄之功。

《樂志堂文集》十八卷《續集》二卷,咸豐十年吏隱園刻本,今據復旦大學圖書館藏該本影印。(李軍)

### 樂志堂詩集十二卷 (清)譚瑩撰 (第1528冊)

《樂志堂詩集》十二卷,書前有譚瑩自序。收詩始自道光二年,迄於咸豐九年,前後約三十七載,而以《六十初度四首》殿焉。是集前數卷,多社集之作。其《嶺南荔枝詞》録存六十首,與同社友人徐榮(鐵孫)《嶺南荔枝詞二十首》相類,皆咏史紀事之屬。是集中雖多經刪存,然一題之下,亦少者兩三首,多者數十首,如《咏史樂府》録存達九十八首之多。而如《論粵東金石絕句》(一百十八首)、《論駢體文絕句十六首》諸詩,以韻語咏史紀事,論學談藝,而能折中其説,亦屬難能。

《樂志堂詩集》十二卷,咸豐中譚氏吏隱園刻本,今據復旦大學圖書館藏該本影印。著録作咸豐九年吏隱園刻本,有誤。譚瑩自序作于咸豐十一年,是知此書不刻于咸豐九年。(李軍)

### 東洲草堂詩鈔三十卷東洲草堂詩餘一卷 (清)何紹基撰 (第1528—1529冊)

何紹基(1799—1873),字子貞,號東洲,晚號蝯叟。道州(今湖南道縣)人。道光十六年(1836)進士,選庶吉士,授編修,歷典福建、貴州、廣東鄉試。咸豐二年(1852)官四川學政,因條陳時務十二事,降職歸。曾主山東樂源、長沙城南書院,晚年主持蘇州、揚州書局。傳見《清史稿》、《清史列傳》卷七三等。

何紹基爲近代宋詩流派重要詩人之一,與鄭珍同出程恩澤門下,同爲學人之詩與詩人之詩合一之代表。但二家詩風不同,鄭詩學杜甫、韓愈、孟郊、白居易、黃庭堅,何詩主要學蘇軾。金天羽稱爲"晚清學蘇最工者"(《藝林九友歌序》)。曾國藩雖稱其"詩亦遠出時手之上",然又謂其"不能卓然成家"(《家書》)。又擅律法。精於詩學理論。書法尤有名。

《東洲草堂詩鈔》三十卷,前有朱琦、梅曾亮、鄔鴻逵等序,賀長齡、楊季鸞、鄧顯鶴等題詞及自序。《詩鈔》後附《詩餘》一卷。《詩鈔》同治六年家刻本爲二十八卷,起自嘉慶十六年,迄於同治五年;後光緒間續刊二卷,起自同治六年,迄於十一年。

《東洲草堂詩鈔》、《東洲草堂詩餘》爲同治六年長沙無園刻本,此本據以影印。另,《東洲草堂詩鈔》有光緒刻本,附録其子何慶涵《眠琴閣遺文》一卷、遺詩二卷、兒媳李楣《浣月樓遺詩》二卷。光緒二十七年刻本,附録其孫何維棣《潛穎詩》十卷、文集四卷。(馬亞中　楊年豐)

### 東洲草堂文鈔二十卷　（清）何紹基撰（第1529 册）

《文鈔》二十卷,卷首有熊少牧作墓志銘。卷一、二爲使蜀奏稿,卷三叙,卷四記,卷五雜著,卷六至卷十二爲題跋,卷十三爲傳、祭文,卷十四、十五壽叙,卷十六至卷十八爲碑志,卷十九、二十爲賦。

此本據光緒間刻本影印。(馬亞中　楊年豐)

### 天游閣集五卷詩補一卷附録一卷　（清）顧春撰（第1529 册）

顧春(1799—1877),字子春,又字梅仙,號太清,自署太清春、西林春,晚號雲槎外史。滿洲鑲藍旗人。本爲西林覺羅氏,鄂爾泰姪重孫女,祖父鄂昌爲甘肅巡撫,後因文字獄牽連敗落。入爲高宗曾孫奕繪貝勒側室,呈報宗人府,遂假托于顧氏。與夫俱工詩詞書畫,能騎馬彈奏,唱隨相得。道光十八年(1838)奕繪卒,正室所生長子載鈞與太清不合。喪事畢,太清及其所生子等五人被逐出爵邸,在西城養馬營賃屋暫居。晚年以子貴,生活得以好轉。生平事迹見冒廣生《天游閣詩集跋》、孟森《心史叢刊・丁香花》等。

顧春詩詞并清雋真淳,王鵬運論滿洲詞人有“男中成容若,女中顧太清”之語(見冒廣生《天游閣詩集跋》)。俞陛雲《國朝閨秀詩話》以爲“非特八旗之冠,亦清代之名家”。

此本據宣統二年順德鄧實風雨樓鉛印本影印,卷首牌記云“假如皋冒氏鈔本刊成”。

《天游閣集》版本如下:一是陳士可收藏抄本,該本并非顧春手抄,但有其用朱筆手寫眉批,現存有一、三、五卷,共計四卷,收詩五百二十一首(另有一抄本,僅有一、五兩卷,亦不全)。二是徐乃昌刊本,分上下兩卷,共收詩一百九十七首,皆是顧氏早年作品,篇目雖不多,但有多首爲其他版本所缺。三是風雨樓刊本,係根據陳士可收藏本刊印,只將第五卷分拆爲四、五兩卷,以滿五卷之數,另加少數補遺,共收詩五百二十七首。四是日本内藤炳卿收藏之另一抄本,其一、二、三、五各卷,與陳士可所收藏抄本大體相同(略有短缺),此外,補全四、六、七各卷,共收詩七百六十八首。(馬亞中　楊年豐)

### 海秋詩集二十六卷　（清）湯鵬撰（第1529 册）

湯鵬(1801—1844),字玉滇,號海秋,一號浮邱子,益陽(今屬湖南)人。道光三年(1823)進士。授户部主事,歷充軍機章京兼方略館纂修、户部員外郎、監察御史,以言工部尚書宗室載銓事,罷轉郎中。有經世之才而不獲施展,一發之於詩,詩名盛極一時。林則徐、龔自珍、張際亮、曾國藩俱與之交契。殁後曾國藩曾作《祭湯海秋文》。著有《浮丘子》發表其政治思想。生平事迹見《清史稿》、《清史列傳》卷七三等。

其詩長篇縱橫恣肆,力破陳格。並時作家姚燮、張際亮、潘德輿、何紹基、程恩澤、龔自珍等均有高評,何紹基跋稱“數百年間作者林立,才如海秋,實罕其匹”,龔自珍跋稱其“風骨奇”,“勝彼優孟俯仰”。其初刻有《浮丘閣詩草》二卷。今存《海秋詩集》二十六卷,前有喬松年、劉伯塤二序。按詩體分集,首録四言體,以七言絶句煞尾。總計存詩二千三百六十六首。卷尾附録評跋四十餘家。道光十八年原刻,同治十二年補刻。另有《後集》二卷。

此本據華東師範大學圖書館藏清道光二十八年刻本影印,無《後集》。(馬亞中)

## 習苦齋詩集八卷習苦齋古文四卷 （清）戴熙撰（第 1530 册）

戴熙（1801—1860），字醇士，號鹿床、榆庵、松屏，自署井東居士。錢塘（今浙江杭州）人，祖籍安徽休寧。道光十二年（1832）進士。改庶吉士，授翰林院編修。出任廣東學政，官至兵部侍郎。著有《習苦齋畫絮》、《習苦齋筆記》等。傳見《清史稿》、《清史列傳》卷四一等。

《習苦齋詩集》八卷《古文》四卷，前有《國史館列傳》及張曜叙。《詩集》所收，卷一有《童試咏琴棋書畫》，殆少年時所作也。卷八以《絶命詞》爲殿。《文集》以《原心》冠首，依次爲論、書、序、傳、記、解、書後、贊、説、書事、跋、祭文、墓志諸體，而以序、跋、記、贊爲主。戴熙以書畫名於世，詩文之名爲其藝所掩。詩集之中，題畫者甚夥，紀景抒情之作次之。戴氏固工於丹青者，詩筆作畫筆，寫景惟妙惟肖。《咏硯絶句二十首》，記其粤中所獲硯，自爲小注，辨説詳審，與其《蓄硯説》相輔行者也。

戴熙早歲衡文嶺表，所作結集爲《訪粤集》一卷《續編》一卷，有道光間刻本。戴氏身後，於同治五年刻成《習苦齋古文》四卷、《詩集》八卷。《古文》有初印本，目錄及正文頗多訛誤，後與《詩集》合印，已經修版。今據上海辭書出版社圖書館藏該本影印。

（李軍）

## 怡志堂詩初編八卷 （清）朱琦撰（第 1530 册）

朱琦（1803—1861），字濂甫，號伯韓。臨桂（今廣西桂林）人。道光十五年（1835）進士，選庶吉士，授編修，改御史。屢上書言國事，以言不見用，于道光二十六年告歸。咸豐六年（1856）起爲道員候選，再至北京。王有齡爲浙江巡撫，隨往杭州，總理團練局。傳見《清史稿》、《清史列傳》卷七三等。

朱琦爲桐城派古文名家，師事梅曾亮，爲文

“揮斥萬有，暉麗淹雅，變而不離其宗”（劉聲木《桐城文學淵源考》），與龍啓瑞、王拯、吕璜、彭昱堯并稱“嶺西五大家”。詩亦受桐城詩派影響，自言早年取徑白居易，及與梅曾亮游，始改師杜甫、韓愈及北宋諸家。梅稱其“學韓而自開異境，其下筆老重，乃天禀所獨得，樂府及五七古視近體尤勝”（陳衍《近代詩鈔》引）。

《怡志堂詩初編》八卷，詩編年，起道光二十三年迄咸豐七年。詩前有楊傳第序，梅曾亮、張際亮、姚瑩、魯一同等評跋十三則，祁寯藻等人題詞十五首，後有朱鑒成書後。

《怡志堂詩初編》八卷，咸豐七年刻本，今據華東師範大學圖書館藏該本影印。

（馬亞中　楊年豐）

## 怡志堂文初編六卷 （清）朱琦撰（第 1530 册）

《怡志堂文初編》六卷，前有潘曾綬、譚獻序，後有倭仁跋。前二卷多爲論、説、辨等，此後各卷多是爲師友所作序跋等。朱琦繼吕璜後倡導桐城義法于廣西，“宗宋而兼采漢學”（《辨學上》），其文“根柢經術，博參史傳，而又運以氣、馭以法”（潘曾綬《序》），精深醇正，清通雅潔。論説文曉暢質實，序跋類文多雅潔含蓄。

此集爲同治四年春京師運甓軒刊本，原版書名爲《怡志堂文抄六卷》，今據華東師範大學圖書館藏該本影印。（馬亞中　楊年豐）

## 衣讔山房詩集八卷 （清）林昌彝撰（第 1530 册）

林昌彝（1803—1876），字蕙常，又字薌溪，別號衣讔山人、茶叟、五虎山人等。侯官（今福建閩侯）人。林則徐族弟。道光十九年（1839）舉人，六上會試失利，咸豐三年（1853）進呈所著《三禮通釋》，賜官教授，司教福建建寧、邵武二府，不久離職歸鄉。傳見《清史列傳》卷七三。

《衣讔山房詩集》八卷,收古今體詩八百四十五首。阮元、林則徐、葉名澧、魏源、湯鵬、林壽圖、朱琦等人評贈三十八則、題詞二十八首。《小石渠閣文集》六卷,卷一論、議、説、序,卷二序跋、弁語,卷三注、跋、記、書,卷四傳、行略,卷五啓、祭文,卷六策、表,卷六補遺《四臣表》,收文凡七十五篇。林則徐謂其詩"感慨時務,蘊抱宏深","風骨沈雄,情韻淒婉,天資學問兩者具備"(《評贈》)。

《衣讔山房詩集》爲同治二年廣州刻本,今據上海圖書館藏該本影印。(馬亞中　楊年豐)

## 小石渠閣文集六卷　(清)林昌彝撰(第1530 册)

《小石渠閣文集》六卷,其文根柢經訓,故多經世致用之作,力追兩漢,雜取漢唐句法,以爲"能得理與氣之精而具真雅真潔者也"(《劉炯甫屺雲樓文集序》),與桐城派之文異趣。如序跋、傳狀、祭文,少應酬,往往真切動人;《請毀福州淫祠議》、《闢邪教議》等皆感于時事;《答何願船比部問古韻書》、《答魏默深舍人問江沱潛漢書》等足見其學問精深。

今據福建省圖書館藏清光緒福州刻本影印。(馬亞中　楊年豐)

## 守柔齋詩鈔初集四卷續集四卷　(清)蘇廷魁撰(第 1530 册)

蘇廷魁(1800—1878),字德輔,號賡堂,又號庸叟。高要(今廣東肇慶)人。道光十五年(1835)進士。二十二年,考選福建道監察御史。咸豐八年(1858),籌辦廣東團練總局。次年,清廷求和,乃歸里任端溪書院山長。同治元年(1862)復任河南布政使,六年官東河河道總督。著有《守柔齋行河草》等。傳見《清史稿》、《江表忠烈》卷一五等。

《守柔齋詩鈔初集》四卷,書前有彭泰來、全慶二序。所收詩作,起于道光九年,迄于十二年,而道光十六年所爲《西湖雜咏》附末,

所涉紀年計四載。《續集》四卷,前有王拯序,末有編者蔣達跋。收詩起道光十四年,迄同治三年。二集所録,計十一載。《續集》非完全承繼《初集》編訂,大抵以事爲名,雖相連貫,又各自獨立。

《守柔齋初集》三卷,刊行于道光中,而以《西湖雜咏》一卷附焉。至同治中,門人蔣達等編成《續集》,遂與《初集》合刻爲八卷本。今據上海辭書出版社圖書館藏同治三年都門刻後印本影印。(李軍)

## 守柔齋行河草二卷　(清)蘇廷魁撰(第1530 册)

此集共一百四十首,前有何廷謙序,後附李光廷序及壽序。蘇廷魁擅長五七言律詩。所謂"行河",即巡行黃河河道。此集乃蘇廷魁督河時所作講述"行河"途中見聞,如《北行閲河簡子衡》、《滎澤渡河》、《九日行河作》等。作者南北往來,閲歷頗深,故詩能開能闔,意象高遠。何廷謙序稱其詩"波瀾壯闊似少陵,刻劃彌摯近昌黎"。

《守柔齋行河草》二卷,光緒間刻,今據上海辭書出版社圖書館藏該本影印。(章艷超)

## 綠漪草堂文集三十卷首一卷外集二卷別集二卷綠漪草堂詩集二十卷研華館詞三卷　(清)羅汝懷撰(第1530—1531 册)

羅汝懷(1804—1880),榜名汝槐,字研生,一作念生,號梅根居士。湘潭(今屬湖南)人,原籍吉水。道光十七年(1837)拔貢,晚授龍山、芷江訓導,俱不赴。編有《湖南文徵》。傳見《碑傳集補》卷五〇。

《綠漪草堂文集》三十卷,前有郭嵩燾像贊及吳敏樹叙。文集分體編。《外集》二卷,皆雜文之屬。《別集》二卷,皆駢體文。《詩集》二十卷,前有李元度序,分古今體,而各紀歲月。始自道光十三年,終于光緒二年,凡四十四載。《研華館詞》三卷,前有陳溥題辭。始

自道光十八年,止于同治五年,都一百六十四闋。

所著先有《耐庵文存》六卷,咸豐十一年刻本。陸續新作,乃編爲《綠漪草堂文集》三十卷《詩集》二十卷《外集》二卷,咸同間刻本。羅氏身後,其子式常編爲《綠漪草堂集》五十七卷,《文集》三十卷、《別集》二卷、《外集》二卷、《詩集》二十卷、《研華館詞》三卷,光緒九年刻本,今據華東師範大學圖書館藏該本影印。(李軍)

## 劫餘詩選二十三卷　(清)　齊學裘撰（第1531 冊）

齊學裘(1803—?),字子貞,一字子冶,號玉溪,晚號老顚。婺源(今屬江西)人。以貴公子隱居山中,工書畫。光緒間,寓上海,與劉熙載、毛祥麟等過從甚密。撰有《蕉窗詩鈔》、《見聞續筆》、《課兒草》等。傳見《溪山臥游錄》卷三、《清畫家詩史》庚集下等。

是書前有沈福椿、高望曾、方濬頤、于昌遂四家序,丁澐等十七家題辭及王章等六家題跋。所收之詩,始于咸豐十一年,終于光緒六年,殆齊氏花甲以後二十年間所作之詩。所謂劫餘,乃指太平天國戰事之後。齊學裘早年"以詩名著江左,文人咸相引重,以爲綽有父風",刊有《蕉窗詩鈔》三十六卷。歷亂之後,其版遂佚而無存。亂定之後,居海上數載,與劉熙載往來密切。是集所附存劉氏詩文題跋數篇,有劉氏集中所不載者。《見聞隨筆》卷二六引董國華評其詩云:"齊子冶七古千篇不拘一律,如行雲流水,得大自在。"

齊氏早年所作有《蕉窗詩抄》八卷,有道光刻本。後增刻爲《蕉窗詩抄》二十卷、《同人酬贈集》五卷、《詞存》一卷、《聯存》一卷,有道光二十五年刻本。亂後版片無存,乃輯劫後所作爲《劫餘詩選》二十三卷,同治光緒間刻成,今據中國科學院圖書館藏清同治八年天空海闊之居刻增修本影印。(李軍)

## 汪梅村先生集十二卷外集一卷　(清)　汪士鐸撰（第 1531 冊）

汪士鐸(1814—1889),初名鬒,字振庵,別字梅村,號悔翁。江寧(今江蘇南京)人。道光二十年(1840)舉人。光緒十一年(1885),授國子監助教銜。著有《南北史補志》、《水經注圖》等。傳見《續碑傳集》卷七四、《清儒學案小傳》卷七等。

此集十二卷,前有洪汝奎序。分體編。汪氏自識云:"自品亂後之作,筆記爲上,詩次之,詞又次之,而文最下。"蓋於是編不甚愜意。《外集》一卷,爲上梁文、告文及祭文。蓋金陵歷經兵燹,汪氏之親友死者多矣,亂定之後,造祠祀之。惟其文多紀實之作,於研討咸同間史事不無裨益。

《汪梅村文集》十二卷《外集》一卷,有光緒七年江寧洪汝奎刻本,今據上海辭書出版社圖書館藏該本影印。又有光緒間合肥張氏味古齋刻本。(李軍)

## 悔翁詩鈔十五卷補遺一卷　(清)　汪士鐸撰（第 1532 冊）

《悔翁詩鈔》十五卷《補遺》一卷,書前有孫鏘鳴像贊。目録後有張士珩識語。分體編,補遺則諸體并收。所收之詩起于道光三十年,迄于光緒六年。集中所存以咸同間所作爲最夥,而各詩或以題紀事,或以小注言時事,蓋皆可爲研史之旁徵。汪士鐸嘗游軍幕,與莫友芝、孫詒讓等往還酬酢,詩以記之。至於悼念故友之作,有《十哀》、《懷人詩》等。而戰事之慘烈,汪氏所親歷,發爲吟咏,不無詩史遺意。

《悔翁詩鈔》十五卷《補遺》一卷,光緒合肥張氏味古齋刻本,今據湖北省圖書館藏該本影印。又有光緒上元吳氏刻民國廿四年燕京大學圖書館補刻本。《汪悔翁詩續鈔》一卷,民國十一年影印江寧鄧氏豐寶堂手抄本。(李軍)

**抱真書屋詩鈔九卷** （清）陸應穀撰（第1532冊）

陸應穀（1804—1860），字樹嘉，號稼堂。蒙自（今屬雲南）人。道光十二年（1832）進士。十九年，擢升江南道監察御史，後歷任山西朔平知府、太原知府、順天府尹、江西巡撫。咸豐二年（1852），調任河南巡撫。官至刑部侍郎、户部侍郎。傳見《清史列傳》卷四三、《清代河臣傳》卷三等。

此集九卷，前有戴絅孫、李圖兩家序及自序。所收詩大抵爲道光九年至三十年，二十一年間所作。戴序謂其詩“咳唾即是有香山之自然而無其俚，得樊南之逸思而去其縟”。殆先學老杜，後師香山，直筆寫實，而氣骨清高。

《抱真書屋詩鈔》九卷《詩餘》一卷，道光三十年刻本，民國三年據此刻入《雲南叢書初編》。今據上海辭書出版社圖書館藏《雲南叢書初編》本影印。《抱真書屋詩鈔》又有十一卷本，亦道光中刻本。（李軍）

**海國勝游草一卷天外歸帆草一卷** （清）斌椿撰（第1532冊）

斌椿（1806—?），字友松。原姓姚，漢軍正白旗人。曾任山西襄陵知縣，官內務府郎中。同治五年（1866），隨赫德赴歐洲十二國考察政治。著有《乘槎筆記》。

《海國勝游草》一卷，乃其出游歐洲各國時所作詩草。書前有董恂序及楊能格等十家題辭。《天外歸帆草》一卷，乃其自歐返國間所作。半載往來亞歐，所見所聞，而均以韻語記之，大開眼界。

《海國勝游草》一卷《天外歸帆草》一卷，有同治刻本，今據上海圖書館藏該本影印。（李軍）

**月齋文集八卷月齋詩集四卷** （清）張穆撰（第1532冊）

張穆（1805—1849），譜名瀛暹，字蓮仙。後改名穆，字誦風，一字石州，號月齋。平定州（今屬山西）人。道光十九年（1839）順天府鄉試，因故受辱，遂絶意科考。著有《顧亭林年譜》、《蒙古游牧記》等。傳見《清史稿》、《清史列傳》卷七三等。

《月齋文集》八卷，前有祁寯藻、何秋濤、吳履敬三家序。卷一經説，卷二論、紀事、頌、贊、銘、壽序，卷三書、序、題詞，卷四跋，卷五碑銘、墓志銘、傳、行述，卷六祭文、哀詞，卷七事略，卷八事輯，補遺《王會篇箋釋序》一篇。《月齋詩集》四卷，卷一古體詩三十四首，卷二律體詩五十四首，卷三、四兩卷古律體詩八十八首，附詞六首。是集所收，始自道光十七年，止于二十九年，凡十三載。張穆旅食京華二十餘載，何序謂其“生平沈酣典籍，擷英摛華，發爲詩古文辭，雄深奇肆，迥絶流輩”。道光以後，外敵窺伺，内亂頻仍，張穆與同道力主“采西學，制洋器，與之敵”，集中《海疆善後宜重守令論》、《弗夷貿易章程書後》、《俄羅斯事補輯》諸文，皆倡其説者。且與徐松等并留心西北史地之學，殆深知外敵野心，而預以備之。

《月齋文集》八卷《月齋詩集》四卷，有咸豐八年祁寯藻刻本，今據浙江圖書館藏該本影印。（李軍）

**通甫類稿四卷續編二卷通父詩存四卷詩存之餘二卷** （清）魯一同撰（第1532冊）

魯一同（1805—1863），字通甫、一字蘭岑。山陽（今江蘇淮安）人。道光十五年（1835）舉人。晚年主講徐州雲龍書院。傳見《清史稿》、《清史列傳》卷七三等。

《通甫類稿》四卷，前有湯修序。卷一論，卷二書札，卷三叙、書後、記，卷四傳、墓志銘、墓表、檄文。《續編》二卷次第略與之同。《通父詩存》四卷，前有魯氏自序，末有朱琦、周韶音跋。收道光五年至咸豐八年三十餘年間所作詩三百二十二首。《詩存之餘》二卷，無序跋,所收詩大抵爲《詩存》刪削之餘。通甫熟於史籍,屢試不第,專心于考據文章。其文氣勢挺拔,務切世情,内容廣涉田賦、兵戎、治河、地理及中外大勢等。詩亦記時事。鴉片戰爭事起,清軍戰敗求和,乃作《重有感八首》紀之。又作《烽戍四十韻》、《崖州司户行》、《三公篇》紀林則徐遭流放。魯氏曾手定詩稿,僅留十之二三,而《古歌》尤獲張際亮激賞。

《通甫類稿》四卷、《續編》二卷、《通父詩存》四卷、《詩存之餘》二卷,有咸豐九年刻本,今據浙江圖書館藏該本影印。同治中曾加補刻,《類稿》光緒中又有酉腴仙館鉛印本。(李軍)

**復莊詩問三十四卷** （清）　姚燮撰（第1532—1533 册）

姚燮(1805—1864),字梅伯,一作某伯,號復莊,又號大梅山民,另號大某山民、復道人、東海生等。祖籍浙江諸暨,後遷鎮海(今屬寧波北侖)。道光十四年(1834)舉人,屢應進士試不第,由謄録即選知縣,未赴。不善理財,家道中落。晚年致力于戲曲、小説、經史研究,精通音律。生平事迹見《清史列傳》卷七三、徐時棟《姚梅伯傳》等。

姚燮于經史、地理、釋道、戲曲、小説無不探究,尤長于詩,風格奇肆絶麗,融杜甫、李白、李賀、白居易、李商隱于一爐。于清人深受黎簡影響,而才氣雄放勝之。身經鴉片戰爭,紀事感時之作悲憤激越,足稱詩史。亦能詞,錘煉婉約,辭藻華美,繼承浙派,宗法姜夔、張炎。

《復莊詩問》三十四卷,編年起道光十三年迄二十六年,收詩三千四百八十八篇。卷首有孫廷璋序及潘德輿、程恩澤、張際亮等人詩評九十四則,卷末有陸坊《書後》。

此集爲《大梅山館集》本,據上海辭書出版社圖書館藏該本影印。爲其自選自編,道光二十六年付刻,二十八年刻成。《大梅山館集》另有咸豐五年大梅山館家刻本。（馬亞中　楊年豐）

**復莊駢儷文榷八卷二編八卷** （清）姚燮撰（第 1533 册）

姚燮學識賅博,于經史、地理、釋道、戲曲、小説,無所不究。擅畫,以人物、梅花著稱。尤長于詩,風格奇肆絶麗,融杜甫、李白、李賀、白居易、李商隱于一爐。亦能詞,錘煉婉約,辭藻華美。所著詩詞文,輯爲《大梅山館集》五十五卷行世,凡《復莊駢體文榷》八卷、二編八卷、《復莊詩問》三十四卷、《疏影樓詞》五卷,清道光、咸豐間鎮海姚氏大梅山館刻,清同治十一年鄞縣郭傳璞重印。

此《復莊駢體文榷》八卷、《二編》八卷爲咸豐四年刻六年增修本,版心題"大梅山館集"。内初編八卷,爲王蒔蘭編,咸豐四年刻,卷首有王蒔蘭《復莊駢儷文榷序目》,卷末有周白山《題後》。《二編》八卷,爲姚氏之存稿未定者及後來所作,作者手自選訂,王蒔蘭爲之編次,咸豐六年刻,卷首有同治十三年蔡鴻鑒序、咸豐十一年王蒔蘭《復莊駢儷文榷二編序目》。此本據上海辭書出版社圖書館藏本影印。（馬亞中　韓逢華）

**梅莊詩鈔十六卷** （清）華長卿撰（第 1533 册）

華長卿(1805—1881),榜名長懋,字枚宗,號梅莊,晚號米齋老人。直隸天津(今天津市)人。道光十一年(1831)舉人。咸豐三年(1853),選奉天開原訓導。著有《泉譜》二卷、《疑年録小傳》四卷等。傳見《清史列傳》卷六九、《大清畿輔先哲傳》卷二六等。

《梅莊詩鈔》十六卷,書前有丁晏序及長卿自序。卷各爲集。始自嘉慶二十五年(1820),終于咸豐十一年,計四十二載,凡收詩一千三百餘首。集中《津門新樂府》、《津沽竹枝詞》、《津門懷古》等,皆紀鄉中之事。如《禁煙行》、《後禁煙行》等,則言時事。至於《論詞絕句》三十六首,上起唐李白,下至清初朱、吳、陳三家,則談藝之屬。

《梅莊詩鈔》十六卷,有同治九年華鼎元都門刻本,今據遼寧省圖書館藏該本影印。又有《時還讀我書屋詩鈔》四卷,同治十三年刻本。另有《四十賢人集》一卷,道光二十四年刻本。(李軍)

### 斆藝齋文存八卷斆藝齋詩存二卷　(清)鄒漢勛撰(第1534冊)

鄒漢勛(1805—1854),字叔績,號績父。新化(今屬湖南)人,原籍江西泰和。咸豐元年(1851)舉人,官至安徽廬州知縣、直隸州知州。留湘軍江忠源幕中參贊軍務,與江同殞於難。著有《穀梁傳例》、《讀書偶識》、《夏小正義疏》等。傳見《清史稿》、《清史列傳》卷六九等。

《斆藝齋文存》八卷,卷一經説、輿地,卷二至卷四輿地,卷五叙,卷六記、墓志,卷七傳,卷八書、賦。《斆藝齋詩存》二卷,收詩自道光七年至十三年。鄒漢勛一生致力輿地之學,《文存》之中輿地之屬尤夥,如《九江考》、《昆明考》、《漢路山考》、《寶慶沿革》、《安順沿革》、《貴陽沿革》等,皆鄒氏身臨其地,發文獻以考辨其疆域沿革、民俗風土。鄒氏居黔中,嘗與修邑志,除卷四全錄《貴陽沿革》一卷外,卷五之《貴陽罿里圖記叙》、《貴陽山水圖記叙》諸篇,皆同時所撰。至於《廣韻表叙》、《説文諧聲譜叙例》、《六國春秋叙》等,均爲漢勛自著各書之序跋,其書或亡或殘,讀此可嘗其一臠。

《斆藝齋文存》八卷《斆藝齋詩存》二卷,有光緒八年《鄒叔子遺書》本,今據遼寧省圖書館藏該本影印。光緒初年,龍汝霖、趙之謙得其遺稿,刻成《斆藝齋遺書》十七卷,收《文集》三卷《詩集》一卷。此外,《鄒叔子遺書》中尚有《外集》一卷,收駢體文十七首。(李軍)

### 柈湖文集十二卷　(清)吳敏樹撰(第1534冊)

吳敏樹(1805—1873),字本深,號南屏,又號樂生翁、柈湖漁叟。巴陵(今湖南岳陽)人。道光十二年(1832)舉人。官瀏陽訓導。著作另有《柈湖詩話》及經學著作多種。傳見《清史稿》、《清史列傳》卷七三等。

此集十二卷,卷首有王先謙序、郭嵩燾所撰《吳君墓表》、杜貴墀所撰《吳先生傳》。卷一論、解,卷二説、議,卷三詩文序,卷四序、引,卷五跋,卷六、七書,卷八贈序、壽序,卷九傳、狀,卷十碑、墓表、墓志銘,卷十一記,卷十二哀辭、祭文、銘。收文二百三十九篇。吳敏樹詩文受桐城派影響,推尊方苞,然于劉大櫆、姚鼐皆致不滿,亦不願列名桐城派,曾國藩視爲畏友。其論文大旨見其《與歐陽筱岑書》。文筆洗練,而紀游小品尤佳。詩宗黃庭堅,"造句矜慎而味深"(杜貴墀《傳》)。

其集先有《柈湖文録詩録》,同治八年自刻本。其没後二十年,思賢書局鳩資重刻,王先謙參與校讎,光緒十九年刻成《柈湖文集》十二卷思賢講舍本,是爲此集,今據浙江圖書館藏該本影印。(馬亞中　楊年豐)

### 巢經巢文集六卷巢經巢詩集九卷後集四卷遺詩一卷附録一卷　(清)鄭珍撰(第1534冊)

鄭珍(1806—1864),字子尹,晚號柴翁。貴州遵義人。道光五年(1825)拔貢,十七年舉人。一生除曾游湖南、雲南和入京會試旅途所經外,蹤迹常在本省。凡三爲教官,最後補荔波縣訓導。未赴即棄官歸。傳見《清史稿》、《清史列傳》卷六九等。

此諸集皆爲《鄭徵君遺著》本,卷首有陳夔龍《遺著序》。《文集》六卷,卷一經説,卷二考,卷三書、記,卷四序,卷五紀事、説、題識、跋,卷六書後、傳、墓表、行狀、祭文、銘、贊、雜著。前有黎庶昌《文集序》、高培穀《文集序》。《詩集》九卷，編年排次，收古今體詩凡五百八十二首。《後集》四卷，收古今體詩凡二百六十二首。《遺詩》收古今體詩六十四首。全集後又有王秉恩跋語，述遺著刊刻甚詳。

程恩澤督貴州學政時，鄭珍出其門下，經學詩文俱受影響。鄭珍精三《禮》，深于《説文》，通聲韻訓詁。詩學杜甫、韓愈、孟郊、黄庭堅之奥衍，兼白居易之平易。陳衍標爲學人與詩人之詩合一之旗幟，以其與何紹基、祁寯藻、曾國藩諸家"爲道、咸以來詩家一變局"（《近代詩鈔》）。鄭氏兼工古文。"以治經所爲文章，實能貫穿考據義理詞章而一之于忠孝節烈，尤瞠瞠焉"（陳夔龍《遺著序》）。

鄭珍詩集最早有咸豐二年《巢經巢詩鈔前集》九卷，作者手訂，望山堂家刻本，分初印本及後印本，初印本即鄭珍手訂，其子鄭知同手書刻梓，後印本采納莫友芝批語自酌更定，咸豐四年刊行。後有《巢經巢詩鈔後集》四卷，黎汝謙編訂，高培穀于光緒二十年與《文集》合刻于資州，其後，黎汝謙又合前集爲《巢經巢詩鈔》，于光緒二十三年刻于廣東。光緒三十年，唐炯又刻《巢經巢遺稿》。民國三年陳夔龍刻《鄭徵君遺著》（附鄭珍子鄭知同《屈廬詩稿》四卷，凡二十五卷）于上海，是花近樓本，爲此二集，今據浙江圖書館藏該本影印。《文集》據高氏資州刻本，有所校正；《詩集》據家刻本；《後集》以手稿校高刻本及黔人廣東刻兩本，經王秉恩校訂，更爲善本。（馬亞中　楊年豐）

### 石泉書屋詩鈔八卷　（清）李佐賢撰（第1534 册）

李佐賢（1807—1876），字仲敏，一字竹朋，號石泉、明齋。利津（今屬山東）人。道光十五年（1835）進士。二十四年典試江西，二十六年出任福建汀州知府。著有《古泉匯》、

《書畫鑒影》等。傳見《詞林輯略》卷六、《皇清書史》卷二三等。

此集八卷，書前有李氏自序及馮譽驥等十四家題詞。即有作亦不甚自惜也。馮譽驥題詞謂其"祇用大曆以後格調，而寄懷綿邈，措語瀏亮"。集中各詩偶有楊丕度、宋祖駿、鮑瑞駿三家評點。

《石泉書屋詩鈔》八卷，有同治十年刻《石泉書屋全集》本，今據華東師範大學圖書館藏該本影印。（李軍）

### 石泉書屋類稿八卷附尺牘二卷　（清）李佐賢撰（第 1534 册）

《石泉書屋類稿》八卷，前有李氏自序及宋晉、馮譽驥、王增年三家題辭。卷一論、説、傳、記，卷二序，卷三行述、行略，卷四墓表、墓志銘、書、書後、引、文、題辭，卷五金石題跋，卷六、七書畫題跋，卷八銘、贊、聯。李佐賢少時酷嗜金石書畫，擅長畫竹，尤以古錢爲專好。供職京都時，於國史館抄録《永樂大典》等書。與海内同道如鮑康、吳大澂等往來辨論，商榷疑異。其文集中，金石、書畫題跋約十之四。《尺牘》上下二卷，多致同好。

《石泉書屋類稿》八卷《尺牘》二卷，有同治十年《石泉書屋全集》本，今據遼寧省圖書館藏該本影印。（李軍）

### 朱九江先生集十卷首一卷　（清）朱次琦撰（第 1535 册）

朱次琦（1807—1881），字浩虔，又字子襄，號稚圭。南海（今廣東廣州）人。道光二十九年（1849）中進士，赴山西任縣令。後歸里，講學九江禮山草堂二十餘年，康有爲、簡朝亮等均其高足。著作另有《國朝學案》、《國朝名臣言行録》等。傳見《清史稿》、《清史列傳》卷七六等。

此集前五卷詩，後四卷文，卷十爲附録，收文五篇。卷首收簡朝亮撰《年譜》一卷。集

前有簡朝亮序、詩前有錢儀吉《詩序》。集中收詩二百五十四首,文四十六篇。詩皆三十五歲以前所作,文大都四十以後爲之。朱次琦詩"以五律勝"(狄葆賢《平等閣詩話》),"韻高而意遠,樹骨漢魏,取風初唐,頓挫沉爍,尤得杜陵真髓"(潘飛聲《在山泉詩話》)。

此集爲門人簡朝亮等輯朱次琦"家人所得暨宗人已刊者"編訂,光緒二十年至二十三年刻于簡氏讀書草堂。後康有爲輯其三十歲前所作詩文,編爲《是汝師齋詩》一卷,輯入《學海堂叢刻》,光緒三十四年刊刻,又爲編《大雅堂詩集》一卷,佚文一卷,光緒三十四年粤東康氏刻。清末張其煌爲其集作注,有《朱九江集注》十卷,民國十九年刻。此本據華東師範大學圖書館藏清光緒刻本影印。(馬亞中　楊年豐)

**嘯古堂詩集八卷遺集一卷**　(清)蔣敦復撰(第1535冊)

蔣敦復(1808—1867),字劍人,始名金和,字純甫,又易名爾鍔,字子文。寶山(今屬上海)人。諸生。道光二十年(1840),因哄考罹禍,削髮爲僧,自號鐵峰、妙塵。二十三年始還俗,更名敦復。喜放言縱論,嘗以策干太平軍楊秀清,不見用。曾與西人合作譯書,與王韜、李善蘭俱有重名于上海。晚年,客應敏齋觀察幕,卒于幕中。生平事迹見滕固《蔣劍人先生年譜》、野竹《寶山蔣劍人先生年表》及其自著《麗農山人事實雜録》。

《嘯古堂詩集》八卷,前有周儀暐、徐元潤、吳嘉泩、王韜等序。收古今體詩六百六十六首。遺集一卷,收詩四十六首。蔣敦復詩詞俱受龔自珍影響。"七言古骨采奇高,尤工樂府一體,律句綺麗飛騰,兼有鄉先輩婁州梅村之勝"(徐元潤序)。

《嘯古堂詩集》"前四卷爲友人醵資助刊,早經問世"(王韜序),光緒十一年王韜搜輯校刊,編成八卷本,附遺集一卷,爲淞隱廬刻

本,今據南京圖書館藏該本影印。(馬亞中　楊年豐)

**舒藝室雜箸四卷剩稿一卷鼠壤餘蔬一卷**　(清)張文虎撰(第1535冊)

張文虎(1808—1885),字孟彪,一字嘯山,別號天目山樵。原籍南匯(今屬上海),寓居金山(今屬上海)。由諸生保舉訓導,援例加州同銜。同治十年(1871),入曾國藩幕。次年,李鴻章聘之,任職江南官書局。著有《儒林外史評》、《懷舊雜記》等。傳見《清史稿》、《清史列傳》卷七三等。

《舒藝室雜箸》四卷,計甲編上下二卷,乙編上下二卷,《剩稿》一卷《鼠壤餘蔬》一卷,凡六卷。大抵以經說、考辨之屬居首,而以傳記、墓表、墓志銘爲殿,其中若書札、壽序、序跋、書後、記、賦諸體,依次而録之。張氏精於律呂曆算之學,甲編之《大衍用數解》、《琵琶二十八調考》五篇、《跋寶祐四年會天曆》、《書梅氏曆算書西國月日考後》,《剩稿》之《仲呂還生黃鍾説》、《琴弦協律説》,《鼠壤餘蔬》之《五龍六甲説》等皆爲專門之學。文集四種,《舒藝室雜箸》四卷《剩稿》一卷《鼠壤餘蔬》一卷,有光緒間刻《覆瓿集》(又名《舒藝室全集》)本,今據以影印。(李軍)

**舒藝室詩存七卷續存一卷**　(清)張文虎撰(第1535冊)

《舒藝室詩存》七卷,刻於光緒七年,前有董兆熊序。收詩起於道光二十年(1840)前,而斷於光緒六年(1880)。《續存》一卷,光緒十三年續刻,所收約爲光緒八、九年間所作。張文虎詩崇大蘇,而力求通俗,不尚用典,好以虛字入詩。張氏早歲生計維艱,沉淪下僚,而深知民隱,每作哀民之辭,如《憫農詞》、《築塘行》、《聞官軍收復乍浦》、《狂寇》等皆是。又親歷太平天國戰事,耳聞目睹,無不付之韻語,與其《日記》并觀,可見江南之戰事

之酷烈。

《舒藝室詩存》七卷《續存》一卷,有光緒間錢氏刻《覆瓿集》(又名《舒藝室全集》)本,今據該本影印。(李軍)

## 顯志堂稿十二卷附夢奈詩稿一卷　(清)馮桂芬撰　(第1535—1536冊)

馮桂芬(1809—1874),字林一,號景亭,又號鄧尉山人。吳縣(今屬江蘇)人。道光二十年(1840)中進士。官右春坊中右中允。傳見《清史稿》、《清史列傳》卷七三等。

《顯志堂稿》十二卷,前有左宗棠《中允馮君景庭家傳》、吳雲序、俞樾序、吳大澂序、李鴻章所撰墓志銘等。輯録馮氏所著論説、書序、游記、傳狀、墓志銘等文,共二百三十三篇。馮桂芬受西學影響,重經世致用之術,尤精數學,見稱于時,主張改良政治。爲文要求突破桐城派樊籬,不取桐城"義法"之説,主張"稱心而言"。其文多關乎時局,俞樾序稱其"于學無所不通,而其意則在務爲當世有用之學"。附録《夢奈詩稿》一卷,前有蔣德馨序。

《顯志堂集》十二卷,附《夢奈詩稿》一卷,爲其子編定,光緒二年校邠廬刊本,今據南京圖書館藏該本影印。《顯志堂集》另有二卷本,有光緒九年廣仁堂刻本等。(馬亞中　楊年豐)

## 文靖公詩鈔八卷　(清)寶鋆撰　(第1536冊)

寶鋆(1807—1891),字佩蘅。索綽絡氏,滿洲鑲白旗人。道光十八年(1838)進士。咸豐十一年(1861)命在軍機大臣上行走,并充總理各國事務大臣。同治元年(1862),擢户部尚書。著有《文靖公遺集》十二卷《補遺》一卷。傳見《清史稿》、《清史列傳》卷五二等。

《文靖公詩鈔》八卷,分《典試浙江紀程草》、《浙江還輶紀游草》、《奉使三音諾彦紀程草》、《塞上吟》、《吟梅閣試帖詩存》、《自怡悦齋試帖詩存》。前有蔣式芬序。咸豐四年八月,寶鋆出使塞上,八月初三日自昌平出發,至九月初十日旋軫,凡一月餘,作詩紀程,成《奉使三音諾彦紀程草》,而塞上所作爲《塞上吟》附於後。符葆森《寄心盦詩話》謂:"三音諾彦在瀚海北,瀚海界爲蘇武牧羊地。寶佩蘅侍郎奉使過此,《瀚海賦》考核精詳,爲千古未有之作。其《塞上竹枝詞》所紀風土,如讀異書。"《典試浙江紀程草》二卷爲咸豐八年補行鄉試,寶鋆赴浙衡文所作。《吟梅閣試帖詩存》爲寶鋆通籍後自課之作。《自怡悦齋試帖詩存》乃成進士前所作。

寶鋆生前,手訂此《詩鈔》八卷,身後遺稿由其子整理爲《遺集》十二卷《補遺》一卷,刻於光緒二十一年。庚子之亂後《遺集》由蔡國楨重刻,至光緒三十四年羊城始刻《詩鈔》八卷,今據遼寧省圖書館藏該本影印。(李軍)

## 文靖公遺集十二卷補遺一卷　(清)寶鋆撰　(第1536冊)

《詩鈔》所録爲寶鋆生前所自訂。而其餘生平所作之詩,未經董理。捐館之後,由其子景澧整比成《遺集》十二卷《補遺》一卷,收録古今體詩一千五百零五首。所録雖非按年編次,然大抵以晚年所作爲多。

《靖公遺集》十二卷《補遺》一卷,有光緒二十一年刻本,又有光緒三十四年羊城重刻本。今據遼寧省圖書館藏光緒三十四年羊城刻本影印。(李軍)

## 敦夙好齋詩全集初編十二卷首一卷續編十一卷首一卷　(清)葉名澧撰　(第1536冊)

葉名澧(1811—1859),字潤臣,一字翰源。漢陽(今屬湖北)人,先世居江南溧水。道光十七年(1837)舉人,官內閣中書。咸豐八年(1858),捐貲改浙江候補道。著有《橋西雜記》一卷。傳見《清史列傳》卷七三、《碑傳集補》卷五〇等。

《敦夙好齋詩全集初編》十二卷,卷首一卷含厲祥官、劉存仁兩家序,宗稷辰等十九人題詞。《初編》所收起自道光五年,至於咸豐三年,垂三十年,卷各爲集,存詩凡八百九十八首。目錄後有葉氏自記。《續編》十一卷,卷首一卷録朱琦《葉中憲君傳》。所收詩始自咸豐四年,終於九年,凡五年餘。正續兩編,以在內閣所作爲最,達十二卷之多。名澧好游山水,中歲遍歷江漢、吳越,南抵黔中,北至雁門,所至皆紀以詩。詩作有真意,張際亮稱其深得唐人三昧。

《敦夙好齋詩初編》由葉氏自訂,刊刻於咸豐三年。《續集》係葉氏身後其子編訂,以活字排印。光緒十六年,其孫兆綱合《初編》、《續編》二種重刻,今據復旦大學圖書館藏該本影印。(李軍)

## 半巖廬遺集二卷 （清）邵懿辰撰（第1536冊）

邵懿辰(1810—1861),字位西,號半巖。仁和(今浙江杭州)人。道光十一年(1831)舉人,歷官內閣中書、刑部員外郎,入值軍機處。著作另有《半巖廬日記》、《禮經通義》、《尚書通義》等,其孫輯爲《半巖廬所著書》。傳見《清史稿》、《清史列傳》卷六五等。

《半巖廬遺集》二卷,《遺文》一卷,收文三十五篇,補遺二篇。《遺詩》一卷,分體編排。

邵懿辰學宗程、朱,于近儒則推李光地、方苞,文宗桐城派,曾國藩謂爲“奥美盤折”(此集卷首《邵君位西墓志銘》),詩則“出入蘇、黃,以典雅清奇爲主”(《晚晴簃詩匯》)。

據其孫邵章、邵義跋語,其遺文先由吳棠刻入《望三益齋叢書》,遺詩由潘祖蔭刻入《滂喜齋叢書》,二人搜集佚遺,重加編訂,仿《望三益齋叢書》本付梓。今據湖北省圖書館藏清光緒三十四年邵章等刻本影印。

另,其詩文有民國十一年刻《半巖廬遺集》。民國間邵氏家祠刻《半巖廬遺集》,收入《半巖廬所著書》。又有抄本數種行世。(馬亞中　楊年豐)

## 呫呫吟二卷附録一卷 （清）貝青喬撰（第1536冊）

貝青喬(1810—1863),字子木,號無咎,一號木居士。吳縣(今屬江蘇)人。道光諸生。家貧,游幕爲生。鴉片戰爭期間入奕經軍中司文案,道光末,游幕黔西。先後入浙西及安徽戎幕。生平事迹見同治《蘇州府志》卷八四等。

貝青喬早受詩法于朱綬,推服蔣士銓、黃景仁、舒位三家。在奕經幕府期間,耳聞目睹清軍種種腐敗現象,以諷刺筆法創作《呫呫吟》七絕一百二十首。凡屬軍中重要舉措及所歷主要戰事,無不攝入,具載軍府內幕種種“不可解”之怪事。

《呫呫吟》二卷《附録》一卷,每詩一注,詩咏其事,注明本末。前有自序,及鵑紅詞客、無際盦主等題詞。集後有自跋,補注集中“浮報開銷”未及之原委。《附録》一卷爲集後所附《述懷絶句》五首。

《呫呫吟》爲作者自編,葉廷琯刊刻《半行庵詩存稿》時因貲竭未能付刊。民國三年同邑劉承幹憫其人其行,收入《嘉業堂叢書》付刻,今據以影印。(馬亞中　楊年豐)

## 半行庵詩存稿八卷 （清）貝青喬撰（第1537冊）

此集八卷,收古今體詩八百二十八首。有惲世臨、黃富民序。集後有程庭鷺、徐晉鎔、張源達、葉廷琯等題詞。青喬詩長於紀實,時人贊云:“詩史擅傳名。”(歐波老漁《〈呫呫吟〉題詞》)青喬先有《呫呫吟》爲軍中紀事詩,《半行庵詩存稿》爲軍中紀事及各地紀游之作,卷一、卷二多紀江浙諸地從征及避亂,卷三至卷八爲途經皖、鄂、桂,入黔、滇、蜀等地游歷之詩。時間起鴉片戰爭,迄太平軍陷杭州。青喬詩受朱綬影響較多,現實性強,尤慕東坡以文爲詩。集中樂府體詩《馬脯謠》、《糠粥謠》、《餓殍行》諸篇皆紀時事,爲通俗之作;其黔滇山水紀游詩,"詩境深得山川之助,益臻奇偉,同人無不斂手推服"(葉廷琯語),亦多關切時事,如《五砂吟》、《砂廠》等敘砂工、礦難等,皆紀實之作;其中《跳月歌》、《苗妓詩》等寫苗族風俗,雖含鄙夷之態,其於風土人情、文化習尚,可補地方風俗志之缺漏。《半行庵詩存稿》初爲作者自編,但因黔"峽江之役,舊著全亡,竭思省録,十僅存五,所幸半生游迹,尚可仿佛得之"(見青喬《自序》)。葉廷琯據所録稿訂訛補佚,同治四年(1865)輯成,次年付刻。

此本據上海辭書出版社圖書館藏清同治五年葉廷琯等刻本影印。(馬亞中　楊年豐)

### 秦川焚餘草六卷補遺一卷　(清)董平章撰附刻一卷　(第1537冊)

董平章(1811—1870),字琴虞,一字眉軒,別號仇池農隱,晚號退叟,福建侯官(今福州)人。道光十三年(1833)進士,授户部雲南司主事。歷任甘肅環縣知縣、皋蘭院司、秦州知州。咸豐三年(1853),引疾去官。生平事迹見光緒《奉安縣志·職官志》及李元度撰墓志銘。

《秦川焚餘草》六卷《補遺》一卷,前有謝章鋌序、自序及陳寶琛等題辭。末有董元亮跋。所收乃董氏同治五年(1866)删定歷年在秦川所作之詩而成。《補遺》一卷所收自同治六年董氏南歸,至其疾革時所作。謝序云:"君之詩,自抒胸臆,然於地方利弊及時事不厭再三,此固風人之微旨哉。"

有光緒二十七年董元亮等容齋刻本,今據遼寧省圖書館藏該本影印。(李軍)

### 東塾集六卷　(清)陳澧撰(第1537冊)

陳澧(1810—1882),字蘭甫,號東塾,自號江南倦客,人稱東塾先生。番禺(今屬廣東)人。道光十二年(1832)舉人。二十九年,官河源縣學訓導。曾主講學海堂、菊坡精舍。陳氏以博學見稱,治經學宗法漢儒,精研文字音韻之學,博獵天文曆算、輿地山川、詩詞歌賦、書畫篆刻。著有《切韻考》、《東塾讀書記》、《漢書水道圖説》等。傳見《清史稿》、《清史列傳》卷六九。

《東塾集》六卷,乃同治七、八年間廖廷相承命爲陳氏所編,收録專著以外之雜文二百二十篇。卷一爲説,卷二爲解、考、釋、議、書後、記,卷三爲序,卷四爲跋、書札,卷五爲傳、事略、銘、碑銘,卷六爲墓碑銘、墓表、哀詞、祭文。陳氏自言:"生平不欲爲文章,然有爲先人而作者,及爲親友碑傳事迹不可没者,故過而存之。"又謂"是集文字,自與《東塾讀書記》互爲表裏,并行不廢。"廖廷相識語云:"先生學術大旨,詳所著《讀書記》及《漢儒通義》,而樂律、音韻、天算、水地亦具有專書。此集所録,特其緒餘。"

陳澧有《東塾類稿》一卷,道光中刻本。繼而增編爲《東塾集》八卷,有光緒十二年刻本。後經廖廷相重編爲六卷,光緒十八年菊坡精舍刻本,今據湖北省圖書館藏該本影印。陳三邁編有《東塾續集》。(李軍)

### 邵亭遺詩八卷　(清)莫友芝撰(第1537冊)

莫友芝(1811—1871),字子偲,號邵亭,晚號遁叟。獨山(今屬貴州)人。道光十一年(1831)舉人,後屢應進士試不售,以知縣選官。歷游胡林翼、曾國藩幕,往來大江南北,在曾幕時間尤久。與鄭珍同出程恩澤之門,同爲考據、詞章之學,世稱"鄭莫"。通小學,精版本目録,善書法篆刻。著作另有《黔詩紀略》、《邵亭知見傳本書目》等。傳見《清史稿》、《清史列傳》卷六九等。

此集八卷,收詩凡五百四十六首。編年排次,起咸豐二年(1852),迄同治十年(1871)。次子莫繩孫據手稿編輯,汪士鐸、黎庶昌點定,"各以意去一二"。莫友芝詩學黃庭堅、陳師道,不尚流美,工力與鄭珍略相伯仲,尤多金石古籍題識之作。與鄭詩同爲學人之詩一路,但深摯獨創處不及鄭。譚獻稱其"樸屬微至,學杜老,境乃近元次山,真雲山韶濩音也"(《復堂日記》)。

《郘亭遺詩》八卷,光緒元年在江寧初刻,今據上海辭書出版社圖書館藏該本影印。(馬亞中　楊年豐)

**郘亭遺文八卷**　(清)莫友芝撰(第1537冊)

此集八卷,收文六十八篇。卷一至卷四序跋,卷五書信,卷六說、記,卷七、卷八哀祭碑銘。莫友芝生前所刊著作極少,然其傳世各類稿本多達百種,此文集所收遠非其文全貌。

《郘亭遺文》八卷爲清末刻本,今據南京圖書館藏該本影印。(馬亞中　楊年豐)

**曾文正公詩集四卷曾文正公文集四卷**
(清)曾國藩撰(第1537冊)

曾國藩(1811—1872),字滌生,號伯涵,又號求闕齋主人。湘鄉(今屬湖南)人。清道光十八年(1838)進士,歷官湖北巡撫、兵部尚書、兩江總督、直隸總督,卒贈太傅,諡文正。傳見《清史稿》、《清史列傳》卷四五等。

曾國藩治學兼宗漢、宋,重經世致用。詩文兼工,論文于桐城派"義理、考據、辭章"之外,注入"經濟"作爲重點。溯源經史,汲駢入散,奇偶互用,別衍爲湘鄉派。論詩受桐城詩派姚鼐影響,提倡黃庭堅詩,宗法江西派,又欲融李商隱詩于一爐,總歸宿在於杜、韓,爲晚清宋詩派先行者。然學古未化,且時有獷悍之病。

《曾文正公詩集》四卷,編年排次,共收詩三百一十八首。卷一收錄道光十五年至二十二年間之作,卷二收錄道光二十三至二十五年間之作,卷三收錄道光二十六至二十八年間之作,卷四收錄道光二十九年至同治十年間之作。《曾文正公文集》四卷,以壽序、詩序、墓志銘、題跋、傳記、朝考類爲主。

《曾文正公詩集》由門人李瀚章編輯,王定安增輯。《曾文正公文集》四卷,李瀚章編輯,黎庶昌、張裕釗等校。均爲同治十三年傳忠書局刊本,今據上海圖書館藏該本影印。此前其文集有同治十一年方宗誠編次、李鴻章刊《求闕齋文鈔》,不分卷。同年又有張瑛編刊《曾文正公文鈔》四卷。另有光緒二年六卷本《曾文正公詩文集》,詩、文各三卷,分體編排。(馬亞中　楊年豐)

**曾文正公書札三十三卷**　(清)曾國藩撰
(第1538冊)

曾國藩著作宏富,所著詩、文、家書、家訓、奏稿、批牘、日記、雜著等,合輯爲《曾文正公全集》行世,有清同治、光緒間傳忠書局刻本。此《曾文正公書札》三十三卷,即《曾文正公全集》之一種。是編由李瀚章校輯,初爲二十七卷,光緒二年刊。後李又於曾之幕僚、門生、屬史之家,搜得若干書札,編爲六卷,光緒三年續刊,卷末有是年李瀚章題識,略述編刻始末。所錄書札,按年編次,起自道光二十年,訖年不詳,約在作者晚年。今據光緒二年傳忠書局刻增修本影印。(馬亞中　韓逢華)

**九梅村詩集二十卷**　(清)魏燮均撰(第1539冊)

魏燮均(1812—1889),初名昌泰,字子亨,號芷庭,更名燮均,字伯柔,又字公隱,別號鐵民,又號九梅居士、耕石老人、九梅逸叟等。祖籍河北昌黎,康熙初年遷至鐵嶺(今屬遼寧)。咸豐年間爲府學貢生。後主講銀岡書院多年。另著有《香雪齋筆記》、《夢梅軒雜著》、《荒史紀聞》、《采遺集》、《嗣響唐音集》等。生平事迹可見自作《九梅居士傳》、《晚晴簃詩匯》卷一六〇。

此集二十卷，收詩一千四百餘首，書前有銘安、吳大廷、商廣源、常守方、王相庸、姜海藩等人序，又魏氏自作《九梅居士傳》及自序。各卷自爲集，大體依生平所歷編定。魏氏爲關外詩人世所僅知者，其詩多寫科場失意、家貧窘況，及饑歲凶年、頑民入盜之現實。出語模拙，多有可觀。

《九梅村詩集》有光緒元年紅杏山莊刻本及民國翻刻本，今據遼寧省圖書館藏光緒元年本影印。（侯富芳）

### 胡文忠公遺集八十六卷　（清）胡林翼撰（第 1539—1540 册）

胡林翼（1812—1861），字貺生，號潤芝，一作潤之。益陽（今屬湖南）人。道光十六年（1836）進士。咸豐五年（1855）年任湖北巡撫，爲湘軍重要首領。傳見《清史稿》、《國朝先正事略》卷二九等。

此集八十六卷，卷首有官文、李瀚章序，《本傳》及郭嵩燾撰《行狀》。卷一至卷五十二爲奏疏，收入在貴州、湖北、安徽等地作戰所上奏疏。卷五十三至卷五十八“宦黔書牘”，乃道光末年至咸豐初年任貴州安順、鎮遠、黎平知府時與上下級往來書牘。卷五十九至卷八十三“撫鄂書牘”，爲任湖北巡撫時所作書牘。卷八十四至八十六“撫鄂批札”，爲批復下級及致同僚函札。在黔奏疏書牘，多涉團練、苗民起事等史事。在鄂期間則主持圍剿太平軍，軍情偵察、用兵謀劃等皆詳加記載。此集凡胡氏章奏箋啓，盡録無去取，是研究太平天國史及清後期政治、軍事史不可或缺之重要史料。

《胡文忠公遺集》八十六卷，有同治六年刻本，今據華東師範大學圖書館藏該本影印。（侯富芳）

### 思益堂集十九卷（詩鈔六卷、古文二卷、詞鈔一卷、日札十卷）　（清）周壽昌撰（第 1540—1541 册）

周壽昌（1814—1884），字應甫、荇農，晚號自庵。長沙（今屬湖南）人。道光二十五年（1845）進士。咸豐二年（1852）擢侍講，兼辦京畿團防。同治五年（1866）擢侍講學士轉侍讀學士。光緒二年（1876）遷内閣學士兼禮部侍郎。著有《漢書注校補》、《後漢注補正》、《三國志注證遺》、《五代史注纂注補續》等。《清史稿》有傳。

此集十九卷，《詩鈔》六卷，《古文》二卷，《詞鈔》一卷，《日札》十卷。有王先謙序。其詩多抒情遣懷之作，亦間涉時事。王先謙序謂其詩“奄有衆妙，要以義山、劍南爲歸。晚遭困蹇，轉造平淡”。古文二卷，序、傳、碑銘等約百篇。詞鈔一卷，約百首，尤以小令見長。日札十卷，考證經史，評品史書，訂正金石文字，亦記述清代掌故，兼及詁訓名物，“博綜兼搜，尤詳掌故”（王序）。

《思益堂集》有光緒十四年長沙王先謙等刻本，今據上海辭書出版社圖書館藏該本影印。（侯富芳）

### 左文襄公文集五卷左文襄公詩集一卷左文襄公聯語一卷　（清）左宗棠撰（第 1541 册）

左宗棠（1812—1885），字季高，一字樸存，早自號湘上農人。湘陰（今屬湖南）人。道光十二年（1832）舉人。後三試春官不第。太平天國軍興，先入張亮基、駱秉章幕。後由曾國藩保舉，以四品京堂襄辦軍務。率兵號“楚軍”，與太平軍戰。以軍功累官浙江巡撫、閩浙總督、陝甘總督、協辦大學士。封恪靖侯。曾先後創建福州船政局、馬尾造船廠、蘭州機器織呢局等，爲洋務派首領之一。光緒元年（1875），任欽差大臣督辦新疆軍務。討伐阿古柏入侵，收復除伊犂外天山南北各地。七年，任軍機大臣，調兩江總督。中法戰争時,督辦福建軍務,力主抗擊法國侵略者。卒於福州。《清史稿》、《清史列傳》卷五一有傳。

《左文襄公文集》五卷,分體編,收文凡八十四篇。《詩集》一卷,有詩三十六首。又聯語若干。左宗棠工詩文。所爲皆經世之作。徐珂《清稗類鈔‧文學類》稱:"左文襄久在軍中,不廢詩文。章奏文札緘牘,或友朋酬答,皆取辦於一己,所用書記,供抄録而已。晚歲輯其所作詩文,都爲一卷,而署檢曰《盾鼻餘瀋》。"其《感時四首》有感鴉片戰争之敗,憤懣而作。《晚晴簃詩匯》謂其:"生平經濟見諸章奏文牘,而詩極少,誠不必借詩以傳。然情韻氣概,猶想見其緩帶輕裘,自然風雅。"錢仲聯《近代詩評》則譽爲"龍城飛將,豪氣凌雲"。

此諸集均爲光緒十八年刻本,今據浙江圖書館藏本影印。另有光緒十六年《左文襄公全集》木刻本,收輯《左文襄公謝摺》二卷、《左文襄公奏稿》六十四卷、《左文襄公書牘》二十六卷、《左文襄公批牘》七卷、《咨札》、《諭閩》、《左文襄公文集》五卷、《張大司馬奏稿四卷》、《駱文忠公奏稿十卷》、《左文襄公年譜十卷》,中國國家圖書館有藏。(馬亞中 楊年豐)

**春暉閣詩選六卷**　(清) 蔣湘南撰 (第1541冊)

蔣湘南(1796—1854),字子瀟,號芙生,回族。固始 (今屬河南) 人。道光十五年(1835)中舉。辭官不就,曾入幕陝甘學政周之楨。後主講同州、鳳翔、豐登、宏道、馮翊等書院。主持纂修《關陝通志》,另著有《周易鄭虞通旨》、《十四經日記》等。事迹見《國朝先正事略補編》卷一、《晚晴簃詩匯》卷一三八等。

此集六卷,有洪符孫、潘筠基序。其詩"初學三李,後師杜韓,久乃棄各家而爲自己之詩"(潘筠基序)。所作《朱仙鎮吊岳忠武》、

《明太祖親封鐵冠圖》等爲世所稱。又有《鄂爾多樂府》等詩,描寫蒙古族草原生活。所作風格多樣,語言平實。

《春暉閣詩選》有清道光二十七年、同治九年刻本及民國十年陝西教育圖書社鉛印本,今據復旦大學圖書館藏民國十年本影印。(侯富芳)

**七經樓文鈔六卷**　(清) 蔣湘南撰 (第1541冊)

此集六卷。卷一至卷三爲考證經史之文。卷四爲《主宰》、《原人》等思想論文,及《秦始皇焚書論》等史論。又《與黃樹齋鴻臚論鴉片煙書》,論及時事。《與田叔子論古文》三書,闡釋其文學主張。卷五、六爲傳、銘、序、記等各體文,計三十餘篇。其中《唐十二家文選序》,亦集中體現其文學思想。

《七經樓文鈔》有清道光二十七年、同治八年馬氏家塾刻本及民國十年陝西資誼館本,今據復旦大學圖書館藏同治八年本影印。(侯富芳)

**爾爾書屋詩草八卷**　(清) 史夢蘭撰 (第1541冊)

史夢蘭(1813—1898),字香崖,號硯農。直隸樂亭 (今屬河北) 人。道光二十年(1840)中舉。曾國藩總督直隸,入幕中。著作別有《疊雅》、《古今謠諺補注》等。生平事迹見《清史列傳》卷七三。

此集八卷,門人張山、王晋之序。分體編,多咏史之作,有注釋。四言《下酒謠》二十四首,咏《漢書》、《後漢書》事。五言詩《旅言》四十二首,亦取史爲鑒。又有咏范蠡、商鞅、庾信、張巡、蘇軾、包拯等七言律詩。《咏史小樂府》八章,皆咏明末事。又《竹枝詞》八十八首,咏滇黔閩粤諸志書所載風土民俗。《四十自述》及《答常職卿》四章等,則自寫情懷。

《爾爾書屋詩草》八卷《文鈔》二卷,有《止

園叢書》本,光緒元年至十七年刻,今據遼寧省圖書館藏該本影印。(許紅霞)

## 爾爾書屋文鈔二卷　(清) 史夢蘭撰 (第1541 冊)

此《文鈔》二卷,有孫國楨序,夢蘭跋。卷上記十四篇,序十四篇,及墓志、墓表等。卷下題跋五篇,書札二十七篇。此外,有《記異》、《記夢》二篇,皆記靈異怪誕之事。另附《家藏書畫記》八十五篇。所藏皆名家手迹,如米芾行書墨迹、蘇軾四字卷、文天祥行書墨迹、趙孟頫《諸夷職貢圖卷》、仇英《穆王八駿圖卷》、范寬《溪山行旅大條幅圖》、唐寅《逃禪圖》等。自記云,因效古人《雲烟過眼録》之法記之。且多附作者小傳,并述書畫行款、題詩、所鈐印記、所繪人物,并附評語,可作書畫鑒賞之參。

《爾爾書屋文鈔》二卷,光緒十七年刻《止園叢書》本,今據遼寧省圖書館藏該本影印。(許紅霞)

## 經德堂文集六卷別集二卷浣月山房詩集五卷
(清) 龍啓瑞撰 (第 1541—1542 冊)

龍啓瑞(1814—1858),字翰臣,一字輯五,號妙香居士。臨桂(今廣西桂林)人。道光二十一年(1841)進士第一,歷官湖北學政,通政司副使,江西學政、布政使。著有《經籍舉要》、《爾雅經注集證》。《清史稿》、《清史列傳》卷六九有傳。

龍啓瑞早歲與同鄉吕璜、朱琦、王錫振致力於古文,後師事桐城派古文家梅曾亮。亦工詩,詩古雅沉著,宏深激越,而用事落典,深入淺出,類皆嫻習。符葆森選其詩入《國朝正雅集》,稱其"有雄渾者,有婉麗者,莫名一格,尤在寄旨遥深,詩外有事,關心民物,得古采風之遺"。

《經德堂文集》六卷,卷一至卷四爲内集,收論、序、記、書、傳等。卷五、六爲外集,亦收論、序、書、跋等。後有龍繼棟跋。《別集》二卷,爲在官所作告示、牌示、諭帖等。大抵依歷官先後爲序。《浣月山房詩集》五卷,卷一至卷三爲内集,卷四別集,卷五外集。編年排次。内集起道光二十一年,迄咸豐六年(1856)。別集爲道光十三年至二十年所作。外集爲道光十三年至二十六年所作。收詩五百餘首。

詩文二集均爲作者咸豐六年官京師時手定,有光緒四年龍繼棟京師刻本。今據華東師範大學圖書館藏該本影印。(馬亞中楊年豐)

## 煙嶼樓詩集十八卷　(清) 徐時棟撰 (第1542 冊)

徐時棟(1814—1873),字定宇,一字同叔,號柳泉,學者稱柳泉先生。鄞縣(今浙江寧波)人。道光二十六年(1846)舉人,兩赴會試不第,遂不復應試。生平事迹見此集附陳勱撰《墓志銘》、董沛撰《墓表》、《續碑傳集》卷八〇。

此集十八卷,前有葉鴻年序,張恕、李維庸等人題詞。分體編,卷一、二擬新樂府,卷三擬古樂府,卷四至卷九五古,卷十至卷十二七古,卷十三至卷十六五律、五排、七律,卷十七、十八五絶、七絶。凡古今體詩六百五十首。附刻陳勱、何琳等人詩三十九首。多附諸家評語。集中《悼宋仲穆廣文殉節壽昌叠前韻二首》、《談兵豈易事》、《孤兒行》諸作,皆記浙東戰事。咏史詩《賦晋宋書隱逸傳》十章,氣體高妙。時棟作詩,喜用經語,醖釀裁剪,往往令人不覺。

《煙嶼樓詩集》十八卷,同治七年虎胛山房葉鴻年刻本,今據上海辭書出版社圖書館藏該本影印。(許紅霞)

## 煙嶼樓文集四十卷　(清) 徐時棟撰 (第1542 冊)

《煙嶼樓文集》四十卷,有陳勱、甥葛祥熊

序。附《鄞縣志》時棟傳。分體編。卷一至卷四序、壽序。卷五、六書十篇。卷七至卷九傳。卷十家傳三篇。卷十一至卷十三傳十五篇,乃專爲《乾道四明圖經》等六志主修及編次者所作。卷十四至卷二十六爲事略、事狀、行狀、記、墓志等。内中《亡妻朱葉兩孺人葬記》一篇,乃病中絶筆。餘下各卷爲考、論、駁、説、題跋、贊、頌、銘、賦、辭、祭文、四六。徐時棟兩次會試不第,遂無心科舉,惟以著述自娛,以古文名於當時。所作之文一字未安,不肯輕出示人。此集皆自定,於舊作中十汰其三。

《煙嶼樓文集》四十卷,光緒三年葛氏松竹居刻,今據上海辭書出版社圖書館藏該本影印。（許紅霞）

### 集義軒咏史詩鈔六十卷　（清）羅惇衍撰（第 1542—1543 册）

羅惇衍(1814—1874),字兆蕃,又字椒生,號星齋。順德（今屬廣東）人。道光十五年(1835)進士。官至都察院左都御史、户部尚書、工部尚書兼武英殿總裁。《清史稿》、《清史列傳》卷四七有傳。

此集六十卷,惇衍殁後,長子爲之輯而付梓。有李鴻章、龍元僖序及自序。搜輯周秦以下各朝人物一千六百六十人,人各七律一首。附各人小傳,有圈點標識及注釋。羅氏自謂讀書論世之道,無須求全責備,可取其善者而爲之,其不善者以爲戒。故無論忠臣孝子或方伎、宦官等輩,有一近義則取,或取一二事,或概其生平。

《集義軒咏史詩鈔》六十卷,光緒元年刻,今據天津圖書館藏該本影印。（許紅霞）

### 昨非集四卷　（清）劉熙載撰（第 1543 册）

劉熙載(1813—1881),字伯簡,號融齋,晚號寤崖子。興化（今屬江蘇）人。道光二十四年(1844)進士。歷官國子監司業、

廣東學政、左春坊左中允,引疾歸,後主上海龍門書院講席。著有《古桐書屋札記》、《游藝約言》等。《清史稿》、《清史列傳》卷六七有傳。

此集四卷,卷一爲寓言《寤崖子》,卷二至卷四文、詩、詞各一卷,卷四另附曲。前有自序及陳廣德跋。據《自序》所言,所編入大率四十以前作,故始名《四旬集》,在上海龍門書院講學期間删定而成。熙載之學自五經子史外,凡天文、算術、字學、韻學及佛道之書,無不通曉。卷一寓言四十二首,所言多爲辯難諸子、格物窮理,以修身養性、匡時救弊爲寓意。熙載謂:"詩品出於人品。"(《詩概》)其詩文直抒胸臆,發乎自然,歎時世、哀民生,多反映當時世風民情。

《昨非集》與《藝概》、《持志塾言》、《四音定切》、《説文雙聲》、《説文疊韻》彙刻爲《古桐書屋六種》,初刻於同治十二年,今據上海辭書出版社圖書館藏本影印。

另,光緒十三年,其及門弟子刻《古桐書屋續刻三種》,即《札記》、《游藝約言》、《制藝書存》。（馬亞中　楊年豐）

### 玉鑒堂詩集六卷　（清）汪曰楨撰（第 1543 册）

汪曰楨(1813—1881),字剛木,一字仲維,號謝城。烏程（今浙江湖州）人。咸豐二年(1852)舉人,曾官會稽教諭。著有《二十四史日月考》、《四聲切韻表補正》等。傳見《清史列傳》卷七三、《碑傳集補》卷四三等。

此集六卷,大體依年而編。觀其壯年雜興、雜感、咏秋諸什,亦分明懷才不遇,聊賦閑情之詩。《紡車》、《賣兒行》、《觀農人穫稻》、《題蠶事圖十首次韻》諸作,皆留心民間疾苦。道咸以後,汪氏更歷經離亂,《讀漢書雜詩十首》、《讀後漢書雜詩二十四首》、《讀史記雜詩七十首》等,皆興感之作。

《玉鑒堂詩録》有稿本數種。此本六卷,民國十年嘉業堂劉氏刻入《吳興叢書》,收詩最

全。今據上海辭書出版社圖書館藏該本影印。（李軍）

## 濂亭文集八卷遺文五卷遺詩二卷　（清）張裕釗撰（第 1544 冊）

張裕釗（1823—1894），字廉卿，號濂亭，湖北武昌人。道光二十六年（1846）舉人，官內閣中書。歷主金陵、文正、江漢、經心、鹿門、蓮池諸書院，樂育桃李，晚年人稱“武昌先生”。晚入西安將軍榮祿之幕。生平事迹見《清史稿》、夏寅官《張裕釗傳》。

《濂亭文集》八卷，門人查燕緒編次。分體編，收文凡八十六篇。又《遺文》五卷、《遺詩》二卷，詩不分體，大體依年編次，共收各體詩二百七十餘首。張裕釗文宗桐城派，“以意度勝”、“文章爾雅，訓辭深厚”（張舜徽《清人文集別錄》）。吳汝綸謂其“意思之恢詭，辭句之廉勁，亦能自成一家”（《與姚仲實》）。陳衍謂其詩“多隨意之作，而自饒風致”（《近代詩鈔》）。

今據遼寧省圖書館藏清光緒八年查氏木漸齋蘇州刻本影印。另，《濂亭遺詩》二卷有光緒二十一年黎庶昌刻本、武昌陶子麟宣統二年刻本。（馬亞中　楊年豐）

## 遜學齋詩鈔十卷續鈔五卷　（清）孫衣言撰（第 1544 冊）

孫衣言（1815—1894），字克繩，又字劭聞，號琴西，晚號遁叟、遜學老人。瑞安（今屬浙江）人。道光三十年（1850）進士。歷官安徽按察使，升江寧布政使，調湖北布政使，召爲太僕寺卿。另著有《永嘉學案》等。生平事迹見姚永樸《孫太僕家傳》、孫延釗《孫遜學公年譜》。

孫衣言詩文并工。其“碑版述事之文，造句尤似昌黎”（錢泰吉序）。其詩“五言古步六朝，下逮王孟，七言律似欲使事見長”（陳衍《石遺室詩話》）。

《遜學齋詩鈔》十卷，有俞樾、吳棠序。收詩起道光十四年至咸豐六年（1856）。卷一至卷六古體詩，收詩三百八首。卷七至卷十爲今體詩，收詩三百一十二首。《續鈔》五卷，編年接續《詩鈔》，起咸豐九年至光緒十四年。卷一、二爲古體詩，卷三至卷五爲近體詩。

《詩鈔》與《文鈔》諸卷均爲作者自訂。《詩鈔》有同治間增修刊本，光緒間重刊，增《續鈔》五卷，今據上海辭書出版社圖書館藏清同治三年刻增修本影印。（馬亞中　楊年豐）

## 遜學齋文鈔十二卷續鈔五卷首一卷末一卷　（清）孫衣言撰（第 1544 冊）

《遜學齋文鈔》十二卷、《續鈔》五卷，卷首有錢泰吉、吳大廷序，衣言自贊。卷末有許宗衡、胡鳳丹跋。卷一謝摺、奏議、策問，卷二雜記，卷三贈送序、壽序，卷四碑、神道碑，卷五墓銘、墓表，卷六行狀、行述，卷七傳、贊、祭文，卷八序，卷九後序、跋，卷十跋，卷十一題跋，卷十二雜著，共收文二百七十餘篇。《文鈔》收文起咸豐三年（1853），迄光緒五年（1879），分體編。《續鈔》五卷，爲《文鈔》補遺，收文起咸豐三年，迄光緒十六年。“衣言承其鄉先正遺緒，大張永嘉經制之學”（張舜徽《清人文集別錄》），其“碑版述事之文造句尤似昌黎”（錢泰吉《序》），“議論證據今古，出入經史百子”（吳大廷《序》）。

《文鈔》同治十二年刻成約八卷，有光緒間增修重刊本。今據上海辭書出版社圖書館藏清同治十二年刻增修本影印。（馬亞中　楊年豐）

## 詒安堂詩初稿八卷詒安堂二集八卷詒安堂詩餘三卷詒安堂試帖詩鈔一卷　（清）王慶勳撰（第 1544 冊）

王慶勳（1814—1868），字叔彝，一字菽畦。

江蘇上海(今屬上海市)人。附貢生,歷官浙
江候補道、嚴州知府。傳見《海上墨林》。

《詒安堂初稿》八卷,計《曙海樓詩》、《槎水
往還集》、《寄深寫遠齋集》、《得閑集》各二
卷。有劉樞、姚椿叙。《二集》八卷,計《和笳
集》、《葦杭集》、《蘭言室集》、《循陔草堂集》
各二卷,并附《蘆洲漁唱詞》、《梅嶂樵吟詞》、
《沿波舫詞》各一卷。有朱緒曾序、楊焌跋。
每集前又有小序,略依時序編次。《詩餘》有
吳嘉洤等十四家題詞。《晚晴簃詩匯》謂江
毀叔學山谷,而叔彝學劍南,毀叔先没,薛澍
生詩所謂“涪翁絶調何人續,團扇而今畫放
翁”是也。

此書有咸豐三年刻五年增修本,今據中國
科學院圖書館藏該本影印。(李軍)

## 龍壁山房詩草十七卷　(清)王拯撰(第1545冊)

王拯(1815—1876),初名錫振,字定甫,一
字少和,號少鶴。馬平(今屬廣西)人。道光
二十一年(1841)進士,官至通政司通政使,
署左都御史。另著有《茂陵秋雨詞》、《瘦春
詞》等。《清史稿》、《清史列傳》卷七三有傳。

王拯爲桐城派古文家兼詩人,師事梅曾亮。
其文“真摯質樸……多取法歸有光”(劉聲木
《桐城文學淵源考》)。其詩宗法杜甫、韓愈,
守桐城詩派家法,與朱琦同爲廣西名家。
“多撫時感事之作,音節淒愴”(林昌彝《海天
琴思録》),“《書憤》、《擬古十二首》皆不愧
一朝詩史”(《晚晴簃詩匯》)。

《龍壁山房詩草》十七卷,分《己未集》、《庚
申集》,前有自題。按年編次,起道光十年,
止同治十二年(1873),收詩一千一百餘首。

《龍壁山房詩草》有同治十二年桂林楊博
文堂刻本。今據中國科學院圖書館藏該本影
印。另有《龍壁山房詩草》十二卷,咸豐九年
桂林楊博文堂刻。(馬亞中　楊年豐)

## 龍壁山房文集八卷　(清)王拯撰(第1545冊)

《龍壁山房文集》八卷,有陳寶箴序。分體
編,收文百二篇。錢基博讀其文曰:“雖詞筆
未臻潔淨精微,而氣調則頗倜儻岸異,在唐宋
八大家當中,氣體於柳子厚、蘇東坡爲近。”
(《讀清人集別録》)

《龍壁山房文集》八卷,陳寶箴官京師時得
之廠肆,并爲釐易,光緒六年改官河北後授
刊,七年九月刻成。今據華東師範大學圖書
館藏光緒七年刻本影印。

另有《龍壁山房文鈔》二卷,咸豐四年臨桂
唐氏涵通樓刻。《龍壁山房文集》五卷,光緒
九年善化向萬鑅刻。《龍壁山房文集》四卷,
光緒二十四年謝元福輯刻,爲《粵西五家
集》(又名《粵西五家文抄》)本之一。
(馬亞中　楊年豐)

## 賭棋山莊所著書二十五卷　(清)謝章鋌撰(第1545冊)

謝章鋌(1820—1903),字枚如,號藤陰客、
藥階退叟。長樂(今屬福建)人。光緒三年
(1877)進士,年近六旬,遂絶意仕途,退居鄉
里,專心著述。歷任漳州丹霞書院、芝山書院
等各處講席。著有《毛詩尚書左氏傳注疏》、
《四庫提要采閩人著述録》、《圍爐瑣憶》等。
生平可參其自撰《八十所得壽言自記》、民國
《長樂縣志》卷二二。

此書二十五卷,計《文集》七卷、《文續》二
卷、《文又續》二卷、《詩集》十四卷。《文集》
前溫葆深序,謝氏自跋。《詩集》前有劉家謀
叙。《文集》有各卷詳目,而未分體。《詩集》
則僅有總目,古今體雜厠,大體以時序爲次。
謝氏雖科第失意,然足迹遍於天下。觀早年
所作《東南兵事策》,可見其胸懷。《書漢學
師承記宋學淵源記後》評江鄭堂論漢學、宋
學之失當,足資參考。自撰各書序跋,俱自道
其著述旨趣,其書或有不存,於此可嘗其一
臠。謝氏自謂於詩本無師承,瀏覽諸家,而知

唐以後無非學唐者。其《論詩絶句三十首》小序亦重唐詩,由是知章鋌與晚清推崇宋詩者異趣。

今據上海辭書出版社圖書館藏清光緒刻本影印。(李軍)

## 味經山館詩鈔六卷評語一卷　(清)戴鈞衡撰 (第1545册)

戴鈞衡(1814—1855),字存莊,號蓉洲。桐城(今屬安徽)人。道光二十九年(1849)舉人。師事同里方東樹,傳桐城派先正之法,肆力爲古文,又重訂方苞文集刊行之。壯年治經學,以經世爲用。著有《書傳補商》等。生平事迹見《清史稿》、《清史列傳》卷七三等。

戴鈞衡工詩古文,其詩宗法李杜,"各體俱有精到不磨之處"(符葆森《國朝正雅集》),"格調高逸,音節宏亮,跌宕縱横,瓣香太白"(劉聲木《桐城文學淵源考》)。其詩文曾輯爲《味經山館集》十一卷行世,内《味經山館詩鈔》六卷、《文鈔》四卷、《蓉州文集》一卷,附《悔言》、《行述》,有道光十九年至二十三年間刻本。又有《味經山館文鈔》四卷、《詩鈔》六卷,有咸豐三年刻本。

此《味經山館詩鈔》六卷附《評語》一卷,爲道光王祐蕃刻本,卷首有道光三十年戴鈞衡自題,卷末有咸豐二年王祐蕃跋。按年編次,起自道光十九年,迄於道光三十年,録詩凡二百餘首。今據上海圖書館藏清道光王祐蕃刻本影印。(馬亞中　韓逢華)

## 味經山館文鈔四卷　(清)戴鈞衡撰 (第1545册)

卷首有咸豐三年方宗誠序及戴鈞衡自序。卷一爲論議,卷二爲序、跋,卷三爲書、序、記,卷四爲傳狀、墓志銘、哀詞、雜文,總計六十篇。今據天津圖書館藏清咸豐三年刻本影印。

戴氏别有《蓉洲初集》六卷,有道光十九年桐城戴氏刻本。國家圖書館又藏《味經山館遺書》,凡《遺文》一卷、《遺詩》四卷、《尺牘》一卷,有光緒三十年木活字本,與《味經山館文鈔》合函。(馬亞中　韓逢華)

## 帶耕堂遺詩五卷首一卷崇祀録一卷吴中判牘一卷　(清)蒯德模撰 (第1545册)

蒯德模(1816—1877),字子範,一字蔗園。合肥(今屬安徽)人。諸生。以諸生入淮軍,從李鴻章平定江南。同治三年(1864),任長洲知縣。擢鎮江知府,後調四川,知夔州府。《清史稿》、《清史列傳》卷七七有傳。

此集由門人程先甲等編校,并梓於江寧。前有程先甲序。卷首一卷録《清史稿》本傳、《前國史館本傳》、李鴻章撰神道碑、馮煦撰墓志銘、蒯光典撰事略。蒯氏出生行伍,而以經世爲務,詩詞固其餘事,程氏序謂"讀公之詩,於《比租行》、《徵漕行》,可以知拙催科而勞撫字,於《釐卡行》可以知黜搜括而崇培養,於《夔城紀事》可以知衛民之勇"。《吴中判牘》有程先甲序、俞樾序,趙廷銘等七家跋。俞序以爲"文章本天成,妙手偶得之,與東坡判語同一風趣"。

是書有民國十八年刻蒯氏家集本,今據華東師範大學圖書館藏該本影印。(李軍)

## 雪門詩草十四卷　(清)許瑶光撰 (第1546册)

許瑶光(1817—1882),字雪門,號復齋,晚號復叟。善化(今湖南長沙)人。道光二十九年(1849)拔貢。歷知浙江桐廬、淳安、常山、諸暨、仁和諸縣,擢任嘉興知府。著有《談浙》等。傳見《清史列傳》卷七六、《昭代名人尺牘續集小傳》等。

此集十四卷,計《悠游集》二卷、《蒿目集》四卷、《上元初集》七卷,附《衍古謡諺》一卷。前有許氏自序。大體以時爲序,始自道光二十年,迄於同治十三年(1874),收詩一千八百五十九首。許氏於江浙戰事多親歷親聞，故吟咏之間，頗存事實，如《定浙東》、《客將咏》、《孤臣怨》、《素衣傷》、《凋敝歎》、《握算篇》、《臺灣行》、《六月十八日克復金陵紀事》等紀事抒懷，感情真摯。

《詩草》十四卷本有同治十三年刻本，今據上海辭書出版社圖書館藏該本影印。（李軍）

## 通義堂文集十六卷　（清）劉毓崧撰（第 1546 册）

劉毓崧（1818—1867），字伯山、北山。儀徵（今屬江蘇）人。道光二十年（1840）優貢生。久居曾國藩、國荃幕中，任事金陵書局。《清史稿》、《清史列傳》卷六九有傳。

毓崧治學博及四部，所爲《周易舊書考正》、《尚書舊書考正》各一卷，收入《清經解續編》。然一生精力，瘁於校書，所校《王船山遺書》、纂輯《古謠諺》，世爲稱贊。此集十六卷，以校刊羣書之序跋爲最精。觀卷五《校刻漢書凡例》、卷七《輿地紀勝校勘記序》所言，可知其讎正一籍，而遍及典籍數十百種，毓崧推此法以校理羣書，不輕改字，期於有據。至於辨章學術，考鏡源流，引申《漢志》諸子出於王官，陳義甚新，發前人所未發，辨説鋒利，頗與龔自珍爲近。他如《宋本百家姓考》、《浣紗女祠墓考》、《靈星門考》、《千金方考》、《痘考》、《推算八字考》等，察及庶物，洞達本原，則固與俞正燮《癸巳類稿》同期博贍。

此集十六卷，乃陸續刻成。光緒十四年青溪書屋刻，原目十六卷，卷八以下未刻。足本《通義堂文集》十六卷，民國九年劉氏求恕齋重刻，今據該本影印。（蔣倩）

## 養知書屋詩集十五卷養知書屋文集二十八卷
（清）郭嵩燾撰（第 1547 册）

郭嵩燾（1818—1891），字伯琛，號筠仙，晚號玉池老人。湘陰（今屬湖南）人。道光二十七年（1847）進士，官至兵部左侍郎，充出使英法大臣。以受人掣肘不能作爲，乞病歸，在湖南講學以終。以熟諳洋務著稱，主張學習西方科學技術，反對盲目排外。著有《禮記質疑》、《大學質疑》等。生平事迹見《清史稿》、王先謙《兵部左侍郎郭公神道碑》等。

郭氏歿後，其子炎生出其叢殘稿本付王先謙、楊書霖等編定，成《郭侍郎奏疏》十二卷，《養知書屋文集》二十八卷，《養知書屋詩集》十五卷，有光緒十八年刻本。王先謙序其集，謂“先生之文，暢敷義理，冥合矩度。其雄直之氣，追配司馬遷、韓愈，殆無愧色。古近體詩，造意取材，離絶凡近”（《養知書屋遺集序》）。其中《詩集》十五卷，録古近體詩九百五十五首，《文集》二十八卷，録文三百八十餘篇。

此本據上海辭書出版社圖書館藏清光緒十八年刻本影印。又有《養知書屋詩集》一卷，清光緒三年長沙刻本，爲《抱秀山房叢書》之一種，國家圖書館藏。（馬亞中　韓逢華）

## 鄒徵君存稿一卷　（清）鄒伯奇撰（第 1547 册）

鄒伯奇（1819—1869），字一鶚，又字特夫。南海（今屬廣東）人。諸生。郭嵩燾嘗以特疏薦之，請居同文館，堅以疾辭。著有《補小爾雅釋度量衡》、《乘方捷法》、《測量備要》等。《清史稿》、《清史列傳》卷六九有傳。

此集一卷，録文僅十三篇，其弟仲庸輯。前有仲庸識語。其中如《讀段注説文札記》、《切韻指掌圖跋》兩篇，可見鄒氏於文字、音韻之學，俱有深解。《三統術説》、《律數説》、《求重心説》、《記五星》、《答友人問漏箭簡法》、《廣城太陽到方式》及《説自鳴鐘》、《攝影之器記》，所論涉及天文曆法、算學力學諸學，推衍步算，設計繪圖，實非常人所能爲。

《存稿》有清同治十二年鄒達泉刻《鄒徵君遺書》本，今據復旦大學圖書館藏該本影印。（李軍）

## 尺岡草堂遺集十二卷　（清）陳璞撰（第1547 冊）

陳璞（1819—1886），字子瑜，號古樵。番禺（今屬廣東）人。咸豐元年（1851）恩科舉人，官至平都知縣，晚主廣州學海堂講席。著有《繆篆分韻補正》一卷。傳見《碑傳集三編》卷三九、《寒松閣談藝瑣録》卷二等。

此集十二卷，計詩八卷，文四卷。《遺詩》八卷，卷各有目，約略以年月先後爲次，始道光二十一年（1841），迄光緒十二年（1886），約略廿五載所作。其詩樸直紀實，縱覽之，可知其半生行迹。《遺文》四卷，分體編。卷一序，卷二記、書、傳、跋，卷三墓表、墓志、祭文、碣誄、像贊，卷四擬傳、書後。《繆篆分韻補正序》自道其著述旨趣，其書未刊，於是可窺豹一斑。所擬《廣東儒林傳》、《廣東循吏傳》、《廣東文苑傳》，簡明扼要，深具史法。卷末書後各篇，考訂碑帖，可與其論畫絶句合觀。

此書有清光緒十五年刻本，今據復旦大學圖書館藏該本影印。（李軍）

## 小匏庵詩存六卷卷末附一卷　（清）吳仲賢撰（第1548 冊）

吳仲賢（1821—1887），字牧騮，號魯儒，別署小匏庵。嘉興（今屬浙江）人。咸豐二年（1852）進士，歷官昆明知縣、武定知州、迤東兵備道。主纂《嘉興府志》。著有《小匏庵詩話》、《集杜蘭旁詩》。事迹見《詞林輯略》卷七、《晚晴簃詩匯》卷一五三。

此集六卷，前有俞樾、衛榮光二家序，吳存義等四家題詞。所收多爲其成年以後所作。《入滇》、《感滇南漢回互鬥事》諸什，爲其入滇南感事之作。觀其集，知其雖崇唐音，而不排宋體。俞序謂“所作新樂府諸章，沉著則老杜也，條暢則香山也”。

《小匏庵詩存》有清光緒四年家刻本，今據復旦大學圖書館藏該本影印。（李軍）

## 黃鵠山人詩初鈔十八卷（存卷一至卷七、卷九至卷十、卷十二至卷十八）　（清）林壽圖撰（第1548 冊）

林壽圖（1821—1897），字穎叔，號黃鶴山人，又號歐齋。閩縣（今福建閩侯）人。道光二十五年（1845）進士，歷官監察御史，順天府丞、府尹，陝西、山西布政使，團練大臣。生平事迹見謝章鋌《團練大臣前陝西山西布政使林公墓志銘》。

此集十八卷（缺卷八、卷十一），卷首謝章鋌、王拯序及自序，卷末有弟子馮煦跋。編年排次，凡古今體詩千餘首，起道光十四年，迄同治八年（1869）。後二卷未標年歲，約作於同治年間。陳衍《石遺室詩話》謂其詩“聞皆刺時之作，故特未梓”。林壽圖爲詩與鄉賢張際亮風格相近，所作大抵取徑《選》體、高適、岑參。“五古最精，他體亦情思委婉”（符葆森《國朝正雅集》）。後轉而宗尚黃庭堅，爲晚清閩派詩之先驅。

此書有清光緒六年刻本。今據上海辭書出版社圖書館藏本影印。另有光緒二十八年刻本。（馬亞中　楊年豐）

## 補勤詩存二十四卷首一卷續編五卷　（清）陳錦撰（第1548 冊）

陳錦（1821—?），字畫卿，號補勤。山陰（今浙江紹興）人。道光二十九年（1849）舉人，官山東候補道。曾佐李鴻章幕，深得賞識。著作別有《勤餘文牘》六卷《續編》二卷。

此集爲編年體，起自道光二十八年，迄光緒三年（1877）。每卷一集，共計古今體詩一千六百餘首。有錢勗等序。其詩凡言時人時事者，多加自注，頗見其家國之憂。凡所傾吐，多所寄托，“直抒時事，類白傅《秦中吟》”（賈樹誠序）。《松江鱸》、《柳湖吟》等篇記咸豐間戰亂流離之苦。《錢江退潮歌》、《江南鐃歌鼓吹曲》十二篇等皆記戰事，可作讀史之參。續編五卷，陳璚序，收《詩存》以後之作，計詩四百四十首。亦依編年例,迄光緒十年。縱觀全集,前後所載達三十餘年,實爲以詩記時之作。

此書有清光緒三年橘蔭軒刻、光緒十年增修本,今據華東師範大學圖書館藏該本影印。(許紅霞)

### 勤餘文牘六卷首一卷續編二卷 (清) 陳錦撰 (第 1548 冊)

此爲陳錦文集,《文牘》六卷前有趙國華、周騤序及陳氏自序。分體編,卷一、二書,卷三、四記,卷五論説、序、書後,卷六碑、傳、書事、墓志、雜文。所録上當道各書,如防海、圈剿、理財、治河等,均論治政之事,多切中時弊。《蠡城被寇記》、《松滬從戎記略》、《南師平捻紀略》等篇,所記皆親歷戰事。《續編》二卷,前有錢文蔚序及陳氏自序,多爲光緒以後所作諸文,次第與正編略同。

是書有清光緒五年橘蔭軒刻光緒十年增修本,今據華東師範大學圖書館藏該本影印。(李軍)

### 天岳山館文鈔四十卷 (清) 李元度撰 (第 1549 冊)

李元度(1821—1887),字次青,又字笏庭,號天岳山樵,晚號超園老人(王先謙《誥授光禄大夫貴州布政史李公神道碑》作“超然老人”)。平江(今屬湖南)人。道光二十三年(1843)舉人,官至浙江鹽運使、按察使,貴州布政使。編撰《國朝先正文略》、《國朝先正事略》等。《清史稿》、《清史列傳》卷七六有傳。

此集四十卷,前有楊彝珍序及自序。分體編,收文五百餘篇。李元度出身湘軍,自序謂“身在軍中久,所見巨公、名將、烈士死職、死綏者多。平生雅故,爰就所聞見,各爲別傳以存其真”。此類別傳及碑志等占全集十之三四,有足以補史乘者。郭嵩燾稱“其文高雅

純懿”(《李次青六十壽序》)。

此集最早爲同治六年元度在黔南軍中編輯,光緒四年寫定爲四十卷,光緒六年爽溪精舍刊,今據浙江省圖書館藏清光緒六年刻本影印。(馬亞中　楊年豐)

### 賓萌集六卷外集四卷春在堂雜文二卷續編五卷三編四卷四編八卷五編八卷六編十卷六編補遺六卷春在堂詩編二十三卷 (清) 俞樾撰 (第 1550—1551 冊)

俞樾(1821—1907),字蔭甫,號曲園。德清(今屬浙江)人,四歲遷居杭州。道光三十年(1850)殿試第一,歷任翰林編修、河南學政等職。生平事迹見《清史稿》、繆荃孫《俞先生行狀》等。

《賓萌集》六卷,分論、説、釋、議、雜、補各一卷,“蓋從《晏子春秋》諫篇、問篇、雜篇之例”(王凱泰序)。《外集》四卷,收賦、記、傳、序等各體文。其後所作雜文日益多,遂别爲《春在堂雜文》,增刻至六編。又有繼作附後,題爲補遺。凡三十七卷,收五十一歲至八十五歲文。俞氏爲晚清經學名家,仿王念孫父子書,爲《群經平議》以紹《讀書雜志》。最後作《古書疑義舉例》,較《經傳釋詞》益恢廓。其文集論、説、釋等篇,則多爲論史之作,或旁及經義雜説,兼釋文字等。其所謂雜文,即記、序、碑、傳等各體應用之文。

《春在堂詩編》二十三卷,編年排次。卷首有楊昌濬序。其詩學袁枚,平易自然。或稱其温和典雅,而李慈銘、王闓運等亦頗有貶詞。許壽裳謂俞樾“精研樸學,旁及藝文”。其一生嗜詩,自十五歲作《蘭陵菊花歌》,至八十六歲作《臨終自恨》,凡七十二年創作未斷。《春在堂詩編》按時間先後,或數年一卷,或一年一卷,分數次刊行:同治七年刊至第八卷、光緒九年刊至第十卷、光緒二十年刊至第十三卷、光緒三十一年刊至二十三卷,後兩次均隨《春在堂全書》刊行。此集共收詩

二千一百七十五首。其詩多有史傳意識,可作晚清史觀,亦可爲其自傳。

俞樾所著詩文陸續付梓,晚年輯入《春在堂全書》。此諸集均據上海辭書出版社圖書館藏清光緒二十五年刻《春在堂全書》本影印。(馬亞中　楊年豐)

### 雲臥山莊詩集八卷首一卷末一卷　(清) 郭崑燾撰 (第1552冊)

郭崑燾(1823—1882),原名先梓,字仲毅,號意誠,晚號樗叟。湘陰(今屬湖南)人。郭嵩燾弟。道光二十四年(1844)恩科舉人。後以協贊軍事,官內閣中書。著有《説文經字正誼》四卷等。《清史稿》、《清史列傳》卷七三有傳。

此集八卷,前有張啓鵬序。爲崑燾生前編訂,略以時序先後爲次,止於光緒七年(1881)。崑燾以名舉人參戎幕,與太平軍戰,生平讀書,喜流覽治衰之故,與山川阨塞、古今争戰之陳迹。所作亦多記事感時之作。張序謂"其爲詩兼備衆體,出入東坡、放翁、遺山"。

此集有清光緒十一年郭氏岵瞻堂刻本,今據華東師範大學圖書館藏該本影印。(李軍)

### 退補齋詩存十六卷首一卷退補齋文存十二卷首一卷　(清) 胡鳳丹撰 (第1552冊)

胡鳳丹(1823—1890),字楓江,又字齊飛,號月樵,別號桃溪漁隱。永康(今屬浙江)人。屢試不第,晋京納捐,薦爲兵部員外郎。歷任湖北候補道、湖北督糧道等。著有《黄鵠山志》等。事迹見《兩浙輶軒續録》卷四一、《晚晴簃詩匯》卷一六八。

此集十六卷,分體編。收詩始於道光二十一年,迄於同治十一年(1872),計三十載之所作。前有張之洞等五家序,郭柏蔭等四家評語,末有胡氏自跋。據胡氏自記,此爲胡氏早年詩之重定本。胡氏弱冠以後,浮游吳越,北走燕趙,目擊時艱,詩之紀事。潘氏《緝雅堂詩話》謂其詩學眉山,跌宕自喜。《文存》十二卷,分體編。有李瀚章等四家序。各文之後,間有何國琛、林壽圖等評語。

胡氏早年之詩先有《退補齋詩鈔》二十卷,同治四年自刻本,越八年,重編爲十六卷本。《文存》十二卷,亦同治十二年所刻。今據復旦大學圖書館藏清同治十二年退補齋鄂州刻本該本影印。(李軍)

### 退補齋詩存二編十卷退補齋文存二編五卷　(清) 胡鳳丹撰 (第1552冊)

《詩存二編》十卷,亦分體編。前四卷古體詩,餘皆今體詩。收同治十二年(1873)至光緒六年(1880)八年間之作。前有黄紹昌序,何國琛等四家評語。《文存二編》五卷,次第與初編略同。有張敬生等四家評語,又多有林壽圖等評點。胡氏退居杭城,與諸友結社雅集,追懷往事,記述時況,韻語之下,多附自注,家國身世之感,概見乎其中。

《詩存二編》、《文存二編》有清光緒七年退補齋刻本,今據上海圖書館藏該本影印。(李軍)

### 陶樓文鈔十四卷　(清) 黄彭年撰 (第1552—1553冊)

黄彭年(1823—1891),字子壽,號陶樓,晚號更生。貴筑(今貴州貴陽)人。道光二十五年(1845)進士。曾入川督駱秉章幕。光緒十一年(1885),調陝西按察使,署布政使。十六年,調任湖北布政使。著有《東三省邊防考略》、《金沙江考略》等。《清史稿》、《清史列傳》卷七六有傳。

此集十四卷,分體編。由門人章鈺、胡玉縉等重刊,所收僅黄氏舊作之選萃,并非全集。《選將論》、《平賊議》、《大別山考》、《畿輔六大河圖説》、《兩湖水利考略》、《俄羅斯全國圖説》諸篇,皆可見其治政之略。

《陶樓文鈔》有民國十二年章鈺等刻本,今據復旦大學圖書館藏該本影印。（李軍）

### 微尚齋詩集初編四卷　（清）馮志沂撰（第1553冊）

馮志沂（1814—1867），字述仲,號魯川。代州（今屬山西）人。道光十六年（1836）進士。散館授刑部主事,官至安徽按察使。傳見《清史列傳》卷七三、《續碑傳集》卷三七等。

此集四卷,前有馮氏自記。所收詩始於道光十五年,斷於咸豐十年（1860）,凡二十五年之作。馮氏雖官至司道,常鬱鬱不得志,讀其詩篇,於悼友懷舊諸什中,時深痛惜,感同身受,自悼而悼人,可知其意。

《微尚齋詩集》有咸豐間董氏刻本及馮氏重刻本,今據遼寧省圖書館藏清同治三年盧州郡齋刻本影印。（李軍）

### 微尚齋詩續集二卷適適齋文集二卷　（清）馮志沂撰（第1553冊）

馮氏詩初集收詩止於咸豐十年,續集賡録其後所作,終於同治六年（1867）,殆馮志沂外任皖省後所作。《適適齋文集》二卷,收文四十首,前有董文涣序。董氏并《微尚齋詩續集》二卷付梓,統名曰《西隃山房集》。馮氏古文私淑姚鼐,以梅曾亮爲師,故雖晉籍,而得以厠身《桐城文學淵源考》中。

《適適齋文集》有同治八年安慶刻三卷本,同治九年洪洞董氏刻二卷本。今據中國科學院圖書館藏清同治九年洪洞董文涣刻本影印。（李軍）

### 求益齋文集八卷　（清）強汝詢撰（第1553冊）

強汝詢（1824—1894），字藎叔,號賡廷。溧陽（今屬江蘇）人。咸豐九年（1859）舉人。同治四年（1865），入山西按察使陳湜幕府。後入江南書局、蘇州書局。著有《大學衍義續》、《春秋測義》等。傳見《續碑傳集》卷四六、《碑傳集三編》卷一六。

此集八卷,乃截取自《求益齋全集》,是以前後均無序跋,僅有總目冠首。其末卷《祠部公家傳》、《祠部公年譜》,乃宋人強至年譜,非論説文字。卷四《佩雅堂書目總序》以下,至於卷五《詞集類序》,凡三十三首,皆爲強氏家藏《佩雅堂書目》小序。卷三《晋議》、《海防議》兩篇,雖爲代筆之作,然可見其經世之志。又《強氏十修譜序》等,追溯強氏淵源。其他《原器》、《釋性》、《安人説》、《天人説》諸文,皆論學之作。

《求益齋文集》八卷,有清光緒二十四年江蘇書局刻《求益齋全集》本,今據上海辭書出版社圖書館藏該本影印。（李軍）

### 李文忠公朋僚函稿二十四卷　（清）李鴻章撰（第1553—1554冊）

李鴻章（1823—1901），字子黻、漸甫,號少荃、儀叟,合肥（今屬安徽）人。道光二十七年（1847）進士,先爲翰林院編修,咸豐八年（1858）爲曾國藩襄辦營務,十一年因曾氏推薦,招募淮軍。歷任江蘇巡撫、兩江總督、協辦大學士、湖廣總督、直隸總督兼北洋通商大臣等,創建江南製造局、金陵機器局、輪船招商局,又接管天津機器局,興辦洋務成就,又興建北洋水師,代表清朝廷簽訂《馬關條約》、《辛丑條約》等。著作匯爲《李文忠公全集》傳世。《清史稿》有傳。

此稿二十四卷,吳汝綸編定,蓮池書院排印。所録函稿,始自同治元年（1862）正月二十六日,止於光緒十二年（1886）九月二十二日,乃李氏二十五年間致各署同僚公函信稿。以時序先後爲次,每通均詳記年月日及收信人,如曾國藩、左宗棠、張之洞、翁同龢、喬松年、劉坤一、郭嵩燾、張佩綸、吳大澂、倪文蔚、曾紀澤、應寶時等,或爲軍機重臣,或爲封疆大吏,或爲外交大使。所言皆牽涉内政、外交。軍機戎務,當時戰況,皆有涉及。實爲研究李氏活動及同光朝治政、外交之重要史料。

此書有清光緒二十八年蓮池書社鉛印本,今據上海圖書館藏該本影印。(李軍)

### 退復軒詩四卷　(清)錫縝撰(第1554冊)

錫縝(1822—?),榜名錫淳,字厚安,號淥硯。博爾濟吉特氏,正藍旗蒙古人。咸豐六年(1856)進士,歷任戶部郎中、江西督糧道、駐藏大臣。事迹見《清代駐藏大臣傳略》。

此集四卷,收錄道光二十一年(1841)至光緒十年(1884)四十四年間所爲詩,凡百數十首。錫縝身歷道光、咸豐、同治、光緒四朝,每朝所作詩各編一卷。每年所作多者七八題,少者僅一題,足見作者删汰之嚴。錫縝生平記載多不詳,而集中紀年多有小字附注行迹,可據以知其所歷。《送林少穆督部》有"斯文容後死,令望在蒼生"句,蓋早年與林則徐相識於西安,後入參林氏幕府。林氏之卒,復作《輓林文忠公四首》,有"最傷社稷臣難得,不在平生恩遇深"句,可見相交之深。

《退復軒詩》有清光緒間刻本,今據遼寧省圖書館藏該本影印。(李軍)

### 一鐙精舍甲部稿五卷　(清)何秋濤撰(第1554冊)

何秋濤(1824—1862),字願船。光澤(今屬福建)人。道光二十四年(1844)進士,授刑部主事。著有《律心》、《朔方備乘》等。《清史稿》、《清史列傳》卷七三有傳。

此稿五卷,乃秋濤友生禍亂後搜羅殘稿,哀輯成册。其中卷一《孟子編年考》、卷二《周易爻辰申鄭義》、卷三《禹貢鄭氏略例》三篇申明鄭氏義,論說考辨,頗見功力,可見其治學取徑古文家。卷四、五列目二十一篇,存者僅七篇,所缺如《禹貢錐指訂誤》、《揚梁二州南界考》、《三江古義》、《黑水考》等,皆涉及地理者,其精於輿地之學,素爲人所稱道。所存如《明數篇》、《釋祘》、《釋三》、《釋八》諸篇,涉及算學或訓詁,亦可見其博學。

是書有清光緒五年淮南書局刻本,今據華東師範大學圖書館藏該本影印。(李軍)

### 秋蟪吟館詩鈔七卷　(清)金和撰(第1554冊)

金和(1818—1885),字弓叔,號亞匏。上元(今江蘇南京)人。諸生。太平天國攻占南京後,曾密謀作清軍内應。後游幕廣州。唐景星在上海辦招商局,招之往。著有《來雲閣詩稿》等。生平事迹見束允泰《金文學小傳》。

此集七卷,前有譚獻、馮煦、梁啓超序,束允泰《金文學小傳》。卷末有陳衍及金還跋。卷一《然灰集》,卷二、三《椒雨集》上下。作者自謂"是卷半同日記,不足言詩",蓋多記軍中事。卷四至卷七依次爲《殘冷集》、《一弦集》、《南樓集》、《奇零集》。金和一生境遇坎坷,"晚無所遇而托於詩……悲歌慷慨至於窮蹙"(譚獻序)。所爲詩長於樂府,因時事激蕩,多爲諷刺。梁啓超將其與黃遵憲、康有爲并舉,贊其"元氣淋漓,卓然稱大家"(《清代學術概論》)。然所作鋒利而乏含蓄,冗濫而欠剪裁,故胡先驌、徐英、夏敬觀等對其詩頗致不滿。

金和詩集,先有譚獻選輯《來雲閣詩稿》六卷本,光緒十八年丹陽束允素刊,金陵書局藏版,前有譚獻序。金和子金遺、金還跋謂"來雲閣者,先君自署詞稿之名"。後此版經辛亥等兵事不可蹤迹。金遺、金還請梁啓超釐訂,"復以紀事鉅篇譚選尚有未盡者加入數首"(金還跋),二子就梁啓超手稿并束本校讀,并與吳昌綬、章鈺商榷定爲七卷,復用金和自題《秋蟪吟館詩鈔》,民國五年鉛字排印。今即據民國五年該本影印。(馬亞中　楊年豐)

**曾忠襄公文集二卷曾忠襄公批牘五卷曾忠襄公書札二十二卷** （清） 曾國荃撰（第1554—1555 册）

曾國荃（1824—1890），字沅浦，號叔純。湘鄉（今屬湖南）人。曾國藩九弟。咸豐二年（1852）優貢生，歷任陝西、山西巡撫，署兩廣總督。光緒十年（1884），署禮部尚書、兩江總督兼通商事務大臣。《清史稿》、《清史列傳》卷五九有傳。

《曾忠襄公文集》上下兩卷，略以體分。《公批牘》五卷，計《撫鄂》一卷、《撫晋》三卷、《督粵》一卷，或爲自擬，或出僚胥代作，始於同治五年（1866）春，均爲批復屬吏公牘之文。《書札》二十二卷，以時先後爲序，起於咸豐九年九月，終於光緒十六年，凡三十一年，一千一百七十七首。其中公函居之泰半，尤以論治亂軍事者爲夥，涉及曾國藩、李鴻章、翁同龢、張之洞諸名臣，所記各事，亦爲同光朝政之重要史料。

《曾忠襄公全集》有清光緒二十九年刻本，今據上海辭書出版社圖書館藏該本影印。（李軍）

**二知軒詩鈔十四卷** （清） 方濬頤撰（第1555 册）

方濬頤（1815—1889），字子箴，號夢園。定遠（今屬安徽）人。道光二十四年（1844）進士。改庶吉士，授編修。歷官廣東鹽運使、兩淮鹽運使、四川按察使。因向屬官索饋遺，受彈劾去官。任職揚州期間，廣爲修復歷史名勝，創辦淮南書局，校勘群集。收藏書畫甚富，精鑒賞，頗負時名。著作別有《夢園書畫録》、《忍齋詩文集》、《古香凹詞》。生平事迹見《詞林輯略》卷六等。

此書乃方氏自輯其詩，選爲二千零四首，刻於羊城。計古今體詩二千又五首，前有林昌彝等序。詩依編年例，起道光八年，迄同治四年（1865）。凡時人時事，多加自注。所作以七絶、七律、排律爲多，感時撫事，吊古懷今。"初由漁洋，以上追白、陸"（楊懋建後序）。

此書有清同治五年廣州刻本，今據華東師範大學圖書館藏該本影印。（許紅霞）

**二知軒詩續鈔十六卷** （清） 方濬頤撰（第1556 册）

《詩鈔》所録詩止於同治四年。越明年，刻成《續鈔》一卷。自此後，陸續成四卷本、八卷本、九卷本、十卷本、十六卷本、十八卷本、二十二卷本。此十六卷本《詩續鈔》，前有楊懋建、林昌彝、許奉恩三家序，目録後有陳澧識語。收録同治五年至十二年八年間所作詩，惟書前總目分二十卷，未詳何故。楊序等皆謂其詩工於紀史。然詩既多，難以俱佳。《詩鈔》所收雖多爲少作，然曾經删汰。《續鈔》刊刻既勤，不加別擇，收録太備，遂難每篇俱佳，惟其紀實稱詳，於同治間文人生活纖屑畢備，堪爲研史之助。

《二知軒詩續鈔》有清同治刻本，今據華東師範大學圖書館藏該本影印。（李軍）

**二知軒文存三十四卷** （清） 方濬頤撰（第1556—1557 册）

是集分論、説、書後、議、辨、序、記、書事、碑傳、行狀、墓表諸類，共六百二十七篇。其中卷十六《五倫鑒序》、卷十八《復楊性農書》自述爲文顛末，言其六十後，始有意爲文，以桐城許奉恩爲師習爲史論。可知是集文字，大抵皆濬頤晚年之作。其時有志學文，汲汲赴之，惟恐不及，故不免貪多騖廣。論辨之篇，書後之作，最爲繁夥，而佳者甚少。且有識議甚卑，不當入集者，亦收録靡遺。卷十九有《答客問好名》一文，實爲解嘲而作，雖振振有辭，亦未足以文其淺陋。濬頤論文，力闢宗派之説，論學調和門户之争，蓋亦師友聞見濡染之益。

此書有清光緒四年刻本，今據復旦大學圖

書館藏該本影印。（蔣倩）

## 玉笙樓詩錄十二卷續錄一卷　（清）沈壽榕撰（第 1557 冊）

沈壽榕（1823—1884），字朗山，號意文，晚號蟠叟。海寧（今屬浙江）人。由四川劍閣知縣，歷官雲南迤南道，轉鹽法道，終廣東布政使。工詩，善八分，尤精鑒賞金石、書畫。生平事迹見《兩浙輶軒續錄》卷三八、《皇清書史》卷二六。

沈氏輯四十年所作詩三千八百餘首，删定得一千四百四首，成此集十二卷，時年六十。詩依編年例，起道光二十三年（1843），迄光緒八年（1882）。係歷年從軍雲貴及蜀中，所見所聞，有感而發，多涉雲貴川蜀風土人情，兼及感懷時事。《克復興義府城紀事四首》、《迤南種人紀咏四十首》、《滇人謠四首》等，皆記當地風俗民情。凡時人時事，多加自注。前集刊後，所删除之稿悉皆焚棄。後聽友朋之言，擬自今以往，一年一集，隨時刊版。故輯光緒九年因病自滇歸後諸作別爲續錄一卷，當爲壽榕生前最後之作。

此書有清光緒九年刻增修本，今據以影印。另有稿本及抄本數種。（許紅霞）

## 壯懷堂詩初稿十卷　（清）林直撰（第 1557 冊）

林直（1827—1873），字子隅。侯官（今福建福州）人。刑部主事綏子。諸生。道光三十年（1850）林則徐自滇歸里，招爲記室。咸豐間從軍浙閩，爲幕佐。後官知府。工詩，髫齡隨宦京邸即有詩名。論詩大旨以杜詩爲宗。

此集十卷，爲作者二十九歲前作，分古今體，共計詩六百三十九首，附刻二十三首。有張集馨序，林則徐等評語。林直幼年隨父宦游燕豫齊魯吳越湘桂等地，足迹幾遍宇内。故集中多旅懷興寄、感時傷事之作。其詩以五七律見長，直抒己見，感時懷古，頓挫沉著。"詩氣勁詞雄，不爲錚錚細響"（謝章鋌評語）。其間因親歷國難，目睹時艱，故詩多沉雄悲愴。林則徐謂其"隸事典切，結響沉雄，詩筆於梅村爲近"。

此書有清咸豐六年福州刻本，今據以影印。別本《壯懷堂詩初稿》八卷，鈔本，中國國家圖書館藏。（許紅霞）

## 壯懷堂詩二集四卷壯懷堂詩三集十四卷（清）林直撰（第 1557 冊）

《壯懷堂詩二集》四卷，宋壽崑序。詩百餘首，分古今體。爲林直二十九歲至三十八歲間從軍浙閩時作，梓於閩，未竟。殁後子桐庚輯，宋壽崑校訂。內多與閩浙故人倡和及吟咏軍旅事。三集十四卷，一名《嶺海詩存》，入粵後所作，林氏時年三十有八。每卷均有小題，所收詩作起自同治三年（1864），終于同治十二年。有李光廷、謝章鋌序，鄭獻甫等題詞。林直半生投身軍旅，所至必有詩，集中所錄，尤以旅懷興寄之作爲夥。宋壽崑序謂其"初集汪洋恣肆，不可抑遏，三集則精煉清老，學養深粹，而由絢爛以漸歸平淡"。

此書有清光緒三十一年羊城刻本，今據中國科學院圖書館藏該本影印。（許紅霞）

## 隨山館猥稿十卷續稿二卷隨山館叢稿四卷隨山館尺牘二卷　（清）汪瑔撰（第 1557—1558 冊）

汪瑔（1828—1891），字玉泉，一字芙生，號穀庵。原籍山陰（今浙江紹興），先輩客粵，遂占籍廣東番禺。光緒元年（1875），兩廣總督劉坤一延之主持洋務，繼任裕寬、張樹聲、曾國荃等皆依重之。後以捐納監生獲同知衔。著有《無聞子》、《松煙小錄》等。事迹見《續碑傳集》卷八一、《碑傳集三編》卷三九。

此集凡十八卷，又名《隨山館集》，計詩十二卷、文六卷。《猥稿》前有朱鑒、文廷式兩家序,鄭獻甫等九家題詞。收詩始於道光二十五年(1845),止於光緒十一年。《續稿》録光緒十二年至十七年之作。《叢稿》前有汪氏自序,後有杜雋、姚文駿跋及汪氏墓志銘。瓊之詩,林昌彝以爲"上迫長吉、義山,下瞰君采、四溟,近壓仲則、蘭雪,而獨成一子矣",蓋以清苦峻拔爲言。其早年文名勝於詩名,既而入幕府,數十年間司理文牘,向以練達爲最。早歲所編《四六》已棄而不存,乃搜輯其餘,并後之所作,以成《叢稿》四卷。至於《尺牘》所録,多幕中捉刀之作。間雜致友人函,談藝説詩,尤堪細品。

此書有清光緒刻《隨山館全集》本,今據中國科學院圖書館藏本影印。(李軍)

### 六一山房詩集十卷續集十卷　（清）董沛撰（第 1558 册）

董沛(1828—1895),字孟如,號覺軒。鄞縣(今浙江寧波)人。光緒三年(1877)進士。官江西上饒知縣,調建昌。告歸,主寧波崇實、辨志兩書院講席,所識拔皆一時名宿。輯著《明州繫年録》、《甬上宋元詩略》、《四明清詩略》、《續兩浙輶軒録》。生平事迹見《續碑傳集》卷八一等。

此集十卷,爲道光二十六年(1846)至同治九年(1870)編年詩,凡五百六十六首,其弟董濂序。取材廣泛,兼該各體。追悼英陷寧波時死事諸烈民,篇咏甚多。有關粵軍、捻軍時事,亦有資料可摭。《聞警十五首》等於官軍欺壓百姓事實,每有揭露。《咏明季八首》,均取史籍一一印證。沛少與陳勱、徐時棟唱酬,通籍後往還者爲許景澄、陳康祺等。《滬上雜詩》十二首、《四明山心漢隸歌》等既有實得之見聞,又能取用於學。《續集》十卷,洪熙序,録同治九年後至光緒九年詩,凡五百七十三首。《五異人詩》、《民謠》,記寧波當世傳聞。光緒二年作《火輪車》一篇,所記吳淞綫爲我國第一條鐵路。其詩學明七

子,格調近李、何,而内容尚新。

此本據華東師範大學圖書館藏清同治十三年刻增修本以影印。(蔣倩)

### 正誼堂文集二十四卷行狀一卷　（清）董沛撰（第 1558 册）

董沛弱冠之年即遍讀家藏書,復求之於同縣煙嶼樓徐氏、抱經樓盧氏、天一閣范氏,以詩古文負重名。精史學,諳於地方掌故,擅考訂。董沛學問淹貫,詩以杜甫爲宗,晚乃參以韓、蘇,"古文以柳州爲幹,參以廬陵,於明取潛溪、震川,於今代取湛園、望溪"(董綬祺撰《行狀》)。其集卷一至卷四書序、譜序及壽序,卷五、六尺牘,卷七至卷十一傳、記,卷十二至卷二十碑文、墓碑、墓碣、墓表、墓志、行狀,餘則爲論、議、書事、題跋及祭文辭等。

董沛殁後七年,門人輯其古文二十四卷爲《正誼堂文集》,陸廷黻序,有清光緒刻本,今據華東師範大學圖書館藏本影印。(許紅霞)

### 蘅華館詩録五卷附存一卷　（清）王韜撰（第 1558 册）

王韜(1828—1897),初名利賓,又名瀚,化名黃畹(一作王畹),字仲弢,一字紫詮、子潛,號弢園、無悔,晚號天南遁叟。長洲(今江蘇蘇州)人。諸生。道光二十八年(1848)受英人麥都思之聘,入上海墨海書局。咸豐十一年(1861)一度入太平軍,旋離去。遭清廷通緝,逃亡香港,入英華書院,爲英人翻譯中籍。同治六年(1867)赴英,又游歷法、俄、日諸國。九年,回港。十二年,創辦《循環日報》。晚年寓滬,創辦書局,主持格致書院。著有《普法戰争》、《西事》、《扶桑游記》等二十二種。生平事迹見自撰《弢園老民自傳》、剛克《韜園先生年表》等。

《蘅華館詩録》五卷,原目録作八卷,後三卷未刊,收詩五百四十二首。《附存》一卷,

收詩又十六首。有洪士偉序及自序,卷首又有《弢園老民自傳》,李善蘭、林昌彝等詩評。其自序倡言爲“我之詩”,“性情之用真,而學問亦寓乎其中”。黄遵憲稱其詩“凡意中之所欲言,筆皆隨之,宛轉屈曲,天矯靈變而無不達”(《致王韜函》)。

此本據上海圖書館藏清光緒六年鉛印《弢園叢書》本影印。(馬亞中　楊年豐)

### 弢園文録外編十二卷　(清)王韜撰(第1558冊)

《弢園文録外編》十二卷,共收文一百八十五篇。前有自序。所收多爲報章時論,論題包括變法、洋務、辦鐵路等各方面,“記事述情,自抒胸臆”。《變法自强》、《練水師》、《設領事》、《西人漸忌華商》等文,皆言自强禦侮之道。其文亦開近代報章體之先河。

此本據天津圖書館藏清光緒九年鉛印本影印。(馬亞中　楊年豐)

### 白華絳柎閣詩集十卷　(清)李慈銘撰(第1559冊)

李慈銘(1830—1894),初名模,字式侯,後更今名,字愛伯,一作㤠伯,號蒓客。會稽(今浙江紹興)人。光緒六年(1880)成進士。後補山西道監察御史。平時讀書所得,按日記述,成《越縵堂日記》數十巨冊。近人輯有《杏花香雪齋詩》、《霞川花隱詞》等。生平事迹見《清史稿》、平步青《掌山西道監察御使李君蒓客傳》。

李慈銘自重其詩:“所學於史爲稍通……所得意莫如詩。”“存其詩,亦足以徵閭里之見聞、鄉邦之文獻,而國是朝局之是非,亦或有可考焉。”(《白華絳柎閣詩自序》)其詩襲浙派舊巢臼,大體廣采諸家之長,以寫自身所遭之境、所生之感,“清淡平直,不炫異驚人”(陳衍《石遺室詩話》)。

《白華絳柎閣詩》十卷,又名《越縵堂詩初集》,前有自序及《自記》、《又記》。編年排次,起道光二十四年(1844)迄同治十三年(1874),收古今體詩八百五十首。

此本據上海圖書館藏清光緒十六年《越縵堂集》本影印。(馬亞中　楊年豐)

### 越縵堂詩續集十卷　(清)李慈銘撰(第1559冊)

《越縵堂詩續集》十卷,由雲龍輯,編年繼《初集》(《白華絳柎閣詩集》),起光緒元年(1875),迄光緒十年,録《越縵堂日記》中四十一歲至五十六歲間詩。此《續集》與《初集》大概得其詩十之八九,由雲龍序云:“先生一生備歷艱屯,家國變故一寓之於詩。”民國二十二年上海商務印書館鉛印,民國二十四年該館再版。

此本據民國二十四年上海商務印書館鉛印本影印。(馬亞中　楊年豐)

### 越縵堂文集十二卷　(清)李慈銘撰(第1559冊)

《越縵堂文集》十二卷,收文百三十四首,民國十九年(1930)王重民從《越縵堂日記》、《越縵堂日記抄》、《新古文辭類纂稿本》、《續碑傳集》等書中輯得,又據《日記》剟諸他書及徵求所得編爲是集。

此本據民國北平圖書館鉛印本影印。(馬亞中　楊年豐)

### 瓶廬詩稿八卷　(清)翁同龢撰(第1559冊)

翁同龢(1830—1904),字聲甫,號叔平,又號瓶廬,晚號松禪。常熟(今屬江蘇)人。咸豐六年(1856)狀元,官至户部尚書、協辦大學士。爲同治、光緒二代帝師。《清史稿》、《清史列傳》卷六三有傳。

此集八卷,前有繆荃孫序、《常昭合志列傳》本傳稿,後有邵松年記。不分體,大體依年編次。“其詩文皆建重有度”(汪辟疆《近代詩人小傳稿》),繆荃孫序謂其舊作"體近中唐,音多古調",其後則"已少承平之象,漸多悽愴之音"。其詩雅健清雋,得力於蘇軾、黃庭堅。"七言古體,筆力放縱","以戊子至戊戌十年間爲菁華所在"(《晚晴簃詩匯》)。

翁同龢生前詩未結集,民國時其後人翁永孫及門生邵松年、繆荃孫搜集刊印《瓶廬詩稿》八卷,《瓶廬詩鈔》四卷(附《詩餘》一卷)及《瓶廬詩補遺》一卷。民國八年校勘印行,稱邵氏木刻本。今據浙江圖書館藏該本以影印。

又《瓶廬詩文鈔》六卷,翁永孫輯校,民國元年常熟開文印刷所排印刊刻。《瓶廬詩補遺》一卷,張蘭思輯,與詩校異一卷、詞一卷合刊,馮煦、沈曾植、孫雄等作序,有民國十年上海仿宋聚珍版排印本。(馬亞中　楊年豐)

### 松夢寮詩稿八卷 （清）丁丙撰（第1559冊）

丁丙(1832—1899),一名國典,字嘉魚,號松生,晚號松存。錢塘(今浙江杭州)人。諸生。清季著名藏書家,室名小八千卷樓、嘉惠堂。嘗與兄申出力保存文瀾閣本《四庫全書》,所刻書與自著書甚多,尤重武林文獻掌故。生平事迹見《續碑傳集》卷八一、俞樾《春在堂雜文六編》卷二《丁君松生家傳》、丁立中撰《松山府君年譜》等。

是集有柳商賢、王闓運序。丁丙自云喜厲鶚,詩亦清峭,而考證較繁。《吳越雜詩二十首》,取史籍作注,可補志乘。《孫氏歸書圖歌》等均爲書林史料。《文信國琴歌》、《南宋住持流傳碑》等,潛研既深,俱有實得。唯終以文林紀事最擅長。

光緒二十五年(1899)丁丙去世,當年刻《松夢寮詩稿》六卷行世,今據該本以影印。此外,國家圖書館藏西諦書,有《菊邊吟》一卷,光緒間刻。浙江圖書館藏其稿本二種:一爲《江干雜咏》,凡七絕二百二首;一爲《松夢寮文集》三卷,爲未刊詩文,多記江干掌

故。(蔣倩)

### 峴樵山房詩集十卷 （清）董文渙撰（第1559冊）

董文渙(1833—1877),初名文煥,字堯章,號硯秋,又號峴樵。洪洞(今屬山西)人。咸豐六年(1856)進士。歷任翰林院庶吉士、檢討,國史館纂修,同治六年(1867)授甘肅甘涼兵備道。工詩文及聲律。生平事迹見《詞林輯略》卷七、王軒《顧齋遺集》卷下《行狀》等。

此集爲咸豐二年至同治八年所作詩。董文渙詩效韓、蘇,古風尤所擅長,《漢槐歌》、《黻鼠篇》、《盆松篇》諸篇,清迥淵深,深造有得;《金陵收復志喜一百韻》,小注詳述太平軍起事始末;《紀事一百韻》則以議論爲主,均有參考價值。文渙與許宗衡、周星譽、何桂芬、謝章鋌及朝鮮金奭準等均有唱酬。趙新奉使琉球,文渙有送行詩,亦可徵故實。

所著先有《峴樵詩錄》不分卷,同治元年刻。後輯爲《峴樵山房詩集初編》八卷,同治九年刻;又輯《續編》二卷,錄同治七年、八年詩,同治十年刻。今據山東省圖書館藏清同治九年刻十年增修本以影印。又有《峴樵山房文稿》不分卷,稿本《峴樵山房詩草》二卷。(蔣倩)

### 仿潛齋詩鈔十五卷 （清）李嘉樂撰（第1559—1560冊）

李嘉樂(1833—?),字德申,號憲之。光州(今河南潢川)人。同治二年(1863)進士。改庶吉士,授編修,歷官江蘇按察使、江西布政使、江西巡撫等。平生景仰鄉賢湯斌,斌字潛庵,故以仿潛名齋,事迹見《詞林輯略》卷八等。

此集前有方玉潤、趙國華序,收錄道光二十七年(1847)至光緒九年(1883)詩凡一千五百六十首。各卷分別以事名集。李嘉樂少隨宦

江西,受詩於方玉潤。詩風亦與玉潤相近。軍中詩如《築營》、《口號》、《巡牆》等篇,寫從軍爲幕佐時所見。由翰林爲御使,作《隨扈東陵紀事詩》,行役廣西、湘漢、兗濟,咏山水古迹,不復有激烈之詞。又撰《齊魯游草》三卷,曰《守青集》、《移濟集》、《備充集》,共四百十首,有《詩鈔》所未收者。方玉潤序稱其詩"傲岸不群",趙國華序則謂其詩"抗直豪邁"。

此書有清光緒十五年刻本,今據山東省圖書館藏本影印。(蔣倩)

## 澤雅堂詩集六卷　(清)施補華撰(第1560冊)

施補華(1835—1890),原名份,字均甫,一字均父,號峴傭。烏程(今浙江湖州)人。同治九年(1870)舉人,官至山東候補道。著作別有《峴傭説詩》等。生平事迹見《續碑傳集》卷三九。

此集六卷,沈秉成序。依編年例,起咸豐八年(1858),迄同治十二年,共收録古今體詩二百八十六首,以五律、七絶、七律居多。檢其詩,當作於赴蘭州投軍前。補華才華橫溢,然累試不遇,又先後薦於祁寯藻、曾國藩,均不受重用,故詩多感時撫事、寄贈友朋之作。沈秉成序謂其"原本風騷,浸淫漢魏。美人香草,豈曰閑情,長歌短謡,總非泛作"。其詩初一意學杜甫,後能參諸大家之長。狄葆賢《平等閣詩話》謂其詩"以五古爲最,述事能斷,宏深肅穆,得序傳之長"。《感事》、《流民篇》、《撫流民》諸篇,皆記咸豐年間戰亂百姓流離之苦,以親身所歷,故知之真而言之晰。

此本據清同治刻本影印。另有《澤雅堂詩集》四卷,稿本,一册,浙江圖書館藏。(許紅霞)

## 澤雅堂詩二集十八卷　(清)施補華撰(第1560冊)

施補華深爲張曜倚重。曜巡撫山東,令治河工。補華竟病死,曜爲刊《澤雅堂詩二集》十八卷。依編年例,起同治十二年(1873),迄光緒十二年(1886)。所收諸詩作於隴西從軍之後,紀行述懷舉目皆是,所涉隴西山水、人物、風俗等,可備掌故。《晚晴簃詩匯》謂其"好憶高堂淚,臨行滴汝衣。黃金富天下,難買是春暉","客行無遠近,門外即天涯"等句"皆至性流出,或議其學杜落窠臼,此言正未易當也"。

此書有清光緒十六年兩研齋刻本,今據中國科學院圖書館藏本影印。(許紅霞)

## 澤雅堂文集八卷　(清)施補華撰(第1560冊)

此集八卷,補華歿後友陸心源刻,凌瑕序。卷一論説,卷二、卷三書、序,卷四記,卷五傳、書事,卷六以下爲墓志、墓表、題跋、銘、祭文、哀辭,共計百三十六篇。《費鼎成傳》、《沈如芳傳》等人物傳記墓表,多記咸豐戰爭時期所死之平民庶士。所交李慈銘、凌瑕、陸心源、吳摯甫等,皆飽學之士,書信往來,亦收卷中。補華平生信顏(元)李(塨)之説,與戴望齊名。"淹貫文史,博識深思,類章學誠,而文之淵雅過之"(沃秋仲子《近代名人小傳》)。爲文議論縱橫,時露精悍之色,頗肖其爲人,如《論過》、《李德裕論》、《張居正論》諸篇即是。

此本據清光緒十九年陸心源刻本影印。(許紅霞)

## 儀顧堂集二十卷　(清)陸心源撰(第1560冊)

陸心源(1834—1894),字剛父,號存齋,晚稱潛園老人。歸安(今浙江湖州)人。少與同郡姚宗諶、戴望、施補華、俞剛、王宗義、凌霞以古學相切劘,時有"七子"之目。咸豐九年(1859)舉於鄉。歷官福建鹽運使、嶺南東道兵備使、分巡廣東高廉兵備道,於粵閩頗招時忌,罷官歸。家富藏書,精校勘,爲清末四大藏書家之一。事迹見《碑傳集補》卷一八、

《碑傳集三編》卷一八、繆荃孫《藝風堂文續集》卷一《神道碑》等。

陸心源富收藏、多著述,爲晚清所罕睹。其爲學,私淑顧炎武,故以"儀顧"名其堂,亦以之名其文集。是集文字,以群書題跋、序記爲多,"皆古書源流、金石考證之學"。集中亦多及鄉里人物諸傳,卷十一至卷十四爲其所撰《湖州府志人物傳》。《擬顧炎武從祀議》、《上倭艮峰相國書》,特表章崑山顧氏,暢發其論學宗旨,在校勘家中尤不易見。

此集先有八卷本,同治元年羊城刻。續刻十二卷,同治間刻。後增爲十六卷,同治十三年福州刻。足本二十卷,光緒年間刻,有俞樾序,今據該本影印。（蔣倩）

## 敬孚類稿十六卷　（清）蕭穆撰（第1560—1561冊）

蕭穆(1835—1904),字敬孚,一字敬甫,桐城(今屬安徽)人。同治十一年(1872),任上海製造局翻譯館編纂,凡三十餘年。曾隨黎庶昌赴日本。著有《敬孚文鈔》、《敬孚日記》等。傳見《清史稿》、《碑傳集補》卷五二等。

此稿十六卷,刊於蕭氏身後。前有李濬、施補華、袁昶三家序。分體編。桐城一派,自清初戴、方、劉、姚以降,綿延二百餘載。民元以後猶未消歇,姚、馬二老,執教學堂,受業者甚衆。敬孚生長於桐城,師從鄉中老儒,於文章之道,講求考據、義理、辭章三者兼備,復有經國濟世之志,立論正大,行文暢達。又久任編纂之職,酷嗜藏書,東游扶桑,訪獲古刻頗多,而寓目、校定之書更復夥頤。是以全稿所收序跋、書後之作最爲可觀。次則傳記、墓表,固其本色當行之作,紀人論世,亦文亦史,言辭樸茂。

此書有清光緒三十三年刻本,今據該本影印。（李軍）

## 謫麐堂遺集四卷補遺一卷　（清）戴望撰（第1561冊）

戴望(1837—1873),字子高,德清(今屬浙江)人。諸生。通聲音訓詁,從宋翔鳳授《公羊》學。著《論語注》二十卷、《管子校注》二十四卷。傳見《清史稿》、《兩浙輶軒續錄》卷四六等。

此集文二卷,錄序跋、駁議、贊、尺牘、記、傳、行狀、事狀、墓版文、墓表、墓志銘共二十八篇,詩二卷,共二百二十首,詩以編年爲序,各體雜厠。補遺一卷,錄跋文一篇。望爲文樸茂近古,翔實謹嚴。如陳、劉兩先生《行狀》,表章本師,闡發學術,尤爲粹密。論事之文,如《顧職方郡縣論駁議》及《清故舉人姚君行狀》、《周孝廉墓表》,皆達於經權,不爲迂議。詩則工於五言,由李商隱上溯杜甫,一洗俗調,其造詣殆過於文。

此書有清宣統三年鄧氏鉛印《風雨樓叢書》本,今據復旦大學圖書館藏該本影印。（趙會娟）

## 荔隱山房詩草六卷　（清）涂慶瀾撰（第1561冊）

涂慶瀾(1837—1910),字永年,號海屏、莆陽遺叟。莆田(今屬福建)人。同治十三年(1874)進士。授翰林院編修,充國史館協修。光緒五年(1879)任貴州鄉試主考。直言敢諫,其楹聯巧對,風靡一時。又工書法,楷法精嚴,行書蒼勁秀逸,爲清代著名書法家之一。詩集之外,著有《使黔日記》、《使浙日記》、《國史昭忠列傳》、《莆陽詩文輯》等。

慶瀾喜賦詩,然未以詩人自詡。至光緒二十四年辭官歸,始埋首山房,潛心治學,搜檢平生詩作,"檢出殘篇三百首",編爲六卷。其集以體分卷,各體編年爲序。多有記述時事之作,如《甲申書事》等,記中法戰爭。其記游寫景詩,清新曉暢,煉句平中見奇。懷古、應酬之作,亦有可讀之處。

此書有清光緒三十一年刻本,今據該本影印。(趙會娟)

### 荔隱山房文略一卷　（清）涂慶瀾撰（第1561 册）

此集一卷,録序、公文、尺牘、壽序、祝文、墓志銘、壙志、祭文、賦等共二十五篇。其公文尺牘,就事論事,不求文采。其餘文章叙事議論,聲情并茂。壽序、墓志銘等亦頗具文采。

此書有清光緒三十二年刻本,今據該本影印。(趙會娟)

### 拙尊園叢稿六卷　（清）黎庶昌撰（第1561 册）

黎庶昌(1837—1897),字蒓齋。遵義(今屬貴州)人。諸生。同治元年(1862),應詔上書論時政,發安慶曾國藩大營差遣,歷署吳江、青浦知縣。光緒二年(1876)隨郭嵩燾出使歐洲諸國,又受命爲出使日本大臣。另輯有《古逸叢書》、《續古文辭類纂》等。生平事迹見《清史稿》、夏寅官《黎庶昌傳》等。

此集六卷,前有薛福成序,後有羅文彬跋。分前編、内編、外編、餘編,餘編又分内外,共收文一百二十一篇,分論説、傳記、游記等類。首篇即上清廷萬言書,爲一時所重。餘編有《奉使倫敦記》及出使日本所作《訪徐福墓記》,及爲日本訪書所作諸題跋。"其言多經世,意主實用"(羅文彬跋)。所爲文"大旨宗法方、姚,法度謹嚴"(劉聲木《桐城文學淵源考》)。此集中記出使之游記,記録異域風情,獨具意味,如《卜來敦記》聲情并茂;《巴黎大賽會紀略》簡約握要,剪裁得法。

此集初版爲光緒十九年上海醉六堂石印本,又有光緒二十一年金陵狀元閣重刊本。今據浙江圖書館藏清光緒二十一年本影印。(馬亞中　楊年豐)

### 張文襄公古文二卷張文襄公書札八卷張文襄公駢文二卷張文襄公詩集四卷　（清）張之洞撰（第1561 册）

張之洞(1837—1909),字孝達,一字香濤,號壺公,又號抱冰、廣雅。直隸南皮(今屬河北)人。同治二年(1863)進士。歷任兩廣總督、湖廣總督、軍機大臣等職。《清史稿》、《清史列傳》卷六四有傳。

《張文襄公古文》二卷,收文凡十八篇,附録五篇。《書札》八卷,收書札凡三百二十八通。《駢文》二卷,卷二缺《武昌題襜集序》等四篇。《詩集》四卷,不分體,大體依年代編排,收詩凡二百二十四首。卷末有門人樊增祥跋。張之洞自爲詩宏肆典雅,不尚高古奇崛。陳衍《石遺室詩話》稱其"生平文字以奏議及古今體詩爲第一,古體詩才力雄富,今體詩士馬精妍"。亦工駢文,爲宋四六體,華茂豐章,如《恭進勘平粵匪方略表》、《恭進勘平捻匪方略表》各兩千餘言,"樞府驚嘆,竟不能改易一字。今其文列《方略》編首"(《抱冰堂弟子記》)。

《張文襄公詩集》,張之洞從子檢重訂檢校勘,宣統二年刊印。民國七年刊《廣雅堂四種》十五卷。《廣雅堂駢體文》二卷《補遺》一卷,民國十年刊。王樹柟編《張文襄公全集》,收其詩文諸集較全,北平文華齋民國九年、十七年刊。今據復旦大學圖書館藏民國十七年《張文襄公全集》本影印。(馬亞中　楊年豐)

### 庸庵文編四卷庸庵文續編二卷庸庵文外編四卷庸庵海外文編四卷　（清）薛福成撰（第1562 册）

薛福成(1838—1894),字叔耘,號庸庵。無錫(今屬江蘇)人。同治六年(1867),中式副貢,曾國藩延入幕府掌機要,積勞授直隸州知州。光緒元年(1875),下詔求言,上《治平六策》、《海防十議》疏,署宣化知府,授浙江寧紹台道,擢湖南按察使。光緒十五年,任出使英、法、意、比四國大臣。《清史稿》、《清史列傳》卷五八有傳。

《庸庵文編》四卷,卷首《事實》、黎庶昌《序》、《凡例》。文皆分類編年排次,分奏疏、論議、書、贈序、序跋、傳狀、書事、碑志、記、銘贊等。收文止光緒十三年,凡五十五首。黎庶昌《序》稱其"辭筆醇雅,有法度,不規規於桐城論文"。《續編》二卷,體例一依《文編》,收文止光緒十五年,凡十九首。《外編》四卷,前有《自序》、《凡例》,收文止光緒十八年,凡七十一首。時"出使泰西,聞見恢奇,稍有論述,直抒胸臆"(《自序》)。《庸庵海外文編》四卷,卷首《凡例》,悉依《文編》原有體例,分類編次,按年月先後爲序。以上各編"文後有評語,暨自識之語,或叙作文之由,或書後來事實,頗足與文中意義相發明"(《庸庵文編·凡例》)。薛福成文長以論政,所論"皆所謂經世要務、當代掌故得失之林也"(黎庶昌《序》)。

薛福成各集自光緒十三年以後陸續刊刻。光緒二十三年上海醉六堂刊石印本《庸庵全集》四十七卷,其他尚有《籌洋芻議》一卷、《出使奏疏》二卷、《浙東籌防録》四卷、《出使日記》六卷、《出使公牘》十卷、《出使日記續刻》十卷。今據上海圖書館藏清光緒刻《庸庵全集》本影印。(馬亞中　楊年豐)

**曾惠敏公文集五卷歸樸齋詩鈔四卷**　（清）
曾紀澤撰（第 1562 册）

曾紀澤(1839—1890),字劼剛。湘鄉(今屬湖南)人。曾國藩長子。光緒四年(1878),充出使英法大臣。六年,兼使俄大臣。入總理各國事務衙門,調戶部,兼署刑部、吏部侍郎。《清史稿》、《清史列傳》卷五八有傳。

《曾惠敏公文集》四卷,收文凡七十七篇。文後間有曾國藩批語。所收多爲少時習作及應酬文字,但《幾何原本序》、《文法舉隅序》、《西學略述序》等篇均與紹介西學有關,仍可一讀。《歸樸齋詩鈔》四卷,前有其弟曾紀鴻序。分爲戊集上下、己集上下。據曾紀鴻序,紀澤往年嘗爲咏史四言詩數十百首,紀游擬古等五言古詩三百餘首,皆燬於火。舊所失四五言古詩宜爲甲乙丙丁集,故此編爲戊己集。所餘皆爲近體,其中出使歐洲各國所作,多有序或自注記其事。《晚晴簃詩匯》稱其"托體蘇、黃,時復出入義山,海外諸篇,尤壯健而有深穩之思"。

此書有清光緒十九年江南製造總局鉛印《曾惠敏公遺集》本,今據上海圖書館藏本影印。(馬亞中　楊年豐)

**偶齋詩草三十六卷**（内集八卷内次集十卷外集八卷外次集十卷）　（清）　寶廷撰（第 1562—1563 册）

寶廷(1840—1890),初名寶賢,字少溪,號竹坡,又號仲獻,晚號偶齋。愛新覺羅氏,滿洲鑲藍旗人,清宗室。同治七年(1868)進士。改庶吉士,授編修。光緒時與張佩綸、黃體芳、張之洞號稱"翰林四諫"。歷官正黃旗蒙古副都統,以禮部右侍郎主福建鄉試,罷職。傳見《清史稿》、子壽福等撰《長白先生年譜》。

寶廷生平嗜酒耽詩,好山水游,使車所至,必搜奇訪勝,流連旬月。罷官後,屏居貧乏,時賴友朋資助,或携兒命侶,裹糧入山,狂飲盡興。《偶齋詩草》自叙言存詩以"詩三百"爲範,以"合而工"、"合而不工"爲區分,"若大悖三百篇者,雖工亦不可存"。詩集分爲内集八卷、内次集十卷、外集八卷、外次集十卷,以時間爲次。其弟子林紓謂其"巧於叙悲,析辭述情與查初白爲近,間入長慶,未嘗繁雜失統,則骨勝耳"(《偶齋詩草序》)。

此書有清光緒二十一年方家澍刻本,今據中國科學院圖書館藏本影印。(趙會娟)

## 桐城吴先生文集四卷桐城吴先生詩集一卷

（清）吴汝綸撰（第 1563 册）

吴汝綸（1840—1903），字摯甫。桐城（今屬安徽）人。同治四年（1865）進士。先後參曾國藩、李鴻章幕府。出補深州知州、天津知府、冀州知州。庚子國變後，充京師大學堂教習，赴日本考察學政。生平事迹見《清史稿》、馬其昶《吴先生墓志銘》等。

《桐城吴先生文集》四卷，不分體，大體依年代爲序。收文凡二百二十三篇。其中《天演論序》、《原富序》、《日本學制大綱序》等篇，皆爲介紹西學之作，推崇西學"至深邃微窈"、"蓋皆本富之至計"。其文長於議論，多切中時弊。亦有《讀荀子》、《讀韓非子》等辨章學術之作。《桐城吴先生詩集》一卷，大體依入幕在官及出使先後爲序，有在日本所作詩數十首。附録爲題詩、壽詩、挽詩、挽聯、題匾額、集句等。《晚晴簃詩匯》謂其詩"廉悍恣肆，直逼杜、韓，尤喜和作，用韻矯變，出人意表"。

吴汝綸殁後，其子吴闓生刊《桐城吴先生全書》十九卷，内含文集、詩集、尺牘及説經著作等六種。今據上海圖書館藏清光緒三十年王恩紱等刻《桐城吴先生全書》本影印。

（馬亞中　楊年豐）

## 寄簃文存八卷枕碧樓偶存稿十二卷

（清）沈家本撰（第 1563 册）

沈家本（1840—1913），字子淳，别號寄簃，吴興（今浙江湖州）人。光緒九年（1883）進士。歷天津、保定知府，法部右侍郎，宣統二年（1910）兼資政院副總裁。專治法學，主持制訂《大清新刑律》。撰《歷代刑法考》、《漢律摭遺》等。傳見《清史稿》及《碑傳集補》卷六王式通《墓志銘》。

沈家本潛心法律，曾收集歷代法律資料加以整理考訂。又奉命主持修訂法律，改革刑法。《寄簃文存》八卷，爲作者有關法律文章之合集，爲近代法律史重要資料。卷一至卷五爲有關法律條文及具體案例之奏議、論、説、考、釋、學斷、箋、補、書、答問，卷六至卷八爲法律文獻序跋。《枕碧樓偶存稿》前六卷爲論考序跋之文，後六卷爲古近體詩。其文考訂經史，造詣甚深，搜厥品流，與嚴可均相近，而文筆雅飭，殆欲過之。詩以編年爲序，始自咸豐九年，迄於卒年。少時以省親入黔，多行旅之作，《朱藤花三十首》體物瀏亮，聲文并工。入掌刑部以後，得詩絶少，蓋沈霾簿書，不暇從容吟咏。

此書有民國刻《沈寄簃先生遺書》本，今據上海圖書館藏本影印。（趙會娟）

## 居易初集二卷　（清）經元善撰（第 1564 册）

經元善（1841—1903），字蓮珊，亦作蓮山，號居易子、居易居士，晚年號剡溪聾叟，筆名有滬濱呆子、汨羅江後學等。上虞（今屬浙江）人。元善父經緯，爲上海巨商，所交多朝廷大員。元善年十七至滬從父經商，後繼父業，爲上海錢業翹楚。光緒二十五年（1899），因領銜千餘紳商，通電反對"己亥交儲"，觸怒慈禧太后，遭通緝，避難澳門。遭澳門當局拘禁，得輿論聲援而獲釋。其生平事迹，虞和平編著《經元善集》附録《經元善年表》所記最詳。

經元善素仰鄉先賢王陽明致知之學，崇尚知行合一，躬行不倦，餘力而學文。其爲文不發空言，不尚藻飾，議論切摯，擘畫周詳。《上盛杏蓀觀察利國礦條陳》、《上楚督張制府鄂布局條陳》等篇，論礦務、織布，審擇利弊，巨細無遺。《餘上勸善看報會説略章程》，要求建立看報會，倡導民衆讀報；《急勸四省賑捐啓》要求全國同心協力，共救災荒，體現其救世熱心。家書《送兩弟遠行臨别贈言》，論立身接物之要，準情酌理，忠厚委婉。元善支持維新運動，與康有爲、梁啓超等維新人士交厚，曾上書張之洞，倡言變法，提出"明罰"、"伸氣"、"保富"三策。此集開卷第一篇《上總署轉奏電稟》,即其所發通電,梁啓超評此舉:"氣貫雲霄,聲振天地。"容閎亦謂:"他時青史昭垂,傳播中外,必謂中國不亡,先生一電之力居多矣。"

此集有光緒二十一年澳門刻本,光緒二十七年濠鏡(即澳門)鉛印本及光緒二十九年上海同文社排印本。前二者爲二卷本,後者爲三卷本。今據浙江圖書館藏清光緒二十七年澳門鉛印本影印。(余祖坤)

### 金粟山房詩鈔十卷　(清) 朱寯瀛撰 (第1564 册)

朱寯瀛(1845—1913),字芷青,號金粟山人。順天大興(今北京)人。同治元年(1862)舉人。歷官河南知府。著有《晚香齋文存》、《上瑞堂集》等。陳衍《石遺室文集》卷一一《朱芷青哀辭》,略可見其生平。

此集收其自咸豐九年(1859)至光緒二十七年(1901)間所作古近體詩,凡六百六十七首,按年次編排。朱寯瀛爲詩,力主抒寫真性情。其詩多寫悵惘憂傷之情,以寓憂時傷亂之心。如《春夜》云:"默持一種蕭寥意,强與人間旖旎春。轉劫鶯花飛過眼,環燈嗁笑總傷神。"讀之令人動容。

此集十卷,初刻於清光緒二十七年,今據天津圖書館藏本影印。後光緒三十一年又與《續鈔》三卷合刻,南京圖書館藏。(余祖坤)

### 荔村草堂詩鈔十卷　(清) 譚宗浚撰 (第1564 册)

譚宗浚(1846—1888),字叔裕。南海(今屬廣東)人。其父瑩,字玉生,著述甚富,有《樂志堂詩文集》。宗浚紹承家學,博覽群籍,年十六以國學生中舉,同治十三年(1874),以一甲二名進士及第。授編修。督學四川,又充江南副考官。出爲雲南糧儲道。再擢按察使,以疾乞歸。傳見《清史稿》、《清史列傳》卷七三、《碑傳集補》卷一九等。

此集爲宗浚手訂,收咸豐六年(1856)至光緒十年(1884)所作詩。凡分八集,均按年編次,并按行迹命名,即《入塾集》、《出門集》、《過庭集》、《謁京集》、《散館集》、《使蜀集》、《看山集》、《傲屋集》。宗浚游歷頗廣,所到之處,皆以詩紀之。如《江上望廣州》、《泊石門》、《珠江行》、《渡黄河作》、《游西湖雜詩十三首》諸作,皆在寫景紀游之中,暗寓憂時傷亂之心。《謁光武帝廟》等詩,于登臨懷古之中,感歎身世坎坷,寄寓報國之情。故廖廷相序云:"一開卷而生平若接,其思古也幽以遠,其書事也微以顯。"

此書有清光緒十八年廖廷相羊城刻本,今據上海圖書館藏本影印。(余祖坤)

### 荔村草堂詩續鈔一卷　(清) 譚宗浚撰 (第1564 册)

《荔村草堂詩續鈔》一卷,又名《于滇集》,所收爲宗浚光緒十一年(1885)迄十三年赴滇途及任職雲南時所作詩,凡一百三十九首。《天津道中見漕船》、《由常德溯流至桃源洞》、《由沅州溯鎮陽江諸灘作歌》及《途中雜咏十首》諸詩,紀録赴滇途中民情風物,歷歷如繪。《得家書》等詩,抒發思親懷友、感時傷逝之情,蒼涼沉鬱。《聞粵東水災感賦》則繫心民瘼,一如既往。宗浚之詩,不假雕飾,但流利自然,情深意摯。

此書有清宣統二年譚祖任京師刻本,今據復旦大學圖書館藏本影印。(余祖坤)

### 希古堂集八卷　(清) 譚宗浚撰 (第1564 册)

《希古堂文集》分甲集二卷、乙集六卷。甲集多論辨、序跋、志狀之文,首篇《擬續修儒林文苑傳條例》,爲續修國史而作,詳審精密。他如《西漢學術論》、《東漢風俗論》、《王通論》、《論衡跋》、《金文最序》等,皆見解獨到,自成一家之言。乙集多駢儷之文,如《述畫賦》、《蜀秀集序》及《國朝駢體正宗二編序》，均振藻披華，不同凡響。《祭座主故相國沈文定公文》，不只抒知己之悲感，而於同光朝局糾紛，樞廷疑忌，亦記諸簡牘，可備考史者參稽。末篇《止庵上梁文》則宗浚自道身世之作，不啻龍門自序。廖廷相序謂其"根柢盤深，故見於文者，事核言辨，由絢爛漸歸平澹"。

此書有清光緒十六年羊城刻本，今據復旦大學圖書館藏本影印。另有《希古堂文乙集》一卷，有光緒六年、光緒十四年刻本。（余祖坤）

### 許文肅公遺稿十二卷　（清）許景澄撰（第1564 冊）

許景澄（1845—1900），字竹筼，一作竹筠。嘉興（今屬浙江）人。同治七年（1868）進士。歷任編修、侍講，出使日本、德、意、奧、俄等國大臣、總理各國事務衙門大臣、京師大學堂總教習、管學大臣等。義和團運動起，因力主對外議和，被殺，追謚文肅。著有《許文肅公遺稿》、《許竹筼先生出使函稿》、《許文肅公外集》、《許竹筼時文》等。傳見《清史稿》、《清史列傳》卷六二、《碑傳集補》卷五等。

《許文肅公遺稿》十二卷，爲陸徵祥與其外交部同事增輯《許竹筼先生出使函稿》而成。前十一卷爲其所作奏疏、函牘、電報及雜著，卷十二爲譯稿。集中所論外交、邊防、經濟事宜，多切實際，亦有實效。如《條陳海軍應辦事宜摺》主張重視臺灣之防，選購先進洋槍，選派弁勇赴德國練習駕駛鐵艦技術，籌洋款以裕軍需。《條陳演炮測算片》主張軍隊練習炮位測算。《附奏哈什河一帶應及早查勘以備屯牧片》主張加強邊防，以防外國侵入。《謹陳洋人測探新疆和闐一帶金礦情形摺》主張防備外人覬覦我國金礦。《請變通八旗兵制并選儲將校摺》主張變革軍制，并提出各種管理及操練之法。凡此皆能切中時弊。故陸徵祥像贊云："公之論議，能起其病，有

學與識，志慮尤忠。"

此書有民國七年鉛印本，今據復旦大學圖書館藏此本影印。（余祖坤）

### 適可齋記言四卷適可齋記行六卷　（清）馬建忠撰（第 1565 冊）

馬建忠（1844—1900），字眉叔。丹徒（今屬江蘇）人。清末洋務派重要官員，爲李鴻章幕僚，頗受倚重。建忠精通英文、法文、希臘文及拉丁古文，長於語言文字學。另著有《馬氏文通》等。《清史稿》有傳。

《適可齋記言》四卷所收皆爲建忠辦理洋務期間所作論說、書信及上書等。其論說及主張，皆對症下藥，透闢入微。如《鐵道論》："立富彊之基者，莫鐵道若也。"從籌款、創造、經理三端，詳述籌建鐵路之法。《上李伯相言出洋工課書》結合親身經歷，詳論歐洲各國政治體制之利弊得失。《上李伯相覆議何學士如璋奏設水師書》主張設立水師衙門，統領水師，并設五司、議事處以及稽察使，以便統一調度。《上李伯相論漠河開礦事宜稟》指出漠河地處邊遠，開礦之事，不宜招商舉辦，而應仿古屯田之法。《擬設翻譯書院議》提出欲改變外交及通商事務，必以譯書之事爲急務，故極力主張設立翻譯書院，培養翻譯人才，并詳細臚列其課程以及管理之法。諸如此類，不乏切實可行之見。故梁啓超序云："每發一論，動爲數十年以前談洋務者所不能言，每建一義，皆爲數十年以後治中國者所不能易。"《適可齋記行》六卷爲建忠從事外交事務期間所作日記，事無巨細，記之甚詳，頗具史料價值。

此書有清光緒二十二年刻本，今據該本影印。（余祖坤）

### 王文敏公遺集八卷　（清）王懿榮撰（第1565 冊）

王懿榮（1845—1900），字正孺，號廉生。

福山（今山東煙臺）人。光緒六年（1880）進士。擅楷書，亦以金石訓詁之學聞名。廣泛搜求文物古籍，漢印、甲骨多有收藏。最早發現甲骨文。至蜀地爲官，與顧復初、黃慶臨、羅振玉友善。八國聯軍入侵，懿榮時任京師團練大臣，率團練奮勇抵抗，寡難敵衆，遂投井死。諡文敏。著有《古泉精選》、《諸城李氏愛吾鼎齋金石拓本目》、《齊吉金室金文目》、《天壤閣叢書十七種》等。傳見《清史稿》、《清史列傳》卷六五。

所著《天壤閣集》不分卷，光緒二十一年於長沙自刻。後編爲《王文敏公集》八卷，劉承幹輯。卷一《經進稿》，卷二、三《奏疏》，卷四《求闕文齋文存》，卷五《正讀亭詩》，卷六《福山金石志殘稿》，卷七《天壤閣雜記》，卷八《漢石存目》。前有吳士鑒、樊增祥、劉承幹序及吳重憙跋。其《四庫全書懇恩特飭續修疏》建議續修《四庫全書》，反復論證，涉及續修工作之前期準備、人員遴選與後續安排。謂續修所録文獻，應包括市舶泛來前代流傳海外之書、乾隆以後通才碩學網羅散失采集逸佚復古再成之書、說經補史重注重疏精校精勘之書、天文算學輿地方志政書奏議私家撰著卓然經世之書。或先得者殘而重收者足，或沿稱者偽而改題者真。思路縝密，可見其用心。集中多考證漢印、彝器及古泉之文。其《正讀亭詩》亦多歌咏金石之作，如《秦權秦量歌》、《潘伯寅侍郎㳽喜齋搨先秦彝器歌》、《之罘秦刻石歌》等。

此書有民國劉氏《求恕齋叢書》本，今據該本影印。（唐元）

### 佩弦齋文存二卷首一卷佩弦齋駢文存一卷佩弦齋詩存一卷　（清）朱一新撰（第1565冊）

朱一新（1846—1894），字蓉生，號鼎甫，別號質庵、拙庵。義烏（今屬浙江）人。光緒二年（1876）進士。授編修。法越事起，數上書主戰，又嘗策畫海防之策。十一年轉陝西道

監察御史。以諫李蓮英閱海軍事觸怒慈禧太后，降主事，乞歸田里。十六年，應兩廣總督張之洞之聘，主講肇慶端溪書院，繼任廣州廣雅書院山長。其名著《無邪堂答問》，即講學廣雅書院時所論述。另著有《漢書管見》、《吉林形勢》、《拙盦叢稿》九種等。傳見《清史稿》、《清史列傳》卷六九。

《佩弦齋文存》卷首爲奏疏，朱一新力主抗法籌餉，自建海軍。如《請速定大計以揣危局疏》，呼籲定大計而固邊防。《和議未可深恃疏》，提出整飭海防以杜狡謀。又有《東三省就地籌餉片》、《敬陳海軍事宜疏》，皆立言慷慨，深切時事。其《無邪堂答問自叙》謂：“若狂者，若狷者，皆載道之器；若漢學，若宋學，皆求道之資。”可見其治學不泥於漢宋門戶之爭。又有與康有爲五篇論辯，與康氏力辯其新學僞經諸説，持之有據，於當時疑古風潮中能自樹立。一新認爲治經不如治史，不當沉浸於無可徵實，亦不行於當世之問題。其文散佚已多，從此文集中可見其博極群書之能，通經致用之志，當與《無邪堂答問》相參看。

此書有清光緒二十二年廣東龍氏葆真堂刻《拙盦叢稿》本，今據湖北省圖書館藏該本影印。（唐元）

### 漸西村人初集十三卷　（清）袁昶撰（第1565冊）

袁昶（1846—1900），原名振蟾，字重黎，一字爽秋，號漚簃。桐廬（今屬浙江）人。光緒二年（1876）進士，歷官徽寧池太廣道道臺、江寧布政使、光禄寺卿、太常寺卿。庚子之亂，因反對圍攻使館及對外宣戰，被殺。《清史稿》、《清史列傳》卷六三有傳。

袁昶出劉熙載、張之洞門下。爲近代宋詩派代表作家，與沈曾植同爲後期浙派魁首。袁昶“平生博極群書，出入仙釋”（《晚晴簃詩匯》），其詩“好用道藏佛典”（錢仲聯《近百年詩壇點將録》），陳衍《石遺室詩話》謂其“根

柢鮑、謝,而用事遣詞力求僻澀,則純乎祧唐抱宋者"。李慈銘以爲其"詩多爲別調,一意求新。佳處在此,病亦在此"。

《漸西村人初集》十三卷,卷一附録一卷,收詩七百餘首,紀年編次。前有自序,卷末有周壽昌、譚廷獻序,及李慈銘、沈曾植、易順鼎等題詞。

《漸西村人初集》有光緒二十年避舍蓋公堂刻本,今據以影印。(馬亞中　楊年豐)

**安般簃詩續鈔十卷**　(清)袁昶撰(第1565册)

《安般簃詩續鈔》十卷,爲"詩續甲"至"詩續癸",亦依年編次,所收詩作起光緒十一年(1885),迄光緒十九年,接續《漸西村人初集》,收詩七百餘首。有沈曾植序。"詩續庚"後有作者光緒十六年跋語:"村叟詩草草寫出,用活字排印,初意欲以供江鄉知舊一笑,俾審予頻年身世隱約之迹……寫情景句少而説理處猥多……"此集前八卷卷次下署"芳郭鈍叟",後兩卷署"漸西無名人"。"詩續壬"前有題詞、光緒二十年"芳郭無名人"所作序。

此本據清光緒袁氏小漚巢刻本影印。(馬亞中　楊年豐)

**于湖小集六卷金陵雜事詩一卷**　(清)袁昶撰(第1565册)

《于湖小集》六卷,附《金陵雜事詩》一卷。所收詩作起光緒十九年(1893),迄光緒二十三年,共收詩七百餘首。

此本據光緒袁氏水明樓刻本影印。(馬亞中　楊年豐)

**澗于集二十卷**　(清)張佩綸撰(第1566册)

張佩綸(1848—1903),字幼樵,一字繩庵,又字蕢齋。直隸豐潤(今河北)人。同治十年(1871)進士。光緒元年(1875)大考,擢侍講。中法戰爭時,以三品卿銜會辦福建海疆,督師馬江,遭敗績,遣戍察哈爾。光緒十四年

釋還,李鴻章延入幕。生平事迹見《清史稿》、陳寶琛《前翰林院侍講學士張君墓表》。

《澗于集》二十卷。文集二卷,收文九十九篇。詩四卷,依年編次,收詩五百六十餘首。電稿一卷,收電報九十通。譯署函稿一卷,收書信十九通。奏議六卷,收奏議一百六十六篇。書牘六卷,收書牘四百十四通。張佩綸遣戍後致力爲詩,取法蘇軾,并得力於李商隱、王安石。陳衍《近代詩鈔》稱其"詩筆剽健,所謂精悍之色,猶見眉間,與凄惋得江山助者,兼而有之"。

此集爲民國十五年張氏澗于草堂刻本,今據天津圖書館藏該本以影印。(馬亞中　楊年豐)

**人境廬詩草十一卷**　(清)黃遵憲撰(第1566册)

黃遵憲(1848—1905),字公度,別署人境廬主人、東海公、法時尚任齋主人等。嘉應州(今廣東梅縣)人。清光緒二年(1876)舉人,翌年任駐日本公使館參贊。調任駐美國舊金山總領事,駐英國公使館二等參贊,新加坡總領事。二十年(1894)回國任江寧洋務局總辦。改官湖南長寶鹽法道,署湖南按察使。著有《日本國志》。生平事迹見《清史稿》、梁啓超《嘉應黃先生墓志銘》。

《人境廬詩草》十一卷,依年編次,收古今體詩六百四十一首。多有記述海外所見及反映時事之作。黃遵憲早年即有"別創詩界"之論,循此,梁啓超、夏曾佑、譚嗣同諸人更有意識提倡"詩界革命"。黃遵憲主張"我手寫我口",其詩縱橫跌宕,氣勢流動,語言通俗,多引入新事物、新名詞,融匯新舊之詩境,表現新内容與新風格,表現全新詩歌創造。梁啓超稱"先生之詩陽開陰闔,千變萬化,不可端倪。于古詩人中獨具境界","以舊風格含新意境"(《飲冰室詩話》)。中年以後,因身涉政治,其詩多感慨時事,抒憂國憂民之情。如寫太平天國、甲午戰爭、庚子事變等詩被稱

爲"詩史"。

黃遵憲生前多次整理其詩,同治十三年於汕頭旅次首次整理,編成二卷,自序一篇;光緒十七年在倫敦再次整理,編成四卷,又作序一篇;光緒二十八年再做整理刪改,編成定本,共十一卷。黃遵憲去世後,其堂弟黃遵庚與梁啓超據其手定本,補其去世前所作二題五首,民國元年刊於日本,即《人境廬詩草》初印本(又稱辛亥本)。

今即據民國元年刊《人境廬詩草》初印本影印。另,民國二十年,黃遵憲孫黃能立據辛亥本再加校勘,於次年由上海商務印書館刊行,爲重校本。(馬亞中　楊年豐)

### 籀廎遺文二卷　(清) 孫詒讓撰 (第 1567 册)

孫詒讓(1848—1908),字仲容,號籀廎。瑞安(今屬浙江)人。同治六年(1867)舉人,官刑部主事。其父時任江寧布政使,乃從之任所。因與戴望、唐仁壽、劉壽曾相交,以學問相切劇。五應禮部試不第,遂專一以讀書著述爲事。傳見《清史稿》。

孫詒讓爲晚清一代大家,一生著述頗豐,有《周禮正義》、《周禮政要》、《墨子閑詁》、《名原》、《古籀拾遺》、《古籀餘論》、《籀廎述林》、《契文舉例》、《札迻》、《大戴禮斠補》、《宋政和禮器考》、《溫州古甓記》、《東甌金石志》、《永嘉叢書》等。其《籀廎述林》匯集平日考論文章,如《禮記鄭注考》、《白虎通義考》、《溫州經籍志叙例》等,精品所在皆是。所缺憾者,是集乃其身後所輯,多有遺漏,而體例亦草率。故其邑人陳準搜集詒讓之散佚文章,得雜文四十餘篇,詩詞十餘首,編爲此集二卷,與《述林》相輔而行。前有李笠、陳準序,收入多篇《述林》未收之重要學術文章,如《瑞安縣志局總例六條》、《微訪溫州遺書約》、《溫州古甓記叙》、《周禮政要叙》等。

此書有民國十五年石印本,今據上海圖書館藏該本影印。(唐元)

### 雪虛聲堂詩鈔三卷　(清) 楊深秀撰 (第 1567 册)

楊深秀(1849—1898),原名毓秀,字漪春、儀村等。聞喜(今屬山西)人。光緒十五年(1889)進士。授刑部主事,累遷郎中,官至山東道監察御史。戊戌政變時,與譚嗣同、楊鋭、林旭、劉光第、康廣仁一同被殺害,合稱"戊戌六君子"。傳見《清史稿》。

《詩鈔》卷一名《童心小草》,爲咸豐十年(1860)至同治十三年(1874)間詩作;卷二名《白雲司稿》,爲光緒元年至四年間詩作;卷三名《并垣皋比集》,爲光緒七年至八年間所作。詩鈔前有武育元序,以爲清代詩壇"講王孟者或失於孱弱;倣溫李者或病在纖縟",而深秀能"一空依傍而兼諸家之長"。然深秀實未能集諸家之長,通而觀之,實入韓孟怪奇一派,又頗有豪縱之氣。如《懷舊》:"結習從來喜論文,窮途何意復離羣。阮生一掬英雄淚,日向長空灑碧雲。"可見其豪情。《倣元遺山論詩絕句五十首》專論山西詩人,自冊丘儉、郭璞、孫楚下及清朝,可視作一簡短之山西詩史。其論王維:"詩中有畫調無絃,學佛真宜住輞川。解識維摩祖師語,漁洋殊得指頭禪。"論柳宗元:"誰妄言之誰妄聽,故將韋柳兩相形。漁洋不識唐靈運,真賞終輸野史亭。"對王漁洋有微詞。

此書有民國六年上海商務印書館鉛印《戊戌六君子遺集》本,今據上海圖書館藏該本影印。(唐元)

### 賀先生文集四卷　(清) 賀濤撰 (第 1567 册)

賀濤(1849—1912),字松坡。直隸武强(今屬河北)人。光緒十二年(1886)進士,授刑部主事。吳汝綸邀其主講信都書院,既仕,仍兼講席。中年染目疾,未幾失明,去官。傳見《清史稿》。

賀濤既師吳汝綸、張裕釗,又與徐世昌爲同年,故集中多有與此三人酬應之作。後二卷文,多是病目之後所作,筆耕不輟之志於此可見。前有徐世昌叙,歷述賀濤與桐城派之淵源,對其傳承地位給予極高評價。賀濤爲文,承桐城家法,而又多有獨創之識見。如《讀墨子》、《書史記游俠傳後》、《書三國志蜀志後》、《讀韓子》、《論左傳》等篇,皆能出前人之機杼。

賀濤卒後,徐世昌輯其所作,編爲《賀先生文集》四卷、《尺牘》二卷,民國三年刻於北京。今據該本影印其《文集》四卷。（唐元）

### 鬱華閣遺集四卷　（清）盛昱撰（第1567册）

盛昱(1850—1900),一名煜,字伯熙,又作伯希,或署伯羲、伯兮,號意園,別號韻蒔。愛新覺羅氏,滿洲鑲白旗人。肅武親王豪格七世孫。其母那遜蘭保,博爾濟吉特氏,乃滿洲女才子,有詩集《芸香館遺詩》傳世。光緒三年(1877)進士。改庶吉士,授編修,官國子監祭酒。十四年,典試山東。明年,引疾歸。家居有清譽,與沈曾植、繆荃孫同被稱爲“談故三友”。生平事迹見《意園文略》附楊鍾羲撰《事略》、《清史稿》等。

此集四卷,詩三卷共百零八首,詞一卷凡十五闋,自同治十二年(1873)迄光緒二十五年。詩中多存憂國之心,至爲沉痛。昱詩風多樣,古體奇偉警拔,近體瀏亮雋逸,然所謂“傷心缺月盧溝水,照盡朝京幾輩賢”(《將爲釜山之游出西便門宿盧溝橋寄陸申》),不論沉綿婉曲,或是浩氣磅礴,皆有悲苦不平之氣。

此書有上海圖書館藏清光緒三十四年留垞武昌寫刻本,今據以影印。又有光緒二十八年留垞楷寫朱印本、光緒三十一年上海有正書局石印本等。（張静）

### 意園文略二卷　（清）盛昱撰　附意園事略一卷　（清）楊鍾羲撰（第1567册）

楊鍾羲(1865—1940),姓尼堪氏,原名鍾慶,改鍾羲,冠姓楊,字子勤,號雪橋、雪樵等。世居遼陽(今屬遼寧)。光緒十五年(1889)進士,授翰林院庶吉士,散館授編修。歷任襄陽、淮安、江寧知府。與表兄盛昱合編《八旗文經》五十六卷,著《雪橋詩話》等。生平見《雪橋自訂年譜》。

盛昱與文廷式、柯逢時等以文章道義相友善,讀書無所不窺,考訂經史及中外史地皆精深過人。其文措辭典雅,又見其直臣風慨。今文集中奏疏,如劾兵部尚書彭玉麟自便身圖,啓功臣驕矜之漸,論提督吳長慶執李罡應出自誘劫,宜嚴予處分,當時士論咸服其遠見,推爲謇諤敢言。除詩文外,昱又著有《蒙古世系譜》,編《八旗文經》,輯《鬱華閣金文》、《成均課士録》、《雪屐尋碑録》、《康熙幾暇格物編》等,集中多存其序跋,可參其編纂原委。

此書有清宣統二年楊鍾羲金陵刻本,今據復旦大學圖書館藏該本影印。（張静）

### 師伏堂駢文二種六卷　（清）皮錫瑞撰（第1567册）

皮錫瑞(1850—1908),字鹿門、簏雲,號吉人。善化(今湖南長沙)人。光緒八年(1882)舉人,多次參加會試皆落第,乃潛心著書講學。戊戌變法失敗,以離經叛道,被驅逐回籍,并革除科名。後歷主桂陽龍潭書院,南昌經訓書院,充京師大學堂教習。皮名振撰有《皮鹿門年譜》。

錫瑞雖以經學名家,然自少以文名盛於湖湘,究心於詞賦,後以科考屢失,遂棄詞章議論,轉向經學著述。其駢文在當時頗有聲名,王先謙選《駢文類纂》收其數種。是集第一種二卷,第二種四卷。其駢文非逞詞章之長,而多爲論史之作,其用意在“折群言之淆亂,滌近事之苛煩”(第二種卷一《宙合堂談古自序》),從古今之變中探尋治亂之源、救時之策。又《春秋列國名臣序贊》、《漢雲臺中興諸將序贊》、《唐十八學士序贊》諸篇,品評前賢,寄望於奇傑英才出而扶危定傾,救亡圖存。

此書有清光緒二十一年師伏堂刻本,今據該本影印。(張靜)

### 師伏堂詩草六卷　(清)皮錫瑞撰(第1567冊)

錫瑞壯年篤志于詩文,其詩多述志。錫瑞年少便懷天下之憂,慷慨以救濟天下爲己任,如謂:"十歲諷群籍,二十游皇州。遂覽古今略,頗識安危籌。"(卷二《秋懷》之二)又篇中常比擬先賢,其整頓乾坤、澄清天下之氣慨可見。其由浙返鄉,有長江之行,見西洋輪船填塞江面:"樓臺處處開海市,一衣帶水誰能防。"(卷一《渡江南歸輪舟中作》)即有天塹不守之憂。

此書有清光緒三十年師伏堂刻本,今據該本影印。(張靜)

### 湘麋閣遺詩四卷　(清)陶方琦撰(第1567冊)

陶方琦(1845—1884),譜名孝邈,字子縝,一作子珍,號蘭當、湘湄,別號潠廬。會稽(今浙江紹興)人。同治六年(1867)舉人。光緒二年(1876)進士。改庶吉士,後以編修督學湖南。李慈銘弟子。生平事迹見《清史稿》、《續碑傳集》卷八一等。

此集四卷,存詩二百三十二首。其詩才雄而氣肅,尚古而韻長。有《海槎藏書甚富又好爲目錄之學書此報之》、《楊惺吾廣文自日本歸談所得古書甚多》諸詩,記楊守敬等收藏軼事,有資於藏書史之研究。

此書有清光緒十六年鄂局刻本,今據以影印。又有《琳青山館詩稿》一卷,《湘麋閣遺墨粹存》一卷,《潠廬初稿》四卷,《陶湘麋學使詩文遺稿》不分卷。(張靜)

### 漢孳室文鈔四卷補遺一卷　(清)陶方琦撰(第1567冊)

方琦師事同鄉李慈銘,治《易》鄭注、《詩魯故》、《爾雅》漢注、《淮南子》,又習《大戴禮》,故其文多論經商史,其中考訂經説,大都明證義訓,拾補遺義,忠古而不煽虛詞。然以其博通,遂下筆滔滔如泉。方琦性恬,嘗言:"讀萬卷書不如著一寸書。"故一生鋭於著作,篇目浩繁,後經從弟浚宣搜輯整理,統名爲《漢孳室遺書》,計一百零九種,二百餘卷。

此書有清光緒十八年徐氏鑄學齋刻本,今據該本影印。(張靜)

### 夷牢溪廬文鈔六卷　(清)黎汝謙撰(第1567冊)

黎汝謙(1852—1909?),字受生,一字受蓀,號牢溪生。遵義(今屬貴州)人。光緒元年(1875)舉人,八年,隨叔父庶昌使日,任日本橫濱領事,後官至廣東候補知府。因"墨誤"罷官,寓居貴陽,與僧人往來,或云卒於廟中。

汝謙爲文平實,不騖高遠誇漫之論。其論漢宋學,以爲不窮經無以明理,不明理無以致用,善學者務在體用同條,博約兼進。其言頗近亭林、梨洲。平生頗爲關注家國形勢,使日時,同蔡國昭合譯《華盛頓傳》,是集中存《華盛頓傳序》,可見其啓發民智之用心。又纂譯《日本地志提要》,其書序堪稱日本史綱。曾先後上書李端棻、張之洞、王秉恩等,闡發變法維新之迫切。又有《贈李鐵船觀察序》、《務本論送李鐵船觀察》二文,鼓勵開農工商賈之利,以求中國自立。是集無序跋,既刻於羊城,當經汝謙手訂無疑,惟歸黔後是否有文別存,則未可知。

此書有清光緒二十七年遵義黎氏羊城刻本,今據以影印。(張靜)

### 夷牢溪廬詩鈔七卷　(清)黎汝謙撰(第1567冊)

此集七卷,爲編年集,自同治十二年(1873),至光緒二十五年(1899),存詩共四百餘首。内容多記日本山川名勝與風俗人情,如《觀東照宮》,即咏德川家康之墓。又有與黎庶昌及黃遵憲詩,有裨於徵證。汝謙詩最擅叙事,抒寫胸臆,發語新警。以其游歷海外,博聞多見,又合身世窮通之憂樂,以故"其詩大有鵾鶚盤空,俯視凡禽之慨"(李受彤《序》)。黎汝謙論詩,以爲詩詞不可磨滅者大要有二,曰性情,曰辭藻。述性情者必極於真,本藻采者必極於工。其研詩遠溯於三百篇,窮流於歷代之作,所得者頗深。

　　此書有清光緒二十五年遵義黎氏羊城刻本,今據北京大學圖書館藏本影印。此外又有《牟溪生詩抄》四卷,稿本,國家圖書館藏。

(張静)

### 范伯子詩集十九卷　(清)范當世撰(第1568册)

　　范當世(1854—1904),初名鑄,字無錯,改名當世,字肯堂,號伯子。通州(今江蘇南通)人。歲貢生,曾入李鴻章幕。中年流徙江湖,客死旅邸。生平事迹見《清史稿》、金鉞《范肯堂先生事略》等。

　　《范伯子詩集》十九卷,卷首有姚永概撰《范肯堂墓志銘》。詩集編年。卷一收光緒四年(1878)至九年僅存之作,卷二至卷十九依年編次,收光緒十一年至三十年詩,皆標明行程足迹。范當世出張裕釗門下,并從吳汝綸游。詩受姚範、姚鼐以來桐城詩派影響,取徑蘇軾、黃庭堅,當世嘗自論詩法:"吾詩其實無意於學人,出手類蘇黃,亦所謂近焉者也。然恪士願吾取其所能而矯之,此亦極意自娱,何爲而不可?……依人與自立不同,爲己與爲人之各别也。"其詩奇肆兀傲,多反映晚清史事及民生疾苦,亦有自傷之作。吳闓生編《晚清四十家詩鈔》,取以冠首,選録最多。

　　此集爲光緒三十四年鉛印本,今據中國科學院圖書館藏該本影印。另有《范伯子文集》十二卷、《范伯子詩集》十九卷附《蘊素軒詩》四卷浙西徐氏民國二十一年校刻本。

(馬亞中　楊年豐)

### 文道希先生遺詩一卷　(清)文廷式撰(第1568册)

　　文廷式(1856—1904),字道希,號芸閣,亦作雲閣,又號叔子、羅霄山人,晚號純常子。萍鄉(今屬江西)人。光緒十六年(1890)進士,翰林院侍讀學士,兼日講起居注官,曾爲珍、瑾二妃之師。文氏才思敏捷,學識淵博,爲晚清政壇清議之領袖、帝黨之中堅,目睹清廷積弊,憂心如搗。甲午戰爭期間,曾多次上疏諫阻和議,爲慈禧所疾,擬重譴之,遂乞假回籍修墓以稍避,返京後復與陳熾、康有爲等倡立强學會。光緒二十二年遭楊崇伊參劾,褫職永不叙用,驅逐回籍。戊戌政變後,清廷密電訪拿,文氏逃匿於湘潭、漢口、上海等地。二十六年慈禧縱拳開釁,引發庚子之變,文氏四處逃竄,并曾一度出走日本。返國後參與唐才常發起之中國國會,又成爲清廷追捕之對象。在自立軍起事失敗後,諭旨"嚴拿務獲,即行正法"。爾後文氏淡出政治,專心著述,終致憂傷憔悴,賫志以歿。著有《雲起軒詩録》、《雲起軒詞鈔》、《晋書藝文志補注》、《純常子枝語》等。生平見胡思敬《文廷式傳》、汪曾武《萍鄉文道希學士事略》。

　　文氏論詞不囿於一家一派,認爲朱彝尊以張炎爲宗,"所選《詞綜》,意旨枯寂";對清末詞壇崇尚夢窗之風氣也多所抨擊,直斥"以二窗爲祖禰,視辛劉若仇讎"乃"巨謬"。文氏忠愛憤發,感時憂世之心、憤慨沉痛之情,一發之於詞,故其所作,凡涉及時政者,莫不托於比興,寄意幽微,乃常派家法;然其自寫胸臆之作,蒼勁悲涼,氣勢奔放,時有"照天騰淵之才,溯古涵今之思,磅礴八極之志,甄綜百代之懷"(《雲起軒詞鈔序》),又非常派所能局限。綜觀其詞,有近於辛、劉之作,亦有"直入《花間》之室"者。朱祖謀論其詞云:"閑金粉,曹鄶不成邦。拔戟異軍成特起,非關詞派有西江。兀傲故難雙。"(《望江南》)洵非溢美。

《文道希先生遺詩》,前有陳三立、陳詩、葉恭綽所作序,徐乃昌感賦二首。共收詩三百六十四首,葉恭綽校記後附續輯佚詩三首。廷式詩宗尚晚唐,亦多反映時政與國外新事物新思想之作。王賡謂其詩:"多涉同光掌故,其《落花》、《咏史》、《宮詞》諸作,類有所指,特詞旨隱約,驟讀不能辯耳。"(《今傳是樓詩話》)集中《和杜寫懷二首》、《四十初度自警》等詩,可見其平生襟抱志行。

文廷式所作先有《雲起軒詩録》一卷,光緒間鉛印。《文道希先生遺詩》爲民國十八年葉恭綽鉛印本,是葉氏多方"搜集越十載"而輯成,今據上海圖書館藏葉恭綽鉛印本影印。
(馬亞中　楊年豐)

## 衷聖齋文集一卷衷聖齋詩集二卷　(清)劉光第撰(第1568冊)

劉光第(1859—1898),字裴村。富順(今屬四川)人。光緒八年(1882)舉人,九年中進士,授刑部主事。二十四年,由湖南巡撫陳寶箴薦,得引見,加四品卿銜,充軍機章京,參與新政,與楊鋭、譚嗣同、林旭時稱"軍機四章京"。八月,政變作,與譚嗣同等共六人被害,時稱"戊戌六君子"。生平事迹見《清史稿》等。

劉光第通經學,治《周禮》及《禮記》,文詩俱勝。高楷稱其"工爲古文,雄厚肖昌黎",詩取法阮籍、李白、杜甫等,"不事雕琢,駘蕩自然"(《晚晴簃詩匯》)。詩歌中以感慨時政及山水詩爲最工。論者謂之"遠可追蹤柳柳州、阮石巢,近可手揖高陶堂、陳仁先、夏映庵"(胡先輔《評劉裴村介白堂詩集》)。

此《衷聖齋文集》一卷、《衷聖齋詩集》二卷,爲民國三年成都昌福公司鉛印《劉楊合刊》本,卷首有沈宗元所撰《刊緣》、高楷撰《劉楊合傳》、梁啓超撰《劉光第傳》及沈宗元題《校餘》。文集大約以文體分類,録家傳、事略、墓志銘、墓表、壽序、序、書、書後、記、雜

說、論、贊、跋、志、挽文,凡五十四篇。別有光緒三十年儷峰書屋刻本、清光緒間宜賓劉氏黎光閣抄本。光第之詩,原名《衷聖齋詩集》,友人杜心齋以其高節,易名《介白堂詩集》。今所傳《介白堂詩集》二卷,有光緒二十九年宜賓刻本,又國家圖書館藏《介白堂詩集》一種,爲光緒間宜賓劉氏黎光閣朱格抄本。民國三年沈宗元編校劉詩,以"杜氏未述其所旨",故仍從原名,爲《衷聖齋詩集》上、下二卷。沈氏於宜賓夒氏所刻《介白堂詩集》外,又從友人浙江抄本搜入七絕四首,由梁啓超詩話搜得五絕九首,冠於夒刻目次之前,復由劉仲韜處搜得七律四首,乃光緒二十四年所作,殿於後。此書與楊鋭所撰《楊叔嶠文集》一卷《楊叔嶠詩集》二卷,合爲《劉楊合刊》行世。

此本據遼寧省圖書館藏民國三年成都昌福公司鉛印《劉楊合刊》本影印。(馬亞中　韓逢華)

## 楊叔嶠先生詩集二卷楊叔嶠先生文集一卷　(清)楊鋭撰(第1568冊)

楊鋭(1857—1898),原字退之,後改字叔嶠,又字鈍叔,別號蟬隱。綿竹(今四川綿陽)人。光緒十一年(1885)舉人。張之洞弟子,入佐其幕。光緒十五年考授内閣中書。二十四年,由湖南巡撫陳寶箴薦,充軍機章京,參與新政。失敗遇害,爲"戊戌六君子"之一。另著有《隋史補注》、《北征日記》、《政學隨筆》等。事迹見《楊叔嶠先生文集》卷首梁啓超《楊鋭傳》、黃尚毅《楊叔嶠先生事略》等。

《詩集》二卷,"上卷乃從《蜀秀集》輯入,下卷則就其家藏稿編次者也。其早年之作,多屬《選》體,泰半詞腴於理,不免嚼蠟之嫌。佐張文襄幕時,已不爲之"(沈宗元校識語)。其作博采衆長,嘗擬謝康樂游覽詩、李長吉十二月詞、杜工部入蜀五古、梁簡文帝詩等,皆

言情必摯、體物貴妍、吐音尚婉、遣詞惟鮮之作。而言及時事之作，或憂國憂民，或憤世嫉俗，皆脱口而出，不喜苦吟。如《聞倭寇滅琉球》、《聞越南戰事》等篇感歎時事，直抒胸臆。《前蜀雜事》等則借古諷今，并於詩中加入詳細注釋。

《文集》一卷，卷首有梁啓超《楊鋭傳》，黄尚毅《事略》，沈宗元校識。按體分編，依次爲奏摺、表、露布、壽序、詞、賦、論、書後、碑、問、解、贊、銘、連珠各體。多爲代筆、擬作。如《代擬謝折》、《擬關外大軍收復伊犁賀表（代友人作）》，亦有擬前人之《擬陶淵明閑情賦》、《擬庾子山擬連珠》等。“如壽序、賀表諸篇，則喬皇典麗，甚屬可誦”（沈宗元校識語）。又《賈誼論》等篇，亦可見其借古喻今之情。

楊鋭所著先有《説經堂詩草》一卷，後輯爲《楊叔嶠集》三卷，内文集一卷，詩集二卷，沈宗元校，民國三年成都昌福公司鉛印《劉楊合刊》本，今據中國科學院圖書館藏該本影印。（唐芸芸）

### 寥天一閣文二卷莽蒼蒼齋詩二卷補遺一卷遠遺堂集外文二卷　（清）譚嗣同撰（第1568冊）

譚嗣同（1865—1898），字復生，號壯飛。瀏陽（今屬湖南）人。二十歲開始十年之游歷，“察視風土、物色豪杰”。光緒二十三年（1897），應湖南巡撫陳寶箴之聘，助其行新政，創設時務學堂、南學會等，倡導新學。次年七月被徵入京，授四品卿銜軍機章京。政變起，被害。著作另有《石菊隱廬筆識》、《仁學》等。生平事迹見《清史稿》、梁啓超《譚嗣同傳》等。

《寥天一閣文》二卷，收文凡二十八篇。《莽蒼蒼齋詩》二卷，收詩九十八篇，并補遺三十二篇，共一百三十篇，皆三十歲以前作。《遠遺堂集外文》二卷，凡《初編》詩文四篇，《附錄》文四篇，《續編》銘、像贊等十七篇，

《附錄》二篇。譚嗣同爲文學桐城派，論文主張駢散合一，不墨守章句，其古文雅健；作詩自謂初從李賀、温庭筠入手，轉而爲韓愈，爲六朝。後從事詩界革命，其學“以日新爲宗旨”，是維新派重要詩人，嘗試采西事、西語入詩。梁啓超謂“譚瀏陽志節學行思想，爲我中國二十世紀開幕第一人”。譚嗣同三十歲以後受“詩界革命”影響所作“新學”之詩，“獨辟新界而淵含古聲”。如《感舊》三首詩“沉鬱哀艷”；《留別湘中同志八篇》詩“沉雄俊遠”、“篇中語語有寄托”（《飲冰室詩話》）。錢仲聯謂其詩“皆寸心得失之言”（《近百年詩壇點將録》）。

民國六年，張元濟編纂《戊戌六君子遺集》，上海商務印書館鉛印，收譚氏《東海褰冥氏三十以前舊學四種》，光緒二十三年金陵刊本，上三集即出其中。此本據上海商務印書館鉛印《戊戌六君子遺集》本影印。（馬亞中　楊年豐）

### 覺顛冥齋内言四卷　（清）唐才常撰（第1568冊）

唐才常（1867—1900），字黻丞、佛塵。瀏陽（今屬湖南）人。光緒二十三年（1897）拔貢。曾任湖南時務學堂教習、南學會議事會友。江標創《湘學報》，唐才常爲撰述者之一，并於瀏陽創辦算學館、群萌學會，宣傳變法。戊戌政變後，組織自立軍，庚子以謀起兵，被戮於漢口。生平見《清史稿》、《碑傳集補》卷五七。

《覺顛冥齋内言》所收乃唐才常爲《湘學報》等所撰文章，主旨在宣傳變法。卷首有自序，倡言大同之道。持論率主康有爲“孔子改制”之説，并紹介外國政治、學術、法律、宗教等，引爲中國之參照，批判中國之時政，并討論當時中國與外國之交涉。紹介外國之文，如《最古各國政學興衰考》、《各國交涉源流考》、《各教考源》等，雖大都本自譯籍，但

爲國民引入新知，有開一時風氣之功。批判
及建言時政，如《時文流毒中國論》、《論中國
宜與英日聯盟》，言之切切。而《朱子語類已
有西人格致之理條證》，將朱子語與西人新
説一一比附，而引爲變法之用，亦爲新論。
《湘報序》積極宣揚報章文體之威力，認爲報
章文體應“義求平實，力戒游談”，以使普通
人“皆易通曉”。《公法學會叙》提醒國人，在
世界“日進文明”時代不思進取之危險。《瀏
陽興算記》則力倡研究、發展自然科學，尤以
算學爲重，呼籲學者努力推究，以與希臘、羅
馬以來西方科學成果“溝而通之，以供吾今
日文明之取用”。《各國政教公理總論》對西
方國會、教會、彌兵會、議院等制度及觀念全
面加以考察。唐才常文章力模龔自珍、康有
爲，充滿放眼望世界之激情，極富變法之意。

　　此書有清光緒二十四年長沙刻本，今據浙
江圖書館藏該本影印。（唐芸芸）

### 晚翠軒集一卷補遺一卷外集一卷遺札一卷附録一卷　（清）林旭撰（第 1568 册）

　　林旭（1875—1898），字暾谷。侯官（今福建
閩侯）人。光緒十九年（1893）舉人，在鄉爲閩
學會首領，又爲保國會會員。二十四年七月，
與譚嗣同等同授四品軍機章京，參與新政，上
諭多出其手。戊戌政變起，被害，爲“戊戌六君
子”之一。生平事迹見《清史稿》等。

　　林旭才氣橫溢，爲李鴻章所贊賞。其詩屬
近代同光體閩派，雖取徑陳師道，但上溯杜
甫、韓愈、孟郊，境界并不狹窄。陳衍稱其作
詩“力學山谷、後山，寧艱辛勿流易，寧可憎
勿可鄙”（《晚翠軒詩序》）。

　　《晚翠軒集》一卷，有光緒二十八年吴門鉛
印本，又有光緒三十一年閩縣李宣龔刻本，附
林妻沈孟雅撰《崦樓遺稿》。此後李宣龔又
輯補其遺作，有民國間鉛印《墨巢叢刻》本。
卷首有民國二十五年李宣龔序及陳衍撰傳，
凡《晚翠軒集》一卷、《補遺》一卷、《外集》一

卷、《遺札》一卷、《附録》一卷。《補遺》增録
遺詩十三首，《外集》録其應試文字，《遺札》
録其書簡，《附録》則爲諸家題詞。

　　此本據復旦大學圖書館藏民國鉛印《墨巢
叢刻》本影印。別有《晚翠軒集》二卷，稿本，
上海圖書館藏；又有《晚翠軒未刻稿》，見《青
鶴》雜志 1935 年 3 卷 7 期至 18 期，録文七
篇、詩十五首。（朱琴）

### 湘綺樓全集三十卷（文集八卷詩集十四卷箋啓八卷）　王闓運撰（第 1568—1569 册）

　　王闓運生平見前《楚詞釋》提要。

　　此集三十卷，含《文集》八卷、《詩集》十四
卷、《箋啓》八卷。《文集》八卷，分體編，收文
一百餘篇。《詩集》十四卷，編年排次，收道
光二十九年（1849）至光緒三十二年（1906）
詩。其中咸豐十一年至同治元年、光緒十年
至十四年，無詩。《箋啓》八卷，收書啓三百
五十七通。

　　王闓運學術淵博，貫通群經，申公羊家何休
之學。散文肆力於先秦及《史記》，駢文爲八
代高格。詩爲湖湘派魁首，宗法八代，下及盛
唐。陳衍謂“其所作於時事有關係者甚多”，
然亦指摘其“墨守古法，不隨時代風氣爲轉
移，雖明前後七子無以過之也”（《石遺室詩
話》）。王闓運經歷豐富，交往亦廣，所作箋
啓亦可窺其時人情世故，社會風潮。

　　此集有清光緒三十三年墨莊劉氏長沙刻
本，今據該本影印。另有衡陽東洲講舍彙刻
《湘綺樓全集》，收十九種。民國十二年長沙
湘潭王氏湘綺樓校刊彙印《湘綺樓全集》，收
二十六種。（馬亞中　楊年豐）

### 可園文存十六卷可園詩存二十八卷可園詞存四卷　陳作霖撰（第 1569 册）

　　陳作霖（1837—1920），字雨生，號伯雨，別
號可園。江寧（今江蘇南京）人。光緒元年
（1875）中舉。官教諭，歷任崇文經塾教習、

奎光書院山長、上江兩縣學堂堂長、江南圖書館典籍等。辛亥後任江寧縣志局總纂。畢生致力於搜集、編輯、出版南京地方文獻。生平事迹見《碑傳集補》卷五三。

《可園文存》十六卷,分類甚細。卷一解、說、答問、對,卷二廣義、辨、駁、釋、原,爲經史考辨之文。卷三皆論史,卷四議、書、啓、疏。卷五、六皆爲序,所論甚廣。卷七考、書後及跋,卷八碑、記,卷九游記。其餘各卷爲墓志、傳等各類文章。其駢文"沉博豔麗",散體亦流暢精煉,考證者皆有所據。

《可園詩存》二十八卷,以編年爲序,起道光二十六年(1846),止於宣統三年(1911)。分別以《燼餘草》、《泛梗草》、《觀濠草》等爲名,凡古今體詩一千七百七十二首。卷首有自序,自言詩境凡三變,少喜談經咏史,即景言情,弱冠以來遭寇亂,幽憂抑鬱,長歌告哀,此一變;壯年後運值中興,角勝名場,文章爾雅,此二變;老境侵尋,超然物外,山水方滋,此三變。詩中可見其一生之閱歷,"以當年譜可矣"。如談經咏史之《燼餘草》,分咏項籍、張良、伏生、司馬遷等,少年意氣,盡在其中。弱冠所作《觀濠草》,長篇雜詩增多,抒其憤懣。壯年之《泛湖草》,"起南山之霧豹,逐東野之雲龍"(自序語)。老境之《蠹窠草》,如《到杭州》一首:"老去游心仍未減,吳中景物況清妍",悠游之心躍然紙上。

作霖六十以後始學填詞。《可園詞存》四卷,分題《炙簧新譜》、《琴心閣憶語》、《洗紅篰曼調》、《花枝樓夢吟》,共一百五十八闋。卷首有自序。

此書有清宣統元年刻增修本,今據復旦大學圖書館藏該本影印。(唐芸芸)

## 石蓮閣詩六卷石蓮閣詞一卷石蓮庵樂府一卷
吳重憙撰 (第1570冊)

　　吳重憙(1838—1918),字仲憼,號石蓮。海豐(今山東無棣)人。同治元年(1862)舉人。例授工部郎中,官終江西巡撫。輯有《山東海豐吳氏石蓮閣匯刻九金人集》等。生平事迹見《四當齋集》卷八章鈺撰《海豐吳部墓志銘》。

卷首有自序,附《石蓮閣詩總目》十卷,卷七爲宣統二年(1910)以後罷官旅京之作,卷八至卷十爲辛亥以後旅津之作。卷七後爲嗣出,所以實際爲六卷。詩多古體,多記見聞感觸,詩意平實,集中題金石文物,有鑒別三代古器、考證史事之文,多注釋於詩內。

《石蓮閣詞》一卷,卷首李葆恂題識稱其"激楚語必出之以龢雅,衰颯語必出之以沉雄"。《石蓮庵樂府》一卷,爲七十七自壽所作北調長套一首,紀述一生經歷,表露心迹,亦別開生面。

此書有民國五年刻本,今據天津圖書館藏該本影印。(唐芸芸)

## 晦明軒稿不分卷 楊守敬撰 (第1570冊)

　　楊守敬(1839—1915),字惺吾,號鄰蘇。宜都(今湖北枝城)人。同治元年(1862)舉人。光緒六年(1880)至十年任駐日欽使隨員。回國後任兩湖書院教習、勤成學堂總教長。民國後任參政院參政。著有《水經注疏》、《日本訪書志》、《歷代輿地詳圖》等。傳見《清史稿》、《碑傳集補》集外文等。

卷首有守敬自序,共二十七篇,有論說、書、序等,內容爲輿地考論之文,間有《郭璞無水經注說》一篇。其文均基於博覽詳證,"每樹一義,各有依據","其所辨駁,大抵當世魁碩"(自序)。如《汪士鐸漢志釋地駁議》,據《漢書》等引證,旁徵博引,考出樂浪郡所領各縣來歷,并指出汪氏錯誤之根源,可見守敬"冀爲班、酈干城"之志。

此書有清光緒二十七年楊守敬鄰蘇園自刻本,今據上海圖書館藏該本影印。(唐芸芸)

**虛受堂詩存十六卷**　王先謙撰（第 1570 冊）

王先謙（1842—1918），字益吾，號葵園。長沙（今屬湖南）人。同治四年（1865）進士。歷官江蘇學政、祭酒。歷主思賢講舍、城南書院、岳麓書院。編著有《十朝東華錄》、《後漢書集解》、《詩三家義集疏》等。生平事迹見王興祖《葵園先生行狀》、彭清藜《王葵園先生家傳》、吳慶坻《王葵園先生墓志銘》等。

《虛受堂詩存》十六卷，編年排次，收錄自咸豐十一年（1861）至宣統元年（1909）詩歌一千三百餘首。門人蘇輿序。《晚晴簃詩匯》稱其"早歲作詩蒼涼沉鬱，雅近少陵，晚學東坡，益見變化"。

此本據上海圖書館藏清光緒二十八年平江蘇氏刻增修本影印。（馬亞中　楊年豐）

**虛受堂文集十六卷**　王先謙撰（第 1570 冊）

《虛受堂文集》十六卷，有陳毅、蘇輿序，分體編。王先謙學實有根柢，論文取桐城派之旨，考核詳密，其精力所注，多所爲纂輯之業，如《東華錄序》、《續古文辭類纂序》等，"然於學術源流、經説中失，辨析至明。觀是集所載諸書敘錄，可以知其瞭然於治學門徑……於湖湘後進，尤有擁篲清道之功"（張舜徽《清人文集別錄》）。

此本據上海圖書館藏清光緒二十六年刻本影印。（馬亞中　楊年豐）

**羅浮偫鶴山人詩草二卷外集一卷**　鄭官應撰（第 1570 冊）

鄭官應（1842—1922），又名觀應，字正翔，號陶齋，別號羅浮偫鶴山人。香山（今廣東中山）人。光緒四年（1878），納貲爲候補道員。歷任上海機器織布局總辦，輪船招商局會辦，漢陽鐵廠、粵漢鐵路公司總辦。官應於格致、製造之原理，船、鐵、路、礦諸要政，尤能獨攬巨綱，洞明本末。著有《救時揭要》、《易言》、《盛世危言》、《盛世危言後編》、《南游日記》等。生平事迹見吳尹全《偫鶴山人事略》（附《鄭觀應集》後）、夏東元《鄭觀應傳》。

卷首官應自序謂"於家國之事傷心慘目"，而"人微言輕"，故"隨手寫錄"，"以期上下一心，重見唐虞盛世"。其詩多感見聞，論時事，如《時文歎》、《南游有感》、《感時即事上盛杏蓀太常》等篇，於中西政教道藝，同光以來時事得失、人才消長之故，一篇之中三致意焉。詩多用歌行體，"不立崖岸，不尚修飾，隨事隸詞，稱情而言"（盛宣懷序），正其用心所在："救國苦心婦孺皆知，一覽即印入腦際，或於數十年後無人不憶及當時事勢。"《外集》一卷，多談玄咏仙之作。

所著先有《羅浮偫鶴山人詩草》一卷，《談玄詩草》一卷，北京大學圖書館藏。是集二卷外集一卷，有宣統元年著易堂鉛印本，今據上海圖書館藏該本影印。（唐芸芸）

**缶廬詩四卷別存三卷**　吳昌碩撰（第 1570 冊）

吳昌碩（1844—1927），原名俊，一名俊卿，字昌碩，別號劍侯、缶廬、苦鐵等，作品曾署名倉碩、蒼碩等。安吉（今屬浙江）人。少年即對篆刻產生興趣。同治四年（1865）隨潘芝畦學畫。五年從施旭臣學詩及各家書法。八年始研究金石。無意於功名，爲生計曾納粟爲尉，入吳大澂幕，司書露布之職，需次吳中，以書畫自給。民國元年（1912）始以字行，并刻印。二年，西泠印社竣工，被推爲社長。著述頗豐，另有《缶廬印存》、《缶翁墨戲》、《吳昌碩畫寶》、《吳昌碩花果冊》等。生平事迹詳見吳長鄴《吳昌碩先生年譜》、王家誠《吳昌碩傳》等。

昌碩詩境象超逸，奇崛自熹，詩味清遠閑致，然詩名向爲書、畫、篆刻所掩。昌碩自序云"無大題無長篇"，然如卷四《天津三烈婦詩》、《登大觀亭吊余忠宣墓》等，皆作五言長古。《缶廬別存》三卷，爲題畫詩、獵碣集聯、硯銘。昌碩善畫，常"信手補詩於其隙"。又"於篆者《獵碣》"，"因集《獵碣》字爲聯，以

應索篆者”，分四言、五言、七言、八言。又
“耆古磚……得輒琢爲硯，且鐫銘焉”，遂集
硯銘爲一卷。觀是集，正如昌碩自言：“不論
工拙，趁興而已。”

《缶廬詩》四卷、《缶廬別存》三卷，有清光
緒十九年安吉吳氏刻刊本，今據華東師範大
學圖書館藏該本影印。（唐芸芸）

## 愚齋存稿一百卷首一卷末一卷　盛宣懷撰（第 1571—1573 冊）

盛宣懷（1844—1916），字杏蓀，一字幼勗，
號次沂，又號補樓，別號愚齋，晚號止叟。武
進（今屬江蘇）人。以諸生授例爲主事，同治
九年（1870）入李鴻章幕，出任輪船招商局會
辦、督辦，任中國電報局總辦，改天津海關道，
充辦理商稅務大臣、郵傳部尚書。中國通商
銀行創始者，興辦南洋公學。生平事迹見
《清史稿》、《碑傳集三編》卷七。

此集卷一至卷二十爲奏稿，凡二百八十四
通，除謝恩例折外皆范官行政建言紀事之作，
舊時良策、經世大猷泰半萃於是（卷末呂景
端跋）。光緒二十五年十月《密陳補救時事
片》，對俄、法在中國修建鐵路甚是擔憂，“豈
有幅員廣大數萬里之國而受制於他人者
哉！”卷二十一至卷二十三爲電奏稿，主要涉
及開辦鐵路、礦務、稅務等，如《開辦鐵路總
公司請撥官款電奏》、《詳陳磋議約內礦務情
形電奏》，及賠款、賑災、改良等奏議，如《請
發國書婉商賠款辦法電奏》、《籌墊款項辦理
陝西義賑電奏》、《滬市乏米請借漕濟急電
奏》。電奏稿所及，均爲近代中國之大事，言
簡意深，直切時弊。如《預籌抵制各國干涉
財政電奏》，奏稿預算庚子還款年數及金額，
建議將約章十一款歸入善後，提醒政務處早
籌抵制各國於礦務爭利。卷二十四至一百爲
電稿。盛宣懷爲中國創辦電報之首功，常引
李鴻章言“所擬電報深得事多文少之訣”自
詡（呂景端跋），電文亦萃其政策，慷慨陳情，

見其運籌之智。

《愚齋存稿初刊》一百卷，民國十九年思補
樓刻。《愚齋存稿》一百卷，首一卷，末一卷，
有民國二十八年盛恩頤等刻本，今據該本影
印。（唐芸芸）

## 藝風堂文集七卷外篇一卷　繆荃孫撰（第 1574 冊）

繆荃孫（1844—1919），字炎之，號筱珊，一
作小山，又號藝風。江陰（今屬江蘇）人。光
緒二年（1876）進士。充國史館纂修、總纂。
張之洞設江楚編譯書局，聘之主其事。又奉
命赴日本考察學務。辛亥革命後受聘爲清史
館總纂。著作另有《煙畫東堂四譜》、《金石
目》等，編有《續碑傳集》、《遼文存》等。生平
事迹見夏孫桐《繆藝風先生行狀》及自編《藝
風老人年譜》。

《藝風堂文集》七卷，《外篇》一卷。分體
編。其中《遼故城考》諸篇考察遼至明各代
北京宮城，又六朝至宋金碑版墓志題跋一卷，
皆其學術精詣所在。

此本據中國科學院圖書館藏清光緒二十六
年印本影印。（馬亞中　楊年豐）

## 藝風堂文續集八卷外集一卷　繆荃孫撰（第 1574 冊）

《續集》八卷《外集》一卷，亦分體編。繆荃
孫精于藏書、目錄、校勘、史志等，長于考訂，其
中序跋之篇頗多，最爲精要可傳；考古之作不
多，“皆實切有用之文，是爲考史者所取資”
（張舜徽《清人文集別錄》），爲學者所必讀。
《續集》爲宣統二年編定，民國二年始刊行。

此本據中國科學院圖書館藏清宣統二年刻
民國二年印本影印。（馬亞中　楊年豐）

## 樊山集二十八卷　樊增祥撰（第 1574 冊）

樊增祥（1846—1931），字嘉父，號樊山，又
號雲門、天琴。恩施（今屬湖北）人。光緒三

年（1877）進士。官至護理兩江總督。入民國，任參政院參政，兼清史館事。生平事迹見蔡冠洛《清代七百名人傳》、賈逸君《中華民國名人傳》等。

樊增祥出李慈銘、張之洞門下，才華富贍。其詩“初涉温李，後溯劉白”（張佩綸序）。陳衍《石遺室詩話》謂其“才華富有，歡娛能工，不爲愁苦之易好”。汪辟疆評其詩曰：“胸有智珠，工於隸事，巧於裁對，清新博麗，至老弗衰……惟喜擷僻書，旁及稗史，刻畫工而性情少，采藻富而真意漓。千章一律，爲世詬病……”清亡後之作，則多率易庸濫。其駢文言辭華麗，鋪排自如。

《樊山集》二十八卷，有余誠格序、張佩綸序、顧曾烜序。詩二十四卷，文二卷，詞二卷，均編年，起同治九年（1870），迄光緒二十二年。卷各爲集。《京輦題襟集》附李慈銘、袁昶、陸廷黻等酬唱原作。卷二十一、二十二爲《東溪草堂詞》上下。卷二十三、二十四爲文集甲乙。

此本據清光緒十九年渭南縣署刻本影印。（馬亞中　楊年豐）

### 樊山續集二十八卷　樊增祥撰（第1574—1575冊）

《樊山續集》二十八卷，有陶在銘序及自序。詩二十五卷，詞三卷，編年續《樊山集》，起光緒二十二年，迄光緒三十二年。亦卷各爲集。卷二二爲《雙紅豆館詞賡》。卷二七、二八《二家詞賡》上下收陶方琦詞九十二首。

此本據清光緒二十八年西安臬署刻本影印。另有《樊山全集》二十八卷、《續集》三十二卷、《二家試帖》、《二家咏古詩》、《二家詞鈔》五卷、《公牘》三卷，有民國二年石印本。（馬亞中　楊年豐）

### 奇觚廎詩集三卷前集一卷補遺一卷　葉昌熾撰（第1575冊）

葉昌熾（1849—1917），字鞠裳，一字鞠常，晚年自號緣督廬主人，室名奇觚廎。長洲（今江蘇蘇州）人。光緒十六年（1890）進士。改翰林院庶吉士，散館授編修。二十七年，任甘肅學政。廢科舉，引疾歸。三十三年，朝廷開禮學館，充顧問官。葉昌熾治學以稽考、辨別目録、搜求異書與研究碑版著稱。另著有《藏書紀事詩》、《語石》等。其《緣督廬日記》歷時半世紀，清季政治、風俗、學術皆可藉此窺其痕爪，與李慈銘《越縵堂日記》、翁同龢《翁文恭公日記》、王闓運《湘綺樓日記》并稱晚清四大日記。

葉昌熾詩作除《詩讔》另編成卷外，多散存於日記中。卒後，先後由弟子潘祖年、舊幕汪壽金、祖年從孫承厚輯得，共三卷。上卷收光緒二十八年至三十一年詩，中卷收光緒三十二年至宣統三年詩，下卷收民國元年至六年詩。《前集》一卷，收光緒二年至二十六年日記所載及其他應存之作。《補遺》一卷，收光緒二十八年至三十三年詩，乃潘承厚補輯潘祖年所遺漏者。葉昌熾學識淵博，浸淫典籍，所作多隸事精切，托意深婉，堪稱學者之詩。又丁清末，國家多故，其詩多記其生平遭際，所歷興衰榮變，感懷之作，出自肺腑，多卓然可觀。章鈺序謂昌熾“辛壬之交，於變故始末，造成萬古傷心之局，不記不能，欲記不忍，則又紆回隱軫，自致其忠愛悲憫之懷，小德出入，亦未嘗自匿”，可謂知人論詩，得其委曲。

此書有民國十五年刻本，今據上海圖書館藏本影印。（周録祥）

### 奇觚廎文集三卷外集一卷　葉昌熾撰（第1575冊）

此集爲葉昌熾卒後，門人潘祖年檢搜遺稿編成。卷上爲書序，凡三十四篇。卷中爲考釋題跋之類，凡五十一篇。卷下爲墓志、碑銘、傳記、哀誄之類，凡三十一篇。《外集》爲壽序十一篇。葉昌熾治學精勤，幾於無所不窺，於目録、碑版之學尤有專攻，故文集中多序跋、考證之文,往往溯源考索,持論謹嚴,時發妙理,雖篇帙無多,而不乏佳構。如《許學叢書序》,考辨字書流別,條分縷析。《古本易鏡序》於易學分派易同離合,考察特精。《丁氏持静齋書目序》能深明於録略之義例,更顯其目録學之精深。《歲寒勁節圖詩序》、《延秋館詩跋》、《李審言製齋駢文序》等,可略考葉氏之論詩、論文旨趣。而《奇觚廎百衲帖自序》、《語石自序》、《藏書紀事詩自序》、《邠州石室録自序》諸篇,尤可見其平生治學脈落,可作學術史之佐證。他如《克鼎釋》、《釋鐙》、《釋幢》諸作,及《跋石刻無量壽佛經》、《跋東坡石刻》等跋,俱見其目録、金石學之精研功夫。至於祝頌哀誄諸體,亦能各盡其長,不墮平庸。據民國《吴縣志》卷一一,昌熾著有《奇觚廎文集》八卷,則其文散佚尚多。

此書有民國十年刻本,今據遼寧省圖書館藏該本影印。(周録祥)

## 八指頭陀詩集十卷述一卷續集八卷八指頭陀雜文一卷　釋敬安撰(第1575冊)

釋敬安(1851—1912),號寄禪,俗名黄讀山。湘潭(今屬湖南)人。同治七年(1868)出家,受戒於南岳祝聖寺,上衡州岐山仁瑞寺,充苦行僧。光緒元年(1875)至鎮江金山寺,從大定和尚參禪。遍參杭州、寧波各地名宿,至阿育王寺佛舍利塔前禮拜,燃二指供佛,自是號"八指頭陀"。十年返湖南,主持諸大名刹。與鄧輔綸、王闓運游,入碧湖詩社。二十八年赴寧波主持天童寺。創僧教育會,被推爲會長。辛亥革命後,中華佛教總會成立,首任會長。民國元年(1912),於北京法源寺圓寂。生平事迹見釋太虚《中興佛教寄禪和尚傳》、馮毓孿《中華佛教總會天童寺方丈寄禪和尚行述》等。

敬安之詩,宗法六朝,以擅長寫白梅詩,得"白梅和尚"之號,與"紅梅布政"樊增祥并稱。"中年以後,所交多海内聞人,詩格駘

宕,不主故常,駸駸乎有與鄧(白香)王(湘綺)犄角之意"(葉德輝序)。其詩曾由陳伯嚴、王佩初、葉德輝等編刊爲十卷,其未刊者八卷,亦作者自定。敬安殁後,楊度收其平生詩文遺稿以歸,略爲釐定編次合刻,附以雜文一卷,都爲十九卷行世,民國八年北平法源寺住持道階刊行。此本卷首有光緒十三年、光緒十四年王闓運序二篇,又有葉德輝、楊度序。《詩集》卷末附作者自《述》一篇,略述生平。

此本據華東師範大學圖書館藏民國八年北京法源寺刻本影印。敬安別有《嚼梅吟》二卷,收詩三百首,有光緒七年四明刻本。又有《寄禪遺詩》一卷,民國五年東莞張伯楨刻。(馬亞中)

## 向湖邨舍詩初集十二卷　趙藩撰(第1575冊)

趙藩(1851—1927),字樾村,一作越村,號介庵,別號蝯仙,晚號石禪老人。劍川(今屬雲南)人,白族。光緒元年(1875)舉人。曾佐雲貴總督岑毓英幕,參與援助劉永福黑旗軍,以功保舉直隸州知州。十九年,選官四川,歷任籌餉局提調、酉陽知州、川東保商辦督辦,署永寧道,遷四川按察使。辛亥革命起,任雲南獨立軍政府迤西巡按使兼攝騰越關道。次年當選衆議院議員,1915年參加蔡鍔護國軍討袁,任雲南團防局總辦,1917年赴廣州,任護法軍政府交通部長。晚任雲南圖書館館長,從事鄉邦文獻整理,主編《雲南叢書》等。

趙藩性耿介孤高,篤學堅苦,少更喪亂,又洞達治術。故其詩"不無峭厲抑塞、猖狂恣肆之言,要歸諸惻悱"(吴式釗序)。此集以年編次,自同治三年(1864)至光緒十二年,共存古今體詩凡六百八十五首。集中咏清季時事、滇土風物,"遒壯之音,幽秀之采"(吴式釗序)兼而有之。吴式釗序謂"雖危苦伊鬱語,無不嶸嶸婉愜",確爲的評。

此本據華東師範大學圖書館藏清光緒十四年長沙刻本影印。另有《向湖邨舍詩二集》二十六卷、《三集》二十六卷,《別集》四卷、《小鷗波館詞鈔》四卷、《向湖邨舍文集》二十卷、《駢文集》八卷、《介庵楹句輯鈔》一卷、《續編》一卷等。又有《趙樾村詩選》一卷,王燦輯入《滇八家詩選》。又有《介庵函稿》稿本二冊。(周錄祥)

### 張季子詩録十卷　張謇撰(第1575冊)

張謇(1853—1926),字季直,號嗇庵。通州(今江蘇南通)人。光緒二十年(1894)一甲第一名進士。倡預務立憲公會,并任江蘇諮議局長。宣統三年(1911),任中央教育會會長。辛亥革命後,任南京臨時政府實業總長,又在北京任農林工商總長兼水利局總裁。著有《張季子九録》八十卷,附編十卷。生平事迹見湯志鈞《戊戌變法人物傳稿》、張孝若《南通張季直先生傳記》等。

《張季子詩録》十卷,編年排次,收自同治三年(1864)迄宣統元年詩五百四首。其詩兼學唐宋。林庚白《麗白樓詩話》稱:"同光詩人什九無真感,惟二張(張之洞與張謇)爲能自道其艱苦與懷抱。"

此本據華東師範大學圖書館藏民國三年鉛印本影印。(馬亞中　楊年豐)

### 抱潤軒文集十卷　馬其昶撰(第1575冊)

馬其昶生平見前《屈賦微》提要。

《抱潤軒文集》十卷,分體編,有論辨、雜著、序跋、書説、贈序、碑志、傳狀、雜記、哀祭等類,文皆紀年。篇後有吳汝綸、陳三立等評語。馬其昶早年師事張裕釗、吳汝綸,爲文恪守桐城派宗旨。"其爲文思深辭惋,言雖簡而意有餘,幽懷微旨,感喟低徊"(劉聲木《桐城文學淵源考》)。

此集爲宣統元年安徽官紙印刷局石印本,爲馬其昶文集最早版本。今據上海圖書館藏該本影印。另有民國十二年北京刊行《抱潤軒文集》二十二卷,有陳三立、王樹枏序,爲最後之定本。(馬亞中　楊年豐)

### 散原精舍詩二卷　陳三立撰(第1576冊)

陳三立(1852—1937),字伯嚴,號散原,晚號散原老人,別號神州袖手人。義寧(今江西修水)人。清光緒十二年(1886)進士,官吏部主事。戊戌政變後,父寶箴被賜死,三立常往來南京與南昌間。晚年遷居北平,日軍侵占北平,絶食五天而逝。生平事迹見歐陽竟無《散原居士事略》、吳宗慈《陳三立傳略》等。

《散原精舍詩》二卷,編年排次,起光緒二十七年,迄三十四年。所作多涉庚子後至清亡前時事。陳三立爲近代同光體江西派魁首,凝煉奧衍,取徑黃庭堅而自創面目。梁啓超《飲冰室詩話》稱"其詩不用新異之語,而境界自與時流異,濃深俊微,吾謂於唐宋人集中,罕見其比"。歐陽竟無《散原居士事略》稱其"發於政不得以政治稱,寓於詩而亦不可以詩人概也"。

此本據天津圖書館藏宣統元年上海商務印書館版鉛印本影印。(馬亞中　楊年豐)

### 石遺室詩集六卷補遺一卷石遺室文集十二卷　陳衍撰(第1576冊)

陳衍(1856—1937),字叔伊,號石遺。侯官(今福建閩侯)人。光緒八年(1882)舉人,曾入臺灣巡撫劉銘傳幕。戊戌政變後,張之洞邀往武昌任官報局總編纂。後官學部主事,任京師大學堂教習。清亡後,講授廈門大學、暨南大學等。著作繁多,《石遺室叢書》收録自著十種,又有《石遺室詩話》、《近代詩鈔》、《遼詩紀事》等。生平事迹見唐文治《陳石遺先生墓志銘》、湯志鈞《戊戌變法人物傳稿》等。

陳衍學識宏博,尤致力於詩,爲近代同光體

閩派首領。自爲詩宗法楊萬里,以用筆曲折取勝,關懷國事民生者不多。亦工古文,雅健清挺,足以名家。

《石遺室詩集》六卷,編年,起光緒三年迄三十四年。詩人自序其詩爲"閑居及游覽之作"、"行旅之作,有歌勞之思焉"。另《補遺》一卷,收三卷之外詩七十餘首,編年。《石遺室文集》十二卷,分體編。

此本據清刻本影印。另有民國二十四年《石遺室叢書》本。(馬亞中)

## 丁戊之間行卷十卷　易順鼎撰（第 1576 冊）

易順鼎(1858—1920),字仲碩,一作中實、中碩,又字實甫,號眉伽,又號哭庵。龍陽(今湖南漢壽)人。光緒元年(1875)舉人,以同知候補河南,尋補道員。張之洞總督兩湖,招之入幕。後歷任廣西右江道、廣東欽廉道等。入民國,任印鑄局參事,兩署印鑄局局長。著述凡二十餘種。生平事迹見自撰《哭庵傳》、程頌萬《易君實甫墓志銘》等。

易順鼎駢文詩詞俱工,詩最特出,才華富有,藻采繽紛,於清末湖湘詩人中,異軍突起。與樊增祥齊名,世稱"樊易"。陳衍《石遺室詩話》謂:"樊山始終不改此度,實甫則屢變其面目,爲大小謝,爲長慶體,爲皮陸,爲李賀,爲盧全,而風流自賞近於溫李者居多。雖放言自恣,不免爲世所訾謷,然亦未易才也。"

《丁戊之間行卷》十卷,卷首有自序。卷一賦,卷二駢文,卷三至卷七爲古今體詩,卷八爲詞,卷九爲南北曲,卷十附錄癸酉至乙亥作湘絃詞。皆爲十九、二十歲所作。

其作大多爲自刻本。近世前不久所撰《琴志樓編年詩自記》中曾自述:"余刻詩最早,十五六歲時即刻《眉心室悔存稿》。以後所刻則有《丁戊之間行卷》、《摩圍閣詩》、《出都詩錄》、《樊山沌水詩錄》、《吳蓬詩錄》、《蜀船詩錄》、《巴山詩錄》、《錦里詩錄》、《峨嵋詩錄》、《青城詩錄》、《林屋詩勝》、《廬山詩鈔》、《游梁詩勝》、《四魂集》、《湘社集》、《湘壇集》、《江壇集》、《魂西集》、《囂園詩事》、《魂南續集》、《廬餘集》、《宣南集》、《嶺南集》、《甬東集》、《廣州集》、《高州集》、《癸丑詩存》。"

此本據上海圖書館藏清光緒五年貴陽刻本影印。(馬亞中　楊年豐)

## 盾墨拾餘十四卷　易順鼎撰（第 1576 冊）

《盾墨拾餘》十四卷,卷首有嚴家瑫序。分奏疏、雜稿、電信、《魂北魂東雜記》、《魂南記》、《四魂集》、《四魂外集》。有編年。電信共一百一十一函,現當時陳伯嚴等人爲時事奔走之狀。《魂北魂東雜記》叙甲午戰事甚詳。《四魂外集》收譚獻、黃遵憲、王先謙、林鶴年諸人之作。

此本據上海圖書館藏清光緒二十二年刻《哭盦叢書》本影印。(馬亞中　楊年豐)

## 青郊詩存六卷　梁煥奎撰（第 1576 冊）

梁煥奎(1868—1931),字璧垣,號星甫,晚號青郊居士。祖籍廣西桂林,避戰亂落籍湘潭(今屬湖南)。少勤苦力學,光緒十九年(1893)舉人。受維新思潮影響甚深,致力於發展湖南礦業。民國七年(1918)破產後,寓居上海,學佛度日。1931 年病逝。

煥奎十六歲隨父宦游南京,常從鄧輔綸學詩,此後雅好吟咏。早歲於古體致力甚專,由三百篇以通漢魏六朝。其五古博奧有法,過於其師。光緒間三游日本,親朋酬唱,流連光景之作,則多爲近體,乃少時所不爲者。其近體亦無專工,大抵以李義山、黃山谷、陳後山爲矩矱,以期通於杜陵。其中多關乎游迹,又每逢時事,即有感慨,亦可與史相參證。晚歲所作,如《憶廬山小天池別舍》、《遣興》等,而亂離之感,慨乎其言。

此集爲其晚年自訂,收光緒二十九年東游

以後,至民國元年以前所作詩。有民國元年梁焕均長沙刻本,今據上海圖書館藏該本影印。又有《澹廬詩集》八卷附《書牘》一卷,民國十一年鉛印。晚年自定所作,編爲《青郊六十自定稿》四卷,民國十六年鉛印。

(周録祥)

## 嶺雲海日樓詩鈔十三卷選外集一卷　丘逢甲撰(第1576册)

丘逢甲(1864—1912),字仙根,别署海東遺民、南武山人、倉海君。辛亥革命後以倉海爲名。祖籍嘉應州鎮平縣(今廣東蕉嶺),生於福建省臺灣府淡水廳。光緒十五年(1889)進士。授工部虞衡司主事,後棄官歸。先後主臺灣衡文、邏山、崇文書院。甲午戰争後,迭電清廷,反對割讓臺灣,擁唐景崧成立"臺灣民主國",自任大將軍以副之,組織義軍,抵禦日軍。失敗後,内渡廣東,歸居鎮平。光緒二十三年始,主講潮州韓山、東山、景韓書院,二十七年創辦嶺東同文學堂。三十一年,任兩廣學務處視學。宣統元年(1909),任廣東咨議局副議長。武昌起義後,任廣東軍政府教育部長,赴南京參加籌建臨時中央政府,當選爲參議院議員。扶病南歸,旋卒。生平詳見丘晨波、黄志平《丘逢甲年譜簡編》,丘鑄昌《丘逢甲評傳》等。

丘逢甲少有詩名,後曾於臺灣組織櫟社,又積極響應梁啓超"詩界革命"。梁啓超贊其爲"近世詩家三傑"。今所存詩以懷念臺灣及感憤時事之作最爲突出。《愁雲》、《春愁》、《往事》、《送頌臣之臺灣》、《夏夜與季平肖氏臺聽濤追話舊事作》及前後《秋懷》等,傾訴臺灣淪亡之悲憤,抒寫思念故園之愁情、恢復失土之壯志。《香港書感》、《海軍衙門歌》、《聞膠州事書感》、《汕頭海關歌寄伯瑶》、《答敬南見贈次原韻》等,皆特色鮮明,體現其"重開詩史作雄談"(《論詩次鐵廬韻》)之創作追求。其作不爲格律所拘,好用俗語新詞。其短在騁筆而書,率直而少含蓄。

丘逢甲早年有《柏莊詩草》,爲内渡前作品。内渡後所作,由其弟編爲《嶺雲海日樓詩鈔》十二卷,民國二年粵東編譯公司刊印,收詩始光緒二十一年,終民國元年。民國二十五年中山大學鉛印本作十三卷,分原書第五卷"己亥稿"爲上下二卷,又另輯選外集一卷。今據復旦大學圖書館藏該本影印。

(周録祥)

## 松壽堂詩鈔十卷　陳夔龍撰(第1577册)

陳夔龍(1857—1948),字筱石,一作小石,别號庸庵居士、花近樓主。父以知縣官黔省,卒於黔,故占籍貴陽府(今貴州貴陽市)。幼年失怙家貧,賴母姜氏紡織爲生,光緒十二年(1886)進士,歷任兵部主事等職,官終直隸總督。著有《水流雲在圖記》、《夢蕉亭雜記》,詩集《松壽堂詩鈔》、《花近樓詩存》、《壁水春長集》等。生平事迹見《辛亥人物碑傳集》卷一三高振霄撰《墓志銘》等。

陳夔龍少習舉業,未能專精理咏,"未得以湛深微妙之思,闡發意象"(自序),幸先後受王闓運、俞樾影響,詩格稍變。汪國垣《近百年詩壇點將録》謂"庸庵詩平澹乏意境,雖喜爲之,實不甚工,晚寓滬濱,較前略勝,尚不逮善化相國也",陳田序所謂"五言深於儲柳,七字妙合錢郎",皆過於溢美,未足據也。其詩所可寶者,爲其晚年詩作多寓家國身世之感,遺民心態顯露無遺。又部分詩作反映時事,保留當時典制風俗,可資考證。至於酬唱之作,則亦略可考見當時名流交往情狀。

此集爲宣統三年京師刻本,按年編次,卷各有名,依次爲《壯游集》、《燕臺集》、《淮浦集》、《大梁集》、《蘇臺集》、《征鴻集》、《鶴棲集》、《北門集》、《北門續集》、《偕園集》,大抵與其仕履相應。今據該本影印。

(周録祥)

## 楚望閣詩集十卷　程頌萬撰（第 1577 冊）

程頌萬（1864—1932），字子大，號十髮居士。寧鄉（今屬湖南）人。少孤，就學於從兄頌藩。後入湖廣總督張之洞幕府，長住武昌，以例貢生員提舉銜、湖北候補通判加二級提調湖北自强學堂。曾任湖南岳麓書院山長。與姚肇春等結湘社於長沙。事迹見自編《十髮老人年略》、陳寶書《十髮先生年譜》與《年表》等。

程頌萬詩詞文皆有造詣，著作甚富。汪國垣《光宣詩壇點將録》有"早傳絢爛晚堅蒼"之評。此《楚望閣詩集》爲早年所作，"得諸樂府爲多，故才藻艷發"（《光宣詩壇點將録》）。

程氏生平著述數十種，合刊爲《十髮居士全集》。此《楚望閣詩集》十卷，爲《十髮居士全集》之四，光緒二十七年春刊於長沙。各卷按體編排，凡古近體詩六百五十一首，"視初刻本，增二百篇"（《自記》）。今據復旦大學圖書館藏該本影印。（周録祥）

## 石巢詩集十二卷　程頌萬撰（第 1577 冊）

此集楊觀圭序云："最録近所爲詩，凡十二卷。"凡古近體詩六百六十二首，附録詩六十五首，文二首。卷一至卷七爲古今體詩，以時編排，卷一至卷七爲光緒二十七年至宣統三年詩，卷八爲畫石絶句一百二十首，卷九爲閑山社詩，與梁鼎芬、顧印愚、楊觀圭、李孺四人之迭相唱和，卷十爲宣統三年社集分韻詩，及楊觀圭等和詩，卷十一、十二卷爲《江風集連句詩》，録居武昌時與友朋新式聯句。楊觀圭序述其始末，略曰張之洞既去楚任江督，"當事中蜚語頗繩引報批之"，頌萬不以爲意，耽於園林之勝，集中諸作，多出於此。汪國垣《光宣詩壇點將録》評此集爲"沉著"，與前《楚望閣詩集》之"才藻艷發"，後《鹿川田父集》之"堅蒼"又有不同。蓋頌萬詩前後數變，各集互有擅場。

此集爲民國十二年武昌刻《十髮居士全集》之第二種，今據該本影印。（周録祥）

## 太炎文録初編六卷補編一卷　章炳麟撰（第 1577 冊）

章炳麟（1869—1936），初名學乘，字枚叔，一作梅叔，改名絳，號太炎，別署絳叔、支那夫、陸沈居士、中華民國遺民等。餘杭（今屬浙江）人。早年師從俞樾治經史。後加入强學會，投身戊戌變法。任上海《事務報》撰述。又曾入張之洞幕，在武昌辦《正學報》。變法失敗，亡走日本，識孫中山。光緒二十八年（1902）年發起中夏亡國紀念會。又在上海與蔡元培共組中國教育會，繼又成立光復會。在《蘇報》發表《駁康有爲論革命書》，并爲鄒容《革命軍》作序，多有排滿革命言論。《蘇報》案發，與鄒容先後入獄。出獄後至日本，入同盟會，主編《民報》。辛亥革命後回國，任孫中山總統府樞密顧問。二次革命，參加討袁，遭袁禁錮。民國六年（1917），入護法軍政府，任秘書長。"五四"運動後，倡導復古。"九一八"事變後，主張抗日。先後主編《華國》、《制言》雜志。晚年僑寓蘇州，創辦章氏國學講習所。著作繁富，有《章氏叢書》、《續編》、《三編》。生平事迹見黃侃《太炎先生行事記》、汪東《章先生墓志銘》等。

《太炎文録初編》著録爲六卷，實爲五卷。内《文録》二卷，爲早年詩文結集，收單篇詩文一百二十餘篇。《別録》三卷，收政論文及學術論文三十九篇，多爲章太炎主編《民報》時所作。又《補編》收文八篇。金東雷《章太炎先生詩辨論旨》謂其"文章經術，巍然一代宗匠，論文則右魏晉而薄唐宋，於古今少許多迕；論詩亦然，不取宋詩，駸駸乎上窺葩經矣"。錢仲聯《近百年詩壇點將録》評其詩以"地走星飛天大聖李袞"當之，并稱"太炎學人，詩非所措意。然早年所作五律，頗高簡，後來入集諸詩，學漢魏樂府，詰屈古奧，與其論詩之主張相合。其自書丙辰出都以後詩,高古而彌近自然"。其詩文皆感慨時政,思想内容充實。

此本據民國六年至八年浙江圖書館刻《章氏叢書》本影印。(馬亞中　楊年豐)

### 静庵文集一卷詩稿一卷　王國維撰(第1577冊)

王國維(1877—1927),初名國楨,字静安,又字伯隅,號觀堂。海寧(今屬浙江)人。諸生。光緒二十七年(1901)由羅振玉資助赴日本留學,翌年因病歸國,執教南洋公學虹口分校、南通師範學堂、江蘇師範學堂。辛亥革命後隨羅振玉赴日本五年,從事古器物及古文字研究。民國五年(1916)回上海,任明智大學教授。後任清華大學研究院教授。生平著述約六十餘種,輯爲《王忠愨公遺書》、《海寧王静安先生遺書》、《觀堂集林》等。事迹見羅振玉《海寧王忠愨公傳》等。

《文集》一卷,收文十二篇,自序謂"存此二三年間思想上之陳迹"。所收多爲其研讀叔本華哲學之心得,如《叔本華之哲學及教育學説》、《叔本華與尼采》、《書叔本華遺傳説後》等。《紅樓夢評論》一篇亦根植於叔本華哲學。亦有關涉教育科學者,如《教育偶感四則》、《論平凡之教育主義》等。其他《論性》、《釋理》、《國朝漢學派戴阮二家之哲學説》、《論近年之學術界》,亦研究中西哲學之成果。《詩稿》一卷,收古今體詩五十首,多爲其在南通、蘇州任教員所作,語言較直白,略類放翁。其中七律之作多二字標題,善用比興,寄意遥深,時得唐人神旨,如《雜感》(側身天地苦拘攣)、《出門》(出門惘惘知奚適)等,用典精切,富於理致。此詩稿所收詩骨力較弱。清亡後,王國維與沈曾植游,多得其教,詩有簡雅之致,而寄興之深,則又勝於早年。觀堂自述:"要之,余之性質,欲爲哲學家則感情苦多,而知力苦寡;欲爲詩人,則又苦感情寡而理性多。"宜乎其詩理過乎

辭也。

此書有清光緒三十一年鉛印本,今據該本以影印。(周録祥)

# 總 集 類

### 唐寫本文選集注一百二十卷(存二十四卷)(第1578—1580冊)

唐寫本《文選集注》一百二十卷,現存二十四卷。佚名撰。原藏日本金澤稱名寺。最早著録於日本新見正路《賜蘆文庫書院儲藏志》,其後又經澁江全善、森立之《經籍訪古志》著録而爲學界所知。賜蘆文庫所藏係金澤文庫流出之卷第五十六、卷第一百十五、卷第一百十六殘卷,署"金澤文庫卷子舊鈔本"。是此書原藏金澤文庫,後因故流散。原貌已不可知,後人據現存《集注》卷第與刻本對證,判斷該書應爲一百二十卷,現僅存二十四卷,分別藏於日本金澤文庫、東洋文庫、宮内廳及私人處。中國天津圖書館、臺灣"中央圖書館"亦各藏二卷,北京國家圖書館則藏有一殘葉。

此書編撰者及年代,日本學者多判斷爲日本平安朝寫本,中國學者多判斷爲唐寫本。歷來聚訟紛紜,而不能論斷。近有學者以此書原爲日本平安朝中期大學寮大江家紀傳道之代表人物大江匡衡所撰,實際情況如何,尚需作深入討論。

此書集唐李善、五臣、《鈔》、《音決》、陸善經五家注,以李善注爲底本,依次臚列各家注文於後。如有異文,加案語説明各家異文情況。因所用底本最爲接近唐代寫本,故較今傳刻本更能反映唐代《文選》注原貌。有清以來,學者力圖恢復李善注舊貌,因此書發現而獲重要進展。此外《集注》所引《鈔》、《音決》及陸善經注,中土久佚,此於唐代《文選》學研究尤具文獻價值。

此書發現以來，羅振玉最先於民國七年（1918）以《唐寫文選集注殘卷》名影印十六卷行世，復由日本京都大學文學部於 1935 年至 1942 年將其於各處搜得二十三卷印入《京都帝國大學文學部景印舊鈔本》第三集至第九集。2000 年，中國學者周勛初將京都大學未收入而散藏於中國大陸及臺灣等處殘卷，會同京都大學原印本，匯編爲《唐鈔文選集注彙存》，由上海古籍出版社出版，是目前最爲詳備之輯存本。今據唐寫本影印。（傅剛）

**文選理學權輿八卷**　（清）汪師韓撰（第 1581 冊）

汪師韓生平見前《上湖紀歲詩編》提要。

此書據作者自序撰于乾隆三十三年，因李善注精博浩繁，學者難以尋繹，遂分李善注爲八類：撰人、書目、舊注、訂誤、補闕、辨論、未詳、評論。又或見李注徵引未當，而撰《質疑》附于文末。《自序》稱：“分《評論》爲三，《質疑》爲二，共成十卷。”然此書《評論》止二卷，《質疑》一卷，故孫志祖《叙》以爲汪氏未卒業之書。書成未刻，後得顧修刊刻，收入《讀畫齋叢書》，又附孫志祖《文選理學權輿補》行世。

《文選》自唐曹憲、李善注後，大行於世，但《文選》選文自先秦以迄齊梁，閱八代七百餘篇，而李善注更是徵引繁博，所謂學者萃畢生之力，尋繹未盡。汪氏此書將李注釐分八門，條目清楚，翻檢便捷。如《文選》所選一百三十餘人，分布於全書賦、詩、文若干各類中，其人名字、爵里、著作、入選情況不甚明白，汪氏集爲撰人一門，使讀者一目了然。再如李注徵引書目繁博，汪氏統計有經傳訓一百餘，小學三十七，緯候圖讖七十八，正史、雜史、人物別傳、譜牒、地理、雜術藝等四百餘，諸子之類百二十，兵書二十，道釋經論三十二；至於所引詔表箋啓詩賦頌贊箴銘七連珠序論碑誄哀詞吊祭文雜文等，近於八百篇，且入選之文被徵引者尚不及焉。李善注徵引如此之繁，非汪氏統計，讀者實難把握。雖其統計尚未完備，然實開研究李善注引書之先河。李善注不僅徵引繁博，且於史實、文字多所訂誤，汪氏一一擇出，匯爲一卷，爲讀者利用提供便捷。至於補闕、辨論、未詳、評論諸類，乃李善注精深細微者，汪氏皆一一搜輯整理，使其成就與貢獻鮮明而卓顯。汪氏研究《文選》及李善注積有心得，遂作《質疑》二卷，其間多有補正李善注之失誤，具有重要學術價值。

此書今據遼寧省圖書館藏清嘉慶四年刻《讀畫齋叢書》甲集本影印。（傅剛）

**文選理學權輿補一卷**　（清）孫志祖撰（第 1581 冊）

孫志祖（1737—1801），字貽穀，或作頤穀，號約齋。仁和（今浙江杭州）人。乾隆三十一年（1766）進士，授刑部主事，歷官刑部員外郎，升雲南司郎中，再拔擢江南道監察御史。晚掌教紫陽書院。著有《家語疏證》、《後漢書補逸》、《文選考異》等。生平事迹見《文獻徵存錄》卷四。

此書乃補充汪師韓《文選理學權輿》而作。汪師韓自序談及“前賢評論”謂：“後儒之論《選》及注者……多者逾百條，或數十條，少者一二條。間有記憶未全者，客游無書，且先提其要，以俟他時補綴。”所輯自唐迄明清論《選》及注者，中有明人楊升庵，但現存書中未錄楊氏，當如孫志祖《文選理學權輿補》所説：“蓋客游時偶未携《丹鉛錄》也。”故孫志祖撰《文選理學權輿補》，收錄楊慎之論《選》若干條，又合唐顏師古《匡謬正俗》、清朱翌《猗覺寮雜記》中有關論《選》者爲一卷。故清人以孫氏此書與汪師韓《文選理學權輿》合刻，是治《選》學者，此二書當合讀。

清嘉慶四年顧修刻《讀畫齋叢書》，以汪師韓《文選理學權輿》八卷、孫志祖《文選理學

《權輿補》一卷合刻，編入甲集，今據遼寧省圖書館藏該本影印。（傅剛）

### 文選考異四卷　（清）孫志祖撰（第1581冊）

李善單注本《文選》，自宋以後刊刻流傳甚少，至明末毛晉汲古閣刻李善注本行世，乃廣爲學林使用。但汲古閣本謬誤甚夥，故爲清初學者所不滿而謀校勘，其中尤以何焯影響最爲深遠。然其校讀諸書，歿後頗散佚。乾隆十六年（1751）其從子何堂據其遺書輯録六卷刊印，僅何氏校書十一而已。乾隆三十四年蔣維鈞續輯《義門讀書記》五十八卷，始刻印行世，故汪師韓撰《文選理學權輿》時未得見。孫志祖遂輯録何焯及潘耒、錢陸燦批校，參稽衆説，仿朱熹《韓文考異》之例，輯成《文選考異》四卷，旨在糾毛氏汲古閣本之誤。又撰《文選李注補正》四卷，意在補汪氏《文選理學權輿》之《質疑》。

書前有孫志祖《序》，述其撰書成因。清初學者治《文選》成績卓異，如何焯批校，享譽學林，但以其當時多傳抄於門人，故學界不能盡窺。孫志祖借得何焯、潘耒、錢陸燦三家本，得以盡覽，而又能參稽衆説，附以己論。其所案斷，皆有依據。如《文選序》“集其清英”句，何焯校“清”改“菁”。孫志祖案：“清字似不必改，《西都賦》‘鮮顥氣之清英’，二字固有本也。”今見《文選》早期寫抄本皆作“清”字可證。

今據遼寧省圖書館藏清嘉慶四年刻《讀畫齋叢書》甲集本影印。（傅剛）

### 文選旁證四十六卷　（清）梁章鉅撰（第1581冊）

梁章鉅生平見前《退庵詩存》提要。

清代《文選》學，至嘉慶時，先已有何焯、陳景雲、汪師韓、孫志祖、段玉裁、胡克家諸家考訂李善注，爲梁氏博綜旁證提供基礎。梁氏著書之旨，仍在恢復李善注舊貌。旁搜繁引，考證折衷，復下己意，精心鋭力。是書采用三十餘種《文選》版本，宋本用胡克家重刊尤袤本，元本有張伯顏本，明本有袁褧刻本、茶陵陳氏刻本、洪楩刻本、晋府本、毛氏汲古閣本等，涉及六臣本、六家本、李善本，惟無五臣本。版本考校以外，梁氏廣引經籍達一千三百餘種，誠所謂“上羅前古，下搜當今”，於證《文選》有益之資料，網羅殆盡。而於疑滯之處，往往折衷己見，故可稱爲一部盡心力之書。朱珔《序》稱其“博綜審諦，梳櫛疑滯，并校勘諸家，一一臚列”，是“集大成者”。

此書以李善注爲主，五臣注亦能兼顧，雖對五臣注本仍持批評態度，但能夠采用，已屬不易。校勘引用何焯、陳景雲、余蕭客、段玉裁爲多，考訂多采古書及近儒各説，於當代則重林茂春、胡克家、翁方綱、紀昀、阮元諸人。

此書據梁氏自序稱，始於嘉慶九年，至梁氏作序之道光甲午（1834），歷三十餘年始成，中間凡八易稿，與梁氏切磋討論者有顧千里、孫義鈞、朱綬、紐匪石、朱珔、姜臯等，皆當世名儒。且顧千里撰有《文選考異》，朱珔撰有《文選集釋》，皆爲選學名家。

書中亦有强作解釋之失，朱珔《序》稱：“且李氏偶存不知蓋闕之義，閲代綿邈，措手倍艱。”委婉指出此書缺點。又據梁氏自序，書成付梓前，姜臯曾制《文選旁證引用書目》一編，惜未能刊刻。

今據復旦大學圖書館藏清道光刻本影印。（傅剛）

### 文選箋證三十二卷　（清）胡紹煐撰（第1582冊）

胡紹煐（1792—1860），字耀庭，號枕泉。一説字藥汀，一字枕泉。績溪（今屬安徽）人。少師從族兄胡竹邨習三《禮》，特許王、段之學，精音韻訓詁。道光十二年（1832）舉人，道光二十四年授潁州府太和縣訓導。咸豐初告歸。著述另有《蠡説叢鈔》、《還讀我書室文》、《毛詩證異》等，似皆未刊。生平事迹見朱右曾《文選箋證序》及績溪《金紫胡氏家譜》。

《文選箋證》據胡氏自序，撰成於咸豐八年（1858）。胡氏以爲李善注雖"援引賅博，經史傳注，靡不兼綜，又旁通《倉》、《雅》、訓故及梵釋諸書"，然有"擇焉不精"之失。明清學者因對李善注不滿，多有研求，然"惟王氏、段氏獨闢畦徑，由音求義，即義準音，能發前人所未發。雖僅數十條，而考核精詳，直駕千古《文選》之學，醇乎備矣"。是胡氏惟服王、段音聲之學，自稱："紹煐涉獵《文選》，即窺此秘，以之校讀李注，觸類引申，爲王、段二君所未及訂者尚夥。并及薛綜之注《兩京》，張載、劉逵之注《三都》，曹大家之注《幽通》，徐爰之注《射雉》，王逸之注《離騷》，顔延年、沈約之注《咏懷》，與《史》《漢》舊注。朝夕鑽研，無間寒暑。闕者補之，略者詳之，誤者正之。"

此書特點即在由音義考核李善注，糾正其謬，故能發前賢所未發。如《羽獵賦》"拔鹵莽"句，胡謂"鹵莽"蓋"蓾"之省，《説文》："蓾，草也。或從鹵，粗草也。"而李善注引《説文》："鹵，西方鹹地。"以"鹵"誤解爲"斥鹵"。又如宋玉《招魂》"九侯淑女"句，李善引王逸注稱："九國諸侯好善之女。"前人雖有疑而無確解。胡氏則謂"九"與"鬼"古通，稱《殷本紀》以西伯昌九侯爲三公，《集解》引徐廣曰："九侯，一作鬼侯。"《魯仲連鄒陽傳》"九侯"，《集解》曰："九，一作鬼。"又引《禮記·明堂位》作"鬼侯"，然則"九侯非九國諸侯矣"。足補李善之失，亦足以祛疑。

此書先有光緒十三年世澤樓木活字本，劉世珩《聚學軒叢書》據以校訂重刊行世。今據《聚學軒叢書》第五集本影印。（傅剛）

**文館詞林一千卷**（存卷一五二、卷一五六至卷一五八、卷一六〇、卷三四六、卷三四七、卷四一四、卷四五二、卷四五三、卷四五七、卷四五九、卷六六二、卷六六四至卷六七〇、卷六九一、卷六九五、卷六九九）　（唐）許敬宗撰（第1582册）

許敬宗（592—672），字延族，杭州新城人，許善心之子。隋大業中舉秀才，唐武德中爲文學館學士。貞觀八年，除著作郎兼修國史，遷中書舍人。唐高宗時，爲禮部尚書。著有文集八十卷。新、舊《唐書》有傳。

是書分類纂輯先秦至唐各體詩文，凡一千卷，成於唐顯慶三年（658）。原書或北宋時散佚，日本有流傳。清末以來，大部重新傳入中國。所收詩文，多爲嚴可均《全上古三代秦漢三國六朝文》、馮惟訥《古詩紀》所未載。今人羅國威有《日藏弘仁本文館詞林校證》。

此本據民國三年張鈞衡刻《適園叢書》第三集本影印。前有光緒癸巳年宜都楊守敬序。據楊序，該本屢經抄寫，傳訛至多。楊氏據史傳、《藝文類聚》、《太平御覽》等唐宋類書校勘，擇善而從，無可參證者則存疑。楊序云存三十卷，張鈞衡跋稱二十九卷。據目錄，實存二十三卷，并殘簡二。張氏云："據日本目錄，猶未盡出，續有所得，當再刻之。"（孫少華）

**文苑英華纂要八十四卷**　（宋）高似孫輯（第1582册）

高似孫，字續古，號疏寮，高文虎之子。餘姚（今屬浙江）人。一説鄞縣人、四明人。四明爲州實治鄞，鄞縣説或出於此。宋淳熙十一年衛涇榜有似孫，四明説其來有自。然似孫自稱鄞人（《剡録序》），餘姚一作鄞縣，宋餘姚即屬四明，餘姚、四明、鄞縣三説近之。淳熙十一年（1184）進士，歷官校書郎、徽州通判，後遷處州，爲官貪酷，人品亦爲清議所詬病。"其讀書以隱僻爲博，其作文以怪澀爲奇"（《文獻通考》引陳振孫語）。似孫有

《文苑英華鈔》四卷,《四庫全書》已著録。另有《剟録》十卷、《疏寮小集》一卷、《子略》四卷。事具《南宋館閣續録》卷八、《宋史翼》卷二九、《宋詩紀事》卷五五。

是編乃采摘《文苑英華》典雅可用者抄合成帙,前有高似孫題識,後有趙汲《文苑英華序》、蔡同瑞民國廿四年題識。《天禄琳琅書目》云周必大著《文苑英華纂要》八十四卷,《辨證》十卷,前有明華燧序,稱"周益公嘗取内架所貯正本,集諸學士校正,去其煩冗,分類而成,凡八十四卷,復著辨證"云云。今國家圖書館藏華氏會通館印本,題高似孫著。蓋當時周必大主持校對《文苑英華》,高似孫參與此事,遂編纂成帙。

此書宋刻元修本,國家圖書館有藏,此本即據以影印。原書文字多有漫漶,此本雖據國家圖書館别本有所配補,然不易辨識者至多。又有明華氏會通館印本,葉德輝藏此本,四卷,前三卷爲《纂要》,後一卷爲《辯證》。(孫少華)

## 七十二家集三百四十六卷附録七十二卷

(明) 張燮輯 (第 1583—1588 册)

張燮(1574—1640),字紹和,一字理陽,號汰沃,又號石户主人、海濱逸史、蜚遁老人、龍溪(今屬福建)人。燮生於官宦世家,萬曆甲午(1594)舉人,後無意仕進,居家潛心著述,并與蔣孟育等於漳州組織佇雲詩社以酬和,與蔣孟育、高克正、林茂桂、王志遠、鄭懷魁、陳翼飛并稱"七才子"。張燮一生著述宏富,另有《東西洋考》、《群玉樓集》。生平事迹見《明史·黃道周傳》、清李清馥《閩中理學淵源考》卷七五。

是集著録漢魏六朝詩文,上自戰國楚宋玉《宋大夫集》,下迄隋薛道衡《薛司隸集》,凡七十二家,計周一人、漢十二人、魏七人、晉十一人、宋五人、齊二人、梁十八人、陳五人、北魏二人、北齊二人、北周二人、隋五人,一人一集,每集一卷。

張燮自述,集中所收皆"詩賦文章","若經翼史裁、子書稗説,聽其别爲單行"。此書體例,頗爲嚴整,每集首列賦,次列文,後列詩,同時代贈答諸語附於篇後。集首有張氏引或題辭,語詞精煉,識見獨到,叙文集所由來并考其篇帙。如考賈誼際遇,云其雖有灌、絳之嫉,然"獨新進少年,鋒穎太著",頗合事實。對集中舛訛之字,張燮每參數本更決之,無可參訂者則仍其舊。各卷目録仿《文選》體例,以文體分類編排。集後附録作者本傳、别傳及後人追頌等文,不限於一家之言,往往集評、集傳并存。六朝以上作品,文内多附前人注解。明張溥《漢魏六朝百三家集》即參此書而成,後嚴可均《全上古三代秦漢三國六朝文》、丁福保《漢魏六朝名家集》並因之。

此書内有明末尚存而後世亡佚之書,其保存亡佚之功不可磨滅。然張燮皆未注明出處,致使後世不知其源。又時代不同而文體名稱大同小異者,均保留原名,致使各體之下名目繁多。《四庫全書總目提要》稱"自張燮輯《七十二家集》而漢魏六朝之遺集匯於一編"。黃虞稷《千頃堂書目》録張燮《漢魏七十二家集》三百五十一卷,與今卷數不同。國家圖書館藏本雖題三百四十六卷,卷數與實際著録亦有不符。

此書有明末刻本,國家圖書館有藏,今據以影印。(孫少華)

## 玉臺新咏十卷　(南朝陳) 徐陵輯 (清) 吳兆宜注 (清) 程際盛删補 (第 1588 册)

徐陵(507—583),字孝穆。東海郯(今屬山東)人。父摛。梁時任散騎侍郎,入陳遷光禄大夫、太子少傅等職,官至尚書。徐摛、徐陵父子文章綺豔,與庾肩吾、庾信父子齊名,世稱"徐庾體"。徐陵作品現存除《玉臺新咏》外,尚有明人輯《徐孝穆集》六卷。《陳書》、《南史》皆有傳。吳兆宜,字顯令,生卒不詳,吳江(今屬江蘇)人,清康熙時秀才。事迹附同治《蘇州府志》卷一〇六其兄兆騫傳。程際盛,字焕若,號東冶,生卒不詳,長洲(今江蘇蘇州)人。乾隆進士,累官至湖廣道監察御史。事迹見《國朝詩人徵略》卷四七。

《玉臺新咏》,最早著録於《隋書·經籍志》,題徐陵撰。其成書年代尚有異説,迄無定論。全書主要收録漢魏六朝作家六百餘篇作品,分爲十卷:第一卷爲樂府詩,第二卷至第八卷爲五言詩,第九卷爲七言、雜言詩,第十卷爲絶句。《玉臺新咏》於史傳目録多歸入集部總集類,唯晁公武《郡齋讀書志》例外,將《玉臺新咏》與《樂府詩集》、《古樂府》並列收入樂類中,注意其入樂特點。從某種意義説,《玉臺新咏》實乃一部歌辭總集。於詩歌形式,更是注重自然流麗,便於傳唱,而不可能過於雕琢,這些都由其性質所決定。譬如卷三所收晋楊方《合歡詩》,卷十賈充《與妻李夫人聯句》、孫綽《情人碧玉歌》、王獻之《詩二首》、桃葉《答王團扇歌三首》、謝靈運《東陽溪中贈答》等皆是典型對歌,其體裁爲一酬一答,各唱兩句或四句,每句爲五言。正因爲此,《玉臺新咏》把古樂府列於卷首。最後一卷是絶句,古樂府亦列於卷首。

《玉臺新咏》現存最早版本爲敦煌石室中所藏唐寫本,收入《鳴沙石室古籍叢殘》,起張華《情詩》第五篇,迄《王明君辭》,凡五十一行,前後尚有殘字七行。宋刻現已不得見。現存刻本最早爲明刻,大致可分爲兩大系統,一是宋人陳玉父刻本系統,二是明人鄭玄撫刻本系統。注本唯有一部,即乾隆三十九年由程琰删補刊行之吳兆宜箋注本。該本可歸爲陳玉父本系統,將每卷中明人濫增之作品退歸每卷之末,注明“以下諸詩,宋刻不收”,頗爲後人稱道。今即據清乾隆三十九年刻本影印。(劉躍進)

## 六朝詩集五十五卷  佚名編(第1589冊)

不著撰人名氏,亦無時代。朱睦㮮《萬卷堂書目》、丁仁《八千卷樓書目》、鄧邦述《寒瘦山房鬻存善本書目》、李盛鐸《木樨軒藏書目録》、鄭振鐸《西諦題跋》等皆以爲薛應旂編。傅增湘《藏園群書題記》以爲出宋人之手。王重民《中國善本書提要》以爲明徐獻忠編纂。范邦甸《天一閣書目》、丁丙《善本書室藏書志》以爲薛應旂序,編者無定論。薛應旂曾作《六朝詩集序》,但是否爲此書編者,則無定論。薛應旂(1500—1573),字仲常,號方山。武進(今屬江蘇)人,嘉靖十三年(1534)進士,官至南京吏部考功司郎,嘉靖三十五年(1556)罷官回鄉,顧憲成、顧允成兄弟拜其門下求學,萬曆元年(1573)病卒。《明史·藝文志》著録薛應旂《方山詩説》八卷,《方山集》六十八卷,《憲章録》四十六卷。

丁丙稱是書“其中多從宋本出者,如《謝宣城集》五卷與吳騫所刊宋本對看,無毫髮差,餘則二陸、陰、何,校以宋本,一一吻合”。又是書“皆有詩無文,故曰《詩集》”(《善本書室藏書志》)。國家圖書館藏《六朝詩集》二十四種五十五卷,刊於嘉靖間,前有鄭跋。鄭振鐸所得本刊於嘉靖二十二年,與該本同。

是書收録上自魏晋曹植、阮籍等人,下至隋代楊廣,共收魏晋至隋二十四家詩,凡五十五卷。首起《梁武帝集》,下迄《庾開府集》,并未以時代先後編次。前有光緒吳江周焕文《題志》與薛應旂序。據周跋,其所見本乃明版綿綾本,凡二十二冊,以地支編次。薛序稱:“今天下論詩者謂不關理,論理者多病詩一及六朝不遑究觀,而襲聞傳聽,已概擬其侈靡矣。嗚呼!詩本性情,邪正污隆,理無不在。”編者論詩主此,故所録多梁代四帝、後周明帝、陳後主及隋煬帝等有關風化之詩。即如曹植詩,所收亦多《懷親》、《感節》、《離思》之作。黄宗羲《明文海》録薛應旂《六朝詩集序》,文辭與是集薛序少異。

此書有明嘉靖刻本,此本據以影印。
(孫少華)

### 古詩歸十五卷　(明)鍾惺(明)譚元春輯
(第1589册)

鍾惺生平見前《翠娛閣評選鍾伯敬先生合集》提要。譚元春生平見前《新刻譚友夏合集》提要。

是書綜輯古逸至隋詩,凡十五卷,成書於萬曆四十五年(1617),旨在借選評古詩,宣揚竟陵派詩歌理論。"詩歸"之義,即鍾惺所云"非謂古人之詩以吾所選爲歸,庶幾見吾所選者以古人爲歸也"(《詩歸序》)。原與《唐詩歸》合刊,稱《詩歸》或《古唐詩歸》,後單行,遂用此名。

兹編前有鍾、譚序與吳德輿《詩歸叙》、閔振業《小引》及《凡例》。吳德輿,字原任,歸安人。閔振業,字士隆,烏程人。閔氏重校,將舊本詩前之總評移於後,句後逐句之評語移植於上。集内詩評或有總評,或總評下又有詳析。其總評喜用警拔驚人語,如以"雄大不浮"四字評劉邦《大風歌》,評漢武帝《秋風起兮白雲飛》僅一"達"字而已。

此書有明閔振業三色套印本,復旦大學圖書館有藏,此本即據以影印。另有萬曆四十五年本,附《唐詩歸》三十六卷。明崇禎本,五十一卷,與《唐詩歸》合刊,亦稱《古詩歸》。《明史·藝文志》録《古唐詩歸》四十七卷,《千頃堂書目》亦録之,稱"古十五,唐三十二"。(孫少華)

### 唐詩歸三十六卷　(明)鍾惺(明)譚元春輯(第1589—1590册)

此書三十六卷,收詩約二千餘首。首五卷爲初唐詩,選張九齡五十一首、宋之問四十九首、張説二十八首、劉希夷二十一首、沈佺期二十首、陳子昂十八首、杜審言十六首、王勃十一首,餘均不足十首。卷六至卷二十四收盛唐詩,其中杜甫獨占六卷,選詩約三百五十首,王維約占二卷,儲光羲、孟浩然獨占一卷,其他李白、高適、岑參、王昌齡均不足一卷。卷二十五至卷三十二收中唐詩,無人能獨占一卷,其中劉長卿五十一首、張籍四十一首、孟郊四十首、韋應物三十一首、盧綸二十五首、皎然十九首,爲録詩較多者。如李益録八首,柳宗元、元稹各録六首,白居易録七首,姚合録八首,與其他選本有很大不同。最後四卷録晚唐詩,其中曹鄴録三十二首,馬戴二十一首,朱慶餘十四首,齊己、李商隱各十三首。其他各家都在十首以内,如杜牧六首、温庭筠四首、許渾三首、韓偓六首、韋莊二首,似皆有意與世違拗。

此書無箋注,有圈點與評語。其評語分列鍾、譚二人名,作者總評繫於作者名下,各詩評語或繫于詩題之下,或於詩後列專段議論,較多者則以雙行夾注列於詩篇當句之下。其評語多即興而發,隨意而不拘體式,時多妙語。評人如卷七評儲光羲:"鍾云:儲詩清骨靈心,不減王孟,一片深淳之氣,裝裹不覺,人不得直以清靈之品目之。"卷三十評張籍:"譚云:司業詩,少陵所謂冰雪淨聰明足以當之。"尚大體妥帖有見。夾評如卷十孟浩然《歲暮歸南山》"多病故人殊"句評:"鍾云:浩然於明皇前誦此二句,自是山人草野氣。然真憐才之主,自能容保之。"於舊説中翻出新解,如此之類甚多。

此書印行後,風靡一時,影響巨大。同時王嗣奭《管天筆記外編》卷下即以爲:"古來選詩者最多最佳者,前則《品彙》,後則《詩歸》。"然後世批評者亦多。如李重華《貞一齋詩説》即斥其"專取寒瘦生澀,遂至零星不成章法"。毛奇齡《詩辨諾》卷四則爲其歸納出"指義淺率,展卷即通"、"矜巧片字,不規閎整"、"但趣新雋,不原風格"等六項缺憾。《四庫全書總目提要》亦有批評。大致清康熙後樸學漸盛,此書遂不復爲世人所重。較平允之評價,當以賀貽孫《詩筏》爲有識:"諸家評詩皆取聲響,唯鍾、譚所選特標性靈。其眼光所射,能令不學詩者誦之勃然烏可已,又能令老作詩者誦之爽然自失。掃蕩腐穢,其功自不可誣。但未免專任己見,強以木楔子換人眼睛,增長狂慧,流入空疏,是其疵病。"

此本據遼寧省圖書館藏明刻本影印。

(陳尚君)

### 絕句衍義四卷絕句辯體八卷絕句附録一卷唐絕增奇五卷唐絕搜奇一卷六言絕句一卷五言絕句一卷　（明）楊慎輯（明）焦竑批點

（第 1590 册）

此諸書多題"成都楊慎選輯,瑯琊焦竑批點,茂苑許自昌校",間或校者有題"錢塘徐象橒梓"、"茂苑許元溥校"者,版式相同,是一書而分題七書。楊慎（1488—1559）,字用修,號升庵,別號博南山人、博南戍史,新都（今屬四川）人。武宗正德六年（1511）狀元,授翰林院修撰。十二年,因上疏諫武宗微行出關,被迫稱病還鄉。世宗即位,召爲經筵講官。嘉靖三年（1524）,以議大禮遭廷杖,謫戍雲南永昌衛,居雲南三十餘年。追贈光禄寺少卿。《明史》本傳稱"明世記誦之博,著作之富,推慎爲第一。詩文外,雜著至一百餘種"。有詩文集《升庵集》及《丹鉛總録》、《全蜀藝文志》等。《明史》有傳。焦竑生平見前《焦氏澹園集》提要。許自昌（1578—1623）,字玄佑,長洲（今江蘇蘇州）人。擅作曲,有傳奇《水滸記》、《報主記》等。又好刻書,所刻有韓、柳等唐人文集及《太平廣記》等。另著有《樗齋漫録》、《捧腹談》等。

《絕句衍義》四卷爲楊慎所選解。書首有楊慎嘉靖丙辰序,云取各家全集及洪邁《萬首唐人絕句》而得百首,"因賤而衍之,或闡其義意,或解其引用,或正其訛誤,或采其幽隱"。所收皆七言絕句,恰爲一百首,卷首有

梁武帝、江總、魏收、梁簡文帝、蕭子顯五首,略存六朝絕句之面貌,餘皆唐人之作,若李白收六首,徐凝三首,韓愈三首,司空圖三首,張旭四首,餘均一二首而已。且有無名氏詩多首。若以杜常爲唐人,以王涣詩署王之涣,則沿洪書之誤。而録何兆詩二首,則分別誤收盧肇、嚴休復詩,與楊氏《全蜀藝文志》之誤同。詩後所附評解,繁簡不一,其中十首有焦竑評語。

《絕句辯體》八卷,各卷首有小注,分別爲"四句不對"、"前對"、"後對"、"前後皆對"、"散起"、"四句皆韻"、"仄韻"、"換韻"。殆按絕句之體式編選,所收以唐人七言絕句爲主,有少數六朝之作。間有點評,其中署"楊評"者二十餘則,署"焦評"者不足十則,均甚簡略。

《絕句附録》一卷,首有題記:"此卷皆昔賢所選,世所常誦者,或轉刻之訛,或妄改之謬。今以善本互證之於此。"收唐人七言絕句二十三首,多數附有今本文字異同之校訂。

《唐絕增奇》五卷,所收皆七言絕句,分爲神品、妙品、能品、雜品、仄體五類。偶爾有楊、焦二人之評解,每卷僅一二則。

《唐絕搜奇》一卷,所收皆七言絕句,凡一百六十多首,二十三首下附有焦評,三首有敖清江評,另有數首有考訂而未云誰説。

《六言絕句》一卷,卷首録唐人所作凡二十一首,其他皆宋元明人所作,末殿焦竑二十六首。六言八句則列唐人四首,末殿楊慎十一首。

《五言絕句》一卷,首列唐人自楊炯至劉采春詩凡六十七首,後收楊慎十三首、焦竑三十六首。以上二書均僅偶有校評語。

就此套書而言,大體《絕句衍義》爲楊慎編選,其餘各書則偶有楊、焦二人之評解,未必皆二人選輯、批點,而全書則皆以二人領銜,殆書買求售之常伎,可能皆由許氏編刊。全書所收以唐人各體絕句爲主,亦時人所樂誦習者,所采亦曉暢傳誦之作,足見明人崇唐風

氣之一斑。

此本據國家圖書館藏明曼山館刻本影印。
（陳尚君）

## 樂府廣序三十卷詩集廣序十卷 （清）朱嘉徵撰（第 1590 冊）

朱嘉徵（1602—1684），字岷左，號止溪圃人。海寧（今屬浙江）人。明崇禎十五年（1642）舉人，入清任叙州推官。詩學漢魏，多樂府，曾與朱一是、范驤等結十二子社。有《止溪集》。事迹見黃宗羲《南雷文定後集》卷二《墓志銘》。

《樂府廣序》舊題《漢魏樂府詩集廣序》，前有許三禮、黃宗羲及朱氏題辭，取漢魏至唐之樂府詩分爲三集，以相和、吟歎、平調、清調、瑟調、楚調、大曲、雜曲之類爲風，以鼓吹、橫吹之類爲雅，以雅舞、雜舞之爲變雅，以郊祀、樂章爲頌，而別附以歌詩、琴曲，又仿《詩序》之例，每篇各爲小序。體例爲大序在題前，小序在詩後，題下有史書或目錄書著錄情況。此書《四庫全書》入存目，《四庫全書總目提要》對此書多有譏彈：“樂府之於《三百篇》，猶阡陌之於井田，郡縣之於封建也。端緒亦有時相屬，而不相屬者十之九。嘉徵必摹擬刻畫，一以風雅頌分配之，牽強支離，固其所矣。”

《詩集廣序》，或稱《漢魏詩集廣序》，《四庫全書》總集類亦入存目。其編纂宗旨，在欲使“君子覽是編者，亦可無詩樂淪亡之感”（許序），“儼然三百篇之餘，亦比文中子續經之作，蓋庶幾焉”（黃序）。分類與采摭範圍同《樂府廣序》，有朱氏題辭，卷一爲四言漢詩，卷二爲四言魏詩，卷三、四、五爲五言漢詩，卷六、七、八爲五言魏詩，卷九爲七言漢詩，卷十爲七言魏詩。裒輯歷代學者解釋、評點，分析不乏精妙之處，而考詩之流變亦相當精審。然其考證亦不乏疏失之處，如謂《公莫舞》“德項伯也。主業艱難，示後世不忘其

章”，顯然未詳審詩旨諸説。四庫館臣所稱《漢魏樂府廣序》之弊，此書仍不能免。

此書有清康熙清遠堂刻本，上海辭書出版社圖書館及南京圖書館有藏，此本據以影印。
（孫少華）

## 采菽堂古詩選三十八卷采菽堂古詩選補遺四卷 （清）陳祚明評選（第 1590—1591 冊）

陳祚明（1623—1674），字嗣倩，或作允倩、引倩，號稽留山人。錢塘人，或稱仁和（今浙江杭州）人。清順治十三年（1656）入京，以貧遨游京師，博學善屬文，與施閏章、宋琬、嚴沆、張文光、趙賓、丁澎等合稱“燕臺七子”。存《稽留山人集》二十一卷，《清史稿・藝文志》有錄。

是書一名《采菽堂定本漢魏六朝詩鈔》，陳氏書室號采菽堂，因以爲名，撰輯時間在清順治十六年至康熙二年（1663）之間。陳氏卒後，康熙四十八年，其弟子翁嵩年刊行此書。是書以馮惟訥《古詩紀》爲底本，收錄自漢迄隋樂府及文人詩作。詩末有評語，詩下有解題，并附作家簡介。陳氏崇《文選》，尊陶潛，并多取曹植、阮籍、謝靈運、鮑照、沈約、庾信等家。前有凡例，釋選詩宗旨，并對作家、作品有簡要析評，議論往往可觀。

此書有清刻本，天津圖書館有藏，此本據以影印。國家圖書館藏清康熙四十五年刻本，四十八年校定本，又有乾隆二十三年刻本。
（孫少華）

## 古詩賞析二十二卷 （清）張玉穀撰（第 1591—1592 冊）

張玉穀，字蔭嘉，號樂圃居士。吳縣（今屬江蘇）人。嘗從浦起龍受學，游沈德潛之門，并參與沈德潛《清詩別裁集》校訂。

是集搜羅唐以前詩歌謠諺，上起三代堯舜之詩，下迄隋代。張氏逐詩詳細賞析，亦及文字訓詁、讎勘。編者因見“《三百》尊爲經，而

後進所奉爲圭臬者大抵皆李唐詩", 感喟學者不讀古詩"則《三百》之遺佚支流不悉, 而李唐來古今判體之淵源不彰", 其前《詩紀》、《詩所》、《詩歸》諸集或"遞加删汰, 終尚繁多", 或"持擇欠善", 故編是集(張玉穀序)。

是書編纂與分類體例較前代所編更爲規整。前有《凡例》、《附論古詩四十首》及《毛氏古韻目例》,《目例》中又有張氏考證, 末爲《古詩賞析總目》。各詩下有作者事迹、解題, 句中偶有箋注, 詩後有詳細點評。廣采舊説, 或考核故事、印證時事, 或疏解名物、條述詩旨, 時有勝義。其評點則吐辭清拔, 言簡意賅, 無滉漾恣肆之論, 而能進一步考其起承。又能於句義轉合處見其精華, 或發其比興。然謂《渡伍員歌》"期乎蘆之漪", "恐人知覺, 故其辭隱", 不免附會。

此書有清乾隆姑蘇思義堂刻本, 上海圖書館有藏, 此本據以影印。(孫少華)

### 十八家詩鈔二十八卷　（清）曾國藩輯（第1592—1593 冊）

曾國藩生平見前《曾文正公詩集》提要。

是書題"合肥李鴻章審訂、東湖王定安校", 所收十八家計魏晉南北朝曹植、阮籍、陶淵明、謝靈運、鮑照、謝朓六家, 唐代王維、孟浩然、李白、杜甫、韓愈、白居易、李商隱、杜牧八家, 宋代蘇軾、黃庭堅、陸游三家, 金代元好問一家, 共選各家古近體詩六千五百餘首。兹書以體選詩, 以五古、七古、五律、七律、七絶爲次, 各體中按時代先後編次, 所選頗能體現編者旨趣, 揭示異代詩體衍變軌迹。作者名下有事迹介紹, 詩題下有解題, 或解詩旨, 或考詩名。詩後有雙行細字解析, 偶有文字校讎或訓詁, 頗能摒棄歷代選家之失, 獨樹一幟。其點評多能揭示詩旨, 但亦有生澀直木處。其究別作詩章法及叙事結構, 亦有獨到之處。此書選編原爲便於家塾誦讀, 故所選皆宗於正, 實爲誦讀之善本。

此書有清同治十三年傳忠書局刻《曾文正公全集》本, 此本據以影印。(孫少華)

### 八代詩選二十卷　王闓運撰（第1593 冊）

王闓運生平見前《楚詞釋》提要。

是集搜羅漢至隋八代詩歌, 以四言、五言、齊以後新體詩、雜言、郊廟樂章及頌德樂詞及歌謠、雜體等分類編排, 同體者以時代爲次。收録範圍廣泛, 其選詩以搜奇輯佚爲尚, 如四言録曹植《上責躬詩》一首, 五言録魏明帝《長歌行》等數首, 多不見於其他詩選。四言首選韋孟《諷諫詩》, 欲溯漢四言之濫觴。五言首起枚乘及蘇李詩, 而以《古詩十九首》繼之。齊以後新體詩首録梁武帝、昭明太子、簡文帝、沈約等人詩作較多, 蓋視其爲新體詩轉換之關鍵。然諸多詩作不辨真僞, 一併收入, 所分類文體時代或有舛訛, 詩之成篇時代與作者亦多誤。

此書有清光緒十六年江蘇書局刻本, 天津圖書館有藏, 此本據以影印。又有清章氏經濟堂十二册本, 較善。(孫少華)

### 詩淵不分卷　（第1594—1600 冊）

此書不著撰人姓氏, 亦無時代。《文淵閣書目》録"《詩淵》一部, 一册, 缺"。據《書目》楊士奇等《題本》稱, 其中所録之書皆"自永樂十九年自南京取回來者", 則《詩淵》成書必在此前。又所收作家止於明初高啓（1336—1374）、吳勤（1330—1405）等, 殺青時間約在永樂初年, 編者當爲元末明初人。

是書卷帙浩繁, 采摭繁富, 無序跋。所收詩作上自魏晉六朝, 下迄明初, 約五萬餘首, 計兩千三百七十餘家。其中保存大量佚作, 多不見於他書。如其中收詞近千首, 多有不見於《全宋詞》、《全金元詞》者。其書裒輯宋詩尤多, 可謂宋詩輯佚之淵藪。如所收開元長老等四十二人《題汪水雲詩卷》、《讀水雲丙子集》共七十三首, 有三十九人不見於《宋詩紀事》等記載,且不乏宋代大家如蘇、辛等人佚詩。金元時代散佚之作爲數亦不少,且多佚名之作。清代號稱搜佚最全之金檀《高青丘集》,仍漏輯《詩淵》中高啓詩作約十餘首,可證《詩淵》所本《青丘集》當另有所出。尤可貴者,選錄多忠實於原文,首尾一貫,絕不參己意以妄改。每冊首行標"詩淵"二字,次行而後皆分細目。全書分天、地、人等幾大部門,每門之中分有細類,每類之中又有小目。所錄詩文與一般通行本及其他總集多有差異,正訛補脱之功與校勘價值不菲。如《永樂大典》引汪元量《疏影》詞"不盡寒陰砂漠",《詩淵》作"砂漠",今《全宋詞》即參《詩淵》改正。然其中不乏失檢,或詩名與作者題誤,或作者書寫與時代有誤,如北周王褒題爲"唐王褒"等。是書作爲抄本,又不免有訛脱。

此書有明抄本,不分卷,二十四冊,國家圖書館藏,此本據以影印。内有明陸深、顧從禮、從德、從義兄弟及清初季振宜等人藏書印。(孫少華)

### 古謠諺一百卷　(清)杜文瀾輯(第1601—1602冊)

杜文瀾(1815—1881),字筱舫,又作小舫,室名曼陀羅花閣,亦作曼陀羅華閣。秀水(今屬浙江)人。官至江蘇道員,署兩淮鹽運使。嗜金石書畫,工倚聲,善分書,工詞。有《采香詞》、《平定粵寇紀略》及《詞律校勘記》等。事迹見俞樾《江蘇候補道杜君墓志銘》、朱德慈《杜文瀾行年考》等。

杜氏以楊慎所編《古今謠諺》有"不審限斷"之失,故"但紀古而不紀今,即以古謠諺爲名焉"(《凡例》)。是書輯錄上古至明民謠、諺語,凡一百卷,正文八十五卷,附錄十四卷,集説一卷。前有劉毓崧咸豐辛酉序及杜氏訂正凡例。古有徒歌與合樂之别,是書惟收徒歌之謠,諺語則兼收"彦士典雅之詞"與

"傳世通行之説"。編者以"初作之時是否著於文字爲斷",刻石、題壁等一概不錄。全書大致按經、史、子、集四部排列,每條注明出處。所據版本皆以善本爲主,無善本者則擇善而從。諸本文辭有異者,以一本爲主,他本之文附後。原作出處及本事,亦有叙錄或考辨,便於學者參考。然亦有時代顛倒或材料割裂,編排亦有混亂失疏之處。如將《孔叢子》中《鄒操》、《丘陵歌》、《楚聘歌》與《平原君引遺諺》分編,將《典論》與《吕氏春秋》、《淮南子》并列,體例混亂。宋元以來戲曲小説中大量謠諺亦未予輯錄。

此書有清咸豐十一年秀水杜氏曼陀羅華閣刻本,此本據以影印。(孫少華)

### 增注東萊吕成公古文關鍵二十卷　(宋)吕祖謙輯　(宋)蔡文子注(第1602冊)

吕祖謙(1137—1181),字伯恭。婺州(今屬浙江)人。初蔭補入官,後舉進士,官至直秘閣著作郎,國史院編修。時人多稱其伯祖吕本中爲東萊先生,祖謙則稱小東萊先生,後徑稱祖謙爲東萊先生。其學以關、洛爲宗,主"明理躬行",治經史以致用,開浙東學派先聲,與朱熹、張栻齊名,同被尊爲"東南三賢"。有《宋文鑒》、《東萊集》、《吕氏家塾讀書記》等。生平事迹見《宋史》本傳。蔡文子,生平事迹不詳,楊士奇《東里集》稱"《三蘇文選》一册,十二卷,東萊所選,建安蔡文子爲之注"。

《直齋書錄解題》稱此書"取韓、柳、歐、蘇、曾諸家文,標抹注釋,以教初學"。選文論體爲多,他爲書、序、傳。篇下有解題,各標舉其命意布局之處,以示學者門徑,故謂之關鍵。

蔡文子之注除順注原文,又多提示其文中起承轉合之處。對古文寫作有一定指導意義。

此書有宋刻本,國家圖書館有藏,今據以影印。然該本漫漶多有,闕誤實多。另有乾隆

間刻本，較爲通行，題吕祖謙評、蔡文子注、徐樹屏考異。（孫少華）

## 文章辨體五十卷文章辨體外集五卷總論一卷

（明）吴訥輯（第1602册）

吴訥（1372—1457），字敏德，號思庵。常熟（今屬江蘇）人。永樂間，初爲太醫院醫士，洪熙元年（1425）任監察御史，宣德年間先後出按浙江、貴州，後任南京右僉都御史、左副都御史。卒謚文恪。《明史·藝文志》著録《吴訥文集》二十卷、詩八卷、《小學集解》十卷等。生平事迹見《明史》本傳。

《四庫全書總目提要》稱：“是編采輯前代至明初詩文，分體編録，各爲之説。内集凡四十九體，大旨以真德秀《文章正宗》爲藍本。外集凡五體，則皆駢偶之詞也。”卷首載《諸儒總論作文法》，於解説文體中雜以論評。後徐師曾《文體明辨》、賀復徵《文章辨體彙選》，皆以吴書爲底本。

此書有明天順八年劉孜等刻本，北京大學圖書館有藏，此本據以影印。另有嘉靖三十四年徐洛刻本。（孫少華）

## 全上古三代秦漢三國六朝文七百四十一卷

（清）嚴可均輯（第1603—1608册）

嚴可均生平見前《鐵橋漫稿》提要。

是書始編於嘉慶十三年，始於上古，下迄隋代，收録作者三千四百九十七人，分代編次，合正文七百四十一卷（不含未刻的《韻編全文姓氏》五卷），計有《全上古三代文》、《全秦文》、《全漢文》、《全後漢文》、《全三國文》、《全晋文》、《全宋文》、《全齊文》、《全梁文》、《全陳文》、《全後魏文》、《全北齊文》、《全後周文》、《全隋文》及收朝代不明之文之《先唐文》，凡十五集。前有嚴氏《總叙》及《凡例》，所收文多采明梅鼎祚《歷代文紀》、張溥《漢魏六朝百三名家集》及《藝文類聚》、《初學記》、《北堂書鈔》、《太平御覽》等唐宋類書。每集按帝后、宗室、諸臣等爲次，有作者小傳，記其里系、遷除、封拜等，頗爲詳備。嚴氏編撰態度謹嚴，考作者時代爵里不得，則稱未詳；作品時間未明，則列於每代之末。文内亦偶據類書或《文選》注、《古文苑》等審訂異文，考核嚴密。每位作者下先賦體後其他，文辭全備者在前，零句殘章附後。編者搜羅甚廣，如《全後漢文》收馬融文，除《文選》、《後漢書》、《古文苑》所收外，又據《藝文類聚》等類書及《史記》注、《文選》注加以補充，極便學者。是書廣采博取，佚文斷句，所見必收，然亦未免過分貪求數量，所收不盡精確，不無舛訛重複、誤收錯題之失。如《全後漢文》收王粲《荆州文學記》，實《文心雕龍·宗經篇》中文字。作者亦有考證疏失之處。

嚴可均卒後，烏程蔣彀爲之編目一百零三卷，附於全書。嚴氏生前此書未刊，爲方柳橋購得。光緒丁未，王毓藻始刊於廣雅書局。然此書編者向有爭議。俞理初認爲出於孫淵如之手。蔣彤《李申耆年譜》謂道光二年李申耆在揚州館鮑氏處曾輯此書，五年方成。譚獻《復堂日記》則稱繆筱珊曾在李申耆後人處見所抄分類一部。諸説未必盡爲子虛烏有。有人考證，此書應發端於孫淵如，孫星衍、嚴可均或皆曾參與編纂，出資延聘者則爲鮑氏，李申耆或有藏書之功。嚴可均自稱積二十餘年之久獨力所成者，或未盡實録。如此曠代巨編，網羅作者三千餘人，作品七百餘卷，恐亦非一人之力所能爲。

原稿本一百五十六册，現存上海圖書館。光緒十三年，黄岡王毓藻訪得是書原稿刊行，凡七百四十六卷（原缺《韻編全文姓氏》五卷）。民國十九年丁仲祜據光緒二十年黄岡王氏刻本照嚴氏原稿加點斷句後影印（沈乾一《影印全上古三代秦漢三國六朝文叙》），今據以影印。（孫少華）

### 續古文苑二十卷　（清）孫星衍輯（第 1609 冊）

孫星衍生平見前《孫淵如先生全集》提要。

《古文苑》編者不詳,相傳爲唐人舊藏,後爲北宋孫洙所得,所錄詩賦雜文,上自東周,下至南齊,共二百六十餘篇,分二十類,均不見於史傳與《文選》。是編乃孫氏於《古文苑》基礎上,輯金石、傳記、地志及類書遺文而成,自周迄元,凡二十卷,五百餘篇。前有孫星衍自序及凡例。文體分類悉遵《古文苑》,又參以《文選》體例,列鐘鼎文、賦、詩、詔、册、勅、賜書、令、表、疏等三十四種。是書綜輯閎富,自史、子、集著作中搜葺遺文頗夥。引書凡數十種,金石拓本亦爲數不少,并采及日本傳《文館詞林》中久佚之文。對詞句隱奧者或加疏通說明,舛誤篇什則爲之考校,實屬難能可貴。《文選》、《文苑英華》等書所載者,則不予收錄。

該書所收均於目錄下注明出處,輯佚有校訂之處,均加按語說明。編者尤關注古刻叢書及碑志、方志中所收文,輯佚與補苴之功不容小覷。孫氏自謂:"今星衍搜之於秘笈,皆選家所不載,別集所未傳,足以備正史之舊聞,爲經學之輔翼。"孫氏選用版本甚爲考究,校勘亦稱精審。如孔臧《鴞賦》"觀之歡然",孫氏據所見版本考訂"歡"爲"懼"字,與文意合。然其選錄作品亦有疏漏,如《連叢子》有孔臧四賦、二書,《續古文苑》僅錄前三賦,漏收《鴞賦》後之《蓼蟲賦》、《與從弟子國書》及《與子琳書》。另外,所釋鐘鼎銘文,亦多有歧誤。

此書有清嘉慶十七年冶城山館刻本,中國科學院圖書館藏,此本據以影印。（孫少華）

### 古文辭類纂七十四卷　（清）姚鼐輯（第 1609—1610 冊）

姚鼐生平見前《惜抱軒文集》提要。

此書選戰國至清代文章,分論辨類、序跋類、奏議類、書說類、贈序類、詔令類、傳狀類、碑志類、雜記類、箴銘類、頌贊類、辭賦類、哀祭類等十三類,尤以《戰國策》、《史記》、兩漢文及唐宋八大家爲主,明清文側重於歸有光、方苞、劉大櫆古文,計七百餘篇。先秦諸子及經、詩、賦不予收錄,尤其排斥漢魏六朝駢文。前有姚氏《序目》及康紹鏞《後序》。據其《自序》推之,此書始纂於乾隆四十二年。

此書意在推闡姚範、劉大櫆古文之論,說明文章之"義法"。編者謂"神理氣味者,文之精也",當時影響甚大。然編者過分强調"義理"及爲文"義法",亦是一弊。後人亦譏刺是書兼收方、劉之文,謂其與古文不合。持論亦有可疑處,如《資治通鑒》繫賈誼《論積貯疏》於漢文帝二年,該書謂當作於賈誼由長沙被召回後。然《漢書・食貨志》已有相關史實,故《通鑒》繫年不無道理。

此書有清道光元年合河康氏家塾刻本,湖北省圖書館藏,此本據以影印。光緒二十七年滁州李氏求要堂本用蘇惇元假姚氏後人所藏惜抱晚年圈點本,又經多人數番校改,可謂最善。（孫少華）

### 續古文辭類纂三十四卷　王先謙輯（第 1610 冊）

王先謙生平見前《虛受堂詩存》提要。

此書仿姚鼐《古文辭類纂》體例,選編清乾隆至咸豐諸家文,共收姚範以下至吳敏樹三十九家,文四百五十五篇,凡三十四卷,成於光緒八年（1882）。前有王氏自序。此書分類一仍姚書,所收文章以序跋、碑志、雜記、書說及論辨類爲多,未采奏議、詔令、辭賦,凡九類。題下偶有作者姓氏介紹,文後時有王氏按語,考證作者名號、爵里或職官,或據目錄書考證古籍真僞。所附點評往往切中肯綮,然亦不乏浮泛之語。

此書有清光緒八年王氏虛受堂刻本,此本據以影印。是編初刊於合河康氏,有句讀,便於閱讀。後金陵吳氏以其近於時藝,重刊予以剟去。（孫少華）

## 駢體文鈔三十一卷　（清）李兆洛輯（第 1610 册）

李兆洛生平見前《養一齋文集》提要。

此書爲申耆親自纂輯之作，書分三編，共選録戰國至隋駢文七百四十四篇，綜輯頗富，多録名作，在駢體選本中流傳較廣。唐以下文不收，蓋因唐前之文僅體有代變而文無異名，唐以來始有古文之説，而六朝文多駢儷之體，故以唐爲斷限。

姚鼐《古文辭類纂》重在文體之别，此書主旨亦同。全書按文體分類編排，銘刻、頌、詔書、檄移等體，歸入“廟堂之制，奏進之篇”。論、序、碑記、志狀等體，爲指事述意之作。連珠、箋、雜文等體，則屬緣情托興之作。李氏病當世治古文者知宗唐宋不知宗兩漢，故其論文欲合駢散爲一，“文之體至六代而其變盡矣，沿其流極而溯之以至乎其源，則其所出者一也”（李兆洛《駢體文鈔序》），以此糾古文之偏弊，倡“體格有遷變”、“義理無殊途”之義。書前有吳江吳育序及李兆洛自序。題下多存解題，或考其時代作者，或辨其真僞，或正其文旨，或溯其風格之流變。篇前間有評語，論辯精細，言之有據。如評曹植《文帝誄》“以同氣之親，積讒譖之憤，述情切至，溢於自然，正可以副言哀之”，以解釋《文心雕龍》謂此誄“體實繁緩”之説，確能發其精微、推闡幽旨。李申耆爲陽湖派文宗，雖與惲敬同工古文，但申耆兼工駢儷之體，故能將古文、駢文融會貫通。此編始成，合河康氏爲之付梓刊行，與姚鼐《古文辭類纂》同行於世。人多以陽湖派源出於桐城，但由李兆洛此編分類看來，他并非全以桐城爲指歸。

此書有清道光元年合河康氏家塾刻本，山東省圖書館藏，此本據以影印。（孫少華）

## 七十家賦鈔六卷　（清）張惠言輯（第 1611 册）

張惠言生平見前《茗柯文編》提要。

是編選録屈原《離騷》、宋玉《九辯》至南北朝江總、庾信辭賦凡七十家，二百零六篇，采摭繁富，去取謹嚴。前有康紹鏞序，後有張惠言弁言，仿《漢書·藝文志》體例，概述賦體流變，大抵以荀、屈爲辭賦之祖，并考後世賦家所自。全書按《藝文志》賦體分類編次，編排亦兼顧文體變遷。各篇題下時有解題，解釋作者主旨或作品義奥，或以己意點評。然其評亦多疏失，如云張衡《南都賦》“全仿子雲《蜀都》”，云左思《蜀都賦》“純用子雲賦”，似有失公允。至評鮑照《游思賦》“奇氣橫溢，然畢竟是亂頭粗服之佳”，更屬成見。

有清道光元年合河康氏家塾刻本，遼寧省圖書館有藏，此本據以影印。（孫少華）

## 六朝文絜箋注十二卷　（清）許槤評選（清）黎經誥注（第 1611 册）

許槤（1787—1862），字叔夏，號珊林、樂恬散人，室名紅竹草堂、古韻閣、行吾素齋。海寧（今屬浙江）人。道光十三年（1833）進士，歷官直隸知縣、山東平度知州。篤志經術，尤喜研究律學。有《紅竹草堂詩鈔》等。生平事迹見《海寧州志稿》卷二八及譚獻《許府君家傳》。黎經誥，字覺人，九江（今屬江西）人。

是書取劉勰“析詞尚絜”之義，名“六朝文絜”。選録晉宋至陳隋賦及駢文三十六家七十二篇，分賦、銘、詔、策、令等十八類。所選皆篇制短小、文辭精粹之作，名篇佳作多爲抒情寫景，亦不乏輕巧靡豔之文，持擇删汰，各有攸當。所選作品，晉代僅陸機一人一篇，梁代最多，凡十三人。作家之中，庾信、鮑照之作最多。各體中書（十七篇）、賦（十二篇）爲多。與李兆洛《駢體文鈔》同爲駢體文選名編。前有許氏原序及謝章鋌、張澍（心如）《箋注序》。編後有黎經誥與汪宗沂跋。許氏評語頗能窮源竟委，抉發精華。另篇題下有解題，有作者介紹，多取《文選》注，乖謬處則予以説明。黎氏注增“補”以别之。黎注校讎精密，徵引詳贍，細考之各有所本。但黎注多據時人引經傳或箋注之語,間接引用較多,未盡可據。

此書有清光緒十五年枕溢書屋刻本,復旦大學圖書館藏,此本據以影印。(孫少華)

### 翰林學士集(存零本一卷) （第 1611 冊）

此集收錄唐太宗時君臣唱和詩五十一首,分屬十三題,其中許敬宗最多,凡十二題十三首,另詩序一首,其次爲唐太宗八題九首,上官儀五題六首,其他十五人各一首至三四首不等。據各詩詩題及諸人署銜來推測,諸詩大致作于太宗貞觀八年至二十三年太宗去世以前。其中僅十二首見于《全唐詩》,其餘皆不見于中國傳世文獻,可補《全唐詩》之缺落,尤稱珍貴。

此集原卷首缺,書名佚失,所存自目錄後半頁起,卷末有"集卷第二,詩一"字樣。舊題《翰林學士集》,不知始于何時。唐設翰林學士在玄宗以後,唐初無此官名,書名絕非原集名。日人森立之《經籍訪古志》謂"書中所載,許敬宗詩居多,而目錄每題下稱同作幾首,似對敬宗言",因疑爲"敬宗所撰"。服部宇之吉《佚存書目》則另擬題爲《貞觀中君臣唱和詩集》。大阪市立美術館編《唐鈔本》附福本雅一解說,則認爲可稱《弘文館學士詩集》或《唐太宗御製及應詔詩集》。今人甚或認爲係許敬宗所編數種大型總集之殘卷。今按,此集各組詩多爲太宗首唱,而目錄殘葉則均以許敬宗詩立目,以太宗及諸臣爲附見,若敬宗自編,自應尊君抑己,斷不可如此。故本集應爲敬宗子孫或門人爲其所編別集之殘帙。

此書爲日本尾張國(今名古屋)真福寺藏唐卷子本,清光緒間貴陽陳田、陳矩兄弟在日得見,據以影寫一本,歸而收入《靈峰草堂叢書》本行世。此本即據復旦大學圖書館所藏該本影印。

此集原卷尚存于日本名古屋真福寺,有影印本可見,以之與陳氏影寫本對刊,如"五言奉和侍宴儀鸞殿早秋應詔并同應詔四首并御詩"下,原卷有"賦得早秋"四字,爲太宗首唱之原題,影寫本脫去。褚遂良《五言春日侍宴望海應詔》一首中"麾城湛盧劍,舞戟少年場"二句,影寫本僅存"麾城湛"三字。至于字形因影寫而致誤者,如收詩第一首"流形肇分","肇"誤作"肂","皇靈啓統","啓"誤作"拓",學者亦應有所注意。(陳尚君)

### 才調集補注十卷 （蜀）韋縠輯 （清）殷元勛注 （清）宋邦綏補注 （第 1611 冊）

《才調集》十卷,《四庫全書》已收錄。原集僅題韋縠爲蜀監察御史,餘不詳。今巴蜀書社 2005 年出版四川省文物管理局編《四川文物志》收韋縠夫婦墓志,知其爲唐末宰相韋貽範子,後蜀官至侍御史。該集收詩一千首,爲唐人選唐詩中存詩最多之一種。選詩則以"風流挺特"、"韻高"、"詞麗"爲標榜,故歷代頗受重視。清初以來先後有馮舒、馮班評閱本,又有吳兆宜箋注本、趙執信批校本(山東博物館藏康熙重雲堂刻本)、紀昀《刪正二馮先生評閱才調集》(收入《鏡煙堂十種》)。

此書首三序,一爲乾隆二十九年宋邦綏序,稱以二馮本"尚昧津梁",因得殷注殘鈔本數卷,乃"廣搜博采,補其殘缺,正其舛偽"。二爲乾隆五十八年宋思仁序,稱其先人遺稿歷二十多年而未付梓,至此方付梨棗。三爲乾隆三十九年吳玉綸序,殆應思仁所請而作。知此書初稿于殷元勛,宋邦綏補注,成書雖在紀昀以前,刊布則在紀昀以後。

殷元勛,字于上,長洲(今江蘇蘇州)人。經歷不詳。宋邦綏,字逸才,號況梅,與元勛爲同鄉。乾隆二年(1737)進士,選庶吉士。歷任四川川東道、河南按察使、廣東、山西布政使、湖北巡撫、陝西布政使、廣東巡撫、兵部侍郎,乾隆三十五年卒。生平事迹見《同治蘇州府志》卷八九。

此書各卷署銜："虞山馮默庵、鈍吟先生評閱，古吳殷元勛于上箋注，長洲宋邦綏況梅補注。"殆以二馮評閱本爲依據，于二馮評閱原文概予保留。至殷、宋二人之注，則不加區别，無以判明。其中凡涉作者事迹，多據兩《唐書》、《唐詩紀事》、《全唐詩話》等書所載傳記略存本末。于各詩題下，也頗有解説，多涉詩歌寫作本事、所咏事實原委等。于各詩中所涉辭章典故，多在詩後將詞語録出，加注説明。所引原原本本，沿舊注之慣例，多致力于語源之所出，引徵多妥帖簡净，對閱讀此集，頗有助益。稍可議者，喜引唐人類似詩句以作比證，未必爲語源所自。然就全書言，可算清人唐總集注本中之中上之著。

此本據清乾隆五十八年宋思仁刻本影印。（陳尚君）

### 唐詩鼓吹十卷　（金）元好問輯（元）郝天挺注（明）廖文炳解（第1611册）

元好問（1190—1257），字裕之，號遺山。太原秀容（今山西忻縣）人。七歲能詩，人稱"神童"。十四歲師從郝天挺，潛心經傳，留心詩史。興定五年（1221）及進士第，不就選。哀宗正大元年（1224）中博學宏詞科，授儒林郎，充國史院編修，歷官至員外郎。金亡不仕，潛心著述，以存故國文獻。元憲宗七年（1257）九月卒。元人修《金史》，於金源君臣言行多本其著述。又編《中州集》十卷，附《中州樂府》，金源詩詞多賴以傳。著有《遺山文集》、《遺山樂府》、《續夷堅志》。《金史》有傳。郝天挺（1247—1313），字繼先，出朵魯别族。受業於元好問，以勛臣子召見，官至中書左丞、御史中丞。《元史》、《新元史》有傳。廖文炳，字光甫，新會（今屬廣州）人。嘉靖四十年（1561）舉人，任瓊州教諭。事迹見光緒《廣州府志》卷三八，又見凌揚藻《蠡勺編》卷二二。

此書每卷首題："元資善大夫中書左丞郝

天挺注，古岡後學廖文炳解。虞山後學錢朝鼐、王俊臣、王清臣、陸朝典參校。"書前有錢謙益序，稱："里中陸子敕先、王子子澈、子籲偕余從孫次鼐服習《鼓吹》，重爲較讎，兼正定廖氏注解，刻成而請序于余。"知朝典字敕先，清臣字子澈、俊臣字子籲，朝鼐字次鼐，校定該本成而倩謙益序行。《四庫全書》已收《唐詩鼓吹》十卷，爲郝天挺注本，稱有"國朝常熟陸貽典題詞"，提要稱"天挺之注，雖頗簡略，而但釋出典，尚不涉於穿鑿，亦不似明廖文炳等所解，横生枝節，庸而至於妄也"。是當時曾見廖本而不取，且所據本亦出常熟陸氏，爲同一淵源。

此書書前有《凡例》十五條，稱："廖君，新會人，舉孝廉，爲瓊山學博。其於是編也，竄取原注，雜以荒陋鄙俗之説。茅葦盈前，率皆削去，而其每詩附以解義，往往與注同轍。然而推其志意，實切婆心。故一一更定，以附篇末，未必無小補于初學也。"其他各則亦多稱於廖解"詳觀其解，頗近於迂，故悉改正"，"若廖解之謬，去者過半"。是四人於廖解删略頗多。四庫本僅存郝注，將廖解全部删去，故此書收録四人校定本，尚有必要。廖氏于每首詩後皆作解説，然甚爲淺顯通俗，大多據原詩敷衍成文，于原詩之作者生平、寫作原委及作品寓意，皆無所解，故四庫不取，是可理解。此書收入，存明人通俗講詩之案例，于學者亦或可參考一二。

此本據中國國家圖書館藏清順治十六年陸貽典、錢朝鼐等刻本影印。（陳尚君）

### 唐詩選七卷　（明）李攀龍選（明）王穉登評（第1611册）

李攀龍生平見前《白雪樓詩集》提要。王穉登（1535—1612），字百穀。先世江陰（今屬江蘇）人，移居蘇州。嘉靖末入太學爲諸生，萬曆間曾召修國史。有《王百穀全集》。

李攀龍與王世貞爲明"後七子"之首，論詩

尤崇盛唐,有"詩必盛唐"之議。此書即爲其親選,以爲學者誦讀之資。其自序云:"唐無五言古詩而有其古詩,陳子昂以其古詩爲古詩,弗取也。七言古詩,唯子美不失初唐氣格,而縱橫有之。太白縱橫,往往强弩之末,間雜長語,英雄欺人耳。至如五七言絶句,實唐三百年一人,蓋以不用意得之,即太白亦不自知其所至,而工者顧失焉。五言律、排律,諸家概多佳句。七言律體,諸家所難,王維、李頎頗臻其妙,即子美篇什雖衆,慣焉自放矣。作者自苦,亦唯天實生才不盡,後之君子乃兹集以盡唐詩,而唐詩盡于此。"可見其對唐詩各體及各家詩之評騭,亦足見其對此選本之自負。

全書凡收一百二十八人詩,四百六十五首。卷一五言古詩,收十二人詩十四首,僅李白、杜甫各二首,餘均一首,除韋應物、柳宗元外,皆初盛唐人。卷二收七言古詩,録初盛唐十八人詩三十一首,其中杜甫獨選八首,岑參三首,劉希夷、宋之問、李白、張謂各二首,餘均一首。卷三收五言律,録二十九人詩六十七首,除張祜、釋處默爲晚唐人,餘均初、盛唐人。其中杜甫十二首,王維八首,李白、高適五首,杜審言四首,其餘均在三首以内。卷四收五言排律,録初盛唐二十一人詩四十首,其中杜甫録七首,宋之問、張九齡録四首,王維録三首,其餘均一二首。卷五録七言律詩,録二十九人詩七十首,其中大曆後詩人有錢起、韋應物、郎士元、盧綸等八人,杜甫録十二首,王維八首,李頎七首,沈佺期、岑參各六首,蘇頲、張説各三首,餘均一二首。宋之問及晚唐皆不録。卷六收五言絶句,凡取五十人詩七十三首,作者包含唐各時期,李白、王維各録五首,韋應物四首,孟浩然、儲光羲各三首,餘各一二首。卷七録七言絶句,凡收七十三人詩一百六十六首,作者包含唐代各時期,中晚唐入選者超過二十人。其中李白收録十七首,王昌齡十六首,岑參十二首,賈至六首,王

維、杜甫各五首,常建、高適、李益、劉禹錫、張仲素各四首,其餘均在三首以内。

以上詳列各體選詩情況,可見李攀龍堅持其以盛唐爲主之原則,于各體則以其標舉之原則遴選。大家如白居易、李賀、杜牧至一首不選,七律名世者如晚唐李商隱及劉滄、許渾、羅鄴諸家,亦全付闕如,故此書實爲專家之選,僅見一人之喜好。自此書行,風靡一時,注評者尤多。傳至日本,亦廣傳不衰。而批評者亦頗多譏彈。如李重華《貞一齋詩説》認爲:"李于麟天分極好,但學力未至,所選唐詩數百首,俱冠冕整齊、聲響宏亮者,未盡各家精髓。"此書盛于明而衰于清,晚近隆于日而衰于華,雖風會有變使然,亦與其本身局促有關。

明人批校箋注李攀龍《唐詩選》者逾十家。此王穉登評本,原書爲朱墨套印本,頗有特色,惜影印本無法顯示墨色。書首有焦竑序,稱贊王氏批評"點次安詳,位置如故,則於于麟一段苦心,庶幾不磨云爾"。王氏之參評,一是于入選詩篇施加圈點,以提示警句,揭示妙處,亦有全詩加圈者。二是各詩多有眉批,語多簡略,于讀者理解詩意或可參酌。

此本據復旦大學圖書館藏明閔氏刻朱墨套印本影印。(陳尚君)

### 删訂唐詩解二十四卷　(明)唐汝詢選釋 (清)吳昌祺評定 (第1612册)

唐汝詢,字仲言,華亭(今屬上海)人。少喪目,聞人誦書,遂極博洽。有《編蓬集》十卷,《千頃堂書目》卷二六著録,事迹亦據該書。吳昌祺,字綏眉,康熙間在世,與唐汝詢爲同鄉,後徙居朱涇(今上海金山)。

唐汝洵編《唐詩解》五十卷,存世版本甚多。其《選目》云:唐詩選本"正法眼藏無逾高、李二家,然高之《正聲》體格綦正而稍入于卑,李之《詩選》風骨綦正而微傷于刻"。知其推崇高棅《唐詩品彙》、李攀龍《唐詩選》

二書,又遺憾于二書各有偏失,乃取二書之長而爲此書,故除少數篇目外,多數篇目皆取自二書。

全書選唐詩人一百八十四家,詩約一千餘首,分八體編次:卷一至卷五爲五言古詩,卷六至卷十爲七言古詩,卷十一、十二爲五言絕句、六言絕句,卷十三至卷十五爲七言絕句,卷十六至卷十八爲五言律詩,卷十九至卷二十一爲七言律詩,卷二十二至卷二十四爲五言排律,卷二十五至卷三十爲七言絕句,卷三十一至卷三十八爲五言律詩,卷三十九至卷四十四爲七言律詩,最後六卷爲五言排律。所選最重盛唐李白、杜甫、王維、儲光羲、王昌齡、孟浩然諸家,取徑原則略同于高、李二選。其長處則在注釋極詳,于引注之法則例舉正注、互注、訓注三法,可見其立意之高識,注解之詳密。此書篇幅介于高、李二書之間,詳注細解又契合一般閱讀之需求,故得流行于明末清初之際。

吳昌祺自序云唐書長處爲“句考字徵,分疏詳密”,然而“注則繁而復,解或鑿而支”,因而有意删其繁複枝蔓之注釋與穿鑿未妥之解説,以方便一般之讀者。卷首有《例言》,交待删訂之細節。篇目基本仍存唐書之舊,唯增目錄有而正編所無之譚用之詩。于注解删略殆半。而于原書未安掛漏者,吳氏自稱“但于觸景所得,確然不惑者,識一二于簡端”。今所見其解説評語,皆列于書眉,以與唐解區别。幾乎每首均有數十字至數百字之所見,其内容涉及文本之校訂、詩意之解讀、唐解之商榷等,亦足成一家之説。

此本據浙江圖書館藏清康熙四十年刻本影印。(陳尚君)

### 唐音統籤一千三十三卷 （明）胡震亨輯
（第 1612—1620 册）

胡震亨(1569—約 1645),字孝轅。海鹽(今屬浙江)人。萬曆二十五年(1597)舉人。

歷任故城教諭、合肥知縣、定州知州,擢兵部職方司員外郎。所著有《李詩通》、《杜詩通》、《赤城山人稿》等,而以此書滙聚唐一代全詩而最爲世所重。《四庫全書》已收其《唐音癸籤》三十三卷,所據爲康熙戊戌江寧書肆刻本,即此書之第十籤。

據震亨子胡夏客爲《李杜詩通》題識云:“先大父孝轅府君搜集唐音,結習自少。至乙丑歲始克發凡定例,撰《統籤》一千卷。閲十年書成。”全書以天干爲序,分爲十籤:《甲籤》七卷,收帝王詩;《乙籤》七十九卷,收初唐詩;《丙籤》一百二十五卷,收盛唐詩;《丁籤》三百四十一卷,收中唐詩;《戊籤》二百一卷,收晚唐詩,附《戊籤餘》六十四卷,收五代十國詩;《己籤》五十四卷,收五唐雜詩及世次無考詩;《庚籤》五十五卷,收僧詩、道士詩、宮闈詩及外夷詩;《辛籤》六十六卷,收樂章、雜曲、填詞、歌謡、諺語、諧謔、謎語、酒令、題語、判語、讖記、占辭、蒙求、章咒、偈頌;《壬籤》八卷,收仙詩、神詩、鬼詩、夢詩、物怪;《癸籤》三十三卷,彙録唐詩研究文獻,包括《體凡》、《法微》、《評彙》、《樂通》、《詁箋》、《談叢》、《集録》諸門。

全彙唐一代詩歌而不作選擇,宋洪邁編《萬首唐人絕句》、趙孟奎編《分門纂類唐歌詩》已初見端倪。明隆慶至萬曆初黄德水、吳琯仿效馮惟訥《古詩紀》編《唐詩紀》,尤致力於此,惜僅成初盛唐部分一百七十卷即中輟。胡震亨畢生致力於此,首次完成唐一代全部詩歌之彙編,建立甚偉。就全書言,凡唐人有殘篇一句以上存世者,皆予登録。於明末可以收集之唐五代詩文集,均曾努力滙聚。詩集不存而存詩較多者,則據可靠文獻加以輯録。如司空圖,明以後僅存文集十卷,録詩甚少,震亨乃廣稽羣書,録成五卷。于所見唐集録詩有疑問者,亦曾認真加以辨析,如指出戴叔倫集多録宋元明詩,乃將可靠者録出,存疑者附録。又指出王周、劉兼集或出宋人,雖

存而質疑。錢起集附《江行》百首絶句爲其
裔孫錢翊作,舉證亦頗有力。于唐人集外殘
逸詩篇,胡氏致力于網羅搜輯,凡韻文近詩者
亦加采録,故所得甚豐。于各詩家小傳,亦采
據可信文獻,勾稽事迹,得以大備。其所據文
獻,今人統計凡六百多種,其中如《貴池志》、
《金華志》、《封川志》、《通江志》、《宜陽集》、
《澹巖集》、《曾能始詩話》等今皆不存。稍晚
季振宜編《唐詩》七百十七卷,僅録完詩而不
存零殘,于各家集外詩亦未廣加采輯,故雖後
出,所收反不及胡書豐備。

此書之可議者,一是循時行之四唐説分列
諸籤,于帝王、僧道、閨媛則另列,存詩無多者
又皆入《己籤》,編次甚顯蕪亂。二是凡據集
所録詩,皆分體古今五七言編列,不存原集面
貌。三是記録文獻出處者,僅占全書十之一
二,未能貫徹始終。四是雖强調唐詩真偽鑒
別之重要,但仍多誤收,如殷堯藩、唐彦謙諸
集頗多偽詩。

康熙間在揚州委托江寧織造曹寅主持編修
《全唐詩》,所據底本即此書與季振宜《唐
詩》。《全唐詩》所收有別集流傳諸大家,一
般多據季書,抽换若干底本而成編。無別集
流傳者、各集詩之補遺,以及卷七六八以下之
事迹無考者、無名氏詩、僧道閨媛詩、神仙鬼
怪詩、歌謡諺語之類,全部據胡書編録。但如
歌謡諺語之擬題,則多曾重新擬寫。其中
《辛籤》所録章咒四卷,偈頌二十四卷,則以
爲"本非歌詩"(《全唐詩・凡例》),僅保留寒
山、拾得七卷,餘均不取,以致胡書已收之王
梵志詩亦皆不存。《全唐詩》新輯補之詩歌,
主要爲卷八八二至卷八八八,凡七卷。《全
唐詩》得以在年餘時間迅速成書,原因即在
充分利用胡、季二書,當時因政治原因貶抑胡
書之成就,故此特爲表出之。

此書編成後,因部帙巨大,僅《癸籤》、《戊
籤》曾刊刻流行,全書則以抄本存于內府,至
近年方得影印流傳。此本據故宮博物院圖書

館藏范希仁抄補本影印。(陳尚君)

### 聖宋高僧詩選三卷後集三卷續集一卷
(宋) 陳起輯 (第1621冊)

陳起生平見前《芸居乙稿》提要。

此書爲有宋一代詩僧選本。卷首署"錢塘
陳起宗之編"。《前集》三卷録希晝、保暹、文
兆、行肇、簡長、惟鳳、惠崇、宇昭及懷古等九
僧之詩,凡一百三十三首。北宋初有佚名編
《九僧詩》,《直齋書録解題》、《郡齋讀書志》
有著録,一作一百零七首,一作一百十一首。
陳起所編可能對陳、晁二書所見有增補。
《後集》三卷録贊寧、文瑩、智圓、契嵩、道潛、
善卷、梵崇及清順等三十三位詩僧之詩,凡一
百五十一首,其中録道潛詩三十二首,數量爲
三集詩人之冠。《續集》一卷録秘演、惠洪及
守詮等十九位詩僧之詩,凡四十三首。全書
凡録六十位詩僧之詩三百二十七首。

宋代詩僧之作多賴此編以傳。胡應麟謂:
"自希晝迄懷古,《瀛奎律髓》名字、次弟悉
符,方氏所選諸篇咸備兹集,知《律髓》所據
即陳氏編也。"(《少室山房集》)該書宋本久
佚,惟清顧修讀畫齋所刊《南宋群賢小集》中
有之,題《增廣聖宋高僧詩選》,此外傳世皆
抄本。

此本據南京圖書館藏清抄本影印,乃晚清
藏書家丁丙舊物,其《善本書室藏書志》有著
録。卷端有丁氏題跋,所録皆《居易録》評此
書文字。(王友勝)

### 宋僧詩選補三卷 (元) 陳世隆輯

陳世隆,字彦高。錢塘(今浙江杭州)人。
一説爲南宋陳起之從孫,與其弟彦博并有文
名。元順帝至正間,兄弟嘗館于嘉興陶氏,後
遇害於兵亂。一説陳世隆爲宋末書賈陳思從
孫。編有《宋詩拾遺》八卷,著有《北軒筆記》
一卷。生平僅見《四庫全書》本《北軒筆記》
前佚名所撰小傳。

該書卷首署"元錢塘陳世隆彥高編"，無序跋、凡例。輯錄知和、祖可、道璨、文及翁、斯植、宇昭及永順等三十三位詩僧之詩，凡七十九首，所選多寫景、感懷、唱和、送別之作。除宇昭外，其他作者皆爲《聖宋高僧詩選》三集所無。《聖宋高僧詩選》三集所選多爲北宋詩僧，此選則多南宋詩僧之詩。然收宋末文及翁詩二首，似於體例有乖。其中知和、雅正、法常等人詩，今編《全宋詩》亦失收，可補其缺逸。

此本據南京圖書館藏清抄本影印，丁丙《善本書室藏書志》有著錄。（王友勝）

### 宋詩拾遺二十三卷 　（元）陳世隆輯（第1621冊）

此書凡二十三卷，前無序言或凡例，成書時間大約在元後期，收錄宋代詩人七百八十四家（重出一人未計），詩一千四百九十三首。以人而論，入選數量超過各種宋人選宋詩。以詩而論，大多數人僅錄一或二首，其中存一首詩者多達四百八十一人，存詩在五首以上者僅五十五人。故知此書不在選優，重在拾遺補闕，因之所選多爲名不見經傳之詩人。他如趙普、樂史、柳開、李昉、穆修、富弼、張方平、范祖禹、呂夷簡、程頤、胡寅、胡仔、王明清，及詞人晏幾道、周邦彥、辛棄疾等，雖聲顯於當時，但并不以詩名世。《北軒筆記小傳》載此書名則作《宋詩補遺》。

或説陳世隆爲陳思從孫，尚有待考證。然世隆爲陳思所編《兩宋名賢小集》作補編，或可佐證此説。今檢《拾遺》，除富弼、張方平、岳珂等見于《兩宋名賢小集》，其他人均不見于《小集》，可見《拾遺》亦有意爲《小集》補闕。此書之價值，其一在因詩存人，所選四百四十一人皆有相關記載，雖文字簡略，但吉光片羽，仍彌足珍貴。其中即載有鮮見於他書之宋人詩文集二十一部。其二在因人存詩，絶大多數入選者無別集傳世，惟賴此書得以流傳。此外，《拾遺》中部分詩前有作者小序，詩中有作者自注，部分詩又有編者題下注或詩末按語，凡此皆有其文獻價值。此書之缺陷則在於編次時有失當，有誤收唐人詩者，亦有析一人爲二人者。

此書歷代均無刻本，書目亦鮮見著錄。今所存者爲南京圖書館所藏二十三卷本，爲迄今所知惟一傳世抄本，葉德輝以爲是明抄本。前有丁丙題識，其内容多承《北軒筆記小傳》。此本據此南京圖書館藏清抄本影印。（王友勝）

### 宋十五家詩選十六卷 　（清）陳訏輯（第1621冊）

陳訏（1650—?），字言揚，因好宋詩，故號宋齋，一號焕吾。海寧（今屬浙江）人。據其手訂《時用續集》所説收錄作品"自己丑迄壬子"，其卒年當在雍正十年（1732）以後。少游于黄宗羲之門，與《宋詩鈔》編者之一吳之振有交往，又與同里查慎行友善。貢生，官淳安教諭。著有《時用集》正續編及《勾股引蒙》五卷、《勾股述》二卷等。生平事迹見乾隆《海寧州志》卷一一。

此書卷首有編者康熙三十二年（1693）所撰《叙》及《發凡》。入選詩人數量適中，所選詩人從《宋詩鈔》、《宋百家詩存》之百家減少爲十五人，即梅堯臣、歐陽修、曾鞏、王安石、蘇軾、蘇轍、黄庭堅、范成大、陸游、楊萬里、王十朋、朱熹、高翥、方岳及文天祥。所選各家之詩悉從全集而出，多者千篇，少者亦不下百餘首。其中高翥詩一百八十七首被悉數錄入，於選優體例明顯有乖。《詩選》自序稱所選十五人"皆宋之聖于詩、神於詩者"，其實曾鞏、蘇轍以散文名，王十朋以經義名，朱熹以理學名，文天祥以忠義名，高翥被陳訏認定爲其遠祖，還有方岳，此七人之詩遠不能與梅堯臣等八人相提并論。而如王禹偁、蘇舜欽、陳師道、張耒、陳與義、戴復古及劉克莊等著名詩人均漏選，足見此書選録標準并不統一。

此書特點有三。其一，推崇宋詩，爲宋詩張目，以爲所選乃宋詩精華，讀者若就此熟讀深思，便能得宋詩真諦。其二，選詩編年，"悉照原集善本，不分體類，以作者之先後爲先後"，"其原本分正集續集及自分體者，亦悉依舊刻，不敢穿鑿附會"。其三，每家各附小傳、前人詩話及自評。其自評要言不煩，頗能入骨見髓。編者力主錘煉字句，稱揚方岳之"琢鏤"，陸游之"猛力爐錘"，而頗不滿于楊萬里之"洗净鉛華"、"粗服亂頭"。此書在後世影響很大，有論者謂其"與吴之振之《宋詩鈔》、曹六圃之《宋百家詩存》足相方駕"。

此本據上海辭書出版社圖書館藏清康熙五十六年刻本影印。另有清東吴文獻齋刻本。

（王友勝）

### 皇元風雅三十卷　（元）蔣易輯（第1622册）

蔣易，字師文，號鶴田，又自號橘山真逸。建陽（今屬福建）人。生卒年不詳。有《鶴田集》。生平見嘉靖《建寧府志》卷八及《鶴田集》序跋。

元末及明初以《皇元風雅》爲書名輯有元一代詩之總集，有傅習、孫存吾所輯前集十二卷後集十二卷，又有丁鶴年輯本。傅、孫所輯本收入《四庫全書》，丁鶴年輯本不傳，戴良有《皇元風雅序》，不知卷數。又《國史經籍志》卷五著録《皇元風雅》八卷，不著撰人，錢大昕《元史藝文志》著録云"無撰人名，或云宋襃"，不知何據。至曾廉撰《元書》，竟著録作宋襃《皇元風雅》八卷，殊爲無據。蔣易所輯三十卷，亦題《皇元風雅》，又題《元風雅》、《國朝風雅》。明貝瓊《清江文集》卷一《乾坤清氣序》稱，元人之詩"前輩采而輯之，目曰《皇元風雅》，亦既行之於世，識者病其駁而未純"。應指此書。見於書目者，《文淵閣書目》卷十有《皇元風雅》一部四册，又《皇元風雅》一部三册，又《元風雅補遺》一部一册，恐

非此書。《國史經籍志》卷五著録蔣易《皇元風雅》三十卷，《千頃堂書目》有著録。顧嗣立編《元詩選》曾用此書，及編《四庫全書》時已不見。浙江采輯遺書有范氏天一閣所進殘本二册，題《元朝野詩集》，又題《元風雅》，四庫全書不收。

此書有元建陽張氏梅溪書院刻本。首蔣易至元三年（1337）《皇元風雅集引》，次黃清老至元四年序，次虞集至元五年序。按虞集序又載其《道園學古録》卷三二，作《國朝風雅序》，文中又有"建陽蔣易師文著《國朝文雅》三十卷"之語，則其時又名《國朝文雅》。次目録，目録後有蔣易識語。書後有黃丕烈嘉慶十七年（1812）跋，述得書經過及版本情況甚詳。阮元《四庫未收書目提要》云："今計劉因以下至二十七卷止，凡八十五家，人不逮傅、孫兩家之半，而甄録之詩幾倍之。故傅、孫於諸大家所録寥寥，此則選擇古體較爲詳審。即同録一人一題之詩，題目字句，各不相侔"，"至于每人篇尾各著事寔，此則較傅、孫兩家爲勝，存之足以資考證之助。末三卷分雜編，亦與彼選體例略同。"前人批評此書"體制次序殊爲雜亂"，誠有此病。其書有一人一卷者，如趙孟頫、楊載、范梈三人，大多兩人、三人合一卷，有至八人一卷者。而戴表元、劉因、虞集等均與他人合一卷，薩都剌則四人一卷，殊爲失當。其次第又不以時代爲先後，卷一劉因、許衡，元好問反在卷十五，袁桷反在其師戴表元前。又文天祥、謝枋得亦皆入選。

今據國家圖書館藏元建陽張氏梅溪書院刻本影印。前人著録稱至元三年刊，不確。

（查洪德）

### 滄游集二卷　（明）釋來復輯（第1622册）

釋來復（1319—1391），字見心，號蒲庵。豐城（今屬江西）人。始從笑隱出家，後參南楚悦於徑山，浙省左丞相泰不華慕其精進，起住蘇之虎丘，辭不赴。後至正元年（1341），

宣政院札住靈隱。明洪武三年（1370），朱元璋詔十大高僧說法，來復爲其一。洪武十五年升僧錄司左覺義。胡惟庸案起，僧智聰供稱來復等往來胡府，因被誅。有《蒲庵集》六卷，今存。生平見宋濂《翰苑續集》卷七《蒲庵禪師畫像贊》、釋大壑《南屏净慈寺志》卷五、釋明河《補續高僧傳》卷二五及何喬遠《名山藏》卷一百四。

《澹游集》上下卷，乃來復主四明定水寺時所編，成於至正二十五年。上卷收所與交游者贈答唱酬之詩，凡一百七十人，其中蒙古、色目二十人，釋子三十二人，道士若干人。下卷收歐陽玄、危素、張翥、貢師泰等名人爲來復所作名字説、室銘、碑記、庵（室）記、送行序、詩序及題跋等十七篇（末篇殘，後缺）。當時即刊版以行。《文淵閣書目》、《千頃堂書目》均著錄。前有揭汯、劉仁本、楊璲、釋廷俊、釋至仁諸序。張金吾《愛日精廬藏書志》云："集中所載諸人，多有《元詩選》未采者。每人下略述仕履，間及其所撰著。如哈剌《玩易齋集》、《南游寓興集》，劉仁本《洞庭稿》、《亦玄集》，朱右《白雲巢集》，楊璲《灌園集》，張克仁《遺安稿》，燕敬《知昨集》等書，《補元史藝文志》俱未載。知顧氏俠君、錢氏竹汀皆未見此書也。"今按上編有九十三人之詩僅見此集，下編存文十七篇，十三篇爲《全元文》所漏。

今據國家圖書館藏瞿氏舊藏清鈔本影印。

（查洪德）

## 列朝詩集八十一卷（乾集二卷甲集前編十一卷甲集二十二卷乙集八卷丙集十六卷丁集十六卷閏集六卷）（清）錢謙益輯（第1622—1624冊）

錢謙益生平見前《杜工部集》提要。

王士禎《池北偶談》卷七《談獻三》有云："錢宗伯牧齋作《列朝詩傳》，本仿《中州集》，欲以庀史，固稱淹雅；然持論多私，殊乖公議。"李慈銘《越縵堂讀書記》謂："蒙叟此集之選，成于順治四年，自秘書院學士罷歸之後，即自慚墮節，又憤不得修史，故借此以自托。其編次皆有寓意，而列明諸帝王、后妃於乾集，列元季遺老于甲集前，自嘉靖至明末皆列丁集，分上、中、下，以見明運中否，方有興者，其文亦純爲本朝臣子之辭，一似身未降志者，其不遜如此。列李贄於三大奇人中，在諸僧之後，推闡備至；又極推憨山、紫柏兩僧爲彼教中龍虎。其論詩力表程孟陽，用遺山《中州集》溪南詩老例，謚之曰松圓詩老，贊歎投地，若不容口，過情之論，殆近俳張。然其大旨揚處士而抑顯官，薄近彥而尊先輩，于孤寒沉悶之士，崇獎盡力，是則存心頗厚，宜爲一時雅俗所歸也。"

此集八十一卷，卷首有《列朝詩集詮次》及自序。是集以詩繫人，以人繫傳，八十一卷各有目錄冠首，注明詩人及入選詩數。乾集之上聖製一卷，收太祖至神宗十帝詩，乾集之下睿製一卷，收蜀獻王朱椿至益莊王朱厚燁十八人詩，甲集前編十一卷，收劉基等一百七十二人詩，甲集二十二卷，收劉基（入明以後）等二百四十人詩，乙集八卷，收解縉等二百五十三人詩，丙集十六卷，收李東陽等二百六十人詩，丁集十六卷，收高叔嗣等五百十人詩，閏集六卷，收僧道、香奩、宗室、内侍、異人、神鬼、外國等三百六十一人（或條目）詩。是集所收詩人一千八百餘人，作爲一代詩歌總集，保存文獻之功，誠不可没。

《四庫全書總目提要》著錄朱彝尊《明詩綜》一百卷，略謂："至錢謙益《列朝詩集》出，以記醜言僞之才，濟以黨同伐異之見，逞其恩怨，顛倒是非，黑白混淆，無復公論。"胡玉縉《四庫未收書目提要續編》謂："謙益學有根柢，去取頗見斟酌，評論亦未悉逞偏私，徒以國家深斥其人，凡著述概禁其流傳，即他人書之有錢謙益序或語句有涉謙益者，亦必抽煅，是集遂就銷沉，而傳仍不絶如綫，《四庫全書總目提要》所言，亦過甚其詞也。"

此本據清順治九年毛氏汲古閣刻本影印。
（趙伯陶）

### 百名家詩選八十九卷　（清）魏憲輯（第1624—1625 冊）

魏憲，字惟度，號兩峰居士。福清（今屬福建）人，僑寓南京。明諸生。據憲自稱"甲午之役，余誤副車"（卷一二《佟鳳彩詩選》前小引），則其入清後爲順治十一年（1654）鄉試副榜貢生。其人有心於風雅，浪迹四處，所至皆交結當地名士以采詩。所編選總集，此書外尚有《詩持》，著有《枕江堂集》。《明代千遺民詩咏》二編卷八有傳。

此書八十九卷，除范承斌、范承烈詩附范承謨詩後合爲一卷外，其餘人各一卷，實收九十一家詩。此書《四庫全書》入存目，《四庫全書總目提要》謂該書"至葉方藹以下十人未得其詩而先列其目"，則本擬選足百家以副書名。然此書前"登選姓氏"中未見葉方藹等人姓名，或版本不同之故。

此書爲補曹學佺《石倉歷代詩選》而輯。曹書所選止于明天啓年間，此書自明天啓四年（1624）以後選至清康熙十一年（1672）以前。所選詩人，除二僧外，多爲顯宦，似藉選詩之名，行打秋風之實。魏憲及同預選政之吳學炯亦得列入，選己詩且多達三十四首，他人多不及此數。此舉與其輯《詩持》時多録他人贈己之作同出一轍，難逃自我標榜之譏。

此書以得詩之先後爲序登選各家，每人選詩自數首至一二十首不等，亦有多至三四十首者。所選各家之詩，或分體，或編年，悉依各集原本。除王熙、柯聳、陸求可、趙威、劉友光、楊思本、劉維禎等七人外，各家詩選前均有小引，多叙選詩緣由兼評其詩。各家姓名、字號、籍貫亦列於各卷之首。入選各家如吳偉業、錢謙益等亦見於前此魏憲編選之《詩持》，增益詩篇若干，遂成新選。所選諸家詩，近唐風者多，可見清初詩壇一時之風習。

然多平平之作，實難當"名家"之稱。而未選朱彝尊詩，尤爲遺珠。《四庫全書總目提要》謂該書"不爲論詩作"，似不誣。可寶貴者，清初詩人如丘象升《嶺海集》、吳學炯《秋雨堂詩集》等今皆未見，藉此選可略窺原集之一斑。

憲輯此書，似隨選隨刊，申鳧盟、魏裔介、曹爾堪、曹申吉、嚴曾榘、宋琬、沈荃、毛遂、孔徹樾、郜煥元、程可則、王熙、顧大申、吳學炯等十四人詩曾以《補石倉詩選》名由枕江堂刊行，詩人小引及選詩一同此書。及至全書選成，始改題《百名家詩選》。

此書前有康熙十年吳偉業序，上海古籍出版社《吳梅村全集》未收此序。除魏氏枕江堂原刻本外，此書尚有康熙二十一年聚錦堂及二十四年聖益齋印本。今據吉林大學圖書館藏清康熙魏氏枕江堂刻本影印。（李鵬）

### 湖海詩傳四十六卷　（清）王昶輯（第1625—1626 冊）

王昶生平見前《春融堂集》提要。

此書四十六卷，末卷爲方外詩人，其餘各卷入選者以科第爲次，無科名者亦以年齒約略附之，起於清康熙五十一年（1712），迄於清嘉慶初年（1796），得六百餘人，乾嘉詩壇俊秀，囊括殆盡。所選各家詩前，均有作者小傳，記姓名、字號、籍貫、科名及著作等，間附昶自撰《蒲褐山房詩話》，多叙其人與己之交游，述其遺聞軼事，兼論詩藝、摘秀句。

此書之輯録，殆如書前昶自序所謂，"以爲懷人思舊之助"。昶與趙文哲同爲沈德潛弟子，沈編二人詩及錢大昕、王鳴盛等五人詩爲《江左七子詩選》，"吳中七子"由此得名。乾隆三十三年，兩淮鹽使提引事發，昶與趙俱遭罷斥，遂從征緬甸，後復預金川之役，趙殉於戰事。書中卷八爲沈德潛詩，卷二十六爲趙文哲詩，均爲一卷；卷十録昶鄉試座主夢麟詩頗多；卷十八因徐蘇坡有"最是生平有餘恨，未留著述在名山"句,采掇頗多;於門下諸弟子詩,亦多爲選入。足見昶篤於師友之情。

昶論詩師從沈德潛"格調説",故所選詩作近唐調者多。卷七於主"性靈説"之袁枚,頗多微詞,所選詩作亦未見袁枚真精神。昶爲乾嘉樸學中人,擅金石之學,故亦嗜能見實學之詩,詩話且一再連類述及不能詩之學者。

書中所録,多交游持贈之作,未據各家定本,雖或未能盡諸家之長,然時有諸家删汰或佚失之作,可爲輯佚之助。如卷七存阿桂詩三題,略見一代勛臣武將之風雅。卷二十三徐觀海、卷三十張允武等人詩集不可復見,賴此存其一二。書中載江湖布衣詩,有表幽闡微之功,然限於交接,多爲江浙詩人。昶出入滇蜀,故書中於西南詩人多所注目,如卷十五之袁文康、陳文錦,卷十九之陸藻、陸藝兄弟,卷二十之袁文典,卷四十四之袁文揆等。

因昶交游所及,遍布各地,故書成以"湖海"名之。此書初刻於清嘉慶八年,清同治四年緑蔭堂有翻刻本。今據清嘉慶八年三泖漁莊刻本影印。（李鵬）

### 國朝閨閣詩鈔一百卷 （清）蔡殿齊編（第1626册）

蔡殿齊（1816—1888），字紫翔,號槑庵、眉安,後改名壽祺。德化（今江西九江）人。清道光二十年（1840）進士,官翰林院編修。曾入勝保幕,清同治四年（1865）上疏彈劾恭親王奕訢。著有《夢緑草堂詩鈔》十二卷、《夢緑草堂詩餘鈔》二卷。喜刻人詩文,除此書外,另編選有《豫章閨秀詩鈔》。《晚晴簃詩匯》卷一四三有小傳。

此書十册,册各十卷,共計一百卷,《清史稿·藝文志》著録爲九十九卷,誤。書中所選閨秀,起於清初順治年間,迄於嘉慶、道光年間,共計一百人。其中江蘇籍者三十一人,江西籍者二十人,浙江籍者十九人,安徽籍者九人,餘爲西南、東南、北方及旗人。此固或囿于選家之見聞,然亦可見有清江南人文之盛。清初享一時詩名之女性柳如是、顧横波等未能入選,或以其出身倡家故。

編選此書之緣起,書前自序謂"柳絮庭前,早得聯吟之姊;椒花堂上,又添作頌之妻",至妻亡,檢理遺墨,遂及衆閨秀。故書中録各家詩皆十首左右,惟其姊蔡紫瓊選六十餘首,其妻萬夢丹則多至八十餘首。所選各家詩前,均有小傳,記姓名、字號、籍貫、家庭及著作等。

殿齊頗具隻眼,書中所選各閨秀詩,大抵清麗可誦,洵爲各家集中佳作。然閨閣生活所限,各家詩題材多不出憶人、游賞、勗子、訓媳、咏史、懷古之類,偶有咏及民生之作。若干詩作性别角色之烙印極顯著,見解亦不凡。凡此,皆可略窺其時女性生活及思想意識之一斑。

另,書中第六册卷八宋鳴瓊《題紅樓夢》、第十册卷四朱景素《題長生殿傳奇》諸詩,亦可資考證經典戲曲、小説之傳播及接受。

入選閨秀,如鍾令嘉爲蔣士銓之母、姚德耀爲姚鼐之姑、席佩蘭爲孫原湘之妻、杭澄爲杭世駿之妹、袁棠爲袁樹之妹、錢孟鈿爲錢維城之女,其詩均有助於考訂男性詩人之生平與家世。

此書有娜嬛别館道光二十四年刻本,前有殿齊自序。同治十三年,娜嬛别館續刻《國朝閨閣詩鈔續編》二册。今據山東省圖書館藏娜嬛别館清道光二十四年刻本影印。（李鵬）

### 友聲集四十卷附録九卷 （清）王相輯（第1627册）

王相（1789—1852），字其毅、友卿,號惜庵、果亭。秀水（今浙江嘉興）人,遷居江蘇宿遷。曾佐幕。家富藏書,喜刻書,輯刻清初至嘉慶間三百家詩爲《信芳閣詩匯》,摹刻《高鳳翰硯史》。著有《無止境初存稿》六卷、集外詩一卷、續存稿六卷、集外詩續存一卷、附錄一卷。生平詳見《無止境初存稿》所附相子王棻之等撰行狀。

此書四十卷,首録宿遷籍詩人,次爲鄰縣詩人,末卷爲方外詩人。各家詩抄前間有序文,其後例有跋語,多爲王相、王棻之所作,述詩人生平出處及與己之交游,兼論其詩藝。附録《白醉題襟集》四卷,爲相與友人雅集分題之作;《草堂題贈》、《草堂雜咏》及《草堂自記》各一卷,爲相與友人題咏其百花萬卷草堂所作。

相輯此書,專主闡幽顯微。入選二十四人,僅王欽霖、王全泰爲進士,陳玉鄰爲舉人,餘多爲諸生,亦有市井工商輩,如陳長庚爲淮陰布衣,鄭寶以傭書爲業。諸人詩集多散佚無聞,賴此以傳。

書中各家詩作,時見磊落不平之氣,如王欽霖《待蘭軒存稿》卷下《讀黄仲則兩當軒詩集》及李續香《喋影軒存稿》卷一《咏懷三十律》等。亦頗有感時傷世之作,如李續香《喋影軒存稿》卷二仿白居易《新樂府》體制所作組詩及張恂《知魚樂齋存稿·記災新樂府并序》等。言啓方《有竹居存稿》卷下《答龔書舸》、《雜感二十一首》等於中英戰事再三致意,《西女曲》咏英國女皇,均可略窺其時國人對時勢之認識及對西人之印象。

此書由王棻之兄弟校刊於咸豐八年,書前有道光二十二年丁晏序。今據上海辭書出版社圖書館藏信芳閣清咸豐八年刻本影印。(李鵬)

### 續友聲集十卷　(清)王棻之輯(第1627冊)

王棻之(1812—1859),一名炯,字甘巖,號靈石山民。秀水(今浙江嘉興)人。王相子。著有《芬響閣初稿》十卷。高均儒《續東軒遺集》卷二有其墓志銘,潘衍桐輯《兩浙輶軒續録補遺》卷五有其小傳。

此書十卷,選六人詩,末卷爲閨秀袁嘉詩作。各家詩選或前附序文,或後綴裒之弟王禹疇跋語,述詩人之生平出處,兼論其詩之造詣。

書中張偉庚《白云軒存稿》及張檜《醒庵存稿》詩作多及時艱,如中英戰爭、太平天國等,沉鬱慷慨。于文濬《石香存稿》録其懷人詩一組四十九首,所懷詩人除沈德潛、錢大昕、王鳴盛、金農外,多籍籍無名輩,蓋藉此以顯微。

今據中國科學院圖書館藏清咸豐刻本影印。(李鵬)

### 國朝詩鐸二十六卷首一卷　(清)張應昌輯(第1627—1628冊)

張應昌生平見前《彝壽軒詩鈔》提要。

此書卷首一卷分列入選者名字、里籍、科第及官爵等。内二十六卷,收詩二千餘首,分一百五十三類,每類中入選者仍各以時代相從。入選者近千人,上起順治、康熙,下迄咸豐、同治間,自名卿大夫、文人學士至方外、閨秀,靡不有之,應昌及其從子張興烈附存。選詩之外,間亦摘句。

應昌持詩教説,希圖以所選詩作勸懲人心,兼備朝廷采風之用,故入選之作,大抵關乎吏治民生。清初至同治間之政治、軍事、經濟、技術工藝、自然現象、災荒、物産、民俗、信仰乃至旁門左道,無不涉及;加之以類統詩,極便檢視,此書實爲一部有韻之社會史,足資考鏡。

書中所選詩作,不無宣揚忠孝節義及頌聖之篇什,然尤多對“生民病”之吟咏,故刺多于美。尤可貴者有二。一爲關注女性。書中如“鬻婦”、“婚嫁”、“婦女”、“戒溺女”、“憫婢”等專類及“田家”、“樹藝”、“蠶桑”、“木棉”、“紡織”、“富貴貧賤”等相關作品,合觀之可見其時婦女之生存狀況。二爲反對外來經濟掠奪及軍事侵略,警惕外來宗教滲透。書中如“島夷”類《俞家莊歌》、《十哀詩》、

《三元里歌》及"忠臣"類《三將軍歌》等,敘抗擊英夷之事。"島夷"類《夷船來》、《感事》及"鴉片煙"類諸篇,狀鴉片之輸入及其對國民之危害。而"島夷"類周瀛遷《有感》及"商賈"類《十三行》對基督教及外來商業之警惕,堪稱有識。

應昌選輯此書,始於咸豐六年,至同治七年乃成,同治八年應寶時出資刊刻。前有朱緒曾、應寶時、王慶勛序及張應昌自序、自題。今據上海辭書出版社圖書館藏永康應氏秀芝堂清同治八年刻本影印。(李鵬)

### 道咸同光四朝詩史甲集八卷首一卷乙集八卷

孫雄輯(第1628冊)

孫雄(1866—1935),原名同康,字師鄭,號鄭齋、鑄翁、詩史閣主人。昭文(今江蘇常熟)人。雄高祖乃孫原湘,幼承家學,稍長,復從俞樾、黃元同問學。清光緒二十年(1894)進士,官吏部主事、京師大學堂文科監督。著有《師鄭堂集》、《眉韻樓詩》、《鄭齋感逝詩》等。傳見《辛亥人物碑傳集》卷一四俞壽滄《常熟孫吏部傳》。

此書繼王昶《湖海詩傳》之後,裒集清道光、咸豐、同治、光緒四朝詩。甲集卷首為道光、咸豐御製詩及宗室親王詩,內八卷中,卷一、二為道光朝人詩,卷三為咸豐朝人詩,卷四為同治朝人詩,卷五、六為光緒朝人詩,卷七為閨秀詩,卷八為舊藩屬遺民詩。乙集同此。集中入選詩人前例有小傳,述其字號、里籍、科第、官爵及著述等,間亦採輯生平事實及序跋、評論附於傳後。

雄名其書曰"詩史",自稱"史料而已"。道咸同光四朝,萬方多難,詩人感憤之作,或可補史書之未及。雄為求以詩存史,難免因人存詩,故左宗棠、曾國藩、翁同龢、張之洞、袁世凱等人詩悉入甲集,以致人題其詩史閣圖云"當代詩人首達官"(見乙集陳衍序)。此書以詩選形式梳理近代詩歌歷

史,四朝詩歌俊彥,大抵網羅在冊,雖精審、宏富處難及其所效之元好問《中州集》、錢謙益《列朝詩集》,然亦足為後來者指示路徑。

雄先輯有《道咸同光四朝詩史一斑錄》,油印刊出至第十七編,復加增損,合數編為一集,以雕版付印,即成此書。油印版本擬出至三十編,雕版則擬分甲乙丙丁四集。清宣統二年冬刊成甲集,前有《擬刊印道咸同光四朝詩史預約集股略例》。三年冬刊成乙集,前有雄自序及陳夔龍、陳衍序。此後遭逢世變,丙丁二集未能如願續雕。

此本據浙江圖書館藏清宣統二年、三年所刻甲乙集影印。(李鵬)

### 晚晴簃詩匯二百卷  徐世昌輯(第1629—1633冊)

徐世昌(1855—1939),字卜五,號菊人、水竹村人。直隸天津(今天津市)人。清光緒十二年(1886)進士,官至內閣協理大臣。民國七年(1918)任總統。著有《退耕堂詩集》、《水竹村人詩選》,纂有《清儒學案》。生平事迹見賀培新編《水竹村人年譜》。

此書成於民國,然體例一仍朱彝尊《明詩綜》、王士禛《感舊集》及沈德潛《國朝詩別裁集》。全書二百卷。首十卷為帝王御製及宗室王公所作,末附閨秀詩十卷、方外詩七卷、朝鮮及安南等屬國詩人詩一卷。餘一百七十二卷為有清歷朝人詩,先列眾遺民詩,再以詩人之科目為序,無科目者以時代為次。各家詩前有小傳,述詩人字號、里籍、科第、官爵及著述等,間亦採輯評語、撰寫詩話附於其後。書前按四聲分韻編排所錄各類詩人姓氏及所在卷數,便於檢索。

全書除九朝御製詩二百四十九首外,共收錄詩人六千一百五十九家,清代遭禁毀之詩人如錢謙益、戴名世、呂留良等,皆得入選。

詩二萬七千四百二十首,蔚爲大觀,容量爲此前各清詩總集所不及。一代大家如錢謙益、王士禎等以一卷篇幅收詩,名家如朱彝尊、袁枚等收詩至數十首;亦留心於搜逸闡幽,籍籍無名者得留鴻爪,是可謂詳略得當。清代詩歌流派衆多,書中各派俱存,於大家、名家詩,則兼顧各體,力圖以公心呈一代詩歌之嬗變及各家詩之全貌。

書中各家小傳,其文獻價值不遜於《列朝詩集》小傳。所引評論,亦足資參考。所附詩話,於考訂詩人生平、著作版本多有發明,如卷三十三惲格條訂正《江蘇詩徵》、《國朝詩人徵略》之訛誤;論藝亦有卓見,如卷四十七趙執信條論趙與王士禎公案,卷五十六查慎行條論清詩風之轉捩,卷九十趙翼條述其詩論宗旨,卷一百章學誠條謂其詆袁枚多過甚之辭等,均極精當。

微憾者有三。其一,依"因人存詩"例,則仍有遺漏,如未收吳敬梓、秋瑾等。其二,以科目爲序,時代先後有易淆亂者,如納蘭性德收於卷三十七,其父明珠乃在卷三十八。其三,選詩者"怡尚神思,務屏僞體"(《凡例》),則仍不免以傳統詩學觀定去取,如於袁枚不取所謂淫哇之作,於趙翼不取所謂俳諧之作,於黃遵憲不取其《今別離》諸作,似此均不無可議。

世昌任總統時曾結晚晴簃詩社,與前清遺老及當世詩人每周雅集賦詩。因詩社同人之倡,世昌遂主持編纂此書,王式通等幕僚任其事,故書成名曰《晚晴簃詩匯》。因其甄采,不録其時在世者,以清代爲斷,故又名《清詩匯》。

此本據民國十八年退耕堂刻本影印,書前有徐世昌自序。(李鵬)

### 欽定全唐文一千卷總目三卷　(清)董誥等輯　(第1634—1650冊)

董誥(1740—1818),字蔗林。富陽(今屬浙江)人。乾隆二十八年(1763)進士。乾隆末官至軍機大臣、户部尚書。嘉慶親政後,授文華殿大學士,二十三年(1818)卒,諡文恭。《清史稿》有傳。

此書爲嘉慶十三年清仁宗詔令編修,董誥以文華殿大學士領銜,實際主持編修者則爲總纂官徐松、孫爾準、胡敬、陳鴻墀等。歷時六年,先後參與編修達五十餘人,於嘉慶十九年編成,存録唐五代人文章二萬零二十五篇,作者三千零三十五人。

《全唐文》卷帙浩繁,其體例仿《全唐詩》,以文從人,各家名下再按照《文苑英華》文體分類編排。其總體編次爲:首諸帝,次后妃,次宗室諸王,次公主,次臣工,次釋道,次閨秀,以宦官、四裔各文附編卷末。各部分又略以作者世次先後編次,每人之下均有作者小傳,略叙里居、科第及歷官始末。

《全唐文》成於乾嘉樸學既盛時期,主事者徐松等學識博洽,諳熟唐宋史事及文獻,在搜羅遺佚、録文校訂、小傳編次諸方面,均優於《全唐詩》。其工作底本,爲清内府所藏海寧陳邦彥于雍正、乾隆間所編《唐文》抄本一百六十册,徐松等又據四部群書、《永樂大典》、碑帖方志及佛道二藏,廣事網羅遺文,加以校正。其中四部群書充分利用《四庫全書》編修成果。《文苑英華》用影宋抄本,較陳輯據明閩刻本爲優。清仁宗特許將《永樂大典》全部調入《全唐文》館,得以充分利用,僅李商隱一人即據以補出逸文二百餘篇。地方志書及石刻碑帖則得利用内府藏本。佛藏所據爲萬善殿西配房所藏乾隆版《大藏經》,道藏則利用大高殿和白雲觀所存《正統道藏》。故此書《凡例》稱"唐人之文,悉行甄録","單篇斷簡,搜輯無遺"。就其時代來説,編修諸人的確恪盡責任,于前人訛誤亦頗予糾訂。如曾誤編入庾信集中之楊炯《彭城公夫人爾朱氏墓志銘》、《伯母東平郡夫人李氏墓志銘》,刊正改入楊炯名下。《邕州馬退山茅亭記》，既見柳宗元《河東集》，又見獨孤及《毘陵集》；盧坦之、楊烈婦二傳，既見李翱《文公集》，又見李華《退叔集》，都加以訂正，歸於一是。陳輯《唐文》誤輯之唐前宇文逌《庾信集序》、尹義尚《與齊僕射書》，及宋王珪《除郝質制》、元馮志亨《普天黃籙大醮碑》等文，亦均予刪去。《全唐文》搜羅宏富，編次規範，於唐五代文網羅大備。

　　然爲當時條件所限，加上成於衆手，迫於時限，《全唐文》亦難免大型官修書之常見謬誤。舉其大端有四。一爲漏輯。如《永樂大典》引皇甫松《醉鄉日月序》，《全唐文》漏收，至《全唐文紀事》始予補出。亦有因不符合"屏斥邪言，昌明正學"（《全唐文序》）之宗旨而刪去之文，如唐人小說《會真記》、《柳毅傳》、《霍小玉傳》、《周秦行記》、《韋安道傳》，即因"事關風化"、"猥瑣"、"誕妄"而"遵旨削去"（《全唐文凡例》）。二是與《全唐詩》一樣，一律不注文本所據，出校異文也不作來源說明，使讀者無從覆按文獻。三是重收誤收仍頗多見。如高適名下收《皇甫冉集序》，乃高仲武《中興間氣集》評語，非高適所作；皮日休名下收《論白居易薦徐凝屈張祜》，爲宋人計有功《唐詩紀事》中一節，亦非日休所作，兩篇題目亦《全唐文》編修者所擬。至於唐代學士、舍人起草之詔制，在諸帝和起草者名下重收者也頗多見。四是錄文頗多缺誤。如李邕《雲麾李秀碑》，今存宋拓本碑文大致完整，而《全唐文》所錄不足二百字，殘缺過其，無從閱讀。所錄昭陵諸碑，也存文無多，遠遜近人羅振玉《昭陵碑錄》之錄文。

　　考訂《全唐文》之作，清人勞格作《讀全唐文札記》，匡謬正失一百三十則，又補遺文目于文末。近人岑仲勉作《續勞格讀全唐文札記》，又得三百一十則，偏於小傳訂誤。陳尚君《再續勞格讀全唐文札記》，沿其例而重在辨僞考異，又指出六百餘處。

　　此本據清嘉慶間揚州內府刻本影印。（陳尚君）

## 唐文拾遺七十二卷目錄八卷唐文續拾十六卷

（清）陸心源輯（第 1651—1652 冊）

　　陸心源生平見前《儀顧堂集》提要。

　　心源爲清末四大藏書家之一，其皕宋樓、十萬卷樓藏書之富，爲世稱羡。陸氏乃利用其藏書，于光緒十四年（1888）輯成《唐文拾遺》七十二卷，得文二千六百五十二篇。其後續加搜求，至臨終前又完成《唐文續拾》十六卷，得文三百五十三篇。合計二書，共補錄唐五代遺文三千零五篇，相當於《全唐文》收文總數七分之一。

　　二書大致仍沿《全唐文》體例，以人繫文，人以類分，然後再以時爲序。不同者則於逐篇下皆標明文獻所自，于學者最爲稱便。其所據典籍達數百種。其中有《全唐文》編纂時曾檢用者，如《冊府元龜》、《唐會要》、《五代會要》諸書，經仔細對檢，補錄頗富。尤以嘉慶後新見之四部典籍和日韓舶歸文獻爲大宗，如日藏《文館詞林》、高麗刊《桂苑筆耕集》、舊抄《釣磯集》等所存遺文皆頗可觀。另據金石碑帖、地方總集及方志，采錄亦不少。嘉道以後地方金石研究成績顯著，陸氏得以充分參考。《全唐文》已收諸文，或因所據拓本未盡善而缺漏較多，或因所據文本有誤脫而作者歸屬有誤，陸氏或據善本精拓重新校錄，或據可靠文獻逐次考訂。凡《全唐文》已見作者，則注明在《全唐文》之卷次，于新見作者則備列小傳。凡此皆憑藉其豐碩藏書，作翔實可信之校訂，原原本本，足可信據，堪稱清編斷代全集中之上乘者。俞樾《唐文續拾序》稱唐文"幾於無一字一句之或遺矣"。就當時而言，并非過譽。

　　唯此書多托門人故交之佐助而成編，校勘粗疏、錄文脫訛處仍時有所見，作者誤植、文章重收亦在所不免。又收日、韓人文章五百多篇,除崔致遠諸文在唐所作外,多數作者則未曾入唐,所收稍顯寬濫。

此本據清光緒十四年陸心源刻《潛園總集》本影印。(陳尚君)

### 新刊國朝二百家名賢文粹三百卷(存卷一至卷一百九十七)　(宋) 佚名輯 (第1652—1654 册)

此書凡三百卷,今僅存一百九十七卷。編者姓名失載,然據卷首王偁慶元二年(1196)序,當爲南宋中期四川眉山地區文士所編,與王偁爲同鄉友人。書末有眉山咸陽書隱齋于慶元三年(1197)所作跋文。雖爲殘帙,然其中保存多位無集作家之文,堪稱宋人文章淵藪。

此書卷首有《二百家名賢世次》,自趙普、柳開迄張孝祥、楊萬里、王十朋、趙雄,實録北宋初至南宋中期一百九十九人,依作者登第年代爲序,其中狀元十二人。作者稱謂或官職、或謚號,體例殊不統一。所録文章多涉時政大事,文體多著述議論文。故王偁序稱:"非載道之文,則不與此集也。"全書分類編排,卷次均經後人剗改,據所存殘帙一百九十七卷看,凡分論著、策、書、記、序、雜文等六大類。其中論著類又細分古聖賢、歷代人臣、聖道、治道、臣道、官職、用人、朋黨、風俗、財用、邊防、雜著四十四卷。策類又細分爲制科策、館職策、廷試策、時議策。書類又細分爲上皇帝書、上宰相書、上侍從書、上臺諫書、上監司帥守書、雜上時流、師友問答、擬古書。記類又細分爲國事記、郡國學記、祠廟記、寺觀記、廳壁記、官宇記、樓觀記、堂宇記、圖籍記、城邑記。序類又細分爲經史序、文集序、詩集序、圖籍序、送別序、名字序。雜文類又細分爲賦、頌、銘、箴、贊、檄論、題跋。部分卷帙有殘缺,編排亦有錯亂,如城邑記本屬記類,而城邑記二却置於序類。經史序卷次顛倒,且中間被其他兩卷文章隔開。凡此多有隔裂之病。

此本據國家圖書館藏南宋慶元三年書隱齋刻本影印。(王友勝)

### 金文最六十卷　(清) 張金吾輯 (第1654 册)

張金吾(1787—1829),字慎旃,別字月霄。昭文(今江蘇常熟)人。匯收古今群籍,合先輩所遺,得八萬卷。建詒經堂、詩史閣、求舊書莊以藏之。又其藏書室曰愛日精盧,編有《愛日精盧藏書志》。采宋元以來經説八十餘種,手定爲《詒經堂經解》,以補《通志堂經解》之缺。另著有《廣釋名》、《五經博士考》等。生平事迹見其《愛日精盧藏書志》自序、葉昌熾《藏書紀事詩》。

有金一代文章總集,據姚燧《中書右三部郎中馮公神道碑》,金元之際有馮渭(字清甫)者,"搜輯金代文章,凡積若干百卷",但散佚不傳。清莊仲方自金人別集、《中州集》與《金史》、《元文類》、《玉堂嘉話》以及其他地志等輯出金人詩文,編爲一集,按賦、詩、詔令、奏疏、墓碑等編排,附有作者考略,序稱所收詩文,經"汰其粗率,取其雅馴",因名《金文雅》。然卷帙有限,未能反映有金一代文章大觀。張金吾感於《文選》而後,唐有《文粹》,宋有《文鑒》,元有《文類》,明有《文衡》,四編之外,尚闕金源一代總集,"積十二年之勤,稿凡三易,勒成《金文最》一百二十卷"(黃廷鑒序)。所謂"最"者,乃取《公羊傳》"會猶最也",即會集之意。此書所采極廣,"自《金史》、《大金集禮》、《大金吊伐録》、《三朝北盟會編》諸書外,凡山經地志、金石碑版,以及醫書譜録、雜家小説,旁及二氏之藏,外國之書,無不甄録"(凡例)。合傳世金人別集《拙軒集》、《滏水集》、《滹南遺老集》、《莊靖集》、《遺山集》等,共爲一編。收文不收詩,分賦、騷、册文、制誥、策問、奏疏、銘、贊、記、序、論、説、行狀、哀辭等四十二類。前有阮元、英和、陳揆、黃廷鑒、陳澧、譚宗浚序及張金吾自序,次爲凡例。後有黃廷鑒、伍紹棠跋。此書乃金代文章輯録之集大成者，收羅完備，以其意在存一代文獻之全，故難免龐雜。張氏因擬編三十卷《金文選》，然未見傳本。

此書編成於道光二年，成書後久未刊行，至光緒八年始有粵雅堂本，光緒二十一年蘇州書局重刊六十卷本，删去《金文雅》已收文章，存其篇目。該本凡例後爲《金文最》總目。每卷前有本卷篇名目録，内文注明每部分原在百二十卷本卷幾。文章皆注明出處，文後間有張金吾案語。

今據上海辭書出版社圖書館藏清光緒二十一年江蘇書局重刻本影印。（查洪德）

### 金文最拾遺一卷　（清）葉廷琯輯（第 1654 册）

葉廷琯生平見前《楙花盦詩》提要。

金代文章，莊仲方《金文雅》、張金吾《金文最》二書出，應稱大備。然張金吾《金文最》於金元之際作家而仕元者，只録其在金之作，入元及時代不明者，概不收録。又地方金石之類，難以遍觀。其他漏略，亦在所難免。廷琯遂集成此書，以補《金文最》之遺。此爲稿本，無序跋無目録，收制一，記五，序二，德政碑、神道碑各一，塔銘七，經幢銘一，祭文一，傳一，凡二十篇。其中録自《常山貞石志》者十三篇。所收文獻，多有關乎封龍山者。封龍山當金元之際爲北方重要文化中心，則此類文獻對研究當時歷史及文化，不無裨益。另據王謇《續補藏書紀事詩·張炳翔》所記，張氏所藏尚有葉廷琯《金文最例目》校本。

今據南京圖書館藏稿本影印。（查洪德）

### 皇明經世文編五百四卷補遺四卷　（明）陳子龍等輯（第 1655—1662 册）

陳子龍生平見前《安雅堂稿》提要。徐孚遠（1599—1665），字闇公，號復齋。松江華亭（今屬上海）人。崇禎十五年（1642）貢生，幾社六子之一。明亡，曾助夏允彝起兵抗清，後佐魯監國爲左僉都御史，入廈門，鄭成功甚敬重之，曾入滇聯絡永曆政權。卒于廣東饒平（一説卒於臺灣）。著有《釣璜堂存稿》二十卷。生平事迹見全祖望《徐都御史傳》、陳乃乾等《徐闇公先生年譜》。宋徵璧（1615—？，一説 1602—1672），原名存楠，字尚木，又字讓木，號幽谷朽生，松江華亭（今屬上海）人。崇禎十六年（1643）進士，官中書舍人。入清，歷官禮部員外郎、潮洲知府，卒官。著有《抱真堂詩稿》八卷。生平事迹見陳子龍《宋尚木詩稿序》、吳偉業《宋尚木抱真堂詩序》。

此集五百四卷《補遺》四卷，卷首有《凡例》三十三則，其後《姓氏爵里總目》，連同《姓氏補遺》共録宋濂、劉基等四百二十五人小傳。卷一下題“方禹修先生、陳眉公先生評定，華亭陳子龍卧子、宋徵璧尚木、徐孚遠闇公、周立勛勒卣選輯”。選輯者四人排序、人名屢有變化，陳、徐、宋三人則恒有。是集因人存文，年代先後爲序，故皆以文集名爲綱，再以文體頌、序、疏、跋等收文。《補編》四卷亦如是。無文集名者，即以姓氏爲綱。所録文有關時政、賦役、刑法、禮儀、農田、水利、救荒、礦稅、科舉、銓選、軍事、邊防内容者居多，取材于明文集千餘種，選文三千餘篇。要以經世致用爲目的，如萬曆首輔張居正，選其文最多，達百餘篇，可見其指歸。

此本據明崇禎平露堂刻本影印。（趙伯陶）

### 皇清文穎續編一百八卷首五十六卷目録十卷
（清）董誥等輯（第 1663—1667 册）

董誥生平見前《全唐文》提要。

乾隆十二年，張廷玉等奉敕纂成《皇清文穎》，收録康雍乾三朝詩文，斷自乾隆九年以前。此書爲續編，故體例大率沿襲前書，略有變動。

全書一百六十四卷。卷首録乾隆九年後乾

隆御製文十卷,詩二十八卷。次嘉慶十五年前嘉慶御製文六卷,詩十二卷。次王公宗室及衆臣子賡和應制進呈之作,亦有若干私下吟咏之作,均選自臣子曾經進呈御覽之全集,文五十卷,詩五十八卷。文分體,與前書相較,臣工之文增答問、露布二體。詩分樂府、古體詩、律詩、排律、絕句諸體,古體自三言詩至九言詩、近體先五言後七言,依次排列。

嘉慶帝序文謂選錄標準爲"文則清真雅正爲宗,詩以國風雅頌爲本",實則御製詩文多平庸冗雜,臣工詩文大抵爲館閣體,專主頌聖鳴盛,連篇累牘,千文一面,難以卒讀。然所錄篇章,絕少吟風弄月、模山範水之什,大多關涉乾嘉時文治武功、慶壽、出巡、圍獵乃至治河等内容,與史互證,可考朝章典故,亦可略窺其時主流思想意識。如卷首二《命議予明季殉節諸臣謚典諭》、《命議謚前明靖難殉節諸臣論》及《命國史館編列明季貳臣傳諭》等,可見乾隆爲勵臣節雙管齊下之苦心。又如卷首三十四《紅毛嘆咕唎國王差使臣嗎嘎嘞呢等奉表貢至詩以志事》,乾隆帝天朝大國心態盡顯。

嘉慶十五年此書纂成後,刻於武英殿。今據該本影印。(李鵬)

### 國朝駢體正宗十二卷 (清) 曾燠輯 (第 1668 册)

曾燠生平見前《賞雨茅屋詩集》提要。

此書十二卷,選錄清初至嘉慶四十二年(1563)駢文,各家約略以時代先後爲次。駢文興盛於六朝,再放異彩於清代。燠輯是書,將駢文與古文相提並論,書前自序謂"古文喪真,反遜駢體;駢體脱俗,即是古文"。駢文復興於清代,此書實有推波助瀾之功。此前駢文多稱"駢儷"、"四六",至此書出,"駢體"一名始大行於世。

燠頗擅駢體,欲藉編選此書指示正宗之所在,爲後來駢文作者樹立楷模,故於名家如陳維崧、胡天游、袁枚、邵齊燾、吳錫麒、孔廣森、洪亮吉、彭兆蓀等選文多至十餘篇,此外則有僅録一篇者,去取謹嚴。然僅録汪中文三篇,且未選其《哀鹽船文》,易招致非議。

此書雖以典麗脱俗爲標準,然各家駢文風格及造詣,約略可見。所選駢文,亦不盡爲表奏制啓,間有性情之作,如卷七汪中《自序》及卷五王太岳《答顧密齋書》等。卷三所選黃之雋《香屑集自序集唐》一文,仿作詩集句之法,集唐人文句成駢文,可謂創體。

燠纂輯此書,幕僚彭兆蓀曾予協助。嘉慶十一年書成後由賞雨茅屋刊刻,前有燠自序一篇,亦爲駢體佳作。另有同治十三年江西聚賢堂刻本、光緒五年成都志古堂刻本、光緒二十一年湖南大雅書局姚燮評本及光緒二十三年文淵山房石印本等。今據湖北省圖書館藏清嘉慶十一年賞雨茅屋刻本影印。(李鵬)

### 國朝駢體正宗續編八卷 (清) 張鳴珂輯 (第 1668 册)

張鳴珂(1829—1908),譜名國檢,字公束,一字玉珊,晚號窳翁、寒松閣老人。嘉興(今屬浙江)人。同治乙丑(1865)補行咸豐辛酉(1861)拔貢(見《光緒嘉興縣志》卷二〇),廷試報罷,迭經九試六薦,均不售,遂於光緒三年(1877),納粟爲縣令。歷知江西奉新、上饒、德化、義寧、德興等縣,所至有政聲,後因縣民械鬥而去官。晚年居鄉,以鬻書文自給,鬱鬱以終。張氏善書法、辭章,尤好倚聲,至老不輟。著有《寒松閣詩》、《寒松閣詞》、《寒松閣駢體文》、《説文佚字考》、《疑年賡錄》,後人合輯爲《寒松閣著述五種》,亦稱《寒松閣集》,另有《寒松閣談藝瑣録》等。生平見《寒松老人自序》及譚新嘉《寒松老人傳略》。

此書爲續曾燠《國朝駢體正宗》而輯。前此，譚瑩編有《續國朝駢體正宗》一卷刊行。此書篇幅大增，共八卷，録清代嘉、道至光緒八十餘年間駢體作者六十家，置曾燠於卷首，以示推尊。清代道、咸後雖無駢體巨筆如此前之袁枚、吳錫麒、洪亮吉者，然亦不乏後起之秀，如李兆洛、金應麟、李慈銘等，均爲一時作手。書中於李慈銘僅録其投贈己作一篇，令人難解。然合此書與曾書觀之，清代駢文創作之繁榮約略可知。與曾書相較，書中所選駢文廟堂之作稍少，多詩文集序，亦頗有真性情流露之作，如卷一王曇《與兵侍周石芳先生書》述平生遭際，悲憤之情溢於言外，陳文述《仙女廟與姬人湘玉書》，流麗處不減六朝。

書中選文録自已刊文集者，於書前總目中注明出處。然卷一孫原湘一文見於其《天真閣集》，未予標明，體例似未劃一。

此書光緒十四年由寒松閣刊刻，前有繆德葇序。另有光緒二十一年湖南崇德書局刻本等。今據湖北省圖書館藏清光緒十四年寒松閣刻本影印。（李鵬）

### 湖海文傳七十五卷　（清）王昶輯（第1668—1669 册）

王昶生平見前《春融堂集》提要。

此書配合《湖海詩傳》而輯，全書七十五卷，所收亦爲生平師友及門下弟子所作。惟前書以入選者科第爲次，此書以類分，有賦、頌、文、講義、論、釋、解、答問、對、考、證、辨、議、説、原、序、記、書、碑、墓表、墓碣、墓志、塔銘、行狀、述、傳、書事、祭文、哀詞、誄、贊、銘、書後、跋、雜著等。

昶交游頗廣，自康熙中葉迄嘉慶盛有文名而其交接未及者寥寥，一時古文作者，大略備焉。故姚椿編《國朝文録》，曾借抄是書。惟其選文側重徵實考據之作，摒棄掉弄詞鋒、流連景物之文，重天機靈巧如袁枚者，或未能盡

顯其所長。然書中所選説經論史之文，多爲可傳之作。序與書二類選文尤多。序文略以經史子集分，多有發明，可資參考。往還書函，則多爲切磋學問。

所録如史貽直、程景伊等，或專集未刊，或專集雖刊而世所罕見，藉是書可窺其古文創作之一二。亦頗有諸家行世專集未收之作，如卷二陳鱣《快賦》即未見於其《簡莊綴文》，藉是書可補專集之遺佚。是書不收駢體，汪中《自序》一文歸入"雜著"類，然曾燠《國朝駢體正宗》則以其爲駢文。

嘉慶八年（1803）《湖海詩傳》刊行後，昶復於嘉慶十年輯成是書，未及付梓而卒。道光十七年昶孫王紹基得陳鑣、姚椿之助，將此書校勘開雕。書前阮元書函及王紹基識語，述此書刊刻始末。應寶時及王紹基跋語，述書版贖歸緣起。另有朱琦、姚椿序文。書末附阮元所撰昶之神道碑。此書另有民國間上海文瑞樓石印本。今據清道光十七年經訓堂刻本影印。（李鵬）

### 國朝文録八十二卷　（清）李祖陶輯（第1669—1670 册）

李祖陶，字欽之，號邁堂。上高（今屬江西）人。清嘉慶十三年（1808）舉人。晚筑尚友樓，藏書數萬卷。年八十三，卒。著有《邁堂全集》，另輯有《金元明八大家文選》。《清史列傳》卷七三有傳。

此書八十二卷，録康熙朝至嘉慶朝四十家文。書前有祖陶自序，爲總序，論清初至嘉慶朝文章源流變遷。各家前有"引"，係小序，略述其人生平，兼評其文章造詣。每篇選文皆加圈點，其後附有選家簡短評語。

此書祖陶自序言所録四十家"人各一卷、二卷至三卷而止"，三卷不能選盡者如魏禧、汪琬、朱彝尊、方苞、李紱、惲敬等六人，則另編爲《國朝六家文鈔》。然此書録全祖望文四卷，可謂自亂體例。四十家中，江西籍者九

人,持論亦頗徇鄉曲之私,如《忠雅堂集文録引》於乾隆三家貶斥袁枚、趙翼而推尊蔣士銓。

書中所選各家文,多蕪陋可鄙,喜録節婦、烈女傳文,尤令人生厭。文後評語亦多浮泛之論。然書中如鄭日奎、李榮陛、謝振定等人文集當時流傳不廣,藉此可略窺一斑。要之,其雖不及姚椿《國朝文録》,然亦爲治清文者可資參考之書。

今據清道光十九年瑞州府鳳儀書院刻本影印,書前祖陶自序外,另有許乃普及朱錦琮序。(李鵬)

### 國朝文録續編六十六卷附邁堂文畧四卷

(清) 李祖陶輯 (第 1671—1672 册)

此書六十六卷,録康熙朝至嘉慶朝四十九家文。附《邁堂文畧》四卷,係李祖陶自撰文。此書繼《國朝文録》而輯,體例大致沿襲前書,惟王懋竑、汪由敦、李兆洛、姚文田諸家選文前無小序,所有選文皆無圈點,選文後間亦無評點。潘耒、儲大文因選文較多,編入此前所編《國朝六家文鈔》,合爲八家文選。

與前書相較,此書似更爲蕪雜。所選四十九人中,江西籍者十一人,祖陶表彰鄉賢,可謂不遺餘力。書中如汪由敦、袁枚等以文章名家者少,段玉裁、焦循等皆以經學聞名,所選序、記、碑、傳文實難見其考據功力,頗有揚短避長之憾。

祖陶論文不喜隨人説短長,頗有獨到之見。清代桐城派古文蔚爲大宗,而書中於桐城諸大家多有微詞。如於朱仕琇《梅崖居士集文録》卷一《福州祭鄭魚門文》後評語中論方苞,謂"望溪之學不可以爲宋末詁訓之遺,望溪之文不可以爲腐木濕鼓之音"。《邁堂文略》卷一《讀惜抱軒文書後》,則指摘姚鼐文章之失。明清以降,學古文者多倡言不讀唐宋以下文,而《邁堂文略》卷一中《書徐東松論文絕句一百七十五首書後》則力駁元代無

文説,謂元文與宋文並立。袁枚爲乾嘉文壇盟主,祖陶則謂其文書札外別無可觀,指斥其人倡邪説,壞人心,故抑其於續編,而不入前書四十家之列。此論雖不免道學氣,然指摘袁枚文章之失,亦頗中要害。

今據復旦大學圖書館藏清同治七年敖陽李氏尚友樓刻本影印,書前有祖陶自序。(李鵬)

### 國朝文匯甲前集二十卷甲集六十卷乙集七十卷丙集三十卷丁集二十卷姓氏目録一卷

(清) 沈粹芬 (清) 黄人等輯 (第 1672—1676 册)

沈粹芬(1883—1939),原名芝芳,又名芷芳,後改名知方,號粹芬閣主,山陰(今浙江紹興)人。近代著名出版家、藏書家,曾任商務印書館營業所所長、中華書局副局長,創辦廣文書局、世界書局,組織國學扶輪社,建有粹芬閣藏書樓。王謇《續補藏書紀事詩》有小傳。黄人(1866—1913),原名振元,字慕庵,後改字摩西。常熟(今屬江蘇)人。清光緒七年(1881)秀才。南社早期社員。任東吳大學教授。著有《摩西詞》一卷,編著有《中國文學史》,編纂有《普通百科新大辭典》。生平詳見其曾孫黄鈞達撰《黄人年譜》、王永健《蘇州奇人黄摩西評傳》及《民國人物碑傳集》卷一一金天羽所撰傳記。

全書二百卷,仿錢謙益《列朝詩集》例,分甲前及甲、乙、丙、丁五集,然《列朝詩集》中乾集録御製及諸王詩作,閏集録釋道、閨秀、宗室及外夷等詩作,此書則無乾、閏二集。甲前集二十卷,爲明遺民文。甲集六十卷,録清順治、康熙、雍正三朝文。乙集七十卷,録清乾隆、嘉慶兩朝文。丙集三十卷,録清道光、咸豐兩朝文。丁集二十卷,録清同治、光緒兩朝文,間有由清入民國者。書前有各集作者總目録,各集前復有作者目録,各卷前則有選文篇目及作者姓名、字號、籍貫、科名及著作

簡介,頗便檢尋。大致以入選者科名、時代爲序,選文皆加句讀。

此書共計收一千三百五十六家各體文一萬餘篇,入選作者及選文數量爲此前清文總集如姚椿《國朝文録》、朱琦《國朝古文匯鈔》、李祖陶《國朝文録》等所不及。入選作者中,多有聲名頗著然無文集傳世者,如甲集卷三十四之仇兆鰲、乙集卷三十之王杰等,藉此可見一斑。亦有籍籍無名者,如甲前集卷十三之林時益、乙集卷四之湯聘等人,賴此留一鴻爪。更有遭文字獄者,如甲前集卷四之潘檉章、甲集卷二十二之戴名世等人,文集遭禁毀,此書網羅放佚,録戴名世文且多至一卷。

此書不立宗派,桐城諸大家外,各家並存。文體不拘一格,兼收古文、駢體及晚清詞語歐化或所述關乎西洋之新體文。所選多爲傳記、書序、吊祭類作品,不惟可讀性强,且有助於徵文考獻,有清一代學術思想之演變及社會歷史之發展,於此可略窺一二。所録遺民文,可覘一代遺民之心態及其時抉擇之艱難。如吳炎、顧大韶等所作篇章,辛辣恣肆。乾嘉樸學中人論學問道之尺牘書序,旁徵博引,令人心折。道咸之際如龔自珍、魏源等論時政文,酣暢淋漓。晚清作者如王闓運、王先謙、嚴復、章炳麟、林紓等,選文皆多至一卷,時勢人心之變遷、東西文化之碰撞及新舊文風之嬗變等,於選文中約略可見。

此書亦有重要作家失收,如吕留良、申涵盼、吳敬梓及林則徐等,均有文集傳世,然皆未入選。不録魏禧《大鐵椎傳》類近小説之作,稍嫌囿於正統古文觀念。書中如魏禧、戴名世等,録文多至一卷却不以類分,略顯混亂。

此書有宣統元年、宣統二年、宣統六年石印本。今據以影印之底本有牌記云“宣統元年己酉上海國學扶輪社印行”,然卷首除湯壽潛、黃人宣統元年序外,另有王文濡、沈粹芬宣統二年序,故該本當爲宣統二年或六年之石印本。（李鵬）

## 補續全蜀藝文志五十六卷　（明）杜應芳（明）胡承詔輯（第1677冊）

杜應芳,字懷鶴。湖廣黄岡（今屬湖北）人。明萬曆三十五年（1607）進士,曾出守河間,後任四川督學,以福建按察史歸卒。本書外,尚著有《四川總志》二十七卷,《河間府志》十五卷。生平事迹不見於史書,《明史·孫承宗列傳》有杜應芳者,非此人。清修《湖廣通志》卷五二有小傳。胡承詔,字侍黄,號君麻。湖廣景陵（今屬湖北）人。明萬曆二十九年進士,任内江令、四川督學,不祀魏閹,有政聲,後官至南京太僕寺卿。清修《四川通志》稱其與杜應芳齊名。生平事迹史書無載。

是書宗旨在於補既往總集之闕,裒輯蜀地遺文篇賦,故上起三代下迄明末,凡蜀人所著或與蜀地相關者,皆在收入之列。此書編撰略依《文選》體例,先有韻之文,後無韻之筆。卷一、二爲賦。卷三至卷十八爲詩,其中每卷皆有主題,如卷五爲江山詩,卷十爲紀行詩,卷十三爲贈送詩等。卷十九至卷四十爲文,於此先列敕、諭、牒、誥等公文,次及其他。每卷以類相從,含一至數種文體,如卷二十爲表、疏、奏,卷三十七爲箋、銘、贊、跋,卷三十九爲墓碑。卷四十二至卷五十一爲志餘,録詩話與人物雜傳。卷五十二至末爲志餘逸編,集名物圖譜摩崖石刻之屬。每卷之中,文章大致按作者朝代先後爲序,作者佚名者皆題曰“前人”。總體而言,編者詳於本朝,略於往代,卷五收編者杜應芳《巫山十二峰》詩。

是書取材甚爲宏富,然體例實欠謹嚴。如卷七題爲“陵廟”,收王十朋《江月亭》,該詩雖有臨江憑吊劉備之情,然無一字與陵廟相涉,列入此類略覺牽强。又如卷十三,賈島爲晚唐詩人,其詩却置於李白、王維、岑參之作前,可見編撰者年代觀念并不清晰。此外,全書亦無目。

此本據福建省圖書館藏明萬曆刻本影印。(李柏)

### 吳興藝文補七十卷　(明)董斯張輯(第1678—1880冊)

董斯張生平見前《静嘯齋存草》提要。

董斯張一生在意吳興掌故,所著《吳興備志》,收録吳興逸聞瑣事,爲湖州方志上乘之作。《吳興藝文補》爲董斯張彙編,閔元衢、韓千秋二人同編,韓昌箕校録刊刻。是書收録自漢至明詩文中有關吳興者,以補舊志所未載。全書體例以類相從,卷一至卷四十爲文,卷四十一爲賦,卷四十二至卷六十一爲詩,卷六十二至卷六十三爲詞,卷六十四至卷六十六附録董斯張、朱平涵詩文。各種文體下以時代先後爲準,自漢至唐爲董斯張輯録,宋元以後爲閔元衢、韓千秋編纂。

是書廣集吳興歷代詩文,輯録豐富,是其優長。編者間或有考訂附于詩文後。是書編排體例有不嚴謹之處,乃其缺憾。目録中作者次序排列多有舛誤。如卷四十二收録宋、齊詩,將范雲歸入南齊,將王儉歸入宋代,欠妥。蓋范雲卒于梁初,王儉卒于齊武帝之世。又如卷四收録梁文,置袁昂于沈約前,置任昉于沈約後。實則任昉卒年早于沈約,沈約卒年早于袁昂。如此排置,多有不妥。又有考訂不慎精審之處,如卷六收録陳代徐陵《爲陳主與周冢宰宇文護論邊境事書》,後有大段考證與梅鼎祚《歷代文紀·陳文紀》中所載相同,梅氏年長於董氏三十餘歲,早卒于董氏十餘年,其成書年代雖不可確考,按常理推之當早于董氏之書。且《吳興藝文補》中多次引用梅氏所著《書記洞詮》,可知梅氏著作對董斯張影響甚大。頗疑董氏此處疏於考證。

此本據明崇禎六年刻本影印。(李柏)

### 梁園風雅二十七卷　(明)趙彦復輯(第1680冊)

趙彦復,字微生。杞縣(今河南開封)人。萬曆甲辰進士。仕至湖廣按察副使,調曲沃令。天啓三年(1623)知汾州府,後擢兵部侍郎。性剛正,尚氣節,工於詩。生平事迹見《雍正河南通志》卷五七及宋犖識語。汪元範,據《明文海》所收邢侗《汪明生詩序》,知其爲歙縣(今屬安徽黄山)人,《明詩綜》言爲休寧人,其自署東郡,實則一也。居臨清,爲布衣,能詩,有《借硯齋草》二十四卷、《傭餘草》十卷。

是書編選明代中州(今屬河南)詩作凡九家。全書二十七卷,李夢陽五卷、何景明五卷、王廷相一卷、孟洋一卷、薛蕙二卷、高叔嗣二卷、劉繪二卷、張九一三卷、謝榛五卷,而編者趙彦復一卷爲附。然以籍貫而論,李、薛出陝西,謝榛產山東,或以仕宦游歷與中州相連,然以此命集則顯不倫。該書編次依準詩歌體裁:先古詩後近體。李、何、王三人爲明前七子的代表人物,彦復自序言書編成于萬曆三十五年,而此時劉、張、謝三人尚在,該集或爲當時復古風尚之體現。今書前有康熙四十三年宋犖序。而《四庫全書總目提要》卷一九三載有浙江鮑士恭家藏本,臺北"中央圖書館"又藏有明萬曆四十四年雍丘趙氏刊本影印。

此本據清康熙四十三年陸廷燦刻本影印。(李柏)

### 國朝畿輔詩傳六十卷　(清)陶梁輯(第1681冊)

陶梁(1772—1857),字寧求,號鳧薌。長洲(今江蘇蘇州)人。清嘉慶十三年(1808)進士。官至禮部侍郎。參預纂修《皇清文穎》。著有《紅豆樹館詩稿》等。《清史稿》

有傳。

此書六十卷,録清順治三年(1646)至道光十七年(1837)間畿輔(即直隸省)作家八百七十五人詩,在世者不予入選,八旗分駐京師者因其氏族出自瀋陽,亦不録。入選者以科名爲次,首順治三年進士科,其取科名於明代者,反列於後。然舉清康熙、乾隆博學鴻詞科者,則不論前此所得科目,均準此以編次。各家詩選前,例有作者小傳,記其姓名、字號、籍貫、科第、仕宦及著作等。其著者,則摘引《四庫全書總目提要》、碑傳志狀及詩話、筆記類著作,述其生平出處、著作大旨及詩藝得失,間亦附梁自撰之《紅豆樹館詩話》品評一二。

各清詩總集大率録南方詩人多於北方詩人,此書欲補此之偏,鼓吹京畿人材之盛,以爲如申涵光、楊思聖、邊連寶、朱筠、朱珪、翁方綱、紀昀、舒位等人,足樹一幟於詩壇。實則北地質勁,少清越之音,即以上述數人論,亦多以學勝而不以詩鳴。書中如孫奇逢等人,以儒學著稱,詩則非其所長。故此書雖以選詩爲名,實則意在以詩存人,因人存詩。書中所録,如紀昀兄紀昭無別集,翁方綱子翁樹培詩其時尚無刻本,周壽椿《漢書雜詠》無刻本,此外聲名不顯、以此得留鴻爪者不勝枚舉。書前凡例臚列徵引書目及諸家專集五百餘種,頗有助於考訂畿輔藝文。所摘引各家碑傳、評論,亦有助於考證畿輔人士生平。

梁編選此書,崔旭等人襄其事,書成於道光十八年。今據山東省圖書館藏清道光十九年紅豆樹館刻本影印,前有梁自序。(李鵬)

### 淮海英靈集二十二卷　(清)阮元輯(第1682冊)

阮元生平見前《揅經室集》提要。

此書二十二卷,録清初至乾隆朝隸籍江蘇揚州府人詩,不録流寓揚州者。乾隆間揚州府下轄江都、甘泉、儀徵、興化、寶應、東臺六縣及高郵、泰州二州,通州、如皋、泰興舊屬揚州,清雍正初年始析出,此書録詩始自清初,故此三邑人士一併登載在内。宋代高郵秦觀名其集曰《淮海集》,另據《大清一統志》卷六六載,明初揚州府亦曾稱淮海府,故此書以淮海指代揚州,"英靈"二字則襲自唐殷璠《河岳英靈集》。

此書仿元好問《中州集》分十集之體例,内分甲、乙、丙、丁、戊、壬、癸七集,留己、庚、辛三集以待補録。每集各爲起訖,各集甲乙之分以得詩先後定。戊集卷四録有"北湖阮氏詩",即阮氏家族諸先輩詩,元此舉殆爲彰揚祖德。壬集爲閨秀詩,癸集爲方外詩。所録詩人皆爲已故者。各家詩選前有小傳,記作者爵里、事迹及著述等,間亦摘句論藝。

書中所録,如丙集卷一季振宜爲著名藏書家,未見有詩文別集,賴此得窺一斑。其餘聲名不著、藉此留存零星篇章者尤多。欲考清代揚州詩學,當自此問途。書中所録多有采自家集者,故此書亦有助於考證清代揚州詩歌家族之概況。

乾隆六十年,元調任浙江學政,始編輯此書,焦循等人助其纂修。清嘉慶三年,書成付梓。今據清嘉慶三年小琅嬛僊館刻本影印,前有元自序。(李鵬)

### 淮海英靈續集十二卷　(清)王豫(清)阮亨輯(第1682冊)

王豫(1768—1826),字應和,號柳村,晚號柳村農隱。原籍丹徒(今江蘇鎮江),徙居江都(今揚州)。監生,道光初徵舉孝廉方正、山林隱逸,皆不就。著有《種竹軒古文初集》、《詩選》及《明世說新語》等,輯有《江蘇詩徵》等。生平事迹見此書庚集卷五阮亨所撰小傳,《清史列傳》卷七三有傳。阮亨,字仲嘉,號梅叔。儀徵(今屬江蘇)人。阮元弟。清嘉慶二十三年(1818)副貢。年七十餘卒。著有《珠湖草堂詩鈔》。《清詩紀事》嘉慶朝卷有傳。

此書十二卷,補録《淮海英靈集》所留己、庚、辛三集,得七百七十一人,詩一千四百九十四首。辛集録閨秀詩二卷及方外詩一卷。體例與前書略同。所異者,前書不録流寓揚州者,此書則録如孫枝蔚等流寓詩人。前書外省人入籍揚州,須生卒俱在揚州者方入選,此書則録如程晉芳等卒於揚州之外者及閨秀自外省來嫁者。

此書爲續書,補録若干前書編選時尚在世、此時已卒者,較著者如羅聘(嘉慶四年卒)、李斗(嘉慶二十一年卒)等。亦有聲名頗顯却爲前書掛漏者,如秦黌等。此外所補多爲伏處山林、聲名不顯而矢志苦吟之士,尤具闡幽發微之功。書中所録,短章尤多,近唐音者不少,多爲可誦之作。與前書合觀,則清代中葉前揚州詩歌文獻略備。

此書庚集卷五録有王豫詩,故書成付梓當在清道光六年九月豫卒之後。今據復旦大學圖書館藏清道光刻本影印,前有豫自序。(李鵬)

## 續會稽掇英集五卷　(宋)黄康弼輯(第1682冊)

黄康弼,據此書卷末題銜,宋神宗時官將仕郎、試秘書省校書郎、守越州會稽縣主簿。

此書五卷,録宋神宗熙寧十年(1077)吳充等人送程師孟出守越州詩一百二十五篇,前有元豐元年(1078)李定序。

前此熙寧五年,孔延之編《會稽掇英總集》二十卷,録會稽一地自漢迄宋熙寧以來之銘志歌咏八百零五篇。然此書所録贈行詩,多爲稱頌、祝願乃至安慰程師孟之作,與會稽關係不大,且與前書體例不一,似難符續集之名。據陳振孫《直齋書録解題》載,汪綱、丁燧編有《會稽掇英續集》四十五卷。後人遂

疑此書原爲專集,或曾附刻於丁燧所編續集内,及至丁書失傳後,此書遂稱續集。

此書所録,據胡玉縉《四庫未收書目提要續編》考,如陳升之、孫固、盧革、滕甫、熊本、李東之、朱肱、張師、杜叔元、王靖、章衡、李綖、王晳、沈季長、張徽、沈紳、王誨、韓鐸、晏知止等近七十人詩,均未見於他書。故此書實爲考求宋詩者之寶藏。

明隆慶二年(1568)錢轂據宋刻本抄録《會稽掇英總集》及此書,抄本後有萬曆四十八年(1620)文震孟跋。此明抄本曾爲陸心源所得,今藏日本静嘉堂文庫。清人復據明抄本影寫。今據浙江圖書館藏清抄本影印,文震孟跋後有清嘉慶十九年華亭沈慈珍藏、長洲王芑孫獲觀後題識及嘉慶二十四年程邦憲、清道光六年馮承輝題識。(李鵬)

## 續耆舊一百四十卷　(清)全祖望輯(第1682—1683冊)

全祖望生平見前《南雷詩曆》提要。

此書一百四十卷,爲續補清胡文學編《甬上耆舊詩》而作,書名或作《續甬上耆舊詩》。"甬上"指明代浙江寧波府。胡書所録,始自春秋文種、漢商山四皓之一大黄公,終於明萬曆年間,書中小傳爲李鄴嗣撰。此書前八十卷録明隆慶、萬曆以後縉紳、布衣及遺民詩,後六十卷録清初至康熙、雍正甬上耆舊。總計近七百人,詩一萬五千九百餘首。所録以隸籍甬上者爲主,兼及黄宗羲兄弟等寓居甬上者,間亦録如卷二十四之袁州佐爲宦於甬上者。入選者多標品目,可見明末清初甬上文人會社之盛況。所録多爲忠義節烈之士,卷八十附録謝三賓及卷一百二十八録徐文駒,乃爲撻伐其文人無行。各家所録多爲詩,偶亦有詞,如卷八十二録周斯盛詞二首、卷九十一録趙嗣賢詞一首。所選詩作後間有詩話。

祖望搜訪鄉邦文獻不遺餘力,殘篇斷句,亦

加網羅,如卷十録楊文琦、楊文琮題獄壁詩剩句等。然此書采詩以人爲重,實主傳人。故書中頗有有傳無詩者,如卷十屠獻宸、董德欽、張夢錫,卷三十六潘訪岳及卷四十三錢肅圖等。甚且詩傳俱無,僅存姓字,如卷六十八吴之聘、卷六十九董士湘及卷七十五周鼎、陳履斌等。

書中各家小傳爲祖望自撰,多有未刊於《鮚埼亭集》者。《鮚埼亭集》中已有碑傳文者,此書或不復撰小傳,如錢敬忠、陳汝咸等人。或節録原文,如錢肅樂、張煌言等人。亦有重複登載者,如萬經小傳幾全録《鮚埼亭集》卷一六神道碑銘,蔣栻之小傳幾全録《鮚埼亭集》卷二一《翰林蓼厓蔣先生穿中柱文》,萬承勛小傳全録《鮚埼亭集》卷二二墓表。小傳所載前輩遺聞,多有史傳所未及者,可資考史及地方史志之編纂。

所録詩多關乎明末清初時事,如倭亂、黨爭、抗清、乞師日本、遷界、海禁等,一一可見。此外,亦頗有可資考證史實者,如卷二十四全大程詩言及南明朝太后或爲馬士英母冒充事,卷九十四王朱旦詩所述史可法之死等,均可備一説。卷三十二宋龍詩後附張茂滋《餘生餘録》長文,亦可見選詩意在記事存史,詩藝高下尚在其次。

此書爲未定稿,有祖望手稿本及衆多傳抄本,其卷數及編次不一,以清咸豐年間靈藜館謝氏藏本最爲精詳。此外尚有清光緒宣統年間國學保存會及民國七年四明文獻社鉛印本等。今據國家圖書館藏清槎湖草堂抄本影印。(李鵬)

### 兩浙輶軒録四十卷　(清) 阮元輯 (第1683—1684 冊)

阮元生平見前《揅經室集》提要。

此書四十卷,録清順治、康熙、雍正、乾隆四朝浙東、浙西詩人,尚在世者則不録。卷三十九録僧道,卷四十録閨秀。共收録三千一百三十三人,詩九千二百四十一首。首列入選者姓名,下注字號、爵里、詩文集名,復采志乘、傳狀、序跋、詩話及故舊世交所述附於後,以表彰德行、傳述韻事,無可考者則闕之。各卷首列作者姓名,書前分韻編次衆作者姓氏,以便檢尋。然卷首人名順序,頗有與書內不符者,間亦有編目舛誤者。閨秀、方外則因卷帙無多,不予編韻。

書中選各家詩,多者數十首,少者一二首,於遺稿未刻者,則多録詩篇以防散佚。然爲求完善計,入選詩篇文字或經選家改易,頗有不復原貌者。所録詩,或采自總集,或選自別集,或抄自後人,多有別書罕見者。如胡渭著有《禹貢錐指》,爲有清經學大家,然詩未多見,編者從其後人録得十餘首,擇三首輯入此書,讀者得以嘗鼎之一臠。故此書既可略見清中葉前浙江詩歌概貌,亦頗有助於輯考浙人詩。書中各家小傳,輯録衆書及傳聞,尤有資於徵文考獻。然所引文獻多有不注明作者或出處者,頗不便於覆按。

此書所録詩,多聲調婉諧近唐風之作。然清嘉慶前浙江詩人如朱彝尊、厲鶚、錢載、杭世駿等,宏博生硬似蘇軾、黃庭堅,論詩者乃有"浙派"之稱;如查慎行、袁枚等人詩,則白描平易近於楊萬里、陸游。似此皆足見其時宗尚實在宋詩,故選家之嗜好與一時詩風之所趨似不無相左處。

元任浙江學政時,於《淮海英靈集》外,復輯是書,稿成於嘉慶三年。嘉慶六年,應朱文藻、陳鴻壽之請,將書稿付於二人重加編定後刊行,即仁和朱氏碧溪草堂、錢塘陳氏種榆僊館合刊本。光緒十七年,浙江官書局予以重刊。今據山東省圖書館藏清嘉慶年間朱、陳合刊本影印。(李鵬)

### 兩浙輶軒録補遺十卷　(清) 阮元 (清) 楊秉初等輯 (第 1684 冊)

楊秉初,字純一,號書巢,據張鑒等撰《阮

元年譜》,清嘉慶元年(1796)曾應詔舉孝廉方正。海寧(今屬浙江)人。據阮元《揅經室三集》卷五《杭州紫陽書院觀瀾樓記》,秉初嘉慶年間曾任杭州紫陽書院教官。《兩浙輶軒續錄》卷一八錄有楊鳳苞《補正湖州詩錄成發書巢先生清遠樓詩存讀之……爰得二絕》一詩,其中"强弩三千突射潮"句與秉初籍貫海寧相符,且鳳苞與秉初俱爲詁經精舍弟子,據此詩則秉初或著有《清遠樓詩存》。

此書十卷,補錄《兩浙輶軒錄》所遺清順治、康熙、雍正、乾隆四朝浙江詩人,凡一千一百二十人,詩一千九百八十一首,體例一遵前書。

此書除補錄前書編選時尚在世、此時已卒者如章學誠(卒於嘉慶七年)外,復搜檢前書所未及之總集,如《感舊集》、《國朝詩別裁集》、《皇清詩選》、《西湖攬勝詩錄》之類,摘錄其中浙人詩。搜訪《四庫全書總目提要》存目已著錄之浙人專集及其他已刻專集而未入選前書者,予以補入。準因人存詩之例,輯錄不以詩名家之浙籍名臣循吏。故此書實能補前書之闕,足資考文徵獻。如卷一所錄陳忱,托名"古宋遺民",著有《後水滸傳》四十回,藉此書小傳可知其人生平與著作概況。此外,書中亦頗有摘自家乘、錄自藏畫題詩者,吉光片羽,實足珍貴。

嘉慶八年,秉初及俞寶華等輯補成書後,就正於元,元爲之序後刊行於世。光緒十七年,浙江官書局予以重刊。今據華東師範大學圖書館藏清嘉慶間刻本影印。(李鵬)

### 兩浙輶軒續錄五十四卷補遺六卷 (清)潘衍桐輯 (第1685—1687冊)

潘衍桐(1841—1899),原名汝桐,字孝則,一字羲廷,號嶧琴。南海(今屬廣東)人。清同治七年(1868)進士,官至浙江學政、翰林院侍讀學士。著有《拙餘堂詩文集》。傳見《碑傳集三編》卷一○。

此書五十四卷,補遺六卷,既補《兩浙輶軒錄》及《兩浙輶軒錄補遺》所遺之清初至乾隆朝浙籍詩人,復續輯嘉慶至同治百餘年間浙籍詩人,增補前書所不錄之駐防杭州之少數民族詩人,凡五千三百八十四人,詩近一萬五千首。體例略同前書,惟小傳中間附衍桐自撰之《緝雅堂詩話》。

阮書在前,此書復搜巖剔穴,廣爲網羅,多有新出刻本、抄本,前所未見,故闡幽發微之功尤著。續輯所錄,亦多有其人聲名頗著而詩歌罕見傳世者,如卷四十八丁申爲浙江著名藏書家,補遺卷五勞格爲著名學者,二人均無詩集傳世,藉此得窺其一斑。要之,合此書與阮書,則清光緒前浙江詩歌文獻略備。然楊秉初曾預《兩浙輶軒錄補遺》輯錄之役,此書失收,令人有失之目睫之憾。

此書所錄詩,多有出自各家別集之外,或雖見於集中,而字句互異者,故可爲治浙詩者輯佚、校勘之助。此外,書中小傳亦有可爲徵文考獻之助者,如卷一談遷小傳載張爲儒言,謂談遷《國榷》稿本後歸某大姓,其人裝潢時盡去談遷所粘塗改增注之紙,據此可知今日所傳之《國榷》恐非原貌。

衍桐秉采風之義,欲於選詩中寓匡扶名教之旨,故此書所錄多忠孝節烈之詩,且憂憤內亂之烈似遠過於關注外患之禍,似此均不無可議。

此本據清光緒十七年浙江書局刻本影印,書前有葉赫崧駿序及衍桐自序。(李鵬)

### 閩詩錄甲集六卷乙集四卷丙集二十三卷丁集一卷戊集七卷 (清)鄭杰輯 陳衍補訂 (第1687冊)

鄭杰(?—1800),一名人杰,字昌英,號注韓居士。侯官(今福建福州)人。清乾隆間貢生。著有《注韓居詩鈔》及《注韓居詩話》

等。陳衍生平見前《石遺室詩集》提要。

　　杰本欲輯《全閩詩錄》，然生前僅清順治至乾隆四朝閩詩以《國朝全閩詩錄》名刊行，遺稿自唐至明百餘冊輾轉流落至鄉人郭柏蒼處，柏蒼取有明一代書稿加以訂正付梓，易名《全閩明詩傳》。餘稿自唐至元後爲衍所得，衍加以補訂，宋一代由百餘人補輯至五百餘人，元一代由十餘人補輯至百餘人，其他朝代亦有所增訂，并增入仙神鬼怪、讖記謠語等類，遂成此書。書中凡補訂者，均予以標明。

　　此書五集共四十一卷，一代爲一集，依次爲唐、五代、宋、金、元。各集首錄土著，次爲宮閨閨閣、釋道、妓女、流寓及仙神鬼怪、雜語謠讖等。除全詩外，書中亦錄殘章剩句，搜訪之功不可没，然所收不盡雅馴。各家詩前例有小傳，述字號、爵里及著述，小傳後多輯他書資料考證生平、評述詩藝。書中於所選詩後，間亦引錄他書予以箋證。

　　此本據清宣統三年刻本影印，卷首有宣統二年衍自序。（李鵬）

### 江西詩徵九十四卷附刻一卷補遺一卷
（清）曾燠輯（第 1688—1690 册）

　　曾燠生平見前《賞雨茅屋詩集》提要。

　　此書九十四卷，補遺一卷，選錄江西一地自東晉至清代嘉慶初年二千餘人詩，江西疆域一以《大清一統志》所分郡縣爲準，略同於今日江西省。附刻一卷，爲燠所著《論詩雜咏》五十四首，所咏自陶潛至蔣士銓，略論江西歷代詩壇之風會盛衰。書中先錄歷代男性詩人，次名媛、釋子、道流、雜流、名妓、無名氏及仙靈鬼怪詩，歌謠、諺語、讖記及散句附於編末。各家詩前，例有小傳，叙名氏爵里、學術事功、高行軼事及詩集名稱。小傳後間附案語，考證異同，如綦毋潛之字、劉容虛之籍貫等，均於《全唐詩》多所辯證。然亦有沿襲舊誤者，如卷三來鵠，案語中謂與來鵬同是

一人，《論詩雜咏》則徑作“來鵬”，實爲二人。

　　明人郭子章著《豫章詩話》，謂“江西詩派當以陶彭澤爲祖”。清康熙時張泰來作《江西詩社宗派圖錄》，跋文亦主張“江西之派實祖淵明”。此書收録起自陶潛，且全書惟陶詩全錄，與郭、張之論可謂相表裏。書中黃庭堅詩亦獨占一卷，可見推尊之意，此外江西名家如歐陽修、王安石、楊萬里、虞集、揭傒斯、范椁等人，皆擇其精華，録詩百首左右。

　　此書所録，除采自本集、總集者外，亦有采自説部、詩話、志乘者，如卷九十四所收謝小娥夢讖，即出自唐人傳奇。所采諸書，有行世刻本，亦有家藏抄本，故所録多有他書罕見者。乾嘉人詩，因時代相近，多非刻本，而爲友朋緘寄、鄉里流傳者，故尤多他刻所無之人。而他選所無之詩，足資考證，如補遺録張舟詩，其人詩集不傳，藉此可略考其人與乾嘉詩壇大家趙翼、洪亮吉之交游。此外，如書中所録采茶歌及諺語、民謠，亦可爲治民俗者用。

　　燠究心於鄉邦文獻，以二十年心力搜輯此書，書成後，於嘉慶九年刊行。光緒五年，棣華書屋重刊此書。今據復旦大學圖書館藏清嘉慶九年賞雨茅屋刻本影印。（李鵬）

### 沅湘耆舊集前編四十卷　（清）鄧顯鶴輯
（第 1690 册）

　　鄧顯鶴（1778—1851），字子立，號湘皋。新化（今屬湖南）人。清嘉慶九年（1804）舉人，官寧鄉縣訓導，歷主朗江、濂溪等書院講席。著有《南村草堂詩鈔》、《文鈔》，輯有《楚寶增輯考異》、《資江耆舊集》等。生平事迹見《續碑傳集》卷七八所録曾國藩所撰墓表及《清史列傳》卷七三、《清史稿》本傳。

　　湖南大江有沅、湘、資、澧四水，而資水入湘，澧水入沅，故書名“沅湘耆舊集”實即湖

南詩徵。前編由顯鶴子鄧琮纂輯,顯鶴復加詮次而成,共四十卷,録自晉宋至元代湖南人詩,共三百三十餘人,詩二千二百三十餘首。入選各家,多不直書其名,或冠以官階,或繫以字號,以示尊敬。各家例有小傳,其中於字號、籍貫有異説者,多有考辨。其後則多引他書,或述其人生平軼事,或論其著作得失。所選詩題下或詩後間亦附有案語,多述本事。所考論,標"琮案"者即鄧琮所爲,然書中亦有標"顯鶴案"及未標明者,體例稍嫌不一。

此書所録各代詩,先公卿、布衣,次爲閨閣、釋道,多輯自總集、各家別集、詩話及政書、志書等。末附仙鬼之詩及謡諺,則多出自小説,如卷十五所録洞庭君、錢塘君、柳毅詩均出自李朝威《柳毅傳》,湘中蛟女詩則出自沈亞之《湘中怨》。整詩外,亦録散句。詩之外,間亦録文,如卷二録劉蛻《文冢銘》、《吊屈原辭三章》,卷六則於胡曾詩後附録其爲高駢所撰答南詔牒文,然不與正選相混雜;又録詞,如卷九録歐陽彬,卷二十一録侯彭老,卷二十二録易袚、趙湣詞,卷二十九録祖可詞等。

顯鶴表彰先哲,不遺餘力,所録多有他書所不及者,如卷三李郢即爲《全唐詩》所漏。故欲考明以前湖南人詩,則此書實必備之書。然書中多有無名氏及籍貫不詳者,僅據其詩意或詩句關涉湖南而徑録。另如卷九録屈祠游客所作《屈靈均祠》,《青瑣集》謂此人爲洪州衙前軍將,《江西詩徵》據此録入"雜流",未詳孰是。似此過求全備,則有濫收之嫌。

書前有道光十九年裕泰爲《楚寶增輯考異》所撰序、道光二十年爲《資江耆舊集》所撰序,及道光二十三年賀熙齡爲此書所撰序。今據上海圖書館藏清道光二十四年鄧氏小九華山樓刻本影印。（李鵬）

## 沅湘耆舊集二百卷　（清）鄧顯鶴輯（第1690—1693 册）

此書二百卷,録自明洪武至清道光年間湖南人詩,計一千六百九十九人,詩一萬五千六百八十一首。前四十三卷録明朝人詩,卷四十四至卷一百九十九爲清朝人詩,末附一卷仙鬼雜詩,全書體例略同前編。録詩外,亦録文,如卷十七録鄒廷望《姚侯平寇碑銘》。詩後附録之文尤多,如卷三十四附録王夫之《船山記》、卷三十五附録唐訪《食苦和尚記》等。

顯鶴有感於各省均有詩徵之刻而湖南獨無,遂發憤輯成是書。集名"耆舊",意在備一方文獻掌故,故以詩存人外,尤多因人存詩處,如卷十九録王佐、卷二十三録楊鴻等人詩,皆不盡入格。此書搜羅備至,別集、總集外,有從家譜中輯得者,如卷二十三周堪賡詩;有録自手書者,如卷三十一陶汝鼐自壽詩。而卷九十六至卷九十八録孫起棟詩三卷,因其人詩稿被竊,此爲從其弟子處抄存。另如卷五十六許國焕詩集罕見,所録詩如《叙哀詩》等詳於清初時事,可爲考史之助。書中録詩,本非爲後學立程式計,然去取亦矜愼,不録輕薄叫囂之作。卷一百九十一録石承楣詩一卷以著閨誡,尤可見所謂詩教之意。

據沈津《書城挹翠録》所述,美國芝加哥大學遠東圖書館藏有顯鶴未刊稿本《沅湘耆舊集續篇》一百六十三卷補編二十卷附前篇補三卷,録一千七百餘人詩。顯鶴以一人之力,纂成湖南人詩四百餘卷,洋洋大觀,保存鄉邦文獻之功甚巨。合此書與前編及未刻之續編,則誠如顯鶴自序所言:"蓋湖以南文獻略在是已。"

書前有道光二十二年裕泰序及顯鶴自撰序例。今據上海圖書館藏清道光二十三年鄧氏南邨草堂刻本影印。（李鵬）

## 嶺南羣雅初集三卷二集三卷初補二卷

（清）劉彬華輯（第 1693 冊）

劉彬華（1771—1829），字藻林，號樸君、樸石。番禺（今屬廣東）人。清嘉慶六年（1801）進士，官翰林院編修。歷主端溪、越華等書院講席。善書畫。著有《玉壺山房詩文集》等。張維屏《國朝詩人徵略》卷五五有小傳。

此書《初集》三卷，録馮敏昌等二十九人詩，其後附録彬華父劉善士詩，均爲已逝者。《二集》三卷，録宋湘等四十三人詩，均爲當時在世者。《初補》二卷，上卷録逝者，下卷録生存者，補洪瑞元等二十家詩外，另增録宋湘詩二十餘首。各家均爲清乾隆、嘉慶時廣東人。各家詩前例有小傳，述其字號、籍貫、科名及詩文集名。小傳後多附有彬華所撰《玉壺山房詩話》，評論人物，品評詩藝。

嶺南地處一隅，歷來爲詩壇所輕。然乾嘉時詩道極盛，一時名家如黎簡已爲同時洪亮吉所推重，謂其詩“如怒猊飲澗，激電搜林”（《北江詩話》卷一）。而此書於黎簡等人外，録存衆多乾嘉時廣東詩人，其宏博雖難比肩於各地詩徵，然亦頗精審。所録詩，多關乎廣東風土人物，地域色彩尤著。

此書《初集》前有劉彬華自序，《初補》前有曾燠序，劉彬華書。今據浙江圖書館藏清嘉慶十八年玉壺山房刻本影印。（李鵬）

## 國朝常州駢體文録三十一卷附結一宧駢體文一卷

屠寄輯（第 1693 冊）

屠寄（1856—1921），字敬山，一字景山。武進（今江蘇常州）人。清光緒十八年（1892）進士，改庶吉士。歷任儀董學堂總教習、京師大學堂教習、浙江淳安知縣等職。入民國後，任國史館總纂。除駢文外，有《結一宧詩略》及《蒙兀兒史記》等。支偉成《清代樸學大師列傳》卷一四有傳。

此書三十一卷，末一卷爲叙録，共録四十三家駢體文五百六十九篇，另附其自撰《結一宧駢體文》一卷。各家編次，略以行輩爲先後，間有以子從父者，如洪亮吉之二子即附於其後。各家無小傳，體例頗異於其他清代總集。

清代常州爲人文淵藪，駢文一道，亦是名家輩出，如陳維崧、洪亮吉、孫星衍、趙懷玉、惲敬、張惠言、李兆洛等，均爲清代駢文中興之功臣，故後世論駢文者遂有“常州派”之稱，他邑難望其項背。此書爲歷代僅有之郡邑駢文總集。集中録洪亮吉文最多，計七十九篇。李兆洛次之，爲六十五篇。不知名小家，亦録一二篇。寄亦擅駢文，故去取頗有鑒裁，清代常州駢文菁華大略在是。

譚獻《復堂日記補録》光緒十七年三月十三日條謂此書原爲莊蘊寬、吳翊寅輯成，其言難以確證。然此書卷首參訂校刊姓名中列有二人之名，或屠氏曾據二人舊選加以去取，亦未可定。

此本據復旦大學圖書館藏清光緒十六年廣東刻本影印。（李鵬）

# 詩文評類

## 主客圖一卷　（唐）張爲撰　附圖考一卷

（清）袁寧珍撰（第 1694 冊）

張爲，袁州宜春（今屬江西）人。曾累舉進士不第，或於懿宗咸通間登進士第。宣宗大中十二年（858）往游長沙，落魄數載，以詩酒自得。後復入釣臺山訪道，不知所終。工詩，善品評，與周朴、貫休、方干等爲詩友。作有《張爲詩》一卷，編有《前輩咏題詩》二卷，皆不傳。生平事迹見《唐詩紀事》卷八一、《唐才子傳》卷一〇。袁寧珍，《詩人主客圖考》跋署“宜春袁寧珍”，輯有《袁州詩集》等。

此書受當時摘句、詩圖等評騭方式影響，分中晚唐詩人爲六門，各設主客：以白居易爲廣大教化主,孟雲卿爲高古奧逸主,李益爲清奇雅正主,孟郊爲清奇僻苦主,鮑溶爲博解宏拔主,武元衡爲瑰奇美麗主;各主下復分列上入室、入室、升堂、及門者,即所謂客。共録主客八十四人,各人名下分别摘録詩句或全篇。吴融《禪月集序》稱"張爲作詩圖五層",知原書主客編爲詩圖,今已不可詳考。

此書體例獨特,分主客而僅摘句,流派區分亦不同於常,故後世頗多譏評。如胡應麟《詩藪》即譏其"義例迂僻,良堪噴飯",胡震亨《唐音癸籤》亦指其"妄分流派,謬僻尤甚"。然張爲所見雖有不恰,其着意區分唐詩流派,亦屬難能可貴。吕本中《江西詩社宗派圖》,即頗受其影響。

原書不傳。今存清刊一卷本有《函海》本、《榕園叢書》本,三卷本有《鏡煙堂十種》本和《談藝珠叢》本。内容大抵相同,皆輯自《唐詩紀事》。《唐詩紀事》未引者如沈亞之、費冠卿、李觀、薛壽等十一人名下,皆注云"詩闕"。

此本據浙江圖書館藏民國九年刻《豫章叢書》本影印。該本附袁甯珍《圖考》一卷,對《主客圖》所收諸人之爵里、著作詳加考證,間摭拾佳篇雋句,補張圖之缺。雖援引史傳,不詳出處,然尚稱博洽,不失爲張氏功臣。(陳尚君)

## 文鏡秘府論六卷　（唐）日釋遍照金剛撰
（第1694冊）

遍照金剛(774—835),俗姓佐伯,名空海,幼名真魚,日本平安朝前期贊歧國多度郡屏風浦(今日本香川縣善通市)人。曾從外舅阿部大足受《論語》、《孝經》及史傳等,兼學文章。皈依釋氏後,改名無空,後又改教空、如空。三十一歲時(804年)銜命赴唐留學,入長安西明寺,受灌頂禮,後得遍照金剛名號。三十三歲時回國,成爲日本真言密宗始祖。晚年隱居紀伊國金剛峰寺。卒後八十六

年,日本醍醐帝追謚弘法大師。著述甚豐,後人編有《弘法大師全集》十五卷。

此書係作者據自唐朝帶回之詩文評資料删削整理而成,成書時間約在大同四年(809)至弘仁七年(816)之間。書中以六合之數,分爲六卷:天卷論聲韻,地卷論體勢,東卷論對偶,南卷論文意,西卷論病犯,北卷論對屬。此書乃初盛唐詩格著作之集大成者,直接引用文獻約有十八種。其中除皎然《詩議》、殷璠《河岳英靈集序》外,大多已在中土失傳。即此二者,文字與今傳本亦有差異,皆堪援以參校。書中存有大量有關聲律、對偶之早期文獻,對於考察詩體演變,及齊梁至初盛唐之文論,頗有價值。

此書在日本版本甚多,今據日本東方文化叢書影印古抄本影印。(張伯偉)

## 陳學士吟窗雜録五十卷　題（宋）陳應行編
（第1694冊）

陳應行,字季陵。建安(今福建建甌)人。曾任泉州州學教授。陳振孫《直齋書録解題》著録"《吟窗雜録》三十卷",稱"莆田蔡傅(當作"傳")撰,君謨之孫也。取諸家詩格、詩評之類集成之"。則陳振孫所見爲三十本,題作蔡傅(傳)撰。蔡傅(1066—1126前),字永翁。仙游(今屬福建)人。蔡襄孫。自幼志在學古務實,不游場屋,歷朝奉郎通判南京留守司,年四十三致仕。傳見《莆陽文獻傳》卷九、《莆陽比事》卷六、《興化府莆田縣志》卷一七。

《直齋書録解題》於《雜句圖》一卷下謂:"自魏文帝《詩格》而下二十七家已見《吟窗雜録》。"可知陳振孫所見題蔡傅(傳)編三十卷本中已有"魏文帝《詩格》"。蔡傅"志在學古務實",不至於不辨"魏文帝《詩格》"爲僞作而收入其書,故此三十卷本題蔡傅(傳)編當爲後人僞託。今傳五十卷本係在原三十卷本基礎上改編擴充而成,初刊於南宋光宗紹

熙五年（1194），題狀元陳應行編。而陳振孫於理宗寶慶三年（1227）爲興化軍通判，任職莆田，不言《吟窗雜録》爲陳應行編，且史籍并無陳應行爲“狀元”之記載，故此書所題“狀元陳應行”亦當爲僞托。書前“浩然子”序云：“余於暇日，編集魏文帝以來至於渡江以前，凡詩人作爲格式綱領以淑諸人者，上下數千載間所類者，親手校正，聚爲五十卷，臚分鱗次，具有條理，目曰《吟窗雜録》。”據此，則似爲“浩然子”編。《詩人玉屑》卷五引此序，乃作“陳永康《吟窗雜録序》”，則“浩然子”、“陳永康”當爲一人，或即爲僞托者。

　　此書卷一至卷十八收録題魏文帝《詩格》至題梅堯臣《詩評》等詩格類著作二十多種，卷十九至卷三十四（上）收録《歷代吟譜》，卷三十四（下）至卷五十主要收録句圖類著作。所收諸書雖真僞紛雜，但均爲當時所見古本。由於原始文獻多已散佚，而此後同類總集又多以此書爲藍本，故其詩學文獻價值較高，可資研究、輯佚與考校。

　　此書有明嘉靖戊申（1548）崇文書堂刻本，係據宋本重刻，今據北京大學圖書館藏該本影印。又有嘉靖辛酉金陵書坊刻本，瞿鏞鐵琴銅劍樓藏書影抄本等。（張伯偉　劉德重）

### 梅磵詩話三卷　（宋）韋居安撰（第1694冊）

　　韋居安，吳興（今浙江湖州）人。生平事迹不詳。僅知爲理宗景定間（1260—1264）進士（見《四庫全書未收書目提要》），宋末曾任歷陽（今安徽和縣）、三衢（今浙江衢州）等地地方官（見此書所載）。又，書中述及咸淳初年（1265）、丁卯（1267）春、戊辰（1268）初春與詹子蒼交游及與魏慶之寄詩唱和事，謂“今轉盼十五年矣”。據此推知此書當作於至元十九年（1282）前後，時已入元數年。

　　全書分上、中、下三卷，計一百六十餘則，多記南宋詩人事迹，及其字號、鄉里、科第、仕歷等，頗類小傳。其論詩主有感而發，謂：“詩

家意思無盡藏，特因所感而發耳。”强調“寫物之妙”，“造微入妙”，并認爲讀詩亦應對詩中景物有親身感受，否則“不足以見此詩之妙”。又論“奪胎換骨”：“奪胎換骨之法，詩家有之，須善融化，則不見蹈襲之迹。”批評戴復古“雲爲山態度，水借月精神”之句，全襲王性之“雲氣與山爲態度，月華借水作精神”，稱：“如此下語，則成蹈襲。”又批評“詩人喜用全語”，如蘇軾“公獨未知其趣耳，臣今時復一中之”句，方岳“翁之樂者山林也，客亦知夫水月乎”句，雖“下語皆渾然天成，然非詩之正體”。凡此皆不爲無見。

　　此書有明嘉靖二十七年葛會抄本，清雍正十一年厲鶚家抄本。輯入叢書者有《宛委別藏》清抄本，今據該本影印。另有《讀畫齋叢書》本等。（劉德重）

### 艇齋詩話一卷　（宋）曾季貍撰　校訛一卷（清）胡珽撰　續校一卷　（清）董金鑒撰（第1694冊）

　　曾季貍（？—1178年前），字裘父，號艇齋。南豐（今屬江西）人。曾鞏弟曾宰之曾孫。舉進士不第，遂隱居終身。張孝祥、劉珙交薦之，皆不起。少師事呂本中、韓駒，尤見賞於徐俯。又與張杙、陸游、朱熹游。著有《艇齋小集》、《艇齋雜著》、《論語訓解》等。生平事迹見《渭南文集》卷一五《曾裘父詩集序》、《直齋書録解題》卷一八、《宋元學案》卷三六。胡珽（1822—1861），字心耘。仁和（今浙江杭州）人。清代校勘學家、藏書家，藏書處名“琳琅秘室”，廣收宋元舊刊，輯刻有《琳琅秘室叢書》四集。生平事迹見《藏書紀事詩》卷六。

　　書中叙及張元幹“後以累失官”，當指其以《賀新郎》詞送胡銓坐累事。此詞作於高宗紹興十二年（1142），然秦檜於紹興十八年後“又數年”“始聞之”，乃“追赴大理，削籍焉”（《揮塵後録》卷一〇）。故元幹失官必在紹興二十年後，此書亦當成於其後。今傳本存

三百餘則,有殘缺。書中多記江西詩人遺聞佚事,論詩亦主江西詩説。所稱"後山(陳師道)論詩説換骨,東湖(徐俯)論詩説中的,東萊(呂本中)論詩説活法,子蒼(韓駒)論詩説飽參,入處雖不同,然其實皆一關捩,要知非悟入不可"。書中論詩多考究詩句出處,謂"世間佳語,未有無來歷也","第讀書不多,則不知耳"。其論學詩,則稱引徐俯語,謂:"近世人學詩,止於蘇、黃,又其上則有及老杜者。至六朝詩人,皆無人窺見。若學詩而不知有《選》詩,是大車無輗,小車無軏。"有意跳出江西詩派只知學杜、黃之窠臼,提倡《選》詩。其標舉佳句,亦稱賞"思致"、"興致"、"含不盡之意",而不贊成"刻畫見骨"。凡此皆不囿於江西詩説。書中保存江西詩派材料甚多,於呂本中、徐俯語稱引尤詳,如述呂本中作《江西宗派圖》:"予嘗見東萊自言,少時率意而作,不知流傳人間,甚悔其作也。"此説頗爲後人稱引。書中亦間有疏舛處,後人已辨其誤。

此書有明楊儀萬卷樓藏明抄本,《琳琅秘室叢書》本據以刊行,并附有胡珽《校訛》及董金鑒《續校》。今據清光緒十四年會稽董氏取斯堂木活字印《琳瑯秘室叢書》本影印。(劉德重　林建福)

**深雪偶談一卷** （宋）方岳撰（第1694冊）

方岳,字元善,號菊田。台州寧海(今屬浙江)人。宋末隱居不仕,以詩名鄉里。有《菊田集》,已佚。生平見《宋季忠義録》卷一三。

此書記有南宋度宗咸淳丙寅事,書當成於此後。今傳本十六則,或誤合爲十五則、十四則,恐已非全帙。内容多爲評論詩詞之語,間及詩人佚事。其論詩主性情,謂"詩無不本於性情,自詩之體隨代變更,由是性情或隱或見,若存若亡,深者過之,淺者不及也。"又舉許彦周不解杜牧《赤壁》詩例,謂:"本朝諸公喜爲議論,往往不深諭唐人主於性情,使雋永

有味,然後爲勝。"又多稱引蘇軾之語,贊許"天成"、"自得"、"超然",謂"詞藻勝則糟粕,律度嚴則拘窘"。其評前代詩人,于魏晋推崇陶淵明,於唐則稱許賈島。

此書有清曹琰抄本,今據國家圖書館藏該本影印。另有《續百川學海》本、宛委山堂《説郛》本、《學海類編》本。(劉德重)

**詩法正宗一卷** （元）揭傒斯撰（第1694冊）

揭傒斯(1274—1344),字曼碩。龍興富州(今江西豐城)人。幼貧,刻苦力學,早有文名。延祐初,特授翰林國史院編修官,遷應奉翰林文字。至正三年(1343),詔修遼、金、宋三史,任總裁官。四年,《遼史》成,《金史》亦將成,得寒疾卒,謚文安。有《揭文安公全集》。《元史》有傳。

此書乃爲初學者指示作詩法度而作。謂學詩須力行五事:一"詩本"。秉承"有德者必有言"之旨,謂"若做得好人,必做得好詩也",故須"養性以立詩本"。二"詩資"。秉承宋人意見,強調讀書,積累學問。三"詩體"。大抵以建安以上爲詩之祖,晋宋爲詩之宗。齊梁則"體制卑弱","不可學其委靡"。盛唐古近各體,爲詩之嫡派,而以杜甫古、律爲"集大成"。又強調"遍參博采"唐人宋賢之作,明詩體之源流正變,則胸中無非古人之語言意思,下筆自然高遠。四"詩味"。上承司空圖之説,強調"滋味",主張"語少意多","意外生意,境外見境"。尤重"平淡","當於平淡中求真味","淡非果淡,乃天下至味"。五"詩妙"。即"變化神奇,游戲三昧",所指乃"正言若反,寓意十九,言景見情,詞近旨遠,不迫切而意獨至",蓋受嚴羽《滄浪詩話》之影響。上述五事,多綴輯前人餘緒,無所發明。然確如書名所揭,所述均明晰實用,頗便習學。在元人詩學著作中,亦屬難得。

此書明刻本有《傳與礪詩法》本、《詩法源流》本、《名家詩法彙編》本、《格致叢書》本、

《詩法統宗》本。史潛《新編名賢詩話》亦收有此書,題作《虞先生金陵詩講》(又作《虞侍書金陵詩法》)。又有清乾隆二十四年敦本堂刻《詩學指南》本,今據上海圖書館藏該本影印。(張伯偉　林建福)

## 詩宗正法眼藏一卷　(元)揭傒斯撰(第1694冊)

此書爲初學者而作。"正法眼藏"原爲禪語,《滄浪詩話・詩辨》稱:"學者須從最上乘,具正法眼,悟第一義。"書名或出於此。書中主張"學詩宜以唐人爲宗","且須宗唐諸名家",而"諸名家又當以杜爲正宗"。至於唐以上,一等爲陶、謝,一等爲建安、黃初諸人,"此兩等詩,其旨與三百篇義不同",故不宜學。其宗唐又以律詩爲重,因稱唐人詩法"寓諸律"。"以杜爲正宗"意亦同,故下取杜集中"鋪叙正,波瀾闊,用意深,琢句雅,使事當,下事切"之五七言律詩十五首而詳加評點。學者熟讀之,"則知近世詩格卑氣弱"之弊。其論旨上承江西詩説,下啓明前後七子,且宗唐而不黜天寶以下,尊杜而旁及唐世諸賢,自成一家之説。然其評點杜詩,則割裂過甚,未免識小遺大。考書中所選杜律十五首,實出於偽托楊載得於蜀中之《杜律心法》。其中六段文字,又抄自舊題楊載之《詩法家數》,知此書當爲偽托。

此書明刻本有《傅與礪詩法》本、《西江詩法》本、《詩法源流》本、《格致叢書》本,均未署撰者。唯朱紱《名家詩法彙編》本,題揭曼碩述。清刻本有乾隆二十四年敦本堂刻《詩學指南》本,亦未署撰者,今據上海圖書館藏該本影印。(張伯偉　林建福)

## 吳禮部詩話一卷　(元)吳師道撰(第1694冊)

吳師道(1283—1344),字正傳。婺州蘭溪(今屬浙江)人。至治元年(1321)進士。官至禮部郎中,致仕。有《禮部集》、《敬鄉錄》等。《元史》有傳。

據書中述及《敬鄉錄》,而《敬鄉錄》撰於"甲戌(1334)、乙亥間"(《禮部集》卷一七《鄭北山墓志銘跋》),則此書當成於此後。全書六十八則,附詞話七則。除記事外,兼重品評考釋,尤重鑒賞,稱:"作詩之妙,實與景遇,則語意自別。古人模寫之真,往往後人耳目所未歷,故未知其妙耳。"自謂嘗與友人同登京口北固亭,"臨視大江,風起浪湧,往來帆千百,若凝立不動者",方悟古人"千帆來去風,帆遠却如閑"之句,"誠佳語也"。又解杜甫《兵車行》"長者雖有問,役夫敢申恨",謂:"尋常讀之,不過以爲漫語而已。更事之餘,始知此語之信。"此皆會心之論。又反對望文生義,臆斷解詩。如批評僧圓至注杜牧《宣州開元寺》"松寺曾同一鶴樓"句所云"恐是與婦人同宿,托名鶴爾",謂"此尤謬妄","可發一笑"。然其解陶淵明《述酒》"鳴鳥聲相聞"句爲"謂南渡之初,一時諸賢猶盛也","南岳無餘雲"句爲"氣數全盡矣",未免曲解附會,重蹈此病。書中録其鄉人時天彝書《唐百家詩選》後評語十八條,内盛稱盛唐,對晚唐頗多微辭,亦反映吳師道本人意見,可見其論詩已轉崇盛唐。

《千頃堂書目》等著録此書作二卷,書中注語亦有"見下卷"字樣。鮑廷博、繆荃孫謂下卷已不傳。有清嘉慶刻《知不足齋叢書》本,今據該本影印。另有清乾隆五十二年吳騫家藏抄本一卷,題作《吳禮部別集》。(劉德重　張培生　林建福)

## 蓮堂詩話二卷　(元)祝誠撰　校訛一卷　(清)胡瑞撰　續校一卷　(清)董金鑒撰(第1694冊)

祝誠,海昌(今浙江海鹽)人。生平事迹不詳。此書卷下"題賣墳牆壁"條云:"至元丁丑(1277)以來十數年間,富豪零落殆盡。"知爲元世祖至元間人,書當成於至元二十四年

（1287）後。其餘不可考。

此書采録歷代詩事，上卷凡一百零八題，下卷凡七十八題，多爲一題一事，間有一題下録數事者，如"戲謔"一題下所録多達十八則。所記以詩事爲主，以宋代爲多，唐五代及金元次之，亦間及詞事、文事。内容多采自唐宋詩話及説部諸書，間載出處，其中見於正文者有《閩中記》、《北夢瑣言》、《青箱雜記》、《泊宅編》、《雍洛靈異小録》等，注於文末者有《艇齋詩話》、《石林詩話》、《温公詩話》、《道山清話》、《竹坡詩話》、曾慥《詩選》等。但多數未注明出處。所載詩事，多半可見於今存唐、宋、元諸書，但亦有不少他書所未見者。如載唐貞元間合江人先汪《題安樂山》詩，爲今知最早出處。記金海陵王完顏亮哀宋將姚興詩，亦不見他書。故於考存唐宋詩事遺篇，頗有參考價值。

此書元明間流傳不廣，未見著録。清初錢曾《讀書敏求記》始據嘉靖間連陽精舍抄本著録。後經勞格、胡珽、董金鑒校訂，清光緒十四年會稽董氏取斯堂木活字印入《琳琅秘室叢書》。今據該本影印。（陳尚君）

**歸田詩話三卷**　（明）瞿佑撰（第 1694 册）

瞿佑（1341—1427），名或作祐，字宗吉，號存齋。錢塘（今浙江杭州）人。洪武中以薦歷任仁和、臨安、宜陽三縣訓導，遷國子監助教，周王府右長史。永樂中以詩獲罪，謫戍保安十年，遇赦放歸。有《存齋遺稿》、《剪燈新話》等。事迹見《列朝詩集小傳》。

此書自序作於洪熙元年（1425），書亦成於此時。全書上中下三卷，共一百二十則，均列有標題。内容以記事爲主。論詩多以君臣大義爲旨歸，如比較杜詩與李白《永王東巡歌》，謂"老杜詩識君臣上下"，李詩"略無上下之分"；比較李白《登金陵鳳凰臺》詩與崔顥《黃鶴樓》詩，謂前者結句有"愛君憂國之意"，遠過後者結句"鄉關之情"；比較白居易

與王安石的昭君詩，贊譽白詩"不言怨恨而惓惓舊主，高過人遠甚"等。書中全文録引方回《唐三體詩序》，對於方回鼓吹宋詩極表贊同。又録引自己早年所作《鼓吹續音序》及跋詩："吟窗玩味韋編絶，舉世宗唐恐未公。"此書《四庫全書》入存目，其疏誤之處，《四庫全書總目提要》已有指出。

此書有明成化間初刻本，前有自序。今據該本影印。另有明弘治間胡道重刻本（題作《存齋詩話》）、清乾隆間知不足齋重刻本等。（劉德重）

**菊坡叢話二十六卷**　（明）單宇輯（第 1695 册）

單宇，字時泰，號菊坡。臨川（今屬江西）人。正統四年（1439）進士。歷任嵊縣、諸暨、侯官知縣，有政績。《明史》有傳。

據卷首輯者自序及黎擴、黎近序，知此書輯成於成化元年（1465），於成化九年刊行。因其體例大致仿胡仔《苕溪漁隱叢話》，故以"叢話"爲名。黎擴序謂此書"集古今人之話，言有及於論詩者，隨其得失而叢集之，筆以成帙，分門列類，以示後人"，輯者自序亦謂供人揀覽，故其頗與類書相似。全書雜采各家詩話、雜著、詩選，分爲天文、地理、時令、花木、鳥獸、宮室、器用、人物、詩人、風懷、婚姻、致政、耆壽、釋梵、仙逸、哀諡、科舉、兵戎、送贈、戲謔、身體、服飾、飲食、文史、詩法、四六與樂府二十六類。每類一卷。其中論詩二十四卷，論四六、論樂府各一卷。所輯古今論詩之語，以宋人詩話居多，元人間有涉及，大多注明出處。因其中原書多佚，故頗具文獻價值。

此書有明成化九年刻本。今據該本影印。另有成化元年抄本等。（周維德）

**詩學體要類編三卷**　（明）宋孟清輯（第 1695 册）

宋孟清，字廉夫。萊陽（今屬山東）人。生

平事迹不詳,僅知弘治年間曾任漢中府儒學訓導。

此書自序作於弘治十七年,謂於此前在漢中府學任上輯成此書。其書旨在爲初學者闡説詩體及各體作法,卷一爲詩源、詩變、總説、諸名賢詩話,卷二、三列四言、五言、七言等各種詩體,各體略作説明,引前人評論,次舉前人(多爲唐、宋人)詩一首爲例,并集前人品評,引文皆注明出處。其自序稱:"詩之所難知者體,而最難知者要也。"如此編排即欲令初學者學有所依據,"不俟揣摩臆度而體要備舉,其於臨題造語,庶幾有所持循"。其以詩作與詩法相互印證,頗便於初學者掌握要領。

此書有明弘治刻本,今據國家圖書館藏本影印。(陶禮天)

### 逸老堂詩話二卷　(明)俞弁撰(第1695册)

俞弁(1488?—1547後),字子客,一作子容,號守約居士、戊申老人。長洲崑山(今屬江蘇)人。有《山樵暇語》。生平事迹不詳。

此書自序作於嘉靖丁未(1547),書亦成於其時。上下二卷,共一百五十餘則,以考證爲主,兼及論評、記事。其於前人詩作、詩話及詩論多所辨正。如《藝文類聚》所載束晳《餅賦》有"牢九"之目,蘇軾詩遂以"牢九具"對"真一酒",此書引《酉陽雜俎》證"九"字乃"丸"字之誤,"牢丸即今之湯餅是也"。又都穆《南濠詩話》引《白燕》詩,謂楊廉夫作,此書據所見《鼓吹續編》,證"此詩乃常熟時大本所作"。《墨莊漫録》載"婦人弓足,始於五代李後主",此書引六朝樂府《雙行纏》、唐杜牧、段成式詩及《花間集》詞,證"此飾不始於五代也"。所言皆持之有故。又不苟同嚴羽"詩有別材,非關書也"之説,引杜甫"讀書破萬卷,下筆如有神",及葛立方、蕭德藻諸人語,仍主江西詩論。其論大抵與楊慎相近,反對前七子揚唐抑宋,并稱引《升庵詩話》唐元薦與楊慎書中之語,謂李空同、何景明"變而

學杜,壯乎偉矣,然正變雲擾而剽襲雷同,比興漸微而風雅稍遠矣"。對二人復古擬古之風深致不滿,可謂有識。

此書有清乾隆四十二年盧文弨抄本,今據國家圖書館藏該本影印。(劉德重)

### 詩家直説四卷　(明)謝榛撰(第1695册)

謝榛(1499—1579?),字茂秦,號四溟山人、脱屣老人。臨清(今屬山東)人,客居鄴下(今河南安陽)。一生廣交游,深閱世,浪迹京冀豫魯間,布衣終身。有詩名,爲"後七子"之一。後與李攀龍論詩不合,被削名於七子之列。著有《四溟山人全集》。《明史》有傳。

此書始作於嘉靖四十二年(1563),完成於隆慶二年(1568)。全書四百一十六則。論詩深受嚴羽影響,不拘囿於前後七子格調説。其主旨一爲"以盛唐爲法",重氣格,尚近體。然不同於李夢陽、李攀龍等人"詩必盛唐"之説,主張走"盛唐諸公之所共由"之"大道",博采衆長,自成一家,反對"泥乎盛唐"。二爲"景乃詩之媒,情乃詩之胚",倡"情景交融"之説,影響及於王夫之、李漁、王國維諸人。三則稱"妙在含糊",承司空圖、嚴羽之説而別標新義。四爲繼范温、嚴羽之後,以"悟"論詩,謂"非悟無以入其妙"。此外,還強調"真"、"興"及"天機",力主"直寫性情","發自然之妙",持論近於性靈、神韻之説。然其於聲韻求之過嚴,揚唐抑宋過甚,又好妄改古人詩句,則不足爲訓。

此書初未單行,有萬曆二十年趙府冰玉堂刊刻《四溟山人全集》本及重修本。又有明萬曆三十九年李本緯刻本,今據國家圖書館藏該本影印。清乾隆十九年胡曾耘雅堂據冰玉堂重修本校刻,更名爲《四溟詩話》,此後諸本多題作《四溟詩話》。(李慶立)

### 詩法十卷　(明)謝天瑞輯(第1695册)

謝天瑞,字起龍,一字思山,號復古生。杭

州(今屬浙江)人。生平事迹不詳。僅知其書鋪名復古齋,曾於嘉靖十七年(1538)刻魏慶之《詩人玉屑》二十卷,萬曆二十九年(1601)校刻羅大經《鶴林玉露》二十四卷。

此書又稱《詩法大成》。卷首有楊成《重刊詩法序》及謝天瑞自序。又有《詩法凡例》十餘則,謂"古名家體式,各因所著名色,各分一卷,共五卷。有體式未備者,更手集五卷,廣爲十卷"。是書前五卷收錄全部楊成《詩法》,後五卷爲輯者所集,多雜抄《冰川詩式》等書而成,所列詩格、詩體近三百種。其中卷六"律詩格",抄自《杜工部律詩五十八格》等書,可與日本天保年間翻刻《木天禁語》中《杜陵詩律五十一格》相印證。

此書有明萬曆間復古齋刻本,今據國家圖書館藏該本影印。(張健)

## 新刻增補藝苑卮言十六卷　(明)王世貞撰(第1695冊)

王世貞(1526—1590),字元美,號鳳洲、弇州山人。太倉(今屬江蘇)人。嘉靖二十六年(1547)進士,官至南京刑部尚書。明"後七子"之首。有《弇州山人四部稿》、《續稿》、《弇州堂別集》等。《明史》有傳。

此書始撰於嘉靖三十六年,次年完成初稿六卷。其後屢加增益,十六卷本刊行於萬曆十七年(1589)。卷首有戊午(1558)自序,謂其撰述之本意,爲補徐禎卿、楊慎、嚴羽三家著述所未備者,以成一家之言。其卷一分類摘錄古今詩文評論,分體闡述詩歌作法。卷二至卷五按時代先後評述歷代詩人詩作,上自《詩經》,下迄明朝。卷六至卷八記述文人佚事,兼及品評。後八卷內容頗雜:卷九至卷十二分別論詞曲、書法、書帖、繪畫,卷十三雜考禽、鳥、蟲、草、馬、魚、地名、文房四寶,卷十四論述古今人事相似者以及佛道掌故,卷十五考述季節、氣候、物品、髮式、服飾等,卷十六考辨古代人物及詩文中名物等。

此書主旨在闡揚作者"詩知大曆以前,文知西京而上"之論。其論詩崇尚初盛唐,尤推尊李杜,於中晚唐韓愈、白居易、元稹、李賀、孟郊、賈島諸人頗有微詞,對宋元詩人詩作則每有批評譏諷。其主張學古,倡模擬而不着痕迹之説。其論仍屬"格調説",故每談詩體、篇法及句法、字法等。然於格調中又摻入"才"、"思",謂:"才生思,思生調,調生格。思即才之用,調即思之境,格即調之界。"故有別於李夢陽、李攀龍所倡。其品評歷代詩作,語多中肯,尤能辨析異同,比較優劣,故多爲後人稱引。然於明代作家,尤其對前後七子,往往褒獎過甚。作者晚年曾謂:"余作《藝苑卮言》時年未四十,方與于麟輩是古非今,此長彼短,未爲定論。"(《書西涯古樂府後》)

此書有明萬曆十七年武林樵雲書舍刻本,今據上海圖書館藏該本以影印。又有明刻六卷本、八卷本、十二卷本。(呂海春　孫小力)

## 蓉塘詩話二十卷　(明)姜南撰(第1695—1696冊)

姜南,字明叔,號蓉塘、半村野人等。仁和(今浙江杭州)人。正德、嘉靖間在世,布衣終身。有《蓉塘雜著》數十種。事迹略見此書卷首陸深題引。

題引謂南"方工進士業,餘力及此書",實乃自其筆記雜著中選輯而成。書中每卷前所題篇目,即其雜著原名,如卷一題《半村野人閑談》,卷二題《洗硯新錄》,卷三題《輟築記》,卷四題《鶴亭筆乘》等。故全書內容較駁雜,并不限於詩人詩事,亦多記文史典故,間附其心得或考證。其評述詩人詩作,尚屬允當。言及史事,則多有批評。如譏唐玄宗貪戀女色,宋徽宗玩石喪志,指斥其誤國害民。書中記錄當代時事尤多,可補正史之闕。搜錄諸小説雜組,有今人所罕見者,亦有助於校勘補佚。如"李百藥以詩脱難"條引《隋唐嘉話》語,今本佚失。"指天畫地"條引陸賈《新語》"修聖人之道",其"修"字今本爲闕文。

此書有明嘉靖二十二年張國鎮刻本,今據寧波天一閣博物館藏該本影印。又有洪梗刻本及抄本多種。(周維德)

## 詩藪二十卷　(明)胡應麟撰(第1696冊)

胡應麟(1551—1602),字元瑞、明瑞,號少室山人、石羊生。蘭溪(今屬浙江)人。萬曆四年(1576)舉人,久試進士不第,遂築室山中,購書四萬餘卷,從事著述。其詩受王世貞激賞,列爲"末五子"之一。著有《少室山房類稿》、《少室山房筆叢》等。《明史》有傳。

此書分内編六卷、外編六卷、雜編六卷、續編二卷,内外編成於作者三十八歲前,雜編成於萬曆十八年前,續編當成於其後。内編論詩體,卷一至卷三分論古體雜言、五言、七言,卷四至卷六分論近體五言、七言、絶句。外編爲詩評,卷一、二評周、漢、六朝詩,卷三、四評唐詩,卷五、六評宋、元詩。雜編卷一至卷三題遺逸,卷四至卷六題閏餘,補述亡逸篇章、載籍及三國、五代、南渡(南宋)、中州(金)詩。續編二卷題國朝上、下,專論明洪武至嘉靖年間詩。

作者頗受王世貞、王世懋影響,論詩仍主格調說,但較前後七子有所變化,往往巧爲調和。其言詩變稱"詩之體以代變","詩之格以代降",仍有復古傾向。言作詩則稱於嚴羽"得一悟字",於李夢陽"得一法字","皆千古詞場大關鍵","二者不可偏廢"。蓋既主"體格聲調",又稱"興象風神",由格調說而漸趨於神韻說。又有近二十處明標"神韻"以論詩。其於宋詩雖有貶抑,但并未全然否定,而謂宋詩也有"可參六代、三唐者"。又主張以風格區劃唐、宋,亦較通達。但書中評價明人明詩,往往揄揚過分,對王世貞更推崇備至,難爲定論。

清人對此書毀譽不一。褒之者謂之宋元迄明"談詩家集大成者"(馬上巘《詩法火傳》),貶之者謂其"大抵奉元美《卮言》爲律,而敷衍其說"(錢謙益《列朝詩集小傳》)。是皆褒貶過甚,有欠允當。要之,此書評論前代詩人詩作尚屬中肯,且論說細密,能自圓其說,廣徵博引,亦足資參考。

此書有明萬曆三十七年刻本,今據該本影印。又有萬曆十八年胡氏少室山房原刊十六卷本、清末廣雅書局《少室山房筆叢》十六卷本。(劉德重)

## 詩源辯體三十六卷附後集纂要二卷　(明)許學夷撰(第1696冊)

許學夷(1563—1633),字伯清。江陰(今屬江蘇)人。布衣終身。有《伯清詩集》等。事迹見此書附惲應翼《許伯清傳》。

此書有作者崇禎五年(1632)自序,稱"是書起於萬曆癸巳(1593)迄壬子",歷二十年而稍成,後屢有增補删改,又歷二十年,論詩部分成三十六卷,總計九百五十六則。所論起於《詩經》,迄於晚唐五代,以時代爲序,計周、楚、漢、魏、宋、齊、梁、陳、隋、五代各一卷,晋二卷,初唐、晚唐各三卷,盛唐五卷,中唐十卷,及總論三卷。每卷或數則或數十則不等,評述歷代詩人詩作。前集之後,作者復采宋、元及明詩爲後集,并選輯其中論詩部分爲《後集纂要》二卷,一百五十九則。

作者謂自晚唐至近世,言詩者於詩之道或不及或過或離,皆有偏頗,故欲折衷衆說,提倡雅正。其所謂"辨體",即疏理各種詩體源流,探討其衍變過程,"審其源流,識其正變"。其論詩深受嚴羽影響,謂學詩"功夫須從上做下"。又謂詩之"詞與意,貴作者自運焉",不能剽竊蹈襲,故於前人擬古之作皆不録。又謂體制、聲調爲"詩之矩",於此仿效前人"未可謂之襲也",則又未能擺脱李夢陽等人影響。書中徵引前人詩說,"實悟者引證之,疑似者辨明之",稱引最多者爲嚴羽、王世貞及胡應麟。

此書有明崇禎十五年許婿陳所學刻本,今據國家圖書館藏該本影印。(趙永紀)

### 詩譚十卷續錄一卷　(明)葉廷秀輯評(第1696冊)

葉廷秀(? —1651),字潤山,號謙齋。濮州(今屬山東)人。天啓五年(1625)進士。崇禎間先後任南京、北京戶部主事,以疏救黄道周,廷杖削籍,遣戍福建。後歷任福王僉都御史、唐王兵部右侍郎。加入抗清義軍,失敗被俘,不屈而死。有《素園遺書》、《葉潤山輯著全書》等。《明史》有傳。

卷首有崇禎八年(1635)自序及"詩譚白"(即凡例)十則。其論詩多從程朱理學立論,主明道,主教化。故書中多輯録忠孝之作,如"詩罷點燈"條載詩:"富家一盞燈,太倉一粒粟。貧家一盞燈,父子相對哭。風流太守知不知,猶恨笙歌無妙曲。"謂太守蔡君謨(襄)讀此,即"還興罷燈"。又主張詩以寫情,謂:"詩生於情,情至自能動人。"《詩譚》十卷不專談詩,書成後作者又從羅大經《鶴林玉露》中輯出談詩之語,并加評説,名《詩譚續錄》,凡三十四則,多論唐、宋人詩。

此書有明崇禎胡正言十竹齋刻本,今據該本影印。《詩譚續錄》一卷又收入《葉潤山輯著全書》,題爲《詩譚續集》。(周維德)

### 雅倫二十六卷　(清)費經虞撰 (清)費密補 (第1697冊)

費經虞(? —1671),字仲若,號鮮民。新繁(今四川新都)人。明崇禎十二年(1639)舉人。授昆明知縣,升昆明府同知,遷廣西知府。費密(1626—1699),字此度,號燕峰。經虞子。明末在滇川一帶策劃拒張獻忠,後入道。著作後人輯爲《費氏遺書三種》。事迹見《費氏遺書·費氏家傳》。

據費經虞序,順治十二年,費密館於褒城張氏,家多藏書,經虞諭其"收存精要,博稽旁證",遂着意搜輯,由經虞編定爲十四類。後舉家遷江都,復加補輯,定爲二十四卷。其分類爲源本、體調、格式、製作、合論、工力、時代、針砭、品衡、瑣語、題引、盛事、音韻,末附以詩餘。每類以輯前人舊説爲主,或作小引,或附結論,或加按斷。所采甚廣,不盡爲詩話,如"源本"即采入《史記》諸表、正史諸志、鄭氏《詩譜序》、孔穎達《毛詩正義序》、王應麟《困學紀聞》等。其中"格式"又論及騷賦之體。其編排時代前後無序,又多有粗疏,文字重見,如誤《詩家一指》爲《詩法一指》等。蓋多抄撮前人書而疏於檢核删正所致。

此書有清康熙四十九年刻本,今據以影印。(蔣寅)

### 梅村詩話一卷　(清)吳偉業撰(第1697冊)

吳偉業生平見前《梅村家藏稿》提要。

此卷僅十二則,作於入清以後、順治十年出仕之前。書中皆載明末詩人事迹,於死節之士如陳子龍、宋玫、瞿式耜等記述尤細,多可與其詩相證。如第三則記楊廷麟參與盧象升買莊戰事,即其五古《臨江參軍》之本事。所記人物如錢謙益、龔鼎孳等,皆其平生密友,故記事真切,可見當時文士情態。涉及明末時事處,如辨周鍾爲李自成上勸進表之枉,亦可爲考史之資。

此書版本甚多,而以《梅村家藏稿》本文字最爲完整。此本據清道光十三年刻《婁東雜著》本影印。(張寅彭　蔣寅)

### 頑潭詩話二卷補遺一卷附錄一卷　(清)陳瑚輯(第1697冊)

陳瑚(1613—1675),字言夏,號確庵。太倉(今屬江蘇)人。明崇禎十六年(1643)舉人。入清隱居講學,門人稱安道先生,爲清初名儒。有《聖學入門》、《求道錄》、《確庵詩文集》等。傳見《清史稿》。

陳瑚于明亡後隱居任陽,與友人結蓮社唱和,此書所録皆爲社友之作。其自序謂:"不及時事之治亂,他人之是非,往往托之詩歌以見意。""始自甲申,以迄今兹。其間有一人爲一類者,《指南》《心史》之續也;有一事爲一類者,月泉吟社之續也;有一時爲一類者,《谷音》之續也。"所録詩作,或一人選粹,或同題唱和,并附己作,各繫小序志其事由,實爲詩話變體。繆荃孫抄本徐敦穆跋謂"此書本非詩話,而以詩話名者,大約聊存當日掛瓢諸君互倡迭和光景",誠是。其中作者約五十人,除陸世儀、毛師柱、張履祥外,皆不甚著名,而二十餘人僅載姓氏。詩多留連光景之作,雖不無黍離之思,而較《指南》《心史》則不可相提并論。補遺一卷爲陳瑚輯《續月泉吟社》,附録一卷爲陳瑚孫陸溥輯《婁東十老圖詩歌》。

此書有繆荃孫抄本,光緒二十九年繆荃孫輯刊《東倉書庫叢刻》本。又有民國六年崑山趙氏刻《峭帆樓叢書》本,有唐文治諸人序及題識,今據該本影印。(蔣寅　張寅彭)

**圍爐詩話六卷** (清) 吳喬撰 (第 1697 册)

吳喬(1611—1695),一名殳,字修齡。太倉(今屬江蘇)人。入贅崑山,以處士終老。有《乞食集》《舒拂集》等。傳見《清史稿》。

此書自序略謂:"辛酉冬萍梗都門,與東海諸英俊圍爐取暖……有及於吟咏之道者小史録之,時日即積,遂得六卷,命之曰《圍爐詩話》。"書中稱葉方藹諡,則成書當在康熙二十一年後。喬前已有《與友人書》《逃禪詩話》,内容均與此書有相重處。又多采賀裳《載酒園詩話》中語,不盡由輯録圍爐之語而成,故自序所云亦不可盡信,大抵爲作者晚年删訂補益一生之説而成。

是書卷一爲總論,泛論詩格、詩法,謂"詩中須有人",詩有境有情,自有人在其中,以

此斥明七子"陳言剿句,萬篇一篇,萬人一人,了不知作者爲何等人"。又有"詩酒"、"文飯"之喻,謂"文之措詞必副乎意,猶飯之不變米形,啖之則飽也;詩之措詞不必副乎意,猶酒之變盡米形,飲之則醉也"。卷二以下論列古今詩體,順次評論漢魏、唐、李杜、宋、明詩。主旨爲揚唐、抑宋、斥明,稱"唐詩有意,而托比興以雜出之","宋詩亦有意,惟賦而少比興","明之瞎盛唐詩,字面焕然,無意無法"。其論雖主於意與比興,然亦因索之過深,時流於牽强附會。又在比興與賦之間强判優劣,以此揚唐貶宋,亦難服衆。卷五大段援引賀裳《載酒園詩話》中語論宋詩,稱其"明破兩宋膏肓"(自序),亦難免持論失當。卷六論明詩亦有精義可采,然排擊七子之語往往近罵市,亦爲後人詬病。

此書有清嘉慶十三年刻《借月山房匯鈔》本,今據以影印。(張寅彭)

**而庵詩話一卷** (清) 徐增撰 (第 1698 册)

徐增(1612—?),字子能,號而庵。長洲(今江蘇蘇州)人。明末秀才,入清不仕。曾從錢謙益游,與金聖歎等相過從。有《説唐詩》。事迹見《皇明遺民傳》卷六。

此書原爲作者《説唐詩》卷首之《與同學論詩》,張潮輯入《昭代叢書》,改題本名。《説唐詩》有康熙元年自序,謂其説詩始於順治五年戊子,"筆之於紙"則始於十四年丁酉,全書成于康熙元年。《與同學論詩》原爲六十九則,此書少録三則。内容大抵以唐詩爲鏡鑒,論説詩法。如與金聖歎律詩"分解"法應和,而濟以"起承轉合"之法。所謂"首爲起,次爲承者,其前段也;又次爲轉,末爲合者,其後段也"(張潮《〈而庵詩話〉小引》)之類。此法又進而被其尊爲根本之法:"詩法雖多,而總歸於解數、起承轉合,然則詩法亦無多子也。"而此種見解施於作詩解詩,終有膠柱鼓瑟之嫌。

此書有清道光十三年吳江沈氏世楷堂刻《昭代叢書》甲集本，今據以影印。（張寅彭）

### 薑齋詩話二卷　（清）王夫之撰（第1698冊）

王夫之生平見前《楚辭通釋》提要。

此書由《詩譯》一卷與《夕堂永日緒論內編》一卷合輯而成。其中《詩譯》十六則，專論《詩經》，亦涉及唐宋以前詩。《夕堂永日緒論》有庚午自序，《內編》凡四十八則，論及詩意、詩勢、情景相生等問題，頗多精義可采。

作者論詩主情，其釋孔子"興觀群怨"説，亦歸之於情，視四者爲"四情"。作者又謂情與景二者"雖有在心在物之分"，但"名爲二而實不可離"，或爲"景生情、情生景"，或爲"情中景、景中情"。故斥律詩中二聯一寫景一寫情之套規爲"陋人標陋格"。又書中論意，謂"意猶帥也，無帥之兵，謂之烏合"。而"勢者，意中之神理也"。其稱"以神理相取，在遠近之間"，似亦開王士禛"神韻"説之先聲。王氏偏以情論詩，排斥叙事，評曹植、曹丕抑揚失當，譏蘇詩爲"野狐禪"，則是其論之失。

此書有民國十六年無錫于氏鉛印《清詩話》本，今據以影印。又有《談藝珠叢》本，亦爲二卷。道光間鄧顯鶴刻《船山遺書》所附《船山著述目録》著録爲三卷，增收《南窗漫記》一卷。（張寅彭）

### 原詩四卷　（清）葉燮撰（第1698冊）

葉燮（1627—1703），字星期，號己畦。嘉興（今屬浙江）人，一説吳江（今屬江蘇）人，晚年講學於吳縣橫山，世稱橫山先生。康熙九年（1670）進士，曾官寶應知縣，然翌年即忤上官，藉故罷官。此後遍游山川名勝，并專意於著述。有《己畦集》等。傳見《清史稿》。

此書分内外篇，各篇又分上下卷，以内篇二卷最重要。主要論點大略有三：其一，因革沿創、隨時遷變之歷史發展觀。作者謂"詩之爲道，未有一日不相續相禪而或息者"，故既不能"執其源而遺其流"，也不能"得其流而棄其源"。其二，探究作詩之本原，謂作詩既須依憑理、事、情，又須憑藉胸襟與才、膽、識、力。其三，揭示詩之特質，乃"不可言之理、不可述之事，遇之於默會意象之表，而理與事無不粲然於前者"。"惟不可名言之理，不可施見之事，不可徑達之情，則幽渺以爲理，想像以爲事，倘恍以爲情，方爲理至、事至、情至之語"。此外，内外篇中論述詩之"定位"與"虛名"，死法與活法等，均不乏精審之識。

此書初版爲清康熙年間葉氏二棄草堂刻《己畦集》本，今據上海圖書館藏該本影印。其後有作者門人沈德潛增訂之夢篆樓刊本。（敏澤）

### 江西詩社宗派圖録一卷　（清）張泰來輯（第1698冊）

張泰來，字扶長。江西新建籍，豐城（今屬江西）人。康熙九年（1670）進士。歷官金鄉知縣、吏部主事，外放廣東兵備道，乞休。著有《周易口義》、《壽雪亭集》等。傳見同治《豐城縣志》卷一六。

據卷首宋犖序，知書成於康熙三十年（1691）前，爲作者晚年所撰。此書爲吕本中《江西詩社宗派圖》之資料彙考，所列二十五人取王應麟《小學紺珠》之説，至《苕溪漁隱叢話》所舉有異者，如何覬、何顒諸人則不爲立傳。又謂江西詩派上承陶淵明。張宗泰《魯巖所學集》卷一一跋，謂泰來"其用心亦云勤矣，而持擇不審，間有失其本意者。如江西詩派，是説詩之體格相近，非限以方域也。淵明與山谷雖均爲豫章之産，其詩格何嘗有相似處，而必牽合爲一，誤矣"。然明萬曆初郭子章《豫章詩話》已謂"江西詩派當以陶彭澤爲祖，吕居仁作《詩派圖》，宗黄山谷，此就宋一時詩家言"之説，張泰來之説實本於此。

後裘君弘《西江詩話》、曾廷枚《西江詩話》及楊希閔《鄉詩摭譚》等皆承此説，形成明清人特有之"泛江西詩派"觀。書中於各家小傳頗疏於考證，如不載十七家集名，缺書善權、江端本字等，於《江西詩派小序》、《雲麓漫鈔》、《直齋書録解題》等書均未加徵引。又明郭子章《豫章詩話》采江西詩人資料最富，亦未言及，可見其聞見之寡陋。後查慎行《得樹樓雜鈔》即從《豫章詩話》中考得諸家集名。王士禛《蠶尾文》卷八跋此書四則，亦言其未睹《後村全集》，復爲補考王直方、江端友、江端本、高荷諸人事迹。

此書有清道光十三年吳江沈氏世楷堂刻《昭代叢書》戊集續編本，今據該本影印。另有《知不足齋叢書》本、趙氏小山堂抄本。

（蔣寅　張寅彭）

### 静志居詩話二十四卷 （清） 朱彝尊撰 （清） 姚祖恩輯（第1698冊）

朱彝尊（1629—1709），字錫鬯，號竹垞，晚號小長蘆釣師，又號金風亭長。秀水（今浙江嘉興）人。康熙十八年（1679）舉博學鴻詞科，除翰林院檢討，参與纂修《明史》、《一統志》。曾充江南主考，入值南書房。康熙三十一年以事謫歸。有《經義考》、《曝書亭集》、《明詩綜》、《詞綜》等。傳見《清史稿》。姚祖恩，字柳依，亦爲秀水人。乾隆四十六年（1781）進士。事迹不詳。

此書自《明詩綜》中輯録而成，輯成於嘉慶二十四年（1819）。《明詩綜》原收明代詩人三千四百餘家，列有小傳、彙評、詩話、詩選四項，亦有部分詩人缺項。此書輯録約一千五百餘家，所輯以"小傳"、"詩話"兩項爲主，有時亦録詩作若干附於詩話後，或以按語及附録形式摘録有關彙評及詩作。無詩話者一般不録，唯卷二二屈大均以著述遭禁而未録，代之以原無詩話之徐開任。

朱彝尊之前，錢謙益已編有《列朝詩集》，其中詩人小傳亦輯爲《列朝詩集小傳》。因乾隆中錢著遭禁，故《四庫全書總目提要》及此書曾燠序均稱《明詩綜》及《静志居詩話》乃"正錢牧齋之謬"。實則此書承錢氏之意之語處甚多。如有關明七子，二人立場即基本一致。而此書直接引用之錢氏之語，其後亦作爲違礙文字於乾隆四十九年被奏准剷除（見雷夢辰《清代各省禁書彙考》）。至於此書與錢著相異之處，除收録詩人數目倍於錢著外，二者體例亦大不相同。錢氏小傳詳涉史事，此書則略小傳而詳詩話，大抵一偏於史，一偏於詩。故此書評詩較爲細緻。如評有明詩派，詳析至於八變（見卷二一"曹學佺"條）。評明初四傑、前後七子、公安三袁等，叙述其升降消長，大抵較錢著合度，抑揚更趨平允。惟指斥竟陵鍾、譚不遺餘力，頗與錢著合拍。但又録譚元春友人錢麟翔語，謂《詩歸》係竟陵某諸生假托鍾、譚爲之（見卷一八"譚元春"條），《四庫全書總目提要》指爲回護之辭，可聊備一説。

此書有清嘉慶二十四年扶荔山房刻本，今據該本影印。（張寅彭）

### 帶經堂詩話三十卷首一卷 （清） 王士禛撰 （清） 張宗柟輯（第1698—1699冊）

王士禛生平見前《帶經堂集》提要。張宗柟（1704—1765），字汝棟，號廣含、花津圃人。海鹽（今屬浙江）人。省試十五回不第，晚年專意輯録王士禛論詩之語。有《吟廬小稿》、《度香詞》各一卷。事迹見此書重刻本所附《廣含先生墓志銘》。

據輯者自序，書當成於乾隆二十五年前。全書分綜論、懸解、總集、衆妙、考證、記載、叢譚、外紀八門，門下又細分爲六十二類，合卷首御筆、應制兩類，共六十四類。所輯多達二千餘條，係從王士禛《漁洋文》等十八種著作彙輯而來，可謂集其詩論之大全。其中首四門最具理論價值。綜論門二卷，分六類：源流、體制二類述《詩三百》、歌行、樂府、古詩、近體、竹枝等詩體；品藻、推較、摘瑕三類褒貶歷代詩人詩作，宗尚大抵在王孟一路，於杜、白、韓、蘇等頗致微詞；評駁類評論前人詩論，自言"最喜鍾嶸《詩品》、嚴羽《詩話》、徐禎卿《談藝錄》"，尤對嚴氏之論致意再三，多所發揮，而於明人之見則多所指斥。懸解門一卷，分佇興、入神、要旨、真訣、微喻、清言六類，專輯"神韻"之論，但分類過細，似可歸并。總集門五卷，分六類：纂輯類錄《五七言詩凡例》，并評議前人選本之得失；删訂類亦評前人選本之可議者，實可與前一類合并；序論類彙摘王氏所作詩序多種；題識類彙輯王氏讀書識語，多爲唐宋元明之名家別集；家學類述其祖、父、兄弟之涉詩行迹；自述類爲王氏本人及家室、師友詩作及詩事之記錄。衆妙門四卷，分標舉、指數、合作、佳句、賦物、押韻六類，皆爲標摘佳句。後四門較爲叢雜，計考證門六卷、記載門八卷，各分十六類；叢譚門二卷，分四類；外紀門二卷，各一類。其中外紀門評杜類"就傳本録存"評杜語，然真贗未辨。後翁方綱《石洲詩話》卷六《漁洋杜詩話摘記》逐條釐析之，大半屬士禎兄士禄之語。此外，尚有卷首不入門之御筆、應制二類，專録康熙帝之御製詩及群臣奉旨之作。此書分類頗嫌繁瑣，然卷帙甚富，搜羅較全，"於漁洋論次古今詩，具得其概，學者頗皆問詩學於此書"（翁方綱《石洲詩話》）。

此書有清乾隆二十七年刻本，今據中國科學院圖書館藏該本影印。另有同治十二年廣州藏修堂重刊本。（張寅彭）

### 本事詩十二卷　（清）徐釚撰（第1699冊）

徐釚生平見前《南州草堂集》。

據書前作者於康熙十一年所撰之《略例》云："辛亥歸憩菊莊，夏六月暑甚。""乘興偶輯，非關賮渺。"知書草成於康熙十年辛亥夏日。又據王士禎致作者信札及吳中立序，王氏曾參與"決擇詮次"，於前集有所删削。全書輯元末至清初諸家詩之有事可徵者，約三百餘家。以前六卷爲前集，專收明人之事；後六卷爲後集，專收清人之事。多屬文人之豔詩韻事，"讀之能增春女之悲而益秋士之哀，其移人也深矣"（徐釚跋）。雖云本事詩，實以作品爲主，以至無事可記之作多過記事，體例異於孟棨《本事詩》。

此書傳世刻本甚多，有康熙十一年鼇尾山房初刻本、康熙四十三年吳中立序刻本、乾隆二十五年楓江徐氏重刻本等。今據清光緒十四年邵武徐氏刻本影印。（張寅彭）

### 西江詩話十二卷　（清）裘君弘輯（第1699冊）

裘君弘（後避乾隆諱改爲宏），字任遠，號妙貫堂主人。新建（今屬江西）人。年十二補邑諸生。康熙三十五年（1696）舉人，補教習。有《妙貫堂餘集》等。生平事迹見《江西通志》卷一三九。

據卷首康熙四十二年自序、編餘隨筆及《記西江詩話緣起》，知此書係作者爲補《江西通志·人物傳》之脱略而作，成書於康熙四十年。明萬曆初郭子章已作有《豫章詩話》六卷，然流傳未廣。此書自序稱前代詩話未嘗"以地限之"，儼然以得風氣之先者自居。作者謂"西江詩發靈於晋，萌芽於唐，而昌大於宋"，宋又"有三變：一盛於歐、王，至豫章而一變；再盛於豫章，至誠齋諸公而又一變。元稱虞、楊、范、揭，顧四家皆出西江"。識見雖平而論説大抵允當。全書收入上自晋唐、下迄清初之江西詩人五百四十餘人（自序稱四百餘人），較之《豫章詩話》所收一百五十餘人幾增兩倍。其中近百人爲《江西通志》所未載。體例仿舊題尤袤《全唐詩話》而略變之，"詳爵里出處，考時代先後。名公巨製，連幅不述；人微事渺，隻字必登。凡以徵文獻之闕遺，補志乘之滲漏"（自序）。後之江西地方詩話，如曾廷枚《西江詩話》等，規模皆遠不及之。此書因録有黎祖功"我頸不屈如老鶴,我髮已剪如老鶬"等語,忤礙清廷,於乾隆四十五年被查禁,故未收入《四庫全書總目提要》,僅著録其《妙貫堂餘譚》。

此書有清康熙四十二年裘氏妙貫堂刻本,今據復旦大學圖書館藏該本影印。(張寅彭)

### 漫堂説詩一卷　(清) 宋犖撰 (第 1699 册)

宋犖(1634—1713),字牧仲,號漫堂,又號西陂。商丘(今屬河南)人。康熙間以門蔭入仕,由黄州通判累官至江蘇巡撫,以吏部尚書致仕。富藏書,精鑒賞,詩與王士禎齊名。有《綿津山人詩集》,著作彙刊爲《西陂類稿》。生平事迹見《類稿》所附年譜。

宋犖詩學早年以唐爲宗,後泛及宋元,取法甚廣,不拘一隅。此書僅十三則,爲康熙十九年卸虔州榷關任返京,夜泊鄱陽湖,與兒侄論詩所記。時天下學宋之風方熾,流敝漸顯,故是卷首倡學詩須通曉源流,"自有得於性之所近,不必模唐,不必模古,亦不必模宋、元、明,而吾之真詩觸境流出"。又批評"邇來學宋者,遺其骨理而撏扯其皮毛,棄其精深而描摹其陋劣。是今人之謂宋,又宋之臭腐而已"。謂王士禎選《十種唐詩選》、《唐賢三昧集》,"以此力挽尊宋祧唐之習,良於風雅有裨,至於杜之海涵地負,韓之鼇擲鯨呿,尚有所未逮",皆爲有的放矢,亦可見其於唐宋之争持折衷態度。

此書至康熙三十七年始應其子致、筠之請,書以刻之。康熙間家刻本《綿津山人詩集》、《西陂類稿》亦收入。張潮復刻入《昭代叢書》乙集,今據清道光十三年吳江沈氏世楷堂刻《昭代叢書》乙集本影印。(蔣寅)

### 絸齋詩談八卷　(清) 張謙宜撰 (第 1699 册)

張謙宜(1649—?),字稚松,號山農,絸齋爲其齋名。膠州(今屬山東)人。康熙四十五年(1706)進士,不仕。閉門著書以終。有《絸齋詩》等。傳見李圖《膠州志·文苑傳》、匡超《增修膠州府志》卷二五。

此書康熙四十九年自序略謂,自康熙十四年從楊寅戈夏學詩,二十九、三十年間始説詩,由弟子記成初稿;四十九年復增删整理,得二百十四條。然今存八卷本篇幅遠過之,且卷八内記有康熙五十一年、五十五年事,知成書應在五十五年後。考此序亦載於一稿抄本,不分卷,近二百則,似爲八卷本之底稿。此序當爲此稿本作,故未及反映其後修訂增補之事實。

全書分統論上(大旨)、統論下(各體)、學詩初步、評論一(漢晋唐)、評論二(唐宋元)、評論三(明、本朝)、評論四(本朝)、雜録等卷,體例較爲嚴整。作者自謂學詩五十五年有餘,所説多從自家體會來。評論漢以後各家,以杜甫、陸游爲最詳,而不及李白。明及清初則依次爲邊貢、王慎中、歸有光、徐渭、袁宏道、王偁、丁澎、劉翼明、龔鼎孳、周亮工、王之鄰、吳嘉紀、宋犖、施閏章、毛先舒、杜濬、丘元武、李國宋、謝連芳等家,略有偏嗜之嫌。其評説每有可取之處,如謂"公安、竟陵總是一派"等説。於王維、陸游等人,尤有心得。然不喜蘇軾,不評李白,致其説切實有餘而氣局有限。

此書有清乾隆二十三年法輝祖刻《家學堂遺書二種》本,今據上海圖書館藏該本影印。(張寅彭)

### 耄餘詩話十卷　(清) 周春撰 (第 1700 册)

周春(1729—1815),字芚兮,號松靄、内樂村農、黍谷居士。海寧(今屬浙江)人。乾隆十九年(1754)進士。官廣西岑溪知縣,以憂去官。有《松靄詩鈔》等。傳見《清史稿》。

此書有嘉慶十四年作者八十一歲時自序,謂書名襲自徐蘋村八十後所作《耄餘殘瀋》。又門人張駿道光十三年跋稱:"是編甫成,遽歸道山,未寓目焉。"據此,則此書撰寫於作者去世前數年間。

此書皆記平生師友游從倡和講學之事,詳載年月,頗資考證乾嘉兩朝詩人學者行迹。作者博學耄壽,所游皆一時之選,書中所記遍及一代耆宿,而尤詳於學者。如杭世駿、盧文弨、沈德潛、董誥、王鳴盛、黃叔琳、錢大昕、王昶、朱筠、趙翼、紀昀、袁枚、阮元、錢載等,均載與交游學誼本末。其卷二稱:"《四庫全書》采近時人著述甚少,通計不過十餘人,而余甲戌同榜得三人焉:顧古湫鎮、姜白巖炳章、范薲洲家相,皆曉嵐先生力也。"據此,似四庫采書中紀昀亦不免徇情。又稱其先兄輯《舊五代史鈔》早於邵晉涵,邵蓋受其啓發。要之,作者以學者爲詩話,復以爲晚歲消遣,不免追憶雜述,事多而話少,作筆記觀之亦可。其間偶有議論,則頗新警。如稱閻若璩"《四書釋地三續》抄撮時文,可謂陋之甚矣。至作《古文尚書疏證》,所以諂媚徐東海,而終於不遇,此之謂小人儒"。稱趙執信"《聲調譜》旁圈平仄,亦復陋之甚矣。至作《談龍録》,推尊馮定遠班,服膺吳修齡喬,而排詆阮翁。其書成於阮翁罷官之時,出於阮翁身殁之後,則亦未免小人矣"。諸語非流俗所能道。

此書有上海圖書館藏清抄本,今據以影印。另有國家圖書館藏清抄本、光緒間刊《豫恕堂叢書》本。(蔣寅　張寅彭)

## 雪夜詩談三卷附明人詩話補一卷國朝詩話補一卷　(清) 彭端淑撰 (第1700冊)

彭端淑 (1697—1777?),字儀一,又字樂齋。丹稜 (今屬四川) 人。雍正十一年 (1733) 進士。乾隆十二年 (1747) 充順天鄉試同考官。後以吏部郎中出任肇羅道署按察使。未幾告歸,主講成都錦江書院。與弟肇洙、遵泗以詩、古文名蜀中,時號三彭。著有《白鶴堂詩文稿》,輯有《八家詩選》。傳見《清史列傳》卷七一。

據書前小引,此書爲作者與友人蔡長耕 (字易之) 雪夜談詩之記録。下卷言及在肇慶識何夢瑤,則書當撰成於罷肇羅道歸京之時。作者論詩近於袁枚性靈説,推崇真摯自然本色,力主從盛唐入手。是編泛論古近詩人,詳唐略宋,詳古略今。上卷自蘇李詩至盛唐杜甫,中卷自中唐劉長卿至宋黃庭堅,下卷自蘇軾至乾隆同輩詩人,專論詩法之語附於卷末。又補近人、友人若干爲補遺。作者四十七歲始學詩,然見識不俗,深造有得。其評論歷代詩家頗具識力,主張"別千家乃能定一家",故能超脱於性靈、格調門户之見。不僅論明人詩公允持平,論唐人詩亦每有獨到之見。如韓愈,人皆以奇險目之,作者獨謂其亦工爲平澹之作,世之好平澹者或未能及。又謂晚唐五言得初盛風韻者獨張祜一人,餘子不及。是皆不爲無見。書中詩家次序編排偶有失當,亦白璧微瑕。

所附《明人詩話補》一卷,自注"此從沈尚書《別裁》選本采出",係讀沈德潛《明詩別裁集》之札記,以補《雪夜詩談》下卷論明詩之未及者。書中於李東陽、李夢陽亦能平情而論,稱之爲"一代起衰手"。《國朝詩話補》一卷係補《雪夜詩談》下卷論本朝詩者,所論自遺民詩人閻爾梅、林茂之至同時吳君鴻、張乾夫,共二十一則。論友人詩居多,以摘句爲主。於本朝名家則推崇王士禛《竹枝詞》、屈大均五律、杭世駿七古,而不取龔鼎孶,謂其"多以濃詞掩真氣",亦有得之見。

此書有清乾隆四十二年刻本,今據國家圖書館藏該本影印。又有同治六年彭效宗重刊《白鶴堂詩文稿》本。後人以其刻於集内,或著録爲《白鶴堂詩話》。(蔣寅)

## 柳亭詩話三十卷　(清) 宋長白撰 (第1700冊)

宋長白,名俊,以字行,號岸舫。山陰 (今浙江紹興) 人。康熙十一年 (1672) 順天副榜。游福建、寧夏幕府三十餘年,曾以功擢同知,辭不赴,改任學官。年七十卒。有《岸舫詩》等。事迹見商盤輯《越風》卷六。

此書有康熙四十四年自序、四十七年羅坤序,書成於康熙四十三年。書中多考核名物、訓詁字詞、商榷注解、追溯典故詞藻出處,兼勾稽本事、采録佚聞,頗類吳曾《能改齋漫録》、吳景旭《歷代詩話》。其品論多限於字句間得失高下,較少通論詩人。然偶及風會、體制之流變,亦能追源溯流,明其古今異同之辨。如卷五論韓愈拗體、嘉隆七子品格,卷十論古樂府《病婦行》、《孤兒篇》,卷十二論詩中鋪叙筆法之發展,卷十九論古詩中"蟬聯"之體,卷二十二論唐代咏物詩,卷二十五論明末詩文風氣,卷三十論唐大曆以後詩人好用險韻等,皆屬其例。書中采摭群籍,上下古今,涉獵頗廣,然編排雜亂無章。作者生當清初樸學初興之際,論詩多考證,固受時風熏染;惟所述多有重復前人見解者。其考證較同時之學術筆記亦欠專精,故其書篇帙雖富而不爲人所重。僅查爲仁稱其"考據精博,其徵引近事可備掌故"(《蓮坡詩話》卷上),而康熙以後論者則少見徵引。

此書有清康熙天苗園刻本,今據該本影印。又有光緒八年刊本、《懺花庵叢書》本。(蔣寅)

### 杜詩言志十六卷　(清)佚名撰(第1700冊)

此書係康熙間稿本,作者不詳。據今人研究,或謂作者爲江西高安陳遠新,或謂江蘇泰安佚名儒生,均非定論。

書前有自序及《例言》云:"詮釋杜詩,惟以得其志意之所存,而他勿論也。"自宋以來,注杜者號稱"千家",或重在考核典故,或重在循文訓詁。此書則重在"以意逆志",以發杜詩之"千古妙義"。全書選杜詩三百二十七首,采黃鶴編年爲序。首述旨要,然後逐段解説。一以孔孟詩説爲本,兼取禪道二家及宋明理學之説,着重以比興寄託詮解杜詩,時

有精義。如解《登岳陽樓》詩云:"夫洞庭固大,而不知關山之北,其爲戎馬戰鬥之場,更有大於此者。兩大之間,而以舉目無親,孤舟老病之一人,介乎其中,憑軒涕泗,誠爲大痛。"但亦有失之穿鑿之處,如解《望岳》詩,謂"岱宗"喻詩人,未免牽强。

此書有稿本,藏國家圖書館。又有揚州廣陵古籍刻印社校刻本,今據該本影印。(魏宏遠)

### 説詩晬語二卷　(清)沈德潛撰(第1701冊)

沈德潛生平見前《歸愚詩鈔》提要。

此書爲隨感雜録。前此作者已編成《唐詩别裁集》及《古詩源》,《明詩别裁集》也將告竣,故多取三書評語,或融會其意入書。又卷上"屈原、微、箕皆同姓之臣"條附注云:"有《詩説》、《離騷説》另出,此録其大旨二十七則。"《詩説》、《離騷説》今未見,然可見其評説《詩經》、《楚辭》亦有憑依。作者承葉燮之説,論詩主格調,注重辨析源流正變,主張"仰溯風雅",楷式盛唐。然又主張探源而不襲貌,宗唐而"不必以唐人律之"。又謂以"第一等襟抱"、"第一等學識"爲作"第一等真詩"之根基,尤爲有見。

此書有清乾隆刻《沈歸愚詩文全集》本,今據以影印。(顧易生　鄔國平)

### 李義山詩解不分卷　(清)陸崑曾撰(第1701冊)

陸崑曾,字圃玉,號臨雲。江蘇華亭(今上海松江)人。康熙、雍正間,游幕廣德、武進、揚州及京師等地,曾館於王鴻緒賜金園,助修《明史》。有詩集《於野集》、《臨雲樓稿》等。事迹略見此書自序。

據書前凡例,此書始撰於康熙癸巳,成於雍正甲辰。自序云:"其事迹典故,備悉前輩朱長孺箋,余惟於虛處活處發明作者之意。"選李商隱七言近體詩百一十七篇,"其間若《錦

瑟》、《促漏》之爲悼傷,《茂陵》之諷武宗,《楚宫》之悲涯、餗,《碧城》三詩之刺明皇貴妃,讀者向多疑義,然辭旨皆可尋繹,特爲揭出"。又稱李商隱詩"惟七律直可與杜齊驅,其變化處乃神似非形似也",故"是編不及別體,正以表義山所長耳"。因朱鶴齡箋注已行世,故詩中故實不一一采掇,着重解説義山詩之比興,先叙前人之解,後附己意。

此書有清雍正四年序刊本,今據以影印。(魏宏遠)

**一瓢詩話一卷**　（清）薛雪撰（第1701冊）

薛雪生平見前《斫桂山房詩存》提要。

此書凡二百三十則,内容大抵分爲漫説詩藝及品評詩作二類。前者大抵主葉燮之説,謂以"胸襟"爲作詩之基,反對一味擬古。然所説拘謹蹇澀,遠不如其師之恢宏精闢。至於品評之見,則時有新義可采,然其謂王維"學佛乃出於不得已",謂唐詩"前有少陵,後有玉溪,惟此二公而已",則未爲穩妥。

此書原附於雍正十三年掃葉山莊刊《一瓢齋詩存》後,道光二十四年沈楙惪世楷堂輯入《昭代叢書》癸集萃編,今據以影印。(張寅彭)

**蓮坡詩話三卷**　（清）查爲仁撰（第1701冊）

查爲仁（1693—1749）,一名成蘇,字心穀,號蓮坡居士。直隸宛平(今北京)人。查慎行侄。少因查嗣璉之案繫獄,八年方脱。遂絶意仕進。著作彙爲《蔗塘未定稿》、《蔗塘外集》。傳見《碑傳集補》卷四九。

此書有乾隆六年自序,謂平生凡從游先輩及朋儕所有贈答唱酬之作,必加甄録,乃搜諸篋衍,略加詮次,釐爲三卷。蓋得於見者七八,得於聞者二三。其書以記詩家逸事與作品本事爲主,多載康熙朝詩人佚聞,頗有不見於他書者。如記吳偉業晚年諸事,可見其心迹。所記前人詩説如宋長白《柳亭詩話》、沈

德潛《説詩晬語》等,皆有評語,大體允當。書中又多載與詩僧交往。

此書有清乾隆八年刻《蔗塘外集》本,今據以影印。(蔣寅)

**榕城詩話三卷**　（清）杭世駿撰（第1701冊）

杭世駿生平見前《道古堂文集》提要。

據書前汪沆序稱,此書爲作者於雍正壬子"入閩分校鄉試時所輯",因閩中多榕樹,故取以名書。全書以記事爲主。卷上記山川風物、民俗舊聞,卷中録文人逸事,卷下述閩外人而關涉閩事者。此類地域性詩話或偏於記人,或偏於記事。記人者往往博采志乘之作,而此書則隨筆漫録,亦有議論詩家掌故及關乎批評者。如卷上批評二馮(馮舒、馮班)評點《才調集》,不滿其"右西崑而黜西江",可見乾隆間人對晚唐詩派之看法。他如卷上載謝肇淛小像及著述、王士禎佚文,卷中載黃任、鄭方坤事迹,卷下《閩風篇》記閩中風俗,均爲研究閩中文學之可貴資料。張宗泰跋稱其"搜羅八閩歷代詩人,頗稱詳備",然"其卷下《閩江考》一篇,約二千五百餘言,是講地理之學,而非説詩,概行闌入","頗有戾於詩話之體"(《魯巖所學集》)。日人近滕元粹評此書亦謂將《閩江考》置之詩話爲失體,又指其中多無足録之詩,所見略同。

此書有清乾隆四十年刻《知不足齋叢書》本,今據以影印。另有乾隆五十三年刻《道古堂外集》本等。(蔣寅　張寅彭)

**貞一齋詩説一卷**　（清）李重華撰（第1701冊）

李重華（1682—1754）,字實君,號玉洲。吳江(今屬江蘇)人。雍正二年（1724）進士,官翰林院編修。雍正十年充四川鄉試副考官,未幾落職,赴陝西主關中書院。乾隆十六年（1751）詔復編修銜。有《貞一齋集》。傳見《清史列傳》卷七一。

書中有二小目，"論詩答問三則"總説詩藝，"詩談雜録"一百則漫議雜記。兩部分非作於同時。"雜録"前小序云："余舊有論詩三則，質諸歸愚子，謂其允協。此數十條，又平時泛言所及。兹復記憶存録，以俟知者取裁。"故沈德潛即視此書爲二卷（見《國朝詩別裁集》）。總説部分，以音、象、意"三要"論詩之形式，以神、氣、巧、詞、事"五長"論詩之内容及作法，以辨體論詩之流變。作者以"音"居首，以"神"屬詩，而以"氣"屬詩文，謂風骨含於神、氣之中。雜録部分漫評各家各體，與總説各義相互發明。如謂"詩本空中出音"，人心中"如洞簫長笛，各有竅"。作者説詩與趙執信、沈德潛近，而不喜王士禎，亦是明清格調論者重視音調之立場。書中記少時與趙執信交往，趙曾詳述其與王士禎之齟齬，可補《談龍録》所載。

此書最早爲乾隆十一年刻《貞一齋集》本；又有清道光二十四年吳江沈氏世楷堂刻《昭代叢書》壬集補編本，今據以影印。又《蘇州府志·藝文志》著録爲《玉洲詩話》，當即此書。（張寅彭）

## 野鴻詩的一卷　（清）黄子雲撰（第 1701 册）

黄子雲（1691—1754），字士龍，號野鴻。崑山（今屬江蘇）人，後遷居吳縣（今蘇州）。布衣。曾隨編修徐葆光使琉球。詩書皆爲時流所重。有《野鴻詩稿》、《長吟閣詩集》。事迹見《蘇州府志》卷九六。

卷首有乾隆二年（1737）自序，書當成於此時。全書一百十一則，以儒家詩説爲旨要，以杜甫爲宗，此或即"詩的"之義。書中論六朝詩藝甚詳，以曹植、庾信與杜甫相提并論，亦與宗杜有關。然旨要如此，則不免崇古非近，無取於中唐以後詩。"龍標、太白、昌黎、東坡概爲麾斥，以下更不足言"（沈德潛《國朝詩別裁集》卷三〇）。尤不喜李商隱，駁世之"義山繼杜"説，謂"彼（杜）之渾厚在作氣，此

（李）之渾厚在填事；彼之風喻必指實，此之風喻動涉虚；彼則意無不正，此則思無不邪"，竟視同水火。論用典亦以李商隱爲分界，其前"多本之以經、傳、《史》、《漢》"，温、李以後則"專搜漢魏諸秘書，括其事之冷寂而罕見者"。

此書沈德潛《國朝詩別裁集》謂有上下二卷，清道光二十四年（1844）吳江沈氏世楷堂刻《昭代叢書》壬集補編爲一卷，今據以影印。（張寅彭）

## 劍溪説詩二卷又編一卷　（清）喬億撰　附録一卷附詩一卷　（第 1701 册）

喬億（1702—1788），字慕韓，號劍溪。寶應（今屬江蘇）人。太學生，應試不第，棄舉業，專肆力於詩。客游山西，主講猗氏書院。有《小獨秀齋詩》、《窺園吟稿》等。傳見《清史列傳》卷七〇。

卷首有乾隆十六年辛未（1751）沈德潛序，書當成於此時。喬億於詩學最服膺王士禎，書中亦多取其説。乾隆初沈德潛主東南壇坫，海寧查氏群從以詩鳴浙西，喬億與之游，而能自樹一幟。其論詩以性情爲體，而其"所謂性情者，不必義關乎倫常，意深於美刺，但觸物起興有真趣存焉耳"，持論異於沈德潛。作者論詩之用，則主根於經史，積學知道，著眼於大處。其論重在闡明體制，區別家數，釐清源流，示人以詩學正途。其間泛論古代詩家，品較高下，抉其獨到之境，要言不煩，切中肯綮，又頗近於沈德潛詩學。故康發祥謂其"論詩之旨猶是長洲《晬語》之例"（《伯山詩話》三續集卷一）。而於沈之迂腐膚廓亦未能免。於上古文獻每輕下臆度之辭，亦其一病。乾隆中談詩家夥，舉其識見如喬億者，亦不可多得。

此書有乾隆刻本，今據中國科學院圖書館藏該本以影印。（蔣寅）

**隨園詩話十六卷補遺十卷**　（清）袁枚撰
（第 1701 冊）

袁枚生平見前《小倉山房詩集》提要。

此書於作者辭官後開始編撰，正編十六卷成書於乾隆五十五年，由畢沅等資助付梓。補遺則寫至作者病故爲止，刊行於嘉慶年間。全書篇什浩繁，内容豐富，其論詩主旨在強調詩人須具備真情、個性與詩才。稱“作詩不可以無我”，“有人無我，是傀儡也”（卷一〇）。此論承清初吳喬“詩中有人”之説而發展，其批評對象亦爲明七子及其後繼者沈德潛。袁氏又謂詩人有“筆性靈”、“筆性笨”之别，“筆性靈，則寫忠孝節義俱有生氣；筆性笨，雖咏閨房兒女亦少風情”（《補遺》卷二）。此外又稱“天籟最妙”（《補遺》卷五），引楊萬里“風趣專寫性靈”語（卷一），一再標舉“生氣”、“生趣”（《補遺》），皆倡其“性靈”説。袁氏又采録大量詩作，印證其論。所采之作不拘時代、流派，亦不拘作者身分、性别，收入閨秀之什頗多。另記載大量詩壇掌故、詩歌本事、詩人佚事，雖不無庸俗之處，然亦可考見乾隆時代文人情狀。

此書正編最早爲乾隆五十五年隨園刻本，補遺爲嘉慶間隨園刻本。合編有乾隆、嘉慶間刻《隨園三十種》本等。據書首頁“己巳年刊”及補遺，今影印所據當爲嘉慶十四年刻本。（王英志）

**涇川詩話三卷**　（清）趙知希撰（第 1701 冊）

趙知希，字環石，安徽涇縣人。康熙五十九年（1720）舉人。歷官館陶、奉新知縣，遷太原知府。以丁憂告歸，遂不復出。著有《環石詩鈔》，輯有《大雅集》。事迹見道光間編《涇縣續志》卷三。

此書爲鄉邑詩話，記事可考者至乾隆九年甲子止，當撰於此後不久。書中載明萬曆迄清乾隆初一百五十年内邑人詩事。卷上記晚明以來本地之能詩者，其中記曾祖趙維生與萬道吉、沈壽民、趙浣初等結南社始末甚詳，鼎革之際遺民故事藉以考見。又載張應泰編《里音》、侯世漼續編《賞音》事，亦鄉邦文獻之遺聞。卷中録記本地史實之作品，多采自里人鄭相如所編《樂府集》，其中載鄭相如涇川古迹題咏及諸家和作，又諸家涇邑竹枝詞，皆可考土風。卷下多存本人之作及詩友間酬唱之事，其中載翟賜履少壯時與同儕於秦淮水閣宴集事，可見清初文士悵惘失意之心態。涇縣地僻，風雅不彰，故書中所記，可觀者不多。然其以耳目所及漫記之，亦略存前輩風流、同儕雅什。

此書有嘉慶五年刻《涇川叢書》本，又有清道光十二年涇縣趙氏古墨齋刻《涇川叢書》本，今據上海辭書出版社圖書館藏該本以影印。（蔣寅　張寅彭）

**春秋詩話五卷**　（清）勞孝輿撰（第 1702 冊）

勞孝輿（1696—1745），字阮齋，號巨峰。南海（今屬廣東）人。雍正八年（1730）修《一統志》，《粵乘》發凡起例多出其手。雍正十三年拔貢，乾隆元年（1736）舉博學鴻詞報罷，以拔貢廷試第五人，出爲貴州知縣，後調鎮遠縣，卒於官。有《阮齋詩鈔》、《阮齋文鈔》、《讀杜詩餘》等。事迹見《清代粵人傳》卷一二、《清史列傳》卷七一及此書所附勞濟、勞潼《先明府詩鈔紀後》等。

全書四序，另有後序兩篇。盛逢潤序作於雍正十一年六月，謂當時已成書。盛序謂本書“蓋取《左傳》中與詩相附者”，“類聚群分，章疏句解”，“固爲經作也”。書中卷一爲“賦詩”，輯宴享贈答之詩三十一則。卷二爲“解詩”，輯“因詩作解”者三十四則。卷三“引詩”，輯“引詩之説以證其事”者七十四則。卷四“拾詩”，分賦、誦、謳、歌、謡、箴、銘、投壺詞、縣詞、諺、隱語，輯“軼詩拾而出之”者三十五則。卷五“評詩”，僅吳公子觀樂一篇。每卷前有小序，標明卷旨。卷末附綜論。

此書《四庫全書》入存目,《四庫全書總目提要》謂此書"既不同銓釋《傳》文,又非盡沿討《詩》義,編葺雖勤,殊無所取也"。然此書旨在言《左傳》用詩之事,表明"春秋時《詩》亡而《詩》學不亡",以明古之用《詩》與説《詩》之旨,固不在於闡發傳文詩義。其説多通達明暢,亦非全"無所取"。惟此書仍有掛漏。如《左傳》僖公九年引《詩》"不識不知,順帝之則",可補"引詩"之例。昭公三十二年引《詩》"高岸爲谷,深谷爲陵",可補"解詩"之例。又卷五"評詩"僅引季札觀樂一篇,似亦與全書不協。

此書有乾隆十六年張汝霖初刻本。又有清道光二十五年(1845)南海伍氏粤雅堂刻《嶺南遺書》本,今據以影印。（魏宏遠）

**全閩詩話十二卷**　（清）鄭方坤編（第1702冊）

鄭方坤,字厚則,號荔薌。建安(今福建建甌)人。雍正元年(1723)進士。歷官邯鄲知縣、河間同知、登州兖州知府,以病免官。著有《蔗尾詩文集》,輯有《經稗》。傳見《清史稿》。

此書有乾隆十九年(1754)劉星煒序,成書當在此前。所輯詩話,共采書四百三十八種,包括別集、方志、詩話及筆記雜著。其例言略云:"詩話繫於閩,所載固多閩産,亦有非閩人而關涉閩事者。"有其人爲鄉評物議指摘交加者,但論其詩不及臧否。全書共收詩人七百餘人,以時代爲序,後附無名氏、宮閨、羽士、緇流及神鬼等。編者於所采資料多有考證,態度頗爲審慎。福建自明初"閩中十子"以來,詩家輩出,雄視東南。此書網羅古今,包舉十郡,閩嶠風雅,泱泱可觀。後梁章鉅輯《東南嶠外詩話》,實續此書而作,然博雅已稍遜之。書中所采《榕陰詩話》多則,其書不傳,可供輯佚。

此書有清乾隆十九年詩話軒刻本,今據以影印。另有饒夢燕耕禮堂南陽刻本。（蔣寅　張寅彭）

**詩法指南六卷**　（清）蔡鈞輯（第1702冊）

蔡鈞(1694—?),字及心,又字易園。蕭山(今屬浙江)人。事迹略見此書諸序。

此書輯成於乾隆二十三年(1758),書前有該年任應烈序、朱坤序、楊際昌序及輯者自序。此書"輯諸家之緒言"(楊序),"兼舉古今體制而示以法式"(朱序),以便"弟子初學"(自序),可知此書乃舉子應試之詩法入門書。卷一有總論、發蒙正規,以下專論五律及五言排律。卷二論七律、五七言絶句、五七言古體、樂府歌行(附竹枝詞)。卷三論近體諸格(附詩家八病)。卷四論變體詩格(附詩家解數)及相題、立意之法。卷五、六論煉句、煉字、警句、用事、押韻等具體作法技巧。全書分門別類,節選前人詩論,以元明詩法居多,又附以詩作,并有箋注評點,品題優劣,頗便於初學。所選各家詩論多有精義,作者亦時有議論,如稱"明人詩,氣韻渾厚,佳句不勝采也","諸賢佳句,皆足法也"(卷五),不類清人鄙薄明詩之風氣。

此書有清乾隆刻本,今據以影印。（魏宏遠）

**月山詩話一卷**　（清）恒仁撰（第1702冊）

恒仁(1713—1747),字育萬,一字月山。宗室,襲封輔國公,以不應封失爵。專志於學,以詩名。有《月山詩集》。事迹見詩集附沈廷芳撰《墓志銘》。

此書凡四十三則,雜論古人詩,多駁議前人之説,蓋讀書札記。其於歷代詩人,最推崇杜、蘇二家。於古今李杜優劣之爭,左李而右杜,不無偏頗。然折衷明人之説每中肯,非率爾操觚者可比。又舉宋犖、余懷集中效元好問取古人成句入詩之習,謂其"明爲創體,實墮惡道",深中時弊。評騭清宗室詩人,以學王士禎之文昭爲第一。其他考證詩中本事用典,訂正篇章作者之訛,糾漁洋筆記傳述之誤,皆言之有據,辨析甚精。惟舉白居易《江樓夜吟元九律詩成三韻》“每歎陳夫子，常嗟李謫仙”，以陳夫子爲子昂，責白居易之失，未免武斷。

此書有清嘉慶南匯吳氏聽彝堂刻《藝海珠塵》本，今據以影印。（蔣寅　張寅彭）

**詩法易簡録十四卷録餘緒論一卷**　（清）李鍈撰（第 1702 册）

李鍈（？—1768），字青萍。東萊（今山東萊州）人。曾在陝西潼關任職，乾隆二十八年（1763）告歸。生平事迹見其子李兆元《十二筆舫雜録》、《山東通志》卷一四六。

書前有乾隆三十二年自序，書當成於是年。作者卒後書有亡佚，後由李兆元“補入律詩拗體四卷”（《跋》），然所補有目無書。此書爲指點初學之讀本，以詩體分卷，述各體之來源，舉作品爲例，講解詩律與章法，句中有評點，詩後有總評。全書十四卷，卷一五古平韻法，卷二五古仄韻法，卷三五古换韻法、齊梁體，卷四七古平韻法，卷五七古仄韻法，卷六七古换韻法，卷七柏梁體、齊梁體，卷八律體正格平仄式，卷九五律章法，卷十、十一七律章法，卷十二聯章結構法，卷十三五絶作法附六言絶句，卷十四七絶作法。末附録餘緒論，爲作者所撰詩話。書中論近體聲調及作法部分皆老生常談，而論古體聲調部分頗有可取。作者“以詩徵法”，“因法録詩”，取漢魏、齊梁、唐宋古體詩分别論之，細析其用字聲韻之正變，并追溯古體各種句調首創之作，所述甚精細而嚴謹。其論古詩聲調，秉韓愈“氣盛則言之短長與聲之高下皆宜”之説，以爲聲調與詩之情緒節奏相應。故其論古體句調能顧及上下文聲韻之協調，不拘於成説。又能着眼通篇之聲律關係，彌補前人孤立討論單句聲調之缺陷。其論古詩聲調，在清人中堪稱通達細緻，獨有心得。

此書有清道光二年十二筆舫齋刻本，山東省圖書館藏，今據以影印。（蔣寅　張寅彭）

**律詩拗體四卷古韻圖説一卷**　（清）李兆元撰（第 1702 册）

李兆元（1756—？），字勺洋。東萊（今山東萊州）人。乾隆甲寅（1794）舉人，官知縣。有《十二筆舫雜録》、《漁洋秋柳詩箋》、《十九首詩注》等。生平事迹見《道光再續掖縣志》卷上。

兆元編其父李鍈《詩法易簡録》，因“古詩之講作法及律詩之講拗體者已皆佚失”，於是“補入律詩拗體四卷附後”。自序云：“拗體之名，始於方虚谷《瀛奎律髓》，趙秋谷《聲調譜》因之”，“每苦其略而不詳”，“本送先大夫未暢之旨，補成四卷，附《易簡録》後，詩則自唐宋以來，迄本朝諸鉅公，皆取之，以見源流相續”。

全書四卷：卷一五言律仄起法，卷二五言律平起法，附五言律始，卷三七言律仄起法，卷四七言律平起法。每卷依單拗法、雙拗法、半拗法、全（大）拗法四類，列舉詩作，標明拗救，説明拗體規則。其中單拗法指詩中單句用拗，雙拗法指“偶句與出句對拗”，半拗法指全詩各句“拗之參半者也”，全（大）拗法即全詩各句皆用拗。四法中又彼此互參，如謂戴叔倫《早行寄朱放》“此於半拗之中，第七句又參以單拗者”。作者精於韻律，如論“吳體”，稱其“本齊梁，不能别立一體”，即頗爲有識。然所論拗法，未免過於苛細。

書後附《古韻圖説》一卷，因李光地等纂《御定音韻闡微》，使“古韻燦然明備”，故“繪爲圖説”。分“五音本五行圖”、“十二律七音圖”、“三十韻分七音圖”、“三十韻分六部收聲圖”等。叙述詳盡，間有考證。

此書附於《詩法易簡録》後，有清道光二年十二筆舫齋刻本，山東省圖書館藏，今據以影印。（魏宏遠）

## 全浙詩話五十四卷　（清）陶元藻輯（第1703冊）

陶元藻生平見前《泊鷗山房集》提要。

此書後有嘉慶元年汪輝祖跋，謂元藻輯《全浙詩話》"歷十有七年之久"，"泊輝祖宦楚歸林，蒙出示《全浙詩話》若干卷"。考《嘉慶寧遠縣志》，汪輝祖罷永州寧遠縣令在乾隆五十四年，則此書當輯於此前。

此書所輯均爲群籍中論浙江古今詩人文字，不參己意。人以亡者爲限，詩以優劣爲去取。其《凡例》略云："所引諸書有詩無話者勿録，有話無詩者亦勿録。"以時代爲序，計收歷代浙江詩人一千九百餘家。體例與鄭方坤《全閩詩話》同，以人立目，有小傳，然後采列各家有關資料。所采之書，大抵詩話、郡邑詩纂、志乘居多，旁及文集、筆記，搜羅甚富。如唐代顧況條下即輯有十五種書，末録《樊榭山房續集》所載陳郁《話腴》引顧況《訪景星觀丘真人祠》詩，爲集中不載。羅隱條下輯有五十五種書，貫休條下輯有二十四種書，陸游條下輯有三十五種書，皆稱宏富。所輯詳於古而略於近，其餘小家或一至四五條不等，只求"無虞淹没"即可。卷三六附"詩談"一篇，縱論明代兩浙詩人，源流條貫，頗有識見。本朝諸卷采同時人詩話甚夥，如吳城《雲蘰齋詩話》、胡如瀛《海嶼詩話》、秦錫淳《沐雲詩話》、周西序《青瑶詩話》、陶章焕《菊坡詩話》之類，均輯録多則。諸書今已亡佚，賴此存一麟半甲，亦頗足珍。惟引書不注作者姓氏，故所引《儼齋詩話》、《風雅閑談》、《見聞隨録》、《古香齋詩話》、《山居詩話》、《紅亭詩話》、《芸亭詩話》等及多種筆記而皆不知其作者爲誰。後張道有《全浙詩話刊誤》，對此書略有訂正。

此書有清嘉慶元年怡雲閣刻本，今據以影印。另存有稿本三卷，藏南京圖書館。另香雲書屋抄本三十卷，藏上海辭書出版社圖書館。（蔣寅　張寅彭）

## 甌北詩話十二卷　（清）趙翼撰（第1704冊）

趙翼生平見前《甌北集》提要。

卷首有作者于嘉慶七年（1802）所作小引，略謂少壯時不以唐宋詩人集爲意，及至晚年展玩，始知各有獨到之處，遂標而出之，彙成一編。全書十二卷，卷一至卷十依次評述唐以來大家，李、杜、韓、白、蘇各一卷，陸游兩卷（一卷爲年譜），元好問、高啓合一卷，吳偉業、查慎行各一卷。卷十一合論韋應物、杜牧、皮日休、蘇舜欽、梅堯臣、歐陽修、王安石、黃庭堅等"衆小家"，以及《明妃詩》、摘句等。卷十二雜論各體。其間評價軒輊，頗異於同時袁枚、翁方綱等人。作者反對明七子以學力説杜，而易以"思力"、"才分"等"出於性靈所固有者"，亦隱含對翁方綱之批評。其所云"性靈"，又强調詩人性情與所生之時代，與袁枚重在詩人"芬芳悱惻之懷"有所不同。作者長於史學，精於考證，故是書亦每以詩史互證。然其考史亦間有誤，如考陸游嘉定二年卒，錢大昕《陸放翁先生年譜》定爲嘉定三年，較趙説爲確。作者論詩主創新，每每揭櫫各家之"創體"、"創格"、"創句"。又好翻案，如謂陸游實勝蘇軾，即有逞爲新説之嫌。

此書有清嘉慶七年湛貽堂刻本，今據復旦大學圖書館藏該本影印。（張寅彭）

## 拜經樓詩話四卷　（清）吳騫撰（第1704冊）

吳騫生平見前《拜經樓詩集》提要。

作者長於學問，論詩亦主學識，推許馮班"多讀書"之語爲"學人三昧"。故書中解詩甚少，而多考辨前人得失及記述本朝詩家事迹，往往信而有據。如考北朝樂府《敕勒歌》非斛律金作，辨沈約《四聲韻譜》之真偽等，頗具識見。所載朱彝尊晚年欲删其《風懷詩》以自掩風流，查慎行晚號初白、謀建初白庵之出處原委等，亦頗具史料價值。尤詳其友周春事，叙其著《遼詩話》、《杜詩雙聲迭韻括略》等事，頗致好評。

此書有清嘉慶刻《愚谷叢書》本,今據上海圖書館藏該本影印。又,上海圖書館藏稿本爲三卷,内有三十則爲刻本所無,然刻本亦有六十餘則爲稿本所無。上海圖書館又藏有失題稿本一卷,凡十四則,不署撰人,中一則録王士禛《古夫于亭雜録》,後有"鶱按"云云,又一則云:"《敬業堂詩集》賦中山尼事,予嘗載之《拜經樓詩話》。"知爲吴鶱作,或爲詩話之遺稿。臺北"中央圖書館"則藏有《續稿》抄本二卷。（張寅彭）

### 石洲詩話八卷　（清）翁方綱撰（第1704册）

翁方綱生平見前《復初齋詩集》提要。

此書有乾隆三十三年作者自序,謂乙酉春至戊子夏視學粵東諸郡,與幕中同僚論詩所録存者,得五百餘則;戊子秋又與粵諸生論諸家諸體,補益前所記者,至八百餘則。又有嘉慶二十年張維屏跋,謂此書前五卷久已失去,後偶由葉雲素購得於都中書肆,持歸,求作者本人作跋,遂又增《漁洋評杜摘記》一卷,元好問、王士禛《論詩絶句》評説二卷,共成八卷云云。可知翁序所記者,爲前五卷成書經過。然今傳各本遞相翻刻,前五卷均僅六百六十餘則,未達八百之數,似仍非原本。

此書雖以詩話命名,但自序又申明"本非詩話",蓋旨在"論諸家諸體",非尋常詩話記事録詩之體。書中卷一論初盛唐,以近半篇幅論杜。卷二論中晚唐,推重韓、白、李（商隱）三家。卷三、四統論兩宋,略無斷限,其中論蘇近七十則,約占三分之一。卷五論金元,分別以元好問、虞集冠首。作者論詩持"肌理"説,其評唐論宋,大抵重在詩風縝密質實一路,辨肌析理,較格調、神韻之説往往細密切實。崔旭《念堂詩話》稱此書"持論精鑿,皆從深心探索而出,不似《説詩晬語》多公家語",頗道出以肌理評詩之長處。與其自作詩"如博士解經,苦無心得"（洪亮吉《北江詩話》）,宜分別觀之。後三卷體例稍殊。

卷六辨析張宗柟《帶經堂詩話》所附王士禛評杜語之真贗,確定爲王士禛者僅十條,餘皆出自其兄王士禄。作者早年學詩於黄叔琳門下,得以辨識王士禛手定之稿,又於友朋輩借閲,逐條細校,故其甄別頗爲可信。卷七、八評説元好問、王士禛之《論詩絶句》,中記紀昀所言遺山絶句異文,可供參校。方綱爲王士禛再傳弟子,平日諱言神韻與肌理之異,此卷中則一再道之,亦可見此書旨在倡導肌理之説。

此書有清嘉慶二十年蔣攸銛刻本,今據以影印。（張寅彭）

### 杜詩附記二十卷　（清）翁方綱撰（第1704册）

此書爲作者畢生治杜詩之心得。前有自序,後有道光三年梁章鉅跋,謂翁氏"前後凡三十年,始成此册。嗣後意有所得,隨時點定,又三十餘年,至晚歲重加裝池"。全書依杜集著録詩題,不録原詩,評析之語直接寫於詩題之下。作者自謂次第據"宋刊某本",而精擇諸本參合之,評析則重在"篇中情境虚實之乘承,筍縫上下之消納"等處。如説《秦州雜詩》第十五首"起句竟若消納上章者,讀至此乃愈覺上章首二字神氣之長"。説《送遠》"第七句是筋節,是消納"。説杜甫新樂府諸作,則只言其意,蓋因其語言結綴不如古律二體之綿密。

此書未刊。有乾隆三十二年稿本、東莞倫氏傳抄本,藏國家圖書館。又有清宣統元年夏勤邦抄本,藏上海辭書出版社圖書館,今據以影印。（張寅彭）

### 北江詩話六卷　（清）洪亮吉撰（第1705册）

洪亮吉生平見前《卷施閣集》提要。

此書爲作者晚年手定,生前未刊。書中論詩取徑較寬,稱"詩文之可傳者有五:一曰性,二曰情,三曰氣,四曰趣,五曰格",而所重者仍在性情與學問二端。作者蓋受袁枚性靈説與翁方綱肌理説影響,大處似無所發明。然於具體之見則頗多創識,如以論詩之雙聲疊韻,謂“《三百篇》無一篇非雙聲疊韻”,降及楚辭漢賦乃至杜甫之近體無不儘然,直至中唐後之韓、李、温亦然,宋以後則漸鮮。又評同時詩人,不取“世所共推”之袁、蔣、趙,轉而推舉錢載、施朝幹、錢澧、任大椿四家。書中仿宋敖陶孫《詩評》之體,彙評同時詩人一百零四家,以錢載爲第一。評本朝大家,則幾無完人,責吳偉業“殊味平仄”,王士禎“受聲調之累”,朱彝尊“不能鎔鑄自成一家”,袁枚“失之淫豔”等。是書内容叢雜,論次無序。除論詩外,又頗記與同時人王昶、孫星衍等人交往。又旁涉文章、書法、金石文字、名物、興地、卜葬風俗、家書作法、時辰八字、科場故實乃至藏書家品第等,類如筆記。所記偶有疏誤,如黎簡卒於嘉慶四年,年五十二歲,書中謂其“年甫四十而卒”。伍崇曜跋正之以“七十餘”,亦誤。

此書道光末由張祥河初刻,僅前四卷。咸豐四年伍崇曜從洪氏後人所刻第五、六兩卷,遂合而收入《粵雅堂叢書》。咸豐八年慶符周錫光刻本亦爲六卷足本。又有光緒三年洪氏授經堂刻《洪北江全集》本,今據以影印。(張寅彭)

## 梧門詩話十二卷(卷八至卷十一合卷)附八旗詩話一卷　(清)法式善撰　(第1705冊)

法式善生平見前《存素堂詩初集録存》提要。

此書撰成於作者晚年,以録詩記事爲主。據《〈梧門詩話〉例言》云“是編則第録康熙五十六年以後之人”(法式善《存素堂文集》卷三),所記重在乾隆一朝及嘉慶前半期。全書收録約一千二百餘位詩人事迹作品,其中五百五十餘人郡望可考,分布達十九省,而又以江蘇、浙江、江西、安徽、福建等省人數較多。此前袁枚《隨園詩話》號稱録人有“十三

四省”之衆,此書可謂過之。入録者中,除臺閣重臣、詩壇名宿外,多爲出身貧寒、位居下僚、其名不彰者。所記或爲詩歌本事,或爲詩人佚事,史料豐富。書中論評之語雖少,然不乏精見。作者詩學王士禎,故對神韻説頗爲推崇。又與袁枚交往,持論亦較公允。其謂“紀事之詩,委曲詳盡,究以長慶一體爲宜”,“元白合作亦少,至梅村而始臻極盛,則此體自當以婁東爲大宗”,頗有眼識。

所附《八旗詩話》一卷,二百四十九則,專録清代開國以來滿漢蒙八旗詩人,大抵每則一人,以小傳爲主,兼及論評,爲研究清代旗籍詩人之重要資料。

此書未刊。今存兩種稿抄本:一藏國家圖書館,十二卷,僅存卷一至卷七、卷十二,另有一部分殘頁未標明卷數。今據以影印。另一本藏臺北“中央圖書館”,十六卷。(張寅彭強迪藝)

## 重刻足本乾嘉詩壇點將録一卷　(清)舒位撰　(第1705冊)

舒位生平見前《瓶水齋詩集》提要。

“點將録”一體,原非詩話。舊傳明天啓間王紹徽比附小説《水滸傳》中人物,造東林黨人一百零八位爲《東林點將録》,以供魏忠賢排黜政敵之用。至舒位作詩壇點將録,初未署名,自序亦托名《水滸》人物“鐵棒欒廷玉”。據王汝玉《梵麓山房筆記》卷四云:“舒鐵雲仿《東林點將録》爲《詩壇點將録》,因游戲之筆,未免略肆雌黄,故未明著姓氏。”知爲舒位所撰。

全篇依小説第七十一回“梁山泊英雄排座次”排定之一百零八將位置,各擬一詩人對應之,其中四十二將位置以“一作某”之例并列兩人,而金毛犬、九尾龜、白日鼠、鼓上蚤四人無人匹配。又加托塔天王(晁蓋)與黄面佛(黄文煜)二位,計列乾嘉詩人凡一百三十八人。各家之下,繫以小傳、贊語。贊語或論

人,或論詩,或發其比擬之義,往往精審而風趣。如以智多星比錢載,贊曰:"遠而望之幽修漏,熟而視之瘦透皺,不知者曰老學究。"以大刀手比蔣士銓,贊曰:"四十斤者魏朱亥,十萬兵者漢樊噲,巨刃摩天揚,則不如輕裘緩帶。"皆能揭其特徵,指其得失。又以托塔天王屬沈德潛、及時雨屬袁枚、玉麒麟屬畢沅,亦差合其地位身分。蓋《水滸》人物,性格分明,頗易藉以見出詩人風格。英雄座次表判定諸將功績大小、地位輕重,亦便於囊括一代詩人,以鉤稽相互間之關係。雖似游戲之筆,實寓文學批評之意在。此篇即頗有助於瞭解乾嘉詩壇大勢,宜乎後世汪辟疆、錢仲聯等續作不斷。然此書對《水滸》原定各路軍制、各將軍職、人員數目多有隨意改動處,不如汪辟疆《光宣詩壇點將錄》等續作精密。

此書初無刊本,士子間輾轉相抄。至同治八年己巳始有巾箱本,葉德輝於光緒三十三年即據以刻行。旋又抄得武進莊氏舊藏足本,於清宣統三年重刻之,今即據以影印。（張寅彭　蔣寅）

**吳興詩話十六卷首一卷**　（清）戴璐撰（第1705冊）

戴璐(1739—1806),字敏夫,號菔堂、吟梅居士。烏程(今浙江湖州)人。乾隆二十八年(1763)進士。官至太僕寺卿,居京城凡四十載,晚年爲揚州梅花書院山長。有《秋樹山房詩稿》、《藤陰雜記》等。生平事迹見《湖州府志》卷七六。

據此書嘉慶元年自序,書當撰於乾隆五十九年至嘉慶元年間。全書仿朱彝尊《明詩綜》體例,收錄本朝湖州詩人二百餘家,人各一傳,附以詩評。卷首載御制詩及乾隆詢湖州事之語,卷一至卷九爲郡人名賢,卷十至卷十二爲閨秀,末四卷爲宦守及寓賢。然所載人物多不錄本人之作而錄他人贈送之詩,此雖無礙於詩話之名,却不合郡邑類詩話之體。

其意要在宣揚一郡之風雅,故廣采同時名流酬贈之詩以重其人。以此書中頗存清初以迄乾隆間詩壇掌故、詩人交游之踪,可資治清詩者參考。又書中所載頗詳於科第,於族姓科名之盛每備載之,亦可供後人考究其時地域、族姓文學之繁衍。卷一載《西游補》小說作者董說事甚詳。卷二有《全唐詩錄》編者徐倬事數則,又有查慎行、朱彝尊贈酬詩數篇。卷三載王士禎、納蘭性德、毛奇齡等贈行詩數首,卷四、五有厲鶚、嚴遂成、沈德潛、杭世駿等乾隆名士之詩,頗有別集中不存之作。卷七載沈棠著《吳興詩話》,其書不傳,僅見《兩浙輶軒錄》引,得此庶可考知其人生平。

此書有嘉慶元年戴氏自刊本,至清末已罕見。又有民國五年(1916)劉氏嘉業堂刻《吳興叢書》本,今據以影印。另,國家圖書館藏有吳興嚴氏隨分讀書齋抄本四冊。（蔣寅　張寅彭）

**快園詩話十六卷**　（清）凌霄撰（第1705冊）

凌霄(1771—1828),一名延烱,字一飛,號芝泉、快園居士。江寧(今江蘇南京)人。諸生。以袁枚薦,入畢沅幕府,與洪亮吉、孫星衍交厚。時苗民起,參謀戎幕。以母老歸里,得快園徙居之。後館江寧布政使署,與姚鼐相過從。有《剝蕉集》、《巢鳳集》、《湔微詞集》等。事迹見《同治續纂江寧府志》卷一四、《疇人傳三編》卷一。

書前阮元序稱:"己卯冬……出芝泉所輯《快園詩話》,屬弁言於首。"知此書成於嘉慶二十四年前。作者序云:"是編多紀師恩友誼,初名《師友錄》,後多增入者,更名《詩話》。"故書中所記每於師友厚遇津津於口,又稱於某某名師學字畫、篆刻、騎射等,亦頗有自矜之意。又頗失於擇取,所收多有粗俗不佳者。然江寧、揚州間文士之作亦借以留存。

此書有清嘉慶二十五年序刊本,今據復旦

大學圖書館藏該本影印。（魏宏遠）

## 靈芬館詩話十二卷續六卷 　（清）郭麐撰（第 1705 冊）

　　郭麐（1767—1831），字祥伯，號頻伽。吳江（今屬江蘇）人。嘉慶間諸生。有《靈芬館集》。傳見《清史稿》、《清史列傳》卷七三。

　　正集有嘉慶二十一年丙子孫均序，續集有二十三年戊寅自序，可分別見其成書時間。正集前十卷論詩，後二卷論詞。全書以記錄評騭本朝詩人爲主。作者以晚輩與袁枚交，謂：“浙西詩家頗涉餖飣，隨園出而獨標性靈，天下靡然從之，然未嘗教人不讀書也。”全書持論平和，稱許或有過當，駁難攻訐之失則罕見。作者交游廣泛，好記親歷親聞之人事，細行片語在所不遺，多録近人詩之無刻本者，故此書頗存嘉、道間詩壇之實況。如續集中記法式善曾以《梧門詩話》遺稿托屠倬付梓而未果，即僅見於此書。

　　此書有清嘉慶二十一年孫均刻、二十三年增修本，今據浙江圖書館藏該本影印。（張寅彭）

## 昭昧詹言十卷續八卷續録二卷 　（清）方東樹撰（第 1705 冊）

　　方東樹生平見前《考槃集文録》提要。

　　此書原爲作者批於王士禛《古詩選》、姚鼐《今體詩鈔》等家塾讀本上之評語，道光中彙編成帙，有道光十九年自序及二十年、二十二年二跋，生前未刻。所選爲五古、七古與七律三體，不取五律。又各作通論一卷，置於各體前。大抵按王士禛《古詩選》及姚鼐《今體詩鈔》原序排列，有所增删。作者爲桐城文派後起之秀，論詩亦持詩文一道立場，謂詩文諸藝“理一也”，“用法取境亦一”。品評古今詩家，以杜甫、韓愈爲宗。五古、七古、七律三體，均以二家爲主，惟七律易韓爲李商隱。又以杜、韓爲準的權量他家，除魏晉以上寥寥數家外，幾將歷代詩家皆置於杜、韓牢籠之下。如論七古，謂李、杜通於《史記》，可謂善於持論。又將七古之盛衰歸因於古文之盛衰，亦可備一說。其搬用桐城文法評詩，逐篇批點。然評析過細，無視詩文之別。如述題面即有序題、點題、還題面等種種名目，難免有固鑿之弊，宜招時人譏評。

　　此書有光緒初刻《桐城方植之先生遺書》本。又有光緒十七年刻本，今據以影印。後經增益續刻，武强賀氏本爲正十卷續録三卷續八卷，合爲二十一卷。（張寅彭）

## 閩川閨秀詩話四卷 　（清）梁章鉅撰（第 1705 冊）

　　梁章鉅生平見前《退庵詩存》提要。

　　此書有作者妹梁韻書道光二十九年初春序，成書當在此前。序稱作者仿《明詩綜》之例輯唐以來閩川詩鈔數十卷，“嘗以閨秀門屬余任之”。據此，梁韻書亦曾參與輯撰。

　　此書記清代閩籍閨秀詩人一百零四人。每人簡述生平事迹，略録其名章佳句。主要採自《閨秀正始集》、《蒲風清籟集》、《國朝詩別裁集》等總集及方志，亦有抄自稿本及零箋斷簡者，附録名家序數篇。按閩中閨秀詩人以黄任、鄭方坤與梁章鉅三門最盛，卷二録黄氏女子及鄭方坤九女詩事，卷三全載梁氏一門閨秀詩人，詢爲詩林美談。卷一張季琬條辨其爲金陵朱文炳妻而非黄莘田妻，正袁枚《隨園詩話》之誤。其缺漏者，後丁芸輯有續編。

　　此書有清道光二十九年甌郡梅氏師古齋刻本，今據復旦大學圖書館藏該本影印。另有光緒元年福州梁氏刻《二思堂叢書》本、光緒十七年活字本（作二卷）等。（蔣寅　張寅彭）

## 海虞詩話十六卷 　（清）單學傅撰（第 1706 冊）

　　單學傅，字師白，晚號釣翁，常熟（今屬江蘇）人。諸生。少有神童之譽，力學不仕。

道光十二年(1832)游中原,曾訪姚椿於大梁書院,時相倡和。未幾卒,年八十餘。著有《海虞風雅》、《單氏古芬集》、《員桂堂詩文集》等二十二種。事迹見此書所附姚福均《單師白先生事略》。

此書前有道光三年癸未自序,民國四年邵松年序及姚福均所撰《事略》。後有民國二年張守誠後序,民國四年翁永孫跋。自序稱此書意在續補王應奎《海虞詩苑》,故詳於乾隆以來王氏所不及收者。又據邵序及張序,書“屬稿未竟,先生遽歿”,後經其孫單玉銘整理,至民國二年,“龐酈亭氏得其初稿并其孫重訂稿於俞氏”,則此書初稿至定稿刊行,歷時近百年之久。全書以記人為主,收清順治至道光初年常熟地區詩人近四百家。承《海虞詩苑》之旨,不錄名家顯集,此或隱寓其不遇牢騷之意。此書采撷既富,體例亦甚嚴謹。所錄多據寓目之專集、桑梓之傳聞,洵爲原始文獻,非一般抄撮舊籍者可比。

此書有民國四年銅華館鉛印本,藏天津圖書館,今據以影印。(張寅彭　蔣寅)

### 香石詩話四卷　(清)黄培芳撰(第1706冊)

黄培芳(1778—1859),字子實,一字香石,晚號粵岳山人。香山(今廣東中山)人。嘉慶九年(1804)副貢,曾官内閣中書。有《嶺海樓詩抄》。傳見《清史列傳》卷七三。

此書有嘉慶十四年自序及十五年門人龐茂榮跋,又書中記事止於嘉慶十三年,故其成書當在十四年前後。全書以錄評清人之作爲主,尤詳於同時之交譚敬昭、馮敏昌等人。作者論旨略主蘊藉,故對袁枚頗致不滿,一再詆爲“清脆佻滑”之論,“輕剽脆滑”之詩,轉而維護王士禛。於袁、蔣(士銓)、趙(翼)三家,亦許蔣、趙爲優而獨斥袁枚。在同時交友中,與張維屏論詩最爲相契。書中亦泛論詩體、作法及評騭古人優劣。如論李白,謂李亦如杜,有法可學,不當徒以飄忽視之。作者另有

李白七古評本,并欲續評其餘各體,仿沈德潛《杜詩偶評》之例,編纂《李詩偶評》。所論諸體似於七古會心較深,謂“七古用功,李杜韓蘇後,不可不參以山谷”。與馮敏昌等人上繼錢載、翁方綱,討論山谷詩之心得,至謂“杜有一斤,黄亦有十六兩”,“起伏頓挫之妙,無以尚之”。此實嘉慶、道光後崇黄聲氣之先聲。書中頗録粵人之詩,以存鄉賢之作。其中摘録王隼《無題》詩一百首,極香奩一體之能事。

此書有清嘉慶十五年嶺海樓刻嘉慶十六年重校本,今據上海圖書館藏該本影印。(張寅彭)

### 養一齋詩話十卷　(清)潘德輿撰(第1706冊)

潘德輿生平見前《養一齋集》提要。

此書前身《説詩牙慧》稿本有嘉慶辛未年(1811)自序,其後又續有增補,於道光十六年付刻。全書三百餘則,評論自《詩經》以下歷代著名詩人及重要詩論著作。作者論詩主教化,稱白居易詩“上可裨教化,舒之濟萬民;下可理性情,卷之善一身”,“可作詩學圭臬”。對時人將“嘲風雪,弄花草”、“歎老嗟窮”乃至“荒淫狎媒之語”皆視作“性情”之説,頗致不滿。然作者崇尚程朱理學,其議論亦難免迂腐。如稱“詩教”不能出“聖教”外,“詩境不可出理外”。又論詩首重節操,稱阮籍“黨司馬昭”,陳子昂“諂武曌”,均爲“小人”,於其詩亦“斥之爲不足道”。作者反對刻意雕琢、辭藻華艷與創意奇詭,評析亦頗多精到之見。如稱“黄(庭堅)安排用人力”,李賀詩“非鬼語則詞曲語,皆不得以詩目之”。謂“詩境全貴質實二字”,“質則不悦人,實則不欺人”。此書力斥浮靡詩風,與當時經世思潮相合,故頗受時人及後人重視。

此書有清道光十六年徐寶善刻本,今據浙江圖書館藏該本影印。(孫静)

## 射鷹樓詩話二十四卷　（清）林昌彝撰（第1706 册）

林昌彝生平見前《衣讔山房詩集》提要。

此書有咸豐元年溫訓序及沈葆楨所撰例言，謂作者竭十餘年之功，自道光二十年至三十年，搜輯始成。其宗旨有四：“詳於射鷹，而有關風化者次及之，論詩又次及之，采師友詩又次及之。”“射鷹”者，即“射英”之諧音，故首二卷專輯反英題材之作。其他各卷所輯海内師友詩句，亦每有抨擊時局之語。其詩論所本之傳統詩教，已有反對列强侵略之時代新義，故不宜以一般詩話視之。作者舊輯同時詩人之作，名《敦舊集》，網羅嘉慶、道光二朝詩人詩作頗爲詳備，以篇幅多至八十卷而未便刊刻，此書遂擇而録之。作者於清人詩話，最推許朱彝尊《靜志居詩話》之淹博與潘德輿《養一齋詩話》之正統，此二點亦合於其廣搜録與正風化之特徵。

此書有清咸豐元年刻本，今據復旦大學圖書館藏該本影印。（張寅彭）

## 名媛詩話十二卷續集三卷　（清）沈善寶撰（第1706 册）

沈善寶（1808—1862），女，字湘佩。錢塘（今浙江杭州）人。父學琳，官義寧州通判。幼隨父在江南，師事陳權，十二能詩，工書畫。父官金陵，以失意鬱鬱死，流滯四年，始奉母回里。未幾母卒，以賣畫自給，積資葬先世八棺於祖塋。事畢，嫁吏部郎中武凌雲爲繼室。事迹見《國朝閨閣詩人徵略》卷八。

此書前有光緒二年秦焕序，後有道光二十六年陳光亨跋。卷八末記癸卯初夏宗穆君以芍藥詞來相質，有“都中牡丹絶少重臺，遂芍藥遠矣”之語，知隨武凌雲在京時作，道光二十三年癸卯前已起稿。宗穆君爲宗稷臣女，名康，即詩話校字者。卷十一末自識謂道光二十六年成十一卷，復編方外、題壁、乩仙、朝鮮等共爲十二卷。書中記載閨秀詩人數百人，起自由明入清者如商景蘭、顧若璞，迄於同時顧太清。各載其里貫字號、父兄夫婿之名，著録詩集刊行與否，采其佳篇名句，本朝名家略無遺漏。爲後來施淑儀《國朝閨秀詩人徵略》之先驅。撰者謂：“閨秀之學與文士不同，而閨秀之傳又較文士不易。”故凡女性有才者是編皆大力表彰，不限於詩。於詩則最稱贊柴貞儀、蔡婉、高景芳等落落大方、無脂粉氣者。然其評論大抵沿襲時風，以記人爲主，述多評少。

《安徽藝文考·詩文評》著録此書爲十六卷，未見傳本。今存有道光二十六年刻本，藏國家圖書館。又有光緒五年鴻雪樓刻本，今據中山大學圖書館藏該本影印。（蔣寅）

## 小匏庵詩話十卷　（清）吳仰賢撰（第1707 册）

吳仰賢生平見前《小匏庵詩存》提要。

作者詩學李商隱，名於當世。此書與其詩集皆由俞樾作序，俞樾謂此書較袁枚《隨園詩話》“多或不及，精則過之”。書中論詩起自唐宋，而以本朝爲主，尤詳於乾隆以後。名家如沈德潛、袁枚、舒位、錢載、吳嵩梁、張維屏、曾國藩等，收羅頗夥。評詩論人，大率先引各家之説，再予以取捨，參以己意。又書中論前人字法句法、修辭之妙，多舉相似之作加以比較，分析精到。考辨典故，訓釋語詞，亦多創見。唯録詩有過濫之病，亦與袁枚《隨園詩話》同。

此書有清光緒刻本，今據以影印。（張寅彭　蔣寅）

## 湖北詩徵傳略四十卷　（清）丁宿章輯（第1707 册）

丁宿章，字星海。孝感（今屬湖北）人。光緒間貢生，官中書科中書。有《瓣香室詩鈔》等。事迹見《湖北文徵》卷一三。

此書輯成於光緒七年。據俞樾序，是書
“就大湖以北各郡縣之以詩名者，上溯旁
搜，先敘其生平，復論其品格，歷五寒暑而
成”。因廖大隱《楚風補》“詳於湖以南”，故
此書“劃湖以北爲限”。全書收湖北詩人一
千九百餘家，采用《湖北詩佩》之例，以邑縣
次第詩人，同邑者以時爲次。每人之下繫以
傳略，著其字號、里居、官績、行誼、逸事、著
述等。凡有偉節畸行必詳紀之，并選載諸家
評語。於尋章摘句之中，寓知人論世之
義。大凡忠孝節烈、理學文苑、方外閨秀、藝
術童稚，雖不盡以詩名，而一行足稱，一言足
紀，皆以詩存人，亦以人存詩，可備一方之
文獻。

此書有清光緒七年孝感丁氏澀北草堂刻
本，今據以影印。（魏宏遠）

### 筱園詩話四卷 　（清）朱庭珍撰（第1708册）

朱庭珍（1841—1903），字小園、筱園，號詩
隱。石屏（今屬雲南）人。光緒元年（1875）
舉人。有《穆清堂詩》。事迹見《新纂雲南通
志》卷二三三《文苑傳》。

此書前有三自序，署年分別爲甲子、戊辰、
丁丑，知始撰於同治三年甲子，凡三易稿，至
光緒三年丁丑方克告成。書中卷一爲總論，
卷三縷述作法，卷二、四評説明人及本朝人詩
説詩作。其論詩多承袁枚、紀昀之説，常徑取
二家，以爲己説。惟於袁爲暗襲，於紀則爲明
取。於紀贊頌備至，於袁則每以“佞口”、“無
稽臆説”相嘲，頗失公允。至於明清其他各
家，則略謂沈德潛“格調”説爲正，然又惜其
“未入三昧悟，精深微妙之詣得未曾有”，而
欲濟之以嚴羽“妙悟”説與王士禛“神韻”説，
折衷於各家之間。書中所述，大率不脱前人
所論，無多新見，惟闡發較前人深細。又好列
等第，分大家、名大家、小家、詩人數等，詳爲
羅納，似嫌拘泥。

此書有清光緒十年滇省王務本堂刻本，今

據浙江圖書館藏本影印。（張寅彭）

### 五百石洞天揮麈十二卷 　（清）邱煒萲撰（第1708册）

邱煒萲（1874—1941），名德馨，以字行，號
菽園居士，別號星洲寓公。海澄（今福建龍
海）人。光緒十九年（1893）舉人，捐道員。
二十一年至星洲（今新加坡）繼承遺産，創辦
《天南新報》，鼓吹維新變法。三十一年經營
破産後，專事著述。民國十八年（1929）任
《星洲日報》副刊主編。有《菽園著書》、《邱
菽園居士詩集》等。事迹見《詩集》附載張叔
耐《邱菽園傳略》。

此書初擬名《蕲樊瑣綴》，後因作者得五百
奇石，乃改今名。書成於光緒二十四年，前有
此年邱逢甲序、潘飛聲序及作者自序。邱序
云：“其書以談詩爲主義，然標舉襟靈之外，
留心風化，尤爲天下有心人所同許。”作者以
懷才不售，流寓海外而作此書，實與魏秀仁
《陔南山館詩話》類同，皆借談詩而抒其胸中
鬱憤。書中所記以本朝詩人事迹作品爲主，
間論時俗民情、典籍疑義。其“論詩曰曲曰
清”（潘序），所推崇者多豪傑氣概之士，如屈
大均、顧炎武、黃景仁等。持論多主袁枚之
説，故於菲薄袁説之林昌彝頗爲不滿，摘《射
鷹樓詩話》辯之甚夥。作者居閩粵之地較
久，習聞兩地掌故，所載亦以兩地人物爲多，
於屈大均、宋湘、黎簡、黃任、潘飛聲、邱逢甲、
李長榮、陳澧、林紓等皆有論述，至張際亮則
瓣香獨拜，敬無以加。又載陳澧詩稿佚篇，可
補其集中之缺。卷六記《粵謳》一時盛行之
況，爲研究廣東近代通俗文學之有用材料。
又載蔣敦復事迹甚詳，并稱其爲近代詩傑，亦
獨具卓識。卷七之後采録稍冗濫，其間載新
加坡流寓華人結麗澤社酬唱事頗詳，亦可供
探討清末僑民文學活動。

此書有清光緒二十五年邱氏粵垣刻本，今
據以影印。（蔣寅）

## 宋詩紀事補遺一百卷宋詩紀事小傳補正四卷

（清）陸心源撰（第1708—1709冊）

陸心源生平見前《儀顧堂集》提要。

此書係補厲鶚《宋詩紀事》之闕誤而作，體例亦遵厲書，而着眼於補録作品，本事、評論則偶及之。凡厲書原有作者，名下注"厲有"。不見於厲書者，雖一聯一句皆補録，并作小傳，計增作者三千餘家，詩八千餘首。所補詩作多出別集及從《永樂大典》所輯諸書，厲書所收斷句，皆爲補足全篇。作品均注明出處，文字亦依原書，不爲改易，較厲書爲嚴謹。於厲書重出、失考等誤，亦有所訂正。末附《宋詩紀事小傳補正》四卷，專於厲書小傳之仕履不詳或時代失考者，予以補正。與厲書合觀，有宋一代之作者已大體網羅，非特厲書功臣，亦治宋詩者之龜鑒。

此書有清光緒十九年刻本，今據以影印。（蔣寅　張寅彭）

## 遼詩話二卷　（清）周春輯（第1710冊）

周春生平見前《耄餘詩話》。

此書初刻爲一卷本，有乾隆二十二年丁丑自序、乾隆二十四年己卯沈德潛序。計收遼代自君主、宗室以下之能詩者五十七家，附録非遼人而涉遼事、賦遼詩者十三則。然缺漏頗多，後復加增訂，至乾隆二十七年壬午析爲二卷，增至八十七家，附録四十五則，幾增一倍。又於所輯資料，一一補注出處，體例亦較初刻本爲善。采書以正史爲主，兼及筆記、詩話、別集、地志、佛籍等，達一百八十餘種，用力甚勤。遼代詩文資料向稱罕傳，《遼史·文學傳》僅得蕭韓家奴等七人。作者首爲廣采博搜，以至集腋成裘，彙成一編。故此書頗爲沈德潛等人稱賞，許爲遼詩功臣。然疏略仍復不免。《清畿輔書徵》謂道光間有史夢蘭《遼詩話》一卷，當有所補輯，然未見傳本。今人蔣祖怡、張滌雲復作《新補遼詩話》二卷，沿用此書體例，增補之數又倍之。

此書有清嘉慶間藏修書屋刻本，今據浙江圖書館藏本影印。又有同治間《述古叢鈔》本、光緒間《藏修堂叢書》本等。（張寅彭）

## 元詩紀事二十四卷　陳衍輯（第1710冊）

陳衍生平見前《石遺室詩集》提要。

此書初版爲二十四卷，後增爲四十五卷。二本共用一序，文字略有增損。初版序未署年月，增版時加署"歲在柔兆閹茂"，即光緒十二年。據江藩《漢學師承記》卷三、《錢大昕年譜》乾隆五十六年條錢慶曾注，錢大昕早先嘗撰有《元詩紀事》若干卷，但未見流傳；從著録卷數不明等情形推之，或尚未及成書。故此書仍可視爲首創。其體例承《唐詩紀事》與《宋詩紀事》，以人爲目，各人名下均列小傳、詩作、詩話或詩本事等項，采自別集、總集、筆記、詩話等。輯録之旨則與唐、宋兩《紀事》網羅散佚、重在存人存詩不同，專輯有事之詩，間或收無事之詩，如卷六、七所載月泉吟社諸人之作多無事。各卷摘録《詩藪》等論評之著，亦無關本事。全書收有元詩人六百餘家（四十五卷增至八百餘家）。元初部分入録人數雖多與《宋詩紀事》相重，但所采材料則有所不同，擇選較爲精審。作者曾謂："余作《元詩紀事》，煞費經營，以材料少，搜集匪易，不比樊榭《宋詩紀事》之俯拾即是也。"（見錢鍾書《石語》）但重録者之小傳往往略於《宋詩紀事》，是爲一失。

此書有清光緒十二年石遺室鉛印本，今據浙江圖書館藏本影印。又四十五卷本有民國間商務印書館排印本。（張寅彭）

## 明詩紀事一百八十七卷（甲籤三十卷乙籤二十二卷丙籤十二卷丁籤十七卷戊籤二十二卷己籤二十卷庚籤三十卷辛籤三十四卷）　陳田輯（第1710—1712冊）

陳田（1849—1921），字松山，或作崧山、松珊，別號黔靈山樵。貴陽（今屬貴州）人。光緒十二年（1886）進士，改庶吉士，授編修。歷官給事中。有《滇游》、《溯沅》、《悲歌》、《津門》等集。事迹見羅振玉《遼居稿·掌印給事中貴陽陳公傳》。

據作者稱，明毛晋曾輯有《明詩紀事》，但未見傳本。此書之輯則始於光緒九年，至二十五年始告克成。此書以甲乙爲次，自光緒二十五年至宣統三年，甲籤至辛籤先後刊行。全編原爲十籤，末壬、癸二籤二十卷總目注明"嗣出"，但終未刊行。

此書兼收有事及無事之詩，介於總集與詩話之間。各籤排列以時序爲主而略有變化：甲籤三十卷爲明初詩人，乙籤二十二卷爲建文至景泰詩人，丙籤十二卷爲"天順以後五十年"間詩人。丁籤十七卷，戊籤二十二卷，己籤二十卷爲弘治、正德、嘉靖間詩人，而以前七子派、別於七子者、後七子派分籤。庚籤三十卷爲隆慶、萬曆間詩人，隆慶詩人被置於卷九、十，而以萬曆間詩名較著者數十家置於前八卷，時序頗不順。辛籤三十四卷爲天啓、崇禎間詩人及明亡後之遺民詩人，排列"先忠節，次遺逸"，亦不盡循時序。未刊之壬、癸兩籤所收，依例當屬僧道、閨秀、外邦詩人。全編所收詩人數，甲籤序謂近四千家，今前八籤實存三千餘家。各家名下列有小傳、彙評、作者按語及詩作等項，間或於詩後亦加按語。此書之編上距明亡已近三百年，故對明詩評價亦較平允。既肯定前後七子之正朔地位，不同於清人輕視明七子之風，亦不否定七子之外其他詩人。故除丁、己二籤收前後七子外，戊籤又廣事采集楊慎、高叔嗣、薛蕙、王廷陳等"直取胸情"、不相沿襲者，達四百餘家，幾與丁、己二籤所收詩人之數相埒。編者亦不贊同明詩"盛於弘、正，極於嘉、隆，衰於公安、竟陵"之說，而謂明詩"莫盛明初"。故甲籤收錄明初詩人多達四百六十餘家。此外對晚明詩家搜輯亦頗著力，辛籤收錄晚明詩人將近六百家，爲各籤之冠。於此可見編者於

明詩各時期無所偏嗜，平實客觀，最合輯書之旨。

編者生當清末，得以采擷錢謙益、朱彝尊以來二百餘年之文獻資料，增補《列朝詩集》及《明詩綜》之不足，於錢、朱二著舛誤亦多所駁正。如據趙翼《陔餘叢考》，訂正《列朝詩集》所載孫蕡絶命詩實爲五代江爲所作。又如張著浙江平陽人，錢、朱皆誤作永嘉人。洪武中兩趙迪，錢誤爲一人。徽州兩吳瓊，朱錄詩誤淆。丁晋《和誠莊韻五首》，《列朝詩集》誤屬鄒奕。張居正《四駿圖》詩，《明詩綜》誤屬王直。諸如此類，此書皆一一訂正。至於此書未收張岱《張子詩秕》，尹臺小傳著録其《洞麓堂集》十卷非三十八卷足本等誤，今人已予指出。又此書輯録之旨過尊詩教，甲籤序謂明初之盛由"溫柔敦厚"來似無大礙，辛籤以"忠節"列先已乖時序。至庚籤屏閹黨不録，以人廢詩，使嚴嵩《鈐山堂集》、阮大鋮《咏懷堂集》之類皆不得與録，有損於輯書之完整。

此書有清光緒二十五年至宣統三年貴陽陳氏聽詩齋刻本，今據天津圖書館藏該本以影印。（張寅彭）

### 國朝詩人徵略六十卷　（清）張維屏輯（第1712—1713 冊）

張維屏生平見前《松心詩録》提要。

據卷首嘉慶二十四年、道光十年自序，知嘉慶末先輯成十卷，後續有增輯。道光七年因父喪丁憂返里，陸續開刻，至道光十年刻成。全書收清初至嘉、道間詩人九百餘家，每人繫以小傳，次諸家之説，再次張氏之評，采自其《聽松廬詩話》、《聽松廬文鈔》、《松心日録》、《松軒隨筆》等，末爲標題、摘句。諸家之説多録自名著，如《四庫全書總目提要》、沈德潛《國朝詩別裁》、王昶《湖海詩傳》等。張氏評語，亦頗具眼識。作者享壽長，交游廣，與乾嘉詩壇人物往來事迹，亦記於《聽松廬詩

話》諸作中,而附於諸家條下。故此書集論評、事迹、詩作於一,所收清代前中期詩家甚廣。然收輯略顯隨意,以致若干重要詩人如舒位、龔自珍等竟付闕如,是爲一失。

此書有清道光十年刻本(末四卷不全,較目録所列少三十三人),今據以影印。
(張寅彭)

### 國朝詩人徵略二編六十四卷(存卷一至卷十一、卷十三、卷十五、卷十七至卷二十三、卷二十五、卷二十七至卷三十一、卷三十三至卷四十一、卷四十三至卷六十四)　(清)張維屏輯(第1713册)

此書係《國朝詩人徵略》後續之著,輯成於道光二十二年。自序云:"初編已鐫之,板不可羼入,當别爲一編以續之。而二百年來之人之事之詩,昔未見而今始見,昔未詳而今始詳,則又當别爲一編以補之。今補與續既合爲一書,言補則遺續,言續則遺補,因渾而名之曰二編。"全書六十四卷,今存五十七卷。孫殿起《販書偶記》謂其中六卷(卷十二、卷十六、卷二十四、卷二十六、卷三十二、卷四十二)未刊。今經復核,實七卷未刊,除孫氏所著六卷外,卷十四亦未刊,卷六十未刊全,存一頁。

本編卷數雖多於初編,而一人占一卷者居多。目録列二百五十五人,實收二百六十四人。大抵續者居十之九,如趙翼、洪亮吉已見前編,而卷二十三再記趙翼,卷四十七再記洪亮吉。補者不過十之一,其中又以粤人爲多。較之初編,有失謹嚴。

此書有清道光二十二年刻本,今據復旦大學圖書館藏該本影印。(劉德重　魏宏遠)

### 唐子西文録一卷　(宋)唐庚撰　(宋)强行父輯(第1713册)

唐庚(1070—1120),字子西。眉州丹棱(今屬四川)人。哲宗紹聖進士。徽宗時爲宗子博士,張商英薦爲提舉京畿常平。政和

初,張商英罷相,坐貶,安置惠州。旋遇赦,復官承議郎,提舉上清太平宫。病卒於返蜀道中。有《唐子西集》、《三國雜事》等。《宋史》有傳。强行父(1091—1157),字幼安。餘杭(今浙江杭州)人。曾官宣州、睦州通判。事迹見《雲莊集》卷五《右中散大夫提舉台州崇道觀强公行狀》。

書前有紹興八年强行父序,謂宣和元年罷官如京師,嘗與唐庚同寓城東景德僧舍,與同郡關注日從其游,退而記其論文之語,得數紙以歸。中經兵火,無復存者。後應關注書囑,乃追録得三十五條,然已"十不省五六"云。此書《四庫全書》入存目,《四庫全書總目提要》謂此説"殊爲可疑",又謂書中言及謁蘇軾事"殆好事者依托爲之",皆失考。徐時棟《煙嶼樓讀書志》、余嘉錫《四庫提要辨證》已辨其失。

此書名爲文録,實爲詩話,以論詩爲主,兼及文、賦,絶少記事語,實開語録體詩話先河。作者詩學蘇軾,時稱"小東坡",書中亦亟推蘇軾,又推崇杜甫。其論詩既要求嚴格詩律,重視字句鍛煉,反對捨難趨易,又贊賞自然簡妙。舉杜甫《北征》詩,謂"文章只如人作家書乃是"。稱引韓愈之語,則謂"於書無所不讀,然止用以資爲詩"。又引蘇轍所云"人生逐日,胸次須出一好議論"。此三者所倡,正合後來《滄浪詩話》所言蘇、黄之"以文字爲詩,以才學爲詩,以議論爲詩"。

此書《苕溪漁隱叢話》、《竹莊詩話》、《詩人玉屑》、《詩林廣記》等書多有稱引,然罕見宋代官私書目著録。今傳本皆爲一卷。《絳雲樓書目》、《也是園書目》、《述古堂藏書目》著録作二卷,《千頃堂書目》則著録《唐庚文録》、《唐子西詩話》各一卷。有清曹溶抄本,題作《文録》,宋强行父撰,藏國家圖書館。刻本有《百川學海》本等多種。今據上海圖書館藏清乾隆間刻《歷代詩話》本影印。
(劉德重　林建福)

## 文筌不分卷　（元）陳繹曾撰（第 1713 冊）

陳繹曾，字伯敷，號汶陽左客。原籍處州（今浙江麗水），僑居吳興（今浙江湖州）。至順中官國子監助教。有《文說》等。傳附見《元史・陳旅傳》、《吳興備志》卷一二。

此書有作者至順三年（1332）序。全書包括《古文譜》、《四六附說》、《楚賦譜》、《漢賦譜》、《唐賦附說》、《古文矜式》、《詩譜》七種。涉及古文、駢文、賦、詩等多種文體。《古文譜》論爲文之道，强調辨體以定型範，養心以涵内情。又有抱題十四法、用筆九十法、造句十四法、下字四法、用事十八法等，不免有强立名目、瑣碎固陋之弊。作者主張爲文須窮究義理，由經典、性理書以究天理，由博采古今書以求物理，由自家歷練以究事理，由先澄吾神以求神理。所論本於程朱而又有所發揮。《四六附說》論駢文，主張“辭簡意明”，便於“宣讀”，提出“約事、分章、明意、屬辭”，貴“剪裁”、重“融化”。《楚賦譜》、《漢賦譜》、《唐賦附說》分論楚、漢、唐賦，亦分法、體、制、式、格等目。《古文矜式》論述評説各家古文風格特點及各種文體寫作要求。《詩譜》論述作詩之體格範式等。

此書《四庫全書》入存目，《四庫全書總目提要》稱浙江巡撫采進本《文筌》爲八卷，無《古文矜式》、《詩小譜》。又稱《詩小譜》二卷“元時麻沙坊本乃移冠《策學統宗》之首，頗爲不倫。今仍析之，各著於録”。今臺北“中央圖書館”藏有《新刊諸儒奥論策學統宗》本，未能寓目，或即屬元麻沙坊本系統。其後明刻本改題《文章歐冶》，不分卷，所收已包括《古文矜式》、《詩譜》共七種。華東師範大學圖書館藏清李士棻家抄本《文筌》，與《四庫全書總目提要》所著録者不同，當本自明刻本《文章歐冶》，只恢復原名，今據以影印。又，明刻本《文章歐冶》於明嘉靖間傳入朝鮮，遂有朝鮮刻本。今傳日本元禄元年（1688）伊藤長胤京都刻本，即據朝鮮刻本重刻，長澤規矩也編《和刻本漢籍隨筆集》據以收録。（王宜瑗　魏宏遠）

## 文式二卷　（明）曾鼎撰　古文矜式一卷（元）陳繹曾撰（第 1713 冊）

曾鼎，字元友。泰和（今江西吉安）人。元末曾任濂溪書院山長。明洪武初，被聘任教社學，好學能詩，兼工八分書法及邵雍《易》學。生平事迹見朱定國、謝星纏《國史經籍志補》。

據此書自序，作者早年游學四方，從先輩處得《文場式要》一書，繼又得李塗《古今文章精義》，以爲深得“作文之法”。後又獲趙撝謙《學範》，有《教範》、《讀範》、《點範》、《作範》、《書範》、《雜範》六門，《作範》亦論作詩文之法。作者於是交互參訂，編成此書。上卷以采録《作範》爲主，前半論文，後半論詩。引用陳繹曾《文說》、陳騤《文則》、嚴羽《滄浪詩話》、皎然《詩式》等，頗有與今本文字相異者，可供校勘。又引《詩則》、《詩家一指》等，較爲稀見。間亦有趙撝謙及作者本人按語。下卷録李塗《古今文章精義》全文，吕祖謙《古文關鍵》導語、蘇伯衡《述文法》三種。蘇書今不傳，賴此以存。

《古文矜式》一卷，陳繹曾撰。《古文矜式》原亦收於《文筌》中，兩本相校，《文筌》本文後有數條被删。内容爲論“培養”與“入境”。“培養”即爲文者所需之涵養。“入境”即寫作之途徑，要在識體與家數，列舉叙事文、議論文、辭令文、辭賦文等寫作要求。

《文式》有國家圖書館藏明刻本，與《古文矜式》合刻，今據以影印。因該本前缺數頁，故目録未署撰人，而誤以爲與《古文矜式》皆爲陳繹曾撰。

另，《四庫全書總目提要》疑四庫本《文說》爲《古文矜式》或《科舉天階》之一，實别是一書。（王宜瑗）

## 文通三十卷閏一卷　（明）朱荃宰撰（第1713—1714 册）

朱荃宰（？—約 1649），字咸一，號白石山人。黄岡（今屬湖北）人。曾任武康知縣。著有《文通》、《詩通》、《樂通》、《詞通》、《曲通》五編。事迹見此書諸序、黄宗羲《思舊録》。

此書收輯各類文論資料。卷一至卷三總論經學、史學及諸子百家，卷四至卷十九論各種文體，卷二十論史傳得失，卷二十一至卷二十三論寫作，卷二十四、二十五論批評，卷二十六至卷三十爲雜論。所列文體，自經傳至各種應用文，共一百六十種，超過徐師曾《文體明辨》所列之一百三十六種。每種文體均廣輯相關資料，論述其名稱、源流、特點、作法及代表作品。時或兼録異説，以備參考。作者痛惡八股文，自序中斥之爲毒甚馬肝之物，但仍收録其有關資料。然其囿於宗經觀念，評論作家亦時有偏見，如《刺謬》篇指斥唐宋六家即爲一例。書中所輯資料亦可供校勘輯佚。如引《文心雕龍·誄碑》“始號封禪”，今本“始”作“紀”，《文體明辨》所引與此書同。卷二十六全録明高拱《春秋正旨》，該書今存清刻本皆出自《四庫全書》，已經館臣删改，而此處仍存原貌。但此書引文亦有不少删改或舛誤之處。閏一卷則僅收録作者《詮夢》一文。

此書有明天啓六年黄岡朱氏金陵刻本，今據上海圖書館藏該本影印。（顏應伯）

## 鐵立文起二十二卷首一卷　（清）王之績撰（第 1714 册）

王之績，字懋功，宣城（今屬安徽）人。其齋名鐵立。生平事迹不詳。

此書論述各種文體流變及作法，采用朱批、墨評、點、圈、三角、虛抹等批點形式。書前有自序，張玉等三人序。卷首爲文體統論，前編十二卷分論自“序”至“七”九十五種文體。後編十卷分論自“王言”至“論判”四十八種文體，多爲公文案牘作法。每種文體均先論體例，定其規模；次論家數，辨其源流；次論世次，叙其升降；次徵引群書有關論述，最後説明作法及各種變化。自序謂《文心雕龍》、《文章正宗》、《文章辨體》、《文體明辨》諸作均有所“不備”或“未盡”，故欲作一部“毫髮無憾之書”。其實亦不過上述諸書之合成，創見不多，且持論亦有偏頗。

此書有清康熙刻本，今據以影印。（高小慧）

## 西圃文説三卷西圃詩説一卷　（清）田同之撰（第 1714 册）

田同之（1677—？），字彥威，號小山薑，別號西圃。德州（今屬山東）人。田雯長孫。康熙五十九年（1720）舉人，官國子監助教。有《西圃文渼》。事迹見《國朝耆獻類徵》卷一四三。

《西圃文説》論文，對經、史、子、集一一評説，或議論得失，或評騭優劣，大抵以立意爲主，以辭達爲歸。書中糾彈時人剽竊模擬之弊，史家浮誇繁冗之病，頗中肯綮。品藻古今，發明文理，對前人之説多有辨證。然援引前人之論，不注出處，又不該舉源流，誠爲白璧微瑕。

《西圃詩説》論詩承王士禛神韻説，多采前人詩論，略加貫串申明。如開卷論詩道，即引王士禛、王世懋、司空圖、徐乾學等人語。然不明其出處，易致誤會。其論歷代詩學流變及作品得失，則大體陳述己見。其中剖析宋、明兩代詩學之趨勢，商榷前人，頗有見地。然不免唯唐是法，盰衡宋詩，有失平允。

此書有清乾隆間刻本，今據復旦大學圖書館藏該本影印。（蔣寅　魏宏遠）

## 絸齋論文六卷　（清）張謙宜撰（第 1714 册）

張謙宜生平見前《絸齋詩談》提要。

此書始撰於康熙六十年（1721）。《自序》

稱“想到便書,亦無倫次”,“得百八十條”。其子張頎於雍正十二年(1734)從其遺書和日記中又搜集“得三百七十餘則”,合原本重新整理編排。首卷爲統論,談爲文目的、原則,強調“意正”、“理正”、“意從理生”。卷二至卷四爲細論。卷二論古文源流、品格及章法、筆法、調法、句法等。卷三、四辨析近三十種文體之特點、要求,結合前人範文指示作法。卷五爲評品,評論歷代名家名作之風格得失。卷六包括初學入手及叢語,前者指示初學途徑,強調習文須“先立志”,讀書“須静峕”。後者指出爲文常見弊端,以警後學。書中所論多中肯切實,確有心得。

此書有清乾隆二十三年法輝祖刻《家學堂遺書二種》本,今據國家圖書館藏該本影印。(楊慶存)

### 初月樓古文緒論一卷　(清) 吳德旋撰 (清) 呂璜輯 (第 1714 冊)

吳德旋(1767—1840),字仲倫。宜興(今屬江蘇)人。諸生。初與張惠言同學古文,後師事姚鼐,文名頗著。有《初月樓文鈔》、《續鈔》等。傳見《清史稿》。呂璜(1778—1838),字禮北,號月滄,一說字月滄,號南郭老民,廣西永福人。嘉慶十六年(1811)進士。官浙江西塘海防同知。晚歸鄉里,以古文名。有《月滄文集》。生平事迹見《碑傳集補》卷四八。

吳德旋曾於道光八年向其弟子呂璜講授古文,此書即由呂璜記錄整理而成。全書六十則,以研討古文作法、歷評古今文家爲主。其論文秉承桐城一派,主張立志須高,取法乎上。尤強調“古文之體,忌小說,忌語錄,忌詩話,忌時文、忌尺牘,此五者不去,非古文也”。又倡“清雕琢”之說,以“古淡”爲文品極致。其所評諸家,自《孟子》、《老子》、《列子》、《莊子》至方苞、劉大櫆、姚鼐等五十家,評語寥寥數言,却頗爲精當。如評王安石謂

其“作文直不屑用前人一字,此所以高。其削盡膚庸,一氣轉折處,最當玩”。而於清代文家,持論反較前代爲嚴,如評方苞:“方望溪直接震川矣,然嚴謹而少妙遠之趣。”

此書有清宣統武進盛氏刻《常州先哲遺書後編》本,今據中國科學院圖書館藏本影印。又有宣統武進盛氏刻《別下齋叢書》本、《花雨樓叢鈔》本。(王宜瑗)

### 藝概六卷　(清) 劉熙載撰 (第 1714 冊)

劉熙載生平見前《昨非集》提要。

此書成於同治十二年(1873)。卷首有自叙。全書分《文概》、《詩概》、《賦概》、《詞曲概》、《書概》、《經義概》各一卷,分別論述散文、詩、賦、詞曲、書法及八股文。大抵前半評作家作品,後半論藝。

《文概》、《詩概》評歷代作家,皆至唐宋止,不及明清。《賦概》更以屈、宋及漢魏六朝賦家爲主,偶涉唐宋,其後賦家及排賦、律賦概未論及。其持論首重人品、志向,強調“詩品出於人品”。又重視作家修養,如《文概》稱文人“才、學、識三長,識爲尤重”。《詩概》稱“雅人有深致,風人騷人亦各有深致”。《賦概》稱“賦兼才學”。《經義概》稱“欲學者知存心修行,當以講書爲第一事”。作者對散文、詩、賦、八股文作家分別提出不同要求,評論各家各派,注意前後傳承、風格流變,善於比較異同,剔抉深微,頗多會心獨到之論。

作者論藝,善於辨體,多能抓住要領,一言中的。如論詩文之別,承吳喬“詩酒文飯”說,謂:“大抵文善醒,詩善醉,醉中語亦有醒時道不到者。”論詩賦之別,謂:“詩爲賦心,賦爲詩體。”“情事雜沓,詩不能馭,故爲賦以鋪陳之。”雖本自前人,但又別出機杼。書中於辨體立意、篇章結構、格律音韻、作法技巧等,亦分體論述。如賦之平仄聲調,前人所論多指律賦,作者則論及古賦騷賦。清人論賦多探討律賦作法,惟程廷祚《騷賦論》與此書

《賦概》論古賦騷賦,於清代賦論中別樹一幟。

此書有清同治十二年刻《古桐書屋六種》本,今據以影印。（劉德重　張寅彭　詹杭倫）

**雲莊四六餘話一卷**　（宋）楊囷道撰（第1714冊）

楊囷道,字深仲。據書中所載,知其於高宗紹興十九年（1149）曾“爲福州教授”。書中又記有孝宗乾道、淳熙及寧宗慶元二年（1196）事,知其至寧宗慶元間尚在世。

此書廣搜博采,凡宋人筆記中言及四六者,如《夢溪筆談》、《侯鯖録》、《玉壺清話》、《能改齋漫録》、《容齋隨筆》、《文章叢説》等,莫不加以輯録。全書一百餘則,采自《容齋隨筆》者最多,約占五分之一。其論亦近於洪邁,強調事精對切,以剪裁爲工。作者謂四六欲求警策可傳,不應只注意語言變易求新,而應力求語出天成,情真意遠,屬對精切,用事得體。書中論述四六源流,謂宋初以西崑諸家爲代表,“必謹於四字六字律令”,弊在類俳。歐陽修甚疾之,奮起創新,“俳語爲之一變”。蘇軾繼起,“偶儷甚惡之氣一除”。又謂宋四六可分爲兩派:王安石以謹守法度著稱,蘇軾以雄深浩博聞名。其後作者汪藻、周必大等類王,孫覿、楊萬里等近蘇。就體裁而言,“制誥箋表貴乎謹嚴,啓疏雜著不妨宏肆”。

《直齋書録題解》卷二二著録楊淵《四六餘話》一卷,當即此書。今存最早爲南宋刊本,藏國家圖書館。又有《宛委別藏》清抄本,今據該本影印。（錢鋼　俞紀東）

**木石居精校八朝偶雋七卷**　（明）蔣一葵撰（第1714冊）

蔣一葵,字仲舒,號石原。武進（今屬江蘇）人。家有書齋,名堯山堂。有《堯山堂外紀》、《長安客話》等。生平事迹不詳。

此書初刻於萬曆三十四年（1606）。書中輯集八朝（六朝、唐、宋）以來制、誥、箋、表、賦、序、啓、札中之偶儷佳句,以及名士騷人文壇屬對、尋常應對俳語,略具事迹原委或篇章出處。作者認爲雙聲疊韻源起《詩經》,然“晋魏間尚未知聲律對偶”。舉苟鳴鶴、陸士龍相謔之辭,王元謨問謝莊“何者爲雙聲、何者爲疊韻”語爲證。又謂唐人“當句對”起源於《楚辭》“蕙蒸蘭藉,桂酒椒漿,桂櫂蘭枻,斫冰積雪”,皆不爲無見。此書《四庫全書》入存目,《四庫全書總目提要》謂其“蓋王銍《四六話》之類,然摭拾未廣,所采亦不盡工”,誠是。然其搜輯之功,亦不可没。

此書有明木石居刻本,今據國家圖書館藏本影印。另有明刻本,題作《堯山堂偶雋》。（周維德　朱剛）

**宋四六話十二卷**　（清）彭元瑞輯（第1715冊）

彭元瑞生平見前《恩餘堂輯稿》提要。

此書輯成於乾嘉年間,於兩宋筆記、詩話、文話、類書等凡有關駢體之片言隻語遍加采録,引書一百六十九種,包括王銍《四六話》、謝伋《四六談麈》、王應麟《困學紀聞》等,實爲宋人四六話之彙編。排列分制、詔、表、啓等十七類,編次略依前選。内容或記故事,或評作品,頗有參考價值。

此書有清道光二十六年番禺潘氏刻《海山仙館叢書》本,今據以影印。（錢鋼）

**四六叢話三十三卷附選詩叢話一卷**　（清）孫梅輯（第1715冊）

孫梅（?—約1790）,字松友,號春浦。烏程（今浙江吴興）人。乾隆間進士。官太平府同知。有《舊言堂集》。事迹略見此書諸序。

作者積數十年之力,廣搜博取,於乾隆五十五年（1790）撰成此書。其體例仿《苕溪漁隱叢話》,分門別類輯録前人論述,兼抒己見。前二十八卷按文體分爲二十類及總論,所取材料以筆記作品爲多。每類前均以駢文爲序,闡發名義,簡述源流,多通達切實之論。此二十序後被其友人師範輯入《二餘堂叢書》,題爲《四六叢話緣起》。後五卷按作家分類,共七類。録其姓氏爵里及事迹、評論。書中持論大抵提倡以意爲主,推重歐陽修、蘇軾而鄙薄徐陵、庾信。書前有作者自序、齊年友秦潮序、門人阮元序及程杲序。阮序爲清四六文論名篇,對此書深賞之,蓋因其與阮元駢文理論正相呼應。然晚清駢文名家李慈銘對此書則評價不高。末附《選詩叢話》一卷,輯録《文選》所載詩作之品評、考釋材料。

此書有清嘉慶三年吳興舊言堂刻本,今據天津圖書館藏本影印。另有光緒七年吳下重刻本。（錢鋼　聶安福）

## 賦話十卷　（清）李調元撰（第 1715 册）

李調元生平見前《童山詩集》提要。

此書撰成於乾隆四十三年作者任廣東學政時,次年刊行。書中"新話"六卷,從漢至明代賦作中"撮其佳語",加以評騭,計二百十五則,其中摘自湯聘《律賦衡裁》者一百九十餘則。"舊話"四卷,從歷代正史、筆記、詩話、文話、別集、總集、賦選、類書中,采録賦家佚事、賦作本事、賦壇佳話,間附考辯。"舊話"大體按時代編排。於各朝賦,偏重唐賦。於各種賦體,偏重律賦。對律賦之審題、結構、押韻、對仗、煉字諸法,結合賦作實例加以探討。對唐宋律賦演變過程,亦有説明。其論持"麗則"之旨,既不滿晚唐賦"麗而不則",又反對宋元賦"則而不麗",而稱譽中唐賦"工麗密緻而又不詭於大雅"。評白居易《動静交相養賦》"後來制義分股之法,實濫觴於此種",涉及律賦與八股文之關係。本書爲最早以"賦話"命名之著作,亦稱《雨村

賦話》。然以事出草創,粗疏錯訛之處不少,作者曾欲增輯修訂（見《雨村詩話》卷一一）,後因故未果。

此書《童山自記》、《清朝續文獻通考》、《書目答問》著録爲十二卷,《清史列傳》本傳、《清史稿·藝文志》著録爲十卷。乾隆四十四年廣東初刻本可能是"新話"、"舊話"各六卷之十二卷本,但迄今未見。今傳《函海》乾隆四十九年刻本爲十卷本,蓋將"舊話"六卷合成四卷,并非不全之本。此後重刻之《函海》本均爲十卷本。今據浙江圖書館藏清乾隆綿州李氏萬卷樓刻嘉慶十四年李鼎元重校印《函海》本影印。（詹杭倫）

## 歷代賦話十四卷續集十四卷　（清）浦銑輯　附復小齋賦話二卷　（清）浦銑撰（第 1716 册）

浦銑,字光卿,號柳愚,室名復小齋。嘉善（今屬浙江）人。幼習經史,尤工詩賦。乾隆三十八年（1773）巡視天津,浦銑赴行在獻賦,蒙獎賜,從此肆力於賦學。曾應孫士毅之聘,主講粵西秀峰書院。門下士多顯貴,而銑終不遇,年八十餘卒。有《柳愚詩存》、《唐宋律賦箋注》等。事迹見諸家序跋。

此書正集輯録《史記》至《明史》等二十二部正史中賦家傳記及賦作本事,按時代爲序予以考證。續集自歷代雜史、筆記、文集、詩話、類書、目録書中搜采賦家逸事、賦作評論、試賦制度等,與李調元《賦話》中"舊話"部分相近,而廣博豐富、全面精密則過之。袁枚《序》稱其爲"藝苑之津梁"。孫士毅《序》稱其"去取之精,搜羅之廣,蓋五易稿而後成"。張之洞《輶軒語·語學》亦以此書爲學賦之門徑。

所附《復小齋賦話》二卷,二百六十餘則,隨得隨録,無編排次第。評述唐、宋、元、明賦家賦作,於賦律論之尤詳。如審題構思、破題押韻、用筆用典、練字練句等,皆能結合具體賦例予以評析。

此書有清乾隆五十三年復小齋刻本,今據湖北省圖書館藏該本影印。《復小齋賦話》又有光緒六年《檇李遺書》本。（詹杭倫）

### 全唐文紀事一百二十二卷首一卷　（清）陳鴻墀輯（第1716—1717册）

陳鴻墀（1758—?），原名治鴻,字範川,號東圃。嘉善（今屬浙江）人。嘉慶十年（1805）進士,入翰林充會典館纂修。戊子（1828）充順天鄉試同考官。歸田後掌教粵東越華書院。有《抱簫山道人詩稿》、《全唐文年表》、《賜硯齋詩文集》等。事迹見《光緒重修嘉善縣志》卷二四。

作者任《全唐文》總纂官,“彙萃之餘,加以考證,録於別紙,至《全唐文》告成,所録者積一百二十二卷,自爲一書,名曰《全唐文紀事》,以配計有功《唐詩紀事》”（陳澧《序》）。全書分八十門,自體例、帝製、述德、紀功、納言至雜記、方外、總目、總序、總論,取唐宋以來諸家論唐文之説,凡五百八十一種。除正史外,旁及野史、筆記、小説、詩話、金石碑版及書籍題跋等,抽其緒論,別其條歸,概爲甄録。所引文獻若有異同得失,間附按語於後。條目下注明文獻出處,以便稽考。所引文獻過長者,乃依歐陽詢《藝文類聚》、王應麟《玉海》諸書之例,酌爲删節。然其所徵引與原文多有出入,或因版本錯訛脱漏、校勘不精所致。就體例而言,《唐詩紀事》“以人繫詩,以詩繫事”,然所録無本事者居多。此書搜采廣博,抉擇宏富,“大旨主於寧繁毋略”。於時政典章、臣下抗疏、諸儒議禮,凡有關唐文者悉行采載。但分門繁瑣苛細,或彼此抵牾,唐文之遞嬗亦未能展現,是爲其憾。

此書有清同治十二年方功惠廣州刻本,今據天津圖書館藏該本影印。（魏宏遠）

### 聲律關鍵八卷　（宋）鄭起潛撰（第1717册）

鄭起潛,字子升。平江府吴縣（今屬江蘇）人。寧宗嘉定十六年（1223）以太學上舍登進士。歷官太常博士、崇正殿説書、著作郎兼權國子司業。事迹見《南宋館閣續録》卷八。

據卷首所載理宗淳祐元年（1241）正月六日尚書省劄子,知此書係作者初官吉州學教授時爲糾當時“場屋之文,賦體多失其正”而撰。全書首列五訣,即認題、命意、擇事、琢句、壓韻,總論律賦之寫作原則。次分八韻,評述每韻結構作法,羅列實例,以示源流正變。此書雖專爲應試而設,然闡述甚細,且材料豐富,故阮元以爲不妨“録而存之,以見當時學者之所業矣”（《研經室外集》卷三）。

此書《文淵閣書目》、《國史經籍志》、《秘閣書目》、《菉竹堂書目》等著録,然均入樂書類。有《宛委別藏》本傳世,今據以影印。（林建福）

### 太學新編黼藻文章百段錦二卷　（宋）方頤孫輯（第1717册）

方頤孫,福州（今屬福建）人。此書《四庫全書》入存目,《四庫全書總目提要》謂其“理宗時爲太學篤信齋長,其始末則未詳也”。

此書成於南宋理宗淳祐間,爲科舉之學而編。書中裒集漢、唐、宋二十餘位名家文章切於用者百餘篇,故以百段錦名之。所選以宋人文章居多,漢惟劉向、鄧禹二家,唐則韓愈、柳宗元二家。全書標示文章作法,分爲遣文格、造句格、議論格、狀情格、用事格等十七格。每格下又列出一種至數種名目,指出作法特點,并綴文章一至數篇,或全選,或截取,文末間有評語。全書辨別文章體制,發其旨歸,指示門徑,便於學子學文應試,然亦不免繁複瑣碎。

此書《續文獻通考·經籍志》集部著録爲一卷。《四庫全書總目》集部詩文評類存目亦著録一卷,乃范氏天一閣藏本。此書初刻於南宋淳祐間。今傳有明弘治刻本,今據國家圖書館藏該本影印。又有明嘉靖元年方頤

孫裔孫方鎰校訂重刻之三卷本,名目編次較
二卷本略有調整。(周鋒)

**游藝塾文規十卷** (明)袁黃撰(第1718册)

袁黃(1553—1606),初名表,字坤儀,號了
凡。吳江(今屬江蘇)人,入嘉善(今屬浙江)
籍。萬曆十四年(1586)進士。任河北寶坻
知縣。二十年召爲兵部職方主事,佐薊遼提
督李如松赴朝鮮抗倭,贊畫軍務。後與李構
隙,罷歸家居,閉户著書。有《兩行齋集》、
《皇都水利》、《群書備考》等多種。事迹見
《光緒重修嘉善縣志》卷一九、《愚菴小集》卷
一五《贈尚寶少卿袁公傳》。

此書爲作者歸田後,杜門教子所撰。取新
科墨卷,按破、承、小、大分類評訂。卷一爲前
輩論文,闡述作文經驗,如文貴自得、文有十
忌(頭巾氣、學堂氣、訓詁氣、婆子氣、閨閣
氣、乞兒氣、武夫氣、市井氣、隸胥氣、野狐
氣)等。卷二至卷五,分別就破題、承題、起
講、正講舉出範文,分析講解,頗便於初學。
作者嘗師從唐順之,論文宗唐宋派,講究文章
之性情精神,不贊成爲舉業而爲文,謂"文之
傳者,未必能遇",要求"讀盡三代兩漢之書,
又要胸中不存一元字脚",倡先静坐三四月,
掃除妄念,然後"次第讀之,口誦心惟",以爲
此乃舉業三昧。

此書有明萬曆三十年刻本,藏清華大學圖
書館,今據以影印。另有明書林葉仰山刻本,
藏國家圖書館。(張劍)

**游藝塾續文規十八卷** (明)袁黃輯(第
1718册)

此書係《游藝塾文規》之續作,前有作者自
序,已殘。書中前九卷爲文論匯編,選收王陽
明(守仁)、唐荆川(順之)、茅鹿門(坤)等三
十七家論文之作,其中卷三至卷五乃全收作
者自撰之文論。後九卷講述八股文作法,分
爲破題、承題、小講、正講。其論大抵傾向唐

宋派,講述八股文作法無甚新意。

此書有明刻本,藏國家圖書館,今據以影
印。(魏宏遠)

**應試詩法淺説六卷** (清)葉葆撰(第1718册)

葉葆,字玉岑,號跛奚。聊城(今屬山東)
人。塾課爲生。生平事迹不詳。

此書有乾隆五十四年八月自叙及是冬所作
凡例,書當成於此時。書中專講科舉試貼詩作
法。卷一前編爲"跛奚瑣言",計"學詩須知"
六則,講詩體、詩韻、限韻、平仄、記韻、裁對等
常識。"詩法淺説"十八則,集前人舊説及名
人新解,講篇法、破題、承題、提比中比聯、後比
聯、末韻收題、句法、字法等寫作方法,全用八
股文法説詩。自謂"審題、檢韻、選料等法更於
前人注詩之外指一入門之路"。附"抬寫法",
專講涉及皇帝應抬寫之字。卷二以下爲試律
典範之作百首,各詩題下列解題,詩後有箋釋、
疏義、評注,講釋頗細。

此書有清乾隆五十四年悔讀齋刻本,今據
復旦大學圖書館藏該本影印。又有嘉慶六年
刻本,題作《學詩須知》。道光十二年晋祁書
業堂重刻本。(蔣寅)

**制義叢話二十四卷題名一卷** (清)梁章鉅
撰(第1718册)

梁章鉅生平見前《退菴詩存》提要。

此書有朱琦、楊文蓀、江國霖序,林則徐、吳
鍾駿後序。據江國霖序,此書乃作者因阮元
《四書文話》屬草未成而作。又楊文蓀序稱:
"凡程式之一定,流派之互異,明宗旨,紀遇
合,別體裁,考典制,參稽史傳,旁及軼事,與
夫諸家之名篇秀句,無不備載。"可見其撰述
宗旨。書中卷一、二評述各種制義選本及專
集,卷三至卷九評述宋、明、清諸制義名家之
作,卷十、十一評述清康熙至道光間制義流
派,卷十三輯遺聞佚事,卷十三至卷十五輯寫
作理論,卷十六至卷十九輯福建制義名家之

作,卷二十、二十一輯作者家族之作,卷二十二輯制義命題之事,卷二十三輯破、承、起、講諸法,卷二十四輯脞詞、諧語等雜事。大抵以抄撮爲主,獨見甚鮮。然其所采擷,有今日極難寓目者,頗具資料價值。末附題名一卷,就書中涉及之人各爲考其仕履字諡,以備讀者查考,亦古籍中少見者。

此書有道光二十三年福州梁氏知足知不足齋刻本、三十年重刻本。又有咸豐九年廣州刻本,今據浙江圖書館藏該本影印。（劉永翔　王宏林）

# 詞　類

## 宋名家詞六十一種九十一卷　（明）毛晉編（第 1719—1720 册）

毛晉（1599—1659）,初名鳳苞,晚歲更名晉,字子九,後更字子晉,號潛在。常熟（今屬江蘇）人。平生致力藏書刻書,曾榜門懸金求書,其汲古閣所藏秘本珍籍達八萬四千餘册。朱彝尊謂其“性好儲藏秘册,中年自群經、十七史,以及詩詞曲本、唐宋金元别集,稗官小説,靡不發雕,公諸海内。其有功於藝苑甚巨”。生平見朱彝尊《静志居詩話》卷二二。

此書所録宋人詞别集自晏殊《珠玉詞》至盧炳《烘堂詞》,共六十一家,分爲六集。第一集與第二集前分别有明人夏樹芳及胡震亨序。該書刻於崇禎三年前後,因係隨得隨刻,故未嘗以時代爲次。所收雖不及吴訥《宋元百家詞》富贍,然流傳甚廣。且毛晉於每種别集之後各附以跋語,或介紹作者,或考訂版本,或評論作品。其中正誤參互,如跋《竹坡詞》引《宣城志》謂周紫芝“紹興乙亥卒”,可據以確定周氏卒年。跋張元幹《蘆川詞》,却誤斷《賀新郎》贈胡銓詞之作年。毛氏刻詞時或改動底本卷數,隨意增删詞作,加以校勘不精,有失底本原貌。近人朱居易有《宋六十名家詞勘誤》,專糾其失。

此書據明崇禎毛氏汲古閣刻本影印。又有清光緒十四年汪氏振綺堂覆刊本。（王兆鵬　汪超）

## 宋金元人詞十八種二十八卷　（第 1721 册）

此書爲繆荃孫光緒戊申（1908）三、四月間所抄校之宋金元明人詞,自賀鑄《東山寓聲樂府》迄梁寅《石門先生樂府近體》。其中收劉克莊《後村詩餘》、《後村長短句》兩種,故全書共收十七人十八種,計二十八卷。除金人李俊明《莊靖樂府》、明人王行《半軒詞》外,皆宋元詞别集。全書略以時代相次,然不甚謹嚴,如向鎬次于朱晞顔之後,王行列於梁寅之前,皆是其例。各集後均有抄校時間,偶有跋,如《東山寓聲樂府》後跋云:“倒顛錯亂,并非佳刻。”書中雖偶有手誤,如李俊明誤爲李俊民,然所録詞集多有各詞籍叢編所罕收者,如《莊靖樂府》、《瓢泉詩餘》、《定宇詩餘》、《燕石集近體樂府》、《龜巢詞》、《石門先生樂府近體》等,皆僅見於此書。

此書過録之底本或爲詞别集,或爲詩文别集。《東山寓聲樂府》自道光戊申王迪輯本過録,復校以侯刻《十名家詞》及四印齋三刻本。《後村詩餘》卷首題“門人迪功郎新差昭州司法參軍林秀發編次”,或祖林氏翻刻之五十卷本《後村居士集》。《後村長短句》五卷,則當自一百九十六卷本《後村大全集》抄出。《寧極齋樂府》、《吴文正公詞》等自錢塘何夢華本過録。《趙待制遺稿》抄自汪氏振綺堂本。《莊靖樂府》當抄自古鹽張氏研古樓抄本,因卷末兩首《鷓鴣天》殘句獨該本有之。今據國家圖書館藏清光緒三十四年繆荃孫藝風堂抄本影印。（汪超）

## 百名家詞鈔一百卷　（清）聶先（清）曾王孫編（第 1721—1722 册）

聶先,字晉人,號樂讀居士。盧陵（今江西

吉安）人。久寓蘇州、南京等地。生平資料無多，惟張潮《友聲初集》甲丙戊集、《友聲二集》庚壬集，存其尺牘七通。《尺牘偶存》卷一、卷三有張潮致聶先書兩封。潘承玉謂康熙三十六（1697）年前後聶先尚在世（《清初人選清初詩匯考六補》）。除此書外，尚選有《百名家詩抄》、《指月續錄》等書。曾王孫，字道抉。秀水（今屬浙江嘉興）人，順治十五年（1658）進士，官至四川提學，有政聲。有《清風堂文集》、《漢川集》等。

《百名家詞鈔》卷首有曾王孫、聶先兩序。全書專錄清初詞，分初集六十家、甲集四十家，自吳偉業《梅村詞》至曹亮武《南耕詞》，家各一卷，共一百卷。嚴迪昌稱該書“最完備的版刻爲一百零八家”（《清詞史》）。各集係隨得隨刻，未曾次以時代，且非各家全部詞作。卷後或輯詞評數則，多有自原序錄出者。況周頤謂是書“多沉著濃厚之作，明賢之流風餘韻猶有存者，詞格纖靡實始於康熙中”（《蕙風詞話》卷五），以爲清初詞風之證，并由此見康熙中詞風之轉移。其文獻價值，于此可見一斑。

今據上海圖書館所藏康熙綠蔭堂一百卷本影印。此書《四庫全書》入存目，國家圖書館藏《名家詞鈔》三十卷即爲其底本。（汪超）

### 船子和尚撥棹歌一卷　（唐）釋德誠撰（第1722 冊）

釋德誠，蜀東武信（今四川遂寧）人。藥山惟儼法嗣，隨侍三十年。泊離藥山，即浮舟於華亭（今上海松江）朱涇間，隨緣接化往來之人，世稱船子和尚。大和、開成間覆舟入水而逝。《續高僧傳》、《景德傳燈錄》、《五燈會元》有傳。

此書前載《華亭朱涇船子和尚機緣》，述德誠事迹。以下爲《撥棹歌》三十九首，其中三十六首句法與張志和《漁父詞》相類，咏漁人生活而寓釋氏玄理。後有宋人呂益柔跋，稱

其得於乃父遺編，以其“屬辭寄意，脫然迥出塵網之外，篇篇可觀”，遂刻石傳布。益柔字文剛，別號松澤史，華亭人。元祐三年（1088）進士，官刑部侍郎，以顯謨閣待制致仕。書後爲《諸祖贊頌》，輯錄投子青、覺海元以下宋元諸禪師咏贊題跋，并張商英、黃庭堅諸居士贊頌。又有杜磵《西亭蘭若記》、幻住《推蓬室記》，亦述德誠事迹。

此書元刻本藏上海圖書館，爲法忍寺首座坦禪師據呂益柔大觀四年楓涇海會寺石刻輯印，乃海內孤本，今據以影印。又有明萬曆四年雲間超果寺僧智空重刻本，崇禎十年法忍寺僧澄澈再刻本。清嘉慶間法忍寺僧漪雲上人以明本重刻，又增續二卷。（王兆鵬　汪超）

### 陽春集一卷　（南唐）馮延巳撰（第1722 冊）

馮延巳（903—960），一作延嗣，字正中。廣陵（今江蘇揚州）人。以文雅稱，白衣見南唐烈祖，起家秘書郎。元宗保大間，官至左僕射同中書門下平章事，十五年（957）罷爲太子少傅。卒謚忠肅。生平見馬令《南唐書》、陸游《南唐書》、吳任臣《十國春秋》。夏承燾撰有《馮正中年譜》。

馮延巳在五代詞人中存詞數量最多，其作多與宋初諸人詞相混。所作雖不脫別緒離愁，然哀婉蘊藉，兼寓感興，詞境空濛闊大，有別於溫韋之纖秾，後主之悲放。馮煦謂其“鼓吹南唐，上翼二主，下啓歐晏，實正變之樞紐，長短之流別”（《唐五代詞選叙》），可見其對北宋文人詞之深刻影響。

馮氏詞集宋初已佚。嘉祐戊戌（1058），其曾外孫陳世修復爲搜集成書，即《陽春集》。尤袤《遂初堂書目》有著錄。《宋史・藝文志》、《直齋書錄解題》著錄則稱《陽春錄》。今所見《陽春集》，最早爲明吳訥《唐宋名賢百家詞》本。又有明末汲古閣未刻詞舊抄本。此本據清光緒年間王鵬運《四印齋所刻詞》本影印，即出自汲古閣本。此外尚有康

熙五十四年蕭江聲傳録明嘉靖抄本(與《南唐二主詞》、《簡齋詞》合訂一冊)、清抄《宋元名家詞鈔》本等。(王兆鵬　汪超)

## 南唐二主詞一卷 (南唐) 李璟 (南唐) 李煜撰 (第 1722 冊)

李璟(916—961),字伯玉,初名景通。徐州(今屬江蘇)人。李昇長子。昇元七年(943)即位。後周顯德五年(958)改稱國主,奉周正朔。史稱南唐中主,又稱嗣主,廟號元宗。事迹見新舊《五代史》、馬令《南唐書》、陸游《南唐書》及吳任臣《十國春秋》。李煜(937—978),字重光,初名從嘉,璟第六子。宋建隆二年(961),嗣位於金陵。開寶八年(975),國破被俘至汴京,封違命侯。太平興國三年(978),被毒殞命。史稱南唐後主。事迹見新舊《五代史》、馬令《南唐書》、陸游《南唐書》及吳任臣《十國春秋》。夏承燾撰有《南唐二主年譜》。

李璟多才藝,好文學,《江南野史》稱其"時時作爲歌詩,皆出入風騷"。然其詞今僅存四闋。李煜聰穎過人,工書善畫,精通音律。據徐鉉《李煜墓志銘》,有文集三十卷,雜説百篇。馬令《南唐書》謂"雜説百篇,時人以爲可繼《典論》"。南唐二主俱以詞見稱於後世。中主詞傳世雖少,然含蓄蘊藉,深沉動人。《浣溪沙》"細雨夢回雞塞遠,小樓吹徹玉笙寒"兩句,名雋高華,古今共傳。李煜詞以南唐國破爲界,分爲前後兩期。前期詞多風情綺麗,婉轉纏綿。一旦去國,盡變綺豔,内容多故國之思,真情實意,不加矯飾,風格沉鬱淒然。王國維稱:"詞至李後主而眼界始大,感慨遂深,遂變伶工之詞爲士大夫之詞。"(《人間詞話》)

二主詞自宋以來皆合刻傳世。今知最早刊本爲嘉定間長沙坊刻本,《直齋書録解題》有著録。現存最早刊本爲明吳訥《唐宋名賢百家詞》本。此本據上海圖書館藏明萬曆庚申呂遠墨華齋刻本影印。該本前有明人序,署"萬曆庚申華朝譚爾進序并書"。中主詞四闋仍陳本之舊,後主詞則有輯自當時總集者。如《搗練子》一闋,注"出升庵《詞林萬選》"。該本諸詞後往往有按語,或述出處,或記本事,或載評論。龍榆生謂其"雖所采亦頗雜他人之作,兼有訛誤,要爲現存《二主詞》之精絜"(《詞籍題跋》)。此外有康熙五十四年蕭江聲傳録明嘉靖抄本、侯文燦輯刻《十名家詞集》本、清董氏誦芬室抄《南詞十三種》本等。(王兆鵬　汪超)

## 樂章集三卷續添曲子一卷 (宋) 柳永撰 (第 1722 冊)

柳永(約 987—約 1057),字耆卿,原名三變,字景莊。以排行第七,又稱柳七。崇安(今福建武夷山)人。仁宗景祐元年(1034)進士,久歷下僚,磨勘轉京官,仕至屯田員外郎,故世稱柳屯田。其生平事迹,參見唐圭璋《柳永事迹新證》。

柳永早年出入汴京青樓妓坊,教坊樂工及歌妓每得新腔,必求柳永爲詞。柳永率先大力創作慢詞,一改唐五代以來詞壇以小令爲主之格局,而使慢詞與小令平分秋色。柳詞受市井新聲影響,多用通俗化語言表現市民生活情調。又長於鋪叙,善用白描,"細密而妥溜,明白而家常,善於叙事,有過前人"(劉熙載《藝概·詞概》)。其後蘇軾、秦觀和周邦彦等人作詞,無不受惠於柳永。

柳永詞在北宋時即已結集印行。黃裳《演山集》卷三五有《書樂章集後》。《直齋書録解題》著録長沙坊刻《百家詞》本《樂章集》九卷,清朱學勤《結一廬書目》著録元刊本《樂章集》九卷,毛扆《汲古閣珍藏秘本書目》著録宋版《柳公樂章》。以上宋元刊本俱散佚。今傳《樂章集》,明吳訥《唐宋名賢百家詞》本分作三卷,紫芝漫抄《宋元名家詞》本同。朱祖謀《彊村叢書》刊本則作《樂章集》三卷、

《續添曲子》一卷。朱刻本出自勞權傳抄毛斧季精校本，而毛本曾據含經堂宋本校過。《續添曲子》一卷爲宋本所無，乃毛氏從周氏、孫氏兩抄本校正。明毛氏汲古閣刻《宋六十名家詞》本《樂章集》合三卷爲一卷，編次及所收詞作與朱本略有不同。朱本收詞二百零七首，毛本收二百零一首。然毛本有《戚氏》、《傾杯樂》(禁漏花深)、《笛家弄》(花發西園)等三首爲朱本所未收。所傳明清諸抄刻本，以朱本較完備。今據國家圖書館藏勞權抄本影印。(王兆鵬　汪超)

### 張子野詞二卷補遺二卷 　(宋)　張先撰(第1722册)

張先(990—1078)，字子野。烏程(今浙江湖州)人。仁宗天聖八年(1030)進士。明道元年(1032)爲宿州掾。皇祐二年(1050)，晏殊知永興軍，辟先爲通判，二人常相唱和，酒席之間"往往歌子野所爲之詞"(《道山清話》)。以都官郎中致仕。元豐元年(1078)卒，年八十九。事迹見《宋史翼》卷二六、夏承燾撰《張子野年譜》。

張先"能詩及樂府，至老不衰"，"俚俗多喜傳咏先樂府"(葉夢得《石林詩話》卷下)。然其詩集久佚，終"以歌詞聞于天下"(蘇軾《書游垂虹亭》)。張先高壽，其詞初多小令，晚年漸染翰長調，蓋亦時風轉移之證。集中《泛青苔》、《宴春臺慢》、《熙州慢》等，當是其自度曲或時調新聲。張先又較早以詞壽人，酬贈交際，開風氣之先。集中多吟風弄月，感時傷春之作，雖難免有句無篇之譏，然精於煉句，多含蓄有餘味。

此本據爲清乾隆年間鮑廷博刻《知不足齋叢書》本影印。其正集二卷據菉斐軒抄本付刻，區分宮調，猶存宋本之舊。補遺二卷不分宮調，上卷據侯文燦亦園刻本去其與菉斐軒抄本重複所得，下卷則爲鮑氏從各選本中輯出。此外有吳訥《唐宋名賢百家詞》本，清抄

《宋元名家詞鈔二十二種》本、侯文燦輯刻《十名家詞集》本等。張先詞集尚有《安陸集》本系統，文淵閣《四庫全書》本所收即是其一。(王兆鵬　汪超)

### 醉翁琴趣外篇六卷 　(宋)　歐陽修撰(第1722册)

歐陽修(1007—1072)，字永叔，號醉翁，晚號六一居士。吉州永豐(今屬江西)人。仁宗天聖八年(1030)登進士第，補西京留守推官。嘉祐六年(1061)拜參知政事。熙寧四年(1071)以太子太師致仕，居潁州。次年卒，謚文忠。其詩文雜著合爲《歐陽文忠公文集》。《宋史》有傳。

歐陽修詞不避諧俗，雅詞豔曲同呈一卷。集中或雜有他人之作。然曾慥謂其"乃小人或作豔曲，謬爲公詞"(《樂府雅詞序》)，則不盡可信。陳廷焯以爲"其香豔之作，大率皆年少時筆墨，亦非盡後人偽作也。但家數近小，未盡脫五代風味"(《詞壇叢話》)。其詞作在宋初詞壇自成一家，影響及于蘇軾諸人，"疏雋開子瞻，深婉開少游"(馮煦《蒿庵論詞》)。

歐陽修詞集流傳至今者，有全集本及《琴趣外篇》本兩種。後出諸本多據南宋慶元二年周必大吉州校刊《歐陽文忠公集》所收影刊或校刻。《醉翁琴趣外篇》原爲南宋刊本，吳師道《吳禮部詩話》曾提及。此本據民國仁和吳氏雙照樓《景刊宋金元明本詞四十種》本影印，屬《琴趣外篇》本系統，唯無東坡序文。(王兆鵬　汪超)

### 東山詞二卷(存卷上) 　(宋)　賀鑄撰(第1722册)

賀鑄(1052—1125)，字方回，號慶湖遺老。衛州共城(今河南輝縣)人。孝惠皇后族孫，授右班殿直，元祐七年(1092)改承事郎。以宣義郎通判泗州，改太平州。晚年退居蘇州，

杜門校書。另著有《慶湖遺老集》。生平事迹見《宋史》本傳、夏承燾撰《賀方回年譜》。

賀鑄詞善錘煉字句,風格多樣。或意境高曠,濃麗哀婉,近秦觀、晏幾道;或悲壯激昂,而近于蘇軾。陳廷焯謂"詞至方回,悲壯風流,抑揚頓挫,兼晏、歐、秦、柳之長,而備蘇、黃、辛、陸之體,一時盡掩古人"(《白雨齋詞話》卷三),可謂推崇備至。

賀方回詞集題名較複雜,今所傳者主要有二卷本《東山詞》系統及二卷本《賀方回詞》系統。《直齋書録解題》著録長沙坊刻《百家詞》本《東山寓聲樂府》三卷,黃昇《花庵詞選》收《東山寓聲樂府》二卷,金李治《敬齋古今黈》載《東山樂府別集》,今均不傳。此本據民國武進陶氏涉園續刊《景刊宋金元明本詞四十種》本影印。陶氏據原庋于虞山瞿氏鐵琴銅劍樓之殘宋本《東山詞》上卷影刊,卷首猶有"鐵琴銅劍樓"白文篆章。該本曾在毛氏汲古閣,但未刻入《宋六十名家詞》。侯文燦刻《十名家詞》,亦用該本。(王兆鵬 汪超)

### 賀方回詞二卷 (宋)賀鑄撰(第1722冊)

此書屬二卷本《東山詞》之外另一系統。該系統以清鮑廷博校清抄本《賀方回詞》二卷爲最早。是本收詞一百四十四闋,與殘宋本《東山詞》互見者僅八闋。此本據國家圖書館藏民國吳氏雙照樓抄本影印。其卷首有"雙照樓校寫本"朱文篆章一方,據卷一知其底本爲鮑氏知不足齋校本。卷二末尾有"咸豐壬子七月丹鉛精舍影鈔"一行,知是仁和勞氏影抄,有朱祖謀校文。

《東山詞》、《賀方回詞》二種,最終由清人王迪彙入《東山寓聲樂府》三卷、補遺一卷。王氏于道光二十八年將鮑抄本、殘宋本《東山詞》及自輯賀鑄詞彙輯爲一,其本今藏台北。是書未嘗刊行,然有四種抄本,《宋金元人詞》十八種本《東山寓聲樂府》即是其一。繆荃孫跋云:"倒顛錯亂,并非佳刻。"另三種

爲日本静嘉堂文庫藏陸氏皕宋樓藏舊抄,南京圖書館藏丁氏八千卷樓藏眠雲精舍抄本,上海圖書館藏王鵬運、況周頤、朱祖謀校清抄本。(王兆鵬 汪超)

### 詳注周美成詞片玉集十卷 (宋)周邦彥撰 (宋)陳元龍注(第1722冊)

周邦彥(1056—1121),字美成,號清真居士。錢塘(今浙江杭州)人。元豐六年(1083)獻《汴京賦》,神宗異之,自太學諸生命爲太學正。紹聖末,遷國子監主簿,入拜秘書監,進徽猷閣侍制、提舉大晟府。出知順昌府,移處州,未赴。生平事迹見《宋史》本傳、王國維撰《清真先生遺事》。陳元龍,字少章,廬陵(今江西吉安)人。此宋嘉定四年刻本題署"廬陵陳元龍少章集注"。

周邦彥詩文書法兼擅,而以詞成就最大。又精通音律,能自度曲,《六醜》、《蘭陵王》皆其自創。其詞結構回環曲折,嚴密整齊。語言富麗精工,音調和諧。化用前人詩句,如以鹽入水,不見痕迹。《直齋書録解題》謂其"多用唐人詩語,檃括入律,渾然天成;長調尤善鋪叙,富豔精工,詞人之甲乙也"。其詞宋末以還每被奉爲圭臬。沈義父《樂府指迷》謂:"凡作詞,當以清真爲主。蓋清真最爲知音,且無一點市井氣。下字運意,皆有法度。"王國維《人間詞話》謂其"創調之才多,創意之才少耳"。然其《清真先生遺事》,又比之爲詞中老杜。

周邦彥詞集歷代傳刻甚多,名目亦繁。較著者有《景定嚴州續志》載《清真詩餘》本,《直齋書録解題》著録《清真詞》二卷、《後集》一卷,曹杓《注清真詞》二卷本等,均佚。今傳者有二卷本及十卷本二種。二卷本出宋淳熙七年溧水刻《片玉集》。毛晉汲古閣《宋六十名家詞》本《片玉詞》即據此發雕。其《補遺》一卷,則毛晉自他處輯録。此本影印所據爲國家圖書館藏宋嘉定四年刻陳元龍注

本,爲今傳十卷本系統之祖本。潘宗周《寶禮堂宋本書錄》曾著錄。元明以後,陳元龍注《詳注周美成詞片玉集》本別出兩支,其一爲元刻巾箱本,題《清真詞》二卷。其二爲吳訥《唐宋名賢百家詞》本《片玉詞》十卷。該本據陳注本抄出,刪去陳注,又別據他書輯補二十七首。紫芝漫抄《宋元名家詞》本、石村書屋抄《宋元明三十三家詞》等均係陳注本之流亞。（王兆鵬　汪超）

### 樵歌三卷　（宋）朱敦儒撰（第1722冊）

朱敦儒(1081—1159),字希真,號巖壑,又稱伊水老人、洛川先生。河南(今河南洛陽)人。早歲隱居鄉里,志行高潔。靖康、建炎間,屢召不起。紹興五年(1135)賜進士出身,守秘書省正字。十四年罷職奉祠。十九年請歸,許之。後秦檜援引之,使落致仕,除鴻臚少卿,檜死依舊致仕,以此爲時論所譏。有《巖壑老人詩文》及《獵較集》,已佚。生平事迹見《宋史》本傳、鄧子勉撰《朱敦儒年譜簡編》。

朱敦儒一生仕宦時間甚短,長期隱居江湖。其作品寫逍遙閑適生活者甚多,《貴耳集》卷上評其梅花詞“如不食煙火者”。或謂其詞風有三變,早歲綺麗,中年慷慨激越,歲晚清婉。朱氏身當南渡前後,其詞自成一格,辛棄疾《念奴嬌》(近來何處)即標“效朱希真體”。

朱敦儒詞集宋代有三種傳本。其一爲長沙坊刻《百家詞》本《樵歌》一卷,《直齋書錄解題》著錄。其二爲《宋史・藝文志》著錄之朱敦儒《詞》三卷。其三爲張端義《貴耳集》卷上所載《太平樵唱》。前二者久佚,《太平樵唱》清初仍有流傳。今傳《樵歌》有三卷本及二卷本兩種。今影印所據者即《宛委別藏》清抄三卷本,從汲古閣舊抄本出。知聖道齋藏明抄《南詞》本、鐵琴銅劍樓紅格抄本、四印齋單刻吳枚庵抄校本等皆三卷本。二卷本則有吳訥《唐宋名賢百家詞》本、紫芝漫抄《宋元名家詞》本等。（王兆鵬　汪超）

### 漱玉詞一卷補遺一卷附錄一卷　（宋）李清照撰（第1722冊）

李清照(1084—約1155),號易安居士。濟南章丘(今屬山東)人。父李格非爲當時名士,與廖正一等并稱爲蘇門“後四學士”。清照幼承家學,早有才名。徽宗建中靖國元年(1101),適太學生趙明誠,居汴京。夫婦致力於書畫金石之搜集整理。自大觀初,屏居青州鄉里十年。建炎元年(1127)起,流寓南方。三年,明誠病殁,清照輾轉於越州、台州、溫州間,後抵杭州,境遇孤苦。紹興二年(1132)改嫁張汝舟,未幾離異,居臨安以終。生平事迹見王仲聞撰《李清照事迹編年》。

李清照詩詞文俱工,并著有《詞論》。王灼謂其“才力華贍,逼近前輩,在士大夫中已不多得,若本朝婦人,當推文采第一”(《碧雞漫志》卷二)。其詞作早年多寫相思之情,遭遇家國巨變後多寫身世之感,時有中原之思。其詩留存較少,多感時咏史,與詞風迥異。清照論詞主協律,尚雅致,倡詞“別是一家”之説,反對以詩法作詞。後人至有推其爲婉約詞宗主者:“婉約以易安爲宗,豪放唯幼安稱首。”(王士禛《花草蒙拾》)

李清照詞版本頗多。《直齋書錄解題》著錄長沙坊刻本《漱玉集》一卷,注云:“別本分五卷。”《唐宋諸賢絕妙詞選》卷十謂李清照有《漱玉集》三卷,《宋史・藝文志》著錄《易安詞》六卷,今俱不傳。宋人曾慥《樂府雅詞》選錄清照詞二十三闋,最爲可信。明清所傳諸本,多出後人輯錄。毛晉汲古閣《詩詞雜俎》本《漱玉詞》一卷,收詞十七首。《四庫全書》本等祖之。一卷本另有知聖道齋抄汲古閣未刻詞本、莫友芝家抄本、丁丙八千卷樓藏清抄本等。此本據者清光緒間王鵬運輯刻《四印齋所刻詞》本影印。另《吳氏石蓮庵刻山左人詞》本亦據王本傳刻。正集一卷,收詞五十闋。補遺一卷,收詞八闋。附錄一卷。（王兆鵬　汪超）

**稼軒長短句十二卷**　（宋）辛棄疾撰（第1723 冊）

辛棄疾（1140—1207），字幼安，號稼軒。歷城（今山東濟南）人。少與党懷英同師蔡松年，號"辛党"。耿京聚兵山東反金，棄疾爲掌書記。紹興三十二年（1162），受耿京之命奉表歸宋。會張安國殺耿降金，辛棄疾乃馳縛張安國於金營。獻俘行在，爲江陰僉判。轉官湖北、江西、湖南。淳熙八年（1181）被劾落職，退居信州。紹熙二年（1191）起爲福建提點刑獄，遷大理少卿，知福州兼福建安撫使。五年再度落職。嘉泰三年（1203）起知紹興府兼浙東安撫使，移知鎮江。生平事迹見《宋史》本傳、鄧廣銘撰《辛稼軒年譜》。其詩文多散佚，清法式善、辛啓泰輯有《稼軒集鈔存》，鄧廣銘增輯爲《辛稼軒詩文鈔存》，鄧廣銘、辛更儒又有《辛稼軒詩文箋注》。

辛棄疾豪爽尚氣節，雅善長短句，存詞數居有宋詞家第一。其詞以豪爽見稱，然綿密穠纖者亦極當行。後世每以其詞與蘇軾并稱。周濟稱："世以蘇、辛并稱，蘇之自在處，辛偶能到；辛之當行處，蘇必不能到。二公之詞，不可同日語也。"（《介存齋論詞雜著》）其詞之影響經久不衰，"南宋諸公，無不傳其衣鉢"（周濟《宋四家詞選目録叙論》）。

辛棄疾詞集宋元刊本有五，今存《稼軒詞》諸本皆出自宋刻四卷本與十二卷本。四卷本嘉定間長沙書坊曾刻，《直齋書録解題》著録。《直齋書録解題》另著録"信州本十二卷，卷視長沙爲多"，蓋即元刻本所祖。毛氏汲古閣影宋抄本即據宋刻四卷本影寫。

今影印所據十二卷本，爲1959 年中華書局上海編輯所影印元（大德三年）廣信書院刻本，原刻今藏國家圖書館。自元刊本出者又分兩支，其一爲明嘉靖十五年王詔刻、李濂評點本，嘉靖二十四年何孟倫重刻。明晉安謝氏小草齋抄本、《景刊宋金元明詞》本、王鵬運《四印齋所刻詞》仿元刻本、《吳氏石蓮庵刻山左人詞》本，皆出此。另一支係毛氏汲古閣刻《宋六十名家詞》本，該本四卷，實由十二卷本合并。《四庫全書》本、清嘉慶十六年辛啓泰刻本，俱從毛本出。《彊村叢書》本又據辛本校刻。　（王兆鵬　汪超）

**稼軒詞補遺一卷**　（宋）辛棄疾撰（第1723 冊）

辛棄疾在世前後，其詞曾三刻成集。一爲四十九歲時其門人范開輯刻并序，題《稼軒詞》，收詞"才逾百首"。該本久已不傳，近人梁啓超疑今存四卷本之甲集即范開所輯（《跋四卷本稼軒詞》）。今本甲集收詞一百一十首，與范序所稱"逾百首"相符。二爲六十四歲前（此後作品未收）所輯刻之《稼軒詞》甲乙丙丁四集，編者未詳。四集所收去其重複，凡四百二十七首。三爲稼軒去世後由其嗣子編定、劉克莊作序之《辛稼軒集》，初刻於信州，分十二卷。《直齋書録解題》著録。原刻已佚，元大德三年廣信書院刊本《稼軒長短句》十二卷，乃據信州本刻印，收詞五百七十二首。四集本中有二十首爲十二卷本所未收。明毛氏汲古閣刻《宋六十名家詞》本四卷，實由十二卷本合并。清嘉慶十六年辛啓泰刻本從毛本出。辛本附補遺一卷，收詞三十六闋，其中僅五首見於四集本，且文字亦有異同，如該本《菩薩蠻》之"稼軒日向兒曹説"，四集本作"稼軒日向兒童説"，即是其例。據朱祖謀跋，其詞乃法式善輯諸《永樂大典》，自具校勘價值。今據民國十一年朱祖謀輯刻《彊村叢書》影印。以辛啓泰刻本罕見，故朱祖謀刻之以廣其傳。（汪超）

**後村長短句五卷**　（宋）劉克莊撰（第1723 冊）

劉克莊（1187—1269），初名灼，字潛夫，號後村。莆田（今屬福建）人。嘉定二年（1209）以父蔭補將仕郎。初仕靖安主簿、真州録事，寶慶三年（1227）以咏《落梅》詩得禍，閑廢近十年。景定三年（1262）權工部尚書，升兼侍讀，旋出知建寧府。五年致仕。度宗咸淳四年（1268）特除龍圖閣學士。次年卒，謚文定。生前曾自編文集，林希逸作序，繼有後、續、新三集。後由其季子山甫彙編爲《大全集》二百卷。生平事迹見宋林希逸《後村先生劉公行狀》、洪天錫《後村先生墓志銘》。

劉克莊詩詞兼善，其詞風格豪邁，雄健疏宕，爲稼軒一派之後勁，然奔放有餘而含蓄精警不足。陳廷焯以爲其詞不遜于劉過、蔣捷。馮煦更以爲“後村詞與放翁、稼軒，猶鼎三足”（《蒿庵論詞》）。楊慎所言則較近事實：“《後村別調》一卷，大抵直致近俗，效稼軒而不及也。”（《詞品》卷五）

後村詞南宋時即與詩文合刻傳世。淳祐九年林希逸刊《後村居士集》五十卷，其卷十九、二十爲詩餘。該本有林秀發覆刻本。明清所刊劉克莊詞，多祖該本。如吳訥《唐宋名賢百家詞》本、《景刊宋金元明本詞》本、汲古閣《宋六十名家詞》本等，雖略有不同，實皆自林秀發本出。又有自一百九十卷《後村大全集》抄出別行者，如《景刊宋金元明本詞》本《後村長短句》五卷。今影印所據民國朱祖謀輯刻《彊村叢書》本，乃據劉燕庭抄本一百九十卷《後村大全集》校刊。（王兆鵬　汪超）

### 蘋洲漁笛譜二卷集外詞一卷　（宋）周密撰（清）江昱疏證（第1723冊）

周密（1232—1298），字公謹，號草窗，又號蘋洲。祖籍濟南（今屬山東），流寓吳興（今浙江湖州）。景定二年（1261）知臨安府馬光祖辟爲幕僚。端宗景炎元年（1276）爲義烏令。入元不仕，抱遺民之痛，以故國文獻自任，著有《齊東野語》、《癸辛雜識》、《志雅堂雜鈔》等雜著數十種。又與王沂孫、李彭老、張炎等結社唱和，所咏結集爲《樂府補題》。周密善書畫，通音律，能詩，戴表元稱其詩“少年流麗鍾情，壯年典實明瞻，晚年感慨激發”（《剡源集》卷八）。尤工於詞，所作格律

謹嚴，結構縝密，風格清雅秀潤，與吳文英并稱“二窗”。生平事迹見夏承燾撰《周草窗年譜》。江昱（1706—1775），字賓谷，號松泉，儀徵（今屬江蘇）人。有《松泉集》、《梅鶴詞》、《瀟湘聽雨録》，另著有《尚書私學》、《韻岐》。事迹見蔣士銓《忠雅堂集》卷四《江松泉傳》及《清史列傳》卷七一等。

周密詞集有二。一爲《蘋洲漁笛譜》，爲作者手定版行，均爲宋亡以前作品。一爲《草窗詞》，乃後人編定，兼收入元後作品二十四闋。《蘋洲漁笛譜》流別有二，其一出毛扆影寫宋本，原抄下落不明，《知不足齋叢書》本據其校刊。其二即江昱疏證本，其正集出影宋抄本，又從家藏《草窗詞》、《絕妙好詞》等書輯出《集外詞》一卷。今影印所據爲上海師範大學圖書館藏清乾隆五十一年江恂刻本。《彊村叢書》亦據江昱疏證本校刊。（王兆鵬　汪超）

### 花外集一卷　（宋）王沂孫撰（第1723冊）

王沂孫（？—約1290），字聖與，號碧山，又號中仙、玉笥山人。會稽（今浙江紹興）人。爲人雅逸，廣交游。張炎稱其“能文工詞，琢語峭拔，有白石意度”（《瑣窗寒》詞序）。景炎三年（1278）與張炎、周密、仇遠等人結社填詞，後結集爲《樂府補題》。至元中一度出爲慶元路學正。晚年往來杭州、紹興間。生平事迹見吳則虞撰《王沂孫事迹考略》。

王沂孫詞章法縝密，含蓄深婉。尤以咏物爲工，善體物以寄托感慨。其清峭處，頗似姜夔。然或用意過深，又好用典使事，往往流於晦澀。周濟稱其“咏物最爭托意，隸事處以意貫串，渾化無痕”（《宋四家詞選序論》）。

王詞今傳最早刊本爲吳訥《唐宋名賢百家詞》本《玉笥山人詞集》，然收録不全。今據清乾隆鮑廷博刻《知不足齋叢書》本《花外集》影印。鮑本出自明文淑手抄《玉笥山人詞集》，另補輯十四闋。道光辛丑金望華、范

鍇同刊《三家詞》本、王鵬運《四印齋所刻詞》本,俱從鮑本出。(王兆鵬　汪超)

**山中白雲詞疏證八卷** (宋) 張炎撰 (清) 江昱疏證 (第1723冊)

張炎(1248—約1320),字叔夏,號玉田,晚號樂笑翁。先世居鳳翔(今屬陝西),六世祖張俊從宋室南渡,遂家臨安(今浙江杭州)。宋亡以後家產籍没,貧乏難以自存,流落杭州與山陰間,以賣卜爲生。至元二十七年(1290),北游燕趙。次年南歸,落拓而終。馮沅君撰有《張玉田年譜》。江昱生平見前《蘋洲漁笛譜》提要。

張炎詞長於咏物,又善狀内心悲苦,常以清空之筆,寫淪落之悲。其作精於審音,遣詞造句,時見警策,然疏于全篇結構。張炎著有《詞源》,論詞主"清空"、"騷雅",專尊姜夔,於詞樂論之甚詳。清代浙西詞人推崇張炎,至有"家白石而户玉田"(朱彝尊《静惕堂詞序》)之説。

元代張炎詞似無刊本,陶宗儀有手抄本《玉田詞》,收詞三百首,不分卷,原本亦佚。清初朱彝尊曾據以傳録,并釐爲八卷,後出本悉從之分爲八卷。康熙中龔翔麟、李符據朱抄本校勘印行,是爲龔氏玉玲瓏閣刻本。乾隆十八年江昱作《山中白雲詞疏證》八卷,以龔氏刊本爲底本。《彊村叢書》據江氏疏證本校刻,今據民國十一年朱祖謀輯刻該本影印。(王兆鵬　汪超)

**蕭閑老人明秀集注六卷**(存三卷) (金) 蔡松年撰 (金) 魏道明注 (第1723冊)

蔡松年(1107—1159),字伯堅,號蕭閑老人,世居餘杭。宣和末,從父靖守燕山,敗績降金,遂爲真定(今河北正定)人。初仕金爲真定府判官,嘗隨金伐宋。貞元元年(1153)使宋。歸,拜參知政事、尚書左丞、尚書右丞,加儀同三司,封衛國公。正隆四年(1159),涉嫌洩露伐宋之密而被鴆殺,尋追封吳國公,

謚文簡。《金史》有傳。魏道明,字元道,號雷溪子,易縣(今屬河北)人。第進士,仕至安國軍節度使。著有《鼎新詩話》。事迹見元好問《中州集》卷八。

松年詞名重當世,辛棄疾嘗師事之。《金史》本傳謂蔡氏"文詞清麗,尤工樂府,與吳激齊名,時號吳蔡體"。元好問《中州集》卷一亦云:"百年以來,樂府推伯堅與吳彦高,號吳蔡體。"蔡氏詞尚清勁,其作多感懷今昔,風格曠逸,然時或流露身寵神辱之矛盾心態。又喜學蘇軾,集中每化用東坡成句。魏道明之注,元好問則以爲"義有不通"(《中州樂府》蔡松年《江城子》詞附注)。張蓉鏡《蕭閑老人明秀集注跋》則稱魏注"徵引博洽",王鵬運《明秀集跋》亦謂其注"雖穿鑿冗複,皆在所不免,然于蕭閑同時,賡和諸人……一一詳其仕履始末……足與劉祁《歸潛志》并爲金源文獻之徵"(二跋俱見《四印齋所刻詞》本《明秀集注》)。

《直齋書録解題》著録有《蕭閑集》六卷,久佚。今據國家圖書館藏金刻魏道明《蕭閑老人明秀集注》六卷本影印。該本存前三卷,詞七十二闋。今傳蔡松年詞多據其傳抄校刻。道光四年,張蓉鏡從張月霄愛日精廬影抄金刊魏注本。王鵬運以張蓉鏡影抄本刊入《四印齋所刻詞》。吳重熹《石蓮庵彙刻九金人集》有《明秀集注》三卷,覆四印齋本,且附其輯補者一卷。(汪超)

**遺山先生新樂府五卷** (金) 元好問撰 (第1723冊)

元好問生平見前《唐詩鼓吹》提要。

元好問詞典范蘇辛,博采衆長,融會婉約、豪放諸體。遺山詞對開拓詞境頗多貢獻,其山水詞、愛情詞皆有别於兩宋。張炎《詞源·雜論》云:"及觀遺山詞,深於用事,精於煉句,有風流藴藉處,不減周、秦。"陳廷焯《詞壇叢話》云:"元遺山詞爲金人之冠,疏中

有密,極風騷之趣,窮高邁之致,自不在玉田下。"劉熙載《藝概》卷四論其詞云:"可謂集兩宋之大成者矣。"

元好問生前曾手定詞集,其《遺山自題樂府引》謂:"歲甲午,予所録《遺山新樂府》成。"甲午爲金哀宗天興三年,是年金亡。今傳者有五卷本、三卷本、一卷本與四卷本,以五卷本收詞最夥。五卷本題名《遺山先生新樂府》,今所據影印之天津圖書館藏清抄本亦其一。南京圖書館則有清丁氏遲雲樓抄本、丁丙跋清抄本。瞿鏞校跋清抄本今藏國家圖書館。一卷本《遺山樂府》有吳訥《唐宋名賢百家詞》本,乃凌雲翰編選者。盧文弨《遺山樂府選題辭》稱其"雖甚簡約,然亦有出於五卷之外者"。三卷本有弘治五年壬子朝鮮刊本,《景刊金元明本詞》據其影刊,《彊村叢書》本據以校刊。四卷本《遺山先生新樂府》與詩文合刊,有兩種刊本傳世:一是道光三十年張穆陽泉山莊刻《元遺山先生全集》本。一是光緒七年讀書山房刊《元遺山先生全集》本。(王兆鵬　汪超)

**無弦琴譜二卷**　(元)仇遠撰(第1723冊)

仇遠生平見前《山村遺稿》提要。

仇遠既與張炎、周密游,詞風亦多受其影響,得姜夔、張炎一脈深致婉約、疏朗淡雅之風。馮金伯《詞苑萃編》卷八云:"精微詢極,惟南渡德祐、景炎間,斯爲特絶。吾杭若姜白石、張玉田、周草窗、史梅溪、仇山村諸君所作,皆是也。"張翥、張雨皆師事仇遠。

仇遠詞集久不顯于世,龔翔麟《山中白雲詞序》謂"惜皆流傳無幾"。謝章鋌亦謂"竹垞時《無弦琴譜》未出,故不得論定,非有意削之也"(《賭棋山莊詞話》卷一二)。此集由孫爾準從《永樂大典》輯出,道光九年孫氏會同馮登府、陸我嵩校刊。卷末附拾遺,録《樂府補題》所載仇遠《齊天樂·蟬》、張翥《最高樓》二調,并附馮登府跋。今據南京圖書館所藏清道

光九年孫爾準刻本影印。(王兆鵬　汪超)

**古山樂府一卷**　(元)張野撰(第1723冊)

張野(約1264—約1320),一作張埜,字埜夫,號古山。邯鄲(今屬河北)人。詞人張之翰子,歷元成宗、武宗、仁宗三朝,其履迹遍及江、浙、贛、皖、魯諸地,官至翰林修撰。生平偶見於《元詩選》、李長翁《古山樂府序》。

張野詞多酬贈唱和、登臨述懷,崇蘇辛之慷慨曠放,然詞作并有婉約豪放之制,辭兼纏綿激越之長。況周頤評其《太常引·壽高丞相自上都分省回》、《水龍吟·爲何相壽》,以爲"壽詞難得佳句,尤易入俗……(古山)此等句渾雅而近樸厚,雖壽詞亦可存"(《蕙風詞話》卷三)。

《古山樂府》爲至治元年李長翁輯刻,凡二卷,收詞六十四闋,該本不傳。今傳諸本或作一卷,或析爲二卷,然各本編次、闋數無異。以吳訥《唐宋名賢百家詞》收《古山樂府》二卷本最早。知聖道齋所藏明抄本《古山樂府》亦二卷本,朱祖謀《彊村叢書》以爲底本。江標《宋元名家詞》、侯文煥《十名家詞集》所收《古山樂府》皆一卷本。今據清康熙二十八年(1689)侯文煥輯亦園刻《十名家詞集》本影印,原書今藏上海圖書館。(王兆鵬　汪超)

**蟻術詞選四卷**　(元)邵亨貞撰(第1723冊)

邵亨貞生平見前《蟻術詩選》提要。

四庫館臣以爲其詞已佚,《四庫全書總目》著録其《野處集》,謂"并所著《蛾術詩選》、《蛾術詞選》爲十六卷,今詩詞二選,世已無傳,惟此本獨存","惜《詞選》今已久佚矣"。今傳詞一百四十三闋,王鵬運以爲"不在山村、蛻巖、伯雨諸賢下"(《四印齋所刻詞·蟻術詞選跋》)。鄭文焯則稱其"清麗婉約,學白石而乏騷雅之致。聲律亦未盡妍美"(《大鶴山人詞話·蟻術詞選跋》)。吳梅對其評價甚高,以爲"凡清真、白石、梅溪、稼軒,學之靡不神

似,即此可見詞學之深"(《詞學通論》)。

明隆慶六年汪樨刊《蟻術詞選》四卷,爲今所知最早刊本,後出各本祖之。其本原刻不傳,《景刊宋金元明本詞》有影印《明隆慶本蟻術詞選》。清人阮元編《宛委別藏》"從舊鈔依樣影寫"(《四庫未收書目提要》),其所謂舊鈔實亦祖隆慶刊本。今據《宛委別藏》清抄本影印。況周頤據知不足齋影抄本刻於廣西,王鵬運《四印齋所刻詞》又依況周頤刊本付梓,復據皕宋樓藏本校。況氏原刊不經見,據其跋,知不足齋抄本亦依隆慶本影寫。
(王兆鵬　汪超)

## 貞居詞一卷　(元)　張雨撰　(第1723冊)

張雨(1283—1350),又名天雨,法名嗣真,字伯雨,別號貞居子,一號句曲外史,錢塘(今浙江杭州)人。年二十入道。遍游名山,登茅山,授《大洞經籙》。歷主西湖福真觀、茅山崇壽觀、元符宮。所著《外史山世集》三卷、《碧巖玄會錄》二卷、《尋山志》十五卷,皆佚。有《句曲外史集》、《貞居詞》、《玄品錄》傳世。事迹見《新元史》、《兩浙明賢錄》卷四四等。

張雨詩文書畫皆稱能品,一時文士多與之游。其詩清虛雅逸,姚綬《句曲外史小傳》稱其"詩宗杜,惟肖古選,類大曆間諸子;文學韓,而冷語類漢"。其詞多婉約,又好作奇語。以唱和贈答之作爲多,又有閑愁咏物之什。前者多不足稱,後者極意狀寫情態,雖略顯局促,然亦有可觀。

《貞居詞》今傳最早刊本爲吳訥《唐宋名賢百家詞》本,收詞五十三闋。《知不足齋叢書》本據厲鶚手抄本校刊,有厲鶚跋,今據清乾隆鮑廷博輯該本影印。其編次與吳訥本大體相同,唯卷末一首《喜春來》,吳訥本列於《如夢令》後。又該本《百字令》後之《金縷曲》,調名誤刻,應同作《百字令》。丁丙輯刊《西泠詞萃》本,又據《知不足齋叢書》校刊,兼收曲調。較《知不足齋叢書》本多出《柳梢青·題楊補之墨梅》、《東風第一枝》兩闋。朱祖謀《彊村叢書》據邃雅堂抄本校刊,較知不足齋刊本多《摸魚兒》一闋,而補遺即《西泠詞萃》本所多出者。(王兆鵬　汪超)

## 樂府遺音一卷　(明)　瞿佑撰　(第1723冊)

瞿佑生平見前《歸田詩話》提要。所著詞書,另有《餘清詞》一卷,今不傳。

此抄本一卷,卷首有天順七年陳敏政序,共錄南詞一百一十四首,北曲十七首,若干詞下附友朋唱和之作。編訂時間未詳,趙尊岳以書中塞外之作較夥,推斷爲瞿氏北歸後所編,可備一説。其詞兼學南北,體制雜糅,筆意淺率,偶有曲化之弊。然調名分辨甚晰,承宋元遺風,絕不似後來詞家,詞曲相淆,渾然不覺。詞主婉約清麗之風,於明詞中可算上乘。然該本遠非瞿詞全貌,已佚《餘清詞》且不論,托名程敏政編《天機餘錦》一書,亦保存瞿氏佚作百餘首,與《遺音》等量齊觀,於考察其詞風格之全備,不無裨益。

該本原爲錢塘汪氏振綺堂藏書,後爲鄭振鐸所得,由其家屬捐贈國家圖書館,今據以影印。另有丁丙跋清抄本、民國《惜陰堂叢書》本。此書《四庫全書》入存目,凡五卷,提要謂:"自卷一至卷二皆古樂府,自卷三至卷五皆詞曲。"則與此一卷本迥然有異,當爲別本,但後不存。(周明初　葉曄)

## 碧山詩餘一卷　(明)　王九思撰　(第1723冊)

王九思生平見前《渼陂集》提要。

此書由時任鄠縣知縣宋廷琦捐俸刻梓。卷首有嘉靖辛亥王九思自序、宋廷琦後序二篇。共錄小令二十二首、中調十一首、長調二十三首,以詞調字數多寡,依次分列。九思與康海同爲陝籍翰林,齊遭劉瑾之禍,削籍里居,稱莫逆之交,故集中往來唱和尤多,幾占全書四分之一。其他作品,以席上應酬、贈賀居多,不經復讀。王氏於北曲可謂名家,於詩餘則未見其能,其詞雅調殊鮮,辯體不嚴,增減字數尤爲輕率,佳作不及十之一二。吳梅《詞學通論》稱其"論詞則曾未升堂",頗爲中肯。

今據國家圖書館藏明嘉靖刻本影印。另有民國《惜陰堂叢書》本,乃趙尊岳據上虞羅氏蟫隱廬藏嘉靖原刻本謄抄過録。（周明初　葉曄）

## 升庵長短句三卷升庵長短句續集三卷

（明）楊慎撰（第1723冊）

楊慎生平見前《絶句衍義》提要。所著詞書,此書外尚有《辭品》六卷《拾遺》一卷、《詞林萬選》四卷、《百琲明珠》五卷、《批點草堂詩餘》五卷,今存;《填詞選格》、《填詞玉屑》、《古今詞英》、《詞苑增奇》四種已不傳。

書前有光緒辛巳丁丙題識,略及考訂,丁氏《善本書室藏書志》相關提要或本於此。正集三卷,卷首有嘉靖庚子南唐錡序,卷末有嘉靖癸卯王廷表跋、丁酉楊南金序。續集三卷,無序跋之文,編輯亦較正編草率,間插雙行小注及文友批語。明詞自劉基、高啓而後,中衰百年,至正德、嘉靖間復振,楊慎導乎前,夏言踵其後,二人登高一呼,朝野風從響應,實中興之功臣。歷代詞家,評價甚高,清人胡薇元《歲寒居詞話》更視之爲明詞第一人。然其詞博而不精,雅俗相兼,且時雜曲語,以傳奇筆法寫詞,加之辯體不嚴,〔天凈沙〕、〔折桂令〕、〔駐馬聽〕、〔四塊玉〕、〔黃鶯兒〕、〔水仙子〕等曲調多羼入集中,皆爲後人所詬病。

此本據南京圖書館藏明嘉靖李發刻本影印,原爲丁氏八千卷樓藏書,可謂佳本。然云"原書多處漫漶,無法配補",亦失嚴謹,如卷三缺葉處,趙尊岳《惜陰堂叢書》有據明萬曆覆刻三卷本補正,并考訂"升庵續有所作,遂分曩刻卷三之詞爲續集一、二,以合成正、續六卷之數",可補此書之闕。早期版本尚多,另有明嘉靖十九年刻正集四卷本,明刻《楊升庵雜著》十四種續集三卷本等,可備校勘。（周明初　葉曄）

## 坐隱先生精訂草堂餘意　（明）陳大聲編

（第1723冊）

陳大聲,名鐸,大聲即其字,號秋碧,別號七一居士。南直隸邳州（今屬江蘇）人。家於南京,睢寧伯陳文曾孫,正德間襲濟州衛指揮。精宫律,擅詞曲,時有"樂王"之目。著有《秋碧軒集》五卷,不傳;另散曲集《梨雲寄傲》等五種,今存。《明史》有傳。

此書題署曰"編",實則陳氏著述。以歲時分春意、夏意、秋意、冬意四類,以春爲上卷,夏、秋、冬爲下卷。全書唱和《草堂詩餘》,故取名"草堂餘意"。所據底本,爲嘉靖二十九年顧汝所刻本《類編草堂詩餘》。此書刊例至奇,書中署名宋人之詞,實皆己作,對此學界已有考辨。黃虞稷《千頃堂書目》以爲"録前人作,繼以己作"。趙尊岳《明詞彙刊》以爲"全書爲大聲撰,然多引用原作者姓名,其本無名者,始用陳名"。至況周頤《蕙風詞話》,始成定論:"詞全和《草堂》韻,每音調名下,徑題元作者姓名,唯一人兩調相連,則第二闋題陳大聲。"其詞婉約清麗,有宋人風致,尤以秦觀、周邦彥爲的,在和韻詞中可屬上乘。後來詞家,於此褒貶不一,況周頤有"全明不能有二"之譽,以爲雜入宋人集中,未必可辨。

今據國家圖書館藏明萬曆三十九年汪氏環翠堂刻《坐隱先生精訂陳大聲樂府全集》七種本影印。環翠堂爲休寧汪廷訥別業。廷訥,字無如,自號坐隱先生,晚明著名出版家。救孤本於世,精訂發揚,誠可謂陳氏功臣。（周明初　葉曄）

## 秋佳軒詩餘十二卷　（明）易震吉撰（第1723冊）

易震吉,字起也,號月槎,南直隸上元（今江蘇南京）人。明崇禎七年（1634）進士,授刑部主事,歷郎中。十二年（1639）,升直隸大名知府,官至江西按察副使。事迹見陳作霖《明代金陵人物志》。

卷首有崇禎乙亥文震孟、辛巳徐汧、庚辰南洙源三序。一改前人《十六字令》開篇之成例，長調居前，小令在後，末以竹枝別列一卷，目次明晰，共録詞一千一百八十餘首。易氏爲明詞數量第一人，當世詞家中，與俞彦交往頗密。然三百年來，聲名不彰，問津者絶少，歷代詞話、選本中，僅沈雄《古今詞話》略有提及。至民國趙尊岳收入《明詞彙刊》，方爲學界所周知。其詞取徑稼軒，歷落蕭散中有豪爽之氣。又好用連章，時見新意，如《清平樂·金陵六十咏》，脱宋元以來地名百咏之成習，以詞代詩，兼以地注（兼注地名），可稱變格。易氏之病，在其作品浩繁，下筆草率，不知删定。又喜用虛詞，疏於章法，多佳句而少佳構，小令尚可品讀，長調則稍顯零落。細讀百首以上，即有情境重出之感。末《秦淮竹枝詞》一百三十首，無"竹枝"、"女兒"和聲，雖咏男女之情，實無涉詩餘，亦可見時人詞學觀之一斑。

今據南京圖書館藏明崇禎刻本影印，原爲丁氏八千卷樓藏書。（周明初　葉曄）

**梅里詞三卷**　（明）朱一是撰（第1724冊）

朱一是（1609—1670），字近修，號欠庵。海寧（今屬浙江）人。崇禎十五年（1642）舉人，避亂徙居梅里，披緇衣授徒。工詩擅畫，年六十二卒。著有《爲可堂初集》十卷，今存。事迹見阮元《兩浙輶軒録》卷一，李稻塍、李集《梅會詩選二集》卷六。

卷首有朱氏自序，自云刊刻緣起孫默之倡。孫默，字無言，號桴庵，南直隸休寧（今屬安徽）人，流寓揚州，爲清初廣陵詞壇之核心人物。朱氏與之交往甚密，後孫氏編選《國朝名家詩餘》，《梅里詞》即入後期計劃，與孫枝蔚、宗元鼎、張潮諸人同列，惜刊刻未果。朱氏固以遺民自居，然今以清詞家視之亦無不可。全書三卷，卷一録小令九十四首，卷二録中調二十九首，卷三録長調四十八首。每詞後皆有評語，小字雙行，以陸嘉淑、孫默、陳宗聖、朱文蔚四家文字居多，間有署名屠昭仲、屠展馭者，未知何人。其詞小令清幽，長於山居田園之吟咏。長調則間有豪放之氣，酬唱、懷古之作居多。以風格而論，實近於清詞之雅習，而少明詞之俗弊。

此本據國家圖書館藏清初清遠堂刻本影印，無刊刻年月，孫殿起《販書偶記》以爲約在康熙年間。據卷三《黃河清慢·丙午七夕立秋》一詞，可知刊刻在康熙五年後，爲朱氏晚年所編，同邑陸嘉淑校訂。另有清康熙朱願愚、朱願爲刻本，上海圖書館藏清抄本等。（周明初　葉曄）

**玉琴齋詞一卷**　（清）余懷撰（第1724冊）

余懷（1616—1696），字澹心，又字無懷，號廣霞、壺山外史、寒鐵道人等，晚號鬘持老人。福建莆田人，僑寓南京，晚年隱居蘇州。少而能詩，年甫弱冠與杜濬、白夢鼐齊名，時號"余杜白"。易代後，心懷黍離之悲，遁迹山水間，游踪幾遍江南。著述甚豐，有《味外齋文稿》、《研山堂集》、《秋雪詞》等，以《板橋雜記》流傳最廣。懷亦染指戲曲，作有《鴛鴦湖》、《集翠裘》等。事迹見《清史列傳》卷七〇。

余懷詩詞當時便甚有聲名，徐釚評其詩曰："過江風流，應復推爲領袖。"（《本事詩》卷一一）吳偉業以爲其詞"大要本于放翁，而點染藻豔出脱輕俊，又得諸《金荃》、清真"（《玉琴齋詞·題辭》）。其詞早年多豔歌，歷經國變，間有稼軒風。《玉琴齋詞》開篇《四十九歲感遇詞六首》分別追和蘇軾、辛棄疾、陸游、劉過等人詞作，即其例。余懷作詞好用典，然同一典故頻現簡端，殆非美事。

《玉琴齋詞》原僅有手稿本傳世，經曹寅、丁丙等庋藏，今藏南京圖書館。葉恭綽編《全清詞鈔》小傳云："有《研山詞》、《秋雪詞》，總稱《玉琴齋詞》。"然《百名家詞鈔》收

《秋雪詞》一卷,凡四十三闋,《玉琴齋詞》多未載。柳詒徵《玉琴齋詞題記》稱該本蓋六旬前詞作,《秋雪詞》則晚年定本。民國十七年南京國學圖書館以稿本影刊,今據華東師範大學圖書館藏該本影印。(汪超)

### 百末詞六卷 （清）尤侗撰（第 1724 冊）

尤侗生平見前《西堂文集》提要。

侗有才名,兼擅詩文、詞曲、書法,名聞於朝野。《百末詞》收詞五卷,以小令、中調、長調分篇,共三〇六首,末附詞餘一卷。卷首云:"漢人以百花百草末造酒,號百末酒,予所作詞,亦《花間》、《草堂》之末也,故以名之。"詞宗《花》、《草》,乃明末清初風尚所趨,故集中內容以抒情、寫景、咏物、題贈及酬應爲主,風格柔媚婉麗、圓轉自然,唯因身世所感,亦時有哀怨之音。陳廷焯《雲韶集》謂"西堂詞,穠麗中寓感慨,《騷》、《雅》變相也",殆即此類。

此本據華東師範大學圖書館藏康熙三十三年刻《西堂全集》本影印。(林玫儀)

### 鼓棹初集一卷鼓棹二集一卷瀟湘怨詞一卷 （清）王夫之撰（第 1724 冊）

王夫之生平見前《楚辭通釋》提要。

王夫之論詩淵源於《詩》、《騷》,重視意境,強調比興寄托,其詞亦然。船山詞含蓄蘊藉,婉曲寄托,往往飽含黍離之悲。夫之居楚地,追慕屈原,故其詞亦多有與楚騷相通者。朱祖謀題詞云:"雲山韶濩入凄音,字字楚騷心。"(《彊村語業》卷三)

《鼓棹初集》、《鼓棹二集》收王夫之壯年以後諸作,詞多慷慨感懷,寄托遙深,體現遺民詞人之特點。集中定格聯章之制甚夥,同題同調之作往往累牘,《念奴嬌》題諸物之影至於十二咏。《瀟湘怨詞》則以《摸魚兒》、《蝶戀花》二調咏瀟湘諸景,此亦定格聯章之體。

王夫之詞罕見單行本,多收入船山著作叢刊梓行。同治四年曾國荃金陵節署刻《船山遺書》收有其詞,今據上海辭書出版社圖書館藏該本影印。(汪超)

### 迦陵詞全集三十卷 （清）陳維崧撰（第 1724 冊）

陳維崧(1625—1682),字其年,號迦陵。宜興(今屬江蘇)人。祖陳于廷,仕明官至左都御史。父陳貞慧,字定生,明末四公子之一,曾與吳應箕、顧子方等同草《留都防亂檄》,聲討閹黨阮大鋮,有盛名於時。明亡後,維崧四處漂泊,曾寄食如皋冒襄家中八年。康熙十八年(1679)薦試博學鴻詞,以第一等第十名授翰林院檢討,與修《明史》。著有《湖海樓全集》等。事迹見《清史稿》。

此書題"真定梁棠村先生鑒定",各卷皆有"選"者,凡八十八人(其中自卷二十二至卷三十,選者姓名皆被挖掉,未計算在內),一時詞壇名流,多囊括其中。參閱者爲其弟維岳、宗石,校者爲其子履端,其侄賜薛。前有任璣、高佑釲序,後有陳維岳、陳宗石、吳璠跋。集中間有圈點和眉批。全書按小令、中調、長調編排。

陳維崧詞早期多側豔,中年以後,閱歷漸多,乃多元發展,格局開闊,終成大家。蔣景祁《陳檢討詞鈔序》謂:"磊砢抑塞之意,一發之於詞。諸生平所誦習經史百家古文奇字,一一於詞見之。""以爲蘇辛可,以爲周秦可,以爲溫韋可,以爲左國史漢唐宋諸家之文亦可。"陳維崧詞除此書外,尚有《湖海樓詞》,見收於陳乃乾《清名家詞》,二書頗有不同。此外,天津南開大學圖書館尚藏有稿本陳維崧詞八冊,共收詞一千三百六十四首,其中有四首不見於此書。稿本蓋爲陳宗石所刊之底本,係陳維崧生前所定,其中有諸名家所作之評,分三色過錄,均彌足珍貴。此書有康熙二十八年陳宗石患立堂刻本,今據以影印。計收詞一千六百二十九首,其中小令三百九十

首,中調二百九十五首,長調九百四十四首,數量之富,爲古今詞人之最。然仍有遺漏,《倚聲初集》中即可補三十一首。（張宏生）

## 萬青閣詩餘三卷　（清）趙吉士撰（第 1724 册）

趙吉士(1628—1706),字天羽,一字恒夫,號漸岸。休寧（今屬安徽）人,入籍杭州。順治八年(1651)舉人,康熙七年(1668)選爲山西交城知縣。曾入會典館,奉敕排纂《鹽》、《漕》二書。二十五年試保和殿,擢户科給事中。有忌者劾其父子異籍,吏議落職。久之,補國子監學正。寓居“寄園”,以著述自娱。著有《萬青閣全集》、《寄園寄所寄》、《音韻正訛》、《萬青閣詩餘》等書。生平見《清史稿》、《國朝耆獻類徵》卷一三三、《國朝先正事略》卷四九。

趙氏爲清代詞壇名家,其詞格高意深,或輕婉入妙而無尖刻之失,或蒼凉宕折而無粗鄙之弊,其中尤多感慨之音,能於輕倩婉麗及沉雄豪曠之間别出一路。

《萬青閣詩餘》有三卷本及一卷本,均刻於康熙年間。三卷本按小令、中調、長調分卷,卷一收詞一百八十九首、卷二收詞一百三十首,卷三收詞一百二十二首,共計四百四十一首。各卷之前皆有目録,唯目録所載,與實際首數均有出入。卷端署“漸岸趙吉士恒夫著,受業貴陽江闓辰六、鐵嶺吳一元宛先較評”。此集各詞右側時見小字評語,并附有圈點,即所謂“較評”。由書前吳一元題辭,知其刻於康熙三十六年。此本據國家圖書館藏清康熙刻三卷本影印。

一卷本則附於《萬青閣全集》八卷本之後,題爲“卷之九”,其後并有張養重所撰《萬青閣詩餘跋》。該書收詞十八首,其中《賀新郎》(月出山横渚)一首不見於三卷本,其餘文字亦頗有差異。聶先、曾王孫所輯緑蔭堂刻本《名家詞鈔》録趙氏詞十首,即據以選録。（林玫儀）

## 曝書亭集詞注七卷　（清）朱彝尊撰（清）李富孫注（第 1724 册）

朱彝尊生平見前《静志居詩話》提要。李富孫,字既汸,又字薌沚,嘉興（今屬浙江）人。嘉慶六年(1801)拔貢生。著有《願學齋文鈔》、《易解剩義》、《説文辨字正俗》等。《清史稿》有傳。

朱彝尊爲一代詞宗,其提倡南宋,推崇姜張,開創浙西詞派,鼓揚清空騷雅之風,在清代詞史上影響深遠。此書係嘉慶年間李富孫爲朱彝尊詞所作之注,此前清人注清詞尚不多見。書前有李氏自序并全書凡例。全書七卷,每卷參訂者不同,按次序分别是嚴榮、繼昌、張允垂、鍾昌、朱爲弼、朱芬鈞、黄至馥。全書共收朱彝尊詞集四種,卷一至卷三爲《江湖載酒集》,卷四爲《静志居琴趣》,卷五至卷六爲《茶煙閣體物集》,卷七爲《蕃錦集》。按,臺灣“中央圖書館”藏朱彝尊早年詞集抄本《眉匠詞》,《全清詞·順康卷》收入,但是否朱彝尊所作,尚可存疑。

朱彝尊腹笥深厚,號稱博雅,故李富孫注其詞,以詮釋典故爲主。其中人名、用字或有訛誤,均一一爲之糾正。《静志居琴趣》一集,或涉朱氏之風懷情事,則不欲深究,僅注故實而已。

此本據清嘉慶十九年校經廎刻本影印。（張宏生）

## 扶荔詞三卷　（清）丁澎撰（第 1724 册）

丁澎(1622—1687 以後),字飛濤,號藥園。仁和（今浙江杭州）人。順治十二年(1655)進士,歷官至禮部郎中。順治十四年典試河南,坐科場案爲給事中朱紹鳳所劾,於十七年流徙塞外,五載始赦還。丁氏卒年不可考,唯其子辰槃於康熙五十五年(1716)所撰《扶荔堂文集選跋》,謂“先大夫棄世迄今二十有餘載”,故知丁氏辭世當在康熙二十六年至三十四年之間,年壽在七十上下。有《扶荔堂詩稿》、《扶荔堂文集選》、《扶荔詞》等傳世。

生平見《清史稿》、《清史列傳》卷七〇等。

丁氏少有雋才,自少年未達時即名播江左,與仲弟景鴻、季弟瀠皆以詩名世,并稱"三丁"。初與同里陸圻、柴紹炳、毛先舒、孫治、張綱孫、吳百朋、沈謙、虞黄昊、陳廷會諸君合稱"西泠十子"。通籍後,與宋琬、施閏章、張文光、陳祚明、嚴沆、趙賓酬唱,又號"燕臺七子",名滿京師。

《扶荔詞》共四卷,各詞大抵均附評語。卷一小令一百一十二首,卷二中調五十二首,卷三長調四十一首,共二百零五首;卷四名爲"詞變",收詞作三十九首,均爲迴文詞,或"按一調迴環讀之,以成他調;或因本調而顛倒錯綜焉"。雖屬游戲之作,亦可見其才思。丁氏詞作内容、風格及寫作手法均具多樣性。寫閨情者曲盡旖旎愁腸,或纏綿婉惻,或流麗雋永,或清疏輕巧明快如民歌;寫幽居之野趣者則清新簡約,數筆勾勒,生動傳神。至其摹寫羈旅苦況及貶謫心情之作,則師法稼軒以文爲詞,筆力雄健,寄慨悲凉,然因真情流露,終不失温厚和平之旨。

此本據福建省圖書館藏清康熙刻本影印。（林玫儀）

## 南耕詞六卷歲寒詞一卷　（清）曹亮武撰（第 1725 册）

曹亮武(1637—1690 後),字渭公,號南耕。宜興(今屬江蘇)人。陳維崧姑父曹茂勤嗣子。著有《南耕草堂詩稿》三卷、《南耕詞》六卷、《歲寒詞》一卷。事迹散見《清文獻通考》卷二三四、二三六,《國朝詞綜》卷一四等。

曹亮武早歲喪父,從舅父陳貞慧學,又受業于侯方域,與陳維崧同學,切磋藝文。維崧導使學詞,初薄之,不肯爲。後溯楚江,越彭蠡,登匡廬,填詞紀游,遂致力於詞。康熙十七年(1678),應陳維崧之請,與蔣景祁、潘眉等輯《荆溪詞初集》。爲陽羨派重要詞人,曾作《詞韻》以規陽羨諸詞人不協音律之弊。《四庫全書總目提要》謂"其纏綿婉約處,亦不減於維崧,而才氣稍遜,故縱橫跌宕,究不能與之匹敵也"。曹氏踵武陳維崧,以疏寒之筆填詞,幾不沾脂粉氣,故其作清峻挺拔,爲陽羨派之别調。亮武尚有《月舫詞》,今不見傳本,僅零篇散闋見載於《荆溪詞初集》、《瑶華集》等書,《今詞苑》,《千秋雅調》等集所録有溢出《南耕詞》、《歲寒詞》者。

《南耕詞》、《歲寒詞》前均有尤侗序,各卷後附陳維崧、萬樹、蔣景祁諸跋。上海圖書館藏有清康熙刻本,今據以影印。（汪超）

## 彈指詞二卷　（清）顧貞觀撰（第 1725 册）

顧貞觀(1637—1714),初名華文,字華峰,號梁汾。無錫(今屬江蘇)人。康熙三年(1664),奉特旨考選中書,授秘書院辦事、中書舍人。五年中舉,調任國史院典籍。十五年館於明珠家,與納蘭性德交好。二十三年退居林下,建積書巖,讀書著述,寄情山水。著有《纑塘集》、《彈指詞》,編有《唐五代詞删》、《宋詞删》,又與性德合編《今詞初集》。傳附《清史稿·性德傳》。

顧貞觀與陳維崧、朱彝尊有"詞家三絶"之譽,又與曹貞吉、納蘭性德并稱"京華三絶"。貞觀論詞,先主辨體,嚴别詩詞,強調抒寫性靈、自出機杼。其創作亦緣情綺靡,多陳身世之感,好以詞代書。貞觀詞不事雕琢,文意顯豁,短章清勁,結句尤堪諷誦。其詞風與當時極盛之浙西派相左。故陳廷焯《白雨齋詞話》卷三雖稱"顧華峰詞全以情勝,是高人一著處",又斥其詞"不司沉鬱之妙,終非上乘"。

今據以影印者係上海圖書館藏清乾隆四十九年積書巖刻本,釐爲兩卷。國家圖書館藏海寧陳氏活字本亦是二卷本。又藏有三卷本及補遺二卷,乃清光緒刊本。中國科學院圖書館藏乾隆十八年顧氏刊本,有鄧之誠跋。（汪超）

## 蒼梧詞十二卷　（清）董元愷撰（第 1725 冊）

董元愷（約 1639—1687），字舜民，號子康。武進（今江蘇常州）人，兼通詩詞、音律、書畫、金石。順治十七年（1660）舉人，次年因江南奏銷案被削除功名。侘傺失意之餘，遂浪迹江湖，遍游古燕、趙、秦、晋、齊、魯、魏、宋、越、楚及七閩、百粵之地，乃至居庸關、白羊城、虎牢關等邊塞；其身世之感慨、悽愴之情懷，悉寓之於詞。著有《蒼梧詞》十二卷。

沈雄《古今詞話》嘗謂董氏築蒼梧別業，即有隱逸終老之意，故其詞以“蒼梧”名之，有山川鬱葱之概。唯董氏字“舜民”，揆諸《左傳》“昔高陽氏有才子八人……天下之民謂之八愷。……舜臣堯，舉八愷，命主后土，以揆百事”，“舜民”蓋取義於此；而舜崩於蒼梧之野，則董氏居室名“蒼梧別業”、詞集名“蒼梧”，殆與此有關。據董氏從兄元名《蒼梧詞選後叙》，知此集乃董氏卒前數月所草定，歿後始刊成者。《後叙》謂其“年行五十”，則其年歲未足五十。生平除見董元名《後叙》外，尚可參沈雄《古今詞話・詞評下卷》及尤侗、陳玉璂《蒼梧詞序》。

董氏詞風，王士禛謂其“感慨悲涼，不減横槊”（《古夫于亭雜録》）。朱祖謀謂其“以名孝廉懷才不遇，復遭詿誤，侘傺不自得，故激昂哀感，悉寓於詞”（手書《蒼梧詞跋》）。近人則謂其詞與陳維崧相近，可視爲陽羡詞人。然亦非宗一家，於激昂慷慨之外，不乏婉約纏綿之體。尤侗嘗云：“試以《蒼梧》一編付之銅將軍鐵綽板，一唱而涼風生，再奏而繁霜落；如聽雍門之琴，莫不欷歔泣下矣。又使雙鬟女郎按紅牙歌之，則彩雲爲之徘徊，青鳥隨而翔舞；如明皇擊羯鼓，四顧柳杏，有不嫣然發笑者乎？”（《蒼梧詞序》）蓋得其實。

《蒼梧詞》有康熙刻本，各卷按詞牌編列，前三卷爲小令，收詞二百七十一首；卷四至卷六爲中調，收詞一百四十八首；其餘六卷爲長調，收詞二百七十四首；共計六百九十三首。

卷前有陳維崧、尤侗、陳玉璂三序以及董元名《後叙》。各卷由不同詞家評、閱。評者以王士禛九十則爲最多，尚有顧景星五十二則，陳維崧、許孫荃各三十八則，楊大鶴二十八則、吳玉麟二十八則、史策二十六則，許自俊、任繩隗各十二則，另有陳玉璂、李天馥、董文驥、董以寧、鄒祇謨等五十餘家評語各數則。此本據國家圖書館藏清康熙刻本影印。

此集另有民國三十年董康刊《廣川詞録》本，乃按康熙刻本版式重刊而易置序跋，且陳維崧序二見。所收詞作數量、次序、内容等大體相同，文字訛誤處略有訂正，亦間有改動字句者。如卷一《十六字令・咏燭》一首，前二句康熙刻本作“紅燭暗。雙流淚影深”，《廣川詞録》本則改作“熒。紅燭雙流淚影深”。

（林玫儀）

## 錦瑟詞三卷　（清）汪懋麟撰（第 1725 冊）

汪懋麟（1639—1688），字季用，號蛟門，晚號覺堂。江都（今江蘇揚州）人。康熙六年（1667）進士，授内閣中書。丁憂歸，康熙十六年（1677）舉博學鴻詞，以制未終辭。服除，因徐乾學薦，以刑部主事入史館充纂修官，與修《明史》，撰述最富。旋罷歸，杜門謝客，專意治學著述。曾向王士禛學詩，與汪楫同里，皆有詩名，時稱“二汪”。著有《百尺梧桐閣集》詩十六卷、文八卷、遺稿十卷，又有《錦瑟詞》三卷，《錦瑟詞話》一卷，行于世。傳附《清史稿・喬萊傳》。

鄧之誠《清詩紀事初編》以爲汪懋麟“文頗修潔，善爲表幽之作”。曹爾堪評其詞“每于溫潤纏綿處見姿態”，“豪邁壯往，讀之興會飊舉，逼真稼軒”（《錦瑟詞話》）。實則汪詞小令昵語溫情，辭藻旖旎，堪負時譽，其長調豪放處又近蘇辛。

國家圖書館及中國科學院圖書館等館藏有康熙刻本《錦瑟詞》，今據中國科學院圖書館藏本影印。該本以小令、中調、長調分爲三卷。卷首有曹爾堪、宗元鼎、梁允植序,梁序作於康熙丙辰。卷末錄徐釚跋。卷首附《錦瑟詞話》并《錦瑟酬贈詞》,詞話錄時人評汪懋麟詞,其人皆清初詞壇大家,酬贈詞則載朱彝尊、錢芳標、徐釚等十數人之作。（汪超）

### 湘瑟詞四卷　（清）錢芳標撰（第1725冊）

錢芳標（1635—1679）,初名鼎瑞,字寶汾,號蕁鮫。華亭（今上海松江）人。康熙五年（1666）舉順天鄉試,官內閣中書。十七年,薦舉博學鴻詞,以丁艱未赴。旋卒。徐珂《近詞叢話》列爲清初詞家之前七家之一。著《金門稿》、《湘瑟詞》。生平見《國朝耆獻類徵》卷一四一。

錢芳標詩才綺靡,尤工詩餘。《湘瑟詞》存錄六百餘闋,爲雲間派存詞最多者。錢氏喜和韻,追和前代名家諸作盈卷,才力頗高。其自作詞所及內容亦廣,語辭工婉,然缺乏生命體驗,信筆游戲,境界終淺。故陳廷焯《白雨齋詞話》卷三即云:“錢湘瑟工爲艷詞,造語尤妙。”“然亦僅在皮毛上求深厚,非吾所謂深厚也。”又好堆用故事,開一時惡例。

《湘瑟詞》四卷,前有錢謙益、彭孫遹、陳維崧、吳綺等人序。南京圖書館藏有清康熙刻本,即今所據影印者。（汪超）

### 飴山詩餘一卷　（清）趙執信撰（第1725冊）

趙執信（1662—1744）,字伸符,號秋谷,又號飴山。益都（今山東青州）人。從祖趙進美,官福建按察使,擅詩詞,有《清止閣集》。執信穎悟絶倫,幼承家學,亦工吟咏,九歲即以能文驚動鄉里。及長,復爲朱彝尊、陳維崧、毛奇齡等前輩所引重。康熙十八年（1679）成進士,年僅十八,二十一年散館,授編修。二十三年充山西鄉試正考官,二十五年遷右春坊右贊善兼翰林院檢討,充《明史》纂修官,兼與修《大清會典》。趙氏少年得志,恃才傲物,忌之者甚衆,二十八年因國恤期間宴飲觀劇事,爲給事中黄儀所劾,遂削籍,時年二十八。既歸,築室因園,放情詩酒,五度南游講學,徜徉林壑五十餘年,享年八十三。趙氏遺著,有手訂《因園集》十三卷,後刻爲《飴山詩集》二十卷,第二十卷爲詞。另有《飴山文集》十二卷及《談龍錄》、《聲調譜》等。生平見《清史稿》、《國朝耆獻類徵》卷一一七等。

執信身歷康、雍、乾三朝,詩詞俱佳。其詩佳處在於絶去雕飾,自寫性真,缺點則是“奔放有餘,蘊釀未足”（沈德潛《國朝詩別裁集》小傳）。朱庭珍嘗譽之爲清初六大家之一（《筱園詩話》卷二）。詞則頗多豔情、題贈之作,次爲咏物、紀游、感懷等,風格近婉約而自有面目。然高才被黜,抑鬱之慨,流露於不自覺間,故亦有恣肆奔放之一面。丁紹儀謂其“每借歌筵紅粉,寄其抑鬱。所著《飴山詞》,不讓《衍波》王氏”（《聽秋聲館詞話》卷五）。唯就詞學而言,趙氏雖與朱彝尊、陳維崧訂忘年交,然不若二人之開宗立派,亦不及王士禎影響詞壇之深遠。其詞固能自成一家,於詞史上却難與三家相提并論。

趙氏詞集,有乾隆十七年益都趙氏因園刻《飴山詩集》本及光緒十一年重鋟《飴山詩集》本;民國五年掃葉山房石印《趙秋谷詩集》,其祖本即光緒本。另有光緒二十七年吳氏石蓮庵刻《山左人詞》本《飴山詩餘》,此本即據上海圖書館藏吳氏刻本影印。諸本均收詞作七十二首,内容大體均同,間有異文或誤字。（林玫儀）

### 小山詩餘四卷　（清）王時翔撰（第1725冊）

王時翔（1675—1744）,字抱翼,原字皋謨,號小山。鎮洋（今江蘇太倉）人。雍正六年（1728）,以太學生論薦,歷官福建晋江、政和、甌寧知縣,升漳州同知,告病乞歸。乾隆元年（1736）,以薦起補蒲州同知,擢成都知府。

著有《小山全稿》。事迹見顧陳垿《成都太守王公行狀》。傳見《清史稿·閻堯熙傳》附傳。

時翔博學工詩，其詩爲王士禎、朱彝尊所稱許。時人作詞皆宗朱彝尊，推尊南宋，時翔獨師顧貞觀，推崇北宋。故其詞多咏情事，而語淡自然，情致婉約。然《小山詩餘》之病，亦在宗北宋，拘泥於麗情，自設藩籬，終非求變求新所宜。與里中諸子結小山詞社，幾於人人有集。謝章鋌《賭棋山莊詞話》卷一一以爲"小山短調較工"。陳廷焯《詞壇叢話》以爲其詞"艷而清，微而遠，語不深而情至"，"兼有南北之長"。

《小山詩餘》四卷，卷中分集，卷一《香濤集》，卷二《紺寒集》，卷三《青綃樂府》，卷四收《初禪綺語》、《旗亭夢囈》。《紺寒集》多社集分韻之篇，《青綃樂府》多紀游酬和之制。《初禪綺語》三十首，調寄《浣溪沙》，自一東至十五咸，韻各一詞，集後有李光墺跋。國家圖書館藏有清乾隆十一年王景元刊本，該本即王氏涇東草堂刻小山詩文全稿本，今據以影印。（汪超）

**秋林琴雅四卷**　（清）厲鶚撰（第 1725 册）

厲鶚（1692—1752），字太鴻，又字雄飛，號樊榭、南湖花隱。錢塘（今浙江杭州）人。家境貧寒，讀書刻苦。康熙五十九年（1720）中舉。乾隆元年（1736）舉博學鴻詞不第。生平事迹見《清史稿》。厲鶚著作等身，著有《遼史拾遺》、《宋詩紀事》、《絕妙好詞箋》等。其詞有盛名，"雍正、乾隆年間，詞學奉樊榭爲赤幟"（謝章鋌《賭棋山莊詞話》）。向與朱彝尊并稱，而實不爲朱所限。

該本前有徐逢吉、吳允嘉、陳撰、吳焯、符曾、趙信諸人序，後有瓮熙跋。共收詞一百六十首，皆其三十歲以前所作，刊於康熙六十一年。題材尤以咏物爲多，達三十三首，可見其從事創作之初即有明確取向，如《天香》咏龍涎香、《摸魚兒》咏蒪、《齊天樂》咏蟬等，顯然

從《樂府補題》來，是對朱彝尊所倡咏物詞風之直接承傳；而《沁園春》咏塵、《三部樂》咏流求紙等，尤喜用僻事僻典。其享譽詞壇之作，如《齊天樂·吳山望隔江殘雪》等，都見於該集，可見其早熟。然厲鶚雖腹笥深厚，學問廣博，多有出奇之筆，但過於求僻，也有不良影響，如譚獻評："《樂府補題》別有懷抱，後來巧構形似之言，漸忘古意，竹垞、樊榭不得辭其過。"（《篋中詞》今集二）

乾隆四年厲鶚手訂《樊榭山房集》，收詞二卷，分甲乙編排，《詞甲》凡五十六首，其中五十三首出自《秋林琴雅》，其中對不少咏物詞予以刪削，包括和《樂府補題》諸篇，亦可見厲鶚對少作之反思。《秋林琴雅》部分詞作收入《樊榭山房集·詞甲》時，詞題、詞序及正文均有不少修改。《全清詞·雍乾卷》第一册收入厲鶚詞，將二本對校，注出異文，可以參看。

此書有清康熙六十一年初刻本，藏南京圖書館，今據以影印。（張宏生）

**更生齋詩餘二卷**　（清）洪亮吉撰（第 1725 册）

洪亮吉生平見前《卷施閣集》提要。

洪氏詞集名《更生齋詩餘》，共二卷，卷一名《冰天雪窖詞》，共一百二十一首；卷二名《機聲鐙影詞》，共一百零九首，合共二百三十首。卷前自識云："歲戊午自京邸乞假回，車箱無事，輒填至數十闋，及自塞外回里，亦時時作之，遂滿一卷，名曰《冰天雪窖》，從其後言之也。少日所作，亦不忍棄，并裁作一卷附焉，《機聲鐙影詞》是矣。"觀其編次，蓋以《冰天雪窖詞》爲正編，此卷作於嘉慶三年以後，乃身歷變故後所作。《機聲鐙影詞》則屬附錄性質，其間輕重不言可喻。洪氏事母至孝，曾繪《機聲鐙影圖》遍求名輩詩筆表揚，故以"機聲鐙影"名其少作。

洪氏忠君愛國，深情重義，有釣鼇斬鯨之志。其詞宗法陽羨派，清雋奇崛，用字新警，

寫豪情俠氣者,有類稼軒之豪氣詞,與黃景仁同爲陽羨派流風餘韻中之佼佼者。謝章鋌稱其詞"氣最清疏"(《賭棋山莊詞話》),洵非無見。

此本據北京師範大學圖書館藏清嘉慶刻《更生齋詩集》本影印。另有光緒三年洪用懃授經堂重鋟《洪北江全集》本,內容相同。(林玫儀)

### 有正味齋詞集八卷有正味齋詞續集二卷有正味齋外集二卷　(清)吳錫麒撰(第1725冊)

吳錫麒生平見前《有正味齋詩集》提要。

吳錫麒詩筆清麗,古體時有藻采豐贍。駢文清華明秀,與袁枚、洪亮吉、孫星衍等并爲名家。兼工書法,尤其擅長行書、楷書。其詞力矯浙派末流"乏真情、少意味"之弊,不只推尊姜夔、張炎,亦兼取蘇、辛之健骨,部分詞篇造語結體皆異於浙西前輩,體現出謀求新變之趨向。然其才力難支,後人亦有微詞。集中效法姜、張諸作則不乏清逸之筆。吳衡照《蓮子居詞話》卷四云:"穀人先生詞有高妙語,有幽秀語。"陳廷焯雖稱其"措辭則全在洗鍊",又以爲"只可爲近時高手,論古則未也"(《白雨齋詞話》卷六)。

《有正味齋詞集》卷一至卷四爲《佇月樓琴言》,卷五至卷七爲《三影亭寫生譜》,卷八爲《鐵撥餘音》。《有正味齋詞續集》二卷分別名《江上尋煙雨》、《紅橋笛唱》。《有正味齋外集》爲南北曲。今據山東省圖書館所藏清嘉慶刻《有正味齋詩集》本影印。《有正味齋詞集》又有咸豐五年錢塘吳氏刻《吳氏一家稿》本,其書七卷,以《三影亭寫生譜》卷三與《鐵撥餘音》合爲一卷故也。(汪超)

### 茗柯詞一卷　(清)張惠言撰(第1725冊)

張惠言生平見前《茗柯文編》提要。

此書收詞四十六首。據臺灣學古齋文物印刷社所刊《陽湖張惠言先生手稿》之《茗柯詞稿》,上有手書干支紀年,其第一首頁眉有"癸丑"二字,因知其從事詞之創作或從乾隆五十八年始。書中最後一次出現之干支爲"庚申",即嘉慶五年。可見其嘉慶元年居歙授徒、編纂《詞選》之前,即已開始詞之創作,一直延續至卒前二年。其代表作,如《水調歌頭》五首,引入《詩》《騷》內涵,以聯章結構,以賦體貫穿,頗能體現其詞學思想,被譚獻譽爲"胸襟學問,醞釀噴薄而出;賦手文心,開倚聲家未有之境"(《篋中詞》今集三)。又《木蘭花慢·楊花》諸篇,寄托深微,亦頗見溫厚之意。稿本數量、編次與刻本略同,僅多出其本人之《沁園春·祝壽》及附錄之金子彥《賀新郎·螢》。此書稿本與刻本文字略同,其中相異處,則頗可見其創作之迹。如《玉樓春》(一春長放秋千靜),原有題"擬張子野";《賀新郎》(柳絮飛無力),原有題"擬辛稼軒《別》",刻本并將題刪去。稿本時有眉批,如《滿庭芳》(豐樂溪邊)批"別有懷抱",《水龍吟》(夢魂快趁天風)批"聲清意高",則或非其自己所爲。

張惠言詞有刻本多種,今據吉林大學圖書館藏清道光刻《張皋文箋易詮全集》本影印。(張宏生)

### 靈芬館詞四種七卷　(清)郭麐撰(第1725冊)

郭麐生平見前《靈芬館詩話》提要。

郭麐詞作現存四集,包括《蘅夢詞》二卷、《浮眉樓詞》二卷、《懺餘綺語》二卷、《爨餘詞》一卷,合稱《靈芬館詞》。《蘅夢詞》作於三十歲以前,收詞一百二十首;《浮眉樓詞》作於三十至三十七歲之間,收一百一十首;《懺餘綺語》作於三十七至四十一歲之間,收一百四十七首;《爨餘詞》爲災後殘存,僅卷一,有三十五首。四種合共四百一十二首。《爨餘詞》卷後有題識云:"壬午十二月廿二日,所假館之樓火,僅跳而免,所著皆燼。友朋掇拾,間以鈔寄,不復次第,得即存之。"時爲道光二年，郭氏五十六歲。唯此集末首《浪淘沙》（驄馬鐵連錢），小序謂"己丑除夕"，乃作於道光九年，即郭氏卒前二年。然則此四集已可涵蓋郭氏一生重要時期。

郭氏向有浙派殿軍之譽，《蘅夢詞》前曾自言其創作歷程，謂少喜爲側豔之辭，故以《花間》爲宗；中歲以還，憂患少歡，則討沿詞家之源流，藉以陶寫陁塞，寄托清微，遂有會於南宋諸家之旨。其詞上承姜、張之清空騷雅，且以美人香草寫廓落情懷，出語自然，辭隨意轉；加以筆法圓渾，看似不經意而出，實則清麗有致，氣韻空靈。吳衡照《蓮子居詞話》謂其"清折靈轉"，蓋得其實。郭氏另有《靈芬館詞話》、《詞品》十二則，向爲研究浙派詞論之重要著作。唯郭氏早年雖宗主浙派，然由其後期所撰詞學序跋觀之，因其重性情，其後已漸主通變，能突破姜、張藩籬，糾舉浙派弊病，迥異於拘泥一家一派者。

《靈芬館詞》有嘉慶至道光間刻《靈芬館全集》本，又有光緒五年許增《榆園叢刻》本。此本據上海圖書館藏許增刻本影印。（林玫儀）

### 柯家山館詞三卷　（清）嚴元照撰（第 1725 冊）

嚴元照生平見前《柯家山館遺詩》提要。

元照不求仕進，專力治學，於音韻訓詁之學，多所發明，阮元、朱珪深賞之。詞乃其餘事，朱祖謀《彊村語業》卷三謂其："娛親暇，餘事作詞人。廿載柯家山下客，空齋畫扇亦前因，成就苦吟身。"譚獻《復堂詞話》以爲其詞"婉約可歌"。

光緒間陸心源刻《湖州叢書》收嚴元照著作五種，今據復旦大學圖書館所藏《湖州叢書》本影印。卷首有徐球嘉慶癸酉序，卷中并有戴敦元、徐球、許宗彥諸家和詞及評鑒，其所謂"段先生"者即段玉裁。卷一注云："自《柳梢青》以下廿七首乃《畫扇齋秋怨》所汰存者。"知嚴元照曾刪汰《畫扇齋秋怨》，刻《柯家山館詞》二卷，此後又有增刻。其詞除

《湖州叢書》本外，尚有許增娛園鈔本三卷，今藏浙江圖書館。又有嘉慶刊本，與《柯家山館遺詩》六卷同刊。（汪超）

### 玉壺山房詞選二卷　（清）改琦撰（第 1725 冊）

改琦（1773—1828），字伯蘊，號香白，一作香伯，又號七薌，別號玉壺外史。其先乃西域人，祖爲松江參將，遂占籍華亭（今上海松江）。著有《玉壺山房詞》。傳附《清史稿·陳洪綬傳》。

改琦工詩善畫，其畫甚負時譽，所繪《紅樓夢圖咏》鐫版行世。楊逸《海上墨林》卷二謂其"詩近溫、李，不多作，獨好倚聲，故題書之作以詞爲多"。其詞多有文人畫之意境，咏吳越湖山之勝諸作尤如是。丁紹儀《聽秋聲館詞話》卷一一云："乾嘉之際，江浙畫家稱奚、方、錢、改四布衣，均能書，工詩詞。""四君畫理，俱以閑逸疏秀擅場，詞亦如之。"

徐艷《改琦詞論》以爲此書題署《玉壺山房詞選》實誤，《玉壺山房詞選》係刻本，此書實乃較晚出之稿本，書名爲《玉壺山人詞稿》一卷、《泖東夏課》一卷。

此書上卷無題名，錄詞五十一闋，卷下確題《泖東夏課》，錄詞二十九闋。該本或爲上海圖書館藏稿本。改琦又有早出稿本多種，今存《畫餘詞》乃其初結詞集。刻本則有道光五年高雨刊本、道光八年沈文偉等刊本、道光三十年雲間沈氏來雀樓刊本等。（汪超）

### 存審軒詞二卷　（清）周濟撰（第 1726 冊）

周濟（1781—1839），字保緒，一字介存，號未齋，晚號止庵，別號介存居士。荆溪（今江蘇宜興）人。嘉慶十年（1805）進士，官淮安府學教授。後退居南京，潛心著述。著有《詞辨》、《介存齋論詞雜著》、《止庵詞》等。《清史稿》有傳。

周濟爲學主經世致用，早歲與李兆洛、包世臣相磨礪，好讀史及兵書將略，不得志，乃寄

情倚聲，傳張惠言常州詞學，持論精審，爲時譽所重。論詞以爲“非寄托不入，專寄托不出”，力求情境物我相契。蔣敦復《芬陀利室詞話》卷一謂：“近來浙、吳二派俱宗南宋，獨常州諸公能瓣香周、秦以上，窺唐人微旨，先生其眉目也。”譚獻《復堂詞話》亦謂：“止庵自爲詞，精密純正，與茗柯把臂入林。”其詞感時傷世之作甚佳，如卷二《蝶戀花・道光十有一年歲在辛卯五月三日燕子磯阻風讀史感賦》筆力雄奇、境界凄寒。然集中咏物諸作語意晦澀，實難盡副其所倡。

中國科學院圖書館藏有清光緒十八年周恭壽刻求志堂存稿彙編本，今據以影印。卷首有周氏自序，每卷各收詞五十八闋。又有道光三年癸未荆溪周氏刊本。（汪超）

### 齊物論齋詞一卷　（清）董士錫撰（第1726冊）

董士錫生平見《齊物齋文集》提要。

董士錫爲張惠言之甥，亦爲其婿。從張氏學古文辭，于《易》義尤精，又好陰陽五行家言。其詞亦受惠言嫡傳，而自有高妙處。周濟自稱詞學董氏，云：“晋卿雖師二張，所作實出於其上。予遂受法晋卿。”（《詞辨序》）沈曾植《菌閣瑣談》云：“《齊物論齋詞》爲皋文正嫡。皋文疏節闊調，猶有曲子律縛不住者。在晋卿則應徵按柱，斂氣循聲，興象風神，悉舉騷雅古懷，納諸令慢。”董氏詞作語多俊秀，結構綿密，惜其境界不能開闊。

上海師範大學圖書館藏有清道光刻受經堂彙稿本《齊物論齋詞》一卷，各闋題下多注創作時地，今據以影印。繆荃孫輯《雲自在龕叢書》、陳乃乾輯《清名家詞》皆收錄《齊物論齋詞》一卷。（汪超）

### 心日齋詞集六卷　（清）周之琦撰（第1726冊）

周之琦（1782—1862），字稚圭，號耕樵，亦號退庵。祥符（今河南開封）人。嘉慶十三年進士（1808），改庶吉士，授翰林院編修，歷官四川成綿道按察使、浙江布政使、刑部右侍郎，出爲江西、湖北、廣西諸省巡撫。道光二十六年（1846），因病乞休。有《心日齋詞》，又有《心日齋詞選》十六卷等。《清史列傳》卷四九有傳，周汝筠、周汝策有《秖圭府君年譜》。

之琦詞渾融深厚，瓣香北宋，取法浙西，而特重聲律。蔣敦復《芬陀利室詞話》卷一以爲周詞“合于意内言外”，“其詞蕉萃婉篤，恤乎若有隱憂”。其選詞于聲律考訂特嚴，譚獻《復堂詞話》稱其爲“倚聲家疏鑿手也”。

其《心日齋詞集》乃四部詞集之總名，含《金梁夢月詞》二卷，《懷夢詞》一卷，《鴻雪詞》二卷，《退庵詞》一卷，之琦以履迹各成一編。其中《懷夢詞》四十五闋多悼亡之作。《金梁夢月詞》、《懷夢詞》流傳頗廣，有多種抄本，其中南京圖書館藏有管庭芬抄本，國家圖書館則藏其《晚香室詞錄》清抄本。今據遼寧省圖書館藏《心日齋詞集》清刻本影印。陳乃乾《清名家詞》收錄，題名《心日齋詞四種》。（汪超）

### 拜石山房詞鈔四卷　（清）顧翰撰（第1726冊）

顧翰（1782—1860），字兼塘，一字簡塘。無錫（今屬江蘇）人。嘉慶十五年（1810）舉人，以教席官京師，出知安徽涇縣，歸主東林書院講席。著有《拜石山房詩文集》十六卷，輯有《涇川詩鈔》二十卷。事迹見《國朝詞綜續編》卷二六等。

無錫顧氏能詞者輩出，翰祖奎光、父敏恒、姊翎、從兄弟翃等均以詞名世。丁紹儀《聽秋聲館詞話》卷六謂顧翰詞“能兼竹垞、迦陵二家之長”。張德瀛《詞徵》卷六稱：“顧簡塘詞，如金丹九轉，未化嬰兒。”顧氏詞風清爽俊朗，造語平易，集中雖多題畫、酬贈之作，亦有可觀之處。

《拜石山房詞鈔》四卷，初刊於嘉慶十五年。今據上海辭書出版社圖書館藏光緒十五年許增《榆園叢刻》本影印。卷首有譚獻、蔡宗茂序。又有道光十四年雙桂齋刊本等。（汪超）

**定盫詞五卷**　（清）龔自珍撰（第1726冊）

龔自珍生平見前《龔定盫全集》提要。

龔自珍十九歲學倚聲填詞,年二十一即編詞集《懷人館詞》三卷、《紅禪詞》二卷。龔氏對於詞之態度較矛盾。《己亥雜詩》云:"年十九始倚聲填詞,壬午勒爲六卷,今頗悔存之。"次年却又編《庚子雅詞》。段玉裁序云:"尤喜爲長短句。""造意造言,幾如韓李之于文章,銀碗盛雪,明月藏鷺,中有異境。"(《懷人館詞序》)《定盫詞》多傷時感事之作,其微言大義之議論,比喻寄托之詞法,縱橫捭闔之筆勢皆具面貌。龔氏之寄托暢達明朗,亦與儕輩生澀隱晦不同。李慈銘稱其"詞勝於詩"(《越縵堂日記》)。

《定盫詞》五卷,分爲《無著詞》、《懷人館詞》、《小奢摩詞》、《景事詞》、《庚子雅詞》,集各一卷。國家圖書館藏有龔橙校并跋之清抄本,今據以影印。又有同治八年吳煦刊本、光緒二十三年萬本書堂校刊本等。（汪超）

**清夢盫二白詞五卷**　（清）沈傳桂撰（第1726冊）

沈傳桂(1792—1849),字隱之,一字閏生,號伽叔,又號肝若。長洲(今江蘇蘇州)人。道光十二年(1832)舉人,官松陵縣(今江蘇吳江)教諭。兩試不第,杜門著述。與戈載、沈彥曾等合稱"吳中七子"。有《清夢庵二白詞》五卷。事迹見吳嘉洤《壬辰科舉人閏生沈君墓志銘》、陳彬華《沈閏生小傳》。

沈詞集有《鶯天笛夜新聲》、《今雪雅餘》、《蘭騷剩譜》、《小臨邛琴弄》、《霏玉集》,諸集統名《清夢盫二白詞》。蓋以瓣香姜夔、張炎,取法南宋騷雅一派,故以名集。譚獻《復堂詞話》謂沈傳桂"以溫李詩筆入詞,自是精品"。杜文瀾《憩園詞話》卷五謂沈傳桂愛用"夕陽",時有"沈夕陽"之名。

《清夢盫二白詞》,有道光二十五年刻本,同治十一年沈寶恒補刻本。卷首有潘曾沂、董國華等序,彭兆蓀、嚴鄂等題詞,沈傳桂自記。《鶯天笛夜新聲》、《今雪雅餘》、《蘭騷剩譜》、《小臨邛琴弄》各集題下有傳桂識語。《霏玉集》係集句之作,前有吳嘉洤及傳桂序文二篇。卷尾附《自題詞卷》及各家和作,并小傳及沈寶恒跋。據沈跋文,知其詩餘而外自存文集,毀于庚申兵火。此本有同治壬申沈寶謙附志及沈寶恒跋文,當據同治十一年沈寶恒補刻本影印,其題署稱據"道光二十五年刻本影印"實誤。（王兆鵬　汪超）

**真松閣詞六卷**　（清）楊夔生撰（第1726冊）

楊夔生(1781—1841),初名承憲,字伯夔,號浣薌。金匱(今江蘇無錫)人。監生,曾知固安縣,累官至順天薊州知州。著有《真松閣詞》六卷、《續詞品》一卷。生平事迹見《江蘇藝文志·無錫卷》。

楊夔生於詞雖頗注心力,然時人於其多有微詞。丁紹儀《聽秋聲館詞話》卷六謂其"所致力固在石帚、玉田二家。汪紫珊太守爲刊《過雲詞》,似非上乘"。陳廷焯《白雨齋詞話》卷四亦稱夔生與郭祥伯"兩君於詞,皆屬最下乘。匪獨不及陳、朱,亦去董文友、王小山遠甚"。其詞師法郭麐,由密轉疏,不事雕繪。唐宋以降,小令多溫婉滑膩,而楊氏小令清奇爽朗,一新耳目。蓋楊詞特異於流俗,故招時議。

《真松閣詞》六卷有道光十四年刻本,又有光緒元年心禪室重刻本。今據吉林大學圖書館藏清道光十四年刻本影印。（汪超）

**憶雲詞四卷刪存一卷**　（清）項廷紀撰（第1726冊）

項廷紀(1798—1835),原名繼章,又名鴻祚,字蓮生,更名廷紀。錢塘(今浙江杭州)人。幼失怙,篤學有聲望。道光十二年(1832)舉人,次年試春闈不第。十五年,再次赴京應考,病卒。道光三年至十五年間,手删詞稿,傳有《憶雲詞甲乙丙丁稿》四卷。又有《小墨林詩鈔》一卷、《枯蘭集》一卷、《雜著》一卷。傳附《清史稿·性德傳》。

譚獻稱其“文詞爾雅,詩歌不多作,善填詞,幽異窈眇,浸淫五代兩宋而擷精棄滓”(《項君小傳》)。項氏多以豔詞寫身世淒涼之感,自謂“當沉鬱無憀之極,僅托之綺羅薌澤以泄其思,蓋辭婉而情傷矣”(《丁稿序》)。譚獻謂其“有白石之幽澀而去其俗,有玉田之秀折而無其率,有夢窗之深細而化其滯”(《篋中詞》卷四)。其詞疏婉淒清,不做學問語,又棄浙派末流之靡麗,遂超邁流輩,爲近代詞壇之巨擘。

此集清光緒十九年許增榆園刻本題作《憶雲詞甲乙丙丁稿》,各稿前有自序,卷首有許增贊、鄧濂序及譚獻《項君小傳》。許增又輯《憶雲詞删存》一卷,錄詞二十五闋,詩十一首,并跋之。今據上海辭書出版社藏該本影印。光緒二十五年思賢書局有刊本,題名《憶雲詞》,存自序及譚獻《項君小傳》。《清名家詞》都爲一卷,僅存自序。(汪超)

## 東海漁歌六卷　(清)顧春撰(第1726冊)

顧春生平見前《天游閣集》提要。

顧春詞作最享盛名,於滿族詞人,有“男中成容若、女中太清春”之譽。其詞師法兩宋名家,用語樸素清新,筆力高古,不著意刻畫而意蘊深厚、自然感人。況周頤《東海漁歌序》云:“太清詞得力於周清真,旁參白石之清雋,深穩沉著,不琢不率,極合倚聲消息。……純乎宋人法乳,故能不煩洗伐,絕無一毫纖豔涉其筆端。”又云:“其佳處在氣格,不在字句。”頗能見其特色。

顧春著作流傳之經過頗爲曲折。先是宣統元年(1909)陳毅於廠肆購得《天游閣詩》五卷(缺卷四)、《東海漁歌》四卷(缺卷二)之稿本。其後冒廣生略加整理,間作眉批,將詩集

輯入《風雨樓叢書》,由上海神州國光社鉛印出版;詞集則寄予況周頤。況氏大加删改,删去冒氏眉批,易爲自撰評語,於民國三年(1914)交由西泠印社以木活字印行。此集原缺卷二,前有況序,三卷合共收詞一百五十九首。況氏前此曾自沈善寶《閨秀詞話》輯得顧春詞五首,疑其爲卷二之部分佚文,遂將其編入《補遺》,故總計有一百六十四首,此乃顧春詞集通行之版本。

《東海漁歌》所缺卷二部分,後爲諸宗元所得,錄副交予朱祖謀,由龍沐勛刊入《詞學季刊》一卷二號(1933年)。此卷收詞五十首,其中二首與況氏《補遺》重出。民國三十年(1941),王壽森將此卷與西泠本合併鉛印,世稱竹西館本,四卷本復成完璧。

《東海漁歌》之傳本,以日本内藤炳卿所藏六卷抄本爲最全。此書卷五、卷六爲中土所無,卷六末有抄補。全書收詞三百一十三首,其中末首《西江月》有題無詞。以此與陳毅舊藏稿本比對,内藤本多出三卷,而稿本有七首爲内藤本所無。以内藤本卷二與諸宗元本相較,諸本有四首爲内藤本所無,内藤本亦有一首爲諸本所無;再以其一、三、四卷與西泠本相較,則有八首爲西泠本所無,而字句有異文者有八十七首之多,蓋出於況氏所改。

此本據日本内藤炳卿所藏抄本影印。(林玫儀)

## 疏影樓詞五卷(存四卷)　(清)姚燮撰(第1726冊)

姚燮生平見前《復莊詩問》提要。

姚燮早年詩詞重寫性靈,《疏影樓詞》所收詞皆其三十歲以前所作。卷中多宴集酬答、咏物寫情之作,其宴游詞作造景明朗,格調輕快。寫情之作幾占集中大半,其詞本事有可考者,亦有不可知者,然皆情真意切,詞筆坦誠直率而不輕佻。蔣敦復《芬陀利室詞話》

卷二稱其“少作微嫌纖碎,雖爲人傳誦,當自悔也”。杜文瀾《憩園詞話》卷四稱其詞“多奇闢幽秀之句”,“其題序有六朝意,論詞旨亦精確”。

《疏影樓詞》五卷,各卷題名刊本作《書邊琴趣》二卷、《吳徑蘋唱》一卷、《剪燈夜語》一卷、《石雲吟雅》一卷。稿本今藏天一閣博物館,存四卷,題名略異,作《吳徑蘋唱》一卷、《聽雨詞》一卷、《剪燈夜語》一卷、《畫邊詞》一卷。前有姚儒俠序。有道光十三年上湖草堂刊本及同治十一年重印本等。《清名家詞》收之,題作《疏影樓詞四種》。今據寧波天一閣博物館藏稿本影印。(王兆鵬 汪超)

### 疏影樓詞續鈔一卷 (清)姚燮撰(第1726冊)

姚燮刻《疏影樓詞》後曾輟筆約十載,《續鈔》作於道光二十二年(1842)前後。其時遭逢千古未有之大變局,姚燮於此卷中少有前期閑情艷筆,詞風以悽楚悲切爲主。所吟唯斷垣頹壁,寓情于景,滿卷憂慮。故蔣敦復《芬陀利室詞話》卷二稱其“近造詣益深,自然名家”。

國家圖書館藏有《疏影樓詞續鈔》稿本,今據以影印。集中并附蔣敦復、姚輝第等同人唱和之作。稿本而外,另有李一氓藏八卷本,收詞較稿本多出數十闋,各詞次序稍異於稿本。上海圖書館所藏同治抄本則不分卷。(汪超)

### 倚晴樓詩餘四卷 (清)黄燮清撰(第1726冊)

黄燮清(1805—1864),原名憲清,字韻珊。改名後又字韻甫。自號吟香詩舫主人、兩園主人。海鹽(今屬浙江)人。燮清博通書史,工詞審音,善琴通繪事。蹇困場屋十載,道光十五年(1835)始中舉。用爲湖北縣令,病不之官。咸豐十一年(1861),太平軍攻克海鹽,乃間關至湖北就官。後調任松滋縣。未

幾卒。著有《倚晴樓詩集》、《倚晴樓詩續集》、《倚晴樓七種曲》等。《清史列傳》卷七三有傳。

黄燮清詩、詞、曲兼工。《帝女花》諸傳奇膾炙人口。黄氏論詞尚雅,秉續常州派比興寄托之説。其詞清麗婉轉,刻意求工。體式亦極其豐富,卷中二百餘闋詞,用調幾近百數,并世詞家有所不及。張德瀛以爲“如齊煙九點,滅没空碧”(《詞徵》卷六)。所編《國朝詞綜續編》二十四卷尤爲詞林所稱。

《倚晴樓詩餘》四卷,收黄氏少作八十七闋,唯稍事潤色。道光間此八十七闋曾刊成《拙宜園集詞》。《倚晴樓詩餘》有清同治六年刻本,前有張炳堃序,今據復旦大學圖書館藏本影印。《清名家詞》亦收之。(汪超)

### 芬陀利室詞集五卷 (清)蔣敦復撰(第1726冊)

蔣敦復生平見前《嘯古堂詩集》提要。

蔣敦復平生不屑以詩詞名,道光二十二年客南匯,一夕和成《山中和白雲》三十餘首,“四聲悉依原作”,戈載見而贊爲“此是詞家射雕手”(《芬陀利室詞話》卷二)。敦復自謂“力追南唐北宋諸家”(《芬陀利室詞話》卷三),然詞作亦得南宋諸家神色。姚燮《芬陀利室詞題詞》稱其“取徑于白石、玉田,參變於稼軒、放翁,一洗纖靡浮艷之習”。蔣詞喜以詞序記事議論,論詞主“有厚入無間”,於詞調亦多有考訂。

此書有光緒十一年王韜淞隱廬刻本。卷首有支機、侯雲松、姚燮等九人序,孫麟趾、王慶勳、陳升等三人題辭。全書五卷,各集自爲一卷,名《綠簫詞》、《碧田詞》、《紅衲詞》、《青瑟詞》、《白華詞》。王韜曾於同治七年刊《嘯古堂詩文集》,以《芬陀利室詞集》五卷及《拈花詞》一卷附之。陳乃乾《清名家詞》收其詞,題作《芬陀利室詞六種》。今據上海師範大學圖書館藏光緒十一年王

韜淞隱廬刻本影印。（汪超）

### 憶江南館詞一卷　（清）陳澧撰（第1726冊）

陳澧生平見前《東塾集》提要。

陳氏一生醉心學術，中歲雖專研經典，僅以餘事爲詞，詞學造詣却極高，於詞樂、詞律、詞韻方面，亦有獨到見解。其《聲律通考》一書，原名《燕樂考原箋》，乃闡發并辨正凌廷堪之説，爲清代樂律研究之重要著作。其詞學服膺浙派，尤賞愛姜夔詞。曾手批《絕妙好詞箋》、《山中白雲詞》及《白石集》，其中評姜夔詞作者多達二十七首，舉凡謀篇造句、修辭命意、音韻格律乃至風格氣韻等，率能切中肯綮，發前人所未發。其詞格調清剛、意境幽雋，深得風騷之旨；詞前小序清空疏朗、筆觸輕靈，亦雅似白石，於晚清諸家獨樹一幟。朱祖謀論其詞云：“若舉經儒長短句，歸然高館憶江南。綽有雅音涵。”（《望江南》）張爾田致夏承燾札亦云：“故國三百年，不以詞名而其詞卓然可傳者，只一陳蘭甫。”（《天風閣學詞日記》）陳乃乾輯《清名家詞》，於粵東詞人，僅收陳氏一人，稱其“存詞無多，迴異凡響”。

《憶江南館詞》有民國三年（1914）汪氏微尚齋刻本，此本即據上海圖書館藏本影印。卷首有陳澧自序及其子陳宗穎識語，卷後有門人汪兆鏞跋，謂陳氏詞集初取杜詩語，名“鐙前細雨詞”；其後洪楊兵起，金陵失陷，陳氏以先世爲上元人，遂并新舊作勒爲一編，題曰“憶江南館詞”，以寄思鄉之意。晚年復手自删定爲二十五首，遺命不必付梓，至汪兆鏞始爲刊行，汪氏并將搜得之佚詞四首附録爲集外詞，合共二十九首。其後學界又續有所得，目前所見者，已達三十七首。（林玫儀）

### 采香詞四卷　（清）杜文瀾撰（第1727冊）

杜文瀾生平見前《古謠諺》提要。

杜文瀾論詞取婉約，自稱“不敢主蘇、辛之豪渾”（《憩園詞話》），而推重夢窗、草窗，并刊刻二家詞，附己作八十餘闋於後。其少作多不稱律，而與蔣鹿潭、丁葆庵相與討論，“專心講求，不數月而爲鹿潭、葆庵所欽佩”（金吳瀾《杜小舫方伯校注戈選宋七家詞序》）。

《采香詞》又稱《曼陀羅華閣詞》，有咸豐十一年及同治乙丑兩種刊本。咸豐刊本二卷，録詞凡八十二闋，陳乃乾刊入《清名家詞》者即該本。同治刊本四卷，前有李肇曾序及如山序。同治本前二卷與咸豐本同，收入《曼陀羅華閣叢書》。該本又有上海席氏掃葉山房光緒十八年重修本。觀集中詞作以《南歌子·丙子立秋》記時最晚，所收或當止於光緒二年。

此本係據掃葉山房重修四卷本影印，其題署稱據“咸豐曼陀羅華閣刻本影印”者實誤。（汪超）

### 空青館詞稿三卷　（清）邊浴禮撰（第1727冊）

邊浴禮，字鱻友，一字袖石。直隸任丘（今屬河北）人。道光二十四年（1844）進士。授編修，累遷至河南布政使。浴禮博聞宏覽，嗜詩，年方弱冠，所作已數千首。又工行草書。時人以才子目之，與華長卿、高繼珩稱“畿南三才子”。所著有《袖石詩鈔》、《東郡趨庭集》、《健修堂詩録》等，并傳於世。事迹見《國朝詞綜補》卷四六等。

浴禮之詩，激昂排奡，不主故常，尤長於七古。詞作則多咏物、唱和之篇，曾問詞法于陶梁，語多恢雄，而又清和諧婉。道光十八年與沈濤、金泰等唱和，編有《洺州唱和詞》，聲名四起。集中亦存沈、金諸人唱和之詞。張德瀛謂其“如静夜鳴蛩，助人歎息”（《詞徵》）。譚獻謂其“刻意南宋，位置在草窗、玉田間”（《復堂詞話》）。

此集三卷，有咸豐刻本，又有光緒刻本。今

據北京大學圖書館所藏清刻本影印,卷首有沈濤序,册中往往附録沈濤、金泰詞作。（汪超）

**藤香館詞一卷** （清）薛時雨撰（第1727册）

薛時雨（1818—1885）,字慰農,一字澍生,晚號桑根老人。全椒（今屬安徽）人。道光二十三年（1843）舉於鄉,以母多病,不應禮部試,至咸豐三年（1853）始與仲兄同登進士第。曾任浙江嘉興、嘉善知縣,有賢令名。同治三年（1864）任杭州知府,適太平天國戰亂初平,遂以知府兼署糧儲道,又代行布政、按察兩司事。薛氏招流亡、抑强暴、興文教,宵旰憂勞。唯賢聲既顯,忌者亦衆,乃於同治四年告病,掛冠求去。其後迭掌崇文書院、尊經書院、惜陰書院,講學凡十數年。著有《藤香館詩鈔》、《藤香館詞》等。生平見譚獻《薛先生墓誌銘》、顧雲《桑根先生行狀》。

薛氏詞集有二,一曰《西湖櫓唱》,一曰《江舟欸乃》,總名《藤香館詞》。此處所收爲《江舟欸乃》一卷,乃薛氏罷官離杭,舟行數月間所作。薛氏自杭州去職,即由之江買棹,循揚子江返回故里,短暫停留後復經皖江、過彭蠡湖,抵章江,迎其仲兄及侄兒、侄婦、亡妾靈輀返鄉安葬;其後更泛秦淮、涉黄浦、返錢塘。計自同治四年冬月離杭,再至錢塘已是隔年秋天,數月間水行七千里,此書即作於舟中,故名《江舟欸乃》。薛氏浪迹官場十年,飽經憂患,加以烽煙初靖,歷劫歸來,人事全非,風雪孤舟,客途寥寂,以抑塞之懷發爲長歌小令,故感慨繫之。因其情深意真,雖是直抒胸臆,亦頗多感人之作。

此書共收詞一百六十五首,前載李肇增、楊叔懌二序,金鴻佺、錢恩榮、蔣敦復、周閑四跋,又有汪貴蓉、沈金藻、張端卿題詩,馮焯、金醍、譚獻、沈景脩、張預題詞。卷後有其門生張景祁、董慎言同治五年跋。

此本據南京圖書館藏同治五年刻本影印。薛氏另有《西湖櫓唱》一卷,收咸豐四年抵浙任職以來自遣之作,亦有同治五年序,可知與此書編成於同一年。二集原各單行,至光緒五年合編并删定爲《藤香館詞删存》二卷,卷一《西湖櫓唱》收詞八十一首,卷二《江舟欸乃》收詞八十首,後者即就此書原收一百六十五首删汰而成。時薛氏六十二歲,此蓋爲其晚年手定之本。（林玫儀）

**水雲樓詞二卷** （清）蔣春霖撰（第1727册）

蔣春霖（1818—1868）,字鹿潭。江陰（今屬江蘇）人,寄籍大興（今屬北京）。咸豐元年（1851）,署兩淮鹽運使東臺分司富安場大使。七年,丁母憂去官,移家東臺。十年（1860）,移居泰州。同治七年（1868）,偕姬黄婉君赴衢州,卒於吳江。著有《水雲樓詞》。《清史稿》有傳。

蔣春霖早歲工詩,中年乃專力填詞。以雅好納蘭性德《飲水詞》與項鴻祚《憶雲詞》,自署水雲樓,并以名其詞集。所作詞多抒仕途坎坷、窮愁潦倒之感。而其咏時事之作,譚獻乃稱之爲"詞史"。蔣氏詞藝不囿於浙派、常州派之樊籬,講究律度,又工造境,注意煉字煉句。譚獻稱其"流别甚正,家數頗大,與成容若、項蓮生,二百年中,分鼎三足"（《篋中詞》卷五）。

此集二卷,一百零六闋,咸豐十一年刻於東臺,收入杜文瀾《曼陀羅華閣叢書》。前有徐鼒、何咏、李肇增、褚榮槐序。今據北京大學圖書館藏清咸豐《曼陀羅華閣叢書》本影印。（汪超）

**水雲樓詞續一卷** （清）蔣春霖撰（第1727册）

該集一卷,存詞四十九闋。同治十二年宗源瀚刊。卷首宗源瀚序云:"鹿潭既死,于漢卿哀其未刻之詞畀予,予弟載之復于篋中得鄉所札致者,都爲四十九首,并以付梓。"此

後光緒三十四年刊《水雲樓詞集》等均附有《水雲樓詞續》。今據復旦大學圖書館藏清同治十二年刻本影印。（汪超）

**酒邊詞八卷**　（清）謝章鋌撰（第1727冊）

謝章鋌生平見前《賭棋山莊所著書》提要。

謝章鋌十四歲即喜讀詞。二十一歲後，向慕許賡皞、葉申薌諸人，詞藝大進。曾與友人結聚紅詞社。其詞振奇獨造，有盛名於時，且甚自信，"自謂能把戟成一隊，其壞前人法處有之，其出奇前人者亦有之"（《賭棋山莊文集》）。論詞折衷浙、常二派，主張"敢拈大題目，出大意義"（《賭棋山莊詞話》卷八），提倡成一代"詞史"。

卷首有黃宗彝序、道光戊申謝章鋌自序，及光緒乙亥謝章鋌補記，記述乙亥復加刪削之事。又有劉家謀等十二人題詞。正文八卷，收詞四百五首，不過并非謝詞全部。即今之所見，《聚紅榭雅集詞》可輯其早年詞作八十五首，《賭棋山莊餘集》可輯二首，《游石鼓詩錄》可輯一首，《賭棋山莊詞稿本》可輯十三首，其他散篇，亦時有所見。

此書有清光緒十五年刻賭棋山莊所著書本，藏吉林大學圖書館，今據以影印。（張宏生）

**秋夢盦詞鈔二卷續一卷再續一卷**　（清）葉衍蘭撰（第1727冊）

葉衍蘭（1823—1897），字南雪，號蘭臺。番禺（今屬廣東廣州）人。咸豐六年（1856）進士，官戶部郎中、軍機章京，直樞垣二十餘年，歸里後主講越華書院。工小篆行楷，精鑒別。著有《秋夢盦詞鈔》、《海岳樓詩》等。事迹見葉恭綽《先君仲鸞公家傳》及謝永芳《叶衍蘭年譜》。

葉氏學詞從《花間集》入手，早歲詞風側豔；壯年"憂愁幽思，所作半緣寓感"（《秋夢盦詞鈔》自序）。葉衍蘭生當常州詞學激蕩天下之際，故其詞學觀亦有融合浙西、常州諸

派之趨向。夏敬觀稱其詞"風格道上，力避乾嘉甜熟之習"（《忍古樓詞話》），蓋以其壯年詞學吳文英。譚獻《復堂詞話》評之云："綺密隱秀，南宋正宗。"衍蘭詞法趣尚影響南粵宗風，其孫恭綽，門生冒廣生、潘飛聲并有詞名。

《秋夢盦詞鈔》有光緒十六年廣州刻本，該本前有汪瑔、張鳴珂、譚獻、易順鼎、張景祁等序，其中譚獻兩序其集。又有作者自序。今據遼寧省圖書館藏光緒十六年羊城刻後印本影印。又有光緒二十年《粵東三家詞鈔》本。（汪超）

**東鷗草堂詞二卷**　（清）周星譽撰（第1727冊）

周星譽（1826—1884），原名普潤，榜名譽芬，字畇叔，一字叔雲，號鷗公，又號芝薌。祥符（今河南開封）人，寓居山陰（今浙江紹興）。道光三十年（1850）進士，改庶吉士，官翰林院編修，累遷至兩廣鹽運史兼署廣東按察使。兼擅詩畫，家居與李慈銘、王星誠等結益社，詩酒酬和。著有《鷗堂日記》三卷、《東鷗草堂詞》二卷補遺一卷等。事迹見《續碑傳集》卷八〇金武祥《兩廣鹽運使周公傳》、冒廣生《兩廣鹽運使司鹽運使伯外祖周公畇叔行狀》。

周詞多題圖咏物、酬贈感懷之作，造語淺近生新，不晦澀斧鑿。冒廣生謂："所著《東鷗草堂詞》，小令之工，幾於溫李。"（《小三吾亭詞話》）然周詞亦有效蘇辛雄壯之篇，雖豪放而不流於叫囂，可稱佳作。惜其入仕之後，疏於弄詞，後期作品無多。

《東鷗草堂詞》稿本藏於南京圖書館，今據上海圖書館藏清光緒十二年金武祥刻本影印。該本卷首有金武祥序，稱："畇叔都轉《東鷗草堂詞》介弟季昶太守於同治癸亥梓於閩中，迄今二十餘年，印本希有，閩板亦不知尚存否。"該本二卷，并附《補遺》、《附錄》。《補遺》從《詞綜續編》及日記中輯得三闋。

《附録》録《湘江静・題湘靈鼓瑟圖》一闋,然已見於《補遺》。(汪超)

### 新蘅詞六卷外集一卷 (清) 張景祁撰 (第1727 冊)

張景祁(1828—1902 以後),原名左鉞,字孝威,又字蘩甫,號韻梅,別號新蘅主人。錢塘(今浙江杭州)人。少負才名,曾受業於薛時雨。同治十三年(1874)進士,歷任福建仙游、蒲城、福安、連江等地知縣,并曾於光緒九年(1883)十月調任臺灣淡水,隔年初冬始返回福建。其卒年雖難以確指,然《琴雅堂集》卷一一有"壬寅新正後"勉兒孫絶句四首,知其光緒二十八年仍在世。著有《琴雅堂集》、《新蘅詞》。生平見民國《杭州府志》卷一四六、《昭代名人尺牘續集小傳》卷二三。

張氏工詩詞,其詞早年承浙派餘緒,奉姜夔、張炎爲宗師,研聲刊律,清峭幽雋。爾後歷經中法戰争、甲午戰争等巨變,傷時感世,難掩悲憤。其以時事爲題材之篇章,如反映太平軍攻杭州及中法戰争諸作,詞境蒼涼、聲情激越,堪稱"詞史"。此類作品已超越浙派藩籬,別呈異彩,爲晚清詞壇開創新境,頗具價值。

《新蘅詞》通行本有二。一爲《新蘅詞》六卷《外集》一卷本。此本前有"光緒九年孟冬百億梅花仙館鋟板"牌記,然《酹江月》(樓船望斷)一首詞題有"法夷既據基隆,擅設海禁"等語,足見其時法軍已攻陷基隆,故成書不得早於光緒十年十月。書前有光緒二年及九年自序,詞六卷共三百零六首;《外集》一卷乃集句詞,包括集白石、草窗、詞調名及用白石韻集句等,共四十三首。另一爲《新蘅詞》十卷《外集》一卷本,在光緒二十三年所刊《琴雅堂集》詩卷之後,詞前除二自序外,另有光緒二十年葉衍蘭序。此集前六卷及《外集》與九年本相同,卷七至卷十則爲依行款續刊者,收詞二百一十八首。集中有干支

可考之最晚者,爲卷十《洞仙歌》(華間笙譜),小序有"丁酉戊戌秋冬之季,三君相繼殂謝"之語,知此集編成於光緒二十五年己亥以後,各卷基本依年編列,可視爲張景祁一生之簡要記録。

此本據南京圖書館藏清光緒九年百億梅花仙館刻本影印。(林玫儀)

### 寒松閣詞四卷 (清) 張鳴珂撰 (第1727 冊)

張鳴珂生平見前《國朝駢體正宗續編》提要。

《寒松閣詞》有江西書局刻本,共四卷,牌記署"光緒十年甲申冬十一月江西書局郭慶經繕録陳文瑞手梫",唯集中詞作有晚至光緒二十七年者。張氏詞集尚有稿本多種傳世,其中名爲《寒松閣詞》者即有五種,分藏於復旦大學、上海及南京圖書館,五本汰重,共得詞作二百四十九首,唯收入刻本者僅一百七十四首,可見其删汰甚嚴。《寒松閣詞》之前身爲《秋風紅豆樓詞》及《緑簃詞》,共有稿本四種,藏於上海圖書館、復旦大學及國家圖書館,由其選入稿本《寒松閣詞》之情形觀之,嚴予删汰之態度如出一轍。且無論《秋風紅豆樓詞》、《緑簃詞》或《寒松閣詞》,諸稿本均有甚多序跋、題記或批注,比對其間差別,可知張氏參酌師友意見修改後,復將謄清稿送請友朋指教,如是者再三。故由諸本差異,其先後承續之迹乃粲然可睹,更可窺見其詞集彙編、修訂、删汰以至定稿之過程。觀其師友評點,或正音韻,或改字句,甚且有整首改作者,張氏大抵從善如流。例如刻本卷三《齊天樂》(畫船聽慣江南雨)、《百字令》(酒龍詩虎),即是經友人改定者,張氏原詞僅剩一兩句。據此,非唯可察知張氏謙沖力學之態度,亦可呈現其詞作精進之軌迹,對於張氏詞學之研究,特具意義。

張氏爲黃燮清弟子,其詞以浙派爲宗,倚聲尋律,以姜、張爲依歸,故所作音律諧婉、清雅

韶秀。早年多題畫、贈答之作,内容多爲風雲月露、傷春懷人之類;中年以後歷經人生風浪,詞中多鄉關之思、羈旅之感,情感轉趨深沉鬱勃,於婉麗之外復添蒼涼況味。黃燮清嘗謂其病在纏綿沉著、幽微曲折之致不足,然刻本前所録師友序言、評跋及題辭共三十餘篇,乃合《秋風紅豆樓詞》諸稿一并輯入,最早者作於咸豐元年,下距刊行時間已三十餘年,張氏詞作一再删改,造詣較前大不相同,而評語乃全部保留,黃氏所云,蓋指其前期作品,讀者宜分别觀之。

此本據上海圖書館藏光緒十年起江西書局遞刊之四卷本影印。（林玫儀）

## 中白詞四卷　（清）莊棫撰（第1727册）

莊棫(1830—1878),字中白,號蒿庵。江蘇丹徒(今江蘇鎮江)人。先世業鹽,九歲輸資得部主事官,後家道中落,乃入曾國藩幕,校書淮南、江寧各官書局。以薦爲府同知,不就。通經學,治《易》、《春秋》。詞與譚獻齊名,與譚氏唱和垂二十年。著有《静觀堂文稿》、《蒿庵遺稿》。事迹見譚獻《亡友傳》、朱德慈《莊棫行年考》。

朱孝臧《彊村語業》卷三云:"皋文説,沉濬得莊、譚。"知其固常州派之後勁。莊氏論詞主"託志帷房,睠懷君國",又不宜"用意太深,辭爲義掩"(《復堂詞序》)。莊棫《自序》叙其詞學淵源云:"向從北宋溯五代十國,今復下求南宋得失離合之故。"其詞效法前賢用功頗深,然因襲過甚,反失自家面貌。

此書有民國十五年寒匏簃刻本,今據南京圖書館所藏本影印。該本前二卷以甲乙次第,卷三爲《中白詞補》,卷四爲《中白詞續補》。卷首有莊氏自序二篇并譚獻題辭,卷末有吴庠跋,備述刊刻始末。知其前三卷出自光緒十二年莊氏婿許承家《蒿庵遺集》豫章刻本末三卷,卷四乃吴庠從蔡壽祺刻本中輯得。（汪超）

## 復堂詞三卷　（清）譚獻撰（第1727册）

譚獻(1832—1901),原名廷獻,字仲修,號復堂。浙江仁和(今杭州)人。同治六年(1867)舉人,屢試禮部不第,納貲爲縣令,歷署歙縣、全椒、合肥等縣知縣。退隱後,鋭意撰述,有《復堂類集》及《復堂詩續》、《復堂文續》、《復堂日記補録》。傳附《清史稿·李慈銘傳》,事詳《碑傳集補》卷五一。

譚獻勤于治學,"凡所論著,隱括於所爲日記"(《清史稿·譚廷獻傳》)。於詞學致力尤深,論詞本常州詞派,推尊詞體,强調詞要有"寄託",以爲"作者之用心未必然,而讀者之用心何必不然"(《復堂詞録序》)。選清人詞爲《篋中詞》六卷,續三卷。葉恭綽《廣篋中詞》卷二贊之云:"力尊詞體,上溯風、騷,詞之門庭,緣是益廓。"陳廷焯以爲"復堂詞品骨甚高,源委悉達",然"小詞絶精,長調稍遜"(《白雨齋詞話》卷五)。

《復堂詞》有一卷本、二卷本、三卷本。今據上海辭書出版社圖書館藏清同治四年《復堂類集》刊三卷本影印。光緒十一年刻本亦三卷。一卷本有咸豐刊《復堂文集》本、光緒刊《復堂詩集》本,其稿本藏臨海市博物館,附見於光緒八年刻《篋中詞》。二卷本與詩合刊,有咸豐七年、同治四年、光緒十一年諸刻本。（汪超）

## 半塘定稿二卷半塘剩稿一卷　（清）王鵬運撰（第1727册）

王鵬運(1850—1904),字幼霞,或作幼遐、佑遐,中年自號半塘老人,又號半僧、鶩翁、晚號半塘僧鶩。臨桂(今廣西桂林)人。同治九年(1870)舉人,歷官内閣中書、内閣侍讀、江西道監察御史、禮科掌印給事中。王氏抗疏言事,頗有直聲,屢爲權彊所忌,以致仕途坎壈。光緒二十二年(1896)春,因上疏勸諫帝后駐蹕頤和園事獲罪,幾遭奇禍。三十年六月病逝蘇州。生平見朱祖謀《哨遍》所引

《半塘僧鶩自序》(《彊邨詞》)、況周頤《禮科掌印給事中王鵬運傳》。

王氏於清末詞壇地位崇高,與朱祖謀、鄭文焯、況周頤并稱清季四大詞人。王氏於四家中年輩最長,儼然詞壇領袖。所編《四印齋所刻詞》輯印南唐、宋、金、元諸家別集、總集珍本,校勘精審。所撰詞集有《四印齋詞卷》、《梁苑集》、《袖墨集》、《蟲秋集》、《味梨集》、《鶩翁集》、《蜩知集》、《校夢龕集》、《南潛集》等,又有與友朋酬唱之作,收入《薇省同聲集》、《庚子秋詞》、《春蟄吟》等書;汰除重複,其詞作在七百首以上,此外尚有與友人聯句之作二百餘首。

《半塘定稿》為王氏晚年親手刪定之詞選集,共二卷,收詞一百三十九首。本集交由朱祖謀寫定出版,王氏歿後一年始刻成。朱氏惜其刪汰過甚,又為之補輯《半塘剩稿》一卷,收詞五十五首。《定稿》刻於光緒三十一年,《剩稿》刻於光緒三十二年,末有朱氏跋語。此本即據上海辭書出版社圖書館藏清光緒三十二年朱祖謀刻本影印。另有小放下庵《定稿》、《剩稿》合刻本,二者內文略有小異。

王氏推尊詞體,崇尚體格,曾拈出"重拙大"三字以為論詞之宗旨,其後況周頤《蕙風詞話》發揮其說,遂成一家之言。其校訂刊布詞籍、推廣詞學,對晚清詞壇影響尤大,朱祖謀譽之為"嶺表宗風",葉恭綽謂其"轉移風會,領袖時流"。王氏身歷甲午戰爭、戊戌變法、義和團及八國聯軍等內憂外患,生平悃款抑塞,一寄於詞,多寫身世之感,亦不乏傷時感世、關涉朝政之語,故出之於隱晦之辭、寄託之筆;至其吊古興懷、悲歡聚散諸作,則深沉蘊蓄、清朗醇雅兼而有之。鍾德祥叙言謂其詞"幼眇而沉鬱,義隱而指遠"。朱祖謀《半塘定稿序》云:"君詞導源碧山,復歷稼軒、夢窗以還清真之渾化,與周止庵氏說契若針芥。"所評誠允。然其抒發對國是之悲憤者,亦不乏蒼涼悲壯、氣勢宏闊之作。(林玫儀)

**雲起軒詞鈔一卷**　(清) 文廷式撰 (第 1727 冊)

文廷式生平見前《文道希先生遺詩》提要。

文廷式詞有光緒三十三年徐乃昌校刊《雲起軒詞鈔》本,收詞一百五十四首,多為中年以後所作。民國二十二年江寧王德楷娛生軒所藏文氏《雲起軒詞》手稿本石印行世,收詞一百一十四首,二者頗有異同。其後龍沐勛獲見溧水王瀣手批徐刊本,遂參校三本,寫定為《重校集評雲起軒詞》,次序一依手稿本,并附諸家唱和之作;其為手稿本所無,而見於徐刊或他人撰述者,別為《補遺》一卷。又雜錄近人論及《雲起軒詞》之語,彙為《文芸閣先生詞話》(《重校集評雲起軒詞序》)。今據華東師範大學圖書館藏徐乃昌校刊本影印。(林玫儀)

**樵風樂府九卷**　鄭文焯撰 (第 1727 冊)

鄭文焯 (1856—1918),字俊臣,號小坡,又號叔問、瘦碧,晚號大鶴山人,別號冷紅詞客。奉天鐵嶺 (今屬遼寧) 人,隸籍漢軍正黃旗,自稱祖籍山東高密。光緒元年 (1875) 鄉試中舉,三年,納貲為內閣中書。平生九試春闈不第,後又兼憤國事,乃棄官旅居蘇州,為歷任江蘇巡撫幕僚。民國間,居上海,以遺老自命。工書畫,精音律,又善岐黃。詞有《瘦碧》、《冷紅》諸集,又著《説文引經考故書》、《釋文纂考》、《醫故》等,合刊為《大鶴山房全集》。生平事迹見金天翮《大鶴山人傳》,戴正誠有《鄭叔問先生年譜》。

鄭氏以詞名世,乃常州詞派晚期重要代表。葉德輝稱其"百學皆通,特為詞名掩耳"(《大鶴山人遺書叙》)。鄭氏精音律,著《詞源斠律》。俞樾序其《瘦碧詞》云:"上考古燕樂之舊譜,姜白石自製曲,其字旁所記音拍,皆能以意通之。"其詞亦嚴守音律,長於寄託,格調清空兼蓄豪放與婉麗。易順鼎《瘦碧詞序》以爲“論其身世,微類玉田,其人其詞則雅近清真、白石”,“體潔旨遠,句妍韻美”。

其詞集有《瘦碧詞》、《冷紅詞》、《比竹餘音》、《苕雅》等,其後删存諸詞集爲《樵風樂府》。卷首有易順鼎、俞樾、陳鋭、王闓運等人序。《樵風樂府》有一卷本,即稿本與《清名家詞》本;二卷本有成都薛崇禮堂本;九卷本有雙照樓本。稿本藏於南京圖書館,今據上海圖書館藏民國二年吳昌綬雙照樓刻本影印。(汪超)

### 蕙風詞二卷　況周頤撰(第1727册)

況周頤(1859—1926),原名周儀,字夔笙,別號玉梅詞人,晚號蕙風詞隱。臨桂(今廣西桂林)人,原籍寶慶(今湖南邵陽)。光緒五年(1879)中舉人。十四年官内閣中書、會典館纂修,叙勞以知府分發浙江。又嘗執教于武進龍城書院、南京師範學堂。兩江總督張之洞、端方曾先後延之入幕。辛亥革命後寓居上海,以遺老自居,鬻文爲生。著有《蕙風詞話》、《玉梅詞話》、《餐櫻廡詞話》,又有《阮庵筆記五種》、《萬邑西南山石刻記》等。事迹見馮开《浙江補用知府況君墓志銘》、馬興榮《況周頤年譜》。

況氏早歲即從桂籍詞人王拯學倚聲之道,十七歲前詞作曾集爲《存悔詞》。辛亥革命後,與朱孝臧唱和,受朱影響,嚴於守律,但多抒寫遺老情緒。蔡嵩雲《柯亭詞論》謂:“蕙風詞,小令得淮海、小山之神,慢詞出入片玉、梅溪、白石、玉田間。”

所著《新鶯詞》、《玉梅詞》、《蕙風詞》等九種,合刊爲《第一生修梅花館詞》五卷。晚年删定成《蕙風琴趣》一卷,與朱祖謀《彊邨樂府》合刊成《鶩音集》。再編作《蕙風詞》二卷,民國十四年由門人趙尊岳刻入《惜陰堂叢書》,今據遼寧省圖書館藏該本影印。該集卷末有趙尊岳跋。(汪超)

### 彊邨語業三卷彊邨詞剩稿二卷彊邨集外詞一卷　朱祖謀撰(第1727册)

朱祖謀(1857—1931),原名孝臧,字藿生,一字古微,號漚尹,又號彊邨。歸安(今浙江湖州)埭溪渚上彊邨人。光緒九年(1883)二甲一名進士,累官至内閣學士、禮部侍郎兼署吏部侍郎。民國後隱居上海,往來湖淞間,著述以終。曾校刻唐宋金元詞一百七十二家爲《彊邨叢書》,輯有《湖州詞徵》、《國朝湖州詞録》及《滄海遺音集》等。生平見夏孫桐《清故光禄大夫前禮部右侍郎朱公行狀》、陳三立《光禄大夫禮部右侍郎朱公墓志銘》。

朱氏爲清末詞學之殿軍,推動詞學發展不遺餘力,有評清代詞家《望江南》二十六首,又選《宋詞三百首》以標宗旨,詞學觀點由此具體呈現。其詞取徑夢窗,審音辨調,格律精嚴,晚年頗取法於東坡,故低迴深美而不流於纖巧,王國維譽爲學人詞之極則。唯朱氏盱衡世變,憂時念亂,退而爲詞,孤臣之悲蘊發於不自覺間,托義深遠,所作不免有深澀處。陳三立謂其“晚處海濱,身世所遭,與屈子潭畔行吟爲類,故其詞獨幽憂怨悱,沉抑縣邈,莫可端倪”,所論甚是。

朱氏自謂原不解倚聲,光緒二十二年參與王鵬運詞社,由王氏指示學詞途徑,後且相約互訂詞稿。光緒三十年五月,王氏致函朱氏,建議以光緒二十六年所作《三姝媚》(晴絲橫苑路)以後諸詞列爲正集,二十五年以前者爲前集,已收入《庚子秋詞》、《春蟄吟》者爲別集。六月王氏辭世。朱氏哀傷之餘,悉依其旨删存己作,刊爲《彊邨詞》三卷:卷一《寒灰集》,卷二《腹痛集》,卷三《懷舟集》,共二百零二首,并將光緒二十五年以前所作刊爲《彊邨詞前集》,已另刊者爲《彊邨詞别集》。其後復增刻《篁處集》一卷,并删去《前集》及《别集》,成《彊邨詞》四卷,共收詞二百六十二首。

民國十三年,朱氏復并合各集,益以新作,選爲《彊邨語業》二卷,共一百九十五首,由托鵑樓雕版印行。朱氏另有《彊邨語業卷三》手稿,共七十四首,作於民國十三年至二十年間。朱氏臨終將此手稿交付龍沐勛,龍氏據以補刻《語業》卷三,并合原刻二卷收入《彊邨遺書》,即今傳之三卷本《彊邨語業》,共收詞二百六十九首,其作年基本相續。

龍沐勛珍視朱氏遺作,乃仿朱氏爲王鵬運選編《半塘剩稿》之例,取《語業》未收之詞編爲《彊邨詞剩稿》二卷,收詞二百四十三首。朱氏遺篋另有手稿二册,詞作一百二十二首,蓋爲辛亥後所作而未收入《語業》卷三者。此卷多屬酬應題咏之作,龍氏認爲其中或有假手他人者,故編爲《彊邨集外詞》一卷,附於《遺書》之末。合計《遺書》所收朱氏詞作共六百三十四首。今即據民國刻《彊邨遺書》本影印。(林玫儀)

**金奩集一卷**　題(唐)温庭筠撰(第1728册)

《金奩集》舊題温飛卿庭筠撰,編者實已不可考。朱祖謀《金奩集跋》謂其"蓋宋人雜取《花間集》中温、韋諸家詞,各分宮調,以供歌唱,其意欲爲《尊前》之續"。是書收詞一百四十餘闋,其中詞人姓氏可考者四家。選温庭筠詞六十三首,韋莊詞四十七首,張泌詞一首,歐陽炯詞十六首。卷末有題張志和所作《漁父》十五首,實非張氏之詞。張氏《漁父》詞僅五首,附李德裕集後,《尊前集》本之,亦僅五首。該書所載無一相同,疑爲當時諸賢唱和之什。全書依調次詞,前書宮調,後列詞作,或爲當時唱本。共録越調等九個宮調,其中黃鐘宮一調重出。

《金奩集》成書年代不詳。陸游淳熙十六年有《跋金奩集》,可見此書最遲在南宋中葉已有流傳。有吳訥《唐宋名賢百家詞》本、鮑廷博《知不足齋叢書》本、朱祖謀《彊村叢書》本。朱氏編刻《彊村叢書》時列之於唐詞別集中,實爲總集。今據民國十一年朱祖謀輯刻《彊村叢書》本影印。據卷末朱氏跋,知其從吳訥本出。(汪超)

**雲謠集雜曲子一卷**　(唐)佚名輯(第1728册)

不著撰人。敦煌本《雲謠集雜曲子》原寫本藏于敦煌藏經洞,清末爲英人斯坦因、法人伯希和劫去,一藏英國倫敦圖書館,敦煌寫卷編號斯一四四一,存十八首;一藏法國巴黎圖書館,編號伯二八三八,存十四首。兩相參校,得詞三十首首,與原題之數合。全書計有十三調,曲名均見於崔令欽《教坊記》。則此十三調,當爲開元教坊遺存。諸調句式,多有不同於後世者。其體制皆短小,文字雅俗不一,當非出自一家之手,所咏不外閨怨艷情。朱祖謀《雲謠集雜曲子跋》稱"其爲詞模拙可喜,洵倚聲中椎輪大輅"。

該集傳本甚夥。民國以來,羅振玉、王國維、朱祖謀、唐圭璋、王重民、任二北、胡適、饒宗頤、潘重規等諸家有抄本、刻本、影本、校本或摹本傳世。據敦煌寫卷斯一四四一傳抄刊刻者,有羅振玉《敦煌零拾》本及朱祖謀校録《彊村叢書》本。據敦煌寫卷伯二八三八過録者,有劉半農《敦煌掇瑣》。龍沐勛校録二種寫卷,得三十首,收入《彊邨遺書》。今據民國十一年朱祖謀輯刻《彊村叢書》本影印。諸闋後有朱氏校勘記及跋文。(王兆鵬　汪超)

**增修箋注妙選羣英草堂詩餘前集二卷後集二卷**　(宋)何士信輯(第1728册)

何士信,字君實。建安(今屬福建)人,行實不詳。曾編《小學書圖》。

此書在《草堂詩餘》基礎上增修,卷中已引《花庵詞選》,則其成書當晚於淳祐九年(1249)《花庵詞選》編成之時。是書分前集二卷、後集二卷,共四卷,選輯唐、五代、宋詞三百六十七首,其中標明"新添"、"新增"之作計一百零五首。以宋詞爲多,選周邦彦、柳永、蘇軾、秦觀四家詞作尤多。選本不依調分,而按門類次序,顯係即時應歌之用。前集分爲春夏秋冬四大類,每大類下又分小類,如初春、早春等,録詞一百九十六首。後集二卷分節序、天文、地理、人物、人事、飲饌器用、花禽等七類,各類下復分小類,録詞一百七十一首。詞下署詞人姓名,然體例頗不一致,名、爵、字、號雜署。詞後間附各家詞話,雖頗有舛誤,然亦足資參考。此書異本甚夥,明嘉靖時顧從敬刻《類編草堂詩餘》四卷,題作武陵逸史編,毛晋汲古閣刊印,分調編次,間采評語,即其別本之一。

此書宋刊本已佚。今存有日本藏元至正三年廬陵泰宇書堂本、至正十一年雙璧陳氏刊本。明刊本則有明洪武二十五年遵正書堂刻本,乃祖至正本重刻,三書係出同源,惟互有脱落。如葉道卿《賀聖朝》以下十七闋,至正三年本前卷脱落,而洪武本有;黄暘《長相思》、康伯可《滿庭芳》諸詞,則洪武本脱落,而至正三年本有。今據上海圖書館藏明洪武二十五年遵正書堂刻本影印。該本經民國初吴昌綬雙照樓影刊,遂成通行本。(汪超)

### 類選箋釋草堂詩餘六卷類選箋釋續選草堂詩餘二卷類編箋釋國朝詩餘五卷 （明）顧從敬 （明）錢允治輯 （明）錢允治 （明）陳仁錫箋釋 （第1728 册）

顧從敬,字汝所。上海人。顧氏乃地方豪族,從敬昆仲六人,從敬行末。事迹略見朱察卿《祭顧汝所文》。錢允治,初名府,字功甫。長洲(今江蘇蘇州)人。貧而好學,有《少室先生集》,事迹参見《御選宋金元明四朝詩》之姓名爵里。陳仁錫生平見前《陳太史無夢園初集》提要。

毛晋《草堂詩餘跋》嘗謂:"宋元間詞林選本,幾屈百指。唯《草堂詩餘》一編飛馳。"其時流行者蓋明人改編本,非盡何士信所編之舊。《類選箋釋草堂詩餘》以何士信《草堂詩餘》爲基礎,改題材分類爲詞調分類,以小令、中調、長調等編次,《類選箋釋續選草堂詩餘》仍之。正集六卷,續集二卷,該書眉目清晰,便於誦讀。況周頤《蕙風詞話》卷四以爲"雖剗剟未精,其所據依却是宋刻舊本,未經明人增羼。詞後有箋者約十之三四,初學誦習最宜"。

《類編箋釋國朝詩餘》五卷,編成于萬曆二十四年,亦按調編排。其中選楊慎詞最多,凡一百一十六首。次則王世貞、劉基、吴子孝、文徵明、吴寬爲多,六家之詞占全書五分之四。其書選源之窄,大略可見。又偶有散曲溷入,洵非佳選。

此《類選箋釋草堂詩餘》卷首有陳仁錫、何良俊序。《類選箋釋續選草堂詩餘》卷首亦有陳仁錫序。《類編箋釋國朝詩餘》卷首有錢允治序。全書卷末有錢允治《合刻類編箋釋草堂詩餘序》。其書明萬曆四十二年刻本流傳較廣,今據上海圖書館藏該本影印。(汪超)

### 陽春白雪八卷外集一卷 （宋）趙聞禮輯 （第1728 册）

趙聞禮,字立之,一字粹夫,號釣月。臨濮(今山東鄄縣)人。有《釣月詞》,原書已佚,近人趙萬里《校輯宋金元人詞》輯有《釣月詞》一卷。生平略見《宋詩紀事》卷七七。

其書卷八丁默《齊天樂》題"庚戌元夕都下遇趙立之",則該書當成於淳祐十年(1250)之後。又陳振孫《直齋書録解題》已著録其書,振孫卒於景定三年(1262),故其書之成不晚於景定三年。該書正集八卷,外集一卷,收詞凡六百餘首。多選南宋詞人作品,正集八卷所選多工麗精妙,外集則録存張元幹、辛棄疾、劉過等慷慨豪放之作。大體每卷先録慢詞,後列小令,然各卷詞調常重出,一人之詞又散見各卷。所題作者,雜署字號爵銜,似爲隨見隨録,未有統一體例。然收有不少聲名不顯者之詞,頗具文獻價值。阮元《四庫未收書目提要》稱其"宋代不傳之作,多萃於是。去取亦復謹嚴,絶無猥濫之習"。

此書流傳不廣,朱彝尊編《詞綜》、沈辰垣等編《歷代詩餘》均未及見。嘉慶間,阮元獲見趙孟頫草書本,乃以正楷過録,是即《宛委别藏》本,今據該本影印。然草書不易辨認,舛誤較多。道光年間,江都秦恩復《詞學叢書》所收於諸家詞句讀、押韻不同者,條注於各句之下;其錯誤不通者,空格以俟考補,較爲謹審。又有《粤雅堂叢書》本及清道光刊本。（汪超）

### 精選名儒草堂詩餘三卷　　（元）鳳林書院輯

（第 1728 册）

該書又名《元草堂詩餘》、《續草堂詩餘》、《鳳林書院草堂詩餘》,不著編者,係元代書坊鳳林書院所刊。鳳林書院爲元書坊名。該書集選宋末元初文天祥、鄧剡等六十三家詞近二百首以成,全書以人統詞,作者近半爲江西人,故厲鶚有"不讀鳳林書院體,豈知詞派有江西"（《樊榭山房集》卷七《論詞絶句十二首》）之歎。後人對該書多褒揚備至,厲鶚《元草堂詩餘跋》云:"詞多凄惻傷感,不忘故國,而於卷首冠以劉藏春、許魯齋二家,厥有深意。至其采擷精妙,無一語凡近。"況周頤《蕙風詞話》卷三謂:"當時顧忌甚深,是書於有所不敢之中,僅能存其微旨,度亦幾經審慎而後出之。"

是書有元大德刻本、《景刊宋金元明本詞》影元刻本、清顧修《讀畫齋叢書》本、伍崇曜《粤雅堂叢書》本、阮元《宛委别藏》本等。抄本又有崇禎十二年葉氏樸學齋抄本、清隱書樓抄本。今據國家圖書館藏元刻本影印。（汪超）

### 古今詞統十六卷雜説一卷附一卷　　（明）卓人月　（明）徐士俊輯　（第 1728—1729 册）

卓人月（1606—1636）,字珂月,號蕊淵。仁和塘棲（今屬浙江餘杭）人。崇禎八年（1635）副貢生。著有《蕊淵集》十二卷、《蟾臺集》四卷,今存。事迹見陳作霖《明代金陵人物志》。徐士俊（1602—?）,原名翽,字三有,號野君。仁和塘棲（今浙江餘杭）人。著有《雁樓集》,今存。事迹見王同《唐棲志》卷一二。二人皆精詞曲,天啓五年（1625）訂交,後四年而此書成,崇禎六年（1633）刊刻。再三年,卓氏早逝。

此書署卓人月彙選、徐士俊參評,實緣起卓氏之倡。卷首有崇禎己巳孟稱舜、癸酉徐士俊二序,又附舊序八篇、雜説六篇,以溯歷代詞論之源流。由隋至明,録詞人四百八十八家。以詞調字數多寡,逐卷分列,起《十六字令》,迄《鶯啼序》,凡三百二十七調,詞二千零餘首。詞後間有箋注徵引,又有圈點眉批,多出徐氏之筆。此書編選之時,徐氏即以"詞苑之功臣"自期,刊行後流傳益廣,於明季清初尤有影響。然書中以隋煬帝歌詩入詞,以湯顯祖《玉茗堂四夢》曲調入詞,殊不可解。竹枝、柳枝之選,界定亦過寬泛,不盡妥當。此皆辨體不明之故,可謂明人通病。卷末另附《徐卓晤歌》一卷,爲卓、徐二家之詞合刻,分調而列,大半同題唱和之作,頁眉小字評語,未知何人所撰。

此書參顧從敬《類編草堂詩餘》、長湖外史《草堂詩餘續集》、沈際飛《草堂詩餘别集》、錢允治《國朝詩餘》諸書,匯録增删而成。原名《詩餘廣選》,取"廣選《草堂詩餘》"之意,後改名《古今詞統》。《中國古籍善本書目》中有卓、徐二人編評《詩餘廣選》、《古今詞統》、《草堂詩餘》三書,皆十六卷本附雜説一卷,實乃同書異名。今據上海圖書館藏明崇禎刻本影印,另有清康熙三十二年刻本。（周明初　葉曄）

**倚聲初集二十卷前編四卷**　（清）鄒祇謨
（清）王士禎輯（第 1729 冊）

　　鄒祇謨（1627—1670），字訏士，號程村。
武進（今江蘇常州）人。順治十五年（1658）
進士。有詞集《麗農詞》，詞話《遠志齋詞衷》
等。生平事迹見《清史列傳》卷七〇、《武進
鄒氏家乘》卷一二。王士禎生平見前《帶經
堂集》提要。

　　該集編選始於鄒祇謨，後王士禎加入其中。
全書前編四卷，爵里二卷，正文二十卷。卷首
爲王士禎和鄒祇謨序，皆作於順治十七年。
前編四卷，分別收有俞彥、劉體仁、賀裳、顧璟
芳、毛先舒、彭孫遹、董以寧、王象晉、宋徵璧、
徐世溥、王岱、鄒祇謨、王士禎諸人詞話及論
詞之語，以及沈謙、毛先舒、鄒祇謨諸人論韻
之語。爵里記載入選者之姓名、家鄉及仕宦。
正文二十卷，計收詞一千九百四十八首，其洋
洋大觀，欲“以續《花間》、《草堂》之後”，“得
比於《花庵》、《尊前》諸選”（分別見王士禎、
鄒祇謨《倚聲初集》序）。

　　正文所選，類皆有評，作評者涵蓋一時名
流，而以鄒祇謨、王士禎二人評語最夥。雖不
無標榜之辭，然或述本事，或評章法，或溯源
流，或論意境，亦自有其價值。此外，每卷皆
有參閱者，分別是卷一董以寧、卷二王士祿、
卷三陳維崧、卷四王士祜、卷五黃京、卷六王
士禧、卷七黃永、卷八錢珵、卷九孫自式、卷十
彭孫遹、卷十一程康莊、卷十二陳世祥、卷十
三劉體仁、卷十四汪琬、卷十五米漢雯、卷十
六唐允甲、卷十七鄧漢儀、卷十八程可則、卷
十九秦松齡、卷二十沈謙，可見當時參與者陣
容之盛。

　　《倚聲初集》爲清初第一部大型當代詞選，
雖仍延續明代以來盛行之《花間》、《草堂》之
風，亦暗含許多變化，影響當時詞壇甚巨。又
其不僅反映當時詞壇之美學追求，亦有文獻
價值，有些詞作，往往藉此得以保存。如清初
詞壇名家陳維崧，該集所收諸詞，就有三十一

首不見於《迦陵詞全集》，可略見其早年創作
風貌。

　　《倚聲初集》今存諸本統稱順治十七年大
冶堂刊本，當是據書前序言所定，實際完成時
間或稍晚，因集中所收詞有作於康熙初年者。
今知南京圖書館、上海圖書館、國家圖書館、
臺灣中研院傅斯年圖書館各有藏本。四者版
式相同，唯内容略有差異，如南圖本正文中時
有“補刻”，目錄所載詞數與實際刊刻亦略有
出入，如卷首目錄云小令十卷，一千一百一十
六首，實則爲一千一百四十二首；云中調四
卷，三百六十四首，實則爲三百六十八首；云
長調六卷，四百三十四首，實則爲四百三十八
首。多出部分恐是後期補刻。上圖本、傅圖
本與南圖本相比，目錄部分均多出“爵里
三”；而國圖本無補刻，亦無爵里目錄，或爲
最初所刻。此本據南京圖書館藏清順治十七
年刻本影印。（張宏生）

**今詞初集二卷**　（清）顧貞觀（清）納蘭性
德輯（第 1729 冊）

　　顧貞觀生平見前《彈指詞》提要。納蘭性
德生平見前《通志堂集》提要。

　　卷前有康熙十六年魯超序，後有同年毛際
可跋。正文選録清初以來三十年間詞人一
百八十多位，詞作六百餘篇。入選最多者，
一爲陳子龍，二十九首；一爲龔鼎孳，二十七
首。前者體現對明詞衰頹之反省，確立陳子
龍在清詞復興中之重要地位；後者揭示龔鼎
孳詞學活動之意義，説明詞壇領袖在當時詞
學復興過程中之重要作用。書中亦對詞壇
流變有所體認，雲間一系固然深受重視，揚
州詞壇，亦大力揄揚。更重要者，注意到浙
西詞派崛起，尤以對朱彝尊不同時期之作品
選録，更見選家眼光。論者以爲該選“主於
鏟削浮艷，舒寫性靈”（毛際可跋），即點明
其旨。

　　此書以人爲序，與清初以來若干重要選

本,如《倚聲初集》、《瑤華集》,以詞調爲序之編排方式頗爲不同,見出當時詞學觀念之某種轉變。

此書有康熙刻本,藏上海圖書館,今據以影印。另外尚有光緒二十三年雪浪山房刻本等傳世。(張宏生)

### 林下詞選十四卷　(清)周銘輯(第1729冊)

周銘,字勒山,原名曾璘,字蒼承。吳江(今屬江蘇)人。《江蘇詩徵》卷八二稱其"生平游蹤最廣,嘗往來日本諸國","撰《日本竹枝詞》數十首,其國播之管絃"。據其詞,周氏與曹爾堪、尤侗、徐釚等人交游唱和。著有《華胥語業》一卷。

該書多有從時人未刊詞選得來者,於葉紹袁《填詞集豔》、沈爾璟《初蓉集》均有采擷。卷一至卷五爲宋元詞,卷六至卷九爲明詞,卷十至卷十三爲清詞,卷十四爲補遺。宋元明三朝作者大體按閨秀、平民、宮人、娼妓爲序,而清詞則隨得隨刻,未曾次序。各家詞人下各有小傳,詞後或記本事,或載校注。然亦有錯誤。此書《四庫全書》入存目,《四庫全書總目提要》謂:"是集題曰'林下',蓋取《世說》所載謝道韞事也。""末卷以《減字木蘭花詞》題爲南齊蘇小小。亦沿田藝蘅之誤,而不能正也。"卷首有尤侗、吳之紀、趙澐序及周銘《林下詞選題詞·調寄鶯啼序》一闋,次列參校姓氏。又次凡例,知該選編於康熙九年夏秋之間。

此書有清康熙十年周氏寧靜堂刻本,今據湖南省圖書館所藏影印。(汪超)

### 瑤華集二十二卷附二卷　(清)蔣景祁輯(第1730冊)

蔣景祁(1646—約1697),初字次京,改字京少,又作荊少。宜興(今屬江蘇)人。父永修,字紀友,號慎齋,早年與陳維崧等同爲宜興"秋水社"盟友。官至湖廣提學副使。蔣景祁游於王士禛之門,復與陳維崧交好,詞風亦同,康熙十八年曾捐資刊刻《樂府補題》。著有《梧月詞》、《罨畫溪詞》。蔣景祁卒年通作康熙三十四年(1695),然陳維崧選輯,蔣國祥校訂之《篋衍集》有蔣序,序作於康熙三十六年,因知是年蔣仍在世。儲欣《蔣京少〈東舍集〉序》云:"悲矣乎,吾友京少之亡而憶其詩傳也!京少客京師久,南還疾作,自刪前後數集,彙爲一編,名曰東舍。京少卒,令子開泰,鳩工雕板,藏諸家……"序作於康熙四十一年壬午,因可定蔣景祁卒年在1697年至1702年之間。

《瑤華集》乃清初人選當代詞之代表。全書收錄詞人五百零六家,詞二千四百六十七首,與順康時期其他當代詞選如《倚聲初集》、《今詞苑》、《今詞初集》、《東白堂詞選初集》、《詞觀》等相比,收詞數量最多,且無門户之見。該集按詞人里籍分爲十二區域,分別爲京師、江南、山東、山西、河南、陝西、湖廣、浙江、江西、福建、廣東、貴州,而江南、浙江獨多,則或者與其本人之見聞有關。至於其排列方式,不取小令、中調、長調之名,頗可與萬樹康熙二十六年刊行之《詞律》比觀。然以各調比例而言,則以長調居多,可以見出清初詞學發展之若干變化。王士禛描述清初當代詞選,認爲"合觀三集(指《詞統》、《倚聲集》、《瑤華集》),三百二十年間,作者略備矣"(《居易錄》卷四)。

該本有康熙二十五年宋犖所作《瑤華集序》,康熙二十六年顧景星《瑤華集序後》,書後附有《名家詞話》、《沈氏詞韻略》及節選之《西河詞話》。乾隆年間,《瑤華集》曾被列爲禁毀書,或與其收錄者有"貳臣"如龔鼎孳者有關。今據康熙二十五年刻本影印。(張宏生)

### 詞綜補遺二十卷　(清)陶梁輯(第1730冊)

陶梁生平見前《國朝畿輔詩傳》提要。

《詞綜補遺》意在紹續朱彝尊《詞綜》,廣搜博采,積十年之功始成。凡其人未見於《詞綜》者,則爲補選,蓋以存人爲主。體例一仍《詞綜》之舊,以人繫詞,前十五卷録唐五代十國宋詞,卷十六至卷二十録金元詞,凡四百五十四家,一千三百二十六闋。各家附有爵里事迹,詞下注明出處并附有品鑒考辨諸語。所據《樂府雅詞》、《絶妙好詞》、《陽春白雪》等,多有朱彝尊當時所不及見者。卷首有孔昭虔序。

此書有道光十四年陶氏紅豆樹館原刻本,今據吉林大學圖書館所藏影印。(汪超)

### 明詞綜十二卷　(清) 朱彝尊 (清) 王昶輯 (第1730冊)

朱彝尊生平見前《静志居詩話》提要。王昶生平見前《春融堂集》提要。

卷首有王昶自序,自云嘉慶五年得朱彝尊未刻《明詞選》數卷於杭州,續之以生平所搜輯,得明詞三百八十家,成十二卷。今書中孰爲朱氏原編,孰爲王氏續補,已不可辨。全書先紀帝王,後依時代而下,自劉基迄張草,得生平可考之詞人九卷,以生平失考之詞人及羽客仙流列卷十,末二卷爲女性詞人。每家先列人物小傳於前,繁簡不一,後摘附歷代詩話詞話中相關評語,以備觀覽。卷十作品,多輯自《蘭皋明詞彙選》、《草堂詩餘新集》等珍本秘籍,於當時有存佚之功。惜名家選本,亦有微瑕,卷首次目所列詞數,與正文時有出入,或王氏續補疏失之故。

此書選詞宗旨,承竹垞之志,以南宋名家爲宗,力求清麗之音。原作有不合格調處,皆擅改而不出案語,以致書中所收乃王氏眼中之明詞,而與明詞原貌有異。清代詞家多視明詞爲無物,百餘年來問津者寥寥,王氏編選之舉,亦毀譽參半,陳廷焯《白雨齋詞話》即有"無謂"、"平庸"之譏。然其撥雲散霧、復倡明詞之功,實不可没。後百年影響甚巨,近代詞家多借以窺明詞之一斑,而評價亦難脱王

氏之窠臼。

今據上海圖書館藏清嘉慶七年王氏三泖漁莊刻本影印。另有清光緒二十八年金匱浦氏刻本、民國《惜陰堂叢書》本。(周明初 葉曄)

### 國朝詞綜四十八卷 國朝詞綜二集八卷　(清) 王昶輯 (第1731冊)

《國朝詞綜》四十八卷,成書于嘉慶間,選清順治以下詞人七百二十二家詞,其中録存朱彝尊及厲鶚詞最多,分別達六十五首與五十四首。該選意在紹繼朱彝尊《詞綜》之製,故而選録標準、成書體例一仍朱氏之舊。卷首王昶自序云:"選詞大指,一如竹垞太史所云。"該集刊行後,王昶又編《國朝詞綜二集》八卷,所收多是王氏後輩。嘉慶八年(1803),王昶從孫紹成序。施蟄存《歷代詞選集叙録》謂其托言紹成之請別爲卷帙,蓋不欲與後進混同,乃自占身分之計。

此書有嘉慶七年王氏三泖漁莊刻增修本,今據上海辭書出版社圖書館藏本影印。光緒二十八年緑蔭堂以之與《詞綜》、《明詞綜》合刻。(王兆鵬 汪超)

### 國朝詞綜續編二十四卷　(清) 黄燮清輯 (第1731冊)

黄燮清生平見前《倚晴樓詩餘》提要。

《國朝詞綜續編》卷首有潘曾瑩、張炳堃、胡鳳丹、諸可寶序。潘序謂黄氏"取乾嘉以來《詞綜》未及登者,蔚成巨編,其規式悉依竹垞、蘭泉兩先生選本,故名之曰《詞綜續編》。集中詞人,幾及六百家"。蓋其選詞意在存人,以輯佚鈎沉爲事。張序云:"其姓氏已載前編者,概不復列。有補人而無補詞,得五百八十六家。"卷末有宗景藩跋。

此書有同治十二年武漢刻本,今據南京圖書館所藏影印。(汪超)

## 國朝詞綜補五十八卷 （清）丁紹儀輯（第1732 冊）

丁紹儀,字杏舲,又字原汾。無錫（今屬江蘇）人。曾知東湖縣,同治間官福建汀州同知、補通判。忤大吏,被劾去職。有《聽秋聲館詞話》、《東瀛識略》等傳世。事迹見《國朝詞綜補續編》卷首胡鑒《外舅丁先生述略》。

卷首丁紹儀所撰例言云:"是編爲續補《國朝詞綜》所未及,已見王蘭泉司寇及繹如明經初二集者,概不複收……因所刊本校僕所見本,詞調同而字句每有參差,且多有佳詞遺漏未采,故復輯補,詞遂統以補名,仍注明以備校核。""嘉慶以前詞,非王氏所未見即所不取,又多係零章單闋,是以録存較寬。道光以來則刊鈔較多,遴取稍嚴。其僅見一二詞者,仍編入以存其名。"黃燮清《國朝詞綜續編》補人不補詞,而丁氏此輯則補人亦補詞,凡《國朝詞綜》當有而未備者亦補入,故其所録詞作遠多於黃氏補編。其書例言謂"補詞不計外,共得一千三百餘家"。其《聽秋聲館詞話》謂有一千一百零五家,實則全書收詞近兩千家。詞人名下列其字里、科甲及詞集名。

此書有光緒九年刻本。今據南京圖書館藏清光緒刻本影印。該集又殘存有稿本,散庋於國家圖書館、上海圖書館與南京圖書館。國家圖書館存十四卷,其中八卷卷數未明。上海圖書館存前四十二卷。南京圖書館存卷十八,有譚獻、周星詒、邊保樞、蔡爾康校,余一鰲跋。又有民國海粟樓抄本,今庋於華東師範大學圖書館。（汪超）

## 詞選二卷 （清）張惠言輯 續詞選二卷 （清）董毅續輯（第1732 冊）

張惠言生平見前《茗柯文編》提要。董毅,字子遠,有《蛻學齋詞》二卷。董毅爲董士錫之子。士錫爲張惠言之甥,後又爲婿,亦曾從張惠言問學,故董毅於張氏之學亦深有淵源。

《詞選》係張惠言嘉慶二年與弟琦館於歙縣金榜家授徒,因感於"自宋之亡而正聲絶,元之末而規矩隳"（張琦《重刻詞選序》）,以及當時詞壇淫詞、鄙詞、游詞之蔽（金應珪《詞選後序》）,乃選唐宋詞四十四家,凡一百一十六首,示以學詞之道。其提倡"意内言外"、"比興寄托",雖不免穿鑿附會,詞體亦因之而尊。《詞選》既出,有盛名於時,常州詞派因而建立,但唐宋詞僅選録一百一十六首,未免過苛,於是董毅繼之,更增加一百二十二首,雖折衷浙、常二派,仍能"淵源張氏,不失外家宗風"（董貽清《蛻學齋詞跋》）。張琦亦稱贊該選"適愜我心","亦先兄之志"（《續詞選序》）。

張惠言《詞選》既成,金氏子弟刻於歙,鄭善長并録張惠言及同時諸詞人之詞作六十三首附於後。然數量甚少,訪求不易。於是道光十年,張琦合《詞選》、《續詞選》刊刻之,即該本。自是之後,刊行於世者甚多,如《四部備要》影印錢塘徐氏校本。今據上海圖書館藏道光十年宛鄰書屋刻本影印。（張宏生）

## 詞辨二卷附介存齋論詞雜箸一卷 （清）周濟撰（第1732 冊）

周濟生平見前《存審軒詞》提要。

《詞辨》成書於嘉慶十七年（1812）,乃周濟客授吳淞時所編。其書爲弟子學詞辨是非,兼與友人董毅論詞。該書以選詞爲主,兼有評論。原録唐以來詞作達十卷,卷一正體,以溫庭筠爲首;卷二變體,以李煜爲首;"名篇之稍有疵累者"爲卷三、四;"平妥清通才及格調者"爲卷五、六;"大體紕繆精彩間出者"爲卷七、八;卷九爲本事詞話;"庸選惡札,迷誤後生,大聲疾呼,以昭炯戒者"爲卷十。選成未刊,而遭水厄,僅存前二卷,録溫庭筠、辛棄疾、周邦彦、李煜、王沂孫、馮延巳、吳文英等十四家詞人九十四首詞作。其後周氏在該書基礎上删削成《宋四家詞選》。

《介存齋論詞雜著》附載於《詞辨》,凡三十一條,多爲論詞心得,間引他人論斷。一至四則爲總論,五至七則論學詞之法,餘皆評騭詞家優劣。全卷發揮"意内言外"之説,倡言爲詞要有寄託。周濟評騭詞人詞作,大要推重温庭筠、韋莊、周邦彦而貶抑姜夔、張炎。陳匪石《聲執》卷下以爲周濟詞論"更有進於張氏(惠言)者……指示作詞之法,并評論兩宋各家得失,示人以入手之門及深造之道"。

該書有譚獻校點并跋之抄本,今藏於上海圖書館。刊本有光緒四年譚獻評、徐珂校本。今據中國科學院圖書館藏光緒四年刻本影印。(汪超)

## 宋四家詞選一卷 　(清) 周濟輯 (第 1732 册)

此書借鑒"詩人主客圖"方式,選録兩宋詞,標舉周邦彦、辛棄疾、吴文英、王沂孫四家,以爲領袖一代之人,復將兩宋其他詞人四十七家綴於其下,以爲羽翼。全書共選詞二百三十九首,不僅構成宋詞發展脈絡,更體現出學詞門徑,所謂"問途碧山,歷夢窗、稼軒,以還清真之渾化"(周濟《宋四家詞選目録序論》)。浙西詞派出,詞壇即非常重視學詞門徑,如汪森所云:"鄱陽姜夔出,句琢字煉,歸於醇雅。於是史達祖、高觀國羽翼之,張輯、吴文英師之於前,趙以夫、蔣捷、周密、陳允衡、王沂孫、張炎、張翥效之於後。"(《詞綜序》)周濟承此思路,予以發揮。而由南溯北之説,亦可見出對浙西詞派推尊南宋之反撥。此種開示門徑之舉,不僅區別於浙西詞派,亦對張惠言《詞選》格調雖高,却不便操作之缺失有所彌補。

周濟所標舉之四家,前二家地位早已確定,後二家則經過周濟揄揚,吴文英更得詞壇認識,對晚清詞壇尊崇夢窗之風,堪稱有力推動。王沂孫則由朱彝尊《詞綜》中具姜夔一體者,上升爲領袖地位。其對咏物詞創作之

重新詮釋,既利用浙西詞派固有資源,又符合常州詞派宗旨。其大要,亦見於周濟於道光十二年所作之序論中。

此書撰成後,周濟門人符南樵曾手録一帙,思付剞劂,未能如願。潘祖蔭得之,乃於同治十二年付刻行世,即《滂喜齋叢書》本,今據以影印。(張宏生)

## 篋中詞六卷續四卷 　(清) 譚獻輯 (第 1732—1733 册)

譚獻生平見前《復堂詞》提要。

譚獻論詞本於張惠言、周濟,極力推尊詞體,有盛名於時,并"開近三十年之風尚"(葉恭綽《廣篋中詞》)。

《篋中詞》之選,起自清初,迄於當代。注明出自某集者,係從别集所選;但題其名者,則從諸家選本所選。初選六卷,續選四卷。初選前五卷題爲《今集》,蓋入選者皆來自譚氏篋中,或許其意中尚有别選。初選之第六卷題爲《類集》,乃譚獻己作,蓋仿宋代曾慥《樂府雅詞》、趙聞禮《陽春白雪》、周密《絶妙好詞》之例。各卷收録詞作數量爲:卷一一百三十四首,卷二一百一十三首,卷三一百二十五首,卷四一百九首,卷五一百二十七首,卷六爲譚獻本人詞九十二首;續編卷一七十七首,卷二一百一十四首,卷三一百八首,卷四七十五首。全書共録詞家三百七十七人(包括譚獻),詞一千零七十三首。所選詞作,每有評語,或言背景,或言本事,或言作法,或言意旨,尤以意旨之闡發,更見對張惠言、周濟思想之繼承與發展,印證其"作者之心未必然,讀者之心何必不然"之説。

此本據清光緒八年刻本影印。(張宏生)

## 詞源二卷 　(宋) 張炎撰 (第 1733 册)

張炎生平見前《山中白雲詞疏證》提要。

《詞源》二卷,卷上凡十四則,論音律,詳考

律吕,涉及五音相生、古今譜字、四宫清聲、十二律吕、管色應指字譜、謳曲指要等内容。下卷十六則,論音譜、拍眼及風格、作法。《詞源》在現存宋代詞話中最具理論色彩。論詞遠祧清真,近師白石,主清空,尚柔婉,倡爲雅正;而反對質實,貶軟媚,鄙粗豪,自成一説。

該書有《宛委别藏》本、《榆園叢刻》本等多種版本。又有多種箋注本,較著名者有鄭文焯《詞源斠律》、蔡楨《詞源疏證》等。今據上海辭書出版社藏道光八年秦恩復刻《詞學叢書》本影印。該本卷末有錢良祐元延祐丁巳序及秦恩復、陸文圭、江藩等序跋。據秦恩復跋,該本乃從元人舊抄本謄寫。（汪超）

**詞旨一卷**　（元）陸輔之撰　（清）胡元儀釋　陳去病補釋（第1733册）

陸輔之（1275—1349後）,名行直,又字季道,號壺天,亦號壺中天。吴江（今屬江蘇）人。工詩文詞,善書畫,朱存理《鐵網珊瑚》、汪珂玉《珊瑚網》多載輔之之翰墨。歷官翰林典籍,皇慶間致仕歸,年方四十。至正九年（1349）猶在世。事見《吴中人物志》卷四、陳去病《詞旨叙》。

該書係輔之早年師事張炎時所作筆録,凡九門,其中兩字集虚、三字集虚兩門僅存其目,其餘七門共計二百三十二則。所論本諸張炎,意在標示作詞軌範。其中屬對、警句等類保留雋語名句甚多。清光緒時,長沙人胡元儀始爲之疏證,析爲二卷,名曰《詞旨暢》。民國陳去病有補釋,愈加完善。今據遼寧省圖書館藏民國陳氏排印《笠澤詞徵》附印本影印。此外,有《硯北偶鈔》本、《藝海珠塵》本等。（汪超）

**辭品六卷拾遺一卷**　（明）楊慎撰（第1733册）

楊慎生平見前《絶句衍義》提要。

此書六卷,卷首有嘉靖辛亥楊慎、甲寅周遜二序。其論詞體源流,追溯六朝歌詩,故以陶弘景《寒夜怨》、梁武帝《江南弄》開篇,以明西域人鎖懋堅《沉醉東風》詞收尾,共計詞話三百零七條,論宋詞居多。後附《拾遺》一卷,録詞話十七條。全書以詞人、詞調爲目次,尤重文學之品鑒,後世詞家評價甚高,以爲論述允當。惜楊氏著述多有速成之病,此書亦未能免,較之同時代陳霆《渚山堂詞話》、俞彦《爰園詞話》,原創性稍有欠缺。首二卷中有關詞源、名物制度之考訂文字,已見於《丹鉛録》。卷三、四内容,又多處因襲宋人詞話筆記,未加説明,今人多有非議。

此本據國家圖書館藏明刻本影印,原爲徐乃昌積學齋藏書。書後附《詞評》一卷,未影印。此書早期版本甚多,六卷本别有明珂江書屋刻本,惜無拾遺一卷;三卷本有明刻《楊升庵雜著》十一種本,四卷本有明萬曆四十六年周懋宗刻本。（周明初　葉曄）

**七頌堂詞繹一卷**　（清）劉體仁撰（第1733册）

劉體仁（1612—1677）,字公勇,號蒲庵。潁川衛（今安徽阜陽）人。順治十二年（1655）進士,授刑部主事,遷吏部考功郎中。後棄官從孫奇逢講學。通樂理,知書畫,與王士禛、汪琬相友善,與傅山、冒襄等有交誼。著有《七頌堂集》。《清史稿》有傳。

《七頌堂詞繹》一卷,多論作詞之法,間或品評詞人詞作。該書最早收於王士禛所刻《倚聲初集》,當作於康熙三年《倚聲初集》成書前。顧沅《賜硯堂叢書新編》、道光蔣氏《别下齋叢書》亦收之。此本據《别下齋叢書》本影印。考該本内容,全同於《倚聲初集》所收,當從《倚聲初集》出。《倚聲初集》本注云"選三十四則",既稱"選",則其書已非舊貌。（汪超）

**花草蒙拾一卷**　（清）王士禛撰（第1733册）

王士禛生平見前《帶經堂集》提要。

《花草蒙拾》一卷,原爲士禛讀《花間集》、

《草堂詩餘》之札記,由鄒祇謨刻入《倚聲初集》。該書所論,頗多卓識。沈曾植《菌閣瑣談》稱其"不獨評議持平,且能舉出當時詞家心髓"。該書繼張綖之後,分宋詞爲豪放、婉約兩派,對後世影響尤大。王氏除該書外,尚有《倚聲初集序》及該集中六百餘則詞評,殊堪注意。

該書最早刻於《倚聲初集》。又有《賜硯堂叢書》本及《昭代叢書》本。今據清道光十四年沈氏世楷堂刻《昭代叢書》本影印。該本出自《倚聲初集》,卷後附録董以寧《蓉渡詞話》六則、楊復吉《花草蒙拾跋》。(汪超)

### 古今詞話八卷　(清)沈雄撰(第1733冊)

沈雄,字偶僧。吳江(今屬江蘇)人。清世祖順治中在世,諸生。其《古今詞話·詞話》卷下有"余師錢宗伯"及"往日讀文江倡和,余師牧齋叙之"諸語,知雄曾師事錢謙益。著有《柳塘詞》一卷、《柳塘詞話》一卷等。

《古今詞話》分《詞話》、《詞品》、《詞辨》、《詞評》四門,各分上下兩卷。彙輯前人詞話,間收自著《柳塘詞話》之內容。標明"沈雄曰"或"《柳塘詞話》曰"以別之。沈雄所論合二百四十五則,卷中亦有江尚質之增補。尚質,字丹崖,康熙時休寧(今屬安徽)人。聶先、曾王孫《百名家詞鈔》收其《澄輝堂詞》一卷。據此書卷首曹溶序,書成於康熙二十四年(1685),江尚質曾協助編撰。然該書眉目混亂,所引或爲節録,或係轉引,舛誤亦多。

今據湖南省圖書館藏康熙二十七年澄暉堂刻本影印。《詞話叢編》亦據該本録入。(汪超)

### 靈芬館詞話二卷　(清)郭麐撰(第1733冊)

郭麐生平見前《靈芬館詩話》提要。

《靈芬館詞話》以載録、評騭清代詞人詞作爲主,其以爲"本朝詞人,以竹垞爲至"(卷一)。其論詞不獨尊姜夔、張炎,不偏主浙派分詞爲"正"、"變"之觀點。選詞亦精,能補竹垞《詞綜》所未備。

該書原附於《靈芬館詩話》之末,收入《靈芬館全集》。據孫均《靈芬館詩話序》,知其書成於嘉慶二十年,則詞話亦當成於此時。該書有嘉慶至道光間刻本,又有光緒五年許增增修本。今據上海圖書館藏民國二十三年鉛印《詞話叢編》本影印。(汪超)

### 詞苑萃編二十四卷　(清)馮金伯輯(第1733冊)

馮金伯,字冶堂,號南岑,又號墨香。江蘇南匯(今屬上海)人。嘉慶貢生,選用句容訓導。乾隆四十年(1775)主蒲陽書院。工詩詞,好書畫,撰有《國朝畫識》、《墨香居畫識》等。生平事迹見光緒《南匯縣志》卷一五。

該書係增訂重編徐釚《詞苑叢談》而成,其自序謂曾讀《詞苑叢談》,"惜其序次錯綜,屢欲重加排纂"。蓋徐釚所編《詞苑叢談》引書不注所出,脫漏錯謬,未經雠勘,馮金伯遂細加補綴。原書分體制、音韻、品藻、紀事、辨證、諧謔、外編七部,馮書於體制下增旨趣一部,於品藻外增指摘一部,移音韻於紀事後。外編原載神仙鬼怪之事,大半已散見於紀事門,馮書惟擇各部難於附麗者改爲餘編二卷。而引書必注,隸事有序。

此編凡二十四卷,一千五百餘條,規模較徐氏原書大,條理更分明。卷首有嘉慶十年自序及十一年許兆桂序。然所引資料與原書亦有出入。該書有嘉慶十一年原刊本,今據此本影印。(汪超)

### 蓮子居詞話四卷　(清)吳衡照撰(第1734冊)

吳衡照(1771—1831),字夏治,號子律,因生於乾隆三十六年辛卯,故自號辛卯生。海昌(今浙江海寧)人。嘉慶十六年(1811)進士。二十四年,署淳安訓導,補金華教授,卒於官。事迹見《兩浙輶軒續録》卷二七及《海寧州志稿》卷二九。

《蓮子居詞話》四卷,據卷首屠倬序,知成書於嘉慶二十三年。屠氏序謂之"有校正詞律訛缺之處,有考訂詞韻分并之處,有評定詞家優劣之處,有折衷古今論詞異同之處"。許宗彦序亦稱其書"考訂古韻,辨證軼事,無不精審詳當"。洵非虛譽。

今據浙江大學圖書館藏清嘉慶刻本影印。另有道光十二年刊本、同治六年振綺樓刊本等。（汪超）

### 聽秋聲館詞話二十卷　（清）丁紹儀撰（第1734 冊）

丁紹儀生平見前《國朝詞綜補》提要。

《聽秋聲館詞話》凡二十卷,三百零八則,卷首有作者自序,後有胡鑒跋。胡鑒跋稱此書"補《詞綜》之闕,博覽詳稽;正《詞律》之訛,辨同正異"。其書篇帙之富,堪稱有清第一。作者曾編有《國朝詞綜補》,諳熟當時文獻,所述大半爲清人詞作。唯其"就見聞記憶所及,或因詞及事,或因事及詞"（《自序》）,紀事、評騭與辨正紛然雜陳,未經分類整理,頗顯雜亂無章。

今據南京圖書館藏同治八年刻本影印。《詞話叢編》亦據同治本排印。（汪超）

### 憩園詞話六卷　（清）杜文瀾撰（第1734 冊）

杜文瀾生平見前《古謠諺》提要。

《憩園詞話》六卷,卷一以論詞律音韻爲主,凡三十則,以爲"詞仍當以韻律爲主"。又謂"近人詞説,皆評白唐、宋舊詞,所輯近詞甚少。又皆詳於話而略於詞,載全闋者尤罕覯",故其餘五卷録當時詞人凡一百二十家,意在存人存詞,兼備詞選與詞話之功能。

該書向無刊本,稿本不分卷,今藏南京圖書館。今據福建師範大學圖書館藏清抄本影印。（汪超）

### 詞學集成八卷　（清）江順詒輯（第1735 冊）

江順詒(1822—1881 後),字子穀,號秋珊,別署明鏡生、願爲明鏡室主人。旌德（今屬安徽）人。同治十年(1871),署理浙江錢塘縣丞,與梅振宗結西泠消寒會唱和,所作詩輯成《西泠消寒集》。著有《明鏡詞》、《越俎卮言》、《齰舌子集證》等。事迹略見《淞濱瑣話》、《憩園詞話》。

《詞學集成》八卷,分詞源、詞體、音律、詞韻、詞派、詞法、詞境、詞品八類,輯前人詞話,其性質與沈雄《古今詞話》差近。然體例較《古今詞話》完善,引録前人詞話,編者別有評論則以"詒按"加以區别。眉目清晰,便於檢用。若節録不能賅全篇之旨,則將全篇悉數收入。前有鐵嶺宗山序,蓋該書係江氏所輯,宗山爲之校勘分類。宗山參訂是書,間亦抒己見於卷末,而江氏亦加案語,再加申説。

有光緒刊本,今據上海辭書出版社圖書館藏此本影印。（汪超）

### 賭棋山莊詞話十二卷續編五卷　（清）謝章鋌撰（第1735 冊）

謝章鋌生平見前《賭棋山莊所著書》提要。

謝氏詞論,主要見於《賭棋山莊詞話》,另有詞集序跋十餘篇,《課餘偶録》及《稗販雜録》亦有零星資料。《詞話》十二卷《續編》五卷,篇帙之富,於歷代詞話中頗不多見。此書於光緒十年由陳寶琛南昌使廨刊刻,收入《賭棋山莊全集》中,卷前有咸豐元年劉存仁序及光緒十年自識,知《詞話》之作,前後跨越三十餘年。

謝氏論詞,以"主情"、"稱體"、"盡量"爲宗旨。認爲浙派過求雅正,偏向形式,以致氣困於雕琢,意竭於摹擬,性靈蕩然不存;常派則囿於以比興説詞,常陷入"僞"、"鑿"之境而無法自拔。故其論詞首重性情,且不諱言男女之情,認爲此乃一切感情之基礎,"觀情者要必自兒女之私始",并謂一般人所以卑視兒女之情,乃因混淆情之本質及其表現方式之故。"稱體"則是對詞體之掌握。蓋詞之爲體,須上不似詩,下不似曲,意言兼美、清空雅正而得趣者,方稱詞體。"盡量"云云,則表現出謝氏之尊體思想。謝氏認爲詞之爲世人卑視,乃因未能"盡量"之故。蓋詞源於樂府,固有不勝包羅之境,能"盡量"者,即"外可考世運之盛衰,内足驗人物之雅正"。換言之,能拓寬詞之境界,則外可爲歷史作見證,内可反映人生。故謝氏以爲詩詞同源,詩既有史,詞亦應有史。此説極具創見,然亦與其時代背景有關。

綜觀謝氏詞論,能超然拔幟於門派之外,態度客觀,議論持平。其詞話體系完整,内容豐富,頗能發前人所未發;而其網羅散佚、捃摭遺聞之功,尤爲歷代詞話中所罕見,諸如搜求詞集、登録撮要、掇拾詞壇軼事等,對清詞文獻之保存,厥功甚偉。

此本據吉林大學圖書館藏光緒十年刻《賭棋山莊全集》本影印。(林玫儀)

## 芬陀利室詞話三卷　(清) 蔣敦復撰 (第1735 冊)

蔣敦復生平見前《嘯古堂詩集》提要。

《芬陀利室詞話》三卷,敦復《嘯古堂文集自序》稱其書八卷,滕固跋云:"疑八卷乃預擬之數,未及于生前殺青耳。"所論多爲并世詞人詞作,間亦論及兩宋詞家。作者乃常州詞派中人,論詞多高標該派宗旨,遵從張惠言"意内言外"之説,推崇周濟"以無厚入有間"之論。然亦因此爲門户之見所囿,所論或未能持平。是書所載亦多爲與作者有交游之詞人,故所記當時詞林掌故可資參考。

此書有光緒十一年原刊本,今據中國科學院圖書館藏本影印。(汪超)

## 白雨齋詞話八卷　(清) 陳廷焯撰 (第1735 冊)

陳廷焯(1853—1892),原名世焜,字耀先,一字亦峰。丹徒(今江蘇鎮江)人,僑寓泰州。光緒十四年(1888)舉江南鄉試,不數年而卒。陳氏天資聰穎,好讀書、勤著述,另撰有《白雨齋詩鈔》、《白雨齋詞存》,編有《雲韶集》、《詞則》等。生平見《丹徒縣志摭餘・儒林文苑》、《續丹徒縣志》卷一三等。

《白雨齋詞話》原有十卷,光緒二十年,陳氏歿後二年,由其門生校讀并提出删訂意見,經陳父鐵峰老人審定後,删改爲八卷,與《白雨齋詩鈔》、《白雨齋詞存》一并刊印。

陳氏論詞,前期服膺浙派,曾編纂《雲韶集》,集前附有《詞壇叢話》以申其説。爾後受莊棫影響,幡然以承繼常派薪傳爲宗旨。陳氏自言"思欲鼓吹蒿庵,共成茗柯復古之志",并追步張惠言,"推本風騷,一歸於温柔敦厚之旨"(汪懋琨《白雨齋詞話序》),故編纂《詞則》,撰寫《白雨齋詞話》,對二張之説多所闡發糾補,誠爲周濟以後常派一大功臣。其詞論率能另出機杼,自成體系。而《詞則》之於《白雨齋詞話》,正如《雲韶集》之於《詞壇叢話》:一爲論詞觀點之闡述,一爲據此觀點所輯録之詞選及評騭。詞話、詞選相互印證,系統井然,其理論與鑒賞正可相輔而行。故以《雲韶集》、《詞壇叢話》及《詞則》、《白雨齋詞話》二組相互對照,即可推見其論詞觀點之源流與轉變。

《白雨齋詞話・自叙》云:"本諸風騷,正其情性,温厚以爲體,沉鬱以爲用。"此乃此書論詞之大旨。詩教温柔敦厚,楚辭忠愛纏綿,苟能本諸風騷,其情自正,其體自厚,故此四句又可約之爲"本諸風騷,出諸沉鬱",風騷是體,沉鬱是用。然有其體未必有其用,能有其用,則必有其體。故陳氏常以"沉鬱"代表風騷、本原,甚至用指表現手法或意境,此二字可謂其論詞之眼目。陳氏論詞承常州餘緒,常州詞派主寄托,周濟提出"詞非寄托不入,專寄托不出"(《宋四家詞選・序論》),以"無寄托"爲最高標準。陳氏之沉鬱説,究其實，即是在周濟"無寄托"之基礎上更求忠厚纏綿而已。

《白雨齋詞話》尚有稿本十卷傳世，其中相關記事，與《詞存》、《詩鈔》有互補作用，藉此可對陳氏生平及詞學有更完整之理解，故重要性亦不容忽視。

此本據清光緒二十年刻本影印。（林玫儀）

**人間詞話二卷** 王國維撰（第1735冊）

王國維生平見前《靜庵文集》提要。

該書乃王氏早年著作，其中發明其詞學主張，首創"境界"説，謂："詞以境界爲最上。有境界則自成高格，自有名句。五代北宋之詞所以獨絶者在此。"又評價諸家詞，唐圭璋稱其"議論精到，夙爲人所傳誦。然其評諸家得失，亦間有未盡當者"（《評人間詞話》）。

光緒三十四年，《人間詞話》於上海《國粹學報》第四十七、四十九及五十期連載。至宣統二年改定爲六十四則，即今通行本《人間詞話》卷上。其餘部分均爲他人輯録。民國十六年羅振玉編印《海寧王忠慤公遺書》時收入，今據上海辭書出版社圖書館藏該本影印。（汪超）

**蕙風詞話五卷** 況周頤撰（第1735冊）

況周頤生平見前《蕙風詞》提要。

況氏精詞學，兼工考據。其詞論則散見《香海棠館詞話》、《餐櫻廡詞話》、《詞學講義》等書及各種札記、序跋，而以《蕙風詞話》五卷最有系統，蓋爲晚年定稿，後由門人趙尊岳刻入《惜陰堂叢書》。

況氏論詞，謂體格、神韻不可偏廢，唯體格重於神韻，故提出"詞外求詞"及"重拙大"之説，以爲正體格之途徑。"詞外求詞"由性情學養入手，乃正體格之基礎；"重拙大"則可避免詞格卑靡之失，初由王鵬運發其端，況氏足成之。此乃其詞學理論之重心。

況氏論詞深受常派影響，尊崇詞體、注重寄托，尤其重視"真"，認爲"真字是詞骨"，特別推舉迭遭憂患變故者，謂其將身世之感蘊寓詞中，其"真"不需憑藉外物，即能深摯動人。此乃其所謂之"詞心"。

況氏於渾成之外，又標舉厚、雅、深、静、穆、頑等詞境，而尤重於"頑"。頑者，謂"重拙大"之外，若益以鬱勃困頓之情懷，自能纏綿悱惻、哀抑欲絶而流露於不自覺間，即所謂哀感頑豔。然此與個人遭遇及時代際會有關，非力學可致。故其評騭詞家，特別重視孤臣孽子之詞，强調其身經國變、"萬不得已"之苦衷。凡此，皆可窺見其内心黍離之悲。

此書更指示學子填詞之途徑，諸如填詞當由讀詞入手、自然從追琢中出、詞筆須講求疏密變化等，乃就其生平得力之處，爲學者普度金針。趙尊岳《蕙風詞話跋》云："昭示學者致力之途，而證以前賢所作，補救時流之偏弊。"朱祖謀更盛讚"自有詞話以來，無此有功詞學之作"（《詞學季刊·詞學講義》龍沐勛附記），故與《人間詞話》、《白雨齋詞話》并稱爲晚清三大詞話。

此本據上海圖書館藏民國刻《惜陰堂叢書》本影印。（林玫儀）

**詞學筌蹄八卷** （明）周瑛撰（第1735冊）

周瑛（1430—1518），字梁石，號蒙中子、白賁道人，晚號翠渠。莆田（今屬福建）人。成化五年（1469），及進士第。七年，出知廣德州。官至四川右布政使。晚年居家治學，著有《經世管鑰》、《律吕管鑰》、《地理薈龜》、《周易參同契本義》等。事迹見《明史·儒林傳》、《明儒學案》等。

作者序云："《草堂》舊所編以事爲主，諸調散入事下。此編以調爲主，諸事并入調下，且逐調爲之譜。"可見其集以教人填詞爲目的，且以圖定調，開詞譜之先。前有圖譜示例，譜後列例詞。各調唯分平仄，或亦當時詞調不嚴之故。自序又云："凡爲調一百七十七，爲詞三百五十三。"該書常用詞調漏列甚多,而所選每多僻調。

有明弘治九年藍格抄本,卷首有周瑛序及林俊序。今據上海圖書館藏清初抄本影印。（汪超）

## 詩餘圖譜六卷 （明）張綖撰　補遺六卷 （明）謝天瑞撰（第1735冊）

張綖（1487—1543）,字世文,號南湖。南直隸高郵（今屬江蘇）人。正德八年（1513）舉人,八應會試不第。以謁選授武昌府通判,官至河南光州知州。年五十七卒。事迹見《張南湖先生詩集》附錄《南湖墓志銘》。謝天瑞生平見前《詩法》提要。

此書卷首有謝天瑞補遺序、蔣芝原序二篇。次凡例八條,首創詞體婉約、豪放之二分法。正編六卷,小令、中調、長調各二卷,張氏編纂。惟取宋詞,得一百四十九調,以黑白圈記平仄,謂之圖譜。每卷之調文以字數爲序,同調變體、同調異名,皆列注於詞後。補遺六卷,有小令一卷、中調三卷、長調二卷,謝氏所續,計一百九十三調,唐、元、明三代詞亦有之。

此書於詞學中衰之日,創爲譜系,有蓽路藍縷之功。刊印後流布甚廣,影響日衆,清人沈雄有"填詞家功臣"之譽。然草創之書,瑕疵亦多。雖不似《嘯餘譜》舛錯迭出,然辯體不明爲明人通病,此書亦非善本。其中或改拗句,以諧詩句之律;或違古意,并二例訛爲一體,多爲後人詬病。謝氏補遺六卷,體例全同,承弊益多。後明季萬惟檀有同名著述,即取法南湖,而品質愈下。清賴以邠《填詞圖譜》,亦步武張氏之作,爲萬樹《詞律》所譏。皆此書之流弊。

此本據國家圖書館藏明萬曆二十七年謝天瑞刻本影印。又有明末毛氏汲古閣刻《詞苑英華》本,正文三卷,後附《秦張兩先生詩餘合璧》二卷,即四庫館臣過眼本,《四庫全書存目叢書》據以影印。（周明初　葉曄）

## 嘯餘譜十一卷 （明）程明善輯（第1736冊）

程明善,字若水。南直隸歙縣（今屬安徽）人。天啓中監生。生平事迹見黃虞稷《千頃堂書目》卷二。

卷首有萬曆己未程明善、馬鳴霆二序,附唐寅《嘯旨後序》。次凡例十二條,論詩餘之源流,辨詞曲之體裁,考前賢之著述,定編選之本式,多謬妄附會之辭。次姓氏名録,列點定焦竑、鍾惺等八人,參閱朱自謙等十八人。原書十一卷,以《嘯旨》開篇,繼之以《聲音數》、《律呂》、《樂府原題》,合爲一卷;次《詩餘譜》三卷,《樂語》附焉;次《北曲譜》一卷,《中原音韻》及《務頭》合一卷;次《南曲譜》三卷,《中州音韻》及《切韻》各一卷。全書雜揉各家著述而成,玉川子《嘯旨》、祝泌《皇極聲音數》、鄭樵《樂府原題》、周德清《中原音韻》諸書,各有署名;而《詩餘譜》因襲徐師曾《詞體明辯》,《北曲譜》輯自朱權《太和正音譜》,《南曲譜》截取沈璟《南九宮十三調曲譜》,皆未著出處。至於明王文璧《中州音韻》,乃以爲宋太祖時所編,則考訂之誤。程氏匯輯之功,自不可没,然全書未作校訂,舛訛之處益多。清初詞家時有批駁,至萬樹《詞律》一書刊行,方糾其流弊。程氏襲人成果,代人受過,晚明學風於此可見一斑。

今據明萬曆刻本影印。另有清康熙張漢重刻本、民國《惜陰堂叢書》本。（周明初　葉曄）

## 詞律拾遺八卷 （清）徐本立撰（第1736冊）

徐本立（1822—1874）,字子堅,號誠菴,一作誠齋。德清（今屬浙江）人。道光二十六年（1846）舉人,咸豐十年（1860）入曾國藩幕。同治三年（1864）補江蘇南匯令,官至南匯知縣。著有《詞律拾遺》、《荔園詞》二卷。

萬樹既作《詞律》,共收六百六十調,一千一百八十餘體。於詞之調、體、韻等均有記載。然間亦有所失,徐本立乃撰《詞律拾遺》

以補萬樹之闕。是書前六卷補《詞律》之未備，共載萬樹未收詞調一百六十五調，一百七十九體，又補萬樹已收詞調漏收之三百一十六體。後二卷乃補正原書之失。該書亦有未足，杜文瀾又有《詞律補遺》正之。

今據遼寧省圖書館藏清同治十二年刻本影印。此外尚有光緒二年刊本等。（汪超）

## 碎金詞譜十四卷碎金續譜六卷碎金詞韻四卷
（清）謝元淮撰（第 1737 冊）

謝元淮生平見前《養默山房詩藁》提要。

《碎金詞譜》成書于清道光二十三年（1843），其初刻六卷，以宮調編詞，錄詞一百八十首。道光二十八年重刻，增至十四卷、續集六卷，錄調四百九十九，詞五百五十八首。另錄唐宋大曲八調。該譜字左列四聲，右標工尺。以崑腔歌詞乃該譜一大特點，吳梅則以爲其"以南北曲之音拍，強誣古人，更不可爲典要，學者慎勿惑之"（《詞學通論》）。

此書正譜十四卷、續譜六卷、詞韻四卷，有道光二十八年刻朱墨套印本，今據湖北省圖書館藏該本影印。（汪超）

## 詞林韻釋一卷　（第 1737 冊）

《詞林韻釋》又稱《菉斐軒詞林要韻》、《詞林要韻》。原書不著撰人，初傳出時以爲宋紹興間刊本，乾隆間，厲鶚"曾見紹興二年刊菉斐軒《詞林要韻》一冊，分東紅、邦陽十九韻，亦有上、去、入三聲作平聲者"（《樊榭山房集》）。《叢書集成初編》收有此書，題爲"宋菉斐軒刊本"，實爲元人假托。江順詒《詞學集成》卷中引戈載語云："近秦敦夫先生取阮氏家藏《詞林韻釋》，一名《詞林要韻》，重爲開雕，題曰宋菉斐軒刊本。而跋中疑爲元明之季謬托，此書爲北曲而設，誠哉是言也。"此書據《中原音韻》，分韻爲十九類，并以平統上去，又將入聲派三聲。韻目所用之字，多從《瓊林雅韻》，釋義則多從《洪武正韻》。

該書有清馬氏小玲瓏山館抄本，翁同書校并跋，今藏國家圖書館。又有秦恩復《詞學叢書》本。今據上海圖書館藏光緒二十九年徐乃昌影刻宋菉斐軒本影印。（汪超）

## 學宋齋詞韻一卷　（清）吳烺（清）江昉等輯（第 1737 冊）

吳烺（1719—約 1770），字衫亭、荀叔。全椒（今屬安徽）人，久居揚州。吳敬梓長子。工詩文，精通數學。乾隆十六年（1751），以迎鑾獻詩詔試行在，賜內閣中書。三十四年，授山西武寧府同知，署府椽。未滿一年，即以疾歸。著有《金木山房集》、《周髀算經補注》等。事迹見阮元《疇人傳》。江昉（1727—1793），字旭東，號橙里，又號硯農，籍貫安徽歙縣，久居江都（今江蘇揚州）。候選知府。昉工詩，尤善詞曲，曾師陳晉，與任大椿、齊召南等唱和。亦善繪事。著有《練溪漁唱》、《晴綺軒集》。

該書係吳烺、江昉、吳鎧、程名世等人同輯。韻分十五部，編者以爲詞有平、上、去三聲通押者，故合而爲一，入聲則別爲分部。又以爲詞不宜用生僻字，乃盡刪之。各字無反切釋義，次第按《廣韻》，不依平水韻。陸鎣《問花樓詞話》以爲其"訛謬百端，去取寡當"。戈載以爲"其書以學宋爲名，乃所學者皆宋人誤處"（《詞學集成》卷中）。

該書有清乾隆刊本，今據南京圖書館藏該本影印。（汪超）

## 榕園詞韻一卷　（清）吳寧撰（第 1737 冊）

吳寧，字元侶。歙縣（今屬安徽）人。廩貢生。康熙二十三年（1684）召試二等，候選訓導。著有《蘭蕙林文鈔》、《榕園詩》。

謝章鋌《賭棋山莊詞話》卷六謂此書"修潔有條理，其凡例諸則，持論俱確"，然亦有"掛漏"。吳衡照《蓮子居詞話》卷一謂其"遵《廣韻》部目，斟酌分并，平聲從沈氏，上去以平爲準,入以平上去爲準,最確。其中有增益删汰而無割裂,亦屬至是"。陸鎣《問花樓詞話》則以爲此書亦"訛謬百端,去取寡當"。

此書有乾隆四十九年冬青山館刻本。今據中國科學院圖書館藏該本影印。(汪超)

### 詞林正韻三卷發凡一卷 (清)戈載撰(第1737册)

戈載(1786—1856),字寶士,一字孟博,號順卿,一作潤卿。吳縣(今江蘇蘇州)人。嘉慶十二年(1807)諸生,選貢士,爲太學典簿。未歷任,以詞學終老。工書善畫。著有《翠薇花館詩集》、《翠薇花館詞》、《宋七家詞選》等。譚獻《復堂詞話》稱其"謹於持律,剖及毫芒"。蔣敦復則以爲其詞"持律謹嚴,特少跳脱變化之筆",又謂:"順翁持律雖嚴,集中亦不能自遵約束。"(《芬陀利室詞話》)生平略見江銘忠《清代畫史補録》卷二、蔣寶齡《墨林今話》卷一六。

卷首有顧千里、吳嘉洤、朱綬、董國琛序。"列平、上、去爲十四部,入聲爲五部,共十九部,皆取古人之名詞,參酌而審定之,盡去諸弊"(《詞林正韻·發凡》)。問世後好評頗多。杜文瀾謂其"博考互證,辨晰入微,足補菉斐軒之遺,永爲詞家取法"(《憩園詞話》)。王鵬運《詞林正韻跋》推許該書"最精核"。

此書傳本甚多,有道光元年翠薇花館刊本、道光元年景石齋刊本、同治四年番禺姚氏刊本等。今據北京大學圖書館藏清道光翠薇花館刻本影印。(汪超)

# 曲　類

### 劉知遠諸宮調十二卷(存卷一至卷三、卷十一、卷十二) (第1738册)

作者無考。1907至1908年間俄國Л.К科兹洛夫探險隊在發掘古代西域黑水城(今屬甘肅)時出土。原件曾收藏於列寧格勒,1958年由前蘇聯國家對外文化聯絡委員會贈還我國,現藏于國家圖書館。據此書紙質、版式、字體及所用曲調、作品之語言風格等考定,此書當爲金代平陽(今山西臨汾)書坊刻本。

是書全本原爲十二卷,今本殘存五卷:知遠走慕家莊沙陀村入舍第一、知遠别三娘太原投事第二、知遠充軍三娘剪髮生少主第三、知遠探三娘與洪義廝打第十一、君臣弟兄母子夫婦團圓第十二。其中卷一缺第四頁,卷三則僅存第一、二兩頁,卷十一缺第一、二、三頁。每卷由若干不同宮調之套曲組合,咏叙故事,每一套曲間則以念白相串聯。全書共使用商調、正宮、仙吕調、南吕宮、般涉調、歇指調、商角、黃鐘宮、中吕調、高平調、道宮、大石調、越調等十三個宮調,七十九個套曲,卷一首套曲爲引辭。此書寫後漢高祖劉知遠發迹變泰故事,對後世同類題材戲曲有重要影響,南戲《白兔記》即取材於此書;另此書對宋金時期諸宮調之流傳情況及其曲體結構研究亦具有重要參考價值。

1935年,鄭振鐸據國外傳抄本校訂後,收入《世界書庫》第二册。1937年,北平琉璃廠來薰閣書店據複製照片石印。1958年文物出版社影印出版。今據金刻本影印。(俞爲民)

### 古本董解元西廂記八卷 (金)董解元撰(第1738册)

董解元,生平無考,解元爲金、元時對讀書人之敬稱。元鍾嗣成《録鬼簿》"以其創始"元曲,故列之於"前輩已死名公,有樂府行於世者"之首,并注爲金章宗(1190—1208)時人。又明朱權《太和正音譜》謂其"仕於金",然無的據。

是書共八卷,每卷由若干不同宮調之套曲組合,咏叙故事,每一套曲間以念白相串聯。全書共有仙吕調、般涉調、黃鐘調、高平調、雙調、商調、中呂調、大石調、正宮、越調、道宮、小石調、南呂宮、羽調等十四個宮調,一百九十二個套曲及兩支隻曲,卷一起首〔仙呂調·醉落魄纏令〕及〔般涉調·哨遍〕兩套曲爲"引辭"和"斷送引辭"。因其演唱時用琵琶和筝爲伴奏樂器,故又稱《弦索西廂》或《西廂搊彈詞》。

是書取材於唐元稹所作傳奇《鶯鶯傳》,但改變原著中張生對鶯鶯始亂終棄之結局,寫兩人終成眷屬。於故事情節與人物形象亦有較大豐富,實爲元代王實甫創作《西廂記》雜劇提供創作基礎。此書爲現存諸宮調中唯一完整作品,因此,對研究諸宮調之藝術形式及其曲體構成有重要學術價值。

是書有明嘉靖刊本《董解元西廂記》、明萬曆年間刊本《古本董解元西廂記》、明黃嘉惠校本、屠隆校本、湯顯祖評本、閔齊及刻本、閔遇五刻《西廂六幻》本、暖紅室刻本。今據明嘉靖本影印。(俞爲民)

## 雲莊張文忠公休居自適小樂府一卷　(元)張養浩撰 (第 1738 册)

張養浩(1270—1329),字希孟,號雲莊。濟南(今屬山東)人。自幼好學,二十歲時爲山東按察使焦遂薦爲東平學正,後歷任縣尹、監察御史、禮部尚書等職。元英宗至治元年(1321),因直言上疏,觸忤權貴,爲免受迫害,遂棄官歸隱。元文宗天曆二年(1329),關中大旱,重新起用,任陝西行臺中丞,赴關中賑災。因勞累死於任所。封濱國公,謚文忠。著有《雲莊休居自適小樂府》。生平事迹見《元史》本傳。

是書一卷,共收小令一百六十一曲,散套兩套。多作於晚年歸隱家居期間,故其内容多寫避世隱逸,休閒自適。另在關中賑災期間,因親眼目睹民間疾苦,故也有一些反映民間疾苦之作。其作風格清逸老健,明朱權《太和正音譜》評其曲"如玉樹臨風"。

是書有明成化十九年(1483)邊靖刻本、明汲古閣舊藏抄本。今據北京大學圖書館藏明成化十九年刻本影印。(俞爲民)

## 喬夢符小令一卷　(元)喬吉撰 (明)李開先輯 (第 1738 册)

喬吉(約 1275—1345),又名喬吉甫,字夢符,號鶴笙,又號惺惺道人。太原(今屬山西)人,寓居杭州太乙宮前。曾放蕩游歷江湖四十多年,自稱"不應舉江湖狀元,不思凡風月神仙"(〔雙調·折桂令〕《自述》)。有文集《天風》、《環佩》、《撫掌》三稿,今佚;雜劇十一種,今存《揚州夢》、《兩世姻緣》、《金錢記》三種。另提出曲論"鳳頭、豬肚、豹尾"之説(見《南村輟耕録》),影響頗大。生平事迹見鍾嗣成《録鬼簿》。李開先生平見前《李中麓閑居集》提要。

是書共一卷,收小令二百一十三曲,散套十套。由於作者一生流落江湖,寄情詩酒山水,故其散曲多爲咏物寫景、遣興抒懷以及與文人名士及歌妓宴游唱酬之作。其風格多樣,寫景抒情,清麗豪放;寫男女風情,則本色清冷。又講究詞語之斟酌與提煉,嚴守曲律,少用襯字,爲元樂府北曲之典範。明朱權《太和正音譜》評喬吉之作"如神鰲鼓浪,若天吳跨神鰲,噀沫於大洋,波濤洶湧,截斷衆流之勢"。李開先《喬夢符小令序》則以喬吉比之唐代詩人李白。

是書有明李開先刊刻隆慶間初刊本、清抄本、清厲鶚刊本、清雍正《樂府小令》本、近人盧前《飲虹簃所刻曲》本。今據中國藝術研究院戲曲研究所藏清抄本影印。(俞爲民)

## 新刊張小山北曲聯樂府三卷外集一卷補遺一卷　(元)張可久撰 (清)勞平甫校 (第 1738 册)

張可久(1279—約 1354),字小山,慶元(今浙江鄞縣)人。出身書香門第,年四十猶未遇,四十後出爲紹興、衢州等地酒稅都監,晚年隱居杭州。專工散曲,曾自編散曲集《今樂府》、《吳鹽》、《蘇堤漁唱》、《新樂府》,於元代散曲家中作品最多。生平事迹見鍾嗣成《録鬼簿》。

是書共三卷,另有《外集》一卷與《補遺》一卷,全書共收録小令八百五十三曲,散套九套。其内容可分爲咏物寫景、刺時隱逸、閨情相思、唱酬贈答等四類。因其一生仕途困頓,故以咏物寫懷之作爲多,借景寓志,抒發厭棄功名、避世歸隱之志趣。與元前期散曲作家描寫避世歸隱之作品相比,其作明顯帶有傳統文人士大夫情趣,又注重景語描繪,以景寓情,意蘊深厚,辭藻清麗,格律工整,風格典雅,成爲元代後期散曲清麗派之代表。明代朱權評其曲"如瑶天笙鶴,其詞清而且麗,華而不豔"(《太和正音譜》)。

作者生前曾將所作散曲編爲前集《今樂府》、後集《蘇堤漁唱》、續集《吳鹽》、別集《新樂府》刊行,明人合此四集編爲三卷,另增輯《外集》一卷,成此書。

此書有汲古閣抄本及清勞平甫抄本;又近人任訥《散曲叢刊》本在《張小山北曲聯樂府》基礎上增輯《補集》一卷,共六卷,收小令七百五十首,散套八套。今據南京圖書館藏清勞平甫抄本影印。(俞爲民)

### 坐隱先生精訂梨雲寄傲一卷坐隱先生精訂秋碧軒稿一卷坐隱先生精訂可雪齋稿一卷坐隱先生精訂月香亭稿一卷坐隱先生精訂滑稽餘韻一卷

(明)陳鐸撰 (明)汪廷訥訂 (第1738册)

陳鐸(約1460—約1521),字大聲,號秋碧,別署七一居士。邳州(今江蘇邳縣)人,寓居金陵,所居前有秋碧軒、七一居,故以爲號。將家之子,祖父陳政,明洪武初以功累遷中府都督,鐸以世襲官濟州衛指揮,風流倜儻,博學多聞,經傳子集無不淹通,妙解音律,工詩詞,尤以散曲名於世,善吟唱,常牙板隨身,興

來則歌,教坊稱之"樂王"。著作另有詞集《草堂餘意》,雜劇《好姻緣》(今佚)、《納錦郎》、《太平樂事》,爲作品最多之散曲作家。生平事迹見尤侗《明史擬稿》卷六、康熙《邳州志》卷七、錢謙益《列朝詩集小傳》。

《梨雲寄傲》等五集,實爲明汪廷訥輯訂、環翠堂所刊《陳大聲樂府全集》中之散曲選集。《梨雲寄傲》一卷,卷首有朱鈜、曹學佺、汪廷訥序。收散套三十套,其中北曲二十二套,南曲六套,南北合套兩套;小令一百五十一首,其中北曲一百一十八首,南曲三十三首。《秋碧軒稿》一卷,收北曲散套二十一套;小令三十八首,其中南曲六首,北曲三十二首。《可雪齋稿》一卷,收散套二十二套,其中北曲十三套,南曲九套;小令六十九首,其中南曲二十三首,北曲四十六首。《月香亭稿》一卷,收散套十五套,其中北曲十二套,南曲兩套,南北合套一套;小令五十三首,其中南曲十七首,北曲三十六首。《滑稽餘韻》一卷,收北曲小令一百三十六首。

此五集所收題材廣泛,大致可分爲咏物寫景、男女風情、隱逸玩世、市井世態等四大類。表現形式因題、因體而異,風格多樣:咏物寫景,清麗典雅;抒懷遣興,豪爽剛健;男女風情,清俊細膩;寫市井世態,則尖巧詼諧、本色俚俗。其南曲多清雅秀美,北曲則多豪爽本色。汪廷訥謂其曲"韻嚴"、"響和"、"節舒","詞秀而易晰,音諧而易按"(《刻陳大聲全集序》)。

此本據國家圖書館及中國藝術研究院戲曲研究所藏明萬曆三十九年(1611)環翠堂刻《坐隱先生精訂陳大聲樂府全集》本影印。(俞爲民)

### 碧山樂府四卷 (明)王九思撰 (第1738册)

王九思生平見前《渼陂集》提要。

《碧山樂府》四卷,卷首有自序、《碧山新稿自叙》及吳孟祺叙、康海序。卷一與卷二爲

小令,卷一收一百二十九首,卷二收一百八十五首;卷三與卷四爲散套,卷三收二十二套,卷四收十四套。其曲或遣興抒懷,或相互唱酬,因作者被勒令致仕,内心多怨,故其所作曲亦多抒發憤懣之情。王世貞評其曲"不在關漢卿、馬東籬下"(《藝苑卮言》)。

此本據明崇禎刻本影印。(俞爲民)

## 王西樓先生樂府一卷　　(明) 王磐撰 (第1738 册)

王磐(約 1470—1530),字鴻漸,號西樓。明南直隸高郵(今屬江蘇)人。出身富室,曾爲諸生,厭而棄之,乃縱情山水,終身不再應舉求官。有雋才,涉獵甚廣,多才多藝。善俳諧,工詩能畫,尤精音律,每度曲,"風生泉湧,聽者必醉"(明張守中《刊王西樓先生樂府序》)。與陳鐸并爲當時南曲之冠。有《西樓詩集》、《野菜譜》等。明萬曆《揚州府志》卷一八有傳,另蔣一葵《堯山堂外紀》、王世貞《藝苑卮言》、王驥德《曲律》皆有記載。

是書共一卷,收小令六十五首,散套九套。作者一生不仕,寄情山水,灑落不凡,其作或寫景抒懷,或譏時刺世,風格清俊典雅,豪放俳諧。又因其擅畫,故其曲中多有畫意,張守中《刊王西樓先生樂府序》謂其"爲古摩詰之流也"。又喜諧謔,其揭露黑暗、抨擊權貴之作,風格犀利豪辣。故其風格"兼得喬(吉)、張(可久)之趣,其麗也不僅工雅,兼能出奇;其清也瀟疏放逸,且好爲游戲俳諧之作,而不用康(海)、馮(惟敏)兩派之粗豪,一以精細出之"(任訥《散曲概論·流派》)。

此本據南京圖書館藏明嘉靖三十年(1551)張守中刻本影印。(俞爲民)

## 沜東樂府二卷　　(明) 康海撰 (第1738 册)

康海生平見前《康對山先生集》提要。

是書共二卷,卷一收小令二百五十三曲,其中北曲二百一十四首,南曲三十九首;卷二收散套三十七套,其中北曲三十套,南曲四套,南北合套三套。近人任訥《散曲叢刊》本另附《補遺》一卷,收小令七首,散套五套。其作多爲免官歸里後所著,内容有閑適、刺世兩類。語言本色俚俗,風格豪爽明快,對改變明初散曲纖弱之風頗有影響。

此本據北京大學圖書館藏明嘉靖三年(1524)康浩刻本影印。(俞爲民)

## 蕭爽齋樂府一卷　　(明) 金鑾撰 (第1738 册)

金鑾(1494—1583),字在衡,號白嶼。隴西(今屬甘肅)人,明正德、嘉靖間隨父僑寓南京。澹泊名利,喜結交四方豪士。工詩,錢謙益稱其詩"不操秦聲,風流婉轉,得江左清華之致"(《列朝詩集小傳》)。善填詞,精散曲,作有《金白嶼集》、《徙倚軒集》、《蕭爽齋詞》等。生平見錢謙益《列朝詩集小傳》。

是書共一卷,收小令一百二十五首,其中北曲八十九首,南曲三十六首;散套二十四套,其中北曲十七套,南曲三套,南北合套四套。題材多樣,有寫景咏物、抒懷言志、男女風情、譏時刺世、唱酬贈答等類。風格亦多樣,寫景咏物,清麗淡雅;寫男女風情,或纏綿婉轉,或俚樸之極;譏時刺世,則戲謔俳諧,犀利辛辣。於明代曲壇名重一時。明何良俊《曲論》云:"南都徐髯仙後,惟金在衡最爲知音,善填詞,其嘲調小曲極妙,每誦一篇,令人絶倒。"呂天成《曲品》將其作列爲"上品",謂其"響振江南"。

是書有明萬曆刊本、武進董氏刻本。今據民國二十三年飲虹簃刻本影印。(俞爲民)

## 海浮山堂詞稿四卷　　(明) 馮惟敏撰 (第1738 册)

馮惟敏生平見前《海浮山堂詩稿》提要。

是書共四卷,收小令五百零八首,散套五十套。其中卷一爲"大令",即散套,卷二上爲"歸田小令",卷二下爲"小令",卷三爲"擊節餘音”,分散套與雜曲兩類,卷四爲附録,收散套四套,明刊本附《不伏老》、《僧尼共犯》雜劇。

其曲題材廣泛,或言志抒懷,抒發對權奸當道、仕途受阻之憤懣鬱結,表達歸田隱逸之超脱志趣;或譏刺時世,揭露黑暗,憂患民生疾苦。其曲語言本色俚俗,韻致天然。風格道勁爽朗,粗獷豪放,向有“曲中辛稼軒”之稱。

是書有明嘉靖四十五年(1566)刻本、明汪氏環翠堂刻《坐隱先生選本》。今據中國藝術研究院戲曲研究所藏明嘉靖四十五年刻本影印。(俞爲民)

### 江東白苧二卷續江東白苧二卷　(明)梁辰魚撰 (第1739册)

梁辰魚(1519—1591),字伯龍,號少白、仇池外史。崑山(今屬江蘇)人。出身官宦之家,祖父梁紞曾任泉州府同知,父梁介曾任浙江平陽訓導。辰魚累試不第,僅以例貢爲太學生。好任俠,遍游歷,廣交天下奇士。精音律,喜度曲。作有傳奇《浣紗記》,雜劇《紅綫女》、《紅綃》,散曲集《二十一史彈詞》及詩文《鹿城集》等。生平事迹見張大複《崑山人物傳》卷八、錢謙益《列朝詩集小傳》。

是書正編上下二卷,刊行於明嘉靖三十五年(1556)後,卷首有張伯起小序,收小令五個曲牌四十一首,散套十四套。續編上下二卷,刊刻於萬曆年間,收小令九個曲牌十二首,散套二十四套。正編散套前皆有小序,小令則僅一曲前有序,説明創作緣起。續編曲前皆無小序。

是書所收一爲紀游抒懷,一爲閨怨風情。紀游抒懷之作借景抒情,傷古吊今,直抒胸臆。閨怨風情之作則多爲“代作”、“擬作”,借閨怨言懷,訴心中之不平。其作注重曲調音律之和諧嚴整及語言之典雅工麗,其體被稱爲“白苧體”。然以過於凝練整飾而乏生動活潑之趣,於晚明散曲創作有消極影響。

是書有明末刊本、暖紅室刊本、武進董氏刊本。今據上海辭書出版社圖書館藏明末刻本影印。(俞爲民)

### 良辰樂事不分卷　(明)劉效祖撰 (第1739册)

劉效祖(1522—1589),字仲修,號念庵。濱州(今山東惠民)人,僑寓北京。明嘉靖二十九年(1550)進士,授衛輝司理,遷户部主事,官至陝西按察副使。因拒嚴嵩父子之羅致,罷官歸里,辟日涉園,陶情觴咏。工詩,作有《劉仲修詩稿》、《四鎮三關志》等。散曲有《空中語》、《短柱效顰》、《都邑繁華》等集,皆失傳,後其從孫編集殘曲,成《詞臠》一卷。生平見康熙《宛平縣志》卷五、康熙《畿輔通志》卷二二。

是書共收小令一百零六首,其中北曲八十首,南曲二十六首;北曲散套一套。或遣興抒懷,或叙寫閨思風情。抒懷之作清俊灑脱,閨情之作則戲謔俳諧。

此本據國家圖書館藏清康熙二十九年(1690)劉芳永刻本影印。(俞爲民)

### 林石逸興十卷　(明)薛論道撰 (第1739册)

薛論道,字譚德,號蓮溪,別署蓮溪居士。頂興(今河北易縣)人。幼時因病一足殘疾。八歲能文,因家貧遂棄學,喜讀兵書,中年從軍,成邊三十年,屢建戰功,官指揮僉事。萬曆初,與戚繼光主張不合,棄官歸里。尋復起用,後以參將加副帥歸田。作有散曲小令一千首。生平見光緒《定興縣志》卷一一。

是書共十卷,卷首有胡汝欽序、吳京引及作者自序。每卷爲一個曲牌,卷一〔古山坡羊〕、卷二〔朝天子〕、卷三〔水仙子〕、卷四〔黄鶯兒〕、卷五〔沉醉東風〕、卷六〔桂枝香〕、卷七〔朝元歌〕、卷八〔傍妝台〕、卷九〔步步嬌〕、卷十〔玉抱肚〕。每卷小令一百首,共一千首。内容可分爲軍旅生活、遣興抒懷、歎時刺世三類。其自序云:“或憂勤於禮法之中,或放浪於形骸之外,皆可以上鳴國家治平之盛,而亦可以發林壑游览之情。"風格亦以内容而異,或悲壯豪放,或纏綿哀惋,或詼諧辛辣。

此本據國家圖書館藏明萬曆刻本影印。(俞爲民)

### 秋水庵花影集五卷　(明) 施紹莘撰 (第1739 册)

施紹莘(1588—1640),字子野,號峰泖浪仙。華亭(今屬上海)人。少補諸生,通經術古今文,旁及星緯輿地之書。屢試不第,乃無意功名,遨游於九峰、三泖、兩湖之間,寄情詩酒,縱情聲色。工詞曲,好度曲。生平見嘉慶《松江府志》卷五四、光緒《青浦縣志》卷一九。

是書共五卷,收小令七十二首,散套八十六套,詞一百九十餘首,係作者手訂。按時間先後排列,曲前多有叙,曲後有評跋,且間有詩文。卷首有陳繼儒、顧胤光、沈士麟序及自序,又"秋水庵花影集雜記"一篇。除正文外,尚有批語及圈點,圈點分虛心與實心兩種符號,批語分眉批和夾批兩種。眉批或品評全作,或評其技法、言語本人;夾批則評論字句本身。此類批語及圈點皆是刻書時與正文一并刻入。

作者嗜花,自稱"一生與花作緣,無日不享供養"(《惜花》跋),故以"花影"名集。所作多寫山水風景、花酒韻事,風格清新自然,音律諧和。其友沈士麟《秋水庵花影集序》謂其"不雕琢而工,不磨滌而净,不粉澤而豔,不寄鑿而奇"。吳梅稱明代散曲"要以施紹莘爲一代之殿"(《顧曲塵談》)。

是書有明末抄本、明崇禎間施氏秋水庵刻本。今據中國科學院圖書館藏明末刻本影印。(俞爲民)

### 鞠通樂府五卷 (存三卷)　(清) 沈自晋撰 (第1739 册)

沈自晋(1583—1665),字伯明,又字長康,晚號鞠通生。吳江(今屬江蘇)人。少聰穎,弱冠補博士弟子員,然一生未仕。居家讀書,以文字自娱。爲沈璟之侄,又與馮夢龍、卜世臣、袁于令等相交。明末清初,避兵亂遷居鄉下,輾轉同里、吳山、越溪等地,數年後返歸故居。清康熙四年(1665)卒於家。精音律,作有傳奇《望湖亭》、《翠屏山》、《耆英會》,散曲集《賭墅餘音》、《黍離續奏》、《越溪新咏》、《不殊堂近草》四集,總稱《鞠通樂府》,今存後三集。另據沈璟南曲譜增訂《南詞新譜》。生平見《吳江沈氏家譜》、乾隆《吳江縣志》卷三三。

是書共三卷,收南曲小令六十四首,散套十九套。卷一爲"黍離續奏",寫於甲申以後,收南曲小令二十四首,南曲散套五套,多爲憑吊明亡及避亂思歸之作。卷二題"越溪新咏",寫於丁亥以後,收南曲小令十六首,南曲散套七套,多爲隱居吳山時寫懷寄友之作。卷三題"不殊堂近草",收南曲小令二十四首,南曲散套七套,寫於壬辰八月之後,多爲七十歲以後咏物憶舊之作。因作者身逢亂世,故其曲大多反映明清易代之動亂現實,憂世傷時,抒發亡國之痛,黍離之悲。其風格以清麗爲主,兼具悲壯。

是書有 1928 年吳江敦厚堂刊本、近人吳梅抄本,其中敦厚堂刊本爲《鞠通樂府》與《瘦吟樓詞》合刊本。今據國家圖書館藏吳梅抄本影印。(俞爲民)

### 坦庵樂府黍香集三卷　(清) 徐石麒撰 (第1739 册)

徐石麒(約 1610—1663 後),字又陵,一字長公,號坦庵,别署坦庵道人。原籍湖北,一作鄞縣(今浙江寧波),寓居甘泉(今江蘇揚州)。博通經史,精研名理,工詞曲,擅書畫,喜度曲。性澹泊,疏狂避世,不求仕進。有傳奇《珊瑚鞭》、《胭脂虎》、《九奇緣》、《群寒釵》,雜劇《買花錢》、《大轉輪》、《浮西施》、《拈花笑》,詞曲集《坦庵詩餘甕吟》等,筆記

《蝸亭雜訂》。生平見嘉慶《揚州府志》卷五三、李鬥《揚州畫舫録》卷二、焦循《劇説》卷五。

是書原爲五卷,現存三卷,卷前署"邗上徐石麒又陵父撰,同社諸子評訂"。卷一收小令三十一首,卷二收散套九套,卷三收散套四套。内容多爲寫景抒懷,寄寓避世自適之志趣,風格清新曠達。所用曲調中多有自度曲,如〔北中吕·錦仙裳〕、〔藕花風〕、〔畫眉令〕、〔楚州歌〕、〔喬搗鼓〕、〔醉雲樓煞〕、〔北雙調·新香過〕、〔晚雲籠〕、〔駿馬嘶〕、〔山頭月〕、〔醉仙吟〕、〔釣魚竿〕、〔停橈聽〕、〔催花鼓〕、〔大旗風〕、〔空閨怨〕、〔歸鳥煞〕等,皆不見於前人曲譜。又曲文上多有眉批,評論其語言風格與音律得失。

此本據國家圖書館藏清順治南湖香書堂刻《坦庵詞曲六種》本影印。(俞爲民)

### 冬心先生自度曲一卷 (清) 金農撰 (第1739 册)

金農生平見前《冬心先生集》提要。

是書共一卷,收小令五十四首,因作者精於繪畫,故其中除寫景、紀游外,多爲題畫曲。所用曲調如〔竹枝曲〕、〔楚澤吟〕、〔湘中曲〕、〔梧桐引〕、〔琵琶歌〕等皆爲自度曲。

是書有清乾隆《西泠五布衣遺著》刊本、清同治癸酉錢塘丁氏當歸草堂刊本。今據國家圖書館藏清乾隆刻本影印。(俞爲民)

### 樂府新編陽春白雪前集五卷後集五卷 (元) 楊朝英輯 (第1739 册)

楊朝英,號澹齋。青城(今山東高青)人。近人孫楷第《元曲家考略》謂其祖籍青城,家於龍興(今江西南昌)。生卒年及生平事迹皆不詳。與貫雲石爲友,貫雲石(字酸齋)曾謂其曰:"我酸則子當澹。"故以"澹齋"爲號(元鄧子晋《太平樂府序》)。兩人常評論當時曲家,選輯元人小令、散套,編成《陽春白雪》、《太平樂府》,時稱"楊氏二選"。工散曲,元楊維楨謂"奇巧莫如關漢卿、庾吉甫、楊澹齋、盧疏齋"(《周月湖今樂府序》),朱權評其曲"如碧海珊瑚"(《太和正音譜》)。現存小令二十七首。生平見貫雲石《陽春白雪序》、鄧子晋《太平樂府序》。

全書共十卷,分前後兩集。卷首有貫雲石序。前集卷一首載元燕南芝庵《唱論》。是書分類受《唱論》影響,按大樂(詞)、小令、散套三類排列。前集卷一選收蘇軾、晏殊、鄧子江、吳彦高、辛棄疾、柳永、朱淑真、蔡伯堅、張子野等宋金人詞。前集卷二至卷五及後集卷一收散曲小令,後集卷二至卷五收散套。按宫調、曲調排序。無名氏以外,共收四十七位作家,小令四百九十二首,散套四十七套。

是書選收曲家及曲作數量衆多,曲作風格多樣,本色、清麗、典雅等不同風格之曲作皆予以收録,且在元代散曲集中刊刻年代最早、流傳最廣,故爲研究元代散曲之重要資料。

是書版本甚多,刻本有元刊十卷本和殘元刊二卷本,抄本有九卷本和六卷本。兩種元刊本、六卷抄本皆名《樂府新編陽春白雪》,當爲後人"新編",九卷抄本題作《樂府陽春白雪》,無"新編",故當是祖本或接近祖本。又各本所收曲調數量有異,殘二卷本比十卷本多收一百一十首小令。九卷抄本則有六十八首小令、十六套散套爲元刊本無,六卷抄本有二十五套散套爲他本所無,當是後人增衍、删削所致。

此本據南京圖書館藏元刻本影印。(俞爲民)

### 朝野新聲太平樂府九卷 (元) 楊朝英輯 (第1739 册)

是書爲《陽春白雪》之補編與續集,全書共九卷,卷一至卷五爲小令,卷六至卷九爲散套,除無名氏外,共收八十五位元代曲家之作,其中小令一千零六十二首,散套一百四十一套。按宮調、曲調排列。因此書搜羅豐富，作家作品衆多，故與《陽春白雪》同爲研究元代研究散曲之重要資料。

是書有元刻細字本、元至正刻本、國家圖書館藏明刻本、上海圖書館藏明毛氏汲古閣抄配五卷本、南京圖書館藏清河夢華抄本、1923年武進陶氏影印元刊本等。此本據國家圖書館藏明刻本影印。（俞爲民）

### 中州樂府音韻類編一卷　（元）卓從之編（第1739冊）

卓從之，元燕山（今屬河北）人。生平事迹不詳。

是書又名《中州音韻》、《北腔韻類》。全書共一卷，其體例承自《中原音韻》，分十九韻部，所列韻目同於《中原音韻》。然字聲分類中，平聲除按《中原音韻》分陰、陽兩類外，又分陰陽（即可陰可陽）一類。

是書原刊於常熟瞿氏鐵琴銅劍樓所藏明刊本《朝野新聲太平樂府》卷首。今據國家圖書館藏明刻本影印。（俞爲民）

### 梨園按試樂府新聲三卷　（元）佚名輯（第1739冊）

全書分上、中、下三卷，卷上收散套三十二套，卷中收小令二百六十首，卷下殘闕，現存小令及帶過曲二百五十五首，散套一套。所收多爲元初作家之作，内容多寫景抒情，表達隱逸避世之志，語言質樸自然，代表元代前期散曲創作傾向與風格，故爲研究元代早期散曲之重要資料。

此本據民國二十五年上海商務印書館《四部叢刊三編》影印元刻本影印。（俞爲民）

### 詞林摘艷十卷　（明）張禄輯（第1740冊）

張禄，字天爵，一字元俸，號友竹山人、蒲東山人，別署吳江主人。吳江（今屬江蘇）人。生平見劉楫《詞林摘艷序》。

是書據《盛世新聲》增補刪訂而成，編者不滿《盛世新聲》選收不當，且多有訛舛，因"去其失格，增其未備，訛者正之，脱者補之"（劉楫序），"不減於前謂之林，少加於後謂之艷，更名曰《詞林摘艷》"（自序）。全書共十卷，分"南北小令"、"南北九宫"兩類，散曲與劇曲合選，按宫調排列。"南北小令"輯選南北曲小令二百八十六首，"南北九宫"輯選散套三百二十五套。其中戲曲北曲雜劇三十四種，南戲五種。所收散曲與戲曲爲元明諸選集所未見者。此外，收録有〔鎖南枝〕、〔傍妝台〕、〔山坡羊〕、〔耍孩兒〕、〔駐雲飛〕、〔醉太平〕、〔寄生草〕、〔羅江怨〕、〔哭皇天〕等民間時調。是書爲研究明代散曲及民間時調小曲之重要資料。

是書有明嘉靖四年（1525）原刊本、嘉靖三十年徽藩刻本、萬曆二十五年（1597）内府刻本。另有《重刊增益詞林摘艷》十卷，係張禄將編輯《詞林摘艷》所刪《盛世新聲》中之曲文補入，增益成書。今存明嘉靖十八年刊本，卷首有張禄《重刊增益詞林摘艷序》。

此本據明嘉靖四年刻本影印。（俞爲民）

### 雍熙樂府二十卷　（明）郭勛輯（第1740—1741冊）

郭勛，字荆聚，别署春山居士。安肅（今屬河北）人。明初開國勛臣武定侯郭英六世孫。"桀黠有智數，頗涉書史"（《明史·郭英傳》），"好文多藝，能計數"（沈德符《野獲編·武定侯進公》）。歷任提督三千營、兩廣總督、京師左軍都督掌團營，主管四郊興建之事，授太保兼太子太傅衛，正德三年（1508）承襲武定侯爵位，進翊國公加太師。後坐藍黨下獄死。曾編輯、刊刻《皇明開運輯略武功名世英烈傳》、《水滸傳》、《三國志演義》、《雍熙樂府》等。傳附《明史·郭英傳》。

全書共二十卷，除收録散曲與劇曲外，兼收諸宫調、時調小曲，分南曲與北曲，并按宫調排列。卷一至卷十五皆收北曲散套,卷十六題作"南曲",實收南北合套曲三套,南曲散套六十五套,北曲九套。卷十七至卷二十皆題作"雜曲",實即北曲聯章體和帶過曲。編者輯選此書旨在顯示"盛世之治和"(《雍熙樂府序》),因名《雍熙樂府》,其所選曲調數量之多,爲明代散曲選本之最。

是書有明嘉靖十年(1531)王言序刻本、嘉靖十九年長春山人序刻本、嘉靖四十五年春山居士序刻本。今據民國上海商務印書館影印明嘉靖四十五年刻本影印。(俞爲民)

### 新鐫古今大雅北宮詞紀六卷新鐫古今大雅南宮詞紀六卷　（明）陳所聞輯（第1741冊）

陳所聞,字藎卿。南直隸上元(今江蘇南京)人,祖籍仁和(今浙江杭州)。明嘉靖二十五年(1546)舉人,曾任玉山知縣,以功名不稱意,遂放浪山水,後卜居南京,與李登、王元坤等人共結"白社",詩酒唱酬。曾替汪廷訥編刊書籍。工詩善曲。作有散曲集《濠上齋樂府》,雜劇《王子晋緱嶺吹笙》、《孫子荆枕流漱石》、《周子冲易鬚拜相》、《徐髯仙南巡應制》四種,傳奇《金門大德記》、《相仙記》、《金刀記》、《詩扇記》,今皆佚。生平見道光《安徽通志》卷一八四。

《新鐫古今大雅北宮詞紀》,簡稱《北宮詞紀》,全書共六卷,卷首有明萬曆甲辰夏龍洞山農題詞、朱之蕃《北宮詞紀小引》、《刻北宮詞紀凡例》、《古今品詞大旨》。其中《古今品詞大旨》乃引録《中原音韻》、《太和正音譜》"趙子昂論曲"、王世貞《藝苑巵言》、何良俊《四友齋叢説》等書之曲論。是書選收元明曲家南北曲合套及北曲散套,以題材分類。卷一"宴賞",收南北合套九套、北曲散套三十九套。卷二"祝賀",收北曲散套三十九套,南北合套四套。卷三"棲逸并歸田",收北曲散套四十八套,南北合套兩套。卷四含"送别"、"壽賞"、"旅懷附悼亡"、"咏物"四類,共收北

曲散套五十六套,南北合套兩套。卷五"美麗",收北曲散套三十三套。卷六"閨情",收北曲散套八十四套,南北合套九套。

《新鐫古今大雅南宮詞紀》,簡稱《南宮詞紀》,署"秣陵陳所聞藎卿粹選,陳邦泰大來輯次"。全書共六卷。卷首有明俞彦序、顧起元題詞、《刻南宮詞紀凡例》七則。全書以題材分類編排,卷一含"美麗"、"閨怨"兩類,分别收南曲散套十一套、五十二套。卷二含"宴賞"、"祝賀"、"游覽"、"咏物"、"題贈"、"寄慰"六類,分别收南曲散套十八套、六套、四套、十四套、十六套和兩套。卷三含"送别"、"寫懷"、"傷逝"、"隱逸"四類,分别收南曲散套四套、十八套、八套和十一套。卷四爲小令,含"美麗"、"閨怨"兩類,分别收南曲小令六十三曲和七十二曲。卷五"宴賞"類,收南曲小令四十九曲、北曲散套三套(元喬夢符、高文秀、薩天錫各一套);"游覽"類收南曲小令四十一曲,"咏物"類,收南曲小令三十三首,"題贈"類,收南曲小令三十六首,"寄答"類,收南曲小令二十六首。卷六分"送别"類,收南曲小令二十一首,"旅懷"類,收南曲小令二十四首,"隱逸"類,收南曲小令一百零八首,"嘲笑"類,收南曲小令六十三首。

兩書所選作品首重音律,"雖有佳詞,弗韻弗選"(《刻北宮詞紀凡例》)。語言偏重典雅。所選以湯式、陳鐸、馮惟敏、康海、金鑾、王九思等及陳所聞本人作品最多,曲文上多有眉批,乃摘引王世貞《曲藻》、何良俊《曲論》等評曲之語。

此本據中國藝術研究院戲曲研究所藏明萬曆刻本影印。另有《北宮詞紀外集》,吳曉鈴藏抄本,殘存四、五、六卷。(俞爲民)

### 南北詞廣韻選十九卷　（明）徐復祚輯（第1742—1743冊）

徐復祚(1560—約1630),原名篤儒,字陽

初,後改字吶川,號暮竹,別署破慳道人、陽初子、洛誦生、休休生、三家村老、忍辱頭陀、慳吝道人等。常熟(今屬江蘇)人。祖父徐栻曾官南京工部尚書。自幼勤奮好學,然一生困頓,終生未仕。工詩文,尤長於戲曲。著作今存《宵光記》、《紅梨記》、《投梭記》等三種傳奇及雜劇《一文錢》,另有筆記《三家村老委談》(又名《花當閣叢談》)。生平事迹詳見張大復《梅花草堂筆談》卷一一、乾隆《常昭合志》卷八。

是書實承沈璟《南詞韻選》而作,其自序云:"沈先生有《南詞韻選》,其立法甚嚴,凡不用韻者,詞雖工,弗收也;然南詞耳,不及北也;散曲耳,不及傳奇也。余隘之,特爲廣之。"故書名題作《南北詞廣韻選》。因其主張南北曲應皆以《中原音韻》爲準,故不僅以《中原音韻》十九個韻部列目,且每一韻部下所選例曲兼收南北曲,又劇曲與散曲兼收。曲文上有眉批,曲文後又有總評,評論所選作品曲律之得失,所批多與其《三家村老委談》中曲論及近人所輯《三家村老曲談》同。

今據國家圖書館藏清抄本影印。(俞爲民)

### 白雪齋選訂樂府吳騷合編四卷衡曲塵談一卷曲律一卷　(明) 張楚叔 (明) 張旭初輯 (第1743冊)

張琦,一名楚,字楚叔,或云名楚叔,又字叔文,號騷隱,別署騷隱生、騷隱居士、西湖居士、松矔道人、松矔老人、白雪齋主人。武林(今浙江杭州)人。工詞曲,精音律。作有傳奇《明月環》、《金鈿盒》、《詩賦盟》、《靈犀錦》、《鬱輪袍》、《題塔記》等六種(前五種合稱《白雪樓五種曲》)及曲論《衡曲塵談》等。生平參見張琦《衡曲塵譚》及《吳騷合編小序》。

此書卷内題作"虎林騷隱居士選輯,半嶺道人删訂"。張琦與王穉登合編《吳騷集》四卷,與王輝合輯《吳騷二集》四卷,又與弟旭初同輯《吳騷合編》四卷。《合編》乃據《吳騷集》、《吳騷二集》、《吳騷三集》等書選輯而成,故名"合編"。"吳騷"指崑山腔。全書四卷,卷首載曲論《衡曲塵談》一卷、魏良輔《曲律》一卷十七條,另有許當世序、張楚叔小序、張旭初跋、清懶居士序,又許當世《吳騷二集序》、半嶺主人《吳騷三集序》及《凡例》十二則。每卷首皆有插圖。所選多爲南曲散套,按宮調排列。所選曲文多爲男女風情之作。"惟幽期歡會,惜別傷離之詞,得以與選,其他雜咏佳篇,俱俟續刻,概弗濫收"(《凡例》)。

是書爲便於度曲者借鑒,所選曲文皆分別正襯,辨訂牌調,注明板眼,且每套曲後亦有評語,故吳梅以爲是書"爲散曲中盡善之作,《韻選》而外,首屈一指矣"(吳梅跋)。

是書有明崇禎十年(1637)張師齡刻本、吳郡綠蔭堂刻本、大來堂刊本。今據《四部叢刊續編》影印明崇禎刻本影印。(俞爲民)

### 太霞新奏十四卷　(明) 馮夢龍輯 (第1744冊)

馮夢龍(1574—1646),字猶龍、子猶、耳猶,號龍子猶、墨憨齋主人、顧曲散人、姑蘇詞奴、綠天館主人、可一居士、茂苑野史、香月居主人、詹詹外史等。長洲(今江蘇蘇州)人,居葑溪。少負才名,與兄馮夢桂、弟馮夢熊并稱爲"吳下三馮"。工詩文,善詞曲,尤重小說、戲曲及民歌俗曲等俗文學。性曠達,放蕩不羈。早年在蘇州、無錫、烏程、麻城等地處館課童。至崇禎三年(1630)五十七歲時才入國學爲貢生,次年授丹徒訓導,崇禎七年(1634)升任福建壽寧知縣。十一年辭官歸里。一生著述甚豐,編著話本小說集《喻世明言》、《警世通言》、《醒世恒言》等(合稱"三言"),民歌集《掛枝兒》、《山歌》,散曲集《太霞新奏》,筆記《古今譚概》、《笑府》,改編傳奇十四種,合稱《墨憨齋定本傳奇》。《明史》有傳。

是書共十四卷,卷首有自序、《發凡》十三

則,明其所收爲"名家新製",以"調協韻嚴"爲準,并將沈璟《論曲》散套載於卷首爲代序。書中有插圖十六幀。所選皆爲散曲,共收四十三位作家之作,其中南曲散套一百六十五套,小令一百五十四首。全集仿曲調格律譜,按宮調分卷。選曲標準以文采與音律兼顧。所收皆爲明代散曲名家新作,如馮惟敏、梁辰魚、沈璟、沈子勺、高瑞甫、陸包山、祝希哲、唐伯虎、史叔考、王驥德、陳藎卿、秦復庵、卜世臣、沈伯明、袁于令、凌濛初及馮夢龍本人,故名其集曰"新奏"。

是書實爲選本型曲譜,爲方便度曲者和作曲者借鑒,不僅注明字聲,標注板眼,且眉批、夾批及篇後總評多論作曲、度曲之法。如其凡例所云:"兹刻按譜定板,復細加批閱,使歌者可以審腔,作者有所取法,其名家評品有切詞理者,附載本曲左方。"

此本據明天啓七年(1627)刻本影印。(俞爲民)

### 南音三籟四卷　(明)凌濛初輯(第1744册)

凌濛初(1580—1644),字玄房,號初成,又名凌波,別號波斥,別署即空觀主人。烏程(今浙江吳興)人。十二歲考中生員,十八歲補廩膳生,明天啓四年(1624)入都就選,崇禎七年(1634)授上海縣丞,崇禎十五年擢升徐州通判。凌氏爲世宦之家,且多年從事圖書刊印,以底本精善、刊刻考究著稱,世稱"凌本"。受家風影響,濛初早年即聰穎好學,工詩文,通經史,尤精於小説、戲曲,著述甚多。著有《國門集》、《詩經人物考》等。有擬話本小説集《拍案驚奇》、《二刻拍案驚奇》(俗稱"二拍"),傳奇《喬合衫襟記》等三種,雜劇《北紅拂》等九種,戲曲論著《譚曲雜札》等。生平事迹見嘉慶《凌氏宗譜》卷二、同治《湖州府志》卷七八、光緒《烏程縣志》卷一六。

全書四卷,卷首有自序,《凡例》後附《譚曲雜札》。書後有清初袁于令、李玉序及袁園客題詞,全書按曲體分散曲和戲曲兩類,各上下兩卷,仿曲調格律譜,按宮調排列。戲曲上卷爲仙吕、正宮、大石、中吕、南吕、黄鐘六個宮調,選收《荆釵記》、《白兔記》、《拜月亭》、《琵琶記》、《牧羊記》、《明珠記》、《浣紗記》、《紅梨記》、《風流合三十》、《西廂記》、《尋親記》、《紅拂記》、《寶劍記》、《彩樓記》、《衫襟記》、《投筆記》、《四節記》、《金印記》、《羅囊記》、《灌園記》、《玉簪記》、《祝髮記》、《連環記》、《高文舉》等二十四種南戲、傳奇之七十三套曲。下卷爲越調、商調、雙調、仙吕入雙調四個宮調及不知宮調、雜犯宮調、附録小令等三項,選收《荆釵記》、《白兔記》、《拜月亭》、《琵琶記》、《牧羊記》、《明珠記》、《浣紗記》、《紅梨記》、《玉合記》、《玉環記》、《玉玦記》、《八義記》、《崔君瑞》、《孟月梅》、《玩江樓》、《繡襦記》、《西廂記》、《紅拂記》、《寶劍記》、《彩樓記》、《衫襟記》、《投筆記》、《金印記》、《香囊記》、《灌園記》、《玉簪記》、《連環記》、《新合鏡記》、《還帶記》、《錦香亭》、《古還魂記》、《韓玉箏》、《章臺柳》、《千金記》、《鄭孔目》等三十五種南戲、傳奇之散套六十三套、雜犯宮調即集曲五曲、小令十三曲。所選又分爲天籟、地籟、人籟三類,"其古質自然、行家本色爲天,其俊逸有思、時露質地者爲地,若但粉飾藻繢、沿襲靡詞者,雖名重詞流,聲傳里耳,概謂之人籟而已"(凡例)。所選諸作只收曲文,不收念白、腳色、科諢及其他舞臺提示語。曲文旁皆標注板眼符號,嚴分閉口字與撮口字,閉口侵尋、監咸、廉纖三韻以加"○"別之,撮口字則於字之左方作小"△"以別之。批語分眉批及曲後評,考訂曲牌、句式、平仄、韻位、正襯等曲調格律。然則此書實爲一部選本型曲譜,可爲作家填詞作曲及演唱者度曲提供規範與借鑒。

是書有明末原刊本、清康熙增訂本。今據明末刊本影印。（俞爲民）

## 山歌十卷　（明）馮夢龍輯（第1744冊）

馮夢龍生平見前《太霞新奏》提要。

是書十卷，一名《童癡二弄》。卷首有自序，稱輯是書者“借男女之真情，發名教之僞藥”。卷一至卷九爲山歌：卷一至卷四私情，卷五雜歌，卷六咏物，卷七私情雜體，卷八私情長歌，卷九雜咏長歌。卷十爲桐城時興歌。全書收録民歌三百八十首。多采自民間，也有文人擬作。内容多爲男女情愛之作，清新明快，真摯動人。其中私情長歌、雜咏長歌爲二人對唱體，曲白相雜，長達數千字。另亦有少量諷世之作。

此本據明崇禎間刻本影印。（俞爲民）

## 霓裳續譜八卷首一卷　（清）王廷紹輯（第1744冊）

王廷紹，字楷堂。金陵（今江蘇南京）人。生平事迹不詳。盛安序謂其“以雕龍繡虎之才，平居著述幾於等身。制藝詩歌而外，偶寄閑情，撰爲雅曲，纏綿幽豔，追步《花間》”。王廷紹自序稱是書據曲師顔自德習唱并覓人記録之底本編訂而成。顔自德，天津人，生平事迹不詳。

是書八卷及首一卷，卷首有王廷紹自序和盛安序。首卷爲《萬壽慶典》一套，注云：“乾隆五十四年備。”又據下場詩所云，當爲次年乾隆南巡迎駕而作。正文八卷，卷一至卷三收西調，卷四至卷八收雜曲。所選多爲當時流行於北京、天津之時調小曲，其中〔西調〕起源於明代山西、陝西一帶，一般爲八句，可增句，多至十八句。雜曲爲各地民間歌謡，如〔寄生草〕、〔剪靛花〕、〔揚州歌〕、〔玉溝調〕、〔劈破玉〕、〔打棗杆〕、〔銀紐絲〕、〔節節高〕、〔落金錢〕、〔曆津調〕、〔北河調〕、〔羅江怨〕、〔馬頭調〕、〔秧歌〕、〔王大娘〕、〔倒搬槳〕、〔南詞彈簧調〕、〔岔曲〕、〔蓮花落〕、〔邊關調〕。其中〔岔曲〕有平岔、慢岔、單岔、數岔、西岔、起字岔、垛字岔、平岔帶戲等多種形式。曲詞内容大致分爲三類：或描寫男女風情，多爲思婦懷人之作；或描寫景物或民情風俗；或咏叙戲曲小説故事。是書爲研究清代民間説唱技藝之重要資料。

是書有清乾隆六十年（1795）文茂齋原刻本、集賢堂重刻本。今據中國藝術研究院戲曲研究所藏集賢堂重刻本影印。（俞爲民）

## 白雪遺音四卷　（清）華廣生輯（第1745冊）

華廣生，字春田。歷城（今屬山東）人。生平事迹不詳。

是書所選皆爲民間傳唱之曲調，編者經多方搜羅輯録而成。采録地域以山東爲中心，遍及南北各地。全書共四卷，卷首有高文德、常琴泉、陳燕、吳淳序及編者自序，另有工尺譜〔馬頭調〕一曲。收有〔馬頭調〕、〔嶺兒調〕、〔滿江紅〕、〔九連環〕、〔小兒郎〕、〔剪靛花〕、〔七車香〕、〔起字呀呀約〕、〔八角鼓〕等曲，又南詞（散曲）及彈詞《玉蜻蜓·戲芳》、《游庵》、《顯魂》、《問卜》、《追訴》、《訪庵》、《露像》、《詰真》、《認母》等九回。所選曲調形式多樣，題材廣泛，多寫男女風情、風景情事，語言通俗，風格本色自然。爲研究清代民間説唱技藝之重要資料。

此本據國家圖書館藏清道光八年（1828）玉慶堂刻本影印。（俞爲民）

## 明成化説唱詞話十六種十九卷傳奇一卷（第1745冊）

是書收録1967年於上海嘉定城東公社明代宣氏墓出土之説唱和戲曲刊本，包括詞話《花關索出身傳》、《花關索認父傳》、《花關索下西川傳》、《花關索貶雲南傳》、《石郎駙馬傳》、《薛仁貴跨海征遼故事》、《包待制出身傳》、《包龍圖陳州糶米記》、《仁宗認母傳》、

《包龍圖斷歪烏盆傳》、《包龍圖斷曹國舅公案傳》、《張文貴傳》、《包龍圖斷白虎精傳》、《劉都賽上元十五夜看燈傳》、《鶯哥孝義傳》、《開宗義富貴孝義傳》等十六種，南戲《新編劉知遠白兔記》一種。各本均有插圖，其中有關花關索故事之四種爲上圖下文。大部分刊本有北京永順堂、永順書堂、永順書坊成化某年刊印之牌記。

詞話唱詞以七言體爲主，間以贊十字段落。其中《斷白虎精傳》全爲唱詞，餘皆爲唱與説相間。《新編劉知遠還鄉白兔記》以當時戲班演出本爲底本刊刻，書坊在刊刻時未按案頭讀本形式加以改動，故仍保留舞臺演出本原有形式，不分出，更無出目。卷首副末開場所念〔滿庭芳〕詞："奉請越樂班真宰，摇（邀）鶯駕早赴華筵，今宵夜，願白舌入地府，赤口上青天。奉神三巡六儀，化真金錢。齊攅斷，喧天鼓板，奉送樂中仙。""越"乃浙江故稱，故此底本爲"越樂班"演出底本。其開場形式，還保留場上副末與後臺演員之對話。又據副末開場所云，此劇爲永嘉書會才人所作。另刊本中錯別字甚多，如"著"作"莫"、"停"作"亭"、"征"作"真"、"離"作"黎"等，必出自民間藝人之手，書坊刊刻時未加校正。是書爲早期詞話及南戲《白兔記》版本之重要資料。

今據明成化永順書堂刻本影印本影印。（俞爲民）

### 孝義真迹珍珠塔六卷　（清）周殊士編（第1745冊）

周殊士，山陰（今浙江紹興）人。民間説唱藝人。生平事迹不詳。

是書又名《九松亭》，此前原有多種刊本流傳，但因"舊刻噴飯有餘，勸世不足"（自序），故編者對舊本加以增改。全書共二十四回，卷首有周殊士自序及十幅人物繡像。寫河南秀才方卿家貧，至襄陽遭姑母奚落，表姊翠娥暗中遣婢女采蘋將珍珠塔贈予方卿。姑父陳璉以翠娥許與方卿。方卿被强盜邱六橋搶去珍珠塔，後爲湖廣提督軍門畢雲顯所救，畢母以女繡金許爲妻。後方卿應試及第，授七省監察御史，奉旨完姻，與翠娥、繡金、采蘋成婚，全家團聚。後世地方戲曲多有此一故事之劇目。

此本據中國藝術研究院戲曲研究所藏清道光二十九年維揚三槐堂刻本影印。（俞爲民）

### 再生緣全傳二十卷　（清）陳端生撰（清）梁德繩續（第1745—1747冊）

陳端生（1751—1796?），字春田。錢塘（今浙江杭州）人。出身書香門第。祖父陳句山曾任《續文獻通考》纂修官總裁、太僕寺卿，父陳玉敦歷任内閣中書、山東登州府同知、雲南臨安府同知等職。母汪氏出身望族，時常指導端生學習，對其影響頗深。丈夫范葵，因科場案遭謫戍。端生自幼隨親宦游，見識頗廣。除《再生緣》外，尚著有《繪影閣集》，今佚。生平略見陳文述《西泠閨咏》卷一五。梁德繩（1771—1847），字楚生，與陳端生爲遠親，與夫許宗彦時相唱和，著有《古春軒詩鈔》、《詞鈔》。生平見《碑傳集補》卷五九。

陳端生於十八至二十歲，即乾隆二十三年（1758）至三十五年時寫成《再生緣》前十六卷，後因喪母及丈夫牽涉科場弊案被謫戍伊犁等變故而輟筆，至三十四歲，即乾隆四十九年時又補寫十七卷，然亦未終篇。後由梁德繩續作三卷。

全傳共二十卷，八十回，六十萬字，爲七言排律韻文體，雜以念白。寫元成宗時，尚書孟士元之女孟麗君與京營都督皇甫敬之子皇甫少華悲歡離合故事。

是書寫成後一直以抄本流傳，道光元年（1821）始由女彈詞家侯芝（香葉閣主人）刊行。侯芝刊行時曾作删訂，并改名《金閨傑》，後又續作《再造天》。是書又被其他説唱、戲曲等表演藝術改編演出，如蘇州彈詞《再生緣》、京劇《孟麗君》等。

此本據中國藝術研究院戲曲研究所藏清道光二年寶寧堂刻本影印。（俞爲民）

## 中州全韻十九卷　（明）范善溱撰（第 1747 册）

范善溱，字昆白，生平事迹不詳。善音律，尤精弦索。燃藜居士《中州全韻序》稱其"少善音律，弱冠精弦索，即爲嘥城絶唱。……乃棄而游姑蘇，日與蘇之騷人韻士求講薛譚、秦青之技"。

是書成於明弘治年間。全書十九卷，所列韻部同於《中原音韻》十九部：東同、江陽、支時、機微、居魚、皆來、真文、干寒、歡桓、天田、蕭豪、歌羅、家麻、車遮、庚青、鳩尤、侵尋、監咸、纖廉。然根據南方語音特徵，亦有所調整改進，每一韻部由陰平、陽平兩字標目；除平聲分陰陽外，去聲字亦分陰陽，遂使《中原音韻》以來之"中州韻"具有南方語音特徵，對後來韻書產生很大影響，王鵁編撰《中州音韻輯要》即沿襲此書去聲分陰陽之法。吳梅《顧曲塵談·論音韻》謂："韻之陰陽，在平聲、入聲至易辨別，所難者上、去二聲耳。上聲之陽，類乎去聲，而去聲之陰，又類乎上聲，此周挺齋《中原音韻》但分平聲陰陽，不及上、去者，蓋亦畏其難也。迨後明范善溱撰《中州全韻》，清初王鵁撰《音韻輯要》，始將上、去二聲分別陰陽，而度曲家乃有所準繩矣。"

是書有清康熙間刻《嘯餘譜》所收本。今據首都圖書館藏清抄本影印。（俞爲民）

## 音韻須知二卷　（清）李書雲輯（清）朱素臣校（第 1747 册）

李書雲，名宗孔，字書雲，別號秘園。廣陵（今江蘇揚州）人。生卒年不詳。清順治四年（1647）進士，歷任員外郎、御史、給事中等職。康熙中辭官歸里，徵歌度曲以自娛。蓄有家班，曾演出朱素臣校訂之《西廂記》，康熙二十二年（1683）冒辟疆曾於李家仁安堂宴上觀其家班演出全本《西廂記》，作詩贊其"清濁抗墜咸入扣"（《戊辰中秋即事和余與尊長歌原韻》）。書雲精研音韻之學，編訂《音韻須知》。生平見乾隆《江都縣志》卷二〇、嘉慶《揚州府志》卷四八。朱素臣（1623？—1701 後），名㦶，號芏庵。吳縣（今屬江蘇）人。生平事迹不詳，出身貧寒，一生未仕，精通音律，畢生致力於戲曲創作。撰有傳奇十九種，今存《錦衣歸》、《未央天》、《聚寶盆》等十種，校訂李玉《北詞廣正譜》等。生平見民國《吳縣志》卷七五。

全書分上下兩卷，卷上分列東鐘、江陽、支思、齊微、居魚、呼模、皆來、真文、寒山、桓歡等十韻部；卷下分列先天、蕭豪、歌戈、家麻、車遮、庚青、尤候、侵尋、監咸、廉纖等十韻部。按《中原音韻》例，每部分陰平、陽平、上、去四聲，入聲派入三聲。但兼及南方語音特徵，將《中原音韻》居魚部分列爲居魚、呼模兩部，故南北曲皆可用以借鑒。

是書有清康熙孝經堂刊本。今據上海辭書出版社圖書館藏清刻本影印。（俞爲民）

## 中州音韻輯要二十一卷　（清）王鵁撰（第 1747 册）

王鵁，字履青，號樗林散人。崑山（今屬江蘇）人。生平見光緒《崑陽兩縣續修合志》卷二〇。

是書簡稱《音韻輯要》，寫成於清乾隆四十六年（1781）。二十一卷，每卷一韻部，分別爲東同、江陽、支時、機微、歸回、居魚、蘇模、皆來、真文、干寒、歡桓、天田、蕭豪、歌羅、家麻、車蛇、庚亭、鳩由、侵尋、監咸、纖廉。此書綜合《中原音韻》、《洪武正韻》、《中州全韻》諸書，每一韻部韻字分列，與《中原音韻》同，平聲字分陰平與陽平，入聲字派入平、上、去三聲。但亦顧及南方語音特徵，使"中州韻"進一步南化，將《中原音韻》魚模部分爲居魚、蘇模兩部，齊微部分爲機微、歸回二部，去聲字亦分陰陽，并注明南北異音之字。此書二十一韻部之劃分，對後世韻書影響頗大。

此本據上海辭書出版社圖書館藏清乾隆四十九年崑山載德堂刻本影印。（俞爲民）

### 韻學驪珠二卷　（清）沈乘麔撰（第1747冊）

沈乘麔（約1710—1792），字苑賓。婁湄（今江蘇太倉）人。通音律，治曲韻。著有《韻學驪珠》（又名《曲韻驪珠》），歷時五十年，凡七易稿而成。生平見此書前周昂、穎川芥舟等撰序及弁辭。

是書共上下兩卷，卷首有清芥舟、周昂等序文及《凡例》，上卷收列東同、江陽、支時、機微、灰回、居魚、姑模、皆來、真文、干寒、歡桓十一韻部，下卷收列天田、蕭豪、歌羅、家麻、車蛇、庚亭、鳩侯、侵尋、監咸、纖廉十韻部及屋讀、恤律、質直、拍陌、約略、曷跋、豁達、屑轍八個入聲韻部。此書以明范善溱《中州全韻》爲主，并參以《中原音韻》、《洪武正韻》及《詩韻輯略》、《佩文韻府》、《五車韻瑞》、《韻府群玉》、《五音篇》、《海南北音》等韻書，融合南北韻，將《中原音韻》齊微、魚模兩部，分列爲機微、灰回、居魚、魚模四部。四聲皆分陰陽，於入聲字本音之下，又注明北曲派入之聲。每韻之首皆注明撮口、滿口、直音、鼻音、抵顎、閉口等收韻方法。每一韻字下，皆以反切注音，并標明喉、舌、牙、齒、唇五音及清濁。因此書兼及南北韻，且收音歸韻精確細緻，故成爲南北曲創作與演唱之用韻規範。

是書作者生前未及刊行，後由其外甥郁仲鳴推薦、周昂集資於乾隆五十七年（1792）刊行。現有清嘉慶元年（1796）枕流居刊本、光緒十八年（1892）華亭顧文善齋刊本等。此本據華東師範大學圖書館藏枕流居刻本影印。（俞爲民）

### 太和正音譜二卷　（明）朱權撰（第1747冊）

朱權（1378—1448），號臞仙、涵虛子、丹丘先生。朱元璋第十七子，洪武二十四年（1391）封於大寧（今屬內蒙），永樂元年（1403）改封南昌（今屬山西）。卒謚獻，世稱寧獻王。博古好學，於諸子百家、詩詞曲賦，以至卜筮修煉皆有涉獵，自稱“大明奇士”。中年以後，信仰道教，熱衷於修真養性，自號臞仙。一生著述頗豐，有《通鑒博論》、《漢唐秘史》等幾十種。戲曲乃其精力所注，作有《冲漠子獨步大羅天》、《卓文君私奔相如》等十二種雜劇，現僅存此兩種。戲曲論著有《太和正音譜》、《務頭集韻》、《瓊林雅韻》等，其中以《太和正音譜》影響最大。《明史》有傳。

是譜編成於明洪武三十一年，旨在爲北曲作家立一“楷式”。全譜分上下兩卷，上卷爲《樂府體式》、《古今英賢樂府格勢》、《雜劇十二科》、《群英所編雜劇》、《善歌之士》、《音律宮調》、《詞林須知》等篇，評論總結北曲雜劇和散曲風格流派及題材分類，以及戲曲史料。下卷爲《樂府》，即北曲譜，爲全書主體，共收錄三百三十五支北曲曲調，分別隸屬黃鐘、正宮、大石調、小石調、仙呂、中呂、南呂、雙調、越調、商調、商角調、般涉調十二個宮調，選收元人及明初雜劇、散曲曲文爲範文。曲文旁邊注明平仄、正襯、句逗等具體格律，使每一曲調之曲律規範化、格律化，是第一部較完備之北曲譜，其確立北曲十二宮調系統和具體曲調譜式及所選收之曲調，對後代北曲譜有很大影響。後人多將其上卷曲論單獨輯出，題作《丹丘先生論曲》。

是譜有明洪武間刻本、明萬曆間程明善《嘯餘譜》所收本、崇禎間黛玉軒刻本。今據民國九年影印清影抄明洪武本影印。（俞爲民）

### 廣輯詞隱先生增定南九宮詞譜二十六卷　（明）沈璟撰　（清）沈自晉重定（第1747—1748冊）

沈璟（1553—1610），字伯英、聊和，號寧庵、詞隱生。吳江（今屬江蘇）人。明萬曆二年（1574）進士及第，歷任兵部職方司員外郎、禮部儀制司員外郎、吏部驗封司員外郎、光禄寺丞。萬曆十七年（1589）罷官歸里，遂屏迹郊居，蓄家班，創作戲曲，精心考索曲律，是明代吳江派之代表人物。作有《屬玉堂傳奇》十七種及《南詞正韻》、《增定查補南九宮十三調譜》等曲論、曲律著作。生平見《吳江沈氏家譜》、乾隆《吳江縣志》卷五六。沈自晋生平見前《鞠通樂府》提要。

是譜又名《南詞新譜》，據沈璟《增定查補南九宮十三調譜》增補修訂而成。沈譜又名《南九宮詞譜》、《南詞全譜》，問世四十年後，曲家輩出，新調劇增，遂致格律莫衷一是，需有新曲譜提供規範。因沈自晋秉承家學，精通曲律，故馮夢龍、范文若等力促沈自晋從事於此。馮氏且將其南曲譜稿本《墨憨齋詞譜》及徐于室論曲律文稿相贈。據卷首所列"參閲人氏"，共有九十五位曲家幫助參與沈自晋修譜。

是譜共二十六卷，《九宮譜》與《十三調譜》合爲一譜，十三調之曲附於九宮之後，各爲一卷，其中卷十一、卷二十爲新移補之道宮調與商黄調，卷二十五爲附録不知宮調引子、過曲，最後一卷爲《各宮尾聲格調》。全譜選收南曲曲調一千多支，在沈譜之外，增收明末曲家新創曲調二百七十四首，新換範曲三十三首，并據馮夢龍《墨憨齋詞譜》補入三十五首。凡新增或新換範曲者，皆在卷首曲目下注明"新入"、"新查補"、"新換"及"馮補"等字。新增收曲調多爲集曲。另對沈譜詮注亦有增注修正，在所增注文上標以一小三角爲别。此譜因有沈譜爲基礎，且能結合曲壇實際，故爲當時作曲填詞提供一較好規範，并對後世南曲譜産生一定影響。

是譜現有清順治十二年（1655）不殊草堂原刻本。今據浙江圖書館藏清初刻本影印。

（俞爲民）

**一笠庵北詞廣正譜十八卷附南戲北詞正謬一卷** （清）徐慶卿輯 （清）李玉更定 （第1748册）

徐慶卿（1574—1636），又名迎慶，字子室，又字溢我，以字行。華亭（今上海松江）人。明嘉靖朝大學士徐階曾孫。早年曾補父蔭中書舍人，但一生未仕，"風流藴藉，酷好音律"（清鈕少雅《南曲九宮正始序》）。生平見嘉慶《松江府志》卷二〇、光緒《華亭縣志》卷一三。李玉（約1597—約1676），字玄玉，號蘇門嘯侣、一笠庵主人。吳縣（今屬江蘇）人。精通曲律。於仕途頗不得意，"連厄於有司"（清吳偉業《北詞廣正譜序》），直至崇禎年間才得中副榜。明亡後乃"絶意仕進"，一心從事戲曲創作。作有《一捧雪》、《人獸關》、《永團圓》、《占花魁》、《清忠譜》等三十多種傳奇。生平見吳偉業《北詞廣正譜序》、焦循《劇説》卷四。

是譜根據徐慶卿《北詞譜》原稿增訂而成，并得到鈕少雅、朱素臣協助。吳偉業《北詞廣正譜序》謂其"間采元人各種傳奇散套及明初諸名人所著中之北詞，依宮按調，彙爲全書，復取華亭徐于室所輯參而訂之"。徐于室《北詞譜》原稿現有清抄本，與《北詞廣正譜》比勘可知其中大多數曲調、注文爲《北詞廣正譜》所收。

是譜十八卷，前十七卷按宮調分卷，其中揭指調、宮調、角調三卷有目無曲，最後一卷爲《南戲北詞正謬》及《牌名訛》。全書精選元人雜劇、散曲及明初傳奇中之北曲曲調四百四十七支，分别歸隸黄鐘、正宮、仙吕、南吕、中吕、道宮、大石調、小石調、般涉調、商角調、高平調、商調、越調、雙調十四個宮調，曲文注明正襯、韻位，標注板式。每曲正格下附有多種變格，并加以説明，全譜共收列變格九百一十一種譜式。除列出隻曲譜式外，在每卷卷首目録内，還分别列出每一宮調之聯套譜式，并列出小令曲目，以分清套數曲與非套數曲之別,使北曲譜於體制更趨完備。最後所附《南戲北詞正謬》與《牌名訛》兩章,所謂"正謬"乃訂正南戲和傳奇中北曲曲調違反曲律之病。所謂"牌名訛",乃考證曲文與曲調名不相符。因有徐于室《北詞譜》作基礎,加之李玉本人精通曲律,另外又有鈕少雅、朱素臣之助,此譜於體制及内容皆成就頗高。其成就正如譜名所標,一爲"廣",一爲"正"。其"廣"指廣收曲調,廣備譜式。所收曲調從《中原音韻》、《太和正音譜》所收三百三十五支增至四百四十一支,并廣收變格,正變相加,全譜共收列一千三百一十一種曲調譜式。其"正"指精選例曲,詳考錯訛,故當時及後世戲曲家争相依奉,成爲最通行之北曲譜。

此本據清康熙初年文靖書院青蓮書屋原刻本影印。(俞爲民)

**彙纂元譜南南曲九宫正始不分卷** （清）徐慶卿輯 （清）鈕少雅訂 （第 1748—1750 册）

徐慶卿天啓五年(1625)得元天曆《十三調譜》與《九宫譜》,一年後復得明初選詞《樂府群珠》。意欲據此編撰曲譜。但恐一人所見有限,後聞鈕少雅之名,招其共編《南曲九宫正始》,譜未成而卒。鈕少雅(1563—1661後),號艻溪老人。蘇州(今屬江蘇)人。自幼嗜好戲曲,弱冠時,慕魏良輔之名,特往婁東一帶尋訪,後隨"南曲碼頭"張新及其弟子吴艻溪學曲,并與任小泉、張懷仙等曲家商討曲律。學成後任曲師,先後在武陵、黄海、荆溪、魏塘等地教曲,有"律中鼻祖"之稱。六十歲回鄉,適逢徐于室邀其編訂南曲譜,遂欣然應允。于室卒後,由少雅一人編訂。至崇禎十五年(1642)"始得脱稿,然未盡愜心"(清鈕少雅《南曲九宫正始序》),又細加修改,直至隆武二年(1646)少雅八十八歲時,方最後定稿。前後歷時二十三年,九易其稿。除《南曲九宫正始》外,尚作有《格正還魂記詞調》,并協助李玉編撰《北詞廣正譜》。生

平見馮旭、姚思《南曲九宫正始序》及民國《吴縣志》卷七五。

是譜簡稱《南曲九宫正始》、《九宫正始》,卷首署曰:"雲間徐子室輯,茂苑鈕少雅訂。"是譜共十册,按元《九宫譜》與《十三調譜》體例,前八册爲《九宫譜》,後二册爲《十三調譜》。第一册卷首有清馮旭、姚思、吴亮中等序及《凡例》、《臆論》兩文。《凡例》提出精選、嚴别、定排名歸宿、正字句的當等四項,《臆論》分列論備格、論定韻、論審音、論用字、論增減、論句讀、論核實、論檢訛、論訂正、論引證、論尋真、論闕疑、論襯字十三項,表明編譜原則與方法。第十册卷末附自序。全譜以唐代古譜《骷髏格》及元代《九宫譜》、《十三調譜》爲基礎,選收曲調一千一百五十三首,分别歸隸於九宫與十三調内,其中《九宫譜》六百零一首,《十三調譜》五百五十二首。每一宫調内以先引子,後過曲之順序排列。正格之下列有變格,全譜共收變格九百四十二首。範曲傍注明平仄、韻位及板位,閉口字則用圓圈圈注。曲牌名下及曲文後多有評注,又曲文上間有眉批。

是譜精選曲調與例曲,其例曲多采自宋元南戲中原文古調,共引録七百三十一首南戲佚曲,在所有南曲譜中爲最多;并以原文古調爲依據,考訂明蔣孝《舊編南九宫譜》、沈璟《南九宫十三調曲譜》及當時曲壇上作曲或度曲中常見錯訛。又多收變格,爲便於作家辨明正變,於各種變格之間句格、板式之區别皆一一注明。有些區别不甚明顯、極易混淆之曲調,則特爲引録範文以對照。此譜因其精審嚴密,頗受曲家推崇。但此譜將《十三調譜》與《九宫譜》分立,不便使用。

此本據清抄本影印。(俞爲民)

**寒山曲譜不分卷** （清）張彝宣輯 （第 1750 册）

張彝宣,又名大復,字心其、心期、星期,因寓居蘇州寒山寺,自號寒山子。長洲(今江

蘇蘇州）人。性淳樸，知釋典，通音律，好填詞。著有傳奇三十種，雜劇六種，另編有曲譜《南詞便覽》、《元詞備考》、《詞格備考》等。生平見《新傳奇品》、《傳奇彙考標目》。

《寒山曲譜》不分卷，實分兩篇，篇前有簡目，一爲南呂過曲、南呂犯調、中呂過曲、中呂犯調、雙調過曲、雙調犯調，一爲黃鐘過曲、黃鐘犯調、正宮過曲、正宮犯調、大石過曲、大石犯調、小石過曲、小石犯調、仙呂過曲、仙呂犯調。

此本據北京大學圖書館藏抄本影印。（俞爲民）

### 寒山堂新定九宮十三攝南曲譜五卷 （清）張彝宣輯（第 1750 册）

譜名中十三攝之説最早見於元代《九宮譜》與《十三調譜》。此《寒山堂新定九宮十三攝南曲譜》沿用十三攝之説，藉以表明此譜之淵源及對元譜之推崇。卷首有《凡例》十則，表明編撰宗旨及選曲標準。又有《譜選古今傳奇散曲總目》七十種，收列多種不見諸前人記載及流傳的宋元南戲劇碼。劇目下有注語，在《拜月亭》、《金銀貓李寶閑花記》、《三十六鎖骨》等劇目注文中首次提及這些劇作之作者及其生平。此譜合十三調與九宮爲一譜，“僅分十三調”，即仙呂宮、正宮、中呂宮、南呂宮、黃鐘宮、道宮、羽調、大石調、小石調、般涉調、越調、商調、雙調十三調。取消前人南曲譜所列的仙呂入雙調，并不用十三調“慢詞”、“近詞”之稱，“慢詞仍歸引子，近詞仍歸過曲”。專收過曲，因引子於“文情、聲情極不重要”，“作傳奇者或捨去不填，或僅作一二句，或用詩餘、絕句代之”，而尾聲不分宮調，句式固定、板眼皆同，故各宮調內僅收過曲，不收引子、尾聲，僅在卷末附《尾聲定格》一卷。所選範曲尚古求真，“一一力求元詞，萬不獲已，始用一二明人傳奇之較早者實之”（《凡例》）。範曲旁不標注平仄、韻

位、板式等格律，僅分別正襯，凡襯字皆用珠墨圈注。此譜體例從簡，頗爲實用，且多收録宋元南戲之古本佚曲，具有較高文獻價值。但不收引子，僅列尾聲定格，“未免病於偏”（愛月居士《南九宮大成南北詞宮譜序》）。

《寒山堂新定九宮十三攝南曲譜》僅有抄本，一種爲三册，原藏傅惜華碧葉館，現藏中國藝術研究院。一種爲六册本，原藏李盛鐸木齋，現藏中國音樂學院。今據中國藝術研究院戲曲研究所藏抄本影印。（俞爲民）

### 新編南詞定律十三卷首一卷 （清）吕士雄等編（第 1751—1753 册）

此書由吕士雄、楊緒、劉璜、唐尚信合編，金輔佐點板，鄒景僖、張志麟、李芝雲、周嘉謨等四人同校，徐應龍重校。此書穀旦主人序謂吕士雄四人留心翰墨，精通音律。

是譜簡稱《南詞定律》，共十三卷，按金、石、絲、竹、匏、土、革、木分作八册。卷首有穀旦主人序，又有吕士雄、楊緒、劉璜、金輔佐等人序。此譜合十三調與九宮爲一譜，并取消仙呂入雙調，將其所屬曲調分隸於仙呂、雙調之中。全譜共收一千三百四十二首曲調，正變體二千零九十式，分隸於黃鐘、正宮、道宮、仙呂、大石調、中呂、小石、南呂、雙調、商調、般涉調、羽調、越調十三調，每一宮調內按引子、過曲、犯調三類排列。其中引子二百二十三首，正變體二百三十二式。過曲五百四十七首，正變體一千二百零三式。犯調五百七十二首，正變體六百五十五式。所選例曲，多爲宋元南戲及明初傳奇、散曲。曲文旁不注平仄字聲，但標明韻位，圈注閉口字與收鼻音字，分別正襯；并用朱墨標注工尺、板眼，兼具宮譜之功能。

是譜有清康熙五十九年（1720）内府朱墨套刻本、芸香閣翻刻本。今據中國藝術研究院戲曲研究所藏清康熙刻本影印。（俞爲民）

## 新定十二律京腔譜十六卷新定宗北歸音五卷新定考正音韻大全一卷新定重較問奇一覽二卷　（清）王正祥撰（第1753冊）

王正祥，字瑞生，號友竹主人。茂苑（今江蘇蘇州）人。生平事迹不詳。

《新定十二律京腔譜》，京腔南曲曲譜。所謂“京腔”者，即南戲四大唱腔之一弋陽腔流入京都後，其曲體發生變異，謂之京腔。編者以爲前人曲譜按宮調區分曲調聲情，不符合戲曲創作及演唱實際，對曲調分類作出改革，盡棄宮調之名不用，而將曲調分隸於黃鐘、大呂、太簇、夾鐘、姑洗、中呂、蕤賓、林鐘、夷則、南呂、無射、應鐘十二律之下，十二律又與傳統月令相配合。

全譜共十六卷，十二律每律一卷，又“閏月律”（“較之十二整律中曲另須泛出一調而唱之”）、“通用調”（“各律通用曲體”）、“附錄調”（“字體多拗另成變體”）、犯調（“各律總犯曲體”）各一卷。卷首先排列每一月律之聯套次序，共列套式五十九套，其中黃鐘四套，大呂兩套，太簇四套，夾鐘一套，姑洗四套，中呂六套，蕤賓三套，林鐘七套，夷則一套，南呂三套，無射三套，應鐘三套，“附錄調”兩套，犯調十六套。每一套式皆無例曲。每一月律內之曲牌按“本律引”、“聯套”、“兼用”、“單用”、“尾”分作五類，“單用”類又分爲“慢詞”、“緊詞”兩類。每曲只收一曲作爲正格，不收變格。其中黃鐘收三十曲，大呂收三十二曲，太簇收三十七曲，夾鐘收二十八曲，姑洗收四十曲，中呂收五十二曲，蕤賓收二十八曲，林鐘收四十八曲，夷則收三十四曲，南呂收三十七曲，無射收四十五曲，應鐘收四十二曲，閏月律收十三曲，犯調收一百三十九曲。例曲曲文多爲宋元南戲和明人散曲，曲文旁不注平仄，僅標點板眼，圈注閉口字。曲後有評語，評論曲律得失，考正曲調變異。

是譜爲今僅見之高腔曲譜，其體例雖多有創新，然未能爲曲家所接受，故清李調元謂此譜“立論甚新，幾欲家喻户曉。然欲以一人一方之腔，使天下皆欲倚聲而和之，亦必不得之數也”（《雨村劇話》）。是譜有清康熙間停雲館刊本。

《新定宗北歸音京腔譜》，京腔北曲曲譜。所謂“宗北”者，“蓋元人著作，乃北曲源流，自當宗之”。所謂“歸音”者，“歸於宮角徵商羽之五音也”（《凡例》），“蓋以樂不離乎五音，務使宗之”（自序）。

全譜共五卷，宮角徵商羽五音各一卷，卷首先排列每音之聯套次序，共列套式六十二套，其中宮二十九套，角十六套，徵四套，商兩套，羽十一套。每一音內之曲牌按其在套中次序排列，每一曲調收列“元人曲體”、“點板曲格”兩格，又收列變格。全譜共收列一百二十九曲，其中宮音卷收列“元人曲體”與“點板曲格”各四十五曲，變格十曲；角音卷收列“元人曲體”與“點板曲格”各三十四曲；徵音卷收列“元人曲體”與“點板曲格”各九曲，商音卷收列“元人曲體”與“點板曲格”各十二曲，變格一曲，羽音卷收列“元人曲體”與“點板曲格”各二十三曲，另附錄餘音卷收列六曲。所選曲文，多爲元人劇曲，僅收少量明清傳奇。曲文旁標點板式、腔格，并注明入聲字所派入之聲，另鼻音及閉口字皆加圈注明。是譜有清康熙間停雲館刊本。

《新定考正音韻大全》，全書一卷，分列牙家、耶些、俄訶、崴皆、魚須、韋灰、言堅、銀新、陽江、盈星、遙交、尤修、嚴兼、吟心、時支、拾知十六韻部，每一韻部韻字按陽平、陰平、上聲、去聲四聲分列，韻字下注明反切，入聲字注明所派入之聲。是書有清康熙間停雲館刊本。

《新定重較問奇一覽》，全書兩卷，上卷辨別一字多音，分“一字二音”至“一字十音”等八類，每一字下注明讀音與字義，并舉經史典籍名作中語句爲例加以説明。下卷辨別誤讀與異音之字，分“誤讀諸字”與“異音駢字”兩類。“異音駢字”又分“三字異音”、“二字異音”、“一字異音”三類。每一字下注明正確讀音及誤讀之音，并注明字義。是書有清康熙間停雲館刊本。

此本據湖南省圖書館及中國藝術研究戲曲研究所及南京圖書館藏清康熙停雲室刻本影印。（俞爲民）

## 新定九宮大成南北詞宮譜八十一卷閏一卷目錄三卷　（清）周祥鈺（清）鄒金生等輯（第 1753—1756 冊）

周祥鈺、鄒金生兩人生平皆不詳，僅知周祥鈺字南珍，常熟（今屬江蘇）人。兩人另作有宮廷大戲《鼎峙春秋》、《忠義璿圖》。

是譜簡稱《九宮大成》，爲官修曲譜。清乾隆六年（1741），乾隆“命開律呂正義館”，編纂《律呂正義》一書，由莊親王胤禄總其事，并“選儒臣之嫻習者，分掌校讎之役”。《律呂正義》編成後，又編《九宮大成》，由周祥鈺、鄒金生編撰，徐興華、王文禄分纂，徐應龍、朱廷鏐參定，於乾隆十一年（1746）成書并刊行。

全譜共八十二卷，按宮商角徵羽分作五函，每函十冊。兼收南北曲，其中南曲五十一卷，北曲三十卷，閏一卷。卷首有《分配十二月令宮調總論》，叙述宮調與月令的關係，後《南詞宮譜凡例》、《北詞宮譜凡例》。此譜宮調設置自成體系，雖沿用九宮之名，但實際有十二宮調，并將十二宮調與十二月令相附會，每月配一宮調。正月爲仙呂宮，二月爲中呂宮，三月爲大石調，四月爲越調，五月爲正宮，六月爲小石調，七月爲高大石調，八月爲南呂宮，九月爲商調，十月爲雙調，十一月爲黄鐘宮，十二月爲羽調，閏年爲仙呂入雙角。全譜共收南曲一千五百一十三曲，北曲五百八十一曲，北曲套曲一百八十八套，南北合套三十六套，并收列南北曲變格二千三百七十二種。

南曲按引、正曲（即過曲）、集曲（即犯調）三類排列，北曲按隻曲、套曲兩類排列。北曲譜後附南北合套。曲文旁注明平仄、正襯、韻位等格律，且標注工尺、板眼，兼有曲調格律譜與宮譜之功用。此譜體例創新，又廣采博收，集南北曲調大成，所收曲調爲明清南北曲譜中最多者，卷首吴梅《叙》謂：“其間宮調分合，不局守舊律，搜采劇曲，不專主舊詞，弦索簫管，朔南交利。自此書出而詞山曲海，匯成大觀。”但此譜廣而不精，有些明顯不合律、不足爲法曲文，爲“廣備體式”，亦予收列。又對曲文及體式多有妄改妄補之處，故遠不如《南曲九宮正始》可靠。

是譜有清乾隆間内府朱墨套印本。今據中國藝術研究院戲曲研究所藏民國十二年古書流通處影印清乾隆十一年刻本影印。（俞爲民）

## 納書楹曲譜正集四卷續集四卷外集二卷補遺四卷納書楹四夢全譜八卷　（清）葉堂撰（第 1756—1757 冊）

葉堂（1736—1795），字廣明，一字廣平，號懷庭。長洲（今江蘇蘇州）人。清乾隆時著名清唱曲家，精研崑曲曲律及度曲之法，創立崑曲葉派唱口。畢生潛心訂譜製律，清乾隆五十四年（1789），與馮起鳳合訂《吟香堂曲譜》，三年後，編訂《納書楹曲譜》及《納書楹四夢全譜》。生平見葉德輝、葉慶元《吴中葉氏族譜》卷六四、民國《吴縣志》卷七五。

《納書楹曲譜》分正集四卷，續集四卷，外集二卷，補遺四卷。譜以“納書楹”名，取《晏子春秋》“鑿楹納書”之意，謂編集訂定曲譜，以傳留後世。全譜共收三百六十八出（套），其中正集卷一收《琵琶記》二十二出；卷二收元明雜劇、傳奇北曲十七出；卷三收南戲、傳奇二十三出，散曲兩套，詞一套；卷四收《長生殿》二十四出。續集卷一收傳奇二十八出；卷二收南戲、傳奇二十七出；卷三收明清傳奇三十出;卷四收南戲、傳奇二十七出,散曲兩套。外集卷一收南戲、傳奇二十九出;卷二收南戲、傳奇二十二出、雜劇兩出,時劇三出;補遺卷一收南戲、傳奇二十五出,卷二收南戲、傳奇二十七出,散曲一套;卷三收南戲、傳奇三十出;卷四收散曲六套,傳奇一出,時劇二十出。

是譜爲清宮譜,供清唱之用,故不載賓白,曲文不分正襯;又只點板式與中眼,不點小眼,便於演唱者根據各人先天條件及對曲文理解加以發揮。至乾隆六十年(1795)重刻《西廂記全譜》時,聽取一些度曲家意見,增點小眼。又因是譜爲清唱而設,故對曲文字聲與腔格嚴加考訂,"文之舛淆者,訂之律之;未諧者協之","四聲離合,清濁陰陽"(自序)皆詳細審訂,分析至當。

是譜於清乾隆五十七年刻成,五十九年刻成《補遺》四卷。因是譜所選多爲曲壇經典折子,且考訂精嚴,故爲度曲家所推重,奉爲圭臬。有乾隆原刻本、道光二十八年(1848)重印本。

《納書楹玉茗堂四夢全譜》共八卷,包括《紫釵記全譜》、《牡丹亭全譜》、《南柯記全譜》、《邯鄲記全譜》,每種二卷。卷首題署"長洲葉堂廣明訂譜,丹徒王文治禹卿參訂"。有編者自序。是譜爲清宮譜,故不錄科白,只點板式與中眼,不點小眼。因湯顯祖重在表達個人意趣,故"四夢"多有違律之處,是譜采用集曲之法,以律就詞,不改原作。

是譜雖爲清宮譜,但也顧及戲班實際演出,於《牡丹亭全譜》中附錄崑班藝人演出本之《俗增堆花》、《俗玩真》兩出。有清乾隆五十七年原刻本、道光二十八年重印本。

此本據清乾隆納書楹刻本影印。(俞爲民)

**遏雲閣曲譜不分卷**　(清)王錫純輯　(清)李秀雲拍正　(第 1757—1758 冊)

王錫純,字熙臺,號遏雲閣主人。淮陰(今屬江蘇)人。副貢生,家開典當,蓄有家班,家中澄園設有戲臺。好度曲,精於曲律。編有《遏雲閣曲譜》。李秀雲,蘇州人,民間藝人,崑班中曲師。參與編訂《遏雲閣曲譜》。

是譜爲現存戲曲工尺譜中最早之戲宮譜,原計劃編輯數集,但僅有初集,共十二冊。卷首有自序,稱有感於《納書楹曲譜》只宜清唱,不便於舞臺,而《綴白裘》雖白文俱全,但無工尺板眼,因編此譜,"變清宮爲戲宮,刪繁白爲簡白,旁注工尺,外加板眼,務合投時,以公同調"(自序)。

全譜共收十八種傳奇中八十七出。所選收劇目,着眼於舞臺表演,多選民間戲班常演之劇目。卷首收列《上壽》、《賜福》兩出饒場戲,清宮譜因其俗套而不予收列,而此譜按梨園演出習慣,不僅予以收列,且列於全譜之首。又梨園演出本中,多有以净、丑插科打諢爲主之折子戲,如《琵琶記》之《墜馬》、《幽閨記》之《招商》等,以其曲白俚俗,舞臺效果良好,爲一般觀衆喜聞樂見,清宮譜多不收,此譜亦予以收列。此譜於曲字腔格之標注亦按舞臺實際演出本處理,不僅詳載念白與科諢,且詳注板眼、工尺音符,其中末眼及撤腔、豁腔等小腔也一一注明,使初學者易於照譜習唱。正因此譜重視舞臺演唱實際,故受到崑曲演員及一般度曲者推重,流傳甚廣。

是譜有清同治九年(1870)掃葉山房原刻本,清光緒十九年(1893)上海著易堂書局排印本,卷首附有天虛我生《學曲例言》。今據掃葉山房刻本影印。(俞爲民)

**曲品三卷附一卷**　(明)呂天成撰　(第 1758 冊)

呂天成(1580—1618),原名文,字勤之,號棘津,別號鬱藍生。餘姚(今屬浙江)人。祖父呂本是嘉靖時首輔,父呂胤昌官至吏部主事、河南參議。外祖父孫鑛與表伯父孫如法皆精通戲曲音律。受家族前輩影響,天成自幼即愛好戲曲,二十歲時便開始創作戲曲。

并師從沈璟,又與王驥德相交甚密。一生作有傳奇十三種,合稱《煙鬟閣傳奇十種》;雜劇二十多種,今僅存雜劇《齊東絶倒》一種。另有戲曲論著《曲品》、小説《繡榻野史》等、詩《青紅絶句》。生平見王驥德《曲律・雜論下》。

全書分上下兩卷。上卷專評作家,涉及劇作家九十五人,散曲作家二十五人。下卷專評作品,共載劇目二百一十一種。各卷評論又分"舊傳奇品"與"新傳奇品","舊傳奇品"指嘉靖以前南戲、傳奇作家與作品,分爲神、妙、能、具四品。"新傳奇品"指嘉靖至萬曆時期傳奇作家與作品,分爲上上至下下共九品。書中引述明孫鑛"南戲十要",作爲品評作家作品之標準。針對湯顯祖與沈璟之創作分争,作者則主張"合之雙美"。

據王驥德《曲律・雜論下》所載,是書於明萬曆年間已有刻本流傳。現存多爲清人抄本,有清乾隆五十六年(1791)迦蟬楊志鴻抄本、中華書局所藏清初抄本、北京大學圖書館所藏清黑格抄本(通常稱清河郡本)。清末民初,劉世珩據曾習經所見舊抄本校訂刊行,即暖紅室本。後吳梅又加以增訂補校。《中國古典戲曲論著集成》所收本將暖紅室本與清河郡本及王國維、吳梅之校訂加以彙校。據吳新雷考證,現存各本中,僅楊志鴻抄本爲明萬曆四十一年(1613)增補改寫後之定本,其餘各本"皆出自萬曆三十八年之初稿本"(《中國戲曲史論》)。今據清華大學圖書館藏清乾隆五十六年楊志鴻抄本影印。(俞爲民)

**遠山堂劇品不分卷遠山堂曲品不分卷**
(明)祁彪佳撰(第1758冊)

祁彪佳生平見前《遠山堂詩集》提要。

《遠山堂曲品》品評南戲和傳奇,分妙、雅、逸、豔、能、具六品及雜調,今存本妙品已佚,雅品有缺失。全書共載四百六十六種劇目,其中雅三十種,逸品二十六種,豔品二十種,能品二百一十七種(其中重複一種,實爲二百一

十六種),具品一百二十七種,雜調四十六種。《遠山堂劇品》品評雜劇,體例同《遠山堂曲品》,共載元明雜劇劇目二百四十二種,其中妙品二十四種,雅品九十種,逸品二十八種,豔品九種,能品五十二種,具品三十九種。

兩"品"文獻價值較高,《遠山堂曲品》所載南戲傳奇劇目中有二百一十五種今已全佚,故據此可窺見其一斑。又有十二種劇目在前代曲目著作中列爲無名氏,此書則考定其作者名。

兩"品"寫成後即遭戰亂,未及刊刻,僅有藍格稿本及明啓元社黑格抄本流傳。今據國家圖書館藏明抄本影印。(俞爲民)

**青樓集一卷**　(元)夏庭芝撰(第1758冊)

夏庭芝(1300—1375),字伯和,一作百和,號雪簑,別署雪簑釣隱,一作雪簑漁隱。華亭(今上海松江)人。出身豪門,少時曾受業於楊維楨,一生隱居不仕。喜交游,廣交文人學士,與戲曲家張擇、朱凱、朱經、鍾嗣成等皆相交甚善。作有戲曲論著《青樓集》,散曲今存小令兩首。《録鬼簿續編》及張擇《青樓集序》有傳。

是書乃作者據見聞經歷寫成,全書共載一百一十七位元戲曲、諸宮調、詞唱等女藝人事迹,入選者以色藝俱絶爲標準。其中戲曲演員六十餘人,每人爲撰一小傳,記載其生活情形、表演技藝和藝術風格,爲研究元代戲曲演員生活及表演技藝之重要資料。

是書有陶宗儀輯、陶珽重校《説郛》所收本,不分卷,卷首載元至正二十四年(1364)朱經序,卷末有至正二十六年夏邦彦跋,每條另行,皆以人名或藝名作標題,爲現存最早版本。明陸楫輯《古今説海》所收本,有朱經序及夏邦彦跋。明無名氏輯《説集》所收本,有目録,卷末有朱武跋,是爲來源最古之版本。明末秦淮寓客輯《緑窗女史》所收本及明末吳永輯《續百川學海》所收本,皆與《説郛》本同。另有近人葉德輝據舊抄本收入《雙梅景

闇叢書》,流傳最廣。今據中國科學院圖書館藏明抄《説集》本影印。(俞爲民)

### 南詞叙録一卷 （明）徐渭撰（第1758 册）

徐渭生平見前《徐文長文集》提要。

是書爲南戲論著,因南戲曲調源於詞調,故南戲、南曲亦稱爲"南詞"。作者因公務來往於浙閩,對南戲多有了解。有感於北曲雜劇著録研究者衆,南戲因來自民間、風格粗俗而乏人問津,遂撰寫此書,"録諸戲文名,附以鄙見"(自序)。書中記述南戲起源與發展,謂其始于南宋光宗朝,永嘉人所作《趙貞女》、《王魁》爲南戲之首,勾勒出南戲發展綫索及其與北曲雜劇之關係。又記載宋元至明初之南戲劇目,共一百一十三種,其中"宋元舊篇"六十五種,明初南戲四十八種。書中并記述南戲體制,總結南戲宫調、曲調組合、用韻規律,分别論述生、旦、净、末、丑、貼、外等南戲脚色之基本特徵,對開場、題目、賓白、科、介、諢等演出形式加以解釋,并對其中常用方言、術語有所考釋,又記載崑山腔、海鹽腔、餘姚腔、弋陽腔四大唱腔之流傳地區及風格特徵。此外,還對《香囊記》、《琵琶記》等作品加以評述。此書爲古代惟一論述南戲之專著,資料珍貴。

是書有壺隱居黑格抄本、《讀曲叢刊》所收本。今據民國六年董氏刻《讀曲叢刊》本影印。(俞爲民)

### 曲律四卷 （明）王驥德撰（第1758 册）

王驥德(?—1623),字伯良,號琅邪生、方諸仙史、玉陽生、玉陽仙史、秦樓外史。會稽(今浙江紹興)人。一生未仕,好戲曲。早年曾師從徐渭,又與沈璟、顧大典、吕天成、葉憲祖、史槃、屠隆、孫如法、馮夢龍等相交甚密。著作有傳奇《題紅記》等、散曲《方諸館樂府》、曲論《曲律》等。生平事迹見馮夢龍《曲律序》及毛以燧《曲律跋》。

是書寫成於明萬曆三十八年(1610),後又修改增訂,十餘年後始定稿。全書共四卷四十章,卷首有馮夢龍序與自序,卷末有毛以燧跋。卷一爲論曲源、總論南北曲、論調名三章,卷二爲論宫調、論平仄、論陰陽、論韻、論閉口字、論務頭、論腔調、論板眼、論須識字、論須讀書、論家數、論聲調、論章法、論句法、論字法、論襯字、論對偶十七章,卷三爲論用事、論過搭、論曲禁、論散套、論小令、論咏物、論俳諧、論險韻、論巧體、論劇戲、論引子、論過曲、論尾聲、論賓白、論科諢、論落詩、論部色、論訛字十八章,卷四爲雜論、論曲亨屯兩章。該書考探南北曲起源,總結南北曲格律,并對作家作品加以評論。作者對當時曲壇上湯顯祖與沈璟之争作出評論,主張"詞"與"法"即内容與曲律兼長,在語言上推崇本色自然。此書首次對南北曲創作加以系統總結,對當時戲曲創作及後世戲曲理論產生很大影響。馮夢龍《曲律序》謂此書"法尤密,論尤苛","自此律設,而天下始知度曲之難"。

是書有明天啓五年(1625)毛以燧原刻本、清康熙二十八年(1689)蘇州緑蔭堂本、清道光間金山錢熙祚《指海》所收本等。今據國家圖書館藏毛以燧刻本影印。(俞爲民)

### 樂府傳聲不分卷 （清）徐大椿撰（第1758 册）

徐大椿(1699—約1778),字靈胎,號洄溪道人、洄溪老人。吴江(今屬江蘇)人。天資聰穎,多才多藝,尤精醫術。并得其父徐釚詞曲學之傳,精通詞曲音律。著有戲曲論著《樂府傳聲》。傳見《清史稿》。

全書不分卷,卷首有唐紹祖、黄之雋題詞及自序,清乾隆十三年(1748)胡彦穎序。卷末附《道情序》一篇。全書共三十五則,其中《源流》、《元曲家門》兩則論述南北曲調起源、流傳及變異;《出聲口訣》、《聲各有形》等三十則論述字音、發聲、收音等度曲技巧;《宫調》、《字句不拘之調亦有一定格法》、《曲情》三則論述曲調格律,爲度曲者提供具體借鑒。

是書有清乾隆十三年豐草亭刊本,共收三十五則,附《泂溪道情》一卷。咸豐九年(1859)真州吳桂重刻本又增補《牌調各有定譜》、《辨四音訣》、《辨五音訣》、《辨聲音要訣》等四則,共三十九則。今據湖北省圖書館藏清刻本影印。(俞爲民)

### 劇説六卷 (清)焦循撰 (第1758—1759 冊)

焦循生平見前《雕菰集》提要。

是書共六卷,作者精於考據,故以考據之法治曲,從漢以來筆記、雜著中爬梳出有關戲曲資料。其中卷一所引爲戲曲起源、脚色體制、宋金雜劇及元雜劇劇目考證與記載、曲調與唱腔等資料,卷二所引爲元明雜劇、南戲及傳奇作家生平及劇目本事資料,卷三、四所引皆爲明清傳奇及雜劇作家生平及劇目本事資料,卷五除賡續卷三、四外,亦考證曲詞,卷六所引爲明清時期專業及業餘演員資料。作者引録有關資料,考稽前人記載與評論,亦爲後世戲曲研究提供可資借鑒之觀點與見解。

是書未見刻本,國家圖書館藏有《劇説》六卷稿本,有"焦循手録"和"里堂"兩章,當爲焦氏手稿。另有《讀曲叢刊》及《曲苑》等所收本,較六卷稿本完整,故其所據底本當是另外一種稿本。今據國家圖書館藏稿本影印。(俞爲民)

### 花部農譚一卷 (清)焦循撰 (第1759 冊)

全書一卷,寫成於嘉慶二十四年(1819)。花部乃清代中葉不同於雅部崑山腔之京腔、秦腔、弋陽腔、梆子腔、羅羅腔、二簧腔等各地方腔之總稱,亦稱亂彈。因其俗俚,文人學士多鄙視之,而作者却著此書特予推崇。是書爲作者在柳蔭豆棚之下與鄉鄰農人交談後所作,故名"農譚"。記載《清風亭》、《賽琵琶》等十部花部諸腔戲,介紹其故事梗概,并加以考證及評論。

是書有清焦氏原稿本、清徐乃昌輯刻《懷豳雜俎》所收本。今據國家圖書館藏稿本影印。(俞爲民)

### 顧誤録一卷 (清)王德暉 (清)徐沅澂撰 (第1759 冊)

王德暉,字曉山。太原(今屬山西)人。著有《曲律精華》。徐沅澂,字惺宇。北京人,編有《顧誤》。兩書皆不曾刊行。咸豐元年(1851),兩人於北京相遇,以同道知音,各出手稿,相互參校,合爲一書,題作《顧誤録》。生平見周棠《顧誤録序》。

全書一卷,卷首有清咸豐元年周棠序。共四十章,其中有《十二律長短次序》等十一章論宮調律吕,《四聲紀略》、《五音總論》等二十二章論度曲技巧如出聲吐字、收聲歸韻等,《南北曲總説》、《襯字論》、《尾聲論》、《煞尾論》等四章論曲調格律。其論述度曲技巧,較前人詳細精當,對後人度曲多有啓迪。

此本據中國藝術研究院戲曲研究所藏咸豐元年北京篆雲齋刻本影印。(俞爲民)

### 録鬼簿二卷 (元)鍾嗣成撰 録鬼簿續編一卷 (第1759 冊)

鍾嗣成(約1279—約1360),字繼先,號醜齋。原籍大梁(今河南開封),後寓居杭州。曾受業於鄧善之、曹克明。累試於有司,皆不遇。專心戲曲創作與研究。作有《宴瑤池王母蟠桃會》、《韓信泜水斬陳餘》等雜劇,今皆失傳。散曲有五十九首小令及一套套曲。生平見賈仲明《録鬼簿續編》。《録鬼簿續編》由賈仲明作,賈仲明(1343—1422),號雲水散人,晚號雲水翁。淄川(今山東淄博)人。天性明敏,明初寓居金陵,受燕王朱棣賞識。晚年移居蘭陵。精於樂章隱語,善吟咏,所著有雜劇《玉梳記》、《菩薩蠻》等,散曲小令八十一首,散套兩套,皆爲吊詞,補《録鬼簿》中無吊詞者。朱權評其曲"如錦幃瓊筵"(《太和正音譜》）。

《録鬼簿》記載元代雜劇作家及曲目。雜劇作家"門第卑微，職位不振"，作者謂其當與聖賢君臣、忠孝士子一樣，同爲"不死之鬼"，傳之久遠，垂諸史册，故書名《録鬼簿》（自序）。初稿寫成於元至順元年（1330），元統二年（1334）後和至正五年（1345）後又作過兩次修訂，由一卷擴充爲兩卷。是書有多種版本，彙集各版本所記，全書共記載一百五十八位元代散曲與雜劇作家，其中雜劇作家八十位，劇目四百七十一種。作者依照其生活時期及與己之關係，分爲七類："前輩已死名公，有樂府行於世者"三十一人，"方今名公"十人，"前輩已死名公才人，有所編傳奇行於世者"五十六人，"方今已亡名公才人，余相知者"十九人，"已死才人不相知者"十一人，"方今才人相知者"二十一人，"方今才人，聞而不相知者"四人。前兩類多爲散曲作家。該書簡要記述作家生平、著述，并排列其所作劇目。其中第二類自宫天挺至周文質十九人（清尤貞起抄本），有〔凌波仙〕吊詞。明初賈仲明對《録鬼簿》加以增補，將所增補者分爲三類："前輩名公樂章傳於世者"四十五人，"前輩有所編傳奇行於世者"五十六人，"方今才人相知者"五十一人。又增補八十一首〔凌波仙〕吊詞，在劇目簡名下補注題目正名。

是書所載元雜劇作家及劇目，清晰勾勒出元雜劇從興盛到衰落之演變，乃研究元代雜劇、散曲之淵藪。所撰吊詞，則表達出作者對戲曲功能、題材、結構、語言、音律等問題之個人見解。《録鬼簿》所分人物類別，爲後來戲曲史家參照，王國維在《宋元戲曲史》中即據此將元代雜劇分爲三期。

是書流存版本，主要有明孟稱舜《古今名劇合選》附刻本（簡稱孟本）、明無名氏輯録《説集》所收本（簡稱《説集》本）、清初曹寅《棟亭藏書十二種》所收本（簡稱曹棟亭本）、清尤貞起抄本、明天一閣藍格抄本（簡稱天一閣本）等。以上這些版本可分爲三個不同系統：一爲孟本與《説集》本，源於鍾氏元統二年（1334）以後之修訂本，不分卷，作家排列分六類，其中第二類自宫天挺至黄德潤十四人有〔凌波仙〕吊詞。二爲曹棟亭本與清尤貞起抄本，源於鍾氏至正五年（1345）以後之修訂本，分兩卷，作家排列分七類，第二類自宫天挺至周文質十九人有〔凌波仙〕吊詞。三爲天一閣本，爲明代賈仲明增補本，分兩卷。近代校注整理本中影響較大者有王國維《録鬼簿校注》等。

《録鬼簿續編》，原本未署作者名，無序文題跋。因原本附於賈仲明增補本《録鬼簿》後，故以是書爲賈氏所作。

是書約成於明永樂二十年（1422）後。所記自鍾嗣成起，至戴伯可，共七十一人，八十種劇目，不分期，無吊詞。卷末附録無名氏劇目七十八種。其中四十一人爲江浙地區人或曾寓居於此，表明此時北曲雜劇中心已從北方移至江南。續編所列首位作家爲鍾嗣成，以示承續關係。其所記與正編相承接，顯示出元末明初北曲雜劇之發展概況。

是書有天一閣所藏明藍格抄本，1931年鄭振鐸、趙萬里、馬廉三人合抄本，1938年北京大學出版組石印本等。

今據寧波天一閣博物館舊藏抄本影印。（俞爲民）

**今樂考證十二卷**　（清）姚燮撰（第1759册）

姚燮生平見前《復莊詩問》提要。

全書十二卷，首爲"緣起"及"宋劇"各一卷，後爲"著録"十卷。"緣起"考證論述戲曲起源及流變、脚色形成、曲調來源等。"宋劇"引録宋周密《武林舊事》所載"官本雜劇段數"二百八十種及元陶宗儀《南村輟耕録》所載"院本名目"七百一十二種，案語一條。作者以爲宋劇爲不成熟之戲曲，故與宋元南戲、元雜劇、明清傳奇分列。"著録"十卷，記載評述宋元南戲、元雜劇、明清傳奇，於每位作家及其作品後彙輯前人有關評語，再加案語，作評點。共著録元代雜劇八十三家，劇目四百九十一種，無名氏劇目一百種及也是園藏古今無名氏雜劇劇目一百二十一種、教坊編演雜劇劇目二十種；明代雜劇四十五家劇目一百三十四種及"神廟時大内院本"劇目三種；國(清)朝雜劇七十一家劇目二百三十四種，無名氏劇目十六種及燕京無名氏"花部劇目"四十五種；金元院本(南戲)劇目四家四種，無名氏六種；明代院本(傳奇)一百一十三家劇目二百三十九種，無名氏五十五種；又附録《南詞叙録》所載宋元南戲劇目八十種、明初南戲三十三種，《南詞新譜》所引南戲劇目三十一種；國(清)朝院本(傳奇)一百九十八家劇目六百八十二種；附録焦氏《曲考》所載清無名氏傳奇劇目一百八十五種，《笠閣評目》所載清無名氏傳奇劇目四十七種，增補清無名氏傳奇劇目十八種。是書資料豐富，考論精嚴詳盡，文獻價值頗高。

是書編成後未能刊行，僅以稿本流存。1932年馬廉在寧波藏書家林集虛大酉山房書肆發現并購得，1935年北京大學據原稿本影印，卷末有馬裕藻跋。今據北京大學影印稿本影印。(俞爲民)

# 戲　劇　類

## 古今雜劇三十種　(第1760冊)

此爲元雜劇集，内含元末所刊關漢卿《拜月亭》、馬致遠《任風子》、紀君祥《趙氏孤兒》等二十餘位作者之三十種雜劇。其中有别種存本可校者十六種，孤本十四種。

三十種雜劇中有七種標"古杭新刊"，四種標"大都新編"，知其均爲杭州書坊刊本。其中馬致遠《陳摶高卧》第一折〔醉中天〕有"我

等您呵似投吴文整"句，按吴文整，即吴澄，卒於元統元年(1333)，謚文正，知該本實刊於元統以後，爲元代後期雜劇中心南移至杭州之後之産物。而此時馬致遠去世已久，以上文字爲後人所改。從其版式行款來看，應出自至少四家書坊，屬後印本。如《介子推》雜劇有明顯補刻痕迹，《鐵拐李》、《范張雞黍》、《張千替殺妻》、《焚兒救母》四種半頁十行之大字本，刻印最晚。其印刷時間當在元末明初。

此集作爲元代刊本，可供考見元雜劇本來面貌。但校勘粗疏，大部分劇本只録唱詞，删去賓白，僅存科介，且所用多俗體、異體字，頗失原作舊貌。明人所謂元人以曲取士，賓白爲藝人隨意所增之説，當即因此類元刊本有曲無白而發。

此集係散本彙綴而成，原無書名，清黄丕烈曾藏，爲之擬題作"元刻古今雜劇"。1914年日本京都帝國大學據以覆刻，題作"覆元槧古今雜劇三十種"，有狩野直喜識語。然因原本間有漫漶，覆刻本偶存訛誤。今據日本大正三年(1914)京都帝國大學影元刻本影印。(黄仕忠)

## 改定元賢傳奇十六卷(存六卷)　(明)李開先輯(第1760冊)

李開先生平見前《李中麓閑居集》提要。

元人雜劇至明嘉靖間已基本退出舞臺，而文本整理出版則方開始。李開先是其中較早實施者。開先晚年因感於時人所選編元人小令、雜劇"美惡兼蓄、雜亂無章"，"欲世人之見元詞，并知元詞之所以得名"，乃從自藏千餘種雜劇中選取五十種，力不能全刻，就中精選得十六種，"删繁歸約，改韻正音，調有不協、句有不穩、白有不切者及太泛者，悉訂正之，且有代作者，因名其刻爲《改定元賢傳奇》"。取名"傳奇"者，"以其字面稍雅致"(《閑居集》卷五《改定元賢傳奇序》)。

此集由李開先發起,由門人張自慎主持完成,門人高應玘、連襟彌子方亦嘗參與其事。自慎字敬叔,號誠庵,一號就山。商河(今屬山東)人,著有雜劇三十種,今不傳。

《改定元賢傳奇》今惟南京圖書館藏有殘帙,存《青衫淚》、《陳搏高臥》、《揚州夢》、《梧桐雨》、《兩世姻緣》、《誤入天台》六種,所選劇本明確標示分"折","題目正名"趨於劃一整齊,均爲李氏等人新加"改定"之結果,爲後人整理雜劇在形制上提供一新範本。此外,劇本中出現"丑"、"貼旦"等角色,則表明雜劇在傳演過程中,已經受到南曲戲文影響。

元末及明初刊本雜劇多無賓白,其全賓者實來自藝人演出底本,因其頗增飾科諢、插入"院本"表演,文字較爲蕪雜,故此集不甚重視保存原貌,據己意頗加改删,成爲臧懋循編選、改訂《元曲選》之先導。又,萬曆間所刊《古名家雜劇》,與《改定元賢傳奇》所選相重合者,實據此集重刊。

此本據南京圖書館藏明嘉靖刻本影印。(黄仕忠)

**元曲選一百卷**　(明)臧懋循輯　**論曲一卷**
(明)陶宗儀等撰　(第1760—1762冊)

臧懋循生平見前《負苞堂詩選》提要。陶宗儀(1316—?),字九成,號南村。黄巖(今屬浙江)人,寓居松江(今屬上海)。工文章,善書法,元末舉進士不第,畢生隱居讀書,絶意仕進。著有《南村詩話》、《南村輟耕録》等,編《説郛》一百卷。《明史》有傳。

此書爲元人雜劇選集。明代嘉靖之後,元人雜劇逐漸退出舞臺,而刊刻元雜劇劇本,則漸成風氣。先後有《改定元賢傳奇》、《古名家雜劇》、《古今雜劇選》、《顧曲齋元人雜劇選》等編集問世。臧懋循從所得數百種内府抄本、明人刻本及其他傳抄本中,選録馬致遠《漢宮秋》、白樸《梧桐雨》等人雜劇共一百

種,故此書一名《元人雜劇百種》,但其中賈仲名《玉梳記》等六種實爲元末明初人作品。此書依天干分作十集,前五集刊於萬曆四十三年(1615),後五集刊於次年。繪圖精刻,刷印精美。臧氏在編選中,統一其體例并增删文字,使之完善可讀,"自謂頗得元人三昧"(《寄謝在杭書》)。後人因該本與元刊本及他種明人刊本文字頗有出入,或指摘臧氏删改失真。但增删元人雜劇,乃明人刊本通例,況明萬曆末年所見元雜劇,於元明兩代傳演過程中皆經過不斷改動,實爲明代前期演出本面貌,離作者原貌已遠。相對而言,《元曲選》收録劇本衆多,名家名作基本收録,且科白完整,情節聯貫,人物前後統一,能全面反映元人雜劇之文學成就,故影響甚大。而他種選本,則漸次湮没。

此集卷首附列"天台陶九成論曲",取自陶宗儀《南村輟耕録》。又羅列"音律宫調",以供稽古,并參酌《太和正音譜》,列"元群英所撰雜劇共五百四十九本",實爲研究元明雜劇之重要資料。此本據浙江圖書館藏明萬曆原刊本影印。

此集之外,近人隋樹森輯有《元曲選外編》,收有六十二種雜劇。經此二編,今存之元人雜劇,實已收羅殆盡。(黄仕忠)

**古雜劇二十卷**　(明)王驥德編　(第1763冊)

王驥德生平見前《曲律》提要。

此書爲雜劇選集,其版心下方刻"顧曲齋藏板",故亦稱《顧曲齋元人雜劇選》。此集選録關漢卿《玉鏡臺》、《金綫池》、《切鱠旦》、《緋衣夢》,白樸《梧桐雨》,馬致遠《漢宮秋》、《青衫淚》,石君寶《曲江池》,石子章《竹塢聽琴》,尚仲賢《柳毅傳書》,楊顯之《瀟湘夜雨》,鄭光祖《倩女離魂》、《㑳梅香》,喬吉《金錢記》、《兩世姻緣》、《梧桐葉》,張壽卿《紅梨花》,羅貫中《風雲會》,賈仲名《對玉梳》、《菩薩蠻》二十種,每劇均有插圖,刻印精美。王

驥德謂《三百篇》之後,有騷,有漢之五言,有唐之律、宋之詞,而元曲承之,唐詩、宋詞傳世者衆,而元曲"類多散逸,世不盡見",當世所行傳奇戲曲,則率多猥鄙,致古法掃地,故選刊諸劇,以爲示範。所選無一非名劇,亦可見其眼光。今據國家圖書館藏明顧曲齋原刻本影印。(黄仕忠)

**新鐫古今名劇柳枝集二十六卷** (明)孟稱舜編(第1763册)

孟稱舜(1594—1684),字子塞、子若、子適,號卧雲子、花嶼仙史。會稽(今浙江紹興)人。明末清初戲曲家,所撰傳奇有《嬌紅記》等,雜劇有《死裹逃生》、《英雄成敗》、《桃花人面》等。稱舜於順治八年(1651)後曾任浙江松陽訓導,其《二胥記》、《貞文記》二種傳奇實撰於清初,而刻印時所録序文則署作崇禎末年。生平事迹見《倚聲初集》卷四等。

此二書爲元明雜劇選集,内含元雜劇三十四種,明雜劇二十二種。晚明傳奇作者興盛,各地聲腔遍行,而傳奇創作或流於艱澀,或流於俚俗,有識者則標舉元劇,以作藥救。孟稱舜推崇北曲雜劇,贊其"妙處種種不一"。因循前人以柳永、蘇軾詞爲婉麗與雄爽之代表,借以選劇,以近於"楊柳岸曉風殘月"者編入"柳枝集",選有元鄭德輝《倩女離魂》、《翰林風月》,馬致遠《青衫淚》,喬吉《兩世姻緣》、《揚州夢》、《金錢記》,關漢卿《玉鏡臺》、《金綫池》等十六種,明王子一《誤入桃源》、谷子敬《城南柳》等七種,末附孟稱舜本人所作《眼兒媚》等三劇。復施批語,附以校勘。繪刻均精。今據明崇禎刻《古今名劇合選》本影印。(黄仕忠)

**新鐫古今名劇酹江集三十卷** (明)孟稱舜編(第1763—1764册)

此集收近於"大江東去"之北曲,選元馬致遠《漢宫秋》、《任風子》、《薦福碑》,白樸《梧桐雨》,宫天挺《范張雞黍》,鄭光祖《王粲登樓》,關漢卿《竇娥冤》等十八種,明朱有燉《仗義疏財》、王九思《沽酒游春》、康海《中山狼》及孟稱舜本人之《殘唐再創》等十二種。

此本據明崇禎刻《古今名劇合選》本影印。(黄仕忠)

**盛明雜劇初集三十卷** (明)沈泰輯(第1764册)

沈泰,字林宗,又字大來,號福次居主人。杭州(今屬浙江)人。生平事迹不詳。

沈泰因感明人雜劇散落失收,"爰集盛明雜劇數十種,與元人百種并傳"(張元徵序)。此書初集選汪道昆《高唐夢》、《五湖游》,徐渭《漁陽三弄》、《雌木蘭》等三十種,題作《盛明雜劇》,首有張元徵、徐翩、程羽文三序,刊於崇禎二年(1629)。

此集所録各劇,均有評語。部分爲所據底本原具,大多則屬於新評。劇目下所列評閲者五十餘人,而以沈泰、黄嘉惠、汪橒等所撰評語爲多。黄嘉惠本籍安徽休寧,原爲坊刻家,評閲者姓氏中另有黄之城等徽籍人士多人,故此書之雕板或由黄氏主持。沈泰於輯校過程中,爲統一體例,曾對所選劇加工修訂,如《易水寒》删去原作開場一段。

此書入清後仍續有刷印。董康誦芬室於1918年據崇禎原刊初集本覆刻,今據民國七年董氏誦芬室刻本影印。然此覆刻本間有訛字,漫漶處或作臆補,所脱評語甚多。由於原刊本存世甚稀,或以尋訪爲難,後人影印《盛明雜劇》各集,均據董本,不免略存遺憾。(黄仕忠)

**盛明雜劇二集三十卷** (明)沈泰輯(第1765册)

因《盛明雜劇初集》頗受歡迎,復續刊《盛明雜劇二集》。選朱有燉《風月牡丹仙》、《香囊怨》,許潮《武林春》、《蘭亭會》等三十種,卷首原有袁于令、卓人月、徐翙三人序,約刊於崇禎三年冬。編者嘗有續編三集、四集之設想,因明末戰亂而未果。

二集選目曾接受山陰祁彪佳建議,在刻印過程中續有改訂,以致有評語中所指稱作者與劇目所署不一者,如源出《泰和記》之劇,原歸楊慎名下,評語亦作楊慎之作看待,署名則調整爲許潮撰。

二集曾改題《名家雜劇》印行,日本山口大學有藏,唯删諸序,而另撰翼望山人(柴紹炳)序文一篇;内有若干劇作曾以《十種曲》爲名,獨立刷印。董康誦芬室於1927年據三種殘本彙集覆刻二集,而失徐、卓二序。其中《錯轉輪》、《蕉鹿夢》二劇卷端標作"十種曲",知源出自《名家雜劇》本。

此本據民國十四年董氏誦芬室刻本影印。(黃仕忠)

## 雜劇三集三十四卷　(清)鄒式金輯(第1765册)

鄒式金(1596—1677),字仲愔,號木石居士、香眉居士。無錫(今屬江蘇)人。崇禎十三年(1640)進士,任南京户部主事,遷郎中,出知福建泉州府知府,十七年解官歸里。入清後僧服歸隱,避世三十年。式金工文詞,能製曲。著有《宋遺民録》、《香眉亭集》等,均佚,唯所編《雜劇三集》存於世,此書鄒式金編,子鄒漪助成。長子鄒漪(1615—?),字流綺,號西村,室名五車樓,著有《明季遺聞》、《啓禎野乘》等。康熙十三年(1674)刻有《綏寇紀略》,因"凡例所列有大事記"而引致家禍,遂焚所著,笥橐爲空,父子著作今均不傳,當即因此。二人事迹見《無聲詩史》卷七、道光《晉江縣志》卷三四等。

此書爲明清之際雜劇選集,又題作"雜劇新編",刊於順治十八年(1661)。此集選編吳偉業、尤侗、茅維、鄭瑜、孟稱舜、查繼佐等十九家三十四劇。由明入清雜劇作家名作大致采録於此。首有吳偉業《雜劇三集序》、鄒式金《小引》,末有鄒漪跋。式金自序謂搜訂是書,實寓興亡之慨。書名"雜劇三集",以承沈泰所輯《盛明雜劇》初、二集,隱示不忘故國。鄒漪謂"余亦過庭之餘,習聞緒論,用是留心博采,凡壇坫之所衰,及郵筒之所致,得若干首,選付梓人",因知具體安排,實出鄒漪之手。

此書有順治壬寅跋刊本,1941年董康誦芬室據以覆刻。今據民國三十年董氏覆刻本影印。(黃仕忠)

## 奇妙全相注釋西廂記五卷卷首題咏一卷　(元)王實甫(元)關漢卿撰(第1765册)

王實甫,名德信,大都(今北京)人。生平事迹不詳。元成宗元貞、大德年間在世。明初賈仲明增補《録鬼簿》稱其"作詞章風韻美,士林中等輩伏低。新雜劇,舊傳奇,《西廂記》天下奪魁"。作有雜劇十餘種。生平見鍾嗣成《録鬼簿》、王驥德《曲律》卷三。關漢卿,號己齋,一作一齋,大都人。元鍾嗣成《録鬼簿》稱他曾任太醫院尹。大約生於金末,卒於元成宗大德年間(1297—1307)。撰有雜劇六十餘種。明初朱權《太和正音譜》稱他"初爲雜劇之始"。生平見鍾嗣成《録鬼簿》、乾隆《解州全志》卷九一。

《西廂記》雜劇,凡五本二十一折,據《録鬼簿》、《太和正音譜》所載,爲王實甫撰,而明中葉以降,或傳前四本係王實甫撰,第五本爲關漢卿所續。但各本劇末有〔絡絲娘尾〕,實含全部二十一折情節,可知原出一人之手。又全劇使用《中原音韻》十九韻部,亦可證是由同一作者通盤考慮之後寫成,故應歸入王實甫一人名下。

此劇故事出自唐元稹《鶯鶯傳》,叙張生與鶯鶯私會,始亂終棄,猶自推許爲"善補過"者。宋人趙德麟有《蝶戀花鼓子詞》,亦演此事,已議其結局爲非。至金章宗時,有董解元者,撰爲《西厢記諸宮調》,改爲張生終不棄鶯鶯,結局歸於團圓。元初王實甫復在董作基礎上,撰爲雜劇,旨在使天下有情人皆成眷屬。而劇詞華麗瑰偉,賈仲明稱"天下奪魁"(《録鬼簿續編》)。

《西厢記》元刊本今已無存。今存明刊本五十四種,約可分爲兩個系統。其一相對保持北劇原貌,其一經過南曲化處理,較多體現明代傳奇特徵。此弘治十一年戊午季冬北京金臺岳家重刊本乃現存最早完整刊本,雖亦可見明人改動痕迹,而尚近原貌。此刊本卷端題作"新刊大字魁本全相參增奇妙注釋西厢記",内文又題作"奇妙全相注釋西厢記",而未署作者之名。其上卷所附内容甚爲豐富,首爲"崔張引首",録〔逍遍〕、〔耍孩兒〕各一套;次爲"閨怨蟾宮"詞曲四首;三爲"增相錢塘夢";四爲"新增秋波一轉論",題"西蜀壁山來鳳道人著";五爲〔滿庭芳〕曲九首;六爲"新刊參訂大字魁本蒲東崔張珠玉詩集",凡一百四十一首,未署作者;七爲"新刊參訂大字魁本蒲東崔張海翁詩集",凡六十六首;八爲"新刊參訂大字魁本吟咏風月始終詩"四十四首;九爲"西厢八咏";十爲〔南吕·一枝花〕套曲。嗣後方入正文。每折之末附有"釋義"。從中可見此劇在明代中期受歡迎情況,對考察《西厢記》之明代傳播史頗具文獻價值。

此本據明弘治十一年金臺岳家刻本影印。(黄仕忠)

**新校注古本西厢記五卷**　(明)王驥德校注
**彙考一卷**　(明)王驥德撰(第1766册)

王驥德生平見前《曲律》提要。

王實甫《西厢記》雜劇,在明代最爲盛行,刊行尤夥。但因雜劇衰落、南曲興盛,兼以時代與社會變遷,明中葉以後《西厢記》刊本漸加增改删削,遂失舊貌。至萬曆後期,沈璟等人主張曲尚本色,韻歸中州,其觀點成爲曲壇主流,而元曲本色,復成榜樣,是故萬曆間頗多雜劇選集刊印。而重新校訂整理元人名劇如《西厢記》、《琵琶記》等,以復古爲尚,所據輒稱"古本",亦成爲一時風氣。此書出於此背景下。

此書以"古本"爲標的,主要取嘉靖二十二年碧筠齋刻本爲底本,序謂據前元舊本,并取萬曆十六年朱石津翻刻本作參校,稱所據者爲"古本";另取徐文長、金在衡、顧玄緯本作參校。末附《西厢記》故事有關各類文字,以作成"彙考"。王氏校本"大致取碧筠齋古注十之二,取徐師(徐渭)新釋亦十之二",并經沈璟參訂,最終成書。所作正訛,曲文一千八百二十五字,白文六千五百二十九字,訂正彙考中文字,共三百七十字(以上據其凡例)。故堪稱《西厢記》明刊本中校注較爲完善之本,影響亦大。

此書萬曆四十一年山陰朱朝鼎香雪居刊行。清初有挖改重印本,卷端另添一行"金聖歎評",當是康熙間貫華堂本盛行之後所印。又民國十九年北京富晉書社、東萊閣書店據萬曆原刊本石影。今據國家圖書館藏明萬曆四十一年香雪居刻本影印。(黄仕忠)

**楊東來先生批評西游記六卷**　(明)楊訥撰(第1766册)

此書題"楊東來先生批評西游記",萬曆四十二年序刊本。其"總論"謂"《太和正音譜》備載元人所撰詞目,有吳昌齡《東坡夢》、《辰鈞月》等十七本,而《西游記》居其一焉。然僅見抄録秘本,未經鏤板盛行",故署作"元吳昌齡撰"。按《太和正音譜》録吳昌齡劇實僅十種,并無"西游記",僅有取材於《西游記》之"西天取經"一種。據《録鬼簿》,吳氏之作題目正名作"老回回東樓叫佛,唐三藏西天取經",與該本不合。另據明初《録鬼簿續編》,楊景賢名下有《西游記》一目,謂"楊景賢,名暹,後改名訥,號汝齋,故元蒙古氏。因從姐夫楊鎮撫,人以楊姓稱之。善琵琶,好戲謔,樂府出人頭地。錦陣花營,悠悠樂志,與余交五十年。永樂初,與舜民一般遇寵。後卒於金陵"。《續編》并謂湯舜民"文皇帝在燕邸時,寵遇甚厚。永樂間恩賚常及"。故此書改題楊訥撰。此劇演唐僧取經故事,凡六本二十四齣,後世《西游記》小説框架,於此已基本建立。其篇幅則可與《西廂記》相媲美。

此書今僅日本宮内廳書陵部有藏,1928年塩谷温據以訓點排印。今據日本鉛印本影印。(黄仕忠)

### 四聲猿四卷　(明)徐渭撰(第1766册)

徐渭生平見前《徐文長文集》提要。

此書爲明徐渭所撰四種短劇之合集。其中《狂鼓史》(又名《漁陽三弄》),一齣,演漢末彌衡擊鼓罵曹操事。《玉禪師翠鄉一夢》,二齣,演玉通和尚心動破戒事。《雌木蘭替父從軍》,二齣,演花木蘭女扮男裝替父從軍事。《女狀元辭凰得鳳》,五齣,演五代時黄崇嘏女扮男裝考中狀元事。

此集取名"四聲猿",借意猿鳴三聲,行人沾衣,以寓其悲涼憤怨。其劇作張揚本色,深得元人三昧,對晚明劇壇影響深遠,或推許"爲明曲之第一"(徵道人《四聲猿引》),王驥德則稱道爲"天地間一種奇絶文字"(《曲律》)。

此集有明萬曆戊子徐龍峰刊本,萬曆間《徐文長集》收録本,萬曆、崇禎間另有多種刊本,可見其流傳之廣。今據南京圖書館藏明刻本影印,其目録頁版心下方鐫刻工姓名,作"黄伯符刻"。(黄仕忠)

### 燈月閑情十七種二十卷　(清)唐英撰(第1766—1767册)

唐英(1682—1756),字雋公,又字叔子,號蝸寄。瀋陽(今屬遼寧)人,隸屬漢軍正白旗。幼孤,少年時即值養心殿,後隨從康熙二十餘年。雍正元年(1723)授内務府員外郎,六年,監江西景德鎮窑務,歷監粤海關、淮安關。乾隆初,調九江關,復監督窑務,先後任事十餘年。乾隆二十一年(1756)以病告退,不久卒。英能文善畫,兼書法篆刻,精通製瓷。其所製瓷,世稱"唐窑"。又知音律,醉心於戲曲,有家班,并演自撰戲曲。生平事迹見《清史稿》、《晚晴簃詩匯》卷六二。

所撰戲曲達數十種,今存曲集《燈月閑情》,又名《古柏堂傳奇》,收録十七種二十卷,爲乾嘉間古柏堂刊本。此集名爲傳奇,實長短不一,體兼傳奇、雜劇,多爲短小劇目。且與一般文人劇作頗不相同,主要據花部戲曲、小調、説唱改編而成,其中多種戲曲改編自梆子腔:《面缸笑》取自《打面缸》,《十字坡》取自《殺貨》、《打店》,《天緣債》取自《張古董借妻》,《梅龍鎮》取自《戲鳳》。内容主要爲勸懲人心,亦頗多滑稽諷刺。

中國戲曲至康熙末及雍、乾時期,花部戲曲漸興,而雅部崑曲日衰。士大夫多崇雅抑花,所撰亦多爲文人案頭之劇。唐英則能關注花部戲曲,化俗爲雅,且於體制結構等均有創新,其劇作後多爲皮黄所取材,對於提升花部戲曲地位,促使花部最終壓倒雅部,具有一定作用。

此本據國家圖書館藏清乾隆唐氏古柏堂刻嘉慶增修本影印。(黄仕忠)

### 吟風閣四卷　(清)楊潮觀撰(第1768册)

楊潮觀(1710—1788),字宏度,號笠湖。無錫(今屬江蘇)人。乾隆元年(1736)舉人,入實録館,期滿出爲令,歷宰晋豫滇南三省,正署十六任。擢知瀘州,以老乞歸。性情倜儻,工畫竹,詩多杰句,尤工戲曲,通音律。著有《春秋左鑒》、《古今治平彙要》等。生平事迹見袁枚《小倉山房文集》卷三四《邛州知州楊君笠湖傳》。

此書爲楊氏所撰雜劇集,共收短劇三十二種,每種一折一事,凡四卷。前有題詞及各劇首小序。楊潮觀官瀘州時,曾於臨邛卓文君妝樓遺址筑吟風閣,命士子庶民各植一花,自選古今可觀感事,暇日編爲雜劇若干種,因名之,以慶落成。但集中所收雜劇,并不作於一時。所演各劇,或取諸史傳、説部,或作者自況,或取前人詩意、民間傳説而生發之。其結構與曲文俱佳,時人盛贊之。其中尤以《寇萊公思親罷宴》一種最著。

此劇集初刻於乾隆二十九年,乾隆三十四年、三十九年分別重刊,所收劇目數量及版式均有不同。此外,尚有嘉慶二十五年屋外山房主人重刻本,嘉慶二十五年屋外山房主人重刻《吟風閣》附録本等。今據中國藝術研究院戲曲研究所藏清乾隆三十四年恰好處刻本影印。(黃仕忠)

**喬影一卷**　(清)吳藻撰(第1768册)

吳藻(約1799—約1862),字蘋香,號玉岑子。仁和(今浙江杭州)人。爲同邑賈人黃某室。道光六年(1826)後,列杭州陳文述門牆,與女詩人汪端、張襄訂交。工繪事,精音律,以詞曲名於時。所著有《花簾詞》、《香雪南北詞》等。生平事迹見《晚晴簃詩匯》卷一八七。

所作《喬影》一劇,又名《飲酒讀騷圖》,一折。仙呂入雙調南北合套曲。叙才女謝絮才性耽書史,自慚巾幗,不愛鉛華,因作男子裝,作小影一幅,名爲《飲酒讀騷圖》,懸諸齋頭,對圖飲酒,自比靈均,感憤傷懷。劇末有葛慶曾、吳載功跋,甚加推崇。其作實爲自寓,借以抒情寄恨。

此劇有道光六年吳載功刊本。鄭振鐸編《清人雜劇二集》嘗據原刊本影印。此本亦據鄭氏舊藏原清道光刊本影印。(黃仕忠)

**絳綃記一卷**　(清)黃燮清撰(第1768册)

黃燮清生平見前《倚晴樓詩餘》提要。

《絳綃記》未刻,今存舊抄本,題"甲寅(咸豐四年)杏月重訂"。原本九折,其中《譚筵》折刪去,實存八折。演書生陳弼教救得洞庭神君妃子所化豬婆龍,受其報恩,與龍女成親故事。據《聊齋志異》之《西湖主》改編,故事情節有所增删。後京劇有《西湖主》、滇劇有《洞庭配》,均據此劇改編。

此本據中國藝術研究院戲曲研究所藏清抄本影印。(黃仕忠)

**永樂大典戲文三種**　(第1768册)

明《永樂大典》"戲"字號收有南戲三十三種,後因大典諸本被毀,大多散佚。1920年葉恭綽於倫敦一小古玩店購得一册,爲卷一三九九一,存戲文三種。後人以《永樂大典戲文三種》爲題排印或影印。

其中《張協狀元》約含五十三齣,據第一齣〔滿庭芳〕詞,知由溫州九山書會據《張叶狀元傳》改編,演張協負心故事。又劇中引有南宋溫州詩人曹豳《題括蒼馮公嶺》詩"村南村北梧桐樹,山後山前白菜花"句,知其當出於南宋中葉之後,爲現存唯一完整之早期南戲劇本。其表演稚拙,科諢甚多,然是南戲形成初期之狀貌,故頗具史料價值。《遭盆吊没興小孫屠》,原題"古杭書會編撰",《録鬼簿》載元蕭德祥有同名雜劇,今不知其孰先孰後。《宦門子弟錯立身》,原題"古杭才人新編",存十四齣,編入大典時有刪節,元李直夫、李文敬有同名雜劇,南戲當據雜劇重編。此三種對了解宋元南戲面貌,有重要價值。

原本今存臺北故宮博物院。此本據過録精抄本影印。(黃仕忠)

**六十種曲一百二十卷**　(明)毛晉輯(第1768—1773册)

毛晉生平見前《宋名家詞六十一種》提要。

此書爲傳奇戲曲集,明末汲古閣輯刊。原分作六套,每套十種,各有"弁語",題作"繡刻演劇十種",陸續行世。至清初彙輯合刊,題作今名。第一套原以《琵琶記》爲首種。此集清代後期續有修板印刷,又改以《雙珠記》爲首種。

此集爲白文本,無注釋、評點,對底本來源未作説明,亦未署作者,但刻印均精,所選底本亦佳,其科介依例作修訂統一。收録《琵琶記》、《幽閨記》、《殺狗記》、《鳴鳳記》等五十八種,另有元王實甫所撰北《西廂記》,因明人實視同傳奇,故亦收録於此。另於湯顯祖《牡丹亭》原本外,收録碩園改本一種。明末盛行之南戲傳奇,已包羅殆盡。其中《精忠記》、《八義記》、《雙珠記》等十六種,在此之前未有刊本。

明代後期崑腔盛行,書坊多有刻印傳奇戲曲之舉,如明萬曆間金陵唐氏富春堂、文林閣等均刻有"繡刻演劇",刻印南戲傳奇,亦多至數十種,除文林閣曾彙集十種印刷而今有傳本外,大多零散,無從窺知全貌。唯此汲古閣刊本,因明清易代之際,書板仍保存完整完好,清初得以彙成一集,不斷印刷,道光間更作修板重印,故篇幅最巨而流傳廣泛,影響亦最爲久遠。

此本據上海圖書館藏明末毛氏汲古閣刻本影印。(黄仕忠)

### 新刊元本蔡伯喈琵琶記二卷　(元) 高則誠撰 (第 1774 册)

高明(約1306—1359),字則誠,號柔克,又號菜根道人。瑞安(今浙江温州)人。後人亦稱東嘉先生。元至正五年(1345)進士,授處州録事。辟江浙省掾。從軍南征方國珍。後改調浙東閫幕四明都事,轉江南行臺掾,數忤權貴,謝病去。復徵國史院典籍官,除福建行省都事。道經慶元,方國珍邀置幕下,力辭不從。即日解官,居於鄞縣櫟社,以詞曲自娱,撰成《琵琶記》。所著有《柔克齋集》二十

卷,佚。生平事迹見錢謙益《列朝詩集小傳》。

《琵琶記》二卷,演東漢蔡邕因辭試不獲從,辭官、辭婚又不獲從,贅婚相府,而家中遭受災荒,父母慘亡,雖結局一夫二妻團圓,終難解不孝負心之痛。按,蔡邕字伯喈,《後漢書》有傳,而劇中情事則純屬附會。然南宋光宗時,有《趙貞女蔡二郎》戲文,已演其事。謂"伯喈棄親背婦,爲暴雷震死"(《南詞叙録》)。高明據舊本而改造,又將蔡邕相關史實嵌入劇中,以顯亂世爲宦之憂,亦寓自身在元末亂世之慨。明人或以爲此劇旨在"教忠教孝",頗加推崇。朱元璋稱其"如山珍海錯,貴富家不可無"(《南詞叙録》)。《伍倫全備記》、《香囊記》等劇即從此生發,以相仿效,張揚倫常。或以爲劇中蔡邕之行事,仍屬不忠不孝,而譏作品猶未臻化境。

南曲戲文始於宋代温州,在元代則難與雜劇相争。至《琵琶記》出,"用清麗之詞,一洗作者之陋,於是村坊小伎,進與古法部相參,卓乎不可及已"(《南詞叙録》)。其佳處殆兼南北之勝,實爲元代戲曲之殿軍,明人傳奇之先聲。此劇在明清傳演、刻印甚廣,亦多加改動。康熙十三年(1674)陸貽典抄録《新刊元本蔡伯喈琵琶記》,其底本約出於明弘治年間,猶存初貌,今據該本影印。(黄仕忠)

### 新刊重訂出相附釋標注月亭記二卷　(元)　施惠撰 (第 1774 册)

《拜月亭記》,明徐渭《南詞叙録》於"宋元舊篇"内有著録,但未題撰者。明何良俊《四友齋叢説》謂係元施惠撰。據元鍾嗣成《録鬼簿》,施惠字君美,元末杭州人,"居吳山城隍廟前,以坐賈爲業。好談笑。詩酒之暇,惟以填詞和曲爲事。著有《古今砌話》,亦成一集"。但未載其撰《拜月亭》事。《寒山堂曲譜》稱施惠爲"吳門醫隱",然其説晚出,未足憑信。宋元南戲多出書會才人之手,傳演過程中,頻加改纂,施惠或是此劇寫

定者之一。

此劇以金末蒙古軍隊進攻中都爲背景,演蔣世隆與王瑞蘭患難姻緣故事。其開場贊美錢塘風物,末尾稱"書府番騰燕都舊本",知實據關漢卿《幽閨佳人拜月亭》雜劇改編而來,作者爲杭人。此劇在明代之後,廣爲傳演,亦頗受推重,如李贄稱其堪與《西廂記》并提,已臻"化工"(《焚書》)。何良俊稱其高出《琵琶記》遠甚(《四友齋叢説》)。此劇原本或多至五十八齣,但元本今已不存,今所存者都已經明人修訂。此劇在明代中葉以後,主要分爲兩個系統流傳,兩者之曲文及後半之情節有所不同。如《南音三籟》選有《誤接絲鞭》,有文武狀元誤接絲鞭之情節,當屬舊貌,今本則均作不接絲鞭。今存嘉靖三十二年《風月錦囊》摘彙本、萬曆十七年金陵唐氏世德堂刻本《新刊重訂出相附釋標注月亭記》(作四十三折)等爲一系統,尚近原貌。而李卓吾評本、陳眉公評本、汲古閣刊本等晚明通行之本,改删作四十齣,且大都改題作《幽閨記》。

此本據明萬曆十七年唐氏世德堂刻本影印。(黄仕忠)

### 連環記二卷　(第1774冊)

《連環記》二卷爲明王濟撰。王濟(1474—1540),字伯禹,號雨舟、紫髯仙客、白鐵道人。烏程(今浙江湖州)人。曾爲太學生,後授廣西橫州通判,攝理州事,以母老辭歸。與祝允明、文徵明交往。著有《碧梧館傳奇》三種,僅《連環記》有多種清抄本存世。

此劇演王允與貂蟬設連環計離間吕布,誅除董卓事,與《三國演義》及《錦雲堂美女連環計》雜劇相同。但此種抄本凡三十齣,實爲清初藝人演出之本,較原作有所删削,且第五齣《教技》中有兩段劇名巧體,嵌入《燕子箋》、《奈何天》等明末清初劇本名。今據國家圖書館藏抄本影印。(黄仕忠)

### 新編林冲寶劍記二卷　(明)李開先撰(第1774冊)

李開先生平見前《李中麓閑居集》提要。

此劇共五十二齣,取材於《水滸傳》中林冲故事,包括誤入白虎堂、刺配滄州道、風雪山神廟、雪夜上梁山等關目,并以招安結束。其情節與小説不同處,在於林冲與高俅在政治上對立,而不再限於家仇私恨,最後更是手刃高俅父子,夫妻團圓,寶劍物歸原主。此劇由"坦窩始之,蘭谷繼之,山泉翁正之,中麓子成之",説明李開先是據舊本改寫而成,其中"有所寄托焉,以發其悲涕慷慨抑鬱不平之衷"(雪簑漁者《寶劍記序》)。第三十七齣演林冲夜奔梁山,傳演最廣。明陳與郊《靈寶刀》亦據此劇改編。

此劇有嘉靖二十八年原刊本,今據以影印,原著録據明嘉靖二十六年刻本影印,不確。(黄仕忠)

### 重刊五色潮泉插科增入詩詞北曲勾欄荔鏡記不分卷　(第1774冊)

《荔鏡記》,作者佚名,刻本卷尾有記:"因前本《荔枝記》字多差訛,曲文減少,今將潮、泉二部,增入顏臣勾欄詩詞北曲,校正重刊,以便騷人墨客,閑中一覽,名曰《荔鏡記》。"因知實據舊本《荔枝記》改編而成。

《荔鏡記》共五十五齣。演南宋時泉州陳三,途經潮州,與黄五娘相遇互慕,五娘舊有父母所訂婚約,兩人遂相私奔,後爲官府捕獲,陳三以誘拐罪發往涯州,適其兄升爲都堂御史,於起解前相遇,重審此案,題本奏上,陳三奉旨與五娘團圓。此故事在閩南、潮州一帶流傳甚廣,明代小説有《荔鏡奇逢傳》,亦叙此事,明清乃至現代,有多種同題材戲劇作品,盛演於閩、潮等地,且多屬此劇之裔本。

該本上欄另附《顏臣》戲文,録唱詞,未附賓白。本事見《醉翁談録》卷一《静女私通陳彦臣》。此劇以往未見曲目著録,是爲孤本。

今存明嘉靖四十五年福建建陽麻沙余新安書坊刻本,此本據以影印。(黄仕忠)

**新編目連救母勸善戲文三卷** (明)鄭之珍撰(第1774册)

鄭之珍(1518—1595),字汝席,號高石,别署高石山人。祁門(今屬安徽)人。屢困於塲屋,僅得補邑庠生。能詩文,工詞曲。所著《目連救母勸善記》,又名《目連記》、《勸善記》,分三卷,共一百零二齣,爲明人劇作篇幅之最長者,需三日夜方能演畢。

此劇演善人傅相齋僧禮佛,廣濟孤貧,死後升天。其妻劉青提違誓開葷,不敬神明,殺害生靈,觸怒上蒼,被鬼使捽入酆都地獄,備受折磨。其子傅羅卜夙具孝心,甘冒難險,往西天懇求佛祖超度。佛祖嘉其孝義,允其皈依沙門,賜名大目犍連。目連於是下地獄尋母,遍經十殿,百折不回,終於感動神明,母子重逢,同升天界。

目連救母故事源於西晋竺法護所譯《佛説盂蘭盆經》。唐代有《大目犍連冥門救母》、《目連緣起》等變文,故事已較完備。宋孟元老《東京夢華録》卷八"中元節"條,謂"勾肆樂人,自過七夕,便搬目連救母雜劇,直至十五日止,觀者增倍"。元明間有《行孝道目連救母》雜劇及《目蓮救母出離地獄升天》寶卷,均演此事。鄭之珍即是在此基礎上,"搜實迹,據陳編",博采當時小戲單折戲曲,編成此劇,旨在表彰孝義、勸善懲惡。其中《尼姑下山》、《行路施金》等均可單獨演出。清張照又據此劇改編爲宫廷大戲《勸善金科》,凡二百四十齣。

此劇有明萬曆十年高石山房刻本,萬曆間金陵富春堂刻本,清會文堂刻本等,版本甚富。今據高石山房刻本影印。(黄仕忠)

**牡丹亭還魂記二卷** (明)湯顯祖撰(第1774册)

湯顯祖生平見前《玉茗堂全集》提要。

《牡丹亭還魂記》,五十五齣,撰於萬曆二十六年(1598),爲湯顯祖代表劇作。演太守杜寶之女杜麗娘,於游園後夢與柳夢梅在牡丹亭畔芍藥欄前相會,醒後尋夢,思念成疾,因自畫真容,懨懨病亡,葬於後園梅樹之下,藏畫於太湖石底。三年後有書生柳夢梅爲應考過此,在花園拾得麗娘畫像,把玩不止,竟得麗娘之魂前來相會。麗娘告以真情,柳夢梅乃發塚,使麗娘回生,同往臨安應考。後夢梅携像請婚於杜寶,被視爲盗墳賊而縛。幸榜發,報柳生狀元及第,杜寶與柳生各上一疏,廷前相争,麗娘登朝作辯,皇帝判明父子妻子相認團圓。

此劇據《杜麗娘慕色還魂記》話本改編。湯顯祖自謂:"如麗娘者,乃可謂之有情人耳。情不知所起,一往而深,生者可以死,死可以生。生而不可與死,死而不可復生者,皆非情之至也。"(《牡丹亭題詞》)此劇結想奇特,才情横溢,見者莫不稱賞。沈德符稱"湯義仍《牡丹亭》一書,家傳户頌,幾令《西廂》减價。奈不諳曲譜,用韻多任意處,乃才情自足不朽。"同時代江浙曲家,如沈璟、臧懋循、碩園、徐肅穎等人又多憾此劇不諧音律,而加改删。尤以沈璟之改本,深致湯顯祖本人不滿,因兩人對曲律理解分歧,而引發激烈争論,成爲晚明曲壇重要事件,影響及時人戲曲觀念與戲曲創作。

此劇傳演甚廣,刊刻亦多,僅明代刻本,即有萬曆間文林閣刻本、石林居士刻本、唐振吾刻本、清暉閣批點本等十餘種。今據國家圖書館藏明萬曆刻本影印。(黄仕忠)

**新刻博笑記二卷** (明)沈璟撰(第1774册)

沈璟生平見前《廣輯詞隱先生增定南九宫詞譜》提要。

《博笑記》取材於筆記小説《耳談》等,兼采市井異事,敷演成劇。除第一齣傳概外,其餘二十七齣分寫十個小故事,即巫舉人、乜縣佐、邪心婦、起復官、惡少年、諸蕩子、安處善、穿窬人、賣臉客、英雄將，各有小標題，如《巫舉人癡心得妾》。時人稱此劇"特創新體，多采異聞，每事爲幾齣，合數事爲一記，既不若雜劇之拘於四折，又不若傳奇之强爲穿插"（茗柯生《刻博笑記題詞》）。故此劇繼《四節記》以四事爲一劇，《十孝記》以每三齣演一事，在體制上有所創新。吕天成稱其"游戲至此，神化極矣"（《曲品》）。

此本據明天啓三年刻本影印。（黄仕忠）

### 玉茗堂批評紅梅記二卷　（明）周朝俊撰（第1774册）

周朝俊，明萬曆間戲曲作家，字夷玉，一字儀玉。鄞縣（今屬浙江）人。諸生，少有才，詩學李賀，尤擅詞曲。所撰傳奇有《紅梅記》、《李丹記》、《香玉人》《畫舟記》等多種，惟《紅梅記》一種較爲流行，今存。生平事迹見《甬上耆舊詩》卷三〇。

此劇取材於明瞿佑《剪燈新話》之《緑衣人傳》，演南宋時書生裴禹游西湖，權相賈似道侍妾李慧娘顧盼裴生，語含贊美，致爲賈似道殺害。總兵之女盧昭容春日登樓，折梅吟咏，恰逢裴生牆外攀枝，昭容即以梅相贈。賈似道見昭容貌美，欲强納爲妾。裴生權充盧氏婿，至賈府拒婚。賈似道將裴生拘於密室，慧娘鬼魂出與裴生幽會，救其脱險，其鬼現形，當場痛斥賈似道。後賈似道兵敗襄陽，在木綿庵被殺。裴生應試擢探花，與昭容完婚。其中與李慧娘相關情節，含《泛湖》、《殺妾》、《幽會》、《謀刺》、《脱難》、《鬼辯》等六齣，最爲流行於舞臺。後花部及地方戲曲亦多據以改編，均以李慧娘故事爲主。

此劇作於萬曆三十七年之前。現存明萬曆間金陵廣慶堂刻本、明末刻玉茗堂評本、崇禎間三元閣刻袁宏道删潤本等。今據玉茗堂評本影印。所謂"玉茗堂批評"、"袁宏道删潤"者，實與湯顯祖、袁宏道無涉，均是

書坊假托，以廣銷售，且兩本文字亦完全相同。（黄仕忠）

### 鳴鳳記二卷　（明）王世貞撰（第1774册）

王世貞生平見前《新刻增補藝苑卮言》提要。

此劇約成於萬曆元年（1573）之後。吕天成《曲品》、《徐氏家藏書目》均列爲無名氏作品。可見此劇作者當時已不可考。明末清初或認爲王世貞作，或出世貞門人之手。或據乾隆《太倉志》卷二七所載"唐儀鳳，撰《鳴鳳》傳奇，表楊椒山公等大節"，以爲唐儀鳳所作。

此劇四十一齣，演嘉靖時夏言、曾銑、楊繼盛、董傳策、吳時來、張翀、鄒應龍、林潤等人爲收復河套以遏制倭寇入侵一事，前仆後繼與權臣嚴嵩父子及其黨羽展開鬥爭，故稱"雙忠八義"，所謂"前後同心八諫臣，朝陽丹鳳一齊鳴"，最後終於鬥倒嚴嵩，抄没嚴家，腰斬世蕃，旌表諸忠臣。此劇據當時發生之重大政治事件撰成傳奇，所演多係實録，復稍加緣飾，爲時事劇開山之作。吕天成《曲品》評其"記時事甚悉，令人有手刃賊嵩之意。詞調盡暢達可咏，稍厭繁耳"。此劇在清代傳演仍廣，《桃花扇》、《表忠記》等傳奇均受到其影響。

此劇今存萬曆間讀書坊刻本、明末汲古閣刻本、清乾隆抄本等。今據清刻本影印。（黄仕忠）

### 重校玉簪記二卷　（明）高濂撰（第1775册）

高濂（1527—1603以後），字深甫，號瑞南道人、湖上桃花漁。錢塘（今浙江杭州）人。隆慶元年（1567）入北京國子監。六年以入貲待選鴻臚寺。因父喪，未及補官，歸隱於西湖，徜徉山水之間。家境富裕，平生博識多覽，愛好廣泛，詩文琴畫、藝花品茗、飲食養生、丹藥秘方，皆稱精通。又精於音律，善度

曲,與曲家梁辰魚、汪道昆相往來,撰有《玉簪記》、《節孝記》傳奇。著述有《雅尚齋詩草》、《遵生八箋》等存世。生平事迹見《四庫全書總目提要》卷一八○。

《玉簪記》,又題《女貞觀重會玉簪記》,共三十四齣。演金兵南下,少女陳嬌蓮與家人離散,入金陵女貞觀爲道士,法名妙常。觀主之侄潘必正會試落第,路經此觀,陳、潘二人相見,經過茶叙、琴挑、偷詩等一番波折,私自結合,後爲觀主察覺,逼令必正赴試。登程之日,妙常追至江邊,催船趕上,互贈玉簪、鴛鴦扇墜爲表記而別。後必正得第得官,迎娶妙常,歸家團圓。此劇之本事見《古今女史》及明初雜劇《張于湖誤宿女貞觀記》、明何大掄《燕居筆記》卷九等。劇中叙必正兩度秋闈失利情節,爲雜劇及小説所無,當是高濂隆慶元年、四年兩度秋試失利之自況,故劇本成於隆慶四年之後。

此劇在明萬曆間即已廣爲流行,有多種萬曆刻本,如繼志齋刻本、世德堂刻本、文林閣刻本、長春堂刻本、還雅齋刻本、觀化軒刻本、白棉紙印本等。今據明繼志齋本影印。（黄仕忠）

## 東郭記二卷　（明）孫鍾齡撰（第 1775 册）

孫鍾齡(?—1630),字仁孺,號峨嵋子,又號白雪道人、白雪樓主人。居里生平不詳。人稱其"才未逢知",因懷才不遇,作傳奇諷世以抒憤懣。有《東郭記》、《醉鄉記》二種,合稱《白雪樓二種曲》,今存。

《東郭記》撰於萬曆十六年(1583),取材於《孟子》中《離婁》、《滕文公》篇,以"齊人"一章爲主要綫索,加入王驩、淳于髡、陳仲子等人事迹,衍化成劇。凡四十四齣,并取《孟子》語句作齣目。演齊人有一妻一妾,竟日乞食於東郭蟠間,醉飽而歸,驕於妻妾,僞稱與貴者游,後被妻妾跟蹤偵破,猶自謂此不過玩世之意,而妻妾羞之。後憑仗淳于髡關係,

得薦爲大夫,更因軍功擢爲亞卿,更封爲上大夫,賜東郭君,後辭官携妻妾歸隱。又攛入王驩以行賄得官,陳賈、景丑以諂媚得寵,陳仲子酸腐而自鳴清高,構成一幅士大夫群醜圖。祁彪佳《曲品》稱:"掀翻一部《孟子》,轉轉入趣,能以快語叶險韻,於庸腐出神奇,詞盡而意尚悠然。邇來作者如林,此君直憑虛而上矣。"

此劇有萬曆十六年原刊本、明末汲古閣刊本及清刻本多種。今據明末刻本影印。（黄仕忠）

## 新刻全像古城記二卷　（第 1775 册）

《古城記》,作者佚名。演東漢末年,劉備、關羽、張飛在徐州兵敗失散,張飛據古城稱王,劉備投袁紹,後亦與張飛會合。關羽則爲保兩嫂,以降漢不降曹、知劉備消息即別、另宅別居三項條件,暫時降曹。經秉燭待旦、掛印封金、千里獨行、過關斬將,最後別曹操,護兩嫂,在古城與劉、張相聚。劇中情節,與元至正間刊《三國志平話》及《三國志通俗演義》小説相合。元及明初以此爲題材之劇甚多,南戲有《關大王古城會》,雜劇有《壽亭侯五關斬將》、《關雲長古城聚義》、《斬蔡陽》等,今均不傳。另有《獨行千里》雜劇,《雍熙樂府》有選折,并爲《古城記》第二十六齣所移用。又明初朱有燉有《關雲長義勇辭金》雜劇,有永樂十四年序刊本,《古城記》亦多化用其曲文。故此劇應撰於永樂十四年(1416)之後,爲明人作品。《遠山堂曲品》將此劇列入"具品",稱"三國傳中曲,首《桃園》,《古城》次之,《草廬》又次之。雖出自俗吻,猶能窺音律一二"。

此劇今存明萬曆刊本、文林閣刊本、清乾隆內府抄本。今據萬曆刻本影印。（黄仕忠）

## 懷遠堂批點燕子箋二卷　（明）阮大鋮撰（第 1775 册）

阮大鋮生平見前《咏懷堂詩》提要。

阮大鋮家有戲班,場上案頭皆擅,撰有傳奇十一種,存《春燈謎》、《燕子箋》、《雙金榜》、《牟尼合》,合稱"石巢四種",關目新穎熱鬧,曲文典麗。明張岱謂其"所編諸劇,罵世十七,解嘲十三,多詆毀東林,辨宥魏黨,為士君子所棄,故其傳奇不著。如就戲而論,則鏃鏃能新,不落窠臼者也"(《陶庵夢憶》)。近人吳梅亦稱"圓海固深得玉茗之神","阮圓海之曲,不以人廢言,可謂三百年一作手矣"(《燕子箋跋》)。

《燕子箋》為阮氏代表作,四十二齣,成於崇禎十五年(1642)。演唐代茂陵才子霍都梁與尚書千金酈飛雲,因錯易畫像和燕子銜箋,引發相思。後鮮于佶竊取霍都梁試卷,得中狀元,求贅於酈家,尚書欲試其文才,鮮于佶鑽狗竇以遁。名妓華行雲知狀元試卷實出於霍,因告,酈尚書遂以女歸霍。霍復感於行雲,并娶為婦。此劇設景生情,俱徵巧思,尤適合場上搬演,明末清初,盛演此劇。

此書有明崇禎間懷遠堂批點本、吳門毛恒刻本,及清刊本多種,今據崇禎刻本影印。(黃仕忠)

### 一笠庵新編一捧雪傳奇二卷　(清)李玉撰(第1775冊)

李玉生平見前《一笠庵北詞廣正譜》提要。

李玉擅音律,曾助沈自晉訂定《南詞新譜》,助張大復編定《寒山堂曲譜》,又在明徐于室《北九宮譜》基礎上,補入元人雜劇、散套及明初南戲所含北曲,編定《北詞廣正譜》十八卷,考訂翔實,論列精審,為北曲曲譜最稱完備之作。其在明末亦以戲曲而聞名,崇禎間刊有《一笠庵四種曲》,即《一捧雪》、《人獸關》、《永團圓》、《占花魁》,盛行於世。《一捧雪》,凡二卷三十齣,演嘉靖間莫懷古受嚴世蕃之召入京,同行有妾雪艷、僕莫成及幕客裱背匠湯勤。由於湯勤告發,嚴世蕃向莫強索家傳玉杯"一捧雪",莫不願割愛,并設計

逃走,終被嚴世蕃捕獲,於戚繼光營中問斬。臨刑時,有忠僕莫成代主受戮,莫懷古得以脫身。首級傳至京師,又被湯勤識破。在法堂審頭時,湯勤因雪艷貌美,逼其成婚。雪艷假意應承,在洞房時刺殺湯勤,然後自刎。後嚴家勢敗,莫懷古之子則考中進士,尋回失散父母,得申冤屈,一家團圓。此戲據嚴世蕃謀奪王廷尉玉杯事敷演而成,事見《程仲權先生集》卷三"湯表背"。

此劇有明崇禎刻本、清初刻本、乾隆刻本及乾隆內府抄本等,今據清初刻本影印。(黃仕忠)

### 一笠庵彙編清忠譜傳奇二卷　(清)李玉等撰(第1775冊)

此劇一名《五人義》,凡二十五折。有康熙初樹滋堂刻本,署"蘇門嘯侶李玉元玉甫著","同里畢魏萬後、葉時章雉斐、朱確素臣同編"。劇叙明天啓間,太監魏忠賢迫害東林黨人,魏大中被捕送京,舟過蘇州,吏部員外郎周順昌登舟看望,并主動聯姻。蘇州建魏忠賢生祠,周前往罵像叱奸。巡撫毛一鷺劾周,魏忠賢矯旨遣校尉往捕。周從容就逮,圍觀百姓群情激憤,市民顏佩韋等五人率衆打死校尉。魏黨稱暴民倡亂,捕顏等五人。周則被秘密解京,受盡酷刑,不屈而死。毛一鷺復請屠城,五義士為保蘇州全城,挺身就義。崇禎即位,魏黨事敗,群奸論罪,蘇州百姓毀魏氏祠,懲魏氏黨羽,重新安葬五義士,祭奠亡靈。周子上血疏,帝因下旨,周氏三代受封贈。

此劇以周順昌為主綫,以其清且忠,故題名"清忠譜";同時又以楊漣、左光斗、魏大中等人遇難事迹穿插其中,借顏佩韋等人結局,以揭露閹黨之罪惡。周順昌事迹,見《燼餘集》卷四所附殷獻臣《周吏部年譜》、汪有《周忠介傳》等。五義士事迹始末,亦見明姚希孟《開讀本末》、吳肅公《五人傳》及張溥《五人

墓碑記》等。故吳梅村稱其"事俱按實,其言亦雅馴,雖云填詞,目之信史可也"(《清忠譜序》)。

此本據中國藝術研究院戲曲研究所藏清初蘇州樹滋堂原刻本影印。(黃仕忠)

**秣陵春傳奇二卷** （清）吳偉業撰（第 1775 冊）

吳偉業生平見前《梅村家藏稿》提要。

《秣陵春》又名《雙影記》,凡四十一齣。撰於順治年間。此劇敘徐鉉之子徐適,於南唐亡後,玩賞李後主所賜玉杯,追憶南唐盛事。其鄰係後主寵妃之兄,有女黃展娘,藏有宜官寶鏡及鍾王法帖。徐適聞法帖上有徐鉉字,求借賞玩,并以房宅及玉杯易得此帖。展娘以玉杯斟酒,見杯中現徐適小影,心生愛慕。其鄰真琦欲向展娘求婚,憂己貌醜,聞得宜官鏡一照,可變俊貌,乃乘夜盜之。南唐道士耿先生死後成仙,復於真琦手中攝去此鏡,轉賣與徐適,徐適則於照鏡時見有展娘影像,亦生愛慕。耿道士攝取展娘之魂,在李後主主持下與徐適結合。婚後後主送兩人魂魄回家,後數經轉折,兩人終得在人世重諧花燭。因謁後主祠,後主顯靈,共憶南唐舊事,相對欷歔感慨。

此劇所敘,均屬虛構,實乃借南唐名臣後裔入宋後經歷,以寄對亡明之故國之思與黍離之歎。此劇今存順治間振古齋原刻本、乾隆間重修本、清末暖紅室刻本等。今據清順治刻本影印。(黃仕忠)

**十五貫二卷** （清）朱㿟撰（第 1775 冊）

朱㿟即朱素臣,生平見前《音韻須知》提要。

《十五貫》,凡二十六齣。演熊友蘭、熊友蕙兄弟各自陷入冤獄,均被判處死刑,蘇州知府況鐘夢見雙熊訴冤,遂求復審,訪得事實,平反冤案。兩冤獄均因十五貫銅錢引起,故名作《十五貫》,又因事涉雙熊,亦名《雙熊夢》。劇中熊友蘭與蘇戌娟事,源於宋元話本《錯斬崔寧》及《醒世恒言》卷三三《十五貫戲言成巧禍》;熊友蕙冤案,則借自後漢時李敬於鼠穴中得珠璫事。此劇捏合二事,串合爲一。況鐘,《明史》有傳,嘗任蘇州知府,以剛正清廉、鋤豪强植良善著聞。此劇虛中有實,賓白曲文,均屬當行,盛演於時。

此劇有順治七年精抄本及其他清抄本多種。今據清初抄本影印。(黃仕忠)

**風箏誤傳奇二卷** （清）李漁撰（第 1775 冊）

李漁(1610—1680),原名仙侶,號天徒,後改名漁,字笠翁,又字笠鴻、謫凡,別署笠道人、隨庵主人、新亭樵客、湖上笠翁等。生於雉皋(今江蘇如皋),父業醫,家道豐足。後回原籍浙江金華,屢應鄉試,皆不第。明亡,遂不復應考,居蘭溪鄉村,設戲班,自編劇本,指導演出。順治七年(1650)移居杭州,撰詩文小說及戲曲,交往皆名宦世家,彼此唱和,名聲頗振。順治十四年後,流寓南京凡二十年,建芥子園,設家班,蓄衆家姬,教以歌舞。常負笈四方,奔走於達官貴冑之門,集貲以養家。康熙十六年(1677)再遷杭州,四年後卒。一生著述甚富,有文集六卷,詩集三卷,詞集一卷。又有小說《回文錦》、《十二樓》、《無聲戲》,并編有詞韻、詩韻、畫譜等書。所撰戲曲十六種,存十種,統稱"笠翁十種曲"。另有《閑情偶寄》六卷,涉及飲食、養生、園林等伎,其中"詞曲部"、"演習部"及"聲容部"之一部分,後人輯爲"李笠翁曲話"。

《風箏誤》共三十齣,撰於順治年間。演才子韓世勛與才女詹淑娟由於放風箏而成就姻緣。此劇關目奇幻,運用誤會手法,針綫綿密,美醜互換,富於喜劇性。其構思仿自阮大鋮《燕子箋》,而猶勝一籌,其"結構離奇,熔鑄工煉,掃除一切窠臼,向從來作者搜尋不到處,另辟一境"(樸齋主人《風箏誤總評》)。故問世之後,廣爲傳演。此劇最能代表笠翁戲曲觀念,即立主腦、減頭緒、密針綫、脫窠臼,強調戲劇之娛樂性,注重舞臺效果,其受人詬病處亦在此,蓋格調情趣終有不足。

此劇有清康熙間初刻本,另有清刻本多種,今據中國藝術研究院戲曲研究所藏清初刻本影印。(黃仕忠)

### 鈞天樂二卷　(清)尤侗撰(第1775冊)

尤侗生平見前《西堂文集》提要。

《鈞天樂》傳奇,三十二齣,撰於順治十四年(1657)。演沈白、楊雲博學多才,科考時名落孫山,才學拙劣之生員則借賄賂或人情得中。沈、楊二人抑鬱而死,沈之未婚妻魏寒簧亦因被兄逼迫改嫁,憂憤以卒。後文昌帝君於天界考試真才,沈、楊以優等及第,賜天宴,授修文郎,樂部奏鈞天樂。玉帝又使沈與其時爲散花仙史之寒簧成就佳偶,楊雲夫婦亦同居仙界。劇中沈白,實爲尤侗自況,楊雲則以其友湯傳楹爲原型。尤侗蹭蹬場屋數十年,對科場腐敗,深爲忿慨,故作此以紓心懷。劇出,適丁酉科場案發,傳謂由此劇引起,遂成一時話題。

此劇有康熙間聚秀堂刻《西堂樂府》本、清抄《西堂曲腋》本,光緒間刻本等。今據中國藝術研究院戲曲研究所藏清康熙刻本影印。(黃仕忠)

### 長生殿傳奇二卷　(清)洪昇撰(第1775冊)

洪昇(1645—1704),字昉思,號稗畦、稗村,別署南屏樵者。錢塘(今浙江杭州)人。康熙七年(1668)入京爲國子監生。家本饒富,因與父母失和,析居他寓,遂至困窘。康熙二十八年因佟皇后喪服内演《長生殿》傳奇,獲罪繫獄,斥革國子生籍。歸里之後,愈益潦倒,惟以游山歷水、訪友唱和爲事。六十歲時,因酒後登舟,墮水而歿。洪昇擅詩文,且精於音律,亦擅戲曲。著有《稗畦集》、《稗畦續集》、《嘯月樓集》等。所撰戲曲,多至四十種,今惟十種尚知名目,三種存。生平事迹見《文獻徵存録》卷一〇等。

《長生殿》,共五十齣。洪昇三易其稿,歷時十餘年。初因有感於開元、天寶間李白之際遇,撰爲《沉香亭》傳奇。嗣因被議排場近熟,改以李泌輔肅宗中興爲主,易名《舞霓裳》。"後又念情之所鍾,在帝王家罕有,馬嵬之變,已違凤誓,而唐人有玉妃歸蓬萊仙院、明皇游月宫之説,因合用之,專寫釵合情緣,以《長生殿》題名"(《長生殿·例言》)。所演爲唐明皇、楊貴妃情事。涉及李楊故事作品,自唐以降,不乏名篇,唐宋時有白居易、陳鴻《長恨歌》及《長恨歌傳》,《天寶遺事》、《楊貴妃傳》等,元代有白樸《梧桐雨》雜劇、王伯成《天寶遺事》諸宫調等,明有屠隆《彩毫記》、吳世英《驚鴻記》傳奇等。洪昇此作,本諸《長恨歌傳》及野史小説,而删削楊妃穢迹殆盡,專表夫婦情真,"然而樂極哀來,垂戒來世"(自序),即亦寓勸懲之意。此劇曲辭音律,均極諧美,故甫一問世,即震動劇壇,"一時朱門綺席,酒社歌樓,非此曲不奏,纏頭爲之增價"(徐麟《長生殿序》)。康熙帝亦覽之稱善,諸親王及大臣,凡有宴席,必演此劇。近人王季烈稱"其選擇宫調,分配角色,布置劇情,務令離合悲歡,錯綜參伍,搬演者無勞逸不均之虞,觀聽者覺層出不窮之妙,自來傳奇排場之勝,無過於此"(《螾廬曲談》卷四)。

此劇有康熙間稗畦草堂原刻本,及清刻本、清抄本甚夥。今據清康熙稗畦草堂刻本影印。(黃仕忠)

### 桃花扇傳奇二卷　(清)孔尚任撰(第1776冊)

孔尚任(1648—1718),字聘之,又字季重,號東塘,別署岸堂、雲亭山人。曲阜(今屬山東)人,孔子第六十四代孫。康熙二十年(1681)以捐納爲國子監生。二十三年,康熙南巡,返經曲阜祀孔子,充御前講經,受賞識,特擢國子監博士。二十五年,以隨員赴淮揚疏浚黃河入河口,留滯三載,結交冒襄、黃雲、宗元鼎等明遺民。三十四年遷戶部主事,三十九年升戶部廣東司員外郎,不久罷官歸鄉,終老故里。一生著述甚富,有《湖海集》、《長留集》、《岸堂文集》等。工樂府,與洪昇齊名,稱“南洪北孔”。生平事迹見《國朝詩人徵略》卷一三。

《桃花扇》傳奇,共四十二齣。以復社名士侯方域與秦淮名妓李香君之愛情故事爲綫索,反映南明弘光朝之覆滅過程。此劇所叙,大率有史事爲據,卷末詳列《考據》一項,羅列其所據文獻。始於崇禎十七年(1644),終於順治二年(1645),以清廷徵求山林隱逸作結。旨在借離合之情,寫興亡之感,使世人“知三百年之基業,隳於何人,敗於何事,消於何年,歇於何地,不獨令觀者感慨涕零,亦可懲創人心,爲末世之一救矣”(《桃花扇小引》)。此劇一破以往傳奇生旦終場團圓格式,結構合理,針綫錦密,堪稱歷史劇之典範。

今存康熙原刻本、西園刻本、清末蘭雪堂刻本等甚夥。今據清康熙間刻本影印。(黃仕忠)

### 臨川夢二卷　（清）蔣士銓撰（第1776冊）

蔣士銓生平見前《忠雅堂詩集》提要。

蔣士銓工南北曲,所撰雜劇、傳奇各八種,而以《香祖樓》等九種合題《藏園九種曲》(亦題作《紅雪樓九種曲》等),刻印最多,傳播亦廣。李調元稱蔣氏所撰戲曲,“爲近時第一。以腹有詩書,故隨手拈來,無不蘊藉,不似笠翁輩一味作優伶俳語也”(《雨村曲話》)。

《臨川夢》傳奇,二十齣,成於乾隆三十九年(1774),取材於明代江西臨川籍劇作家湯顯祖事迹。叙顯祖入京會試,因拒絕張居正籠絡,名落孫山,乃歸鄉以居,譜《牡丹亭傳

奇》。婺江俞二姑讀之,感歎成疾,竟至腸斷而亡。時顯祖進士及第,官南京祠部主事,改舊作《紫簫記》爲《紫釵記》,上疏議論時政,貶爲廣東徐聞典史。後升浙江遂昌縣令,續撰《邯鄲夢》、《南柯夢》二劇。一日睡玉茗堂中,有夢神勾俞二姑之魂,并劇中人物一并相見,共入覺華宮。

梁廷枏盛贊蔣氏九種曲,“其至離奇變幻者,莫如《臨川夢》,竟使若士先生身入夢境,與四夢中人一一相見。請君入甕,想入非非,娓娓清言,猶餘技也”(《藤花亭曲話》)。

此劇存乾隆間蔣氏刻《紅雪樓九種曲》本,今據以影印。(黃仕忠)

### 雷峰塔傳奇四卷　（清）方成培撰（第1776冊）

方成培(1731—1789),字仰松,號岫雲、後巖,室名香研居、聽弈軒。歙縣(今屬安徽)人。幼體弱,未參考科舉,習醫,能倚聲填詞,亦擅曲律。嘗匯諸家詞曲,考訂音律,著《詞榘》。乾隆三十六年(1771)客揚州,據舊本改定《雷峰塔》傳奇。所著有《香硯居詞塵》、《聽弈軒小稿》等。另有傳奇《雙泉記》,今佚。生平事迹見周亮工《印人傳》卷八。

《雷峰塔》傳奇,共三十四齣。演白蛇傳故事。此事源自唐傳奇《白蛇記》,宋人已有逸聞,爲説書人所取材。明馮夢龍《警世通言》之《白娘子永鎮雷峰塔》有完整記叙。明末及清初均有戲曲作品取材此故事,惟乾隆三年江蘇松江人黃圖珌撰《看山閣樂府雷峰塔傳奇》今存。方成培因觀梨園所演舊本《雷峰塔》,嫌其“辭鄙調訛”,因重爲更定,使歸於雅正。“較原本曲改其十之八九,賓白改十六七,《求草》、《煉塔》、《祭塔》等折,皆點竄終篇,僅存其目,中間芟去八齣”(《自叙》)。後世演之本,多從方氏改本衍生。此劇有乾隆三十七年水竹居刻本,今據中國藝術研究院戲曲研究所藏本影印,此本脱方氏《自叙》。(黃仕忠)

## 新刊耀目冠場擢奇風月錦囊正雜兩科全集四十一卷（存三十八卷）　（明）徐文昭輯（第1776—1777 冊）

此書爲戲曲選集，明徐文昭輯，存嘉靖三十二年（1553）書林詹氏進賢堂重刊本。實由三個版塊綴合而成。一爲“新刊耀目冠場擢奇風月錦囊正雜兩科全集卷之一”，目錄作“首卷時興曲”，版心題“續補首卷”；二爲“新刊摘匯奇妙戲式全家錦囊”，選錄《蔡伯皆》（即《琵琶記》）等二十種，三爲“新刊摘匯續編全家錦囊”，選錄《三國志》等二十卷。知先有“全家錦囊”正、續編，而後增“續補首卷”而成新集，“風月錦囊”則爲合綴後重刊時新加之題，疑是彙集重刊時首冠此名。

此集所選以南曲戲文爲主，上欄選錄雜曲、套數，因據場上演出本而作摘匯，故稱“奇妙戲式”。所選各戲多寡不等，大致反映當時場上演出情況。此爲今存最早戲曲選集，所錄戲文基本保存明代中前期之面貌，所選部分戲文如《三國志》、《劉昔》等且無別本傳世，并可供研究南曲戲文在江西、福建一帶傳演狀貌。

此書後二編均署“汝水雲崖徐文昭輯”，首卷則錄有徐氏散曲，因知三編均由徐氏所輯。徐氏號雲崖，爲明嘉靖間江西人，餘未詳。此集雖重刊於嘉靖三十二年，其以“全家錦囊”之名初刊，亦當在此前不遠。或以《文淵閣書目》及《篆竹堂書目》亦載有《風月錦囊》一種，而斷定永樂間已成書，最晚也在憲宗之際，其說不能成立。

此書今僅西班牙埃斯科里亞爾聖勞侖佐皇家圖書館藏明嘉靖三十二年書林詹氏進賢堂刻本，今據以影印。（黃仕忠）

## 新刻京板青陽時調詞林一枝四卷　（明）黃文華選輯（第 1777 冊）

此爲戲曲散曲選集。明萬曆間黃文華選輯，郏繡甫同纂，閩建書林葉志元刻印。輯纂者均爲江西臨川人，餘不詳。據此集所選劇本創作時間考察，當成于萬曆三十五年（1601）前後。全書版式分作三欄，上下兩欄選錄元明傳奇及青腔折子戲，內容有《獅吼記》之“夫妻鬧祠”、《三桂記》之“杜氏勘問小桃”、《羅帕記》之“王可居逼妻離婚”等三十六部明人傳奇中四十七個單齣。其中《藏珠記》、《古城記》、《彄弓記》等傳奇已無完整傳本，此書可供輯佚。此選集是現存較早的滾調選集，反映了明末折子戲初興時期，江西、福建等地聲腔及演出本情況。又，書版中欄選錄時曲、小調數十首，也多屬不經見者，可供研究明代散曲、小曲之參考。

此本據明萬曆間閩建書林葉志元刻本影印。（黃仕忠）

## 新刻群音類選官腔二十六卷諸腔四卷北腔六卷清腔八卷補五卷（官腔存卷六至卷二十六，北腔存卷一、卷四至卷六）　（明）胡文煥輯（第 1777—1778 冊）

此爲戲曲選集，明胡文煥編。文煥字德甫，號全庵，別署全道人、抱琴居士、西湖醉翁。錢塘（今浙江杭州）人。明監生，萬曆四十一年（1613）後嘗官耒陽縣丞、興寧知縣。精於醫術及古物鑒賞。能詩文詞曲，撰有《犀珮記》、《餘慶記》傳奇等，今存佚曲。

胡文煥於萬曆二十年之後刊刻《格致叢書》，《群音類選》原爲此叢書之一種，故其編刊亦當在此時。

《群音類選》今存本前五卷已佚，不知有無序錄、凡例。錄有“官腔”（指崑腔）二十六卷（前五卷佚），“諸腔”（弋陽、青陽等地方聲腔）四卷，“北腔”（北曲）六卷（二、三卷佚），“清腔”（南散套）八卷，此外又有補選五卷。全書當爲四十九卷，今存四十三卷，收錄有折子戲一百五十七種，小令三百三十三首，套曲二百二十九篇。保存五十九種已佚劇本之片斷，包括二十三種弋陽腔散齣，故有重要之文獻價值。觀其分類，所選均爲當時流行於舞臺之散齣，并兼顧各種聲腔，從中可見萬曆年間劇壇狀貌。

此本據明胡氏文會堂刻本影印。（黄仕忠）

### 新刊分類出像陶真選粹樂府紅珊十六卷
（明）秦淮墨客輯（第 1778 册）

此劇由秦淮墨客選輯，有萬曆壬寅（1602）唐振吾刊本。秦淮墨客爲紀振倫之號。振倫字春華，金陵（今南京）人。在萬曆至崇禎間，編選校閲戲曲小説甚夥。校訂有小説《新編全像楊家府世代忠勇通俗演義志傳》，所校戲曲，今知有《新刻出相點板宵光記》、《新刻出像點板八義雙杯記》等九種，一種爲唐對溪刊，其餘均爲唐振吾所刊。故與金陵唐氏書坊關係頗深。

此選集凡十六卷，依慶壽、伉儷、誕育、訓誨、激勵、分別、思憶、捷報、訪詢、游賞、宴會、邂逅、風情、忠孝節義、陰德、榮會十六類，收録《琵琶記》、《投筆記》、《香囊記》等傳奇戲曲共一百個單齣。

此本據明萬曆唐振吾刻清嘉慶五年庚申積秀堂覆刻本影印。（黄仕忠）

### 新刊徽板合像滾調樂府官腔摘錦奇音六卷
（明）龔正我輯（第 1778 册）

此書爲崑腔傳奇單齣選本，明龔正我輯。凡六卷。版式分爲兩欄，下欄爲傳奇散齣，上欄爲小曲、酒令、燈謎等。内收録《琵琶記》、《西厢記》、《白兔記》、《幽閨記》、《玉簪記》、《千金記》、《尋親記》等三十二種傳奇之六十六個單齣。其中《皮囊記》、《嫖院記》、《箱環記》等較爲罕見。

此書有明萬曆三十九年書林敦睦堂張三懷刊本。今據中國藝術研究院戲曲研究所藏該本影印。（黄仕忠）

### 鼎鍥徽池雅調南北官腔樂府點板曲響大明春六卷　（明）程萬里輯（第 1778 册）

此書内封題作《新調萬曲長春》，傳奇單齣選集。凡六卷。卷一署“教坊掌教司扶搖程萬里選”，朱鼎臣集，金魁繡，録“南北官腔樂府”；卷二以下此六字改作“官腔海鹽青陽”；卷三署“散人葆和編”，故輯者非止一人。版式分三欄，上下兩欄采録傳奇散齣，中欄選録小曲、雜詩等。内收《玉簪記》、《米糷記》、《五桂記》、《玉環記》等三十一種傳奇之四十一個單齣。其中《天緣記》、《謫仙記》、《興劉記》、《征蠻記》、《結義記》五種，僅存殘齣於此集。

此書有明萬曆間閩建書林金魁刻本，今據該本影印。（黄仕忠）

### 彩雲乘新鍥樂府遏雲編三卷　（明）槐鼎（明）吴之俊輯（第 1778 册）

此書爲明傳奇單齣選集。題古吴楚間生槐鼎、鍾譽生吴之俊選定，闇夫何光烈、濟之童所龍校訂。目録題作“新鍥出像點板樂府遏雲”。此書選《西樓記》、《李丹記》、《鸚鵡洲》等五十五種傳奇之一百三十九個套曲文。僅録曲文，不録科白。其中所録《四節記》、《南樓夢》、《弄珠樓記》、《羅囊記》等劇曲文，僅見此集收録，可資輯佚。

此書所録，與《怡春錦》多有重出，未詳孰先孰後。今據南京圖書館藏明末刻本影印。（黄仕忠）

### 新鍥出像點板纏頭百練六卷　（明）冲和居士輯（第 1779 册）

此書爲戲曲、散曲選集。目録題作“新鍥出像點板怡春錦曲”，版心均題作“怡春錦”，明冲和居士選輯。首有空觀子序。書凡六卷，分别爲《幽期寫照禮集》、《南音獨步樂集》、《名流清劇射集》、《弦索元音御集》、《新詞清賞書集》、《弋陽雅調數集》。前四集選録崑腔傳奇,收有南《西廂記》、《玉簪記》、《還魂記》等五十九種傳奇之七十五個單齣。第五集所録爲散曲,收有陳大聲、高東嘉、劉東生、文衡山等十五人之二十五套曲文。第六集收録弋陽腔劇本。冲和居士又選有續集,題作《新鐫出像點板纏頭百練二集》,亦爲六卷。體例同初集,前四集收録《幽閨記》、《紈扇記》等五十一部傳奇之七十六個單齣。第六集收弋陽腔劇本。

此書有明崇禎間刻本。此本收録者爲初集,據中國科學院圖書館藏明末刻本影印。（黄仕忠）

### 重訂綴白裘新集合編十二集　（清）錢德蒼輯（第 1779—1780 册）

此書爲戲曲散齣選集。書名意爲"取百狐之腋,聚而成裘"（《二集》李宸序）。錢德蒼,名沛思,蘇州（今屬江蘇）人。所輯《綴白裘》每編（集）四卷,共四十八卷,計收崑腔劇本四百三十八齣,雜劇、高腔、亂彈腔、梆子腔等五十九齣。多爲當時伶工實際演出之本,其情節科白,與作者原本頗異。所録花部劇作,亦爲清代前期之作而罕見流傳之本,故别具價值。輯者實從普通觀衆角度出發作編選,故其取捨,對瞭解、研究十八世紀中葉前後崑腔劇目流行情况,有獨特史料價值。

晚明戲曲選集大行,已有號"醒齋"者,編刊有《綴白裘》一種,至清康熙戊辰則有鬱崗樵隱、積金山人之《綴白裘合選》。另據日本《舶載書目》,康熙三十三年（1694）有玩玉樓主人輯本《綴白裘全集》東渡,書中注明有續集嗣出;雍正四年（1726）有明末洞庭簫士選輯之《綴白裘三集》一部六本東渡。至乾隆中葉,錢德蒼據玩花主人舊本,删繁補漏,於乾隆二十九年（1764）選成《綴白裘》,凡二集,由蘇州寶仁堂刊行。因頗受時人歡迎,遂續加選輯,至三十九年,先後刊成十二編。乾隆四十二年復加調整,彙成十二集合編本,盛行於世。此書甫編至六集,便已有書坊翻板。編成十二集後,又有多種乾隆翻刻本,後嘉慶、光緒間續有翻刻,至民初則有石印本,又有汪協如點校排印本,而他種同名選本,遂至湮没。

此本據上海圖書館藏清乾隆四十六年集古堂刻本影印。（黄仕忠）

### 審音鑒古録不分卷　（第 1781—1782 册）

此書爲崑腔傳奇選集,有正續二編,共選録六十五個單齣選目,以《琵琶記》、《牡丹亭》、《西廂記》、《荆釵記》等劇選録爲多,所録劇作最晚爲《長生殿》。内文所標科介甚爲詳盡,并有批語説明演出中應注意事項,對人物心理把握細致入微,對於戲曲導演尤有參考價值。今存道光十四年東鄉王繼善補雠刊本,書板天地甚寬,刻印均極精美。

該本卷首有道光十四年琴隱翁序,謂玩花主人《綴白裘》録劇而遺譜,葉堂納書楹訂譜而廢白,李笠翁泛論而無詞,"萃三長於一編,庶乎氍毹之上,無慮周郎之顧矣"。又謂王繼善偶於京師得《審音鑒古録》一編,因思其父舊有意訂一譜,以爲準則,未成而逝,遂輾轉購得原版,携歸江南,稍事補雠,復加印行。湯貽汾號琴隱道人,琴隱翁當爲其晚年自稱,後人或謂此集爲道光間湯氏所輯,而以王氏之説爲托辭。今據日本《商船載來書目》,天明二年即清乾隆四十七年（1782）已有《審音鑒古録》東渡記録。可知琴隱翁所叙,屬於事實。此集所選諸劇,反映清代乾隆中後期演出本面貌,對於瞭解乾隆時期劇壇面貌,有重要價值。

此書咸豐間有續刊本。今據上海辭書出版社圖書館藏清刻道光十四年王繼善印本影印。（黄仕忠）

### 梨園集成不分卷　（清）李世忠編（第 1782 册）

《梨園集成》,不分卷,李世忠編刊。李世

忠,字良臣,號松崖。祖籍固始(今屬河南),長於安徽蒙城。曾參加太平軍,爲撚軍小頭目,後降清又復反,受招撫後再度降清,駐滁州,富敵王侯。因當閑放之後,有感於當時梨園戲本多出於傳抄,魯魚多舛,全憑口授,莫遂手披,於是"頻約善才,删除贋本。用是搜羅妙曲,彙集大成"(自序)。生平事迹附見《清史稿·僧格林沁傳》。

此集共收劇本四十七種,除兩種爲崑曲外,其餘均爲皮簧劇本。編録序次,大略以故事發生時代爲序,從商朝《鬧天宮》、《摘星樓》起,迄於明朝。所録曲詞,除注明曲牌者外,又在七字、十字句格前標出"倒板"、"西皮"等唱腔板式。所選劇本,均爲當時舞臺演出之本。且這些劇本大多至今仍然流行於京劇舞臺,如《駡曹》、《斬黄袍》、《四郎探母》等,與現代演出本出入不大。另如《麟骨床》、《撿柴》等,則流傳於現代梆子腔系諸劇種。

《梨園集成》是現存刊行年代較早、彙編劇本較多之京劇選本,可供了解咸豐、同治及光緒初年戲曲舞臺上演出劇目之狀況。今據中國藝術研究院戲曲研究所藏清光緒六年竹友齋刻本影印。(黄仕忠)

**新鐫楚曲十種(存五種)** （第 1782 册）

此集收録五種楚曲劇本,此五種之體式亦有差異。《英雄志》,二卷二十六場,題"漢口唐氏三元堂珍藏",演《三國演義》中諸葛亮安居平五路事。《祭風臺》,署"漢鎮□□□堂真本",二卷二十四場,演《三國演義》赤壁之戰中諸葛亮祭東風故事,自魯肅邀諸葛亮赴東吳,至諸葛亮智取南郡、襄陽止。以上兩種猶近於傳奇體制。《李密投唐》,内文作"李密降唐",署"文陞堂真本",演李密、王伯當降唐復叛故事,含《秦王打圍》、《拾箭降唐》、《招宫殺宫》、《雙帶劍》四回。《臨潼鬥寶》,署"文雅堂",演臨潼會伍子胥舉鼎鬥寶

故事,含《説計進寶》、《曉諭各國》、《上山結拜》、《臨潼鬥寶》四回。《新刻青石嶺收王洪孟禧全部》,署"文陞堂梓",演周義王時,蘇皇后與西宫争鬥故事,含《收王洪》、《收孟禧》、《草橋關》、《歸天團圓》四回。後兩種各四回,相當於四齣,實擷《臨潼會》、《青石嶺》之一部分,獨立演出。

此集係藏者雜合清漢口文陞堂、三元堂、文雅堂等書坊刻本,以《祭風臺》卷端作"新鐫楚曲十種祭風臺全部總綱",遂冠以此題。其實各本非刻於一時,他四種原不屬於此"楚曲十種",而十種曲之其他九種,名目内容無考。孟繁樹等《明清戲曲珍本輯選》排印本(中國戲劇出版社,1985),始題此名。此本據中國藝術研究院戲曲研究所藏原刻本影印,然題作"清漢口文陞堂等刻本"、"明佚名輯",皆誤。(黄仕忠)

# 小說類

**虞初志八卷** （第 1783 册）

明代志怪、傳奇小説選集。《千頃堂書目》曾著録《陸氏虞初志》。此書《四庫全書》存目,《四庫全書總目提要》曰:"舊本題《陸氏虞初志》,不著其名。惟第一卷中《續齊諧記》有跋,稱得之于外舅都公家,疑爲都穆婿也。"後人遂猜測都公爲都穆,陸氏爲陸采,并無實證。今重編《説郛》本《續齊諧記》跋題"至元甲子吴郡陸友記",則所謂陸氏,或爲元人陸友,實爲《續齊諧記》之編者,而非《虞初志》之編者。《四庫全書》著録《陸氏虞初志》爲八卷,又美國國會圖書館藏明朱墨印本、北京大學圖書館藏明凌氏朱墨印本,爲七卷本,題《虞初志》,内容并無區别。1917年掃葉山房石印本《虞初志》八卷署湯顯祖輯,他本皆未署輯者名氏。《四庫存目叢書》收入明刻本《虞初志》八卷,題湯顯祖輯,并

無依據。

虞初本爲漢代小説家,《漢書·藝文志》小説家類著録《虞初周説》九百餘篇,今不傳。是書選録小説,故名。後人多襲此名以名小説、雜傳記選集。是書所采,除卷一南朝吳均《續齊諧記》十七則、唐薛用弱《集異記》十六則志怪,餘均爲唐人傳奇小説,計二十九篇:《離魂記》、《虬髯客傳》、《柳毅傳》、《紅綫傳》、《長恨傳》、《韋安道傳》、《周秦行紀》、《枕中記》、《南柯記》、《嵩岳嫁女記》、《廣陵妖亂志》、《崔少玄傳》、《南岳魏夫人傳》、《無雙傳》、《謝小娥傳》、《楊娼傳》、《李娃傳》、《鶯鶯傳》、《霍小玉傳》、《柳氏傳》、《飛煙傳》、《高力士傳》、《東城老父傳》、《古鏡記》、《冥音録》、《任氏傳》、《蔣氏傳》、《東陽夜怪録》、《白猿傳》。其中有十三篇顯然來自《太平廣記》雜傳記類。此書尤可貴者在於所選雜傳記類之外十六篇。如器玩類《古鏡記》、鬼類《李章武傳》、神魂類《離魂記》、龍類《柳毅傳》、狐類《任氏傳》、昆蟲類《南柯記》等。由於選擇較精,此書問世後流行甚廣。

是書喜妄題撰人,蓋明人習氣。如《離魂記》題韋莊,《枕中記》題李泌,《無雙傳》題裴鉶等,均不足信。是書雖采自《太平廣記》,然文字多有異同,偶有勝於原書者,當是編者所潤飾,非有秘本爲據。今據國家圖書館藏明絃歌精舍如隱草堂刻本影印。(占驍勇)

**虞初新志二十卷**　(清)張潮輯 (第1783冊)

是書署"新安張潮山來氏輯"。張潮,字山來,號心齋,別號三在道人,室名詒清堂。歙縣(今屬安徽)人。生於順治七年(1650),康熙初歲貢,授翰林院孔目,不仕。杜門著書,以刊書爲業。另有《昭代叢書》、《心齋詩鈔》、《聊複集》等行世。乾隆《歙縣志》卷一二有傳。

是書首有康熙二十二年(1683)自叙,末有康熙三十九年總跋。但所收鈕琇《物觚》,遲至康熙四十年方問世,可知康熙三十九年并非成書之年,據書中内容,成書時間約爲康熙四十三年。自叙稱所選"其事多近代也,其文多時賢也,事奇而核,文雋而工",可知是書所選大半爲時賢名作,與《虞初志》僅選古人小説不同。編者強調小説之"真",重史輕文,重傳記而輕傳奇。如書中所收陳鼎《烈狐傳》、徐喈鳳《會仙記》、吳偉業《柳敬亭傳》、侯方域《郭老僕墓誌銘》、王士禎《劍俠傳》、彭士望《九牛壩觀觚戲記》等,皆真人真事。其後虞初系列小説選集莫不如此。

是書二十卷,共收一百五十餘篇。最早刻本曾收入錢謙益《徐霞客傳》、《書鄭仰田事》二篇,後"遵旨摘除"。今通行本《南游記》、《板橋雜記》、《姜貞毅先生傳》、《孫文正黃石齋兩逸事》、《紀周侍御事》五篇,均爲康熙刻本所無,乃乾隆庚辰張繹校刊巾箱本所增入。是書所收傳記、傳奇多名家之作,又多描寫下層社會之凡人奇事。寫法或正傳,或小説,或小品,民國及今日教材頗喜從中選取範文。續書仿作亦衆。是書不僅風行國内,又傳至日本,日人亦有仿效之作。今影印所稱清康熙三十九年刻本,當爲康熙三十九年跋刻本。(占驍勇)

**虞初續志十二卷**　(清)鄭澍若輯 (第1783冊)

鄭澍若,字醒愚。乾嘉間建安(今屬福建)人。此書題"玉纒鄭澍若醒愚編"。卷十選鄭方坤《邯邑人士小傳》,篇末鄭醒愚曰:"此先大夫宰邯時所作也。"知澍若乃方坤孫。鄭方坤,《清史稿》、《清史列傳》卷七一有傳,著作甚豐。

《虞初續志》十二卷,今有嘉慶七年養花草堂刊袖珍本、咸豐元年小嫏嬛山館刻本、《筆記小説大觀》本等。孫楷第《戲曲小説書録解題》所録本爲十卷,較十二卷本少後兩卷,即卷十一珠泉居士《續板橋雜記》、《雪鴻小記》,卷十二雪樵居士《秦淮聞見録》。此書爲續《虞初新志》而編,所選皆單篇傳奇、傳記。卷十一、卷十二全録他書,以充篇幅,與前十卷體例不合。然《虞初新志》末卷選入汪價《三儂贅人廣自序》、余懷《板橋雜記》,《續志》選《續板橋雜記》、《雪鴻小記》、《秦淮聞見録》,可謂亦步亦趨。

是書所選,除采自各家文集外,亦涉及當時流行之志怪傳奇小説集,如《諧鐸》、《耳食録》等。篇末多有“鄭醒愚曰”,或評點其文,泛論忠孝節義。亦間有考證,如卷一《林四娘記》考蒲松齡所記與林雲銘所記之區別。或附記相關事實,如卷十袁枚《書麻城獄》爲同鄉魏簡齋“述其祖應求公令麻城”時楊塗訟事。除“鄭醒愚曰”,原作本有之評語如高澹人、毛稺黄所作,鄭氏皆予保留。

此本據中國藝術研究院戲曲研究所藏清咸豐元年小嫏嬛山館刻本影印。（占驍勇）

### 飛燕外傳一卷　題（漢）伶玄撰（第1783冊）

《郡齋讀書志》史部傳記類著録《趙飛燕外傳》一卷,《直齋書録解題》作《飛燕外傳》。此書《四庫全書》入存目,《四庫全書總目提要》云:“其文纖靡,不類西漢人語。”以此書爲僞書,不自《四庫全書總目提要》始。《直齋書録解題》已疑之。其後周中孚《鄭堂讀書記》以司馬光取“禍水滅火”語入《資治通鑒》,謂書爲北宋人所造,似嫌武斷,因其例證僅可證明下限。至於其上限,應爲東漢,因“漢爲火德”、“禍水滅火”等語西漢人無從預知。魯迅《中國小説史略》疑“唐宋人所爲”。錢鍾書《管錐編》謂其章法筆致酷似唐人傳奇。程毅中《古小説簡目》則以爲其成書早於唐傳奇,因李商隱《可嘆》詩所用“赤鳳”事即出《飛燕外傳》。李劍國《唐前志怪小説史》則據南朝詩文已引其事典,將成書下限提前到晉宋,且據其文字古雅,認爲頗似東漢人所作。

是書摹寫趙飛燕、趙合德姊妹淫行,表現漢世“盛衰奄忽之變”及作者“荒田野草之悲”。文字渾樸古健,描摹閨幃媟褻之狀入微。胡應麟《少室山房筆叢・九流緒論下》稱爲“傳奇之首”。後北宋人秦醇《趙飛燕別傳》模仿此篇,魯迅云“其文頗欲規撫唐人,然辭意皆蕪劣”。明末《金瓶梅》亦襲用其中昭儀進藥事。

是書版本頗多,明清諸小説叢書如《説郛》、《顧氏文房小説》等無不收録。除《古今逸史》、《廣漢魏叢書》、重編《説郛》、《五朝小説》外,餘均附托名伶玄自序及荀勛校書奏文各一篇。今據國家圖書館藏清吳氏古歡堂抄本影印。（占驍勇）

### 隋遺録二卷　題（唐）顏師古撰（第1783冊）

《隋遺録》二卷,又名《大業拾遺記》、《南部煙花録》,作者不詳。記大業十二年(616)至十四年隋煬帝幸江都時宮闈逸事。原有無名氏跋,稱此書原爲顏師古《隋書》遺稿,稿爲師古五世從孫顏真卿手寫,後人得之,遂編爲《大業拾遺記》。此跋所云事實多不可信。李劍國考此書所據材料,當爲杜寶《大業雜記》(原書十卷,佚文見《類説》、《資治通鑒考異》等)、《大業幸江都記》(原書十二卷,見《揮塵後録》卷七)、趙毅《大業略記》(《資治通鑒考異》引)等,又據無名氏跋中提及會昌滅佛,并云“今堯風已還,德車斯駕”,判定此記作於宣宗大中年間。北宋《崇文書目》雜史類始著録《大業拾遺》一卷,顏師古撰。《宋史・藝文志》傳記類著録《大業拾遺》,小説類又著録顏師古《隋遺録》一卷。今見最早版本爲《百川學海》本,析爲二卷,題《隋遺録》,有無名氏跋。《説郛》收入,然無跋。《艷異編》、重編《説郛》、《香艷叢書》本題《大業拾遺記》。

是書記隋煬帝與后妃宮人香艷情事。作者醉心於宮闈情事,津津樂道,細緻入微,合

《漢武帝洞冥記》與《趙飛燕外傳》爲一爐。語言流麗清淺,多綴詩歌,宋人譏其俚俗,然其長正在不避俚俗。《醒世恒言》所收《隋煬帝逸游召譴》及《隋煬帝艷史》、《隋唐演義》等書多取資於是書。今據民國十六年武進陶氏影印宋咸淳刻《百川學海》本影印。（占驍勇）

## 游仙窟五卷 （唐）張鷟撰（第 1783 册）

張鷟（658—730）,字文成,號浮休子。深州陸澤（今河北深縣）人。高宗上元二年（675）進士及第。儀鳳二年（677）登下筆成章科,特授襄樂縣尉,調洛陽、河陽尉、德州平昌令。官終司門員外郎。著述甚富,傳世者有《龍筋鳳髓判》、《朝野僉載》。其文風行於時,新羅、日本不遠萬里購求。生平事迹見新舊《唐書》本傳。

《游仙窟》題“寧州襄樂縣尉張文成作”,則爲少作可知。仙窟雖爲虛構之辭,然亦有本。據《水經注》,積石山一名唐述山,有唐述窟,時見神人往還。仙山石窟遇仙,魏晋小說多有之,然此篇首以自傳體述之,云在神仙窟過十娘舍,與十娘、五嫂詩酒相酬,一夜歡會,明晨留贈信物而別。小說中之女仙并非魏晋小說中之女仙,與當時市井中風流女子無異。作者肆意描摹男女口角調情與床笫之歡,誠爲狹邪小說之祖。然是書由情生慾,淫而不亂,非明季小說所可望其項背。作者自稱“少娛聲色”,此作蓋實錄。《新唐書》本傳譏其“儻盪無檢”,信然。

是書八千餘字,爲唐傳奇最長者。叙事及對話用駢文,中穿插八十首詩歌,其體與唐俗賦《下女夫詞》相似。以駢文叙事每見拘束,多不自然。然此書雖通篇爲駢文、詩歌,而作者善用口語俚詞,描摹閨中聲口頗覺生動。

是書國内絶不見傳,而傳於日本,舊抄本甚多。清末楊守敬始在日本發現此書,著錄於光緒十年（1884）所刊《日本訪書志》。今據北京師範大學圖書館藏清抄本影印。（占驍勇）

## 梅妃傳一卷 （第 1783 册）

此書始見《遂初堂書目》雜傳類著錄,無卷數撰人。《説郛》卷三八録全文,注以卷全,題唐曹鄴。傳後有贊,附宋無名氏跋。據跋,此傳爲唐人大中二年（848）寫本,原藏宋初萬卷朱遵度家,後爲葉夢得及無名氏所得。曹鄴作此傳在大中二年之前,約在會昌中,尚在應舉期間。《顧氏文房小説》本不著撰人。其後收此傳者有《緑窗女史》、重編《説郛》、《五朝小説》等,諸本均署曹鄴撰,間改題《梅妃外傳》。《千頃堂書目》著錄《古今彙説》六十卷,第十三卷有《梅妃傳》,題朱遵度。魯迅《唐宋傳奇集》以《説郛》所載跋爲僞,定爲宋人著作。李劍國《宋代志怪傳奇叙録》相信《説郛》所載無名氏跋,今從之。

曹鄴,字鄴之,一作業之。桂州陽朔（今屬廣西）人,祖籍相州（今河南安陽）。會昌初（841）應進士試,然九試不第,至大中四年方及第。官至秘書監。存詩三卷,生平事迹見《曹祠部詩集》蔣冕序、《唐才子傳》卷七等。曹鄴有《四怨三愁五情詩》及《恃寵》詩,托阿嬌、西施、昭儀、飛燕之專寵以自傷,此與《梅妃傳》哀梅自憫之意相通。

《梅妃傳》講述梅妃、楊貴妃與唐明皇三人故事。梅妃名江采蘋,性喜梅,唐明皇賜號梅妃,寵愛冠於後宮。然受楊貴妃嫉妒排斥,安史亂中死於亂兵,埋骨梅下。後托夢於明皇,明皇得其遺骸,以禮葬之。梅妃事絶不見於其他唐人書,唯舊題張泌《妝樓記》之《金鳳》寫梅妃與宮人除夕瀉熔金入水卜丕泰之戲,所本未詳。傳中寫明皇命封珍珠一斛密賜梅妃,令樂府度新聲《一斛珠》。後李煜詞有《一斛珠》,其説似有據。

此傳後演爲戲曲,有金院本《梅妃》,元書話關四《梅妃旦》雜劇,明《驚鴻記》傳奇,清

程枚《一斛珠》傳奇、石韞玉《梅妃作賦》雜
劇、汪柱《江采蘋愛梅賜號》雜劇、蓉鷗漫叟
《莫愁湖江采蘋命字》雜劇、梁廷楠《江梅夢》
雜劇、無名氏《梅妃怨》雜劇、孫鬱《天寶曲》
傳奇,洪昇《長生殿》傳奇亦采梅妃事。

此本據國家圖書館藏清吳氏古歡堂抄本影
印。（占驍勇）

### 楊太真外傳二卷　題（宋）樂史撰（第1783 册）

樂史（930—1007）,字子正。撫州宜黃（今
屬江西）人。早年仕南唐爲秘書郎,入宋爲
平原主簿。太平興國五年（980）以現任官舉
進士,擢爲著作佐郎、知陵州。淳化四年
（993）使兩浙巡撫,加都官、知黃州。真宗咸
平初（998）遷職方員外郎、直史館,出知商
州,俄分司西京。景德四年（1007）真宗幸
洛,召對,未幾卒。樂史身處治世,大半生浸
淫於史學,著述甚多,多爲史部傳記、地理之
書,卷帙浩繁。著有《太平寰宇記》、《廣卓異
記》等。生平事迹見《宋史》、《東都事略》、
《隆平集》等。

樂史所著《緑珠傳》、《楊太真外傳》兩篇傳
奇文,可能原載於所著《總記傳》中。《宋
史·藝文志》傳記類另著錄樂史《唐滕王外
傳》、《李白外傳》、《許邁傳》各一卷,惜皆亡
佚。《楊太真外傳》,《郡齋讀書志》傳記類著
錄作《楊貴妃外傳》二卷,《直齋書錄解題》傳
記類作《楊妃外傳》一卷,一卷本當係二卷之
合。《遂初堂書目》雜傳類作《楊太真外傳》,
無撰人、卷數。《宋史·藝文志》傳記類同
《書錄解題》,注云“不知作者”。此傳載於
《説郛》卷三八及《顧氏文房小説》,皆題《楊
太真外傳》。顧本分上下卷,題史官樂史撰。
《説郛》本題下注“三卷全”,三字乃二字之
訛,但合爲一篇,未分上下,署名作唐樂史,注
“即唐史官”,誤。二本文字無大不同,各有
訛誤。但《説郛》本删去十處注文,故不及顧
本佳。另據《紺珠集》卷一、《類説》卷一等書

所引,可補今本闕文。

是書綴合舊事而成,所采錄之書除史傳外,
旁及小説、雜史、筆記、詩文,而尤以《明皇雜
錄》爲多。唐人喜言明皇貴妃事,樂史此傳
可謂集其大成。所述事迹,史實與傳説并存,
不避怪異,故名“外傳”。作者以“懲禍階”爲
旨,與其《緑珠傳》之“窒禍源”相呼應。是書
“芸萃稗史成文”（魯迅《中國小説史略》）,堆
垛拼湊,全無融會貫通、文氣奔暢之感。後人
常引用此傳,戲曲搬演李楊故事亦大都取資
此傳。

此本據國家圖書館藏清吳氏古歡堂抄本影
印。（占驍勇）

### 李師師外傳一卷附錄一卷　（第1783 册）

是書向無著錄,初由清人胡珽於咸豐間刊
於《琳琅秘室叢書》第四集,乃據藏書家黄廷
鑒抄本刊行。後《香豔叢書》第二集、《舊小
説》丁集均收之。《琳琅秘室叢書》本後有琴
六居士黄廷鑒跋云:“《讀書敏求記》云吳郡
錢功甫秘册藏有《李師師小傳》,牧翁曾言懸
百金購之而不獲見者。偶聞邑中蕭氏有此
書,急假錄一册,文殊雅潔,不類小説家言。”
按錢曾《讀書敏求記》卷四詩文評類《文心雕
龍》解題云:“（錢）功甫名允治……所藏多人
間罕見之本,有《李師師外傳》一卷,牧翁屢
借不與。此書種子斷絶,亦藝林一恨事也。”
錢功甫所藏名《李師師外傳》,非稱《李師師
小傳》,原文亦無錢牧翁懸百金購之而不獲
見之意。

李師師乃北宋末年名妓,宋人頗傳其事。
據張端義《貴耳集》卷下,南宋曾有《李師師
小傳》行世。雖未介紹其內容,但《貴耳集》
所記李師師與宋徽宗、周邦彦三人糾葛事,疑
即出於《李師師小傳》。《青泥蓮花記》卷一
三引《蕙圃拾英錄》載師師事與之同。《小
傳》可能是兩宋間人作,作者已不可考。南
宋劉克莊《後村詩話》前集卷二亦提及一本

《李師師傳》："汴都角妓……李師師……著名宣和間，入掖庭。頃見鄭左司子敬云：汪端明家有《李師師傳》，欲借抄未果。劉屏山詩云：'輦轂繁華事可傷，師師垂老過湖湘。縷衣檀板無顏色，一曲當年動帝王。'亦前人感慨杜秋娘、梨園子弟之類。"細繹其意，知此《李師師傳》重在寫今昔（指北宋、南宋）之變。南宋有數種《李師師傳》，此爲其一。亦有謂其爲元人、明人所作，然證據不足。除宋人所提及之《李師師小傳》、《李師師傳》外，《大宋宣和遺事》所寫李師師事，如宋徽宗與師師原婿賈奕争風吃醋等情節，明顯帶有説書人虛構。元雜劇《宋上皇三恨李師師》（屈子敬撰，曹本《録鬼簿》著録）及明代章回小説《水滸傳》所寫，則延續此種虛構。

此篇《李師師外傳》，觀其題旨，極可能是宋末人所爲。與雜劇、小説之虛構不同，將李師師形象完全理想化、道德化。篇中寫李師師與徽宗關係，不涉及周或賈之另一人物，描寫亦不及床笫之事。所寫李師師捐資助餉，不事敵寇，以至壯烈自盡等明顯虛構情節，則完全出自文人旨趣。此師師不但爲歷史上紅極一時之御用妓女，且集淑女、俠士、烈婦於一身。作者亦於篇末贊美其"晚節烈烈有俠士風"，其用意亦在以此激勵世之鬚眉丈夫。結尾寫主人公金簪刺喉、吞簪自盡，亦頗爲慷慨悲壯，"饒有烈丈夫概"（黄廷鑒跋）。但師師形象過於理想化、道德化，又削弱其真實感，而意想多見束縛，史傳味和書卷氣均嫌過重，一如老儒筆墨，故黄廷鑒謂其"不類小説家言"。

此本據國家圖書館藏清道光十年黄廷鑒抄本影印，此抄本即《琳琅秘室叢書》本所據底本。（占驍勇）

### 清平山堂話本二十七種　（明）洪楩輯（第1784冊）

洪楩，字子美。明嘉靖間錢塘西溪（今浙江餘杭）人。以蔭仕至詹事府主簿。家中藏書甚富，朱睦㮮《萬卷樓書目》著録有《洪子美書目》。"清平山堂"在杭州城南仁孝坊（俗稱清平巷），所刻書除話本小説外，尚有《夷堅志》、《唐詩紀事》、《六臣注文選》等。

是書爲現存最早話本叢刻。原名《六十家小説》，清顧修《彙刻書目初編》著録，誤作《六家小説》。明田汝成《西湖游覽志》卷二云："《六十家小説》載有西湖三怪，時出迷惑游人，故魘師作三塔以鎮之。"今《西湖三塔記》尚存，可證原名《六十家小説》。全書共分《雨窗》、《長燈》、《隨航》、《欹枕》、《解閑》、《醒夢》六集，每集分上下卷，每卷一冊，各收話本五篇，合計六十篇，故名。各篇均不署撰人名氏。全集已無完帙傳世。日本內閣文庫藏殘本三冊十五篇（《柳耆卿詩酒玩江樓記》、《簡帖和尚》、《西湖三塔記》、《合同文字記》、《風月瑞仙亭》、《藍橋記》、《快嘴李翠蓮記》、《洛陽三怪記》、《風月相思》、《張子房慕道記》、《陰騭積善》、《陳巡檢梅嶺失妻記》、《五戒禪師私紅蓮記》、《刎頸鴛鴦會》、《楊温攔路虎傳》），無集名，不著序目及刊刻年月、姓氏。1929 年，馬廉得見日本友人所示照片，交北平古今小品書籍印行會影印出版，因版心有"清平山堂"四字，因題書名爲《清平山堂話本》。1933 年，馬廉於寧波發現天一閣舊藏清平山堂所刻話本十二篇：《花燈轎蓮女成佛記》、《曹伯明錯勘贓記》、《錯認屍》、《董永遇仙傳》、《戒指兒記》、《羊角哀死戰荊軻》（殘）、《死生交范張雞黍》、《老馮唐直諫漢文帝》、《漢李廣世號飛將軍》、《夔關姚卞吊諸葛》、《雪川蕭琛貶霸王》、《李元吳江救朱蛇》。無書名頁，但書根有題字："《雨窗集》上"、"《欹枕集》上下"，即以《雨窗集》、《欹枕集》爲名影印出版。後阿英又發現《翡翠軒》、《梅杏争春》兩篇殘葉。1955 年北京文學古籍刊行社將《清平山堂話本》、《雨窗集》、《欹枕集》彙同影印出版，仍題《清平山堂話本》。

是書收集宋、元、明三代話本,風格雖各不相同,但都帶有濃厚市民氣息。題材廣泛,公案傳奇、煙粉靈怪、樸刀桿棒、談因果、説參請皆有之,其中公案傳奇類成就較高。話本體制比較駁雜,混有文言傳奇體。刊刻時改動潤色不多,語言通俗,接近口語,文字樸質,簡體字、異體字繁多,可由此窺見宋元明話本舊貌。其中有標明"小説"或"新編小説"者,當屬小説家話本。亦有僅爲説話人抄録之資料,作爲提綱式説話底本,如《藍橋記》即摘録自唐人裴鉶《傳奇》。其中部分話本後收入馮夢龍編輯之"三言",文字有所修訂,如《柳耆卿詩酒玩江樓記》、《簡帖和尚》、《陳巡檢梅嶺失妻記》、《五戒禪師私紅蓮記》、《刎頸鴛鴦會》、《錯認屍》、《戒指兒記》、《李元吳江救朱蛇》等,比較可見該本保存話本舊貌之可貴。

此本據明嘉靖間刻本影印。（占驍勇）

## 古今小説四十卷　（明）馮夢龍輯（第1784冊）

馮夢龍生平見前《太霞新奏》提要。

是書本爲馮夢龍爲其編輯幾種話本小説選集擬定之總名,故初版題爲《古今小説一刻》,天許齋題識云:"本齋購得古今名人演義一百二十種,先以三之一爲初刻云。"再版時改名《喻世明言》（與《警世通言》、《醒世恒言》合稱《三言》）。今存最早刻本爲日本內閣文庫所藏明天許齋刻本,封面題《全像古今小説》,有緑天館主人叙、評次,（劉）素明繪圖。由於天許齋泰昌元年批點刊刻《三遂平妖傳》早於墨憨齋批點《三遂平妖傳》,所以有學者認爲天許齋與墨憨齋均爲馮夢龍別號。若確實如此,則天許齋刻本《古今小説》當爲初刻本。日本尊經閣文庫藏有一別本,學者多認爲是天許齋刻本之覆刻本。後來諸刻本多改名《喻世明言》,如日本內閣文庫藏衍慶堂刻本《喻世明言》。然該本僅二十四

卷,且内容并非全部出自《古今小説》,其中部分出自《警世通言》、《醒世恒言》,故非善本。馬廉舊藏殘本《喻世明言》,存卷四、五、六三卷,其中卷五《范巨卿雞黍死生交》,即《古今小説》卷一六所收,二十四卷本《喻世明言》無。《喻世明言》之所以難覓全本,實因《今古奇觀》一紙風行,原版《三言》不易尋覓,書商不得不東拉西扯,湊成各種僞書欺世。1947年商務印書館據天許齋刻本照相版排印,間有缺頁,據尊經閣藏本校訂補足。1958年人民文學出版社以《古今小説》名出版許政揚校注本,以影印本爲底本,校以王古魯所攝內閣文庫本和尊經閣本照片,參照《清平山堂話本》和《今古奇觀》,訂正錯字并加注解。

是書所輯話本,多宋元舊作,亦有明人擬作。所寫題材廣泛,或取材現實,或據歷史故事及前人小説改編,大多經過編輯者之加工、整理,"極摹人情世態之歧,備寫悲歡離合之致"（《今古奇觀序》）。

此本據明天許齋刻本影印。（占驍勇）

## 警世通言四十卷　（明）馮夢龍輯（第1784—1785冊）

是書爲馮夢龍所搜集第二種短篇小説集。今存較早刻本有日本東洋文化研究所倉石文庫藏本、名古屋蓬左文庫本,有"金陵兼善堂謹識"字樣,前有天啓甲子（1624年）臘月豫章無礙居士叙。有繪圖四十葉八十幅,間署"素明",即劉素明,與天許齋本《古今小説》刻工相同。倉石文庫藏刻本早於蓬左文庫本,然行世影印本均據蓬左文庫本,或因倉石文庫藏本缺封面之緣故。又有清初刊本,繪圖與本文均與兼善堂本不同,卷四〇非《旌陽宮鐵樹鎮妖》,而爲《葉法師符石鎮妖》。又有三桂堂王振華本,卷二四非《玉堂春落難逢夫》,而爲《卓文君慧眼識相如》（此篇實爲卷六《俞仲舉題詩遇上皇》篇之入話）。當

是書商爲節約成本，因《旌陽宮鐵樹鎮妖》、《玉堂春落難逢夫》篇幅較長，故以《葉法師符石鎮妖》、《卓文君慧眼識相如》代之。三桂堂本原爲四十卷本，後又有三十八卷本、三十六卷本。至于衍慶堂之四十卷四十篇本《二刻增補警世通言》（書已不全，缺兩篇，抄補八篇，其中四篇出自《古今小說》）與二十四卷二十四篇本《警世通言》，均係拼湊板片刷印而成。

是書佳作頗多，如《崔待詔生死冤家》、《白娘子永鎮雷峰塔》、《杜十娘怒沉百寶箱》、《玉堂春落難逢夫》、《俞伯牙摔琴謝知音》、《王嬌鸞百年長恨》、《唐解元一笑姻緣》等流傳廣遠。其中不少作品後來被搬上舞臺，至今傳唱不絕。

此本據明天啓四年刻本影印。（占驍勇）

### 醒世恒言四十卷　（明）馮夢龍輯（第1785—1786冊）

是書爲馮夢龍所搜集第三種短篇小說集。今存最早刊本爲天啓七年序刊金閶葉敬池刻本，藏日本内閣文庫，行世諸影印本均據此。封面有"繪像古今小說"、"醒世恒言"、"金閶葉敬池梓"字樣。前有天啓丁卯（1627年）中秋隴西可一居士序。繪圖四十葉八十幅，已失三葉六幅，有刻工名郭卓然。另有葉敬溪本，今佚。據長澤規矩也云，屬同版後印，時間當在清初。葉敬溪爲葉敬池同輩族人。葉敬溪本尚有日本天理圖書館藏本，缺卷二十四至卷二十六三卷。另英國博物院、巴黎國家圖書館亦藏有葉敬池、葉敬溪系版本，均殘缺無繪圖。葉敬池、葉敬溪系版外，尚有衍慶堂刊本，一本四十卷四十篇，一本四十卷三十九篇，均刊於清代，無繪圖。三十九篇本刪去原卷二三《金海陵縱慾亡身》，析原卷二〇《張廷秀逃生救父》爲卷二〇、二一。又以原卷二一《張淑兒巧智脫楊生》爲卷二三。東京大學雙紅堂文庫又藏有二十四卷二十四篇

本《醒世恒言》，其中一篇爲《警世通言》卷二三，一篇爲《拍案驚奇》卷一八，餘二十二卷均出《醒世恒言》。該本似與衍慶堂二十四卷本《喻世明言》、二十四卷本《警世通言》成一系列。

是書序稱"繼《明言》、《通言》而刻"，"明者取其可以導愚也，通者取其可以適俗也，恒則習之而不厭，傳之而可久。三刻殊名，其義一耳"。此書之纂輯，晚於《喻世明言》與《警世通言》，所收宋元舊作比例明顯減少，僅六分之一左右。確知爲宋元舊作者有《小水灣天狐詒書》、《勘皮靴單證二郎神》、《鬧樊樓多情周勝仙》、《金海陵縱慾亡身》、《鄭節使立功神臂弓》、《十五貫戲言成巧禍》等篇。另《赫大卿遺恨鴛鴦縧》等篇，學者多以爲可能是馮夢龍手筆。《今古奇觀》從三言二拍中選取四十篇（約五分之一），《醒世恒言》最多，十一篇。

此本據明葉敬池刻本影印。（占驍勇）

### 拍案驚奇四十卷　（明）凌濛初撰（第1786冊）

凌濛初生平見前《南音三籟》提要。

《拍案驚奇》雖繼《三言》而作，然不同之處在於，凌著乃有依傍撰寫并整理編輯，因此可視爲第一部由文人獨立創作之話本小說集。今存最早刻本爲崇禎元年尚友堂原刊四十卷本，藏日本日光山輪王寺慈眼堂法庫。有眉批、行間夾批。有即空觀主人序，次崇禎戊辰（1628年）初冬即空觀主人撰凡例五則。四十卷，繪圖四十葉畫八十幅，規模全仿《三言》。又有覆刻本三十九卷，藏日本廣島大學文學部。有上海古籍出版社1985年影印本。此本卷二三非原刊本《大姊魂游完宿願　小姨病起續前緣》，而是原刊本卷四〇《華陰道獨逢異客　江陵郡三拆仙書》。另有兩葉出自《二刻》卷三、卷七，可知刊行較晚。北京大學圖書館藏有金閶藏板覆尚友堂刊本，三十六卷，無原刊本後四卷。後刊本頗

衆，多爲三十六卷，或有圖或無圖。或合爲十八卷，内容仍爲三十六篇。間有九卷三十五回、八卷二十二回本，回相當於篇。

是書重視教化一如《三言》，然風格迥異。《三言》市井氣息濃烈，此書則文人氣息與市井氣息皆有之。其内容或宣揚宿命、因果、報應，或歌頌孝子、節婦、烈女。作者意在勸誡，"矢不爲風雅罪人"，即使有語涉風情處，亦止"蘊藉數語"，"絶不作肉麻穢口，傷風化，損元氣"。因作者熟悉下層社會，善於鋪排情節、刻劃心理、描寫細節、運用語言，一些唐宋小説故事梗概，經其點染，躍然紙上。情節跌宕起伏，人物神形兼備，爲話本小説別開生面。

此本據明崇禎尚友堂刻本影印。

（占驍勇）

### 二刻拍案驚奇三十九卷雜劇一卷　（明）凌濛初撰（第 1787 册）

據作者書前《小引》，因《拍案驚奇》刊行甚爲暢銷，書商邀其續作，因成此書。書成於崇禎五年，原刊本已佚，今僅存尚友堂後修本四十卷。卷首有崇禎壬申（1632 年）冬日睡鄉居士序。即空觀主人小引，謂"意存勸誡，不爲風雅罪人，後先一指也"。前三十九卷爲三十九篇話本，附圖三十九葉共七十八幅。末卷爲《宋公明鬧元宵雜劇》。版心多題"二刻驚奇"，偶有題"二續驚奇"者。其中卷二三《大姊魂游完宿願　小姨病起續前緣》與《初刻》同卷篇目相同。該本藏日本内閣文庫。北京國家圖書館藏尚友堂後修本殘本二十二卷，存卷一至卷十二、卷三十一至卷四十。後又有《三刻拍案驚奇》，實爲陸人龍《型世言》之重編改題，與凌濛初及《拍案驚奇》毫無關係，乃書商僞造之物。

此本據明崇禎五年尚友堂刻本影印。

（占驍勇）

### 新增補相剪燈新話大全四卷附錄一卷（明）瞿佑撰（第 1787 册）

瞿佑生平見前《歸田詩話》提要。

《剪燈新話》書前有洪武十一年（1378）自序，可據以證其大致成書時間。此書《百川書志》小史類著錄："四卷附錄一卷，古傳記之派也。……托事興辭，共二十一段。但取其文采詞華，非求其實也。"洪武十四年初刊，瞿佑卒後四十餘年重刊，然因禁毀，今皆未見。今存較早較全之刊本爲國家圖書館藏明正德六年楊氏清江堂刻本，題《重增附錄剪燈新話》，與《剪燈餘話》四卷合刊。又嘉靖間刻本《剪燈新話句解》二卷，上卷十一篇，下卷九篇，附錄《秋香亭記》一篇，共二十一篇。藏日本内閣文庫。另有明清刻本數種，或單行，或與餘話合刊爲《剪燈叢話》，均二卷，非全帙。1958 年上海發現殘缺明末建陽刊本《剪燈》二種三册，其中《剪燈新話》一册，自《渭塘奇遇記》末段至《綠衣人傳》。然該本擅改原文，鄙俚不通，實不可據。

明王錡《寓圃雜記》、都穆《聽雨紀談》引周鼎言，謂此書係瞿佑竊取楊維禎原稿，加入部分己作而成。萬曆本《金瓶梅詞話》欣欣子序，亦云此書編者爲盧景暉。考此書自序，言其書作於《剪燈錄》之後。他人諸序亦作於洪武中。此後《菽園雜記》、《蓬窗類記》、《少室山房筆叢》及上述《百川書志》等均言瞿佑所作，周鼎之言恐不足據。然此書諸篇單獨流傳或收入叢書時，確有署名他人（但并非楊維禎）者。明人濫題作者以聳人聽聞者比比皆是，不足徵信。

是書上承唐宋傳奇餘緒，下開《聊齋志異》先河，在文言小説史上地位特殊。此前傳奇小説往往以故事爲主，很少有作者直書其意。此書則以小説影射現實。其中愛情故事多以悲劇爲結局，造成悲劇之原因亦非小人播弄，而是戰爭、亂離等不可抗拒因素。因此比一般狐鬼故事，更有現實意味。

此本據國家圖書館藏明正德六年楊氏清江堂刻本影印。（占驍勇）

## 新增全相湖海新奇剪燈餘話大全四卷

（明）李昌祺撰（第1787冊）

李昌祺（1376—1451），名禎，以字行，號僑庵、運甓居士等。廬陵（今江西吉安）人。永樂二年（1404）進士，選翰林院庶吉士，因預修《永樂大典》擢禮部郎中，歷官廣西左布政使、河南左布政使，正統四年（1439）致仕。著有詩文集《運甓漫稿》、《客膝軒草》、《僑庵詩餘》等。生平事迹見《明史》本傳。

永樂十七年昌祺謫役房山，擬瞿佑《剪燈新話》作《剪燈餘話》四卷二十篇，末附《還魂記》一篇。書前有永樂十八年諸序及自序，則當時已完成。最早刊本爲宣德八年刊本，惜已不存。今存較早較全版本爲國家圖書館藏明正德六年楊氏清江堂刻本，題《新增全相湖海新奇剪燈餘話大全》，與《重增附錄剪燈新話》合刊。正統七年（1442），《剪燈新話》、《剪燈餘話》因"假托怪異之事，飾以無根之言"被禁，其時昌祺已致仕歸家。此書尚有明清刊本數種，均三卷，非全帙。1917年董康誦芬室據日本慶長、元和間活字本翻刻，恢復二十篇舊貌，將《還魂記》單列爲一卷。1958年上海發現殘缺明末建陽刊本《剪燈餘話》二冊，自《武平靈怪錄》至《至正妓人行》，其中《至正妓人行》有諸家跋語，爲各本所無。

是書模仿《剪燈新話》，可謂亦步亦趨，幾乎對所有題材都加以重寫。可謂之罕見之徹底續作，在可能情況下全面加以模擬，以至從故事到形式都非常相似，後人將二書混爲一談不爲無因。然因作者身分不同，此書很少批評時政，亦無《剪燈新話》之亂世氣息。此後模仿《剪燈新話》者有陶輔《花影集》、趙弼《效顰集》、邵景詹《覓燈因話》，然相似度遠遜於《剪燈餘話》。朝鮮、越南、日本亦有模仿之作。

此本據國家圖書館藏明正德六年楊氏清江堂刻本影印。（占驍勇）

## 聊齋志異十二卷　（清）蒲松齡撰（第1787—1788冊）

蒲松齡生平見前《聊齋文集》提要。

《聊齋志異》版本衆多，大致可分五大系統。一爲手稿本。今殘存半部八冊，卷一、四、五、十完整，卷二、十一之前半，卷三、九之後半，共二百三十七篇。其中《牛同人》殘篇未見於別本，《猪婆龍》重見，《木雕美人》有文無題。其中一百九十篇爲蒲松齡手抄，其餘爲他人代抄。中有作者手録王士禛評語（有數條爲通行本所無）及後來閲者評語。

二爲抄本。今存六種：（一）康熙間抄本，殘存六冊，四冊完整，兩冊殘缺。共二百五十篇。其中第一、三冊與稿本相同，比較可知其據稿本直接過録。該本與手稿本所實存篇數，去其重複者，可得三百三十九篇。（二）鑄雪齋抄本，乾隆十六年張希傑抄，十二卷，四百八十八篇（其中十四篇有目無文）。分卷、卷次、文字與稿本最爲接近。關於該本爭議甚多，或云其與稿本接近（章培恒、張友鶴等），或云其不及二十四卷抄本與青柯亭刻本（袁世碩）。然該本較二十四卷抄本多出十三篇，較青柯亭刻本多出四十九篇，又較《異史》接近稿本，乃存世諸抄本中最善之本。（三）二十四卷舊抄本，共四百七十四篇。約抄於乾隆年間，或道光至同治間過録，篇目與鑄雪齋本相等，互有存佚，文字與鑄雪齋本有差異。（四）乾隆間黃炎熙抄本，原分十二卷，殘存十卷，缺卷二、十二。其中《猪嘴道人》、《張牧》、《波斯人》三篇爲他本所無。（五）《異史》抄本，十八卷，四百八十四篇。其中十四篇爲鑄雪齋抄本有目無文者。（六）殘抄本，藏山東省博物館。

三爲刊本。因種類繁多，此僅舉其重要者：

（一）青柯亭刊本，乾隆三十一年趙起杲刊行，由於書前有鮑廷博《刻書紀事》，又稱鮑廷博刊本。十六卷，四百二十五篇。目次排列與稿本、鑄雪齋抄本有出入，有五篇可補鑄雪齋抄本之缺。該本爲現存最早刊本，亦爲後來諸多刊本、評本、注本以及石印、鉛印本之祖本。該本有初刊、乾隆五十年杭州油局橋陳氏重刊、乾隆六十年重刊三種，翻刻本極多。據卷首乾隆丙戌趙起杲例言，知其“悉仍原稿……卷中有單章隻句，意味平淺者刪之，計四十八條。從張本（張此亭《聊齋雜志》）補入者凡二條”。（二）《志異摘抄》本，乾隆三十二年王金範刊本，十八卷，共二百六十五篇。以曾氏家藏抄本爲底本，分二十六門，重加選輯。目次、篇名均與稿本、青柯亭本有異。篇末間有王氏評語。有乾隆五十年郁文堂刊本、光緒間王毓英刊本等重刊本。（三）乾隆五十九年小芝山樵刊本《聊齋志異選》，六卷，共五十八篇，實爲精選本。（四）乾隆六十年步雲閣刊本，十一卷，共一百四十篇，據青柯亭刊本節選。

四爲輯佚本。五種：（一）《聊齋志異遺稿》，道光四年黎陽段琭刻本。該本乃段氏據濟南朱氏藏雍正舊抄本補青柯亭刊本之缺，共五十一篇，間附段氏及其友人評語。有光緒四年北京聚珍堂翻印本，分四卷，改題《聊齋拾遺》。1936年漢口劉階平排印本，題作《聊齋志異未刊稿》。（二）《聊齋志異遺稿》四卷附錄一卷，鬲津劉瀛珍編，道光甲申碧紗待月疏刊巾箱本。未見，《販書偶記》卷一二著錄。（三）《聊齋志異拾遺》一卷，共三十九篇，道光十九年《得月簃叢書》本。其中《晋人》、《愛才》、《蟄蛇》三篇爲《聊齋志異遺稿》本所無。（四）《聊齋志異逸編》二卷，共五十六篇，民國三年肇東劉滋桂刊行。（五）《聊齋志異遺稿》抄本，分花、月、雪三卷，共十七篇，有孫錫嘏跋，日本慶應義塾大學聊齋文庫藏。

五爲評注本。種類極多，此舉其重要者：（一）何守奇評本，道光三年經綸堂刻本。扉頁題《批點聊齋志異》，十六卷。（二）呂湛恩注本，原爲單刻，不載《聊齋志異》原文，有道光五年刻本。道光二十三年廣東五雲樓刻本始將呂注與原文合刻，光緒間又有廣百宋齋和同文書局繪圖本，傳播甚廣。（三）何垠注本，有道光十九年花木長榮之館刻本，十六卷，兩截樓版。（四）但明倫評本，道光二十二年自刻本，十六卷，題《聊齋志異新評》。（五）四家合評本，光緒十七年四川合陽喻焜刊本，十六卷，彙刻王士禛、馮鎮巒、何守奇、但明倫四家評語。評注合刊本亦頗多，最典型者爲民國初年掃葉山房石印本，有呂注、圖咏及王、但二家評。（六）張友鶴輯校會校會注會評本，1962年中華書局出版，當今最佳之本。共收四百九十一篇。

是書乃清代最優秀之志怪傳奇集。紀昀謂其一書而兼二體，既貶其虛實難辨，敘述詭詐，又褒其直承晋唐風味，兼有晋種之簡練、唐傳之豐縟。《聊齋》吸納白話小説敘述技巧，但拒絕明代傳奇小説之通俗化傾向，重振雅言。其志怪非復《搜神記》、《夷堅志》之粗陳梗概，除善於敘事外，其語言亦極精美。但明倫評語稱其“某篇某處典奧若《尚書》，名貴若《周禮》，精峭若《檀弓》，敘次淵古若《左傳》、《國語》、《國策》，爲文之法，得此益悟”。青柯亭刊本趙起杲例言云：“編中所述鬼狐最夥，層見疊出，變化不窮。水佩風裳，剪裁入妙；冰花雪蕊，結撰維新。”志怪之書能將所有鬼狐寫得自有面目，觸目難忘，唯有《聊齋》一書。

此本據清乾隆嶧湖鑄雪齋抄本影印。（占驍勇）

**新齊諧二十四卷續新齊諧十卷** （清）袁枚撰（第1788冊）

袁枚生平見前《小倉山房詩集》提要。

《新齊諧》二十四卷共七百四十三則，最早版本爲乾隆五十三年隨園刻本。此書最早版本未署刊刻時間，然據作者乾隆五十四年（1789）所作《答趙味辛》："拙刻《新齊諧》妄言妄聽，一時游戲。"可知此前已刊刻問世，又書中最晚記事至乾隆五十三年，故知書刊於此年。卷首有自序，稱其書原名《子不語》，後見元人說部中有同名者，遂改爲《新齊諧》。是書除隨園原刻本（《隨園三十種》、《隨園三十八種》）外，今見尚有嘉慶二十年美德堂刻本，同治五年三讓睦記刊本，蓮溪書屋刊本，光緒十八年勤裕堂排印本等。因元人《子不語》今已佚，後人亦有改名《子不語》者。

《續新齊諧》，十卷共二百七十七則。今有隨園刻本，不知刊刻年代，據其中所及時間，多乾隆五十三年至乾隆五十七年，則此書當作於《新齊諧》成書之後，完成於乾隆五十七年或稍後。

是書於道光、同治時期遭到抽禁，具體抽禁篇目雖不見於明文，但晚清刻本多將卷二四《控鶴監秘記》二則刪去，可見所抽禁者即此兩篇。《控鶴監秘記》前綴有小序，云其書并非自作，原是"唐人張垍所纂，京江相公曾孫張冠伯家有抄本數十頁，皆載唐宮淫褻事，絶不類世所傳《武后外傳》"。"京江相公"當指張玉書，江蘇丹徒人，順治十八年（1661）進士，康熙間官至文華殿大學士。張冠伯即張冕，貢生，著有《春雨樓稿》。袁枚此說當是借其名自掩作偽之迹。此篇語言風格絶非唐人能作，其文筆更接近明代流行之淫書《如意君傳》。又袁枚自稱善相男根，與此篇描寫相吻合，更可能出自袁枚之手。

是書所載故事得之於袁枚親身經歷者不多，多爲其親朋好友所述，也有一部分故事得自邸抄、公文所載奇聞異事，還有一小部分采擷於前人著述。《新齊諧》中故事有十四則與《夜譚隨録》相同，《續新齊諧》中亦有九篇來自《灤陽消夏録》，顯爲抄襲，但此非志怪所忌。另有一些故事情節來自白話小說，如卷一二《鎮江某仲》與《警世通言·吕大郎還金完骨肉》情節相同，《續新齊諧》卷六《凡肉身仙佛俱非真體》見《豆棚閑話》第六則《大和尚假意超升》，卷一〇《屈丐者》亦見《豆棚閑話》第五則《小乞兒真心孝義》。此與袁枚以續《夷堅志》爲創作宗旨有關，《夷堅志》即多收録他書舊聞。相較而言，《續新齊諧》中此類抄襲、改竄首尾別爲名字之作明顯增多，當與其時袁枚已七十七歲高齡有關。

此本據清乾隆嘉慶間刻隨園三十種本影印。（占驍勇）

**螢窗異草十二卷**　（清）浩歌子撰（第1789册）

此書著者亦署"長白浩歌子"，本名及生平里居皆待考。恩華《八旗藝文編目》子部稗說類著録此書，稱長白浩歌子即滿洲尹慶蘭。其所依據，僅在"長白"二字及偽托袁枚評語，實有捕風捉影之嫌。魯迅判定此書作於乾隆時，亦只能證明成書時間上限而不能證明其下限。晚清學者平步青所著《霞外捃屑》卷六及《安越堂外集》卷二考書中文場掌故"皆子虛烏有，事無可徵"，謂其書蓋即申報館中"黎邱爲之"。

是書最早刊本爲《申報館叢書正集·新奇說部類》本，三編共十二卷一百三十六篇，署"長白浩歌子著，武林隨園老人續評，關中柳橋居士重訂"。初編有光緒二年（1876）梅鶴山人序，二編有光緒三年縷馨仙史序，三編有悟癡生序。《筆記小說大觀》第一輯據此翻印，然羼入其他作品兩篇：初編卷二《王秋泉》，見於《埋憂録》續集卷一；二編卷四《竊妻》，見於《遯窟讕言》卷一一。另有光緒二十一年上海漱芳潤齋本，五卷八十六篇，屬重編選本。民國間流行四編本（1936年上海通俗圖書刊行社標點本），其第四編乃書估偽造，雜合多人作品。其中卷三二十九則中，有二十四則重見於同爲僞書之《夜雨秋燈録三集》卷三、四。戴不凡《小説見聞録》中以所見《聊齋剩稿》殘帙，證明《螢窗異草》實不晚於乾隆。其根據只在紙色之判斷，未可信從。且《剩稿》將評者改爲王士禛，更露出作僞痕迹。

是書在模仿《聊齋》之小説中屬上乘之作，文字舒展暢達，與乾嘉間志怪傳奇小説集大不相同，而與同爲光緒間問世之《夜雨秋燈録》有更多共同之處。書中不少故事取材於《聊齋》，至於語句之襲用，更不勝枚舉。

此本據清光緒鉛印《申報館叢書》本影印。（占驍勇）

### 夜雨秋燈録八卷續八卷　（清）宣鼎撰（第1789 册）

宣鼎（1832—約1880），字子九，一作子久，號瘦梅，又號懊儂，別署香雪道人、問香庵主、東魯游人等。天長（今屬安徽）人。家本殷實，二十七歲從軍。後至上海，以賣畫爲生。三十五歲幕游淮海，三十九歲游山左，次年入滋陽幕，始作此書。四十一歲解館寓任城，兩年後成書。光緒三年（1877）《夜雨秋燈録》初版，又三年《續録》出版。宣鼎有詩名，善書畫，其花鳥筆觸超拔，賦色妍麗。此書外，尚著有《返魂香傳奇》、《天長宣氏三十六聲粉鐸圖咏》等。生平事迹見《清畫家詩史》壬上及此書自序等。

此書《八千卷樓書目》小説家類著録。今存光緒三年《申報館叢書正集·新奇説部類》初刊本八卷一百十五篇，前有當年自序及蔡爾康序。繼有光緒六年《申報館叢書》初刊本《續録》，亦八卷一百十五篇，前有當年蔡爾康序，稱作者已亡。其後《清代筆記叢刊》本、《筆記小説大觀》第一輯本，皆三集共十二卷。1923 年中華書局石印本、1930 年廣益書局本、1933 年新文化書社本等，或分三集十二卷，或分上下編，篇目均爲一百十三篇。其中僅前二集八卷五十五篇爲作者原作，第三集四卷五十八篇係取自《螢窗異草》、《客窗閑話》諸書。另有上海商務印書館刊本，分四集十六卷，前三集十二卷與贋本同，第四集四卷則係原刊本《夜雨秋燈録》第二、四、六、八卷，該本共收宣鼎原作一百十四篇，較八卷本一百十五篇《夜雨秋燈録》少卷三《父子同日成婚皆元配》及贋作五十八篇。前有所謂"光緒二十二年秋七月之吉梁溪叔言沈家珍"序，與蔡爾康光緒三年序隻字不易，顯屬作僞。光緒二十九年上海書局石印本《夜雨秋燈續録》，實際是乾隆末年之《無稽讕語》。

《夜雨秋燈録》及《續録》中寫妓女即"煙花粉黛之事"，不過十六篇，不及全書百分之七。申報館主筆蔡爾康作序稱此書："語以隱而彌顯，意似奇而實庸。……是蓋合説部之衆長，而作寫懷之別調也。"在清代志怪傳奇諸書中，此書筆觸最恣肆，情感最濃烈，辭藻最豔麗。但各篇水平參差不齊。

此本據清光緒間鉛印《申報館叢書》本影印。（占驍勇）

### 三國志通俗演義二十四卷　（明）羅貫中撰（第 1789—1791 册）

羅貫中，或云名本，字貫中，生平事迹不詳。明初《録鬼簿續編》云："羅貫中，太原人，號湖海散人。與人寡合，樂府、隱語，極爲清新。與余爲忘年交，遭時多故，天各一方。至正甲辰復會，別來又六十餘年，竟不知其所終。"甲辰爲至正二十四年（1364）。此爲有關羅氏生平惟一可靠資料。羅氏所作雜劇有《趙太祖龍虎風雲會》、《忠正孝子連環諫》、《三平章死哭蜚虎子》，僅《風雲會》存。小説署其名者，除《三國演義》、《水滸傳》外，尚有《隋唐兩朝志傳》、《殘唐五代史演義》、《三遂平妖傳》、《粉妝樓》，真實性大都可疑。

是書版本衆多，今見最早刊本爲嘉靖刊本《三國志通俗演義》。該本前有弘治甲寅（1494年）庸愚子（蔣大器）序、嘉靖壬午（1522年）修髯子張尚德《三國志通俗演義引》及《三國志宗僚》。二十四卷，卷收十則，共二百四十則，題"晋平陽侯陳壽史傳，後學羅本貫中編次"。鄭振鐸《三國志演義的演化》論及該本與毛宗崗本之差異，以爲該本接近羅貫中原本，同時指出該本無插圖，卷數、回數等與其他明刻本有差別，但内容差別很小。

稍後有嘉靖二十七年建陽葉逢春刊《新刊通俗演義三國志史傳》十卷（缺卷三、十），亦分卷分則，然有插圖，有静軒先生詩，與張尚德本不同。張尚德本則目全用七言句，葉逢春本則目除七言之外，尚有六言、八言。張尚德本從史書中引用很多人物論贊、評、表文等，葉逢春本無。静軒即餘杭人周禮，明代中期人。該本文字與嘉靖元年張尚德本最爲接近，但較張本略顯粗糙。另外，該本卷首有"全漢歌"，之後建陽刊本大多轉載，張本無。比較而言，張尚德本向歷史靠近，大量引用史書資料；葉逢春本則向民間靠近，有全漢歌，加插圖，加静軒詩。

與張尚德本差別更大之建陽刊本有兩種系統，一種增加花關索，一種增加關索。前者有萬曆二十年雙峰堂余象斗刊《音釋補遺按鑒演義全像批評三國志傳》，萬曆三十三年聯輝堂鄭少垣刊《新鍥京本校正通俗演義按鑒三國志傳》等，均爲二十卷。有學者認爲古本即有花關索故事，但證據不足，且不能解釋插增花關索後前後情節之矛盾。後者有萬曆十九年金陵萬卷樓周曰校刊《新刻校正古本大字音釋三國志傳通俗演義》，萬曆二十四年刊《新刻京本補遺通俗演義三國志傳》，書林楊美生刊《新刻按鑒演義全像三國英雄志傳》及《李卓吾先生批評三國志》等。另有一種版本既有花關索，又有關索，自相矛盾，如

建陽雄飛館熊飛刊《精鐫合刻三國水滸全傳》。

各種明刊本中，評本後來居上。其中李卓吾（贄）評本最流行，所謂陳眉公（繼儒）評本實與李卓吾評本無異。明末又有鍾伯敬（惺）評本，小部分評語抄自李卓吾評本。清初則有康熙十八年刊毛宗崗評本《古本三國志》（四大奇書第一種）。毛本效仿金聖歎修改《水滸傳》，號稱依據"古本"改正"俗本"，其實所據只是李卓吾評本。與明末諸評不同，毛宗崗確實下過一番苦功，對原文中前後矛盾、用語不當之處大量加以改動，許多評語別具慧眼，李卓吾評本之精彩評語亦予保留。

此本據明嘉靖元年刻本影印。（占驍勇）

### 李卓吾先生批評忠義水滸傳一百卷引首一卷

（明）施耐庵（明）羅貫中撰（明）李贄評（第1791—1792册）

施耐庵，錢塘（今浙江杭州）人，生平事迹不詳。李贄生平見前《李溫陵集》提要。諸本《水滸傳》作者題署各不相同，然多署施、羅二人。高儒《百川書志》云"施耐庵的本，羅貫中纂修"。天都外臣序本《水滸傳》題"施耐庵集撰，羅貫中纂修"。劉興我本《水滸傳》題"錢塘施耐庵編輯"。余象斗本《忠義水滸志傳評林》題"中原貫中羅道本名卿父編集"。藜光堂本《忠義水滸傳》題"清源姚宗鎮國藩父編"，與衆不同，可能是整理刊行者。

是書版本極多，今存較早版本有萬曆十七年天都外臣序《忠義水滸傳》，一百卷一百回，惜原本已佚。沈德符《萬曆野獲編》云："武定侯郭勛，在世宗朝，號好文多藝，能計數。今新安所刻《水滸傳》善本，即其家所傳，前有汪太函（道昆）序，托名天都外臣。"今有清康熙五年石渠閣補修重印本。天都外臣序云："故老傳聞，洪武初，越人羅氏，詼詭

多智,爲此書,共一百回。……嘉靖時,郭武定重刻其書。……自此版者漸多,復爲村學究所損益。蓋損其科渾形容之妙,而益以淮西、河北二事,赭豹之文,而畫蛇之脚,豈非此書之再厄乎!”郭武定本不存,明末張鳳翼《處世堂集》續集卷六四《水滸傳序》云:“刻本惟郭武定爲佳,坊間雜以王慶、田虎,便爲添足。”所言與天都外臣同。所謂坊間陋本,今頗有存世者,如萬曆二十二年(1594)余氏雙峰堂刊《京本增補校正全像水滸志傳評林本》二十五卷一百四回,余氏雙峰堂刊《新刊京本全像插增田虎王慶忠義水滸全傳》一百二十回,藜光堂刊本《新刻全像忠義水滸志傳》一百一十五回,《全刻三國水滸全傳英雄譜》本(其中《水滸傳》一百十回)等。此類版本文字粗疏率陋,情節矛盾雜亂,回目參差不齊,學者名之爲“簡本”,而不名之爲“古本”,是因爲田虎、王慶一節如同《三國志演義》之關索一節,并非古本已有,而是後來插增。有簡本直接標出“插增”、“全傳”來吸引讀者,稱“全傳”,即因有插增。當然,插增之情節并非新撰,而是講史話本中早已有之,只是未曾被吸收進《水滸傳》而已。

《水滸傳》簡本、繁本關係甚爲複雜,胡應麟《少室山房筆叢》、周亮工《因樹屋書影》皆云建陽書商删繁爲簡,胡適贊同此説。魯迅、鄭振鐸則認爲簡本先於繁本,以爲坊賈之能事實不在於删而在於增。

萬曆三十八年杭州容與堂刻《李卓吾先生批評忠義水滸傳》,一百卷一百回,此書所用底本當爲天都外臣本。卷首有小沙彌懷林《批評水滸傳述語》、《梁山泊一百單八人優劣》、《水滸傳一百回文字優劣》、《又論水滸傳文字》。評本又有《鍾伯敬評忠義水滸傳》,亦一百回一百卷,首鍾伯敬序有云:“噫!世無李逵、吳用,令哈赤猖獗遼東。”則書刊於明末可知。

萬曆四十二年袁無涯刊《出像評點忠義水滸全書》,一百二十回。該本保留繁本文字,又增入簡本插增征田虎、王慶情節。因田虎、王慶一節已廣爲人知,刊行者在插增時作適當調整,原來錯誤百出之地名多半得以糾正。

崇禎十四年貫華堂本《金聖歎批評第五才子書施耐庵水滸傳》問世,該本將後五十回悉數删去,不讓梁山好漢聚義後接受招安爲國出力,而是讓官軍將其一網打盡,草草收場。金聖歎假托據“古本”改“俗本”,剝奪羅貫中著作權,僅署“施耐庵撰”。至於潤飾文字,增加評語,删除韻語,多屬細節,可置不論。

此本據明容與堂刻本影印。(占驍勇)

### 李卓吾先生批評西游記一百回　(明)吴承恩撰　(明)李贄評 (第1792—1793册)

《西游記》明刊本均未署作者名氏,入清後妄題撰人爲長春真人丘處機,因處機曾撰同名作品。後《長春真人西游記》發現於《道藏》,此説遂廢。清人又見天啓《淮安府志》著録吴承恩《西游記》,故以吴承恩爲小説《西游記》作者。然《千頃堂書目》著録吴承恩《西游記》於“輿地類”,且明清地方志多不著録白話小説。後雖經胡適、魯迅等彰揚,今多信吴承恩爲《西游記》作者,然孤證難立,學者分歧極大,異説頗多。今叢書收入明刻本,暫題吴承恩撰。

現存《西游記》最早版本爲金陵唐氏世德堂刊《新刻出像官板大字西游記》,二十卷一百回。卷首有萬曆二十年(1592)秣陵陳元之《刊西游記序》,未署撰人名氏,僅題華陽洞天主人校。陳序稱唐光禄得“舊本西游記”,校訂後付梓。學者以爲唐光禄即華陽洞天主人,世德堂之經營者。世德堂原刊本今佚,台北故宫博物院圖書館及日本天理圖書館藏本均有“書林熊云濱重鍥”字樣,前者又有“金陵榮壽堂梓行”字樣,皆是補修重印本。今日通行本如1955年人民文學出版社排印本等,多據該本爲底本。

《李卓吾先生批評西游記》一百回，明刊本（有定爲崇禎間刊本），卷首有幔亭過客（袁于令）《題辭》、《凡例》。李卓吾（李贄）評語有夾批、回後總評，學者疑爲葉晝僞托。每回前附圖兩幅，共兩百幅，爲徽派著名刻工劉君裕、郭卓然等雕刻。此書可視爲世德堂本改訂本，世德堂本及《唐僧西游記》、清白堂刊本《西游記》第十七、十八回正文相連，該本已分開。刊行後多次翻刻，文字亦有改動。該本存世最早版本爲明刻本，藏日本內閣文庫。國內藏有後刻本兩部，一藏中國歷史博物館，一藏河南省圖書館。是書評點將全書宗旨歸結爲"心"之解脫："讀《西游記》者，不知作者宗旨，定作戲論。余爲一一拈出，庶幾不埋没了作者之意。即如第一回有無限妙處，若得其意，勝如磬翻一大藏了也。篇中云'釋厄傳'，見此書讀之可釋厄也。若讀了《西游》，厄仍不釋，却不辜負了《西游記》麽？何以言釋厄，只是能解脫便是。"故有學者以爲在世德堂本之前，有名爲《西游釋厄傳》之舊本。

上述世德堂本等均屬繁本，又有較簡之本如《唐僧西游記》、清白堂刊本《西游記》、閩齋堂刊本《西游記》。此三本與世德堂本關係密切，如保留陳元之序、華陽洞天主人校等，然文字較簡，且三本簡略程度各不相同。其中第九回均同世德堂本，無陳光蕊江流和尚一節。《唐僧西游記》爲書林朱繼源梓行，題《二刻官板唐三藏西游記》。清白堂刊《西游記》爲書林楊閩齋梓行，題《新鐫全像西游記傳》。閩齋堂刊《西游記》爲閩齋堂楊居謙校梓，題《新刻增補批評全像西游記》，崇禎辛未刊。該本云"仿李秃老（即李卓吾）批評"，則晚於《李卓吾先生批評西游記》可知。

真正簡本則爲《西游記傳》與《西游釋厄傳》，前者今存明刊本一種、清刊本數種。明刊本藏牛津大學圖書館，題《新鐫三藏出身全傳》，齊雲陽至和（編），芝潭朱蒼嶺梓，四卷四十回，僅七萬餘字，然收入極簡略之唐三藏出身故事。清嘉慶十六年序刊《四游合傳》收入《西游唐三藏出身傳》，道光十年刊《四游全傳》收入《繡像西游記全傳》，均題楊致和編，所據之本似較朱蒼嶺刊本更早。後者今存萬曆間刊本，羊城冲懷朱鼎臣編輯，題《鼎鍥全相唐三藏西游傳》（又名《全像唐僧出身西游記傳》或《鼎鍥唐三藏西游釋厄傳》），十卷六十八則，約十三萬字。該本所載唐僧出身故事較楊致和本詳盡，學者發現其前半接近世本，後半接近楊本（然亦有朱本有而楊本無者），頭粗尾細。此二本與世德堂本之先後關係，論者頗多，結論分歧極大。

清刊本頗衆，略舉於次：（一）康熙二年刊《西游證道書》，黃太鴻（周星）、汪象旭箋評，以世德堂本爲底本删改而成，并加評論。明刊本中皆無唐僧出世故事，汪本則據朱鼎臣本補入"陳光蕊赴任逢災，江流僧復仇報本"，後出諸本均效之。該本增入僞造之虞集序，并附丘處機傳記，以作者爲丘處機。（二）康熙三十五年刊陳士斌詮評本《西游真詮》，該本據《西游證道書》爲底本，參世德堂本改删而成。該本翻刻者甚多，實非佳本。（三）乾隆十三年刻張書紳箋評《新説西游記》，以李評本爲底本，參校世德堂本、《西游證道書》等而成，乃清刊本中唯一未删節原書之本。

此本據明刻本影印。（占驍勇）

**紅樓夢一百二十回**　（清）曹雪芹撰　題（清）高鶚補撰（第1793—1794冊）

曹雪芹（1715—1763），名霑，字夢阮，號雪芹，又號芹溪、芹圃。祖籍遼陽（今屬遼寧），先世原是漢族，後爲滿洲正白旗"包衣"。曾祖母孫氏曾爲康熙保母，祖父曹寅少年時曾爲御前侍衛。從曾祖曹璽起，曹家三代四人，任江寧織造達六十年之久。康熙六次南巡，其中四次以織造署爲行宮,由曹寅主持接駕。曹寅死後,由親子曹顒、繼子曹頫先後接任。雍正五年(1727)曹頫獲罪,撤職抄家,家人遣回北京。雪芹先在城内居住,後移居西郊,清貧度日。《紅樓夢》甲戌本有脂硯齋批語云:"壬午除夕,書未成,芹爲淚盡而逝。"張宜泉《傷芹溪居士》詩題小注云:"年未五旬而卒。"

《紅樓夢》以賈府及大觀園爲背景,以賈寶玉、林黛玉、薛寶釵戀愛、婚姻故事爲中心綫索,描繪出一個封建貴族大家庭由鼎盛至衰落之過程。前八十回在雪芹生前已基本定稿。八十回後情節、文字也已寫出大部分初稿,惜佚失無傳。現存後四十回乃無名氏所續。程偉元(1745?—1819?)、高鶚(1758—1815)搜集前八十回與後四十回多種抄本,截長補短,抄成全部,於乾隆五十六年鐫版印行。此萃文書屋活字印本,世稱"程甲本"。次年,程、高又作較多修訂,改版印行"程乙本"。現存早期八十回抄本,多有脂硯齋等人批語,世稱"脂本"。脂本目前所見者,有甲戌本十六回、己卯本四十三回、庚辰本七十八回、戚蓼生序本八十回(有正書局石印大字本、小字本;張開模藏本,陳群舊藏本)、舒元煒序本四十回、俄羅斯聖彼德堡藏本七十八回、夢覺主人序本八十回、眉盦舊藏本十回、晢庵舊藏本二回等十二種。另有混合本兩種,楊繼振舊藏本一百二十回、蒙古王府舊藏一百二十回,其前八十回屬於脂本。

程甲本系統之版本可分爲白文本與批評本兩類。白文本主要有東觀閣刊本、藤花榭刊本。屬於東觀閣刊本之系統乃有"本衙藏版"本、抱青閣刊本、東觀閣重刊本。屬於東觀閣重刊本之系統乃有寶文堂刊本、善因樓刊本、三讓堂刊本。屬於三讓堂刊本之系統乃有同文堂刊本、緯文堂刊本、三元堂刊本、佛山連元閣刊本、翰選樓刊本、五雲樓刊本、文元堂刊本、忠信堂刊本、經綸堂刊本、務本堂刊本、經元升記刊本、登秀堂刊本等。屬於藤花榭刊本之系統乃有藤花榭重刊本、耘香閣刊本、凝翠草堂刊本、咸豐九年刊本。屬於耘香閣刊本之系統乃有濟南會錦堂刊本、濟南聚和堂刊本。

批評本以王希廉、張新之、姚燮、蝶薌仙史四家之單評本與合評本爲主。王希廉評本有雙清仙館刊本、聚珍堂刊本、翰苑樓刊本、芸居樓刊本。張新之評本有抄本、臥雲山館刊本。王、姚合評本有廣百宋齋鉛印本、誦芬閣刊本、上海石印本、光緒二十六年石印本、日本鉛印本、日本金港堂編印本、《萬有文庫》本、《國學叢書》本、鑄記書局鉛印本。王、張、姚合評本有同文書局石印本、滬上石印本、上海石印本、江東書局石印本、文明書局鉛印本。王、蝶合評本有桐蔭軒石印本、阜記書局石印本、海上石印本。此外,尚有中華書局《紅樓夢索隱》本。另一類批評本爲評者在自藏刊本上寫評語,或轉錄他人評語,有孫超人評本、黃小田評本、過浩與顧曾壽合評本、張汝執與菊圃合評本、徐傳經評本、劉履芬評本。

程乙本出版後,迄無刻本,直至民國十六年始有亞東圖書館鉛印重排本問世。程乙本之批評本則有陳其泰評本。

此本據清乾隆五十六年萃文書屋活字印本影印。(劉世德)

### 儒林外史五十六回　(清)吳敬梓撰(第1795冊)

吳敬梓生平見前《文木山房集》提要。

乾隆十四年(1749),《儒林外史》脱稿,吳敬梓友人程晋芳感歎:"《外史》紀儒林,刻畫何工妍。吾爲斯人悲,竟以稗説傳。"(《春帆集·懷人詩十八首》之一)後晋芳作《文木先生傳》,稱此書"窮極文士情態,人争傳之"。《儒林外史》成書後,僅以抄本流傳,一如《聊齋志異》、《紅樓夢》。至敬梓没後十餘年,始有金兆燕刻之於揚州。金兆燕號棕亭,亦全椒人,其子曾娶吳敬梓孫女爲妻,吳敬梓病逝揚州,乃金料理後事。金乾隆三十三年至四十四年任揚州府學教授,刻書當在此間,惜未見傳本。

今所見最早刻本爲嘉慶八年臥閑草堂巾箱本,卷首有署名閑齋老人序,落款時間爲乾隆元年春二月。或疑之,實無謂,昔人著書倩人作序,往往如此。此正如《聊齋志異》有康熙十八年高珩序與自序,并不能说此時已成書。共五十六回,除第四十二、四十三、四十四、五十三、五十四、五十五回共六回外,餘均有回評。該本乃後來各種刻本之祖本,1975 年人民文學出版社曾以國家圖書館藏本影印出版(少數殘損模糊處以復旦大學圖書館藏本配版)。翻印者有嘉慶二十一年清江浦注禮閣本、藝古堂刊本等。同治八年群玉齋活字本後增金和跋,此跋云“是書爲全椒金棕亭先生官揚州府教授時梓以行世”,頗爲重要。又云是書原本僅五十五卷,不知何人妄增“幽榜”一卷。然今見諸本,均五十六卷。此本頗爲通行,多次翻印,偶有不附金和跋者。同治十三年上海申報館排印活字本,附金和跋,然有刪節,另有天目山樵(張文虎)同治十二年識語。光緒七年申報館再次排印活字本,正文插入天目山樵評語。同治十三年齊省堂增定活字本,卷首有同年惺園居士序,該本有增訂例言五則,交代改動閑齋老人序、正文、回目之緣由。另有一抄本,題“文恭公閱本《儒林外史》”。文恭即蘇州潘世恩,此抄本無閑齋老人序,與臥閑草堂本對照,個別文字稍有省略。因金和有原本五十五回之説,1920 年亞東圖書館鉛印本將原第五十六回作爲附錄。1958 年人民文學出版社張慧劍整理本則將“幽榜”刪去而成五十五回本,實不合理。光緒十四年(1888)上海鴻寶齋增補齊省堂本,卷首增同年東武惺紅生(屠世紳)序。該本第四十三回後插入四回,共六

十回,回目亦有變動。魯迅謂此四回“事既不倫,語復猥陋”,然當時翻印本亦多。

上述諸本中,臥閑草堂本、齊省堂本、天目山樵本均有評語,然以臥閑草堂本評語最爲重要。臥閑草堂本中五十回有回評,約一萬五千餘言。另有黃小田評語,載於咸豐、同治間黃小田本,僅眉批就多達兩千餘條。

此本據清嘉慶八年臥閑草堂刻本影印。(占驍勇)

## 鏡花緣一百回　(清)李汝珍撰 (第 1795—1796 冊)

李汝珍,字松石,號松石道人。直隸大興(今屬北京)人。約生於乾隆二十八年(1763),二十歲左右即隨兄長李汝璜赴海州游宦,長期寓居江蘇海州之板浦。從凌廷堪學,研習音韻之學。娶海州大姓許氏,與許喬林、桂林昆季游,其《鏡花緣》與《受子譜》二書均由許喬林作序。許桂林《七嬉》亦言及“松石道人作《鏡花緣演義》,初稿已成,將付剞劂”。唯其如此,後世有許作《鏡花緣》之傳聞,雖不可信,亦可見《鏡花緣》與海州淵源甚深。嘉慶六年(1801),李汝璜調至東臺,任淮南草墊場鹽課司大使。汝珍未隨兄南遷,隻身往碭山投效河工,而終未遂所願,仍回板浦。嘉慶九年(1804)撰成《李氏音鑒》,十五年刊刻行世。當時學人皆重古音之學,汝珍此書多論今音,故不爲時人所重。然後人欲考當時音韻,則其書可據。嘉慶二十年(1815)《鏡花緣》成書,故蘇州原刻本《鏡花緣》一百回末汝珍自言“消磨了三十多年層層心血”,殆非虛語。汝珍似終生未離海州,約卒於道光八年(1828)至十年間。

是書今存最早刊本爲嘉慶二十三年蘇州原刻本,藏北京大學圖書館,爲馬廉舊藏。該本原無刊刻年月,又無書坊牌記,前有梅修居士石華(許喬林)序及武林洪棣元静荷序,六家題詞。其後有道光元年刊本,卷首梅華居士

石華序文"以三十年之力成之"改爲"以十餘年之力成之",題詞增至十六家。該本版式與原刻本保持一致,有挖改,删字與補字相同,不易察覺。道光八年芥子園刊本,與道光元年刊本大體相似,但字句有改動,仍是删字多少即補入多少。此類修改應是作者所爲,道光八年之後刊本即未見有類似修改。道光十二年芥子園藏板重刊本,較之道光元年本、八年本增加謝葉梅摹一百零八幅繡像及麥大鵬、謝葉梅序。該本正文行款悉同道光元年、道光八年刻本,今有古本小説集成影印本。後來刊本悉據之,如道光二十一年芥子園藏板本,《中國通俗小説書目增補》所載諸本等。是書版本系統雖較簡單,但作者生前所刊三本均有不同,仍需整理。

原書末云:"若要曉得這鏡中全影,且待後緣。"當是文人狡獪之筆,作者并未有續作。至清末,則有好事者作《新鏡花緣》、《續鏡花緣》。《新鏡花緣》載於《月月小説》第九號至二十三號,十二回本,作者號"蕭然鬱生"。書借舊瓶裝新酒,旨在攻擊維新,揭露世態。又有十四回本《新鏡花緣》,光緒二十四年上海新世界小説社鉛印本(鴻文書局印行),作者陳嘯廬,清末寓居上海。此書之人物、情節、地點諸要素與《鏡花緣》無任何關係,只是延續《鏡花緣》之諷刺精神,旨在"喚醒抛荒國粹、醉心歐化的人"。稍後有華琴珊撰《續鏡花緣》四卷四十回,宣統二年撰,未見刊行,今有書目文獻出版社 1992 年影印稿本(周越然藏本)。此書確實想完成"鏡花後緣",只是筆力不稱,續貂而已。

此本據清道光十二年刻本影印。(占驍勇)

**兒女英雄傳四十回**　(清)文康撰(第1796—1797 册)

文康,字鐵仙,一字悔盦,號晋三。姓費莫氏,滿洲鑲紅旗人。清嘉慶二年(1797)後生於"三代四大學士之家"。青年時豪放不羈,道光三年(1823)至五年以貢生官理藩院員外郎,參與續修《理藩院則例》。十一年至十三年遷天津河間兵備道。道光二十二年(1842)至二十三年,任分巡天津河間兵備道,因事落職。晚年起用爲駐藏大臣,因病未能赴任。家道衰落,垂白之年,重遭窮餓。故自悔平生,撰小説《兒女英雄傳》以自遣。

是書今存抄本十八册十八卷,首緣起首回,終第三十九回(此回包括刊本第三十九回全部和第四十回半回),回目爲五十三回,可知馬從善所云原稿五十三回屬實。抄本藏國家圖書館,其中文字有勝於刊本處。初刊本爲光緒四年京都聚珍堂活字印本,署"燕北閑人原本,吾了翁重訂",前有光緒戊寅馬從善序,云"書故五十三回,回爲一卷,蠹蝕之餘,僅有四十卷可讀,其餘十三卷殘缺零落不能綴緝,且筆墨弇陋,疑爲夫己氏所續,故竟從刊削。書中所指,皆有其人。余知之而不欲明言之,悉先生家世者,自爲尋繹可耳。"又有乾隆甲寅東海吾了翁《弁言》,雍正甲寅觀鑒我齋《兒女英雄傳評話原載序文》,此二篇顯係僞托。該本正文題《兒女英雄傳評話》,因此書確實采用市井流行之評話體。其後有光緒十四年上海有益堂翻刻本。申報館鉛印本、上海亞東圖書館排印本均據此。

又,光緒六年聚珍堂刊還讀我書室主人(董恂)評本,亦活字本,行款與光緒四年初版同,正文中有董恂雙行夾批。其後有光緒十八年翻印本,光緒十四年上海蜚英館石印本亦據此。

此本據清光緒四年京都聚珍堂活字印本影印。(占驍勇)

**俠義傳一百二十回**　(清)石玉崑撰(第1797 册)

石玉崑,字振之。天津人。富察貴慶(嘉道間人)《知了義齋詩鈔》咏《石玉崑》詩小序云:"石生玉崑,工柳敬亭之技,有盛名者近二十年,而性孤僻,游市肆間,王公招之不至。"百家張抄本《子弟書目録》著録石玉崑作品有《包公案》、《通天河》、《青石山狐仙傳》、《風波亭》。而以《包公案》最爲知名,今有首都圖書館藏車王府唱本。

石玉崑生前已有人記録其説唱内容,抄成《龍圖公案》唱本。後有人將唱詞略去,整理爲白文本《龍圖耳録》,今存汪原放藏謝藍齋抄本、孫楷第藏本。傅惜華曾藏同治六年抄本,佚。1981年上海古籍出版社據傅氏所校汪原放本刊印。同治年間,問竹主人等修訂《龍圖耳録》,"將此書翻舊出新,添長補短,删去邪説之事,改出正大之文,極贊忠烈之臣、俠義之士",編成一百二十回,題其名曰《忠烈俠義傳》。胡適疑問竹主人即石玉崑,并無證據。問竹主人朋友入迷道人亦参與修訂,據考,入迷道人即内務府郎中文琳。《忠烈俠義傳》原刊本爲光緒五年北京聚珍堂活字本,有問竹主人、退思主人、入迷道人序各一篇,落款均爲光緒己卯,題"石玉崑述"。後翻刻者衆,如光緒九年京都老二酉堂刻本。光緒八年活字本則改題《三俠五義》。

光緒十五年,俞樾將原書第一回《設陰謀臨生換太子　奮俠義替死救皇娘》改爲《據正史翻龍圖公案　借包公領俠義全書》,以爲狸貓换太子事太過荒誕,遂據《宋史》、《默記》、元人雜劇等所載包公、李辰妃、八大王事,"别撰第一回,援據史傳,訂正俗説,改頭换面"(《重編七俠五義序》);同時删去原刊本三篇序文,自撰序冠於卷首,改題《七俠五義》,光緒十六年上海廣百宋齋刊行,署"舊題石玉崑述,曲園重定"。1925年亞東圖書館重印此書,由俞平伯校勘,他反對曾祖父"援據正史,訂正俗説"之作法,還其舊貌。

《俠義傳》前半部寫包公審案雪冤,除暴安良,雖得展昭等協助,然仍以判案爲主,此其所以名《包公案》、《龍圖公案》。後半部主人公則不是包公,而是衆俠義之士,公案小説變成武俠小説,此其所以名《俠義傳》。魯迅謂此書:"獨於草野豪傑,輒奕奕有神,間或襯以世態,雜以詼諧,亦每令莽夫分外生色。"續書如《小五義》、《續小五義》等,則皆爲武俠小説,可觀者稀。

此本據中國藝術研究院戲曲研究所藏清光緒九年京都老二酉堂刻本影印。(占驍勇)

## 二十年目睹之怪現狀一百八回　(清)吴趼人撰(第1798—1799册)

吴趼人(1866—1910),原名寶震,又名沃堯,字小允,號繭人,後改趼人,又别署我佛山人、趼、偈、怫、繭叟、趼廛、繭閣、趼人氏、檢塵子、野史氏、老上海、老少年、趼廛主人、抽絲主人、嶺南將叟、中國老少年等。南海縣佛山鎮(今屬廣東)人,生於北京,同治六年(1867)初歸佛山。光緒四年(1878)入佛山書院讀書。父亡後爲生活所迫,離家赴滬謀事,入同鄉開辦之江裕昌茶莊爲夥計。十年入江南制造局爲抄寫員。光緒二十三年(1897)六月,李伯元創辦《游戲報》,趼人由投稿而走上職業報人之路,先後主《字林滬報》、《采風報》、《奇新報》、《寓言報》等小報筆政。二十八年,堅辭《寓言報》主筆,閉門著書。同年三月,赴鄂編《漢口日報》。次年《漢口日報》因得罪官府被勒令整頓,趼人拂然返滬。是年始致力於小説創作,於《新小説》雜志發表《痛史》、《二十年目睹之怪現狀》等,皆署"我佛山人"筆名。此後遂一發不可收,《電術奇談》、《九命奇冤》、《瞎騙奇聞》、《新石頭記》等小説相繼問世。

是書標"社會小説",署"我佛山人"。最初連載於光緒二十九年八月至三十一年十二月《新小説》雜志,起第八號終第二十四號(僅第十六號空缺),連載至第四十五回,因《新小説》停刊而中止。光緒三十二年起由上海廣智書局出版鉛印單行本,全書一百零八回,每回均有評語,分八卷八册,至宣統二年出齊。此後翻印本頗多,重要者有 1916 年新小説社南亭亭長(李伯元)評點本,1959 年人民文學出版社張友鶴校注本。

是書乃吳趼人代表作,同時帶有自傳性質。小説通過主人公"九死一生"二十年間遭遇見聞,廣泛揭露清末黑暗現實。作者借主人公之口説:"只因我出來應世的二十年中,回頭想來,所遇見的只有三種東西:第一種是蛇蟲鼠蟻,第二種是豺狼虎豹,第三種是魑魅魍魎。"作者筆端富有感情,詞鋒所及,窮形盡相,與《官場現形記》等并稱爲四大譴責小説。

此本據南京圖書館藏清光緒三十二年至宣統二年廣智書局鉛印本影印。(占驍勇)

## 官場現形記六十卷　(清)李寶嘉撰(第1800 册)

李寶嘉(1867—1906),又名寶凱,字伯元,以字行,別署南亭亭長、游戲主人、謳歌變俗人等。武進(今江蘇常州)人。曾從傳教士習英文,甲午戰争後棄舉業,光緒二十二年(1896)遷居上海,辦《指南報》。次年出版《海上文社日報》,又改辦《游戲報》,多載官場笑柄、社會趣事。揭露真相,意在箴規。二十七年創日報《繁華報》,曾連載吳趼人《糊塗世界》及自撰《庚子國變彈詞》。二十九年五月,應商務印書館之聘,編輯《繡像小説》半月刊,與梁啟超主編《新小説》,與吳沃堯、周桂笙主編《月月小説》。所著長篇小説尚有《文明小史》、《活地獄》、《醒世姻緣彈詞》等。

《官場現形記》最初連載於上海《世界繁華報》,署"南亭亭長新著"。始光緒二十九年四月,終光緒三十一年六月,每登完十二回,報館即分册刊印。全書六十回分爲五編,每編十二回綫裝六册。前有茂苑惜秋生(歐陽鉅源)序。或以爲六十回只是全書前半部,

實則不然。原書六十回末云前半部指摘做官之壞處,後半部教導做官之法子,只是虛晃一槍。此後翻印本重要者有:宣統元年崇本堂石印本,題《增注繪圖官場現形記》,增注者爲歐陽鉅源;1927 年亞東圖書館排印本,有胡適序及汪原放《校讀後記》,卷首有吳趼人《李伯元傳》;1935 年世界書局排印本,趙苕狂校訂,有趙氏《官場現形記考證》及《李寶嘉傳》;1957 年人民文學出版社張友鶴校注本。據阿英《晚清小説史》,"有日本知新社光緒三十年鉛排本,惟著者已易名爲日本吉田太郎,顯係僞作"。

是書以《儒林外史》爲師,没有貫串首尾之人物,唯以滑稽文筆針砭時弊,描繪清末腐敗官僚群像。上自軍機大臣,下至佐雜胥吏,貪賄欺詐不一而足。書中人物故事多以真人真事爲藍本,如周中堂影射翁同龢,華中堂影射榮禄,黑大叔影射李蓮英等。至於冒得官、區奉人(諧趨奉人)、賈筱芝(諧假孝子)、時筱仁(諧實小人)、刁邁彭(諧刁賣朋)、施步彤(諧實不通)等,皆爲諧言設名。作者借慈禧太后之口,道出"通天底下一十八省,哪裏來的清官"(第十八回)。

此本據北京大學圖書館藏清光緒上海《世界繁華報》館鉛印本影印。(占驍勇)

## 老殘游記二十卷二編九卷外編(殘稿)一卷　(清)劉鶚撰(第 1800 册)

劉鶚(1857—1909),原名孟鵬,字雲摶,後更名鶚,字鐵雲,又字公約,別署洪都百煉生、抱殘、老鐵等。丹徒(今江蘇鎮江)人。受父親影響潛心研究水利、算學、醫術。光緒十三年(1887),鄭州黄河決口,鶚參與謀劃,河督吳大澂激賞其才。次年受命測量豫、魯、直三省黄河并繪制成圖,任黄河下游提調之職。其間撰有《歷代黄河變遷圖考》、《治黄七説》。曾應湖廣總督張之洞之邀,至湖北商議修築蘆溝橋至漢口鐵路事。又上書直隸總

督王文韶,請築天津至鎮江鐵路。遭褫除鄉籍。二十九年,舉家南遷至上海,始著《老殘游記》。三十四年,以擅散太倉粟及浦口購地事被拘,流放新疆。翌年病卒於迪化。著述甚廣,除《老殘游記》、《鐵雲詩存》外,考古有《鐵雲藏龜》、《鐵雲封泥》,算術有《勾股天元草》、《弧三角術》,醫學有《要藥分劑補正》、《人命安和集》等。

是書初刊於《繡像小説》,署“洪都百煉生”。自光緒二十九年八月初一第九期起,至十二月十五日第十八期,前後載十期,十三回(實爲原作一至十回、十二至十四回)。作者本意初不在作小説,蓋欲以稿費周濟朋友,後因雜志主編擅改原作而中止。後有續作,光緒三十二年刊於天津《日日新聞》,共二十回,多有作者自評。《日日新聞》社曾刊行單行本,二十回,無出版年月。又光緒三十三年上海《神州日報》刊本,二十回。此後翻印者有1925年上海亞東圖書館刊本,有胡適序,汪原放校讀後記。另1916年上海百新公司印本,四十章,後二十章爲贋作。

《老殘游記》二集九回,連載於光緒三十三年七月初十至十月初六《日日新聞》,首有自序。1935年上海良友圖書公司出版《老殘游記二集》一至六卷,有自序及林語堂序、劉大鈞《劉鐵雲先生軼事》及《先祖鐵雲公編著書籍目録》等。1957年人民文學出版社以初集、二集合刊,陳翔鶴校、戴鴻森注,後多次再版。《老殘游記外編》手稿一卷,十六頁(缺第三頁),約寫於光緒三十二年秋後至光緒三十三年初,生前未發表。原稿藏天津舊齋,1962年魏紹昌輯入《老殘游記資料》。1976年臺灣聯經出版事業公司將初集、二集、外編合刊,并附録《劉鐵雲先生日記二則》、《劉鐵雲先生遺詩三首》等多種研究資料。

書中所寫人物事件大都實有其人,或載其事而更其姓名,又或存姓改名、存名更姓。作者原評稱:“野史者,補正史之缺也。名可托諸子虚,事須徵諸實在。”(第十三回)全書以江湖醫生老殘游歷爲綫索,揭露抨擊現實,“歷來小説皆揭贓官之惡,有揭清官之惡者,自《老殘游記》始”(第十六回原評)。諷世之意至深。

此本據中國藝術研究院戲曲研究所藏民國天津《日日新聞》鉛印本影印。(占驍勇)

### 孽海花三十五回　曾樸撰(第1800冊)

此書原題“愛自由者發起,東亞病夫編述”。愛自由者即金天翮(1874—1947),原名懋基,字松岑,號壯游,後改名天翮、天羽,號鶴舫,筆名麒麟、愛自由者、天放樓主人。吴江(今屬江蘇)人。光緒二十九年(1903)在上海參加愛國學社,應《江蘇》雜志約請,撰寫《孽海花》前六回,後交曾樸修改續寫。東亞病夫即曾樸(1872—1935),初字太樸,後改字孟樸,又字小木、籀齋,別署銘珊、東亞病夫等。常熟(今屬江蘇)人。光緒十七年(1891)中舉,次年入京參加會試,捐得内閣中書。甲午戰爭後赴上海另尋出路,1904年開設小説林書社,1907年創辦《小説林》雜志,從事小説編輯發行,并親自創作小説,翻譯法國文學作品,《孽海花》前二十五回寫成於此時。辛亥革命後歷任江蘇省議員、財政廳長、政務廳長。

金松岑所作《孽海花》第一、二回發表於1903年10月東京出版之中國留日學生刊物《江蘇》第八期,署名“麒麟”。1904年夏秋之間,金將《孽海花》原稿六回移交曾樸續寫,曾在金稿基礎上寫成二十回,次年正月分兩集,每集十回,由日本東京翔鸞社印刷,上海小説林書社發行。光緒三十三年,曾又續寫第二十一至二十五回,發表於當年《小説林》第一、二、四期,署名“愛自由者發起,東亞病夫編述”。民國五年上海望雲山房出版《孽海花》三集,即二十一至二十五回,并附“強作解人”《孽海花人物故事考證》正續兩輯及《孽海花人名索隱表》。此後,曾樸繼續修改續寫此書,1927 年至 1930 年在《真善美》雜志陸續發表修改後之第二十一至二十五回,新續第二十六回至三十五回。同時,真善美書店陸續刊行修改後之初集(第一至第十回,1928)、二集(第十一至第二十回,1928)、三集(第二十一至第三十回,1931),出齊後又合爲一册出版,1941 年二版,1944 年三版。各種翻印本皆據此。1959 年中華書局上海編輯所出版《孽海花》增訂本,前三十回用真善美書店本,附録第三十一至第三十五回及劉文昭增訂《孽海花人物索引表》。

是書以金雯青、傅彩雲(影射洪鈞與賽金花)姻緣爲綫索,刻畫京城内外衆多達官名士,展現戊戌變法前三十年間社會生活。

"書中人物,幾無不有所影射"(魯迅《中國小説史略》)。全書涉及人物衆多,然作者善於結構,圍繞金、傅姻緣,將許多散漫情節組織爲一體。魯迅稱其"結構工巧,文采斐然"。

續此書者有陸士諤《新孽海花》,1912 年上海大聲圖書局出版,共四册,後因涉訟毀版。此書與原作殊不稱。又有燕谷老人(張鴻)《續孽海花》。張鴻爲曾樸同鄉摯友,受曾樸臨終之托而作續書。1938 年連載於《上海晚報》,整理後於 1943 年由真善美書店刊行。此書仍以賽金花爲綫索,主要描繪戊戌變法與庚子事變兩大事件,文字生動,爲人所稱。

此本據上海辭書出版社圖書館藏民國十七年、二十年真美善書局鉛印本影印。(占驍勇)